2023年版

知识产权
法律法规司法解释全编

人民法院出版社　编

人民法院出版社

图书在版编目（CIP）数据

知识产权法律法规司法解释全编 / 人民法院出版社编. -- 北京 : 人民法院出版社, 2023.1
ISBN 978-7-5109-3384-4

Ⅰ. ①知… Ⅱ. ①人… Ⅲ. ①知识产权法－法律解释－中国 Ⅳ. ①D923.405

中国版本图书馆CIP数据核字(2021)第267502号

知识产权法律法规司法解释全编

人民法院出版社 编

责任编辑 王 婷
执行编辑 高 晖
出版发行 人民法院出版社
地 址 北京市东城区东交民巷27号（100745）
电 话 （010）67550673（责任编辑） 67550558（发行部查询）
65223677（读者服务部）
客服QQ 2092078039
网 址 http://www.courtbook.com.cn
E-mail courtpress@sohu.com
印 刷 三河市国英印务有限公司
经 销 新华书店

开 本 787毫米×1092毫米 1/16
字 数 1199千字
印 张 41.75
版 次 2023年1月第1版 2023年1月第1次印刷
书 号 ISBN 978-7-5109-3384-4
定 价 85.00元

编写说明

“法行天下，德润人心。”全面推进依法治国，就要加快形成完备的法律规范体系、高效的法治实施体系、严密的法治监督体系、有力的法治保障体系。为确保法律的统一正确实施，加强重点领域法律、法规、司法政策的贯彻落实，让读者及时了解最新的法律信息，准确理解和有效适用法律、司法解释，我们编写了本套丛书，本套丛书能满足读者法律实务、法学研究、案例教学等应用需求。

本套丛书立足于法律适用，涵盖刑事、民事、行政、公司、金融、合同、房地产、知识产权、执行、道路交通、安全生产、伤残鉴定与赔偿、劳动和社会保障等法律专业领域，品类丰富齐全，能为立法、执法、司法、守法各环节提供有效便利的法律查询支持，本书为其中的知识产权法律法规司法解释全编。

本书具有以下鲜明的特点：

一、文本权威，收录全面。本书较为全面地收录了知识产权领域现行有效的法律规范，包括法律、行政法规、部门规章、司法解释、司法政策文件。本书紧密联系司法实务，精选收录了由最高人民法院、最高人民检察院公布的指导性案例、典型案例。为充分实现本书版本的准确性、权威性、有效性，书中收录的文件均为经过清理修改后现行有效的法律文本，所有案例均来源于最高人民法院、最高人民检察院官方网站、最高人民法院公报、最高人民检察院公报等权威版本。

二、体例简明，分类实用。本书以知识产权法律为基本框架，分为综合，著作权，专利，商标，其他知识产权，反不正当竞争、反垄断，侵犯知识产权的刑事责任七类相关领域。本书立足于法律规范的实用性，按照文件内容、效力级别与施行时间综合编排，一体呈现，有助于读者快速定位某类问题集中进行检索查阅。同时，本书采用双栏排版，能收录更多法律文件，使读者一目了然，有助于提高检索效率。

三、案例赠送，配套使用。因篇幅所限，书中最高人民法院发布的典型案例未能全部呈现。为了充分利用数字资源，进一步拓展本书的实用内容及提升本书的应用价值，本书联合"法信"平台，为读者专门设置了以下服务：图书底封勒口扫描"二维码"，即可获取知识产权领域最高人民法院发布的典型案例完整版，方便读者在线使用、查询。

对于编选工作存在的不足之处，欢迎广大读者提出批评和改进意见，以便为读者提供更好的法律服务。

人民法院出版社

二〇零二三年一月

总 目 录

一、综合 …… (1)
二、著作权 …… (214)
1. 综合 …… (214)
2. 著作权登记 …… (237)
3. 计算机软件著作权 …… (239)
4. 信息网络传播权与互联网著作权 …… (244)
5. 出版 …… (253)
6. 集体管理与付酬 …… (284)
7. 著作权行政执法 …… (310)
三、专利 …… (317)
1. 综合 …… (317)
2. 专利代理 …… (343)
3. 专利申请 …… (352)
4. 专利许可 …… (355)
5. 专利行政执法 …… (361)
6. 专利纠纷审判 …… (370)
四、商标 …… (399)
1. 综合 …… (399)
2. 商标注册与评审 …… (422)
3. 商标许可使用与转让 …… (435)
4. 驰名商标认定和保护 …… (437)
5. 商标纠纷审判 …… (442)
6. 商标与相关标识 …… (454)
五、其他知识产权 …… (499)
1. 植物新品种 …… (499)

2. 集成电路布图设计 …… (530)
3. 技术成果、技术秘密与技术合同 …… (545)
4. 域名 …… (567)
5. 商业特许经营 …… (573)
六、反不正当竞争、反垄断 …… (581)
七、侵犯知识产权的刑事责任 …… (612)

目 录

一、综 合

中华人民共和国民法典
（2020 年 5 月 28 日） …… （1）
中华人民共和国民事诉讼法
（2021 年 12 月 24 日修正） …… （79）
最高人民法院关于适用《中华人民共和国民事诉讼法》的解释
（2022 年 3 月 22 日修正） …… （102）
中华人民共和国行政诉讼法
（2017 年 6 月 27 日修正） …… （143）
最高人民法院关于适用《中华人民共和国行政诉讼法》的解释
（2018 年 2 月 6 日） …… （151）
中华人民共和国涉外民事关系法律适用法
（2010 年 10 月 28 日） …… （169）
最高人民法院关于印发修改后的《民事案件案由规定》的通知
（2020 年 12 月 29 日） …… （171）
全国人民代表大会常务委员会关于在北京、上海、广州设立知识产权法院的决定
（2014 年 8 月 31 日） …… （187）
全国人民代表大会常务委员会关于专利等知识产权案件诉讼程序若干问题的决定
（2018 年 10 月 26 日） …… （188）
最高人民法院关于知识产权法庭若干问题的规定
（2018 年 12 月 27 日） …… （188）
最高人民法院关于北京、上海、广州知识产权法院案件管辖的规定
（2020 年 12 月 23 日修正） …… （190）
最高人民法院关于第一审知识产权民事、行政案件管辖的若干规定
（2022 年 4 月 20 日） …… （191）
最高人民法院关于印发基层人民法院管辖第一审知识产权民事、行政案件标准的通知
（2022 年 4 月 20 日） …… （191）
最高人民法院关于涉及发明专利等知识产权合同纠纷案件上诉管辖问题的通知
（2022 年 4 月 27 日） …… （192）
最高人民法院关于审查知识产权纠纷行为保全案件适用法律若干问题的规定
（2018 年 12 月 12 日） …… （192）

最高人民法院关于技术调查官参与知识产权案件诉讼活动的若干规定
（2019年3月18日） …… （195）
最高人民法院关于知识产权民事诉讼证据的若干规定
（2020年11月16日） …… （196）
最高人民法院关于审理侵害知识产权民事案件适用惩罚性赔偿的解释
（2021年3月2日） …… （199）
最高人民法院印发《关于审理涉电子商务平台知识产权民事案件的指导意见》的通知
（2020年9月10日） …… （200）
最高人民法院关于依法加大知识产权侵权行为惩治力度的意见
（2020年9月14日） …… （202）
最高人民法院关于涉网络知识产权侵权纠纷几个法律适用问题的批复
（2020年9月12日） …… （203）
最高人民法院关于全面加强知识产权司法保护的意见
（2020年4月15日） …… （204）
最高人民法院关于加强新时代知识产权审判工作为知识产权强国建设提供有力司法服务和保障的意见
（2021年9月24日） …… （207）
最高人民法院关于加强中医药知识产权司法保护的意见
（2022年12月21日） …… （210）
国家知识产权局 最高人民法院 最高人民检察院 公安部 国家市场监督管理总局印发《关于加强知识产权鉴定工作衔接的意见》的通知
（2022年11月22日） …… （212）

二、著 作 权

1. 综 合

中华人民共和国著作权法
（2020年11月11日修正） …… （214）
中华人民共和国电影产业促进法
（2016年11月7日） …… （222）
中华人民共和国著作权法实施条例
（2013年1月30日修订） …… （228）
实施国际著作权条约的规定
（2020年11月29日修订） …… （230）
最高人民法院关于审理著作权民事纠纷案件适用法律若干问题的解释
（2020年12月23日修正） …… （232）
最高人民法院关于加强“红色经典”和英雄烈士合法权益司法保护弘扬社会主义核心价值观的通知
（2018年5月11日） …… （234）
最高人民法院关于加强著作权和与著作权有关的权利保护的意见
（2020年11月16日） …… （235）

2. 著作权登记

著作权质权登记办法
（2010 年 11 月 25 日） …………………………………………………………（237）

3. 计算机软件著作权

计算机软件保护条例
（2013 年 1 月 30 日修订） ……………………………………………………（239）
计算机软件著作权登记档案查询办法
（2009 年 3 月 10 日） …………………………………………………………（242）

4. 信息网络传播权与互联网著作权

信息网络传播权保护条例
（2013 年 1 月 30 日修订） ……………………………………………………（244）
互联网著作权行政保护办法
（2005 年 4 月 29 日） …………………………………………………………（247）
国家版权局关于规范网盘服务版权秩序的通知
（2015 年 10 月 14 日） ………………………………………………………（249）
最高人民法院关于审理侵害信息网络传播权民事纠纷案件适用法律若干问题的规定
（2020 年 12 月 23 日修正） …………………………………………………（250）
最高人民法院关于做好涉及网吧著作权纠纷案件审判工作的通知
（2010 年 11 月 25 日） ………………………………………………………（252）

5. 出 版

出版管理条例
（2020 年 11 月 29 日修订） …………………………………………………（253）
报纸出版管理规定
（2005 年 9 月 30 日） …………………………………………………………（260）
网络出版服务管理规定
（2016 年 2 月 4 日） …………………………………………………………（266）
出版物市场管理规定
（2016 年 5 月 31 日） …………………………………………………………（272）
音像制品管理条例
（2020 年 11 月 29 日修订） …………………………………………………（278）

6. 集体管理与付酬

著作权集体管理条例
（2013 年 12 月 7 日修订） ……………………………………………………（284）
国家版权局关于复制发行境外录音制品向著作权人付酬有关问题的通知
（2000 年 9 月 13 日） …………………………………………………………（288）

电影作品著作权集体管理使用费收取标准
（2010 年 9 月 14 日） …………………………………………………………… （289）
电影作品著作权集体管理使用费转付办法
（2010 年 9 月 14 日） …………………………………………………………… （291）
广播电台电视台播放录音制品支付报酬暂行办法
（2011 年 1 月 8 日修订） ………………………………………………………… （293）
使用音乐作品进行表演的著作权许可使用费标准
（2011 年 10 月 27 日） …………………………………………………………… （295）
教科书法定许可使用作品支付报酬办法
（2013 年 10 月 22 日） …………………………………………………………… （298）
使用文字作品支付报酬办法
（2014 年 9 月 23 日） …………………………………………………………… （300）
【指导案例】
指导案例 48 号：北京精雕科技有限公司诉上海奈凯电子科技有限公司侵害计算机软件著作权纠纷案 …………………………………………………………… （301）
指导案例 49 号：石鸿林诉泰州华仁电子资讯有限公司侵害计算机软件著作权纠纷案…… （303）
【典型案例】
环球唱片有限音乐公司、华纳唱片有限公司、索尼音乐娱乐香港有限公司与北京百度网讯科技有限公司侵犯著作权纠纷上诉案 …………………………………… （306）
央视国际网络有限公司与上海全土豆文化传播有限公司侵害作品信息网络传播权纠纷案 …………………………………………………………… （307）
北京乐动卓越科技有限公司诉北京昆仑乐享网络技术有限公司等侵犯著作权及不正当竞争纠纷案 …………………………………………………………… （308）
深圳市腾讯计算机系统有限公司与广州网易计算机系统有限公司等侵害音乐作品信息网络传播权纠纷诉前禁令案 …………………………………………… （309）
上海帕弗洛文化用品有限公司诉上海艺想文化用品有限公司等侵害著作权纠纷上诉案 …………………………………………………………… （310）

7. 著作权行政执法

著作权行政处罚实施办法
（2009 年 5 月 7 日） …………………………………………………………… （310）
国家版权局关于查处著作权侵权案件如何理解适用损害公共利益有关问题的复函
（2006 年 11 月 2 日） …………………………………………………………… （314）
举报、查处侵权盗版行为奖励暂行办法
（2007 年 9 月 20 日） …………………………………………………………… （315）

三、专　　利

1. 综　　合

中华人民共和国专利法
（2020 年 10 月 17 日修正） ……………………………………………………… （317）

中华人民共和国专利法实施细则
（2010年1月9日修订） …… （325）
专利标识标注办法
（2012年3月8日） …… （340）
专利权质押登记办法
（2021年11月15日） …… （340）

2. 专利代理

专利代理条例
（2018年11月6日） …… （343）
专利代理管理办法
（2019年4月4日） …… （345）

3. 专利申请

国家知识产权局关于专利电子申请的规定
（2010年8月26日） …… （352）
专利优先审查管理办法
（2017年6月27日） …… （353）

4. 专利许可

专利实施许可合同备案办法
（2011年6月27日） …… （355）
专利实施强制许可办法
（2012年3月15日） …… （356）

5. 专利行政执法

专利行政执法办法
（2015年5月29日修正） …… （361）
国家知识产权局关于印发《专利行政执法证件与执法标识管理办法（试行）》的通知
（2016年9月12日） …… （367）

6. 专利纠纷审判

最高人民法院关于审理专利纠纷案件适用法律问题的若干规定
（2020年12月23日修正） …… （370）
最高人民法院关于审理侵犯专利权纠纷案件应用法律若干问题的解释
（2009年12月28日） …… （372）
最高人民法院关于审理侵犯专利权纠纷案件应用法律若干问题的解释（二）
（2020年12月23日修正） …… （374）

最高人民法院关于审理申请注册的药品相关的专利权纠纷民事案件适用法律若干问题的规定
（2021年7月4日） …………………………………………………………………… （378）
【指导案例】
指导案例55号：柏万清诉成都难寻物品营销服务中心等侵害实用新型专利权纠纷案…… （379）
指导案例83号：威海嘉易烤生活家电有限公司诉永康市金仕德工贸有限公司、浙江天猫网络有限公司侵害发明专利权纠纷案 …………………………………………… （381）
指导案例84号：礼来公司诉常州华生制药有限公司侵害发明专利权纠纷案………………… （384）
指导案例85号：高仪股份公司诉浙江健龙卫浴有限公司侵害外观设计专利权纠纷案…… （390）
【典型案例】
珠海格力电器股份有限公司诉广东美的制冷设备有限公司等侵害发明专利权纠纷案 …… （394）
亚什兰许可和知识产权有限公司、北京天使专用化学技术有限公司诉北京瑞仕邦精细化工技术有限公司、苏州瑞普工业助剂有限公司、魏星光等侵害发明专利权纠纷案 ……… （395）
雅培贸易（上海）有限公司与台州市黄岩亿隆塑业有限公司、北京溢炀杰商贸有限公司诉前停止侵害专利权及专利侵权纠纷案 ……………………………………………… （396）
北京亚东生物制药有限公司与国家知识产权局专利复审委员会、山东华洋制药有限公司专利行政纠纷申请再审案 ……………………………………………………………… （397）
安阳翔宇医疗设备有限公司诉专利复审委员会、崔学伟专利权无效宣告行政纠纷案 …… （398）

四、商　　标

1. 综　　合

中华人民共和国商标法
（2019年4月23日修正） ………………………………………………………………… （399）
中华人民共和国商标法实施条例
（2014年4月29日修订） ………………………………………………………………… （407）
商标印制管理办法
（2020年10月23日修订） ……………………………………………………………… （416）
国家知识产权局关于印发《商标侵权判断标准》的通知
（2020年6月15日） …………………………………………………………………… （418）

2. 商标注册与评审

商标评审规则
（2014年5月28日修订） ………………………………………………………………… （422）
规范商标申请注册行为若干规定
（2019年10月11日） …………………………………………………………………… （428）
集体商标、证明商标注册和管理办法
（2003年4月17日） …………………………………………………………………… （430）
国家工商行政管理总局商标局关于提交商标异议申请有关事项的通知
（2008年12月1日） …………………………………………………………………… （432）

含“中国”及首字为“国”字商标的审查审理标准
（2010年7月28日） ……（432）
工商总局关于印发《委托地方工商和市场监管部门受理商标注册申请暂行规定》的通知
（2016年8月31日） ……（433）

3. 商标许可使用与转让

商标使用许可合同备案办法
（1997年8月1日） ……（435）
最高人民法院关于商标侵权纠纷中注册商标排他使用许可合同的被许可人是否有权单独提起诉讼问题的函
（2002年9月10日） ……（437）

4. 驰名商标认定和保护

驰名商标认定和保护规定
（2014年7月3日修订） ……（437）
最高人民法院关于审理涉及驰名商标保护的民事纠纷案件应用法律若干问题的解释
（2020年12月23日修正） ……（439）
最高人民法院关于建立驰名商标司法认定备案制度的通知
（2006年11月12日） ……（441）
最高人民法院关于涉及驰名商标认定的民事纠纷案件管辖问题的通知
（2009年1月5日） ……（441）

5. 商标纠纷审判

最高人民法院关于人民法院对注册商标权进行财产保全的解释
（2020年12月23日修正） ……（442）
最高人民法院关于审理商标案件有关管辖和法律适用范围问题的解释
（2020年12月23日修正） ……（442）
最高人民法院关于商标法修改决定施行后商标案件管辖和法律适用问题的解释
（2020年12月23日修正） ……（444）
最高人民法院关于审理商标民事纠纷案件适用法律若干问题的解释
（2020年12月23日修正） ……（445）
最高人民法院关于审理商标授权确权行政案件若干问题的规定
（2020年12月23日修正） ……（447）
最高人民法院印发《关于审理商标授权确权行政案件若干问题的意见》的通知
（2010年4月20日） ……（451）

6. 商标与相关标识

（1）商标与产地

中华人民共和国农业法
（2012年12月28日修正） ……（454）

中华人民共和国进出口货物原产地条例
（2019 年 3 月 2 日修订） …… （463）
原产地标记管理规定
（2001 年 3 月 5 日） …… （466）
原产地标记管理规定实施办法
（2001 年 3 月 5 日） …… （467）
地理标志产品保护规定
（2005 年 6 月 7 日） …… （469）
地理标志专用标志使用管理办法（试行）
（2020 年 4 月 3 日） …… （471）

（2）商标与特殊标志

特殊标志管理条例
（1996 年 7 月 13 日） …… （473）
世界博览会标志保护条例
（2004 年 10 月 20 日） …… （475）
奥林匹克标志保护条例
（2018 年 6 月 28 日修订） …… （477）

（3）商标与企业名称

企业名称登记管理规定
（2020 年 12 月 28 日） …… （479）
企业名称登记管理实施办法
（2004 年 6 月 14 日） …… （481）
最高人民法院关于审理注册商标、企业名称与在先权利冲突的民事纠纷案件若干问题的规定
（2020 年 12 月 23 日修正） …… （484）
最高人民法院关于对杭州张小泉剪刀厂与上海张小泉刀剪总店、上海张小泉刀剪制造有限公司商标侵权及不正当竞争纠纷一案有关适用法律问题的函
（2003 年 11 月 4 日） …… （485）

【指导案例】

指导案例 46 号：山东鲁锦实业有限公司诉鄄城县鲁锦工艺品有限责任公司、济宁礼之邦家纺有限公司侵害商标权及不正当竞争纠纷案 …… （486）
指导案例 58 号：成都同德福合川桃片有限公司诉重庆市合川区同德福桃片有限公司、余晓华侵害商标权及不正当竞争纠纷案 …… （489）
指导案例 82 号：王碎永诉深圳歌力思服饰股份有限公司、杭州银泰世纪百货有限公司侵害商标权纠纷案 …… （491）
指导案例 87 号：郭明升、郭明锋、孙淑标假冒注册商标案 …… （493）

【典型案例】

广州市红太阳机动车配件有限公司与安徽江淮汽车集团有限公司、安徽江淮汽车股份有限公司确认不侵犯商标专用权纠纷申请再审案 …… （494）
苹果公司与深圳唯冠公司“iPad”商标权属纠纷案
——重大调解典型案例 …… （495）
绫致公司与崔焕所等侵害“杰克·琼斯”商标权民事纠纷案
——涉及网络的侵害商标权民事纠纷案例 …… （496）

盖璞公司与新恒利公司“GAP”商标异议行政纠纷案
——恶意抢注的商标行政纠纷案例 ……………………………………………………………（496）
佛山市海天调味食品股份有限公司诉佛山市高明威极调味食品有限公司侵害商标权及
不正当竞争纠纷案 ……………………………………………………………………………（497）

五、其他知识产权

1. 植物新品种

中华人民共和国植物新品种保护条例
（2014年7月29日修订） ……………………………………………………………………（499）
中华人民共和国植物新品种保护条例实施细则（农业部分）
（2014年4月25日修订） ……………………………………………………………………（503）
中华人民共和国植物新品种保护条例实施细则（林业部分）
（2011年1月25日修改） ……………………………………………………………………（509）
农业植物新品种权侵权案件处理规定
（2002年12月30日） ………………………………………………………………………（514）
最高人民法院关于审理植物新品种纠纷案件若干问题的解释
（2020年12月23日修正） …………………………………………………………………（516）
最高人民法院关于审理侵害植物新品种权纠纷案件具体应用法律问题的若干规定
（2020年12月23日修正） …………………………………………………………………（517）
最高人民法院关于审理侵害植物新品种权纠纷案件具体应用法律问题的若干规定（二）
（2021年7月5日） …………………………………………………………………………（518）
【指导案例】
指导案例86号：天津天隆种业科技有限公司与江苏徐农种业科技有限公司侵害植物
新品种权纠纷案 ………………………………………………………………………………（521）
指导案例92号：莱州市金海种业有限公司诉张掖市富凯农业科技有限责任公司侵犯植物
新品种权纠纷案 ………………………………………………………………………………（523）
指导案例100号：山东登海先锋种业有限公司诉陕西农丰种业有限责任公司、山西大丰
种业有限公司侵害植物新品种权纠纷案 ……………………………………………………（525）
【典型案例】
河北省林业科学研究院、石家庄市绿缘达园林工程有限公司与九台市园林绿化管理处等
侵害植物新品种纠纷再审案 …………………………………………………………………（527）
四川中正科技有限公司与广西壮族自治区博白县农业科学研究所、王腾金、刘振卓、
四川中升科技种业有限公司侵害植物新品种权纠纷案 ……………………………………（528）
北京德农种业有限公司、河南省农业科学院与河南金博士种业股份有限公司侵害植物
新品种权纠纷案 ………………………………………………………………………………（529）

2. 集成电路布图设计

集成电路布图设计保护条例
（2001年4月2日） …………………………………………………………………………（530）

集成电路布图设计保护条例实施细则
（2001 年 9 月 18 日） …………………………………………………………（533）
集成电路布图设计行政执法办法
（2001 年 11 月 28 日） ………………………………………………………（538）
最高人民法院关于开展涉及集成电路布图设计案件审判工作的通知
（2001 年 11 月 16 日） ………………………………………………………（541）
【典型案例】
钜泉光电科技（上海）股份有限公司与深圳市锐能微科技有限公司、上海雅创电子零件有限公司侵害集成电路布图设计专有权纠纷上诉案 ……………………（542）
“锂电池保护芯片”集成电路布图设计侵权案 …………………………………（543）
苏州赛芯电子科技有限公司与深圳裕昇科技有限公司、户财欢、黄建东、黄赛亮侵害集成电路布图设计专有权纠纷案 ……………………………………………（544）

3. 技术成果、技术秘密与技术合同

中华人民共和国促进科技成果转化法
（2015 年 8 月 29 日修正） ……………………………………………………（545）
科学技术保密规定
（2015 年 11 月 16 日） ………………………………………………………（549）
技术合同认定登记管理办法
（2000 年 3 月 23 日） …………………………………………………………（554）
科学技术部关于印发《技术合同认定规则》的通知
（2001 年 7 月 18 日） …………………………………………………………（555）
最高人民法院关于审理技术合同纠纷案件适用法律若干问题的解释
（2020 年 12 月 23 日修正） …………………………………………………（561）

4. 域　　名

互联网域名管理办法
（2017 年 8 月 24 日） …………………………………………………………（567）
最高人民法院关于审理涉及计算机网络域名民事纠纷案件适用法律若干问题的解释
（2020 年 12 月 23 日修正） …………………………………………………（572）

5. 商业特许经营

商业特许经营管理条例
（2007 年 2 月 6 日） …………………………………………………………（573）
商业特许经营备案管理办法
（2011 年 12 月 12 日） ………………………………………………………（576）
商业特许经营信息披露管理办法
（2012 年 2 月 23 日） …………………………………………………………（578）
【典型案例】
南京宝庆银楼连锁发展有限公司、江苏创煜工贸有限公司与南京宝庆银楼首饰有限责任公司、南京宝庆首饰总公司特许经营合同纠纷上诉案 ……………………（580）

六、反不正当竞争、反垄断

中华人民共和国反不正当竞争法
（2019 年 4 月 23 日修正）……………………………………………………（581）
最高人民法院关于适用《中华人民共和国反不正当竞争法》若干问题的解释
（2022 年 3 月 16 日）……………………………………………………（584）
中华人民共和国反垄断法
（2022 年 6 月 24 日修正）……………………………………………………（587）
最高人民法院关于审理因垄断行为引发的民事纠纷案件应用法律若干问题的规定
（2020 年 12 月 23 日修正）……………………………………………………（593）
国家工商行政管理局关于禁止滥用知识产权排除、限制竞争行为的规定
（2020 年 10 月 23 日修订）……………………………………………………（594）
【指导案例】
指导案例 30 号：兰建军、杭州小拇指汽车维修科技股份有限公司诉天津市小拇指汽车维修服务有限公司等侵害商标权及不正当竞争纠纷案 ……………………（597）
指导案例 45 号：北京百度网讯科技有限公司诉青岛奥商网络技术有限公司等不正当竞争纠纷案 ……………………………………………………（602）
指导案例 47 号：意大利费列罗公司诉蒙特莎（张家港）食品有限公司、天津经济技术开发区正元行销有限公司不正当竞争纠纷案 ……………………（605）
【典型案例】
申请人美国礼来公司、礼来（中国）研发有限公司与被申请人黄孟炜行为保全申请案 ……………………………………………………（608）
腾讯科技（深圳）有限公司、深圳市腾讯计算机系统有限公司与北京奇虎科技有限公司、奇智软件（北京）有限公司不正当竞争纠纷上诉案 ……………………（609）
北京趣拿信息技术有限公司与广州市去哪信息技术有限公司不正当竞争纠纷上诉案 ……（610）
北京爱奇艺科技有限公司诉北京极科极客科技有限公司不正当竞争纠纷案 ……………（611）

七、侵犯知识产权的刑事责任

中华人民共和国刑法（节录）
（2020 年 12 月 26 日修正）……………………………………………………（612）
最高人民法院关于审理非法出版物刑事案件具体应用法律若干问题的解释
（1998 年 12 月 17 日）……………………………………………………（622）
最高人民法院　最高人民检察院关于办理侵犯知识产权刑事案件具体应用法律若干问题的解释
（2004 年 12 月 8 日）……………………………………………………（624）
最高人民法院　最高人民检察院关于办理侵犯知识产权刑事案件具体应用法律若干问题的解释（二）
（2007 年 4 月 5 日）……………………………………………………（627）
最高人民法院　最高人民检察院关于办理侵犯知识产权刑事案件具体应用法律若干问题的解释（三）
（2020 年 9 月 12 日）……………………………………………………（628）

最高人民法院　最高人民检察院关于办理侵犯著作权刑事案件中涉及录音录像制品有关问题的批复
(2005 年 10 月 13 日) …………………………………………………………………… (630)
最高人民法院　最高人民检察院　公安部印发《关于办理侵犯知识产权刑事案件适用法律若干问题的意见》的通知
(2011 年 1 月 10 日) …………………………………………………………………… (630)
最高人民检察院　公安部关于印发《最高人民检察院、公安部关于公安机关管辖的刑事案件立案追诉标准的规定（一)》的通知
(2008 年 6 月 25 日) …………………………………………………………………… (633)

一、综　　合

中华人民共和国民法典

（2020 年 5 月 28 日第十三届全国人民代表大会第三次会议通过
2020 年 5 月 28 日中华人民共和国主席令第四十五号公布
自 2021 年 1 月 1 日起施行）

目　录

第一编　总　则
　第一章　基本规定
　第二章　自然人
　　第一节　民事权利能力和民事行为能力
　　第二节　监　护
　　第三节　宣告失踪和宣告死亡
　　第四节　个体工商户和农村承包经营户
　第三章　法　人
　　第一节　一般规定
　　第二节　营利法人
　　第三节　非营利法人
　　第四节　特别法人
　第四章　非法人组织
　第五章　民事权利
　第六章　民事法律行为
　　第一节　一般规定
　　第二节　意思表示
　　第三节　民事法律行为的效力
　　第四节　民事法律行为的附条件和附期限
　第七章　代　理
　　第一节　一般规定
　　第二节　委托代理
　　第三节　代理终止
　第八章　民事责任
　第九章　诉讼时效
　第十章　期间计算
第二编　物　权
　第一分编　通　则
　第一章　一般规定
　第二章　物权的设立、变更、转让和消灭
　　第一节　不动产登记
　　第二节　动产交付
　　第三节　其他规定
　第三章　物权的保护
　第二分编　所有权
　第四章　一般规定
　第五章　国家所有权和集体所有权、私人所有权
　第六章　业主的建筑物区分所有权
　第七章　相邻关系
　第八章　共　有
　第九章　所有权取得的特别规定
　第三分编　用益物权
　第十章　一般规定
　第十一章　土地承包经营权
　第十二章　建设用地使用权
　第十三章　宅基地使用权
　第十四章　居住权
　第十五章　地役权
　第四分编　担保物权
　第十六章　一般规定
　第十七章　抵押权

第一节 一般抵押权
第二节 最高额抵押权
第十八章 质 权
第一节 动产质权
第二节 权利质权
第十九章 留置权
第五分编 占 有
第二十章 占 有
第三编 合 同
第一分编 通 则
第一章 一般规定
第二章 合同的订立
第三章 合同的效力
第四章 合同的履行
第五章 合同的保全
第六章 合同的变更和转让
第七章 合同的权利义务终止
第八章 违约责任
第二分编 典型合同
第九章 买卖合同
第十章 供用电、水、气、热力合同
第十一章 赠与合同
第十二章 借款合同
第十三章 保证合同
第一节 一般规定
第二节 保证责任
第十四章 租赁合同
第十五章 融资租赁合同
第十六章 保理合同
第十七章 承揽合同
第十八章 建设工程合同
第十九章 运输合同
第一节 一般规定
第二节 客运合同
第三节 货运合同
第四节 多式联运合同
第二十章 技术合同
第一节 一般规定
第二节 技术开发合同
第三节 技术转让合同和技术许可合同
第四节 技术咨询合同和技术服务合同
第二十一章 保管合同
第二十二章 仓储合同
第二十三章 委托合同
第二十四章 物业服务合同
第二十五章 行纪合同
第二十六章 中介合同
第二十七章 合伙合同
第三分编 准合同
第二十八章 无因管理
第二十九章 不当得利
第四编 人格权
第一章 一般规定
第二章 生命权、身体权和健康权
第三章 姓名权和名称权
第四章 肖像权
第五章 名誉权和荣誉权
第六章 隐私权和个人信息保护
第五编 婚姻家庭
第一章 一般规定
第二章 结 婚
第三章 家庭关系
第一节 夫妻关系
第二节 父母子女关系和其他近亲属关系
第四章 离 婚
第五章 收 养
第一节 收养关系的成立
第二节 收养的效力
第三节 收养关系的解除
第六编 继 承
第一章 一般规定
第二章 法定继承
第三章 遗嘱继承和遗赠
第四章 遗产的处理
第七编 侵权责任
第一章 一般规定
第二章 损害赔偿
第三章 责任主体的特殊规定
第四章 产品责任
第五章 机动车交通事故责任
第六章 医疗损害责任
第七章 环境污染和生态破坏责任
第八章 高度危险责任
第九章 饲养动物损害责任
第十章 建筑物和物件损害责任
附 则

第一编 总 则

第一章 基本规定

第一条 为了保护民事主体的合法权益，调整民事关系，维护社会和经济秩序，适应中国特色社会主义发展要求，弘扬社会主义核心价值观，根据宪法，制定本法。

第二条 民法调整平等主体的自然人、法人和非法人组织之间的人身关系和财产关系。

第三条 民事主体的人身权利、财产权利以及其他合法权益受法律保护，任何组织或者个人不得侵犯。

第四条 民事主体在民事活动中的法律地位一律平等。

第五条 民事主体从事民事活动，应当遵循自愿原则，按照自己的意思设立、变更、终止民事法律关系。

第六条 民事主体从事民事活动，应当遵循公平原则，合理确定各方的权利和义务。

第七条 民事主体从事民事活动，应当遵循诚信原则，秉持诚实，恪守承诺。

第八条 民事主体从事民事活动，不得违反法律，不得违背公序良俗。

第九条 民事主体从事民事活动，应当有利于节约资源、保护生态环境。

第十条 处理民事纠纷，应当依照法律；法律没有规定的，可以适用习惯，但是不得违背公序良俗。

第十一条 其他法律对民事关系有特别规定的，依照其规定。

第十二条 中华人民共和国领域内的民事活动，适用中华人民共和国法律。法律另有规定的，依照其规定。

第二章 自然人

第一节 民事权利能力和民事行为能力

第十三条 自然人从出生时起到死亡时止，具有民事权利能力，依法享有民事权利，承担民事义务。

第十四条 自然人的民事权利能力一律平等。

第十五条 自然人的出生时间和死亡时间，以出生证明、死亡证明记载的时间为准；没有出生证明、死亡证明的，以户籍登记或者其他有效身份登记记载的时间为准。有其他证据足以推翻以上记载时间的，以该证据证明的时间为准。

第十六条 涉及遗产继承、接受赠与等胎儿利益保护的，胎儿视为具有民事权利能力。但是，胎儿娩出时为死体的，其民事权利能力自始不存在。

第十七条 十八周岁以上的自然人为成年人。不满十八周岁的自然人为未成年人。

第十八条 成年人为完全民事行为能力人，可以独立实施民事法律行为。

十六周岁以上的未成年人，以自己的劳动收入为主要生活来源的，视为完全民事行为能力人。

第十九条 八周岁以上的未成年人为限制民事行为能力人，实施民事法律行为由其法定代理人代理或者经其法定代理人同意、追认；但是，可以独立实施纯获利益的民事法律行为或者与其年龄、智力相适应的民事法律行为。

第二十条 不满八周岁的未成年人为无民事行为能力人，由其法定代理人代理实施民事法律行为。

第二十一条 不能辨认自己行为的成年人为无民事行为能力人，由其法定代理人代理实施民事法律行为。

八周岁以上的未成年人不能辨认自己行为的，适用前款规定。

第二十二条 不能完全辨认自己行为的成年人为限制民事行为能力人，实施民事法律行为由其法定代理人代理或者经其法定代理人同意、追认；但是，可以独立实施纯获利益的民事法律行为或者与其智力、精神健康状况相适应的民事法律行为。

第二十三条 无民事行为能力人、限制民事行为能力人的监护人是其法定代理人。

第二十四条 不能辨认或者不能完全辨认自己行为的成年人，其利害关系人或者有关组织，可以向人民法院申请认定该成年人为无民事行为能力人或者限制民事行为能力人。

被人民法院认定为无民事行为能力人或者限制民事行为能力人的，经本人、利害关系人或者有关组织申请，人民法院可以根据其智力、精神健康恢复的状况，认定该成年人恢复为限制民事行为能力人或者完全民事行为能力人。

本条规定的有关组织包括：居民委员会、村民委员会、学校、医疗机构、妇女联合会、残疾人联合会、依法设立的老年人组织、民政部门等。

第二十五条 自然人以户籍登记或者其他有效身份登记记载的居所为住所；经常居所与住所不一致的，经常居所视为住所。

第二节 监 护

第二十六条 父母对未成年子女负有抚养、教育和保护的义务。

成年子女对父母负有赡养、扶助和保护的义务。

第二十七条 父母是未成年子女的监护人。

未成年人的父母已经死亡或者没有监护能力的，由下列有监护能力的人按顺序担任监护人：

（一）祖父母、外祖父母；

（二）兄、姐；

（三）其他愿意担任监护人的个人或者组织，但是须经未成年人住所地的居民委员会、村民委员会或者民政部门同意。

第二十八条 无民事行为能力或者限制民事行为能力的成年人，由下列有监护能力的人按顺序担任监护人：

（一）配偶；

（二）父母、子女；

（三）其他近亲属；

（四）其他愿意担任监护人的个人或者组织，但是须经被监护人住所地的居民委员会、村民委员会或者民政部门同意。

第二十九条 被监护人的父母担任监护人的，可以通过遗嘱指定监护人。

第三十条 依法具有监护资格的人之间可以协议确定监护人。协议确定监护人应当尊重被监护人的真实意愿。

第三十一条 对监护人的确定有争议的，由被监护人住所地的居民委员会、村民委员会或者民政部门指定监护人，有关当事人对指定不服的，可以向人民法院申请指定监护人；有关当事人也可以直接向人民法院申请指定监护人。

居民委员会、村民委员会、民政部门或者人民法院应当尊重被监护人的真实意愿，按照最有利于被监护人的原则在依法具有监护资格的人中指定监护人。

依据本条第一款规定指定监护人前，被监护人的人身权利、财产权利以及其他合法权益处于无人保护状态的，由被监护人住所地的居民委员会、村民委员会、法律规定的有关组织或者民政部门担任临时监护人。

监护人被指定后，不得擅自变更；擅自变更的，不免除被指定的监护人的责任。

第三十二条 没有依法具有监护资格的人的，监护人由民政部门担任，也可以由具备履行监护职责条件的被监护人住所地的居民委员会、村民委员会担任。

第三十三条 具有完全民事行为能力的成年人，可以与其近亲属、其他愿意担任监护人的个人或者组织事先协商，以书面形式确定自己的监护人，在自己丧失或者部分丧失民事行为能力时，由该监护人履行监护职责。

第三十四条 监护人的职责是代理被监护人实施民事法律行为，保护被监护人的人身权利、财产权利以及其他合法权益等。

监护人依法履行监护职责产生的权利，受法律保护。

监护人不履行监护职责或者侵害被监护人合法权益的，应当承担法律责任。

因发生突发事件等紧急情况，监护人暂时无法履行监护职责，被监护人的生活处于无人照料状态的，被监护人住所地的居民委员会、村民委员会或者民政部门应当为被监护人安排必要的临时生活照料措施。

第三十五条 监护人应当按照最有利于被监护人的原则履行监护职责。监护人除为维护被监护人利益外，不得处分被监护人的财产。

未成年人的监护人履行监护职责，在作出与被监护人利益有关的决定时，应当根据被监护人的年龄和智力状况，尊重被监护人的真实意愿。

成年人的监护人履行监护职责，应当最大程度地尊重被监护人的真实意愿，保障并协助被监护人实施与其智力、精神健康状况相适应的民事法律行为。对被监护人有能力独立处理的事务，监护人不得干涉。

第三十六条 监护人有下列情形之一的，人民法院根据有关个人或者组织的申请，撤销其监护人资格，安排必要的临时监护措施，并按照最有利于被监护人的原则依法指定监护人：

（一）实施严重损害被监护人身心健康的行为；

（二）怠于履行监护职责，或者无法履行监护职责且拒绝将监护职责部分或者全部委托给他人，导致被监护人处于危困状态；

（三）实施严重侵害被监护人合法权益的其他行为。

本条规定的有关个人、组织包括：其他依法具有监护资格的人，居民委员会、村民委员会、学校、医疗机构、妇女联合会、残疾人联合会、未成年人保护组织、依法设立的老年人组织、民政部门等。

前款规定的个人和民政部门以外的组织未及时向人民法院申请撤销监护人资格的，民政部门应当向人民法院申请。

第三十七条 依法负担被监护人抚养费、赡养费、扶养费的父母、子女、配偶等，被人民法院撤销监护人资格后，应当继续履行负担的义务。

第三十八条 被监护人的父母或者子女被人民法院撤销监护人资格后，除对被监护人实施故意犯罪的外，确有悔改表现的，经其申请，人民法院可以在尊重被监护人真实意愿的前提下，视情况恢复其监护人资格，人民法院指定的监护人与被监护人的监护关系同时终止。

第三十九条 有下列情形之一的，监护关系终止：

（一）被监护人取得或者恢复完全民事行为能力；

（二）监护人丧失监护能力；

（三）被监护人或者监护人死亡；

（四）人民法院认定监护关系终止的其他情形。

监护关系终止后，被监护人仍然需要监护的，应当依法另行确定监护人。

第三节 宣告失踪和宣告死亡

第四十条 自然人下落不明满二年的，利害关系人可以向人民法院申请宣告该自然人为失踪人。

第四十一条 自然人下落不明的时间自其失去音讯之日起计算。战争期间下落不明的，下落不明的时间自战争结束之日或者有关机关确定的下落不明之日起计算。

第四十二条 失踪人的财产由其配偶、成年子女、父母或者其他愿意担任财产代管人的人代管。

代管有争议，没有前款规定的人，或者前款规定的人无代管能力的，由人民法院指定的人代管。

第四十三条 财产代管人应当妥善管理失踪人的财产，维护其财产权益。

失踪人所欠税款、债务和应付的其他费用，由财产代管人从失踪人的财产中支付。

财产代管人因故意或者重大过失造成失踪人财产损失的，应当承担赔偿责任。

第四十四条 财产代管人不履行代管职责、侵害失踪人财产权益或者丧失代管能力的，失踪人的利害关系人可以向人民法院申请变更财产代管人。

财产代管人有正当理由的，可以向人民法院申请变更财产代管人。

人民法院变更财产代管人的，变更后的财产代管人有权请求原财产代管人及时移交有关财产并报告财产代管情况。

第四十五条 失踪人重新出现，经本人或者利害关系人申请，人民法院应当撤销失踪宣告。

失踪人重新出现，有权请求财产代管人及时移交有关财产并报告财产代管情况。

第四十六条 自然人有下列情形之一的，利害关系人可以向人民法院申请宣告该自然人死亡：

（一）下落不明满四年；

（二）因意外事件，下落不明满二年。

因意外事件下落不明，经有关机关证明该自然人不可能生存的，申请宣告死亡不受二年时间的限制。

第四十七条 对同一自然人，有的利害关系人申请宣告死亡，有的利害关系人申请宣告失踪，符合本法规定的宣告死亡条件的，人民法院应当宣告死亡。

第四十八条 被宣告死亡的人，人民法院宣告死亡的判决作出之日视为其死亡的日期；因意外事件下落不明宣告死亡的，意外事件发生之日视为其死亡的日期。

第四十九条 自然人被宣告死亡但是并未死亡的，不影响该自然人在被宣告死亡期间实施的民事法律行为的效力。

第五十条 被宣告死亡的人重新出现，经本人或者利害关系人申请，人民法院应当撤销死亡宣告。

第五十一条 被宣告死亡的人的婚姻关系，自死亡宣告之日起消除。死亡宣告被撤销的，婚姻关系自撤销死亡宣告之日起自行恢复。但是，其配偶再婚或者向婚姻登记机关书面声明不愿意恢复的除外。

第五十二条 被宣告死亡的人在被宣告死亡期间，其子女被他人依法收养的，在死亡宣告被撤销后，不得以未经本人同意为由主张收养行为无效。

第五十三条 被撤销死亡宣告的人有权请求依照本法第六编取得其财产的民事主体返还财产；无法返还的，应当给予适当补偿。

利害关系人隐瞒真实情况，致使他人被宣告死亡而取得其财产的，除应当返还财产外，还应当对由此造成的损失承担赔偿责任。

第四节 个体工商户和农村承包经营户

第五十四条 自然人从事工商业经营，经依法登记，为个体工商户。个体工商户可以起字号。

第五十五条 农村集体经济组织的成员，依法取得农村土地承包经营权，从事家庭承包经营的，为农村承包经营户。

第五十六条 个体工商户的债务，个人经营的，以个人财产承担；家庭经营的，以家庭财产承担；无法区分的，以家庭财产承担。

农村承包经营户的债务，以从事农村土地承包经营的农户财产承担；事实上由农户部分成员经营的，以该部分成员的财产承担。

第三章 法 人

第一节 一般规定

第五十七条 法人是具有民事权利能力和民事行为能力，依法独立享有民事权利和承担民事义务的组织。

第五十八条 法人应当依法成立。

法人应当有自己的名称、组织机构、住所、财产或者经费。法人成立的具体条件和程序，依照法律、行政法规的规定。

设立法人，法律、行政法规规定须经有关机关批准的，依照其规定。

第五十九条 法人的民事权利能力和民事行为能力，从法人成立时产生，到法人终止时消灭。

第六十条 法人以其全部财产独立承担民事责任。

第六十一条 依照法律或者法人章程的规定，代表法人从事民事活动的负责人，为法人的法定代表人。

法定代表人以法人名义从事的民事活动，其法律后果由法人承受。

法人章程或者法人权力机构对法定代表人代表权的限制，不得对抗善意相对人。

第六十二条 法定代表人因执行职务造成他人损害的，由法人承担民事责任。

法人承担民事责任后，依照法律或者法人章程的规定，可以向有过错的法定代表人追偿。

第六十三条 法人以其主要办事机构所在地为住所。依法需要办理法人登记的，应当将主要办事机构所在地登记为住所。

第六十四条 法人存续期间登记事项发生变化的，应当依法向登记机关申请变更登记。

第六十五条 法人的实际情况与登记的事项不一致的，不得对抗善意相对人。

第六十六条 登记机关应当依法及时公示法人登记的有关信息。

第六十七条 法人合并的，其权利和义务由合并后的法人享有和承担。

法人分立的，其权利和义务由分立后的法人享有连带债权，承担连带债务，但是债权人和债务人另有约定的除外。

第六十八条 有下列原因之一并依法完成清算、注销登记的，法人终止：

（一）法人解散；

（二）法人被宣告破产；

（三）法律规定的其他原因。

法人终止，法律、行政法规规定须经有关机关批准的，依照其规定。

第六十九条 有下列情形之一的，法人解散：

（一）法人章程规定的存续期间届满或者法人章程规定的其他解散事由出现；

（二）法人的权力机构决议解散；

（三）因法人合并或者分立需要解散；

（四）法人依法被吊销营业执照、登记证

书，被责令关闭或者被撤销；

（五）法律规定的其他情形。

第七十条 法人解散的，除合并或者分立的情形外，清算义务人应当及时组成清算组进行清算。

法人的董事、理事等执行机构或者决策机构的成员为清算义务人。法律、行政法规另有规定的，依照其规定。

清算义务人未及时履行清算义务，造成损害的，应当承担民事责任；主管机关或者利害关系人可以申请人民法院指定有关人员组成清算组进行清算。

第七十一条 法人的清算程序和清算组职权，依照有关法律的规定；没有规定的，参照适用公司法律的有关规定。

第七十二条 清算期间法人存续，但是不得从事与清算无关的活动。

法人清算后的剩余财产，按照法人章程的规定或者法人权力机构的决议处理。法律另有规定的，依照其规定。

清算结束并完成法人注销登记时，法人终止；依法不需要办理法人登记的，清算结束时，法人终止。

第七十三条 法人被宣告破产的，依法进行破产清算并完成法人注销登记时，法人终止。

第七十四条 法人可以依法设立分支机构。法律、行政法规规定分支机构应当登记的，依照其规定。

分支机构以自己的名义从事民事活动，产生的民事责任由法人承担；也可以先以该分支机构管理的财产承担，不足以承担的，由法人承担。

第七十五条 设立人为设立法人从事的民事活动，其法律后果由法人承受；法人未成立的，其法律后果由设立人承受，设立人为二人以上的，享有连带债权，承担连带债务。

设立人为设立法人以自己的名义从事民事活动产生的民事责任，第三人有权选择请求法人或者设立人承担。

第二节 营利法人

第七十六条 以取得利润并分配给股东等出资人为目的成立的法人，为营利法人。

营利法人包括有限责任公司、股份有限公司和其他企业法人等。

第七十七条 营利法人经依法登记成立。

第七十八条 依法设立的营利法人，由登记机关发给营利法人营业执照。营业执照签发日期为营利法人的成立日期。

第七十九条 设立营利法人应当依法制定法人章程。

第八十条 营利法人应当设权力机构。

权力机构行使修改法人章程，选举或者更换执行机构、监督机构成员，以及法人章程规定的其他职权。

第八十一条 营利法人应当设执行机构。

执行机构行使召集权力机构会议，决定法人的经营计划和投资方案，决定法人内部管理机构的设置，以及法人章程规定的其他职权。

执行机构为董事会或者执行董事的，董事长、执行董事或者经理按照法人章程的规定担任法定代表人；未设董事会或者执行董事的，法人章程规定的主要负责人为其执行机构和法定代表人。

第八十二条 营利法人设监事会或者监事等监督机构的，监督机构依法行使检查法人财务，监督执行机构成员、高级管理人员执行法人职务的行为，以及法人章程规定的其他职权。

第八十三条 营利法人的出资人不得滥用出资人权利损害法人或者其他出资人的利益；滥用出资人权利造成法人或者其他出资人损失的，应当依法承担民事责任。

营利法人的出资人不得滥用法人独立地位和出资人有限责任损害法人债权人的利益；滥用法人独立地位和出资人有限责任，逃避债务，严重损害法人债权人的利益的，应当对法人债务承担连带责任。

第八十四条 营利法人的控股出资人、实际控制人、董事、监事、高级管理人员不得利用其关联关系损害法人的利益；利用关联关系造成法人损失的，应当承担赔偿责任。

第八十五条 营利法人的权力机构、执行机构作出决议的会议召集程序、表决方式违反法律、行政法规、法人章程，或者决议内容违反法人章程的，营利法人的出资人可以请求人民法院撤销该决议。但是，营利法人依据该决议与善意相对人形成的民事法律关系不受影响。

第八十六条 营利法人从事经营活动，应当遵守商业道德，维护交易安全，接受政府和社会的监督，承担社会责任。

第三节 非营利法人

第八十七条 为公益目的或者其他非营利目的成立，不向出资人、设立人或者会员分配所取得利润的法人，为非营利法人。

非营利法人包括事业单位、社会团体、基金会、社会服务机构等。

第八十八条 具备法人条件，为适应经济社会发展需要，提供公益服务设立的事业单位，经依法登记成立，取得事业单位法人资格；依法不需要办理法人登记的，从成立之日起，具有事业单位法人资格。

第八十九条 事业单位法人设理事会的，除法律另有规定外，理事会为其决策机构。事业单位法人的法定代表人依照法律、行政法规或者法人章程的规定产生。

第九十条 具备法人条件，基于会员共同意愿，为公益目的或者会员共同利益等非营利目的设立的社会团体，经依法登记成立，取得社会团体法人资格；依法不需要办理法人登记的，从成立之日起，具有社会团体法人资格。

第九十一条 设立社会团体法人应当依法制定法人章程。

社会团体法人应当设会员大会或者会员代表大会等权力机构。

社会团体法人应当设理事会等执行机构。理事长或者会长等负责人按照法人章程的规定担任法定代表人。

第九十二条 具备法人条件，为公益目的以捐助财产设立的基金会、社会服务机构等，经依法登记成立，取得捐助法人资格。

依法设立的宗教活动场所，具备法人条件的，可以申请法人登记，取得捐助法人资格。法律、行政法规对宗教活动场所有规定的，依照其规定。

第九十三条 设立捐助法人应当依法制定法人章程。

捐助法人应当设理事会、民主管理组织等决策机构，并设执行机构。理事长等负责人按照法人章程的规定担任法定代表人。

捐助法人应当设监事会等监督机构。

第九十四条 捐助人有权向捐助法人查询捐助财产的使用、管理情况，并提出意见和建议，捐助法人应当及时、如实答复。

捐助法人的决策机构、执行机构或者法定代表人作出决定的程序违反法律、行政法规、法人章程，或者决定内容违反法人章程的，捐助人等利害关系人或者主管机关可以请求人民法院撤销该决定。但是，捐助法人依据该决定与善意相对人形成的民事法律关系不受影响。

第九十五条 为公益目的成立的非营利法人终止时，不得向出资人、设立人或者会员分配剩余财产。剩余财产应当按照法人章程的规定或者权力机构的决议用于公益目的；无法按照法人章程的规定或者权力机构的决议处理的，由主管机关主持转给宗旨相同或者相近的法人，并向社会公告。

第四节 特别法人

第九十六条 本节规定的机关法人、农村集体经济组织法人、城镇农村的合作经济组织法人、基层群众性自治组织法人，为特别法人。

第九十七条 有独立经费的机关和承担行政职能的法定机构从成立之日起，具有机关法人资格，可以从事为履行职能所需要的民事活动。

第九十八条 机关法人被撤销的，法人终止，其民事权利和义务由继任的机关法人享有和承担；没有继任的机关法人的，由作出撤销决定的机关法人享有和承担。

第九十九条 农村集体经济组织依法取得法人资格。

法律、行政法规对农村集体经济组织有规定的，依照其规定。

第一百条 城镇农村的合作经济组织依法取得法人资格。

法律、行政法规对城镇农村的合作经济组织有规定的，依照其规定。

第一百零一条 居民委员会、村民委员会具有基层群众性自治组织法人资格，可以从事为履行职能所需要的民事活动。

未设立村集体经济组织的，村民委员会可以依法代行村集体经济组织的职能。

第四章 非法人组织

第一百零二条 非法人组织是不具有法人资格，但是能够依法以自己的名义从事民事活动的组织。

非法人组织包括个人独资企业、合伙企

业、不具有法人资格的专业服务机构等。

第一百零三条 非法人组织应当依照法律的规定登记。

设立非法人组织，法律、行政法规规定须经有关机关批准的，依照其规定。

第一百零四条 非法人组织的财产不足以清偿债务的，其出资人或者设立人承担无限责任。法律另有规定的，依照其规定。

第一百零五条 非法人组织可以确定一人或者数人代表该组织从事民事活动。

第一百零六条 有下列情形之一的，非法人组织解散：

（一）章程规定的存续期间届满或者章程规定的其他解散事由出现；

（二）出资人或者设立人决定解散；

（三）法律规定的其他情形。

第一百零七条 非法人组织解散的，应当依法进行清算。

第一百零八条 非法人组织除适用本章规定外，参照适用本编第三章第一节的有关规定。

第五章 民事权利

第一百零九条 自然人的人身自由、人格尊严受法律保护。

第一百一十条 自然人享有生命权、身体权、健康权、姓名权、肖像权、名誉权、荣誉权、隐私权、婚姻自主权等权利。

法人、非法人组织享有名称权、名誉权和荣誉权。

第一百一十一条 自然人的个人信息受法律保护。任何组织或者个人需要获取他人个人信息的，应当依法取得并确保信息安全，不得非法收集、使用、加工、传输他人个人信息，不得非法买卖、提供或者公开他人个人信息。

第一百一十二条 自然人因婚姻家庭关系等产生的人身权利受法律保护。

第一百一十三条 民事主体的财产权利受法律平等保护。

第一百一十四条 民事主体依法享有物权。

物权是权利人依法对特定的物享有直接支配和排他的权利，包括所有权、用益物权和担保物权。

第一百一十五条 物包括不动产和动产。法律规定权利作为物权客体的，依照其规定。

第一百一十六条 物权的种类和内容，由法律规定。

第一百一十七条 为了公共利益的需要，依照法律规定的权限和程序征收、征用不动产或者动产的，应当给予公平、合理的补偿。

第一百一十八条 民事主体依法享有债权。

债权是因合同、侵权行为、无因管理、不当得利以及法律的其他规定，权利人请求特定义务人为或者不为一定行为的权利。

第一百一十九条 依法成立的合同，对当事人具有法律约束力。

第一百二十条 民事权益受到侵害的，被侵权人有权请求侵权人承担侵权责任。

第一百二十一条 没有法定的或者约定的义务，为避免他人利益受损失而进行管理的人，有权请求受益人偿还由此支出的必要费用。

第一百二十二条 因他人没有法律根据，取得不当利益，受损失的人有权请求其返还不当利益。

第一百二十三条 民事主体依法享有知识产权。

知识产权是权利人依法就下列客体享有的专有的权利：

（一）作品；

（二）发明、实用新型、外观设计；

（三）商标；

（四）地理标志；

（五）商业秘密；

（六）集成电路布图设计；

（七）植物新品种；

（八）法律规定的其他客体。

第一百二十四条 自然人依法享有继承权。

自然人合法的私有财产，可以依法继承。

第一百二十五条 民事主体依法享有股权和其他投资性权利。

第一百二十六条 民事主体享有法律规定的其他民事权利和利益。

第一百二十七条 法律对数据、网络虚拟财产的保护有规定的，依照其规定。

第一百二十八条 法律对未成年人、老年人、残疾人、妇女、消费者等的民事权利保护有特别规定的，依照其规定。

第一百二十九条 民事权利可以依据民事法律行为、事实行为、法律规定的事件或者法律规定的其他方式取得。

第一百三十条 民事主体按照自己的意愿依法行使民事权利，不受干涉。

第一百三十一条 民事主体行使权利时，应当履行法律规定的和当事人约定的义务。

第一百三十二条 民事主体不得滥用民事权利损害国家利益、社会公共利益或者他人合法权益。

第六章 民事法律行为

第一节 一般规定

第一百三十三条 民事法律行为是民事主体通过意思表示设立、变更、终止民事法律关系的行为。

第一百三十四条 民事法律行为可以基于双方或者多方的意思表示一致成立，也可以基于单方的意思表示成立。

法人、非法人组织依照法律或者章程规定的议事方式和表决程序作出决议的，该决议行为成立。

第一百三十五条 民事法律行为可以采用书面形式、口头形式或者其他形式；法律、行政法规规定或者当事人约定采用特定形式的，应当采用特定形式。

第一百三十六条 民事法律行为自成立时生效，但是法律另有规定或者当事人另有约定的除外。

行为人非依法律规定或者未经对方同意，不得擅自变更或者解除民事法律行为。

第二节 意思表示

第一百三十七条 以对话方式作出的意思表示，相对人知道其内容时生效。

以非对话方式作出的意思表示，到达相对人时生效。以非对话方式作出的采用数据电文形式的意思表示，相对人指定特定系统接收数据电文的，该数据电文进入该特定系统时生效；未指定特定系统的，相对人知道或者应当知道该数据电文进入其系统时生效。当事人对采用数据电文形式的意思表示的生效时间另有约定的，按照其约定。

第一百三十八条 无相对人的意思表示，表示完成时生效。法律另有规定的，依照其规定。

第一百三十九条 以公告方式作出的意思表示，公告发布时生效。

第一百四十条 行为人可以明示或者默示作出意思表示。

沉默只有在有法律规定、当事人约定或者符合当事人之间的交易习惯时，才可以视为意思表示。

第一百四十一条 行为人可以撤回意思表示。撤回意思表示的通知应当在意思表示到达相对人前或者与意思表示同时到达相对人。

第一百四十二条 有相对人的意思表示的解释，应当按照所使用的词句，结合相关条款、行为的性质和目的、习惯以及诚信原则，确定意思表示的含义。

无相对人的意思表示的解释，不能完全拘泥于所使用的词句，而应当结合相关条款、行为的性质和目的、习惯以及诚信原则，确定行为人的真实意思。

第三节 民事法律行为的效力

第一百四十三条 具备下列条件的民事法律行为有效：

（一）行为人具有相应的民事行为能力；

（二）意思表示真实；

（三）不违反法律、行政法规的强制性规定，不违背公序良俗。

第一百四十四条 无民事行为能力人实施的民事法律行为无效。

第一百四十五条 限制民事行为能力人实施的纯获利益的民事法律行为或者与其年龄、智力、精神健康状况相适应的民事法律行为有效；实施的其他民事法律行为经法定代理人同意或者追认后有效。

相对人可以催告法定代理人自收到通知之日起三十日内予以追认。法定代理人未作表示的，视为拒绝追认。民事法律行为被追认前，善意相对人有撤销的权利。撤销应当以通知的方式作出。

第一百四十六条 行为人与相对人以虚假的意思表示实施的民事法律行为无效。

以虚假的意思表示隐藏的民事法律行为的效力，依照有关法律规定处理。

第一百四十七条 基于重大误解实施的民事法律行为，行为人有权请求人民法院或者仲裁机构予以撤销。

第一百四十八条 一方以欺诈手段，使对方在违背真实意思的情况下实施的民事法律行为，受欺诈方有权请求人民法院或者仲裁机构予以撤销。

第一百四十九条 第三人实施欺诈行为，使一方在违背真实意思的情况下实施的民事法律行为，对方知道或者应当知道该欺诈行为的，受欺诈方有权请求人民法院或者仲裁机构予以撤销。

第一百五十条 一方或者第三人以胁迫手段，使对方在违背真实意思的情况下实施的民事法律行为，受胁迫方有权请求人民法院或者仲裁机构予以撤销。

第一百五十一条 一方利用对方处于危困状态、缺乏判断能力等情形，致使民事法律行为成立时显失公平的，受损害方有权请求人民法院或者仲裁机构予以撤销。

第一百五十二条 有下列情形之一的，撤销权消灭：

（一）当事人自知道或者应当知道撤销事由之日起一年内、重大误解的当事人自知道或者应当知道撤销事由之日起九十日内没有行使撤销权；

（二）当事人受胁迫，自胁迫行为终止之日起一年内没有行使撤销权；

（三）当事人知道撤销事由后明确表示或者以自己的行为表明放弃撤销权。

当事人自民事法律行为发生之日起五年内没有行使撤销权的，撤销权消灭。

第一百五十三条 违反法律、行政法规的强制性规定的民事法律行为无效。但是，该强制性规定不导致该民事法律行为无效的除外。

违背公序良俗的民事法律行为无效。

第一百五十四条 行为人与相对人恶意串通，损害他人合法权益的民事法律行为无效。

第一百五十五条 无效的或者被撤销的民事法律行为自始没有法律约束力。

第一百五十六条 民事法律行为部分无效，不影响其他部分效力的，其他部分仍然有效。

第一百五十七条 民事法律行为无效、被撤销或者确定不发生效力后，行为人因该行为取得的财产，应当予以返还；不能返还或者没有必要返还的，应当折价补偿。有过错的一方应当赔偿对方由此所受到的损失；各方都有过错的，应当各自承担相应的责任。法律另有规定的，依照其规定。

第四节 民事法律行为的附条件和附期限

第一百五十八条 民事法律行为可以附条件，但是根据其性质不得附条件的除外。附生效条件的民事法律行为，自条件成就时生效。附解除条件的民事法律行为，自条件成就时失效。

第一百五十九条 附条件的民事法律行为，当事人为自己的利益不正当地阻止条件成就的，视为条件已经成就；不正当地促成条件成就的，视为条件不成就。

第一百六十条 民事法律行为可以附期限，但是根据其性质不得附期限的除外。附生效期限的民事法律行为，自期限届至时生效。附终止期限的民事法律行为，自期限届满时失效。

第七章 代理

第一节 一般规定

第一百六十一条 民事主体可以通过代理人实施民事法律行为。

依照法律规定、当事人约定或者民事法律行为的性质，应当由本人亲自实施的民事法律行为，不得代理。

第一百六十二条 代理人在代理权限内，以被代理人名义实施的民事法律行为，对被代理人发生效力。

第一百六十三条 代理包括委托代理和法定代理。

委托代理人按照被代理人的委托行使代理权。法定代理人依照法律的规定行使代理权。

第一百六十四条 代理人不履行或者不完全履行职责，造成被代理人损害的，应当承担民事责任。

代理人和相对人恶意串通，损害被代理人合法权益的，代理人和相对人应当承担连带责任。

第二节 委托代理

第一百六十五条 委托代理授权采用书面形式的，授权委托书应当载明代理人的姓名或者名称、代理事项、权限和期限，并由被代理人签名或者盖章。

第一百六十六条 数人为同一代理事项的代理人的，应当共同行使代理权，但是当事人另有约定的除外。

第一百六十七条 代理人知道或者应当知道代理事项违法仍然实施代理行为，或者被代理人知道或者应当知道代理人的代理行为违法未作反对表示的，被代理人和代理人应当承担连带责任。

第一百六十八条 代理人不得以被代理人的名义与自己实施民事法律行为，但是被代理人同意或者追认的除外。

代理人不得以被代理人的名义与自己同时代理的其他人实施民事法律行为，但是被代理的双方同意或者追认的除外。

第一百六十九条 代理人需要转委托第三人代理的，应当取得被代理人的同意或者追认。

转委托代理经被代理人同意或者追认的，被代理人可以就代理事务直接指示转委托的第三人，代理人仅就第三人的选任以及对第三人的指示承担责任。

转委托代理未经被代理人同意或者追认的，代理人应当对转委托的第三人的行为承担责任；但是，在紧急情况下代理人为了维护被代理人的利益需要转委托第三人代理的除外。

第一百七十条 执行法人或者非法人组织工作任务的人员，就其职权范围内的事项，以法人或者非法人组织的名义实施的民事法律行为，对法人或者非法人组织发生效力。

法人或者非法人组织对执行其工作任务的人员职权范围的限制，不得对抗善意相对人。

第一百七十一条 行为人没有代理权、超越代理权或者代理权终止后，仍然实施代理行为，未经被代理人追认的，对被代理人不发生效力。

相对人可以催告被代理人自收到通知之日起三十日内予以追认。被代理人未作表示的，视为拒绝追认。行为人实施的行为被追认前，善意相对人有撤销的权利。撤销应当以通知的方式作出。

行为人实施的行为未被追认的，善意相对人有权请求行为人履行债务或者就其受到的损害请求行为人赔偿。但是，赔偿的范围不得超过被代理人追认时相对人所能获得的利益。

相对人知道或者应当知道行为人无权代理的，相对人和行为人按照各自的过错承担责任。

第一百七十二条 行为人没有代理权、超越代理权或者代理权终止后，仍然实施代理行为，相对人有理由相信行为人有代理权的，代理行为有效。

第三节 代理终止

第一百七十三条 有下列情形之一的，委托代理终止：

（一）代理期限届满或者代理事务完成；

（二）被代理人取消委托或者代理人辞去委托；

（三）代理人丧失民事行为能力；

（四）代理人或者被代理人死亡；

（五）作为代理人或者被代理人的法人、非法人组织终止。

第一百七十四条 被代理人死亡后，有下列情形之一的，委托代理人实施的代理行为有效：

（一）代理人不知道且不应当知道被代理人死亡；

（二）被代理人的继承人予以承认；

（三）授权中明确代理权在代理事务完成时终止；

（四）被代理人死亡前已经实施，为了被代理人的继承人的利益继续代理。

作为被代理人的法人、非法人组织终止的，参照适用前款规定。

第一百七十五条 有下列情形之一的，法定代理终止：

（一）被代理人取得或者恢复完全民事行为能力；

（二）代理人丧失民事行为能力；

（三）代理人或者被代理人死亡；

（四）法律规定的其他情形。

第八章 民事责任

第一百七十六条 民事主体依照法律规定或者按照当事人约定，履行民事义务，承担民事责任。

第一百七十七条 二人以上依法承担按份责任，能够确定责任大小的，各自承担相应的责任；难以确定责任大小的，平均承担责任。

第一百七十八条 二人以上依法承担连带责任的，权利人有权请求部分或者全部连带责任人承担责任。

连带责任人的责任份额根据各自责任大小确定；难以确定责任大小的，平均承担责任。实际承担责任超过自己责任份额的连带责任人，有权向其他连带责任人追偿。

连带责任，由法律规定或者当事人约定。

第一百七十九条 承担民事责任的方式主要有：

（一）停止侵害；

（二）排除妨碍；

（三）消除危险；

（四）返还财产；

（五）恢复原状；

（六）修理、重作、更换；

（七）继续履行；

（八）赔偿损失；

（九）支付违约金；

（十）消除影响、恢复名誉；

（十一）赔礼道歉。

法律规定惩罚性赔偿的，依照其规定。

本条规定的承担民事责任的方式，可以单独适用，也可以合并适用。

第一百八十条 因不可抗力不能履行民事义务的，不承担民事责任。法律另有规定的，依照其规定。

不可抗力是不能预见、不能避免且不能克服的客观情况。

第一百八十一条 因正当防卫造成损害的，不承担民事责任。

正当防卫超过必要的限度，造成不应有的损害的，正当防卫人应当承担适当的民事责任。

第一百八十二条 因紧急避险造成损害的，由引起险情发生的人承担民事责任。

危险由自然原因引起的，紧急避险人不承担民事责任，可以给予适当补偿。

紧急避险采取措施不当或者超过必要的限度，造成不应有的损害的，紧急避险人应当承担适当的民事责任。

第一百八十三条 因保护他人民事权益使自己受到损害的，由侵权人承担民事责任，受益人可以给予适当补偿。没有侵权人、侵权人逃逸或者无力承担民事责任，受害人请求补偿的，受益人应当给予适当补偿。

第一百八十四条 因自愿实施紧急救助行为造成受助人损害的，救助人不承担民事责任。

第一百八十五条 侵害英雄烈士等的姓名、肖像、名誉、荣誉，损害社会公共利益的，应当承担民事责任。

第一百八十六条 因当事人一方的违约行为，损害对方人身权益、财产权益的，受损害方有权选择请求其承担违约责任或者侵权责任。

第一百八十七条 民事主体因同一行为应当承担民事责任、行政责任和刑事责任的，承担行政责任或者刑事责任不影响承担民事责任；民事主体的财产不足以支付的，优先用于承担民事责任。

第九章 诉讼时效

第一百八十八条 向人民法院请求保护民事权利的诉讼时效期间为三年。法律另有规定的，依照其规定。

诉讼时效期间自权利人知道或者应当知道权利受到损害以及义务人之日起计算。法律另有规定的，依照其规定。但是，自权利受到损害之日起超过二十年的，人民法院不予保护，有特殊情况的，人民法院可以根据权利人的申请决定延长。

第一百八十九条 当事人约定同一债务分期履行的，诉讼时效期间自最后一期履行期限届满之日起计算。

第一百九十条 无民事行为能力人或者限制民事行为能力人对其法定代理人的请求权的诉讼时效期间，自该法定代理终止之日起计算。

第一百九十一条 未成年人遭受性侵害的损害赔偿请求权的诉讼时效期间，自受害人年满十八周岁之日起计算。

第一百九十二条 诉讼时效期间届满的，义务人可以提出不履行义务的抗辩。

诉讼时效期间届满后，义务人同意履行的，不得以诉讼时效期间届满为由抗辩；义务人已经自愿履行的，不得请求返还。

第一百九十三条 人民法院不得主动适用诉讼时效的规定。

第一百九十四条 在诉讼时效期间的最后六个月内，因下列障碍，不能行使请求权的，诉讼时效中止：

（一）不可抗力；

（二）无民事行为能力人或者限制民事行为能力人没有法定代理人，或者法定代理人死亡、丧失民事行为能力、丧失代理权；

（三）继承开始后未确定继承人或者遗产管理人；

（四）权利人被义务人或者其他人控制；

（五）其他导致权利人不能行使请求权的障碍。

自中止时效的原因消除之日起满六个月，诉讼时效期间届满。

第一百九十五条 有下列情形之一的，诉讼时效中断，从中断、有关程序终结时起，诉讼时效期间重新计算：

（一）权利人向义务人提出履行请求；

（二）义务人同意履行义务；

（三）权利人提起诉讼或者申请仲裁；

（四）与提起诉讼或者申请仲裁具有同等效力的其他情形。

第一百九十六条 下列请求权不适用诉讼时效的规定：

（一）请求停止侵害、排除妨碍、消除危险；

（二）不动产物权和登记的动产物权的权利人请求返还财产；

（三）请求支付抚养费、赡养费或者扶养费；

（四）依法不适用诉讼时效的其他请求权。

第一百九十七条 诉讼时效的期间、计算方法以及中止、中断的事由由法律规定，当事人约定无效。

当事人对诉讼时效利益的预先放弃无效。

第一百九十八条 法律对仲裁时效有规定的，依照其规定；没有规定的，适用诉讼时效的规定。

第一百九十九条 法律规定或者当事人约定的撤销权、解除权等权利的存续期间，除法律另有规定外，自权利人知道或者应当知道权利产生之日起计算，不适用有关诉讼时效中止、中断和延长的规定。存续期间届满，撤销权、解除权等权利消灭。

第十章 期间计算

第二百条 民法所称的期间按照公历年、月、日、小时计算。

第二百零一条 按照年、月、日计算期间的，开始的当日不计入，自下一日开始计算。

按照小时计算期间的，自法律规定或者当事人约定的时间开始计算。

第二百零二条 按照年、月计算期间的，到期月的对应日为期间的最后一日；没有对应日的，月末日为期间的最后一日。

第二百零三条 期间的最后一日是法定休假日的，以法定休假日结束的次日为期间的最后一日。

期间的最后一日的截止时间为二十四时；有业务时间的，停止业务活动的时间为截止时间。

第二百零四条 期间的计算方法依照本法的规定，但是法律另有规定或者当事人另有约定的除外。

第二编 物 权

第一分编 通 则

第一章 一般规定

第二百零五条 本编调整因物的归属和利用产生的民事关系。

第二百零六条 国家坚持和完善公有制为主体、多种所有制经济共同发展，按劳分配为主体、多种分配方式并存，社会主义市场经济体制等社会主义基本经济制度。

国家巩固和发展公有制经济，鼓励、支持和引导非公有制经济的发展。

国家实行社会主义市场经济，保障一切市场主体的平等法律地位和发展权利。

第二百零七条 国家、集体、私人的物权和其他权利人的物权受法律平等保护，任何组织或者个人不得侵犯。

第二百零八条 不动产物权的设立、变更、转让和消灭，应当依照法律规定登记。动产物权的设立和转让，应当依照法律规定交付。

第二章　物权的设立、变更、转让和消灭

第一节　不动产登记

第二百零九条　不动产物权的设立、变更、转让和消灭，经依法登记，发生效力；未经登记，不发生效力，但是法律另有规定的除外。

依法属于国家所有的自然资源，所有权可以不登记。

第二百一十条　不动产登记，由不动产所在地的登记机构办理。

国家对不动产实行统一登记制度。统一登记的范围、登记机构和登记办法，由法律、行政法规规定。

第二百一十一条　当事人申请登记，应当根据不同登记事项提供权属证明和不动产界址、面积等必要材料。

第二百一十二条　登记机构应当履行下列职责：

（一）查验申请人提供的权属证明和其他必要材料；

（二）就有关登记事项询问申请人；

（三）如实、及时登记有关事项；

（四）法律、行政法规规定的其他职责。

申请登记的不动产的有关情况需要进一步证明的，登记机构可以要求申请人补充材料，必要时可以实地查看。

第二百一十三条　登记机构不得有下列行为：

（一）要求对不动产进行评估；

（二）以年检等名义进行重复登记；

（三）超出登记职责范围的其他行为。

第二百一十四条　不动产物权的设立、变更、转让和消灭，依照法律规定应当登记的，自记载于不动产登记簿时发生效力。

第二百一十五条　当事人之间订立有关设立、变更、转让和消灭不动产物权的合同，除法律另有规定或者当事人另有约定外，自合同成立时生效；未办理物权登记的，不影响合同效力。

第二百一十六条　不动产登记簿是物权归属和内容的根据。

不动产登记簿由登记机构管理。

第二百一十七条　不动产权属证书是权利人享有该不动产物权的证明。不动产权属证书记载的事项，应当与不动产登记簿一致；记载不一致的，除有证据证明不动产登记簿确有错误外，以不动产登记簿为准。

第二百一十八条　权利人、利害关系人可以申请查询、复制不动产登记资料，登记机构应当提供。

第二百一十九条　利害关系人不得公开、非法使用权利人的不动产登记资料。

第二百二十条　权利人、利害关系人认为不动产登记簿记载的事项错误的，可以申请更正登记。不动产登记簿记载的权利人书面同意更正或者有证据证明登记确有错误的，登记机构应当予以更正。

不动产登记簿记载的权利人不同意更正的，利害关系人可以申请异议登记。登记机构予以异议登记，申请人自异议登记之日起十五日内不提起诉讼的，异议登记失效。异议登记不当，造成权利人损害的，权利人可以向申请人请求损害赔偿。

第二百二十一条　当事人签订买卖房屋的协议或者签订其他不动产物权的协议，为保障将来实现物权，按照约定可以向登记机构申请预告登记。预告登记后，未经预告登记的权利人同意，处分该不动产的，不发生物权效力。

预告登记后，债权消灭或者自能够进行不动产登记之日起九十日内未申请登记的，预告登记失效。

第二百二十二条　当事人提供虚假材料申请登记，造成他人损害的，应当承担赔偿责任。

因登记错误，造成他人损害的，登记机构应当承担赔偿责任。登记机构赔偿后，可以向造成登记错误的人追偿。

第二百二十三条　不动产登记费按件收取，不得按照不动产的面积、体积或者价款的比例收取。

第二节　动产交付

第二百二十四条　动产物权的设立和转让，自交付时发生效力，但是法律另有规定的除外。

第二百二十五条　船舶、航空器和机动车等的物权的设立、变更、转让和消灭，未经登记，不得对抗善意第三人。

第二百二十六条　动产物权设立和转让

前，权利人已经占有该动产的，物权自民事法律行为生效时发生效力。

第二百二十七条 动产物权设立和转让前，第三人占有该动产的，负有交付义务的人可以通过转让请求第三人返还原物的权利代替交付。

第二百二十八条 动产物权转让时，当事人又约定由出让人继续占有该动产的，物权自该约定生效时发生效力。

第三节 其他规定

第二百二十九条 因人民法院、仲裁机构的法律文书或者人民政府的征收决定等，导致物权设立、变更、转让或者消灭的，自法律文书或者征收决定等生效时发生效力。

第二百三十条 因继承取得物权的，自继承开始时发生效力。

第二百三十一条 因合法建造、拆除房屋等事实行为设立或者消灭物权的，自事实行为成就时发生效力。

第二百三十二条 处分依照本节规定享有的不动产物权，依照法律规定需要办理登记的，未经登记，不发生物权效力。

第三章 物权的保护

第二百三十三条 物权受到侵害的，权利人可以通过和解、调解、仲裁、诉讼等途径解决。

第二百三十四条 因物权的归属、内容发生争议的，利害关系人可以请求确认权利。

第二百三十五条 无权占有不动产或者动产的，权利人可以请求返还原物。

第二百三十六条 妨害物权或者可能妨害物权的，权利人可以请求排除妨害或者消除危险。

第二百三十七条 造成不动产或者动产毁损的，权利人可以依法请求修理、重作、更换或者恢复原状。

第二百三十八条 侵害物权，造成权利人损害的，权利人可以依法请求损害赔偿，也可以依法请求承担其他民事责任。

第二百三十九条 本章规定的物权保护方式，可以单独适用，也可以根据权利被侵害的情形合并适用。

第二分编 所有权

第四章 一般规定

第二百四十条 所有权人对自己的不动产或者动产，依法享有占有、使用、收益和处分的权利。

第二百四十一条 所有权人有权在自己的不动产或者动产上设立用益物权和担保物权。用益物权人、担保物权人行使权利，不得损害所有权人的权益。

第二百四十二条 法律规定专属于国家所有的不动产和动产，任何组织或者个人不能取得所有权。

第二百四十三条 为了公共利益的需要，依照法律规定的权限和程序可以征收集体所有的土地和组织、个人的房屋以及其他不动产。

征收集体所有的土地，应当依法及时足额支付土地补偿费、安置补助费以及农村村民住宅、其他地上附着物和青苗等的补偿费用，并安排被征地农民的社会保障费用，保障被征地农民的生活，维护被征地农民的合法权益。

征收组织、个人的房屋以及其他不动产，应当依法给予征收补偿，维护被征收人的合法权益；征收个人住宅的，还应当保障被征收人的居住条件。

任何组织或者个人不得贪污、挪用、私分、截留、拖欠征收补偿费等费用。

第二百四十四条 国家对耕地实行特殊保护，严格限制农用地转为建设用地，控制建设用地总量。不得违反法律规定的权限和程序征收集体所有的土地。

第二百四十五条 因抢险救灾、疫情防控等紧急需要，依照法律规定的权限和程序可以征用组织、个人的不动产或者动产。被征用的不动产或者动产使用后，应当返还被征用人。组织、个人的不动产或者动产被征用或者征用后毁损、灭失的，应当给予补偿。

第五章 国家所有权和集体所有权、私人所有权

第二百四十六条 法律规定属于国家所有的财产，属于国家所有即全民所有。

国有财产由国务院代表国家行使所有权。法律另有规定的，依照其规定。

第二百四十七条 矿藏、水流、海域属于国家所有。

第二百四十八条 无居民海岛属于国家所有，国务院代表国家行使无居民海岛所有权。

第二百四十九条 城市的土地，属于国家所有。法律规定属于国家所有的农村和城市郊区的土地，属于国家所有。

第二百五十条 森林、山岭、草原、荒地、滩涂等自然资源，属于国家所有，但是法律规定属于集体所有的除外。

第二百五十一条 法律规定属于国家所有的野生动植物资源，属于国家所有。

第二百五十二条 无线电频谱资源属于国家所有。

第二百五十三条 法律规定属于国家所有的文物，属于国家所有。

第二百五十四条 国防资产属于国家所有。

铁路、公路、电力设施、电信设施和油气管道等基础设施，依照法律规定为国家所有的，属于国家所有。

第二百五十五条 国家机关对其直接支配的不动产和动产，享有占有、使用以及依照法律和国务院的有关规定处分的权利。

第二百五十六条 国家举办的事业单位对其直接支配的不动产和动产，享有占有、使用以及依照法律和国务院的有关规定收益、处分的权利。

第二百五十七条 国家出资的企业，由国务院、地方人民政府依照法律、行政法规规定分别代表国家履行出资人职责，享有出资人权益。

第二百五十八条 国家所有的财产受法律保护，禁止任何组织或者个人侵占、哄抢、私分、截留、破坏。

第二百五十九条 履行国有财产管理、监督职责的机构及其工作人员，应当依法加强对国有财产的管理、监督，促进国有财产保值增值，防止国有财产损失；滥用职权，玩忽职守，造成国有财产损失的，应当依法承担法律责任。

违反国有财产管理规定，在企业改制、合并分立、关联交易等过程中，低价转让、合谋私分、擅自担保或者以其他方式造成国有财产损失的，应当依法承担法律责任。

第二百六十条 集体所有的不动产和动产包括：

（一）法律规定属于集体所有的土地和森林、山岭、草原、荒地、滩涂；

（二）集体所有的建筑物、生产设施、农田水利设施；

（三）集体所有的教育、科学、文化、卫生、体育等设施；

（四）集体所有的其他不动产和动产。

第二百六十一条 农民集体所有的不动产和动产，属于本集体成员集体所有。

下列事项应当依照法定程序经本集体成员决定：

（一）土地承包方案以及将土地发包给本集体以外的组织或者个人承包；

（二）个别土地承包经营权人之间承包地的调整；

（三）土地补偿费等费用的使用、分配办法；

（四）集体出资的企业的所有权变动等事项；

（五）法律规定的其他事项。

第二百六十二条 对于集体所有的土地和森林、山岭、草原、荒地、滩涂等，依照下列规定行使所有权：

（一）属于村农民集体所有的，由村集体经济组织或者村民委员会依法代表集体行使所有权；

（二）分别属于村内两个以上农民集体所有的，由村内各该集体经济组织或者村民小组依法代表集体行使所有权；

（三）属于乡镇农民集体所有的，由乡镇集体经济组织代表集体行使所有权。

第二百六十三条 城镇集体所有的不动产和动产，依照法律、行政法规的规定由本集体享有占有、使用、收益和处分的权利。

第二百六十四条 农村集体经济组织或者村民委员会、村民小组应当依照法律、行政法规以及章程、村规民约向本集体成员公布集体财产的状况。集体成员有权查阅、复制相关资料。

第二百六十五条 集体所有的财产受法律保护，禁止任何组织或者个人侵占、哄抢、私分、破坏。

农村集体经济组织、村民委员会或者其负

责人作出的决定侵害集体成员合法权益的，受侵害的集体成员可以请求人民法院予以撤销。

第二百六十六条 私人对其合法的收入、房屋、生活用品、生产工具、原材料等不动产和动产享有所有权。

第二百六十七条 私人的合法财产受法律保护，禁止任何组织或者个人侵占、哄抢、破坏。

第二百六十八条 国家、集体和私人依法可以出资设立有限责任公司、股份有限公司或者其他企业。国家、集体和私人所有的不动产或者动产投到企业的，由出资人按照约定或者出资比例享有资产收益、重大决策以及选择经营管理者等权利并履行义务。

第二百六十九条 营利法人对其不动产和动产依照法律、行政法规以及章程享有占有、使用、收益和处分的权利。

营利法人以外的法人，对其不动产和动产的权利，适用有关法律、行政法规以及章程的规定。

第二百七十条 社会团体法人、捐助法人依法所有的不动产和动产，受法律保护。

第六章 业主的建筑物区分所有权

第二百七十一条 业主对建筑物内的住宅、经营性用房等专有部分享有所有权，对专有部分以外的共有部分享有共有和共同管理的权利。

第二百七十二条 业主对其建筑物专有部分享有占有、使用、收益和处分的权利。业主行使权利不得危及建筑物的安全，不得损害其他业主的合法权益。

第二百七十三条 业主对建筑物专有部分以外的共有部分，享有权利，承担义务；不得以放弃权利为由不履行义务。

业主转让建筑物内的住宅、经营性用房，其对共有部分享有的共有和共同管理的权利一并转让。

第二百七十四条 建筑区划内的道路，属于业主共有，但是属于城镇公共道路的除外。建筑区划内的绿地，属于业主共有，但是属于城镇公共绿地或者明示属于个人的除外。建筑区划内的其他公共场所、公用设施和物业服务用房，属于业主共有。

第二百七十五条 建筑区划内，规划用于停放汽车的车位、车库的归属，由当事人通过出售、附赠或者出租等方式约定。

占用业主共有的道路或者其他场地用于停放汽车的车位，属于业主共有。

第二百七十六条 建筑区划内，规划用于停放汽车的车位、车库应当首先满足业主的需要。

第二百七十七条 业主可以设立业主大会，选举业主委员会。业主大会、业主委员会成立的具体条件和程序，依照法律、法规的规定。

地方人民政府有关部门、居民委员会应当对设立业主大会和选举业主委员会给予指导和协助。

第二百七十八条 下列事项由业主共同决定：

（一）制定和修改业主大会议事规则；

（二）制定和修改管理规约；

（三）选举业主委员会或者更换业主委员会成员；

（四）选聘和解聘物业服务企业或者其他管理人；

（五）使用建筑物及其附属设施的维修资金；

（六）筹集建筑物及其附属设施的维修资金；

（七）改建、重建建筑物及其附属设施；

（八）改变共有部分的用途或者利用共有部分从事经营活动；

（九）有关共有和共同管理权利的其他重大事项。

业主共同决定事项，应当由专有部分面积占比三分之二以上的业主且人数占比三分之二以上的业主参与表决。决定前款第六项至第八项规定的事项，应当经参与表决专有部分面积四分之三以上的业主且参与表决人数四分之三以上的业主同意。决定前款其他事项，应当经参与表决专有部分面积过半数的业主且参与表决人数过半数的业主同意。

第二百七十九条 业主不得违反法律、法规以及管理规约，将住宅改变为经营性用房。业主将住宅改变为经营性用房的，除遵守法律、法规以及管理规约外，应当经有利害关系的业主一致同意。

第二百八十条 业主大会或者业主委员会

的决定，对业主具有法律约束力。

业主大会或者业主委员会作出的决定侵害业主合法权益的，受侵害的业主可以请求人民法院予以撤销。

第二百八十一条 建筑物及其附属设施的维修资金，属于业主共有。经业主共同决定，可以用于电梯、屋顶、外墙、无障碍设施等共有部分的维修、更新和改造。建筑物及其附属设施的维修资金的筹集、使用情况应当定期公布。

紧急情况下需要维修建筑物及其附属设施的，业主大会或者业主委员会可以依法申请使用建筑物及其附属设施的维修资金。

第二百八十二条 建设单位、物业服务企业或者其他管理人等利用业主的共有部分产生的收入，在扣除合理成本之后，属于业主共有。

第二百八十三条 建筑物及其附属设施的费用分摊、收益分配等事项，有约定的，按照约定；没有约定或者约定不明确的，按照业主专有部分面积所占比例确定。

第二百八十四条 业主可以自行管理建筑物及其附属设施，也可以委托物业服务企业或者其他管理人管理。

对建设单位聘请的物业服务企业或者其他管理人，业主有权依法更换。

第二百八十五条 物业服务企业或者其他管理人根据业主的委托，依照本法第三编有关物业服务合同的规定管理建筑区划内的建筑物及其附属设施，接受业主的监督，并及时答复业主对物业服务情况提出的询问。

物业服务企业或者其他管理人应当执行政府依法实施的应急处置措施和其他管理措施，积极配合开展相关工作。

第二百八十六条 业主应当遵守法律、法规以及管理规约，相关行为应当符合节约资源、保护生态环境的要求。对于物业服务企业或者其他管理人执行政府依法实施的应急处置措施和其他管理措施，业主应当依法予以配合。

业主大会或者业主委员会，对任意弃置垃圾、排放污染物或者噪声、违反规定饲养动物、违章搭建、侵占通道、拒付物业费等损害他人合法权益的行为，有权依照法律、法规以及管理规约，请求行为人停止侵害、排除妨碍、消除危险、恢复原状、赔偿损失。

业主或者其他行为人拒不履行相关义务的，有关当事人可以向有关行政主管部门报告或者投诉，有关行政主管部门应当依法处理。

第二百八十七条 业主对建设单位、物业服务企业或者其他管理人以及其他业主侵害自己合法权益的行为，有权请求其承担民事责任。

第七章 相邻关系

第二百八十八条 不动产的相邻权利人应当按照有利生产、方便生活、团结互助、公平合理的原则，正确处理相邻关系。

第二百八十九条 法律、法规对处理相邻关系有规定的，依照其规定；法律、法规没有规定的，可以按照当地习惯。

第二百九十条 不动产权利人应当为相邻权利人用水、排水提供必要的便利。

对自然流水的利用，应当在不动产的相邻权利人之间合理分配。对自然流水的排放，应当尊重自然流向。

第二百九十一条 不动产权利人对相邻权利人因通行等必须利用其土地的，应当提供必要的便利。

第二百九十二条 不动产权利人因建造、修缮建筑物以及铺设电线、电缆、水管、暖气和燃气管线等必须利用相邻土地、建筑物的，该土地、建筑物的权利人应当提供必要的便利。

第二百九十三条 建造建筑物，不得违反国家有关工程建设标准，不得妨碍相邻建筑物的通风、采光和日照。

第二百九十四条 不动产权利人不得违反国家规定弃置固体废物，排放大气污染物、水污染物、土壤污染物、噪声、光辐射、电磁辐射等有害物质。

第二百九十五条 不动产权利人挖掘土地、建造建筑物、铺设管线以及安装设备等，不得危及相邻不动产的安全。

第二百九十六条 不动产权利人因用水、排水、通行、铺设管线等利用相邻不动产的，应当尽量避免对相邻的不动产权利人造成损害。

第八章 共 有

第二百九十七条 不动产或者动产可以由

两个以上组织、个人共有。共有包括按份共有和共同共有。

第二百九十八条 按份共有人对共有的不动产或者动产按照其份额享有所有权。

第二百九十九条 共同共有人对共有的不动产或者动产共同享有所有权。

第三百条 共有人按照约定管理共有的不动产或者动产；没有约定或者约定不明确的，各共有人都有管理的权利和义务。

第三百零一条 处分共有的不动产或者动产以及对共有的不动产或者动产作重大修缮、变更性质或者用途的，应当经占份额三分之二以上的按份共有人或者全体共同共有人同意，但是共有人之间另有约定的除外。

第三百零二条 共有人对共有物的管理费用以及其他负担，有约定的，按照其约定；没有约定或者约定不明确的，按份共有人按照其份额负担，共同共有人共同负担。

第三百零三条 共有人约定不得分割共有的不动产或者动产，以维持共有关系的，应当按照约定，但是共有人有重大理由需要分割的，可以请求分割；没有约定或者约定不明确的，按份共有人可以随时请求分割，共同共有人在共有的基础丧失或者有重大理由需要分割时可以请求分割。因分割造成其他共有人损害的，应当给予赔偿。

第三百零四条 共有人可以协商确定分割方式。达不成协议，共有的不动产或者动产可以分割且不会因分割减损价值的，应当对实物予以分割；难以分割或者因分割会减损价值的，应当对折价或者拍卖、变卖取得的价款予以分割。

共有人分割所得的不动产或者动产有瑕疵的，其他共有人应当分担损失。

第三百零五条 按份共有人可以转让其享有的共有的不动产或者动产份额。其他共有人在同等条件下享有优先购买的权利。

第三百零六条 按份共有人转让其享有的共有的不动产或者动产份额的，应当将转让条件及时通知其他共有人。其他共有人应当在合理期限内行使优先购买权。

两个以上其他共有人主张行使优先购买权的，协商确定各自的购买比例；协商不成的，按照转让时各自的共有份额比例行使优先购买权。

第三百零七条 因共有的不动产或者动产产生的债权债务，在对外关系上，共有人享有连带债权、承担连带债务，但是法律另有规定或者第三人知道共有人不具有连带债权债务关系的除外；在共有人内部关系上，除共有人另有约定外，按份共有人按照份额享有债权、承担债务，共同共有人共同享有债权、承担债务。偿还债务超过自己应当承担份额的按份共有人，有权向其他共有人追偿。

第三百零八条 共有人对共有的不动产或者动产没有约定为按份共有或者共同共有，或者约定不明确的，除共有人具有家庭关系等外，视为按份共有。

第三百零九条 按份共有人对共有的不动产或者动产享有的份额，没有约定或者约定不明确的，按照出资额确定；不能确定出资额的，视为等额享有。

第三百一十条 两个以上组织、个人共同享有用益物权、担保物权的，参照适用本章的有关规定。

第九章 所有权取得的特别规定

第三百一十一条 无处分权人将不动产或者动产转让给受让人的，所有权人有权追回；除法律另有规定外，符合下列情形的，受让人取得该不动产或者动产的所有权：

（一）受让人受让该不动产或者动产时是善意；

（二）以合理的价格转让；

（三）转让的不动产或者动产依照法律规定应当登记的已经登记，不需要登记的已经交付给受让人。

受让人依据前款规定取得不动产或者动产的所有权的，原所有权人有权向无处分权人请求损害赔偿。

当事人善意取得其他物权的，参照适用前两款规定。

第三百一十二条 所有权人或者其他权利人有权追回遗失物。该遗失物通过转让被他人占有的，权利人有权向无处分权人请求损害赔偿，或者自知道或者应当知道受让人之日起二年内向受让人请求返还原物；但是，受让人通过拍卖或者向具有经营资格的经营者购得该遗失物的，权利人请求返还原物时应当支付受让人所付的费用。权利人向受让人支付所付费用后，有权向无处分权人追偿。

第三百一十三条 善意受让人取得动产后，该动产上的原有权利消灭。但是，善意受让人在受让时知道或者应当知道该权利的除外。

第三百一十四条 拾得遗失物，应当返还权利人。拾得人应当及时通知权利人领取，或者送交公安等有关部门。

第三百一十五条 有关部门收到遗失物，知道权利人的，应当及时通知其领取；不知道的，应当及时发布招领公告。

第三百一十六条 拾得人在遗失物送交有关部门前，有关部门在遗失物被领取前，应当妥善保管遗失物。因故意或者重大过失致使遗失物毁损、灭失的，应当承担民事责任。

第三百一十七条 权利人领取遗失物时，应当向拾得人或者有关部门支付保管遗失物等支出的必要费用。

权利人悬赏寻找遗失物的，领取遗失物时应当按照承诺履行义务。

拾得人侵占遗失物的，无权请求保管遗失物等支出的费用，也无权请求权利人按照承诺履行义务。

第三百一十八条 遗失物自发布招领公告之日起一年内无人认领的，归国家所有。

第三百一十九条 拾得漂流物、发现埋藏物或者隐藏物的，参照适用拾得遗失物的有关规定。法律另有规定的，依照其规定。

第三百二十条 主物转让的，从物随主物转让，但是当事人另有约定的除外。

第三百二十一条 天然孳息，由所有权人取得；既有所有权人又有用益物权人的，由用益物权人取得。当事人另有约定的，按照其约定。

法定孳息，当事人有约定的，按照约定取得；没有约定或者约定不明确的，按照交易习惯取得。

第三百二十二条 因加工、附合、混合而产生的物的归属，有约定的，按照约定；没有约定或者约定不明确的，依照法律规定；法律没有规定的，按照充分发挥物的效用以及保护无过错当事人的原则确定。因一方当事人的过错或者确定物的归属造成另一方当事人损害的，应当给予赔偿或者补偿。

第三分编 用益物权

第十章 一般规定

第三百二十三条 用益物权人对他人所有的不动产或者动产，依法享有占有、使用和收益的权利。

第三百二十四条 国家所有或者国家所有由集体使用以及法律规定属于集体所有的自然资源，组织、个人依法可以占有、使用和收益。

第三百二十五条 国家实行自然资源有偿使用制度，但是法律另有规定的除外。

第三百二十六条 用益物权人行使权利，应当遵守法律有关保护和合理开发利用资源、保护生态环境的规定。所有权人不得干涉用益物权人行使权利。

第三百二十七条 因不动产或者动产被征收、征用致使用益物权消灭或者影响用益物权行使的，用益物权人有权依据本法第二百四十三条、第二百四十五条的规定获得相应补偿。

第三百二十八条 依法取得的海域使用权受法律保护。

第三百二十九条 依法取得的探矿权、采矿权、取水权和使用水域、滩涂从事养殖、捕捞的权利受法律保护。

第十一章 土地承包经营权

第三百三十条 农村集体经济组织实行家庭承包经营为基础、统分结合的双层经营体制。

农民集体所有和国家所有由农民集体使用的耕地、林地、草地以及其他用于农业的土地，依法实行土地承包经营制度。

第三百三十一条 土地承包经营权人依法对其承包经营的耕地、林地、草地等享有占有、使用和收益的权利，有权从事种植业、林业、畜牧业等农业生产。

第三百三十二条 耕地的承包期为三十年。草地的承包期为三十年至五十年。林地的承包期为三十年至七十年。

前款规定的承包期限届满，由土地承包经营权人依照农村土地承包的法律规定继续承包。

第三百三十三条 土地承包经营权自土地

承包经营权合同生效时设立。

登记机构应当向土地承包经营权人发放土地承包经营权证、林权证等证书，并登记造册，确认土地承包经营权。

第三百三十四条 土地承包经营权人依照法律规定，有权将土地承包经营权互换、转让。未经依法批准，不得将承包地用于非农建设。

第三百三十五条 土地承包经营权互换、转让的，当事人可以向登记机构申请登记；未经登记，不得对抗善意第三人。

第三百三十六条 承包期内发包人不得调整承包地。

因自然灾害严重毁损承包地等特殊情形，需要适当调整承包的耕地和草地的，应当依照农村土地承包的法律规定办理。

第三百三十七条 承包期内发包人不得收回承包地。法律另有规定的，依照其规定。

第三百三十八条 承包地被征收的，土地承包经营权人有权依据本法第二百四十三条的规定获得相应补偿。

第三百三十九条 土地承包经营权人可以自主决定依法采取出租、入股或者其他方式向他人流转土地经营权。

第三百四十条 土地经营权人有权在合同约定的期限内占有农村土地，自主开展农业生产经营并取得收益。

第三百四十一条 流转期限为五年以上的土地经营权，自流转合同生效时设立。当事人可以向登记机构申请土地经营权登记；未经登记，不得对抗善意第三人。

第三百四十二条 通过招标、拍卖、公开协商等方式承包农村土地，经依法登记取得权属证书的，可以依法采取出租、入股、抵押或者其他方式流转土地经营权。

第三百四十三条 国家所有的农用地实行承包经营的，参照适用本编的有关规定。

第十二章 建设用地使用权

第三百四十四条 建设用地使用权人依法对国家所有的土地享有占有、使用和收益的权利，有权利用该土地建造建筑物、构筑物及其附属设施。

第三百四十五条 建设用地使用权可以在土地的地表、地上或者地下分别设立。

第三百四十六条 设立建设用地使用权，应当符合节约资源、保护生态环境的要求，遵守法律、行政法规关于土地用途的规定，不得损害已经设立的用益物权。

第三百四十七条 设立建设用地使用权，可以采取出让或者划拨等方式。

工业、商业、旅游、娱乐和商品住宅等经营性用地以及同一土地有两个以上意向用地者的，应当采取招标、拍卖等公开竞价的方式出让。

严格限制以划拨方式设立建设用地使用权。

第三百四十八条 通过招标、拍卖、协议等出让方式设立建设用地使用权的，当事人应当采用书面形式订立建设用地使用权出让合同。

建设用地使用权出让合同一般包括下列条款：

（一）当事人的名称和住所；

（二）土地界址、面积等；

（三）建筑物、构筑物及其附属设施占用的空间；

（四）土地用途、规划条件；

（五）建设用地使用权期限；

（六）出让金等费用及其支付方式；

（七）解决争议的方法。

第三百四十九条 设立建设用地使用权的，应当向登记机构申请建设用地使用权登记。建设用地使用权自登记时设立。登记机构应当向建设用地使用权人发放权属证书。

第三百五十条 建设用地使用权人应当合理利用土地，不得改变土地用途；需要改变土地用途的，应当依法经有关行政主管部门批准。

第三百五十一条 建设用地使用权人应当依照法律规定以及合同约定支付出让金等费用。

第三百五十二条 建设用地使用权人建造的建筑物、构筑物及其附属设施的所有权属于建设用地使用权人，但是有相反证据证明的除外。

第三百五十三条 建设用地使用权人有权将建设用地使用权转让、互换、出资、赠与或者抵押，但是法律另有规定的除外。

第三百五十四条 建设用地使用权转让、

互换、出资、赠与或者抵押的，当事人应当采用书面形式订立相应的合同。使用期限由当事人约定，但是不得超过建设用地使用权的剩余期限。

第三百五十五条 建设用地使用权转让、互换、出资或者赠与的，应当向登记机构申请变更登记。

第三百五十六条 建设用地使用权转让、互换、出资或者赠与的，附着于该土地上的建筑物、构筑物及其附属设施一并处分。

第三百五十七条 建筑物、构筑物及其附属设施转让、互换、出资或者赠与的，该建筑物、构筑物及其附属设施占用范围内的建设用地使用权一并处分。

第三百五十八条 建设用地使用权期限届满前，因公共利益需要提前收回该土地的，应当依据本法第二百四十三条的规定对该土地上的房屋以及其他不动产给予补偿，并退还相应的出让金。

第三百五十九条 住宅建设用地使用权期限届满的，自动续期。续期费用的缴纳或者减免，依照法律、行政法规的规定办理。

非住宅建设用地使用权期限届满后的续期，依照法律规定办理。该土地上的房屋以及其他不动产的归属，有约定的，按照约定；没有约定或者约定不明确的，依照法律、行政法规的规定办理。

第三百六十条 建设用地使用权消灭的，出让人应当及时办理注销登记。登记机构应当收回权属证书。

第三百六十一条 集体所有的土地作为建设用地的，应当依照土地管理的法律规定办理。

第十三章　宅基地使用权

第三百六十二条 宅基地使用权人依法对集体所有的土地享有占有和使用的权利，有权依法利用该土地建造住宅及其附属设施。

第三百六十三条 宅基地使用权的取得、行使和转让，适用土地管理的法律和国家有关规定。

第三百六十四条 宅基地因自然灾害等原因灭失的，宅基地使用权消灭。对失去宅基地的村民，应当依法重新分配宅基地。

第三百六十五条 已经登记的宅基地使用权转让或者消灭的，应当及时办理变更登记或者注销登记。

第十四章　居住权

第三百六十六条 居住权人有权按照合同约定，对他人的住宅享有占有、使用的用益物权，以满足生活居住的需要。

第三百六十七条 设立居住权，当事人应当采用书面形式订立居住权合同。

居住权合同一般包括下列条款：

（一）当事人的姓名或者名称和住所；

（二）住宅的位置；

（三）居住的条件和要求；

（四）居住权期限；

（五）解决争议的方法。

第三百六十八条 居住权无偿设立，但是当事人另有约定的除外。设立居住权的，应当向登记机构申请居住权登记。居住权自登记时设立。

第三百六十九条 居住权不得转让、继承。设立居住权的住宅不得出租，但是当事人另有约定的除外。

第三百七十条 居住权期限届满或者居住权人死亡的，居住权消灭。居住权消灭的，应当及时办理注销登记。

第三百七十一条 以遗嘱方式设立居住权的，参照适用本章的有关规定。

第十五章　地役权

第三百七十二条 地役权人有权按照合同约定，利用他人的不动产，以提高自己的不动产的效益。

前款所称他人的不动产为供役地，自己的不动产为需役地。

第三百七十三条 设立地役权，当事人应当采用书面形式订立地役权合同。

地役权合同一般包括下列条款：

（一）当事人的姓名或者名称和住所；

（二）供役地和需役地的位置；

（三）利用目的和方法；

（四）地役权期限；

（五）费用及其支付方式；

（六）解决争议的方法。

第三百七十四条 地役权自地役权合同生效时设立。当事人要求登记的，可以向登记机构申请地役权登记；未经登记，不得对抗善意第三人。

第三百七十五条 供役地权利人应当按照合同约定，允许地役权人利用其不动产，不得妨害地役权人行使权利。

第三百七十六条 地役权人应当按照合同约定的利用目的和方法利用供役地，尽量减少对供役地权利人物权的限制。

第三百七十七条 地役权期限由当事人约定；但是，不得超过土地承包经营权、建设用地使用权等用益物权的剩余期限。

第三百七十八条 土地所有权人享有地役权或者负担地役权的，设立土地承包经营权、宅基地使用权等用益物权时，该用益物权人继续享有或者负担已经设立的地役权。

第三百七十九条 土地上已经设立土地承包经营权、建设用地使用权、宅基地使用权等用益物权的，未经用益物权人同意，土地所有权人不得设立地役权。

第三百八十条 地役权不得单独转让。土地承包经营权、建设用地使用权等转让的，地役权一并转让，但是合同另有约定的除外。

第三百八十一条 地役权不得单独抵押。土地经营权、建设用地使用权等抵押的，在实现抵押权时，地役权一并转让。

第三百八十二条 需役地以及需役地上的土地承包经营权、建设用地使用权等部分转让时，转让部分涉及地役权的，受让人同时享有地役权。

第三百八十三条 供役地以及供役地上的土地承包经营权、建设用地使用权等部分转让时，转让部分涉及地役权的，地役权对受让人具有法律约束力。

第三百八十四条 地役权人有下列情形之一的，供役地权利人有权解除地役权合同，地役权消灭：

（一）违反法律规定或者合同约定，滥用地役权；

（二）有偿利用供役地，约定的付款期限届满后在合理期限内经两次催告未支付费用。

第三百八十五条 已经登记的地役权变更、转让或者消灭的，应当及时办理变更登记或者注销登记。

第四分编 担保物权

第十六章 一般规定

第三百八十六条 担保物权人在债务人不履行到期债务或者发生当事人约定的实现担保物权的情形，依法享有就担保财产优先受偿的权利，但是法律另有规定的除外。

第三百八十七条 债权人在借贷、买卖等民事活动中，为保障实现其债权，需要担保的，可以依照本法和其他法律的规定设立担保物权。

第三人为债务人向债权人提供担保的，可以要求债务人提供反担保。反担保适用本法和其他法律的规定。

第三百八十八条 设立担保物权，应当依照本法和其他法律的规定订立担保合同。担保合同包括抵押合同、质押合同和其他具有担保功能的合同。担保合同是主债权债务合同的从合同。主债权债务合同无效的，担保合同无效，但是法律另有规定的除外。

担保合同被确认无效后，债务人、担保人、债权人有过错的，应当根据其过错各自承担相应的民事责任。

第三百八十九条 担保物权的担保范围包括主债权及其利息、违约金、损害赔偿金、保管担保财产和实现担保物权的费用。当事人另有约定的，按照其约定。

第三百九十条 担保期间，担保财产毁损、灭失或者被征收等，担保物权人可以就获得的保险金、赔偿金或者补偿金等优先受偿。被担保债权的履行期限未届满的，也可以提存该保险金、赔偿金或者补偿金等。

第三百九十一条 第三人提供担保，未经其书面同意，债权人允许债务人转移全部或者部分债务的，担保人不再承担相应的担保责任。

第三百九十二条 被担保的债权既有物的担保又有人的担保的，债务人不履行到期债务或者发生当事人约定的实现担保物权的情形，债权人应当按照约定实现债权；没有约定或者约定不明确，债务人自己提供物的担保的，债权人应当先就该物的担保实现债权；第三人提供物的担保的，债权人可以就物的担保实现债权，也可以请求保证人承担保证责任。提供担保的第三人承担担保责任后，有权向债务人追偿。

第三百九十三条 有下列情形之一的，担保物权消灭：

（一）主债权消灭；

（二）担保物权实现；

（三）债权人放弃担保物权；

（四）法律规定担保物权消灭的其他情形。

第十七章 抵押权

第一节 一般抵押权

第三百九十四条 为担保债务的履行，债务人或者第三人不转移财产的占有，将该财产抵押给债权人的，债务人不履行到期债务或者发生当事人约定的实现抵押权的情形，债权人有权就该财产优先受偿。

前款规定的债务人或者第三人为抵押人，债权人为抵押权人，提供担保的财产为抵押财产。

第三百九十五条 债务人或者第三人有权处分的下列财产可以抵押：

（一）建筑物和其他土地附着物；

（二）建设用地使用权；

（三）海域使用权；

（四）生产设备、原材料、半成品、产品；

（五）正在建造的建筑物、船舶、航空器；

（六）交通运输工具；

（七）法律、行政法规未禁止抵押的其他财产。

抵押人可以将前款所列财产一并抵押。

第三百九十六条 企业、个体工商户、农业生产经营者可以将现有的以及将有的生产设备、原材料、半成品、产品抵押，债务人不履行到期债务或者发生当事人约定的实现抵押权的情形，债权人有权就抵押财产确定时的动产优先受偿。

第三百九十七条 以建筑物抵押的，该建筑物占用范围内的建设用地使用权一并抵押。以建设用地使用权抵押的，该土地上的建筑物一并抵押。

抵押人未依据前款规定一并抵押的，未抵押的财产视为一并抵押。

第三百九十八条 乡镇、村企业的建设用地使用权不得单独抵押。以乡镇、村企业的厂房等建筑物抵押的，其占用范围内的建设用地使用权一并抵押。

第三百九十九条 下列财产不得抵押：

（一）土地所有权；

（二）宅基地、自留地、自留山等集体所有土地的使用权，但是法律规定可以抵押的除外；

（三）学校、幼儿园、医疗机构等为公益目的成立的非营利法人的教育设施、医疗卫生设施和其他公益设施；

（四）所有权、使用权不明或者有争议的财产；

（五）依法被查封、扣押、监管的财产；

（六）法律、行政法规规定不得抵押的其他财产。

第四百条 设立抵押权，当事人应当采用书面形式订立抵押合同。

抵押合同一般包括下列条款：

（一）被担保债权的种类和数额；

（二）债务人履行债务的期限；

（三）抵押财产的名称、数量等情况；

（四）担保的范围。

第四百零一条 抵押权人在债务履行期限届满前，与抵押人约定债务人不履行到期债务时抵押财产归债权人所有的，只能依法就抵押财产优先受偿。

第四百零二条 以本法第三百九十五条第一款第一项至第三项规定的财产或者第五项规定的正在建造的建筑物抵押的，应当办理抵押登记。抵押权自登记时设立。

第四百零三条 以动产抵押的，抵押权自抵押合同生效时设立；未经登记，不得对抗善意第三人。

第四百零四条 以动产抵押的，不得对抗正常经营活动中已经支付合理价款并取得抵押财产的买受人。

第四百零五条 抵押权设立前，抵押财产已经出租并转移占有的，原租赁关系不受该抵押权的影响。

第四百零六条 抵押期间，抵押人可以转让抵押财产。当事人另有约定的，按照其约定。抵押财产转让的，抵押权不受影响。

抵押人转让抵押财产的，应当及时通知抵

押权人。抵押权人能够证明抵押财产转让可能损害抵押权的，可以请求抵押人将转让所得的价款向抵押权人提前清偿债务或者提存。转让的价款超过债权数额的部分归抵押人所有，不足部分由债务人清偿。

第四百零七条 抵押权不得与债权分离而单独转让或者作为其他债权的担保。债权转让的，担保该债权的抵押权一并转让，但是法律另有规定或者当事人另有约定的除外。

第四百零八条 抵押人的行为足以使抵押财产价值减少的，抵押权人有权请求抵押人停止其行为；抵押财产价值减少的，抵押权人有权请求恢复抵押财产的价值，或者提供与减少的价值相应的担保。抵押人不恢复抵押财产的价值，也不提供担保的，抵押权人有权请求债务人提前清偿债务。

第四百零九条 抵押权人可以放弃抵押权或者抵押权的顺位。抵押权人与抵押人可以协议变更抵押权顺位以及被担保的债权数额等内容。但是，抵押权的变更未经其他抵押权人书面同意的，不得对其他抵押权人产生不利影响。

债务人以自己的财产设定抵押，抵押权人放弃该抵押权、抵押权顺位或者变更抵押权的，其他担保人在抵押权人丧失优先受偿权益的范围内免除担保责任，但是其他担保人承诺仍然提供担保的除外。

第四百一十条 债务人不履行到期债务或者发生当事人约定的实现抵押权的情形，抵押权人可以与抵押人协议以抵押财产折价或者以拍卖、变卖该抵押财产所得的价款优先受偿。协议损害其他债权人利益的，其他债权人可以请求人民法院撤销该协议。

抵押权人与抵押人未就抵押权实现方式达成协议的，抵押权人可以请求人民法院拍卖、变卖抵押财产。

抵押财产折价或者变卖的，应当参照市场价格。

第四百一十一条 依据本法第三百九十六条规定设定抵押的，抵押财产自下列情形之一发生时确定：

（一）债务履行期限届满，债权未实现；

（二）抵押人被宣告破产或者解散；

（三）当事人约定的实现抵押权的情形；

（四）严重影响债权实现的其他情形。

第四百一十二条 债务人不履行到期债务或者发生当事人约定的实现抵押权的情形，致使抵押财产被人民法院依法扣押的，自扣押之日起，抵押权人有权收取该抵押财产的天然孳息或者法定孳息，但是抵押权人未通知应当清偿法定孳息义务人的除外。

前款规定的孳息应当先充抵收取孳息的费用。

第四百一十三条 抵押财产折价或者拍卖、变卖后，其价款超过债权数额的部分归抵押人所有，不足部分由债务人清偿。

第四百一十四条 同一财产向两个以上债权人抵押的，拍卖、变卖抵押财产所得的价款依照下列规定清偿：

（一）抵押权已经登记的，按照登记的时间先后确定清偿顺序；

（二）抵押权已经登记的先于未登记的受偿；

（三）抵押权未登记的，按照债权比例清偿。

其他可以登记的担保物权，清偿顺序参照适用前款规定。

第四百一十五条 同一财产既设立抵押权又设立质权的，拍卖、变卖该财产所得的价款按照登记、交付的时间先后确定清偿顺序。

第四百一十六条 动产抵押担保的主债权是抵押物的价款，标的物交付后十日内办理抵押登记的，该抵押权人优先于抵押物买受人的其他担保物权人受偿，但是留置权人除外。

第四百一十七条 建设用地使用权抵押后，该土地上新增的建筑物不属于抵押财产。该建设用地使用权实现抵押权时，应当将该土地上新增的建筑物与建设用地使用权一并处分。但是，新增建筑物所得的价款，抵押权人无权优先受偿。

第四百一十八条 以集体所有土地的使用权依法抵押的，实现抵押权后，未经法定程序，不得改变土地所有权的性质和土地用途。

第四百一十九条 抵押权人应当在主债权诉讼时效期间行使抵押权；未行使的，人民法院不予保护。

第二节 最高额抵押权

第四百二十条 为担保债务的履行，债务人或者第三人对一定期间内将要连续发生的债权提供担保财产的，债务人不履行到期债务或者发生当事人约定的实现抵押权的情形，抵押权人有权在最高债权额限度内就该担保财产优先受偿。

最高额抵押权设立前已经存在的债权，经当事人同意，可以转入最高额抵押担保的债权范围。

第四百二十一条 最高额抵押担保的债权确定前，部分债权转让的，最高额抵押权不得转让，但是当事人另有约定的除外。

第四百二十二条 最高额抵押担保的债权确定前，抵押权人与抵押人可以通过协议变更债权确定的期间、债权范围以及最高债权额。但是，变更的内容不得对其他抵押权人产生不利影响。

第四百二十三条 有下列情形之一的，抵押权人的债权确定：

（一）约定的债权确定期间届满；

（二）没有约定债权确定期间或者约定不明确，抵押权人或者抵押人自最高额抵押权设立之日起满二年后请求确定债权；

（三）新的债权不可能发生；

（四）抵押权人知道或者应当知道抵押财产被查封、扣押；

（五）债务人、抵押人被宣告破产或者解散；

（六）法律规定债权确定的其他情形。

第四百二十四条 最高额抵押权除适用本节规定外，适用本章第一节的有关规定。

第十八章 质 权

第一节 动产质权

第四百二十五条 为担保债务的履行，债务人或者第三人将其动产出质给债权人占有的，债务人不履行到期债务或者发生当事人约定的实现质权的情形，债权人有权就该动产优先受偿。

前款规定的债务人或者第三人为出质人，债权人为质权人，交付的动产为质押财产。

第四百二十六条 法律、行政法规禁止转让的动产不得出质。

第四百二十七条 设立质权，当事人应当采用书面形式订立质押合同。

质押合同一般包括下列条款：

（一）被担保债权的种类和数额；

（二）债务人履行债务的期限；

（三）质押财产的名称、数量等情况；

（四）担保的范围；

（五）质押财产交付的时间、方式。

第四百二十八条 质权人在债务履行期限届满前，与出质人约定债务人不履行到期债务时质押财产归债权人所有的，只能依法就质押财产优先受偿。

第四百二十九条 质权自出质人交付质押财产时设立。

第四百三十条 质权人有权收取质押财产的孳息，但是合同另有约定的除外。

前款规定的孳息应当先充抵收取孳息的费用。

第四百三十一条 质权人在质权存续期间，未经出质人同意，擅自使用、处分质押财产，造成出质人损害的，应当承担赔偿责任。

第四百三十二条 质权人负有妥善保管质押财产的义务；因保管不善致使质押财产毁损、灭失的，应当承担赔偿责任。

质权人的行为可能使质押财产毁损、灭失的，出质人可以请求质权人将质押财产提存，或者请求提前清偿债务并返还质押财产。

第四百三十三条 因不可归责于质权人的事由可能使质押财产毁损或者价值明显减少，足以危害质权人权利的，质权人有权请求出质人提供相应的担保；出质人不提供的，质权人可以拍卖、变卖质押财产，并与出质人协议将拍卖、变卖所得的价款提前清偿债务或者提存。

第四百三十四条 质权人在质权存续期间，未经出质人同意转质，造成质押财产毁损、灭失的，应当承担赔偿责任。

第四百三十五条 质权人可以放弃质权。债务人以自己的财产出质，质权人放弃该质权的，其他担保人在质权人丧失优先受偿权益的范围内免除担保责任，但是其他担保人承诺仍然提供担保的除外。

第四百三十六条 债务人履行债务或者出质人提前清偿所担保的债权的，质权人应当返还质押财产。

债务人不履行到期债务或者发生当事人约定的实现质权的情形，质权人可以与出质人协议以质押财产折价，也可以就拍卖、变卖质押财产所得的价款优先受偿。

质押财产折价或者变卖的，应当参照市场

价格。

第四百三十七条 出质人可以请求质权人在债务履行期限届满后及时行使质权；质权人不行使的，出质人可以请求人民法院拍卖、变卖质押财产。

出质人请求质权人及时行使质权，因质权人怠于行使权利造成出质人损害的，由质权人承担赔偿责任。

第四百三十八条 质押财产折价或者拍卖、变卖后，其价款超过债权数额的部分归出质人所有，不足部分由债务人清偿。

第四百三十九条 出质人与质权人可以协议设立最高额质权。

最高额质权除适用本节有关规定外，参照适用本编第十七章第二节的有关规定。

第二节 权利质权

第四百四十条 债务人或者第三人有权处分的下列权利可以出质：

（一）汇票、本票、支票；

（二）债券、存款单；

（三）仓单、提单；

（四）可以转让的基金份额、股权；

（五）可以转让的注册商标专用权、专利权、著作权等知识产权中的财产权；

（六）现有的以及将有的应收账款；

（七）法律、行政法规规定可以出质的其他财产权利。

第四百四十一条 以汇票、本票、支票、债券、存款单、仓单、提单出质的，质权自权利凭证交付质权人时设立；没有权利凭证的，质权自办理出质登记时设立。法律另有规定的，依照其规定。

第四百四十二条 汇票、本票、支票、债券、存款单、仓单、提单的兑现日期或者提货日期先于主债权到期的，质权人可以兑现或者提货，并与出质人协议将兑现的价款或者提取的货物提前清偿债务或者提存。

第四百四十三条 以基金份额、股权出质的，质权自办理出质登记时设立。

基金份额、股权出质后，不得转让，但是出质人与质权人协商同意的除外。出质人转让基金份额、股权所得的价款，应当向质权人提前清偿债务或者提存。

第四百四十四条 以注册商标专用权、专利权、著作权等知识产权中的财产权出质的，质权自办理出质登记时设立。

知识产权中的财产权出质后，出质人不得转让或者许可他人使用，但是出质人与质权人协商同意的除外。出质人转让或者许可他人使用出质的知识产权中的财产权所得的价款，应当向质权人提前清偿债务或者提存。

第四百四十五条 以应收账款出质的，质权自办理出质登记时设立。

应收账款出质后，不得转让，但是出质人与质权人协商同意的除外。出质人转让应收账款所得的价款，应当向质权人提前清偿债务或者提存。

第四百四十六条 权利质权除适用本节规定外，适用本章第一节的有关规定。

第十九章 留置权

第四百四十七条 债务人不履行到期债务，债权人可以留置已经合法占有的债务人的动产，并有权就该动产优先受偿。

前款规定的债权人为留置权人，占有的动产为留置财产。

第四百四十八条 债权人留置的动产，应当与债权属于同一法律关系，但是企业之间留置的除外。

第四百四十九条 法律规定或者当事人约定不得留置的动产，不得留置。

第四百五十条 留置财产为可分物的，留置财产的价值应当相当于债务的金额。

第四百五十一条 留置权人负有妥善保管留置财产的义务；因保管不善致使留置财产毁损、灭失的，应当承担赔偿责任。

第四百五十二条 留置权人有权收取留置财产的孳息。

前款规定的孳息应当先充抵收取孳息的费用。

第四百五十三条 留置权人与债务人应当约定留置财产后的债务履行期限；没有约定或者约定不明确的，留置权人应当给债务人六十日以上履行债务的期限，但是鲜活易腐等不易保管的动产除外。债务人逾期未履行的，留置权人可以与债务人协议以留置财产折价，也可以就拍卖、变卖留置财产所得的价款优先受偿。

留置财产折价或者变卖的，应当参照市场价格。

第四百五十四条 债务人可以请求留置权人在债务履行期限届满后行使留置权；留置权人不行使的，债务人可以请求人民法院拍卖、变卖留置财产。

第四百五十五条 留置财产折价或者拍卖、变卖后，其价款超过债权数额的部分归债务人所有，不足部分由债务人清偿。

第四百五十六条 同一动产上已经设立抵押权或者质权，该动产又被留置的，留置权人优先受偿。

第四百五十七条 留置权人对留置财产丧失占有或者留置权人接受债务人另行提供担保的，留置权消灭。

第五分编 占 有

第二十章 占 有

第四百五十八条 基于合同关系等产生的占有，有关不动产或者动产的使用、收益、违约责任等，按照合同约定；合同没有约定或者约定不明确的，依照有关法律规定。

第四百五十九条 占有人因使用占有的不动产或者动产，致使该不动产或者动产受到损害的，恶意占有人应当承担赔偿责任。

第四百六十条 不动产或者动产被占有人占有的，权利人可以请求返还原物及其孳息；但是，应当支付善意占有人因维护该不动产或者动产支出的必要费用。

第四百六十一条 占有的不动产或者动产毁损、灭失，该不动产或者动产的权利人请求赔偿的，占有人应当将因毁损、灭失取得的保险金、赔偿金或者补偿金等返还给权利人；权利人的损害未得到足够弥补的，恶意占有人还应当赔偿损失。

第四百六十二条 占有的不动产或者动产被侵占的，占有人有权请求返还原物；对妨害占有的行为，占有人有权请求排除妨害或者消除危险；因侵占或者妨害造成损害的，占有人有权依法请求损害赔偿。

占有人返还原物的请求权，自侵占发生之日起一年内未行使的，该请求权消灭。

第三编 合 同

第一分编 通 则

第一章 一般规定

第四百六十三条 本编调整因合同产生的民事关系。

第四百六十四条 合同是民事主体之间设立、变更、终止民事法律关系的协议。

婚姻、收养、监护等有关身份关系的协议，适用有关该身份关系的法律规定；没有规定的，可以根据其性质参照适用本编规定。

第四百六十五条 依法成立的合同，受法律保护。

依法成立的合同，仅对当事人具有法律约束力，但是法律另有规定的除外。

第四百六十六条 当事人对合同条款的理解有争议的，应当依据本法第一百四十二条第一款的规定，确定争议条款的含义。

合同文本采用两种以上文字订立并约定具有同等效力的，对各文本使用的词句推定具有相同含义。各文本使用的词句不一致的，应当根据合同的相关条款、性质、目的以及诚信原则等予以解释。

第四百六十七条 本法或者其他法律没有明文规定的合同，适用本编通则的规定，并可以参照适用本编或者其他法律最相类似合同的规定。

在中华人民共和国境内履行的中外合资经营企业合同、中外合作经营企业合同、中外合作勘探开发自然资源合同，适用中华人民共和国法律。

第四百六十八条 非因合同产生的债权债务关系，适用有关该债权债务关系的法律规定；没有规定的，适用本编通则的有关规定，但是根据其性质不能适用的除外。

第二章 合同的订立

第四百六十九条 当事人订立合同，可以采用书面形式、口头形式或者其他形式。

书面形式是合同书、信件、电报、电传、传真等可以有形地表现所载内容的形式。

以电子数据交换、电子邮件等方式能够有

形地表现所载内容，并可以随时调取查用的数据电文，视为书面形式。

第四百七十条 合同的内容由当事人约定，一般包括下列条款：

（一）当事人的姓名或者名称和住所；

（二）标的；

（三）数量；

（四）质量；

（五）价款或者报酬；

（六）履行期限、地点和方式；

（七）违约责任；

（八）解决争议的方法。

当事人可以参照各类合同的示范文本订立合同。

第四百七十一条 当事人订立合同，可以采取要约、承诺方式或者其他方式。

第四百七十二条 要约是希望与他人订立合同的意思表示，该意思表示应当符合下列条件：

（一）内容具体确定；

（二）表明经受要约人承诺，要约人即受该意思表示约束。

第四百七十三条 要约邀请是希望他人向自己发出要约的表示。拍卖公告、招标公告、招股说明书、债券募集办法、基金招募说明书、商业广告和宣传、寄送的价目表等为要约邀请。

商业广告和宣传的内容符合要约条件的，构成要约。

第四百七十四条 要约生效的时间适用本法第一百三十七条的规定。

第四百七十五条 要约可以撤回。要约的撤回适用本法第一百四十一条的规定。

第四百七十六条 要约可以撤销，但是有下列情形之一的除外：

（一）要约人以确定承诺期限或者其他形式明示要约不可撤销；

（二）受要约人有理由认为要约是不可撤销的，并已经为履行合同做了合理准备工作。

第四百七十七条 撤销要约的意思表示以对话方式作出的，该意思表示的内容应当在受要约人作出承诺之前为受要约人所知道；撤销要约的意思表示以非对话方式作出的，应当在受要约人作出承诺之前到达受要约人。

第四百七十八条 有下列情形之一的，要约失效：

（一）要约被拒绝；

（二）要约被依法撤销；

（三）承诺期限届满，受要约人未作出承诺；

（四）受要约人对要约的内容作出实质性变更。

第四百七十九条 承诺是受要约人同意要约的意思表示。

第四百八十条 承诺应当以通知的方式作出；但是，根据交易习惯或者要约表明可以通过行为作出承诺的除外。

第四百八十一条 承诺应当在要约确定的期限内到达要约人。

要约没有确定承诺期限的，承诺应当依照下列规定到达：

（一）要约以对话方式作出的，应当即时作出承诺；

（二）要约以非对话方式作出的，承诺应当在合理期限内到达。

第四百八十二条 要约以信件或者电报作出的，承诺期限自信件载明的日期或者电报交发之日开始计算。信件未载明日期的，自投寄该信件的邮戳日期开始计算。要约以电话、传真、电子邮件等快速通讯方式作出的，承诺期限自要约到达受要约人时开始计算。

第四百八十三条 承诺生效时合同成立，但是法律另有规定或者当事人另有约定的除外。

第四百八十四条 以通知方式作出的承诺，生效的时间适用本法第一百三十七条的规定。

承诺不需要通知的，根据交易习惯或者要约的要求作出承诺的行为时生效。

第四百八十五条 承诺可以撤回。承诺的撤回适用本法第一百四十一条的规定。

第四百八十六条 受要约人超过承诺期限发出承诺，或者在承诺期限内发出承诺，按照通常情形不能及时到达要约人的，为新要约；但是，要约人及时通知受要约人该承诺有效的除外。

第四百八十七条 受要约人在承诺期限内发出承诺，按照通常情形能够及时到达要约人，但是因其他原因致使承诺到达要约人时超过承诺期限的，除要约人及时通知受要约人因承诺超过期限不接受该承诺外，该承诺有效。

第四百八十八条 承诺的内容应当与要约的内容一致。受要约人对要约的内容作出实质性变更的，为新要约。有关合同标的、数量、质量、价款或者报酬、履行期限、履行地点和方式、违约责任和解决争议方法等的变更，是对要约内容的实质性变更。

第四百八十九条 承诺对要约的内容作出非实质性变更的，除要约人及时表示反对或者要约表明承诺不得对要约的内容作出任何变更外，该承诺有效，合同的内容以承诺的内容为准。

第四百九十条 当事人采用合同书形式订立合同的，自当事人均签名、盖章或者按指印时合同成立。在签名、盖章或者按指印之前，当事人一方已经履行主要义务，对方接受时，该合同成立。

法律、行政法规规定或者当事人约定合同应当采用书面形式订立，当事人未采用书面形式但是一方已经履行主要义务，对方接受时，该合同成立。

第四百九十一条 当事人采用信件、数据电文等形式订立合同要求签订确认书的，签订确认书时合同成立。

当事人一方通过互联网等信息网络发布的商品或者服务信息符合要约条件的，对方选择该商品或者服务并提交订单成功时合同成立，但是当事人另有约定的除外。

第四百九十二条 承诺生效的地点为合同成立的地点。

采用数据电文形式订立合同的，收件人的主营业地为合同成立的地点；没有主营业地的，其住所地为合同成立的地点。当事人另有约定的，按照其约定。

第四百九十三条 当事人采用合同书形式订立合同的，最后签名、盖章或者按指印的地点为合同成立的地点，但是当事人另有约定的除外。

第四百九十四条 国家根据抢险救灾、疫情防控或者其他需要下达国家订货任务、指令性任务的，有关民事主体之间应当依照有关法律、行政法规规定的权利和义务订立合同。

依照法律、行政法规的规定负有发出要约义务的当事人，应当及时发出合理的要约。

依照法律、行政法规的规定负有作出承诺义务的当事人，不得拒绝对方合理的订立合同要求。

第四百九十五条 当事人约定在将来一定期限内订立合同的认购书、订购书、预订书等，构成预约合同。

当事人一方不履行预约合同约定的订立合同义务的，对方可以请求其承担预约合同的违约责任。

第四百九十六条 格式条款是当事人为了重复使用而预先拟定，并在订立合同时未与对方协商的条款。

采用格式条款订立合同的，提供格式条款的一方应当遵循公平原则确定当事人之间的权利和义务，并采取合理的方式提示对方注意免除或者减轻其责任等与对方有重大利害关系的条款，按照对方的要求，对该条款予以说明。提供格式条款的一方未履行提示或者说明义务，致使对方没有注意或者理解与其有重大利害关系的条款的，对方可以主张该条款不成为合同的内容。

第四百九十七条 有下列情形之一的，该格式条款无效：

（一）具有本法第一编第六章第三节和本法第五百零六条规定的无效情形；

（二）提供格式条款一方不合理地免除或者减轻其责任、加重对方责任、限制对方主要权利；

（三）提供格式条款一方排除对方主要权利。

第四百九十八条 对格式条款的理解发生争议的，应当按照通常理解予以解释。对格式条款有两种以上解释的，应当作出不利于提供格式条款一方的解释。格式条款和非格式条款不一致的，应当采用非格式条款。

第四百九十九条 悬赏人以公开方式声明对完成特定行为的人支付报酬的，完成该行为的人可以请求其支付。

第五百条 当事人在订立合同过程中有下列情形之一，造成对方损失的，应当承担赔偿责任：

（一）假借订立合同，恶意进行磋商；

（二）故意隐瞒与订立合同有关的重要事实或者提供虚假情况；

（三）有其他违背诚信原则的行为。

第五百零一条 当事人在订立合同过程中

知悉的商业秘密或者其他应当保密的信息，无论合同是否成立，不得泄露或者不正当地使用；泄露、不正当地使用该商业秘密或者信息，造成对方损失的，应当承担赔偿责任。

第三章 合同的效力

第五百零二条 依法成立的合同，自成立时生效，但是法律另有规定或者当事人另有约定的除外。

依照法律、行政法规的规定，合同应当办理批准等手续的，依照其规定。未办理批准等手续影响合同生效的，不影响合同中履行报批等义务条款以及相关条款的效力。应当办理申请批准等手续的当事人未履行义务的，对方可以请求其承担违反该义务的责任。

依照法律、行政法规的规定，合同的变更、转让、解除等情形应当办理批准等手续的，适用前款规定。

第五百零三条 无权代理人以被代理人的名义订立合同，被代理人已经开始履行合同义务或者接受相对人履行的，视为对合同的追认。

第五百零四条 法人的法定代表人或者非法人组织的负责人超越权限订立的合同，除相对人知道或者应当知道其超越权限外，该代表行为有效，订立的合同对法人或者非法人组织发生效力。

第五百零五条 当事人超越经营范围订立的合同的效力，应当依照本法第一编第六章第三节和本编的有关规定确定，不得仅以超越经营范围确认合同无效。

第五百零六条 合同中的下列免责条款无效：

（一）造成对方人身损害的；

（二）因故意或者重大过失造成对方财产损失的。

第五百零七条 合同不生效、无效、被撤销或者终止的，不影响合同中有关解决争议方法的条款的效力。

第五百零八条 本编对合同的效力没有规定的，适用本法第一编第六章的有关规定。

第四章 合同的履行

第五百零九条 当事人应当按照约定全面履行自己的义务。

当事人应当遵循诚信原则，根据合同的性质、目的和交易习惯履行通知、协助、保密等义务。

当事人在履行合同过程中，应当避免浪费资源、污染环境和破坏生态。

第五百一十条 合同生效后，当事人就质量、价款或者报酬、履行地点等内容没有约定或者约定不明确的，可以协议补充；不能达成补充协议的，按照合同相关条款或者交易习惯确定。

第五百一十一条 当事人就有关合同内容约定不明确，依据前条规定仍不能确定的，适用下列规定：

（一）质量要求不明确的，按照强制性国家标准履行；没有强制性国家标准的，按照推荐性国家标准履行；没有推荐性国家标准的，按照行业标准履行；没有国家标准、行业标准的，按照通常标准或者符合合同目的的特定标准履行。

（二）价款或者报酬不明确的，按照订立合同时履行地的市场价格履行；依法应当执行政府定价或者政府指导价的，依照规定履行。

（三）履行地点不明确，给付货币的，在接受货币一方所在地履行；交付不动产的，在不动产所在地履行；其他标的，在履行义务一方所在地履行。

（四）履行期限不明确的，债务人可以随时履行，债权人也可以随时请求履行，但是应当给对方必要的准备时间。

（五）履行方式不明确的，按照有利于实现合同目的的方式履行。

（六）履行费用的负担不明确的，由履行义务一方负担；因债权人原因增加的履行费用，由债权人负担。

第五百一十二条 通过互联网等信息网络订立的电子合同的标的为交付商品并采用快递物流方式交付的，收货人的签收时间为交付时间。电子合同的标的为提供服务的，生成的电子凭证或者实物凭证中载明的时间为提供服务时间；前述凭证没有载明时间或者载明时间与实际提供服务时间不一致的，以实际提供服务的时间为准。

电子合同的标的物为采用在线传输方式交付的，合同标的物进入对方当事人指定的特定系统且能够检索识别的时间为交付时间。

电子合同当事人对交付商品或者提供服务的方式、时间另有约定的，按照其约定。

第五百一十三条 执行政府定价或者政府指导价的，在合同约定的交付期限内政府价格调整时，按照交付时的价格计价。逾期交付标的物的，遇价格上涨时，按照原价格执行；价格下降时，按照新价格执行。逾期提取标的物或者逾期付款的，遇价格上涨时，按照新价格执行；价格下降时，按照原价格执行。

第五百一十四条 以支付金钱为内容的债，除法律另有规定或者当事人另有约定外，债权人可以请求债务人以实际履行地的法定货币履行。

第五百一十五条 标的有多项而债务人只需履行其中一项的，债务人享有选择权；但是，法律另有规定、当事人另有约定或者另有交易习惯的除外。

享有选择权的当事人在约定期限内或者履行期限届满未作选择，经催告后在合理期限内仍未选择的，选择权转移至对方。

第五百一十六条 当事人行使选择权应当及时通知对方，通知到达对方时，标的确定。标的确定后不得变更，但是经对方同意的除外。

可选择的标的发生不能履行情形的，享有选择权的当事人不得选择不能履行的标的，但是该不能履行的情形是由对方造成的除外。

第五百一十七条 债权人为二人以上，标的可分，按照份额各自享有债权的，为按份债权；债务人为二人以上，标的可分，按照份额各自负担债务的，为按份债务。

按份债权人或者按份债务人的份额难以确定的，视为份额相同。

第五百一十八条 债权人为二人以上，部分或者全部债权人均可以请求债务人履行债务的，为连带债权；债务人为二人以上，债权人可以请求部分或者全部债务人履行全部债务的，为连带债务。

连带债权或者连带债务，由法律规定或者当事人约定。

第五百一十九条 连带债务人之间的份额难以确定的，视为份额相同。

实际承担债务超过自己份额的连带债务人，有权就超出部分在其他连带债务人未履行的份额范围内向其追偿，并相应地享有债权人的权利，但是不得损害债权人的利益。其他连带债务人对债权人的抗辩，可以向该债务人主张。

被追偿的连带债务人不能履行其应分担份额的，其他连带债务人应当在相应范围内按比例分担。

第五百二十条 部分连带债务人履行、抵销债务或者提存标的物的，其他债务人对债权人的债务在相应范围内消灭；该债务人可以依据前条规定向其他债务人追偿。

部分连带债务人的债务被债权人免除的，在该连带债务人应当承担的份额范围内，其他债务人对债权人的债务消灭。

部分连带债务人的债务与债权人的债权同归于一人的，在扣除该债务人应当承担的份额后，债权人对其他债务人的债权继续存在。

债权人对部分连带债务人的给付受领迟延的，对其他连带债务人发生效力。

第五百二十一条 连带债权人之间的份额难以确定的，视为份额相同。

实际受领债权的连带债权人，应当按比例向其他连带债权人返还。

连带债权参照适用本章连带债务的有关规定。

第五百二十二条 当事人约定由债务人向第三人履行债务，债务人未向第三人履行债务或者履行债务不符合约定的，应当向债权人承担违约责任。

法律规定或者当事人约定第三人可以直接请求债务人向其履行债务，第三人未在合理期限内明确拒绝，债务人未向第三人履行债务或者履行债务不符合约定的，第三人可以请求债务人承担违约责任；债务人对债权人的抗辩，可以向第三人主张。

第五百二十三条 当事人约定由第三人向债权人履行债务，第三人不履行债务或者履行债务不符合约定的，债务人应当向债权人承担违约责任。

第五百二十四条 债务人不履行债务，第三人对履行该债务具有合法利益的，第三人有权向债权人代为履行；但是，根据债务性质、按照当事人约定或者依照法律规定只能由债务人履行的除外。

债权人接受第三人履行后，其对债务人的债权转让给第三人，但是债务人和第三人另有约定的除外。

第五百二十五条 当事人互负债务，没有先后履行顺序的，应当同时履行。一方在对方履行之前有权拒绝其履行请求。一方在对方履行债务不符合约定时，有权拒绝其相应的履行请求。

第五百二十六条 当事人互负债务，有先后履行顺序，应当先履行债务一方未履行的，后履行一方有权拒绝其履行请求。先履行一方履行债务不符合约定的，后履行一方有权拒绝其相应的履行请求。

第五百二十七条 应当先履行债务的当事人，有确切证据证明对方有下列情形之一的，可以中止履行：

（一）经营状况严重恶化；

（二）转移财产、抽逃资金，以逃避债务；

（三）丧失商业信誉；

（四）有丧失或者可能丧失履行债务能力的其他情形。

当事人没有确切证据中止履行的，应当承担违约责任。

第五百二十八条 当事人依据前条规定中止履行的，应当及时通知对方。对方提供适当担保的，应当恢复履行。中止履行后，对方在合理期限内未恢复履行能力且未提供适当担保的，视为以自己的行为表明不履行主要债务，中止履行的一方可以解除合同并可以请求对方承担违约责任。

第五百二十九条 债权人分立、合并或者变更住所没有通知债务人，致使履行债务发生困难的，债务人可以中止履行或者将标的物提存。

第五百三十条 债权人可以拒绝债务人提前履行债务，但是提前履行不损害债权人利益的除外。

债务人提前履行债务给债权人增加的费用，由债务人负担。

第五百三十一条 债权人可以拒绝债务人部分履行债务，但是部分履行不损害债权人利益的除外。

债务人部分履行债务给债权人增加的费用，由债务人负担。

第五百三十二条 合同生效后，当事人不得因姓名、名称的变更或者法定代表人、负责人、承办人的变动而不履行合同义务。

第五百三十三条 合同成立后，合同的基础条件发生了当事人在订立合同时无法预见的、不属于商业风险的重大变化，继续履行合同对于当事人一方明显不公平的，受不利影响的当事人可以与对方重新协商；在合理期限内协商不成的，当事人可以请求人民法院或者仲裁机构变更或者解除合同。

人民法院或者仲裁机构应当结合案件的实际情况，根据公平原则变更或者解除合同。

第五百三十四条 对当事人利用合同实施危害国家利益、社会公共利益行为的，市场监督管理和其他有关行政主管部门依照法律、行政法规的规定负责监督处理。

第五章 合同的保全

第五百三十五条 因债务人怠于行使其债权或者与该债权有关的从权利，影响债权人的到期债权实现的，债权人可以向人民法院请求以自己的名义代位行使债务人对相对人的权利，但是该权利专属于债务人自身的除外。

代位权的行使范围以债权人的到期债权为限。债权人行使代位权的必要费用，由债务人负担。

相对人对债务人的抗辩，可以向债权人主张。

第五百三十六条 债权人的债权到期前，债务人的债权或者与该债权有关的从权利存在诉讼时效期间即将届满或者未及时申报破产债权等情形，影响债权人的债权实现的，债权人可以代位向债务人的相对人请求其向债务人履行、向破产管理人申报或者作出其他必要的行为。

第五百三十七条 人民法院认定代位权成立的，由债务人的相对人向债权人履行义务，债权人接受履行后，债权人与债务人、债务人与相对人之间相应的权利义务终止。债务人对相对人的债权或者与该债权有关的从权利被采取保全、执行措施，或者债务人破产的，依照相关法律的规定处理。

第五百三十八条 债务人以放弃其债权、放弃债权担保、无偿转让财产等方式无偿处分财产权益，或者恶意延长其到期债权的履行期限，影响债权人的债权实现的，债权人可以请求人民法院撤销债务人的行为。

第五百三十九条 债务人以明显不合理的低价转让财产、以明显不合理的高价受让他人财产或者为他人的债务提供担保，影响债权人的债权实现，债务人的相对人知道或者应当知道该情形的，债权人可以请求人民法院撤销债务人的行为。

第五百四十条 撤销权的行使范围以债权人的债权为限。债权人行使撤销权的必要费用，由债务人负担。

第五百四十一条 撤销权自债权人知道或者应当知道撤销事由之日起一年内行使。自债务人的行为发生之日起五年内没有行使撤销权的，该撤销权消灭。

第五百四十二条 债务人影响债权人的债权实现的行为被撤销的，自始没有法律约束力。

第六章 合同的变更和转让

第五百四十三条 当事人协商一致，可以变更合同。

第五百四十四条 当事人对合同变更的内容约定不明确的，推定为未变更。

第五百四十五条 债权人可以将债权的全部或者部分转让给第三人，但是有下列情形之一的除外：

（一）根据债权性质不得转让；

（二）按照当事人约定不得转让；

（三）依照法律规定不得转让。

当事人约定非金钱债权不得转让的，不得对抗善意第三人。当事人约定金钱债权不得转让的，不得对抗第三人。

第五百四十六条 债权人转让债权，未通知债务人的，该转让对债务人不发生效力。

债权转让的通知不得撤销，但是经受让人同意的除外。

第五百四十七条 债权人转让债权的，受让人取得与债权有关的从权利，但是该从权利专属于债权人自身的除外。

受让人取得从权利不因该从权利未办理转移登记手续或者未转移占有而受到影响。

第五百四十八条 债务人接到债权转让通知后，债务人对让与人的抗辩，可以向受让人主张。

第五百四十九条 有下列情形之一的，债务人可以向受让人主张抵销：

（一）债务人接到债权转让通知时，债务人对让与人享有债权，且债务人的债权先于转让的债权到期或者同时到期；

（二）债务人的债权与转让的债权是基于同一合同产生。

第五百五十条 因债权转让增加的履行费用，由让与人负担。

第五百五十一条 债务人将债务的全部或者部分转移给第三人的，应当经债权人同意。

债务人或者第三人可以催告债权人在合理期限内予以同意，债权人未作表示的，视为不同意。

第五百五十二条 第三人与债务人约定加入债务并通知债权人，或者第三人向债权人表示愿意加入债务，债权人未在合理期限内明确拒绝的，债权人可以请求第三人在其愿意承担的债务范围内和债务人承担连带债务。

第五百五十三条 债务人转移债务的，新债务人可以主张原债务人对债权人的抗辩；原债务人对债权人享有债权的，新债务人不得向债权人主张抵销。

第五百五十四条 债务人转移债务的，新债务人应当承担与主债务有关的从债务，但是该从债务专属于原债务人自身的除外。

第五百五十五条 当事人一方经对方同意，可以将自己在合同中的权利和义务一并转让给第三人。

第五百五十六条 合同的权利和义务一并转让的，适用债权转让、债务转移的有关规定。

第七章 合同的权利义务终止

第五百五十七条 有下列情形之一的，债权债务终止：

（一）债务已经履行；

（二）债务相互抵销；

（三）债务人依法将标的物提存；

（四）债权人免除债务；

（五）债权债务同归于一人；

（六）法律规定或者当事人约定终止的其他情形。

合同解除的，该合同的权利义务关系终止。

第五百五十八条 债权债务终止后，当事人应当遵循诚信等原则，根据交易习惯履行通知、协助、保密、旧物回收等义务。

第五百五十九条 债权债务终止时，债权的从权利同时消灭，但是法律另有规定或者当事人另有约定的除外。

第五百六十条 债务人对同一债权人负担的数项债务种类相同，债务人的给付不足以清偿全部债务的，除当事人另有约定外，由债务人在清偿时指定其履行的债务。

债务人未作指定的，应当优先履行已经到期的债务；数项债务均到期的，优先履行对债权人缺乏担保或者担保最少的债务；均无担保或者担保相等的，优先履行债务人负担较重的债务；负担相同的，按照债务到期的先后顺序履行；到期时间相同的，按照债务比例履行。

第五百六十一条 债务人在履行主债务外还应当支付利息和实现债权的有关费用，其给付不足以清偿全部债务的，除当事人另有约定外，应当按照下列顺序履行：

（一）实现债权的有关费用；

（二）利息；

（三）主债务。

第五百六十二条 当事人协商一致，可以解除合同。

当事人可以约定一方解除合同的事由。解除合同的事由发生时，解除权人可以解除合同。

第五百六十三条 有下列情形之一的，当事人可以解除合同：

（一）因不可抗力致使不能实现合同目的；

（二）在履行期限届满前，当事人一方明确表示或者以自己的行为表明不履行主要债务；

（三）当事人一方迟延履行主要债务，经催告后在合理期限内仍未履行；

（四）当事人一方迟延履行债务或者有其他违约行为致使不能实现合同目的；

（五）法律规定的其他情形。

以持续履行的债务为内容的不定期合同，当事人可以随时解除合同，但是应当在合理期限之前通知对方。

第五百六十四条 法律规定或者当事人约定解除权行使期限，期限届满当事人不行使的，该权利消灭。

法律没有规定或者当事人没有约定解除权行使期限，自解除权人知道或者应当知道解除事由之日起一年内不行使，或者经对方催告后在合理期限内不行使的，该权利消灭。

第五百六十五条 当事人一方依法主张解除合同的，应当通知对方。合同自通知到达对方时解除；通知载明债务人在一定期限内不履行债务则合同自动解除，债务人在该期限内未履行债务的，合同自通知载明的期限届满时解除。对方对解除合同有异议的，任何一方当事人均可以请求人民法院或者仲裁机构确认解除行为的效力。

当事人一方未通知对方，直接以提起诉讼或者申请仲裁的方式依法主张解除合同，人民法院或者仲裁机构确认该主张的，合同自起诉状副本或者仲裁申请书副本送达对方时解除。

第五百六十六条 合同解除后，尚未履行的，终止履行；已经履行的，根据履行情况和合同性质，当事人可以请求恢复原状或者采取其他补救措施，并有权请求赔偿损失。

合同因违约解除的，解除权人可以请求违约方承担违约责任，但是当事人另有约定的除外。

主合同解除后，担保人对债务人应当承担的民事责任仍应当承担担保责任，但是担保合同另有约定的除外。

第五百六十七条 合同的权利义务关系终止，不影响合同中结算和清理条款的效力。

第五百六十八条 当事人互负债务，该债务的标的物种类、品质相同的，任何一方可以将自己的债务与对方的到期债务抵销；但是，根据债务性质、按照当事人约定或者依照法律规定不得抵销的除外。

当事人主张抵销的，应当通知对方。通知自到达对方时生效。抵销不得附条件或者附期限。

第五百六十九条 当事人互负债务，标的物种类、品质不相同的，经协商一致，也可以抵销。

第五百七十条 有下列情形之一，难以履行债务的，债务人可以将标的物提存：

（一）债权人无正当理由拒绝受领；

（二）债权人下落不明；

（三）债权人死亡未确定继承人、遗产管理人，或者丧失民事行为能力未确定监护人；

（四）法律规定的其他情形。

标的物不适于提存或者提存费用过高的，债务人依法可以拍卖或者变卖标的物，提存所得的价款。

第五百七十一条 债务人将标的物或者将标的物依法拍卖、变卖所得价款交付提存部门时，提存成立。

提存成立的，视为债务人在其提存范围内已经交付标的物。

第五百七十二条 标的物提存后，债务人应当及时通知债权人或者债权人的继承人、遗产管理人、监护人、财产代管人。

第五百七十三条 标的物提存后，毁损、灭失的风险由债权人承担。提存期间，标的物的孳息归债权人所有。提存费用由债权人负担。

第五百七十四条 债权人可以随时领取提存物。但是，债权人对债务人负有到期债务的，在债权人未履行债务或者提供担保之前，提存部门根据债务人的要求应当拒绝其领取提存物。

债权人领取提存物的权利，自提存之日起五年内不行使而消灭，提存物扣除提存费用后归国家所有。但是，债权人未履行对债务人的到期债务，或者债权人向提存部门书面表示放弃领取提存物权利的，债务人负担提存费用后有权取回提存物。

第五百七十五条 债权人免除债务人部分或者全部债务的，债权债务部分或者全部终止，但是债务人在合理期限内拒绝的除外。

第五百七十六条 债权和债务同归于一人的，债权债务终止，但是损害第三人利益的除外。

第八章 违约责任

第五百七十七条 当事人一方不履行合同义务或者履行合同义务不符合约定的，应当承担继续履行、采取补救措施或者赔偿损失等违约责任。

第五百七十八条 当事人一方明确表示或者以自己的行为表明不履行合同义务的，对方可以在履行期限届满前请求其承担违约责任。

第五百七十九条 当事人一方未支付价款、报酬、租金、利息，或者不履行其他金钱债务的，对方可以请求其支付。

第五百八十条 当事人一方不履行非金钱债务或者履行非金钱债务不符合约定的，对方可以请求履行，但是有下列情形之一的除外：

（一）法律上或者事实上不能履行；

（二）债务的标的不适于强制履行或者履行费用过高；

（三）债权人在合理期限内未请求履行。

有前款规定的除外情形之一，致使不能实现合同目的的，人民法院或者仲裁机构可以根据当事人的请求终止合同权利义务关系，但是不影响违约责任的承担。

第五百八十一条 当事人一方不履行债务或者履行债务不符合约定，根据债务的性质不得强制履行的，对方可以请求其负担由第三人替代履行的费用。

第五百八十二条 履行不符合约定的，应当按照当事人的约定承担违约责任。对违约责任没有约定或者约定不明确，依据本法第五百一十条的规定仍不能确定的，受损害方根据标的的性质以及损失的大小，可以合理选择请求对方承担修理、重作、更换、退货、减少价款或者报酬等违约责任。

第五百八十三条 当事人一方不履行合同义务或者履行合同义务不符合约定的，在履行义务或者采取补救措施后，对方还有其他损失的，应当赔偿损失。

第五百八十四条 当事人一方不履行合同义务或者履行合同义务不符合约定，造成对方损失的，损失赔偿额应当相当于因违约所造成的损失，包括合同履行后可以获得的利益；但是，不得超过违约一方订立合同时预见到或者应当预见到的因违约可能造成的损失。

第五百八十五条 当事人可以约定一方违约时应当根据违约情况向对方支付一定数额的违约金，也可以约定因违约产生的损失赔偿额的计算方法。

约定的违约金低于造成的损失的，人民法院或者仲裁机构可以根据当事人的请求予以增加；约定的违约金过分高于造成的损失的，人民法院或者仲裁机构可以根据当事人的请求予以适当减少。

当事人就迟延履行约定违约金的，违约方支付违约金后，还应当履行债务。

第五百八十六条 当事人可以约定一方向对方给付定金作为债权的担保。定金合同自实际交付定金时成立。

定金的数额由当事人约定；但是，不得超过主合同标的额的百分之二十，超过部分不产生定金的效力。实际交付的定金数额多于或者少于约定数额的，视为变更约定的定金数额。

第五百八十七条 债务人履行债务的，定金应当抵作价款或者收回。给付定金的一方不履行债务或者履行债务不符合约定，致使不能实现合同目的的，无权请求返还定金；收受定金的一方不履行债务或者履行债务不符合约定，致使不能实现合同目的的，应当双倍返还定金。

第五百八十八条 当事人既约定违约金，又约定定金的，一方违约时，对方可以选择适用违约金或者定金条款。

定金不足以弥补一方违约造成的损失的，对方可以请求赔偿超过定金数额的损失。

第五百八十九条 债务人按照约定履行债务，债权人无正当理由拒绝受领的，债务人可以请求债权人赔偿增加的费用。

在债权人受领迟延期间，债务人无须支付利息。

第五百九十条 当事人一方因不可抗力不能履行合同的，根据不可抗力的影响，部分或者全部免除责任，但是法律另有规定的除外。因不可抗力不能履行合同的，应当及时通知对方，以减轻可能给对方造成的损失，并应当在合理期限内提供证明。

当事人迟延履行后发生不可抗力的，不免除其违约责任。

第五百九十一条 当事人一方违约后，对方应当采取适当措施防止损失的扩大；没有采取适当措施致使损失扩大的，不得就扩大的损失请求赔偿。

当事人因防止损失扩大而支出的合理费用，由违约方负担。

第五百九十二条 当事人都违反合同的，应当各自承担相应的责任。

当事人一方违约造成对方损失，对方对损失的发生有过错的，可以减少相应的损失赔偿额。

第五百九十三条 当事人一方因第三人的原因造成违约的，应当依法向对方承担违约责任。当事人一方和第三人之间的纠纷，依照法律规定或者按照约定处理。

第五百九十四条 因国际货物买卖合同和技术进出口合同争议提起诉讼或者申请仲裁的时效期间为四年。

第二分编 典型合同

第九章 买卖合同

第五百九十五条 买卖合同是出卖人转移标的物的所有权于买受人，买受人支付价款的合同。

第五百九十六条 买卖合同的内容一般包括标的物的名称、数量、质量、价款、履行期限、履行地点和方式、包装方式、检验标准和方法、结算方式、合同使用的文字及其效力等条款。

第五百九十七条 因出卖人未取得处分权致使标的物所有权不能转移的，买受人可以解除合同并请求出卖人承担违约责任。

法律、行政法规禁止或者限制转让的标的物，依照其规定。

第五百九十八条 出卖人应当履行向买受人交付标的物或者交付提取标的物的单证，并转移标的物所有权的义务。

第五百九十九条 出卖人应当按照约定或者交易习惯向买受人交付提取标的物单证以外的有关单证和资料。

第六百条 出卖具有知识产权的标的物的，除法律另有规定或者当事人另有约定外，该标的物的知识产权不属于买受人。

第六百零一条 出卖人应当按照约定的时间交付标的物。约定交付期限的，出卖人可以在该交付期限内的任何时间交付。

第六百零二条 当事人没有约定标的物的交付期限或者约定不明确的，适用本法第五百一十条、第五百一十一条第四项的规定。

第六百零三条 出卖人应当按照约定的地点交付标的物。

当事人没有约定交付地点或者约定不明确，依据本法第五百一十条的规定仍不能确定的，适用下列规定：

（一）标的物需要运输的，出卖人应当将标的物交付给第一承运人以运交给买受人；

（二）标的物不需要运输，出卖人和买受人订立合同时知道标的物在某一地点的，出卖人应当在该地点交付标的物；不知道标的物在某一地点的，应当在出卖人订立合同时的营业地交付标的物。

第六百零四条 标的物毁损、灭失的风险，在标的物交付之前由出卖人承担，交付之后由买受人承担，但是法律另有规定或者当事人另有约定的除外。

第六百零五条 因买受人的原因致使标的物未按照约定的期限交付的，买受人应当自违反约定时起承担标的物毁损、灭失的风险。

第六百零六条 出卖人出卖交由承运人运输的在途标的物，除当事人另有约定外，毁损、灭失的风险自合同成立时起由买受人承担。

第六百零七条 出卖人按照约定将标的物运送至买受人指定地点并交付给承运人后，标的物毁损、灭失的风险由买受人承担。

当事人没有约定交付地点或者约定不明确，依据本法第六百零三条第二款第一项的规定标的物需要运输的，出卖人将标的物交付给第一承运人后，标的物毁损、灭失的风险由买受人承担。

第六百零八条 出卖人按照约定或者依据本法第六百零三条第二款第二项的规定将标的物置于交付地点，买受人违反约定没有收取的，标的物毁损、灭失的风险自违反约定时起由买受人承担。

第六百零九条 出卖人按照约定未交付有关标的物的单证和资料的，不影响标的物毁损、灭失风险的转移。

第六百一十条 因标的物不符合质量要求，致使不能实现合同目的的，买受人可以拒绝接受标的物或者解除合同。买受人拒绝接受标的物或者解除合同的，标的物毁损、灭失的风险由出卖人承担。

第六百一十一条 标的物毁损、灭失的风险由买受人承担的，不影响因出卖人履行义务不符合约定，买受人请求其承担违约责任的权利。

第六百一十二条 出卖人就交付的标的物，负有保证第三人对该标的物不享有任何权利的义务，但是法律另有规定的除外。

第六百一十三条 买受人订立合同时知道或者应当知道第三人对买卖的标的物享有权利的，出卖人不承担前条规定的义务。

第六百一十四条 买受人有确切证据证明第三人对标的物享有权利的，可以中止支付相应的价款，但是出卖人提供适当担保的除外。

第六百一十五条 出卖人应当按照约定的质量要求交付标的物。出卖人提供有关标的物质量说明的，交付的标的物应当符合该说明的质量要求。

第六百一十六条 当事人对标的物的质量要求没有约定或者约定不明确，依据本法第五百一十条的规定仍不能确定的，适用本法第五百一十一条第一项的规定。

第六百一十七条 出卖人交付的标的物不符合质量要求的，买受人可以依据本法第五百八十二条至第五百八十四条的规定请求承担违约责任。

第六百一十八条 当事人约定减轻或者免除出卖人对标的物瑕疵承担的责任，因出卖人故意或者重大过失不告知买受人标的物瑕疵的，出卖人无权主张减轻或者免除责任。

第六百一十九条 出卖人应当按照约定的包装方式交付标的物。对包装方式没有约定或者约定不明确，依据本法第五百一十条的规定仍不能确定的，应当按照通用的方式包装；没有通用方式的，应当采取足以保护标的物且有利于节约资源、保护生态环境的包装方式。

第六百二十条 买受人收到标的物时应当在约定的检验期限内检验。没有约定检验期限的，应当及时检验。

第六百二十一条 当事人约定检验期限的，买受人应当在检验期限内将标的物的数量或者质量不符合约定的情形通知出卖人。买受人怠于通知的，视为标的物的数量或者质量符合约定。

当事人没有约定检验期限的，买受人应当在发现或者应当发现标的物的数量或者质量不符合约定的合理期限内通知出卖人。买受人在合理期限内未通知或者自收到标的物之日起二年内未通知出卖人的，视为标的物的数量或者质量符合约定；但是，对标的物有质量保证期的，适用质量保证期，不适用该二年的规定。

出卖人知道或者应当知道提供的标的物不符合约定的，买受人不受前两款规定的通知时间的限制。

第六百二十二条 当事人约定的检验期限过短，根据标的物的性质和交易习惯，买受人在检验期限内难以完成全面检验的，该期限仅视为买受人对标的物的外观瑕疵提出异议的期限。

约定的检验期限或者质量保证期短于法律、行政法规规定期限的，应当以法律、行政法规规定的期限为准。

第六百二十三条 当事人对检验期限未作约定，买受人签收的送货单、确认单等载明标的物数量、型号、规格的，推定买受人已经对数量和外观瑕疵进行检验，但是有相关证据足以推翻的除外。

第六百二十四条 出卖人依照买受人的指示向第三人交付标的物，出卖人和买受人约定的检验标准与买受人和第三人约定的检验标准不一致的，以出卖人和买受人约定的检验标准为准。

第六百二十五条 依照法律、行政法规的规定或者按照当事人的约定，标的物在有效使用年限届满后应予回收的，出卖人负有自行或者委托第三人对标的物予以回收的义务。

第六百二十六条 买受人应当按照约定的数额和支付方式支付价款。对价款的数额和支付方式没有约定或者约定不明确的，适用本法第五百一十条、第五百一十一条第二项和第五项的规定。

第六百二十七条 买受人应当按照约定的地点支付价款。对支付地点没有约定或者约定不明确，依据本法第五百一十条的规定仍不能确定的，买受人应当在出卖人的营业地支付；但是，约定支付价款以交付标的物或者交付提取标的物单证为条件的，在交付标的物或者交付提取标的物单证的所在地支付。

第六百二十八条 买受人应当按照约定的时间支付价款。对支付时间没有约定或者约定不明确，依据本法第五百一十条的规定仍不能确定的，买受人应当在收到标的物或者提取标的物单证的同时支付。

第六百二十九条 出卖人多交标的物的，买受人可以接收或者拒绝接收多交的部分。买受人接收多交部分的，按照约定的价格支付价款；买受人拒绝接收多交部分的，应当及时通知出卖人。

第六百三十条 标的物在交付之前产生的孳息，归出卖人所有；交付之后产生的孳息，归买受人所有。但是，当事人另有约定的除外。

第六百三十一条 因标的物的主物不符合约定而解除合同的，解除合同的效力及于从物。因标的物的从物不符合约定被解除的，解除的效力不及于主物。

第六百三十二条 标的物为数物，其中一物不符合约定的，买受人可以就该物解除。但是，该物与他物分离使标的物的价值显受损害的，买受人可以就数物解除合同。

第六百三十三条 出卖人分批交付标的物的，出卖人对其中一批标的物不交付或者交付不符合约定，致使该批标的物不能实现合同目的的，买受人可以就该批标的物解除。

出卖人不交付其中一批标的物或者交付不符合约定，致使之后其他各批标的物的交付不能实现合同目的的，买受人可以就该批以及之后其他各批标的物解除。

买受人如果就其中一批标的物解除，该批标的物与其他各批标的物相互依存的，可以就已经交付和未交付的各批标的物解除。

第六百三十四条 分期付款的买受人未支付到期价款的数额达到全部价款的五分之一，经催告后在合理期限内仍未支付到期价款的，出卖人可以请求买受人支付全部价款或者解除合同。

出卖人解除合同的，可以向买受人请求支付该标的物的使用费。

第六百三十五条 凭样品买卖的当事人应当封存样品，并可以对样品质量予以说明。出卖人交付的标的物应当与样品及其说明的质量相同。

第六百三十六条 凭样品买卖的买受人不知道样品有隐蔽瑕疵的，即使交付的标的物与样品相同，出卖人交付的标的物的质量仍然应当符合同种物的通常标准。

第六百三十七条 试用买卖的当事人可以约定标的物的试用期限。对试用期限没有约定或者约定不明确，依据本法第五百一十条的规定仍不能确定的，由出卖人确定。

第六百三十八条 试用买卖的买受人在试用期内可以购买标的物，也可以拒绝购买。试用期限届满，买受人对是否购买标的物未作表示的，视为购买。

试用买卖的买受人在试用期内已经支付部分价款或者对标的物实施出卖、出租、设立担保物权等行为的，视为同意购买。

第六百三十九条 试用买卖的当事人对标

的物使用费没有约定或者约定不明确的，出卖人无权请求买受人支付。

第六百四十条 标的物在试用期内毁损、灭失的风险由出卖人承担。

第六百四十一条 当事人可以在买卖合同中约定买受人未履行支付价款或者其他义务的，标的物的所有权属于出卖人。

出卖人对标的物保留的所有权，未经登记，不得对抗善意第三人。

第六百四十二条 当事人约定出卖人保留合同标的物的所有权，在标的物所有权转移前，买受人有下列情形之一，造成出卖人损害的，除当事人另有约定外，出卖人有权取回标的物：

（一）未按照约定支付价款，经催告后在合理期限内仍未支付；

（二）未按照约定完成特定条件；

（三）将标的物出卖、出质或者作出其他不当处分。

出卖人可以与买受人协商取回标的物；协商不成的，可以参照适用担保物权的实现程序。

第六百四十三条 出卖人依据前条第一款的规定取回标的物后，买受人在双方约定或者出卖人指定的合理回赎期限内，消除出卖人取回标的物的事由的，可以请求回赎标的物。

买受人在回赎期限内没有回赎标的物，出卖人可以以合理价格将标的物出卖给第三人，出卖所得价款扣除买受人未支付的价款以及必要费用后仍有剩余的，应当返还买受人；不足部分由买受人清偿。

第六百四十四条 招标投标买卖的当事人的权利和义务以及招标投标程序等，依照有关法律、行政法规的规定。

第六百四十五条 拍卖的当事人的权利和义务以及拍卖程序等，依照有关法律、行政法规的规定。

第六百四十六条 法律对其他有偿合同有规定的，依照其规定；没有规定的，参照适用买卖合同的有关规定。

第六百四十七条 当事人约定易货交易，转移标的物的所有权的，参照适用买卖合同的有关规定。

第十章 供用电、水、气、热力合同

第六百四十八条 供用电合同是供电人向用电人供电，用电人支付电费的合同。

向社会公众供电的供电人，不得拒绝用电人合理的订立合同要求。

第六百四十九条 供用电合同的内容一般包括供电的方式、质量、时间，用电容量、地址、性质，计量方式，电价、电费的结算方式，供用电设施的维护责任等条款。

第六百五十条 供用电合同的履行地点，按照当事人约定；当事人没有约定或者约定不明确的，供电设施的产权分界处为履行地点。

第六百五十一条 供电人应当按照国家规定的供电质量标准和约定安全供电。供电人未按照国家规定的供电质量标准和约定安全供电，造成用电人损失的，应当承担赔偿责任。

第六百五十二条 供电人因供电设施计划检修、临时检修、依法限电或者用电人违法用电等原因，需要中断供电时，应当按照国家有关规定事先通知用电人；未事先通知用电人中断供电，造成用电人损失的，应当承担赔偿责任。

第六百五十三条 因自然灾害等原因断电，供电人应当按照国家有关规定及时抢修；未及时抢修，造成用电人损失的，应当承担赔偿责任。

第六百五十四条 用电人应当按照国家有关规定和当事人的约定及时支付电费。用电人逾期不支付电费的，应当按照约定支付违约金。经催告用电人在合理期限内仍不支付电费和违约金的，供电人可以按照国家规定的程序中止供电。

供电人依据前款规定中止供电的，应当事先通知用电人。

第六百五十五条 用电人应当按照国家有关规定和当事人的约定安全、节约和计划用电。用电人未按照国家有关规定和当事人的约定用电，造成供电人损失的，应当承担赔偿责任。

第六百五十六条 供用水、供用气、供用热力合同，参照适用供用电合同的有关规定。

第十一章 赠与合同

第六百五十七条 赠与合同是赠与人将自己的财产无偿给予受赠人，受赠人表示接受赠与的合同。

第六百五十八条 赠与人在赠与财产的权

利转移之前可以撤销赠与。

经过公证的赠与合同或者依法不得撤销的具有救灾、扶贫、助残等公益、道德义务性质的赠与合同，不适用前款规定。

第六百五十九条 赠与的财产依法需要办理登记或者其他手续的，应当办理有关手续。

第六百六十条 经过公证的赠与合同或者依法不得撤销的具有救灾、扶贫、助残等公益、道德义务性质的赠与合同，赠与人不交付赠与财产的，受赠人可以请求交付。

依据前款规定应当交付的赠与财产因赠与人故意或者重大过失致使毁损、灭失的，赠与人应当承担赔偿责任。

第六百六十一条 赠与可以附义务。

赠与附义务的，受赠人应当按照约定履行义务。

第六百六十二条 赠与的财产有瑕疵的，赠与人不承担责任。附义务的赠与，赠与的财产有瑕疵的，赠与人在附义务的限度内承担与出卖人相同的责任。

赠与人故意不告知瑕疵或者保证无瑕疵，造成受赠人损失的，应当承担赔偿责任。

第六百六十三条 受赠人有下列情形之一的，赠与人可以撤销赠与：

（一）严重侵害赠与人或者赠与人近亲属的合法权益；

（二）对赠与人有扶养义务而不履行；

（三）不履行赠与合同约定的义务。

赠与人的撤销权，自知道或者应当知道撤销事由之日起一年内行使。

第六百六十四条 因受赠人的违法行为致使赠与人死亡或者丧失民事行为能力的，赠与人的继承人或者法定代理人可以撤销赠与。

赠与人的继承人或者法定代理人的撤销权，自知道或者应当知道撤销事由之日起六个月内行使。

第六百六十五条 撤销权人撤销赠与的，可以向受赠人请求返还赠与的财产。

第六百六十六条 赠与人的经济状况显著恶化，严重影响其生产经营或者家庭生活的，可以不再履行赠与义务。

第十二章 借款合同

第六百六十七条 借款合同是借款人向贷款人借款，到期返还借款并支付利息的合同。

第六百六十八条 借款合同应当采用书面形式，但是自然人之间借款另有约定的除外。

借款合同的内容一般包括借款种类、币种、用途、数额、利率、期限和还款方式等条款。

第六百六十九条 订立借款合同，借款人应当按照贷款人的要求提供与借款有关的业务活动和财务状况的真实情况。

第六百七十条 借款的利息不得预先在本金中扣除。利息预先在本金中扣除的，应当按照实际借款数额返还借款并计算利息。

第六百七十一条 贷款人未按照约定的日期、数额提供借款，造成借款人损失的，应当赔偿损失。

借款人未按照约定的日期、数额收取借款的，应当按照约定的日期、数额支付利息。

第六百七十二条 贷款人按照约定可以检查、监督借款的使用情况。借款人应当按照约定向贷款人定期提供有关财务会计报表或者其他资料。

第六百七十三条 借款人未按照约定的借款用途使用借款的，贷款人可以停止发放借款、提前收回借款或者解除合同。

第六百七十四条 借款人应当按照约定的期限支付利息。对支付利息的期限没有约定或者约定不明确，依据本法第五百一十条的规定仍不能确定，借款期间不满一年的，应当在返还借款时一并支付；借款期间一年以上的，应当在每届满一年时支付，剩余期间不满一年的，应当在返还借款时一并支付。

第六百七十五条 借款人应当按照约定的期限返还借款。对借款期限没有约定或者约定不明确，依据本法第五百一十条的规定仍不能确定的，借款人可以随时返还；贷款人可以催告借款人在合理期限内返还。

第六百七十六条 借款人未按照约定的期限返还借款的，应当按照约定或者国家有关规定支付逾期利息。

第六百七十七条 借款人提前返还借款的，除当事人另有约定外，应当按照实际借款的期间计算利息。

第六百七十八条 借款人可以在还款期限届满前向贷款人申请展期；贷款人同意的，可以展期。

第六百七十九条 自然人之间的借款合

同，自贷款人提供借款时成立。

第六百八十条 禁止高利放贷，借款的利率不得违反国家有关规定。

借款合同对支付利息没有约定的，视为没有利息。

借款合同对支付利息约定不明确，当事人不能达成补充协议的，按照当地或者当事人的交易方式、交易习惯、市场利率等因素确定利息；自然人之间借款的，视为没有利息。

第十三章 保证合同

第一节 一般规定

第六百八十一条 保证合同是为保障债权的实现，保证人和债权人约定，当债务人不履行到期债务或者发生当事人约定的情形时，保证人履行债务或者承担责任的合同。

第六百八十二条 保证合同是主债权债务合同的从合同。主债权债务合同无效的，保证合同无效，但是法律另有规定的除外。

保证合同被确认无效后，债务人、保证人、债权人有过错的，应当根据其过错各自承担相应的民事责任。

第六百八十三条 机关法人不得为保证人，但是经国务院批准为使用外国政府或者国际经济组织贷款进行转贷的除外。

以公益为目的的非营利法人、非法人组织不得为保证人。

第六百八十四条 保证合同的内容一般包括被保证的主债权的种类、数额，债务人履行债务的期限，保证的方式、范围和期间等条款。

第六百八十五条 保证合同可以是单独订立的书面合同，也可以是主债权债务合同中的保证条款。

第三人单方以书面形式向债权人作出保证，债权人接收且未提出异议的，保证合同成立。

第六百八十六条 保证的方式包括一般保证和连带责任保证。

当事人在保证合同中对保证方式没有约定或者约定不明确的，按照一般保证承担保证责任。

第六百八十七条 当事人在保证合同中约定，债务人不能履行债务时，由保证人承担保证责任的，为一般保证。

一般保证的保证人在主合同纠纷未经审判或者仲裁，并就债务人财产依法强制执行仍不能履行债务前，有权拒绝向债权人承担保证责任，但是有下列情形之一的除外：

（一）债务人下落不明，且无财产可供执行；

（二）人民法院已经受理债务人破产案件；

（三）债权人有证据证明债务人的财产不足以履行全部债务或者丧失履行债务能力；

（四）保证人书面表示放弃本款规定的权利。

第六百八十八条 当事人在保证合同中约定保证人和债务人对债务承担连带责任的，为连带责任保证。

连带责任保证的债务人不履行到期债务或者发生当事人约定的情形时，债权人可以请求债务人履行债务，也可以请求保证人在其保证范围内承担保证责任。

第六百八十九条 保证人可以要求债务人提供反担保。

第六百九十条 保证人与债权人可以协商订立最高额保证的合同，约定在最高债权额限度内就一定期间连续发生的债权提供保证。

最高额保证除适用本章规定外，参照适用本法第二编最高额抵押权的有关规定。

第二节 保证责任

第六百九十一条 保证的范围包括主债权及其利息、违约金、损害赔偿金和实现债权的费用。当事人另有约定的，按照其约定。

第六百九十二条 保证期间是确定保证人承担保证责任的期间，不发生中止、中断和延长。

债权人与保证人可以约定保证期间，但是约定的保证期间早于主债务履行期限或者与主债务履行期限同时届满的，视为没有约定；没有约定或者约定不明确的，保证期间为主债务履行期限届满之日起六个月。

债权人与债务人对主债务履行期限没有约定或者约定不明确的，保证期间自债权人请求债务人履行债务的宽限期届满之日起计算。

第六百九十三条 一般保证的债权人未在保证期间对债务人提起诉讼或者申请仲裁的，保证人不再承担保证责任。

连带责任保证的债权人未在保证期间请求

保证人承担保证责任的，保证人不再承担保证责任。

第六百九十四条 一般保证的债权人在保证期间届满前对债务人提起诉讼或者申请仲裁的，从保证人拒绝承担保证责任的权利消灭之日起，开始计算保证债务的诉讼时效。

连带责任保证的债权人在保证期间届满前请求保证人承担保证责任的，从债权人请求保证人承担保证责任之日起，开始计算保证债务的诉讼时效。

第六百九十五条 债权人和债务人未经保证人书面同意，协商变更主债权债务合同内容，减轻债务的，保证人仍对变更后的债务承担保证责任；加重债务的，保证人对加重的部分不承担保证责任。

债权人和债务人变更主债权债务合同的履行期限，未经保证人书面同意的，保证期间不受影响。

第六百九十六条 债权人转让全部或者部分债权，未通知保证人的，该转让对保证人不发生效力。

保证人与债权人约定禁止债权转让，债权人未经保证人书面同意转让债权的，保证人对受让人不再承担保证责任。

第六百九十七条 债权人未经保证人书面同意，允许债务人转移全部或者部分债务，保证人对未经其同意转移的债务不再承担保证责任，但是债权人和保证人另有约定的除外。

第三人加入债务的，保证人的保证责任不受影响。

第六百九十八条 一般保证的保证人在主债务履行期限届满后，向债权人提供债务人可供执行财产的真实情况，债权人放弃或者怠于行使权利致使该财产不能被执行的，保证人在其提供可供执行财产的价值范围内不再承担保证责任。

第六百九十九条 同一债务有两个以上保证人的，保证人应当按照保证合同约定的保证份额，承担保证责任；没有约定保证份额的，债权人可以请求任何一个保证人在其保证范围内承担保证责任。

第七百条 保证人承担保证责任后，除当事人另有约定外，有权在其承担保证责任的范围内向债务人追偿，享有债权人对债务人的权利，但是不得损害债权人的利益。

第七百零一条 保证人可以主张债务人对债权人的抗辩。债务人放弃抗辩的，保证人仍有权向债权人主张抗辩。

第七百零二条 债务人对债权人享有抵销权或者撤销权的，保证人可以在相应范围内拒绝承担保证责任。

第十四章 租赁合同

第七百零三条 租赁合同是出租人将租赁物交付承租人使用、收益，承租人支付租金的合同。

第七百零四条 租赁合同的内容一般包括租赁物的名称、数量、用途、租赁期限、租金及其支付期限和方式、租赁物维修等条款。

第七百零五条 租赁期限不得超过二十年。超过二十年的，超过部分无效。

租赁期限届满，当事人可以续订租赁合同；但是，约定的租赁期限自续订之日起不得超过二十年。

第七百零六条 当事人未依照法律、行政法规规定办理租赁合同登记备案手续的，不影响合同的效力。

第七百零七条 租赁期限六个月以上的，应当采用书面形式。当事人未采用书面形式，无法确定租赁期限的，视为不定期租赁。

第七百零八条 出租人应当按照约定将租赁物交付承租人，并在租赁期限内保持租赁物符合约定的用途。

第七百零九条 承租人应当按照约定的方法使用租赁物。对租赁物的使用方法没有约定或者约定不明确，依据本法第五百一十条的规定仍不能确定的，应当根据租赁物的性质使用。

第七百一十条 承租人按照约定的方法或者根据租赁物的性质使用租赁物，致使租赁物受到损耗的，不承担赔偿责任。

第七百一十一条 承租人未按照约定的方法或者未根据租赁物的性质使用租赁物，致使租赁物受到损失的，出租人可以解除合同并请求赔偿损失。

第七百一十二条 出租人应当履行租赁物的维修义务，但是当事人另有约定的除外。

第七百一十三条 承租人在租赁物需要维修时可以请求出租人在合理期限内维修。出租人未履行维修义务的，承租人可以自行维修，维修费用由出租人负担。因维修租赁物影响承租人使用的，应当相应减少租金或者延长租期。

因承租人的过错致使租赁物需要维修的，出租人不承担前款规定的维修义务。

第七百一十四条 承租人应当妥善保管租赁物，因保管不善造成租赁物毁损、灭失的，应当承担赔偿责任。

第七百一十五条 承租人经出租人同意，可以对租赁物进行改善或者增设他物。

承租人未经出租人同意，对租赁物进行改善或者增设他物的，出租人可以请求承租人恢复原状或者赔偿损失。

第七百一十六条 承租人经出租人同意，可以将租赁物转租给第三人。承租人转租的，承租人与出租人之间的租赁合同继续有效；第三人造成租赁物损失的，承租人应当赔偿损失。

承租人未经出租人同意转租的，出租人可以解除合同。

第七百一十七条 承租人经出租人同意将租赁物转租给第三人，转租期限超过承租人剩余租赁期限的，超过部分的约定对出租人不具有法律约束力，但是出租人与承租人另有约定的除外。

第七百一十八条 出租人知道或者应当知道承租人转租，但是在六个月内未提出异议的，视为出租人同意转租。

第七百一十九条 承租人拖欠租金的，次承租人可以代承租人支付其欠付的租金和违约金，但是转租合同对出租人不具有法律约束力的除外。

次承租人代为支付的租金和违约金，可以充抵次承租人应当向承租人支付的租金；超出其应付的租金数额的，可以向承租人追偿。

第七百二十条 在租赁期限内因占有、使用租赁物获得的收益，归承租人所有，但是当事人另有约定的除外。

第七百二十一条 承租人应当按照约定的期限支付租金。对支付租金的期限没有约定或者约定不明确，依据本法第五百一十条的规定仍不能确定，租赁期限不满一年的，应当在租赁期限届满时支付；租赁期限一年以上的，应当在每届满一年时支付，剩余期限不满一年的，应当在租赁期限届满时支付。

第七百二十二条 承租人无正当理由未支付或者迟延支付租金的，出租人可以请求承租人在合理期限内支付；承租人逾期不支付的，出租人可以解除合同。

第七百二十三条 因第三人主张权利，致使承租人不能对租赁物使用、收益的，承租人可以请求减少租金或者不支付租金。

第三人主张权利的，承租人应当及时通知出租人。

第七百二十四条 有下列情形之一，非因承租人原因致使租赁物无法使用的，承租人可以解除合同：

（一）租赁物被司法机关或者行政机关依法查封、扣押；

（二）租赁物权属有争议；

（三）租赁物具有违反法律、行政法规关于使用条件的强制性规定情形。

第七百二十五条 租赁物在承租人按照租赁合同占有期限内发生所有权变动的，不影响租赁合同的效力。

第七百二十六条 出租人出卖租赁房屋的，应当在出卖之前的合理期限内通知承租人，承租人享有以同等条件优先购买的权利；但是，房屋按份共有人行使优先购买权或者出租人将房屋出卖给近亲属的除外。

出租人履行通知义务后，承租人在十五日内未明确表示购买的，视为承租人放弃优先购买权。

第七百二十七条 出租人委托拍卖人拍卖租赁房屋的，应当在拍卖五日前通知承租人。承租人未参加拍卖的，视为放弃优先购买权。

第七百二十八条 出租人未通知承租人或者有其他妨害承租人行使优先购买权情形的，承租人可以请求出租人承担赔偿责任。但是，出租人与第三人订立的房屋买卖合同的效力不受影响。

第七百二十九条 因不可归责于承租人的事由，致使租赁物部分或者全部毁损、灭失的，承租人可以请求减少租金或者不支付租金；因租赁物部分或者全部毁损、灭失，致使不能实现合同目的的，承租人可以解除合同。

第七百三十条 当事人对租赁期限没有约定或者约定不明确，依据本法第五百一十条的规定仍不能确定的，视为不定期租赁；当事人可以随时解除合同，但是应当在合理期限之前通知对方。

第七百三十一条 租赁物危及承租人的安全或者健康的，即使承租人订立合同时明知该租赁物质量不合格，承租人仍然可以随时解除合同。

第七百三十二条 承租人在房屋租赁期限内死亡的，与其生前共同居住的人或者共同经营人可以按照原租赁合同租赁该房屋。

第七百三十三条 租赁期限届满，承租人应当返还租赁物。返还的租赁物应当符合按照约定或者根据租赁物的性质使用后的状态。

第七百三十四条 租赁期限届满，承租人继续使用租赁物，出租人没有提出异议的，原租赁合同继续有效，但是租赁期限为不定期。

租赁期限届满，房屋承租人享有以同等条件优先承租的权利。

第十五章 融资租赁合同

第七百三十五条 融资租赁合同是出租人根据承租人对出卖人、租赁物的选择，向出卖人购买租赁物，提供给承租人使用，承租人支付租金的合同。

第七百三十六条 融资租赁合同的内容一般包括租赁物的名称、数量、规格、技术性能、检验方法，租赁期限，租金构成及其支付期限和方式、币种，租赁期限届满租赁物的归属等条款。

融资租赁合同应当采用书面形式。

第七百三十七条 当事人以虚构租赁物方式订立的融资租赁合同无效。

第七百三十八条 依照法律、行政法规的规定，对于租赁物的经营使用应当取得行政许可的，出租人未取得行政许可不影响融资租赁合同的效力。

第七百三十九条 出租人根据承租人对出卖人、租赁物的选择订立的买卖合同，出卖人应当按照约定向承租人交付标的物，承租人享有与受领标的物有关的买受人的权利。

第七百四十条 出卖人违反向承租人交付标的物的义务，有下列情形之一的，承租人可以拒绝受领出卖人向其交付的标的物：

（一）标的物严重不符合约定；

（二）未按照约定交付标的物，经承租人或者出租人催告后在合理期限内仍未交付。

承租人拒绝受领标的物的，应当及时通知出租人。

第七百四十一条 出租人、出卖人、承租人可以约定，出卖人不履行买卖合同义务的，由承租人行使索赔的权利。承租人行使索赔权利的，出租人应当协助。

第七百四十二条 承租人对出卖人行使索赔权利，不影响其履行支付租金的义务。但是，承租人依赖出租人的技能确定租赁物或者出租人干预选择租赁物的，承租人可以请求减免相应租金。

第七百四十三条 出租人有下列情形之一，致使承租人对出卖人行使索赔权利失败的，承租人有权请求出租人承担相应的责任：

（一）明知租赁物有质量瑕疵而不告知承租人；

（二）承租人行使索赔权利时，未及时提供必要协助。

出租人怠于行使只能由其对出卖人行使的索赔权利，造成承租人损失的，承租人有权请求出租人承担赔偿责任。

第七百四十四条 出租人根据承租人对出卖人、租赁物的选择订立的买卖合同，未经承租人同意，出租人不得变更与承租人有关的合同内容。

第七百四十五条 出租人对租赁物享有的所有权，未经登记，不得对抗善意第三人。

第七百四十六条 融资租赁合同的租金，除当事人另有约定外，应当根据购买租赁物的大部分或者全部成本以及出租人的合理利润确定。

第七百四十七条 租赁物不符合约定或者不符合使用目的的，出租人不承担责任。但是，承租人依赖出租人的技能确定租赁物或者出租人干预选择租赁物的除外。

第七百四十八条 出租人应当保证承租人对租赁物的占有和使用。

出租人有下列情形之一的，承租人有权请求其赔偿损失：

（一）无正当理由收回租赁物；

（二）无正当理由妨碍、干扰承租人对租赁物的占有和使用；

（三）因出租人的原因致使第三人对租赁物主张权利；

（四）不当影响承租人对租赁物占有和使用的其他情形。

第七百四十九条 承租人占有租赁物期间，租赁物造成第三人人身损害或者财产损失的，出租人不承担责任。

第七百五十条 承租人应当妥善保管、使用租赁物。

承租人应当履行占有租赁物期间的维修义务。

第七百五十一条 承租人占有租赁物期间，租赁物毁损、灭失的，出租人有权请求承租人继续支付租金，但是法律另有规定或者当事人另有约定的除外。

第七百五十二条 承租人应当按照约定支付租金。承租人经催告后在合理期限内仍不支付租金的，出租人可以请求支付全部租金；也可以解除合同，收回租赁物。

第七百五十三条 承租人未经出租人同意，将租赁物转让、抵押、质押、投资入股或者以其他方式处分的，出租人可以解除融资租赁合同。

第七百五十四条 有下列情形之一的，出租人或者承租人可以解除融资租赁合同：

（一）出租人与出卖人订立的买卖合同解除、被确认无效或者被撤销，且未能重新订立买卖合同；

（二）租赁物因不可归责于当事人的原因毁损、灭失，且不能修复或者确定替代物；

（三）因出卖人的原因致使融资租赁合同的目的不能实现。

第七百五十五条 融资租赁合同因买卖合同解除、被确认无效或者被撤销而解除，出卖人、租赁物系由承租人选择的，出租人有权请求承租人赔偿相应损失；但是，因出租人原因致使买卖合同解除、被确认无效或者被撤销的除外。

出租人的损失已经在买卖合同解除、被确认无效或者被撤销时获得赔偿的，承租人不再承担相应的赔偿责任。

第七百五十六条 融资租赁合同因租赁物交付承租人后意外毁损、灭失等不可归责于当事人的原因解除的，出租人可以请求承租人按照租赁物折旧情况给予补偿。

第七百五十七条 出租人和承租人可以约定租赁期限届满租赁物的归属；对租赁物的归属没有约定或者约定不明确，依据本法第五百一十条的规定仍不能确定的，租赁物的所有权归出租人。

第七百五十八条 当事人约定租赁期限届满租赁物归承租人所有，承租人已经支付大部分租金，但是无力支付剩余租金，出租人因此解除合同收回租赁物，收回的租赁物的价值超过承租人欠付的租金以及其他费用的，承租人可以请求相应返还。

当事人约定租赁期限届满租赁物归出租人所有，因租赁物毁损、灭失或者附合、混合于他物致使承租人不能返还的，出租人有权请求承租人给予合理补偿。

第七百五十九条 当事人约定租赁期限届满，承租人仅需向出租人支付象征性价款的，视为约定的租金义务履行完毕后租赁物的所有权归承租人。

第七百六十条 融资租赁合同无效，当事人就该情形下租赁物的归属有约定的，按照其约定；没有约定或者约定不明确的，租赁物应当返还出租人。但是，因承租人原因致使合同无效，出租人不请求返还或者返还后会显著降低租赁物效用的，租赁物的所有权归承租人，由承租人给予出租人合理补偿。

第十六章　保理合同

第七百六十一条 保理合同是应收账款债权人将现有的或者将有的应收账款转让给保理人，保理人提供资金融通、应收账款管理或者催收、应收账款债务人付款担保等服务的合同。

第七百六十二条 保理合同的内容一般包括业务类型、服务范围、服务期限、基础交易合同情况、应收账款信息、保理融资款或者服务报酬及其支付方式等条款。

保理合同应当采用书面形式。

第七百六十三条 应收账款债权人与债务人虚构应收账款作为转让标的，与保理人订立保理合同的，应收账款债务人不得以应收账款不存在为由对抗保理人，但是保理人明知虚构的除外。

第七百六十四条 保理人向应收账款债务人发出应收账款转让通知的，应当表明保理人身份并附有必要凭证。

第七百六十五条 应收账款债务人接到应收账款转让通知后，应收账款债权人与债务人无正当理由协商变更或者终止基础交易合同，对保理人产生不利影响的，对保理人不发生效力。

第七百六十六条 当事人约定有追索权保理的，保理人可以向应收账款债权人主张返还保理融资款本息或者回购应收账款债权，也可以向应收账款债务人主张应收账款债权。保理人向应收账款债务人主张应收账款债权，在扣除保理融资款本息和相关费用后有剩余的，剩余部分应当返还给应收账款债权人。

第七百六十七条 当事人约定无追索权保理的，保理人应当向应收账款债务人主张应收账款债权，保理人取得超过保理融资款本息和相关费用的部分，无需向应收账款债权人返还。

第七百六十八条 应收账款债权人就同一应收账款订立多个保理合同，致使多个保理人主张权利的，已经登记的先于未登记的取得应收账款；均已经登记的，按照登记时间的先后顺序取得应收账款；均未登记的，由最先到达应收账款债务人的转让通知中载明的保理人取得应收账款；既未登记也未通知的，按照保理融资款或者服务报酬的比例取得应收账款。

第七百六十九条 本章没有规定的，适用本编第六章债权转让的有关规定。

第十七章 承揽合同

第七百七十条 承揽合同是承揽人按照定作人的要求完成工作，交付工作成果，定作人支付报酬的合同。

承揽包括加工、定作、修理、复制、测试、检验等工作。

第七百七十一条 承揽合同的内容一般包括承揽的标的、数量、质量、报酬，承揽方式，材料的提供，履行期限，验收标准和方法等条款。

第七百七十二条 承揽人应当以自己的设备、技术和劳力，完成主要工作，但是当事人另有约定的除外。

承揽人将其承揽的主要工作交由第三人完成的，应当就该第三人完成的工作成果向定作人负责；未经定作人同意的，定作人也可以解除合同。

第七百七十三条 承揽人可以将其承揽的辅助工作交由第三人完成。承揽人将其承揽的辅助工作交由第三人完成的，应当就该第三人完成的工作成果向定作人负责。

第七百七十四条 承揽人提供材料的，应当按照约定选用材料，并接受定作人检验。

第七百七十五条 定作人提供材料的，应当按照约定提供材料。承揽人对定作人提供的材料应当及时检验，发现不符合约定时，应当及时通知定作人更换、补齐或者采取其他补救措施。

承揽人不得擅自更换定作人提供的材料，不得更换不需要修理的零部件。

第七百七十六条 承揽人发现定作人提供的图纸或者技术要求不合理的，应当及时通知定作人。因定作人怠于答复等原因造成承揽人损失的，应当赔偿损失。

第七百七十七条 定作人中途变更承揽工作的要求，造成承揽人损失的，应当赔偿损失。

第七百七十八条 承揽工作需要定作人协助的，定作人有协助的义务。定作人不履行协助义务致使承揽工作不能完成的，承揽人可以催告定作人在合理期限内履行义务，并可以顺延履行期限；定作人逾期不履行的，承揽人可以解除合同。

第七百七十九条 承揽人在工作期间，应当接受定作人必要的监督检验。定作人不得因监督检验妨碍承揽人的正常工作。

第七百八十条 承揽人完成工作的，应当向定作人交付工作成果，并提交必要的技术资料和有关质量证明。定作人应当验收该工作成果。

第七百八十一条 承揽人交付的工作成果不符合质量要求的，定作人可以合理选择请求承揽人承担修理、重作、减少报酬、赔偿损失等违约责任。

第七百八十二条 定作人应当按照约定的期限支付报酬。对支付报酬的期限没有约定或者约定不明确，依据本法第五百一十条的规定仍不能确定的，定作人应当在承揽人交付工作成果时支付；工作成果部分交付的，定作人应当相应支付。

第七百八十三条 定作人未向承揽人支付报酬或者材料费等价款的，承揽人对完成的工作成果享有留置权或者有权拒绝交付，但是当事人另有约定的除外。

第七百八十四条 承揽人应当妥善保管定

作人提供的材料以及完成的工作成果，因保管不善造成毁损、灭失的，应当承担赔偿责任。

第七百八十五条 承揽人应当按照定作人的要求保守秘密，未经定作人许可，不得留存复制品或者技术资料。

第七百八十六条 共同承揽人对定作人承担连带责任，但是当事人另有约定的除外。

第七百八十七条 定作人在承揽人完成工作前可以随时解除合同，造成承揽人损失的，应当赔偿损失。

第十八章 建设工程合同

第七百八十八条 建设工程合同是承包人进行工程建设，发包人支付价款的合同。

建设工程合同包括工程勘察、设计、施工合同。

第七百八十九条 建设工程合同应当采用书面形式。

第七百九十条 建设工程的招标投标活动，应当依照有关法律的规定公开、公平、公正进行。

第七百九十一条 发包人可以与总承包人订立建设工程合同，也可以分别与勘察人、设计人、施工人订立勘察、设计、施工承包合同。发包人不得将应当由一个承包人完成的建设工程支解成若干部分发包给数个承包人。

总承包人或者勘察、设计、施工承包人经发包人同意，可以将自己承包的部分工作交由第三人完成。第三人就其完成的工作成果与总承包人或者勘察、设计、施工承包人向发包人承担连带责任。承包人不得将其承包的全部建设工程转包给第三人或者将其承包的全部建设工程支解以后以分包的名义分别转包给第三人。

禁止承包人将工程分包给不具备相应资质条件的单位。禁止分包单位将其承包的工程再分包。建设工程主体结构的施工必须由承包人自行完成。

第七百九十二条 国家重大建设工程合同，应当按照国家规定的程序和国家批准的投资计划、可行性研究报告等文件订立。

第七百九十三条 建设工程施工合同无效，但是建设工程经验收合格的，可以参照合同关于工程价款的约定折价补偿承包人。

建设工程施工合同无效，且建设工程经验收不合格的，按照以下情形处理：

（一）修复后的建设工程经验收合格的，发包人可以请求承包人承担修复费用；

（二）修复后的建设工程经验收不合格的，承包人无权请求参照合同关于工程价款的约定折价补偿。

发包人对因建设工程不合格造成的损失有过错的，应当承担相应的责任。

第七百九十四条 勘察、设计合同的内容一般包括提交有关基础资料和概预算等文件的期限、质量要求、费用以及其他协作条件等条款。

第七百九十五条 施工合同的内容一般包括工程范围、建设工期、中间交工工程的开工和竣工时间、工程质量、工程造价、技术资料交付时间、材料和设备供应责任、拨款和结算、竣工验收、质量保修范围和质量保证期、相互协作等条款。

第七百九十六条 建设工程实行监理的，发包人应当与监理人采用书面形式订立委托监理合同。发包人与监理人的权利和义务以及法律责任，应当依照本编委托合同以及其他有关法律、行政法规的规定。

第七百九十七条 发包人在不妨碍承包人正常作业的情况下，可以随时对作业进度、质量进行检查。

第七百九十八条 隐蔽工程在隐蔽以前，承包人应当通知发包人检查。发包人没有及时检查的，承包人可以顺延工程日期，并有权请求赔偿停工、窝工等损失。

第七百九十九条 建设工程竣工后，发包人应当根据施工图纸及说明书、国家颁发的施工验收规范和质量检验标准及时进行验收。验收合格的，发包人应当按照约定支付价款，并接收该建设工程。

建设工程竣工经验收合格后，方可交付使用；未经验收或者验收不合格的，不得交付使用。

第八百条 勘察、设计的质量不符合要求或者未按照期限提交勘察、设计文件拖延工期，造成发包人损失的，勘察人、设计人应当继续完善勘察、设计，减收或者免收勘察、设计费并赔偿损失。

第八百零一条 因施工人的原因致使建设工程质量不符合约定的，发包人有权请求施工人在合理期限内无偿修理或者返工、改建。经过修理或者返工、改建后，造成逾期交付的，施工人应当承担违约责任。

第八百零二条 因承包人的原因致使建设工程在合理使用期限内造成人身损害和财产损失的，承包人应当承担赔偿责任。

第八百零三条 发包人未按照约定的时间和要求提供原材料、设备、场地、资金、技术资料的，承包人可以顺延工程日期，并有权请求赔偿停工、窝工等损失。

第八百零四条 因发包人的原因致使工程中途停建、缓建的，发包人应当采取措施弥补或者减少损失，赔偿承包人因此造成的停工、窝工、倒运、机械设备调迁、材料和构件积压等损失和实际费用。

第八百零五条 因发包人变更计划，提供的资料不准确，或者未按照期限提供必需的勘察、设计工作条件而造成勘察、设计的返工、停工或者修改设计，发包人应当按照勘察人、设计人实际消耗的工作量增付费用。

第八百零六条 承包人将建设工程转包、违法分包的，发包人可以解除合同。

发包人提供的主要建筑材料、建筑构配件和设备不符合强制性标准或者不履行协助义务，致使承包人无法施工，经催告后在合理期限内仍未履行相应义务的，承包人可以解除合同。

合同解除后，已经完成的建设工程质量合格的，发包人应当按照约定支付相应的工程价款；已经完成的建设工程质量不合格的，参照本法第七百九十三条的规定处理。

第八百零七条 发包人未按照约定支付价款的，承包人可以催告发包人在合理期限内支付价款。发包人逾期不支付的，除根据建设工程的性质不宜折价、拍卖外，承包人可以与发包人协议将该工程折价，也可以请求人民法院将该工程依法拍卖。建设工程的价款就该工程折价或者拍卖的价款优先受偿。

第八百零八条 本章没有规定的，适用承揽合同的有关规定。

第十九章 运输合同

第一节 一般规定

第八百零九条 运输合同是承运人将旅客或者货物从起运地点运输到约定地点，旅客、托运人或者收货人支付票款或者运输费用的合同。

第八百一十条 从事公共运输的承运人不得拒绝旅客、托运人通常、合理的运输要求。

第八百一十一条 承运人应当在约定期限或者合理期限内将旅客、货物安全运输到约定地点。

第八百一十二条 承运人应当按照约定的或者通常的运输路线将旅客、货物运输到约定地点。

第八百一十三条 旅客、托运人或者收货人应当支付票款或者运输费用。承运人未按照约定路线或者通常路线运输增加票款或者运输费用的，旅客、托运人或者收货人可以拒绝支付增加部分的票款或者运输费用。

第二节 客运合同

第八百一十四条 客运合同自承运人向旅客出具客票时成立，但是当事人另有约定或者另有交易习惯的除外。

第八百一十五条 旅客应当按照有效客票记载的时间、班次和座位号乘坐。旅客无票乘坐、超程乘坐、越级乘坐或者持不符合减价条件的优惠客票乘坐的，应当补交票款，承运人可以按照规定加收票款；旅客不支付票款的，承运人可以拒绝运输。

实名制客运合同的旅客丢失客票的，可以请求承运人挂失补办，承运人不得再次收取票款和其他不合理费用。

第八百一十六条 旅客因自己的原因不能按照客票记载的时间乘坐的，应当在约定的期限内办理退票或者变更手续；逾期办理的，承运人可以不退票款，并不再承担运输义务。

第八百一十七条 旅客随身携带行李应当符合约定的限量和品类要求；超过限量或者违反品类要求携带行李的，应当办理托运手续。

第八百一十八条 旅客不得随身携带或者在行李中夹带易燃、易爆、有毒、有腐蚀性、有放射性以及可能危及运输工具上人身和财产安全的危险物品或者违禁物品。

旅客违反前款规定的，承运人可以将危险物品或者违禁物品卸下、销毁或者送交有关部门。旅客坚持携带或者夹带危险物品或者违禁物品的，承运人应当拒绝运输。

第八百一十九条 承运人应当严格履行安全运输义务，及时告知旅客安全运输应当注意的事项。旅客对承运人为安全运输所作的合理安排应当积极协助和配合。

第八百二十条 承运人应当按照有效客票记载的时间、班次和座位号运输旅客。承运人迟延运输或者有其他不能正常运输情形的，应当及时告知和提醒旅客，采取必要的安置措施，并根据旅客的要求安排改乘其他班次或者退票；由此造成旅客损失的，承运人应当承担赔偿责任，但是不可归责于承运人的除外。

第八百二十一条 承运人擅自降低服务标准的，应当根据旅客的请求退票或者减收票款；提高服务标准的，不得加收票款。

第八百二十二条 承运人在运输过程中，应当尽力救助患有急病、分娩、遇险的旅客。

第八百二十三条 承运人应当对运输过程中旅客的伤亡承担赔偿责任；但是，伤亡是旅客自身健康原因造成的或者承运人证明伤亡是旅客故意、重大过失造成的除外。

前款规定适用于按照规定免票、持优待票或者经承运人许可搭乘的无票旅客。

第八百二十四条 在运输过程中旅客随身携带物品毁损、灭失，承运人有过错的，应当承担赔偿责任。

旅客托运的行李毁损、灭失的，适用货物运输的有关规定。

第三节 货运合同

第八百二十五条 托运人办理货物运输，应当向承运人准确表明收货人的姓名、名称或者凭指示的收货人，货物的名称、性质、重量、数量，收货地点等有关货物运输的必要情况。

因托运人申报不实或者遗漏重要情况，造成承运人损失的，托运人应当承担赔偿责任。

第八百二十六条 货物运输需要办理审批、检验等手续的，托运人应当将办理完有关手续的文件提交承运人。

第八百二十七条 托运人应当按照约定的方式包装货物。对包装方式没有约定或者约定不明确的，适用本法第六百一十九条的规定。

托运人违反前款规定的，承运人可以拒绝运输。

第八百二十八条 托运人托运易燃、易爆、有毒、有腐蚀性、有放射性等危险物品的，应当按照国家有关危险物品运输的规定对危险物品妥善包装，做出危险物品标志和标签，并将有关危险物品的名称、性质和防范措施的书面材料提交承运人。

托运人违反前款规定的，承运人可以拒绝运输，也可以采取相应措施以避免损失的发生，因此产生的费用由托运人负担。

第八百二十九条 在承运人将货物交付收货人之前，托运人可以要求承运人中止运输、返还货物、变更到达地或者将货物交给其他收货人，但是应当赔偿承运人因此受到的损失。

第八百三十条 货物运输到达后，承运人知道收货人的，应当及时通知收货人，收货人应当及时提货。收货人逾期提货的，应当向承运人支付保管费等费用。

第八百三十一条 收货人提货时应当按照约定的期限检验货物。对检验货物的期限没有约定或者约定不明确，依据本法第五百一十条的规定仍不能确定的，应当在合理期限内检验货物。收货人在约定的期限或者合理期限内对货物的数量、毁损等未提出异议的，视为承运人已经按照运输单证的记载交付的初步证据。

第八百三十二条 承运人对运输过程中货物的毁损、灭失承担赔偿责任。但是，承运人证明货物的毁损、灭失是因不可抗力、货物本身的自然性质或者合理损耗以及托运人、收货人的过错造成的，不承担赔偿责任。

第八百三十三条 货物的毁损、灭失的赔偿额，当事人有约定的，按照其约定；没有约定或者约定不明确，依据本法第五百一十条的规定仍不能确定的，按照交付或者应当交付时货物到达地的市场价格计算。法律、行政法规对赔偿额的计算方法和赔偿限额另有规定的，依照其规定。

第八百三十四条 两个以上承运人以同一运输方式联运的，与托运人订立合同的承运人应当对全程运输承担责任；损失发生在某一运输区段的，与托运人订立合同的承运人和该区段的承运人承担连带责任。

第八百三十五条 货物在运输过程中因不可抗力灭失，未收取运费的，承运人不得请求支付运费；已经收取运费的，托运人可以请求返还。法律另有规定的，依照其规定。

第八百三十六条 托运人或者收货人不支付运费、保管费或者其他费用的，承运人对相应的运输货物享有留置权，但是当事人另有约定的除外。

第八百三十七条 收货人不明或者收货人无正当理由拒绝受领货物的，承运人依法可以提存货物。

第四节 多式联运合同

第八百三十八条 多式联运经营人负责履行或者组织履行多式联运合同，对全程运输享有承运人的权利，承担承运人的义务。

第八百三十九条 多式联运经营人可以与参加多式联运的各区段承运人就多式联运合同的各区段运输约定相互之间的责任；但是，该约定不影响多式联运经营人对全程运输承担的义务。

第八百四十条 多式联运经营人收到托运人交付的货物时，应当签发多式联运单据。按照托运人的要求，多式联运单据可以是可转让单据，也可以是不可转让单据。

第八百四十一条 因托运人托运货物时的过错造成多式联运经营人损失的，即使托运人已经转让多式联运单据，托运人仍然应当承担赔偿责任。

第八百四十二条 货物的毁损、灭失发生于多式联运的某一运输区段的，多式联运经营人的赔偿责任和责任限额，适用调整该区段运输方式的有关法律规定；货物毁损、灭失发生的运输区段不能确定的，依照本章规定承担赔偿责任。

第二十章 技术合同

第一节 一般规定

第八百四十三条 技术合同是当事人就技术开发、转让、许可、咨询或者服务订立的确立相互之间权利和义务的合同。

第八百四十四条 订立技术合同，应当有利于知识产权的保护和科学技术的进步，促进科学技术成果的研发、转化、应用和推广。

第八百四十五条 技术合同的内容一般包括项目的名称，标的的内容、范围和要求，履行的计划、地点和方式，技术信息和资料的保密，技术成果的归属和收益的分配办法，验收标准和方法，名词和术语的解释等条款。

与履行合同有关的技术背景资料、可行性论证和技术评价报告、项目任务书和计划书、技术标准、技术规范、原始设计和工艺文件，以及其他技术文档，按照当事人的约定可以作为合同的组成部分。

技术合同涉及专利的，应当注明发明创造的名称、专利申请人和专利权人、申请日期、申请号、专利号以及专利权的有效期限。

第八百四十六条 技术合同价款、报酬或者使用费的支付方式由当事人约定，可以采取一次总算、一次总付或者一次总算、分期支付，也可以采取提成支付或者提成支付附加预付入门费的方式。

约定提成支付的，可以按照产品价格、实施专利和使用技术秘密后新增的产值、利润或者产品销售额的一定比例提成，也可以按照约定的其他方式计算。提成支付的比例可以采取固定比例、逐年递增比例或者逐年递减比例。

约定提成支付的，当事人可以约定查阅有关会计账目的办法。

第八百四十七条 职务技术成果的使用权、转让权属于法人或者非法人组织的，法人或者非法人组织可以就该项职务技术成果订立技术合同。法人或者非法人组织订立技术合同转让职务技术成果时，职务技术成果的完成人享有以同等条件优先受让的权利。

职务技术成果是执行法人或者非法人组织的工作任务，或者主要是利用法人或者非法人组织的物质技术条件所完成的技术成果。

第八百四十八条 非职务技术成果的使用权、转让权属于完成技术成果的个人，完成技术成果的个人可以就该项非职务技术成果订立技术合同。

第八百四十九条 完成技术成果的个人享有在有关技术成果文件上写明自己是技术成果完成者的权利和取得荣誉证书、奖励的权利。

第八百五十条 非法垄断技术或者侵害他人技术成果的技术合同无效。

第二节 技术开发合同

第八百五十一条 技术开发合同是当事人之间就新技术、新产品、新工艺、新品种或者新材料及其系统的研究开发所订立的合同。

技术开发合同包括委托开发合同和合作开发合同。

技术开发合同应当采用书面形式。

当事人之间就具有实用价值的科技成果实施转化订立的合同，参照适用技术开发合同的有关规定。

第八百五十二条 委托开发合同的委托人

应当按照约定支付研究开发经费和报酬，提供技术资料，提出研究开发要求，完成协作事项，接受研究开发成果。

第八百五十三条 委托开发合同的研究开发人应当按照约定制定和实施研究开发计划，合理使用研究开发经费，按期完成研究开发工作，交付研究开发成果，提供有关的技术资料和必要的技术指导，帮助委托人掌握研究开发成果。

第八百五十四条 委托开发合同的当事人违反约定造成研究开发工作停滞、延误或者失败的，应当承担违约责任。

第八百五十五条 合作开发合同的当事人应当按照约定进行投资，包括以技术进行投资，分工参与研究开发工作，协作配合研究开发工作。

第八百五十六条 合作开发合同的当事人违反约定造成研究开发工作停滞、延误或者失败的，应当承担违约责任。

第八百五十七条 作为技术开发合同标的的技术已经由他人公开，致使技术开发合同的履行没有意义的，当事人可以解除合同。

第八百五十八条 技术开发合同履行过程中，因出现无法克服的技术困难，致使研究开发失败或者部分失败的，该风险由当事人约定；没有约定或者约定不明确，依据本法第五百一十条的规定仍不能确定的，风险由当事人合理分担。

当事人一方发现前款规定的可能致使研究开发失败或者部分失败的情形时，应当及时通知另一方并采取适当措施减少损失；没有及时通知并采取适当措施，致使损失扩大的，应当就扩大的损失承担责任。

第八百五十九条 委托开发完成的发明创造，除法律另有规定或者当事人另有约定外，申请专利的权利属于研究开发人。研究开发人取得专利权的，委托人可以依法实施该专利。

研究开发人转让专利申请权的，委托人享有以同等条件优先受让的权利。

第八百六十条 合作开发完成的发明创造，申请专利的权利属于合作开发的当事人共有；当事人一方转让其共有的专利申请权的，其他各方享有以同等条件优先受让的权利。但是，当事人另有约定的除外。

合作开发的当事人一方声明放弃其共有的专利申请权的，除当事人另有约定外，可以由另一方单独申请或者由其他各方共同申请。申请人取得专利权的，放弃专利申请权的一方可以免费实施该专利。

合作开发的当事人一方不同意申请专利的，另一方或者其他各方不得申请专利。

第八百六十一条 委托开发或者合作开发完成的技术秘密成果的使用权、转让权以及收益的分配办法，由当事人约定；没有约定或者约定不明确，依据本法第五百一十条的规定仍不能确定的，在没有相同技术方案被授予专利权前，当事人均有使用和转让的权利。但是，委托开发的研究开发人不得在向委托人交付研究开发成果之前，将研究开发成果转让给第三人。

第三节 技术转让合同和技术许可合同

第八百六十二条 技术转让合同是合法拥有技术的权利人，将现有特定的专利、专利申请、技术秘密的相关权利让与他人所订立的合同。

技术许可合同是合法拥有技术的权利人，将现有特定的专利、技术秘密的相关权利许可他人实施、使用所订立的合同。

技术转让合同和技术许可合同中关于提供实施技术的专用设备、原材料或者提供有关的技术咨询、技术服务的约定，属于合同的组成部分。

第八百六十三条 技术转让合同包括专利权转让、专利申请权转让、技术秘密转让等合同。

技术许可合同包括专利实施许可、技术秘密使用许可等合同。

技术转让合同和技术许可合同应当采用书面形式。

第八百六十四条 技术转让合同和技术许可合同可以约定实施专利或者使用技术秘密的范围，但是不得限制技术竞争和技术发展。

第八百六十五条 专利实施许可合同仅在该专利权的存续期限内有效。专利权有效期限届满或者专利权被宣告无效的，专利权人不得就该专利与他人订立专利实施许可合同。

第八百六十六条 专利实施许可合同的许可人应当按照约定许可被许可人实施专利，交付实施专利有关的技术资料，提供必要的技术指导。

第八百六十七条 专利实施许可合同的被许可人应当按照约定实施专利，不得许可约定以外的第三人实施该专利，并按照约定支付使用费。

第八百六十八条 技术秘密转让合同的让与人和技术秘密使用许可合同的许可人应当按照约定提供技术资料，进行技术指导，保证技术的实用性、可靠性，承担保密义务。

前款规定的保密义务，不限制许可人申请专利，但是当事人另有约定的除外。

第八百六十九条 技术秘密转让合同的受让人和技术秘密使用许可合同的被许可人应当按照约定使用技术，支付转让费、使用费，承担保密义务。

第八百七十条 技术转让合同的让与人和技术许可合同的许可人应当保证自己是所提供的技术的合法拥有者，并保证所提供的技术完整、无误、有效，能够达到约定的目标。

第八百七十一条 技术转让合同的受让人和技术许可合同的被许可人应当按照约定的范围和期限，对让与人、许可人提供的技术中尚未公开的秘密部分，承担保密义务。

第八百七十二条 许可人未按照约定许可技术的，应当返还部分或者全部使用费，并应当承担违约责任；实施专利或者使用技术秘密超越约定的范围的，违反约定擅自许可第三人实施该项专利或者使用该项技术秘密的，应当停止违约行为，承担违约责任；违反约定的保密义务的，应当承担违约责任。

让与人承担违约责任，参照适用前款规定。

第八百七十三条 被许可人未按照约定支付使用费的，应当补交使用费并按照约定支付违约金；不补交使用费或者支付违约金的，应当停止实施专利或者使用技术秘密，交还技术资料，承担违约责任；实施专利或者使用技术秘密超越约定的范围的，未经许可人同意擅自许可第三人实施该专利或者使用该技术秘密的，应当停止违约行为，承担违约责任；违反约定的保密义务的，应当承担违约责任。

受让人承担违约责任，参照适用前款规定。

第八百七十四条 受让人或者被许可人按照约定实施专利、使用技术秘密侵害他人合法权益的，由让与人或者许可人承担责任，但是当事人另有约定的除外。

第八百七十五条 当事人可以按照互利的原则，在合同中约定实施专利、使用技术秘密后续改进的技术成果的分享办法；没有约定或者约定不明确，依据本法第五百一十条的规定仍不能确定的，一方后续改进的技术成果，其他各方无权分享。

第八百七十六条 集成电路布图设计专有权、植物新品种权、计算机软件著作权等其他知识产权的转让和许可，参照适用本节的有关规定。

第八百七十七条 法律、行政法规对技术进出口合同或者专利、专利申请合同另有规定的，依照其规定。

第四节 技术咨询合同和技术服务合同

第八百七十八条 技术咨询合同是当事人一方以技术知识为对方就特定技术项目提供可行性论证、技术预测、专题技术调查、分析评价报告等所订立的合同。

技术服务合同是当事人一方以技术知识为对方解决特定技术问题所订立的合同，不包括承揽合同和建设工程合同。

第八百七十九条 技术咨询合同的委托人应当按照约定阐明咨询的问题，提供技术背景材料及有关技术资料，接受受托人的工作成果，支付报酬。

第八百八十条 技术咨询合同的受托人应当按照约定的期限完成咨询报告或者解答问题，提出的咨询报告应当达到约定的要求。

第八百八十一条 技术咨询合同的委托人未按照约定提供必要的资料，影响工作进度和质量，不接受或者逾期接受工作成果的，支付的报酬不得追回，未支付的报酬应当支付。

技术咨询合同的受托人未按期提出咨询报告或者提出的咨询报告不符合约定的，应当承担减收或者免收报酬等违约责任。

技术咨询合同的委托人按照受托人符合约定要求的咨询报告和意见作出决策所造成的损失，由委托人承担，但是当事人另有约定的除外。

第八百八十二条 技术服务合同的委托人应当按照约定提供工作条件，完成配合事项，接受工作成果并支付报酬。

第八百八十三条 技术服务合同的受托人应当按照约定完成服务项目，解决技术问题，保证工作质量，并传授解决技术问题的知识。

第八百八十四条 技术服务合同的委托人不履行合同义务或者履行合同义务不符合约定，影响工作进度和质量，不接受或者逾期接受工作成果的，支付的报酬不得追回，未支付的报酬应当支付。

技术服务合同的受托人未按照约定完成服务工作的，应当承担免收报酬等违约责任。

第八百八十五条 技术咨询合同、技术服务合同履行过程中，受托人利用委托人提供的技术资料和工作条件完成的新的技术成果，属于受托人。委托人利用受托人的工作成果完成的新的技术成果，属于委托人。当事人另有约定的，按照其约定。

第八百八十六条 技术咨询合同和技术服务合同对受托人正常开展工作所需费用的负担没有约定或者约定不明确的，由受托人负担。

第八百八十七条 法律、行政法规对技术中介合同、技术培训合同另有规定的，依照其规定。

第二十一章 保管合同

第八百八十八条 保管合同是保管人保管寄存人交付的保管物，并返还该物的合同。

寄存人到保管人处从事购物、就餐、住宿等活动，将物品存放在指定场所的，视为保管，但是当事人另有约定或者另有交易习惯的除外。

第八百八十九条 寄存人应当按照约定向保管人支付保管费。

当事人对保管费没有约定或者约定不明确，依据本法第五百一十条的规定仍不能确定的，视为无偿保管。

第八百九十条 保管合同自保管物交付时成立，但是当事人另有约定的除外。

第八百九十一条 寄存人向保管人交付保管物的，保管人应当出具保管凭证，但是另有交易习惯的除外。

第八百九十二条 保管人应当妥善保管保管物。

当事人可以约定保管场所或者方法。除紧急情况或者为维护寄存人利益外，不得擅自改变保管场所或者方法。

第八百九十三条 寄存人交付的保管物有瑕疵或者根据保管物的性质需要采取特殊保管措施的，寄存人应当将有关情况告知保管人。寄存人未告知，致使保管物受损失的，保管人不承担赔偿责任；保管人因此受损失的，除保管人知道或者应当知道且未采取补救措施外，寄存人应当承担赔偿责任。

第八百九十四条 保管人不得将保管物转交第三人保管，但是当事人另有约定的除外。

保管人违反前款规定，将保管物转交第三人保管，造成保管物损失的，应当承担赔偿责任。

第八百九十五条 保管人不得使用或者许可第三人使用保管物，但是当事人另有约定的除外。

第八百九十六条 第三人对保管物主张权利的，除依法对保管物采取保全或者执行措施外，保管人应当履行向寄存人返还保管物的义务。

第三人对保管人提起诉讼或者对保管物申请扣押的，保管人应当及时通知寄存人。

第八百九十七条 保管期内，因保管人保管不善造成保管物毁损、灭失的，保管人应当承担赔偿责任。但是，无偿保管人证明自己没有故意或者重大过失的，不承担赔偿责任。

第八百九十八条 寄存人寄存货币、有价证券或者其他贵重物品的，应当向保管人声明，由保管人验收或者封存；寄存人未声明的，该物品毁损、灭失后，保管人可以按照一般物品予以赔偿。

第八百九十九条 寄存人可以随时领取保管物。

当事人对保管期限没有约定或者约定不明确的，保管人可以随时请求寄存人领取保管物；约定保管期限的，保管人无特别事由，不得请求寄存人提前领取保管物。

第九百条 保管期限届满或者寄存人提前领取保管物的，保管人应当将原物及其孳息归还寄存人。

第九百零一条 保管人保管货币的，可以返还相同种类、数量的货币；保管其他可替代物的，可以按照约定返还相同种类、品质、数量的物品。

第九百零二条 有偿的保管合同，寄存人应当按照约定的期限向保管人支付保管费。

当事人对支付期限没有约定或者约定不明确，依据本法第五百一十条的规定仍不能确定的，应当在领取保管物的同时支付。

第九百零三条　寄存人未按照约定支付保管费或者其他费用的，保管人对保管物享有留置权，但是当事人另有约定的除外。

第二十二章　仓储合同

第九百零四条　仓储合同是保管人储存存货人交付的仓储物，存货人支付仓储费的合同。

第九百零五条　仓储合同自保管人和存货人意思表示一致时成立。

第九百零六条　储存易燃、易爆、有毒、有腐蚀性、有放射性等危险物品或者易变质物品的，存货人应当说明该物品的性质，提供有关资料。

存货人违反前款规定的，保管人可以拒收仓储物，也可以采取相应措施以避免损失的发生，因此产生的费用由存货人负担。

保管人储存易燃、易爆、有毒、有腐蚀性、有放射性等危险物品的，应当具备相应的保管条件。

第九百零七条　保管人应当按照约定对入库仓储物进行验收。保管人验收时发现入库仓储物与约定不符合的，应当及时通知存货人。保管人验收后，发生仓储物的品种、数量、质量不符合约定的，保管人应当承担赔偿责任。

第九百零八条　存货人交付仓储物的，保管人应当出具仓单、入库单等凭证。

第九百零九条　保管人应当在仓单上签名或者盖章。仓单包括下列事项：

（一）存货人的姓名或者名称和住所；

（二）仓储物的品种、数量、质量、包装及其件数和标记；

（三）仓储物的损耗标准；

（四）储存场所；

（五）储存期限；

（六）仓储费；

（七）仓储物已经办理保险的，其保险金额、期间以及保险人的名称；

（八）填发人、填发地和填发日期。

第九百一十条　仓单是提取仓储物的凭证。存货人或者仓单持有人在仓单上背书并经保管人签名或者盖章的，可以转让提取仓储物的权利。

第九百一十一条　保管人根据存货人或者仓单持有人的要求，应当同意其检查仓储物或者提取样品。

第九百一十二条　保管人发现入库仓储物有变质或者其他损坏的，应当及时通知存货人或者仓单持有人。

第九百一十三条　保管人发现入库仓储物有变质或者其他损坏，危及其他仓储物的安全和正常保管的，应当催告存货人或者仓单持有人作出必要的处置。因情况紧急，保管人可以作出必要的处置；但是，事后应当将该情况及时通知存货人或者仓单持有人。

第九百一十四条　当事人对储存期限没有约定或者约定不明确的，存货人或者仓单持有人可以随时提取仓储物，保管人也可以随时请求存货人或者仓单持有人提取仓储物，但是应当给予必要的准备时间。

第九百一十五条　储存期限届满，存货人或者仓单持有人应当凭仓单、入库单等提取仓储物。存货人或者仓单持有人逾期提取的，应当加收仓储费；提前提取的，不减收仓储费。

第九百一十六条　储存期限届满，存货人或者仓单持有人不提取仓储物的，保管人可以催告其在合理期限内提取；逾期不提取的，保管人可以提存仓储物。

第九百一十七条　储存期内，因保管不善造成仓储物毁损、灭失的，保管人应当承担赔偿责任。因仓储物本身的自然性质、包装不符合约定或者超过有效储存期造成仓储物变质、损坏的，保管人不承担赔偿责任。

第九百一十八条　本章没有规定的，适用保管合同的有关规定。

第二十三章　委托合同

第九百一十九条　委托合同是委托人和受托人约定，由受托人处理委托人事务的合同。

第九百二十条　委托人可以特别委托受托人处理一项或者数项事务，也可以概括委托受托人处理一切事务。

第九百二十一条　委托人应当预付处理委托事务的费用。受托人为处理委托事务垫付的必要费用，委托人应当偿还该费用并支付利息。

第九百二十二条　受托人应当按照委托人的指示处理委托事务。需要变更委托人指示的，应当经委托人同意；因情况紧急，难以和委托人取得联系的，受托人应当妥善处理委托事务，但是事后应当将该情况及时报告委托人。

第九百二十三条 受托人应当亲自处理委托事务。经委托人同意，受托人可以转委托。转委托经同意或者追认的，委托人可以就委托事务直接指示转委托的第三人，受托人仅就第三人的选任及其对第三人的指示承担责任。转委托未经同意或者追认的，受托人应当对转委托的第三人的行为承担责任；但是，在紧急情况下受托人为了维护委托人的利益需要转委托第三人的除外。

第九百二十四条 受托人应当按照委托人的要求，报告委托事务的处理情况。委托合同终止时，受托人应当报告委托事务的结果。

第九百二十五条 受托人以自己的名义，在委托人的授权范围内与第三人订立的合同，第三人在订立合同时知道受托人与委托人之间的代理关系的，该合同直接约束委托人和第三人；但是，有确切证据证明该合同只约束受托人和第三人的除外。

第九百二十六条 受托人以自己的名义与第三人订立合同时，第三人不知道受托人与委托人之间的代理关系的，受托人因第三人的原因对委托人不履行义务，受托人应当向委托人披露第三人，委托人因此可以行使受托人对第三人的权利。但是，第三人与受托人订立合同时如果知道该委托人就不会订立合同的除外。

受托人因委托人的原因对第三人不履行义务，受托人应当向第三人披露委托人，第三人因此可以选择受托人或者委托人作为相对人主张其权利，但是第三人不得变更选定的相对人。

委托人行使受托人对第三人的权利的，第三人可以向委托人主张其对受托人的抗辩。第三人选定委托人作为其相对人的，委托人可以向第三人主张其对受托人的抗辩以及受托人对第三人的抗辩。

第九百二十七条 受托人处理委托事务取得的财产，应当转交给委托人。

第九百二十八条 受托人完成委托事务的，委托人应当按照约定向其支付报酬。

因不可归责于受托人的事由，委托合同解除或者委托事务不能完成的，委托人应当向受托人支付相应的报酬。当事人另有约定的，按照其约定。

第九百二十九条 有偿的委托合同，因受托人的过错造成委托人损失的，委托人可以请求赔偿损失。无偿的委托合同，因受托人的故意或者重大过失造成委托人损失的，委托人可以请求赔偿损失。

受托人超越权限造成委托人损失的，应当赔偿损失。

第九百三十条 受托人处理委托事务时，因不可归责于自己的事由受到损失的，可以向委托人请求赔偿损失。

第九百三十一条 委托人经受托人同意，可以在受托人之外委托第三人处理委托事务。因此造成受托人损失的，受托人可以向委托人请求赔偿损失。

第九百三十二条 两个以上的受托人共同处理委托事务的，对委托人承担连带责任。

第九百三十三条 委托人或者受托人可以随时解除委托合同。因解除合同造成对方损失的，除不可归责于该当事人的事由外，无偿委托合同的解除方应当赔偿因解除时间不当造成的直接损失，有偿委托合同的解除方应当赔偿对方的直接损失和合同履行后可以获得的利益。

第九百三十四条 委托人死亡、终止或者受托人死亡、丧失民事行为能力、终止的，委托合同终止；但是，当事人另有约定或者根据委托事务的性质不宜终止的除外。

第九百三十五条 因委托人死亡或者被宣告破产、解散，致使委托合同终止将损害委托人利益的，在委托人的继承人、遗产管理人或者清算人承受委托事务之前，受托人应当继续处理委托事务。

第九百三十六条 因受托人死亡、丧失民事行为能力或者被宣告破产、解散，致使委托合同终止的，受托人的继承人、遗产管理人、法定代理人或者清算人应当及时通知委托人。因委托合同终止将损害委托人利益的，在委托人作出善后处理之前，受托人的继承人、遗产管理人、法定代理人或者清算人应当采取必要措施。

第二十四章 物业服务合同

第九百三十七条 物业服务合同是物业服务人在物业服务区域内，为业主提供建筑物及其附属设施的维修养护、环境卫生和相关秩序的管理维护等物业服务，业主支付物业费的合同。

物业服务人包括物业服务企业和其他管理人。

第九百三十八条 物业服务合同的内容一般包括服务事项、服务质量、服务费用的标准和收取办法、维修资金的使用、服务用房的管理和使用、服务期限、服务交接等条款。

物业服务人公开作出的有利于业主的服务承诺，为物业服务合同的组成部分。

物业服务合同应当采用书面形式。

第九百三十九条 建设单位依法与物业服务人订立的前期物业服务合同，以及业主委员会与业主大会依法选聘的物业服务人订立的物业服务合同，对业主具有法律约束力。

第九百四十条 建设单位依法与物业服务人订立的前期物业服务合同约定的服务期限届满前，业主委员会或者业主与新物业服务人订立的物业服务合同生效的，前期物业服务合同终止。

第九百四十一条 物业服务人将物业服务区域内的部分专项服务事项委托给专业性服务组织或者其他第三人的，应当就该部分专项服务事项向业主负责。

物业服务人不得将其应当提供的全部物业服务转委托给第三人，或者将全部物业服务支解后分别转委托给第三人。

第九百四十二条 物业服务人应当按照约定和物业的使用性质，妥善维修、养护、清洁、绿化和经营管理物业服务区域内的业主共有部分，维护物业服务区域内的基本秩序，采取合理措施保护业主的人身、财产安全。

对物业服务区域内违反有关治安、环保、消防等法律法规的行为，物业服务人应当及时采取合理措施制止、向有关行政主管部门报告并协助处理。

第九百四十三条 物业服务人应当定期将服务的事项、负责人员、质量要求、收费项目、收费标准、履行情况，以及维修资金使用情况、业主共有部分的经营与收益情况等以合理方式向业主公开并向业主大会、业主委员会报告。

第九百四十四条 业主应当按照约定向物业服务人支付物业费。物业服务人已经按照约定和有关规定提供服务的，业主不得以未接受或者无需接受相关物业服务为由拒绝支付物业费。

业主违反约定逾期不支付物业费的，物业服务人可以催告其在合理期限内支付；合理期限届满仍不支付的，物业服务人可以提起诉讼或者申请仲裁。

物业服务人不得采取停止供电、供水、供热、供燃气等方式催交物业费。

第九百四十五条 业主装饰装修房屋的，应当事先告知物业服务人，遵守物业服务人提示的合理注意事项，并配合其进行必要的现场检查。

业主转让、出租物业专有部分、设立居住权或者依法改变共有部分用途的，应当及时将相关情况告知物业服务人。

第九百四十六条 业主依照法定程序共同决定解聘物业服务人的，可以解除物业服务合同。决定解聘的，应当提前六十日书面通知物业服务人，但是合同对通知期限另有约定的除外。

依据前款规定解除合同造成物业服务人损失的，除不可归责于业主的事由外，业主应当赔偿损失。

第九百四十七条 物业服务期限届满前，业主依法共同决定续聘的，应当与原物业服务人在合同期限届满前续订物业服务合同。

物业服务期限届满前，物业服务人不同意续聘的，应当在合同期限届满前九十日书面通知业主或者业主委员会，但是合同对通知期限另有约定的除外。

第九百四十八条 物业服务期限届满后，业主没有依法作出续聘或者另聘物业服务人的决定，物业服务人继续提供物业服务的，原物业服务合同继续有效，但是服务期限为不定期。

当事人可以随时解除不定期物业服务合同，但是应当提前六十日书面通知对方。

第九百四十九条 物业服务合同终止的，原物业服务人应当在约定期限或者合理期限内退出物业服务区域，将物业服务用房、相关设施、物业服务所必需的相关资料等交还给业主委员会、决定自行管理的业主或者其指定的人，配合新物业服务人做好交接工作，并如实告知物业的使用和管理状况。

原物业服务人违反前款规定的，不得请求业主支付物业服务合同终止后的物业费；造成业主损失的，应当赔偿损失。

第九百五十条 物业服务合同终止后，在业主或者业主大会选聘的新物业服务人或者决定自行管理的业主接管之前，原物业服务人应当继续处理物业服务事项，并可以请求业主支付该期间的物业费。

第二十五章 行纪合同

第九百五十一条 行纪合同是行纪人以自己的名义为委托人从事贸易活动，委托人支付报酬的合同。

第九百五十二条 行纪人处理委托事务支出的费用，由行纪人负担，但是当事人另有约定的除外。

第九百五十三条 行纪人占有委托物的，应当妥善保管委托物。

第九百五十四条 委托物交付给行纪人时有瑕疵或者容易腐烂、变质的，经委托人同意，行纪人可以处分该物；不能与委托人及时取得联系的，行纪人可以合理处分。

第九百五十五条 行纪人低于委托人指定的价格卖出或者高于委托人指定的价格买入的，应当经委托人同意；未经委托人同意，行纪人补偿其差额的，该买卖对委托人发生效力。

行纪人高于委托人指定的价格卖出或者低于委托人指定的价格买入的，可以按照约定增加报酬；没有约定或者约定不明确，依据本法第五百一十条的规定仍不能确定的，该利益属于委托人。

委托人对价格有特别指示的，行纪人不得违背该指示卖出或者买入。

第九百五十六条 行纪人卖出或者买入具有市场定价的商品，除委托人有相反的意思表示外，行纪人自己可以作为买受人或者出卖人。

行纪人有前款规定情形的，仍然可以请求委托人支付报酬。

第九百五十七条 行纪人按照约定买入委托物，委托人应当及时受领。经行纪人催告，委托人无正当理由拒绝受领的，行纪人依法可以提存委托物。

委托物不能卖出或者委托人撤回出卖，经行纪人催告，委托人不取回或者不处分该物的，行纪人依法可以提存委托物。

第九百五十八条 行纪人与第三人订立合同的，行纪人对该合同直接享有权利、承担义务。

第三人不履行义务致使委托人受到损害的，行纪人应当承担赔偿责任，但是行纪人与委托人另有约定的除外。

第九百五十九条 行纪人完成或者部分完成委托事务的，委托人应当向其支付相应的报酬。委托人逾期不支付报酬的，行纪人对委托物享有留置权，但是当事人另有约定的除外。

第九百六十条 本章没有规定的，参照适用委托合同的有关规定。

第二十六章 中介合同

第九百六十一条 中介合同是中介人向委托人报告订立合同的机会或者提供订立合同的媒介服务，委托人支付报酬的合同。

第九百六十二条 中介人应当就有关订立合同的事项向委托人如实报告。

中介人故意隐瞒与订立合同有关的重要事实或者提供虚假情况，损害委托人利益的，不得请求支付报酬并应当承担赔偿责任。

第九百六十三条 中介人促成合同成立的，委托人应当按照约定支付报酬。对中介人的报酬没有约定或者约定不明确，依据本法第五百一十条的规定仍不能确定的，根据中介人的劳务合理确定。因中介人提供订立合同的媒介服务而促成合同成立的，由该合同的当事人平均负担中介人的报酬。

中介人促成合同成立的，中介活动的费用，由中介人负担。

第九百六十四条 中介人未促成合同成立的，不得请求支付报酬；但是，可以按照约定请求委托人支付从事中介活动支出的必要费用。

第九百六十五条 委托人在接受中介人的服务后，利用中介人提供的交易机会或者媒介服务，绕开中介人直接订立合同的，应当向中介人支付报酬。

第九百六十六条 本章没有规定的，参照适用委托合同的有关规定。

第二十七章 合伙合同

第九百六十七条 合伙合同是两个以上合

伙人为了共同的事业目的，订立的共享利益、共担风险的协议。

第九百六十八条 合伙人应当按照约定的出资方式、数额和缴付期限，履行出资义务。

第九百六十九条 合伙人的出资、因合伙事务依法取得的收益和其他财产，属于合伙财产。

合伙合同终止前，合伙人不得请求分割合伙财产。

第九百七十条 合伙人就合伙事务作出决定的，除合伙合同另有约定外，应当经全体合伙人一致同意。

合伙事务由全体合伙人共同执行。按照合伙合同的约定或者全体合伙人的决定，可以委托一个或者数个合伙人执行合伙事务；其他合伙人不再执行合伙事务，但是有权监督执行情况。

合伙人分别执行合伙事务的，执行事务合伙人可以对其他合伙人执行的事务提出异议；提出异议后，其他合伙人应当暂停该项事务的执行。

第九百七十一条 合伙人不得因执行合伙事务而请求支付报酬，但是合伙合同另有约定的除外。

第九百七十二条 合伙的利润分配和亏损分担，按照合伙合同的约定办理；合伙合同没有约定或者约定不明确的，由合伙人协商决定；协商不成的，由合伙人按照实缴出资比例分配、分担；无法确定出资比例的，由合伙人平均分配、分担。

第九百七十三条 合伙人对合伙债务承担连带责任。清偿合伙债务超过自己应当承担份额的合伙人，有权向其他合伙人追偿。

第九百七十四条 除合伙合同另有约定外，合伙人向合伙人以外的人转让其全部或者部分财产份额的，须经其他合伙人一致同意。

第九百七十五条 合伙人的债权人不得代位行使合伙人依照本章规定和合伙合同享有的权利，但是合伙人享有的利益分配请求权除外。

第九百七十六条 合伙人对合伙期限没有约定或者约定不明确，依据本法第五百一十条的规定仍不能确定的，视为不定期合伙。

合伙期限届满，合伙人继续执行合伙事务，其他合伙人没有提出异议的，原合伙合同继续有效，但是合伙期限为不定期。

合伙人可以随时解除不定期合伙合同，但是应当在合理期限之前通知其他合伙人。

第九百七十七条 合伙人死亡、丧失民事行为能力或者终止的，合伙合同终止；但是，合伙合同另有约定或者根据合伙事务的性质不宜终止的除外。

第九百七十八条 合伙合同终止后，合伙财产在支付因终止而产生的费用以及清偿合伙债务后有剩余的，依据本法第九百七十二条的规定进行分配。

第三分编　准合同

第二十八章　无因管理

第九百七十九条 管理人没有法定的或者约定的义务，为避免他人利益受损失而管理他人事务的，可以请求受益人偿还因管理事务而支出的必要费用；管理人因管理事务受到损失的，可以请求受益人给予适当补偿。

管理事务不符合受益人真实意思的，管理人不享有前款规定的权利；但是，受益人的真实意思违反法律或者违背公序良俗的除外。

第九百八十条 管理人管理事务不属于前条规定的情形，但是受益人享有管理利益的，受益人应当在其获得的利益范围内向管理人承担前条第一款规定的义务。

第九百八十一条 管理人管理他人事务，应当采取有利于受益人的方法。中断管理对受益人不利的，无正当理由不得中断。

第九百八十二条 管理人管理他人事务，能够通知受益人的，应当及时通知受益人。管理的事务不需要紧急处理的，应当等待受益人的指示。

第九百八十三条 管理结束后，管理人应当向受益人报告管理事务的情况。管理人管理事务取得的财产，应当及时转交给受益人。

第九百八十四条 管理人管理事务经受益人事后追认的，从管理事务开始时起，适用委托合同的有关规定，但是管理人另有意思表示的除外。

第二十九章　不当得利

第九百八十五条 得利人没有法律根据取得不当利益的，受损失的人可以请求得利人返还取得的利益，但是有下列情形之一的除外：

（一）为履行道德义务进行的给付；

（二）债务到期之前的清偿；

（三）明知无给付义务而进行的债务清偿。

第九百八十六条 得利人不知道且不应当知道取得的利益没有法律根据，取得的利益已经不存在的，不承担返还该利益的义务。

第九百八十七条 得利人知道或者应当知道取得的利益没有法律根据的，受损失的人可以请求得利人返还其取得的利益并依法赔偿损失。

第九百八十八条 得利人已经将取得的利益无偿转让给第三人的，受损失的人可以请求第三人在相应范围内承担返还义务。

第四编 人格权

第一章 一般规定

第九百八十九条 本编调整因人格权的享有和保护产生的民事关系。

第九百九十条 人格权是民事主体享有的生命权、身体权、健康权、姓名权、名称权、肖像权、名誉权、荣誉权、隐私权等权利。

除前款规定的人格权外，自然人享有基于人身自由、人格尊严产生的其他人格权益。

第九百九十一条 民事主体的人格权受法律保护，任何组织或者个人不得侵害。

第九百九十二条 人格权不得放弃、转让或者继承。

第九百九十三条 民事主体可以将自己的姓名、名称、肖像等许可他人使用，但是依照法律规定或者根据其性质不得许可的除外。

第九百九十四条 死者的姓名、肖像、名誉、荣誉、隐私、遗体等受到侵害的，其配偶、子女、父母有权依法请求行为人承担民事责任；死者没有配偶、子女且父母已经死亡的，其他近亲属有权依法请求行为人承担民事责任。

第九百九十五条 人格权受到侵害的，受害人有权依照本法和其他法律的规定请求行为人承担民事责任。受害人的停止侵害、排除妨碍、消除危险、消除影响、恢复名誉、赔礼道歉请求权，不适用诉讼时效的规定。

第九百九十六条 因当事人一方的违约行为，损害对方人格权并造成严重精神损害，受损害方选择请求其承担违约责任的，不影响受损害方请求精神损害赔偿。

第九百九十七条 民事主体有证据证明行为人正在实施或者即将实施侵害其人格权的违法行为，不及时制止将使其合法权益受到难以弥补的损害的，有权依法向人民法院申请采取责令行为人停止有关行为的措施。

第九百九十八条 认定行为人承担侵害除生命权、身体权和健康权外的人格权的民事责任，应当考虑行为人和受害人的职业、影响范围、过错程度，以及行为的目的、方式、后果等因素。

第九百九十九条 为公共利益实施新闻报道、舆论监督等行为的，可以合理使用民事主体的姓名、名称、肖像、个人信息等；使用不合理侵害民事主体人格权的，应当依法承担民事责任。

第一千条 行为人因侵害人格权承担消除影响、恢复名誉、赔礼道歉等民事责任的，应当与行为的具体方式和造成的影响范围相当。

行为人拒不承担前款规定的民事责任的，人民法院可以采取在报刊、网络等媒体上发布公告或者公布生效裁判文书等方式执行，产生的费用由行为人负担。

第一千零一条 对自然人因婚姻家庭关系等产生的身份权利的保护，适用本法第一编、第五编和其他法律的相关规定；没有规定的，可以根据其性质参照适用本编人格权保护的有关规定。

第二章 生命权、身体权和健康权

第一千零二条 自然人享有生命权。自然人的生命安全和生命尊严受法律保护。任何组织或者个人不得侵害他人的生命权。

第一千零三条 自然人享有身体权。自然人的身体完整和行动自由受法律保护。任何组织或者个人不得侵害他人的身体权。

第一千零四条 自然人享有健康权。自然人的身心健康受法律保护。任何组织或者个人不得侵害他人的健康权。

第一千零五条 自然人的生命权、身体权、健康权受到侵害或者处于其他危难情形的，负有法定救助义务的组织或者个人应当及时施救。

第一千零六条　完全民事行为能力人有权依法自主决定无偿捐献其人体细胞、人体组织、人体器官、遗体。任何组织或者个人不得强迫、欺骗、利诱其捐献。

完全民事行为能力人依据前款规定同意捐献的，应当采用书面形式，也可以订立遗嘱。

自然人生前未表示不同意捐献的，该自然人死亡后，其配偶、成年子女、父母可以共同决定捐献，决定捐献应当采用书面形式。

第一千零七条　禁止以任何形式买卖人体细胞、人体组织、人体器官、遗体。

违反前款规定的买卖行为无效。

第一千零八条　为研制新药、医疗器械或者发展新的预防和治疗方法，需要进行临床试验的，应当依法经相关主管部门批准并经伦理委员会审查同意，向受试者或者受试者的监护人告知试验目的、用途和可能产生的风险等详细情况，并经其书面同意。

进行临床试验的，不得向受试者收取试验费用。

第一千零九条　从事与人体基因、人体胚胎等有关的医学和科研活动，应当遵守法律、行政法规和国家有关规定，不得危害人体健康，不得违背伦理道德，不得损害公共利益。

第一千零一十条　违背他人意愿，以言语、文字、图像、肢体行为等方式对他人实施性骚扰的，受害人有权依法请求行为人承担民事责任。

机关、企业、学校等单位应当采取合理的预防、受理投诉、调查处置等措施，防止和制止利用职权、从属关系等实施性骚扰。

第一千零一十一条　以非法拘禁等方式剥夺、限制他人的行动自由，或者非法搜查他人身体的，受害人有权依法请求行为人承担民事责任。

第三章　姓名权和名称权

第一千零一十二条　自然人享有姓名权，有权依法决定、使用、变更或者许可他人使用自己的姓名，但是不得违背公序良俗。

第一千零一十三条　法人、非法人组织享有名称权，有权依法决定、使用、变更、转让或者许可他人使用自己的名称。

第一千零一十四条　任何组织或者个人不得以干涉、盗用、假冒等方式侵害他人的姓名权或者名称权。

第一千零一十五条　自然人应当随父姓或者母姓，但是有下列情形之一的，可以在父姓和母姓之外选取姓氏：

（一）选取其他直系长辈血亲的姓氏；

（二）因由法定扶养人以外的人扶养而选取扶养人姓氏；

（三）有不违背公序良俗的其他正当理由。

少数民族自然人的姓氏可以遵从本民族的文化传统和风俗习惯。

第一千零一十六条　自然人决定、变更姓名，或者法人、非法人组织决定、变更、转让名称的，应当依法向有关机关办理登记手续，但是法律另有规定的除外。

民事主体变更姓名、名称的，变更前实施的民事法律行为对其具有法律约束力。

第一千零一十七条　具有一定社会知名度，被他人使用足以造成公众混淆的笔名、艺名、网名、译名、字号、姓名和名称的简称等，参照适用姓名权和名称权保护的有关规定。

第四章　肖像权

第一千零一十八条　自然人享有肖像权，有权依法制作、使用、公开或者许可他人使用自己的肖像。

肖像是通过影像、雕塑、绘画等方式在一定载体上所反映的特定自然人可以被识别的外部形象。

第一千零一十九条　任何组织或者个人不得以丑化、污损，或者利用信息技术手段伪造等方式侵害他人的肖像权。未经肖像权人同意，不得制作、使用、公开肖像权人的肖像，但是法律另有规定的除外。

未经肖像权人同意，肖像作品权利人不得以发表、复制、发行、出租、展览等方式使用或者公开肖像权人的肖像。

第一千零二十条　合理实施下列行为的，可以不经肖像权人同意：

（一）为个人学习、艺术欣赏、课堂教学或者科学研究，在必要范围内使用肖像权人已经公开的肖像；

（二）为实施新闻报道，不可避免地制

作、使用、公开肖像权人的肖像；

（三）为依法履行职责，国家机关在必要范围内制作、使用、公开肖像权人的肖像；

（四）为展示特定公共环境，不可避免地制作、使用、公开肖像权人的肖像；

（五）为维护公共利益或者肖像权人合法权益，制作、使用、公开肖像权人的肖像的其他行为。

第一千零二十一条 当事人对肖像许可使用合同中关于肖像使用条款的理解有争议的，应当作出有利于肖像权人的解释。

第一千零二十二条 当事人对肖像许可使用期限没有约定或者约定不明确的，任何一方当事人可以随时解除肖像许可使用合同，但是应当在合理期限之前通知对方。

当事人对肖像许可使用期限有明确约定，肖像权人有正当理由的，可以解除肖像许可使用合同，但是应当在合理期限之前通知对方。因解除合同造成对方损失的，除不可归责于肖像权人的事由外，应当赔偿损失。

第一千零二十三条 对姓名等的许可使用，参照适用肖像许可使用的有关规定。

对自然人声音的保护，参照适用肖像权保护的有关规定。

第五章 名誉权和荣誉权

第一千零二十四条 民事主体享有名誉权。任何组织或者个人不得以侮辱、诽谤等方式侵害他人的名誉权。

名誉是对民事主体的品德、声望、才能、信用等的社会评价。

第一千零二十五条 行为人为公共利益实施新闻报道、舆论监督等行为，影响他人名誉的，不承担民事责任，但是有下列情形之一的除外：

（一）捏造、歪曲事实；

（二）对他人提供的严重失实内容未尽到合理核实义务；

（三）使用侮辱性言辞等贬损他人名誉。

第一千零二十六条 认定行为人是否尽到前条第二项规定的合理核实义务，应当考虑下列因素：

（一）内容来源的可信度；

（二）对明显可能引发争议的内容是否进行了必要的调查；

（三）内容的时限性；

（四）内容与公序良俗的关联性；

（五）受害人名誉受贬损的可能性；

（六）核实能力和核实成本。

第一千零二十七条 行为人发表的文学、艺术作品以真人真事或者特定人为描述对象，含有侮辱、诽谤内容，侵害他人名誉权的，受害人有权依法请求该行为人承担民事责任。

行为人发表的文学、艺术作品不以特定人为描述对象，仅其中的情节与该特定人的情况相似的，不承担民事责任。

第一千零二十八条 民事主体有证据证明报刊、网络等媒体报道的内容失实，侵害其名誉权的，有权请求该媒体及时采取更正或者删除等必要措施。

第一千零二十九条 民事主体可以依法查询自己的信用评价；发现信用评价不当的，有权提出异议并请求采取更正、删除等必要措施。信用评价人应当及时核查，经核查属实的，应当及时采取必要措施。

第一千零三十条 民事主体与征信机构等信用信息处理者之间的关系，适用本编有关个人信息保护的规定和其他法律、行政法规的有关规定。

第一千零三十一条 民事主体享有荣誉权。任何组织或者个人不得非法剥夺他人的荣誉称号，不得诋毁、贬损他人的荣誉。

获得的荣誉称号应当记载而没有记载的，民事主体可以请求记载；获得的荣誉称号记载错误的，民事主体可以请求更正。

第六章 隐私权和个人信息保护

第一千零三十二条 自然人享有隐私权。任何组织或者个人不得以刺探、侵扰、泄露、公开等方式侵害他人的隐私权。

隐私是自然人的私人生活安宁和不愿为他人知晓的私密空间、私密活动、私密信息。

第一千零三十三条 除法律另有规定或者权利人明确同意外，任何组织或者个人不得实施下列行为：

（一）以电话、短信、即时通讯工具、电子邮件、传单等方式侵扰他人的私人生活安宁；

（二）进入、拍摄、窥视他人的住宅、宾馆房间等私密空间；

（三）拍摄、窥视、窃听、公开他人的私密活动；

（四）拍摄、窥视他人身体的私密部位；

（五）处理他人的私密信息；

（六）以其他方式侵害他人的隐私权。

第一千零三十四条 自然人的个人信息受法律保护。

个人信息是以电子或者其他方式记录的能够单独或者与其他信息结合识别特定自然人的各种信息，包括自然人的姓名、出生日期、身份证件号码、生物识别信息、住址、电话号码、电子邮箱、健康信息、行踪信息等。

个人信息中的私密信息，适用有关隐私权的规定；没有规定的，适用有关个人信息保护的规定。

第一千零三十五条 处理个人信息的，应当遵循合法、正当、必要原则，不得过度处理，并符合下列条件：

（一）征得该自然人或者其监护人同意，但是法律、行政法规另有规定的除外；

（二）公开处理信息的规则；

（三）明示处理信息的目的、方式和范围；

（四）不违反法律、行政法规的规定和双方的约定。

个人信息的处理包括个人信息的收集、存储、使用、加工、传输、提供、公开等。

第一千零三十六条 处理个人信息，有下列情形之一的，行为人不承担民事责任：

（一）在该自然人或者其监护人同意的范围内合理实施的行为；

（二）合理处理该自然人自行公开的或者其他已经合法公开的信息，但是该自然人明确拒绝或者处理该信息侵害其重大利益的除外；

（三）为维护公共利益或者该自然人合法权益，合理实施的其他行为。

第一千零三十七条 自然人可以依法向信息处理者查阅或者复制其个人信息；发现信息有错误的，有权提出异议并请求及时采取更正等必要措施。

自然人发现信息处理者违反法律、行政法规的规定或者双方的约定处理其个人信息的，有权请求信息处理者及时删除。

第一千零三十八条 信息处理者不得泄露或者篡改其收集、存储的个人信息；未经自然人同意，不得向他人非法提供其个人信息，但是经过加工无法识别特定个人且不能复原的除外。

信息处理者应当采取技术措施和其他必要措施，确保其收集、存储的个人信息安全，防止信息泄露、篡改、丢失；发生或者可能发生个人信息泄露、篡改、丢失的，应当及时采取补救措施，按照规定告知自然人并向有关主管部门报告。

第一千零三十九条 国家机关、承担行政职能的法定机构及其工作人员对于履行职责过程中知悉的自然人的隐私和个人信息，应当予以保密，不得泄露或者向他人非法提供。

第五编 婚姻家庭

第一章 一般规定

第一千零四十条 本编调整因婚姻家庭产生的民事关系。

第一千零四十一条 婚姻家庭受国家保护。

实行婚姻自由、一夫一妻、男女平等的婚姻制度。

保护妇女、未成年人、老年人、残疾人的合法权益。

第一千零四十二条 禁止包办、买卖婚姻和其他干涉婚姻自由的行为。禁止借婚姻索取财物。

禁止重婚。禁止有配偶者与他人同居。

禁止家庭暴力。禁止家庭成员间的虐待和遗弃。

第一千零四十三条 家庭应当树立优良家风，弘扬家庭美德，重视家庭文明建设。

夫妻应当互相忠实，互相尊重，互相关爱；家庭成员应当敬老爱幼，互相帮助，维护平等、和睦、文明的婚姻家庭关系。

第一千零四十四条 收养应当遵循最有利于被收养人的原则，保障被收养人和收养人的合法权益。

禁止借收养名义买卖未成年人。

第一千零四十五条 亲属包括配偶、血亲和姻亲。

配偶、父母、子女、兄弟姐妹、祖父母、外祖父母、孙子女、外孙子女为近亲属。

配偶、父母、子女和其他共同生活的近亲属为家庭成员。

第二章　结婚

第一千零四十六条　结婚应当男女双方完全自愿，禁止任何一方对另一方加以强迫，禁止任何组织或者个人加以干涉。

第一千零四十七条　结婚年龄，男不得早于二十二周岁，女不得早于二十周岁。

第一千零四十八条　直系血亲或者三代以内的旁系血亲禁止结婚。

第一千零四十九条　要求结婚的男女双方应当亲自到婚姻登记机关申请结婚登记。符合本法规定的，予以登记，发给结婚证。完成结婚登记，即确立婚姻关系。未办理结婚登记的，应当补办登记。

第一千零五十条　登记结婚后，按照男女双方约定，女方可以成为男方家庭的成员，男方可以成为女方家庭的成员。

第一千零五十一条　有下列情形之一的，婚姻无效：

（一）重婚；

（二）有禁止结婚的亲属关系；

（三）未到法定婚龄。

第一千零五十二条　因胁迫结婚的，受胁迫的一方可以向人民法院请求撤销婚姻。

请求撤销婚姻的，应当自胁迫行为终止之日起一年内提出。

被非法限制人身自由的当事人请求撤销婚姻的，应当自恢复人身自由之日起一年内提出。

第一千零五十三条　一方患有重大疾病的，应当在结婚登记前如实告知另一方；不如实告知的，另一方可以向人民法院请求撤销婚姻。

请求撤销婚姻的，应当自知道或者应当知道撤销事由之日起一年内提出。

第一千零五十四条　无效的或者被撤销的婚姻自始没有法律约束力，当事人不具有夫妻的权利和义务。同居期间所得的财产，由当事人协议处理；协议不成的，由人民法院根据照顾无过错方的原则判决。对重婚导致的无效婚姻的财产处理，不得侵害合法婚姻当事人的财产权益。当事人所生的子女，适用本法关于父母子女的规定。

婚姻无效或者被撤销的，无过错方有权请求损害赔偿。

第三章　家庭关系

第一节　夫妻关系

第一千零五十五条　夫妻在婚姻家庭中地位平等。

第一千零五十六条　夫妻双方都有各自使用自己姓名的权利。

第一千零五十七条　夫妻双方都有参加生产、工作、学习和社会活动的自由，一方不得对另一方加以限制或者干涉。

第一千零五十八条　夫妻双方平等享有对未成年子女抚养、教育和保护的权利，共同承担对未成年子女抚养、教育和保护的义务。

第一千零五十九条　夫妻有相互扶养的义务。

需要扶养的一方，在另一方不履行扶养义务时，有要求其给付扶养费的权利。

第一千零六十条　夫妻一方因家庭日常生活需要而实施的民事法律行为，对夫妻双方发生效力，但是夫妻一方与相对人另有约定的除外。

夫妻之间对一方可以实施的民事法律行为范围的限制，不得对抗善意相对人。

第一千零六十一条　夫妻有相互继承遗产的权利。

第一千零六十二条　夫妻在婚姻关系存续期间所得的下列财产，为夫妻的共同财产，归夫妻共同所有：

（一）工资、奖金、劳务报酬；

（二）生产、经营、投资的收益；

（三）知识产权的收益；

（四）继承或者受赠的财产，但是本法第一千零六十三条第三项规定的除外；

（五）其他应当归共同所有的财产。

夫妻对共同财产，有平等的处理权。

第一千零六十三条　下列财产为夫妻一方的个人财产：

（一）一方的婚前财产；

（二）一方因受到人身损害获得的赔偿或者补偿；

（三）遗嘱或者赠与合同中确定只归一方的财产；

（四）一方专用的生活用品；

（五）其他应当归一方的财产。

第一千零六十四条 夫妻双方共同签名或者夫妻一方事后追认等共同意思表示所负的债务，以及夫妻一方在婚姻关系存续期间以个人名义为家庭日常生活需要所负的债务，属于夫妻共同债务。

夫妻一方在婚姻关系存续期间以个人名义超出家庭日常生活需要所负的债务，不属于夫妻共同债务；但是，债权人能够证明该债务用于夫妻共同生活、共同生产经营或者基于夫妻双方共同意思表示的除外。

第一千零六十五条 男女双方可以约定婚姻关系存续期间所得的财产以及婚前财产归各自所有、共同所有或者部分各自所有、部分共同所有。约定应当采用书面形式。没有约定或者约定不明确的，适用本法第一千零六十二条、第一千零六十三条的规定。

夫妻对婚姻关系存续期间所得的财产以及婚前财产的约定，对双方具有法律约束力。

夫妻对婚姻关系存续期间所得的财产约定归各自所有，夫或者妻一方对外所负的债务，相对人知道该约定的，以夫或者妻一方的个人财产清偿。

第一千零六十六条 婚姻关系存续期间，有下列情形之一的，夫妻一方可以向人民法院请求分割共同财产：

（一）一方有隐藏、转移、变卖、毁损、挥霍夫妻共同财产或者伪造夫妻共同债务等严重损害夫妻共同财产利益的行为；

（二）一方负有法定扶养义务的人患重大疾病需要医治，另一方不同意支付相关医疗费用。

第二节 父母子女关系和其他近亲属关系

第一千零六十七条 父母不履行抚养义务的，未成年子女或者不能独立生活的成年子女，有要求父母给付抚养费的权利。

成年子女不履行赡养义务的，缺乏劳动能力或者生活困难的父母，有要求成年子女给付赡养费的权利。

第一千零六十八条 父母有教育、保护未成年子女的权利和义务。未成年子女造成他人损害的，父母应当依法承担民事责任。

第一千零六十九条 子女应当尊重父母的婚姻权利，不得干涉父母离婚、再婚以及婚后的生活。子女对父母的赡养义务，不因父母的婚姻关系变化而终止。

第一千零七十条 父母和子女有相互继承遗产的权利。

第一千零七十一条 非婚生子女享有与婚生子女同等的权利，任何组织或者个人不得加以危害和歧视。

不直接抚养非婚生子女的生父或者生母，应当负担未成年子女或者不能独立生活的成年子女的抚养费。

第一千零七十二条 继父母与继子女间，不得虐待或者歧视。

继父或者继母和受其抚养教育的继子女间的权利义务关系，适用本法关于父母子女关系的规定。

第一千零七十三条 对亲子关系有异议且有正当理由的，父或者母可以向人民法院提起诉讼，请求确认或者否认亲子关系。

对亲子关系有异议且有正当理由的，成年子女可以向人民法院提起诉讼，请求确认亲子关系。

第一千零七十四条 有负担能力的祖父母、外祖父母，对于父母已经死亡或者父母无力抚养的未成年孙子女、外孙子女，有抚养的义务。

有负担能力的孙子女、外孙子女，对于子女已经死亡或者子女无力赡养的祖父母、外祖父母，有赡养的义务。

第一千零七十五条 有负担能力的兄、姐，对于父母已经死亡或者父母无力抚养的未成年弟、妹，有扶养的义务。

由兄、姐扶养长大的有负担能力的弟、妹，对于缺乏劳动能力又缺乏生活来源的兄、姐，有扶养的义务。

第四章 离 婚

第一千零七十六条 夫妻双方自愿离婚的，应当签订书面离婚协议，并亲自到婚姻登记机关申请离婚登记。

离婚协议应当载明双方自愿离婚的意思表示和对子女抚养、财产以及债务处理等事项协商一致的意见。

第一千零七十七条 自婚姻登记机关收到离婚登记申请之日起三十日内，任何一方不愿意离婚的，可以向婚姻登记机关撤回离婚登记申请。

前款规定期限届满后三十日内，双方应当亲自到婚姻登记机关申请发给离婚证；未申请的，视为撤回离婚登记申请。

第一千零七十八条 婚姻登记机关查明双方确实是自愿离婚，并已经对子女抚养、财产以及债务处理等事项协商一致的，予以登记，发给离婚证。

第一千零七十九条 夫妻一方要求离婚的，可以由有关组织进行调解或者直接向人民法院提起离婚诉讼。

人民法院审理离婚案件，应当进行调解；如果感情确已破裂，调解无效的，应当准予离婚。

有下列情形之一，调解无效的，应当准予离婚：

（一）重婚或者与他人同居；

（二）实施家庭暴力或者虐待、遗弃家庭成员；

（三）有赌博、吸毒等恶习屡教不改；

（四）因感情不和分居满二年；

（五）其他导致夫妻感情破裂的情形。

一方被宣告失踪，另一方提起离婚诉讼的，应当准予离婚。

经人民法院判决不准离婚后，双方又分居满一年，一方再次提起离婚诉讼的，应当准予离婚。

第一千零八十条 完成离婚登记，或者离婚判决书、调解书生效，即解除婚姻关系。

第一千零八十一条 现役军人的配偶要求离婚，应当征得军人同意，但是军人一方有重大过错的除外。

第一千零八十二条 女方在怀孕期间、分娩后一年内或者终止妊娠后六个月内，男方不得提出离婚；但是，女方提出离婚或者人民法院认为确有必要受理男方离婚请求的除外。

第一千零八十三条 离婚后，男女双方自愿恢复婚姻关系的，应当到婚姻登记机关重新进行结婚登记。

第一千零八十四条 父母与子女间的关系，不因父母离婚而消除。离婚后，子女无论由父或者母直接抚养，仍是父母双方的子女。

离婚后，父母对于子女仍有抚养、教育、保护的权利和义务。

离婚后，不满两周岁的子女，以由母亲直接抚养为原则。已满两周岁的子女，父母双方对抚养问题协议不成的，由人民法院根据双方的具体情况，按照最有利于未成年子女的原则判决。子女已满八周岁的，应当尊重其真实意愿。

第一千零八十五条 离婚后，子女由一方直接抚养的，另一方应当负担部分或者全部抚养费。负担费用的多少和期限的长短，由双方协议；协议不成的，由人民法院判决。

前款规定的协议或者判决，不妨碍子女在必要时向父母任何一方提出超过协议或者判决原定数额的合理要求。

第一千零八十六条 离婚后，不直接抚养子女的父或者母，有探望子女的权利，另一方有协助的义务。

行使探望权利的方式、时间由当事人协议；协议不成的，由人民法院判决。

父或者母探望子女，不利于子女身心健康的，由人民法院依法中止探望；中止的事由消失后，应当恢复探望。

第一千零八十七条 离婚时，夫妻的共同财产由双方协议处理；协议不成的，由人民法院根据财产的具体情况，按照照顾子女、女方和无过错方权益的原则判决。

对夫或者妻在家庭土地承包经营中享有的权益等，应当依法予以保护。

第一千零八十八条 夫妻一方因抚育子女、照料老年人、协助另一方工作等负担较多义务的，离婚时有权向另一方请求补偿，另一方应当给予补偿。具体办法由双方协议；协议不成的，由人民法院判决。

第一千零八十九条 离婚时，夫妻共同债务应当共同偿还。共同财产不足清偿或者财产归各自所有的，由双方协议清偿；协议不成的，由人民法院判决。

第一千零九十条 离婚时，如果一方生活困难，有负担能力的另一方应当给予适当帮助。具体办法由双方协议；协议不成的，由人民法院判决。

第一千零九十一条 有下列情形之一，导致离婚的，无过错方有权请求损害赔偿：

（一）重婚；

（二）与他人同居；

（三）实施家庭暴力；

（四）虐待、遗弃家庭成员；

（五）有其他重大过错。

第一千零九十二条 夫妻一方隐藏、转移、变卖、毁损、挥霍夫妻共同财产，或者伪造夫妻共同债务企图侵占另一方财产的，在离婚分割夫妻共同财产时，对该方可以少分或者不分。离婚后，另一方发现有上述行为的，可以向人民法院提起诉讼，请求再次分割夫妻共同财产。

第五章 收养

第一节 收养关系的成立

第一千零九十三条 下列未成年人，可以被收养：

（一）丧失父母的孤儿；

（二）查找不到生父母的未成年人；

（三）生父母有特殊困难无力抚养的子女。

第一千零九十四条 下列个人、组织可以作送养人：

（一）孤儿的监护人；

（二）儿童福利机构；

（三）有特殊困难无力抚养子女的生父母。

第一千零九十五条 未成年人的父母均不具备完全民事行为能力且可能严重危害该未成年人的，该未成年人的监护人可以将其送养。

第一千零九十六条 监护人送养孤儿的，应当征得有抚养义务的人同意。有抚养义务的人不同意送养、监护人不愿意继续履行监护职责的，应当依照本法第一编的规定另行确定监护人。

第一千零九十七条 生父母送养子女，应当双方共同送养。生父母一方不明或者查找不到的，可以单方送养。

第一千零九十八条 收养人应当同时具备下列条件：

（一）无子女或者只有一名子女；

（二）有抚养、教育和保护被收养人的能力；

（三）未患有在医学上认为不应当收养子女的疾病；

（四）无不利于被收养人健康成长的违法犯罪记录；

（五）年满三十周岁。

第一千零九十九条 收养三代以内旁系同辈血亲的子女，可以不受本法第一千零九十三条第三项、第一千零九十四条第三项和第一千一百零二条规定的限制。

华侨收养三代以内旁系同辈血亲的子女，还可以不受本法第一千零九十八条第一项规定的限制。

第一千一百条 无子女的收养人可以收养两名子女；有子女的收养人只能收养一名子女。

收养孤儿、残疾未成年人或者儿童福利机构抚养的查找不到生父母的未成年人，可以不受前款和本法第一千零九十八条第一项规定的限制。

第一千一百零一条 有配偶者收养子女，应当夫妻共同收养。

第一千一百零二条 无配偶者收养异性子女的，收养人与被收养人的年龄应当相差四十周岁以上。

第一千一百零三条 继父或者继母经继子女的生父母同意，可以收养继子女，并可以不受本法第一千零九十三条第三项、第一千零九十四条第三项、第一千零九十八条和第一千一百条第一款规定的限制。

第一千一百零四条 收养人收养与送养人送养，应当双方自愿。收养八周岁以上未成年人的，应当征得被收养人的同意。

第一千一百零五条 收养应当向县级以上人民政府民政部门登记。收养关系自登记之日起成立。

收养查找不到生父母的未成年人的，办理登记的民政部门应当在登记前予以公告。

收养关系当事人愿意签订收养协议的，可以签订收养协议。

收养关系当事人各方或者一方要求办理收养公证的，应当办理收养公证。

县级以上人民政府民政部门应当依法进行收养评估。

第一千一百零六条 收养关系成立后，公安机关应当按照国家有关规定为被收养人办理户口登记。

第一千一百零七条 孤儿或者生父母无力抚养的子女，可以由生父母的亲属、朋友抚养；抚养人与被抚养人的关系不适用本章规定。

第一千一百零八条 配偶一方死亡，另一方送养未成年子女的，死亡一方的父母有优先抚养的权利。

第一千一百零九条 外国人依法可以在中华人民共和国收养子女。

外国人在中华人民共和国收养子女，应当经其所在国主管机关依照该国法律审查同意。收养人应当提供由其所在国有权机构出具的有关其年龄、婚姻、职业、财产、健康、有无受过刑事处罚等状况的证明材料，并与送养人签订书面协议，亲自向省、自治区、直辖市人民政府民政部门登记。

前款规定的证明材料应当经收养人所在国外交机关或者外交机关授权的机构认证，并经中华人民共和国驻该国使领馆认证，但是国家另有规定的除外。

第一千一百一十条 收养人、送养人要求保守收养秘密的，其他人应当尊重其意愿，不得泄露。

第二节 收养的效力

第一千一百一十一条 自收养关系成立之日起，养父母与养子女间的权利义务关系，适用本法关于父母子女关系的规定；养子女与养父母的近亲属间的权利义务关系，适用本法关于子女与父母的近亲属关系的规定。

养子女与生父母以及其他近亲属间的权利义务关系，因收养关系的成立而消除。

第一千一百一十二条 养子女可以随养父或者养母的姓氏，经当事人协商一致，也可以保留原姓氏。

第一千一百一十三条 有本法第一编关于民事法律行为无效规定情形或者违反本编规定的收养行为无效。

无效的收养行为自始没有法律约束力。

第三节 收养关系的解除

第一千一百一十四条 收养人在被收养人成年以前，不得解除收养关系，但是收养人、送养人双方协议解除的除外。养子女八周岁以上的，应当征得本人同意。

收养人不履行抚养义务，有虐待、遗弃等侵害未成年养子女合法权益行为的，送养人有权要求解除养父母与养子女间的收养关系。送养人、收养人不能达成解除收养关系协议的，可以向人民法院提起诉讼。

第一千一百一十五条 养父母与成年养子女关系恶化、无法共同生活的，可以协议解除收养关系。不能达成协议的，可以向人民法院提起诉讼。

第一千一百一十六条 当事人协议解除收养关系的，应当到民政部门办理解除收养关系登记。

第一千一百一十七条 收养关系解除后，养子女与养父母以及其他近亲属间的权利义务关系即行消除，与生父母以及其他近亲属间的权利义务关系自行恢复。但是，成年养子女与生父母以及其他近亲属间的权利义务关系是否恢复，可以协商确定。

第一千一百一十八条 收养关系解除后，经养父母抚养的成年养子女，对缺乏劳动能力又缺乏生活来源的养父母，应当给付生活费。因养子女成年后虐待、遗弃养父母而解除收养关系的，养父母可以要求养子女补偿收养期间支出的抚养费。

生父母要求解除收养关系的，养父母可以要求生父母适当补偿收养期间支出的抚养费；但是，因养父母虐待、遗弃养子女而解除收养关系的除外。

第六编 继 承

第一章 一般规定

第一千一百一十九条 本编调整因继承产生的民事关系。

第一千一百二十条 国家保护自然人的继承权。

第一千一百二十一条 继承从被继承人死亡时开始。

相互有继承关系的数人在同一事件中死亡，难以确定死亡时间的，推定没有其他继承人的人先死亡。都有其他继承人，辈份不同的，推定长辈先死亡；辈份相同的，推定同时死亡，相互不发生继承。

第一千一百二十二条 遗产是自然人死亡时遗留的个人合法财产。

依照法律规定或者根据其性质不得继承的遗产，不得继承。

第一千一百二十三条 继承开始后，按照法定继承办理；有遗嘱的，按照遗嘱继承或者遗赠办理；有遗赠扶养协议的，按照协议办理。

第一千一百二十四条 继承开始后，继承人放弃继承的，应当在遗产处理前，以书面形式作出放弃继承的表示；没有表示的，视为接受继承。

受遗赠人应当在知道受遗赠后六十日内，作出接受或者放弃受遗赠的表示；到期没有表示的，视为放弃受遗赠。

第一千一百二十五条 继承人有下列行为之一的，丧失继承权：

（一）故意杀害被继承人；

（二）为争夺遗产而杀害其他继承人；

（三）遗弃被继承人，或者虐待被继承人情节严重；

（四）伪造、篡改、隐匿或者销毁遗嘱，情节严重；

（五）以欺诈、胁迫手段迫使或者妨碍被继承人设立、变更或者撤回遗嘱，情节严重。

继承人有前款第三项至第五项行为，确有悔改表现，被继承人表示宽恕或者事后在遗嘱中将其列为继承人的，该继承人不丧失继承权。

受遗赠人有本条第一款规定行为的，丧失受遗赠权。

第二章 法定继承

第一千一百二十六条 继承权男女平等。

第一千一百二十七条 遗产按照下列顺序继承：

（一）第一顺序：配偶、子女、父母；

（二）第二顺序：兄弟姐妹、祖父母、外祖父母。

继承开始后，由第一顺序继承人继承，第二顺序继承人不继承；没有第一顺序继承人继承的，由第二顺序继承人继承。

本编所称子女，包括婚生子女、非婚生子女、养子女和有扶养关系的继子女。

本编所称父母，包括生父母、养父母和有扶养关系的继父母。

本编所称兄弟姐妹，包括同父母的兄弟姐妹、同父异母或者同母异父的兄弟姐妹、养兄弟姐妹、有扶养关系的继兄弟姐妹。

第一千一百二十八条 被继承人的子女先于被继承人死亡的，由被继承人的子女的直系晚辈血亲代位继承。

被继承人的兄弟姐妹先于被继承人死亡的，由被继承人的兄弟姐妹的子女代位继承。

代位继承人一般只能继承被代位继承人有权继承的遗产份额。

第一千一百二十九条 丧偶儿媳对公婆，丧偶女婿对岳父母，尽了主要赡养义务的，作为第一顺序继承人。

第一千一百三十条 同一顺序继承人继承遗产的份额，一般应当均等。

对生活有特殊困难又缺乏劳动能力的继承人，分配遗产时，应当予以照顾。

对被继承人尽了主要扶养义务或者与被继承人共同生活的继承人，分配遗产时，可以多分。

有扶养能力和有扶养条件的继承人，不尽扶养义务的，分配遗产时，应当不分或者少分。

继承人协商同意的，也可以不均等。

第一千一百三十一条 对继承人以外的依靠被继承人扶养的人，或者继承人以外的对被继承人扶养较多的人，可以分给适当的遗产。

第一千一百三十二条 继承人应当本着互谅互让、和睦团结的精神，协商处理继承问题。遗产分割的时间、办法和份额，由继承人协商确定；协商不成的，可以由人民调解委员会调解或者向人民法院提起诉讼。

第三章 遗嘱继承和遗赠

第一千一百三十三条 自然人可以依照本法规定立遗嘱处分个人财产，并可以指定遗嘱执行人。

自然人可以立遗嘱将个人财产指定由法定继承人中的一人或者数人继承。

自然人可以立遗嘱将个人财产赠与国家、集体或者法定继承人以外的组织、个人。

自然人可以依法设立遗嘱信托。

第一千一百三十四条 自书遗嘱由遗嘱人亲笔书写，签名，注明年、月、日。

第一千一百三十五条 代书遗嘱应当有两个以上见证人在场见证，由其中一人代书，并由遗嘱人、代书人和其他见证人签名，注明年、月、日。

第一千一百三十六条 打印遗嘱应当有两个以上见证人在场见证。遗嘱人和见证人应当在遗嘱每一页签名，注明年、月、日。

第一千一百三十七条 以录音录像形式立的遗嘱，应当有两个以上见证人在场见证。遗嘱人和见证人应当在录音录像中记录其姓名或者肖像，以及年、月、日。

第一千一百三十八条 遗嘱人在危急情况下，可以立口头遗嘱。口头遗嘱应当有两个以上见证人在场见证。危急情况消除后，遗嘱人能够以书面或者录音录像形式立遗嘱的，所立的口头遗嘱无效。

第一千一百三十九条 公证遗嘱由遗嘱人经公证机构办理。

第一千一百四十条 下列人员不能作为遗嘱见证人：

（一）无民事行为能力人、限制民事行为能力人以及其他不具有见证能力的人；

（二）继承人、受遗赠人；

（三）与继承人、受遗赠人有利害关系的人。

第一千一百四十一条 遗嘱应当为缺乏劳动能力又没有生活来源的继承人保留必要的遗产份额。

第一千一百四十二条 遗嘱人可以撤回、变更自己所立的遗嘱。

立遗嘱后，遗嘱人实施与遗嘱内容相反的民事法律行为的，视为对遗嘱相关内容的撤回。

立有数份遗嘱，内容相抵触的，以最后的遗嘱为准。

第一千一百四十三条 无民事行为能力人或者限制民事行为能力人所立的遗嘱无效。

遗嘱必须表示遗嘱人的真实意思，受欺诈、胁迫所立的遗嘱无效。

伪造的遗嘱无效。

遗嘱被篡改的，篡改的内容无效。

第一千一百四十四条 遗嘱继承或者遗赠附有义务的，继承人或者受遗赠人应当履行义务。没有正当理由不履行义务的，经利害关系人或者有关组织请求，人民法院可以取消其接受附义务部分遗产的权利。

第四章 遗产的处理

第一千一百四十五条 继承开始后，遗嘱执行人为遗产管理人；没有遗嘱执行人的，继承人应当及时推选遗产管理人；继承人未推选的，由继承人共同担任遗产管理人；没有继承人或者继承人均放弃继承的，由被继承人生前住所地的民政部门或者村民委员会担任遗产管理人。

第一千一百四十六条 对遗产管理人的确定有争议的，利害关系人可以向人民法院申请指定遗产管理人。

第一千一百四十七条 遗产管理人应当履行下列职责：

（一）清理遗产并制作遗产清单；

（二）向继承人报告遗产情况；

（三）采取必要措施防止遗产毁损、灭失；

（四）处理被继承人的债权债务；

（五）按照遗嘱或者依照法律规定分割遗产；

（六）实施与管理遗产有关的其他必要行为。

第一千一百四十八条 遗产管理人应当依法履行职责，因故意或者重大过失造成继承人、受遗赠人、债权人损害的，应当承担民事责任。

第一千一百四十九条 遗产管理人可以依照法律规定或者按照约定获得报酬。

第一千一百五十条 继承开始后，知道被继承人死亡的继承人应当及时通知其他继承人和遗嘱执行人。继承人中无人知道被继承人死亡或者知道被继承人死亡而不能通知的，由被继承人生前所在单位或者住所地的居民委员会、村民委员会负责通知。

第一千一百五十一条 存有遗产的人，应当妥善保管遗产，任何组织或者个人不得侵吞或者争抢。

第一千一百五十二条 继承开始后，继承人于遗产分割前死亡，并没有放弃继承的，该继承人应当继承的遗产转给其继承人，但是遗嘱另有安排的除外。

第一千一百五十三条 夫妻共同所有的财产，除有约定的外，遗产分割时，应当先将共同所有的财产的一半分出为配偶所有，其余的为被继承人的遗产。

遗产在家庭共有财产之中的，遗产分割时，应当先分出他人的财产。

第一千一百五十四条 有下列情形之一的，遗产中的有关部分按照法定继承办理：

（一）遗嘱继承人放弃继承或者受遗赠人

放弃受遗赠；

（二）遗嘱继承人丧失继承权或者受遗赠人丧失受遗赠权；

（三）遗嘱继承人、受遗赠人先于遗嘱人死亡或者终止；

（四）遗嘱无效部分所涉及的遗产；

（五）遗嘱未处分的遗产。

第一千一百五十五条 遗产分割时，应当保留胎儿的继承份额。胎儿娩出时是死体的，保留的份额按照法定继承办理。

第一千一百五十六条 遗产分割应当有利于生产和生活需要，不损害遗产的效用。

不宜分割的遗产，可以采取折价、适当补偿或者共有等方法处理。

第一千一百五十七条 夫妻一方死亡后另一方再婚的，有权处分所继承的财产，任何组织或者个人不得干涉。

第一千一百五十八条 自然人可以与继承人以外的组织或者个人签订遗赠扶养协议。按照协议，该组织或者个人承担该自然人生养死葬的义务，享有受遗赠的权利。

第一千一百五十九条 分割遗产，应当清偿被继承人依法应当缴纳的税款和债务；但是，应当为缺乏劳动能力又没有生活来源的继承人保留必要的遗产。

第一千一百六十条 无人继承又无人受遗赠的遗产，归国家所有，用于公益事业；死者生前是集体所有制组织成员的，归所在集体所有制组织所有。

第一千一百六十一条 继承人以所得遗产实际价值为限清偿被继承人依法应当缴纳的税款和债务。超过遗产实际价值部分，继承人自愿偿还的不在此限。

继承人放弃继承的，对被继承人依法应当缴纳的税款和债务可以不负清偿责任。

第一千一百六十二条 执行遗赠不得妨碍清偿遗赠人依法应当缴纳的税款和债务。

第一千一百六十三条 既有法定继承又有遗嘱继承、遗赠的，由法定继承人清偿被继承人依法应当缴纳的税款和债务；超过法定继承遗产实际价值部分，由遗嘱继承人和受遗赠人按比例以所得遗产清偿。

第七编　侵权责任

第一章　一般规定

第一千一百六十四条 本编调整因侵害民事权益产生的民事关系。

第一千一百六十五条 行为人因过错侵害他人民事权益造成损害的，应当承担侵权责任。

依照法律规定推定行为人有过错，其不能证明自己没有过错的，应当承担侵权责任。

第一千一百六十六条 行为人造成他人民事权益损害，不论行为人有无过错，法律规定应当承担侵权责任的，依照其规定。

第一千一百六十七条 侵权行为危及他人人身、财产安全的，被侵权人有权请求侵权人承担停止侵害、排除妨碍、消除危险等侵权责任。

第一千一百六十八条 二人以上共同实施侵权行为，造成他人损害的，应当承担连带责任。

第一千一百六十九条 教唆、帮助他人实施侵权行为的，应当与行为人承担连带责任。

教唆、帮助无民事行为能力人、限制民事行为能力人实施侵权行为的，应当承担侵权责任；该无民事行为能力人、限制民事行为能力人的监护人未尽到监护职责的，应当承担相应的责任。

第一千一百七十条 二人以上实施危及他人人身、财产安全的行为，其中一人或者数人的行为造成他人损害，能够确定具体侵权人的，由侵权人承担责任；不能确定具体侵权人的，行为人承担连带责任。

第一千一百七十一条 二人以上分别实施侵权行为造成同一损害，每个人的侵权行为都足以造成全部损害的，行为人承担连带责任。

第一千一百七十二条 二人以上分别实施侵权行为造成同一损害，能够确定责任大小的，各自承担相应的责任；难以确定责任大小的，平均承担责任。

第一千一百七十三条 被侵权人对同一损害的发生或者扩大有过错的，可以减轻侵权人的责任。

第一千一百七十四条 损害是因受害人故

意造成的，行为人不承担责任。

第一千一百七十五条 损害是因第三人造成的，第三人应当承担侵权责任。

第一千一百七十六条 自愿参加具有一定风险的文体活动，因其他参加者的行为受到损害的，受害人不得请求其他参加者承担侵权责任；但是，其他参加者对损害的发生有故意或者重大过失的除外。

活动组织者的责任适用本法第一千一百九十八条至第一千二百零一条的规定。

第一千一百七十七条 合法权益受到侵害，情况紧迫且不能及时获得国家机关保护，不立即采取措施将使其合法权益受到难以弥补的损害的，受害人可以在保护自己合法权益的必要范围内采取扣留侵权人的财物等合理措施；但是，应当立即请求有关国家机关处理。

受害人采取的措施不当造成他人损害的，应当承担侵权责任。

第一千一百七十八条 本法和其他法律对不承担责任或者减轻责任的情形另有规定的，依照其规定。

第二章 损害赔偿

第一千一百七十九条 侵害他人造成人身损害的，应当赔偿医疗费、护理费、交通费、营养费、住院伙食补助费等为治疗和康复支出的合理费用，以及因误工减少的收入。造成残疾的，还应当赔偿辅助器具费和残疾赔偿金；造成死亡的，还应当赔偿丧葬费和死亡赔偿金。

第一千一百八十条 因同一侵权行为造成多人死亡的，可以以相同数额确定死亡赔偿金。

第一千一百八十一条 被侵权人死亡的，其近亲属有权请求侵权人承担侵权责任。被侵权人为组织，该组织分立、合并的，承继权利的组织有权请求侵权人承担侵权责任。

被侵权人死亡的，支付被侵权人医疗费、丧葬费等合理费用的人有权请求侵权人赔偿费用，但是侵权人已经支付该费用的除外。

第一千一百八十二条 侵害他人人身权益造成财产损失的，按照被侵权人因此受到的损失或者侵权人因此获得的利益赔偿；被侵权人因此受到的损失以及侵权人因此获得的利益难以确定，被侵权人和侵权人就赔偿数额协商不一致，向人民法院提起诉讼的，由人民法院根据实际情况确定赔偿数额。

第一千一百八十三条 侵害自然人人身权益造成严重精神损害的，被侵权人有权请求精神损害赔偿。

因故意或者重大过失侵害自然人具有人身意义的特定物造成严重精神损害的，被侵权人有权请求精神损害赔偿。

第一千一百八十四条 侵害他人财产的，财产损失按照损失发生时的市场价格或者其他合理方式计算。

第一千一百八十五条 故意侵害他人知识产权，情节严重的，被侵权人有权请求相应的惩罚性赔偿。

第一千一百八十六条 受害人和行为人对损害的发生都没有过错的，依照法律的规定由双方分担损失。

第一千一百八十七条 损害发生后，当事人可以协商赔偿费用的支付方式。协商不一致的，赔偿费用应当一次性支付；一次性支付确有困难的，可以分期支付，但是被侵权人有权请求提供相应的担保。

第三章 责任主体的特殊规定

第一千一百八十八条 无民事行为能力人、限制民事行为能力人造成他人损害的，由监护人承担侵权责任。监护人尽到监护职责的，可以减轻其侵权责任。

有财产的无民事行为能力人、限制民事行为能力人造成他人损害的，从本人财产中支付赔偿费用；不足部分，由监护人赔偿。

第一千一百八十九条 无民事行为能力人、限制民事行为能力人造成他人损害，监护人将监护职责委托给他人的，监护人应当承担侵权责任；受托人有过错的，承担相应的责任。

第一千一百九十条 完全民事行为能力人对自己的行为暂时没有意识或者失去控制造成他人损害有过错的，应当承担侵权责任；没有过错的，根据行为人的经济状况对受害人适当补偿。

完全民事行为能力人因醉酒、滥用麻醉药品或者精神药品对自己的行为暂时没有意识或者失去控制造成他人损害的，应当承担侵权责任。

第一千一百九十一条 用人单位的工作人员因执行工作任务造成他人损害的，由用人单位承担侵权责任。用人单位承担侵权责任后，可以向有故意或者重大过失的工作人员追偿。

劳务派遣期间，被派遣的工作人员因执行工作任务造成他人损害的，由接受劳务派遣的用工单位承担侵权责任；劳务派遣单位有过错的，承担相应的责任。

第一千一百九十二条 个人之间形成劳务关系，提供劳务一方因劳务造成他人损害的，由接受劳务一方承担侵权责任。接受劳务一方承担侵权责任后，可以向有故意或者重大过失的提供劳务一方追偿。提供劳务一方因劳务受到损害的，根据双方各自的过错承担相应的责任。

提供劳务期间，因第三人的行为造成提供劳务一方损害的，提供劳务一方有权请求第三人承担侵权责任，也有权请求接受劳务一方给予补偿。接受劳务一方补偿后，可以向第三人追偿。

第一千一百九十三条 承揽人在完成工作过程中造成第三人损害或者自己损害的，定作人不承担侵权责任。但是，定作人对定作、指示或者选任有过错的，应当承担相应的责任。

第一千一百九十四条 网络用户、网络服务提供者利用网络侵害他人民事权益的，应当承担侵权责任。法律另有规定的，依照其规定。

第一千一百九十五条 网络用户利用网络服务实施侵权行为的，权利人有权通知网络服务提供者采取删除、屏蔽、断开链接等必要措施。通知应当包括构成侵权的初步证据及权利人的真实身份信息。

网络服务提供者接到通知后，应当及时将该通知转送相关网络用户，并根据构成侵权的初步证据和服务类型采取必要措施；未及时采取必要措施的，对损害的扩大部分与该网络用户承担连带责任。

权利人因错误通知造成网络用户或者网络服务提供者损害的，应当承担侵权责任。法律另有规定的，依照其规定。

第一千一百九十六条 网络用户接到转送的通知后，可以向网络服务提供者提交不存在侵权行为的声明。声明应当包括不存在侵权行为的初步证据及网络用户的真实身份信息。

网络服务提供者接到声明后，应当将该声明转送发出通知的权利人，并告知其可以向有关部门投诉或者向人民法院提起诉讼。网络服务提供者在转送声明到达权利人后的合理期限内，未收到权利人已经投诉或者提起诉讼通知的，应当及时终止所采取的措施。

第一千一百九十七条 网络服务提供者知道或者应当知道网络用户利用其网络服务侵害他人民事权益，未采取必要措施的，与该网络用户承担连带责任。

第一千一百九十八条 宾馆、商场、银行、车站、机场、体育场馆、娱乐场所等经营场所、公共场所的经营者、管理者或者群众性活动的组织者，未尽到安全保障义务，造成他人损害的，应当承担侵权责任。

因第三人的行为造成他人损害的，由第三人承担侵权责任；经营者、管理者或者组织者未尽到安全保障义务的，承担相应的补充责任。经营者、管理者或者组织者承担补充责任后，可以向第三人追偿。

第一千一百九十九条 无民事行为能力人在幼儿园、学校或者其他教育机构学习、生活期间受到人身损害的，幼儿园、学校或者其他教育机构应当承担侵权责任；但是，能够证明尽到教育、管理职责的，不承担侵权责任。

第一千二百条 限制民事行为能力人在学校或者其他教育机构学习、生活期间受到人身损害，学校或者其他教育机构未尽到教育、管理职责的，应当承担侵权责任。

第一千二百零一条 无民事行为能力人或者限制民事行为能力人在幼儿园、学校或者其他教育机构学习、生活期间，受到幼儿园、学校或者其他教育机构以外的第三人人身损害的，由第三人承担侵权责任；幼儿园、学校或者其他教育机构未尽到管理职责的，承担相应的补充责任。幼儿园、学校或者其他教育机构承担补充责任后，可以向第三人追偿。

第四章 产品责任

第一千二百零二条 因产品存在缺陷造成他人损害的，生产者应当承担侵权责任。

第一千二百零三条 因产品存在缺陷造成他人损害的，被侵权人可以向产品的生产者请求赔偿，也可以向产品的销售者请求赔偿。

产品缺陷由生产者造成的，销售者赔偿

后，有权向生产者追偿。因销售者的过错使产品存在缺陷的，生产者赔偿后，有权向销售者追偿。

第一千二百零四条 因运输者、仓储者等第三人的过错使产品存在缺陷，造成他人损害的，产品的生产者、销售者赔偿后，有权向第三人追偿。

第一千二百零五条 因产品缺陷危及他人人身、财产安全的，被侵权人有权请求生产者、销售者承担停止侵害、排除妨碍、消除危险等侵权责任。

第一千二百零六条 产品投入流通后发现存在缺陷的，生产者、销售者应当及时采取停止销售、警示、召回等补救措施；未及时采取补救措施或者补救措施不力造成损害扩大的，对扩大的损害也应当承担侵权责任。

依据前款规定采取召回措施的，生产者、销售者应当负担被侵权人因此支出的必要费用。

第一千二百零七条 明知产品存在缺陷仍然生产、销售，或者没有依据前条规定采取有效补救措施，造成他人死亡或者健康严重损害的，被侵权人有权请求相应的惩罚性赔偿。

第五章 机动车交通事故责任

第一千二百零八条 机动车发生交通事故造成损害的，依照道路交通安全法律和本法的有关规定承担赔偿责任。

第一千二百零九条 因租赁、借用等情形机动车所有人、管理人与使用人不是同一人时，发生交通事故造成损害，属于该机动车一方责任的，由机动车使用人承担赔偿责任；机动车所有人、管理人对损害的发生有过错的，承担相应的赔偿责任。

第一千二百一十条 当事人之间已经以买卖或者其他方式转让并交付机动车但是未办理登记，发生交通事故造成损害，属于该机动车一方责任的，由受让人承担赔偿责任。

第一千二百一十一条 以挂靠形式从事道路运输经营活动的机动车，发生交通事故造成损害，属于该机动车一方责任的，由挂靠人和被挂靠人承担连带责任。

第一千二百一十二条 未经允许驾驶他人机动车，发生交通事故造成损害，属于该机动车一方责任的，由机动车使用人承担赔偿责任；机动车所有人、管理人对损害的发生有过错的，承担相应的赔偿责任，但是本章另有规定的除外。

第一千二百一十三条 机动车发生交通事故造成损害，属于该机动车一方责任的，先由承保机动车强制保险的保险人在强制保险责任限额范围内予以赔偿；不足部分，由承保机动车商业保险的保险人按照保险合同的约定予以赔偿；仍然不足或者没有投保机动车商业保险的，由侵权人赔偿。

第一千二百一十四条 以买卖或者其他方式转让拼装或者已经达到报废标准的机动车，发生交通事故造成损害的，由转让人和受让人承担连带责任。

第一千二百一十五条 盗窃、抢劫或者抢夺的机动车发生交通事故造成损害的，由盗窃人、抢劫人或者抢夺人承担赔偿责任。盗窃人、抢劫人或者抢夺人与机动车使用人不是同一人，发生交通事故造成损害，属于该机动车一方责任的，由盗窃人、抢劫人或者抢夺人与机动车使用人承担连带责任。

保险人在机动车强制保险责任限额范围内垫付抢救费用的，有权向交通事故责任人追偿。

第一千二百一十六条 机动车驾驶人发生交通事故后逃逸，该机动车参加强制保险的，由保险人在机动车强制保险责任限额范围内予以赔偿；机动车不明、该机动车未参加强制保险或者抢救费用超过机动车强制保险责任限额，需要支付被侵权人人身伤亡的抢救、丧葬等费用的，由道路交通事故社会救助基金垫付。道路交通事故社会救助基金垫付后，其管理机构有权向交通事故责任人追偿。

第一千二百一十七条 非营运机动车发生交通事故造成无偿搭乘人损害，属于该机动车一方责任的，应当减轻其赔偿责任，但是机动车使用人有故意或者重大过失的除外。

第六章 医疗损害责任

第一千二百一十八条 患者在诊疗活动中受到损害，医疗机构或者其医务人员有过错的，由医疗机构承担赔偿责任。

第一千二百一十九条 医务人员在诊疗活动中应当向患者说明病情和医疗措施。需要实施手术、特殊检查、特殊治疗的，医务人员应当及时向患者具体说明医疗风险、替代医疗方案等情况，并取得其明确同意；不能或者不宜向患者说明的，应当向患者的近亲属说明，并取得其明确同意。

医务人员未尽到前款义务，造成患者损害的，医疗机构应当承担赔偿责任。

第一千二百二十条 因抢救生命垂危的患者等紧急情况，不能取得患者或者其近亲属意见的，经医疗机构负责人或者授权的负责人批准，可以立即实施相应的医疗措施。

第一千二百二十一条 医务人员在诊疗活动中未尽到与当时的医疗水平相应的诊疗义务，造成患者损害的，医疗机构应当承担赔偿责任。

第一千二百二十二条 患者在诊疗活动中受到损害，有下列情形之一的，推定医疗机构有过错：

（一）违反法律、行政法规、规章以及其他有关诊疗规范的规定；

（二）隐匿或者拒绝提供与纠纷有关的病历资料；

（三）遗失、伪造、篡改或者违法销毁病历资料。

第一千二百二十三条 因药品、消毒产品、医疗器械的缺陷，或者输入不合格的血液造成患者损害的，患者可以向药品上市许可持有人、生产者、血液提供机构请求赔偿，也可以向医疗机构请求赔偿。患者向医疗机构请求赔偿的，医疗机构赔偿后，有权向负有责任的药品上市许可持有人、生产者、血液提供机构追偿。

第一千二百二十四条 患者在诊疗活动中受到损害，有下列情形之一的，医疗机构不承担赔偿责任：

（一）患者或者其近亲属不配合医疗机构进行符合诊疗规范的诊疗；

（二）医务人员在抢救生命垂危的患者等紧急情况下已经尽到合理诊疗义务；

（三）限于当时的医疗水平难以诊疗。

前款第一项情形中，医疗机构或者其医务人员也有过错的，应当承担相应的赔偿责任。

第一千二百二十五条 医疗机构及其医务人员应当按照规定填写并妥善保管住院志、医嘱单、检验报告、手术及麻醉记录、病理资料、护理记录等病历资料。

患者要求查阅、复制前款规定的病历资料的，医疗机构应当及时提供。

第一千二百二十六条 医疗机构及其医务人员应当对患者的隐私和个人信息保密。泄露患者的隐私和个人信息，或者未经患者同意公开其病历资料的，应当承担侵权责任。

第一千二百二十七条 医疗机构及其医务人员不得违反诊疗规范实施不必要的检查。

第一千二百二十八条 医疗机构及其医务人员的合法权益受法律保护。

干扰医疗秩序，妨碍医务人员工作、生活，侵害医务人员合法权益的，应当依法承担法律责任。

第七章 环境污染和生态破坏责任

第一千二百二十九条 因污染环境、破坏生态造成他人损害的，侵权人应当承担侵权责任。

第一千二百三十条 因污染环境、破坏生态发生纠纷，行为人应当就法律规定的不承担责任或者减轻责任的情形及其行为与损害之间不存在因果关系承担举证责任。

第一千二百三十一条 两个以上侵权人污染环境、破坏生态的，承担责任的大小，根据污染物的种类、浓度、排放量，破坏生态的方式、范围、程度，以及行为对损害后果所起的作用等因素确定。

第一千二百三十二条 侵权人违反法律规定故意污染环境、破坏生态造成严重后果的，被侵权人有权请求相应的惩罚性赔偿。

第一千二百三十三条 因第三人的过错污染环境、破坏生态的，被侵权人可以向侵权人请求赔偿，也可以向第三人请求赔偿。侵权人赔偿后，有权向第三人追偿。

第一千二百三十四条 违反国家规定造成生态环境损害，生态环境能够修复的，国家规定的机关或者法律规定的组织有权请求侵权人在合理期限内承担修复责任。侵权人在期限内未修复的，国家规定的机关或者法律规定的组织可以自行或者委托他人进行修复，所需费用由侵权人负担。

第一千二百三十五条 违反国家规定造成生态环境损害的，国家规定的机关或者法律规定的组织有权请求侵权人赔偿下列损失和费用：

（一）生态环境受到损害至修复完成期间服务功能丧失导致的损失；

（二）生态环境功能永久性损害造成的损失；

（三）生态环境损害调查、鉴定评估等费用；

（四）清除污染、修复生态环境费用；

（五）防止损害的发生和扩大所支出的合理费用。

第八章 高度危险责任

第一千二百三十六条 从事高度危险作业造成他人损害的，应当承担侵权责任。

第一千二百三十七条 民用核设施或者运入运出核设施的核材料发生核事故造成他人损害的，民用核设施的营运单位应当承担侵权责任；但是，能够证明损害是因战争、武装冲突、暴乱等情形或者受害人故意造成的，不承担责任。

第一千二百三十八条 民用航空器造成他人损害的，民用航空器的经营者应当承担侵权责任；但是，能够证明损害是因受害人故意造成的，不承担责任。

第一千二百三十九条 占有或者使用易燃、易爆、剧毒、高放射性、强腐蚀性、高致病性等高度危险物造成他人损害的，占有人或者使用人应当承担侵权责任；但是，能够证明损害是因受害人故意或者不可抗力造成的，不承担责任。被侵权人对损害的发生有重大过失的，可以减轻占有人或者使用人的责任。

第一千二百四十条 从事高空、高压、地下挖掘活动或者使用高速轨道运输工具造成他人损害的，经营者应当承担侵权责任；但是，能够证明损害是因受害人故意或者不可抗力造成的，不承担责任。被侵权人对损害的发生有重大过失的，可以减轻经营者的责任。

第一千二百四十一条 遗失、抛弃高度危险物造成他人损害的，由所有人承担侵权责任。所有人将高度危险物交由他人管理的，由管理人承担侵权责任；所有人有过错的，与管理人承担连带责任。

第一千二百四十二条 非法占有高度危险物造成他人损害的，由非法占有人承担侵权责任。所有人、管理人不能证明对防止非法占有尽到高度注意义务的，与非法占有人承担连带责任。

第一千二百四十三条 未经许可进入高度危险活动区域或者高度危险物存放区域受到损害，管理人能够证明已经采取足够安全措施并尽到充分警示义务的，可以减轻或者不承担责任。

第一千二百四十四条 承担高度危险责任，法律规定赔偿限额的，依照其规定，但是行为人有故意或者重大过失的除外。

第九章 饲养动物损害责任

第一千二百四十五条 饲养的动物造成他人损害的，动物饲养人或者管理人应当承担侵权责任；但是，能够证明损害是因被侵权人故意或者重大过失造成的，可以不承担或者减轻责任。

第一千二百四十六条 违反管理规定，未对动物采取安全措施造成他人损害的，动物饲养人或者管理人应当承担侵权责任；但是，能够证明损害是因被侵权人故意造成的，可以减轻责任。

第一千二百四十七条 禁止饲养的烈性犬等危险动物造成他人损害的，动物饲养人或者管理人应当承担侵权责任。

第一千二百四十八条 动物园的动物造成他人损害的，动物园应当承担侵权责任；但是，能够证明尽到管理职责的，不承担侵权责任。

第一千二百四十九条 遗弃、逃逸的动物在遗弃、逃逸期间造成他人损害的，由动物原饲养人或者管理人承担侵权责任。

第一千二百五十条 因第三人的过错致使动物造成他人损害的，被侵权人可以向动物饲养人或者管理人请求赔偿，也可以向第三人请求赔偿。动物饲养人或者管理人赔偿后，有权向第三人追偿。

第一千二百五十一条 饲养动物应当遵守法律法规，尊重社会公德，不得妨碍他人生活。

第十章 建筑物和物件损害责任

第一千二百五十二条 建筑物、构筑物或者其他设施倒塌、塌陷造成他人损害的，由建设单位与施工单位承担连带责任，但是建设单位与施工单位能够证明不存在质量缺陷的除外。建设单位、施工单位赔偿后，有其他责任人的，有权向其他责任人追偿。

因所有人、管理人、使用人或者第三人的原因，建筑物、构筑物或者其他设施倒塌、塌陷造成他人损害的，由所有人、管理人、使用人或者第三人承担侵权责任。

第一千二百五十三条 建筑物、构筑物或者其他设施及其搁置物、悬挂物发生脱落、坠落造成他人损害，所有人、管理人或者使用人不能证明自己没有过错的，应当承担侵权责任。所有人、管理人或者使用人赔偿后，有其他责任人的，有权向其他责任人追偿。

第一千二百五十四条 禁止从建筑物中抛掷物品。从建筑物中抛掷物品或者从建筑物上坠落的物品造成他人损害的，由侵权人依法承担侵权责任；经调查难以确定具体侵权人的，除能够证明自己不是侵权人的外，由可能加害的建筑物使用人给予补偿。可能加害的建筑物使用人补偿后，有权向侵权人追偿。

物业服务企业等建筑物管理人应当采取必要的安全保障措施防止前款规定情形的发生；未采取必要的安全保障措施的，应当依法承担未履行安全保障义务的侵权责任。

发生本条第一款规定的情形的，公安等机关应当依法及时调查，查清责任人。

第一千二百五十五条 堆放物倒塌、滚落或者滑落造成他人损害，堆放人不能证明自己没有过错的，应当承担侵权责任。

第一千二百五十六条 在公共道路上堆放、倾倒、遗撒妨碍通行的物品造成他人损害的，由行为人承担侵权责任。公共道路管理人不能证明已经尽到清理、防护、警示等义务的，应当承担相应的责任。

第一千二百五十七条 因林木折断、倾倒或者果实坠落等造成他人损害，林木的所有人或者管理人不能证明自己没有过错的，应当承担侵权责任。

第一千二百五十八条 在公共场所或者道路上挖掘、修缮安装地下设施等造成他人损害，施工人不能证明已经设置明显标志和采取安全措施的，应当承担侵权责任。

窨井等地下设施造成他人损害，管理人不能证明尽到管理职责的，应当承担侵权责任。

附　则

第一千二百五十九条 民法所称的“以上”、“以下”、“以内”、“届满”，包括本数；所称的“不满”、“超过”、“以外”，不包括本数。

第一千二百六十条 本法自2021年1月1日起施行。《中华人民共和国婚姻法》、《中华人民共和国继承法》、《中华人民共和国民法通则》、《中华人民共和国收养法》、《中华人民共和国担保法》、《中华人民共和国合同法》、《中华人民共和国物权法》、《中华人民共和国侵权责任法》、《中华人民共和国民法总则》同时废止。

中华人民共和国民事诉讼法

（1991年4月9日第七届全国人民代表大会第四次会议通过　根据2007年10月28日第十届全国人民代表大会常务委员会第三十次会议《关于修改〈中华人民共和国民事诉讼法〉的决定》第一次修正　根据2012年8月31日第十一届全国人民代表大会常务委员会第二十八次会议《关于修改〈中华人民共和国民事诉讼法〉的决定》第二次修正　根据2017年6月27日第十二届全国人民代表大会常务委员会第二十八次会议《关于修改〈中华人民共和国民事诉讼法〉和〈中华人民共和国行政诉讼法〉的决定》第三次修正　根据2021年12月24日第十三届全国人民代表大会常务委员会第三十二次会议《关于修改〈中华人民共和国民事诉讼法〉的决定》第四次修正）

目　录

第一编　总　则
　第一章　任务、适用范围和基本原则
　第二章　管　辖
　　第一节　级别管辖
　　第二节　地域管辖
　　第三节　移送管辖和指定管辖
　第三章　审判组织
　第四章　回　避
　第五章　诉讼参加人
　　第一节　当事人
　　第二节　诉讼代理人
　第六章　证　据
　第七章　期间、送达
　　第一节　期　间
　　第二节　送　达
　第八章　调　解
　第九章　保全和先予执行
　第十章　对妨害民事诉讼的强制措施
　第十一章　诉讼费用
第二编　审判程序
　第十二章　第一审普通程序
　　第一节　起诉和受理
　　第二节　审理前的准备
　　第三节　开庭审理
　　第四节　诉讼中止和终结
　　第五节　判决和裁定
　第十三章　简易程序
　第十四章　第二审程序
　第十五章　特别程序
　　第一节　一般规定
　　第二节　选民资格案件
　　第三节　宣告失踪、宣告死亡案件
　　第四节　认定公民无民事行为能力、限制民事行为能力案件
　　第五节　认定财产无主案件
　　第六节　确认调解协议案件
　　第七节　实现担保物权案件
　第十六章　审判监督程序
　第十七章　督促程序
　第十八章　公示催告程序
第三编　执行程序
　第十九章　一般规定
　第二十章　执行的申请和移送
　第二十一章　执行措施
　第二十二章　执行中止和终结
第四编　涉外民事诉讼程序的特别规定
　第二十三章　一般原则
　第二十四章　管　辖
　第二十五章　送达、期间
　第二十六章　仲　裁
　第二十七章　司法协助

第一编 总 则

第一章 任务、适用范围和基本原则

第一条 中华人民共和国民事诉讼法以宪法为根据，结合我国民事审判工作的经验和实际情况制定。

第二条 中华人民共和国民事诉讼法的任务，是保护当事人行使诉讼权利，保证人民法院查明事实，分清是非，正确适用法律，及时审理民事案件，确认民事权利义务关系，制裁民事违法行为，保护当事人的合法权益，教育公民自觉遵守法律，维护社会秩序、经济秩序，保障社会主义建设事业顺利进行。

第三条 人民法院受理公民之间、法人之间、其他组织之间以及他们相互之间因财产关系和人身关系提起的民事诉讼，适用本法的规定。

第四条 凡在中华人民共和国领域内进行民事诉讼，必须遵守本法。

第五条 外国人、无国籍人、外国企业和组织在人民法院起诉、应诉，同中华人民共和国公民、法人和其他组织有同等的诉讼权利义务。

外国法院对中华人民共和国公民、法人和其他组织的民事诉讼权利加以限制的，中华人民共和国人民法院对该国公民、企业和组织的民事诉讼权利，实行对等原则。

第六条 民事案件的审判权由人民法院行使。

人民法院依照法律规定对民事案件独立进行审判，不受行政机关、社会团体和个人的干涉。

第七条 人民法院审理民事案件，必须以事实为根据，以法律为准绳。

第八条 民事诉讼当事人有平等的诉讼权利。人民法院审理民事案件，应当保障和便利当事人行使诉讼权利，对当事人在适用法律上一律平等。

第九条 人民法院审理民事案件，应当根据自愿和合法的原则进行调解；调解不成的，应当及时判决。

第十条 人民法院审理民事案件，依照法律规定实行合议、回避、公开审判和两审终审制度。

第十一条 各民族公民都有用本民族语言、文字进行民事诉讼的权利。

在少数民族聚居或者多民族共同居住的地区，人民法院应当用当地民族通用的语言、文字进行审理和发布法律文书。

人民法院应当对不通晓当地民族通用的语言、文字的诉讼参与人提供翻译。

第十二条 人民法院审理民事案件时，当事人有权进行辩论。

第十三条 民事诉讼应当遵循诚信原则。

当事人有权在法律规定的范围内处分自己的民事权利和诉讼权利。

第十四条 人民检察院有权对民事诉讼实行法律监督。

第十五条 机关、社会团体、企业事业单位对损害国家、集体或者个人民事权益的行为，可以支持受损害的单位或者个人向人民法院起诉。

第十六条 经当事人同意，民事诉讼活动可以通过信息网络平台在线进行。

民事诉讼活动通过信息网络平台在线进行的，与线下诉讼活动具有同等法律效力。

第十七条 民族自治地方的人民代表大会根据宪法和本法的原则，结合当地民族的具体情况，可以制定变通或者补充的规定。自治区的规定，报全国人民代表大会常务委员会批准。自治州、自治县的规定，报省或者自治区的人民代表大会常务委员会批准，并报全国人民代表大会常务委员会备案。

第二章 管 辖

第一节 级别管辖

第十八条 基层人民法院管辖第一审民事案件，但本法另有规定的除外。

第十九条 中级人民法院管辖下列第一审民事案件：

（一）重大涉外案件；

（二）在本辖区有重大影响的案件；

（三）最高人民法院确定由中级人民法院管辖的案件。

第二十条 高级人民法院管辖在本辖区有重大影响的第一审民事案件。

第二十一条 最高人民法院管辖下列第一审民事案件：

（一）在全国有重大影响的案件；

（二）认为应当由本院审理的案件。

第二节 地域管辖

第二十二条 对公民提起的民事诉讼，由被告住所地人民法院管辖；被告住所地与经常居住地不一致的，由经常居住地人民法院管辖。

对法人或者其他组织提起的民事诉讼，由被告住所地人民法院管辖。

同一诉讼的几个被告住所地、经常居住地在两个以上人民法院辖区的，各该人民法院都有管辖权。

第二十三条 下列民事诉讼，由原告住所地人民法院管辖；原告住所地与经常居住地不一致的，由原告经常居住地人民法院管辖：

（一）对不在中华人民共和国领域内居住的人提起的有关身份关系的诉讼；

（二）对下落不明或者宣告失踪的人提起的有关身份关系的诉讼；

（三）对被采取强制性教育措施的人提起的诉讼；

（四）对被监禁的人提起的诉讼。

第二十四条 因合同纠纷提起的诉讼，由被告住所地或者合同履行地人民法院管辖。

第二十五条 因保险合同纠纷提起的诉讼，由被告住所地或者保险标的物所在地人民法院管辖。

第二十六条 因票据纠纷提起的诉讼，由票据支付地或者被告住所地人民法院管辖。

第二十七条 因公司设立、确认股东资格、分配利润、解散等纠纷提起的诉讼，由公司住所地人民法院管辖。

第二十八条 因铁路、公路、水上、航空运输和联合运输合同纠纷提起的诉讼，由运输始发地、目的地或者被告住所地人民法院管辖。

第二十九条 因侵权行为提起的诉讼，由侵权行为地或者被告住所地人民法院管辖。

第三十条 因铁路、公路、水上和航空事故请求损害赔偿提起的诉讼，由事故发生地或者车辆、船舶最先到达地、航空器最先降落地或者被告住所地人民法院管辖。

第三十一条 因船舶碰撞或者其他海事损害事故请求损害赔偿提起的诉讼，由碰撞发生地、碰撞船舶最先到达地、加害船舶被扣留地或者被告住所地人民法院管辖。

第三十二条 因海难救助费用提起的诉讼，由救助地或者被救助船舶最先到达地人民法院管辖。

第三十三条 因共同海损提起的诉讼，由船舶最先到达地、共同海损理算地或者航程终止地的人民法院管辖。

第三十四条 下列案件，由本条规定的人民法院专属管辖：

（一）因不动产纠纷提起的诉讼，由不动产所在地人民法院管辖；

（二）因港口作业中发生纠纷提起的诉讼，由港口所在地人民法院管辖；

（三）因继承遗产纠纷提起的诉讼，由被继承人死亡时住所地或者主要遗产所在地人民法院管辖。

第三十五条 合同或者其他财产权益纠纷的当事人可以书面协议选择被告住所地、合同履行地、合同签订地、原告住所地、标的物所在地等与争议有实际联系的地点的人民法院管辖，但不得违反本法对级别管辖和专属管辖的规定。

第三十六条 两个以上人民法院都有管辖权的诉讼，原告可以向其中一个人民法院起诉；原告向两个以上有管辖权的人民法院起诉的，由最先立案的人民法院管辖。

第三节 移送管辖和指定管辖

第三十七条 人民法院发现受理的案件不属于本院管辖的，应当移送有管辖权的人民法院，受移送的人民法院应当受理。受移送的人民法院认为受移送的案件依照规定不属于本院管辖的，应当报请上级人民法院指定管辖，不得再自行移送。

第三十八条 有管辖权的人民法院由于特殊原因，不能行使管辖权的，由上级人民法院指定管辖。

人民法院之间因管辖权发生争议，由争议双方协商解决；协商解决不了的，报请它们的共同上级人民法院指定管辖。

第三十九条 上级人民法院有权审理下级人民法院管辖的第一审民事案件；确有必要将本院管辖的第一审民事案件交下级人民法院审理的，应当报请其上级人民法院批准。

下级人民法院对它所管辖的第一审民事案件，认为需要由上级人民法院审理的，可以报请上级人民法院审理。

第三章 审判组织

第四十条 人民法院审理第一审民事案件，由审判员、陪审员共同组成合议庭或者由审判员组成合议庭。合议庭的成员人数，必须是单数。

适用简易程序审理的民事案件，由审判员一人独任审理。基层人民法院审理的基本事实清楚、权利义务关系明确的第一审民事案件，可以由审判员一人适用普通程序独任审理。

陪审员在执行陪审职务时，与审判员有同等的权利义务。

第四十一条 人民法院审理第二审民事案件，由审判员组成合议庭。合议庭的成员人数，必须是单数。

中级人民法院对第一审适用简易程序审结或者不服裁定提起上诉的第二审民事案件，事实清楚、权利义务关系明确的，经双方当事人同意，可以由审判员一人独任审理。

发回重审的案件，原审人民法院应当按照第一审程序另行组成合议庭。

审理再审案件，原来是第一审的，按照第一审程序另行组成合议庭；原来是第二审的或者是上级人民法院提审的，按照第二审程序另行组成合议庭。

第四十二条 人民法院审理下列民事案件，不得由审判员一人独任审理：

（一）涉及国家利益、社会公共利益的案件；

（二）涉及群体性纠纷，可能影响社会稳定的案件；

（三）人民群众广泛关注或者其他社会影响较大的案件；

（四）属于新类型或者疑难复杂的案件；

（五）法律规定应当组成合议庭审理的案件；

（六）其他不宜由审判员一人独任审理的案件。

第四十三条 人民法院在审理过程中，发现案件不宜由审判员一人独任审理的，应当裁定转由合议庭审理。

当事人认为案件由审判员一人独任审理违反法律规定的，可以向人民法院提出异议。人民法院对当事人提出的异议应当审查，异议成立的，裁定转由合议庭审理；异议不成立的，裁定驳回。

第四十四条 合议庭的审判长由院长或者庭长指定审判员一人担任；院长或者庭长参加审判的，由院长或者庭长担任。

第四十五条 合议庭评议案件，实行少数服从多数的原则。评议应当制作笔录，由合议庭成员签名。评议中的不同意见，必须如实记入笔录。

第四十六条 审判人员应当依法秉公办案。

审判人员不得接受当事人及其诉讼代理人请客送礼。

审判人员有贪污受贿，徇私舞弊，枉法裁判行为的，应当追究法律责任；构成犯罪的，依法追究刑事责任。

第四章 回 避

第四十七条 审判人员有下列情形之一的，应当自行回避，当事人有权用口头或者书面方式申请他们回避：

（一）是本案当事人或者当事人、诉讼代理人近亲属的；

（二）与本案有利害关系的；

（三）与本案当事人、诉讼代理人有其他关系，可能影响对案件公正审理的。

审判人员接受当事人、诉讼代理人请客送礼，或者违反规定会见当事人、诉讼代理人的，当事人有权要求他们回避。

审判人员有前款规定的行为的，应当依法追究法律责任。

前三款规定，适用于书记员、翻译人员、鉴定人、勘验人。

第四十八条 当事人提出回避申请，应当说明理由，在案件开始审理时提出；回避事由在案件开始审理后知道的，也可以在法庭辩论终结前提出。

被申请回避的人员在人民法院作出是否回避的决定前，应当暂停参与本案的工作，但案件需要采取紧急措施的除外。

第四十九条 院长担任审判长或者独任审判员时的回避，由审判委员会决定；审判人员的回避，由院长决定；其他人员的回避，由审判长或者独任审判员决定。

第五十条 人民法院对当事人提出的回避

申请，应当在申请提出的三日内，以口头或者书面形式作出决定。申请人对决定不服的，可以在接到决定时申请复议一次。复议期间，被申请回避的人员，不停止参与本案的工作。人民法院对复议申请，应当在三日内作出复议决定，并通知复议申请人。

第五章 诉讼参加人

第一节 当事人

第五十一条 公民、法人和其他组织可以作为民事诉讼的当事人。

法人由其法定代表人进行诉讼。其他组织由其主要负责人进行诉讼。

第五十二条 当事人有权委托代理人，提出回避申请，收集、提供证据，进行辩论，请求调解，提起上诉，申请执行。

当事人可以查阅本案有关材料，并可以复制本案有关材料和法律文书。查阅、复制本案有关材料的范围和办法由最高人民法院规定。

当事人必须依法行使诉讼权利，遵守诉讼秩序，履行发生法律效力的判决书、裁定书和调解书。

第五十三条 双方当事人可以自行和解。

第五十四条 原告可以放弃或者变更诉讼请求。被告可以承认或者反驳诉讼请求，有权提起反诉。

第五十五条 当事人一方或者双方为二人以上，其诉讼标的是共同的，或者诉讼标的是同一种类、人民法院认为可以合并审理并经当事人同意的，为共同诉讼。

共同诉讼的一方当事人对诉讼标的有共同权利义务的，其中一人的诉讼行为经其他共同诉讼人承认，对其他共同诉讼人发生效力；对诉讼标的没有共同权利义务的，其中一人的诉讼行为对其他共同诉讼人不发生效力。

第五十六条 当事人一方人数众多的共同诉讼，可以由当事人推选代表人进行诉讼。代表人的诉讼行为对其所代表的当事人发生效力，但代表人变更、放弃诉讼请求或者承认对方当事人的诉讼请求，进行和解，必须经被代表的当事人同意。

第五十七条 诉讼标的是同一种类、当事人一方人数众多在起诉时人数尚未确定的，人民法院可以发出公告，说明案件情况和诉讼请求，通知权利人在一定期间向人民法院登记。

向人民法院登记的权利人可以推选代表人进行诉讼；推选不出代表人的，人民法院可以与参加登记的权利人商定代表人。

代表人的诉讼行为对其所代表的当事人发生效力，但代表人变更、放弃诉讼请求或者承认对方当事人的诉讼请求，进行和解，必须经被代表的当事人同意。

人民法院作出的判决、裁定，对参加登记的全体权利人发生效力。未参加登记的权利人在诉讼时效期间提起诉讼的，适用该判决、裁定。

第五十八条 对污染环境、侵害众多消费者合法权益等损害社会公共利益的行为，法律规定的机关和有关组织可以向人民法院提起诉讼。

人民检察院在履行职责中发现破坏生态环境和资源保护、食品药品安全领域侵害众多消费者合法权益等损害社会公共利益的行为，在没有前款规定的机关和组织或者前款规定的机关和组织不提起诉讼的情况下，可以向人民法院提起诉讼。前款规定的机关或者组织提起诉讼的，人民检察院可以支持起诉。

第五十九条 对当事人双方的诉讼标的，第三人认为有独立请求权的，有权提起诉讼。

对当事人双方的诉讼标的，第三人虽然没有独立请求权，但案件处理结果同他有法律上的利害关系的，可以申请参加诉讼，或者由人民法院通知他参加诉讼。人民法院判决承担民事责任的第三人，有当事人的诉讼权利义务。

前两款规定的第三人，因不能归责于本人的事由未参加诉讼，但有证据证明发生法律效力的判决、裁定、调解书的部分或者全部内容错误，损害其民事权益的，可以自知道或者应当知道其民事权益受到损害之日起六个月内，向作出该判决、裁定、调解书的人民法院提起诉讼。人民法院经审理，诉讼请求成立的，应当改变或者撤销原判决、裁定、调解书；诉讼请求不成立的，驳回诉讼请求。

第二节 诉讼代理人

第六十条 无诉讼行为能力人由他的监护人作为法定代理人代为诉讼。法定代理人之间互相推诿代理责任的，由人民法院指定其中一人代为诉讼。

第六十一条 当事人、法定代理人可以委托一至二人作为诉讼代理人。

下列人员可以被委托为诉讼代理人：

（一）律师、基层法律服务工作者；

（二）当事人的近亲属或者工作人员；

（三）当事人所在社区、单位以及有关社会团体推荐的公民。

第六十二条 委托他人代为诉讼，必须向人民法院提交由委托人签名或者盖章的授权委托书。

授权委托书必须记明委托事项和权限。诉讼代理人代为承认、放弃、变更诉讼请求，进行和解，提起反诉或者上诉，必须有委托人的特别授权。

侨居在国外的中华人民共和国公民从国外寄交或者托交的授权委托书，必须经中华人民共和国驻该国的使领馆证明；没有使领馆的，由与中华人民共和国有外交关系的第三国驻该国的使领馆证明，再转由中华人民共和国驻该第三国使领馆证明，或者由当地的爱国华侨团体证明。

第六十三条 诉讼代理人的权限如果变更或者解除，当事人应当书面告知人民法院，并由人民法院通知对方当事人。

第六十四条 代理诉讼的律师和其他诉讼代理人有权调查收集证据，可以查阅本案有关材料。查阅本案有关材料的范围和办法由最高人民法院规定。

第六十五条 离婚案件有诉讼代理人的，本人除不能表达意思的以外，仍应出庭；确因特殊情况无法出庭的，必须向人民法院提交书面意见。

第六章 证 据

第六十六条 证据包括：

（一）当事人的陈述；

（二）书证；

（三）物证；

（四）视听资料；

（五）电子数据；

（六）证人证言；

（七）鉴定意见；

（八）勘验笔录。

证据必须查证属实，才能作为认定事实的根据。

第六十七条 当事人对自己提出的主张，有责任提供证据。

当事人及其诉讼代理人因客观原因不能自行收集的证据，或者人民法院认为审理案件需要的证据，人民法院应当调查收集。

人民法院应当按照法定程序，全面地、客观地审查核实证据。

第六十八条 当事人对自己提出的主张应当及时提供证据。

人民法院根据当事人的主张和案件审理情况，确定当事人应当提供的证据及其期限。当事人在该期限内提供证据确有困难的，可以向人民法院申请延长期限，人民法院根据当事人的申请适当延长。当事人逾期提供证据的，人民法院应当责令其说明理由；拒不说明理由或者理由不成立的，人民法院根据不同情形可以不予采纳该证据，或者采纳该证据但予以训诫、罚款。

第六十九条 人民法院收到当事人提交的证据材料，应当出具收据，写明证据名称、页数、份数、原件或者复印件以及收到时间等，并由经办人员签名或者盖章。

第七十条 人民法院有权向有关单位和个人调查取证，有关单位和个人不得拒绝。

人民法院对有关单位和个人提出的证明文书，应当辨别真伪，审查确定其效力。

第七十一条 证据应当在法庭上出示，并由当事人互相质证。对涉及国家秘密、商业秘密和个人隐私的证据应当保密，需要在法庭出示的，不得在公开开庭时出示。

第七十二条 经过法定程序公证证明的法律事实和文书，人民法院应当作为认定事实的根据，但有相反证据足以推翻公证证明的除外。

第七十三条 书证应当提交原件。物证应当提交原物。提交原件或者原物确有困难的，可以提交复制品、照片、副本、节录本。

提交外文书证，必须附有中文译本。

第七十四条 人民法院对视听资料，应当辨别真伪，并结合本案的其他证据，审查确定能否作为认定事实的根据。

第七十五条 凡是知道案件情况的单位和个人，都有义务出庭作证。有关单位的负责人应当支持证人作证。

不能正确表达意思的人，不能作证。

第七十六条 经人民法院通知，证人应当出庭作证。有下列情形之一的，经人民法院许可，可以通过书面证言、视听传输技术或者视听资料等方式作证：

（一）因健康原因不能出庭的；

（二）因路途遥远，交通不便不能出庭的；

（三）因自然灾害等不可抗力不能出庭的；

（四）其他有正当理由不能出庭的。

第七十七条 证人因履行出庭作证义务而支出的交通、住宿、就餐等必要费用以及误工损失，由败诉一方当事人负担。当事人申请证人作证的，由该当事人先行垫付；当事人没有申请，人民法院通知证人作证的，由人民法院先行垫付。

第七十八条 人民法院对当事人的陈述，应当结合本案的其他证据，审查确定能否作为认定事实的根据。

当事人拒绝陈述的，不影响人民法院根据证据认定案件事实。

第七十九条 当事人可以就查明事实的专门性问题向人民法院申请鉴定。当事人申请鉴定的，由双方当事人协商确定具备资格的鉴定人；协商不成的，由人民法院指定。

当事人未申请鉴定，人民法院对专门性问题认为需要鉴定的，应当委托具备资格的鉴定人进行鉴定。

第八十条 鉴定人有权了解进行鉴定所需要的案件材料，必要时可以询问当事人、证人。

鉴定人应当提出书面鉴定意见，在鉴定书上签名或者盖章。

第八十一条 当事人对鉴定意见有异议或者人民法院认为鉴定人有必要出庭的，鉴定人应当出庭作证。经人民法院通知，鉴定人拒不出庭作证的，鉴定意见不得作为认定事实的根据；支付鉴定费用的当事人可以要求返还鉴定费用。

第八十二条 当事人可以申请人民法院通知有专门知识的人出庭，就鉴定人作出的鉴定意见或者专业问题提出意见。

第八十三条 勘验物证或者现场，勘验人必须出示人民法院的证件，并邀请当地基层组织或者当事人所在单位派人参加。当事人或者当事人的成年家属应当到场，拒不到场的，不影响勘验的进行。

有关单位和个人根据人民法院的通知，有义务保护现场，协助勘验工作。

勘验人应当将勘验情况和结果制作笔录，由勘验人、当事人和被邀参加人签名或者盖章。

第八十四条 在证据可能灭失或者以后难以取得的情况下，当事人可以在诉讼过程中向人民法院申请保全证据，人民法院也可以主动采取保全措施。

因情况紧急，在证据可能灭失或者以后难以取得的情况下，利害关系人可以在提起诉讼或者申请仲裁前向证据所在地、被申请人住所地或者对案件有管辖权的人民法院申请保全证据。

证据保全的其他程序，参照适用本法第九章保全的有关规定。

第七章 期间、送达

第一节 期 间

第八十五条 期间包括法定期间和人民法院指定的期间。

期间以时、日、月、年计算。期间开始的时和日，不计算在期间内。

期间届满的最后一日是法定休假日的，以法定休假日后的第一日为期间届满的日期。

期间不包括在途时间，诉讼文书在期满前交邮的，不算过期。

第八十六条 当事人因不可抗拒的事由或者其他正当理由耽误期限的，在障碍消除后的十日内，可以申请顺延期限，是否准许，由人民法院决定。

第二节 送 达

第八十七条 送达诉讼文书必须有送达回证，由受送达人在送达回证上记明收到日期，签名或者盖章。

受送达人在送达回证上的签收日期为送达日期。

第八十八条 送达诉讼文书，应当直接送交受送达人。受送达人是公民的，本人不在交他的同住成年家属签收；受送达人是法人或者其他组织的，应当由法人的法定代表人、其他组织的主要负责人或者该法人、组织负责收件的人签收；受送达人有诉讼代理人的，可以送交其代理人签收；受送达人已向人民法院指定代收人的，送交代收人签收。

受送达人的同住成年家属，法人或者其他组织的负责收件的人，诉讼代理人或者代收人在送达回证上签收的日期为送达日期。

第八十九条 受送达人或者他的同住成年家属拒绝接收诉讼文书的，送达人可以邀请有关基层组织或者所在单位的代表到场，说明情况，在送达回证上记明拒收事由和日期，由送达人、见证人签名或者盖章，把诉讼文书留在受送达人的住所；也可以把诉讼文书留在受送达人的住所，并采用拍照、录像等方式记录送达过程，即视为送达。

第九十条 经受送达人同意，人民法院可以采用能够确认其收悉的电子方式送达诉讼文书。通过电子方式送达的判决书、裁定书、调解书，受送达人提出需要纸质文书的，人民法院应当提供。

采用前款方式送达的，以送达信息到达受送达人特定系统的日期为送达日期。

第九十一条 直接送达诉讼文书有困难的，可以委托其他人民法院代为送达，或者邮寄送达。邮寄送达的，以回执上注明的收件日期为送达日期。

第九十二条 受送达人是军人的，通过其所在部队团以上单位的政治机关转交。

第九十三条 受送达人被监禁的，通过其所在监所转交。

受送达人被采取强制性教育措施的，通过其所在强制性教育机构转交。

第九十四条 代为转交的机关、单位收到诉讼文书后，必须立即交受送达人签收，以在送达回证上的签收日期，为送达日期。

第九十五条 受送达人下落不明，或者用本节规定的其他方式无法送达的，公告送达。自发出公告之日起，经过三十日，即视为送达。

公告送达，应当在案卷中记明原因和经过。

第八章 调 解

第九十六条 人民法院审理民事案件，根据当事人自愿的原则，在事实清楚的基础上，分清是非，进行调解。

第九十七条 人民法院进行调解，可以由审判员一人主持，也可以由合议庭主持，并尽可能就地进行。

人民法院进行调解，可以用简便方式通知当事人、证人到庭。

第九十八条 人民法院进行调解，可以邀请有关单位和个人协助。被邀请的单位和个人，应当协助人民法院进行调解。

第九十九条 调解达成协议，必须双方自愿，不得强迫。调解协议的内容不得违反法律规定。

第一百条 调解达成协议，人民法院应当制作调解书。调解书应当写明诉讼请求、案件的事实和调解结果。

调解书由审判人员、书记员署名，加盖人民法院印章，送达双方当事人。

调解书经双方当事人签收后，即具有法律效力。

第一百零一条 下列案件调解达成协议，人民法院可以不制作调解书：

（一）调解和好的离婚案件；

（二）调解维持收养关系的案件；

（三）能够即时履行的案件；

（四）其他不需要制作调解书的案件。

对不需要制作调解书的协议，应当记入笔录，由双方当事人、审判人员、书记员签名或者盖章后，即具有法律效力。

第一百零二条 调解未达成协议或者调解书送达前一方反悔的，人民法院应当及时判决。

第九章 保全和先予执行

第一百零三条 人民法院对于可能因当事人一方的行为或者其他原因，使判决难以执行或者造成当事人其他损害的案件，根据对方当事人的申请，可以裁定对其财产进行保全、责令其作出一定行为或者禁止其作出一定行为；当事人没有提出申请的，人民法院在必要时也可以裁定采取保全措施。

人民法院采取保全措施，可以责令申请人提供担保，申请人不提供担保的，裁定驳回申请。

人民法院接受申请后，对情况紧急的，必须在四十八小时内作出裁定；裁定采取保全措施的，应当立即开始执行。

第一百零四条 利害关系人因情况紧急，不立即申请保全将会使其合法权益受到难以弥补的损害的，可以在提起诉讼或者申请仲裁前向被保全财产所在地、被申请人住所地或者对案件有管辖权的人民法院申请采取保全措施。申请人应当提供担保，不提供担保的，裁定驳回申请。

人民法院接受申请后，必须在四十八小时内作出裁定；裁定采取保全措施的，应当立即开始执行。

申请人在人民法院采取保全措施后三十日内不依法提起诉讼或者申请仲裁的，人民法院应当解除保全。

第一百零五条 保全限于请求的范围，或者与本案有关的财物。

第一百零六条 财产保全采取查封、扣押、冻结或者法律规定的其他方法。人民法院保全财产后，应当立即通知被保全财产的人。

财产已被查封、冻结的，不得重复查封、冻结。

第一百零七条 财产纠纷案件，被申请人提供担保的，人民法院应当裁定解除保全。

第一百零八条 申请有错误的，申请人应当赔偿被申请人因保全所遭受的损失。

第一百零九条 人民法院对下列案件，根据当事人的申请，可以裁定先予执行：

（一）追索赡养费、扶养费、抚养费、抚恤金、医疗费用的；

（二）追索劳动报酬的；

（三）因情况紧急需要先予执行的。

第一百一十条 人民法院裁定先予执行的，应当符合下列条件：

（一）当事人之间权利义务关系明确，不先予执行将严重影响申请人的生活或者生产经营的；

（二）被申请人有履行能力。

人民法院可以责令申请人提供担保，申请人不提供担保的，驳回申请。申请人败诉的，应当赔偿被申请人因先予执行遭受的财产损失。

第一百一十一条 当事人对保全或者先予执行的裁定不服的，可以申请复议一次。复议期间不停止裁定的执行。

第十章 对妨害民事诉讼的强制措施

第一百一十二条 人民法院对必须到庭的被告，经两次传票传唤，无正当理由拒不到庭的，可以拘传。

第一百一十三条 诉讼参与人和其他人应当遵守法庭规则。

人民法院对违反法庭规则的人，可以予以训诫，责令退出法庭或者予以罚款、拘留。

人民法院对哄闹、冲击法庭，侮辱、诽谤、威胁、殴打审判人员，严重扰乱法庭秩序的人，依法追究刑事责任；情节较轻的，予以罚款、拘留。

第一百一十四条 诉讼参与人或者其他人有下列行为之一的，人民法院可以根据情节轻重予以罚款、拘留；构成犯罪的，依法追究刑事责任：

（一）伪造、毁灭重要证据，妨碍人民法院审理案件的；

（二）以暴力、威胁、贿买方法阻止证人作证或者指使、贿买、胁迫他人作伪证的；

（三）隐藏、转移、变卖、毁损已被查封、扣押的财产，或者已被清点并责令其保管的财产，转移已被冻结的财产的；

（四）对司法工作人员、诉讼参加人、证人、翻译人员、鉴定人、勘验人、协助执行的人，进行侮辱、诽谤、诬陷、殴打或者打击报复的；

（五）以暴力、威胁或者其他方法阻碍司法工作人员执行职务的；

（六）拒不履行人民法院已经发生法律效力的判决、裁定的。

人民法院对有前款规定的行为之一的单位，可以对其主要负责人或者直接责任人员予以罚款、拘留；构成犯罪的，依法追究刑事责任。

第一百一十五条 当事人之间恶意串通，企图通过诉讼、调解等方式侵害他人合法权益的，人民法院应当驳回其请求，并根据情节轻重予以罚款、拘留；构成犯罪的，依法追究刑事责任。

第一百一十六条 被执行人与他人恶意串通，通过诉讼、仲裁、调解等方式逃避履行法律文书确定的义务的，人民法院应当根据情节轻重予以罚款、拘留；构成犯罪的，依法追究刑事责任。

第一百一十七条 有义务协助调查、执行的单位有下列行为之一的，人民法院除责令其履行协助义务外，并可以予以罚款：

（一）有关单位拒绝或者妨碍人民法院调查取证的；

（二）有关单位接到人民法院协助执行通知书后，拒不协助查询、扣押、冻结、划拨、变价财产的；

（三）有关单位接到人民法院协助执行通知书后，拒不协助扣留被执行人的收入、办理有关财产权证照转移手续、转交有关票证、证照或者其他财产的；

（四）其他拒绝协助执行的。

人民法院对有前款规定的行为之一的单位，可以对其主要负责人或者直接责任人员予以罚款；对仍不履行协助义务的，可以予以拘留；并可以向监察机关或者有关机关提出予以纪律处分的司法建议。

第一百一十八条 对个人的罚款金额，为人民币十万元以下。对单位的罚款金额，为人民币五万元以上一百万元以下。

拘留的期限，为十五日以下。

被拘留的人，由人民法院交公安机关看管。在拘留期间，被拘留人承认并改正错误的，人民法院可以决定提前解除拘留。

第一百一十九条 拘传、罚款、拘留必须经院长批准。

拘传应当发拘传票。

罚款、拘留应当用决定书。对决定不服的，可以向上一级人民法院申请复议一次。复议期间不停止执行。

第一百二十条 采取对妨害民事诉讼的强制措施必须由人民法院决定。任何单位和个人采取非法拘禁他人或者非法私自扣押他人财产追索债务的，应当依法追究刑事责任，或者予以拘留、罚款。

第十一章 诉讼费用

第一百二十一条 当事人进行民事诉讼，应当按照规定交纳案件受理费。财产案件除交纳案件受理费外，并按照规定交纳其他诉讼费用。

当事人交纳诉讼费用确有困难的，可以按照规定向人民法院申请缓交、减交或者免交。

收取诉讼费用的办法另行制定。

第二编 审判程序

第十二章 第一审普通程序

第一节 起诉和受理

第一百二十二条 起诉必须符合下列条件：

（一）原告是与本案有直接利害关系的公民、法人和其他组织；

（二）有明确的被告；

（三）有具体的诉讼请求和事实、理由；

（四）属于人民法院受理民事诉讼的范围和受诉人民法院管辖。

第一百二十三条 起诉应当向人民法院递交起诉状，并按照被告人数提出副本。

书写起诉状确有困难的，可以口头起诉，由人民法院记入笔录，并告知对方当事人。

第一百二十四条 起诉状应当记明下列事项：

（一）原告的姓名、性别、年龄、民族、职业、工作单位、住所、联系方式，法人或者其他组织的名称、住所和法定代表人或者主要负责人的姓名、职务、联系方式；

（二）被告的姓名、性别、工作单位、住所等信息，法人或者其他组织的名称、住所等信息；

（三）诉讼请求和所根据的事实与理由；

（四）证据和证据来源，证人姓名和住所。

第一百二十五条 当事人起诉到人民法院的民事纠纷，适宜调解的，先行调解，但当事人拒绝调解的除外。

第一百二十六条 人民法院应当保障当事人依照法律规定享有的起诉权利。对符合本法第一百二十二条的起诉，必须受理。符合起诉条件的，应当在七日内立案，并通知当事人；不符合起诉条件的，应当在七日内作出裁定书，不予受理；原告对裁定不服的，可以提起上诉。

第一百二十七条 人民法院对下列起诉，分别情形，予以处理：

（一）依照行政诉讼法的规定，属于行政诉讼受案范围的，告知原告提起行政诉讼；

（二）依照法律规定，双方当事人达成书

面仲裁协议申请仲裁、不得向人民法院起诉的，告知原告向仲裁机构申请仲裁；

（三）依照法律规定，应当由其他机关处理的争议，告知原告向有关机关申请解决；

（四）对不属于本院管辖的案件，告知原告向有管辖权的人民法院起诉；

（五）对判决、裁定、调解书已经发生法律效力的案件，当事人又起诉的，告知原告申请再审，但人民法院准许撤诉的裁定除外；

（六）依照法律规定，在一定期限内不得起诉的案件，在不得起诉的期限内起诉的，不予受理；

（七）判决不准离婚和调解和好的离婚案件，判决、调解维持收养关系的案件，没有新情况、新理由，原告在六个月内又起诉的，不予受理。

第二节 审理前的准备

第一百二十八条 人民法院应当在立案之日起五日内将起诉状副本发送被告，被告应当在收到之日起十五日内提出答辩状。答辩状应当记明被告的姓名、性别、年龄、民族、职业、工作单位、住所、联系方式；法人或者其他组织的名称、住所和法定代表人或者主要负责人的姓名、职务、联系方式。人民法院应当在收到答辩状之日起五日内将答辩状副本发送原告。

被告不提出答辩状的，不影响人民法院审理。

第一百二十九条 人民法院对决定受理的案件，应当在受理案件通知书和应诉通知书中向当事人告知有关的诉讼权利义务，或者口头告知。

第一百三十条 人民法院受理案件后，当事人对管辖权有异议的，应当在提交答辩状期间提出。人民法院对当事人提出的异议，应当审查。异议成立的，裁定将案件移送有管辖权的人民法院；异议不成立的，裁定驳回。

当事人未提出管辖异议，并应诉答辩的，视为受诉人民法院有管辖权，但违反级别管辖和专属管辖规定的除外。

第一百三十一条 审判人员确定后，应当在三日内告知当事人。

第一百三十二条 审判人员必须认真审核诉讼材料，调查收集必要的证据。

第一百三十三条 人民法院派出人员进行调查时，应当向被调查人出示证件。

调查笔录经被调查人校阅后，由被调查人、调查人签名或者盖章。

第一百三十四条 人民法院在必要时可以委托外地人民法院调查。

委托调查，必须提出明确的项目和要求。受委托人民法院可以主动补充调查。

受委托人民法院收到委托书后，应当在三十日内完成调查。因故不能完成的，应当在上述期限内函告委托人民法院。

第一百三十五条 必须共同进行诉讼的当事人没有参加诉讼的，人民法院应当通知其参加诉讼。

第一百三十六条 人民法院对受理的案件，分别情形，予以处理：

（一）当事人没有争议，符合督促程序规定条件的，可以转入督促程序；

（二）开庭前可以调解的，采取调解方式及时解决纠纷；

（三）根据案件情况，确定适用简易程序或者普通程序；

（四）需要开庭审理的，通过要求当事人交换证据等方式，明确争议焦点。

第三节 开庭审理

第一百三十七条 人民法院审理民事案件，除涉及国家秘密、个人隐私或者法律另有规定的以外，应当公开进行。

离婚案件，涉及商业秘密的案件，当事人申请不公开审理的，可以不公开审理。

第一百三十八条 人民法院审理民事案件，根据需要进行巡回审理，就地办案。

第一百三十九条 人民法院审理民事案件，应当在开庭三日前通知当事人和其他诉讼参与人。公开审理的，应当公告当事人姓名、案由和开庭的时间、地点。

第一百四十条 开庭审理前，书记员应当查明当事人和其他诉讼参与人是否到庭，宣布法庭纪律。

开庭审理时，由审判长或者独任审判员核对当事人，宣布案由，宣布审判人员、书记员名单，告知当事人有关的诉讼权利义务，询问当事人是否提出回避申请。

第一百四十一条 法庭调查按照下列顺序进行：

（一）当事人陈述；

（二）告知证人的权利义务，证人作证，宣读未到庭的证人证言；

（三）出示书证、物证、视听资料和电子数据；

（四）宣读鉴定意见；

（五）宣读勘验笔录。

第一百四十二条 当事人在法庭上可以提出新的证据。

当事人经法庭许可，可以向证人、鉴定人、勘验人发问。

当事人要求重新进行调查、鉴定或者勘验的，是否准许，由人民法院决定。

第一百四十三条 原告增加诉讼请求，被告提出反诉，第三人提出与本案有关的诉讼请求，可以合并审理。

第一百四十四条 法庭辩论按照下列顺序进行：

（一）原告及其诉讼代理人发言；

（二）被告及其诉讼代理人答辩；

（三）第三人及其诉讼代理人发言或者答辩；

（四）互相辩论。

法庭辩论终结，由审判长或者独任审判员按照原告、被告、第三人的先后顺序征询各方最后意见。

第一百四十五条 法庭辩论终结，应当依法作出判决。判决前能够调解的，还可以进行调解，调解不成的，应当及时判决。

第一百四十六条 原告经传票传唤，无正当理由拒不到庭的，或者未经法庭许可中途退庭的，可以按撤诉处理；被告反诉的，可以缺席判决。

第一百四十七条 被告经传票传唤，无正当理由拒不到庭的，或者未经法庭许可中途退庭的，可以缺席判决。

第一百四十八条 宣判前，原告申请撤诉的，是否准许，由人民法院裁定。

人民法院裁定不准许撤诉的，原告经传票传唤，无正当理由拒不到庭的，可以缺席判决。

第一百四十九条 有下列情形之一的，可以延期开庭审理：

（一）必须到庭的当事人和其他诉讼参与人有正当理由没有到庭的；

（二）当事人临时提出回避申请的；

（三）需要通知新的证人到庭，调取新的证据，重新鉴定、勘验，或者需要补充调查的；

（四）其他应当延期的情形。

第一百五十条 书记员应当将法庭审理的全部活动记入笔录，由审判人员和书记员签名。

法庭笔录应当当庭宣读，也可以告知当事人和其他诉讼参与人当庭或者在五日内阅读。当事人和其他诉讼参与人认为对自己的陈述记录有遗漏或者差错的，有权申请补正。如果不予补正，应当将申请记录在案。

法庭笔录由当事人和其他诉讼参与人签名或者盖章。拒绝签名盖章的，记明情况附卷。

第一百五十一条 人民法院对公开审理或者不公开审理的案件，一律公开宣告判决。

当庭宣判的，应当在十日内发送判决书；定期宣判的，宣判后立即发给判决书。

宣告判决时，必须告知当事人上诉权利、上诉期限和上诉的法院。

宣告离婚判决，必须告知当事人在判决发生法律效力前不得另行结婚。

第一百五十二条 人民法院适用普通程序审理的案件，应当在立案之日起六个月内审结。有特殊情况需要延长的，经本院院长批准，可以延长六个月；还需要延长的，报请上级人民法院批准。

第四节 诉讼中止和终结

第一百五十三条 有下列情形之一的，中止诉讼：

（一）一方当事人死亡，需要等待继承人表明是否参加诉讼的；

（二）一方当事人丧失诉讼行为能力，尚未确定法定代理人的；

（三）作为一方当事人的法人或者其他组织终止，尚未确定权利义务承受人的；

（四）一方当事人因不可抗拒的事由，不能参加诉讼的；

（五）本案必须以另一案的审理结果为依据，而另一案尚未审结的；

（六）其他应当中止诉讼的情形。

中止诉讼的原因消除后，恢复诉讼。

第一百五十四条 有下列情形之一的，终结诉讼：

（一）原告死亡，没有继承人，或者继承

人放弃诉讼权利的；

（二）被告死亡，没有遗产，也没有应当承担义务的人的；

（三）离婚案件一方当事人死亡的；

（四）追索赡养费、扶养费、抚养费以及解除收养关系案件的一方当事人死亡的。

第五节 判决和裁定

第一百五十五条 判决书应当写明判决结果和作出该判决的理由。判决书内容包括：

（一）案由、诉讼请求、争议的事实和理由；

（二）判决认定的事实和理由、适用的法律和理由；

（三）判决结果和诉讼费用的负担；

（四）上诉期间和上诉的法院。

判决书由审判人员、书记员署名，加盖人民法院印章。

第一百五十六条 人民法院审理案件，其中一部分事实已经清楚，可以就该部分先行判决。

第一百五十七条 裁定适用于下列范围：

（一）不予受理；

（二）对管辖权有异议的；

（三）驳回起诉；

（四）保全和先予执行；

（五）准许或者不准许撤诉；

（六）中止或者终结诉讼；

（七）补正判决书中的笔误；

（八）中止或者终结执行；

（九）撤销或者不予执行仲裁裁决；

（十）不予执行公证机关赋予强制执行效力的债权文书；

（十一）其他需要裁定解决的事项。

对前款第一项至第三项裁定，可以上诉。

裁定书应当写明裁定结果和作出该裁定的理由。裁定书由审判人员、书记员署名，加盖人民法院印章。口头裁定的，记入笔录。

第一百五十八条 最高人民法院的判决、裁定，以及依法不准上诉或者超过上诉期没有上诉的判决、裁定，是发生法律效力的判决、裁定。

第一百五十九条 公众可以查阅发生法律效力的判决书、裁定书，但涉及国家秘密、商业秘密和个人隐私的内容除外。

第十三章 简易程序

第一百六十条 基层人民法院和它派出的法庭审理事实清楚、权利义务关系明确、争议不大的简单的民事案件，适用本章规定。

基层人民法院和它派出的法庭审理前款规定以外的民事案件，当事人双方也可以约定适用简易程序。

第一百六十一条 对简单的民事案件，原告可以口头起诉。

当事人双方可以同时到基层人民法院或者它派出的法庭，请求解决纠纷。基层人民法院或者它派出的法庭可以当即审理，也可以另定日期审理。

第一百六十二条 基层人民法院和它派出的法庭审理简单的民事案件，可以用简便方式传唤当事人和证人、送达诉讼文书、审理案件，但应当保障当事人陈述意见的权利。

第一百六十三条 简单的民事案件由审判员一人独任审理，并不受本法第一百三十九条、第一百四十一条、第一百四十四条规定的限制。

第一百六十四条 人民法院适用简易程序审理案件，应当在立案之日起三个月内审结。有特殊情况需要延长的，经本院院长批准，可以延长一个月。

第一百六十五条 基层人民法院和它派出的法庭审理事实清楚、权利义务关系明确、争议不大的简单金钱给付民事案件，标的额为各省、自治区、直辖市上年度就业人员年平均工资百分之五十以下的，适用小额诉讼的程序审理，实行一审终审。

基层人民法院和它派出的法庭审理前款规定的民事案件，标的额超过各省、自治区、直辖市上年度就业人员年平均工资百分之五十但在二倍以下的，当事人双方也可以约定适用小额诉讼的程序。

第一百六十六条 人民法院审理下列民事案件，不适用小额诉讼的程序：

（一）人身关系、财产确权案件；

（二）涉外案件；

（三）需要评估、鉴定或者对诉前评估、鉴定结果有异议的案件；

（四）一方当事人下落不明的案件；

（五）当事人提出反诉的案件；

（六）其他不宜适用小额诉讼的程序审理的案件。

第一百六十七条 人民法院适用小额诉讼的程序审理案件，可以一次开庭审结并且当庭宣判。

第一百六十八条 人民法院适用小额诉讼的程序审理案件，应当在立案之日起两个月内审结。有特殊情况需要延长的，经本院院长批准，可以延长一个月。

第一百六十九条 人民法院在审理过程中，发现案件不宜适用小额诉讼的程序的，应当适用简易程序的其他规定审理或者裁定转为普通程序。

当事人认为案件适用小额诉讼的程序审理违反法律规定的，可以向人民法院提出异议。人民法院对当事人提出的异议应当审查，异议成立的，应当适用简易程序的其他规定审理或者裁定转为普通程序；异议不成立的，裁定驳回。

第一百七十条 人民法院在审理过程中，发现案件不宜适用简易程序的，裁定转为普通程序。

第十四章 第二审程序

第一百七十一条 当事人不服地方人民法院第一审判决的，有权在判决书送达之日起十五日内向上一级人民法院提起上诉。

当事人不服地方人民法院第一审裁定的，有权在裁定书送达之日起十日内向上一级人民法院提起上诉。

第一百七十二条 上诉应当递交上诉状。上诉状的内容，应当包括当事人的姓名，法人的名称及其法定代表人的姓名或者其他组织的名称及其主要负责人的姓名；原审人民法院名称、案件的编号和案由；上诉的请求和理由。

第一百七十三条 上诉状应当通过原审人民法院提出，并按照对方当事人或者代表人的人数提出副本。

当事人直接向第二审人民法院上诉的，第二审人民法院应当在五日内将上诉状移交原审人民法院。

第一百七十四条 原审人民法院收到上诉状，应当在五日内将上诉状副本送达对方当事人，对方当事人在收到之日起十五日内提出答辩状。人民法院应当在收到答辩状之日起五日内将副本送达上诉人。对方当事人不提出答辩状的，不影响人民法院审理。

原审人民法院收到上诉状、答辩状，应当在五日内连同全部案卷和证据，报送第二审人民法院。

第一百七十五条 第二审人民法院应当对上诉请求的有关事实和适用法律进行审查。

第一百七十六条 第二审人民法院对上诉案件应当开庭审理。经过阅卷、调查和询问当事人，对没有提出新的事实、证据或者理由，人民法院认为不需要开庭审理的，可以不开庭审理。

第二审人民法院审理上诉案件，可以在本院进行，也可以到案件发生地或者原审人民法院所在地进行。

第一百七十七条 第二审人民法院对上诉案件，经过审理，按照下列情形，分别处理：

（一）原判决、裁定认定事实清楚，适用法律正确的，以判决、裁定方式驳回上诉，维持原判决、裁定；

（二）原判决、裁定认定事实错误或者适用法律错误的，以判决、裁定方式依法改判、撤销或者变更；

（三）原判决认定基本事实不清的，裁定撤销原判决，发回原审人民法院重审，或者查清事实后改判；

（四）原判决遗漏当事人或者违法缺席判决等严重违反法定程序的，裁定撤销原判决，发回原审人民法院重审。

原审人民法院对发回重审的案件作出判决后，当事人提起上诉的，第二审人民法院不得再次发回重审。

第一百七十八条 第二审人民法院对不服第一审人民法院裁定的上诉案件的处理，一律使用裁定。

第一百七十九条 第二审人民法院审理上诉案件，可以进行调解。调解达成协议，应当制作调解书，由审判人员、书记员署名，加盖人民法院印章。调解书送达后，原审人民法院的判决即视为撤销。

第一百八十条 第二审人民法院判决宣告前，上诉人申请撤回上诉的，是否准许，由第二审人民法院裁定。

第一百八十一条 第二审人民法院审理上诉案件，除依照本章规定外，适用第一审普通程序。

第一百八十二条 第二审人民法院的判决、裁定，是终审的判决、裁定。

第一百八十三条 人民法院审理对判决的上诉案件，应当在第二审立案之日起三个月内审结。有特殊情况需要延长的，由本院院长批准。

人民法院审理对裁定的上诉案件，应当在第二审立案之日起三十日内作出终审裁定。

第十五章 特别程序

第一节 一般规定

第一百八十四条 人民法院审理选民资格案件、宣告失踪或者宣告死亡案件、认定公民无民事行为能力或者限制民事行为能力案件、认定财产无主案件、确认调解协议案件和实现担保物权案件，适用本章规定。本章没有规定的，适用本法和其他法律的有关规定。

第一百八十五条 依照本章程序审理的案件，实行一审终审。选民资格案件或者重大、疑难的案件，由审判员组成合议庭审理；其他案件由审判员一人独任审理。

第一百八十六条 人民法院在依照本章程序审理案件的过程中，发现本案属于民事权益争议的，应当裁定终结特别程序，并告知利害关系人可以另行起诉。

第一百八十七条 人民法院适用特别程序审理的案件，应当在立案之日起三十日内或者公告期满后三十日内审结。有特殊情况需要延长的，由本院院长批准。但审理选民资格的案件除外。

第二节 选民资格案件

第一百八十八条 公民不服选举委员会对选民资格的申诉所作的处理决定，可以在选举日的五日以前向选区所在地基层人民法院起诉。

第一百八十九条 人民法院受理选民资格案件后，必须在选举日前审结。

审理时，起诉人、选举委员会的代表和有关公民必须参加。

人民法院的判决书，应当在选举日前送达选举委员会和起诉人，并通知有关公民。

第三节 宣告失踪、宣告死亡案件

第一百九十条 公民下落不明满二年，利害关系人申请宣告其失踪的，向下落不明人住所地基层人民法院提出。

申请书应当写明失踪的事实、时间和请求，并附有公安机关或者其他有关机关关于该公民下落不明的书面证明。

第一百九十一条 公民下落不明满四年，或者因意外事件下落不明满二年，或者因意外事件下落不明，经有关机关证明该公民不可能生存，利害关系人申请宣告其死亡的，向下落不明人住所地基层人民法院提出。

申请书应当写明下落不明的事实、时间和请求，并附有公安机关或者其他有关机关关于该公民下落不明的书面证明。

第一百九十二条 人民法院受理宣告失踪、宣告死亡案件后，应当发出寻找下落不明人的公告。宣告失踪的公告期间为三个月，宣告死亡的公告期间为一年。因意外事件下落不明，经有关机关证明该公民不可能生存的，宣告死亡的公告期间为三个月。

公告期间届满，人民法院应当根据被宣告失踪、宣告死亡的事实是否得到确认，作出宣告失踪、宣告死亡的判决或者驳回申请的判决。

第一百九十三条 被宣告失踪、宣告死亡的公民重新出现，经本人或者利害关系人申请，人民法院应当作出新判决，撤销原判决。

第四节 认定公民无民事行为能力、限制民事行为能力案件

第一百九十四条 申请认定公民无民事行为能力或者限制民事行为能力，由利害关系人或者有关组织向该公民住所地基层人民法院提出。

申请书应当写明该公民无民事行为能力或者限制民事行为能力的事实和根据。

第一百九十五条 人民法院受理申请后，必要时应当对被请求认定为无民事行为能力或者限制民事行为能力的公民进行鉴定。申请人已提供鉴定意见的，应当对鉴定意见进行审查。

第一百九十六条 人民法院审理认定公民无民事行为能力或者限制民事行为能力的案件，应当由该公民的近亲属为代理人，但申请人除外。近亲属互相推诿的，由人民法院指定其中一人为代理人。该公民健康情况许可的，还应当询问本人的意见。

人民法院经审理认定申请有事实根据的，判决该公民为无民事行为能力或者限制民事行为能力人；认定申请没有事实根据的，应当判决予以驳回。

第一百九十七条 人民法院根据被认定为无民事行为能力人、限制民事行为能力人本人、利害关系人或者有关组织的申请，证实该公民无民事行为能力或者限制民事行为能力的原因已经消除的，应当作出新判决，撤销原判决。

第五节 认定财产无主案件

第一百九十八条 申请认定财产无主，由公民、法人或者其他组织向财产所在地基层人民法院提出。

申请书应当写明财产的种类、数量以及要求认定财产无主的根据。

第一百九十九条 人民法院受理申请后，经审查核实，应当发出财产认领公告。公告满一年无人认领的，判决认定财产无主，收归国家或者集体所有。

第二百条 判决认定财产无主后，原财产所有人或者继承人出现，在民法典规定的诉讼时效期间可以对财产提出请求，人民法院审查属实后，应当作出新判决，撤销原判决。

第六节 确认调解协议案件

第二百零一条 经依法设立的调解组织调解达成调解协议，申请司法确认的，由双方当事人自调解协议生效之日起三十日内，共同向下列人民法院提出：

（一）人民法院邀请调解组织开展先行调解的，向作出邀请的人民法院提出；

（二）调解组织自行开展调解的，向当事人住所地、标的物所在地、调解组织所在地的基层人民法院提出；调解协议所涉纠纷应当由中级人民法院管辖的，向相应的中级人民法院提出。

第二百零二条 人民法院受理申请后，经审查，符合法律规定的，裁定调解协议有效，一方当事人拒绝履行或者未全部履行的，对方当事人可以向人民法院申请执行；不符合法律规定的，裁定驳回申请，当事人可以通过调解方式变更原调解协议或者达成新的调解协议，也可以向人民法院提起诉讼。

第七节 实现担保物权案件

第二百零三条 申请实现担保物权，由担保物权人以及其他有权请求实现担保物权的人依照民法典等法律，向担保财产所在地或者担保物权登记地基层人民法院提出。

第二百零四条 人民法院受理申请后，经审查，符合法律规定的，裁定拍卖、变卖担保财产，当事人依据该裁定可以向人民法院申请执行；不符合法律规定的，裁定驳回申请，当事人可以向人民法院提起诉讼。

第十六章 审判监督程序

第二百零五条 各级人民法院院长对本院已经发生法律效力的判决、裁定、调解书，发现确有错误，认为需要再审的，应当提交审判委员会讨论决定。

最高人民法院对地方各级人民法院已经发生法律效力的判决、裁定、调解书，上级人民法院对下级人民法院已经发生法律效力的判决、裁定、调解书，发现确有错误的，有权提审或者指令下级人民法院再审。

第二百零六条 当事人对已经发生法律效力的判决、裁定，认为有错误的，可以向上一级人民法院申请再审；当事人一方人数众多或者当事人双方为公民的案件，也可以向原审人民法院申请再审。当事人申请再审的，不停止判决、裁定的执行。

第二百零七条 当事人的申请符合下列情形之一的，人民法院应当再审：

（一）有新的证据，足以推翻原判决、裁定的；

（二）原判决、裁定认定的基本事实缺乏证据证明的；

（三）原判决、裁定认定事实的主要证据是伪造的；

（四）原判决、裁定认定事实的主要证据未经质证的；

（五）对审理案件需要的主要证据，当事人因客观原因不能自行收集，书面申请人民法院调查收集，人民法院未调查收集的；

（六）原判决、裁定适用法律确有错误的；

（七）审判组织的组成不合法或者依法应当回避的审判人员没有回避的；

（八）无诉讼行为能力人未经法定代理人代为诉讼或者应当参加诉讼的当事人，因不能归责于本人或者其诉讼代理人的事由，未参加诉讼的；

（九）违反法律规定，剥夺当事人辩论权利的；

（十）未经传票传唤，缺席判决的；

（十一）原判决、裁定遗漏或者超出诉讼请求的；

（十二）据以作出原判决、裁定的法律文书被撤销或者变更的；

（十三）审判人员审理该案件时有贪污受贿，徇私舞弊，枉法裁判行为的。

第二百零八条 当事人对已经发生法律效力的调解书，提出证据证明调解违反自愿原则或者调解协议的内容违反法律的，可以申请再审。经人民法院审查属实的，应当再审。

第二百零九条 当事人对已经发生法律效力的解除婚姻关系的判决、调解书，不得申请再审。

第二百一十条 当事人申请再审的，应当提交再审申请书等材料。人民法院应当自收到再审申请书之日起五日内将再审申请书副本发送对方当事人。对方当事人应当自收到再审申请书副本之日起十五日内提交书面意见；不提交书面意见的，不影响人民法院审查。人民法院可以要求申请人和对方当事人补充有关材料，询问有关事项。

第二百一十一条 人民法院应当自收到再审申请书之日起三个月内审查，符合本法规定的，裁定再审；不符合本法规定的，裁定驳回申请。有特殊情况需要延长的，由本院院长批准。

因当事人申请裁定再审的案件由中级人民法院以上的人民法院审理，但当事人依照本法第二百零六条的规定选择向基层人民法院申请再审的除外。最高人民法院、高级人民法院裁定再审的案件，由本院再审或者交其他人民法院再审，也可以交原审人民法院再审。

第二百一十二条 当事人申请再审，应当在判决、裁定发生法律效力后六个月内提出；有本法第二百零七条第一项、第三项、第十二项、第十三项规定情形的，自知道或者应当知道之日起六个月内提出。

第二百一十三条 按照审判监督程序决定再审的案件，裁定中止原判决、裁定、调解书的执行，但追索赡养费、扶养费、抚养费、抚恤金、医疗费用、劳动报酬等案件，可以不中止执行。

第二百一十四条 人民法院按照审判监督程序再审的案件，发生法律效力的判决、裁定是由第一审法院作出的，按照第一审程序审理，所作的判决、裁定，当事人可以上诉；发生法律效力的判决、裁定是由第二审法院作出的，按照第二审程序审理，所作的判决、裁定，是发生法律效力的判决、裁定；上级人民法院按照审判监督程序提审的，按照第二审程序审理，所作的判决、裁定是发生法律效力的判决、裁定。

人民法院审理再审案件，应当另行组成合议庭。

第二百一十五条 最高人民检察院对各级人民法院已经发生法律效力的判决、裁定，上级人民检察院对下级人民法院已经发生法律效力的判决、裁定，发现有本法第二百零七条规定情形之一的，或者发现调解书损害国家利益、社会公共利益的，应当提出抗诉。

地方各级人民检察院对同级人民法院已经发生法律效力的判决、裁定，发现有本法第二百零七条规定情形之一的，或者发现调解书损害国家利益、社会公共利益的，可以向同级人民法院提出检察建议，并报上级人民检察院备案；也可以提请上级人民检察院向同级人民法院提出抗诉。

各级人民检察院对审判监督程序以外的其他审判程序中审判人员的违法行为，有权向同级人民法院提出检察建议。

第二百一十六条 有下列情形之一的，当事人可以向人民检察院申请检察建议或者抗诉：

（一）人民法院驳回再审申请的；

（二）人民法院逾期未对再审申请作出裁定的；

（三）再审判决、裁定有明显错误的。

人民检察院对当事人的申请应当在三个月内进行审查，作出提出或者不予提出检察建议或者抗诉的决定。当事人不得再次向人民检察院申请检察建议或者抗诉。

第二百一十七条 人民检察院因履行法律监督职责提出检察建议或者抗诉的需要，可以向当事人或者案外人调查核实有关情况。

第二百一十八条 人民检察院提出抗诉的案件，接受抗诉的人民法院应当自收到抗诉书之日起三十日内作出再审的裁定；有本法第二百零七条第一项至第五项规定情形之一的，可以交下一级人民法院再审，但经该下一级人民法院再审的除外。

第二百一十九条 人民检察院决定对人民法院的判决、裁定、调解书提出抗诉的，应当制作抗诉书。

第二百二十条 人民检察院提出抗诉的案件，人民法院再审时，应当通知人民检察院派员出席法庭。

第十七章 督促程序

第二百二十一条 债权人请求债务人给付金钱、有价证券，符合下列条件的，可以向有管辖权的基层人民法院申请支付令：

（一）债权人与债务人没有其他债务纠纷的；

（二）支付令能够送达债务人的。

申请书应当写明请求给付金钱或者有价证券的数量和所根据的事实、证据。

第二百二十二条 债权人提出申请后，人民法院应当在五日内通知债权人是否受理。

第二百二十三条 人民法院受理申请后，经审查债权人提供的事实、证据，对债权债务关系明确、合法的，应当在受理之日起十五日内向债务人发出支付令；申请不成立的，裁定予以驳回。

债务人应当自收到支付令之日起十五日内清偿债务，或者向人民法院提出书面异议。

债务人在前款规定的期间不提出异议又不履行支付令的，债权人可以向人民法院申请执行。

第二百二十四条 人民法院收到债务人提出的书面异议后，经审查，异议成立的，应当裁定终结督促程序，支付令自行失效。

支付令失效的，转入诉讼程序，但申请支付令的一方当事人不同意提起诉讼的除外。

第十八章 公示催告程序

第二百二十五条 按照规定可以背书转让的票据持有人，因票据被盗、遗失或者灭失，可以向票据支付地的基层人民法院申请公示催告。依照法律规定可以申请公示催告的其他事项，适用本章规定。

申请人应当向人民法院递交申请书，写明票面金额、发票人、持票人、背书人等票据主要内容和申请的理由、事实。

第二百二十六条 人民法院决定受理申请，应当同时通知支付人停止支付，并在三日内发出公告，催促利害关系人申报权利。公示催告的期间，由人民法院根据情况决定，但不得少于六十日。

第二百二十七条 支付人收到人民法院停止支付的通知，应当停止支付，至公示催告程序终结。

公示催告期间，转让票据权利的行为无效。

第二百二十八条 利害关系人应当在公示催告期间向人民法院申报。

人民法院收到利害关系人的申报后，应当裁定终结公示催告程序，并通知申请人和支付人。

申请人或者申报人可以向人民法院起诉。

第二百二十九条 没有人申报的，人民法院应当根据申请人的申请，作出判决，宣告票据无效。判决应当公告，并通知支付人。自判决公告之日起，申请人有权向支付人请求支付。

第二百三十条 利害关系人因正当理由不能在判决前向人民法院申报的，自知道或者应当知道判决公告之日起一年内，可以向作出判决的人民法院起诉。

第三编 执行程序

第十九章 一般规定

第二百三十一条 发生法律效力的民事判决、裁定，以及刑事判决、裁定中的财产部分，由第一审人民法院或者与第一审人民法院同级的被执行的财产所在地人民法院执行。

法律规定由人民法院执行的其他法律文书，由被执行人住所地或者被执行的财产所在地人民法院执行。

第二百三十二条 当事人、利害关系人认为执行行为违反法律规定的，可以向负责执行的人民法院提出书面异议。当事人、利害关系人提出书面异议的，人民法院应当自收到书面异议之日起十五日内审查，理由成立的，裁定撤销或者改正；理由不成立的，裁定驳回。当事人、利害关系人对裁定不服的，可以自裁定送达之日起十日内向上一级人民法院申请复议。

第二百三十三条 人民法院自收到申请执行书之日起超过六个月未执行的，申请执行人可以向上一级人民法院申请执行。上一级人民法院经审查，可以责令原人民法院在一定期限内执行，也可以决定由本院执行或者指令其他人民法院执行。

第二百三十四条 执行过程中，案外人对执行标的提出书面异议的，人民法院应当自收到书面异议之日起十五日内审查，理由成立的，裁定中止对该标的的执行；理由不成立的，裁定驳回。案外人、当事人对裁定不服，认为原判决、裁定错误的，依照审判监督程序办理；与原判决、裁定无关的，可以自裁定送达之日起十五日内向人民法院提起诉讼。

第二百三十五条 执行工作由执行员进行。

采取强制执行措施时，执行员应当出示证件。执行完毕后，应当将执行情况制作笔录，由在场的有关人员签名或者盖章。

人民法院根据需要可以设立执行机构。

第二百三十六条 被执行人或者被执行的财产在外地的，可以委托当地人民法院代为执行。受委托人民法院收到委托函件后，必须在十五日内开始执行，不得拒绝。执行完毕后，应当将执行结果及时函复委托人民法院；在三十日内如果还未执行完毕，也应当将执行情况函告委托人民法院。

受委托人民法院自收到委托函件之日起十五日内不执行的，委托人民法院可以请求受委托人民法院的上级人民法院指令受委托人民法院执行。

第二百三十七条 在执行中，双方当事人自行和解达成协议的，执行员应当将协议内容记入笔录，由双方当事人签名或者盖章。

申请执行人因受欺诈、胁迫与被执行人达成和解协议，或者当事人不履行和解协议的，人民法院可以根据当事人的申请，恢复对原生效法律文书的执行。

第二百三十八条 在执行中，被执行人向人民法院提供担保，并经申请执行人同意的，人民法院可以决定暂缓执行及暂缓执行的期限。被执行人逾期仍不履行的，人民法院有权执行被执行人的担保财产或者担保人的财产。

第二百三十九条 作为被执行人的公民死亡的，以其遗产偿还债务。作为被执行人的法人或者其他组织终止的，由其权利义务承受人履行义务。

第二百四十条 执行完毕后，据以执行的判决、裁定和其他法律文书确有错误，被人民法院撤销的，对已被执行的财产，人民法院应当作出裁定，责令取得财产的人返还；拒不返还的，强制执行。

第二百四十一条 人民法院制作的调解书的执行，适用本编的规定。

第二百四十二条 人民检察院有权对民事执行活动实行法律监督。

第二十章 执行的申请和移送

第二百四十三条 发生法律效力的民事判决、裁定，当事人必须履行。一方拒绝履行的，对方当事人可以向人民法院申请执行，也可以由审判员移送执行员执行。

调解书和其他应当由人民法院执行的法律文书，当事人必须履行。一方拒绝履行的，对方当事人可以向人民法院申请执行。

第二百四十四条 对依法设立的仲裁机构的裁决，一方当事人不履行的，对方当事人可以向有管辖权的人民法院申请执行。受申请的人民法院应当执行。

被申请人提出证据证明仲裁裁决有下列情形之一的，经人民法院组成合议庭审查核实，裁定不予执行：

（一）当事人在合同中没有订有仲裁条款或者事后没有达成书面仲裁协议的；

（二）裁决的事项不属于仲裁协议的范围或者仲裁机构无权仲裁的；

（三）仲裁庭的组成或者仲裁的程序违反法定程序的；

（四）裁决所根据的证据是伪造的；

（五）对方当事人向仲裁机构隐瞒了足以影响公正裁决的证据的；

（六）仲裁员在仲裁该案时有贪污受贿，徇私舞弊，枉法裁决行为的。

人民法院认定执行该裁决违背社会公共利益的，裁定不予执行。

裁定书应当送达双方当事人和仲裁机构。

仲裁裁决被人民法院裁定不予执行的，当

事人可以根据双方达成的书面仲裁协议重新申请仲裁，也可以向人民法院起诉。

第二百四十五条 对公证机关依法赋予强制执行效力的债权文书，一方当事人不履行的，对方当事人可以向有管辖权的人民法院申请执行，受申请的人民法院应当执行。

公证债权文书确有错误的，人民法院裁定不予执行，并将裁定书送达双方当事人和公证机关。

第二百四十六条 申请执行的期间为二年。申请执行时效的中止、中断，适用法律有关诉讼时效中止、中断的规定。

前款规定的期间，从法律文书规定履行期间的最后一日起计算；法律文书规定分期履行的，从最后一期履行期限届满之日起计算；法律文书未规定履行期间的，从法律文书生效之日起计算。

第二百四十七条 执行员接到申请执行书或者移交执行书，应当向被执行人发出执行通知，并可以立即采取强制执行措施。

第二十一章 执行措施

第二百四十八条 被执行人未按执行通知履行法律文书确定的义务，应当报告当前以及收到执行通知之日前一年的财产情况。被执行人拒绝报告或者虚假报告的，人民法院可以根据情节轻重对被执行人或者其法定代理人、有关单位的主要负责人或者直接责任人员予以罚款、拘留。

第二百四十九条 被执行人未按执行通知履行法律文书确定的义务，人民法院有权向有关单位查询被执行人的存款、债券、股票、基金份额等财产情况。人民法院有权根据不同情形扣押、冻结、划拨、变价被执行人的财产。人民法院查询、扣押、冻结、划拨、变价的财产不得超出被执行人应当履行义务的范围。

人民法院决定扣押、冻结、划拨、变价财产，应当作出裁定，并发出协助执行通知书，有关单位必须办理。

第二百五十条 被执行人未按执行通知履行法律文书确定的义务，人民法院有权扣留、提取被执行人应当履行义务部分的收入。但应当保留被执行人及其所扶养家属的生活必需费用。

人民法院扣留、提取收入时，应当作出裁定，并发出协助执行通知书，被执行人所在单位、银行、信用合作社和其他有储蓄业务的单位必须办理。

第二百五十一条 被执行人未按执行通知履行法律文书确定的义务，人民法院有权查封、扣押、冻结、拍卖、变卖被执行人应当履行义务部分的财产。但应当保留被执行人及其所扶养家属的生活必需品。

采取前款措施，人民法院应当作出裁定。

第二百五十二条 人民法院查封、扣押财产时，被执行人是公民的，应当通知被执行人或者他的成年家属到场；被执行人是法人或者其他组织的，应当通知其法定代表人或者主要负责人到场。拒不到场的，不影响执行。被执行人是公民的，其工作单位或者财产所在地的基层组织应当派人参加。

对被查封、扣押的财产，执行员必须造具清单，由在场人签名或者盖章后，交被执行人一份。被执行人是公民的，也可以交他的成年家属一份。

第二百五十三条 被查封的财产，执行员可以指定被执行人负责保管。因被执行人的过错造成的损失，由被执行人承担。

第二百五十四条 财产被查封、扣押后，执行员应当责令被执行人在指定期间履行法律文书确定的义务。被执行人逾期不履行的，人民法院应当拍卖被查封、扣押的财产；不适于拍卖或者当事人双方同意不进行拍卖的，人民法院可以委托有关单位变卖或者自行变卖。国家禁止自由买卖的物品，交有关单位按照国家规定的价格收购。

第二百五十五条 被执行人不履行法律文书确定的义务，并隐匿财产的，人民法院有权发出搜查令，对被执行人及其住所或者财产隐匿地进行搜查。

采取前款措施，由院长签发搜查令。

第二百五十六条 法律文书指定交付的财物或者票证，由执行员传唤双方当事人当面交付，或者由执行员转交，并由被交付人签收。

有关单位持有该项财物或者票证的，应当根据人民法院的协助执行通知书转交，并由被交付人签收。

有关公民持有该项财物或者票证的，人民法院通知其交出。拒不交出的，强制执行。

第二百五十七条 强制迁出房屋或者强制

退出土地，由院长签发公告，责令被执行人在指定期间履行。被执行人逾期不履行的，由执行员强制执行。

强制执行时，被执行人是公民的，应当通知被执行人或者他的成年家属到场；被执行人是法人或者其他组织的，应当通知其法定代表人或者主要负责人到场。拒不到场的，不影响执行。被执行人是公民的，其工作单位或者房屋、土地所在地的基层组织应当派人参加。执行员应当将强制执行情况记入笔录，由在场人签名或者盖章。

强制迁出房屋被搬出的财物，由人民法院派人运至指定处所，交给被执行人。被执行人是公民的，也可以交给他的成年家属。因拒绝接收而造成的损失，由被执行人承担。

第二百五十八条 在执行中，需要办理有关财产权证照转移手续的，人民法院可以向有关单位发出协助执行通知书，有关单位必须办理。

第二百五十九条 对判决、裁定和其他法律文书指定的行为，被执行人未按执行通知履行的，人民法院可以强制执行或者委托有关单位或者其他人完成，费用由被执行人承担。

第二百六十条 被执行人未按判决、裁定和其他法律文书指定的期间履行给付金钱义务的，应当加倍支付迟延履行期间的债务利息。被执行人未按判决、裁定和其他法律文书指定的期间履行其他义务的，应当支付迟延履行金。

第二百六十一条 人民法院采取本法第二百四十九条、第二百五十条、第二百五十一条规定的执行措施后，被执行人仍不能偿还债务的，应当继续履行义务。债权人发现被执行人有其他财产的，可以随时请求人民法院执行。

第二百六十二条 被执行人不履行法律文书确定的义务的，人民法院可以对其采取或者通知有关单位协助采取限制出境，在征信系统记录、通过媒体公布不履行义务信息以及法律规定的其他措施。

第二十二章 执行中止和终结

第二百六十三条 有下列情形之一的，人民法院应当裁定中止执行：

（一）申请人表示可以延期执行的；

（二）案外人对执行标的提出确有理由的异议的；

（三）作为一方当事人的公民死亡，需要等待继承人继承权利或者承担义务的；

（四）作为一方当事人的法人或者其他组织终止，尚未确定权利义务承受人的；

（五）人民法院认为应当中止执行的其他情形。

中止的情形消失后，恢复执行。

第二百六十四条 有下列情形之一的，人民法院裁定终结执行：

（一）申请人撤销申请的；

（二）据以执行的法律文书被撤销的；

（三）作为被执行人的公民死亡，无遗产可供执行，又无义务承担人的；

（四）追索赡养费、扶养费、抚养费案件的权利人死亡的；

（五）作为被执行人的公民因生活困难无力偿还借款，无收入来源，又丧失劳动能力的；

（六）人民法院认为应当终结执行的其他情形。

第二百六十五条 中止和终结执行的裁定，送达当事人后立即生效。

第四编 涉外民事诉讼程序的特别规定

第二十三章 一般原则

第二百六十六条 在中华人民共和国领域内进行涉外民事诉讼，适用本编规定。本编没有规定的，适用本法其他有关规定。

第二百六十七条 中华人民共和国缔结或者参加的国际条约同本法有不同规定的，适用该国际条约的规定，但中华人民共和国声明保留的条款除外。

第二百六十八条 对享有外交特权与豁免的外国人、外国组织或者国际组织提起的民事诉讼，应当依照中华人民共和国有关法律和中华人民共和国缔结或者参加的国际条约的规定办理。

第二百六十九条 人民法院审理涉外民事案件，应当使用中华人民共和国通用的语言、文字。当事人要求提供翻译的，可以提供，费用由当事人承担。

第二百七十条 外国人、无国籍人、外国企业和组织在人民法院起诉、应诉，需要委托律师代理诉讼的，必须委托中华人民共和国的律师。

第二百七十一条 在中华人民共和国领域内没有住所的外国人、无国籍人、外国企业和组织委托中华人民共和国律师或者其他人代理诉讼，从中华人民共和国领域外寄交或者托交的授权委托书，应当经所在国公证机关证明，并经中华人民共和国驻该国使领馆认证，或者履行中华人民共和国与该所在国订立的有关条约中规定的证明手续后，才具有效力。

第二十四章 管 辖

第二百七十二条 因合同纠纷或者其他财产权益纠纷，对在中华人民共和国领域内没有住所的被告提起的诉讼，如果合同在中华人民共和国领域内签订或者履行，或者诉讼标的物在中华人民共和国领域内，或者被告在中华人民共和国领域内有可供扣押的财产，或者被告在中华人民共和国领域内设有代表机构，可以由合同签订地、合同履行地、诉讼标的物所在地、可供扣押财产所在地、侵权行为地或者代表机构住所地人民法院管辖。

第二百七十三条 因在中华人民共和国履行中外合资经营企业合同、中外合作经营企业合同、中外合作勘探开发自然资源合同发生纠纷提起的诉讼，由中华人民共和国人民法院管辖。

第二十五章 送达、期间

第二百七十四条 人民法院对在中华人民共和国领域内没有住所的当事人送达诉讼文书，可以采用下列方式：

（一）依照受送达人所在国与中华人民共和国缔结或者共同参加的国际条约中规定的方式送达；

（二）通过外交途径送达；

（三）对具有中华人民共和国国籍的受送达人，可以委托中华人民共和国驻受送达人所在国的使领馆代为送达；

（四）向受送达人委托的有权代其接受送达的诉讼代理人送达；

（五）向受送达人在中华人民共和国领域内设立的代表机构或者有权接受送达的分支机构、业务代办人送达；

（六）受送达人所在国的法律允许邮寄送达的，可以邮寄送达，自邮寄之日起满三个月，送达回证没有退回，但根据各种情况足以认定已经送达的，期间届满之日视为送达；

（七）采用传真、电子邮件等能够确认受送达人收悉的方式送达；

（八）不能用上述方式送达的，公告送达，自公告之日起满三个月，即视为送达。

第二百七十五条 被告在中华人民共和国领域内没有住所的，人民法院应当将起诉状副本送达被告，并通知被告在收到起诉状副本后三十日内提出答辩状。被告申请延期的，是否准许，由人民法院决定。

第二百七十六条 在中华人民共和国领域内没有住所的当事人，不服第一审人民法院判决、裁定的，有权在判决书、裁定书送达之日起三十日内提起上诉。被上诉人在收到上诉状副本后，应当在三十日内提出答辩状。当事人不能在法定期间提起上诉或者提出答辩状，申请延期的，是否准许，由人民法院决定。

第二百七十七条 人民法院审理涉外民事案件的期间，不受本法第一百五十二条、第一百八十三条规定的限制。

第二十六章 仲 裁

第二百七十八条 涉外经济贸易、运输和海事中发生的纠纷，当事人在合同中订有仲裁条款或者事后达成书面仲裁协议，提交中华人民共和国涉外仲裁机构或者其他仲裁机构仲裁的，当事人不得向人民法院起诉。

当事人在合同中没有订有仲裁条款或者事后没有达成书面仲裁协议的，可以向人民法院起诉。

第二百七十九条 当事人申请采取保全的，中华人民共和国的涉外仲裁机构应当将当事人的申请，提交被申请人住所地或者财产所在地的中级人民法院裁定。

第二百八十条 经中华人民共和国涉外仲裁机构裁决的，当事人不得向人民法院起诉。一方当事人不履行仲裁裁决的，对方当事人可以向被申请人住所地或者财产所在地的中级人民法院申请执行。

第二百八十一条 对中华人民共和国涉外仲裁机构作出的裁决，被申请人提出证据证明仲裁裁决有下列情形之一的，经人民法院组成合议庭审查核实，裁定不予执行：

（一）当事人在合同中没有订有仲裁条款或者事后没有达成书面仲裁协议的；

（二）被申请人没有得到指定仲裁员或者进行仲裁程序的通知，或者由于其他不属于被申请人负责的原因未能陈述意见的；

（三）仲裁庭的组成或者仲裁的程序与仲裁规则不符的；

（四）裁决的事项不属于仲裁协议的范围或者仲裁机构无权仲裁的。

人民法院认定执行该裁决违背社会公共利益的，裁定不予执行。

第二百八十二条 仲裁裁决被人民法院裁定不予执行的，当事人可以根据双方达成的书面仲裁协议重新申请仲裁，也可以向人民法院起诉。

第二十七章 司法协助

第二百八十三条 根据中华人民共和国缔结或者参加的国际条约，或者按照互惠原则，人民法院和外国法院可以相互请求，代为送达文书、调查取证以及进行其他诉讼行为。

外国法院请求协助的事项有损于中华人民共和国的主权、安全或者社会公共利益的，人民法院不予执行。

第二百八十四条 请求和提供司法协助，应当依照中华人民共和国缔结或者参加的国际条约所规定的途径进行；没有条约关系的，通过外交途径进行。

外国驻中华人民共和国的使领馆可以向该国公民送达文书和调查取证，但不得违反中华人民共和国的法律，并不得采取强制措施。

除前款规定的情况外，未经中华人民共和国主管机关准许，任何外国机关或者个人不得在中华人民共和国领域内送达文书、调查取证。

第二百八十五条 外国法院请求人民法院提供司法协助的请求书及其所附文件，应当附有中文译本或者国际条约规定的其他文字文本。

人民法院请求外国法院提供司法协助的请求书及其所附文件，应当附有该国文字译本或者国际条约规定的其他文字文本。

第二百八十六条 人民法院提供司法协助，依照中华人民共和国法律规定的程序进行。外国法院请求采用特殊方式的，也可以按照其请求的特殊方式进行，但请求采用的特殊方式不得违反中华人民共和国法律。

第二百八十七条 人民法院作出的发生法律效力的判决、裁定，如果被执行人或者其财产不在中华人民共和国领域内，当事人请求执行的，可以由当事人直接向有管辖权的外国法院申请承认和执行，也可以由人民法院依照中华人民共和国缔结或者参加的国际条约的规定，或者按照互惠原则，请求外国法院承认和执行。

中华人民共和国涉外仲裁机构作出的发生法律效力的仲裁裁决，当事人请求执行的，如果被执行人或者其财产不在中华人民共和国领域内，应当由当事人直接向有管辖权的外国法院申请承认和执行。

第二百八十八条 外国法院作出的发生法律效力的判决、裁定，需要中华人民共和国人民法院承认和执行的，可以由当事人直接向中华人民共和国有管辖权的中级人民法院申请承认和执行，也可以由外国法院依照该国与中华人民共和国缔结或者参加的国际条约的规定，或者按照互惠原则，请求人民法院承认和执行。

第二百八十九条 人民法院对申请或者请求承认和执行的外国法院作出的发生法律效力的判决、裁定，依照中华人民共和国缔结或者参加的国际条约，或者按照互惠原则进行审查后，认为不违反中华人民共和国法律的基本原则或者国家主权、安全、社会公共利益的，裁定承认其效力，需要执行的，发出执行令，依照本法的有关规定执行。违反中华人民共和国法律的基本原则或者国家主权、安全、社会公共利益的，不予承认和执行。

第二百九十条 国外仲裁机构的裁决，需要中华人民共和国人民法院承认和执行的，应当由当事人直接向被执行人住所地或者其财产所在地的中级人民法院申请，人民法院应当依照中华人民共和国缔结或者参加的国际条约，或者按照互惠原则办理。

第二百九十一条 本法自公布之日起施行，《中华人民共和国民事诉讼法（试行）》同时废止。

最高人民法院
关于适用《中华人民共和国民事诉讼法》的解释

（2014年12月18日最高人民法院审判委员会第1636次会议通过　根据2020年12月23日最高人民法院审判委员会第1823次会议通过的《最高人民法院关于修改〈最高人民法院关于人民法院民事调解工作若干问题的规定〉等十九件民事诉讼类司法解释的决定》第一次修正　根据2022年3月22日最高人民法院审判委员会第1866次会议通过的《最高人民法院关于修改〈最高人民法院关于适用《中华人民共和国民事诉讼法》的解释〉的决定》第二次修正）

目　　录

一、管　辖
二、回　避
三、诉讼参加人
四、证　据
五、期间和送达
六、调　解
七、保全和先予执行
八、对妨害民事诉讼的强制措施
九、诉讼费用
十、第一审普通程序
十一、简易程序
十二、简易程序中的小额诉讼
十三、公益诉讼
十四、第三人撤销之诉
十五、执行异议之诉
十六、第二审程序
十七、特别程序
十八、审判监督程序
十九、督促程序
二十、公示催告程序
二十一、执行程序
二十二、涉外民事诉讼程序的特别规定
二十三、附　则

2012年8月31日，第十一届全国人民代表大会常务委员会第二十八次会议审议通过了《关于修改〈中华人民共和国民事诉讼法〉的决定》。根据修改后的民事诉讼法，结合人民法院民事审判和执行工作实际，制定本解释。

一、管　辖

第一条　民事诉讼法第十九条第一项规定的重大涉外案件，包括争议标的额大的案件、案情复杂的案件，或者一方当事人人数众多等具有重大影响的案件。

第二条　专利纠纷案件由知识产权法院、最高人民法院确定的中级人民法院和基层人民法院管辖。

海事、海商案件由海事法院管辖。

第三条　公民的住所地是指公民的户籍所在地，法人或者其他组织的住所地是指法人或者其他组织的主要办事机构所在地。

法人或者其他组织的主要办事机构所在地不能确定的，法人或者其他组织的注册地或者登记地为住所地。

第四条　公民的经常居住地是指公民离开住所地至起诉时已连续居住一年以上的地方，但公民住院就医的地方除外。

第五条　对没有办事机构的个人合伙、合伙型联营体提起的诉讼，由被告注册登记地人民法院管辖。没有注册登记，几个被告又不在同一辖区的，被告住所地的人民法院都有管辖权。

第六条　被告被注销户籍的，依照民事诉讼法第二十三条规定确定管辖；原告、被告均被注销户籍的，由被告居住地人民法院管辖。

第七条 当事人的户籍迁出后尚未落户，有经常居住地的，由该地人民法院管辖；没有经常居住地的，由其原户籍所在地人民法院管辖。

第八条 双方当事人都被监禁或者被采取强制性教育措施的，由被告原住所地人民法院管辖。被告被监禁或者被采取强制性教育措施一年以上的，由被告被监禁地或者被采取强制性教育措施地人民法院管辖。

第九条 追索赡养费、扶养费、抚养费案件的几个被告住所地不在同一辖区的，可以由原告住所地人民法院管辖。

第十条 不服指定监护或者变更监护关系的案件，可以由被监护人住所地人民法院管辖。

第十一条 双方当事人均为军人或者军队单位的民事案件由军事法院管辖。

第十二条 夫妻一方离开住所地超过一年，另一方起诉离婚的案件，可以由原告住所地人民法院管辖。

夫妻双方离开住所地超过一年，一方起诉离婚的案件，由被告经常居住地人民法院管辖；没有经常居住地的，由原告起诉时被告居住地人民法院管辖。

第十三条 在国内结婚并定居国外的华侨，如定居国法院以离婚诉讼须由婚姻缔结地法院管辖为由不予受理，当事人向人民法院提出离婚诉讼的，由婚姻缔结地或者一方在国内的最后居住地人民法院管辖。

第十四条 在国外结婚并定居国外的华侨，如定居国法院以离婚诉讼须由国籍所属国法院管辖为由不予受理，当事人向人民法院提出离婚诉讼的，由一方原住所地或者在国内的最后居住地人民法院管辖。

第十五条 中国公民一方居住在国外，一方居住在国内，不论哪一方向人民法院提起离婚诉讼，国内一方住所地人民法院都有权管辖。国外一方在居住国法院起诉，国内一方向人民法院起诉的，受诉人民法院有权管辖。

第十六条 中国公民双方在国外但未定居，一方向人民法院起诉离婚的，应由原告或者被告原住所地人民法院管辖。

第十七条 已经离婚的中国公民，双方均定居国外，仅就国内财产分割提起诉讼的，由主要财产所在地人民法院管辖。

第十八条 合同约定履行地点的，以约定的履行地点为合同履行地。

合同对履行地点没有约定或者约定不明确，争议标的为给付货币的，接收货币一方所在地为合同履行地；交付不动产的，不动产所在地为合同履行地；其他标的，履行义务一方所在地为合同履行地。即时结清的合同，交易行为地为合同履行地。

合同没有实际履行，当事人双方住所地都不在合同约定的履行地的，由被告住所地人民法院管辖。

第十九条 财产租赁合同、融资租赁合同以租赁物使用地为合同履行地。合同对履行地有约定的，从其约定。

第二十条 以信息网络方式订立的买卖合同，通过信息网络交付标的的，以买受人住所地为合同履行地；通过其他方式交付标的的，收货地为合同履行地。合同对履行地有约定的，从其约定。

第二十一条 因财产保险合同纠纷提起的诉讼，如果保险标的物是运输工具或者运输中的货物，可以由运输工具登记注册地、运输目的地、保险事故发生地人民法院管辖。

因人身保险合同纠纷提起的诉讼，可以由被保险人住所地人民法院管辖。

第二十二条 因股东名册记载、请求变更公司登记、股东知情权、公司决议、公司合并、公司分立、公司减资、公司增资等纠纷提起的诉讼，依照民事诉讼法第二十七条规定确定管辖。

第二十三条 债权人申请支付令，适用民事诉讼法第二十二条规定，由债务人住所地基层人民法院管辖。

第二十四条 民事诉讼法第二十九条规定的侵权行为地，包括侵权行为实施地、侵权结果发生地。

第二十五条 信息网络侵权行为实施地包括实施被诉侵权行为的计算机等信息设备所在地，侵权结果发生地包括被侵权人住所地。

第二十六条 因产品、服务质量不合格造成他人财产、人身损害提起的诉讼，产品制造地、产品销售地、服务提供地、侵权行为地和被告住所地人民法院都有管辖权。

第二十七条 当事人申请诉前保全后没有在法定期间起诉或者申请仲裁，给被申请人、利害关系人造成损失引起的诉讼，由采取保全措施的人民法院管辖。

当事人申请诉前保全后在法定期间内起诉或者申请仲裁，被申请人、利害关系人因保全受到损失提起的诉讼，由受理起诉的人民法院或者采取保全措施的人民法院管辖。

第二十八条 民事诉讼法第三十四条第一项规定的不动产纠纷是指因不动产的权利确认、分割、相邻关系等引起的物权纠纷。

农村土地承包经营合同纠纷、房屋租赁合同纠纷、建设工程施工合同纠纷、政策性房屋买卖合同纠纷，按照不动产纠纷确定管辖。

不动产已登记的，以不动产登记簿记载的所在地为不动产所在地；不动产未登记的，以不动产实际所在地为不动产所在地。

第二十九条 民事诉讼法第三十五条规定的书面协议，包括书面合同中的协议管辖条款或者诉讼前以书面形式达成的选择管辖的协议。

第三十条 根据管辖协议，起诉时能够确定管辖法院的，从其约定；不能确定的，依照民事诉讼法的相关规定确定管辖。

管辖协议约定两个以上与争议有实际联系的地点的人民法院管辖，原告可以向其中一个人民法院起诉。

第三十一条 经营者使用格式条款与消费者订立管辖协议，未采取合理方式提请消费者注意，消费者主张管辖协议无效的，人民法院应予支持。

第三十二条 管辖协议约定由一方当事人住所地人民法院管辖，协议签订后当事人住所地变更的，由签订管辖协议时的住所地人民法院管辖，但当事人另有约定的除外。

第三十三条 合同转让的，合同的管辖协议对合同受让人有效，但转让时受让人不知道有管辖协议，或者转让协议另有约定且原合同相对人同意的除外。

第三十四条 当事人因同居或者在解除婚姻、收养关系后发生财产争议，约定管辖的，可以适用民事诉讼法第三十五条规定确定管辖。

第三十五条 当事人在答辩期间届满后未应诉答辩，人民法院在一审开庭前，发现案件不属于本院管辖的，应当裁定移送有管辖权的人民法院。

第三十六条 两个以上人民法院都有管辖权的诉讼，先立案的人民法院不得将案件移送给另一个有管辖权的人民法院。人民法院在立案前发现其他有管辖权的人民法院已先立案的，不得重复立案；立案后发现其他有管辖权的人民法院已先立案的，裁定将案件移送给先立案的人民法院。

第三十七条 案件受理后，受诉人民法院的管辖权不受当事人住所地、经常居住地变更的影响。

第三十八条 有管辖权的人民法院受理案件后，不得以行政区域变更为由，将案件移送给变更后有管辖权的人民法院。判决后的上诉案件和依审判监督程序提审的案件，由原审人民法院的上级人民法院进行审判；上级人民法院指令再审、发回重审的案件，由原审人民法院再审或者重审。

第三十九条 人民法院对管辖异议审查后确定有管辖权的，不因当事人提起反诉、增加或者变更诉讼请求等改变管辖，但违反级别管辖、专属管辖规定的除外。

人民法院发回重审或者按第一审程序再审的案件，当事人提出管辖异议的，人民法院不予审查。

第四十条 依照民事诉讼法第三十八条第二款规定，发生管辖权争议的两个人民法院因协商不成报请它们的共同上级人民法院指定管辖时，双方为同属一个地、市辖区的基层人民法院的，由该地、市的中级人民法院及时指定管辖；同属一个省、自治区、直辖市的两个人民法院的，由该省、自治区、直辖市的高级人民法院及时指定管辖；双方为跨省、自治区、直辖市的人民法院，高级人民法院协商不成的，由最高人民法院及时指定管辖。

依照前款规定报请上级人民法院指定管辖时，应当逐级进行。

第四十一条 人民法院依照民事诉讼法第三十八条第二款规定指定管辖的，应当作出裁定。

对报请上级人民法院指定管辖的案件，下级人民法院应当中止审理。指定管辖裁定作出前，下级人民法院对案件作出判决、裁定的，上级人民法院应当在裁定指定管辖的同时，一并撤销下级人民法院的判决、裁定。

第四十二条 下列第一审民事案件，人民法院依照民事诉讼法第三十九条第一款规定，可以在开庭前交下级人民法院审理：

（一）破产程序中有关债务人的诉讼案件；

（二）当事人人数众多且不方便诉讼的案件；

（三）最高人民法院确定的其他类型案件。

人民法院交下级人民法院审理前，应当报请其上级人民法院批准。上级人民法院批准后，人民法院应当裁定将案件交下级人民法院审理。

二、回 避

第四十三条 审判人员有下列情形之一的，应当自行回避，当事人有权申请其回避：

（一）是本案当事人或者当事人近亲属的；

（二）本人或者其近亲属与本案有利害关系的；

（三）担任过本案的证人、鉴定人、辩护人、诉讼代理人、翻译人员的；

（四）是本案诉讼代理人近亲属的；

（五）本人或者其近亲属持有本案非上市公司当事人的股份或者股权的；

（六）与本案当事人或者诉讼代理人有其他利害关系，可能影响公正审理的。

第四十四条 审判人员有下列情形之一的，当事人有权申请其回避：

（一）接受本案当事人及其受托人宴请，或者参加由其支付费用的活动的；

（二）索取、接受本案当事人及其受托人财物或者其他利益的；

（三）违反规定会见本案当事人、诉讼代理人的；

（四）为本案当事人推荐、介绍诉讼代理人，或者为律师、其他人员介绍代理本案的；

（五）向本案当事人及其受托人借用款物的；

（六）有其他不正当行为，可能影响公正审理的。

第四十五条 在一个审判程序中参与过本案审判工作的审判人员，不得再参与该案其他程序的审判。

发回重审的案件，在一审法院作出裁判后又进入第二审程序的，原第二审程序中审判人员不受前款规定的限制。

第四十六条 审判人员有应当回避的情形，没有自行回避，当事人也没有申请其回避的，由院长或者审判委员会决定其回避。

第四十七条 人民法院应当依法告知当事人对合议庭组成人员、独任审判员和书记员等人员有申请回避的权利。

第四十八条 民事诉讼法第四十七条所称的审判人员，包括参与本案审理的人民法院院长、副院长、审判委员会委员、庭长、副庭长、审判员和人民陪审员。

第四十九条 书记员和执行员适用审判人员回避的有关规定。

三、诉讼参加人

第五十条 法人的法定代表人以依法登记的为准，但法律另有规定的除外。依法不需要办理登记的法人，以其正职负责人为法定代表人；没有正职负责人的，以其主持工作的副职负责人为法定代表人。

法定代表人已经变更，但未完成登记，变更后的法定代表人要求代表法人参加诉讼的，人民法院可以准许。

其他组织，以其主要负责人为代表人。

第五十一条 在诉讼中，法人的法定代表人变更的，由新的法定代表人继续进行诉讼，并应向人民法院提交新的法定代表人身份证明书。原法定代表人进行的诉讼行为有效。

前款规定，适用于其他组织参加的诉讼。

第五十二条 民事诉讼法第五十一条规定的其他组织是指合法成立、有一定的组织机构和财产，但又不具备法人资格的组织，包括：

（一）依法登记领取营业执照的个人独资企业；

（二）依法登记领取营业执照的合伙企业；

（三）依法登记领取我国营业执照的中外合作经营企业、外资企业；

（四）依法成立的社会团体的分支机构、代表机构；

（五）依法设立并领取营业执照的法人的分支机构；

（六）依法设立并领取营业执照的商业银行、政策性银行和非银行金融机构的分支机构；

（七）经依法登记领取营业执照的乡镇企业、街道企业；

（八）其他符合本条规定条件的组织。

第五十三条 法人非依法设立的分支机构，或者虽依法设立，但没有领取营业执照的分支机构，以设立该分支机构的法人为当事人。

第五十四条 以挂靠形式从事民事活动，当事人请求由挂靠人和被挂靠人依法承担民事责任的，该挂靠人和被挂靠人为共同诉讼人。

第五十五条 在诉讼中，一方当事人死亡，需要等待继承人表明是否参加诉讼的，裁定中止诉讼。人民法院应当及时通知继承人作为当事人承担诉讼，被继承人已经进行的诉讼行为对承担诉讼的继承人有效。

第五十六条 法人或者其他组织的工作人员执行工作任务造成他人损害的，该法人或者其他组织为当事人。

第五十七条 提供劳务一方因劳务造成他人损害，受害人提起诉讼的，以接受劳务一方为被告。

第五十八条 在劳务派遣期间，被派遣的工作人员因执行工作任务造成他人损害的，以接受劳务派遣的用工单位为当事人。当事人主张劳务派遣单位承担责任的，该劳务派遣单位为共同被告。

第五十九条 在诉讼中，个体工商户以营业执照上登记的经营者为当事人。有字号的，以营业执照上登记的字号为当事人，但应同时注明该字号经营者的基本信息。

营业执照上登记的经营者与实际经营者不一致的，以登记的经营者和实际经营者为共同诉讼人。

第六十条 在诉讼中，未依法登记领取营业执照的个人合伙的全体合伙人为共同诉讼人。个人合伙有依法核准登记的字号的，应在法律文书中注明登记的字号。全体合伙人可以推选代表人；被推选的代表人，应由全体合伙人出具推选书。

第六十一条 当事人之间的纠纷经人民调解委员会或者其他依法设立的调解组织调解达成协议后，一方当事人不履行调解协议，另一方当事人向人民法院提起诉讼的，应以对方当事人为被告。

第六十二条 下列情形，以行为人为当事人：

（一）法人或者其他组织应登记而未登记，行为人即以该法人或者其他组织名义进行民事活动的；

（二）行为人没有代理权、超越代理权或者代理权终止后以被代理人名义进行民事活动的，但相对人有理由相信行为人有代理权的除外；

（三）法人或者其他组织依法终止后，行为人仍以其名义进行民事活动的。

第六十三条 企业法人合并的，因合并前的民事活动发生的纠纷，以合并后的企业为当事人；企业法人分立的，因分立前的民事活动发生的纠纷，以分立后的企业为共同诉讼人。

第六十四条 企业法人解散的，依法清算并注销前，以该企业法人为当事人；未依法清算即被注销的，以该企业法人的股东、发起人或者出资人为当事人。

第六十五条 借用业务介绍信、合同专用章、盖章的空白合同书或者银行账户的，出借单位和借用人为共同诉讼人。

第六十六条 因保证合同纠纷提起的诉讼，债权人向保证人和被保证人一并主张权利的，人民法院应当将保证人和被保证人列为共同被告。保证合同约定为一般保证，债权人仅起诉保证人的，人民法院应当通知被保证人作为共同被告参加诉讼；债权人仅起诉被保证人的，可以只列被保证人为被告。

第六十七条 无民事行为能力人、限制民事行为能力人造成他人损害的，无民事行为能力人、限制民事行为能力人和其监护人为共同被告。

第六十八条 居民委员会、村民委员会或者村民小组与他人发生民事纠纷的，居民委员会、村民委员会或者有独立财产的村民小组为当事人。

第六十九条 对侵害死者遗体、遗骨以及姓名、肖像、名誉、荣誉、隐私等行为提起诉讼的，死者的近亲属为当事人。

第七十条 在继承遗产的诉讼中，部分继承人起诉的，人民法院应通知其他继承人作为共同原告参加诉讼；被通知的继承人不愿意参加诉讼又未明确表示放弃实体权利的，人民法院仍应将其列为共同原告。

第七十一条 原告起诉被代理人和代理人，要求承担连带责任的，被代理人和代理人为共同被告。

原告起诉代理人和相对人，要求承担连带责任的，代理人和相对人为共同被告。

第七十二条 共有财产权受到他人侵害，部分共有权人起诉的，其他共有权人为共同诉讼人。

第七十三条 必须共同进行诉讼的当事人没有参加诉讼的，人民法院应当依照民事诉讼法第一百三十五条的规定，通知其参加；当事人也可以向人民法院申请追加。人民法院对当事人提出的申请，应当进行审查，申请理由不成立的，裁定驳回；申请理由成立的，书面通知被追加的当事人参加诉讼。

第七十四条 人民法院追加共同诉讼的当事人时，应当通知其他当事人。应当追加的原告，已明确表示放弃实体权利的，可不予追加；既不愿意参加诉讼，又不放弃实体权利的，仍应追加为共同原告，其不参加诉讼，不影响人民法院对案件的审理和依法作出判决。

第七十五条 民事诉讼法第五十六条、第五十七条和第二百零六条规定的人数众多，一般指十人以上。

第七十六条 依照民事诉讼法第五十六条规定，当事人一方人数众多在起诉时确定的，可以由全体当事人推选共同的代表人，也可以由部分当事人推选自己的代表人；推选不出代表人的当事人，在必要的共同诉讼中可以自己参加诉讼，在普通的共同诉讼中可以另行起诉。

第七十七条 根据民事诉讼法第五十七条规定，当事人一方人数众多在起诉时不确定的，由当事人推选代表人。当事人推选不出的，可以由人民法院提出人选与当事人协商；协商不成的，也可以由人民法院在起诉的当事人中指定代表人。

第七十八条 民事诉讼法第五十六条和第五十七条规定的代表人为二至五人，每位代表人可以委托一至二人作为诉讼代理人。

第七十九条 依照民事诉讼法第五十七条规定受理的案件，人民法院可以发出公告，通知权利人向人民法院登记。公告期间根据案件的具体情况确定，但不得少于三十日。

第八十条 根据民事诉讼法第五十七条规定向人民法院登记的权利人，应当证明其与对方当事人的法律关系和所受到的损害。证明不了的，不予登记，权利人可以另行起诉。人民法院的裁判在登记的范围内执行。未参加登记的权利人提起诉讼，人民法院认定其请求成立的，裁定适用人民法院已作出的判决、裁定。

第八十一条 根据民事诉讼法第五十九条的规定，有独立请求权的第三人有权向人民法院提出诉讼请求和事实、理由，成为当事人；无独立请求权的第三人，可以申请或者由人民法院通知参加诉讼。

第一审程序中未参加诉讼的第三人，申请参加第二审程序的，人民法院可以准许。

第八十二条 在一审诉讼中，无独立请求权的第三人无权提出管辖异议，无权放弃、变更诉讼请求或者申请撤诉，被判决承担民事责任的，有权提起上诉。

第八十三条 在诉讼中，无民事行为能力人、限制民事行为能力人的监护人是他的法定代理人。事先没有确定监护人的，可以由有监护资格的人协商确定；协商不成的，由人民法院在他们之中指定诉讼中的法定代理人。当事人没有民法典第二十七条、第二十八条规定的监护人的，可以指定民法典第三十二条规定的有关组织担任诉讼中的法定代理人。

第八十四条 无民事行为能力人、限制民事行为能力人以及其他依法不能作为诉讼代理人的，当事人不得委托其作为诉讼代理人。

第八十五条 根据民事诉讼法第六十一条第二款第二项规定，与当事人有夫妻、直系血亲、三代以内旁系血亲、近姻亲关系以及其他有抚养、赡养关系的亲属，可以当事人近亲属的名义作为诉讼代理人。

第八十六条 根据民事诉讼法第六十一条第二款第二项规定，与当事人有合法劳动人事关系的职工，可以当事人工作人员的名义作为诉讼代理人。

第八十七条 根据民事诉讼法第六十一条第二款第三项规定，有关社会团体推荐公民担任诉讼代理人的，应当符合下列条件：

（一）社会团体属于依法登记设立或者依法免予登记设立的非营利性法人组织；

（二）被代理人属于该社会团体的成员，或者当事人一方住所地位于该社会团体的活动地域；

（三）代理事务属于该社会团体章程载明的业务范围；

（四）被推荐的公民是该社会团体的负责人或者与该社会团体有合法劳动人事关系的工作人员。

专利代理人经中华全国专利代理人协会推荐，可以在专利纠纷案件中担任诉讼代理人。

第八十八条 诉讼代理人除根据民事诉讼法第六十二条规定提交授权委托书外，还应当按照下列规定向人民法院提交相关材料：

（一）律师应当提交律师执业证、律师事务所证明材料；

（二）基层法律服务工作者应当提交法律服务工作者执业证、基层法律服务所出具的介绍信以及当事人一方位于本辖区内的证明材料；

（三）当事人的近亲属应当提交身份证件和与委托人有近亲属关系的证明材料；

（四）当事人的工作人员应当提交身份证件和与当事人有合法劳动人事关系的证明材料；

（五）当事人所在社区、单位推荐的公民应当提交身份证件、推荐材料和当事人属于该社区、单位的证明材料；

（六）有关社会团体推荐的公民应当提交身份证件和符合本解释第八十七条规定条件的证明材料。

第八十九条 当事人向人民法院提交的授权委托书，应当在开庭审理前送交人民法院。授权委托书仅写"全权代理"而无具体授权的，诉讼代理人无权代为承认、放弃、变更诉讼请求，进行和解，提出反诉或者提起上诉。

适用简易程序审理的案件，双方当事人同时到庭并径行开庭审理的，可以当场口头委托诉讼代理人，由人民法院记入笔录。

四、证　据

第九十条 当事人对自己提出的诉讼请求所依据的事实或者反驳对方诉讼请求所依据的事实，应当提供证据加以证明，但法律另有规定的除外。

在作出判决前，当事人未能提供证据或者证据不足以证明其事实主张的，由负有举证证明责任的当事人承担不利的后果。

第九十一条 人民法院应当依照下列原则确定举证证明责任的承担，但法律另有规定的除外：

（一）主张法律关系存在的当事人，应当对产生该法律关系的基本事实承担举证证明责任；

（二）主张法律关系变更、消灭或者权利受到妨害的当事人，应当对该法律关系变更、消灭或者权利受到妨害的基本事实承担举证证明责任。

第九十二条 一方当事人在法庭审理中，或者在起诉状、答辩状、代理词等书面材料中，对于己不利的事实明确表示承认的，另一方当事人无需举证证明。

对于涉及身份关系、国家利益、社会公共利益等应当由人民法院依职权调查的事实，不适用前款自认的规定。

自认的事实与查明的事实不符的，人民法院不予确认。

第九十三条 下列事实，当事人无须举证证明：

（一）自然规律以及定理、定律；

（二）众所周知的事实；

（三）根据法律规定推定的事实；

（四）根据已知的事实和日常生活经验法则推定出的另一事实；

（五）已为人民法院发生法律效力的裁判所确认的事实；

（六）已为仲裁机构生效裁决所确认的事实；

（七）已为有效公证文书所证明的事实。

前款第二项至第四项规定的事实，当事人有相反证据足以反驳的除外；第五项至第七项规定的事实，当事人有相反证据足以推翻的除外。

第九十四条 民事诉讼法第六十七条第二款规定的当事人及其诉讼代理人因客观原因不能自行收集的证据包括：

（一）证据由国家有关部门保存，当事人及其诉讼代理人无权查阅调取的；

（二）涉及国家秘密、商业秘密或者个人隐私的；

（三）当事人及其诉讼代理人因客观原因不能自行收集的其他证据。

当事人及其诉讼代理人因客观原因不能自行收集的证据，可以在举证期限届满前书面申请人民法院调查收集。

第九十五条 当事人申请调查收集的证据，与待证事实无关联、对证明待证事实无意义或者其他无调查收集必要的，人民法院不予准许。

第九十六条 民事诉讼法第六十七条第二款规定的人民法院认为审理案件需要的证据包括：

（一）涉及可能损害国家利益、社会公共利益的；

（二）涉及身份关系的；

（三）涉及民事诉讼法第五十八条规定诉讼的；

（四）当事人有恶意串通损害他人合法权益可能的；

（五）涉及依职权追加当事人、中止诉讼、终结诉讼、回避等程序性事项的。

除前款规定外，人民法院调查收集证据，应当依照当事人的申请进行。

第九十七条 人民法院调查收集证据，应当由两人以上共同进行。调查材料要由调查人、被调查人、记录人签名、捺印或者盖章。

第九十八条 当事人根据民事诉讼法第八十四条第一款规定申请证据保全的，可以在举证期限届满前书面提出。

证据保全可能对他人造成损失的，人民法院应当责令申请人提供相应的担保。

第九十九条 人民法院应当在审理前的准备阶段确定当事人的举证期限。举证期限可以由当事人协商，并经人民法院准许。

人民法院确定举证期限，第一审普通程序案件不得少于十五日，当事人提供新的证据的第二审案件不得少于十日。

举证期限届满后，当事人对已经提供的证据，申请提供反驳证据或者对证据来源、形式等方面的瑕疵进行补正的，人民法院可以酌情再次确定举证期限，该期限不受前款规定的限制。

第一百条 当事人申请延长举证期限的，应当在举证期限届满前向人民法院提出书面申请。

申请理由成立的，人民法院应当准许，适当延长举证期限，并通知其他当事人。延长的举证期限适用于其他当事人。

申请理由不成立的，人民法院不予准许，并通知申请人。

第一百零一条 当事人逾期提供证据的，人民法院应当责令其说明理由，必要时可以要求其提供相应的证据。

当事人因客观原因逾期提供证据，或者对方当事人对逾期提供证据未提出异议的，视为未逾期。

第一百零二条 当事人因故意或者重大过失逾期提供的证据，人民法院不予采纳。但该证据与案件基本事实有关的，人民法院应当采纳，并依照民事诉讼法第六十八条、第一百一十八条第一款的规定予以训诫、罚款。

当事人非因故意或者重大过失逾期提供的证据，人民法院应当采纳，并对当事人予以训诫。

当事人一方要求另一方赔偿因逾期提供证据致使其增加的交通、住宿、就餐、误工、证人出庭作证等必要费用的，人民法院可予支持。

第一百零三条 证据应当在法庭上出示，由当事人互相质证。未经当事人质证的证据，不得作为认定案件事实的根据。

当事人在审理前的准备阶段认可的证据，经审判人员在庭审中说明后，视为质证过的证据。

涉及国家秘密、商业秘密、个人隐私或者法律规定应当保密的证据，不得公开质证。

第一百零四条 人民法院应当组织当事人围绕证据的真实性、合法性以及与待证事实的关联性进行质证，并针对证据有无证明力和证明力大小进行说明和辩论。

能够反映案件真实情况、与待证事实相关联、来源和形式符合法律规定的证据，应当作为认定案件事实的根据。

第一百零五条 人民法院应当按照法定程序，全面、客观地审核证据，依照法律规定，运用逻辑推理和日常生活经验法则，对证据有无证明力和证明力大小进行判断，并公开判断的理由和结果。

第一百零六条 对以严重侵害他人合法权益、违反法律禁止性规定或者严重违背公序良俗的方法形成或者获取的证据，不得作为认定案件事实的根据。

第一百零七条 在诉讼中，当事人为达成调解协议或者和解协议作出妥协而认可的事实，不得在后续的诉讼中作为对其不利的根据，但法律另有规定或者当事人均同意的除外。

第一百零八条 对负有举证证明责任的当事人提供的证据，人民法院经审查并结合相关事实，确信待证事实的存在具有高度可能性的，应当认定该事实存在。

对一方当事人为反驳负有举证证明责任的当事人所主张事实而提供的证据，人民法院经审查并结合相关事实，认为待证事实真伪不明的，应当认定该事实不存在。

法律对于待证事实所应达到的证明标准另有规定的，从其规定。

第一百零九条 当事人对欺诈、胁迫、恶意串通事实的证明，以及对口头遗嘱或者赠与事实的证明，人民法院确信该待证事实存在的可能性能够排除合理怀疑的，应当认定该事实存在。

第一百一十条 人民法院认为有必要的，可以要求当事人本人到庭，就案件有关事实接受询问。在询问当事人之前，可以要求其签署保证书。

保证书应当载明据实陈述、如有虚假陈述愿意接受处罚等内容。当事人应当在保证书上签名或者捺印。

负有举证证明责任的当事人拒绝到庭、拒绝接受询问或者拒绝签署保证书，待证事实又欠缺其他证据证明的，人民法院对其主张的事实不予认定。

第一百一十一条 民事诉讼法第七十三条规定的提交书证原件确有困难，包括下列情形：

（一）书证原件遗失、灭失或者毁损的；

（二）原件在对方当事人控制之下，经合法通知提交而拒不提交的；

（三）原件在他人控制之下，而其有权不提交的；

（四）原件因篇幅或者体积过大而不便提交的；

（五）承担举证证明责任的当事人通过申请人民法院调查收集或者其他方式无法获得书证原件的。

前款规定情形，人民法院应当结合其他证据和案件具体情况，审查判断书证复制品等能否作为认定案件事实的根据。

第一百一十二条 书证在对方当事人控制之下的，承担举证证明责任的当事人可以在举证期限届满前书面申请人民法院责令对方当事人提交。

申请理由成立的，人民法院应当责令对方当事人提交，因提交书证所产生的费用，由申请人负担。对方当事人无正当理由拒不提交的，人民法院可以认定申请人所主张的书证内容为真实。

第一百一十三条 持有书证的当事人以妨碍对方当事人使用为目的，毁灭有关书证或者实施其他致使书证不能使用行为的，人民法院可以依照民事诉讼法第一百一十四条规定，对其处以罚款、拘留。

第一百一十四条 国家机关或者其他依法具有社会管理职能的组织，在其职权范围内制作的文书所记载的事项推定为真实，但有相反证据足以推翻的除外。必要时，人民法院可以要求制作文书的机关或者组织对文书的真实性予以说明。

第一百一十五条 单位向人民法院提出的证明材料，应当由单位负责人及制作证明材料的人员签名或者盖章，并加盖单位印章。人民法院就单位出具的证明材料，可以向单位及制作证明材料的人员进行调查核实。必要时，可以要求制作证明材料的人员出庭作证。

单位及制作证明材料的人员拒绝人民法院调查核实，或者制作证明材料的人员无正当理由拒绝出庭作证的，该证明材料不得作为认定案件事实的根据。

第一百一十六条 视听资料包括录音资料和影像资料。

电子数据是指通过电子邮件、电子数据交换、网上聊天记录、博客、微博客、手机短信、电子签名、域名等形成或者存储在电子介质中的信息。

存储在电子介质中的录音资料和影像资料，适用电子数据的规定。

第一百一十七条 当事人申请证人出庭作证的，应当在举证期限届满前提出。

符合本解释第九十六条第一款规定情形的，人民法院可以依职权通知证人出庭作证。

未经人民法院通知，证人不得出庭作证，但双方当事人同意并经人民法院准许的除外。

第一百一十八条 民事诉讼法第七十七条

规定的证人因履行出庭作证义务而支出的交通、住宿、就餐等必要费用，按照机关事业单位工作人员差旅费用和补贴标准计算；误工损失按照国家上年度职工日平均工资标准计算。

人民法院准许证人出庭作证申请的，应当通知申请人预缴证人出庭作证费用。

第一百一十九条 人民法院在证人出庭作证前应当告知其如实作证的义务以及作伪证的法律后果，并责令其签署保证书，但无民事行为能力人和限制民事行为能力人除外。

证人签署保证书适用本解释关于当事人签署保证书的规定。

第一百二十条 证人拒绝签署保证书的，不得作证，并自行承担相关费用。

第一百二十一条 当事人申请鉴定，可以在举证期限届满前提出。申请鉴定的事项与待证事实无关联，或者对证明待证事实无意义的，人民法院不予准许。

人民法院准许当事人鉴定申请的，应当组织双方当事人协商确定具备相应资格的鉴定人。当事人协商不成的，由人民法院指定。

符合依职权调查收集证据条件的，人民法院应当依职权委托鉴定，在询问当事人的意见后，指定具备相应资格的鉴定人。

第一百二十二条 当事人可以依照民事诉讼法第八十二条的规定，在举证期限届满前申请一至二名具有专门知识的人出庭，代表当事人对鉴定意见进行质证，或者对案件事实所涉及的专业问题提出意见。

具有专门知识的人在法庭上就专业问题提出的意见，视为当事人的陈述。

人民法院准许当事人申请的，相关费用由提出申请的当事人负担。

第一百二十三条 人民法院可以对出庭的具有专门知识的人进行询问。经法庭准许，当事人可以对出庭的具有专门知识的人进行询问，当事人各自申请的具有专门知识的人可以就案件中的有关问题进行对质。

具有专门知识的人不得参与专业问题之外的法庭审理活动。

第一百二十四条 人民法院认为有必要的，可以根据当事人的申请或者依职权对物证或者现场进行勘验。勘验时应当保护他人的隐私和尊严。

人民法院可以要求鉴定人参与勘验。必要时，可以要求鉴定人在勘验中进行鉴定。

五、期间和送达

第一百二十五条 依照民事诉讼法第八十五条第二款规定，民事诉讼中以时起算的期间从次时起算；以日、月、年计算的期间从次日起算。

第一百二十六条 民事诉讼法第一百二十六条规定的立案期限，因起诉状内容欠缺通知原告补正的，从补正后交人民法院的次日起算。由上级人民法院转交下级人民法院立案的案件，从受诉人民法院收到起诉状的次日起算。

第一百二十七条 民事诉讼法第五十九条第三款、第二百一十二条以及本解释第三百七十二条、第三百八十二条、第三百九十九条、第四百二十条、第四百二十一条规定的六个月，民事诉讼法第二百三十条规定的一年，为不变期间，不适用诉讼时效中止、中断、延长的规定。

第一百二十八条 再审案件按照第一审程序或者第二审程序审理的，适用民事诉讼法第一百五十二条、第一百八十三条规定的审限。审限自再审立案的次日起算。

第一百二十九条 对申请再审案件，人民法院应当自受理之日起三个月内审查完毕，但公告期间、当事人和解期间等不计入审查期限。有特殊情况需要延长的，由本院院长批准。

第一百三十条 向法人或者其他组织送达诉讼文书，应当由法人的法定代表人、该组织的主要负责人或者办公室、收发室、值班室等负责收件的人签收或者盖章，拒绝签收或者盖章的，适用留置送达。

民事诉讼法第八十九条规定的有关基层组织和所在单位的代表，可以是受送达人住所地的居民委员会、村民委员会的工作人员以及受送达人所在单位的工作人员。

第一百三十一条 人民法院直接送达诉讼文书的，可以通知当事人到人民法院领取。当事人到达人民法院，拒绝签署送达回证的，视为送达。审判人员、书记员应当在送达回证上注明送达情况并签名。

人民法院可以在当事人住所地以外向当事人直接送达诉讼文书。当事人拒绝签署送达回证的，采用拍照、录像等方式记录送达过程即视为送达。审判人员、书记员应当在送达回证上注明送达情况并签名。

第一百三十二条 受送达人有诉讼代理人的，人民法院既可以向受送达人送达，也可以向其诉讼代理人送达。受送达人指定诉讼代理人为代收人的，向诉讼代理人送达时，适用留置送达。

第一百三十三条 调解书应当直接送达当事人本人，不适用留置送达。当事人本人因故不能签收的，可由其指定的代收人签收。

第一百三十四条 依照民事诉讼法第九十一条规定，委托其他人民法院代为送达的，委托法院应当出具委托函，并附需要送达的诉讼文书和送达回证，以受送达人在送达回证上签收的日期为送达日期。

委托送达的，受委托人民法院应当自收到委托函及相关诉讼文书之日起十日内代为送达。

第一百三十五条 电子送达可以采用传真、电子邮件、移动通信等即时收悉的特定系统作为送达媒介。

民事诉讼法第九十条第二款规定的到达受送达人特定系统的日期，为人民法院对应系统显示发送成功的日期，但受送达人证明到达其特定系统的日期与人民法院对应系统显示发送成功的日期不一致的，以受送达人证明到达其特定系统的日期为准。

第一百三十六条 受送达人同意采用电子方式送达的，应当在送达地址确认书中予以确认。

第一百三十七条 当事人在提起上诉、申请再审、申请执行时未书面变更送达地址的，其在第一审程序中确认的送达地址可以作为第二审程序、审判监督程序、执行程序的送达地址。

第一百三十八条 公告送达可以在法院的公告栏和受送达人住所地张贴公告，也可以在报纸、信息网络等媒体上刊登公告，发出公告日期以最后张贴或者刊登的日期为准。对公告送达方式有特殊要求的，应当按要求的方式进行。公告期满，即视为送达。

人民法院在受送达人住所地张贴公告的，应当采取拍照、录像等方式记录张贴过程。

第一百三十九条 公告送达应当说明公告送达的原因；公告送达起诉状或者上诉状副本的，应当说明起诉或者上诉要点，受送达人答辩期限及逾期不答辩的法律后果；公告送达传票，应当说明出庭的时间和地点及逾期不出庭的法律后果；公告送达判决书、裁定书的，应当说明裁判主要内容，当事人有权上诉的，还应当说明上诉权利、上诉期限和上诉的人民法院。

第一百四十条 适用简易程序的案件，不适用公告送达。

第一百四十一条 人民法院在定期宣判时，当事人拒不签收判决书、裁定书的，应视为送达，并在宣判笔录中记明。

六、调　解

第一百四十二条 人民法院受理案件后，经审查，认为法律关系明确、事实清楚，在征得当事人双方同意后，可以径行调解。

第一百四十三条 适用特别程序、督促程序、公示催告程序的案件，婚姻等身份关系确认案件以及其他根据案件性质不能进行调解的案件，不得调解。

第一百四十四条 人民法院审理民事案件，发现当事人之间恶意串通，企图通过和解、调解方式侵害他人合法权益的，应当依照民事诉讼法第一百一十五条的规定处理。

第一百四十五条 人民法院审理民事案件，应当根据自愿、合法的原则进行调解。当事人一方或者双方坚持不愿调解的，应当及时裁判。

人民法院审理离婚案件，应当进行调解，但不应久调不决。

第一百四十六条 人民法院审理民事案件，调解过程不公开，但当事人同意公开的除外。

调解协议内容不公开，但为保护国家利益、社会公共利益、他人合法权益，人民法院认为确有必要公开的除外。

主持调解以及参与调解的人员，对调解过程以及调解过程中获悉的国家秘密、商业秘密、个人隐私和其他不宜公开的信息，应当保守秘密，但为保护国家利益、社会公共利益、他人合法权益的除外。

第一百四十七条 人民法院调解案件时，当事人不能出庭的，经其特别授权，可由其委托代理人参加调解，达成的调解协议，可由委托代理人签名。

离婚案件当事人确因特殊情况无法出庭参加调解的，除本人不能表达意志的以外，应当出具书面意见。

第一百四十八条 当事人自行和解或者调解达成协议后，请求人民法院按照和解协议或者调解协议的内容制作判决书的，人民法院不予准许。

无民事行为能力人的离婚案件，由其法定代理人进行诉讼。法定代理人与对方达成协议要求发给判决书的，可根据协议内容制作判决书。

第一百四十九条 调解书需经当事人签收后才发生法律效力的，应当以最后收到调解书的当事人签收的日期为调解书生效日期。

第一百五十条 人民法院调解民事案件，需由无独立请求权的第三人承担责任的，应当经其同意。该第三人在调解书送达前反悔的，人民法院应当及时裁判。

第一百五十一条 根据民事诉讼法第一百零一条第一款第四项规定，当事人各方同意在调解协议上签名或者盖章后即发生法律效力的，经人民法院审查确认后，应当记入笔录或者将调解协议附卷，并由当事人、审判人员、书记员签名或者盖章后即具有法律效力。

前款规定情形，当事人请求制作调解书的，人民法院审查确认后可以制作调解书送交当事人。当事人拒收调解书的，不影响调解协议的效力。

七、保全和先予执行

第一百五十二条 人民法院依照民事诉讼法第一百零三条、第一百零四条规定，在采取诉前保全、诉讼保全措施时，责令利害关系人或者当事人提供担保的，应当书面通知。

利害关系人申请诉前保全的，应当提供担保。申请诉前财产保全的，应当提供相当于请求保全数额的担保；情况特殊的，人民法院可以酌情处理。申请诉前行为保全的，担保的数额由人民法院根据案件的具体情况决定。

在诉讼中，人民法院依申请或者依职权采取保全措施的，应当根据案件的具体情况，决定当事人是否应当提供担保以及担保的数额。

第一百五十三条 人民法院对季节性商品、鲜活、易腐烂变质以及其他不宜长期保存的物品采取保全措施时，可以责令当事人及时处理，由人民法院保存价款；必要时，人民法院可予以变卖，保存价款。

第一百五十四条 人民法院在财产保全中采取查封、扣押、冻结财产措施时，应当妥善保管被查封、扣押、冻结的财产。不宜由人民法院保管的，人民法院可以指定被保全人负责保管；不宜由被保全人保管的，可以委托他人或者申请保全人保管。

查封、扣押、冻结担保物权人占有的担保财产，一般由担保物权人保管；由人民法院保管的，质权、留置权不因采取保全措施而消灭。

第一百五十五条 由人民法院指定被保全人保管的财产，如果继续使用对该财产的价值无重大影响，可以允许被保全人继续使用；由人民法院保管或者委托他人、申请保全人保管的财产，人民法院和其他保管人不得使用。

第一百五十六条 人民法院采取财产保全的方法和措施，依照执行程序相关规定办理。

第一百五十七条 人民法院对抵押物、质押物、留置物可以采取财产保全措施，但不影响抵押权人、质权人、留置权人的优先受偿权。

第一百五十八条 人民法院对债务人到期应得的收益，可以采取财产保全措施，限制其支取，通知有关单位协助执行。

第一百五十九条 债务人的财产不能满足保全请求，但对他人有到期债权的，人民法院可以依债权人的申请裁定该他人不得对本案债务人清偿。该他人要求偿付的，由人民法院提存财物或者价款。

第一百六十条 当事人向采取诉前保全措施以外的其他有管辖权的人民法院起诉的，采取诉前保全措施的人民法院应当将保全手续移送受理案件的人民法院。诉前保全的裁定视为受移送人民法院作出的裁定。

第一百六十一条 对当事人不服一审判决提起上诉的案件，在第二审人民法院接到报送的案件之前，当事人有转移、隐匿、出卖或者毁损财产等行为，必须采取保全措施的，由第一审人民法院依当事人申请或者依职权采取。第一审人民法院的保全裁定，应当及时报送第二审人民法院。

第一百六十二条 第二审人民法院裁定对第一审人民法院采取的保全措施予以续保或者采取新的保全措施的，可以自行实施，也可以委托第一审人民法院实施。

再审人民法院裁定对原保全措施予以续保或者采取新的保全措施的，可以自行实施，也可以委托原审人民法院或者执行法院实施。

第一百六十三条 法律文书生效后，进入执行程序前，债权人因对方当事人转移财产等紧急情况，不申请保全将可能导致生效法律文书不能执行或者难以执行的，可以向执行法院申请采取保全措施。债权人在法律文书指定的履行期间届满后五日内不申请执行的，人民法院应当解除保全。

第一百六十四条 对申请保全人或者他人提供的担保财产，人民法院应当依法办理查封、扣押、冻结等手续。

第一百六十五条 人民法院裁定采取保全措施后，除作出保全裁定的人民法院自行解除或者其上级人民法院决定解除外，在保全期限内，任何单位不得解除保全措施。

第一百六十六条 裁定采取保全措施后，有下列情形之一的，人民法院应当作出解除保全裁定：

（一）保全错误的；

（二）申请人撤回保全申请的；

（三）申请人的起诉或者诉讼请求被生效裁判驳回的；

（四）人民法院认为应当解除保全的其他情形。

解除以登记方式实施的保全措施的，应当向登记机关发出协助执行通知书。

第一百六十七条 财产保全的被保全人提供其他等值担保财产且有利于执行的，人民法院可以裁定变更保全标的物为被保全人提供的担保财产。

第一百六十八条 保全裁定未经人民法院依法撤销或者解除，进入执行程序后，自动转为执行中的查封、扣押、冻结措施，期限连续计算，执行法院无需重新制作裁定书，但查封、扣押、冻结期限届满的除外。

第一百六十九条 民事诉讼法规定的先予执行，人民法院应当在受理案件后终审判决作出前采取。先予执行应当限于当事人诉讼请求的范围，并以当事人的生活、生产经营的急需为限。

第一百七十条 民事诉讼法第一百零九条第三项规定的情况紧急，包括：

（一）需要立即停止侵害、排除妨碍的；

（二）需要立即制止某项行为的；

（三）追索恢复生产、经营急需的保险理赔费的；

（四）需要立即返还社会保险金、社会救助资金的；

（五）不立即返还款项，将严重影响权利人生活和生产经营的。

第一百七十一条 当事人对保全或者先予执行裁定不服的，可以自收到裁定书之日起五日内向作出裁定的人民法院申请复议。人民法院应当在收到复议申请后十日内审查。裁定正确的，驳回当事人的申请；裁定不当的，变更或者撤销原裁定。

第一百七十二条 利害关系人对保全或者先予执行的裁定不服申请复议的，由作出裁定的人民法院依照民事诉讼法第一百一十一条规定处理。

第一百七十三条 人民法院先予执行后，根据发生法律效力的判决，申请人应当返还因先予执行所取得的利益的，适用民事诉讼法第二百四十条的规定。

八、对妨害民事诉讼的强制措施

第一百七十四条 民事诉讼法第一百一十二条规定的必须到庭的被告，是指负有赡养、抚育、扶养义务和不到庭就无法查清案情的被告。

人民法院对必须到庭才能查清案件基本事实的原告，经两次传票传唤，无正当理由拒不到庭的，可以拘传。

第一百七十五条 拘传必须用拘传票，并直接送达被拘传人；在拘传前，应当向被拘传人说明拒不到庭的后果，经批评教育仍拒不到庭的，可以拘传其到庭。

第一百七十六条 诉讼参与人或者其他人有下列行为之一的，人民法院可以适用民事诉讼法第一百一十三条规定处理：

（一）未经准许进行录音、录像、摄影的；

（二）未经准许以移动通信等方式现场传播审判活动的；

（三）其他扰乱法庭秩序，妨害审判活动进行的。

有前款规定情形的，人民法院可以暂扣诉讼参与人或者其他人进行录音、录像、摄影、传播审判活动的器材，并责令其删除有关内容；拒不删除的，人民法院可以采取必要手段强制删除。

第一百七十七条 训诫、责令退出法庭由合议庭或者独任审判员决定。训诫的内容、被责令退出法庭者的违法事实应当记入庭审笔录。

第一百七十八条 人民法院依照民事诉讼法第一百一十三条至第一百一十七条的规定采取拘留措施的，应经院长批准，作出拘留决定书，由司法警察将被拘留人送交当地公安机关看管。

第一百七十九条 被拘留人不在本辖区的，作出拘留决定的人民法院应当派员到被拘留人所在地的人民法院，请该院协助执行，受委托的人民法院应当及时派员协助执行。被拘留人申请复议或者在拘留期间承认并改正错误，需要提前解除拘留的，受委托人民法院应当向委托人民法院转达或者提出建议，由委托人民法院审查决定。

第一百八十条 人民法院对被拘留人采取拘留措施后，应当在二十四小时内通知其家属；确实无法按时通知或者通知不到的，应当记录在案。

第一百八十一条 因哄闹、冲击法庭，用暴力、威胁等方法抗拒执行公务等紧急情况，必须立即采取拘留措施的，可在拘留后，立即报告院长补办批准手续。院长认为拘留不当的，应当解除拘留。

第一百八十二条 被拘留人在拘留期间认错悔改的，可以责令其具结悔过，提前解除拘留。提前解除拘留，应报经院长批准，并作出提前解除拘留决定书，交负责看管的公安机关执行。

第一百八十三条 民事诉讼法第一百一十三条至第一百一十六条规定的罚款、拘留可以单独适用，也可以合并适用。

第一百八十四条 对同一妨害民事诉讼行为的罚款、拘留不得连续适用。发生新的妨害民事诉讼行为的，人民法院可以重新予以罚款、拘留。

第一百八十五条 被罚款、拘留的人不服罚款、拘留决定申请复议的，应当自收到决定书之日起三日内提出。上级人民法院应当在收到复议申请后五日内作出决定，并将复议结果通知下级人民法院和当事人。

第一百八十六条 上级人民法院复议时认为强制措施不当的，应当制作决定书，撤销或者变更下级人民法院作出的拘留、罚款决定。情况紧急的，可以在口头通知后三日内发出决定书。

第一百八十七条 民事诉讼法第一百一十四条第一款第五项规定的以暴力、威胁或者其他方法阻碍司法工作人员执行职务的行为，包括：

（一）在人民法院哄闹、滞留，不听从司法工作人员劝阻的；

（二）故意毁损、抢夺人民法院法律文书、查封标志的；

（三）哄闹、冲击执行公务现场，围困、扣押执行或者协助执行公务人员的；

（四）毁损、抢夺、扣留案件材料、执行公务车辆、其他执行公务器械、执行公务人员服装和执行公务证件的；

（五）以暴力、威胁或者其他方法阻碍司法工作人员查询、查封、扣押、冻结、划拨、拍卖、变卖财产的；

（六）以暴力、威胁或者其他方法阻碍司法工作人员执行职务的其他行为。

第一百八十八条 民事诉讼法第一百一十四条第一款第六项规定的拒不履行人民法院已经发生法律效力的判决、裁定的行为，包括：

（一）在法律文书发生法律效力后隐藏、转移、变卖、毁损财产或者无偿转让财产、以明显不合理的价格交易财产、放弃到期债权、无偿为他人提供担保等，致使人民法院无法执行的；

（二）隐藏、转移、毁损或者未经人民法院允许处分已向人民法院提供担保的财产的；

（三）违反人民法院限制高消费令进行消费的；

（四）有履行能力而拒不按照人民法院执行通知履行生效法律文书确定的义务的；

（五）有义务协助执行的个人接到人民法院协助执行通知书后，拒不协助执行的。

第一百八十九条 诉讼参与人或者其他人

有下列行为之一的，人民法院可以适用民事诉讼法第一百一十四条的规定处理：

（一）冒充他人提起诉讼或者参加诉讼的；

（二）证人签署保证书后作虚假证言，妨碍人民法院审理案件的；

（三）伪造、隐藏、毁灭或者拒绝交出有关被执行人履行能力的重要证据，妨碍人民法院查明被执行人财产状况的；

（四）擅自解冻已被人民法院冻结的财产的；

（五）接到人民法院协助执行通知书后，给当事人通风报信，协助其转移、隐匿财产的。

第一百九十条 民事诉讼法第一百一十五条规定的他人合法权益，包括案外人的合法权益、国家利益、社会公共利益。

第三人根据民事诉讼法第五十九条第三款规定提起撤销之诉，经审查，原案当事人之间恶意串通进行虚假诉讼的，适用民事诉讼法第一百一十五条规定处理。

第一百九十一条 单位有民事诉讼法第一百一十五条或者第一百一十六条规定行为的，人民法院应当对该单位进行罚款，并可以对其主要负责人或者直接责任人员予以罚款、拘留；构成犯罪的，依法追究刑事责任。

第一百九十二条 有关单位接到人民法院协助执行通知书后，有下列行为之一的，人民法院可以适用民事诉讼法第一百一十七条规定处理：

（一）允许被执行人高消费的；

（二）允许被执行人出境的；

（三）拒不停止办理有关财产权证照转移手续、权属变更登记、规划审批等手续的；

（四）以需要内部请示、内部审批，有内部规定等为由拖延办理的。

第一百九十三条 人民法院对个人或者单位采取罚款措施时，应当根据其实施妨害民事诉讼行为的性质、情节、后果，当地的经济发展水平，以及诉讼标的额等因素，在民事诉讼法第一百一十八条第一款规定的限额内确定相应的罚款金额。

九、诉讼费用

第一百九十四条 依照民事诉讼法第五十七条审理的案件不预交案件受理费，结案后按照诉讼标的额由败诉方交纳。

第一百九十五条 支付令失效后转入诉讼程序的，债权人应当按照《诉讼费用交纳办法》补交案件受理费。

支付令被撤销后，债权人另行起诉的，按照《诉讼费用交纳办法》交纳诉讼费用。

第一百九十六条 人民法院改变原判决、裁定、调解结果的，应当在裁判文书中对原审诉讼费用的负担一并作出处理。

第一百九十七条 诉讼标的物是证券的，按照证券交易规则并根据当事人起诉之日前最后一个交易日的收盘价、当日的市场价或者其载明的金额计算诉讼标的金额。

第一百九十八条 诉讼标的物是房屋、土地、林木、车辆、船舶、文物等特定物或者知识产权，起诉时价值难以确定的，人民法院应当向原告释明主张过高或者过低的诉讼风险，以原告主张的价值确定诉讼标的金额。

第一百九十九条 适用简易程序审理的案件转为普通程序的，原告自接到人民法院交纳诉讼费用通知之日起七日内补交案件受理费。

原告无正当理由未按期足额补交的，按撤诉处理，已经收取的诉讼费用退还一半。

第二百条 破产程序中有关债务人的民事诉讼案件，按照财产案件标准交纳诉讼费，但劳动争议案件除外。

第二百零一条 既有财产性诉讼请求，又有非财产性诉讼请求的，按照财产性诉讼请求的标准交纳诉讼费。

有多个财产性诉讼请求的，合并计算交纳诉讼费；诉讼请求中有多个非财产性诉讼请求的，按一件交纳诉讼费。

第二百零二条 原告、被告、第三人分别上诉的，按照上诉请求分别预交二审案件受理费。

同一方多人共同上诉的，只预交一份二审案件受理费；分别上诉的，按照上诉请求分别预交二审案件受理费。

第二百零三条 承担连带责任的当事人败诉的，应当共同负担诉讼费用。

第二百零四条 实现担保物权案件，人民法院裁定拍卖、变卖担保财产的，申请费由债务人、担保人负担；人民法院裁定驳回申请的，申请费由申请人负担。

申请人另行起诉的，其已经交纳的申请费可以从案件受理费中扣除。

第二百零五条 拍卖、变卖担保财产的裁定作出后，人民法院强制执行的，按照执行金额收取执行申请费。

第二百零六条 人民法院决定减半收取案件受理费的，只能减半一次。

第二百零七条 判决生效后，胜诉方预交但不应负担的诉讼费用，人民法院应当退还，由败诉方向人民法院交纳，但胜诉方自愿承担或者同意败诉方直接向其支付的除外。

当事人拒不交纳诉讼费用的，人民法院可以强制执行。

十、第一审普通程序

第二百零八条 人民法院接到当事人提交的民事起诉状时，对符合民事诉讼法第一百二十二条的规定，且不属于第一百二十七条规定情形的，应当登记立案；对当场不能判定是否符合起诉条件的，应当接收起诉材料，并出具注明收到日期的书面凭证。

需要补充必要相关材料的，人民法院应当及时告知当事人。在补齐相关材料后，应当在七日内决定是否立案。

立案后发现不符合起诉条件或者属于民事诉讼法第一百二十七条规定情形的，裁定驳回起诉。

第二百零九条 原告提供被告的姓名或者名称、住所等信息具体明确，足以使被告与他人相区别的，可以认定为有明确的被告。

起诉状列写被告信息不足以认定明确的被告的，人民法院可以告知原告补正。原告补正后仍不能确定明确的被告的，人民法院裁定不予受理。

第二百一十条 原告在起诉状中有谩骂和人身攻击之辞的，人民法院应当告知其修改后提起诉讼。

第二百一十一条 对本院没有管辖权的案件，告知原告向有管辖权的人民法院起诉；原告坚持起诉的，裁定不予受理；立案后发现本院没有管辖权的，应当将案件移送有管辖权的人民法院。

第二百一十二条 裁定不予受理、驳回起诉的案件，原告再次起诉，符合起诉条件且不属于民事诉讼法第一百二十七条规定情形的，人民法院应予受理。

第二百一十三条 原告应当预交而未预交案件受理费，人民法院应当通知其预交，通知后仍不预交或者申请减、缓、免未获批准而仍不预交的，裁定按撤诉处理。

第二百一十四条 原告撤诉或者人民法院按撤诉处理后，原告以同一诉讼请求再次起诉的，人民法院应予受理。

原告撤诉或者按撤诉处理的离婚案件，没有新情况、新理由，六个月内又起诉的，比照民事诉讼法第一百二十七条第七项的规定不予受理。

第二百一十五条 依照民事诉讼法第一百二十七条第二项的规定，当事人在书面合同中订有仲裁条款，或者在发生纠纷后达成书面仲裁协议，一方向人民法院起诉的，人民法院应当告知原告向仲裁机构申请仲裁，其坚持起诉的，裁定不予受理，但仲裁条款或者仲裁协议不成立、无效、失效、内容不明确无法执行的除外。

第二百一十六条 在人民法院首次开庭前，被告以有书面仲裁协议为由对受理民事案件提出异议的，人民法院应当进行审查。

经审查符合下列情形之一的，人民法院应当裁定驳回起诉：

（一）仲裁机构或者人民法院已经确认仲裁协议有效的；

（二）当事人没有在仲裁庭首次开庭前对仲裁协议的效力提出异议的；

（三）仲裁协议符合仲裁法第十六条规定且不具有仲裁法第十七条规定情形的。

第二百一十七条 夫妻一方下落不明，另一方诉至人民法院，只要求离婚，不申请宣告下落不明人失踪或者死亡的案件，人民法院应当受理，对下落不明人公告送达诉讼文书。

第二百一十八条 赡养费、扶养费、抚养费案件，裁判发生法律效力后，因新情况、新理由，一方当事人再行起诉要求增加或者减少费用的，人民法院应作为新案受理。

第二百一十九条 当事人超过诉讼时效期间起诉的，人民法院应予受理。受理后对方当事人提出诉讼时效抗辩，人民法院经审理认为抗辩事由成立的，判决驳回原告的诉讼请求。

第二百二十条 民事诉讼法第七十一条、第一百三十七条、第一百五十九条规定的商业秘密，是指生产工艺、配方、贸易联系、购销渠道等当事人不愿公开的技术秘密、商业情报及信息。

第二百二十一条 基于同一事实发生的纠纷，当事人分别向同一人民法院起诉的，人民法院可以合并审理。

第二百二十二条 原告在起诉状中直接列写第三人的，视为其申请人民法院追加该第三人参加诉讼。是否通知第三人参加诉讼，由人民法院审查决定。

第二百二十三条 当事人在提交答辩状期间提出管辖异议，又针对起诉状的内容进行答辩的，人民法院应当依照民事诉讼法第一百三十条第一款的规定，对管辖异议进行审查。

当事人未提出管辖异议，就案件实体内容进行答辩、陈述或者反诉的，可以认定为民事诉讼法第一百三十条第二款规定的应诉答辩。

第二百二十四条 依照民事诉讼法第一百三十六条第四项规定，人民法院可以在答辩期届满后，通过组织证据交换、召集庭前会议等方式，作好审理前的准备。

第二百二十五条 根据案件具体情况，庭前会议可以包括下列内容：

（一）明确原告的诉讼请求和被告的答辩意见；

（二）审查处理当事人增加、变更诉讼请求的申请和提出的反诉，以及第三人提出的与本案有关的诉讼请求；

（三）根据当事人的申请决定调查收集证据，委托鉴定，要求当事人提供证据，进行勘验，进行证据保全；

（四）组织交换证据；

（五）归纳争议焦点；

（六）进行调解。

第二百二十六条 人民法院应当根据当事人的诉讼请求、答辩意见以及证据交换的情况，归纳争议焦点，并就归纳的争议焦点征求当事人的意见。

第二百二十七条 人民法院适用普通程序审理案件，应当在开庭三日前用传票传唤当事人。对诉讼代理人、证人、鉴定人、勘验人、翻译人员应当用通知书通知其到庭。当事人或者其他诉讼参与人在外地的，应当留有必要的在途时间。

第二百二十八条 法庭审理应当围绕当事人争议的事实、证据和法律适用等焦点问题进行。

第二百二十九条 当事人在庭审中对其在审理前的准备阶段认可的事实和证据提出不同意见的，人民法院应当责令其说明理由。必要时，可以责令其提供相应证据。人民法院应当结合当事人的诉讼能力、证据和案件的具体情况进行审查。理由成立的，可以列入争议焦点进行审理。

第二百三十条 人民法院根据案件具体情况并征得当事人同意，可以将法庭调查和法庭辩论合并进行。

第二百三十一条 当事人在法庭上提出新的证据的，人民法院应当依照民事诉讼法第六十八条第二款规定和本解释相关规定处理。

第二百三十二条 在案件受理后，法庭辩论结束前，原告增加诉讼请求，被告提出反诉，第三人提出与本案有关的诉讼请求，可以合并审理的，人民法院应当合并审理。

第二百三十三条 反诉的当事人应当限于本诉的当事人的范围。

反诉与本诉的诉讼请求基于相同法律关系、诉讼请求之间具有因果关系，或者反诉与本诉的诉讼请求基于相同事实的，人民法院应当合并审理。

反诉应由其他人民法院专属管辖，或者与本诉的诉讼标的及诉讼请求所依据的事实、理由无关联的，裁定不予受理，告知另行起诉。

第二百三十四条 无民事行为能力人的离婚诉讼，当事人的法定代理人应当到庭；法定代理人不能到庭的，人民法院应当在查清事实的基础上，依法作出判决。

第二百三十五条 无民事行为能力的当事人的法定代理人，经传票传唤无正当理由拒不到庭，属于原告方的，比照民事诉讼法第一百四十六条的规定，按撤诉处理；属于被告方的，比照民事诉讼法第一百四十七条的规定，缺席判决。必要时，人民法院可以拘传其到庭。

第二百三十六条 有独立请求权的第三人经人民法院传票传唤，无正当理由拒不到庭的，或者未经法庭许可中途退庭的，比照民事诉讼法第一百四十六条的规定，按撤诉处理。

第二百三十七条 有独立请求权的第三人参加诉讼后，原告申请撤诉，人民法院在准许原告撤诉后，有独立请求权的第三人作为另案原告，原案原告、被告作为另案被告，诉讼继续进行。

第二百三十八条 当事人申请撤诉或者依法可以按撤诉处理的案件，如果当事人有违反法律的行为需要依法处理的，人民法院可以不准许撤诉或者不按撤诉处理。

法庭辩论终结后原告申请撤诉，被告不同意的，人民法院可以不予准许。

第二百三十九条 人民法院准许本诉原告撤诉的，应当对反诉继续审理；被告申请撤回反诉的，人民法院应予准许。

第二百四十条 无独立请求权的第三人经人民法院传票传唤，无正当理由拒不到庭，或者未经法庭许可中途退庭的，不影响案件的审理。

第二百四十一条 被告经传票传唤无正当理由拒不到庭，或者未经法庭许可中途退庭的，人民法院应当按期开庭或者继续开庭审理，对到庭的当事人诉讼请求、双方的诉辩理由以及已经提交的证据及其他诉讼材料进行审理后，可以依法缺席判决。

第二百四十二条 一审宣判后，原审人民法院发现判决有错误，当事人在上诉期内提出上诉的，原审人民法院可以提出原判决有错误的意见，报送第二审人民法院，由第二审人民法院按照第二审程序进行审理；当事人不上诉的，按照审判监督程序处理。

第二百四十三条 民事诉讼法第一百五十二条规定的审限，是指从立案之日起至裁判宣告、调解书送达之日止的期间，但公告期间、鉴定期间、双方当事人和解期间、审理当事人提出的管辖异议以及处理人民法院之间的管辖争议期间不应计算在内。

第二百四十四条 可以上诉的判决书、裁定书不能同时送达双方当事人的，上诉期从各自收到判决书、裁定书之日计算。

第二百四十五条 民事诉讼法第一百五十七条第一款第七项规定的笔误是指法律文书误写、误算，诉讼费用漏写、误算和其他笔误。

第二百四十六条 裁定中止诉讼的原因消除，恢复诉讼程序时，不必撤销原裁定，从人民法院通知或者准许当事人双方继续进行诉讼时起，中止诉讼的裁定即失去效力。

第二百四十七条 当事人就已经提起诉讼的事项在诉讼过程中或者裁判生效后再次起诉，同时符合下列条件的，构成重复起诉：

（一）后诉与前诉的当事人相同；

（二）后诉与前诉的诉讼标的相同；

（三）后诉与前诉的诉讼请求相同，或者后诉的诉讼请求实质上否定前诉裁判结果。

当事人重复起诉的，裁定不予受理；已经受理的，裁定驳回起诉，但法律、司法解释另有规定的除外。

第二百四十八条 裁判发生法律效力后，发生新的事实，当事人再次提起诉讼的，人民法院应当依法受理。

第二百四十九条 在诉讼中，争议的民事权利义务转移的，不影响当事人的诉讼主体资格和诉讼地位。人民法院作出的发生法律效力的判决、裁定对受让人具有拘束力。

受让人申请以无独立请求权的第三人身份参加诉讼的，人民法院可予准许。受让人申请替代当事人承担诉讼的，人民法院可以根据案件的具体情况决定是否准许；不予准许的，可以追加其为无独立请求权的第三人。

第二百五十条 依照本解释第二百四十九条规定，人民法院准许受让人替代当事人承担诉讼的，裁定变更当事人。

变更当事人后，诉讼程序以受让人为当事人继续进行，原当事人应当退出诉讼。原当事人已经完成的诉讼行为对受让人具有拘束力。

第二百五十一条 二审裁定撤销一审判决发回重审的案件，当事人申请变更、增加诉讼请求或者提出反诉，第三人提出与本案有关的诉讼请求的，依照民事诉讼法第一百四十三条规定处理。

第二百五十二条 再审裁定撤销原判决、裁定发回重审的案件，当事人申请变更、增加诉讼请求或者提出反诉，符合下列情形之一的，人民法院应当准许：

（一）原审未合法传唤缺席判决，影响当事人行使诉讼权利的；

（二）追加新的诉讼当事人的；

（三）诉讼标的物灭失或者发生变化致使原诉讼请求无法实现的；

（四）当事人申请变更、增加的诉讼请求或者提出的反诉，无法通过另诉解决的。

第二百五十三条 当庭宣判的案件，除当事人当庭要求邮寄发送裁判文书的外，人民法院应当告知当事人或者诉讼代理人领取裁判文书的时间和地点以及逾期不领取的法律后果。上述情况，应当记入笔录。

第二百五十四条 公民、法人或者其他组织申请查阅发生法律效力的判决书、裁定书的，应当向作出该生效裁判的人民法院提出。申请应当以书面形式提出，并提供具体的案号或者当事人姓名、名称。

第二百五十五条 对于查阅判决书、裁定书的申请，人民法院根据下列情形分别处理：

（一）判决书、裁定书已经通过信息网络向社会公开的，应当引导申请人自行查阅；

（二）判决书、裁定书未通过信息网络向社会公开，且申请符合要求的，应当及时提供便捷的查阅服务；

（三）判决书、裁定书尚未发生法律效力，或者已失去法律效力的，不提供查阅并告知申请人；

（四）发生法律效力的判决书、裁定书不是本院作出的，应当告知申请人向作出生效裁判的人民法院申请查阅；

（五）申请查阅的内容涉及国家秘密、商业秘密、个人隐私的，不予准许并告知申请人。

十一、简易程序

第二百五十六条 民事诉讼法第一百六十条规定的简单民事案件中的事实清楚，是指当事人对争议的事实陈述基本一致，并能提供相应的证据，无须人民法院调查收集证据即可查明事实；权利义务关系明确是指能明确区分谁是责任的承担者，谁是权利的享有者；争议不大是指当事人对案件的是非、责任承担以及诉讼标的争执无原则分歧。

第二百五十七条 下列案件，不适用简易程序：

（一）起诉时被告下落不明的；

（二）发回重审的；

（三）当事人一方人数众多的；

（四）适用审判监督程序的；

（五）涉及国家利益、社会公共利益的；

（六）第三人起诉请求改变或者撤销生效判决、裁定、调解书的；

（七）其他不宜适用简易程序的案件。

第二百五十八条 适用简易程序审理的案件，审理期限到期后，有特殊情况需要延长的，经本院院长批准，可以延长审理期限。延长后的审理期限累计不得超过四个月。

人民法院发现案件不宜适用简易程序，需要转为普通程序审理的，应当在审理期限届满前作出裁定并将审判人员及相关事项书面通知双方当事人。

案件转为普通程序审理的，审理期限自人民法院立案之日计算。

第二百五十九条 当事人双方可就开庭方式向人民法院提出申请，由人民法院决定是否准许。经当事人双方同意，可以采用视听传输技术等方式开庭。

第二百六十条 已经按照普通程序审理的案件，在开庭后不得转为简易程序审理。

第二百六十一条 适用简易程序审理案件，人民法院可以依照民事诉讼法第九十条、第一百六十二条的规定采取捎口信、电话、短信、传真、电子邮件等简便方式传唤双方当事人、通知证人和送达诉讼文书。

以简便方式送达的开庭通知，未经当事人确认或者没有其他证据证明当事人已经收到的，人民法院不得缺席判决。

适用简易程序审理案件，由审判员独任审判，书记员担任记录。

第二百六十二条 人民法庭制作的判决书、裁定书、调解书，必须加盖基层人民法院印章，不得用人民法庭的印章代替基层人民法院的印章。

第二百六十三条 适用简易程序审理案件，卷宗中应当具备以下材料：

（一）起诉状或者口头起诉笔录；

（二）答辩状或者口头答辩笔录；

（三）当事人身份证明材料；

（四）委托他人代理诉讼的授权委托书或者口头委托笔录；

（五）证据；

（六）询问当事人笔录；

（七）审理（包括调解）笔录；

（八）判决书、裁定书、调解书或者调解协议；

（九）送达和宣判笔录；

（十）执行情况；

（十一）诉讼费收据；

（十二）适用民事诉讼法第一百六十五条

规定审理的，有关程序适用的书面告知。

第二百六十四条 当事人双方根据民事诉讼法第一百六十条第二款规定约定适用简易程序的，应当在开庭前提出。口头提出的，记入笔录，由双方当事人签名或者捺印确认。

本解释第二百五十七条规定的案件，当事人约定适用简易程序的，人民法院不予准许。

第二百六十五条 原告口头起诉的，人民法院应当将当事人的姓名、性别、工作单位、住所、联系方式等基本信息，诉讼请求，事实及理由等准确记入笔录，由原告核对无误后签名或者捺印。对当事人提交的证据材料，应当出具收据。

第二百六十六条 适用简易程序案件的举证期限由人民法院确定，也可以由当事人协商一致并经人民法院准许，但不得超过十五日。被告要求书面答辩的，人民法院可在征得其同意的基础上，合理确定答辩期间。

人民法院应当将举证期限和开庭日期告知双方当事人，并向当事人说明逾期举证以及拒不到庭的法律后果，由双方当事人在笔录和开庭传票的送达回证上签名或者捺印。

当事人双方均表示不需要举证期限、答辩期间的，人民法院可以立即开庭审理或者确定开庭日期。

第二百六十七条 适用简易程序审理案件，可以简便方式进行审理前的准备。

第二百六十八条 对没有委托律师、基层法律服务工作者代理诉讼的当事人，人民法院在庭审过程中可以对回避、自认、举证证明责任等相关内容向其作必要的解释或者说明，并在庭审过程中适当提示当事人正确行使诉讼权利、履行诉讼义务。

第二百六十九条 当事人就案件适用简易程序提出异议，人民法院经审查，异议成立的，裁定转为普通程序；异议不成立的，裁定驳回。裁定以口头方式作出的，应当记入笔录。

转为普通程序的，人民法院应当将审判人员及相关事项以书面形式通知双方当事人。

转为普通程序前，双方当事人已确认的事实，可以不再进行举证、质证。

第二百七十条 适用简易程序审理的案件，有下列情形之一的，人民法院在制作判决书、裁定书、调解书时，对认定事实或者裁判理由部分可以适当简化：

（一）当事人达成调解协议并需要制作民事调解书的；

（二）一方当事人明确表示承认对方全部或者部分诉讼请求的；

（三）涉及商业秘密、个人隐私的案件，当事人一方要求简化裁判文书中的相关内容，人民法院认为理由正当的；

（四）当事人双方同意简化的。

十二、简易程序中的小额诉讼

第二百七十一条 人民法院审理小额诉讼案件，适用民事诉讼法第一百六十五条的规定，实行一审终审。

第二百七十二条 民事诉讼法第一百六十五条规定的各省、自治区、直辖市上年度就业人员年平均工资，是指已经公布的各省、自治区、直辖市上一年度就业人员年平均工资。在上一年度就业人员年平均工资公布前，以已经公布的最近年度就业人员年平均工资为准。

第二百七十三条 海事法院可以适用小额诉讼的程序审理海事、海商案件。案件标的额应当以实际受理案件的海事法院或者其派出法庭所在的省、自治区、直辖市上年度就业人员年平均工资为基数计算。

第二百七十四条 人民法院受理小额诉讼案件，应当向当事人告知该类案件的审判组织、一审终审、审理期限、诉讼费用交纳标准等相关事项。

第二百七十五条 小额诉讼案件的举证期限由人民法院确定，也可以由当事人协商一致并经人民法院准许，但一般不超过七日。

被告要求书面答辩的，人民法院可以在征得其同意的基础上合理确定答辩期间，但最长不得超过十五日。

当事人到庭后表示不需要举证期限和答辩期间的，人民法院可立即开庭审理。

第二百七十六条 当事人对小额诉讼案件提出管辖异议的，人民法院应当作出裁定。裁定一经作出即生效。

第二百七十七条 人民法院受理小额诉讼案件后，发现起诉不符合民事诉讼法第一百二十二条规定的起诉条件的，裁定驳回起诉。裁定一经作出即生效。

第二百七十八条 因当事人申请增加或者

变更诉讼请求、提出反诉、追加当事人等，致使案件不符合小额诉讼案件条件的，应当适用简易程序的其他规定审理。

前款规定案件，应当适用普通程序审理的，裁定转为普通程序。

适用简易程序的其他规定或者普通程序审理前，双方当事人已确认的事实，可以不再进行举证、质证。

第二百七十九条 当事人对按照小额诉讼案件审理有异议的，应当在开庭前提出。人民法院经审查，异议成立的，适用简易程序的其他规定审理或者裁定转为普通程序；异议不成立的，裁定驳回。裁定以口头方式作出的，应当记入笔录。

第二百八十条 小额诉讼案件的裁判文书可以简化，主要记载当事人基本信息、诉讼请求、裁判主文等内容。

第二百八十一条 人民法院审理小额诉讼案件，本解释没有规定的，适用简易程序的其他规定。

十三、公益诉讼

第二百八十二条 环境保护法、消费者权益保护法等法律规定的机关和有关组织对污染环境、侵害众多消费者合法权益等损害社会公共利益的行为，根据民事诉讼法第五十八条规定提起公益诉讼，符合下列条件的，人民法院应当受理：

（一）有明确的被告；

（二）有具体的诉讼请求；

（三）有社会公共利益受到损害的初步证据；

（四）属于人民法院受理民事诉讼的范围和受诉人民法院管辖。

第二百八十三条 公益诉讼案件由侵权行为地或者被告住所地中级人民法院管辖，但法律、司法解释另有规定的除外。

因污染海洋环境提起的公益诉讼，由污染发生地、损害结果地或者采取预防污染措施地海事法院管辖。

对同一侵权行为分别向两个以上人民法院提起公益诉讼的，由最先立案的人民法院管辖，必要时由它们的共同上级人民法院指定管辖。

第二百八十四条 人民法院受理公益诉讼案件后，应当在十日内书面告知相关行政主管部门。

第二百八十五条 人民法院受理公益诉讼案件后，依法可以提起诉讼的其他机关和有关组织，可以在开庭前向人民法院申请参加诉讼。人民法院准许参加诉讼的，列为共同原告。

第二百八十六条 人民法院受理公益诉讼案件，不影响同一侵权行为的受害人根据民事诉讼法第一百二十二条规定提起诉讼。

第二百八十七条 对公益诉讼案件，当事人可以和解，人民法院可以调解。

当事人达成和解或者调解协议后，人民法院应当将和解或者调解协议进行公告。公告期间不得少于三十日。

公告期满后，人民法院经审查，和解或者调解协议不违反社会公共利益的，应当出具调解书；和解或者调解协议违反社会公共利益的，不予出具调解书，继续对案件进行审理并依法作出裁判。

第二百八十八条 公益诉讼案件的原告在法庭辩论终结后申请撤诉的，人民法院不予准许。

第二百八十九条 公益诉讼案件的裁判发生法律效力后，其他依法具有原告资格的机关和有关组织就同一侵权行为另行提起公益诉讼的，人民法院裁定不予受理，但法律、司法解释另有规定的除外。

十四、第三人撤销之诉

第二百九十条 第三人对已经发生法律效力的判决、裁定、调解书提起撤销之诉的，应当自知道或者应当知道其民事权益受到损害之日起六个月内，向作出生效判决、裁定、调解书的人民法院提出，并应当提供存在下列情形的证据材料：

（一）因不能归责于本人的事由未参加诉讼；

（二）发生法律效力的判决、裁定、调解书的全部或者部分内容错误；

（三）发生法律效力的判决、裁定、调解书内容错误损害其民事权益。

第二百九十一条 人民法院应当在收到起诉状和证据材料之日起五日内送交对方当事人，对方当事人可以自收到起诉状之日起十日内提出书面意见。

人民法院应当对第三人提交的起诉状、证据材料以及对方当事人的书面意见进行审查。必要时，可以询问双方当事人。

经审查，符合起诉条件的，人民法院应当在收到起诉状之日起三十日内立案。不符合起诉条件的，应当在收到起诉状之日起三十日内裁定不予受理。

第二百九十二条 人民法院对第三人撤销之诉案件，应当组成合议庭开庭审理。

第二百九十三条 民事诉讼法第五十九条第三款规定的因不能归责于本人的事由未参加诉讼，是指没有被列为生效判决、裁定、调解书当事人，且无过错或者无明显过错的情形。包括：

（一）不知道诉讼而未参加的；

（二）申请参加未获准许的；

（三）知道诉讼，但因客观原因无法参加的；

（四）因其他不能归责于本人的事由未参加诉讼的。

第二百九十四条 民事诉讼法第五十九条第三款规定的判决、裁定、调解书的部分或者全部内容，是指判决、裁定的主文，调解书中处理当事人民事权利义务的结果。

第二百九十五条 对下列情形提起第三人撤销之诉的，人民法院不予受理：

（一）适用特别程序、督促程序、公示催告程序、破产程序等非讼程序处理的案件；

（二）婚姻无效、撤销或者解除婚姻关系等判决、裁定、调解书中涉及身份关系的内容；

（三）民事诉讼法第五十七条规定的未参加登记的权利人对代表人诉讼案件的生效裁判；

（四）民事诉讼法第五十八条规定的损害社会公共利益行为的受害人对公益诉讼案件的生效裁判。

第二百九十六条 第三人提起撤销之诉，人民法院应当将该第三人列为原告，生效判决、裁定、调解书的当事人列为被告，但生效判决、裁定、调解书中没有承担责任的无独立请求权的第三人列为第三人。

第二百九十七条 受理第三人撤销之诉案件后，原告提供相应担保，请求中止执行的，人民法院可以准许。

第二百九十八条 对第三人撤销或者部分撤销发生法律效力的判决、裁定、调解书内容的请求，人民法院经审理，按下列情形分别处理：

（一）请求成立且确认其民事权利的主张全部或部分成立的，改变原判决、裁定、调解书内容的错误部分；

（二）请求成立，但确认其全部或部分民事权利的主张不成立，或者未提出确认其民事权利请求的，撤销原判决、裁定、调解书内容的错误部分；

（三）请求不成立的，驳回诉讼请求。

对前款规定裁判不服的，当事人可以上诉。

原判决、裁定、调解书的内容未改变或者未撤销的部分继续有效。

第二百九十九条 第三人撤销之诉案件审理期间，人民法院对生效判决、裁定、调解书裁定再审的，受理第三人撤销之诉的人民法院应当裁定将第三人的诉讼请求并入再审程序。但有证据证明原审当事人之间恶意串通损害第三人合法权益的，人民法院应当先行审理第三人撤销之诉案件，裁定中止再审诉讼。

第三百条 第三人诉讼请求并入再审程序审理的，按照下列情形分别处理：

（一）按照第一审程序审理的，人民法院应当对第三人的诉讼请求一并审理，所作的判决可以上诉；

（二）按照第二审程序审理的，人民法院可以调解，调解达不成协议的，应当裁定撤销原判决、裁定、调解书，发回一审法院重审，重审时应当列明第三人。

第三百零一条 第三人提起撤销之诉后，未中止生效判决、裁定、调解书执行的，执行法院对第三人依照民事诉讼法第二百三十四条规定提出的执行异议，应予审查。第三人不服驳回执行异议裁定，申请对原判决、裁定、调解书再审的，人民法院不予受理。

案外人对人民法院驳回其执行异议裁定不服，认为原判决、裁定、调解书内容错误损害其合法权益的，应当根据民事诉讼法第二百三十四条规定申请再审，提起第三人撤销之诉的，人民法院不予受理。

十五、执行异议之诉

第三百零二条 根据民事诉讼法第二百三十四条规定，案外人、当事人对执行异议裁定不服，自裁定送达之日起十五日内向人民法院提起执行异议之诉的，由执行法院管辖。

第三百零三条 案外人提起执行异议之诉，除符合民事诉讼法第一百二十二条规定外，还应当具备下列条件：

（一）案外人的执行异议申请已经被人民法院裁定驳回；

（二）有明确的排除对执行标的执行的诉讼请求，且诉讼请求与原判决、裁定无关；

（三）自执行异议裁定送达之日起十五日内提起。

人民法院应当在收到起诉状之日起十五日内决定是否立案。

第三百零四条 申请执行人提起执行异议之诉，除符合民事诉讼法第一百二十二条规定外，还应当具备下列条件：

（一）依案外人执行异议申请，人民法院裁定中止执行；

（二）有明确的对执行标的继续执行的诉讼请求，且诉讼请求与原判决、裁定无关；

（三）自执行异议裁定送达之日起十五日内提起。

人民法院应当在收到起诉状之日起十五日内决定是否立案。

第三百零五条 案外人提起执行异议之诉的，以申请执行人为被告。被执行人反对案外人异议的，被执行人为共同被告；被执行人不反对案外人异议的，可以列被执行人为第三人。

第三百零六条 申请执行人提起执行异议之诉的，以案外人为被告。被执行人反对申请执行人主张的，以案外人和被执行人为共同被告；被执行人不反对申请执行人主张的，可以列被执行人为第三人。

第三百零七条 申请执行人对中止执行裁定未提起执行异议之诉，被执行人提起执行异议之诉的，人民法院告知其另行起诉。

第三百零八条 人民法院审理执行异议之诉案件，适用普通程序。

第三百零九条 案外人或者申请执行人提起执行异议之诉的，案外人应当就其对执行标的享有足以排除强制执行的民事权益承担举证证明责任。

第三百一十条 对案外人提起的执行异议之诉，人民法院经审理，按照下列情形分别处理：

（一）案外人就执行标的享有足以排除强制执行的民事权益的，判决不得执行该执行标的；

（二）案外人就执行标的不享有足以排除强制执行的民事权益的，判决驳回诉讼请求。

案外人同时提出确认其权利的诉讼请求的，人民法院可以在判决中一并作出裁判。

第三百一十一条 对申请执行人提起的执行异议之诉，人民法院经审理，按照下列情形分别处理：

（一）案外人就执行标的不享有足以排除强制执行的民事权益的，判决准许执行该执行标的；

（二）案外人就执行标的享有足以排除强制执行的民事权益的，判决驳回诉讼请求。

第三百一十二条 对案外人执行异议之诉，人民法院判决不得对执行标的执行的，执行异议裁定失效。

对申请执行人执行异议之诉，人民法院判决准许对该执行标的执行的，执行异议裁定失效，执行法院可以根据申请执行人的申请或者依职权恢复执行。

第三百一十三条 案外人执行异议之诉审理期间，人民法院不得对执行标的进行处分。申请执行人请求人民法院继续执行并提供相应担保的，人民法院可以准许。

被执行人与案外人恶意串通，通过执行异议、执行异议之诉妨害执行的，人民法院应当依照民事诉讼法第一百一十六条规定处理。申请执行人因此受到损害的，可以提起诉讼要求被执行人、案外人赔偿。

第三百一十四条 人民法院对执行标的裁定中止执行后，申请执行人在法律规定的期间内未提起执行异议之诉的，人民法院应当自起诉期限届满之日起七日内解除对该执行标的采取的执行措施。

十六、第二审程序

第三百一十五条 双方当事人和第三人都提起上诉的，均列为上诉人。人民法院可以依职权确定第二审程序中当事人的诉讼地位。

第三百一十六条 民事诉讼法第一百七十三条、第一百七十四条规定的对方当事人包括被上诉人和原审其他当事人。

第三百一十七条 必要共同诉讼人的一人或者部分人提起上诉的，按下列情形分别处理：

（一）上诉仅对与对方当事人之间权利义务分担有意见，不涉及其他共同诉讼人利益的，对方当事人为被上诉人，未上诉的同一方当事人依原审诉讼地位列明；

（二）上诉仅对共同诉讼人之间权利义务分担有意见，不涉及对方当事人利益的，未上诉的同一方当事人为被上诉人，对方当事人依原审诉讼地位列明；

（三）上诉对双方当事人之间以及共同诉讼人之间权利义务承担有意见的，未提起上诉的其他当事人均为被上诉人。

第三百一十八条 一审宣判时或者判决书、裁定书送达时，当事人口头表示上诉的，人民法院应告知其必须在法定上诉期间内递交上诉状。未在法定上诉期间内递交上诉状的，视为未提起上诉。虽递交上诉状，但未在指定的期限内交纳上诉费的，按自动撤回上诉处理。

第三百一十九条 无民事行为能力人、限制民事行为能力人的法定代理人，可以代理当事人提起上诉。

第三百二十条 上诉案件的当事人死亡或者终止的，人民法院依法通知其权利义务承继者参加诉讼。

需要终结诉讼的，适用民事诉讼法第一百五十四条规定。

第三百二十一条 第二审人民法院应当围绕当事人的上诉请求进行审理。

当事人没有提出请求的，不予审理，但一审判决违反法律禁止性规定，或者损害国家利益、社会公共利益、他人合法权益的除外。

第三百二十二条 开庭审理的上诉案件，第二审人民法院可以依照民事诉讼法第一百三十六条第四项规定进行审理前的准备。

第三百二十三条 下列情形，可以认定为民事诉讼法第一百七十七条第一款第四项规定的严重违反法定程序：

（一）审判组织的组成不合法的；

（二）应当回避的审判人员未回避的；

（三）无诉讼行为能力人未经法定代理人代为诉讼的；

（四）违法剥夺当事人辩论权利的。

第三百二十四条 对当事人在第一审程序中已经提出的诉讼请求，原审人民法院未作审理、判决的，第二审人民法院可以根据当事人自愿的原则进行调解；调解不成的，发回重审。

第三百二十五条 必须参加诉讼的当事人或者有独立请求权的第三人，在第一审程序中未参加诉讼，第二审人民法院可以根据当事人自愿的原则予以调解；调解不成的，发回重审。

第三百二十六条 在第二审程序中，原审原告增加独立的诉讼请求或者原审被告提出反诉的，第二审人民法院可以根据当事人自愿的原则就新增加的诉讼请求或者反诉进行调解；调解不成的，告知当事人另行起诉。

双方当事人同意由第二审人民法院一并审理的，第二审人民法院可以一并裁判。

第三百二十七条 一审判决不准离婚的案件，上诉后，第二审人民法院认为应当判决离婚的，可以根据当事人自愿的原则，与子女抚养、财产问题一并调解；调解不成的，发回重审。

双方当事人同意由第二审人民法院一并审理的，第二审人民法院可以一并裁判。

第三百二十八条 人民法院依照第二审程序审理案件，认为依法不应由人民法院受理的，可以由第二审人民法院直接裁定撤销原裁判，驳回起诉。

第三百二十九条 人民法院依照第二审程序审理案件，认为第一审人民法院受理案件违反专属管辖规定的，应当裁定撤销原裁判并移送有管辖权的人民法院。

第三百三十条 第二审人民法院查明第一审人民法院作出的不予受理裁定有错误的，应当在撤销原裁定的同时，指令第一审人民法院立案受理；查明第一审人民法院作出的驳回起诉裁定有错误的，应当在撤销原裁定的同时，指令第一审人民法院审理。

第三百三十一条 第二审人民法院对下列上诉案件，依照民事诉讼法第一百七十六条规定可以不开庭审理：

（一）不服不予受理、管辖权异议和驳回起诉裁定的；

（二）当事人提出的上诉请求明显不能成立的；

（三）原判决、裁定认定事实清楚，但适用法律错误的；

（四）原判决严重违反法定程序，需要发回重审的。

第三百三十二条 原判决、裁定认定事实或者适用法律虽有瑕疵，但裁判结果正确的，第二审人民法院可以在判决、裁定中纠正瑕疵后，依照民事诉讼法第一百七十七条第一款第一项规定予以维持。

第三百三十三条 民事诉讼法第一百七十七条第一款第三项规定的基本事实，是指用以确定当事人主体资格、案件性质、民事权利义务等对原判决、裁定的结果有实质性影响的事实。

第三百三十四条 在第二审程序中，作为当事人的法人或者其他组织分立的，人民法院可以直接将分立后的法人或者其他组织列为共同诉讼人；合并的，将合并后的法人或者其他组织列为当事人。

第三百三十五条 在第二审程序中，当事人申请撤回上诉，人民法院经审查认为一审判决确有错误，或者当事人之间恶意串通损害国家利益、社会公共利益、他人合法权益的，不应准许。

第三百三十六条 在第二审程序中，原审原告申请撤回起诉，经其他当事人同意，且不损害国家利益、社会公共利益、他人合法权益的，人民法院可以准许。准许撤诉的，应当一并裁定撤销一审裁判。

原审原告在第二审程序中撤回起诉后重复起诉的，人民法院不予受理。

第三百三十七条 当事人在第二审程序中达成和解协议的，人民法院可以根据当事人的请求，对双方达成的和解协议进行审查并制作调解书送达当事人；因和解而申请撤诉，经审查符合撤诉条件的，人民法院应予准许。

第三百三十八条 第二审人民法院宣告判决可以自行宣判，也可以委托原审人民法院或者当事人所在地人民法院代行宣判。

第三百三十九条 人民法院审理对裁定的上诉案件，应当在第二审立案之日起三十日内作出终审裁定。有特殊情况需要延长审限的，由本院院长批准。

第三百四十条 当事人在第一审程序中实施的诉讼行为，在第二审程序中对该当事人仍具有拘束力。

当事人推翻其在第一审程序中实施的诉讼行为时，人民法院应当责令其说明理由。理由不成立的，不予支持。

十七、特别程序

第三百四十一条 宣告失踪或者宣告死亡案件，人民法院可以根据申请人的请求，清理下落不明人的财产，并指定案件审理期间的财产管理人。公告期满后，人民法院判决宣告失踪的，应当同时依照民法典第四十二条的规定指定失踪人的财产代管人。

第三百四十二条 失踪人的财产代管人经人民法院指定后，代管人申请变更代管的，比照民事诉讼法特别程序的有关规定进行审理。申请理由成立的，裁定撤销申请人的代管人身份，同时另行指定财产代管人；申请理由不成立的，裁定驳回申请。

失踪人的其他利害关系人申请变更代管的，人民法院应当告知其以原指定的代管人为被告起诉，并按普通程序进行审理。

第三百四十三条 人民法院判决宣告公民失踪后，利害关系人向人民法院申请宣告失踪人死亡，自失踪之日起满四年的，人民法院应当受理，宣告失踪的判决即是该公民失踪的证明，审理中仍应依照民事诉讼法第一百九十二条规定进行公告。

第三百四十四条 符合法律规定的多个利害关系人提出宣告失踪、宣告死亡申请的，列为共同申请人。

第三百四十五条 寻找下落不明人的公告应当记载下列内容：

（一）被申请人应当在规定期间内向受理法院申报其具体地址及其联系方式。否则，被申请人将被宣告失踪、宣告死亡；

（二）凡知悉被申请人生存现状的人，应当在公告期间内将其所知道情况向受理法院报告。

第三百四十六条 人民法院受理宣告失踪、宣告死亡案件后，作出判决前，申请人撤回申请的，人民法院应当裁定终结案件，但其他符合法律规定的利害关系人加入程序要求继续审理的除外。

第三百四十七条 在诉讼中，当事人的利害关系人或者有关组织提出该当事人不能辨认或者不能完全辨认自己的行为，要求宣告该当事人无民事行为能力或者限制民事行为能力的，应由利害关系人或者有关组织向人民法院提出申请，由受诉人民法院按照特别程序立案审理，原诉讼中止。

第三百四十八条 认定财产无主案件，公告期间有人对财产提出请求的，人民法院应当裁定终结特别程序，告知申请人另行起诉，适用普通程序审理。

第三百四十九条 被指定的监护人不服居民委员会、村民委员会或者民政部门指定，应当自接到通知之日起三十日内向人民法院提出异议。经审理，认为指定并无不当的，裁定驳回异议；指定不当的，判决撤销指定，同时另行指定监护人。判决书应当送达异议人、原指定单位及判决指定的监护人。

有关当事人依照民法典第三十一条第一款规定直接向人民法院申请指定监护人的，适用特别程序审理，判决指定监护人。判决书应当送达申请人、判决指定的监护人。

第三百五十条 申请认定公民无民事行为能力或者限制民事行为能力的案件，被申请人没有近亲属的，人民法院可以指定经被申请人住所地的居民委员会、村民委员会或者民政部门同意，且愿意担任代理人的个人或者组织为代理人。

没有前款规定的代理人的，由被申请人住所地的居民委员会、村民委员会或者民政部门担任代理人。

代理人可以是一人，也可以是同一顺序中的两人。

第三百五十一条 申请司法确认调解协议的，双方当事人应当本人或者由符合民事诉讼法第六十一条规定的代理人依照民事诉讼法第二百零一条的规定提出申请。

第三百五十二条 调解组织自行开展的调解，有两个以上调解组织参与的，符合民事诉讼法第二百零一条规定的各调解组织所在地人民法院均有管辖权。

双方当事人可以共同向符合民事诉讼法第二百零一条规定的其中一个有管辖权的人民法院提出申请；双方当事人共同向两个以上有管辖权的人民法院提出申请的，由最先立案的人民法院管辖。

第三百五十三条 当事人申请司法确认调解协议，可以采用书面形式或者口头形式。当事人口头申请的，人民法院应当记入笔录，并由当事人签名、捺印或者盖章。

第三百五十四条 当事人申请司法确认调解协议，应当向人民法院提交调解协议、调解组织主持调解的证明，以及与调解协议相关的财产权利证明等材料，并提供双方当事人的身份、住所、联系方式等基本信息。

当事人未提交上述材料的，人民法院应当要求当事人限期补交。

第三百五十五条 当事人申请司法确认调解协议，有下列情形之一的，人民法院裁定不予受理：

（一）不属于人民法院受理范围的；

（二）不属于收到申请的人民法院管辖的；

（三）申请确认婚姻关系、亲子关系、收养关系等身份关系无效、有效或者解除的；

（四）涉及适用其他特别程序、公示催告程序、破产程序审理的；

（五）调解协议内容涉及物权、知识产权确权的。

人民法院受理申请后，发现有上述不予受理情形的，应当裁定驳回当事人的申请。

第三百五十六条 人民法院审查相关情况时，应当通知双方当事人共同到场对案件进行核实。

人民法院经审查，认为当事人的陈述或者提供的证明材料不充分、不完备或者有疑义的，可以要求当事人限期补充陈述或者补充证明材料。必要时，人民法院可以向调解组织核实有关情况。

第三百五十七条 确认调解协议的裁定作出前，当事人撤回申请的，人民法院可以裁定准许。

当事人无正当理由未在限期内补充陈述、补充证明材料或者拒不接受询问的，人民法院可以按撤回申请处理。

第三百五十八条 经审查，调解协议有下列情形之一的，人民法院应当裁定驳回申请：

（一）违反法律强制性规定的；

（二）损害国家利益、社会公共利益、他人合法权益的；

（三）违背公序良俗的；

（四）违反自愿原则的；

（五）内容不明确的；

（六）其他不能进行司法确认的情形。

第三百五十九条 民事诉讼法第二百零三条规定的担保物权人，包括抵押权人、质权人、留置权人；其他有权请求实现担保物权的人，包括抵押人、出质人、财产被留置的债务人或者所有权人等。

第三百六十条 实现票据、仓单、提单等有权利凭证的权利质权案件，可以由权利凭证持有人住所地人民法院管辖；无权利凭证的权利质权，由出质登记地人民法院管辖。

第三百六十一条 实现担保物权案件属于海事法院等专门人民法院管辖的，由专门人民法院管辖。

第三百六十二条 同一债权的担保物有多个且所在地不同，申请人分别向有管辖权的人民法院申请实现担保物权的，人民法院应当依法受理。

第三百六十三条 依照民法典第三百九十二条的规定，被担保的债权既有物的担保又有人的担保，当事人对实现担保物权的顺序有约定，实现担保物权的申请违反该约定的，人民法院裁定不予受理；没有约定或者约定不明的，人民法院应当受理。

第三百六十四条 同一财产上设立多个担保物权，登记在先的担保物权尚未实现的，不影响后顺位的担保物权人向人民法院申请实现担保物权。

第三百六十五条 申请实现担保物权，应当提交下列材料：

（一）申请书。申请书应当记明申请人、被申请人的姓名或者名称、联系方式等基本信息，具体的请求和事实、理由；

（二）证明担保物权存在的材料，包括主合同、担保合同、抵押登记证明或者他项权利证书，权利质权的权利凭证或者质权出质登记证明等；

（三）证明实现担保物权条件成就的材料；

（四）担保财产现状的说明；

（五）人民法院认为需要提交的其他材料。

第三百六十六条 人民法院受理申请后，应当在五日内向被申请人送达申请书副本、异议权利告知书等文书。

被申请人有异议的，应当在收到人民法院通知后的五日内向人民法院提出，同时说明理由并提供相应的证据材料。

第三百六十七条 实现担保物权案件可以由审判员一人独任审查。担保财产标的额超过基层人民法院管辖范围的，应当组成合议庭进行审查。

第三百六十八条 人民法院审查实现担保物权案件，可以询问申请人、被申请人、利害关系人，必要时可以依职权调查相关事实。

第三百六十九条 人民法院应当就主合同的效力、期限、履行情况，担保物权是否有效设立、担保财产的范围、被担保的债权范围、被担保的债权是否已届清偿期等担保物权实现的条件，以及是否损害他人合法权益等内容进行审查。

被申请人或者利害关系人提出异议的，人民法院应当一并审查。

第三百七十条 人民法院审查后，按下列情形分别处理：

（一）当事人对实现担保物权无实质性争议且实现担保物权条件成就的，裁定准许拍卖、变卖担保财产；

（二）当事人对实现担保物权有部分实质性争议的，可以就无争议部分裁定准许拍卖、变卖担保财产；

（三）当事人对实现担保物权有实质性争议的，裁定驳回申请，并告知申请人向人民法院提起诉讼。

第三百七十一条 人民法院受理申请后，申请人对担保财产提出保全申请的，可以按照民事诉讼法关于诉讼保全的规定办理。

第三百七十二条 适用特别程序作出的判决、裁定，当事人、利害关系人认为有错误的，可以向作出该判决、裁定的人民法院提出异议。人民法院经审查，异议成立或者部分成立的，作出新的判决、裁定撤销或者改变原判决、裁定；异议不成立的，裁定驳回。

对人民法院作出的确认调解协议、准许实现担保物权的裁定，当事人有异议的，应当自收到裁定之日起十五日内提出；利害关系人有异议的，自知道或者应当知道其民事权益受到侵害之日起六个月内提出。

十八、审判监督程序

第三百七十三条 当事人死亡或者终止的，其权利义务承继者可以根据民事诉讼法第二百零六条、第二百零八条的规定申请再审。

判决、调解书生效后，当事人将判决、调解书确认的债权转让，债权受让人对该判决、调解书不服申请再审的，人民法院不予受理。

第三百七十四条 民事诉讼法第二百零六条规定的人数众多的一方当事人，包括公民、法人和其他组织。

民事诉讼法第二百零六条规定的当事人双方为公民的案件，是指原告和被告均为公民的案件。

第三百七十五条 当事人申请再审，应当提交下列材料：

（一）再审申请书，并按照被申请人和原审其他当事人的人数提交副本；

（二）再审申请人是自然人的，应当提交身份证明；再审申请人是法人或者其他组织的，应当提交营业执照、组织机构代码证书、法定代表人或者主要负责人身份证明书。委托他人代为申请的，应当提交授权委托书和代理人身份证明；

（三）原审判决书、裁定书、调解书；

（四）反映案件基本事实的主要证据及其他材料。

前款第二项、第三项、第四项规定的材料可以是与原件核对无异的复印件。

第三百七十六条 再审申请书应当记明下列事项：

（一）再审申请人与被申请人及原审其他当事人的基本信息；

（二）原审人民法院的名称，原审裁判文书案号；

（三）具体的再审请求；

（四）申请再审的法定情形及具体事实、理由。

再审申请书应当明确申请再审的人民法院，并由再审申请人签名、捺印或者盖章。

第三百七十七条 当事人一方人数众多或者当事人双方为公民的案件，当事人分别向原审人民法院和上一级人民法院申请再审且不能协商一致的，由原审人民法院受理。

第三百七十八条 适用特别程序、督促程序、公示催告程序、破产程序等非讼程序审理的案件，当事人不得申请再审。

第三百七十九条 当事人认为发生法律效力的不予受理、驳回起诉的裁定错误的，可以申请再审。

第三百八十条 当事人就离婚案件中的财产分割问题申请再审，如涉及判决中已分割的财产，人民法院应当依照民事诉讼法第二百零七条的规定进行审查，符合再审条件的，应当裁定再审；如涉及判决中未作处理的夫妻共同财产，应当告知当事人另行起诉。

第三百八十一条 当事人申请再审，有下列情形之一的，人民法院不予受理：

（一）再审申请被驳回后再次提出申请的；

（二）对再审判决、裁定提出申请的；

（三）在人民检察院对当事人的申请作出不予提出再审检察建议或者抗诉决定后又提出申请的。

前款第一项、第二项规定情形，人民法院应当告知当事人可以向人民检察院申请再审检察建议或者抗诉，但因人民检察院提出再审检察建议或者抗诉而再审作出的判决、裁定除外。

第三百八十二条 当事人对已经发生法律效力的调解书申请再审，应当在调解书发生法律效力后六个月内提出。

第三百八十三条 人民法院应当自收到符合条件的再审申请书等材料之日起五日内向再审申请人发送受理通知书，并向被申请人及原审其他当事人发送应诉通知书、再审申请书副本等材料。

第三百八十四条 人民法院受理申请再审案件后，应当依照民事诉讼法第二百零七条、第二百零八条、第二百一十一条等规定，对当事人主张的再审事由进行审查。

第三百八十五条 再审申请人提供的新的证据，能够证明原判决、裁定认定基本事实或者裁判结果错误的，应当认定为民事诉讼法第二百零七条第一项规定的情形。

对于符合前款规定的证据，人民法院应当责令再审申请人说明其逾期提供该证据的理由；拒不说明理由或者理由不成立的，依照民事诉讼法第六十八条第二款和本解释第一百零二条的规定处理。

第三百八十六条 再审申请人证明其提交的新的证据符合下列情形之一的，可以认定逾期提供证据的理由成立：

（一）在原审庭审结束前已经存在，因客观原因于庭审结束后才发现的；

（二）在原审庭审结束前已经发现，但因客观原因无法取得或者在规定的期限内不能提供的；

（三）在原审庭审结束后形成，无法据此另行提起诉讼的。

再审申请人提交的证据在原审中已经提供，原审人民法院未组织质证且未作为裁判根据的，视为逾期提供证据的理由成立，但原审人民法院依照民事诉讼法第六十八条规定不予采纳的除外。

第三百八十七条 当事人对原判决、裁定认定事实的主要证据在原审中拒绝发表质证意见或者质证中未对证据发表质证意见的，不属于民事诉讼法第二百零七条第四项规定的未经质证的情形。

第三百八十八条 有下列情形之一，导致判决、裁定结果错误的，应当认定为民事诉讼法第二百零七条第六项规定的原判决、裁定适用法律确有错误：

（一）适用的法律与案件性质明显不符的；

（二）确定民事责任明显违背当事人约定或者法律规定的；

（三）适用已经失效或者尚未施行的法律的；

（四）违反法律溯及力规定的；

（五）违反法律适用规则的；

（六）明显违背立法原意的。

第三百八十九条 原审开庭过程中有下列情形之一的，应当认定为民事诉讼法第二百零七条第九项规定的剥夺当事人辩论权利：

（一）不允许当事人发表辩论意见的；

（二）应当开庭审理而未开庭审理的；

（三）违反法律规定送达起诉状副本或者上诉状副本，致使当事人无法行使辩论权利的；

（四）违法剥夺当事人辩论权利的其他情形。

第三百九十条 民事诉讼法第二百零七条第十一项规定的诉讼请求，包括一审诉讼请求、二审上诉请求，但当事人未对一审判决、裁定遗漏或者超出诉讼请求提起上诉的除外。

第三百九十一条 民事诉讼法第二百零七条第十二项规定的法律文书包括：

（一）发生法律效力的判决书、裁定书、调解书；

（二）发生法律效力的仲裁裁决书；

（三）具有强制执行效力的公证债权文书。

第三百九十二条 民事诉讼法第二百零七条第十三项规定的审判人员审理该案件时有贪污受贿、徇私舞弊、枉法裁判行为，是指已经由生效刑事法律文书或者纪律处分决定所确认的行为。

第三百九十三条 当事人主张的再审事由成立，且符合民事诉讼法和本解释规定的申请再审条件的，人民法院应当裁定再审。

当事人主张的再审事由不成立，或者当事人申请再审超过法定申请再审期限、超出法定再审事由范围等不符合民事诉讼法和本解释规定的申请再审条件的，人民法院应当裁定驳回再审申请。

第三百九十四条 人民法院对已经发生法律效力的判决、裁定、调解书依法决定再审，依照民事诉讼法第二百一十三条规定，需要中止执行的，应当在再审裁定中同时写明中止原判决、裁定、调解书的执行；情况紧急的，可以将中止执行裁定口头通知负责执行的人民法院，并在通知后十日内发出裁定书。

第三百九十五条 人民法院根据审查案件的需要决定是否询问当事人。新的证据可能推翻原判决、裁定的，人民法院应当询问当事人。

第三百九十六条 审查再审申请期间，被申请人及原审其他当事人依法提出再审申请的，人民法院应当将其列为再审申请人，对其再审事由一并审查，审查期限重新计算。经审查，其中一方再审申请人主张的再审事由成立的，应当裁定再审。各方再审申请人主张的再审事由均不成立的，一并裁定驳回再审申请。

第三百九十七条 审查再审申请期间，再审申请人申请人民法院委托鉴定、勘验的，人民法院不予准许。

第三百九十八条 审查再审申请期间，再审申请人撤回再审申请的，是否准许，由人民法院裁定。

再审申请人经传票传唤，无正当理由拒不接受询问的，可以按撤回再审申请处理。

第三百九十九条 人民法院准许撤回再审申请或者按撤回再审申请处理后，再审申请人再次申请再审的，不予受理，但有民事诉讼法第二百零七条第一项、第三项、第十二项、第十三项规定情形，自知道或者应当知道之日起六个月内提出的除外。

第四百条 再审申请审查期间，有下列情形之一的，裁定终结审查：

（一）再审申请人死亡或者终止，无权利义务承继者或者权利义务承继者声明放弃再审申请的；

（二）在给付之诉中，负有给付义务的被申请人死亡或者终止，无可供执行的财产，也没有应当承担义务的人的；

（三）当事人达成和解协议且已履行完毕的，但当事人在和解协议中声明不放弃申请再审权利的除外；

（四）他人未经授权以当事人名义申请再审的；

（五）原审或者上一级人民法院已经裁定再审的；

（六）有本解释第三百八十一条第一款规定情形的。

第四百零一条 人民法院审理再审案件应当组成合议庭开庭审理，但按照第二审程序审理，有特殊情况或者双方当事人已经通过其他方式充分表达意见，且书面同意不开庭审理的除外。

符合缺席判决条件的，可以缺席判决。

第四百零二条 人民法院开庭审理再审案件，应当按照下列情形分别进行：

（一）因当事人申请再审的，先由再审申请人陈述再审请求及理由，后由被申请人答辩、其他原审当事人发表意见；

（二）因抗诉再审的，先由抗诉机关宣读抗诉书，再由申请抗诉的当事人陈述，后由被申请人答辩、其他原审当事人发表意见；

（三）人民法院依职权再审，有申诉人的，先由申诉人陈述再审请求及理由，后由被申诉人答辩、其他原审当事人发表意见；

（四）人民法院依职权再审，没有申诉人的，先由原审原告或者原审上诉人陈述，后由原审其他当事人发表意见。

对前款第一项至第三项规定的情形，人民法院应当要求当事人明确其再审请求。

第四百零三条 人民法院审理再审案件应当围绕再审请求进行。当事人的再审请求超出原审诉讼请求的，不予审理；符合另案诉讼条件的，告知当事人可以另行起诉。

被申请人及原审其他当事人在庭审辩论结束前提出的再审请求，符合民事诉讼法第二百一十二条规定的，人民法院应当一并审理。

人民法院经再审，发现已经发生法律效力的判决、裁定损害国家利益、社会公共利益、他人合法权益的，应当一并审理。

第四百零四条 再审审理期间，有下列情形之一的，可以裁定终结再审程序：

（一）再审申请人在再审期间撤回再审请求，人民法院准许的；

（二）再审申请人经传票传唤，无正当理由拒不到庭的，或者未经法庭许可中途退庭，按撤回再审请求处理的；

（三）人民检察院撤回抗诉的；

（四）有本解释第四百条第一项至第四项规定情形的。

因人民检察院提出抗诉裁定再审的案件，申请抗诉的当事人有前款规定的情形，且不损害国家利益、社会公共利益或者他人合法权益的，人民法院应当裁定终结再审程序。

再审程序终结后，人民法院裁定中止执行的原生效判决自动恢复执行。

第四百零五条 人民法院经再审审理认为，原判决、裁定认定事实清楚、适用法律正确的，应予维持；原判决、裁定认定事实、适用法律虽有瑕疵，但裁判结果正确的，应当在再审判决、裁定中纠正瑕疵后予以维持。

原判决、裁定认定事实、适用法律错误，导致裁判结果错误的，应当依法改判、撤销或者变更。

第四百零六条 按照第二审程序再审的案件，人民法院经审理认为不符合民事诉讼法规定的起诉条件或者符合民事诉讼法第一百二十七条规定不予受理情形的，应当裁定撤销一、二审判决，驳回起诉。

第四百零七条 人民法院对调解书

审后，按照下列情形分别处理：

（一）当事人提出的调解违反自愿原则的事由不成立，且调解书的内容不违反法律强制性规定的，裁定驳回再审申请；

（二）人民检察院抗诉或者再审检察建议所主张的损害国家利益、社会公共利益的理由不成立的，裁定终结再审程序。

前款规定情形，人民法院裁定中止执行的调解书需要继续执行的，自动恢复执行。

第四百零八条 一审原告在再审审理程序中申请撤回起诉，经其他当事人同意，且不损害国家利益、社会公共利益、他人合法权益的，人民法院可以准许。裁定准许撤诉的，应当一并撤销原判决。

一审原告在再审审理程序中撤回起诉后重复起诉的，人民法院不予受理。

第四百零九条 当事人提交新的证据致使再审改判，因再审申请人或者申请检察监督当事人的过错未能在原审程序中及时举证，被申请人等当事人请求补偿其增加的交通、住宿、就餐、误工等必要费用的，人民法院应予支持。

第四百一十条 部分当事人到庭并达成调解协议，其他当事人未作出书面表示的，人民法院应当在判决中对该事实作出表述；调解协议内容不违反法律规定，且不损害其他当事人合法权益的，可以在判决主文中予以确认。

第四百一十一条 人民检察院依法对损害国家利益、社会公共利益的发生法律效力的判决、裁定、调解书提出抗诉，或者经人民检察院检察委员会讨论决定提出再审检察建议的，人民法院应予受理。

第四百一十二条 人民检察院对已经发生法律效力的判决以及不予受理、驳回起诉的裁定依法提出抗诉的，人民法院应予受理，但适用特别程序、督促程序、公示催告程序、破产程序以及解除婚姻关系的判决、裁定等不适用审判监督程序的判决、裁定除外。

第四百一十三条 人民检察院依照民事诉讼法第二百一十六条第一款第三项规定对有明显错误的再审判决、裁定提出抗诉或者再审检察建议的，人民法院应予受理。

第四百一十四条 地方各级人民检察院依当事人的申请对生效判决、裁定向同级人民法院提出再审检察建议，符合下列条件的，应予受理：

（一）再审检察建议书和原审当事人申请书及相关证据材料已经提交；

（二）建议再审的对象为依照民事诉讼法和本解释规定可以进行再审的判决、裁定；

（三）再审检察建议书列明该判决、裁定有民事诉讼法第二百一十五条第二款规定情形；

（四）符合民事诉讼法第二百一十六条第一款第一项、第二项规定情形；

（五）再审检察建议经该人民检察院检察委员会讨论决定。

不符合前款规定的，人民法院可以建议人民检察院予以补正或者撤回；不予补正或者撤回的，应当函告人民检察院不予受理。

第四百一十五条 人民检察院依当事人的申请对生效判决、裁定提出抗诉，符合下列条件的，人民法院应当在三十日内裁定再审：

（一）抗诉书和原审当事人申请书及相关证据材料已经提交；

（二）抗诉对象为依照民事诉讼法和本解释规定可以进行再审的判决、裁定；

（三）抗诉书列明该判决、裁定有民事诉讼法第二百一十五条第一款规定情形；

（四）符合民事诉讼法第二百一十六条第一款第一项、第二项规定情形。

不符合前款规定的，人民法院可以建议人民检察院予以补正或者撤回；不予补正或者撤回的，人民法院可以裁定不予受理。

第四百一十六条 当事人的再审申请被上级人民法院裁定驳回后，人民检察院对原判决、裁定、调解书提出抗诉，抗诉事由符合民事诉讼法第二百零七条第一项至第五项规定情形之一的，受理抗诉的人民法院可以交由下一级人民法院再审。

第四百一十七条 人民法院收到再审检察建议后，应当组成合议庭，在三个月内进行审查，发现原判决、裁定、调解书确有错误，需要再审的，依照民事诉讼法第二百零五条规定裁定再审，并通知当事人；经审查，决定不予再审的，应当书面回复人民检察院。

第四百一十八条 人民法院审理因人民检察院抗诉或者检察建议裁定再审的案件，不受此前已经作出的驳回当事人再审申请裁定的影响。

第四百一十九条 人民法院开庭审理抗诉案件，应当在开庭三日前通知人民检察院、当事人和其他诉讼参与人。同级人民检察院或者提出抗诉的人民检察院应当派员出庭。

人民检察院因履行法律监督职责向当事人或者案外人调查核实的情况，应当向法庭提交并予以说明，由双方当事人进行质证。

第四百二十条 必须共同进行诉讼的当事人因不能归责于本人或者其诉讼代理人的事由未参加诉讼的，可以根据民事诉讼法第二百零七条第八项规定，自知道或者应当知道之日起六个月内申请再审，但符合本解释第四百二十一条规定情形的除外。

人民法院因前款规定的当事人申请而裁定再审，按照第一审程序再审的，应当追加其为当事人，作出新的判决、裁定；按照第二审程序再审，经调解不能达成协议的，应当撤销原判决、裁定，发回重审，重审时应追加其为当事人。

第四百二十一条 根据民事诉讼法第二百三十四条规定，案外人对驳回其执行异议的裁定不服，认为原判决、裁定、调解书内容错误损害其民事权益的，可以自执行异议裁定送达之日起六个月内，向作出原判决、裁定、调解书的人民法院申请再审。

第四百二十二条 根据民事诉讼法第二百三十四条规定，人民法院裁定再审后，案外人属于必要的共同诉讼当事人的，依照本解释第四百二十条第二款规定处理。

案外人不是必要的共同诉讼当事人的，人民法院仅审理原判决、裁定、调解书对其民事权益造成损害的内容。经审理，再审请求成立的，撤销或者改变原判决、裁定、调解书；再审请求不成立的，维持原判决、裁定、调解书。

第四百二十三条 本解释第三百三十八条规定适用于审判监督程序。

第四百二十四条 对小额诉讼案件的判决、裁定，当事人以民事诉讼法第二百零七条规定的事由向原审人民法院申请再审的，人民法院应当受理。申请再审事由成立的，应当裁定再审，组成合议庭进行审理。作出的再审判决、裁定，当事人不得上诉。

当事人以不应按小额诉讼案件审理为由向原审人民法院申请再审的，人民法院应当受理。理由成立的，应当裁定再审，组成合议庭审理。作出的再审判决、裁定，当事人可以上诉。

十九、督促程序

第四百二十五条 两个以上人民法院都有管辖权的，债权人可以向其中一个基层人民法院申请支付令。

债权人向两个以上有管辖权的基层人民法院申请支付令的，由最先立案的人民法院管辖。

第四百二十六条 人民法院收到债权人的支付令申请书后，认为申请书不符合要求的，可以通知债权人限期补正。人民法院应当自收到补正材料之日起五日内通知债权人是否受理。

第四百二十七条 债权人申请支付令，符合下列条件的，基层人民法院应当受理，并在收到支付令申请书后五日内通知债权人：

（一）请求给付金钱或者汇票、本票、支票、股票、债券、国库券、可转让的存款单等有价证券；

（二）请求给付的金钱或者有价证券已到期且数额确定，并写明了请求所根据的事实、证据；

（三）债权人没有对待给付义务；

（四）债务人在我国境内且未下落不明；

（五）支付令能够送达债务人；

（六）收到申请书的人民法院有管辖权；

（七）债权人未向人民法院申请诉前保全。

不符合前款规定的，人民法院应当在收到支付令申请书后五日内通知债权人不予受理。

基层人民法院受理申请支付令案件，不受债权金额的限制。

第四百二十八条 人民法院受理申请后，由审判员一人进行审查。经审查，有下列情形之一的，裁定驳回申请：

（一）申请人不具备当事人资格的；

（二）给付金钱或者有价证券的证明文件没有约定逾期给付利息或者违约金、赔偿金，债权人坚持要求给付利息或者违约金、赔偿金的；

（三）要求给付的金钱或者有价证券属于违法所得的；

（四）要求给付的金钱或者有价证券尚未到期或者数额不确定的。

人民法院受理支付令申请后，发现不符合本解释规定的受理条件的，应当在受理之日起十五日内裁定驳回申请。

第四百二十九条 向债务人本人送达支付令，债务人拒绝接收的，人民法院可以留置送达。

第四百三十条 有下列情形之一的，人民法院应当裁定终结督促程序，已发出支付令的，支付令自行失效：

（一）人民法院受理支付令申请后，债权人就同一债权债务关系又提起诉讼的；

（二）人民法院发出支付令之日起三十日内无法送达债务人的；

（三）债务人收到支付令前，债权人撤回申请的。

第四百三十一条 债务人在收到支付令后，未在法定期间提出书面异议，而向其他人民法院起诉的，不影响支付令的效力。

债务人超过法定期间提出异议的，视为未提出异议。

第四百三十二条 债权人基于同一债权债务关系，在同一支付令申请中向债务人提出多项支付请求，债务人仅就其中一项或者几项请求提出异议的，不影响其他各项请求的效力。

第四百三十三条 债权人基于同一债权债务关系，就可分之债向多个债务人提出支付请求，多个债务人中的一人或者几人提出异议的，不影响其他请求的效力。

第四百三十四条 对设有担保的债务的主债务人发出的支付令，对担保人没有拘束力。

债权人就担保关系单独提起诉讼的，支付令自人民法院受理案件之日起失效。

第四百三十五条 经形式审查，债务人提出的书面异议有下列情形之一的，应当认定异议成立，裁定终结督促程序，支付令自行失效：

（一）本解释规定的不予受理申请情形的；

（二）本解释规定的裁定驳回申请情形的；

（三）本解释规定的应当裁定终结督促程序情形的；

（四）人民法院对是否符合发出支付令条件产生合理怀疑的。

第四百三十六条 债务人对债务本身没有异议，只是提出缺乏清偿能力、延缓债务清偿期限、变更债务清偿方式等异议的，不影响支付令的效力。

人民法院经审查认为异议不成立的，裁定驳回。

债务人的口头异议无效。

第四百三十七条 人民法院作出终结督促程序或者驳回异议裁定前，债务人请求撤回异议的，应当裁定准许。

债务人对撤回异议反悔的，人民法院不予支持。

第四百三十八条 支付令失效后，申请支付令的一方当事人不同意提起诉讼的，应当自收到终结督促程序裁定之日起七日内向受理申请的人民法院提出。

申请支付令的一方当事人不同意提起诉讼的，不影响其向其他有管辖权的人民法院提起诉讼。

第四百三十九条 支付令失效后，申请支付令的一方当事人自收到终结督促程序裁定之日起七日内未向受理申请的人民法院表明不同意提起诉讼的，视为向受理申请的人民法院起诉。

债权人提出支付令申请的时间，即为向人民法院起诉的时间。

第四百四十条 债权人向人民法院申请执行支付令的期间，适用民事诉讼法第二百四十六条的规定。

第四百四十一条 人民法院院长发现本院已经发生法律效力的支付令确有错误，认为需要撤销的，应当提交本院审判委员会讨论决定后，裁定撤销支付令，驳回债权人的申请。

二十、公示催告程序

第四百四十二条 民事诉讼法第二百二十五条规定的票据持有人，是指票据被盗、遗失或者灭失前的最后持有人。

第四百四十三条 人民法院收到公示催告的申请后，应当立即审查，并决定是否受理。经审查认为符合受理条件的，通知予以受理，并同时通知支付人停止支付；认为不符合受理条件的，七日内裁定驳回申请。

第四百四十四条 因票据丧失，申请公示催告的，人民法院应结合票据存根、丧失票据的复印件、出票人关于签发票据的证明、申请人合法取得票据的证明、银行挂失止付通知书、报案证明等证据，决定是否受理。

第四百四十五条 人民法院依照民事诉讼法第二百二十六条规定发出的受理申请的公告，应当写明下列内容：

（一）公示催告申请人的姓名或者名称；

（二）票据的种类、号码、票面金额、出票人、背书人、持票人、付款期限等事项以及其他可以申请公示催告的权利凭证的种类、号码、权利范围、权利人、义务人、行权日期等事项；

（三）申报权利的期间；

（四）在公示催告期间转让票据等权利凭证，利害关系人不申报的法律后果。

第四百四十六条 公告应当在有关报纸或者其他媒体上刊登，并于同日公布于人民法院公告栏内。人民法院所在地有证券交易所的，还应当同日在该交易所公布。

第四百四十七条 公告期间不得少于六十日，且公示催告期间届满日不得早于票据付款日后十五日。

第四百四十八条 在申报期届满后、判决作出之前，利害关系人申报权利的，应当适用民事诉讼法第二百二十八条第二款、第三款规定处理。

第四百四十九条 利害关系人申报权利，人民法院应当通知其向法院出示票据，并通知公示催告申请人在指定的期间查看该票据。公示催告申请人申请公示催告的票据与利害关系人出示的票据不一致的，应当裁定驳回利害关系人的申报。

第四百五十条 在申报权利的期间无人申报权利，或者申报被驳回的，申请人应当自公示催告期间届满之日起一个月内申请作出判决。逾期不申请判决的，终结公示催告程序。

裁定终结公示催告程序的，应当通知申请人和支付人。

第四百五十一条 判决公告之日起，公示催告申请人有权依据判决向付款人请求付款。

付款人拒绝付款，申请人向人民法院起诉，符合民事诉讼法第一百二十二条规定的起诉条件的，人民法院应予受理。

第四百五十二条 适用公示催告程序审理案件，可由审判员一人独任审理；判决宣告票据无效的，应当组成合议庭审理。

第四百五十三条 公示催告申请人撤回申请，应在公示催告前提出；公示催告期间申请撤回的，人民法院可以径行裁定终结公示催告程序。

第四百五十四条 人民法院依照民事诉讼法第二百二十七条规定通知支付人停止支付，应当符合有关财产保全的规定。支付人收到停止支付通知后拒不止付的，除可依照民事诉讼法第一百一十四条、第一百一十七条规定采取强制措施外，在判决后，支付人仍应承担付款义务。

第四百五十五条 人民法院依照民事诉讼法第二百二十八条规定终结公示催告程序后，公示催告申请人或者申报人向人民法院提起诉讼，因票据权利纠纷提起的，由票据支付地或者被告住所地人民法院管辖；因非票据权利纠纷提起的，由被告住所地人民法院管辖。

第四百五十六条 依照民事诉讼法第二百二十八条规定制作的终结公示催告程序的裁定书，由审判员、书记员署名，加盖人民法院印章。

第四百五十七条 依照民事诉讼法第二百三十条的规定，利害关系人向人民法院起诉的，人民法院可按票据纠纷适用普通程序审理。

第四百五十八条 民事诉讼法第二百三十条规定的正当理由，包括：

（一）因发生意外事件或者不可抗力致使利害关系人无法知道公告事实的；

（二）利害关系人因被限制人身自由而无法知道公告事实，或者虽然知道公告事实，但无法自己或者委托他人代为申报权利的；

（三）不属于法定申请公示催告情形的；

（四）未予公告或者未按法定方式公告的；

（五）其他导致利害关系人在判决作出前未能向人民法院申报权利的客观事由。

第四百五十九条 根据民事诉讼法第二百三十条的规定，利害关系人请求人民法院撤销除权判决的，应当将申请人列为被告。

利害关系人仅诉请确认其为合法持票人的，人民法院应当在裁判文书中写明，确认利害关系人为票据权利人的判决作出后，除权判决即被撤销。

二十一、执行程序

第四百六十条 发生法律效力的实现担保物权裁定、确认调解协议裁定、支付令，由作出裁定、支付令的人民法院或者与其同级的被执行财产所在地的人民法院执行。

认定财产无主的判决，由作出判决的人民法院将无主财产收归国家或者集体所有。

第四百六十一条 当事人申请人民法院执行的生效法律文书应当具备下列条件：

（一）权利义务主体明确；

（二）给付内容明确。

法律文书确定继续履行合同的，应当明确继续履行的具体内容。

第四百六十二条 根据民事诉讼法第二百三十四条规定，案外人对执行标的提出异议的，应当在该执行标的执行程序终结前提出。

第四百六十三条 案外人对执行标的提出的异议，经审查，按照下列情形分别处理：

（一）案外人对执行标的不享有足以排除强制执行的权益的，裁定驳回其异议；

（二）案外人对执行标的享有足以排除强制执行的权益的，裁定中止执行。

驳回案外人执行异议裁定送达案外人之日起十五日内，人民法院不得对执行标的进行处分。

第四百六十四条 申请执行人与被执行人达成和解协议后请求中止执行或者撤回执行申请的，人民法院可以裁定中止执行或者终结执行。

第四百六十五条 一方当事人不履行或者不完全履行在执行中双方自愿达成的和解协议，对方当事人申请执行原生效法律文书的，人民法院应当恢复执行，但和解协议已履行的部分应当扣除。和解协议已经履行完毕的，人民法院不予恢复执行。

第四百六十六条 申请恢复执行原生效法律文书，适用民事诉讼法第二百四十六条申请执行期间的规定。申请执行期间因达成执行中的和解协议而中断，其期间自和解协议约定履行期限的最后一日起重新计算。

第四百六十七条 人民法院依照民事诉讼法第二百三十八条规定决定暂缓执行的，如果担保是有期限的，暂缓执行的期限应当与担保期限一致，但最长不得超过一年。被执行人或者担保人对担保的财产在暂缓执行期间有转移、隐藏、变卖、毁损等行为的，人民法院可以恢复强制执行。

第四百六十八条 根据民事诉讼法第二百三十八条规定向人民法院提供执行担保的，可以由被执行人或者他人提供财产担保，也可以由他人提供保证。担保人应当具有代为履行或者代为承担赔偿责任的能力。

他人提供执行保证的，应当向执行法院出具保证书，并将保证书副本送交申请执行人。被执行人或者他人提供财产担保的，应当参照民法典的有关规定办理相应手续。

第四百六十九条 被执行人在人民法院决定暂缓执行的期限届满后仍不履行义务的，人民法院可以直接执行担保财产，或者裁定执行担保人的财产，但执行担保人的财产以担保人应当履行义务部分的财产为限。

第四百七十条 依照民事诉讼法第二百三十九条规定，执行中作为被执行人的法人或者其他组织分立、合并的，人民法院可以裁定变更后的法人或者其他组织为被执行人；被注销的，如果依照有关实体法的规定有权利义务承受人的，可以裁定该权利义务承受人为被执行人。

第四百七十一条 其他组织在执行中不能履行法律文书确定的义务的，人民法院可以裁定执行对该其他组织依法承担义务的法人或者公民个人的财产。

第四百七十二条 在执行中，作为被执行人的法人或者其他组织名称变更的，人民法院可以裁定变更后的法人或者其他组织为被执行人。

第四百七十三条 作为被执行人的公民死亡，其遗产继承人没有放弃继承的，人民法院可以裁定变更被执行人，由该继承人在遗产的范围内偿还债务。继承人放弃继承的，人民法院可以直接执行被执行人的遗产。

第四百七十四条 法律规定由人民法院执行的其他法律文书执行完毕后，该法律文书被有关机关或者组织依法撤销的，经当事人申请，适用民事诉讼法第二百四十条规定。

第四百七十五条 仲裁机构裁决的事项，部分有民事诉讼法第二百四十四条第二款、第三款规定情形的，人民法院应当裁定对该部分不予执行。

应当不予执行部分与其他部分不可分的，人民法院应当裁定不予执行仲裁裁决。

第四百七十六条 依照民事诉讼法第二百四十四条第二款、第三款规定，人民法院裁定不予执行仲裁裁决后，当事人对该裁定提出执行异议或者复议的，人民法院不予受理。当事人可以就该民事纠纷重新达成书面仲裁协议申请仲裁，也可以向人民法院起诉。

第四百七十七条 在执行中，被执行人通过仲裁程序将人民法院查封、扣押、冻结的财产确权或者分割给案外人的，不影响人民法院执行程序的进行。

案外人不服的，可以根据民事诉讼法第二百三十四条规定提出异议。

第四百七十八条 有下列情形之一的，可以认定为民事诉讼法第二百四十五条第二款规定的公证债权文书确有错误：

（一）公证债权文书属于不得赋予强制执行效力的债权文书的；

（二）被执行人一方未亲自或者未委托代理人到场公证等严重违反法律规定的公证程序的；

（三）公证债权文书的内容与事实不符或者违反法律强制性规定的；

（四）公证债权文书未载明被执行人不履行义务或者不完全履行义务时同意接受强制执行的。

人民法院认定执行该公证债权文书违背社会公共利益的，裁定不予执行。

公证债权文书被裁定不予执行后，当事人、公证事项的利害关系人可以就债权争议提起诉讼。

第四百七十九条 当事人请求不予执行仲裁裁决或者公证债权文书的，应当在执行终结前向执行法院提出。

第四百八十条 人民法院应当在收到申请执行书或者移交执行书后十日内发出执行通知。

执行通知中除应责令被执行人履行法律文书确定的义务外，还应通知其承担民事诉讼法第二百六十条规定的迟延履行利息或者迟延履行金。

第四百八十一条 申请执行人超过申请执行时效期间向人民法院申请强制执行的，人民法院应予受理。被执行人对申请执行时效期间提出异议，人民法院经审查异议成立的，裁定不予执行。

被执行人履行全部或者部分义务后，又以不知道申请执行时效期间届满为由请求执行回转的，人民法院不予支持。

第四百八十二条 对必须接受调查询问的被执行人、被执行人的法定代表人、负责人或者实际控制人，经依法传唤无正当理由拒不到场的，人民法院可以拘传其到场。

人民法院应当及时对被拘传人进行调查询问，调查询问的时间不得超过八小时；情况复杂，依法可能采取拘留措施的，调查询问的时间不得超过二十四小时。

人民法院在本辖区以外采取拘传措施时，可以将被拘传人拘传到当地人民法院，当地人民法院应予协助。

第四百八十三条 人民法院有权查询被执行人的身份信息与财产信息，掌握相关信息的单位和个人必须按照协助执行通知书办理。

第四百八十四条 对被执行的财产，人民法院非经查封、扣押、冻结不得处分。对银行存款等各类可以直接扣划的财产，人民法院的扣划裁定同时具有冻结的法律效力。

第四百八十五条 人民法院冻结被执行人的银行存款的期限不得超过一年，查封、扣押动产的期限不得超过两年，查封不动产、冻结其他财产权的期限不得超过三年。

申请执行人申请延长期限的，人民法院应当在查封、扣押、冻结期限届满前办理续行查封、扣押、冻结手续，续行期限不得超过前款规定的期限。

人民法院也可以依职权办理续行查封、扣押、冻结手续。

第四百八十六条 依照民事诉讼法第二百五十四条规定，人民法院在执行中需要拍卖被执行人财产的，可以由人民法院自行组织拍卖，也可以交由具备相应资质的拍卖机构拍卖。

交拍卖机构拍卖的，人民法院应当对拍卖活动进行监督。

第四百八十七条 拍卖评估需要对现场进行检查、勘验的，人民法院应当责令被执行人、协助义务人予以配合。被执行人、协助义务人不予配合的，人民法院可以强制进行。

第四百八十八条 人民法院在执行中需要变卖被执行人财产的，可以交有关单位变卖，也可以由人民法院直接变卖。

对变卖的财产，人民法院或者其工作人员不得买受。

第四百八十九条 经申请执行人和被执行人同意，且不损害其他债权人合法权益和社会公共利益的，人民法院可以不经拍卖、变卖，直接将被执行人的财产作价交申请执行人抵偿债务。对剩余债务，被执行人应当继续清偿。

第四百九十条 被执行人的财产无法拍卖或者变卖的，经申请执行人同意，且不损害其他债权人合法权益和社会公共利益的，人民法院可以将该项财产作价后交付申请执行人抵偿债务，或者交付申请执行人管理；申请执行人拒绝接收或者管理的，退回被执行人。

第四百九十一条 拍卖成交或者依法定程序裁定以物抵债的，标的物所有权自拍卖成交裁定或者抵债裁定送达买受人或者接受抵债物的债权人时转移。

第四百九十二条 执行标的物为特定物的，应当执行原物。原物确已毁损或者灭失的，经双方当事人同意，可以折价赔偿。

双方当事人对折价赔偿不能协商一致的，人民法院应当终结执行程序。申请执行人可以另行起诉。

第四百九十三条 他人持有法律文书指定交付的财物或者票证，人民法院依照民事诉讼法第二百五十六条第二款、第三款规定发出协助执行通知后，拒不转交的，可以强制执行，并可依照民事诉讼法第一百一十七条、第一百一十八条规定处理。

他人持有期间财物或者票证毁损、灭失的，参照本解释第四百九十二条规定处理。

他人主张合法持有财物或者票证的，可以根据民事诉讼法第二百三十四条规定提出执行异议。

第四百九十四条 在执行中，被执行人隐匿财产、会计账簿等资料的，人民法院除可依照民事诉讼法第一百一十四条第一款第六项规定对其处理外，还应责令被执行人交出隐匿的财产、会计账簿等资料。被执行人拒不交出的，人民法院可以采取搜查措施。

第四百九十五条 搜查人员应当按规定着装并出示搜查令和工作证件。

第四百九十六条 人民法院搜查时禁止无关人员进入搜查现场；搜查对象是公民的，应当通知被执行人或者他的成年家属以及基层组织派员到场；搜查对象是法人或者其他组织的，应当通知法定代表人或者主要负责人到场。拒不到场的，不影响搜查。

搜查妇女身体，应当由女执行人员进行。

第四百九十七条 搜查中发现应当依法采取查封、扣押措施的财产，依照民事诉讼法第二百五十二条第二款和第二百五十四条规定办理。

第四百九十八条 搜查应当制作搜查笔录，由搜查人员、被搜查人及其他在场人签名、捺印或者盖章。拒绝签名、捺印或者盖章的，应当记入搜查笔录。

第四百九十九条 人民法院执行被执行人对他人的到期债权，可以作出冻结债权的裁定，并通知该他人向申请执行人履行。

该他人对到期债权有异议，申请执行人请求对异议部分强制执行的，人民法院不予支持。利害关系人对到期债权有异议的，人民法院应当按照民事诉讼法第二百三十四条规定处理。

对生效法律文书确定的到期债权，该他人予以否认的，人民法院不予支持。

第五百条 人民法院在执行中需要办理房产证、土地证、林权证、专利证书、商标证书、车船执照等有关财产权证照转移手续的，可以依照民事诉讼法第二百五十八条规定办理。

第五百零一条 被执行人不履行生效法律文书确定的行为义务，该义务可由他人完成的，人民法院可以选定代履行人；法律、行政法规对履行该行为义务有资格限制的，应当从有资格的人中选定。必要时，可以通过招标的方式确定代履行人。

申请执行人可以在符合条件的人中推荐代履行人，也可以申请自己代为履行，是否准许，由人民法院决定。

第五百零二条 代履行费用的数额由人民法院根据案件具体情况确定，并由被执行人在指定期限内预先支付。被执行人未预付的，人民法院可以对该费用强制执行。

代履行结束后，被执行人可以查阅、复制费用清单以及主要凭证。

第五百零三条 被执行人不履行法律文书指定的行为，且该项行为只能由被执行人完成的，人民法院可以依照民事诉讼法第一百一十四条第一款第六项规定处理。

被执行人在人民法院确定的履行期间内仍不履行的，人民法院可以依照民事诉讼法第一百一十四条第一款第六项规定再次处理。

第五百零四条 被执行人迟延履行的，迟延履行期间的利息或者迟延履行金自判决、裁定和其他法律文书指定的履行期间届满之日起计算。

第五百零五条 被执行人未按判决、裁定和其他法律文书指定的期间履行非金钱给付义务的，无论是否已给申请执行人造成损失，都应当支付迟延履行金。已经造成损失的，双倍补偿申请执行人已经受到的损失；没有造成损失的，迟延履行金可以由人民法院根据具体案件情况决定。

第五百零六条 被执行人为公民或者其他组织，在执行程序开始后，被执行人的其他已经取得执行依据的债权人发现被执行人的财产不能清偿所有债权的，可以向人民法院申请参与分配。

对人民法院查封、扣押、冻结的财产有优先权、担保物权的债权人，可以直接申请参与分配，主张优先受偿权。

第五百零七条 申请参与分配，申请人应当提交申请书。申请书应当写明参与分配和被执行人不能清偿所有债权的事实、理由，并附有执行依据。

参与分配申请应当在执行程序开始后，被执行人的财产执行终结前提出。

第五百零八条 参与分配执行中，执行所得价款扣除执行费用，并清偿应当优先受偿的债权后，对于普通债权，原则上按照其占全部申请参与分配债权数额的比例受偿。清偿后的剩余债务，被执行人应当继续清偿。债权人发现被执行人有其他财产的，可以随时请求人民法院执行。

第五百零九条 多个债权人对执行财产申请参与分配的，执行法院应当制作财产分配方案，并送达各债权人和被执行人。债权人或者被执行人对分配方案有异议的，应当自收到分配方案之日起十五日内向执行法院提出书面异议。

第五百一十条 债权人或者被执行人对分配方案提出书面异议的，执行法院应当通知未提出异议的债权人、被执行人。

未提出异议的债权人、被执行人自收到通知之日起十五日内未提出反对意见的，执行法院依异议人的意见对分配方案审查修正后进行分配；提出反对意见的，应当通知异议人。异议人可以自收到通知之日起十五日内，以提出反对意见的债权人、被执行人为被告，向执行法院提起诉讼；异议人逾期未提起诉讼的，执行法院按照原分配方案进行分配。

诉讼期间进行分配的，执行法院应当提存与争议债权数额相应的款项。

第五百一十一条 在执行中，作为被执行人的企业法人符合企业破产法第二条第一款规定情形的，执行法院经申请执行人之一或者被执行人同意，应当裁定中止对该被执行人的执行，将执行案件相关材料移送被执行人住所地人民法院。

第五百一十二条 被执行人住所地人民法院应当自收到执行案件相关材料之日起三十日内，将是否受理破产案件的裁定告知执行法院。不予受理的，应当将相关案件材料退回执行法院。

第五百一十三条 被执行人住所地人民法院裁定受理破产案件的，执行法院应当解除对被执行人财产的保全措施。被执行人住所地人民法院裁定宣告被执行人破产的，执行法院应当裁定终结对该被执行人的执行。

被执行人住所地人民法院不受理破产案件的，执行法院应当恢复执行。

第五百一十四条 当事人不同意移送破产或者被执行人住所地人民法院不受理破产案件的，执行法院就执行变价所得财产，在扣除执行费用及清偿优先受偿的债权后，对于普通债权，按照财产保全和执行中查封、扣押、冻结财产的先后顺序清偿。

第五百一十五条 债权人根据民事诉讼法第二百六十一条规定请求人民法院继续执行的，不受民事诉讼法第二百四十六条规定申请执行时效期间的限制。

第五百一十六条 被执行人不履行法律文书确定的义务的，人民法院除对被执行人予以处罚外，还可以根据情节将其纳入失信被执行人名单，将被执行人不履行或者不完全履行义务的信息向其所在单位、征信机构以及其他相关机构通报。

第五百一十七条 经过财产调查未发现可供执行的财产，在申请执行人签字确认或者执行法院组成合议庭审查核实并经院长批准后，可以裁定终结本次执行程序。

依照前款规定终结执行后，申请执行人发现被执行人有可供执行财产的，可以再次申请执行。再次申请不受申请执行时效期间的限制。

第五百一十八条 因撤销申请而终结执行后，当事人在民事诉讼法第二百四十六条规定的申请执行时效期间内再次申请执行的，人民法院应当受理。

第五百一十九条 在执行终结六个月内，被执行人或者其他人对已执行的标的有妨害行为的，人民法院可以依申请排除妨害，并可以依照民事诉讼法第一百一十四条规定进行处罚。因妨害行为给执行债权人或者其他人造成损失的，受害人可以另行起诉。

二十二、涉外民事诉讼程序的特别规定

第五百二十条 有下列情形之一，人民法院可以认定为涉外民事案件：

（一）当事人一方或者双方是外国人、无国籍人、外国企业或者组织的；

（二）当事人一方或者双方的经常居所地在中华人民共和国领域外的；

（三）标的物在中华人民共和国领域外的；

（四）产生、变更或者消灭民事关系的法律事实发生在中华人民共和国领域外的；

（五）可以认定为涉外民事案件的其他情形。

第五百二十一条 外国人参加诉讼，应当向人民法院提交护照等用以证明自己身份的证件。

外国企业或者组织参加诉讼，向人民法院提交的身份证明文件，应当经所在国公证机关公证，并经中华人民共和国驻该国使领馆认证，或者履行中华人民共和国与该所在国订立的有关条约中规定的证明手续。

代表外国企业或者组织参加诉讼的人，应当向人民法院提交其有权作为代表人参加诉讼的证明，该证明应当经所在国公证机关公证，并经中华人民共和国驻该国使领馆认证，或者履行中华人民共和国与该所在国订立的有关条约中规定的证明手续。

本条所称的“所在国”，是指外国企业或者组织的设立登记地国，也可以是办理了营业登记手续的第三国。

第五百二十二条 依照民事诉讼法第二百七十一条以及本解释第五百二十一条规定，需要办理公证、认证手续，而外国当事人所在国与中华人民共和国没有建立外交关系的，可以经该国公证机关公证，经与中华人民共和国有外交关系的第三国驻该国使领馆认证，再转由中华人民共和国驻该第三国使领馆认证。

第五百二十三条 外国人、外国企业或者组织的代表人在人民法院法官的见证下签署授权委托书，委托代理人进行民事诉讼的，人民法院应予认可。

第五百二十四条 外国人、外国企业或者组织的代表人在中华人民共和国境内签署授权委托书，委托代理人进行民事诉讼，经中华人民共和国公证机构公证的，人民法院应予认可。

第五百二十五条 当事人向人民法院提交的书面材料是外文的，应当同时向人民法院提交中文翻译件。

当事人对中文翻译件有异议的，应当共同委托翻译机构提供翻译文本；当事人对翻译机构的选择不能达成一致的，由人民法院确定。

第五百二十六条 涉外民事诉讼中的外籍当事人，可以委托本国人为诉讼代理人，也可以委托本国律师以非律师身份担任诉讼代理人；外国驻华使领馆官员，受本国公民的委托，可以以个人名义担任诉讼代理人，但在诉讼中不享有外交或者领事特权和豁免。

第五百二十七条 涉外民事诉讼中，外国驻华使领馆授权其本馆官员，在作为当事人的本国国民不在中华人民共和国领域内的情况下，可以以外交代表身份为其本国国民在中华人民共和国聘请中华人民共和国律师或者中华人民共和国公民代理民事诉讼。

第五百二十八条 涉外民事诉讼中，经调解双方达成协议，应当制发调解书。当事人要求发给判决书的，可以依协议的内容制作判决书送达当事人。

第五百二十九条 涉外合同或者其他财产

权益纠纷的当事人，可以书面协议选择被告住所地、合同履行地、合同签订地、原告住所地、标的物所在地、侵权行为地等与争议有实际联系地点的外国法院管辖。

根据民事诉讼法第三十四条和第二百七十三条规定，属于中华人民共和国法院专属管辖的案件，当事人不得协议选择外国法院管辖，但协议选择仲裁的除外。

第五百三十条 涉外民事案件同时符合下列情形的，人民法院可以裁定驳回原告的起诉，告知其向更方便的外国法院提起诉讼：

（一）被告提出案件应由更方便外国法院管辖的请求，或者提出管辖异议；

（二）当事人之间不存在选择中华人民共和国法院管辖的协议；

（三）案件不属于中华人民共和国法院专属管辖；

（四）案件不涉及中华人民共和国国家、公民、法人或者其他组织的利益；

（五）案件争议的主要事实不是发生在中华人民共和国境内，且案件不适用中华人民共和国法律，人民法院审理案件在认定事实和适用法律方面存在重大困难；

（六）外国法院对案件享有管辖权，且审理该案件更加方便。

第五百三十一条 中华人民共和国法院和外国法院都有管辖权的案件，一方当事人向外国法院起诉，而另一方当事人向中华人民共和国法院起诉的，人民法院可予受理。判决后，外国法院申请或者当事人请求人民法院承认和执行外国法院对本案作出的判决、裁定的，不予准许；但双方共同缔结或者参加的国际条约另有规定的除外。

外国法院判决、裁定已经被人民法院承认，当事人就同一争议向人民法院起诉的，人民法院不予受理。

第五百三十二条 对在中华人民共和国领域内没有住所的当事人，经用公告方式送达诉讼文书，公告期满不应诉，人民法院缺席判决后，仍应当将裁判文书依照民事诉讼法第二百七十四条第八项规定公告送达。自公告送达裁判文书满三个月之日起，经过三十日的上诉期当事人没有上诉的，一审判决即发生法律效力。

第五百三十三条 外国人或者外国企业、组织的代表人、主要负责人在中华人民共和国领域内的，人民法院可以向该自然人或者外国企业、组织的代表人、主要负责人送达。

外国企业、组织的主要负责人包括该企业、组织的董事、监事、高级管理人员等。

第五百三十四条 受送达人所在国允许邮寄送达的，人民法院可以邮寄送达。

邮寄送达时应当附有送达回证。受送达人未在送达回证上签收但在邮件回执上签收的，视为送达，签收日期为送达日期。

自邮寄之日起满三个月，如果未收到送达的证明文件，且根据各种情况不足以认定已经送达的，视为不能用邮寄方式送达。

第五百三十五条 人民法院一审时采取公告方式向当事人送达诉讼文书的，二审时可径行采取公告方式向其送达诉讼文书，但人民法院能够采取公告方式之外的其他方式送达的除外。

第五百三十六条 不服第一审人民法院判决、裁定的上诉期，对在中华人民共和国领域内有住所的当事人，适用民事诉讼法第一百七十一条规定的期限；对在中华人民共和国领域内没有住所的当事人，适用民事诉讼法第二百七十六条规定的期限。当事人的上诉期均已届满没有上诉的，第一审人民法院的判决、裁定即发生法律效力。

第五百三十七条 人民法院对涉外民事案件的当事人申请再审进行审查的期间，不受民事诉讼法第二百一十一条规定的限制。

第五百三十八条 申请人向人民法院申请执行中华人民共和国涉外仲裁机构的裁决，应当提出书面申请，并附裁决书正本。如申请人为外国当事人，其申请书应当用中文文本提出。

第五百三十九条 人民法院强制执行涉外仲裁机构的仲裁裁决时，被执行人以有民事诉讼法第二百八十一条第一款规定的情形为由提出抗辩的，人民法院应当对被执行人的抗辩进行审查，并根据审查结果裁定执行或者不予执行。

第五百四十条 依照民事诉讼法第二百七十九条规定，中华人民共和国涉外仲裁机构将当事人的保全申请提交人民法院裁定的，人民法院可以进行审查，裁定是否进行保全。裁定保全的，应当责令申请人提供担保，申请人不提供担保的，裁定驳回申请。

当事人申请证据保全，人民法院经审查认为无需提供担保的，申请人可以不提供担保。

第五百四十一条 申请人向人民法院申请承认和执行外国法院作出的发生法律效力的判决、裁定，应当提交申请书，并附外国法院作出的发生法律效力的判决、裁定正本或者经证明无误的副本以及中文译本。外国法院判决、裁定为缺席判决、裁定的，申请人应当同时提交该外国法院已经合法传唤的证明文件，但判决、裁定已经对此予以明确说明的除外。

中华人民共和国缔结或者参加的国际条约对提交文件有规定的，按照规定办理。

第五百四十二条 当事人向中华人民共和国有管辖权的中级人民法院申请承认和执行外国法院作出的发生法律效力的判决、裁定的，如果该法院所在国与中华人民共和国没有缔结或者共同参加国际条约，也没有互惠关系的，裁定驳回申请，但当事人向人民法院申请承认外国法院作出的发生法律效力的离婚判决的除外。

承认和执行申请被裁定驳回的，当事人可以向人民法院起诉。

第五百四十三条 对临时仲裁庭在中华人民共和国领域外作出的仲裁裁决，一方当事人向人民法院申请承认和执行的，人民法院应当依照民事诉讼法第二百九十条规定处理。

第五百四十四条 对外国法院作出的发生法律效力的判决、裁定或者外国仲裁裁决，需要中华人民共和国法院执行的，当事人应当先向人民法院申请承认。人民法院经审查，裁定承认后，再根据民事诉讼法第三编的规定予以执行。

当事人仅申请承认而未同时申请执行的，人民法院仅对应否承认进行审查并作出裁定。

第五百四十五条 当事人申请承认和执行外国法院作出的发生法律效力的判决、裁定或者外国仲裁裁决的期间，适用民事诉讼法第二百四十六条的规定。

当事人仅申请承认而未同时申请执行的，申请执行的期间自人民法院对承认申请作出的裁定生效之日起重新计算。

第五百四十六条 承认和执行外国法院作出的发生法律效力的判决、裁定或者外国仲裁裁决的案件，人民法院应当组成合议庭进行审查。

人民法院应当将申请书送达被申请人。被申请人可以陈述意见。

人民法院经审查作出的裁定，一经送达即发生法律效力。

第五百四十七条 与中华人民共和国没有司法协助条约又无互惠关系的国家的法院，未通过外交途径，直接请求人民法院提供司法协助的，人民法院应予退回，并说明理由。

第五百四十八条 当事人在中华人民共和国领域外使用中华人民共和国法院的判决书、裁定书，要求中华人民共和国法院证明其法律效力的，或者外国法院要求中华人民共和国法院证明判决书、裁定书的法律效力的，作出判决、裁定的中华人民共和国法院，可以本法院的名义出具证明。

第五百四十九条 人民法院审理涉及香港、澳门特别行政区和台湾地区的民事诉讼案件，可以参照适用涉外民事诉讼程序的特别规定。

二十三、附　则

第五百五十条 本解释公布施行后，最高人民法院于1992年7月14日发布的《关于适用〈中华人民共和国民事诉讼法〉若干问题的意见》同时废止；最高人民法院以前发布的司法解释与本解释不一致的，不再适用。

中华人民共和国行政诉讼法

（1989年4月4日第七届全国人民代表大会第二次会议通过 根据2014年11月1日第十二届全国人民代表大会常务委员会第十一次会议《关于修改〈中华人民共和国行政诉讼法〉的决定》第一次修正 根据2017年6月27日第十二届全国人民代表大会常务委员会第二十八次会议《关于修改〈中华人民共和国民事诉讼法〉和〈中华人民共和国行政诉讼法〉的决定》第二次修正）

目 录

第一章 总 则
第二章 受案范围
第三章 管 辖
第四章 诉讼参加人
第五章 证 据
第六章 起诉和受理
第七章 审理和判决
　第一节 一般规定
　第二节 第一审普通程序
　第三节 简易程序
　第四节 第二审程序
　第五节 审判监督程序
第八章 执 行
第九章 涉外行政诉讼
第十章 附 则

第一章 总 则

第一条 为保证人民法院公正、及时审理行政案件，解决行政争议，保护公民、法人和其他组织的合法权益，监督行政机关依法行使职权，根据宪法，制定本法。

第二条 公民、法人或者其他组织认为行政机关和行政机关工作人员的行政行为侵犯其合法权益，有权依照本法向人民法院提起诉讼。

前款所称行政行为，包括法律、法规、规章授权的组织作出的行政行为。

第三条 人民法院应当保障公民、法人和其他组织的起诉权利，对应当受理的行政案件依法受理。

行政机关及其工作人员不得干预、阻碍人民法院受理行政案件。

被诉行政机关负责人应当出庭应诉。不能出庭的，应当委托行政机关相应的工作人员出庭。

第四条 人民法院依法对行政案件独立行使审判权，不受行政机关、社会团体和个人的干涉。

人民法院设行政审判庭，审理行政案件。

第五条 人民法院审理行政案件，以事实为根据，以法律为准绳。

第六条 人民法院审理行政案件，对行政行为是否合法进行审查。

第七条 人民法院审理行政案件，依法实行合议、回避、公开审判和两审终审制度。

第八条 当事人在行政诉讼中的法律地位平等。

第九条 各民族公民都有用本民族语言、文字进行行政诉讼的权利。

在少数民族聚居或者多民族共同居住的地区，人民法院应当用当地民族通用的语言、文字进行审理和发布法律文书。

人民法院应当对不通晓当地民族通用的语言、文字的诉讼参与人提供翻译。

第十条 当事人在行政诉讼中有权进行辩论。

第十一条 人民检察院有权对行政诉讼实行法律监督。

第二章 受案范围

第十二条 人民法院受理公民、法人或者其他组织提起的下列诉讼：

（一）对行政拘留、暂扣或者吊销许可证和执照、责令停产停业、没收违法所得、没收非法财物、罚款、警告等行政处罚不服的；

（二）对限制人身自由或者对财产的查封、扣押、冻结等行政强制措施和行政强制执行不服的；

（三）申请行政许可，行政机关拒绝或者在法定期限内不予答复，或者对行政机关作出的有关行政许可的其他决定不服的；

（四）对行政机关作出的关于确认土地、矿藏、水流、森林、山岭、草原、荒地、滩涂、海域等自然资源的所有权或者使用权的决定不服的；

（五）对征收、征用决定及其补偿决定不服的；

（六）申请行政机关履行保护人身权、财产权等合法权益的法定职责，行政机关拒绝履行或者不予答复的；

（七）认为行政机关侵犯其经营自主权或者农村土地承包经营权、农村土地经营权的；

（八）认为行政机关滥用行政权力排除或者限制竞争的；

（九）认为行政机关违法集资、摊派费用或者违法要求履行其他义务的；

（十）认为行政机关没有依法支付抚恤金、最低生活保障待遇或者社会保险待遇的；

（十一）认为行政机关不依法履行、未按照约定履行或者违法变更、解除政府特许经营协议、土地房屋征收补偿协议等协议的；

（十二）认为行政机关侵犯其他人身权、财产权等合法权益的。

除前款规定外，人民法院受理法律、法规规定可以提起诉讼的其他行政案件。

第十三条 人民法院不受理公民、法人或者其他组织对下列事项提起的诉讼：

（一）国防、外交等国家行为；

（二）行政法规、规章或者行政机关制定、发布的具有普遍约束力的决定、命令；

（三）行政机关对行政机关工作人员的奖惩、任免等决定；

（四）法律规定由行政机关最终裁决的行政行为。

第三章 管 辖

第十四条 基层人民法院管辖第一审行政案件。

第十五条 中级人民法院管辖下列第一审行政案件：

（一）对国务院部门或者县级以上地方人民政府所作的行政行为提起诉讼的案件；

（二）海关处理的案件；

（三）本辖区内重大、复杂的案件；

（四）其他法律规定由中级人民法院管辖的案件。

第十六条 高级人民法院管辖本辖区内重大、复杂的第一审行政案件。

第十七条 最高人民法院管辖全国范围内重大、复杂的第一审行政案件。

第十八条 行政案件由最初作出行政行为的行政机关所在地人民法院管辖。经复议的案件，也可以由复议机关所在地人民法院管辖。

经最高人民法院批准，高级人民法院可以根据审判工作的实际情况，确定若干人民法院跨行政区域管辖行政案件。

第十九条 对限制人身自由的行政强制措施不服提起的诉讼，由被告所在地或者原告所在地人民法院管辖。

第二十条 因不动产提起的行政诉讼，由不动产所在地人民法院管辖。

第二十一条 两个以上人民法院都有管辖权的案件，原告可以选择其中一个人民法院提起诉讼。原告向两个以上有管辖权的人民法院提起诉讼的，由最先立案的人民法院管辖。

第二十二条 人民法院发现受理的案件不属于本院管辖的，应当移送有管辖权的人民法院，受移送的人民法院应当受理。受移送的人民法院认为受移送的案件按照规定不属于本院管辖的，应当报请上级人民法院指定管辖，不得再自行移送。

第二十三条 有管辖权的人民法院由于特殊原因不能行使管辖权的，由上级人民法院指定管辖。

人民法院对管辖权发生争议，由争议双方协商解决。协商不成的，报它们的共同上级人民法院指定管辖。

第二十四条 上级人民法院有权审理下级

人民法院管辖的第一审行政案件。

下级人民法院对其管辖的第一审行政案件，认为需要由上级人民法院审理或者指定管辖的，可以报请上级人民法院决定。

第四章　诉讼参加人

第二十五条　行政行为的相对人以及其他与行政行为有利害关系的公民、法人或者其他组织，有权提起诉讼。

有权提起诉讼的公民死亡，其近亲属可以提起诉讼。

有权提起诉讼的法人或者其他组织终止，承受其权利的法人或者其他组织可以提起诉讼。

人民检察院在履行职责中发现生态环境和资源保护、食品药品安全、国有财产保护、国有土地使用权出让等领域负有监督管理职责的行政机关违法行使职权或者不作为，致使国家利益或者社会公共利益受到侵害的，应当向行政机关提出检察建议，督促其依法履行职责。行政机关不依法履行职责的，人民检察院依法向人民法院提起诉讼。

第二十六条　公民、法人或者其他组织直接向人民法院提起诉讼的，作出行政行为的行政机关是被告。

经复议的案件，复议机关决定维持原行政行为的，作出原行政行为的行政机关和复议机关是共同被告；复议机关改变原行政行为的，复议机关是被告。

复议机关在法定期限内未作出复议决定，公民、法人或者其他组织起诉原行政行为的，作出原行政行为的行政机关是被告；起诉复议机关不作为的，复议机关是被告。

两个以上行政机关作出同一行政行为的，共同作出行政行为的行政机关是共同被告。

行政机关委托的组织所作的行政行为，委托的行政机关是被告。

行政机关被撤销或者职权变更的，继续行使其职权的行政机关是被告。

第二十七条　当事人一方或者双方为二人以上，因同一行政行为发生的行政案件，或者因同类行政行为发生的行政案件、人民法院认为可以合并审理并经当事人同意的，为共同诉讼。

第二十八条　当事人一方人数众多的共同诉讼，可以由当事人推选代表人进行诉讼。代表人的诉讼行为对其所代表的当事人发生效力，但代表人变更、放弃诉讼请求或者承认对方当事人的诉讼请求，应当经被代表的当事人同意。

第二十九条　公民、法人或者其他组织同被诉行政行为有利害关系但没有提起诉讼，或者同案件处理结果有利害关系的，可以作为第三人申请参加诉讼，或者由人民法院通知参加诉讼。

人民法院判决第三人承担义务或者减损第三人权益的，第三人有权依法提起上诉。

第三十条　没有诉讼行为能力的公民，由其法定代理人代为诉讼。法定代理人互相推诿代理责任的，由人民法院指定其中一人代为诉讼。

第三十一条　当事人、法定代理人，可以委托一至二人作为诉讼代理人。

下列人员可以被委托为诉讼代理人：

（一）律师、基层法律服务工作者；

（二）当事人的近亲属或者工作人员；

（三）当事人所在社区、单位以及有关社会团体推荐的公民。

第三十二条　代理诉讼的律师，有权按照规定查阅、复制本案有关材料，有权向有关组织和公民调查，收集与本案有关的证据。对涉及国家秘密、商业秘密和个人隐私的材料，应当依照法律规定保密。

当事人和其他诉讼代理人有权按照规定查阅、复制本案庭审材料，但涉及国家秘密、商业秘密和个人隐私的内容除外。

第五章　证　据

第三十三条　证据包括：

（一）书证；

（二）物证；

（三）视听资料；

（四）电子数据；

（五）证人证言；

（六）当事人的陈述；

（七）鉴定意见；

（八）勘验笔录、现场笔录。

以上证据经法庭审查属实，才能作为认定案件事实的根据。

第三十四条　被告对作出的行政行为负有

举证责任，应当提供作出该行政行为的证据和所依据的规范性文件。

被告不提供或者无正当理由逾期提供证据，视为没有相应证据。但是，被诉行政行为涉及第三人合法权益，第三人提供证据的除外。

第三十五条 在诉讼过程中，被告及其诉讼代理人不得自行向原告、第三人和证人收集证据。

第三十六条 被告在作出行政行为时已经收集了证据，但因不可抗力等正当事由不能提供的，经人民法院准许，可以延期提供。

原告或者第三人提出了其在行政处理程序中没有提出的理由或者证据的，经人民法院准许，被告可以补充证据。

第三十七条 原告可以提供证明行政行为违法的证据。原告提供的证据不成立的，不免除被告的举证责任。

第三十八条 在起诉被告不履行法定职责的案件中，原告应当提供其向被告提出申请的证据。但有下列情形之一的除外：

（一）被告应当依职权主动履行法定职责的；

（二）原告因正当理由不能提供证据的。

在行政赔偿、补偿的案件中，原告应当对行政行为造成的损害提供证据。因被告的原因导致原告无法举证的，由被告承担举证责任。

第三十九条 人民法院有权要求当事人提供或者补充证据。

第四十条 人民法院有权向有关行政机关以及其他组织、公民调取证据。但是，不得为证明行政行为的合法性调取被告作出行政行为时未收集的证据。

第四十一条 与本案有关的下列证据，原告或者第三人不能自行收集的，可以申请人民法院调取：

（一）由国家机关保存而须由人民法院调取的证据；

（二）涉及国家秘密、商业秘密和个人隐私的证据；

（三）确因客观原因不能自行收集的其他证据。

第四十二条 在证据可能灭失或者以后难以取得的情况下，诉讼参加人可以向人民法院申请保全证据，人民法院也可以主动采取保全措施。

第四十三条 证据应当在法庭上出示，并由当事人互相质证。对涉及国家秘密、商业秘密和个人隐私的证据，不得在公开开庭时出示。

人民法院应当按照法定程序，全面、客观地审查核实证据。对未采纳的证据应当在裁判文书中说明理由。

以非法手段取得的证据，不得作为认定案件事实的根据。

第六章 起诉和受理

第四十四条 对属于人民法院受案范围的行政案件，公民、法人或者其他组织可以先向行政机关申请复议，对复议决定不服的，再向人民法院提起诉讼；也可以直接向人民法院提起诉讼。

法律、法规规定应当先向行政机关申请复议，对复议决定不服再向人民法院提起诉讼的，依照法律、法规的规定。

第四十五条 公民、法人或者其他组织不服复议决定的，可以在收到复议决定书之日起十五日内向人民法院提起诉讼。复议机关逾期不作决定的，申请人可以在复议期满之日起十五日内向人民法院提起诉讼。法律另有规定的除外。

第四十六条 公民、法人或者其他组织直接向人民法院提起诉讼的，应当自知道或者应当知道作出行政行为之日起六个月内提出。法律另有规定的除外。

因不动产提起诉讼的案件自行政行为作出之日起超过二十年，其他案件自行政行为作出之日起超过五年提起诉讼的，人民法院不予受理。

第四十七条 公民、法人或者其他组织申请行政机关履行保护其人身权、财产权等合法权益的法定职责，行政机关在接到申请之日起两个月内不履行的，公民、法人或者其他组织可以向人民法院提起诉讼。法律、法规对行政机关履行职责的期限另有规定的，从其规定。

公民、法人或者其他组织在紧急情况下请求行政机关履行保护其人身权、财产权等合法权益的法定职责，行政机关不履行的，提起诉讼不受前款规定期限的限制。

第四十八条 公民、法人或者其他组织因不可抗力或者其他不属于其自身的原因耽误起诉期限的，被耽误的时间不计算在起诉期限内。

公民、法人或者其他组织因前款规定以外的其他特殊情况耽误起诉期限的，在障碍消除后十日内，可以申请延长期限，是否准许由人民法院决定。

第四十九条 提起诉讼应当符合下列条件：

（一）原告是符合本法第二十五条规定的公民、法人或者其他组织；

（二）有明确的被告；

（三）有具体的诉讼请求和事实根据；

（四）属于人民法院受案范围和受诉人民法院管辖。

第五十条 起诉应当向人民法院递交起诉状，并按照被告人数提出副本。

书写起诉状确有困难的，可以口头起诉，由人民法院记入笔录，出具注明日期的书面凭证，并告知对方当事人。

第五十一条 人民法院在接到起诉状时对符合本法规定的起诉条件的，应当登记立案。

对当场不能判定是否符合本法规定的起诉条件的，应当接收起诉状，出具注明收到日期的书面凭证，并在七日内决定是否立案。不符合起诉条件的，作出不予立案的裁定。裁定书应当载明不予立案的理由。原告对裁定不服的，可以提起上诉。

起诉状内容欠缺或者有其他错误的，应当给予指导和释明，并一次性告知当事人需要补正的内容。不得未经指导和释明即以起诉不符合条件为由不接收起诉状。

对于不接收起诉状、接收起诉状后不出具书面凭证，以及不一次性告知当事人需要补正的起诉状内容的，当事人可以向上级人民法院投诉，上级人民法院应当责令改正，并对直接负责的主管人员和其他直接责任人员依法给予处分。

第五十二条 人民法院既不立案，又不作出不予立案裁定的，当事人可以向上一级人民法院起诉。上一级人民法院认为符合起诉条件的，应当立案、审理，也可以指定其他下级人民法院立案、审理。

第五十三条 公民、法人或者其他组织认为行政行为所依据的国务院部门和地方人民政府及其部门制定的规范性文件不合法，在对行政行为提起诉讼时，可以一并请求对该规范性文件进行审查。

前款规定的规范性文件不含规章。

第七章 审理和判决

第一节 一般规定

第五十四条 人民法院公开审理行政案件，但涉及国家秘密、个人隐私和法律另有规定的除外。

涉及商业秘密的案件，当事人申请不公开审理的，可以不公开审理。

第五十五条 当事人认为审判人员与本案有利害关系或者有其他关系可能影响公正审判，有权申请审判人员回避。

审判人员认为自己与本案有利害关系或者有其他关系，应当申请回避。

前两款规定，适用于书记员、翻译人员、鉴定人、勘验人。

院长担任审判长时的回避，由审判委员会决定；审判人员的回避，由院长决定；其他人员的回避，由审判长决定。当事人对决定不服的，可以申请复议一次。

第五十六条 诉讼期间，不停止行政行为的执行。但有下列情形之一的，裁定停止执行：

（一）被告认为需要停止执行的；

（二）原告或者利害关系人申请停止执行，人民法院认为该行政行为的执行会造成难以弥补的损失，并且停止执行不损害国家利益、社会公共利益的；

（三）人民法院认为该行政行为的执行会给国家利益、社会公共利益造成重大损害的；

（四）法律、法规规定停止执行的。

当事人对停止执行或者不停止执行的裁定不服的，可以申请复议一次。

第五十七条 人民法院对起诉行政机关没有依法支付抚恤金、最低生活保障金和工伤、医疗社会保险金的案件，权利义务关系明确、不先予执行将严重影响原告生活的，可以根据原告的申请，裁定先予执行。

当事人对先予执行裁定不服的，可以申请复议一次。复议期间不停止裁定的执行。

第五十八条 经人民法院传票传唤，原告无正当理由拒不到庭，或者未经法庭许可中途退庭的，可以按照撤诉处理；被告无正当理由拒不到庭，或者未经法庭许可中途退庭的，可以缺席判决。

第五十九条 诉讼参与人或者其他人有下列行为之一的，人民法院可以根据情节轻重，予以训诫、责令具结悔过或者处一万元以下的罚款、十五日以下的拘留；构成犯罪的，依法追究刑事责任：

（一）有义务协助调查、执行的人，对人民法院的协助调查决定、协助执行通知书，无故推拖、拒绝或者妨碍调查、执行的；

（二）伪造、隐藏、毁灭证据或者提供虚假证明材料，妨碍人民法院审理案件的；

（三）指使、贿买、胁迫他人作伪证或者威胁、阻止证人作证的；

（四）隐藏、转移、变卖、毁损已被查封、扣押、冻结的财产的；

（五）以欺骗、胁迫等非法手段使原告撤诉的；

（六）以暴力、威胁或者其他方法阻碍人民法院工作人员执行职务，或者以哄闹、冲击法庭等方法扰乱人民法院工作秩序的；

（七）对人民法院审判人员或者其他工作人员、诉讼参与人、协助调查和执行的人员恐吓、侮辱、诽谤、诬陷、殴打、围攻或者打击报复的。

人民法院对有前款规定的行为之一的单位，可以对其主要负责人或者直接责任人员依照前款规定予以罚款、拘留；构成犯罪的，依法追究刑事责任。

罚款、拘留须经人民法院院长批准。当事人不服的，可以向上一级人民法院申请复议一次。复议期间不停止执行。

第六十条 人民法院审理行政案件，不适用调解。但是，行政赔偿、补偿以及行政机关行使法律、法规规定的自由裁量权的案件可以调解。

调解应当遵循自愿、合法原则，不得损害国家利益、社会公共利益和他人合法权益。

第六十一条 在涉及行政许可、登记、征收、征用和行政机关对民事争议所作的裁决的行政诉讼中，当事人申请一并解决相关民事争议的，人民法院可以一并审理。

在行政诉讼中，人民法院认为行政案件的审理需以民事诉讼的裁判为依据的，可以裁定中止行政诉讼。

第六十二条 人民法院对行政案件宣告判决或者裁定前，原告申请撤诉的，或者被告改变其所作的行政行为，原告同意并申请撤诉的，是否准许，由人民法院裁定。

第六十三条 人民法院审理行政案件，以法律和行政法规、地方性法规为依据。地方性法规适用于本行政区域内发生的行政案件。

人民法院审理民族自治地方的行政案件，并以该民族自治地方的自治条例和单行条例为依据。

人民法院审理行政案件，参照规章。

第六十四条 人民法院在审理行政案件中，经审查认为本法第五十三条规定的规范性文件不合法的，不作为认定行政行为合法的依据，并向制定机关提出处理建议。

第六十五条 人民法院应当公开发生法律效力的判决书、裁定书，供公众查阅，但涉及国家秘密、商业秘密和个人隐私的内容除外。

第六十六条 人民法院在审理行政案件中，认为行政机关的主管人员、直接责任人员违法违纪的，应当将有关材料移送监察机关、该行政机关或者其上一级行政机关；认为有犯罪行为的，应当将有关材料移送公安、检察机关。

人民法院对被告经传票传唤无正当理由拒不到庭，或者未经法庭许可中途退庭的，可以将被告拒不到庭或者中途退庭的情况予以公告，并可以向监察机关或者被告的上一级行政机关提出依法给予其主要负责人或者直接责任人员处分的司法建议。

第二节　第一审普通程序

第六十七条 人民法院应当在立案之日起五日内，将起诉状副本发送被告。被告应当在收到起诉状副本之日起十五日内向人民法院提交作出行政行为的证据和所依据的规范性文件，并提出答辩状。人民法院应当在收到答辩状之日起五日内，将答辩状副本发送原告。

被告不提出答辩状的，不影响人民法院审理。

第六十八条 人民法院审理行政案件，由审判员组成合议庭，或者由审判员、陪审员组成合议庭。合议庭的成员，应当是三人以上的单数。

第六十九条 行政行为证据确凿，适用法律、法规正确，符合法定程序的，或者原告申请被告履行法定职责或者给付义务理由不成立的，人民法院判决驳回原告的诉讼请求。

第七十条 行政行为有下列情形之一的，人民法院判决撤销或者部分撤销，并可以判决被告重新作出行政行为：

（一）主要证据不足的；

（二）适用法律、法规错误的；

（三）违反法定程序的；

（四）超越职权的；

（五）滥用职权的；

（六）明显不当的。

第七十一条 人民法院判决被告重新作出行政行为的，被告不得以同一的事实和理由作出与原行政行为基本相同的行政行为。

第七十二条 人民法院经过审理，查明被告不履行法定职责的，判决被告在一定期限内履行。

第七十三条 人民法院经过审理，查明被告依法负有给付义务的，判决被告履行给付义务。

第七十四条 行政行为有下列情形之一的，人民法院判决确认违法，但不撤销行政行为：

（一）行政行为依法应当撤销，但撤销会给国家利益、社会公共利益造成重大损害的；

（二）行政行为程序轻微违法，但对原告权利不产生实际影响的。

行政行为有下列情形之一，不需要撤销或者判决履行的，人民法院判决确认违法：

（一）行政行为违法，但不具有可撤销内容的；

（二）被告改变原违法行政行为，原告仍要求确认原行政行为违法的；

（三）被告不履行或者拖延履行法定职责，判决履行没有意义的。

第七十五条 行政行为有实施主体不具有行政主体资格或者没有依据等重大且明显违法情形，原告申请确认行政行为无效的，人民法院判决确认无效。

第七十六条 人民法院判决确认违法或者无效的，可以同时判决责令被告采取补救措施；给原告造成损失的，依法判决被告承担赔偿责任。

第七十七条 行政处罚明显不当，或者其他行政行为涉及对款额的确定、认定确有错误的，人民法院可以判决变更。

人民法院判决变更，不得加重原告的义务或者减损原告的权益。但利害关系人同为原告，且诉讼请求相反的除外。

第七十八条 被告不依法履行、未按照约定履行或者违法变更、解除本法第十二条第一款第十一项规定的协议的，人民法院判决被告承担继续履行、采取补救措施或者赔偿损失等责任。

被告变更、解除本法第十二条第一款第十一项规定的协议合法，但未依法给予补偿的，人民法院判决给予补偿。

第七十九条 复议机关与作出原行政行为的行政机关为共同被告的案件，人民法院应当对复议决定和原行政行为一并作出裁判。

第八十条 人民法院对公开审理和不公开审理的案件，一律公开宣告判决。

当庭宣判的，应当在十日内发送判决书；定期宣判的，宣判后立即发给判决书。

宣告判决时，必须告知当事人上诉权利、上诉期限和上诉的人民法院。

第八十一条 人民法院应当在立案之日起六个月内作出第一审判决。有特殊情况需要延长的，由高级人民法院批准，高级人民法院审理第一审案件需要延长的，由最高人民法院批准。

第三节 简易程序

第八十二条 人民法院审理下列第一审行政案件，认为事实清楚、权利义务关系明确、争议不大的，可以适用简易程序：

（一）被诉行政行为是依法当场作出的；

（二）案件涉及款额二千元以下的；

（三）属于政府信息公开案件的。

除前款规定以外的第一审行政案件，当事人各方同意适用简易程序的，可以适用简易程序。

发回重审、按照审判监督程序再审的案件不适用简易程序。

第八十三条 适用简易程序审理的行政案件，由审判员一人独任审理，并应当在立案之日起四十五日内审结。

第八十四条 人民法院在审理过程中，发现案件不宜适用简易程序的，裁定转为普通程序。

第四节 第二审程序

第八十五条 当事人不服人民法院第一审判决的，有权在判决书送达之日起十五日内向上一级人民法院提起上诉。当事人不服人民法院第一审裁定的，有权在裁定书送达之日起十日内向上一级人民法院提起上诉。逾期不提起上诉的，人民法院的第一审判决或者裁定发生法律效力。

第八十六条 人民法院对上诉案件，应当组成合议庭，开庭审理。经过阅卷、调查和询问当事人，对没有提出新的事实、证据或者理由，合议庭认为不需要开庭审理的，也可以不开庭审理。

第八十七条 人民法院审理上诉案件，应当对原审人民法院的判决、裁定和被诉行政行为进行全面审查。

第八十八条 人民法院审理上诉案件，应当在收到上诉状之日起三个月内作出终审判决。有特殊情况需要延长的，由高级人民法院批准，高级人民法院审理上诉案件需要延长的，由最高人民法院批准。

第八十九条 人民法院审理上诉案件，按照下列情形，分别处理：

（一）原判决、裁定认定事实清楚，适用法律、法规正确的，判决或者裁定驳回上诉，维持原判决、裁定；

（二）原判决、裁定认定事实错误或者适用法律、法规错误的，依法改判、撤销或者变更；

（三）原判决认定基本事实不清、证据不足的，发回原审人民法院重审，或者查清事实后改判；

（四）原判决遗漏当事人或者违法缺席判决等严重违反法定程序的，裁定撤销原判决，发回原审人民法院重审。

原审人民法院对发回重审的案件作出判决后，当事人提起上诉的，第二审人民法院不得再次发回重审。

人民法院审理上诉案件，需要改变原审判决的，应当同时对被诉行政行为作出判决。

第五节 审判监督程序

第九十条 当事人对已经发生法律效力的判决、裁定，认为确有错误的，可以向上一级人民法院申请再审，但判决、裁定不停止执行。

第九十一条 当事人的申请符合下列情形之一的，人民法院应当再审：

（一）不予立案或者驳回起诉确有错误的；

（二）有新的证据，足以推翻原判决、裁定的；

（三）原判决、裁定认定事实的主要证据不足、未经质证或者系伪造的；

（四）原判决、裁定适用法律、法规确有错误的；

（五）违反法律规定的诉讼程序，可能影响公正审判的；

（六）原判决、裁定遗漏诉讼请求的；

（七）据以作出原判决、裁定的法律文书被撤销或者变更的；

（八）审判人员在审理该案件时有贪污受贿、徇私舞弊、枉法裁判行为的。

第九十二条 各级人民法院院长对本院已经发生法律效力的判决、裁定，发现有本法第九十一条规定情形之一，或者发现调解违反自愿原则或者调解书内容违法，认为需要再审的，应当提交审判委员会讨论决定。

最高人民法院对地方各级人民法院已经发生法律效力的判决、裁定，上级人民法院对下级人民法院已经发生法律效力的判决、裁定，发现有本法第九十一条规定情形之一，或者发现调解违反自愿原则或者调解书内容违法的，有权提审或者指令下级人民法院再审。

第九十三条 最高人民检察院对各级人民法院已经发生法律效力的判决、裁定，上级人民检察院对下级人民法院已经发生法律效力的判决、裁定，发现有本法第九十一条规定情形之一，或者发现调解书损害国家利益、社会公共利益的，应当提出抗诉。

地方各级人民检察院对同级人民法院已经发生法律效力的判决、裁定，发现有本法第九十一条规定情形之一，或者发现调解书损害国家利益、社会公共利益的，可以向同级人民法院提出检察建议，并报上级人民检察院备案；也可以提请上级人民检察院向同级人民法院提出抗诉。

各级人民检察院对审判监督程序以外的其他审判程序中审判人员的违法行为，有权向同级人民法院提出检察建议。

第八章 执 行

第九十四条 当事人必须履行人民法院发生法律效力的判决、裁定、调解书。

第九十五条 公民、法人或者其他组织拒绝履行判决、裁定、调解书的，行政机关或者第三人可以向第一审人民法院申请强制执行，或者由行政机关依法强制执行。

第九十六条 行政机关拒绝履行判决、裁定、调解书的，第一审人民法院可以采取下列措施：

（一）对应当归还的罚款或者应当给付的款额，通知银行从该行政机关的账户内划拨；

（二）在规定期限内不履行的，从期满之日起，对该行政机关负责人按日处五十元至一百元的罚款；

（三）将行政机关拒绝履行的情况予以公告；

（四）向监察机关或者该行政机关的上一级行政机关提出司法建议。接受司法建议的机关，根据有关规定进行处理，并将处理情况告知人民法院；

（五）拒不履行判决、裁定、调解书，社会影响恶劣的，可以对该行政机关直接负责的主管人员和其他直接责任人员予以拘留；情节严重，构成犯罪的，依法追究刑事责任。

第九十七条 公民、法人或者其他组织对行政行为在法定期限内不提起诉讼又不履行的，行政机关可以申请人民法院强制执行，或者依法强制执行。

第九章 涉外行政诉讼

第九十八条 外国人、无国籍人、外国组织在中华人民共和国进行行政诉讼，适用本法。法律另有规定的除外。

第九十九条 外国人、无国籍人、外国组织在中华人民共和国进行行政诉讼，同中华人民共和国公民、组织有同等的诉讼权利和义务。

外国法院对中华人民共和国公民、组织的行政诉讼权利加以限制的，人民法院对该国公民、组织的行政诉讼权利，实行对等原则。

第一百条 外国人、无国籍人、外国组织在中华人民共和国进行行政诉讼，委托律师代理诉讼的，应当委托中华人民共和国律师机构的律师。

第十章 附 则

第一百零一条 人民法院审理行政案件，关于期间、送达、财产保全、开庭审理、调解、中止诉讼、终结诉讼、简易程序、执行等，以及人民检察院对行政案件受理、审理、裁判、执行的监督，本法没有规定的，适用《中华人民共和国民事诉讼法》的相关规定。

第一百零二条 人民法院审理行政案件，应当收取诉讼费用。诉讼费用由败诉方承担，双方都有责任的由双方分担。收取诉讼费用的具体办法另行规定。

第一百零三条 本法自1990年10月1日起施行。

最高人民法院
关于适用《中华人民共和国行政诉讼法》的解释

法释〔2018〕1号

（2017年11月13日最高人民法院审判委员会第1726次会议通过
2018年2月6日最高人民法院公告公布 自2018年2月8日起施行）

为正确适用《中华人民共和国行政诉讼法》（以下简称行政诉讼法），结合人民法院行政审判工作实际，制定本解释。

一、受案范围

第一条 公民、法人或者其他组织对行政机关及其工作人员的行政行为不服，依法提起诉讼的，属于人民法院行政诉讼的受案范围。

下列行为不属于人民法院行政诉讼的受案范围：

（一）公安、国家安全等机关依照刑事诉讼法的明确授权实施的行为；

（二）调解行为以及法律规定的仲裁行为；

（三）行政指导行为；

（四）驳回当事人对行政行为提起申诉的重复处理行为；

（五）行政机关作出的不产生外部法律效力的行为；

（六）行政机关为作出行政行为而实施的准备、论证、研究、层报、咨询等过程性行为；

（七）行政机关根据人民法院的生效裁判、协助执行通知书作出的执行行为，但行政机关扩大执行范围或者采取违法方式实施的除外；

（八）上级行政机关基于内部层级监督关系对下级行政机关作出的听取报告、执法检查、督促履责等行为；

（九）行政机关针对信访事项作出的登记、受理、交办、转送、复查、复核意见等行为；

（十）对公民、法人或者其他组织权利义务不产生实际影响的行为。

第二条 行政诉讼法第十三条第一项规定的“国家行为”，是指国务院、中央军事委员会、国防部、外交部等根据宪法和法律的授权，以国家的名义实施的有关国防和外交事务的行为，以及经宪法和法律授权的国家机关宣布紧急状态等行为。

行政诉讼法第十三条第二项规定的“具有普遍约束力的决定、命令”，是指行政机关针对不特定对象发布的能反复适用的规范性文件。

行政诉讼法第十三条第三项规定的“对行政机关工作人员的奖惩、任免等决定”，是指行政机关作出的涉及行政机关工作人员公务员权利义务的决定。

行政诉讼法第十三条第四项规定的“法律规定由行政机关最终裁决的行政行为”中的“法律”，是指全国人民代表大会及其常务委员会制定、通过的规范性文件。

二、管辖

第三条 各级人民法院行政审判庭审理行政案件和审查行政机关申请执行其行政行为的案件。

专门人民法院、人民法庭不审理行政案件，也不审查和执行行政机关申请执行其行政行为的案件。铁路运输法院等专门人民法院审理行政案件，应当执行行政诉讼法第十八条第二款的规定。

第四条 立案后，受诉人民法院的管辖权不受当事人住所地改变、追加被告等事实和法律状态变更的影响。

第五条 有下列情形之一的，属于行政诉讼法第十五条第三项规定的“本辖区内重大、复杂的案件”：

（一）社会影响重大的共同诉讼案件；

（二）涉外或者涉及香港特别行政区、澳门特别行政区、台湾地区的案件；

（三）其他重大、复杂案件。

第六条 当事人以案件重大复杂为由，认为有管辖权的基层人民法院不宜行使管辖权或者根据行政诉讼法第五十二条的规定，向中级人民法院起诉，中级人民法院应当根据不同情况在七日内分别作出以下处理：

（一）决定自行审理；

（二）指定本辖区其他基层人民法院管辖；

（三）书面告知当事人向有管辖权的基层人民法院起诉。

第七条 基层人民法院对其管辖的第一审行政案件，认为需要由中级人民法院审理或者指定管辖的，可以报请中级人民法院决定。中级人民法院应当根据不同情况在七日内分别作出以下处理：

（一）决定自行审理；

（二）指定本辖区其他基层人民法院管辖；

（三）决定由报请的人民法院审理。

第八条 行政诉讼法第十九条规定的“原告所在地”，包括原告的户籍所在地、经常居住地和被限制人身自由地。

对行政机关基于同一事实，既采取限制公民人身自由的行政强制措施，又采取其他行政强制措施或者行政处罚不服的，由被告所在地或者原告所在地的人民法院管辖。

第九条 行政诉讼法第二十条规定的“因不动产提起的行政诉讼”是指因行政行为导致

不动产物权变动而提起的诉讼。

不动产已登记的，以不动产登记簿记载的所在地为不动产所在地；不动产未登记的，以不动产实际所在地为不动产所在地。

第十条 人民法院受理案件后，被告提出管辖异议的，应当在收到起诉状副本之日起十五日内提出。

对当事人提出的管辖异议，人民法院应当进行审查。异议成立的，裁定将案件移送有管辖权的人民法院；异议不成立的，裁定驳回。

人民法院对管辖异议审查后确定有管辖权的，不因当事人增加或者变更诉讼请求等改变管辖，但违反级别管辖、专属管辖规定的除外。

第十一条 有下列情形之一的，人民法院不予审查：

（一）人民法院发回重审或者按第一审程序再审的案件，当事人提出管辖异议的；

（二）当事人在第一审程序中未按照法律规定的期限和形式提出管辖异议，在第二审程序中提出的。

三、诉讼参加人

第十二条 有下列情形之一的，属于行政诉讼法第二十五条第一款规定的“与行政行为有利害关系”：

（一）被诉的行政行为涉及其相邻权或者公平竞争权的；

（二）在行政复议等行政程序中被追加为第三人的；

（三）要求行政机关依法追究加害人法律责任的；

（四）撤销或者变更行政行为涉及其合法权益的；

（五）为维护自身合法权益向行政机关投诉，具有处理投诉职责的行政机关作出或者未作出处理的；

（六）其他与行政行为有利害关系的情形。

第十三条 债权人以行政机关对债务人所作的行政行为损害债权实现为由提起行政诉讼的，人民法院应当告知其就民事争议提起民事诉讼，但行政机关作出行政行为时依法应予保护或者应予考虑的除外。

第十四条 行政诉讼法第二十五条第二款规定的“近亲属”，包括配偶、父母、子女、兄弟姐妹、祖父母、外祖父母、孙子女、外孙子女和其他具有扶养、赡养关系的亲属。

公民因被限制人身自由而不能提起诉讼的，其近亲属可以依其口头或者书面委托以该公民的名义提起诉讼。近亲属起诉时无法与被限制人身自由的公民取得联系，近亲属可以先行起诉，并在诉讼中补充提交委托证明。

第十五条 合伙企业向人民法院提起诉讼的，应当以核准登记的字号为原告。未依法登记领取营业执照的个人合伙的全体合伙人为共同原告；全体合伙人可以推选代表人，被推选的代表人，应当由全体合伙人出具推选书。

个体工商户向人民法院提起诉讼的，以营业执照上登记的经营者为原告。有字号的，以营业执照上登记的字号为原告，并应当注明该字号经营者的基本信息。

第十六条 股份制企业的股东大会、股东会、董事会等认为行政机关作出的行政行为侵犯企业经营自主权的，可以企业名义提起诉讼。

联营企业、中外合资或者合作企业的联营、合资、合作各方，认为联营、合资、合作企业权益或者自己一方合法权益受行政行为侵害的，可以自己的名义提起诉讼。

非国有企业被行政机关注销、撤销、合并、强令兼并、出售、分立或者改变企业隶属关系的，该企业或者其法定代表人可以提起诉讼。

第十七条 事业单位、社会团体、基金会、社会服务机构等非营利法人的出资人、设立人认为行政行为损害法人合法权益的，可以自己的名义提起诉讼。

第十八条 业主委员会对于行政机关作出的涉及业主共有利益的行政行为，可以自己的名义提起诉讼。

业主委员会不起诉的，专有部分占建筑物总面积过半数或者占总户数过半数的业主可以提起诉讼。

第十九条 当事人不服经上级行政机关批准的行政行为，向人民法院提起诉讼的，以在对外发生法律效力的文书上署名的机关为被告。

第二十条 行政机关组建并赋予行政管理职能但不具有独立承担法律责任能力的机构，以自己的名义作出行政行为，当事人不服提起诉讼的，应当以组建该机构的行政机关为被告。

法律、法规或者规章授权行使行政职权的行政机关内设机构、派出机构或者其他组织，超出法定授权范围实施行政行为，当事人不服提起诉讼的，应当以实施该行为的机构或者组织为被告。

没有法律、法规或者规章规定，行政机关授权其内设机构、派出机构或者其他组织行使行政职权的，属于行政诉讼法第二十六条规定的委托。当事人不服提起诉讼的，应当以该行政机关为被告。

第二十一条 当事人对由国务院、省级人民政府批准设立的开发区管理机构作出的行政行为不服提起诉讼的，以该开发区管理机构为被告；对由国务院、省级人民政府批准设立的开发区管理机构所属职能部门作出的行政行为不服提起诉讼的，以其职能部门为被告；对其他开发区管理机构所属职能部门作出的行政行为不服提起诉讼的，以开发区管理机构为被告；开发区管理机构没有行政主体资格的，以设立该机构的地方人民政府为被告。

第二十二条 行政诉讼法第二十六条第二款规定的“复议机关改变原行政行为”，是指复议机关改变原行政行为的处理结果。复议机关改变原行政行为所认定的主要事实和证据、改变原行政行为所适用的规范依据，但未改变原行政行为处理结果的，视为复议机关维持原行政行为。

复议机关确认原行政行为无效，属于改变原行政行为。

复议机关确认原行政行为违法，属于改变原行政行为，但复议机关以违反法定程序为由确认原行政行为违法的除外。

第二十三条 行政机关被撤销或者职权变更，没有继续行使其职权的行政机关的，以其所属的人民政府为被告；实行垂直领导的，以垂直领导的上一级行政机关为被告。

第二十四条 当事人对村民委员会或者居民委员会依据法律、法规、规章的授权履行行政管理职责的行为不服提起诉讼的，以村民委员会或者居民委员会为被告。

当事人对村民委员会、居民委员会受行政机关委托作出的行为不服提起诉讼的，以委托的行政机关为被告。

当事人对高等学校等事业单位以及律师协会、注册会计师协会等行业协会依据法律、法规、规章的授权实施的行政行为不服提起诉讼的，以该事业单位、行业协会为被告。

当事人对高等学校等事业单位以及律师协会、注册会计师协会等行业协会受行政机关委托作出的行为不服提起诉讼的，以委托的行政机关为被告。

第二十五条 市、县级人民政府确定的房屋征收部门组织实施房屋征收与补偿工作过程中作出行政行为，被征收人不服提起诉讼的，以房屋征收部门为被告。

征收实施单位受房屋征收部门委托，在委托范围内从事的行为，被征收人不服提起诉讼的，应当以房屋征收部门为被告。

第二十六条 原告所起诉的被告不适格，人民法院应当告知原告变更被告；原告不同意变更的，裁定驳回起诉。

应当追加被告而原告不同意追加的，人民法院应当通知其以第三人的身份参加诉讼，但行政复议机关作共同被告的除外。

第二十七条 必须共同进行诉讼的当事人没有参加诉讼的，人民法院应当依法通知其参加；当事人也可以向人民法院申请参加。

人民法院应当对当事人提出的申请进行审查，申请理由不成立的，裁定驳回；申请理由成立的，书面通知其参加诉讼。

前款所称的必须共同进行诉讼，是指按照行政诉讼法第二十七条的规定，当事人一方或者双方为两人以上，因同一行政行为发生行政争议，人民法院必须合并审理的诉讼。

第二十八条 人民法院追加共同诉讼的当事人时，应当通知其他当事人。应当追加的原告，已明确表示放弃实体权利的，可不予追加；既不愿意参加诉讼，又不放弃实体权利的，应追加为第三人，其不参加诉讼，不能阻碍人民法院对案件的审理和裁判。

第二十九条 行政诉讼法第二十八条规定的“人数众多”，一般指十人以上。

根据行政诉讼法第二十八条的规定，当事人一方人数众多的，由当事人推选代表人。当事人推选不出的，可以由人民法院在起诉的当事人中指定代表人。

行政诉讼法第二十八条规定的代表人为二至五人。代表人可以委托一至二人作为诉讼代理人。

第三十条 行政机关的同一行政行为涉及两个以上利害关系人，其中一部分利害关系人对行政行为不服提起诉讼，人民法院应当通知没有起诉的其他利害关系人作为第三人参加诉讼。

与行政案件处理结果有利害关系的第三人，可以申请参加诉讼，或者由人民法院通知其参加诉讼。人民法院判决其承担义务或者减损其权益的第三人，有权提出上诉或者申请再审。

行政诉讼法第二十九条规定的第三人，因不能归责于本人的事由未参加诉讼，但有证据证明发生法律效力的判决、裁定、调解书损害其合法权益的，可以依照行政诉讼法第九十条的规定，自知道或者应当知道其合法权益受到损害之日起六个月内，向上一级人民法院申请再审。

第三十一条 当事人委托诉讼代理人，应当向人民法院提交由委托人签名或者盖章的授权委托书。委托书应当载明委托事项和具体权限。公民在特殊情况下无法书面委托的，也可以由他人代书，并由自己捺印等方式确认，人民法院应当核实并记录在卷；被诉行政机关或者其他有义务协助的机关拒绝人民法院向被限制人身自由的公民核实的，视为委托成立。当事人解除或者变更委托的，应当书面报告人民法院。

第三十二条 依照行政诉讼法第三十一条第二款第二项规定，与当事人有合法劳动人事关系的职工，可以当事人工作人员的名义作为诉讼代理人。以当事人的工作人员身份参加诉讼活动，应当提交以下证据之一加以证明：

（一）缴纳社会保险记录凭证；

（二）领取工资凭证；

（三）其他能够证明其为当事人工作人员身份的证据。

第三十三条 根据行政诉讼法第三十一条第二款第三项规定，有关社会团体推荐公民担任诉讼代理人的，应当符合下列条件：

（一）社会团体属于依法登记设立或者依法免予登记设立的非营利性法人组织；

（二）被代理人属于该社会团体的成员，或者当事人一方住所地位于该社会团体的活动地域；

（三）代理事务属于该社会团体章程载明的业务范围；

（四）被推荐的公民是该社会团体的负责人或者与该社会团体有合法劳动人事关系的工作人员。

专利代理人经中华全国专利代理人协会推荐，可以在专利行政案件中担任诉讼代理人。

四、证据

第三十四条 根据行政诉讼法第三十六条第一款的规定，被告申请延期提供证据的，应当在收到起诉状副本之日起十五日内以书面方式向人民法院提出。人民法院准许延期提供的，被告应当在正当事由消除后十五日内提供证据。逾期提供的，视为被诉行政行为没有相应的证据。

第三十五条 原告或者第三人应当在开庭审理前或者人民法院指定的交换证据清单之日提供证据。因正当事由申请延期提供证据的，经人民法院准许，可以在法庭调查中提供。逾期提供证据的，人民法院应当责令其说明理由；拒不说明理由或者理由不成立的，视为放弃举证权利。

原告或者第三人在第一审程序中无正当事由未提供而在第二审程序中提供的证据，人民法院不予接纳。

第三十六条 当事人申请延长举证期限，应当在举证期限届满前向人民法院提出书面申请。

申请理由成立的，人民法院应当准许，适当延长举证期限，并通知其他当事人。申请理由不成立的，人民法院不予准许，并通知申请人。

第三十七条 根据行政诉讼法第三十九条的规定，对当事人无争议，但涉及国家利益、公共利益或者他人合法权益的事实，人民法院可以责令当事人提供或者补充有关证据。

第三十八条 对于案情比较复杂或者证据数量较多的案件，人民法院可以组织当事人在开庭前向对方出示或者交换证据，并将交换证据清单的情况记录在卷。

当事人在庭前证据交换过程中没有争议并记录在卷的证据，经审判人员在庭审中说明后，可以作为认定案件事实的依据。

第三十九条 当事人申请调查收集证据，但该证据与待证事实无关联、对证明待证事实无意义或者其他无调查收集必要的，人民法院不予准许。

第四十条 人民法院在证人出庭作证前应当告知其如实作证的义务以及作伪证的法律后果。

证人因履行出庭作证义务而支出的交通、住宿、就餐等必要费用以及误工损失，由败诉一方当事人承担。

第四十一条 有下列情形之一，原告或者第三人要求相关行政执法人员出庭说明的，人民法院可以准许：

（一）对现场笔录的合法性或者真实性有异议的；

（二）对扣押财产的品种或者数量有异议的；

（三）对检验的物品取样或者保管有异议的；

（四）对行政执法人员身份的合法性有异议的；

（五）需要出庭说明的其他情形。

第四十二条 能够反映案件真实情况、与待证事实相关联、来源和形式符合法律规定的证据，应当作为认定案件事实的根据。

第四十三条 有下列情形之一的，属于行政诉讼法第四十三条第三款规定的“以非法手段取得的证据”：

（一）严重违反法定程序收集的证据材料；

（二）以违反法律强制性规定的手段获取且侵害他人合法权益的证据材料；

（三）以利诱、欺诈、胁迫、暴力等手段获取的证据材料。

第四十四条 人民法院认为有必要的，可以要求当事人本人或者行政机关执法人员到庭，就案件有关事实接受询问。在询问之前，可以要求其签署保证书。

保证书应当载明据实陈述、如有虚假陈述愿意接受处罚等内容。当事人或者行政机关执法人员应当在保证书上签名或者捺印。

负有举证责任的当事人拒绝到庭、拒绝接受询问或者拒绝签署保证书，待证事实又欠缺其他证据加以佐证的，人民法院对其主张的事实不予认定。

第四十五条 被告有证据证明其在行政程序中依照法定程序要求原告或者第三人提供证据，原告或者第三人依法应当提供而没有提供，在诉讼程序中提供的证据，人民法院一般不予采纳。

第四十六条 原告或者第三人确有证据证明被告持有的证据对原告或者第三人有利的，可以在开庭审理前书面申请人民法院责令行政机关提交。

申请理由成立的，人民法院应当责令行政机关提交，因提交证据所产生的费用，由申请人预付。行政机关无正当理由拒不提交的，人民法院可以推定原告或者第三人基于该证据主张的事实成立。

持有证据的当事人以妨碍对方当事人使用为目的，毁灭有关证据或者实施其他致使证据不能使用行为的，人民法院可以推定对方当事人基于该证据主张的事实成立，并可依照行政诉讼法第五十九条规定处理。

第四十七条 根据行政诉讼法第三十八条第二款的规定，在行政赔偿、补偿案件中，因被告的原因导致原告无法就损害情况举证的，应当由被告就该损害情况承担举证责任。

对于各方主张损失的价值无法认定的，应当由负有举证责任的一方当事人申请鉴定，但法律、法规、规章规定行政机关在作出行政行为时依法应当评估或者鉴定的除外；负有举证责任的当事人拒绝申请鉴定的，由其承担不利的法律后果。

当事人的损失因客观原因无法鉴定的，人民法院应当结合当事人的主张和在案证据，遵循法官职业道德，运用逻辑推理和生活经验、生活常识等，酌情确定赔偿数额。

五、期间、送达

第四十八条 期间包括法定期间和人民法院指定的期间。

期间以时、日、月、年计算。期间开始的时和日，不计算在期间内。

期间届满的最后一日是节假日的，以节假日后的第一日为期间届满的日期。

期间不包括在途时间，诉讼文书在期满前交邮的，视为在期限内发送。

第四十九条 行政诉讼法第五十一条第二款规定的立案期限，因起诉状内容欠缺或者有其他错误通知原告限期补正的，从补正后递交人民法院的次日起算。由上级人民法院转交下级人民法院立案的案件，从受诉人民法院收到起诉状的次日起算。

第五十条 行政诉讼法第八十一条、第八十三条、第八十八条规定的审理期限，是指从立案之日起至裁判宣告、调解书送达之日止的期间，但公告期间、鉴定期间、调解期间、中止诉讼期间、审理当事人提出的管辖异议以及处理人民法院之间的管辖争议期间不应计算在内。

再审案件按照第一审程序或者第二审程序审理的，适用行政诉讼法第八十一条、第八十八条规定的审理期限。审理期限自再审立案的次日起算。

基层人民法院申请延长审理期限，应当直接报请高级人民法院批准，同时报中级人民法院备案。

第五十一条 人民法院可以要求当事人签署送达地址确认书，当事人确认的送达地址为人民法院法律文书的送达地址。

当事人同意电子送达的，应当提供并确认传真号、电子信箱等电子送达地址。

当事人送达地址发生变更的，应当及时书面告知受理案件的人民法院；未及时告知的，人民法院按原地址送达，视为依法送达。

人民法院可以通过国家邮政机构以法院专递方式进行送达。

第五十二条 人民法院可以在当事人住所地以外向当事人直接送达诉讼文书。当事人拒绝签署送达回证的，采用拍照、录像等方式记录送达过程即视为送达。审判人员、书记员应当在送达回证上注明送达情况并签名。

六、起诉与受理

第五十三条 人民法院对符合起诉条件的案件应当立案，依法保障当事人行使诉讼权利。

对当事人依法提起的诉讼，人民法院应当根据行政诉讼法第五十一条的规定接收起诉状。能够判断符合起诉条件的，应当当场登记立案；当场不能判断是否符合起诉条件的，应当在接收起诉状后七日内决定是否立案；七日内仍不能作出判断的，应当先予立案。

第五十四条 依照行政诉讼法第四十九条的规定，公民、法人或者其他组织提起诉讼时应当提交以下起诉材料：

（一）原告的身份证明材料以及有效联系方式；

（二）被诉行政行为或者不作为存在的材料；

（三）原告与被诉行政行为具有利害关系的材料；

（四）人民法院认为需要提交的其他材料。

由法定代理人或者委托代理人代为起诉的，还应当在起诉状中写明或者在口头起诉时向人民法院说明法定代理人或者委托代理人的基本情况，并提交法定代理人或者委托代理人的身份证明和代理权限证明等材料。

第五十五条 依照行政诉讼法第五十一条的规定，人民法院应当就起诉状内容和材料是否完备以及是否符合行政诉讼法规定的起诉条件进行审查。

起诉状内容或者材料欠缺的，人民法院应当给予指导和释明，并一次性全面告知当事人需要补正的内容、补充的材料及期限。在指定期限内补正并符合起诉条件的，应当登记立案。当事人拒绝补正或者经补正仍不符合起诉条件的，退回诉状并记录在册；坚持起诉的，裁定不予立案，并载明不予立案的理由。

第五十六条 法律、法规规定应当先申请复议，公民、法人或者其他组织未申请复议直接提起诉讼的，人民法院裁定不予立案。

依照行政诉讼法第四十五条的规定，复议机关不受理复议申请或者在法定期限内不作出复议决定，公民、法人或者其他组织不服，依法向人民法院提起诉讼的，人民法院应当依法立案。

第五十七条 法律、法规未规定行政复议为提起行政诉讼必经程序，公民、法人或者其他组织既提起诉讼又申请行政复议的，由先立案的机关管辖；同时立案的，由公民、法人或者其他组织选择。公民、法人或者其他组织已经申请行政复议，在法定复议期间内又向人民法院提起诉讼的，人民法院裁定不予立案。

第五十八条 法律、法规未规定行政复议为提起行政诉讼必经程序，公民、法人或者其他组织向复议机关申请行政复议后，又经复议机关同意撤回复议申请，在法定起诉期限内对原行政行为提起诉讼的，人民法院应当依法立案。

第五十九条 公民、法人或者其他组织向复议机关申请行政复议后，复议机关作出维持决定的，应当以复议机关和原行为机关为共同被告，并以复议决定送达时间确定起诉期限。

第六十条 人民法院裁定准许原告撤诉后，原告以同一事实和理由重新起诉的，人民法院不予立案。

准予撤诉的裁定确有错误，原告申请再审的，人民法院应当通过审判监督程序撤销原准予撤诉的裁定，重新对案件进行审理。

第六十一条 原告或者上诉人未按规定的期限预交案件受理费，又不提出缓交、减交、免交申请，或者提出申请未获批准的，按自动撤诉处理。在按撤诉处理后，原告或者上诉人在法定期限内再次起诉或者上诉，并依法解决诉讼费预交问题的，人民法院应予立案。

第六十二条 人民法院判决撤销行政机关的行政行为后，公民、法人或者其他组织对行政机关重新作出的行政行为不服向人民法院起诉的，人民法院应当依法立案。

第六十三条 行政机关作出行政行为时，没有制作或者没有送达法律文书，公民、法人或者其他组织只要能证明行政行为存在，并在法定期限内起诉的，人民法院应当依法立案。

第六十四条 行政机关作出行政行为时，未告知公民、法人或者其他组织起诉期限的，起诉期限从公民、法人或者其他组织知道或者应当知道起诉期限之日起计算，但从知道或者应当知道行政行为内容之日起最长不得超过一年。

复议决定未告知公民、法人或者其他组织起诉期限的，适用前款规定。

第六十五条 公民、法人或者其他组织不知道行政机关作出的行政行为内容的，其起诉期限从知道或者应当知道该行政行为内容之日起计算，但最长不得超过行政诉讼法第四十六条第二款规定的起诉期限。

第六十六条 公民、法人或者其他组织依照行政诉讼法第四十七条第一款的规定，对行政机关不履行法定职责提起诉讼的，应当在行政机关履行法定职责期限届满之日起六个月内提出。

第六十七条 原告提供被告的名称等信息足以使被告与其他行政机关相区别的，可以认定为行政诉讼法第四十九条第二项规定的“有明确的被告”。

起诉状列写被告信息不足以认定明确的被告的，人民法院可以告知原告补正；原告补正后仍不能确定明确的被告的，人民法院裁定不予立案。

第六十八条 行政诉讼法第四十九条第三项规定的“有具体的诉讼请求”是指：

（一）请求判决撤销或者变更行政行为；

（二）请求判决行政机关履行特定法定职责或者给付义务；

（三）请求判决确认行政行为违法；

（四）请求判决确认行政行为无效；

（五）请求判决行政机关予以赔偿或者补偿；

（六）请求解决行政协议争议；

（七）请求一并审查规章以下规范性文件；

（八）请求一并解决相关民事争议；

（九）其他诉讼请求。

当事人单独或者一并提起行政赔偿、补偿诉讼的，应当有具体的赔偿、补偿事项以及数额；请求一并审查规章以下规范性文件的，应当提供明确的文件名称或者审查对象；请求一并解决相关民事争议的，应当有具体的民事诉讼请求。

当事人未能正确表达诉讼请求的，人民法院应当要求其明确诉讼请求。

第六十九条 有下列情形之一，已经立案的，应当裁定驳回起诉：

（一）不符合行政诉讼法第四十九条规定的；

（二）超过法定起诉期限且无行政诉讼法第四十八条规定情形的；

（三）错列被告且拒绝变更的；

（四）未按照法律规定由法定代理人、指定代理人、代表人为诉讼行为的；

（五）未按照法律、法规规定先向行政机关申请复议的；

（六）重复起诉的；

（七）撤回起诉后无正当理由再行起诉的；

（八）行政行为对其合法权益明显不产生实际影响的；

（九）诉讼标的已为生效裁判或者调解书所羁束的；

（十）其他不符合法定起诉条件的情形。

前款所列情形可以补正或者更正的，人民

法院应当指定期间责令补正或者更正；在指定期间已经补正或者更正的，应当依法审理。

人民法院经过阅卷、调查或者询问当事人，认为不需要开庭审理的，可以径行裁定驳回起诉。

第七十条 起诉状副本送达被告后，原告提出新的诉讼请求的，人民法院不予准许，但有正当理由的除外。

七、审理与判决

第七十一条 人民法院适用普通程序审理案件，应当在开庭三日前用传票传唤当事人。对证人、鉴定人、勘验人、翻译人员，应当用通知书通知其到庭。当事人或者其他诉讼参与人在外地的，应当留有必要的在途时间。

第七十二条 有下列情形之一的，可以延期开庭审理：

（一）应当到庭的当事人和其他诉讼参与人有正当理由没有到庭的；

（二）当事人临时提出回避申请且无法及时作出决定的；

（三）需要通知新的证人到庭，调取新的证据，重新鉴定、勘验，或者需要补充调查的；

（四）其他应当延期的情形。

第七十三条 根据行政诉讼法第二十七条的规定，有下列情形之一的，人民法院可以决定合并审理：

（一）两个以上行政机关分别对同一事实作出行政行为，公民、法人或者其他组织不服向同一人民法院起诉的；

（二）行政机关就同一事实对若干公民、法人或者其他组织分别作出行政行为，公民、法人或者其他组织不服分别向同一人民法院起诉的；

（三）在诉讼过程中，被告对原告作出新的行政行为，原告不服向同一人民法院起诉的；

（四）人民法院认为可以合并审理的其他情形。

第七十四条 当事人申请回避，应当说明理由，在案件开始审理时提出；回避事由在案件开始审理后知道的，应当在法庭辩论终结前提出。

被申请回避的人员，在人民法院作出是否回避的决定前，应当暂停参与本案的工作，但案件需要采取紧急措施的除外。

对当事人提出的回避申请，人民法院应当在三日内以口头或者书面形式作出决定。对当事人提出的明显不属于法定回避事由的申请，法庭可以依法当庭驳回。

申请人对驳回回避申请决定不服的，可以向作出决定的人民法院申请复议一次。复议期间，被申请回避的人员不停止参与本案的工作。对申请人的复议申请，人民法院应当在三日内作出复议决定，并通知复议申请人。

第七十五条 在一个审判程序中参与过本案审判工作的审判人员，不得再参与该案其他程序的审判。

发回重审的案件，在一审法院作出裁判后又进入第二审程序的，原第二审程序中合议庭组成人员不受前款规定的限制。

第七十六条 人民法院对于因一方当事人的行为或者其他原因，可能使行政行为或者人民法院生效裁判不能或者难以执行的案件，根据对方当事人的申请，可以裁定对其财产进行保全、责令其作出一定行为或者禁止其作出一定行为；当事人没有提出申请的，人民法院在必要时也可以裁定采取上述保全措施。

人民法院采取保全措施，可以责令申请人提供担保；申请人不提供担保的，裁定驳回申请。

人民法院接受申请后，对情况紧急的，必须在四十八小时内作出裁定；裁定采取保全措施的，应当立即开始执行。

当事人对保全的裁定不服的，可以申请复议；复议期间不停止裁定的执行。

第七十七条 利害关系人因情况紧急，不立即申请保全将会使其合法权益受到难以弥补的损害的，可以在提起诉讼前向被保全财产所在地、被申请人住所地或者对案件有管辖权的人民法院申请采取保全措施。申请人应当提供担保，不提供担保的，裁定驳回申请。

人民法院接受申请后，必须在四十八小时内作出裁定；裁定采取保全措施的，应当立即开始执行。

申请人在人民法院采取保全措施后三十日内不依法提起诉讼的，人民法院应当解除保全。

当事人对保全的裁定不服的，可以申请复议；复议期间不停止裁定的执行。

第七十八条 保全限于请求的范围，或者与本案有关的财物。

财产保全采取查封、扣押、冻结或者法律规定的其他方法。人民法院保全财产后，应当立即通知被保全人。

财产已被查封、冻结的，不得重复查封、冻结。

涉及财产的案件，被申请人提供担保的，人民法院应当裁定解除保全。

申请有错误的，申请人应当赔偿被申请人因保全所遭受的损失。

第七十九条 原告或者上诉人申请撤诉，人民法院裁定不予准许的，原告或者上诉人经传票传唤无正当理由拒不到庭，或者未经法庭许可中途退庭的，人民法院可以缺席判决。

第三人经传票传唤无正当理由拒不到庭，或者未经法庭许可中途退庭的，不发生阻止案件审理的效果。

根据行政诉讼法第五十八条的规定，被告经传票传唤无正当理由拒不到庭，或者未经法庭许可中途退庭的，人民法院可以按期开庭或者继续开庭审理，对到庭的当事人诉讼请求、双方的诉辩理由以及已经提交的证据及其他诉讼材料进行审理后，依法缺席判决。

第八十条 原告或者上诉人在庭审中明确拒绝陈述或者以其他方式拒绝陈述，导致庭审无法进行，经法庭释明法律后果后仍不陈述意见的，视为放弃陈述权利，由其承担不利的法律后果。

当事人申请撤诉或者依法可以按撤诉处理的案件，当事人有违反法律的行为需要依法处理的，人民法院可以不准许撤诉或者不按撤诉处理。

法庭辩论终结后原告申请撤诉，人民法院可以准许，但涉及国家利益和社会公共利益的除外。

第八十一条 被告在一审期间改变被诉行政行为的，应当书面告知人民法院。

原告或者第三人对改变后的行政行为不服提起诉讼的，人民法院应当就改变后的行政行为进行审理。

被告改变原违法行政行为，原告仍要求确认原行政行为违法的，人民法院应当依法作出确认判决。

原告起诉被告不作为，在诉讼中被告作出行政行为，原告不撤诉的，人民法院应当就不作为依法作出确认判决。

第八十二条 当事人之间恶意串通，企图通过诉讼等方式侵害国家利益、社会公共利益或者他人合法权益的，人民法院应当裁定驳回起诉或者判决驳回其请求，并根据情节轻重予以罚款、拘留；构成犯罪的，依法追究刑事责任。

第八十三条 行政诉讼法第五十九条规定的罚款、拘留可以单独适用，也可以合并适用。

对同一妨害行政诉讼行为的罚款、拘留不得连续适用。发生新的妨害行政诉讼行为的，人民法院可以重新予以罚款、拘留。

第八十四条 人民法院审理行政诉讼法第六十条第一款规定的行政案件，认为法律关系明确、事实清楚，在征得当事人双方同意后，可以径行调解。

第八十五条 调解达成协议，人民法院应当制作调解书。调解书应当写明诉讼请求、案件的事实和调解结果。

调解书由审判人员、书记员署名，加盖人民法院印章，送达双方当事人。

调解书经双方当事人签收后，即具有法律效力。调解书生效日期根据最后收到调解书的当事人签收的日期确定。

第八十六条 人民法院审理行政案件，调解过程不公开，但当事人同意公开的除外。

经人民法院准许，第三人可以参加调解。人民法院认为有必要的，可以通知第三人参加调解。

调解协议内容不公开，但为保护国家利益、社会公共利益、他人合法权益，人民法院认为确有必要公开的除外。

当事人一方或者双方不愿调解、调解未达成协议的，人民法院应当及时判决。

当事人自行和解或者调解达成协议后，请求人民法院按照和解协议或者调解协议的内容制作判决书的，人民法院不予准许。

第八十七条 在诉讼过程中，有下列情形之一的，中止诉讼：

（一）原告死亡，须等待其近亲属表明是否参加诉讼的；

（二）原告丧失诉讼行为能力，尚未确定法定代理人的；

（三）作为一方当事人的行政机关、法人或者其他组织终止，尚未确定权利义务承受人的；

（四）一方当事人因不可抗力的事由不能参加诉讼的；

（五）案件涉及法律适用问题，需要送请有权机关作出解释或者确认的；

（六）案件的审判须以相关民事、刑事或者其他行政案件的审理结果为依据，而相关案件尚未审结的；

（七）其他应当中止诉讼的情形。

中止诉讼的原因消除后，恢复诉讼。

第八十八条 在诉讼过程中，有下列情形之一的，终结诉讼：

（一）原告死亡，没有近亲属或者近亲属放弃诉讼权利的；

（二）作为原告的法人或者其他组织终止后，其权利义务的承受人放弃诉讼权利的。

因本解释第八十七条第一款第一、二、三项原因中止诉讼满九十日仍无人继续诉讼的，裁定终结诉讼，但有特殊情况的除外。

第八十九条 复议决定改变原行政行为错误，人民法院判决撤销复议决定时，可以一并责令复议机关重新作出复议决定或者判决恢复原行政行为的法律效力。

第九十条 人民法院判决被告重新作出行政行为，被告重新作出的行政行为与原行政行为的结果相同，但主要事实或者主要理由有改变的，不属于行政诉讼法第七十一条规定的情形。

人民法院以违反法定程序为由，判决撤销被诉行政行为的，行政机关重新作出行政行为不受行政诉讼法第七十一条规定的限制。

行政机关以同一事实和理由重新作出与原行政行为基本相同的行政行为，人民法院应当根据行政诉讼法第七十条、第七十一条的规定判决撤销或者部分撤销，并根据行政诉讼法第九十六条的规定处理。

第九十一条 原告请求被告履行法定职责的理由成立，被告违法拒绝履行或者无正当理由逾期不予答复的，人民法院可以根据行政诉讼法第七十二条的规定，判决被告在一定期限内依法履行原告请求的法定职责；尚需被告调查或者裁量的，应当判决被告针对原告的请求重新作出处理。

第九十二条 原告申请被告依法履行支付抚恤金、最低生活保障待遇或者社会保险待遇等给付义务的理由成立，被告依法负有给付义务而拒绝或者拖延履行义务的，人民法院可以根据行政诉讼法第七十三条的规定，判决被告在一定期限内履行相应的给付义务。

第九十三条 原告请求被告履行法定职责或者依法履行支付抚恤金、最低生活保障待遇或者社会保险待遇等给付义务，原告未先向行政机关提出申请的，人民法院裁定驳回起诉。

人民法院经审理认为原告所请求履行的法定职责或者给付义务明显不属于行政机关权限范围的，可以裁定驳回起诉。

第九十四条 公民、法人或者其他组织起诉请求撤销行政行为，人民法院经审查认为行政行为无效的，应当作出确认无效的判决。

公民、法人或者其他组织起诉请求确认行政行为无效，人民法院审查认为行政行为不属于无效情形，经释明，原告请求撤销行政行为的，应当继续审理并依法作出相应判决；原告请求撤销行政行为但超过法定起诉期限的，裁定驳回起诉；原告拒绝变更诉讼请求的，判决驳回其诉讼请求。

第九十五条 人民法院经审理认为被诉行政行为违法或者无效，可能给原告造成损失，经释明，原告请求一并解决行政赔偿争议的，人民法院可以就赔偿事项进行调解；调解不成的，应当一并判决。人民法院也可以告知其就赔偿事项另行提起诉讼。

第九十六条 有下列情形之一，且对原告依法享有的听证、陈述、申辩等重要程序性权利不产生实质损害的，属于行政诉讼法第七十四条第一款第二项规定的“程序轻微违法”：

（一）处理期限轻微违法；

（二）通知、送达等程序轻微违法；

（三）其他程序轻微违法的情形。

第九十七条 原告或者第三人的损失系由其自身过错和行政机关的违法行政行为共同造成的，人民法院应当依据各方行为与损害结果之间有无因果关系以及在损害发生和结果中作用力的大小，确定行政机关相应的赔偿责任。

第九十八条 因行政机关不履行、拖延履行法定职责，致使公民、法人或者其他组织的合法权益遭受损害的，人民法院应当判决行政机关承担行政赔偿责任。在确定赔偿数额时，应当考虑该不履行、拖延履行法定职责的行为在损害发生过程和结果中所起的作用等因素。

第九十九条 有下列情形之一的，属于行政诉讼法第七十五条规定的“重大且明显违法”：

（一）行政行为实施主体不具有行政主体资格；

（二）减损权利或者增加义务的行政行为没有法律规范依据；

（三）行政行为的内容客观上不可能实施；

（四）其他重大且明显违法的情形。

第一百条 人民法院审理行政案件，适用最高人民法院司法解释的，应当在裁判文书中援引。

人民法院审理行政案件，可以在裁判文书中引用合法有效的规章及其他规范性文件。

第一百零一条 裁定适用于下列范围：

（一）不予立案；

（二）驳回起诉；

（三）管辖异议；

（四）终结诉讼；

（五）中止诉讼；

（六）移送或者指定管辖；

（七）诉讼期间停止行政行为的执行或者驳回停止执行的申请；

（八）财产保全；

（九）先予执行；

（十）准许或者不准许撤诉；

（十一）补正裁判文书中的笔误；

（十二）中止或者终结执行；

（十三）提审、指令再审或者发回重审；

（十四）准许或者不准许执行行政机关的行政行为；

（十五）其他需要裁定的事项。

对第一、二、三项裁定，当事人可以上诉。

裁定书应当写明裁定结果和作出该裁定的理由。裁定书由审判人员、书记员署名，加盖人民法院印章。口头裁定的，记入笔录。

第一百零二条 行政诉讼法第八十二条规定的行政案件中的“事实清楚”，是指当事人对争议的事实陈述基本一致，并能提供相应的证据，无须人民法院调查收集证据即可查明事实；“权利义务关系明确”，是指行政法律关系中权利和义务能够明确区分；“争议不大”，是指当事人对行政行为的合法性、责任承担等没有实质分歧。

第一百零三条 适用简易程序审理的行政案件，人民法院可以用口头通知、电话、短信、传真、电子邮件等简便方式传唤当事人、通知证人、送达裁判文书以外的诉讼文书。

以简便方式送达的开庭通知，未经当事人确认或者没有其他证据证明当事人已经收到的，人民法院不得缺席判决。

第一百零四条 适用简易程序案件的举证期限由人民法院确定，也可以由当事人协商一致并经人民法院准许，但不得超过十五日。被告要求书面答辩的，人民法院可以确定合理的答辩期间。

人民法院应当将举证期限和开庭日期告知双方当事人，并向当事人说明逾期举证以及拒不到庭的法律后果，由双方当事人在笔录和开庭传票的送达回证上签名或者捺印。

当事人双方均表示同意立即开庭或者缩短举证期限、答辩期间的，人民法院可以立即开庭审理或者确定近期开庭。

第一百零五条 人民法院发现案情复杂，需要转为普通程序审理的，应当在审理期限届满前作出裁定并将合议庭组成人员及相关事项书面通知双方当事人。

案件转为普通程序审理的，审理期限自人民法院立案之日起计算。

第一百零六条 当事人就已经提起诉讼的事项在诉讼过程中或者裁判生效后再次起诉，同时具有下列情形的，构成重复起诉：

（一）后诉与前诉的当事人相同；

（二）后诉与前诉的诉讼标的相同；

（三）后诉与前诉的诉讼请求相同，或者后诉的诉讼请求被前诉裁判所包含。

第一百零七条 第一审人民法院作出判决和裁定后，当事人均提起上诉的，上诉各方均为上诉人。

诉讼当事人中的一部分人提出上诉，没有提出上诉的对方当事人为被上诉人，其他当事人依原审诉讼地位列明。

第一百零八条 当事人提出上诉，应当按照其他当事人或者诉讼代表人的人数提出上诉状副本。

原审人民法院收到上诉状，应当在五日内

将上诉状副本发送其他当事人，对方当事人应当在收到上诉状副本之日起十五日内提出答辩状。

原审人民法院应当在收到答辩状之日起五日内将副本发送上诉人。对方当事人不提出答辩状的，不影响人民法院审理。

原审人民法院收到上诉状、答辩状，应当在五日内连同全部案卷和证据，报送第二审人民法院；已经预收的诉讼费用，一并报送。

第一百零九条 第二审人民法院经审理认为原审人民法院不予立案或者驳回起诉的裁定确有错误且当事人的起诉符合起诉条件的，应当裁定撤销原审人民法院的裁定，指令原审人民法院依法立案或者继续审理。

第二审人民法院裁定发回原审人民法院重新审理的行政案件，原审人民法院应当另行组成合议庭进行审理。

原审判决遗漏了必须参加诉讼的当事人或者诉讼请求的，第二审人民法院应当裁定撤销原审判决，发回重审。

原审判决遗漏行政赔偿请求，第二审人民法院经审查认为依法不应当予以赔偿的，应当判决驳回行政赔偿请求。

原审判决遗漏行政赔偿请求，第二审人民法院经审理认为依法应当予以赔偿的，在确认被诉行政行为违法的同时，可以就行政赔偿问题进行调解；调解不成的，应当就行政赔偿部分发回重审。

当事人在第二审期间提出行政赔偿请求的，第二审人民法院可以进行调解；调解不成的，应当告知当事人另行起诉。

第一百一十条 当事人向上一级人民法院申请再审，应当在判决、裁定或者调解书发生法律效力后六个月内提出。有下列情形之一的，自知道或者应当知道之日起六个月内提出：

（一）有新的证据，足以推翻原判决、裁定的；

（二）原判决、裁定认定事实的主要证据是伪造的；

（三）据以作出原判决、裁定的法律文书被撤销或者变更的；

（四）审判人员审理该案件时有贪污受贿、徇私舞弊、枉法裁判行为的。

第一百一十一条 当事人申请再审的，应当提交再审申请书等材料。人民法院认为有必要的，可以自收到再审申请书之日起五日内将再审申请书副本发送对方当事人。对方当事人应当自收到再审申请书副本之日起十五日内提交书面意见。人民法院可以要求申请人和对方当事人补充有关材料，询问有关事项。

第一百一十二条 人民法院应当自再审申请案件立案之日起六个月内审查，有特殊情况需要延长的，由本院院长批准。

第一百一十三条 人民法院根据审查再审申请案件的需要决定是否询问当事人；新的证据可能推翻原判决、裁定的，人民法院应当询问当事人。

第一百一十四条 审查再审申请期间，被申请人及原审其他当事人依法提出再审申请的，人民法院应当将其列为再审申请人，对其再审事由一并审查，审查期限重新计算。经审查，其中一方再审申请人主张的再审事由成立的，应当裁定再审。各方再审申请人主张的再审事由均不成立的，一并裁定驳回再审申请。

第一百一十五条 审查再审申请期间，再审申请人申请人民法院委托鉴定、勘验的，人民法院不予准许。

审查再审申请期间，再审申请人撤回再审申请的，是否准许，由人民法院裁定。

再审申请人经传票传唤，无正当理由拒不接受询问的，按撤回再审申请处理。

人民法院准许撤回再审申请或者按撤回再审申请处理后，再审申请人再次申请再审的，不予立案，但有行政诉讼法第九十一条第二项、第三项、第七项、第八项规定情形，自知道或者应当知道之日起六个月内提出的除外。

第一百一十六条 当事人主张的再审事由成立，且符合行政诉讼法和本解释规定的申请再审条件的，人民法院应当裁定再审。

当事人主张的再审事由不成立，或者当事人申请再审超过法定申请再审期限、超出法定再审事由范围等不符合行政诉讼法和本解释规定的申请再审条件的，人民法院应当裁定驳回再审申请。

第一百一十七条 有下列情形之一的，当事人可以向人民检察院申请抗诉或者检察建议：

（一）人民法院驳回再审申请的；

（二）人民法院逾期未对再审申请作出裁

定的；

（三）再审判决、裁定有明显错误的。

人民法院基于抗诉或者检察建议作出再审判决、裁定后，当事人申请再审的，人民法院不予立案。

第一百一十八条 按照审判监督程序决定再审的案件，裁定中止原判决、裁定、调解书的执行，但支付抚恤金、最低生活保障费或者社会保险待遇的案件，可以不中止执行。

上级人民法院决定提审或者指令下级人民法院再审的，应当作出裁定，裁定应当写明中止原判决的执行；情况紧急的，可以将中止执行的裁定口头通知负责执行的人民法院或者作出生效判决、裁定的人民法院，但应当在口头通知后十日内发出裁定书。

第一百一十九条 人民法院按照审判监督程序再审的案件，发生法律效力的判决、裁定是由第一审法院作出的，按照第一审程序审理，所作的判决、裁定，当事人可以上诉；发生法律效力的判决、裁定是由第二审法院作出的，按照第二审程序审理，所作的判决、裁定，是发生法律效力的判决、裁定；上级人民法院按照审判监督程序提审的，按照第二审程序审理，所作的判决、裁定是发生法律效力的判决、裁定。

人民法院审理再审案件，应当另行组成合议庭。

第一百二十条 人民法院审理再审案件应当围绕再审请求和被诉行政行为合法性进行。当事人的再审请求超出原审诉讼请求，符合另案诉讼条件的，告知当事人可以另行起诉。

被申请人及原审其他当事人在庭审辩论结束前提出的再审请求，符合本解释规定的申请期限的，人民法院应当一并审理。

人民法院经再审，发现已经发生法律效力的判决、裁定损害国家利益、社会公共利益、他人合法权益的，应当一并审理。

第一百二十一条 再审审理期间，有下列情形之一的，裁定终结再审程序：

（一）再审申请人在再审期间撤回再审请求，人民法院准许的；

（二）再审申请人经传票传唤，无正当理由拒不到庭的，或者未经法庭许可中途退庭，按撤回再审请求处理的；

（三）人民检察院撤回抗诉的；

（四）其他应当终结再审程序的情形。

因人民检察院提出抗诉裁定再审的案件，申请抗诉的当事人有前款规定的情形，且不损害国家利益、社会公共利益或者他人合法权益的，人民法院裁定终结再审程序。

再审程序终结后，人民法院裁定中止执行的原生效判决自动恢复执行。

第一百二十二条 人民法院审理再审案件，认为原生效判决、裁定确有错误，在撤销原生效判决或者裁定的同时，可以对生效判决、裁定的内容作出相应裁判，也可以裁定撤销生效判决或者裁定，发回作出生效判决、裁定的人民法院重新审理。

第一百二十三条 人民法院审理二审案件和再审案件，对原审法院立案、不予立案或者驳回起诉错误的，应当分别情况作如下处理：

（一）第一审人民法院作出实体判决后，第二审人民法院认为不应当立案的，在撤销第一审人民法院判决的同时，可以径行驳回起诉；

（二）第二审人民法院维持第一审人民法院不予立案裁定错误的，再审法院应当撤销第一审、第二审人民法院裁定，指令第一审人民法院受理；

（三）第二审人民法院维持第一审人民法院驳回起诉裁定错误的，再审法院应当撤销第一审、第二审人民法院裁定，指令第一审人民法院审理。

第一百二十四条 人民检察院提出抗诉的案件，接受抗诉的人民法院应当自收到抗诉书之日起三十日内作出再审的裁定；有行政诉讼法第九十一条第二、三项规定情形之一的，可以指令下一级人民法院再审，但经该下一级人民法院再审过的除外。

人民法院在审查抗诉材料期间，当事人之间已经达成和解协议的，人民法院可以建议人民检察院撤回抗诉。

第一百二十五条 人民检察院提出抗诉的案件，人民法院再审开庭时，应当在开庭三日前通知人民检察院派员出庭。

第一百二十六条 人民法院收到再审检察建议后，应当组成合议庭，在三个月内进行审查，发现原判决、裁定、调解书确有错误，需要再审的，依照行政诉讼法第九十二条规定裁定再审，并通知当事人；经审查，决定不予再审的，应当书面回复人民检察院。

第一百二十七条 人民法院审理因人民检察院抗诉或者检察建议裁定再审的案件，不受此前已经作出的驳回当事人再审申请裁定的限制。

八、行政机关负责人出庭应诉

第一百二十八条 行政诉讼法第三条第三款规定的行政机关负责人，包括行政机关的正职、副职负责人以及其他参与分管的负责人。

行政机关负责人出庭应诉的，可以另行委托一至二名诉讼代理人。行政机关负责人不能出庭的，应当委托行政机关相应的工作人员出庭，不得仅委托律师出庭。

第一百二十九条 涉及重大公共利益、社会高度关注或者可能引发群体性事件等案件以及人民法院书面建议行政机关负责人出庭的案件，被诉行政机关负责人应当出庭。

被诉行政机关负责人出庭应诉的，应当在当事人及其诉讼代理人基本情况、案件由来部分予以列明。

行政机关负责人有正当理由不能出庭应诉的，应当向人民法院提交情况说明，并加盖行政机关印章或者由该机关主要负责人签字认可。

行政机关拒绝说明理由的，不发生阻止案件审理的效果，人民法院可以向监察机关、上一级行政机关提出司法建议。

第一百三十条 行政诉讼法第三条第三款规定的“行政机关相应的工作人员”，包括该行政机关具有国家行政编制身份的工作人员以及其他依法履行公职的人员。

被诉行政行为是地方人民政府作出的，地方人民政府法制工作机构的工作人员，以及被诉行政行为具体承办机关工作人员，可以视为被诉人民政府相应的工作人员。

第一百三十一条 行政机关负责人出庭应诉的，应当向人民法院提交能够证明该行政机关负责人职务的材料。

行政机关委托相应的工作人员出庭应诉的，应当向人民法院提交加盖行政机关印章的授权委托书，并载明工作人员的姓名、职务和代理权限。

第一百三十二条 行政机关负责人和行政机关相应的工作人员均不出庭，仅委托律师出庭的或者人民法院书面建议行政机关负责人出庭应诉，行政机关负责人不出庭应诉的，人民法院应当记录在案和在裁判文书中载明，并可以建议有关机关依法作出处理。

九、复议机关作共同被告

第一百三十三条 行政诉讼法第二十六条第二款规定的“复议机关决定维持原行政行为”，包括复议机关驳回复议申请或者复议请求的情形，但以复议申请不符合受理条件为由驳回的除外。

第一百三十四条 复议机关决定维持原行政行为的，作出原行政行为的行政机关和复议机关是共同被告。原告只起诉作出原行政行为的行政机关或者复议机关的，人民法院应当告知原告追加被告。原告不同意追加的，人民法院应当将另一机关列为共同被告。

行政复议决定既有维持原行政行为内容，又有改变原行政行为内容或者不予受理申请内容的，作出原行政行为的行政机关和复议机关为共同被告。

复议机关作共同被告的案件，以作出原行政行为的行政机关确定案件的级别管辖。

第一百三十五条 复议机关决定维持原行政行为的，人民法院应当在审查原行政行为合法性的同时，一并审查复议决定的合法性。

作出原行政行为的行政机关和复议机关对原行政行为合法性共同承担举证责任，可以由其中一个机关实施举证行为。复议机关对复议决定的合法性承担举证责任。

复议机关作共同被告的案件，复议机关在复议程序中依法收集和补充的证据，可以作为人民法院认定复议决定和原行政行为合法的依据。

第一百三十六条 人民法院对原行政行为作出判决的同时，应当对复议决定一并作出相应判决。

人民法院依职权追加作出原行政行为的行政机关或者复议机关为共同被告的，对原行政行为或者复议决定可以作出相应判决。

人民法院判决撤销原行政行为和复议决定的，可以判决作出原行政行为的行政机关重新作出行政行为。

人民法院判决作出原行政行为的行政机关履行法定职责或者给付义务的，应当同时判决撤销复议决定。

原行政行为合法、复议决定违法的，人民

法院可以判决撤销复议决定或者确认复议决定违法，同时判决驳回原告针对原行政行为的诉讼请求。

原行政行为被撤销、确认违法或者无效，给原告造成损失的，应当由作出原行政行为的行政机关承担赔偿责任；因复议决定加重损害的，由复议机关对加重部分承担赔偿责任。

原行政行为不符合复议或者诉讼受案范围等受理条件，复议机关作出维持决定的，人民法院应当裁定一并驳回对原行政行为和复议决定的起诉。

十、相关民事争议的一并审理

第一百三十七条 公民、法人或者其他组织请求一并审理行政诉讼法第六十一条规定的相关民事争议，应当在第一审开庭审理前提出；有正当理由的，也可以在法庭调查中提出。

第一百三十八条 人民法院决定在行政诉讼中一并审理相关民事争议，或者案件当事人一致同意相关民事争议在行政诉讼中一并解决，人民法院准许的，由受理行政案件的人民法院管辖。

公民、法人或者其他组织请求一并审理相关民事争议，人民法院经审查发现行政案件已经超过起诉期限，民事案件尚未立案的，告知当事人另行提起民事诉讼；民事案件已经立案的，由原审判组织继续审理。

人民法院在审理行政案件中发现民事争议为解决行政争议的基础，当事人没有请求人民法院一并审理相关民事争议的，人民法院应当告知当事人依法申请一并解决民事争议。当事人就民事争议另行提起民事诉讼并已立案的，人民法院应当中止行政诉讼的审理。民事争议处理期间不计算在行政诉讼审理期限内。

第一百三十九条 有下列情形之一的，人民法院应当作出不予准许一并审理民事争议的决定，并告知当事人可以依法通过其他渠道主张权利：

（一）法律规定应当由行政机关先行处理的；

（二）违反民事诉讼法专属管辖规定或者协议管辖约定的；

（三）约定仲裁或者已经提起民事诉讼的；

（四）其他不宜一并审理民事争议的情形。

对不予准许的决定可以申请复议一次。

第一百四十条 人民法院在行政诉讼中一并审理相关民事争议的，民事争议应当单独立案，由同一审判组织审理。

人民法院审理行政机关对民事争议所作裁决的案件，一并审理民事争议的，不另行立案。

第一百四十一条 人民法院一并审理相关民事争议，适用民事法律规范的相关规定，法律另有规定的除外。

当事人在调解中对民事权益的处分，不能作为审查被诉行政行为合法性的根据。

第一百四十二条 对行政争议和民事争议应当分别裁判。

当事人仅对行政裁判或者民事裁判提出上诉的，未上诉的裁判在上诉期满后即发生法律效力。第一审人民法院应当将全部案卷一并移送第二审人民法院，由行政审判庭审理。第二审人民法院发现未上诉的生效裁判确有错误的，应当按照审判监督程序再审。

第一百四十三条 行政诉讼原告在宣判前申请撤诉的，是否准许由人民法院裁定。人民法院裁定准许行政诉讼原告撤诉，但其对已经提起的一并审理相关民事争议不撤诉的，人民法院应当继续审理。

第一百四十四条 人民法院一并审理相关民事争议，应当按行政案件、民事案件的标准分别收取诉讼费用。

十一、规范性文件的一并审查

第一百四十五条 公民、法人或者其他组织在对行政行为提起诉讼时一并请求对所依据的规范性文件审查的，由行政行为案件管辖法院一并审查。

第一百四十六条 公民、法人或者其他组织请求人民法院一并审查行政诉讼法第五十三条规定的规范性文件，应当在第一审开庭审理前提出；有正当理由的，也可以在法庭调查中提出。

第一百四十七条 人民法院在对规范性文件审查过程中，发现规范性文件可能不合法的，应当听取规范性文件制定机关的意见。

制定机关申请出庭陈述意见的，人民法院应当准许。

行政机关未陈述意见或者未提供相关证明

材料的，不能阻止人民法院对规范性文件进行审查。

第一百四十八条 人民法院对规范性文件进行一并审查时，可以从规范性文件制定机关是否超越权限或者违反法定程序、作出行政行为所依据的条款以及相关条款等方面进行。

有下列情形之一的，属于行政诉讼法第六十四条规定的“规范性文件不合法”：

（一）超越制定机关的法定职权或者超越法律、法规、规章的授权范围的；

（二）与法律、法规、规章等上位法的规定相抵触的；

（三）没有法律、法规、规章依据，违法增加公民、法人和其他组织义务或者减损公民、法人和其他组织合法权益的；

（四）未履行法定批准程序、公开发布程序，严重违反制定程序的；

（五）其他违反法律、法规以及规章规定的情形。

第一百四十九条 人民法院经审查认为行政行为所依据的规范性文件合法的，应当作为认定行政行为合法的依据；经审查认为规范性文件不合法的，不作为人民法院认定行政行为合法的依据，并在裁判理由中予以阐明。作出生效裁判的人民法院应当向规范性文件的制定机关提出处理建议，并可以抄送制定机关的同级人民政府、上一级行政机关、监察机关以及规范性文件的备案机关。

规范性文件不合法的，人民法院可以在裁判生效之日起三个月内，向规范性文件制定机关提出修改或者废止该规范性文件的司法建议。

规范性文件由多个部门联合制定的，人民法院可以向该规范性文件的主办机关或者共同上一级行政机关发送司法建议。

接收司法建议的行政机关应当在收到司法建议之日起六十日内予以书面答复。情况紧急的，人民法院可以建议制定机关或者其上一级行政机关立即停止执行该规范性文件。

第一百五十条 人民法院认为规范性文件不合法的，应当在裁判生效后报送上一级人民法院进行备案。涉及国务院部门、省级行政机关制定的规范性文件，司法建议还应当分别层报最高人民法院、高级人民法院备案。

第一百五十一条 各级人民法院院长对本院已经发生法律效力的判决、裁定，发现规范性文件合法性认定错误，认为需要再审的，应当提交审判委员会讨论。

最高人民法院对地方各级人民法院已经发生法律效力的判决、裁定，上级人民法院对下级人民法院已经发生法律效力的判决、裁定，发现规范性文件合法性认定错误的，有权提审或者指令下级人民法院再审。

十二、执行

第一百五十二条 对发生法律效力的行政判决书、行政裁定书、行政赔偿判决书和行政调解书，负有义务的一方当事人拒绝履行的，对方当事人可以依法申请人民法院强制执行。

人民法院判决行政机关履行行政赔偿、行政补偿或者其他行政给付义务，行政机关拒不履行的，对方当事人可以依法向法院申请强制执行。

第一百五十三条 申请执行的期限为二年。申请执行时效的中止、中断，适用法律有关规定。

申请执行的期限从法律文书规定的履行期间最后一日起计算；法律文书规定分期履行的，从规定的每次履行期间的最后一日起计算；法律文书中没有规定履行期限的，从该法律文书送达当事人之日起计算。

逾期申请的，除有正当理由外，人民法院不予受理。

第一百五十四条 发生法律效力的行政判决书、行政裁定书、行政赔偿判决书和行政调解书，由第一审人民法院执行。

第一审人民法院认为情况特殊，需要由第二审人民法院执行的，可以报请第二审人民法院执行；第二审人民法院可以决定由其执行，也可以决定由第一审人民法院执行。

第一百五十五条 行政机关根据行政诉讼法第九十七条的规定申请执行其行政行为，应当具备以下条件：

（一）行政行为依法可以由人民法院执行；

（二）行政行为已经生效并具有可执行内容；

（三）申请人是作出该行政行为的行政机关或者法律、法规、规章授权的组织；

（四）被申请人是该行政行为所确定的义务人；

（五）被申请人在行政行为确定的期限内或者行政机关催告期限内未履行义务；

（六）申请人在法定期限内提出申请；

（七）被申请执行的行政案件属于受理执行申请的人民法院管辖。

行政机关申请人民法院执行，应当提交行政强制法第五十五条规定的相关材料。

人民法院对符合条件的申请，应当在五日内立案受理，并通知申请人；对不符合条件的申请，应当裁定不予受理。行政机关对不予受理裁定有异议，在十五日内向上一级人民法院申请复议的，上一级人民法院应当在收到复议申请之日起十五日内作出裁定。

第一百五十六条 没有强制执行权的行政机关申请人民法院强制执行其行政行为，应当自被执行人的法定起诉期限届满之日起三个月内提出。逾期申请的，除有正当理由外，人民法院不予受理。

第一百五十七条 行政机关申请人民法院强制执行其行政行为的，由申请人所在地的基层人民法院受理；执行对象为不动产的，由不动产所在地的基层人民法院受理。

基层人民法院认为执行确有困难的，可以报请上级人民法院执行；上级人民法院可以决定由其执行，也可以决定由下级人民法院执行。

第一百五十八条 行政机关根据法律的授权对平等主体之间民事争议作出裁决后，当事人在法定期限内不起诉又不履行，作出裁决的行政机关在申请执行的期限内未申请人民法院强制执行的，生效行政裁决确定的权利人或者其继承人、权利承受人在六个月内可以申请人民法院强制执行。

享有权利的公民、法人或者其他组织申请人民法院强制执行生效行政裁决，参照行政机关申请人民法院强制执行行政行为的规定。

第一百五十九条 行政机关或者行政行为确定的权利人申请人民法院强制执行前，有充分理由认为被执行人可能逃避执行的，可以申请人民法院采取财产保全措施。后者申请强制执行的，应当提供相应的财产担保。

第一百六十条 人民法院受理行政机关申请执行其行政行为的案件后，应当在七日内由行政审判庭对行政行为的合法性进行审查，并作出是否准予执行的裁定。

人民法院在作出裁定前发现行政行为明显违法并损害被执行人合法权益的，应当听取被执行人和行政机关的意见，并自受理之日起三十日内作出是否准予执行的裁定。

需要采取强制执行措施的，由本院负责强制执行非诉行政行为的机构执行。

第一百六十一条 被申请执行的行政行为有下列情形之一的，人民法院应当裁定不准予执行：

（一）实施主体不具有行政主体资格的；

（二）明显缺乏事实根据的；

（三）明显缺乏法律、法规依据的；

（四）其他明显违法并损害被执行人合法权益的情形。

行政机关对不准予执行的裁定有异议，在十五日内向上一级人民法院申请复议的，上一级人民法院应当在收到复议申请之日起三十日内作出裁定。

十三、附则

第一百六十二条 公民、法人或者其他组织对2015年5月1日之前作出的行政行为提起诉讼，请求确认行政行为无效的，人民法院不予立案。

第一百六十三条 本解释自2018年2月8日起施行。

本解释施行后，《最高人民法院关于执行〈中华人民共和国行政诉讼法〉若干问题的解释》（法释〔2000〕8号）、《最高人民法院关于适用〈中华人民共和国行政诉讼法〉若干问题的解释》（法释〔2015〕9号）同时废止。最高人民法院以前发布的司法解释与本解释不一致的，不再适用。

中华人民共和国涉外民事关系法律适用法

(2010年10月28日第十一届全国人民代表大会常务委员会第十七次会议通过 2010年10月28日中华人民共和国主席令第三十六号公布 自2011年4月1日起施行)

目 录

第一章 一般规定
第二章 民事主体
第三章 婚姻家庭
第四章 继 承
第五章 物 权
第六章 债 权
第七章 知识产权
第八章 附 则

第一章 一般规定

第一条 为了明确涉外民事关系的法律适用，合理解决涉外民事争议，维护当事人的合法权益，制定本法。

第二条 涉外民事关系适用的法律，依照本法确定。其他法律对涉外民事关系法律适用另有特别规定的，依照其规定。

本法和其他法律对涉外民事关系法律适用没有规定的，适用与该涉外民事关系有最密切联系的法律。

第三条 当事人依照法律规定可以明示选择涉外民事关系适用的法律。

第四条 中华人民共和国法律对涉外民事关系有强制性规定的，直接适用该强制性规定。

第五条 外国法律的适用将损害中华人民共和国社会公共利益的，适用中华人民共和国法律。

第六条 涉外民事关系适用外国法律，该国不同区域实施不同法律的，适用与该涉外民事关系有最密切联系区域的法律。

第七条 诉讼时效，适用相关涉外民事关系应当适用的法律。

第八条 涉外民事关系的定性，适用法院地法律。

第九条 涉外民事关系适用的外国法律，不包括该国的法律适用法。

第十条 涉外民事关系适用的外国法律，由人民法院、仲裁机构或者行政机关查明。当事人选择适用外国法律的，应当提供该国法律。

不能查明外国法律或者该国法律没有规定的，适用中华人民共和国法律。

第二章 民事主体

第十一条 自然人的民事权利能力，适用经常居所地法律。

第十二条 自然人的民事行为能力，适用经常居所地法律。

自然人从事民事活动，依照经常居所地法律为无民事行为能力，依照行为地法律为有民事行为能力的，适用行为地法律，但涉及婚姻家庭、继承的除外。

第十三条 宣告失踪或者宣告死亡，适用自然人经常居所地法律。

第十四条 法人及其分支机构的民事权利能力、民事行为能力、组织机构、股东权利义务等事项，适用登记地法律。

法人的主营业地与登记地不一致的，可以适用主营业地法律。法人的经常居所地，为其主营业地。

第十五条 人格权的内容，适用权利人经常居所地法律。

第十六条 代理适用代理行为地法律，但被代理人与代理人的民事关系，适用代理关系发生地法律。

当事人可以协议选择委托代理适用的法律。

第十七条 当事人可以协议选择信托适用

的法律。当事人没有选择的，适用信托财产所在地法律或者信托关系发生地法律。

第十八条 当事人可以协议选择仲裁协议适用的法律。当事人没有选择的，适用仲裁机构所在地法律或者仲裁地法律。

第十九条 依照本法适用国籍国法律，自然人具有两个以上国籍的，适用有经常居所的国籍国法律；在所有国籍国均无经常居所的，适用与其有最密切联系的国籍国法律。自然人无国籍或者国籍不明的，适用其经常居所地法律。

第二十条 依照本法适用经常居所地法律，自然人经常居所地不明的，适用其现在居所地法律。

第三章 婚姻家庭

第二十一条 结婚条件，适用当事人共同经常居所地法律；没有共同经常居所地的，适用共同国籍国法律；没有共同国籍，在一方当事人经常居所地或者国籍国缔结婚姻的，适用婚姻缔结地法律。

第二十二条 结婚手续，符合婚姻缔结地法律、一方当事人经常居所地法律或者国籍国法律的，均为有效。

第二十三条 夫妻人身关系，适用共同经常居所地法律；没有共同经常居所地的，适用共同国籍国法律。

第二十四条 夫妻财产关系，当事人可以协议选择适用一方当事人经常居所地法律、国籍国法律或者主要财产所在地法律。当事人没有选择的，适用共同经常居所地法律；没有共同经常居所地的，适用共同国籍国法律。

第二十五条 父母子女人身、财产关系，适用共同经常居所地法律；没有共同经常居所地的，适用一方当事人经常居所地法律或者国籍国法律中有利于保护弱者权益的法律。

第二十六条 协议离婚，当事人可以协议选择适用一方当事人经常居所地法律或者国籍国法律。当事人没有选择的，适用共同经常居所地法律；没有共同经常居所地的，适用共同国籍国法律；没有共同国籍的，适用办理离婚手续机构所在地法律。

第二十七条 诉讼离婚，适用法院地法律。

第二十八条 收养的条件和手续，适用收养人和被收养人经常居所地法律。收养的效力，适用收养时收养人经常居所地法律。收养关系的解除，适用收养时被收养人经常居所地法律或者法院地法律。

第二十九条 扶养，适用一方当事人经常居所地法律、国籍国法律或者主要财产所在地法律中有利于保护被扶养人权益的法律。

第三十条 监护，适用一方当事人经常居所地法律或者国籍国法律中有利于保护被监护人权益的法律。

第四章 继承

第三十一条 法定继承，适用被继承人死亡时经常居所地法律，但不动产法定继承，适用不动产所在地法律。

第三十二条 遗嘱方式，符合遗嘱人立遗嘱时或者死亡时经常居所地法律、国籍国法律或者遗嘱行为地法律的，遗嘱均为成立。

第三十三条 遗嘱效力，适用遗嘱人立遗嘱时或者死亡时经常居所地法律或者国籍国法律。

第三十四条 遗产管理等事项，适用遗产所在地法律。

第三十五条 无人继承遗产的归属，适用被继承人死亡时遗产所在地法律。

第五章 物 权

第三十六条 不动产物权，适用不动产所在地法律。

第三十七条 当事人可以协议选择动产物权适用的法律。当事人没有选择的，适用法律事实发生时动产所在地法律。

第三十八条 当事人可以协议选择运输中动产物权发生变更适用的法律。当事人没有选择的，适用运输目的地法律。

第三十九条 有价证券，适用有价证券权利实现地法律或者其他与该有价证券有最密切联系的法律。

第四十条 权利质权，适用质权设立地法律。

第六章 债 权

第四十一条 当事人可以协议选择合同适用的法律。当事人没有选择的，适用履行义务最能体现该合同特征的一方当事人经常居所地法律或者其他与该合同有最密切联系的法律。

第四十二条 消费者合同，适用消费者经常居所地法律；消费者选择适用商品、服务提供地法律或者经营者在消费者经常居所地没有从事相关经营活动的，适用商品、服务提供地法律。

第四十三条 劳动合同，适用劳动者工作地法律；难以确定劳动者工作地的，适用用人单位主营业地法律。劳务派遣，可以适用劳务派出地法律。

第四十四条 侵权责任，适用侵权行为地法律，但当事人有共同经常居所地的，适用共同经常居所地法律。侵权行为发生后，当事人协议选择适用法律的，按照其协议。

第四十五条 产品责任，适用被侵权人经常居所地法律；被侵权人选择适用侵权人主营业地法律、损害发生地法律的，或者侵权人在被侵权人经常居所地没有从事相关经营活动的，适用侵权人主营业地法律或者损害发生地法律。

第四十六条 通过网络或者采用其他方式侵害姓名权、肖像权、名誉权、隐私权等人格权的，适用被侵权人经常居所地法律。

第四十七条 不当得利、无因管理，适用当事人协议选择适用的法律。当事人没有选择的，适用当事人共同经常居所地法律；没有共同经常居所地的，适用不当得利、无因管理发生地法律。

第七章 知识产权

第四十八条 知识产权的归属和内容，适用被请求保护地法律。

第四十九条 当事人可以协议选择知识产权转让和许可使用适用的法律。当事人没有选择的，适用本法对合同的有关规定。

第五十条 知识产权的侵权责任，适用被请求保护地法律，当事人也可以在侵权行为发生后协议选择适用法院地法律。

第八章 附 则

第五十一条 《中华人民共和国民法通则》第一百四十六条、第一百四十七条，《中华人民共和国继承法》第三十六条，与本法的规定不一致的，适用本法。

第五十二条 本法自2011年4月1日起施行。

最高人民法院
关于印发修改后的《民事案件案由规定》的通知

2020年12月29日　　法〔2020〕346号

各省、自治区、直辖市高级人民法院，解放军军事法院，新疆维吾尔自治区高级人民法院生产建设兵团分院：

为切实贯彻实施民法典，最高人民法院对2011年2月18日第一次修正的《民事案件案由规定》（以下简称2011年《案由规定》）进行了修改，自2021年1月1日起施行。现将修改后的《民事案件案由规定》（以下简称修改后的《案由规定》）印发给你们，请认真贯彻执行。

2011年《案由规定》施行以来，在方便当事人进行民事诉讼，规范人民法院民事立案、审判和司法统计工作等方面，发挥了重要作用。近年来，随着民事诉讼法、邮政法、消费者权益保护法、环境保护法、反不正当竞争法、农村土地承包法、英雄烈士保护法等法律的制定或者修订，审判实践中出现了许多新类型民事案件，需要对2011年《案由规定》进行补充和完善。特别是民法典将于2021年1月1日起施行，迫切需要增补新的案由。经深入调查研究，广泛征求意见，最高人民法院对2011年《案由规定》进行了修改。现就各级人民法院适用修改后的《案由规定》的有关问题通知如下：

一、高度重视民事案件案由在民事审判规范化建设中的重要作用，认真学习掌握修改后的《案由规定》

民事案件案由是民事案件名称的重要组成部分，反映案件所涉及的民事法律关系的性质，是对当事人诉争的法律关系性质进行的概括，是人民法院进行民事案件管理的重要手段。建立科学、完善的民事案件案由体系，有利于方便当事人进行民事诉讼，有利于统一民事案件的法律适用标准，有利于对受理案件进行分类管理，有利于确定各民事审判业务庭的管辖分工，有利于提高民事案件司法统计的准确性和科学性，从而更好地为创新和加强民事审判管理、为人民法院司法决策服务。

各级人民法院要认真学习修改后的《案由规定》，理解案由编排体系和具体案由制定的背景、法律依据、确定标准、具体含义、适用顺序以及变更方法等问题，准确选择适用具体案由，依法维护当事人诉讼权利，创新和加强民事审判管理，不断推进民事审判工作规范化建设。

二、关于《案由规定》修改所遵循的原则

一是严格依法原则。本次修改的具体案由均具有实体法和程序法依据，符合民事诉讼法关于民事案件受案范围的有关规定。

二是必要性原则。本次修改是以保持案由运行体系稳定为前提，对于必须增加、调整的案由作相应修改，尤其是对照民法典的新增制度和重大修改内容，增加、变更部分具体案由，并根据现行立法和司法实践需要完善部分具体案由，对案由编排体系不作大的调整。民法典施行后，最高人民法院将根据工作需要，结合司法实践，继续细化完善民法典新增制度案由，特别是第四级案由。对本次未作修改的部分原有案由，届时一并修改。

三是实用性原则。案由体系是在现行有效的法律规定基础上，充分考虑人民法院民事立案、审判实践以及司法统计的需要而编排的，本次修改更加注重案由的简洁明了、方便实用，既便于当事人进行民事诉讼，也便于人民法院进行民事立案、审判和司法统计工作。

三、关于案由的确定标准

民事案件案由应当依据当事人诉争的民事法律关系的性质来确定。鉴于具体案件中当事人的诉讼请求、争议的焦点可能有多个，争议的标的也可能是多个，为保证案由的高度概括和简洁明了，修改后的《案由规定》仍沿用2011年《案由规定》关于案由的确定标准，即对民事案件案由的表述方式原则上确定为“法律关系性质”加“纠纷”，一般不包含争议焦点、标的物、侵权方式等要素。但是，实践中当事人诉争的民事法律关系的性质具有复杂多变性，单纯按照法律关系标准去划分案由体系的做法难以更好地满足民事审判实践的需要，难以更好地满足司法统计的需要。为此，修改后的《案由规定》在坚持以法律关系性质作为确定案由的主要标准的同时，对少部分案由也依据请求权、形成权或者确认之诉、形成之诉等其他标准进行确定，对少部分案由的表述也包含了争议焦点、标的物、侵权方式等要素。另外，为了与行政案件案由进行明显区分，本次修改还对个别案由的表述进行了特殊处理。

对民事诉讼法规定的适用特别程序、督促程序、公示催告程序、公司清算、破产程序等非讼程序审理的案件案由，根据当事人的诉讼请求予以直接表述；对公益诉讼、第三人撤销之诉、执行程序中的异议之诉等特殊诉讼程序案件的案由，根据修改后民事诉讼法规定的诉讼制度予以直接表述。

四、关于案由体系的总体编排

1. 关于案由纵向和横向体系的编排设置。修改后的《案由规定》以民法学理论对民事法律关系的分类为基础，以法律关系的内容即民事权利类型来编排案由的纵向体系。在纵向体系上，结合民法典、民事诉讼法等民事立法及审判实践，将案由的编排体系划分为人格权纠纷，婚姻家庭、继承纠纷，物权纠纷，合同、准合同纠纷，劳动争议与人事争议，知识产权与竞争纠纷，海事海商纠纷，与公司、证券、保险、票据等有关的民事纠纷，侵权责任纠纷，非讼程序案件案由，特殊诉讼程序案件案由，共计十一大部分，作为第一级案由。

在横向体系上，通过总分式四级结构的设计，实现案由从高级（概括）到低级（具体）的演进。如物权纠纷（第一级案由）→所有权纠纷（第二级案由）→建筑物区分所有权纠纷（第三级案由）→业主专有权纠纷（第四级案由）。在第一级案由项下，细分为五十四类案由，作为第二级案由（以大写数字表示）；在第二级案由项下列出了473个案由，作为第三级案由（以阿拉伯数字表示）。第三级案由是司法实践中最常见和广泛使用的案由。基于审判工作指导、调研和司法统计的需要，在部分第三级案由项下又列出了391个第四级案由［以阿拉伯数字加（）表示］。基于民事法律关系的复杂性，不可能穷尽所有第四级案由，目前所列的第四级案由只是一些典型的、常见的或者为了司法统计需要而设立的案由。

修改后的《案由规定》采用纵向十一个部分、横向四级结构的编排设置，形成了网状结构体系，基本涵盖了民法典所涉及的民事纠纷案件类型以及人民法院当前受理的民事纠纷案件类型，有利于贯彻落实民法典等民事法律关于民事权益保护的相关规定。

2. 关于物权纠纷案由与合同纠纷案由的编排设置。修改后的《案由规定》仍然沿用2011年《案由规定》关于物权纠纷案由与合同纠纷案由的编排体系。按照物权变动原因与结果相区分的原则，对于涉及物权变动的原因，即债权性质的合同关系引发的纠纷案件的案由，修改后的《案由规定》将其放在合同纠纷项下；对于涉及物权变动的结果，即物权设立、权属、效力、使用、收益等物权关系产生的纠纷案件的案由，修改后的《案由规定》将其放在物权纠纷项下。前者如第三级案由“居住权合同纠纷”列在第二级案由“合同纠纷”项下；后者如第三级案由“居住权纠纷”列在第二级案由“物权纠纷”项下。

具体适用时，人民法院应根据当事人诉争的法律关系的性质，查明该法律关系涉及的是物权变动的原因关系还是物权变动的结果关系，以正确确定案由。当事人诉争的法律关系性质涉及物权变动原因的，即因债权性质的合同关系引发的纠纷案件，应当选择适用第二级案由“合同纠纷”项下的案由，如“居住权合同纠纷”案由；当事人诉争的法律关系性质涉及物权变动结果的，即因物权设立、权属、效力、使用、收益等物权关系引发的纠纷案件，应当选择第二级案由“物权纠纷”项下的案由，如“居住权纠纷”案由。

3. 关于第三部分“物权纠纷”项下“物权保护纠纷”案由与“所有权纠纷”“用益物权纠纷”“担保物权纠纷”案由的编排设置。修改后的《案由规定》仍然沿用2011年《案由规定》关于物权纠纷案由的编排设置。“所有权纠纷”“用益物权纠纷”“担保物权纠纷”案由既包括以上三种类型的物权确认纠纷案由，也包括以上三种类型的侵害物权纠纷案由。民法典物权编第三章“物权的保护”所规定的物权请求权或者债权请求权保护方法，即“物权保护纠纷”，在修改后的《案由规定》列举的每个物权类型（第三级案由）项下都可能部分或者全部适用，多数都可以作为第四级案由列举，但为避免使整个案由体系冗长繁杂，在各第三级案由下并未一一列出。实践中需要确定具体个案案由时，如果当事人的诉讼请求只涉及“物权保护纠纷”项下的一种物权请求权或者债权请求权，则可以选择适用“物权保护纠纷”项下的六种第三级案由；如果当事人的诉讼请求涉及“物权保护纠纷”项下的两种或者两种以上物权请求权或者债权请求权，则应按照所保护的权利种类，选择适用“所有权纠纷”“用益物权纠纷”“担保物权纠纷”项下的第三级案由（各种物权类型纠纷）。

4. 关于侵权责任纠纷案由的编排设置。修改后的《案由规定》仍然沿用2011年《案由规定》关于侵权责任纠纷案由与其他第一级案由的编排设置。根据民法典侵权责任编的相关规定，该编的保护对象为民事权益，具体范围是民法典总则编第五章所规定的人身、财产权益。这些民事权益，又分别在人格权编、物权编、婚姻家庭编、继承编等予以了细化规定，而这些民事权益纠纷往往既包括权属确认纠纷也包括侵权责任纠纷，这就为科学合理编排民事案件案由体系增加了难度。为了保持整个案由体系的完整性和稳定性，尽可能避免重复交叉，修改后的《案由规定》将这些侵害民事权益侵权责任纠纷案由仍旧分别保留在“人格权纠纷”“婚姻家庭、继承纠纷”“物权纠纷”“知识产权与竞争纠纷”等第一级案由体系项下，对照侵权责任编新规定调整第一级案由“侵权责任纠纷”项下案由；同时，将一些实践中常见的、其他第一级案由不便列出的侵权责任纠纷案由也列在第一级案由“侵权责任纠纷”项下，如“非机动车交通事故责任纠纷”。从“兜底”考虑，修改后的《案由规定》将第一级案由“侵权责任纠纷”列在其他八个民事权益纠纷类型之后，作为第九部分。

具体适用时，涉及侵权责任纠纷的，为明确和统一法律适用问题，应当先适用第九部分“侵权责任纠纷”项下根据侵权责任编相关规定列出的具体案由；没有相应案由的，再适用“人格权纠纷”“物权纠纷”“知识产权与竞争纠纷”等其他部分项下的具体案由。如环境污染、高度危险行为均可能造成人身损害和财产损害，确定案由时，应当适用第九部分“侵权责任纠纷”项下“环境污染责任纠纷”“高度危险责任纠纷”案由，而不应适用第一部分“人格权纠纷”项下的“生命权、身体权、健康权纠纷”案由，也不应适用第三部分“物权纠纷”项下的“财产损害赔偿纠纷”案由。

五、适用修改后的《案由规定》应当注意的问题

1. 在案由横向体系上应当按照由低到高的顺序选择适用个案案由。确定个案案由时，应当优先适用第四级案由，没有对应的第四级案由的，适用相应的第三级案由；第三级案由中没有规定的，适用相应的第二级案由；第二级案由没有规定的，适用相应的第一级案由。这样处理，有利于更准确地反映当事人诉争的法律关系的性质，有利于促进分类管理科学化和提高司法统计准确性。

2. 关于个案案由的变更。人民法院在民事立案审查阶段，可以根据原告诉讼请求涉及的法律关系性质，确定相应的个案案由；人民法院受理民事案件后，经审理发现当事人起诉的法律关系与实际诉争的法律关系不一致的，人民法院结案时应当根据法庭查明的当事人之间实际存在的法律关系的性质，相应变更个案案由。当事人在诉讼过程中增加或者变更诉讼请求导致当事人诉争的法律关系发生变更的，人民法院应当相应变更个案案由。

3. 存在多个法律关系时个案案由的确定。同一诉讼中涉及两个以上的法律关系的，应当根据当事人诉争的法律关系的性质确定个案案由；均为诉争的法律关系的，则按诉争的两个以上法律关系并列确定相应的案由。

4. 请求权竞合时个案案由的确定。在请求权竞合的情形下，人民法院应当按照当事人自主选择行使的请求权所涉及的诉争的法律关系的性质，确定相应的案由。

5. 正确认识民事案件案由的性质与功能。案由体系的编排制定是人民法院进行民事审判管理的手段。各级人民法院应当依法保障当事人依照法律规定享有的起诉权利，不得将修改后的《案由规定》等同于民事诉讼法第一百一十九条规定的起诉条件，不得以当事人的诉请在修改后的《案由规定》中没有相应案由可以适用为由，裁定不予受理或者驳回起诉，损害当事人的诉讼权利。

6. 案由体系中的选择性案由（即含有顿号的部分案由）的使用方法。对这些案由，应当根据具体案情，确定相应的个案案由，不应直接将该案由全部引用。如“生命权、身体权、健康权纠纷”案由，应当根据具体侵害对象来确定相应的案由。

本次民事案件案由修改工作主要基于人民法院当前司法实践经验，对照民法典等民事立法修改完善相关具体案由。2021 年 1 月 1 日民法典施行后，修改后的《案由规定》可能需要对标民法典具体施行情况作进一步调整。地方各级人民法院要密切关注民法典施行后立案审判中遇到的新情况、新问题，重点梳理汇总民法典新增制度项下可以细化规定为第四级案由的新类型案件，及时层报最高人民法院。

附：

民事案件案由规定

（2007年10月29日最高人民法院审判委员会第1438次会议通过　根据2011年2月18日《最高人民法院关于修改〈民事案件案由规定〉的决定》第一次修正　根据2020年12月14日最高人民法院审判委员会第1821次会议通过的《最高人民法院关于修改〈民事案件案由规定〉的决定》第二次修正）

目　录

第一部分　人格权纠纷
　一、人格权纠纷
第二部分　婚姻家庭、继承纠纷
　二、婚姻家庭纠纷
　三、继承纠纷
第三部分　物权纠纷
　四、不动产登记纠纷
　五、物权保护纠纷
　六、所有权纠纷
　七、用益物权纠纷
　八、担保物权纠纷
　九、占有保护纠纷
第四部分　合同、准合同纠纷
　十、合同纠纷
　十一、不当得利纠纷
　十二、无因管理纠纷
第五部分　知识产权与竞争纠纷
　十三、知识产权合同纠纷
　十四、知识产权权属、侵权纠纷
　十五、不正当竞争纠纷
　十六、垄断纠纷
第六部分　劳动争议、人事争议
　十七、劳动争议
　十八、人事争议
第七部分　海事海商纠纷
　十九、海事海商纠纷
第八部分　与公司、证券、保险、票据等有关的民事纠纷
　二十、与企业有关的纠纷
　二十一、与公司有关的纠纷
　二十二、合伙企业纠纷
　二十三、与破产有关的纠纷
　二十四、证券纠纷
　二十五、期货交易纠纷
　二十六、信托纠纷
　二十七、保险纠纷
　二十八、票据纠纷
　二十九、信用证纠纷
　三十、独立保函纠纷
第九部分　侵权责任纠纷
　三十一、侵权责任纠纷
第十部分　非讼程序案件案由
　三十二、选民资格案件
　三十三、宣告失踪、宣告死亡案件
　三十四、认定自然人无民事行为能力、限制民事行为能力案件
　三十五、指定遗产管理人案件
　三十六、认定财产无主案件
　三十七、确认调解协议案件
　三十八、实现担保物权案件
　三十九、监护权特别程序案件
　四十、督促程序案件
　四十一、公示催告程序案件
　四十二、公司清算案件
　四十三、破产程序案件
　四十四、申请诉前停止侵害知识产权案件
　四十五、申请保全案件
　四十六、申请人身安全保护令案件
　四十七、申请人格权侵害禁令案件
　四十八、仲裁程序案件
　四十九、海事诉讼特别程序案件
　五十、申请承认与执行法院判决、仲裁裁决案件
第十一部分　特殊诉讼程序案件案由

五十一、与宣告失踪、宣告死亡案件有关的纠纷
五十二、公益诉讼
五十三、第三人撤销之诉
五十四、执行程序中的异议之诉

为了正确适用法律，统一确定案由，根据《中华人民共和国民法典》《中华人民共和国民事诉讼法》等法律规定，结合人民法院民事审判工作实际情况，对民事案件案由规定如下：

第一部分　人格权纠纷

一、人格权纠纷

1. 生命权、身体权、健康权纠纷
2. 姓名权纠纷
3. 名称权纠纷
4. 肖像权纠纷
5. 声音保护纠纷
6. 名誉权纠纷
7. 荣誉权纠纷
8. 隐私权、个人信息保护纠纷
（1）隐私权纠纷
（2）个人信息保护纠纷
9. 婚姻自主权纠纷
10. 人身自由权纠纷
11. 一般人格权纠纷
（1）平等就业权纠纷

第二部分　婚姻家庭、继承纠纷

二、婚姻家庭纠纷

12. 婚约财产纠纷
13. 婚内夫妻财产分割纠纷
14. 离婚纠纷
15. 离婚后财产纠纷
16. 离婚后损害责任纠纷
17. 婚姻无效纠纷
18. 撤销婚姻纠纷
19. 夫妻财产约定纠纷
20. 同居关系纠纷
（1）同居关系析产纠纷
（2）同居关系子女抚养纠纷
21. 亲子关系纠纷
（1）确认亲子关系纠纷
（2）否认亲子关系纠纷
22. 抚养纠纷
（1）抚养费纠纷
（2）变更抚养关系纠纷
23. 扶养纠纷
（1）扶养费纠纷
（2）变更扶养关系纠纷
24. 赡养纠纷
（1）赡养费纠纷
（2）变更赡养关系纠纷
25. 收养关系纠纷
（1）确认收养关系纠纷
（2）解除收养关系纠纷
26. 监护权纠纷
27. 探望权纠纷
28. 分家析产纠纷

三、继承纠纷

29. 法定继承纠纷
（1）转继承纠纷
（2）代位继承纠纷
30. 遗嘱继承纠纷
31. 被继承人债务清偿纠纷
32. 遗赠纠纷
33. 遗赠扶养协议纠纷
34. 遗产管理纠纷

第三部分　物权纠纷

四、不动产登记纠纷

35. 异议登记不当损害责任纠纷
36. 虚假登记损害责任纠纷

五、物权保护纠纷

37. 物权确认纠纷
（1）所有权确认纠纷
（2）用益物权确认纠纷
（3）担保物权确认纠纷
38. 返还原物纠纷
39. 排除妨害纠纷
40. 消除危险纠纷
41. 修理、重作、更换纠纷
42. 恢复原状纠纷
43. 财产损害赔偿纠纷

六、所有权纠纷

44. 侵害集体经济组织成员权益纠纷
45. 建筑物区分所有权纠纷
（1）业主专有权纠纷
（2）业主共有权纠纷

(3) 车位纠纷
(4) 车库纠纷
46. 业主撤销权纠纷
47. 业主知情权纠纷
48. 遗失物返还纠纷
49. 漂流物返还纠纷
50. 埋藏物返还纠纷
51. 隐藏物返还纠纷
52. 添附物归属纠纷
53. 相邻关系纠纷
(1) 相邻用水、排水纠纷
(2) 相邻通行纠纷
(3) 相邻土地、建筑物利用关系纠纷
(4) 相邻通风纠纷
(5) 相邻采光、日照纠纷
(6) 相邻污染侵害纠纷
(7) 相邻损害防免关系纠纷
54. 共有纠纷
(1) 共有权确认纠纷
(2) 共有物分割纠纷
(3) 共有人优先购买权纠纷
(4) 债权人代位析产纠纷

七、用益物权纠纷

55. 海域使用权纠纷
56. 探矿权纠纷
57. 采矿权纠纷
58. 取水权纠纷
59. 养殖权纠纷
60. 捕捞权纠纷
61. 土地承包经营权纠纷
(1) 土地承包经营权确认纠纷
(2) 承包地征收补偿费用分配纠纷
(3) 土地承包经营权继承纠纷
62. 土地经营权纠纷
63. 建设用地使用权纠纷
64. 宅基地使用权纠纷
65. 居住权纠纷
66. 地役权纠纷

八、担保物权纠纷

67. 抵押权纠纷
(1) 建筑物和其他土地附着物抵押权纠纷
(2) 在建建筑物抵押权纠纷
(3) 建设用地使用权抵押权纠纷
(4) 土地经营权抵押权纠纷
(5) 探矿权抵押权纠纷
(6) 采矿权抵押权纠纷
(7) 海域使用权抵押权纠纷
(8) 动产抵押权纠纷
(9) 在建船舶、航空器抵押权纠纷
(10) 动产浮动抵押权纠纷
(11) 最高额抵押权纠纷
68. 质权纠纷
(1) 动产质权纠纷
(2) 转质权纠纷
(3) 最高额质权纠纷
(4) 票据质权纠纷
(5) 债券质权纠纷
(6) 存单质权纠纷
(7) 仓单质权纠纷
(8) 提单质权纠纷
(9) 股权质权纠纷
(10) 基金份额质权纠纷
(11) 知识产权质权纠纷
(12) 应收账款质权纠纷
69. 留置权纠纷

九、占有保护纠纷

70. 占有物返还纠纷
71. 占有排除妨害纠纷
72. 占有消除危险纠纷
73. 占有物损害赔偿纠纷

第四部分 合同、准合同纠纷

十、合同纠纷

74. 缔约过失责任纠纷
75. 预约合同纠纷
76. 确认合同效力纠纷
(1) 确认合同有效纠纷
(2) 确认合同无效纠纷
77. 债权人代位权纠纷
78. 债权人撤销权纠纷
79. 债权转让合同纠纷
80. 债务转移合同纠纷
81. 债权债务概括转移合同纠纷
82. 债务加入纠纷
83. 悬赏广告纠纷
84. 买卖合同纠纷
(1) 分期付款买卖合同纠纷
(2) 凭样品买卖合同纠纷
(3) 试用买卖合同纠纷

（4）所有权保留买卖合同纠纷
（5）招标投标买卖合同纠纷
（6）互易纠纷
（7）国际货物买卖合同纠纷
（8）信息网络买卖合同纠纷
85. 拍卖合同纠纷
86. 建设用地使用权合同纠纷
（1）建设用地使用权出让合同纠纷
（2）建设用地使用权转让合同纠纷
87. 临时用地合同纠纷
88. 探矿权转让合同纠纷
89. 采矿权转让合同纠纷
90. 房地产开发经营合同纠纷
（1）委托代建合同纠纷
（2）合资、合作开发房地产合同纠纷
（3）项目转让合同纠纷
91. 房屋买卖合同纠纷
（1）商品房预约合同纠纷
（2）商品房预售合同纠纷
（3）商品房销售合同纠纷
（4）商品房委托代理销售合同纠纷
（5）经济适用房转让合同纠纷
（6）农村房屋买卖合同纠纷
92. 民事主体间房屋拆迁补偿合同纠纷
93. 供用电合同纠纷
94. 供用水合同纠纷
95. 供用气合同纠纷
96. 供用热力合同纠纷
97. 排污权交易纠纷
98. 用能权交易纠纷
99. 用水权交易纠纷
100. 碳排放权交易纠纷
101. 碳汇交易纠纷
102. 赠与合同纠纷
（1）公益事业捐赠合同纠纷
（2）附义务赠与合同纠纷
103. 借款合同纠纷
（1）金融借款合同纠纷
（2）同业拆借纠纷
（3）民间借贷纠纷
（4）小额借款合同纠纷
（5）金融不良债权转让合同纠纷
（6）金融不良债权追偿纠纷
104. 保证合同纠纷
105. 抵押合同纠纷
106. 质押合同纠纷
107. 定金合同纠纷
108. 进出口押汇纠纷
109. 储蓄存款合同纠纷
110. 银行卡纠纷
（1）借记卡纠纷
（2）信用卡纠纷
111. 租赁合同纠纷
（1）土地租赁合同纠纷
（2）房屋租赁合同纠纷
（3）车辆租赁合同纠纷
（4）建筑设备租赁合同纠纷
112. 融资租赁合同纠纷
113. 保理合同纠纷
114. 承揽合同纠纷
（1）加工合同纠纷
（2）定作合同纠纷
（3）修理合同纠纷
（4）复制合同纠纷
（5）测试合同纠纷
（6）检验合同纠纷
（7）铁路机车、车辆建造合同纠纷
115. 建设工程合同纠纷
（1）建设工程勘察合同纠纷
（2）建设工程设计合同纠纷
（3）建设工程施工合同纠纷
（4）建设工程价款优先受偿权纠纷
（5）建设工程分包合同纠纷
（6）建设工程监理合同纠纷
（7）装饰装修合同纠纷
（8）铁路修建合同纠纷
（9）农村建房施工合同纠纷
116. 运输合同纠纷
（1）公路旅客运输合同纠纷
（2）公路货物运输合同纠纷
（3）水路旅客运输合同纠纷
（4）水路货物运输合同纠纷
（5）航空旅客运输合同纠纷
（6）航空货物运输合同纠纷
（7）出租汽车运输合同纠纷
（8）管道运输合同纠纷
（9）城市公交运输合同纠纷
（10）联合运输合同纠纷
（11）多式联运合同纠纷
（12）铁路货物运输合同纠纷

（13）铁路旅客运输合同纠纷
（14）铁路行李运输合同纠纷
（15）铁路包裹运输合同纠纷
（16）国际铁路联运合同纠纷
117. 保管合同纠纷
118. 仓储合同纠纷
119. 委托合同纠纷
（1）进出口代理合同纠纷
（2）货运代理合同纠纷
（3）民用航空运输销售代理合同纠纷
（4）诉讼、仲裁、人民调解代理合同纠纷
（5）销售代理合同纠纷
120. 委托理财合同纠纷
（1）金融委托理财合同纠纷
（2）民间委托理财合同纠纷
121. 物业服务合同纠纷
122. 行纪合同纠纷
123. 中介合同纠纷
124. 补偿贸易纠纷
125. 借用合同纠纷
126. 典当纠纷
127. 合伙合同纠纷
128. 种植、养殖回收合同纠纷
129. 彩票、奖券纠纷
130. 中外合作勘探开发自然资源合同纠纷
131. 农业承包合同纠纷
132. 林业承包合同纠纷
133. 渔业承包合同纠纷
134. 牧业承包合同纠纷
135. 土地承包经营权合同纠纷
（1）土地承包经营权转让合同纠纷
（2）土地承包经营权互换合同纠纷
（3）土地经营权入股合同纠纷
（4）土地经营权抵押合同纠纷
（5）土地经营权出租合同纠纷
136. 居住权合同纠纷
137. 服务合同纠纷
（1）电信服务合同纠纷
（2）邮政服务合同纠纷
（3）快递服务合同纠纷
（4）医疗服务合同纠纷
（5）法律服务合同纠纷
（6）旅游合同纠纷
（7）房地产咨询合同纠纷
（8）房地产价格评估合同纠纷
（9）旅店服务合同纠纷
（10）财会服务合同纠纷
（11）餐饮服务合同纠纷
（12）娱乐服务合同纠纷
（13）有线电视服务合同纠纷
（14）网络服务合同纠纷
（15）教育培训合同纠纷
（16）家政服务合同纠纷
（17）庆典服务合同纠纷
（18）殡葬服务合同纠纷
（19）农业技术服务合同纠纷
（20）农机作业服务合同纠纷
（21）保安服务合同纠纷
（22）银行结算合同纠纷
138. 演出合同纠纷
139. 劳务合同纠纷
140. 离退休人员返聘合同纠纷
141. 广告合同纠纷
142. 展览合同纠纷
143. 追偿权纠纷

十一、不当得利纠纷

144. 不当得利纠纷

十二、无因管理纠纷

145. 无因管理纠纷

第五部分　知识产权与竞争纠纷

十三、知识产权合同纠纷

146. 著作权合同纠纷
（1）委托创作合同纠纷
（2）合作创作合同纠纷
（3）著作权转让合同纠纷
（4）著作权许可使用合同纠纷
（5）出版合同纠纷
（6）表演合同纠纷
（7）音像制品制作合同纠纷
（8）广播电视播放合同纠纷
（9）邻接权转让合同纠纷
（10）邻接权许可使用合同纠纷
（11）计算机软件开发合同纠纷
（12）计算机软件著作权转让合同纠纷
（13）计算机软件著作权许可使用合同纠纷
147. 商标合同纠纷

（1）商标权转让合同纠纷
（2）商标使用许可合同纠纷
（3）商标代理合同纠纷
148. 专利合同纠纷
（1）专利申请权转让合同纠纷
（2）专利权转让合同纠纷
（3）发明专利实施许可合同纠纷
（4）实用新型专利实施许可合同纠纷
（5）外观设计专利实施许可合同纠纷
（6）专利代理合同纠纷
149. 植物新品种合同纠纷
（1）植物新品种育种合同纠纷
（2）植物新品种申请权转让合同纠纷
（3）植物新品种权转让合同纠纷
（4）植物新品种实施许可合同纠纷
150. 集成电路布图设计合同纠纷
（1）集成电路布图设计创作合同纠纷
（2）集成电路布图设计专有权转让合同纠纷
（3）集成电路布图设计许可使用合同纠纷
151. 商业秘密合同纠纷
（1）技术秘密让与合同纠纷
（2）技术秘密许可使用合同纠纷
（3）经营秘密让与合同纠纷
（4）经营秘密许可使用合同纠纷
152. 技术合同纠纷
（1）技术委托开发合同纠纷
（2）技术合作开发合同纠纷
（3）技术转化合同纠纷
（4）技术转让合同纠纷
（5）技术许可合同纠纷
（6）技术咨询合同纠纷
（7）技术服务合同纠纷
（8）技术培训合同纠纷
（9）技术中介合同纠纷
（10）技术进口合同纠纷
（11）技术出口合同纠纷
（12）职务技术成果完成人奖励、报酬纠纷
（13）技术成果完成人署名权、荣誉权、奖励权纠纷
153. 特许经营合同纠纷
154. 企业名称（商号）合同纠纷
（1）企业名称（商号）转让合同纠纷
（2）企业名称（商号）使用合同纠纷
155. 特殊标志合同纠纷
156. 网络域名合同纠纷
（1）网络域名注册合同纠纷
（2）网络域名转让合同纠纷
（3）网络域名许可使用合同纠纷
157. 知识产权质押合同纠纷

十四、知识产权权属、侵权纠纷

158. 著作权权属、侵权纠纷
（1）著作权权属纠纷
（2）侵害作品发表权纠纷
（3）侵害作品署名权纠纷
（4）侵害作品修改权纠纷
（5）侵害保护作品完整权纠纷
（6）侵害作品复制权纠纷
（7）侵害作品发行权纠纷
（8）侵害作品出租权纠纷
（9）侵害作品展览权纠纷
（10）侵害作品表演权纠纷
（11）侵害作品放映权纠纷
（12）侵害作品广播权纠纷
（13）侵害作品信息网络传播权纠纷
（14）侵害作品摄制权纠纷
（15）侵害作品改编权纠纷
（16）侵害作品翻译权纠纷
（17）侵害作品汇编权纠纷
（18）侵害其他著作财产权纠纷
（19）出版者权权属纠纷
（20）表演者权权属纠纷
（21）录音录像制作者权权属纠纷
（22）广播组织权权属纠纷
（23）侵害出版者权纠纷
（24）侵害表演者权纠纷
（25）侵害录音录像制作者权纠纷
（26）侵害广播组织权纠纷
（27）计算机软件著作权权属纠纷
（28）侵害计算机软件著作权纠纷
159. 商标权权属、侵权纠纷
（1）商标权权属纠纷
（2）侵害商标权纠纷
160. 专利权权属、侵权纠纷
（1）专利申请权权属纠纷
（2）专利权权属纠纷
（3）侵害发明专利权纠纷
（4）侵害实用新型专利权纠纷

（5）侵害外观设计专利权纠纷

（6）假冒他人专利纠纷

（7）发明专利临时保护期使用费纠纷

（8）职务发明创造发明人、设计人奖励、报酬纠纷

（9）发明创造发明人、设计人署名权纠纷

（10）标准必要专利使用费纠纷

161. 植物新品种权权属、侵权纠纷

（1）植物新品种申请权权属纠纷

（2）植物新品种权权属纠纷

（3）侵害植物新品种权纠纷

（4）植物新品种临时保护期使用费纠纷

162. 集成电路布图设计专有权权属、侵权纠纷

（1）集成电路布图设计专有权权属纠纷

（2）侵害集成电路布图设计专有权纠纷

163. 侵害企业名称（商号）权纠纷

164. 侵害特殊标志专有权纠纷

165. 网络域名权属、侵权纠纷

（1）网络域名权属纠纷

（2）侵害网络域名纠纷

166. 发现权纠纷

167. 发明权纠纷

168. 其他科技成果权纠纷

169. 确认不侵害知识产权纠纷

（1）确认不侵害专利权纠纷

（2）确认不侵害商标权纠纷

（3）确认不侵害著作权纠纷

（4）确认不侵害植物新品种权纠纷

（5）确认不侵害集成电路布图设计专用权纠纷

（6）确认不侵害计算机软件著作权纠纷

170. 因申请知识产权临时措施损害责任纠纷

（1）因申请诉前停止侵害专利权损害责任纠纷

（2）因申请诉前停止侵害注册商标专用权损害责任纠纷

（3）因申请诉前停止侵害著作权损害责任纠纷

（4）因申请诉前停止侵害植物新品种权损害责任纠纷

（5）因申请海关知识产权保护措施损害责任纠纷

（6）因申请诉前停止侵害计算机软件著作权损害责任纠纷

（7）因申请诉前停止侵害集成电路布图设计专用权损害责任纠纷

171. 因恶意提起知识产权诉讼损害责任纠纷

172. 专利权宣告无效后返还费用纠纷

十五、不正当竞争纠纷

173. 仿冒纠纷

（1）擅自使用与他人有一定影响的商品名称、包装、装潢等相同或者近似的标识纠纷

（2）擅自使用他人有一定影响的企业名称、社会组织名称、姓名纠纷

（3）擅自使用他人有一定影响的域名主体部分、网站名称、网页纠纷

174. 商业贿赂不正当竞争纠纷

175. 虚假宣传纠纷

176. 侵害商业秘密纠纷

（1）侵害技术秘密纠纷

（2）侵害经营秘密纠纷

177. 低价倾销不正当竞争纠纷

178. 捆绑销售不正当竞争纠纷

179. 有奖销售纠纷

180. 商业诋毁纠纷

181. 串通投标不止当竞争纠纷

182. 网络不正当竞争纠纷

十六、垄断纠纷

183. 垄断协议纠纷

（1）横向垄断协议纠纷

（2）纵向垄断协议纠纷

184. 滥用市场支配地位纠纷

（1）垄断定价纠纷

（2）掠夺定价纠纷

（3）拒绝交易纠纷

（4）限定交易纠纷

（5）捆绑交易纠纷

（6）差别待遇纠纷

185. 经营者集中纠纷

第六部分 劳动争议、人事争议

十七、劳动争议

186. 劳动合同纠纷

（1）确认劳动关系纠纷

（2）集体合同纠纷

（3）劳务派遣合同纠纷

（4）非全日制用工纠纷
（5）追索劳动报酬纠纷
（6）经济补偿金纠纷
（7）竞业限制纠纷
187. 社会保险纠纷
（1）养老保险待遇纠纷
（2）工伤保险待遇纠纷
（3）医疗保险待遇纠纷
（4）生育保险待遇纠纷
（5）失业保险待遇纠纷
188. 福利待遇纠纷

十八、人事争议

189. 聘用合同纠纷
190. 聘任合同纠纷
191. 辞职纠纷
192. 辞退纠纷

第七部分 海事海商纠纷

十九、海事海商纠纷

193. 船舶碰撞损害责任纠纷
194. 船舶触碰损害责任纠纷
195. 船舶损坏空中设施、水下设施损害责任纠纷
196. 船舶污染损害责任纠纷
197. 海上、通海水域污染损害责任纠纷
198. 海上、通海水域养殖损害责任纠纷
199. 海上、通海水域财产损害责任纠纷
200. 海上、通海水域人身损害责任纠纷
201. 非法留置船舶、船载货物、船用燃油、船用物料损害责任纠纷
202. 海上、通海水域货物运输合同纠纷
203. 海上、通海水域旅客运输合同纠纷
204. 海上、通海水域行李运输合同纠纷
205. 船舶经营管理合同纠纷
206. 船舶买卖合同纠纷
207. 船舶建造合同纠纷
208. 船舶修理合同纠纷
209. 船舶改建合同纠纷
210. 船舶拆解合同纠纷
211. 船舶抵押合同纠纷
212. 航次租船合同纠纷
213. 船舶租用合同纠纷
（1）定期租船合同纠纷
（2）光船租赁合同纠纷
214. 船舶融资租赁合同纠纷
215. 海上、通海水域运输船舶承包合同纠纷
216. 渔船承包合同纠纷
217. 船舶属具租赁合同纠纷
218. 船舶属具保管合同纠纷
219. 海运集装箱租赁合同纠纷
220. 海运集装箱保管合同纠纷
221. 港口货物保管合同纠纷
222. 船舶代理合同纠纷
223. 海上、通海水域货运代理合同纠纷
224. 理货合同纠纷
225. 船舶物料和备品供应合同纠纷
226. 船员劳务合同纠纷
227. 海难救助合同纠纷
228. 海上、通海水域打捞合同纠纷
229. 海上、通海水域拖航合同纠纷
230. 海上、通海水域保险合同纠纷
231. 海上、通海水域保赔合同纠纷
232. 海上、通海水域运输联营合同纠纷
233. 船舶营运借款合同纠纷
234. 海事担保合同纠纷
235. 航道、港口疏浚合同纠纷
236. 船坞、码头建造合同纠纷
237. 船舶检验合同纠纷
238. 海事请求担保纠纷
239. 海上、通海水域运输重大责任事故责任纠纷
240. 港口作业重大责任事故责任纠纷
241. 港口作业纠纷
242. 共同海损纠纷
243. 海洋开发利用纠纷
244. 船舶共有纠纷
245. 船舶权属纠纷
246. 海运欺诈纠纷
247. 海事债权确权纠纷

第八部分 与公司、证券、保险、票据等有关的民事纠纷

二十、与企业有关的纠纷

248. 企业出资人权益确认纠纷
249. 侵害企业出资人权益纠纷
250. 企业公司制改造合同纠纷
251. 企业股份合作制改造合同纠纷
252. 企业债权转股权合同纠纷
253. 企业分立合同纠纷

254. 企业租赁经营合同纠纷
255. 企业出售合同纠纷
256. 挂靠经营合同纠纷
257. 企业兼并合同纠纷
258. 联营合同纠纷
259. 企业承包经营合同纠纷
（1）中外合资经营企业承包经营合同纠纷
（2）中外合作经营企业承包经营合同纠纷
（3）外商独资企业承包经营合同纠纷
（4）乡镇企业承包经营合同纠纷
260. 中外合资经营企业合同纠纷
261. 中外合作经营企业合同纠纷

二十一、与公司有关的纠纷

262. 股东资格确认纠纷
263. 股东名册记载纠纷
264. 请求变更公司登记纠纷
265. 股东出资纠纷
266. 新增资本认购纠纷
267. 股东知情权纠纷
268. 请求公司收购股份纠纷
269. 股权转让纠纷
270. 公司决议纠纷
（1）公司决议效力确认纠纷
（2）公司决议撤销纠纷
271. 公司设立纠纷
272. 公司证照返还纠纷
273. 发起人责任纠纷
274. 公司盈余分配纠纷
275. 损害股东利益责任纠纷
276. 损害公司利益责任纠纷
277. 损害公司债权人利益责任纠纷
（1）股东损害公司债权人利益责任纠纷
（2）实际控制人损害公司债权人利益责任纠纷
278. 公司关联交易损害责任纠纷
279. 公司合并纠纷
280. 公司分立纠纷
281. 公司减资纠纷
282. 公司增资纠纷
283. 公司解散纠纷
284. 清算责任纠纷
285. 上市公司收购纠纷

二十二、合伙企业纠纷

286. 入伙纠纷
287. 退伙纠纷
288. 合伙企业财产份额转让纠纷

二十三、与破产有关的纠纷

289. 请求撤销个别清偿行为纠纷
290. 请求确认债务人行为无效纠纷
291. 对外追收债权纠纷
292. 追收未缴出资纠纷
293. 追收抽逃出资纠纷
294. 追收非正常收入纠纷
295. 破产债权确认纠纷
（1）职工破产债权确认纠纷
（2）普通破产债权确认纠纷
296. 取回权纠纷
（1）一般取回权纠纷
（2）出卖人取回权纠纷
297. 破产抵销权纠纷
298. 别除权纠纷
299. 破产撤销权纠纷
300. 损害债务人利益赔偿纠纷
301. 管理人责任纠纷

二十四、证券纠纷

302. 证券权利确认纠纷
（1）股票权利确认纠纷
（2）公司债券权利确认纠纷
（3）国债权利确认纠纷
（4）证券投资基金权利确认纠纷
303. 证券交易合同纠纷
（1）股票交易纠纷
（2）公司债券交易纠纷
（3）国债交易纠纷
（4）证券投资基金交易纠纷
304. 金融衍生品种交易纠纷
305. 证券承销合同纠纷
（1）证券代销合同纠纷
（2）证券包销合同纠纷
306. 证券投资咨询纠纷
307. 证券资信评级服务合同纠纷
308. 证券回购合同纠纷
（1）股票回购合同纠纷
（2）国债回购合同纠纷
（3）公司债券回购合同纠纷
（4）证券投资基金回购合同纠纷
（5）质押式证券回购纠纷

309. 证券上市合同纠纷
310. 证券交易代理合同纠纷
311. 证券上市保荐合同纠纷
312. 证券发行纠纷
（1）证券认购纠纷
（2）证券发行失败纠纷
313. 证券返还纠纷
314. 证券欺诈责任纠纷
（1）证券内幕交易责任纠纷
（2）操纵证券交易市场责任纠纷
（3）证券虚假陈述责任纠纷
（4）欺诈客户责任纠纷
315. 证券托管纠纷
316. 证券登记、存管、结算纠纷
317. 融资融券交易纠纷
318. 客户交易结算资金纠纷

二十五、期货交易纠纷

319. 期货经纪合同纠纷
320. 期货透支交易纠纷
321. 期货强行平仓纠纷
322. 期货实物交割纠纷
323. 期货保证合约纠纷
324. 期货交易代理合同纠纷
325. 侵占期货交易保证金纠纷
326. 期货欺诈责任纠纷
327. 操纵期货交易市场责任纠纷
328. 期货内幕交易责任纠纷
329. 期货虚假信息责任纠纷

二十六、信托纠纷

330. 民事信托纠纷
331. 营业信托纠纷
332. 公益信托纠纷

二十七、保险纠纷

333. 财产保险合同纠纷
（1）财产损失保险合同纠纷
（2）责任保险合同纠纷
（3）信用保险合同纠纷
（4）保证保险合同纠纷
（5）保险人代位求偿权纠纷
334. 人身保险合同纠纷
（1）人寿保险合同纠纷
（2）意外伤害保险合同纠纷
（3）健康保险合同纠纷
335. 再保险合同纠纷
336. 保险经纪合同纠纷
337. 保险代理合同纠纷
338. 进出口信用保险合同纠纷
339. 保险费纠纷

二十八、票据纠纷

340. 票据付款请求权纠纷
341. 票据追索权纠纷
342. 票据交付请求权纠纷
343. 票据返还请求权纠纷
344. 票据损害责任纠纷
345. 票据利益返还请求权纠纷
346. 汇票回单签发请求权纠纷
347. 票据保证纠纷
348. 确认票据无效纠纷
349. 票据代理纠纷
350. 票据回购纠纷

二十九、信用证纠纷

351. 委托开立信用证纠纷
352. 信用证开证纠纷
353. 信用证议付纠纷
354. 信用证欺诈纠纷
355. 信用证融资纠纷
356. 信用证转让纠纷

三十、独立保函纠纷

357. 独立保函开立纠纷
358. 独立保函付款纠纷
359. 独立保函追偿纠纷
360. 独立保函欺诈纠纷
361. 独立保函转让纠纷
362. 独立保函通知纠纷
363. 独立保函撤销纠纷

第九部分　侵权责任纠纷

三十一、侵权责任纠纷

364. 监护人责任纠纷
365. 用人单位责任纠纷
366. 劳务派遣工作人员侵权责任纠纷
367. 提供劳务者致害责任纠纷
368. 提供劳务者受害责任纠纷
369. 网络侵权责任纠纷
（1）网络侵害虚拟财产纠纷
370. 违反安全保障义务责任纠纷
（1）经营场所、公共场所的经营者、管理者责任纠纷
（2）群众性活动组织者责任纠纷
371. 教育机构责任纠纷

372. 性骚扰损害责任纠纷
373. 产品责任纠纷
（1）产品生产者责任纠纷
（2）产品销售者责任纠纷
（3）产品运输者责任纠纷
（4）产品仓储者责任纠纷
374. 机动车交通事故责任纠纷
375. 非机动车交通事故责任纠纷
376. 医疗损害责任纠纷
（1）侵害患者知情同意权责任纠纷
（2）医疗产品责任纠纷
377. 环境污染责任纠纷
（1）大气污染责任纠纷
（2）水污染责任纠纷
（3）土壤污染责任纠纷
（4）电子废物污染责任纠纷
（5）固体废物污染责任纠纷
（6）噪声污染责任纠纷
（7）光污染责任纠纷
（8）放射性污染责任纠纷
378. 生态破坏责任纠纷
379. 高度危险责任纠纷
（1）民用核设施、核材料损害责任纠纷
（2）民用航空器损害责任纠纷
（3）占有、使用高度危险物损害责任纠纷
（4）高度危险活动损害责任纠纷
（5）遗失、抛弃高度危险物损害责任纠纷
（6）非法占有高度危险物损害责任纠纷
380. 饲养动物损害责任纠纷
381. 建筑物和物件损害责任纠纷
（1）物件脱落、坠落损害责任纠纷
（2）建筑物、构筑物倒塌、塌陷损害责任纠纷
（3）高空抛物、坠物损害责任纠纷
（4）堆放物倒塌、滚落、滑落损害责任纠纷
（5）公共道路妨碍通行损害责任纠纷
（6）林木折断、倾倒、果实坠落损害责任纠纷
（7）地面施工、地下设施损害责任纠纷
382. 触电人身损害责任纠纷
383. 义务帮工人受害责任纠纷
384. 见义勇为人受害责任纠纷
385. 公证损害责任纠纷
386. 防卫过当损害责任纠纷
387. 紧急避险损害责任纠纷
388. 驻香港、澳门特别行政区军人执行职务侵权责任纠纷
389. 铁路运输损害责任纠纷
（1）铁路运输人身损害责任纠纷
（2）铁路运输财产损害责任纠纷
390. 水上运输损害责任纠纷
（1）水上运输人身损害责任纠纷
（2）水上运输财产损害责任纠纷
391. 航空运输损害责任纠纷
（1）航空运输人身损害责任纠纷
（2）航空运输财产损害责任纠纷
392. 因申请财产保全损害责任纠纷
393. 因申请行为保全损害责任纠纷
394. 因申请证据保全损害责任纠纷
395. 因申请先予执行损害责任纠纷

第十部分 非讼程序案件案由

三十二、选民资格案件

396. 申请确定选民资格

三十三、宣告失踪、宣告死亡案件

397. 申请宣告自然人失踪
398. 申请撤销宣告失踪判决
399. 申请为失踪人财产指定、变更代管人
400. 申请宣告自然人死亡
401. 申请撤销宣告自然人死亡判决

三十四、认定自然人无民事行为能力、限制民事行为能力案件

402. 申请宣告自然人无民事行为能力
403. 申请宣告自然人限制民事行为能力
404. 申请宣告自然人恢复限制民事行为能力
405. 申请宣告自然人恢复完全民事行为能力

三十五、指定遗产管理人案件

406. 申请指定遗产管理人

三十六、认定财产无主案件

407. 申请认定财产无主
408. 申请撤销认定财产无主判决

三十七、确认调解协议案件

409. 申请司法确认调解协议
410. 申请撤销确认调解协议裁定

三十八、实现担保物权案件

411. 申请实现担保物权

412. 申请撤销准许实现担保物权裁定

三十九、监护权特别程序案件

413. 申请确定监护人

414. 申请指定监护人

415. 申请变更监护人

416. 申请撤销监护人资格

417. 申请恢复监护人资格

四十、督促程序案件

418. 申请支付令

四十一、公示催告程序案件

419. 申请公示催告

四十二、公司清算案件

420. 申请公司清算

四十三、破产程序案件

421. 申请破产清算

422. 申请破产重整

423. 申请破产和解

424. 申请对破产财产追加分配

四十四、申请诉前停止侵害知识产权案件

425. 申请诉前停止侵害专利权

426. 申请诉前停止侵害注册商标专用权

427. 申请诉前停止侵害著作权

428. 申请诉前停止侵害植物新品种权

429. 申请诉前停止侵害计算机软件著作权

430. 申请诉前停止侵害集成电路布图设计专用权

四十五、申请保全案件

431. 申请诉前财产保全

432. 申请诉前行为保全

433. 申请诉前证据保全

434. 申请仲裁前财产保全

435. 申请仲裁前行为保全

436. 申请仲裁前证据保全

437. 仲裁程序中的财产保全

438. 仲裁程序中的证据保全

439. 申请执行前财产保全

440. 申请中止支付信用证项下款项

441. 申请中止支付保函项下款项

四十六、申请人身安全保护令案件

442. 申请人身安全保护令

四十七、申请人格权侵害禁令案件

443. 申请人格权侵害禁令

四十八、仲裁程序案件

444. 申请确认仲裁协议效力

445. 申请撤销仲裁裁决

四十九、海事诉讼特别程序案件

446. 申请海事请求保全

（1）申请扣押船舶

（2）申请拍卖扣押船舶

（3）申请扣押船载货物

（4）申请拍卖扣押船载货物

（5）申请扣押船用燃油及船用物料

（6）申请拍卖扣押船用燃油及船用物料

447. 申请海事支付令

448. 申请海事强制令

449. 申请海事证据保全

450. 申请设立海事赔偿责任限制基金

451. 申请船舶优先权催告

452. 申请海事债权登记与受偿

五十、申请承认与执行法院判决、仲裁裁决案件

453. 申请执行海事仲裁裁决

454. 申请执行知识产权仲裁裁决

455. 申请执行涉外仲裁裁决

456. 申请认可和执行香港特别行政区法院民事判决

457. 申请认可和执行香港特别行政区仲裁裁决

458. 申请认可和执行澳门特别行政区法院民事判决

459. 申请认可和执行澳门特别行政区仲裁裁决

460. 申请认可和执行台湾地区法院民事判决

461. 申请认可和执行台湾地区仲裁裁决

462. 申请承认和执行外国法院民事判决、裁定

463. 申请承认和执行外国仲裁裁决

第十一部分　特殊诉讼程序案件案由

五十一、与宣告失踪、宣告死亡案件有关的纠纷

464. 失踪人债务支付纠纷

465. 被撤销死亡宣告人请求返还财产纠纷

五十二、公益诉讼

466. 生态环境保护民事公益诉讼

（1）环境污染民事公益诉讼
（2）生态破坏民事公益诉讼
（3）生态环境损害赔偿诉讼
467. 英雄烈士保护民事公益诉讼
468. 未成年人保护民事公益诉讼
469. 消费者权益保护民事公益诉讼
五十三、第三人撤销之诉
470. 第三人撤销之诉
五十四、执行程序中的异议之诉
471. 执行异议之诉
（1）案外人执行异议之诉
（2）申请执行人执行异议之诉
472. 追加、变更被执行人异议之诉
473. 执行分配方案异议之诉

全国人民代表大会常务委员会
关于在北京、上海、广州设立知识产权法院的决定

（2014年8月31日第十二届全国人民代表大会常务委员会第十次会议通过）

为推动实施国家创新驱动发展战略，进一步加强知识产权司法保护，切实依法保护权利人合法权益，维护社会公共利益，根据宪法和人民法院组织法，特作如下决定：

一、在北京、上海、广州设立知识产权法院。

知识产权法院审判庭的设置，由最高人民法院根据知识产权案件的类型和数量确定。

二、知识产权法院管辖有关专利、植物新品种、集成电路布图设计、技术秘密等专业技术性较强的第一审知识产权民事和行政案件。

不服国务院行政部门裁定或者决定而提起的第一审知识产权授权确权行政案件，由北京知识产权法院管辖。

知识产权法院对第一款规定的案件实行跨区域管辖。在知识产权法院设立的三年内，可以先在所在省（直辖市）实行跨区域管辖。

三、知识产权法院所在市的基层人民法院第一审著作权、商标等知识产权民事和行政判决、裁定的上诉案件，由知识产权法院审理。

四、知识产权法院第一审判决、裁定的上诉案件，由知识产权法院所在地的高级人民法院审理。

五、知识产权法院审判工作受最高人民法院和所在地的高级人民法院监督。知识产权法院依法接受人民检察院法律监督。

六、知识产权法院院长由所在地的市人民代表大会常务委员会主任会议提请本级人民代表大会常务委员会任免。

知识产权法院副院长、庭长、审判员和审判委员会委员，由知识产权法院院长提请所在地的市人民代表大会常务委员会任免。

知识产权法院对所在地的市人民代表大会常务委员会负责并报告工作。

七、本决定施行满三年，最高人民法院应当向全国人民代表大会常务委员会报告本决定的实施情况。

八、本决定自公布之日起施行。

全国人民代表大会常务委员会
关于专利等知识产权案件诉讼程序若干问题的决定

（2018 年 10 月 26 日第十三届全国人民代表大会常务委员会第六次会议通过）

为了统一知识产权案件裁判标准，进一步加强知识产权司法保护，优化科技创新法治环境，加快实施创新驱动发展战略，特作如下决定：

一、当事人对发明专利、实用新型专利、植物新品种、集成电路布图设计、技术秘密、计算机软件、垄断等专业技术性较强的知识产权民事案件第一审判决、裁定不服，提起上诉的，由最高人民法院审理。

二、当事人对专利、植物新品种、集成电路布图设计、技术秘密、计算机软件、垄断等专业技术性较强的知识产权行政案件第一审判决、裁定不服，提起上诉的，由最高人民法院审理。

三、对已经发生法律效力的上述案件第一审判决、裁定、调解书，依法申请再审、抗诉等，适用审判监督程序的，由最高人民法院审理。最高人民法院也可以依法指令下级人民法院再审。

四、本决定施行满三年，最高人民法院应当向全国人民代表大会常务委员会报告本决定的实施情况。

五、本决定自 2019 年 1 月 1 日起施行。

最高人民法院
关于知识产权法庭若干问题的规定

法释〔2018〕22 号

（2018 年 12 月 3 日最高人民法院审判委员会第 1756 次会议通过 2018 年 12 月 27 日最高人民法院公告公布 自 2019 年 1 月 1 日起施行）

为进一步统一知识产权案件裁判标准，依法平等保护各类市场主体合法权益，加大知识产权司法保护力度，优化科技创新法治环境，加快实施创新驱动发展战略，根据《中华人民共和国人民法院组织法》《中华人民共和国民事诉讼法》《中华人民共和国行政诉讼法》《全国人民代表大会常务委员会关于专利等知识产权案件诉讼程序若干问题的决定》等法律规定，结合审判工作实际，就最高人民法院知识产权法庭相关问题规定如下。

第一条 最高人民法院设立知识产权法庭，主要审理专利等专业技术性较强的知识产权上诉案件。

知识产权法庭是最高人民法院派出的常设审判机构，设在北京市。

知识产权法庭作出的判决、裁定、调解书和决定，是最高人民法院的判决、裁定、调解书和决定。

第二条 知识产权法庭审理下列案件：

（一）不服高级人民法院、知识产权法院、中级人民法院作出的发明专利、实用新型专利、植物新品种、集成电路布图设计、技术秘密、计算机软件、垄断第一审民事案件判决、裁定而提起上诉的案件；

（二）不服北京知识产权法院对发明专利、实用新型专利、外观设计专利、植物新品种、集成电路布图设计授权确权作出的第一审行政案件判决、裁定而提起上诉的案件；

（三）不服高级人民法院、知识产权法院、中级人民法院对发明专利、实用新型专利、外观设计专利、植物新品种、集成电路布图设计、技术秘密、计算机软件、垄断行政处罚等作出的第一审行政案件判决、裁定而提起上诉的案件；

（四）全国范围内重大、复杂的本条第一、二、三项所称第一审民事和行政案件；

（五）对本条第一、二、三项所称第一审案件已经发生法律效力的判决、裁定、调解书依法申请再审、抗诉、再审等适用审判监督程序的案件；

（六）本条第一、二、三项所称第一审案件管辖权争议，罚款、拘留决定申请复议，报请延长审限等案件；

（七）最高人民法院认为应当由知识产权法庭审理的其他案件。

第三条 本规定第二条第一、二、三项所称第一审案件的审理法院应当按照规定及时向知识产权法庭移送纸质和电子卷宗。

第四条 经当事人同意，知识产权法庭可以通过电子诉讼平台、中国审判流程信息公开网以及传真、电子邮件等电子方式送达诉讼文件、证据材料及裁判文书等。

第五条 知识产权法庭可以通过电子诉讼平台或者采取在线视频等方式组织证据交换、召集庭前会议等。

第六条 知识产权法庭可以根据案件情况到实地或者原审人民法院所在地巡回审理案件。

第七条 知识产权法庭采取保全等措施，依照执行程序相关规定办理。

第八条 知识产权法庭审理的案件的立案信息、合议庭组成人员、审判流程、裁判文书等向当事人和社会依法公开，同时可以通过电子诉讼平台、中国审判流程信息公开网查询。

第九条 知识产权法庭法官会议由庭长、副庭长和若干资深法官组成，讨论重大、疑难、复杂案件等。

第十条 知识产权法庭应当加强对有关案件审判工作的调研，及时总结裁判标准和审理规则，指导下级人民法院审判工作。

第十一条 对知识产权法院、中级人民法院已经发生法律效力的本规定第二条第一、二、三项所称第一审案件判决、裁定、调解书，省级人民检察院向高级人民法院提出抗诉的，高级人民法院应当告知其由最高人民检察院依法向最高人民法院提出，并由知识产权法庭审理。

第十二条 本规定第二条第一、二、三项所称第一审案件的判决、裁定或者决定，于2019年1月1日前作出，当事人依法提起上诉或者申请复议的，由原审人民法院的上一级人民法院审理。

第十三条 本规定第二条第一、二、三项所称第一审案件已经发生法律效力的判决、裁定、调解书，于2019年1月1日前作出，对其依法申请再审、抗诉、再审的，适用《中华人民共和国民事诉讼法》《中华人民共和国行政诉讼法》有关规定。

第十四条 本规定施行前经批准可以受理专利、技术秘密、计算机软件、垄断第一审民事和行政案件的基层人民法院，不再受理上述案件。

对于基层人民法院2019年1月1日尚未审结的前款规定的案件，当事人不服其判决、裁定依法提起上诉的，由其上一级人民法院审理。

第十五条 本规定自2019年1月1日起施行。最高人民法院此前发布的司法解释与本规定不一致的，以本规定为准。

最高人民法院
关于北京、上海、广州知识产权法院案件管辖的规定

［2014年10月27日最高人民法院审判委员会第1628次会议通过
根据2020年12月23日最高人民法院审判委员会第1823次会议通过的
《最高人民法院关于修改〈最高人民法院关于审理侵犯专利权纠纷案件应用
法律若干问题的解释（二）〉等十八件知识产权类司法解释的决定》修正］

为进一步明确北京、上海、广州知识产权法院的案件管辖，根据《中华人民共和国民事诉讼法》《中华人民共和国行政诉讼法》《全国人民代表大会常务委员会关于在北京、上海、广州设立知识产权法院的决定》等规定，制定本规定。

第一条 知识产权法院管辖所在市辖区内的下列第一审案件：

（一）专利、植物新品种、集成电路布图设计、技术秘密、计算机软件民事和行政案件；

（二）对国务院部门或者县级以上地方人民政府所作的涉及著作权、商标、不正当竞争等行政行为提起诉讼的行政案件；

（三）涉及驰名商标认定的民事案件。

第二条 广州知识产权法院对广东省内本规定第一条第（一）项和第（三）项规定的案件实行跨区域管辖。

第三条 北京市、上海市各中级人民法院和广州市中级人民法院不再受理知识产权民事和行政案件。

广东省其他中级人民法院不再受理本规定第一条第（一）项和第（三）项规定的案件。

北京市、上海市、广东省各基层人民法院不再受理本规定第一条第（一）项和第（三）项规定的案件。

第四条 案件标的既包含本规定第一条第（一）项和第（三）项规定的内容，又包含其他内容的，按本规定第一条和第二条的规定确定管辖。

第五条 下列第一审行政案件由北京知识产权法院管辖：

（一）不服国务院部门作出的有关专利、商标、植物新品种、集成电路布图设计等知识产权的授权确权裁定或者决定的；

（二）不服国务院部门作出的有关专利、植物新品种、集成电路布图设计的强制许可决定以及强制许可使用费或者报酬的裁决的；

（三）不服国务院部门作出的涉及知识产权授权确权的其他行政行为的。

第六条 当事人对知识产权法院所在市的基层人民法院作出的第一审著作权、商标、技术合同、不正当竞争等知识产权民事和行政判决、裁定提起的上诉案件，由知识产权法院审理。

第七条 当事人对知识产权法院作出的第一审判决、裁定提起的上诉案件和依法申请上一级法院复议的案件，由知识产权法院所在地的高级人民法院知识产权审判庭审理，但依法应由最高人民法院审理的除外。

第八条 知识产权法院所在省（直辖市）的基层人民法院在知识产权法院成立前已经受理但尚未审结的本规定第一条第（一）项和第（三）项规定的案件，由该基层人民法院继续审理。

除广州市中级人民法院以外，广东省其他中级人民法院在广州知识产权法院成立前已经受理但尚未审结的本规定第一条第（一）项和第（三）项规定的案件，由该中级人民法院继续审理。

最高人民法院
关于第一审知识产权民事、行政案件管辖的若干规定

法释〔2022〕13号

（2021年12月27日最高人民法院审判委员会第1858次会议通过
2022年4月20日最高人民法院公告公布 自2022年5月1日起施行）

为进一步完善知识产权案件管辖制度，合理定位四级法院审判职能，根据《中华人民共和国民事诉讼法》《中华人民共和国行政诉讼法》等法律规定，结合知识产权审判实践，制定本规定。

第一条 发明专利、实用新型专利、植物新品种、集成电路布图设计、技术秘密、计算机软件的权属、侵权纠纷以及垄断纠纷第一审民事、行政案件由知识产权法院，省、自治区、直辖市人民政府所在地的中级人民法院和最高人民法院确定的中级人民法院管辖。

法律对知识产权法院的管辖有规定的，依照其规定。

第二条 外观设计专利的权属、侵权纠纷以及涉驰名商标认定第一审民事、行政案件由知识产权法院和中级人民法院管辖；经最高人民法院批准，也可以由基层人民法院管辖，但外观设计专利行政案件除外。

本规定第一条及本条第一款规定之外的第一审知识产权案件诉讼标的额在最高人民法院确定的数额以上的，以及涉及国务院部门、县级以上地方人民政府或者海关行政行为的，由中级人民法院管辖。

法律对知识产权法院的管辖有规定的，依照其规定。

第三条 本规定第一条、第二条规定之外的第一审知识产权民事、行政案件，由最高人民法院确定的基层人民法院管辖。

第四条 对新类型、疑难复杂或者具有法律适用指导意义等知识产权民事、行政案件，上级人民法院可以依照诉讼法有关规定，根据下级人民法院报请或者自行决定提级审理。

确有必要将本院管辖的第一审知识产权民事案件交下级人民法院审理的，应当依照民事诉讼法第三十九条第一款的规定，逐案报请其上级人民法院批准。

第五条 依照本规定需要最高人民法院确定管辖或者调整管辖的诉讼标的额标准、区域范围的，应当层报最高人民法院批准。

第六条 本规定自2022年5月1日起施行。

最高人民法院此前发布的司法解释与本规定不一致的，以本规定为准。

最高人民法院
关于印发基层人民法院管辖第一审知识产权民事、行政案件标准的通知

2022年4月20日　　法〔2022〕109号

各省、自治区、直辖市高级人民法院，解放军军事法院，新疆维吾尔自治区高级人民法院生产建设兵团分院：

根据《最高人民法院关于第一审知识产权

民事、行政案件管辖的若干规定》，最高人民法院确定了具有知识产权民事、行政案件管辖权的基层人民法院及其管辖区域、管辖第一审知识产权民事案件诉讼标的额的标准。现予以印发，自 2022 年 5 月 1 日起施行。本通知施行前已经受理的案件，仍按照原标准执行。

最高人民法院
关于涉及发明专利等知识产权合同纠纷案件上诉管辖问题的通知

2022 年 4 月 27 日　　法〔2022〕127 号

各省、自治区、直辖市高级人民法院，新疆维吾尔自治区高级人民法院生产建设兵团分院；各知识产权法院，具有技术类知识产权案件管辖权的中级人民法院：

《最高人民法院关于第一审知识产权民事、行政案件管辖的若干规定》（法释〔2022〕13 号）已于 2022 年 4 月 21 日公布，将自 2022 年 5 月 1 日起施行。根据该司法解释有关规定，现就涉及发明专利等知识产权合同纠纷案件上诉管辖事宜进一步明确如下：

地方各级人民法院（含各知识产权法院）自 2022 年 5 月 1 日起作出的涉及发明专利、实用新型专利、植物新品种、集成电路布图设计、技术秘密、计算机软件的知识产权合同纠纷第一审裁判，应当在裁判文书中告知当事人，如不服裁判，上诉于上一级人民法院。

特此通知。

最高人民法院
关于审查知识产权纠纷行为保全案件适用法律若干问题的规定

法释〔2018〕21 号

（2018 年 11 月 26 日最高人民法院审判委员会第 1755 次会议通过
2018 年 12 月 12 日最高人民法院公告公布　自 2019 年 1 月 1 日起施行）

为正确审查知识产权纠纷行为保全案件，及时有效保护当事人的合法权益，根据《中华人民共和国民事诉讼法》《中华人民共和国专利法》《中华人民共和国商标法》《中华人民共和国著作权法》等有关法律规定，结合审判、执行工作实际，制定本规定。

第一条　本规定中的知识产权纠纷是指《民事案件案由规定》中的知识产权与竞争纠纷。

第二条　知识产权纠纷的当事人在判决、裁定或者仲裁裁决生效前，依据民事诉讼法第一百条、第一百零一条规定申请行为保全的，人民法院应当受理。

知识产权许可合同的被许可人申请诉前责令停止侵害知识产权行为的，独占许可合同的被许可人可以单独向人民法院提出申请；排他许可合同的被许可人在权利人不申请的情况下，可以单独提出申请；普通许可合同的被许可人经权利人明确授权以自己的名义起诉的，可以单独提出申请。

第三条　申请诉前行为保全，应当向被申请人住所地具有相应知识产权纠纷管辖权的人民法院或者对案件具有管辖权的人民法院提出。

当事人约定仲裁的，应当向前款规定的人民法院申请行为保全。

第四条 向人民法院申请行为保全，应当递交申请书和相应证据。申请书应当载明下列事项：

（一）申请人与被申请人的身份、送达地址、联系方式；

（二）申请采取行为保全措施的内容和期限；

（三）申请所依据的事实、理由，包括被申请人的行为将会使申请人的合法权益受到难以弥补的损害或者造成案件裁决难以执行等损害的具体说明；

（四）为行为保全提供担保的财产信息或资信证明，或者不需要提供担保的理由；

（五）其他需要载明的事项。

第五条 人民法院裁定采取行为保全措施前，应当询问申请人和被申请人，但因情况紧急或者询问可能影响保全措施执行等情形除外。

人民法院裁定采取行为保全措施或者裁定驳回申请的，应当向申请人、被申请人送达裁定书。向被申请人送达裁定书可能影响采取保全措施的，人民法院可以在采取保全措施后及时向被申请人送达裁定书，至迟不得超过五日。

当事人在仲裁过程中申请行为保全的，应当通过仲裁机构向人民法院提交申请书、仲裁案件受理通知书等相关材料。人民法院裁定采取行为保全措施或者裁定驳回申请的，应当将裁定书送达当事人，并通知仲裁机构。

第六条 有下列情况之一，不立即采取行为保全措施即足以损害申请人利益的，应当认定属于民事诉讼法第一百条、第一百零一条规定的“情况紧急”：

（一）申请人的商业秘密即将被非法披露；

（二）申请人的发表权、隐私权等人身权利即将受到侵害；

（三）诉争的知识产权即将被非法处分；

（四）申请人的知识产权在展销会等时效性较强的场合正在或者即将受到侵害；

（五）时效性较强的热播节目正在或者即将受到侵害；

（六）其他需要立即采取行为保全措施的情况。

第七条 人民法院审查行为保全申请，应当综合考量下列因素：

（一）申请人的请求是否具有事实基础和法律依据，包括请求保护的知识产权效力是否稳定；

（二）不采取行为保全措施是否会使申请人的合法权益受到难以弥补的损害或者造成案件裁决难以执行等损害；

（三）不采取行为保全措施对申请人造成的损害是否超过采取行为保全措施对被申请人造成的损害；

（四）采取行为保全措施是否损害社会公共利益；

（五）其他应当考量的因素。

第八条 人民法院审查判断申请人请求保护的知识产权效力是否稳定，应当综合考量下列因素：

（一）所涉权利的类型或者属性；

（二）所涉权利是否经过实质审查；

（三）所涉权利是否处于宣告无效或者撤销程序中以及被宣告无效或者撤销的可能性；

（四）所涉权利是否存在权属争议；

（五）其他可能导致所涉权利效力不稳定的因素。

第九条 申请人以实用新型或者外观设计专利权为依据申请行为保全的，应当提交由国务院专利行政部门作出的检索报告、专利权评价报告或者专利复审委员会维持该专利权有效的决定。申请人无正当理由拒不提交的，人民法院应当裁定驳回其申请。

第十条 在知识产权与不正当竞争纠纷行为保全案件中，有下列情形之一的，应当认定属于民事诉讼法第一百零一条规定的“难以弥补的损害”：

（一）被申请人的行为将会侵害申请人享有的商誉或者发表权、隐私权等人身性质的权利且造成无法挽回的损害；

（二）被申请人的行为将会导致侵权行为难以控制且显著增加申请人损害；

（三）被申请人的侵害行为将会导致申请人的相关市场份额明显减少；

（四）对申请人造成其他难以弥补的

损害。

第十一条 申请人申请行为保全的，应当依法提供担保。

申请人提供的担保数额，应当相当于被申请人可能因执行行为保全措施所遭受的损失，包括责令停止侵权行为所涉产品的销售收益、保管费用等合理损失。

在执行行为保全措施过程中，被申请人可能因此遭受的损失超过申请人担保数额的，人民法院可以责令申请人追加相应的担保。申请人拒不追加的，可以裁定解除或者部分解除保全措施。

第十二条 人民法院采取的行为保全措施，一般不因被申请人提供担保而解除，但是申请人同意的除外。

第十三条 人民法院裁定采取行为保全措施的，应当根据申请人的请求或者案件具体情况等因素合理确定保全措施的期限。

裁定停止侵害知识产权行为的效力，一般应当维持至案件裁判生效时止。

人民法院根据申请人的请求、追加担保等情况，可以裁定继续采取保全措施。申请人请求续行保全措施的，应当在期限届满前七日内提出。

第十四条 当事人不服行为保全裁定申请复议的，人民法院应当在收到复议申请后十日内审查并作出裁定。

第十五条 人民法院采取行为保全的方法和措施，依照执行程序相关规定处理。

第十六条 有下列情形之一的，应当认定属于民事诉讼法第一百零五条规定的“申请有错误”：

（一）申请人在采取行为保全措施后三十日内不依法提起诉讼或者申请仲裁；

（二）行为保全措施因请求保护的知识产权被宣告无效等原因自始不当；

（三）申请责令被申请人停止侵害知识产权或者不正当竞争，但生效裁判认定不构成侵权或者不正当竞争；

（四）其他属于申请有错误的情形。

第十七条 当事人申请解除行为保全措施，人民法院收到申请后经审查符合《最高人民法院关于适用〈中华人民共和国民事诉讼法〉的解释》第一百六十六条规定的情形的，应当在五日内裁定解除。

申请人撤回行为保全申请或者申请解除行为保全措施的，不因此免除民事诉讼法第一百零五条规定的赔偿责任。

第十八条 被申请人依据民事诉讼法第一百零五条规定提起赔偿诉讼，申请人申请诉前行为保全后没有起诉或者当事人约定仲裁的，由采取保全措施的人民法院管辖；申请人已经起诉的，由受理起诉的人民法院管辖。

第十九条 申请人同时申请行为保全、财产保全或者证据保全的，人民法院应当依法分别审查不同类型保全申请是否符合条件，并作出裁定。

为避免被申请人实施转移财产、毁灭证据等行为致使保全目的无法实现，人民法院可以根据案件具体情况决定不同类型保全措施的执行顺序。

第二十条 申请人申请行为保全，应当依照《诉讼费用交纳办法》关于申请采取行为保全措施的规定交纳申请费。

第二十一条 本规定自 2019 年 1 月 1 日起施行。最高人民法院以前发布的相关司法解释与本规定不一致的，以本规定为准。

最高人民法院
关于技术调查官参与知识产权案件诉讼活动的若干规定

法释〔2019〕2号

（2019年1月28日最高人民法院审判委员会第1760次会议通过
2019年3月18日最高人民法院公告公布 自2019年5月1日起施行）

为规范技术调查官参与知识产权案件诉讼活动，根据《中华人民共和国人民法院组织法》《中华人民共和国刑事诉讼法》《中华人民共和国民事诉讼法》《中华人民共和国行政诉讼法》的规定，结合审判实际，制定本规定。

第一条 人民法院审理专利、植物新品种、集成电路布图设计、技术秘密、计算机软件、垄断等专业技术性较强的知识产权案件时，可以指派技术调查官参与诉讼活动。

第二条 技术调查官属于审判辅助人员。

人民法院可以设置技术调查室，负责技术调查官的日常管理，指派技术调查官参与知识产权案件诉讼活动、提供技术咨询。

第三条 参与知识产权案件诉讼活动的技术调查官确定或者变更后，应当在三日内告知当事人，并依法告知当事人有权申请技术调查官回避。

第四条 技术调查官的回避，参照适用刑事诉讼法、民事诉讼法、行政诉讼法等有关其他人员回避的规定。

第五条 在一个审判程序中参与过案件诉讼活动的技术调查官，不得再参与该案其他程序的诉讼活动。

发回重审的案件，在一审法院作出裁判后又进入第二审程序的，原第二审程序中参与诉讼的技术调查官不受前款规定的限制。

第六条 参与知识产权案件诉讼活动的技术调查官就案件所涉技术问题履行下列职责：

（一）对技术事实的争议焦点以及调查范围、顺序、方法等提出建议；

（二）参与调查取证、勘验、保全；

（三）参与询问、听证、庭前会议、开庭审理；

（四）提出技术调查意见；

（五）协助法官组织鉴定人、相关技术领域的专业人员提出意见；

（六）列席合议庭评议等有关会议；

（七）完成其他相关工作。

第七条 技术调查官参与调查取证、勘验、保全的，应当事先查阅相关技术资料，就调查取证、勘验、保全的方法、步骤和注意事项等提出建议。

第八条 技术调查官参与询问、听证、庭前会议、开庭审理活动时，经法官同意，可以就案件所涉技术问题向当事人及其他诉讼参与人发问。

技术调查官在法庭上的座位设在法官助理的左侧，书记员的座位设在法官助理的右侧。

第九条 技术调查官应当在案件评议前就案件所涉技术问题提出技术调查意见。

技术调查意见由技术调查官独立出具并签名，不对外公开。

第十条 技术调查官列席案件评议时，其提出的意见应当记入评议笔录，并由其签名。

技术调查官对案件裁判结果不具有表决权。

第十一条 技术调查官提出的技术调查意见可以作为合议庭认定技术事实的参考。

合议庭对技术事实认定依法承担责任。

第十二条 技术调查官参与知识产权案件诉讼活动的，应当在裁判文书上署名。技术调查官的署名位于法官助理之下、书记员之上。

第十三条 技术调查官违反与审判工作有关的法律及相关规定，贪污受贿、徇私舞弊，故意出具虚假、误导或者重大遗漏的不实技术调查意见的，应当追究法律责任；构成犯罪的，依法追究刑事责任。

第十四条 根据案件审理需要，上级人民法院可以对本辖区内各级人民法院的技术调查官进行调派。

人民法院审理本规定第一条所称案件时，可以申请上级人民法院调派技术调查官参与诉讼活动。

第十五条 本规定自2019年5月1日起施行。本院以前发布的相关规定与本规定不一致的，以本规定为准。

最高人民法院
关于知识产权民事诉讼证据的若干规定

法释〔2020〕12号

（2020年11月9日最高人民法院审判委员会第1815次会议通过
2020年11月16日最高人民法院公告公布 自2020年11月18日起施行）

为保障和便利当事人依法行使诉讼权利，保证人民法院公正、及时审理知识产权民事案件，根据《中华人民共和国民事诉讼法》等有关法律规定，结合知识产权民事审判实际，制定本规定。

第一条 知识产权民事诉讼当事人应当遵循诚信原则，依照法律及司法解释的规定，积极、全面、正确、诚实地提供证据。

第二条 当事人对自己提出的主张，应当提供证据加以证明。根据案件审理情况，人民法院可以适用民事诉讼法第六十五条第二款的规定，根据当事人的主张及待证事实、当事人的证据持有情况、举证能力等，要求当事人提供有关证据。

第三条 专利方法制造的产品不属于新产品的，侵害专利权纠纷的原告应当举证证明下列事实：

（一）被告制造的产品与使用专利方法制造的产品属于相同产品；

（二）被告制造的产品经由专利方法制造的可能性较大；

（三）原告为证明被告使用了专利方法尽到合理努力。

原告完成前款举证后，人民法院可以要求被告举证证明其产品制造方法不同于专利方法。

第四条 被告依法主张合法来源抗辩的，应当举证证明合法取得被诉侵权产品、复制品的事实，包括合法的购货渠道、合理的价格和直接的供货方等。

被告提供的被诉侵权产品、复制品来源证据与其合理注意义务程度相当的，可以认定其完成前款所称举证，并推定其不知道被诉侵权产品、复制品侵害知识产权。被告的经营规模、专业程度、市场交易习惯等，可以作为确定其合理注意义务的证据。

第五条 提起确认不侵害知识产权之诉的原告应当举证证明下列事实：

（一）被告向原告发出侵权警告或者对原告进行侵权投诉；

（二）原告向被告发出诉权行使催告及催告时间、送达时间；

（三）被告未在合理期限内提起诉讼。

第六条 对于未在法定期限内提起行政诉讼的行政行为所认定的基本事实，或者行政行为认定的基本事实已为生效裁判所确认的部分，当事人在知识产权民事诉讼中无须再证明，但有相反证据足以推翻的除外。

第七条 权利人为发现或者证明知识产权侵权行为，自行或者委托他人以普通购买者的名义向被诉侵权人购买侵权物品所取得的实物、票据等可以作为起诉被诉侵权人侵权的证据。

被诉侵权人基于他人行为而实施侵害知识产权行为所形成的证据，可以作为权利人起诉其侵权的证据，但被诉侵权人仅基于权利人的取证行为而实施侵害知识产权行为的除外。

第八条 中华人民共和国领域外形成的下列证据，当事人仅以该证据未办理公证、认证等证明手续为由提出异议的，人民法院不予支持：

（一）已为发生法律效力的人民法院裁判所确认的；

（二）已为仲裁机构生效裁决所确认的；

（三）能够从官方或者公开渠道获得的公开出版物、专利文献等；

（四）有其他证据能够证明真实性的。

第九条 中华人民共和国领域外形成的证据，存在下列情形之一的，当事人仅以该证据未办理认证手续为由提出异议的，人民法院不予支持：

（一）提出异议的当事人对证据的真实性明确认可的；

（二）对方当事人提供证人证言对证据的真实性予以确认，且证人明确表示如作伪证愿意接受处罚的。

前款第二项所称证人作伪证，构成民事诉讼法第一百一十一条规定情形的，人民法院依法处理。

第十条 在一审程序中已经根据民事诉讼法第五十九条、第二百六十四条的规定办理授权委托书公证、认证或者其他证明手续的，在后续诉讼程序中，人民法院可以不再要求办理该授权委托书的上述证明手续。

第十一条 人民法院对于当事人或者利害关系人的证据保全申请，应当结合下列因素进行审查：

（一）申请人是否已就其主张提供初步证据；

（二）证据是否可以由申请人自行收集；

（三）证据灭失或者以后难以取得的可能性及其对证明待证事实的影响；

（四）可能采取的保全措施对证据持有人的影响。

第十二条 人民法院进行证据保全，应当以有效固定证据为限，尽量减少对保全标的物价值的损害和对证据持有人正常生产经营的影响。

证据保全涉及技术方案的，可以采取制作现场勘验笔录、绘图、拍照、录音、录像、复制设计和生产图纸等保全措施。

第十三条 当事人无正当理由拒不配合或者妨害证据保全，致使无法保全证据的，人民法院可以确定由其承担不利后果。构成民事诉讼法第一百一十一条规定情形的，人民法院依法处理。

第十四条 对于人民法院已经采取保全措施的证据，当事人擅自拆装证据实物、篡改证据材料或者实施其他破坏证据的行为，致使证据不能使用的，人民法院可以确定由其承担不利后果。构成民事诉讼法第一百一十一条规定情形的，人民法院依法处理。

第十五条 人民法院进行证据保全，可以要求当事人或者诉讼代理人到场，必要时可以根据当事人的申请通知有专门知识的人到场，也可以指派技术调查官参与证据保全。

证据为案外人持有的，人民法院可以对其持有的证据采取保全措施。

第十六条 人民法院进行证据保全，应当制作笔录、保全证据清单，记录保全时间、地点、实施人、在场人、保全经过、保全标的物状态，由实施人、在场人签名或者盖章。有关人员拒绝签名或者盖章的，不影响保全的效力，人民法院可以在笔录上记明并拍照、录像。

第十七条 被申请人对证据保全的范围、措施、必要性等提出异议并提供相关证据，人民法院经审查认为异议理由成立的，可以变更、终止、解除证据保全。

第十八条 申请人放弃使用被保全证据，但被保全证据涉及案件基本事实查明或者其他当事人主张使用的，人民法院可以对该证据进行审查认定。

第十九条 人民法院可以对下列待证事实的专门性问题委托鉴定：

（一）被诉侵权技术方案与专利技术方案、现有技术的对应技术特征在手段、功能、效果等方面的异同；

（二）被诉侵权作品与主张权利的作品的异同；

（三）当事人主张的商业秘密与所属领域已为公众所知悉的信息的异同、被诉侵权的信息与商业秘密的异同；

（四）被诉侵权物与授权品种在特征、特性方面的异同，其不同是否因非遗传变异所致；

（五）被诉侵权集成电路布图设计与请求保护的集成电路布图设计的异同；

（六）合同涉及的技术是否存在缺陷；

（七）电子数据的真实性、完整性；

（八）其他需要委托鉴定的专门性问题。

第二十条 经人民法院准许或者双方当事人同意，鉴定人可以将鉴定所涉部分检测事项委托其他检测机构进行检测，鉴定人对根据检测结果出具的鉴定意见承担法律责任。

第二十一条 鉴定业务领域未实行鉴定人和鉴定机构统一登记管理制度的，人民法院可以依照《最高人民法院关于民事诉讼证据的若干规定》第三十二条规定的鉴定人选任程序，确定具有相应技术水平的专业机构、专业人员鉴定。

第二十二条 人民法院应当听取各方当事人意见，并结合当事人提出的证据确定鉴定范围。鉴定过程中，一方当事人申请变更鉴定范围，对方当事人无异议的，人民法院可以准许。

第二十三条 人民法院应当结合下列因素对鉴定意见进行审查：

（一）鉴定人是否具备相应资格；

（二）鉴定人是否具备解决相关专门性问题应有的知识、经验及技能；

（三）鉴定方法和鉴定程序是否规范，技术手段是否可靠；

（四）送检材料是否经过当事人质证且符合鉴定条件；

（五）鉴定意见的依据是否充分；

（六）鉴定人有无应当回避的法定事由；

（七）鉴定人在鉴定过程中有无徇私舞弊或者其他影响公正鉴定的情形。

第二十四条 承担举证责任的当事人书面申请人民法院责令控制证据的对方当事人提交证据，申请理由成立的，人民法院应当作出裁定，责令其提交。

第二十五条 人民法院依法要求当事人提交有关证据，其无正当理由拒不提交、提交虚假证据、毁灭证据或者实施其他致使证据不能使用行为的，人民法院可以推定对方当事人就该证据所涉证明事项的主张成立。

当事人实施前款所列行为，构成民事诉讼法第一百一十一条规定情形的，人民法院依法处理。

第二十六条 证据涉及商业秘密或者其他需要保密的商业信息的，人民法院应当在相关诉讼参与人接触该证据前，要求其签订保密协议、作出保密承诺，或者以裁定等法律文书责令其不得出于本案诉讼之外的任何目的披露、使用、允许他人使用在诉讼程序中接触到的秘密信息。

当事人申请对接触前款所称证据的人员范围作出限制，人民法院经审查认为确有必要的，应当准许。

第二十七条 证人应当出庭作证，接受审判人员及当事人的询问。

双方当事人同意并经人民法院准许，证人不出庭的，人民法院应当组织当事人对该证人证言进行质证。

第二十八条 当事人可以申请有专门知识的人出庭，就专业问题提出意见。经法庭准许，当事人可以对有专门知识的人进行询问。

第二十九条 人民法院指派技术调查官参与庭前会议、开庭审理的，技术调查官可以就案件所涉技术问题询问当事人、诉讼代理人、有专门知识的人、证人、鉴定人、勘验人等。

第三十条 当事人对公证文书提出异议，并提供相反证据足以推翻的，人民法院对该公证文书不予采纳。

当事人对公证文书提出异议的理由成立的，人民法院可以要求公证机构出具说明或者补正，并结合其他相关证据对该公证文书进行审核认定。

第三十一条 当事人提供的财务账簿、会计凭证、销售合同、进出货单据、上市公司年报、招股说明书、网站或者宣传册等有关记载，设备系统存储的交易数据，第三方平台统计的商品流通数据，评估报告，知识产权许可使用合同以及市场监管、税务、金融部门的记录等，可以作为证据，用以证明当事人主张的侵害知识产权赔偿数额。

第三十二条 当事人主张参照知识产权许可使用费的合理倍数确定赔偿数额的，人民法院可以考量下列因素对许可使用费证据进行审核认定：

（一）许可使用费是否实际支付及支付方式，许可使用合同是否实际履行或者备案；

（二）许可使用的权利内容、方式、范围、期限；

（三）被许可人与许可人是否存在利害关系；

（四）行业许可的通常标准。

第三十三条 本规定自2020年11月18日起施行。本院以前发布的相关司法解释与本规定不一致的，以本规定为准。

最高人民法院
关于审理侵害知识产权民事案件适用惩罚性赔偿的解释

法释〔2021〕4号

（2021年2月7日最高人民法院审判委员会第1831次会议通过
2021年3月2日最高人民法院公告公布　自2021年3月3日起施行）

为正确实施知识产权惩罚性赔偿制度，依法惩处严重侵害知识产权行为，全面加强知识产权保护，根据《中华人民共和国民法典》《中华人民共和国著作权法》《中华人民共和国商标法》《中华人民共和国专利法》《中华人民共和国反不正当竞争法》《中华人民共和国种子法》《中华人民共和国民事诉讼法》等有关法律规定，结合审判实践，制定本解释。

第一条 原告主张被告故意侵害其依法享有的知识产权且情节严重，请求判令被告承担惩罚性赔偿责任的，人民法院应当依法审查处理。

本解释所称故意，包括商标法第六十三条第一款和反不正当竞争法第十七条第三款规定的恶意。

第二条 原告请求惩罚性赔偿的，应当在起诉时明确赔偿数额、计算方式以及所依据的事实和理由。

原告在一审法庭辩论终结前增加惩罚性赔偿请求的，人民法院应当准许；在二审中增加惩罚性赔偿请求的，人民法院可以根据当事人自愿的原则进行调解，调解不成的，告知当事人另行起诉。

第三条 对于侵害知识产权的故意的认定，人民法院应当综合考虑被侵害知识产权客体类型、权利状态和相关产品知名度、被告与原告或者利害关系人之间的关系等因素。

对于下列情形，人民法院可以初步认定被告具有侵害知识产权的故意：

（一）被告经原告或者利害关系人通知、警告后，仍继续实施侵权行为的；

（二）被告或其法定代表人、管理人是原告或者利害关系人的法定代表人、管理人、实际控制人的；

（三）被告与原告或者利害关系人之间存在劳动、劳务、合作、许可、经销、代理、代表等关系，且接触过被侵害的知识产权的；

（四）被告与原告或者利害关系人之间有业务往来或者为达成合同等进行过磋商，且接触过被侵害的知识产权的；

（五）被告实施盗版、假冒注册商标行为的；

（六）其他可以认定为故意的情形。

第四条 对于侵害知识产权情节严重的认定，人民法院应当综合考虑侵权手段、次数，侵权行为的持续时间、地域范围、规模、后果，侵权人在诉讼中的行为等因素。

被告有下列情形的，人民法院可以认定为情节严重：

（一）因侵权被行政处罚或者法院裁判承担责任后，再次实施相同或者类似侵权行为；

（二）以侵害知识产权为业；

（三）伪造、毁坏或者隐匿侵权证据；

（四）拒不履行保全裁定；

（五）侵权获利或者权利人受损巨大；

（六）侵权行为可能危害国家安全、公共利益或者人身健康；

（七）其他可以认定为情节严重的情形。

第五条 人民法院确定惩罚性赔偿数额时，应当分别依照相关法律，以原告实际损失数额、被告违法所得数额或者因侵权所获得的利益作为计算基数。该基数不包括原告为制止侵权所支付的合理开支；法律另有规定的，依照其规定。

前款所称实际损失数额、违法所得数额、因侵权所获得的利益均难以计算的，人民法院依法参照该权利许可使用费的倍数合理确定，并以此作为惩罚性赔偿数额的计算基数。

人民法院依法责令被告提供其掌握的与侵权行为相关的账簿、资料，被告无正当理由拒不提供或者提供虚假账簿、资料的，人民法院可以参考原告的主XXX证据确定惩罚性赔偿数额的计算基数。构成民事诉讼法第一百一十一条规定情形的，依法追究法律责任。

第六条 人民法院依法确定惩罚性赔偿的倍数时，应当综合考虑被告主观过错程度、侵权行为的情节严重程度等因素。

因同一侵权行为已经被处以行政罚款或者刑事罚金且执行完毕，被告主张减免惩罚性赔偿责任的，人民法院不予支持，但在确定前款所称倍数时可以综合考虑。

第七条 本解释自2021年3月3日起施行。最高人民法院以前发布的相关司法解释与本解释不一致的，以本解释为准。

最高人民法院 印发《关于审理涉电子商务平台知识产权民事案件的指导意见》的通知

2020年9月10日　　法发〔2020〕32号

各省、自治区、直辖市高级人民法院，解放军军事法院，新疆维吾尔自治区高级人民法院生产建设兵团分院：

现将《最高人民法院关于审理涉电子商务平台知识产权民事案件的指导意见》印发给你们，请认真贯彻执行。

附：

最高人民法院 关于审理涉电子商务平台知识产权民事案件的指导意见

为公正审理涉电子商务平台知识产权民事案件，依法保护电子商务领域各方主体的合法权益，促进电子商务平台经营活动规范、有序、健康发展，结合知识产权审判实际，制定本指导意见。

一、人民法院审理涉电子商务平台知识产权纠纷案件，应当坚持严格保护知识产权的原则，依法惩治通过电子商务平台提供假冒、盗版等侵权商品或者服务的行为，积极引导当事人遵循诚实信用原则，依法正当行使权利，并妥善处理好知识产权权利人、电子商务平台经营者、平台内经营者等各方主体之间的关系。

二、人民法院审理涉电子商务平台知识产权纠纷案件，应当依照《中华人民共和国电子商务法》（以下简称电子商务法）第九条的规定，认定有关当事人是否属于电子商务平台经营者或者平台内经营者。

人民法院认定电子商务平台经营者的行为是否属于开展自营业务，可以考量下列因素：商品销售页面上标注的“自营”信息；商品实物上标注的销售主体信息；发票等交易单据上标注的销售主体信息等。

三、电子商务平台经营者知道或者应当知道平台内经营者侵害知识产权的，应当根据权利的性质、侵权的具体情形和技术条件，以及构成侵权的初步证据、服务类型，及时采取必要措施。采取的必要措施应当遵循合理审慎的原则，包括但不限于删除、屏蔽、断开链接等下架措施。平台内经营者多次、故意侵害知识产权的，电子商务平台经营者有权采取终止交易和服务的措施。

四、依据电子商务法第四十一条、第四十二条、第四十三条的规定，电子商务平台经营者可以根据知识产权权利类型、商品或者服务的特点等，制定平台内通知与声明机制的具体执行措施。但是，有关措施不能对当事人依法维护权利的行为设置不合理的条件或者障碍。

五、知识产权权利人依据电子商务法第四十二条的规定，向电子商务平台经营者发出的通知一般包括：知识产权权利证明及权利人的真实身份信息；能够实现准确定位的被诉侵权商品或者服务信息；构成侵权的初步证据；通知真实性的书面保证等。通知应当采取书面形式。

通知涉及专利权的，电子商务平台经营者可以要求知识产权权利人提交技术特征或者设计特征对比的说明、实用新型或者外观设计专利权评价报告等材料。

六、人民法院认定通知人是否具有电子商务法第四十二条第三款所称的“恶意”，可以考量下列因素：提交伪造、变造的权利证明；提交虚假侵权对比的鉴定意见、专家意见；明知权利状态不稳定仍发出通知；明知通知错误仍不及时撤回或者更正；反复提交错误通知等。

电子商务平台经营者、平台内经营者以错误通知、恶意发出错误通知造成其损害为由，向人民法院提起诉讼的，可以与涉电子商务平台知识产权纠纷案件一并审理。

七、平台内经营者依据电子商务法第四十三条的规定，向电子商务平台经营者提交的不存在侵权行为的声明一般包括：平台内经营者的真实身份信息；能够实现准确定位、要求终止必要措施的商品或者服务信息；权属证明、授权证明等不存在侵权行为的初步证据；声明真实性的书面保证等。声明应当采取书面形式。

声明涉及专利权的，电子商务平台经营者可以要求平台内经营者提交技术特征或者设计特征对比的说明等材料。

八、人民法院认定平台内经营者发出声明是否具有恶意，可以考量下列因素：提供伪造或者无效的权利证明、授权证明；声明包含虚假信息或者具有明显误导性；通知已经附有认定侵权的生效裁判或者行政处理决定，仍发出声明；明知声明内容错误，仍不及时撤回或者更正等。

九、因情况紧急，电子商务平台经营者不立即采取商品下架等措施将会使其合法利益受到难以弥补的损害的，知识产权权利人可以依据《中华人民共和国民事诉讼法》第一百条、第一百零一条的规定，向人民法院申请采取保全措施。

因情况紧急，电子商务平台经营者不立即恢复商品链接、通知人不立即撤回通知或者停止发送通知等行为将会使其合法利益受到难以弥补的损害的，平台内经营者可以依据前款所述法律规定，向人民法院申请采取保全措施。

知识产权权利人、平台内经营者的申请符合法律规定的，人民法院应当依法予以支持。

十、人民法院判断电子商务平台经营者是否采取了合理的措施，可以考量下列因素：构成侵权的初步证据；侵权成立的可能性；侵权行为的影响范围；侵权行为的具体情节，包括是否存在恶意侵权、重复侵权情形；防止损害扩大的有效性；对平台内经营者利益可能的影响；电子商务平台的服务类型和技术条件等。

平台内经营者有证据证明通知所涉专利权已经被国家知识产权局宣告无效，电子商务平台经营者据此暂缓采取必要措施，知识产权权利人请求认定电子商务平台经营者未及时采取必要措施的，人民法院不予支持。

十一、电子商务平台经营者存在下列情形之一的，人民法院可以认定其“应当知道”侵权行为的存在：

（一）未履行制定知识产权保护规则、审核平台内经营者经营资质等法定义务；

（二）未审核平台内店铺类型标注为“旗舰店”“品牌店”等字样的经营者的权利证明；

（三）未采取有效技术手段，过滤和拦截包含“高仿”“假货”等字样的侵权商品链接、被投诉成立后再次上架的侵权商品链接；

（四）其他未履行合理审查和注意义务的情形。

最高人民法院
关于依法加大知识产权侵权行为惩治力度的意见

2020年9月14日 法发〔2020〕33号

为公正审理案件，依法加大对知识产权侵权行为的惩治力度，有效阻遏侵权行为，营造良好的法治化营商环境，结合知识产权审判实际，制定如下意见。

一、加强适用保全措施

1. 对于侵害或者即将侵害涉及核心技术、知名品牌、热播节目等知识产权以及在展会上侵害或者即将侵害知识产权等将会造成难以弥补的损害的行为，权利人申请行为保全的，人民法院应当依法及时审查并作出裁定。

2. 权利人在知识产权侵权诉讼中既申请停止侵权的先行判决，又申请行为保全的，人民法院应当依法一并及时审查。

3. 权利人有初步证据证明存在侵害知识产权行为且证据可能灭失或者以后难以取得的情形，申请证据保全的，人民法院应当依法及时审查并作出裁定。涉及较强专业技术问题的证据保全，可以由技术调查官参与。

4. 对于已经被采取保全措施的被诉侵权产品或者其他证据，被诉侵权人擅自毁损、转移等，致使侵权事实无法查明的，人民法院可以推定权利人就该证据所涉证明事项的主张成立。属于法律规定的妨害诉讼情形的，依法采取强制措施。

二、依法判决停止侵权

5. 对于侵权事实已经清楚、能够认定侵权成立的，人民法院可以依法先行判决停止侵权。

6. 对于假冒、盗版商品及主要用于生产或者制造假冒、盗版商品的材料和工具，权利人在民事诉讼中举证证明存在上述物品并请求迅速销毁的，除特殊情况外，人民法院应予支持。在特殊情况下，人民法院可以责令在商业渠道之外处置主要用于生产或者制造假冒、盗版商品的材料和工具，尽可能减少进一步侵权的风险；侵权人请求补偿的，人民法院不予支持。

三、依法加大赔偿力度

7. 人民法院应当充分运用举证妨碍、调查取证、证据保全、专业评估、经济分析等制度和方法，引导当事人积极、全面、正确、诚实举证，提高损害赔偿数额计算的科学性和合理性，充分弥补权利人损失。

8. 人民法院应当积极运用当事人提供的来源于工商税务部门、第三方商业平台、侵权人网站、宣传资料或者依法披露文件的相关数据以及行业平均利润率等，依法确定侵权获利情况。

9. 权利人依法请求根据侵权获利确定赔偿数额且已举证的，人民法院可以责令侵权人提供其掌握的侵权获利证据；侵权人无正当理由拒不提供或者未按要求提供的，人民法院可以根据权利人的主XXX在案证据判定赔偿数额。

10. 对于故意侵害他人知识产权，情节严重的，依法支持权利人的惩罚性赔偿请求，充分发挥惩罚性赔偿对于故意侵权行为的威慑作用。

11. 人民法院应当依法合理确定法定赔偿数额。侵权行为造成权利人重大损失或者侵权人获利巨大的，为充分弥补权利人损失，有效阻遏侵权行为，人民法院可以根据权利人的请求，以接近或者达到最高限额确定法定赔偿数额。

人民法院在从高确定法定赔偿数额时应当考虑的因素包括：侵权人是否存在侵权故意，是否主要以侵权为业，是否存在重复侵权，侵权行为是否持续时间长，是否涉及区域广，是否可能危害人身安全、破坏环境资源或者损害公共利益等。

12. 权利人在二审程序中请求将新增的为制止侵权行为所支付的合理开支纳入赔偿数额的，人民法院可以一并审查。

13. 人民法院应当综合考虑案情复杂程度、工作专业性和强度、行业惯例、当地政府指导价等因素，根据权利人提供的证据，合理确定权利人请求赔偿的律师费用。

四、加大刑事打击力度

14. 通过网络销售实施侵犯知识产权犯罪的非法经营数额、违法所得数额，应当综合考虑网络销售电子数据、银行账户往来记录、送货单、物流公司电脑系统记录、证人证言、被告人供述等证据认定。

15. 对于主要以侵犯知识产权为业、在特定期间假冒抢险救灾、防疫物资等商品的注册商标以及因侵犯知识产权受到行政处罚后再次侵犯知识产权构成犯罪的情形，依法从重处罚，一般不适用缓刑。

16. 依法严格追缴违法所得，加强罚金刑的适用，剥夺犯罪分子再次侵犯知识产权的能力和条件。

最高人民法院
关于涉网络知识产权侵权纠纷几个法律适用问题的批复

法释〔2020〕9号

（2020年8月24日最高人民法院审判委员会第1810次会议通过 2020年9月12日最高人民法院公告公布 自2020年9月14日起施行）

各省、自治区、直辖市高级人民法院，解放军军事法院，新疆维吾尔自治区高级人民法院生产建设兵团分院：

近来，有关方面就涉网络知识产权侵权纠纷法律适用的一些问题提出建议，部分高级人民法院也向本院提出了请示。经研究，批复如下。

一、知识产权权利人主张其权利受到侵害并提出保全申请，要求网络服务提供者、电子商务平台经营者迅速采取删除、屏蔽、断开链接等下架措施的，人民法院应当依法审查并作出裁定。

二、网络服务提供者、电子商务平台经营者收到知识产权权利人依法发出的通知后，应当及时将权利人的通知转送相关网络用户、平台内经营者，并根据构成侵权的初步证据和服务类型采取必要措施；未依法采取必要措施，权利人主张网络服务提供者、电子商务平台经营者对损害的扩大部分与网络用户、平台内经营者承担连带责任的，人民法院可以依法予以支持。

三、在依法转送的不存在侵权行为的声明到达知识产权权利人后的合理期限内，网络服务提供者、电子商务平台经营者未收到权利人已经投诉或者提起诉讼通知的，应当及时终止所采取的删除、屏蔽、断开链接等下架措施。因办理公证、认证手续等权利人无法控制的特殊情况导致的延迟，不计入上述期限，但该期限最长不超过20个工作日。

四、因恶意提交声明导致电子商务平台经营者终止必要措施并造成知识产权权利人损害，权利人依照有关法律规定请求相应惩罚性赔偿的，人民法院可以依法予以支持。

五、知识产权权利人发出的通知内容与客观事实不符，但其在诉讼中主张该通知系善意提交并请求免责，且能够举证证明的，人民法院依法审查属实后应当予以支持。

六、本批复作出时尚未终审的案件，适用本批复；本批复作出时已经终审，当事人申请再审或者按照审判监督程序决定再审的案件，不适用本批复。

最高人民法院
关于全面加强知识产权司法保护的意见

2020年4月15日　　法发〔2020〕11号

加强知识产权保护，是完善产权保护制度最重要的内容，也是提高我国经济竞争力最大的激励。知识产权司法保护是知识产权保护体系的重要力量，发挥着不可替代的关键作用。全面加强知识产权司法保护，不仅是我国遵守国际规则、履行国际承诺的客观需要，更是我国推动经济高质量发展、建设更高水平开放型经济新体制的内在要求。要充分认识全面加强知识产权司法保护的重大意义，准确把握知识产权司法保护服务大局的出发点和目标定位，为创新型国家建设、社会主义现代化强国建设、国家治理体系和治理能力现代化提供有力的司法服务和保障。现就人民法院知识产权司法保护工作，提出如下意见。

一、总体要求

1. 坚持以习近平新时代中国特色社会主义思想为指导，深入贯彻落实中共中央办公厅、国务院办公厅《关于加强知识产权审判领域改革创新若干问题的意见》《关于强化知识产权保护的意见》，紧紧围绕“努力让人民群众在每一个司法案件中感受到公平正义”目标，坚持服务大局、司法为民、公正司法，充分运用司法救济和制裁措施，完善知识产权诉讼程序，健全知识产权审判体制机制，有效遏制知识产权违法犯罪行为，全面提升知识产权司法保护水平，加快推进知识产权审判体系和审判能力现代化，为实施创新驱动发展战略、培育稳定公平透明可预期的营商环境提供有力司法服务和保障。

二、立足各类案件特点，切实维护权利人合法权益

2. 加强科技创新成果保护。制定专利授权确权行政案件司法解释，规范专利审查行为，促进专利授权质量提升；加强专利、植物新品种、集成电路布图设计、计算机软件等知识产权案件审判工作，实现知识产权保护范围、强度与其技术贡献程度相适应，推动科技进步和创新，充分发挥科技在引领经济社会发展过程中的支撑和驱动作用。加强药品专利司法保护研究，激发药品研发创新动力，促进医药产业健康发展。

3. 加强商业标志权益保护。综合考虑商标标志的近似程度、商品的类似程度、请求保护商标的显著性和知名度等因素，依法裁判侵害商标权案件和商标授权确权案件，增强商标标志的识别度和区分度。充分运用法律规则，在法律赋予的裁量空间内作出有效规制恶意申请注册商标行为的解释，促进商标申请注册秩序正常化和规范化。加强驰名商标保护，结合众所周知的驰名事实，依法减轻商标权人对于商标驰名的举证负担。加强地理标志保护，依法妥善处理地理标志与普通商标的权利冲突。

4. 加强著作权和相关权利保护。根据不同作品的特点，妥善把握作品独创性判断标准。妥善处理信息网络技术发展与著作权、相关权利保护的关系，统筹兼顾创作者、传播者、商业经营者和社会公众的利益，协调好激励创作、促进产业发展、保障基本文化权益之间的关系，促进文化创新和业态发展。依法妥善审理体育赛事、电子竞技传播纠纷等新类型案件，促进新兴业态规范发展。加强著作权诉讼维权模式问题研究，依法平衡各方利益，防止不正当牟利行为。

5. 加强商业秘密保护。正确把握侵害商业秘密民事纠纷和刑事犯罪的界限。合理适用民事诉讼举证责任规则，依法减轻权利人的维权负担。完善侵犯商业秘密犯罪行为认定标准，规范重大损失计算范围和方法，为减轻商业损害或者重新保障安全所产生的合理补救成本，可以作为认定刑事案件中“造成重大损失”或者“造成特别严重后果”的依据。加强保密商务信息等商业秘密保护，保障企业公平竞争、人才合理流动，促进科技创新。

6. 完善电商平台侵权认定规则。加强打击和整治网络侵犯知识产权行为，有效回应权利人在电子商务平台上的维权诉求。完善“通知－删除”等在内的电商平台治理规则，畅通权利人网络维权渠道。妥善审理网络侵犯知识产权纠纷和恶意投诉不正当竞争纠纷，既要依法免除错误下架通知善意提交者的责任，督促和引导电子商务平台积极履行法定义务，促进电子商务的健康发展，又要追究滥用权利、恶意投诉等行为人的法律责任，合理平衡各方利益。

7. 积极促进智力成果流转应用。依法妥善审理知识产权智力成果流转、转化、应用过程中的纠纷，秉持尊重当事人意思自治、降低交易成本的精神，合理界定智力成果从创造到应用各环节的法律关系、利益分配和责任承担，依法准确界定职务发明与非职务发明，有效保护职务发明人的产权权利，保障研发人员获得奖金和专利实施报酬的合法权益。

8. 依法惩治知识产权犯罪行为。严厉打击侵害知识产权的犯罪行为，进一步推进以审判为中心的刑事诉讼制度改革，切实落实庭审实质化要求，完善鉴定程序，规范鉴定人出庭作证制度和认罪认罚从宽制度。准确把握知识产权刑事法律关系与民事法律关系的界限，强化罚金刑的适用，对以盗窃、威胁、利诱等非法手段获取商业秘密以及其他社会危害性大的犯罪行为，依法从严从重处罚，有效发挥刑罚惩治和震慑知识产权犯罪的功能。

9. 平等保护中外主体合法权利。依法妥善审理因国际贸易、外商投资等引发的涉外知识产权纠纷，坚持依法平等保护，依法简化公证认证程序，进一步健全公正高效权威的纠纷解决机制，增强知识产权司法的国际影响力和公信力。

三、着力解决突出问题，增强司法保护实际效果

10. 切实降低知识产权维权成本。制定知识产权民事诉讼证据司法解释，完善举证责任分配规则、举证妨碍排除制度和证人出庭作证制度，拓宽电子数据证据的收集途径，准确把握电子数据规则的适用，依法支持当事人的证据保全、调查取证申请，减轻当事人的举证负担。

11. 大力缩短知识产权诉讼周期。积极开展繁简分流试点工作，推进案件繁简分流、轻重分离、快慢分道。深化知识产权裁判方式改革，实现专利商标民事、行政程序的无缝对接，防止循环诉讼。严格依法掌握委托鉴定、中止诉讼、发回重审等审查标准，减少不必要的时间消耗。依法支持知识产权行为保全申请，为裁判的及时执行创造条件。

12. 有效提高侵权赔偿数额。充分运用工商税务部门、第三方商业平台、侵权人网站或上市文件显示的相关数据以及行业平均利润率等，依法确定侵权获利情况。综合考虑知识产权市场价值、侵权人主观过错以及侵权行为的持续时间、影响范围、后果严重程度等因素，合理确定法定赔偿数额。对于情节严重的侵害知识产权行为，依法从高确定赔偿数额，依法没收、销毁假冒或盗版商品以及主要用于侵权的材料和工具，有效阻遏侵害知识产权行为的再次发生。

13. 依法制止不诚信诉讼行为。妥善审理因恶意提起知识产权诉讼损害责任纠纷，依法支持包括律师费等合理支出在内的损害赔偿请求。强化知识产权管辖纠纷的规则指引，规制人为制造管辖连接点、滥用管辖权异议等恶意拖延诉讼的行为。研究将违反法院令状、伪造证据、恶意诉讼等不诚信的诉讼行为人纳入全国征信系统。

14. 有效执行知识产权司法裁判。结合知识产权案件特点，全面优化知识产权案件执行管辖规则。研究完善行为保全和行为执行工作机制。制定知识产权裁判执行实施计划和工作指南，充分运用信息化网络查控、失信联合信用惩戒等手段加大裁判的执行力度，确保知识产权裁判得以有效执行。

四、加强体制机制建设，提高司法保护整体效能

15. 健全知识产权专门化审判体系。根据知识产权审判的现状、规律和趋势，研究完善专门法院设置，优化知识产权案件管辖法院布局，完善知识产权案件上诉机制，统一审判标准，实现知识产权案件审理专门化、管辖集中化、程序集约化和人员专业化。

16. 深入推行“三合一”审判机制。建立和完善与知识产权民事、行政、刑事诉讼“三合一”审判机制相适应的案件管辖制度和协调机制，提高知识产权司法保护整体效能。把握不同诉讼程序证明标准的差异，依法对待在先关联案件裁判的既判力，妥善处理知识产权刑事、行政、民事交叉案件。

17. 不断完善技术事实查明机制。适当扩大技术调查人员的来源，充实全国法院技术调查人才库，建立健全技术调查人才共享机制。构建技术调查官、技术咨询专家、技术鉴定人员、专家辅助人参与诉讼活动的技术事实查明机制，提高技术事实查明的中立性、客观性、科学性。

18. 加强知识产权案例指导工作。建立最高人民法院指导案例、公报案例、典型案例多位一体的知识产权案例指导体系，充分发挥典型案例在司法裁判中的指引作用，促进裁判规则统一。

19. 依托四大平台落实审判公开。充分利用审判流程公开、庭审活动公开、裁判文书公开、执行信息公开四大平台，最大限度地保障当事人和社会公众的知情权、参与权和监督权。丰富“4·26”世界知识产权日宣传内容，扩大对外宣传效果，增进社会各界对知识产权司法保护的了解、认同、尊重和信任。

20. 加强知识产权国际交流合作。积极参与知识产权保护多边体系建设，共同推动相关国际新规则创制。加强与国外司法、研究、实务机构以及知识产权国际组织的交流合作，积极开展具有国际影响力的知识产权研讨交流活动，加大中国知识产权裁判文书的翻译推介工作，扩大中国知识产权司法的国际影响力。

五、加强沟通协调工作，形成知识产权保护整体合力

21. 健全完善多元化纠纷解决机制。支持知识产权纠纷的多渠道化解，开展知识产权纠纷调解协议司法确认试点，充分发挥司法在多元化纠纷解决机制建设中的引领、推动作用，提升解决纠纷的整体效能。

22. 优化知识产权保护协作机制。加强与公安、检察机关在知识产权司法程序中的沟通协调，加强与知识产权、市场监管、版权、海关、农业等行政主管部门在知识产权行政执法程序上的衔接，推动形成知识产权保护的整体合力。

23. 建立信息沟通协调共享机制。建立健全与知识产权行政主管机关的数据交换机制，实现知识产权大数据分析工具运用常态化，提高综合研判和决策水平。

六、加强审判基础建设，有力支撑知识产权司法保护工作

24. 加强知识产权审判队伍建设。完善员额法官借调交流机制，积极推动选派优秀法官助理到下级法院挂职，遴选优秀法官到上级法院任职，实现知识产权人才的交流共享。加强知识产权司法人员业务培训。加强司法辅助人员配备，打造“审、助、书”配置齐全、技术调查官有效补充的专业审判队伍。

25. 加强专门法院法庭基础建设。加强最高人民法院知识产权法庭和各地知识产权法院、法庭建设，加强专业审判机构在机构设置、人员编制、办公场所、活动经费等方面的保障，为知识产权司法保护提供坚实的人力和物质基础。

26. 加强知识产权审判信息化建设。加强知识产权司法装备现代化、智能化建设，积极推进跨区域的知识产权远程诉讼平台建设。大力推进网上立案、网上证据交换、电子送达、在线开庭、智能语音识别、电子归档、移动微法院等信息化技术的普及应用，支持全流程审判业务网上办理，提高司法解决知识产权纠纷的便捷性、高效性和透明度。加强对电子卷宗、裁判文书、审判信息等的深度应用，充分利用司法大数据提供智能服务和精准决策。

最高人民法院
关于加强新时代知识产权审判工作为知识产权强国建设提供有力司法服务和保障的意见

2021年9月24日　　法发〔2021〕29号

为深入贯彻落实《知识产权强国建设纲要(2021-2035年)》和党中央关于加强知识产权保护的决策部署，适应新时代要求，全面加强知识产权司法保护，为知识产权强国建设提供有力司法服务和保障，制定本意见。

一、心怀“国之大者”，准确把握加强新时代知识产权审判工作的总体要求

1. 确保新时代知识产权审判工作始终沿着正确方向前进。坚持以习近平新时代中国特色社会主义思想为指导，持续深入学习贯彻习近平法治思想，全面贯彻党的十九大和十九届二中、三中、四中、五中全会精神，增强“四个意识”、坚定“四个自信”、做到“两个维护”，不断提高政治判断力、政治领悟力、政治执行力，不折不扣贯彻落实习近平总书记关于加强知识产权保护的系列重要讲话精神和党中央决策部署。牢牢坚持党的领导，坚持以人民为中心，坚定不移走中国特色社会主义法治道路。牢牢把握加强知识产权保护是完善产权保护制度最重要的内容和提高国家经济竞争力最大的激励，紧紧围绕“十四五”规划和二〇三五年远景目标，强化系统观念、法治思维、强基导向，增强机遇意识、风险意识，全面提升知识产权司法保护水平。适应新时代要求，立足新发展阶段，完整、准确、全面贯彻新发展理念，自觉融入构建新发展格局、推动高质量发展，为建设知识产权强国提供有力司法服务和保障。

2. 增强做好新时代知识产权审判工作的责任感使命感。坚持把创新作为引领发展的第一动力，树立保护知识产权就是保护创新的理念，深刻认识全面加强知识产权审判工作事关国家治理体系和治理能力现代化，事关推动高质量发展和创造高品质生活，事关国内国际两个大局。自觉践行初心使命，找准司法服务“国之大者”的结合点、切入点，担当作为、改革创新，健全公正高效、管辖科学、权界清晰、系统完备的知识产权司法保护体制，开创新时代知识产权审判工作新局面。

3. 正确把握新时代人民法院服务知识产权强国建设的工作原则。紧紧围绕“努力让人民群众在每一个司法案件中感受到公平正义”目标，坚持以人民为中心，充分发挥知识产权审判职能作用，落实惩罚性赔偿制度，加大对侵权行为惩治力度，切实维护社会公平正义和权利人合法权益。坚持严格保护，依法平等保护中外当事人及各类市场主体合法权益，维护公平竞争市场秩序，服务以国内大循环为主体、国内国际双循环相互促进的新发展格局。坚持公正合理保护，防范权利过度扩张，确保公共利益和激励创新兼得。坚持深化改革，强化信息化技术运用，加快推进知识产权审判体系和审判能力现代化。坚持协同配合，强化国际合作，为全球知识产权治理贡献中国司法智慧。

二、依法公正高效审理各类案件，充分发挥知识产权审判职能作用

4. 加强科技创新成果保护，服务创新驱动发展。充分发挥知识产权审判对科技创新的激励和保障作用，实现知识产权保护范围、强度与其技术贡献程度相适应。充分发挥司法裁判在科技创新成果保护中的规则引领和价值导向职能，总结提炼科技创新司法保护新规则，促进技术和产业不断创新升级。以强化保护为导向，加强对专利授权确权行政行为合法性的严格审查，推动行政标准与司法标准统一，促进专利授权确权质量提升。以实质性解决专利纠纷为目标，建立专利民事行政案件审理工作在甄别统筹、程序衔接、审理机制、裁判标准等方面的协同推进机制，防止循环诉讼和程序空转，有效提高审判效率。

5. 加强著作权和相关权利保护，服务社会主义文化强国建设。充分发挥著作权审判对于优秀文化的引领和导向功能，促进文化和科学事业发展与繁荣。依法加强“红色经典”和英雄烈士合法权益保护，以法治手段传承红色文化基因，大力弘扬社会主义核心价值观。加大对文化创作者权益保护，准确把握作品认定标准。依法维护作品传播者合法权益，适应全媒体传播格局变化，依法妥善处理互联网领域文化创作及传播的著作权保护新问题。依法审理涉著作权集体管理组织案件，妥善处理维护著作权集体管理制度和尊重权利人意思自治关系，促进作品传播利用。加强遗传资源、传统文化、传统知识、民间文艺等知识产权保护，促进非物质文化遗产的整理和利用。

6. 加强商业标志保护，服务品牌强国建设。提高商标授权确权行政案件审理质量，坚决打击不以使用为目的的商标恶意注册行为，科学合理界定商标权权利边界与保护范围，促进商标申请注册秩序正常化和规范化。强化商标使用对确定商标权保护范围的作用，积极引导权利人持续实际使用商标，发挥商标的识别功能，保护消费者合法权益。制定商标民事纠纷案件司法解释，加强驰名商标、传统品牌和老字号司法保护，依法支持商标品牌建设。完善地理标志司法保护规则，遏制侵犯地理标志权利行为，推动地理标志与特色产业发展、生态文明建设、历史文化传承以及乡村振兴有机融合。

7. 加强新兴领域知识产权保护，服务新领域新业态规范健康发展。准确适用个人信息保护法、数据安全法，加强互联网领域和大数据、人工智能、基因技术等新领域新业态知识产权司法保护，完善算法、商业方法和人工智能产出物知识产权司法保护规则，合理确定新经济新业态主体法律责任，积极回应新技术、新产业、新业态、新模式知识产权保护司法需求。加强涉数据云存储、数据开源、数据确权、数据交易、数据服务、数据市场不正当竞争等案件审理和研究，切实维护数据安全，为数字中国建设提供法治保障。

8. 加强农业科技成果保护，服务全面推进乡村振兴。加大重大农业科技成果保护力度，促进农业生物技术、先进制造技术、精准农业技术等方面重大创新成果的创造。依法严格保护国家种质资源，严厉打击制售假冒伪劣品种、侵犯植物新品种权、种子套牌等行为，强化植物新品种刑事司法保护，提升种业知识产权司法保护水平，有效保障国家种业和粮食安全。创新和加强地方特色农业知识产权司法保护机制，完善保护种业知识产权合作机制，形成保护合力。

9. 加强中医药知识产权保护，服务中医药传承创新发展。依法妥善审理涉中医药领域知识产权纠纷案件，推动完善中医药领域发明专利审查规则，促进提升中医药领域专利质量。加强中医药古方、中药商业秘密、道地药材标志、传统医药类非物质文化遗产司法保护，推动完善涉及中医药知识产权司法保护的国际国内规则和标准，促进中医药传统知识保护与现代知识产权制度有效衔接。

10. 加强反垄断和反不正当竞争司法，维护公平竞争的市场法治环境。严格落实《关于强化反垄断深入推进公平竞争政策实施的意见》，坚持规范和发展并重，依法妥善审理反垄断和反不正当竞争案件。出台反垄断民事纠纷司法解释和反不正当竞争司法解释，发布典型案例，发挥“红绿灯”作用，明确司法规则，规范市场主体行为。加强对平台企业垄断的司法规制，依法严惩平台强制“二选一”“大数据杀熟”等破坏公平竞争、扰乱市场秩序行为，切实保护消费者合法权益和社会公共利益，维护和促进市场公平竞争。强化平台经济、科技创新、信息安全、民生保障等重点领域案件审理和宣传，通过司法裁判强化公平竞争意识，引导全社会形成崇尚、保护和促进公平竞争的市场环境。

11. 加强商业秘密保护，护航企业创新发展。依法加大涉及国家安全和利益的技术秘密司法保护力度，严惩窃取、泄露国家科技秘密行为。正确把握侵害商业秘密民事纠纷和刑事犯罪的界限，完善侵犯商业秘密犯罪行为认定标准。加强诉讼中的商业秘密保护，切实防止诉讼中“二次泄密”，保障权利人依法维权。妥善处理保护商业秘密与自由择业、竞业限制和人才合理流动的关系，在依法保护商业秘密的同时，维护劳动者正当就业创业合法权益，保障企业创新发展，促进人才合理流动。

12. 加强科技创新主体合法权益保护，激发创新创造活力。认真落实科学技术进步法、促进科技成果转化法，加强科技成果有关各项权益的司法保护。依法妥善处理因科技成果权属认定、权利转让、价值确定和利益分配产生的纠纷，准确界定职务发明与非职务发明的法律界限，依法支持以科技成果转化所获收益对职务科技成果完成人和为科技成果转化作出重要贡献的人员给予奖励和报酬，充分保障职务发明人获得奖励和报酬的合法权益。依法积极支持深化科技成果使用权、处置权、收益权改革。规范和促进知识产权融资模式创新，保障知识产权金融积极稳妥发展。依法保护国家实验室、国家科研机构、高水平研究性大学、科技领军企业等国家战略科技力量的名称权、名誉权、荣誉权等权利，依法保护科研人员经费使用自主权和技术路线决定权，从严把握定罪标准，严格区分罪与非罪，避免把一般违法或违纪作为犯罪处理，支持科技创新和研发活动。

三、提升知识产权司法保护整体效能，着力营造有利于创新创造的法治环境

13. 加大对侵犯知识产权行为惩治力度，有效阻遏侵权行为。依法妥善运用行为保全、证据保全、制裁妨害诉讼行为等措施，加强知识产权侵权源头治理、溯源打击，及时有效阻遏侵权行为，切实降低维权成本，提高侵权违法成本，促进形成不敢侵权、不愿侵权的法治氛围。正确把握惩罚性赔偿构成要件，加大知识产权侵权损害赔偿力度，合理运用证据规则、经济分析方法等手段，完善体现知识产权价值的侵权损害赔偿制度。出台知识产权刑事司法解释，加大刑事打击力度，依法惩治侵犯知识产权犯罪。加大对于知识产权虚假诉讼、恶意诉讼等行为的规制力度，完善防止滥用知识产权制度，规制“专利陷阱”“专利海盗”等阻碍创新的不法行为，依法支持知识产权侵权诉讼中被告以原告滥用权利为由请求赔偿合理开支，推进知识产权诉讼诚信体系建设。

14. 健全知识产权多元化纠纷解决机制，创新知识产权解纷方式。切实将非诉讼纠纷解决机制挺在前面，坚持和发展新时代“枫桥经验”，拓展知识产权纠纷多元化解渠道，有效推动知识产权纠纷综合治理、源头治理。依托人民法院调解平台，大力推进知识产权纠纷在线诉调对接机制。建立健全知识产权纠纷调解协议司法确认机制，探索依当事人申请的知识产权纠纷行政调解协议司法确认制度，因地制宜创新知识产权解纷方式，满足人民群众多元高效便捷的纠纷解决需求。

15. 健全行政保护与司法保护衔接机制，推动构建大保护工作格局。积极参与知识产权保护体系建设工程，健全知识产权行政保护与司法保护衔接机制，加强与行政职能部门协同配合。充分发挥司法审查监督职能，促进知识产权行政执法标准与司法裁判标准统一。推动与国家市场监督管理总局、国家版权局、国家知识产权局等部门建立信息资源共享机制，推进最高人民法院与中央有关部门数据专线连接工作，进一步推动知识产权保护线上线下融合发展，促进形成知识产权保护合力。为继续推动西部大开发、东北全面振兴、中部地区崛起、东部率先发展，深入推进京津冀协同发展、长江经济带发展、粤港澳大湾区建设、长三角一体化发展、黄河流域生态保护和高质量发展、成渝地区双城经济圈建设等国家区域发展战略提供司法服务和保障，提升服务国家重大发展战略水平。

16. 加强涉外知识产权审判，提升知识产权司法保护国际影响力。依法公正审理涉外知识产权案件，平等保护中外权利人合法权益，打造国际知识产权诉讼优选地，积极营造开放、公平、公正、非歧视的科技发展环境和市场化法治化国际化营商环境。妥善处理与国际贸易有关的重大知识产权纠纷，依法妥善处理国际平行诉讼，积极服务国内国际双循环新发展格局，确保案件裁判符合相关国际公约和国际惯例，促进国际贸易合作。深化国际司法交流合作，通过司法裁判推动完善相关国际规则和标准，积极参与知识产权司法领域全球治理，推动全球知识产权治理体制向着更加公正合理方向发展。

17. 加强法治宣传教育，营造促进知识产权高质量发展的人文环境。建立健全最高人民法院指导性案例、公报案例、典型案例等多位一体的知识产权案例指导体系，充分发挥司法裁判的指引示范作用。积极开展知识产权宣传周活动，持续打造中国法院知识产权司法保护状况、知识产权案件年度报告、中国法院 10 大知识产权案件和 50 件典型案例等知识产权保护法治宣传品牌，增进社会各界对知识产权司法保护的了解、认同、尊重和信任，厚植尊重创新、保护创新的良好氛围。

四、深化知识产权审判领域改革创新，推进知识产权审判体系和审判能力现代化

18. 加强高水平知识产权审判机构建设，完善知识产权专门化审判体系。推动健全完善国家层面知识产权案件上诉审理机制，加强知识产权法院、知识产权法庭建设，深化司法责任制综合配套改革，推动优化知识产权管辖布局。深入推进知识产权民事、刑事、行政案件“三合一”审判机制改革，构建案件审理专门化、管辖集中化和程序集约化的审判体系。研究制定符合知识产权审判规律的诉讼规范，完善符合知识产权案件特点的诉讼证据制度。推进四级法院审级职能定位改革，深化知识产权案件繁简分流改革，优化知识产权民事、行政案件协同推进机制。推进知识产权案例、裁判文书和裁判规则数据库深度应用，统一知识产权司法裁判标准和法律适用，完善裁判规则。

19. 加强知识产权审判队伍建设，提升司法服务保障能力。坚持以党建带队建促审判，加强政治建设，筑牢政治忠诚，增强知识产权审判队伍服务大局意识和能力，努力锻造一支政治坚定、顾全大局、精通法律、熟悉技术、具有国际视野的知识产权审判队伍。加强知识产权审判队伍的专业化培养和职业化选拔，健全知识产权审判人才培养、遴选和交流机制，加强高素质专业化审判人才培养，健全知识产权专业化审判人才梯队。完善知识产权领域审判权运行和监督制约机制，确保队伍忠诚干净担当。加强技术调查人才库建设，完善多元化技术事实查明机制，充分发挥知识产权司法保护专家智库作用。加强与科学技术协会和其他科技社团协同合作，提高为科技创新主体提供法律服务的能力水平。

20. 加强智慧法院建设，提升知识产权审判信息化水平。扎实推进信息技术与法治建设融合促进，积极推进互联网、人工智能、大数据、云计算、区块链、5G 等现代科技在司法领域的深度应用，全面加强智慧审判、智慧执行、智慧服务、智慧管理，实现信息化建设与知识产权审判深度融合。适应信息化时代发展，探索更加成熟定型的在线诉讼新模式和在线调解规则，积极推进跨区域知识产权远程诉讼平台建设，加强司法大数据充分汇集、智能分析和有效利用。

最高人民法院
关于加强中医药知识产权司法保护的意见

2022 年 12 月 21 日　　法发〔2022〕34 号

为深入贯彻落实党的二十大精神，落实党中央、国务院关于中医药振兴发展的重大决策部署和《知识产权强国建设纲要（2021－2035年）》有关要求，全面加强中医药知识产权司法保护，促进中医药传承精华、守正创新，推动中医药事业和产业高质量发展，制定本意见。

一、坚持正确方向，准确把握新时代加强中医药知识产权司法保护的总体要求

1. 指导思想。坚持以习近平新时代中国特色社会主义思想为指导，全面贯彻落实党的二十大精神，深入贯彻习近平法治思想，认真学习贯彻习近平总书记关于中医药工作的重要指示，深刻领悟“两个确立”的决定性意义，增强“四个意识”、坚定“四个自信”、做到“两个维护”，坚持以推动高质量发展为主题，在新时代新征程上不断提高中医药知识产权司法保护水平，促进中医药传承创新发展，弘扬中华优秀传统文化，推进健康中国建设，为以中国式现代化全面推进中华民族伟大复兴提供有力司法服务。

2. 基本原则。坚持以人民为中心，充分发挥司法职能作用，促进中医药服务能力提升，更好发挥中医药防病治病独特优势，更好保障人民健康。坚持促进传承创新，立足新发展阶段中医药发展需求，健全完善中医药知识产权司法保护体系，推动中医药传统知识保护与现代知识产权制度有效衔接，助力中医药现代化、产业化。坚持依法严格保护，正确适用民法典、知识产权部门法、中医药法等法律法规，切实维护社会公平正义和权利人合法权益，落实知识产权惩罚性赔偿，推动中医药创造性转化、创新性发展。坚持公正合理保护，合理确定中医药知识产权的权利边界和保护方式，实现保护范围、强度与中医药技术贡献程度相适应，促进中医药传承创新能力持续增强。

二、强化审判职能，全面提升中医药知识产权司法保护水平

3. 加强中医药专利保护。遵循中医药发展规律，准确把握中医药创新特点，完善中医药领域专利司法保护规则。正确把握中药组合物、中药提取物、中药剂型、中药制备方法、中医中药设备、医药用途等不同主题专利特点，依法加强中医药专利授权确权行政行为的司法审查，促进行政执法标准与司法裁判标准统一，不断满足中医药专利保护需求。结合中医药传统理论和行业特点，合理确定中医药专利权保护范围，完善侵权判断标准。严格落实药品专利纠纷早期解决机制，促进中药专利侵权纠纷及时解决。

4. 加强中医药商业标志保护。加强中医药驰名商标、传统品牌和老字号司法保护，依法妥善处理历史遗留问题，促进中医药品牌传承发展。依法制裁中医药领域商标恶意注册行为，坚决惩治恶意诉讼，遏制权利滥用，努力营造诚实守信的社会环境。严厉打击中医药商标侵权行为，切实保障权利人合法权益，促进中医药品牌建设。

5. 加强中药材资源保护。研究完善中药材地理标志保护法律适用规则，遏制侵犯中药材地理标志行为，引导地理标志权利正确行使，通过地理标志保护机制加强道地中药材的保护，推动中药材地理标志与特色产业发展、生态文明建设、历史文化传承及全面推进乡村振兴有机融合。依法加强中药材植物新品种权等保护，推动健全系统完整、科学高效的中药材种质资源保护与利用体系。

6. 维护中医药市场公平竞争秩序。坚持规范和发展并重，加强对中医药领域垄断行为的司法规制，维护统一开放、竞争有序的中医药市场。依法制裁虚假宣传、商业诋毁、擅自使用中医药知名企业名称及仿冒中药知名药品名称、包装、装潢等不正当竞争行为，强化中医药行业公平竞争意识，促进中医药事业健康有序发展，切实维护消费者合法权益和社会公共利益。

7. 加强中医药商业秘密及国家秘密保护。依法保护中医药商业秘密，有效遏制侵犯中医药商业秘密行为，促进中医药技术传承创新。准确把握信息披露与商业秘密保护的关系，依法保护中药因上市注册、补充申请、药品再注册等原因依法向行政机关披露的中医药信息。妥善处理中医药商业秘密保护与中医药领域从业者合理流动的关系，在依法保护商业秘密的同时，维护中医药领域从业者正当就业创业合法权益。对经依法认定属于国家秘密的传统中药处方组成和生产工艺实行特殊保护，严惩窃取、泄露中医药国家秘密行为。

8. 加强中医药著作权及相关权利保护。依法把握作品认定标准，加强对中医药配方、秘方、诊疗技术收集考证、挖掘整理形成的智力成果保护和创作者权益保护。依法保护对中医药古籍版本整理形成的成果，鼓励创作中医药文化和科普作品，推动中医药文化传承发展。加强中医药遗传资源、传统文化、传统知识、民间文艺等知识产权保护，促进非物质文化遗产的整理和利用。依法保护对中医药传统知识等进行整理、研究形成的数据资源，支持中医药传统知识保护数据库建设，推进中医药数据开发利用。

9. 加强中药品种保护。依法保护中药保护品种证书持有者合法权益，促进完善中药品种保护制度，鼓励企业研制开发具有临床价值的中药品种，提高中药产品质量，促进中药市场健康有序发展。

10. 加强中医药创新主体合法权益保护。准确把握中医药传承与创新关系，依法保护以古代经典名方等为基础的中药新药研发，鼓励开展中医药技术创新活动。准确认定中医药企业提供的物质基础、临床试验条件与中医药研发人员的智力劳动对中医药技术成果形成所发挥的作用，准确界定职务发明与非职务发明的法律界限，依法支持对完成、转化中医药技术成果做出重要贡献的人员获得奖励和报酬的权利，不断激发中医药创新发展的潜力和活力。

11. 加大对侵犯中医药知识产权行为惩治力度。依法采取行为保全、制裁妨害诉讼行为等措施，及时有效阻遏中医药领域侵权行为。积极适用证据保全、证据提供令、举证责任转移、证明妨碍规则，减轻中医药知识产权权利人举证负担。正确把握惩罚性赔偿构成要件，对于重复侵权、以侵权为业等侵权行为情节严重的，依法支持权利人惩罚性赔偿请求，有效提高侵权赔偿数额。加大刑事打击力度，依法惩治侵犯中医药知识产权犯罪行为，充分发挥刑罚威慑、预防和矫正功能。

三、深化改革创新，健全中医药知识产权综合保护体系

12. 完善中医药技术事实查明机制。有针对性地选任中医药领域专业技术人员，充实到全国法院技术调查人才库。不断健全技术调查官、技术咨询专家、技术鉴定人员、专家辅助人员参与诉讼的多元技术事实查明机制。建立技术调查人才共享机制，加快实现中医药技术人才在全国范围内“按需调派”和“人才共享”。遴选中医药领域专业技术人员参与案件审理，推动建立专家陪审制度。完善中医药领域技术人员出庭、就专业问题提出意见并接受询问的程序。

13. 加强中医药知识产权协同保护。做好中医药领域不同知识产权保护方式的衔接，推动知识产权司法保护体系不断完善。深入推行民事、刑事、行政“三合一”审判机制，提高中医药知识产权司法保护整体效能。健全知识产权行政保护与司法保护衔接机制，加强与农业农村部、卫生健康委、市场监管总局、版权局、林草局、中医药局、药监局、知识产权局等协调配合，实现信息资源共享和协同，支持地方拓宽交流渠道和方式，推动形成工作合力。支持和拓展中医药知识产权纠纷多元化解决机制，依托人民法院调解平台大力推进诉调对接，探索行政调解协议司法确认制度，推动纠纷综合治理、源头治理。

14. 提升中医药知识产权司法服务保障能力。健全人才培养培训机制，进一步提升中医药知识产权审判人才专业化水平。深刻把握新形势新要求，积极开展中医药知识产权司法保护问题的调查研究，研判审判态势，总结审判经验，及时回应社会关切。加强中医药知识产权法治宣传，建立健全案例指导体系，积极发布中医药知识产权保护典型案例，通过典型案例的审判和宣传加强中医药知识传播，营造全社会共同关心和支持中医药发展的良好氛围。

15. 加强中医药知识产权司法保护科技和信息化建设。提升中医药知识产权审判信息化水平，运用大数据、区块链等技术构建与专利、商标、版权等知识产权平台的协同机制，支持对知识产权的权属、登记、转让等信息的查询核验。大力推进信息化技术的普及应用，实现全流程审判业务网上办理，提高中医药知识产权司法保护质效。

16. 加强中医药知识产权司法保护国际交流合作。加强涉外中医药知识产权审判，依法平等保护中外权利人的合法权益，服务保障中医药国际化发展。坚持统筹推进国内法治和涉外法治，积极参与中医药领域国际知识产权规则构建，推进中医药融入高质量共建“一带一路”，助力中医药走向世界。

国家知识产权局 最高人民法院 最高人民检察院 公安部 国家市场监督管理总局 印发《关于加强知识产权鉴定工作衔接的意见》的通知

2022年11月22日 国知发保字〔2022〕43号

各省、自治区、直辖市知识产权局、高级人民法院、人民检察院、公安厅（局）、市场监管局（厅、委），解放军军事法院、军事检察院，新疆生产建设兵团知识产权局、新疆维吾尔自治区高级人民法院生产建设兵团分院、新疆生产建设兵团人民检察院、公安局、市场监管局：

为全面贯彻党的二十大精神，充分发挥鉴定在知识产权执法和司法中的积极作用，深化知识产权管理执法部门与司法机关在知识产权鉴定工作中的合作，强化知识产权全链条保护，国家知识产权局、最高人民法院、最高人民检察院、公安部、国家市场监督管理总局联合制定了《关于加强知识产权鉴定工作衔接的意见》。现予以印发，请认真贯彻执行。执行中遇到重大问题，请及时向国家知识产权局、最高人民法院、最高人民检察院、公安部、国家市场监督管理总局请示报告。

特此通知。

附：

关于加强知识产权鉴定工作衔接的意见

为全面贯彻党的二十大精神，深入落实中共中央、国务院印发的《知识产权强国建设纲要（2021—2035年）》和中共中央办公厅、国务院办公厅印发的《关于强化知识产权保护的意见》，推动落实《国家知识产权局关于加强知识产权鉴定工作的指导意见》，建立完善知识产权鉴定工作体系，提升知识产权鉴定质量和公信力，充分发挥鉴定在执法和司法中的积极作用，深化知识产权管理执法部门与司法机关在知识产权鉴定工作中的合作，强化知识产权全链条保护，现就加强知识产权鉴定工作衔接制定本意见。

一、知识产权鉴定是指鉴定人运用科学技术或者专门知识对涉及知识产权行政和司法保护中的专业性技术问题进行鉴别和判断，并提供鉴定意见的活动。

二、知识产权鉴定主要用于协助解决专利、商标、地理标志、商业秘密、集成电路布图设计等各类知识产权争议中的专业性技术问题。

三、知识产权鉴定意见经查证属实，程序合法，才能作为认定案件事实的根据。

四、国家知识产权局、最高人民法院、最高人民检察院、公安部、国家市场监督管理总局建立健全协商机制，及时研究解决知识产权鉴定工作面临的重大问题，充分发挥知识产权鉴定在强化知识产权全链条保护工作中的作用。

五、国家知识产权局、最高人民法院、最高人民检察院、公安部、国家市场监督管理总局健全信息共享机制，推动建立知识产权鉴定信息共享平台，推动跨部门跨区域信息共享，实现有关知识产权鉴定信息的行政、司法互联互通。

六、国家知识产权局、最高人民法院、最高人民检察院、公安部、国家市场监督管理总局共同加强对知识产权鉴定机构和鉴定人员的培训和培养，开展新兴领域涉及的知识产权鉴定问题研究，不断完善知识产权鉴定方法手段，利用信息化手段，加强知识产权鉴定能力的提升。

七、国家知识产权局、最高人民法院、最高人民检察院、公安部、国家市场监督管理总局共同推动知识产权鉴定专业化、规范化建设，开展知识产权鉴定程序、技术标准和操作规范方面的沟通协作，构建知识产权鉴定机构遴选荐用机制，建立知识产权鉴定机构名录库，实现名录库动态调整。将通过贯彻知识产权鉴定标准的鉴定机构纳入名录库并予以公开，供相关行政机关、司法机关、仲裁调解组织等选择使用。开展知识产权鉴定机构互荐共享工作，建立对知识产权鉴定机构和鉴定人员从业情况的互相反馈机制，共同推进知识产权鉴定工作的规范化和法制化。

八、引导行业自律组织加强诚信体系建设，强化自律管理，建立执业活动投诉处理制度，完善行业激励惩戒机制。对存在严重不负责任给当事人合法权益造成重大损失、经人民法院依法通知拒不出庭作证、故意作虚假鉴定等严重失信行为的知识产权鉴定人、鉴定机构，相关部门可实施联合惩戒。构成犯罪的，依法追究刑事责任。

九、本意见由国家知识产权局、最高人民法院、最高人民检察院、公安部、国家市场监督管理总局负责解释。

十、本意见自发布之日起施行。

二、著 作 权

1. 综 合

中华人民共和国著作权法

（1990年9月7日第七届全国人民代表大会常务委员会第十五次会议通过 根据2001年10月27日第九届全国人民代表大会常务委员会第二十四次会议《关于修改〈中华人民共和国著作权法〉的决定》第一次修正 根据2010年2月26日第十一届全国人民代表大会常务委员会第十三次会议《关于修改〈中华人民共和国著作权法〉的决定》第二次修正 根据2020年11月11日第十三届全国人民代表大会常务委员会第二十三次会议《关于修改〈中华人民共和国著作权法〉的决定》第三次修正）

目 录

第一章 总 则
第二章 著作权
　第一节 著作权人及其权利
　第二节 著作权归属
　第三节 权利的保护期
　第四节 权利的限制
第三章 著作权许可使用和转让合同
第四章 与著作权有关的权利
　第一节 图书、报刊的出版
　第二节 表 演
　第三节 录音录像
　第四节 广播电台、电视台播放
第五章 著作权和与著作权有关的权利的保护
第六章 附 则

第一章 总 则

第一条 为保护文学、艺术和科学作品作者的著作权，以及与著作权有关的权益，鼓励有益于社会主义精神文明、物质文明建设的作品的创作和传播，促进社会主义文化和科学事业的发展与繁荣，根据宪法制定本法。

第二条 中国公民、法人或者非法人组织的作品，不论是否发表，依照本法享有著作权。

外国人、无国籍人的作品根据其作者所属国或者经常居住地国同中国签订的协议或者共同参加的国际条约享有的著作权，受本法保护。

外国人、无国籍人的作品首先在中国境内出版的，依照本法享有著作权。

未与中国签订协议或者共同参加国际条约的国家的作者以及无国籍人的作品首次在中国

参加的国际条约的成员国出版的，或者在成员国和非成员国同时出版的，受本法保护。

第三条 本法所称的作品，是指文学、艺术和科学领域内具有独创性并能以一定形式表现的智力成果，包括：

（一）文字作品；

（二）口述作品；

（三）音乐、戏剧、曲艺、舞蹈、杂技艺术作品；

（四）美术、建筑作品；

（五）摄影作品；

（六）视听作品；

（七）工程设计图、产品设计图、地图、示意图等图形作品和模型作品；

（八）计算机软件；

（九）符合作品特征的其他智力成果。

第四条 著作权人和与著作权有关的权利人行使权利，不得违反宪法和法律，不得损害公共利益。国家对作品的出版、传播依法进行监督管理。

第五条 本法不适用于：

（一）法律、法规，国家机关的决议、决定、命令和其他具有立法、行政、司法性质的文件，及其官方正式译文；

（二）单纯事实消息；

（三）历法、通用数表、通用表格和公式。

第六条 民间文学艺术作品的著作权保护办法由国务院另行规定。

第七条 国家著作权主管部门负责全国的著作权管理工作；县级以上地方主管著作权的部门负责本行政区域的著作权管理工作。

第八条 著作权人和与著作权有关的权利人可以授权著作权集体管理组织行使著作权或者与著作权有关的权利。依法设立的著作权集体管理组织是非营利法人，被授权后可以以自己的名义为著作权人和与著作权有关的权利人主张权利，并可以作为当事人进行涉及著作权或者与著作权有关的权利的诉讼、仲裁、调解活动。

著作权集体管理组织根据授权向使用者收取使用费。使用费的收取标准由著作权集体管理组织和使用者代表协商确定，协商不成的，可以向国家著作权主管部门申请裁决，对裁决不服的，可以向人民法院提起诉讼；当事人也可以直接向人民法院提起诉讼。

著作权集体管理组织应当将使用费的收取和转付、管理费的提取和使用、使用费的未分配部分等总体情况定期向社会公布，并应当建立权利信息查询系统，供权利人和使用者查询。国家著作权主管部门应当依法对著作权集体管理组织进行监督、管理。

著作权集体管理组织的设立方式、权利义务、使用费的收取和分配，以及对其监督和管理等由国务院另行规定。

第二章 著作权

第一节 著作权人及其权利

第九条 著作权人包括：

（一）作者；

（二）其他依照本法享有著作权的自然人、法人或者非法人组织。

第十条 著作权包括下列人身权和财产权：

（一）发表权，即决定作品是否公之于众的权利；

（二）署名权，即表明作者身份，在作品上署名的权利；

（三）修改权，即修改或者授权他人修改作品的权利；

（四）保护作品完整权，即保护作品不受歪曲、篡改的权利；

（五）复制权，即以印刷、复印、拓印、录音、录像、翻录、翻拍、数字化等方式将作品制作一份或者多份的权利；

（六）发行权，即以出售或者赠与方式向公众提供作品的原件或者复制件的权利；

（七）出租权，即有偿许可他人临时使用视听作品、计算机软件的原件或者复制件的权利，计算机软件不是出租的主要标的的除外；

（八）展览权，即公开陈列美术作品、摄影作品的原件或者复制件的权利；

（九）表演权，即公开表演作品，以及用各种手段公开播送作品的表演的权利；

（十）放映权，即通过放映机、幻灯机等技术设备公开再现美术、摄影、视听作品等的权利；

（十一）广播权，即以有线或者无线方式公开传播或者转播作品，以及通过扩音器或者其他传送符号、声音、图像的类似工具向公众传播广播的作品的权利，但不包括本款第十二项规定的权利；

（十二）信息网络传播权，即以有线或者无线方式向公众提供，使公众可以在其选定的时间和地点获得作品的权利；

（十三）摄制权，即以摄制视听作品的方法将作品固定在载体上的权利；

（十四）改编权，即改变作品，创作出具有独创性的新作品的权利；

（十五）翻译权，即将作品从一种语言文字转换成另一种语言文字的权利；

（十六）汇编权，即将作品或者作品的片段通过选择或者编排，汇集成新作品的权利；

（十七）应当由著作权人享有的其他权利。

著作权人可以许可他人行使前款第五项至第十七项规定的权利，并依照约定或者本法有关规定获得报酬。

著作权人可以全部或者部分转让本条第一款第五项至第十七项规定的权利，并依照约定或者本法有关规定获得报酬。

第二节 著作权归属

第十一条 著作权属于作者，本法另有规定的除外。

创作作品的自然人是作者。

由法人或者非法人组织主持，代表法人或者非法人组织意志创作，并由法人或者非法人组织承担责任的作品，法人或者非法人组织视为作者。

第十二条 在作品上署名的自然人、法人或者非法人组织为作者，且该作品上存在相应权利，但有相反证明的除外。

作者等著作权人可以向国家著作权主管部门认定的登记机构办理作品登记。

与著作权有关的权利参照适用前两款规定。

第十三条 改编、翻译、注释、整理已有作品而产生的作品，其著作权由改编、翻译、注释、整理人享有，但行使著作权时不得侵犯原作品的著作权。

第十四条 两人以上合作创作的作品，著作权由合作作者共同享有。没有参加创作的人，不能成为合作作者。

合作作品的著作权由合作作者通过协商一致行使；不能协商一致，又无正当理由的，任何一方不得阻止他方行使除转让、许可他人专有使用、出质以外的其他权利，但是所得收益应当合理分配给所有合作作者。

合作作品可以分割使用的，作者对各自创作的部分可以单独享有著作权，但行使著作权时不得侵犯合作作品整体的著作权。

第十五条 汇编若干作品、作品的片段或者不构成作品的数据或者其他材料，对其内容的选择或者编排体现独创性的作品，为汇编作品，其著作权由汇编人享有，但行使著作权时，不得侵犯原作品的著作权。

第十六条 使用改编、翻译、注释、整理、汇编已有作品而产生的作品进行出版、演出和制作录音录像制品，应当取得该作品的著作权人和原作品的著作权人许可，并支付报酬。

第十七条 视听作品中的电影作品、电视剧作品的著作权由制作者享有，但编剧、导演、摄影、作词、作曲等作者享有署名权，并有权按照与制作者签订的合同获得报酬。

前款规定以外的视听作品的著作权归属由当事人约定；没有约定或者约定不明确的，由制作者享有，但作者享有署名权和获得报酬的权利。

视听作品中的剧本、音乐等可以单独使用的作品的作者有权单独行使其著作权。

第十八条 自然人为完成法人或者非法人组织工作任务所创作的作品是职务作品，除本条第二款的规定以外，著作权由作者享有，但法人或者非法人组织有权在其业务范围内优先使用。作品完成两年内，未经单位同意，作者不得许可第三人以与单位使用的相同方式使用该作品。

有下列情形之一的职务作品，作者享有署名权，著作权的其他权利由法人或者非法人组织享有，法人或者非法人组织可以给予作者奖励：

（一）主要是利用法人或者非法人组织的物质技术条件创作，并由法人或者非法人组织承担责任的工程设计图、产品设计图、地图、示意图、计算机软件等职务作品；

（二）报社、期刊社、通讯社、广播电台、电视台的工作人员创作的职务作品；

（三）法律、行政法规规定或者合同约定著作权由法人或者非法人组织享有的职务作品。

第十九条 受委托创作的作品，著作权的归属由委托人和受托人通过合同约定。合同未作明确约定或者没有订立合同的，著作权属于受托人。

第二十条 作品原件所有权的转移，不改变作品著作权的归属，但美术、摄影作品原件的展览权由原件所有人享有。

作者将未发表的美术、摄影作品的原件所有权转让给他人，受让人展览该原件不构成对作者发表权的侵犯。

第二十一条 著作权属于自然人的，自然人死亡后，其本法第十条第一款第五项至第十七项规定的权利在本法规定的保护期内，依法转移。

著作权属于法人或者非法人组织的，法人或者非法人组织变更、终止后，其本法第十条第一款第五项至第十七项规定的权利在本法规定的保护期内，由承受其权利义务的法人或者非法人组织享有；没有承受其权利义务的法人或者非法人组织的，由国家享有。

第三节 权利的保护期

第二十二条 作者的署名权、修改权、保护作品完整权的保护期不受限制。

第二十三条 自然人的作品，其发表权、本法第十条第一款第五项至第十七项规定的权利的保护期为作者终生及其死亡后五十年，截止于作者死亡后第五十年的12月31日；如果是合作作品，截止于最后死亡的作者死亡后第五十年的12月31日。

法人或者非法人组织的作品、著作权（署名权除外）由法人或者非法人组织享有的职务作品，其发表权的保护期为五十年，截止于作品创作完成后第五十年的12月31日；本法第十条第一款第五项至第十七项规定的权利的保护期为五十年，截止于作品首次发表后第五十年的12月31日，但作品自创作完成后五十年内未发表的，本法不再保护。

视听作品，其发表权的保护期为五十年，截止于作品创作完成后第五十年的12月31日；本法第十条第一款第五项至第十七项规定的权利的保护期为五十年，截止于作品首次发表后第五十年的12月31日，但作品自创作完成后五十年内未发表的，本法不再保护。

第四节 权利的限制

第二十四条 在下列情况下使用作品，可以不经著作权人许可，不向其支付报酬，但应当指明作者姓名或者名称、作品名称，并且不得影响该作品的正常使用，也不得不合理地损害著作权人的合法权益：

（一）为个人学习、研究或者欣赏，使用他人已经发表的作品；

（二）为介绍、评论某一作品或者说明某一问题，在作品中适当引用他人已经发表的作品；

（三）为报道新闻，在报纸、期刊、广播电台、电视台等媒体中不可避免地再现或者引用已经发表的作品；

（四）报纸、期刊、广播电台、电视台等媒体刊登或者播放其他报纸、期刊、广播电台、电视台等媒体已经发表的关于政治、经济、宗教问题的时事性文章，但著作权人声明不许刊登、播放的除外；

（五）报纸、期刊、广播电台、电视台等媒体刊登或者播放在公众集会上发表的讲话，但作者声明不许刊登、播放的除外；

（六）为学校课堂教学或者科学研究，翻译、改编、汇编、播放或者少量复制已经发表的作品，供教学或者科研人员使用，但不得出版发行；

（七）国家机关为执行公务在合理范围内使用已经发表的作品；

（八）图书馆、档案馆、纪念馆、博物馆、美术馆、文化馆等为陈列或者保存版本的需要，复制本馆收藏的作品；

（九）免费表演已经发表的作品，该表演未向公众收取费用，也未向表演者支付报酬，且不以营利为目的；

（十）对设置或者陈列在公共场所的艺术作品进行临摹、绘画、摄影、录像；

（十一）将中国公民、法人或者非法人组织已经发表的以国家通用语言文字创作的作品翻译成少数民族语言文字作品在国内出版发行；

（十二）以阅读障碍者能够感知的无障碍方式向其提供已经发表的作品；

（十三）法律、行政法规规定的其他情形。

前款规定适用于对与著作权有关的权利的

限制。

第二十五条 为实施义务教育和国家教育规划而编写出版教科书，可以不经著作权人许可，在教科书中汇编已经发表的作品片段或者短小的文字作品、音乐作品或者单幅的美术作品、摄影作品、图形作品，但应当按照规定向著作权人支付报酬，指明作者姓名或者名称、作品名称，并且不得侵犯著作权人依照本法享有的其他权利。

前款规定适用于对与著作权有关的权利的限制。

第三章 著作权许可使用和转让合同

第二十六条 使用他人作品应当同著作权人订立许可使用合同，本法规定可以不经许可的除外。

许可使用合同包括下列主要内容：

（一）许可使用的权利种类；

（二）许可使用的权利是专有使用权或者非专有使用权；

（三）许可使用的地域范围、期间；

（四）付酬标准和办法；

（五）违约责任；

（六）双方认为需要约定的其他内容。

第二十七条 转让本法第十条第一款第五项至第十七项规定的权利，应当订立书面合同。

权利转让合同包括下列主要内容：

（一）作品的名称；

（二）转让的权利种类、地域范围；

（三）转让价金；

（四）交付转让价金的日期和方式；

（五）违约责任；

（六）双方认为需要约定的其他内容。

第二十八条 以著作权中的财产权出质的，由出质人和质权人依法办理出质登记。

第二十九条 许可使用合同和转让合同中著作权人未明确许可、转让的权利，未经著作权人同意，另一方当事人不得行使。

第三十条 使用作品的付酬标准可以由当事人约定，也可以按照国家著作权主管部门会同有关部门制定的付酬标准支付报酬。当事人约定不明确的，按照国家著作权主管部门会同有关部门制定的付酬标准支付报酬。

第三十一条 出版者、表演者、录音录像制作者、广播电台、电视台等依照本法有关规定使用他人作品的，不得侵犯作者的署名权、修改权、保护作品完整权和获得报酬的权利。

第四章 与著作权有关的权利

第一节 图书、报刊的出版

第三十二条 图书出版者出版图书应当和著作权人订立出版合同，并支付报酬。

第三十三条 图书出版者对著作权人交付出版的作品，按照合同约定享有的专有出版权受法律保护，他人不得出版该作品。

第三十四条 著作权人应当按照合同约定期限交付作品。图书出版者应当按照合同约定的出版质量、期限出版图书。

图书出版者不按照合同约定期限出版，应当依照本法第六十一条的规定承担民事责任。

图书出版者重印、再版作品的，应当通知著作权人，并支付报酬。图书脱销后，图书出版者拒绝重印、再版的，著作权人有权终止合同。

第三十五条 著作权人向报社、期刊社投稿的，自稿件发出之日起十五日内未收到报社通知决定刊登的，或者自稿件发出之日起三十日内未收到期刊社通知决定刊登的，可以将同一作品向其他报社、期刊社投稿。双方另有约定的除外。

作品刊登后，除著作权人声明不得转载、摘编的外，其他报刊可以转载或者作为文摘、资料刊登，但应当按照规定向著作权人支付报酬。

第三十六条 图书出版者经作者许可，可以对作品修改、删节。

报社、期刊社可以对作品作文字性修改、删节。对内容的修改，应当经作者许可。

第三十七条 出版者有权许可或者禁止他人使用其出版的图书、期刊的版式设计。

前款规定的权利的保护期为十年，截止于使用该版式设计的图书、期刊首次出版后第十年的12月31日。

第二节 表 演

第三十八条 使用他人作品演出，表演者应当取得著作权人许可，并支付报酬。演出组织者组织演出，由该组织者取得著作权人许可，并支付报酬。

第三十九条 表演者对其表演享有下列权利：

（一）表明表演者身份；

（二）保护表演形象不受歪曲；

（三）许可他人从现场直播和公开传送其现场表演，并获得报酬；

（四）许可他人录音录像，并获得报酬；

（五）许可他人复制、发行、出租录有其表演的录音录像制品，并获得报酬；

（六）许可他人通过信息网络向公众传播其表演，并获得报酬。

被许可人以前款第三项至第六项规定的方式使用作品，还应当取得著作权人许可，并支付报酬。

第四十条 演员为完成本演出单位的演出任务进行的表演为职务表演，演员享有表明身份和保护表演形象不受歪曲的权利，其他权利归属由当事人约定。当事人没有约定或者约定不明确的，职务表演的权利由演出单位享有。

职务表演的权利由演员享有的，演出单位可以在其业务范围内免费使用该表演。

第四十一条 本法第三十九条第一款第一项、第二项规定的权利的保护期不受限制。

本法第三十九条第一款第三项至第六项规定的权利的保护期为五十年，截止于该表演发生后第五十年的12月31日。

第三节 录音录像

第四十二条 录音录像制作者使用他人作品制作录音录像制品，应当取得著作权人许可，并支付报酬。

录音制作者使用他人已经合法录制为录音制品的音乐作品制作录音制品，可以不经著作权人许可，但应当按照规定支付报酬；著作权人声明不许使用的不得使用。

第四十三条 录音录像制作者制作录音录像制品，应当同表演者订立合同，并支付报酬。

第四十四条 录音录像制作者对其制作的录音录像制品，享有许可他人复制、发行、出租、通过信息网络向公众传播并获得报酬的权利；权利的保护期为五十年，截止于该制品首次制作完成后第五十年的12月31日。

被许可人复制、发行、通过信息网络向公众传播录音录像制品，应当同时取得著作权人、表演者许可，并支付报酬；被许可人出租录音录像制品，还应当取得表演者许可，并支付报酬。

第四十五条 将录音制品用于有线或者无线公开传播，或者通过传送声音的技术设备向公众公开播送的，应当向录音制作者支付报酬。

第四节 广播电台、电视台播放

第四十六条 广播电台、电视台播放他人未发表的作品，应当取得著作权人许可，并支付报酬。

广播电台、电视台播放他人已发表的作品，可以不经著作权人许可，但应当按照规定支付报酬。

第四十七条 广播电台、电视台有权禁止未经其许可的下列行为：

（一）将其播放的广播、电视以有线或者无线方式转播；

（二）将其播放的广播、电视录制以及复制；

（三）将其播放的广播、电视通过信息网络向公众传播。

广播电台、电视台行使前款规定的权利，不得影响、限制或者侵害他人行使著作权或者与著作权有关的权利。

本条第一款规定的权利的保护期为五十年，截止于该广播、电视首次播放后第五十年的12月31日。

第四十八条 电视台播放他人的视听作品、录像制品，应当取得视听作品著作权人或者录像制作者许可，并支付报酬；播放他人的录像制品，还应当取得著作权人许可，并支付报酬。

第五章 著作权和与著作权有关的权利的保护

第四十九条 为保护著作权和与著作权有关的权利，权利人可以采取技术措施。

未经权利人许可，任何组织或者个人不得故意避开或者破坏技术措施，不得以避开或者破坏技术措施为目的制造、进口或者向公众提供有关装置或者部件，不得故意为他人避开或者破坏技术措施提供技术服务。但是，法律、行政法规规定可以避开的情形除外。

本法所称的技术措施，是指用于防止、限制未经权利人许可浏览、欣赏作品、表演、录音录像制品或者通过信息网络向公众提供作品、表演、录音录像制品的有效技术、装置或者部件。

第五十条 下列情形可以避开技术措施，但不得向他人提供避开技术措施的技术、装置或者部件，不得侵犯权利人依法享有的其他权利：

（一）为学校课堂教学或者科学研究，提供少量已经发表的作品，供教学或者科研人员使用，而该作品无法通过正常途径获取；

（二）不以营利为目的，以阅读障碍者能够感知的无障碍方式向其提供已经发表的作品，而该作品无法通过正常途径获取；

（三）国家机关依照行政、监察、司法程序执行公务；

（四）对计算机及其系统或者网络的安全性能进行测试；

（五）进行加密研究或者计算机软件反向工程研究。

前款规定适用于对与著作权有关的权利的限制。

第五十一条 未经权利人许可，不得进行下列行为：

（一）故意删除或者改变作品、版式设计、表演、录音录像制品或者广播、电视上的权利管理信息，但由于技术上的原因无法避免的除外；

（二）知道或者应当知道作品、版式设计、表演、录音录像制品或者广播、电视上的权利管理信息未经许可被删除或者改变，仍然向公众提供。

第五十二条 有下列侵权行为的，应当根据情况，承担停止侵害、消除影响、赔礼道歉、赔偿损失等民事责任：

（一）未经著作权人许可，发表其作品的；

（二）未经合作作者许可，将与他人合作创作的作品当作自己单独创作的作品发表的；

（三）没有参加创作，为谋取个人名利，在他人作品上署名的；

（四）歪曲、篡改他人作品的；

（五）剽窃他人作品的；

（六）未经著作权人许可，以展览、摄制视听作品的方法使用作品，或者以改编、翻译、注释等方式使用作品的，本法另有规定的除外；

（七）使用他人作品，应当支付报酬而未支付的；

（八）未经视听作品、计算机软件、录音录像制品的著作权人、表演者或者录音录像制作者许可，出租其作品或者录音录像制品的原件或者复制件的，本法另有规定的除外；

（九）未经出版者许可，使用其出版的图书、期刊的版式设计的；

（十）未经表演者许可，从现场直播或者公开传送其现场表演，或者录制其表演的；

（十一）其他侵犯著作权以及与著作权有关的权利的行为。

第五十三条 有下列侵权行为的，应当根据情况，承担本法第五十二条规定的民事责任；侵权行为同时损害公共利益的，由主管著作权的部门责令停止侵权行为，予以警告，没收违法所得，没收、无害化销毁处理侵权复制品以及主要用于制作侵权复制品的材料、工具、设备等，违法经营额五万元以上的，可以并处违法经营额一倍以上五倍以下的罚款；没有违法经营额、违法经营额难以计算或者不足五万元的，可以并处二十五万元以下的罚款；构成犯罪的，依法追究刑事责任：

（一）未经著作权人许可，复制、发行、表演、放映、广播、汇编、通过信息网络向公众传播其作品的，本法另有规定的除外；

（二）出版他人享有专有出版权的图书的；

（三）未经表演者许可，复制、发行录有其表演的录音录像制品，或者通过信息网络向公众传播其表演的，本法另有规定的除外；

（四）未经录音录像制作者许可，复制、发行、通过信息网络向公众传播其制作的录音录像制品的，本法另有规定的除外；

（五）未经许可，播放、复制或者通过信息网络向公众传播广播、电视的，本法另有规定的除外；

（六）未经著作权人或者与著作权有关的权利人许可，故意避开或者破坏技术措施的，故意制造、进口或者向他人提供主要用于避开、破坏技术措施的装置或者部件的，或者故意为他人避开或者破坏技术措施提供技术服务的，法律、行政法规另有规定的除外；

（七）未经著作权人或者与著作权有关的

权利人许可，故意删除或者改变作品、版式设计、表演、录音录像制品或者广播、电视上的权利管理信息的，知道或者应当知道作品、版式设计、表演、录音录像制品或者广播、电视上的权利管理信息未经许可被删除或者改变，仍然向公众提供的，法律、行政法规另有规定的除外；

（八）制作、出售假冒他人署名的作品的。

第五十四条 侵犯著作权或者与著作权有关的权利的，侵权人应当按照权利人因此受到的实际损失或者侵权人的违法所得给予赔偿；权利人的实际损失或者侵权人的违法所得难以计算的，可以参照该权利使用费给予赔偿。对故意侵犯著作权或者与著作权有关的权利，情节严重的，可以在按照上述方法确定数额的一倍以上五倍以下给予赔偿。

权利人的实际损失、侵权人的违法所得、权利使用费难以计算的，由人民法院根据侵权行为的情节，判决给予五百元以上五百万元以下的赔偿。

赔偿数额还应当包括权利人为制止侵权行为所支付的合理开支。

人民法院为确定赔偿数额，在权利人已经尽了必要举证责任，而与侵权行为相关的账簿、资料等主要由侵权人掌握的，可以责令侵权人提供与侵权行为相关的账簿、资料等；侵权人不提供，或者提供虚假的账簿、资料等的，人民法院可以参考权利人的主张和提供的证据确定赔偿数额。

人民法院审理著作权纠纷案件，应权利人请求，对侵权复制品，除特殊情况外，责令销毁；对主要用于制造侵权复制品的材料、工具、设备等，责令销毁，且不予补偿；或者在特殊情况下，责令禁止前述材料、工具、设备等进入商业渠道，且不予补偿。

第五十五条 主管著作权的部门对涉嫌侵犯著作权和与著作权有关的权利的行为进行查处时，可以询问有关当事人，调查与涉嫌违法行为有关的情况；对当事人涉嫌违法行为的场所和物品实施现场检查；查阅、复制与涉嫌违法行为有关的合同、发票、账簿以及其他有关资料；对于涉嫌违法行为的场所和物品，可以查封或者扣押。

主管著作权的部门依法行使前款规定的职权时，当事人应当予以协助、配合，不得拒绝、阻挠。

第五十六条 著作权人或者与著作权有关的权利人有证据证明他人正在实施或者即将实施侵犯其权利、妨碍其实现权利的行为，如不及时制止将会使其合法权益受到难以弥补的损害的，可以在起诉前依法向人民法院申请采取财产保全、责令作出一定行为或者禁止作出一定行为等措施。

第五十七条 为制止侵权行为，在证据可能灭失或者以后难以取得的情况下，著作权人或者与著作权有关的权利人可以在起诉前依法向人民法院申请保全证据。

第五十八条 人民法院审理案件，对于侵犯著作权或者与著作权有关的权利的，可以没收违法所得、侵权复制品以及进行违法活动的财物。

第五十九条 复制品的出版者、制作者不能证明其出版、制作有合法授权的，复制品的发行者或者视听作品、计算机软件、录音录像制品的复制品的出租者不能证明其发行、出租的复制品有合法来源的，应当承担法律责任。

在诉讼程序中，被诉侵权人主张其不承担侵权责任的，应当提供证据证明已经取得权利人的许可，或者具有本法规定的不经权利人许可而可以使用的情形。

第六十条 著作权纠纷可以调解，也可以根据当事人达成的书面仲裁协议或者著作权合同中的仲裁条款，向仲裁机构申请仲裁。

当事人没有书面仲裁协议，也没有在著作权合同中订立仲裁条款的，可以直接向人民法院起诉。

第六十一条 当事人因不履行合同义务或者履行合同义务不符合约定而承担民事责任，以及当事人行使诉讼权利、申请保全等，适用有关法律的规定。

第六章 附 则

第六十二条 本法所称的著作权即版权。

第六十三条 本法第二条所称的出版，指作品的复制、发行。

第六十四条 计算机软件、信息网络传播权的保护办法由国务院另行规定。

第六十五条 摄影作品，其发表权、本法第十条第一款第五项至第十七项规定的权利的保护期在2021年6月1日前已经届满，但依据本法第二十三条第一款的规定仍在保护期内的，不再保护。

第六十六条 本法规定的著作权人和出版者、表演者、录音录像制作者、广播电台、电视台的权利，在本法施行之日尚未超过本法规定的保护期的，依照本法予以保护。

本法施行前发生的侵权或者违约行为，依照侵权或者违约行为发生时的有关规定处理。

第六十七条 本法自1991年6月1日起施行。

中华人民共和国电影产业促进法

（2016年11月7日第十二届全国人民代表大会常务委员会第二十四次会议通过 2016年11月7日中华人民共和国主席令第五十四号公布 自2017年3月1日起施行）

目　录

第一章　总　则
第二章　电影创作、摄制
第三章　电影发行、放映
第四章　电影产业支持、保障
第五章　法律责任
第六章　附　则

第一章　总　则

第一条 为了促进电影产业健康繁荣发展，弘扬社会主义核心价值观，规范电影市场秩序，丰富人民群众精神文化生活，制定本法。

第二条 在中华人民共和国境内从事电影创作、摄制、发行、放映等活动（以下统称电影活动），适用本法。

本法所称电影，是指运用视听技术和艺术手段摄制、以胶片或者数字载体记录、由表达一定内容的有声或者无声的连续画面组成、符合国家规定的技术标准、用于电影院等固定放映场所或者流动放映设备公开放映的作品。

通过互联网、电信网、广播电视网等信息网络传播电影的，还应当遵守互联网、电信网、广播电视网等信息网络管理的法律、行政法规的规定。

第三条 从事电影活动，应当坚持为人民服务、为社会主义服务，坚持社会效益优先，实现社会效益与经济效益相统一。

第四条 国家坚持以人民为中心的创作导向，坚持百花齐放、百家争鸣的方针，尊重和保障电影创作自由，倡导电影创作贴近实际、贴近生活、贴近群众，鼓励创作思想性、艺术性、观赏性相统一的优秀电影。

第五条 国务院应当将电影产业发展纳入国民经济和社会发展规划。县级以上地方人民政府根据当地实际情况将电影产业发展纳入本级国民经济和社会发展规划。

国家制定电影及其相关产业政策，引导形成统一开放、公平竞争的电影市场，促进电影市场繁荣发展。

第六条 国家鼓励电影科技的研发、应用，制定并完善电影技术标准，构建以企业为主体、市场为导向、产学研相结合的电影技术创新体系。

第七条 与电影有关的知识产权受法律保护，任何组织和个人不得侵犯。

县级以上人民政府负责知识产权执法的部门应当采取措施，保护与电影有关的知识产权，依法查处侵犯与电影有关的知识产权的行为。

从事电影活动的公民、法人和其他组织应当增强知识产权意识，提高运用、保护和管理知识产权的能力。

国家鼓励公民、法人和其他组织依法开发电影形象产品等衍生产品。

第八条 国务院电影主管部门负责全国的电影工作；县级以上地方人民政府电影主管部

门负责本行政区域内的电影工作。

县级以上人民政府其他有关部门在各自职责范围内，负责有关的电影工作。

第九条 电影行业组织依法制定行业自律规范，开展业务交流，加强职业道德教育，维护其成员的合法权益。

演员、导演等电影从业人员应当坚持德艺双馨，遵守法律法规，尊重社会公德，恪守职业道德，加强自律，树立良好社会形象。

第十条 国家支持建立电影评价体系，鼓励开展电影评论。

对优秀电影以及为促进电影产业发展作出突出贡献的组织、个人，按照国家有关规定给予表彰和奖励。

第十一条 国家鼓励开展平等、互利的电影国际合作与交流，支持参加境外电影节（展）。

第二章 电影创作、摄制

第十二条 国家鼓励电影剧本创作和题材、体裁、形式、手段等创新，鼓励电影学术研讨和业务交流。

县级以上人民政府电影主管部门根据电影创作的需要，为电影创作人员深入基层、深入群众、体验生活等提供必要的便利和帮助。

第十三条 拟摄制电影的法人、其他组织应当将电影剧本梗概向国务院电影主管部门或者省、自治区、直辖市人民政府电影主管部门备案；其中，涉及重大题材或者国家安全、外交、民族、宗教、军事等方面题材的，应当按照国家有关规定将电影剧本报送审查。

电影剧本梗概或者电影剧本符合本法第十六条规定的，由国务院电影主管部门将拟摄制电影的基本情况予以公告，并由国务院电影主管部门或者省、自治区、直辖市人民政府电影主管部门出具备案证明文件或者颁发批准文件。具体办法由国务院电影主管部门制定。

第十四条 法人、其他组织经国务院电影主管部门批准，可以与境外组织合作摄制电影；但是，不得与从事损害我国国家尊严、荣誉和利益，危害社会稳定，伤害民族感情等活动的境外组织合作，也不得聘用有上述行为的个人参加电影摄制。

合作摄制电影符合创作、出资、收益分配等方面比例要求的，该电影视同境内法人、其他组织摄制的电影。

境外组织不得在境内独立从事电影摄制活动；境外个人不得在境内从事电影摄制活动。

第十五条 县级以上人民政府电影主管部门应当协调公安、文物保护、风景名胜区管理等部门，为法人、其他组织依照本法从事电影摄制活动提供必要的便利和帮助。

从事电影摄制活动的，应当遵守有关环境保护、文物保护、风景名胜区管理和安全生产等方面的法律、法规，并在摄制过程中采取必要的保护、防护措施。

第十六条 电影不得含有下列内容：

（一）违反宪法确定的基本原则，煽动抗拒或者破坏宪法、法律、行政法规实施；

（二）危害国家统一、主权和领土完整，泄露国家秘密，危害国家安全，损害国家尊严、荣誉和利益，宣扬恐怖主义、极端主义；

（三）诋毁民族优秀文化传统，煽动民族仇恨、民族歧视，侵害民族风俗习惯，歪曲民族历史或者民族历史人物，伤害民族感情，破坏民族团结；

（四）煽动破坏国家宗教政策，宣扬邪教、迷信；

（五）危害社会公德，扰乱社会秩序，破坏社会稳定，宣扬淫秽、赌博、吸毒，渲染暴力、恐怖，教唆犯罪或者传授犯罪方法；

（六）侵害未成年人合法权益或者损害未成年人身心健康；

（七）侮辱、诽谤他人或者散布他人隐私，侵害他人合法权益；

（八）法律、行政法规禁止的其他内容。

第十七条 法人、其他组织应当将其摄制完成的电影送国务院电影主管部门或者省、自治区、直辖市人民政府电影主管部门审查。

国务院电影主管部门或者省、自治区、直辖市人民政府电影主管部门应当自受理申请之日起三十日内作出审查决定。对符合本法规定的，准予公映，颁发电影公映许可证，并予以公布；对不符合本法规定的，不准予公映，书面通知申请人并说明理由。

国务院电影主管部门应当根据本法制定完善电影审查的具体标准和程序，并向社会公布。制定完善电影审查的具体标准应当向社会公开征求意见，并组织专家进行论证。

第十八条 进行电影审查应当组织不少于

五名专家进行评审，由专家提出评审意见。法人、其他组织对专家评审意见有异议的，国务院电影主管部门或者省、自治区、直辖市人民政府电影主管部门可以另行组织专家再次评审。专家的评审意见应当作为作出审查决定的重要依据。

前款规定的评审专家包括专家库中的专家和根据电影题材特别聘请的专家。专家遴选和评审的具体办法由国务院电影主管部门制定。

第十九条 取得电影公映许可证的电影需要变更内容的，应当依照本法规定重新报送审查。

第二十条 摄制电影的法人、其他组织应当将取得的电影公映许可证标识置于电影的片头处；电影放映可能引起未成年人等观众身体或者心理不适的，应当予以提示。

未取得电影公映许可证的电影，不得发行、放映，不得通过互联网、电信网、广播电视网等信息网络进行传播，不得制作为音像制品；但是，国家另有规定的，从其规定。

第二十一条 摄制完成的电影取得电影公映许可证，方可参加电影节（展）。拟参加境外电影节（展）的，送展法人、其他组织应当在该境外电影节（展）举办前，将相关材料报国务院电影主管部门或者省、自治区、直辖市人民政府电影主管部门备案。

第二十二条 公民、法人和其他组织可以承接境外电影的洗印、加工、后期制作等业务，并报省、自治区、直辖市人民政府电影主管部门备案，但是不得承接含有损害我国国家尊严、荣誉和利益，危害社会稳定，伤害民族感情等内容的境外电影的相关业务。

第二十三条 国家设立的电影档案机构依法接收、收集、整理、保管并向社会开放电影档案。

国家设立的电影档案机构应当配置必要的设备，采用先进技术，提高电影档案管理现代化水平。

摄制电影的法人、其他组织依照《中华人民共和国档案法》的规定，做好电影档案保管工作，并向国家设立的电影档案机构移交、捐赠、寄存电影档案。

第三章 电影发行、放映

第二十四条 企业具有与所从事的电影发行活动相适应的人员、资金条件的，经国务院电影主管部门或者所在地省、自治区、直辖市人民政府电影主管部门批准，可以从事电影发行活动。

企业、个体工商户具有与所从事的电影放映活动相适应的人员、场所、技术和设备等条件的，经所在地县级人民政府电影主管部门批准，可以从事电影院等固定放映场所电影放映活动。

第二十五条 依照本法规定负责电影发行、放映活动审批的电影主管部门，应当自受理申请之日起三十日内，作出批准或者不批准的决定。对符合条件的，予以批准，颁发电影发行经营许可证或者电影放映经营许可证，并予以公布；对不符合条件的，不予批准，书面通知申请人并说明理由。

第二十六条 企业、个人从事电影流动放映活动，应当将企业名称或者经营者姓名、地址、联系方式、放映设备等向经营区域所在地县级人民政府电影主管部门备案。

第二十七条 国家加大对农村电影放映的扶持力度，由政府出资建立完善农村电影公益放映服务网络，积极引导社会资金投资农村电影放映，不断改善农村地区观看电影条件，统筹保障农村地区群众观看电影需求。

县级以上人民政府应当将农村电影公益放映纳入农村公共文化服务体系建设，按照国家有关规定对农村电影公益放映活动给予补贴。

从事农村电影公益放映活动的，不得以虚报、冒领等手段骗取农村电影公益放映补贴资金。

第二十八条 国务院教育、电影主管部门可以共同推荐有利于未成年人健康成长的电影，并采取措施支持接受义务教育的学生免费观看，由所在学校组织安排。

国家鼓励电影院以及从事电影流动放映活动的企业、个人采取票价优惠、建设不同条件的放映厅、设立社区放映点等多种措施，为未成年人、老年人、残疾人、城镇低收入居民以及进城务工人员等观看电影提供便利；电影院以及从事电影流动放映活动的企业、个人所在地人民政府可以对其发放奖励性补贴。

第二十九条 电影院应当合理安排由境内法人、其他组织所摄制电影的放映场次和时段，并且放映的时长不得低于年放映电影时长总和的三分之二。

电影院以及从事电影流动放映活动的企业、个人应当保障电影放映质量。

第三十条 电影院的设施、设备以及用于流动放映的设备应当符合电影放映技术的国家标准。

电影院应当按照国家有关规定安装计算机售票系统。

第三十一条 未经权利人许可，任何人不得对正在放映的电影进行录音录像。发现进行录音录像的，电影院工作人员有权予以制止，并要求其删除；对拒不听从的，有权要求其离场。

第三十二条 国家鼓励电影院在向观众明示的电影开始放映时间之前放映公益广告。

电影院在向观众明示的电影开始放映时间之后至电影放映结束前，不得放映广告。

第三十三条 电影院应当遵守治安、消防、公共场所卫生等法律、行政法规，维护放映场所的公共秩序和环境卫生，保障观众的安全与健康。

任何人不得携带爆炸性、易燃性、放射性、毒害性、腐蚀性物品进入电影院等放映场所，不得非法携带枪支、弹药、管制器具进入电影院等放映场所；发现非法携带上述物品的，有关工作人员应当拒绝其进入，并向有关部门报告。

第三十四条 电影发行企业、电影院等应当如实统计电影销售收入，提供真实准确的统计数据，不得采取制造虚假交易、虚报瞒报销售收入等不正当手段，欺骗、误导观众，扰乱电影市场秩序。

第三十五条 在境内举办涉外电影节（展），须经国务院电影主管部门或者省、自治区、直辖市人民政府电影主管部门批准。

第四章 电影产业支持、保障

第三十六条 国家支持下列电影的创作、摄制：

（一）传播中华优秀文化、弘扬社会主义核心价值观的重大题材电影；

（二）促进未成年人健康成长的电影；

（三）展现艺术创新成果、促进艺术进步的电影；

（四）推动科学教育事业发展和科学技术普及的电影；

（五）其他符合国家支持政策的电影。

第三十七条 国家引导相关文化产业专项资金、基金加大对电影产业的投入力度，根据不同阶段和时期电影产业的发展情况，结合财力状况和经济社会发展需要，综合考虑、统筹安排财政资金对电影产业的支持，并加强对相关资金、基金使用情况的审计。

第三十八条 国家实施必要的税收优惠政策，促进电影产业发展，具体办法由国务院财税主管部门依照税收法律、行政法规的规定制定。

第三十九条 县级以上地方人民政府应当依据人民群众需求和电影市场发展需要，将电影院建设和改造纳入国民经济和社会发展规划、土地利用总体规划和城乡规划等。

县级以上地方人民政府应当按照国家有关规定，有效保障电影院用地需求，积极盘活现有电影院用地资源，支持电影院建设和改造。

第四十条 国家鼓励金融机构为从事电影活动以及改善电影基础设施提供融资服务，依法开展与电影有关的知识产权质押融资业务，并通过信贷等方式支持电影产业发展。

国家鼓励保险机构依法开发适应电影产业发展需要的保险产品。

国家鼓励融资担保机构依法向电影产业提供融资担保，通过再担保、联合担保以及担保与保险相结合等方式分散风险。

对国务院电影主管部门依照本法规定公告的电影的摄制，按照国家有关规定合理确定贷款期限和利率。

第四十一条 国家鼓励法人、其他组织通过到境外合作摄制电影等方式进行跨境投资，依法保障其对外贸易、跨境融资和投资等合理用汇需求。

第四十二条 国家实施电影人才扶持计划。

国家支持有条件的高等学校、中等职业学校和其他教育机构、培训机构等开设与电影相关的专业和课程，采取多种方式培养适应电影产业发展需要的人才。

国家鼓励从事电影活动的法人和其他组织参与学校相关人才培养。

第四十三条 国家采取措施，扶持农村地区、边疆地区、贫困地区和民族地区开展电影活动。

国家鼓励、支持少数民族题材电影创作，加强电影的少数民族语言文字译制工作，统筹保障民族地区群众观看电影需求。

第四十四条 国家对优秀电影的外语翻译制作予以支持，并综合利用外交、文化、教育等对外交流资源开展电影的境外推广活动。

国家鼓励公民、法人和其他组织从事电影的境外推广。

第四十五条 国家鼓励社会力量以捐赠、资助等方式支持电影产业发展，并依法给予优惠。

第四十六条 县级以上人民政府电影主管部门应当加强对电影活动的日常监督管理，受理对违反本法规定的行为的投诉、举报，并及时核实、处理、答复；将从事电影活动的单位和个人因违反本法规定受到行政处罚的情形记入信用档案，并向社会公布。

第五章 法律责任

第四十七条 违反本法规定擅自从事电影摄制、发行、放映活动的，由县级以上人民政府电影主管部门予以取缔，没收电影片和违法所得以及从事违法活动的专用工具、设备；违法所得五万元以上的，并处违法所得五倍以上十倍以下的罚款；没有违法所得或者违法所得不足五万元的，可以并处二十五万元以下的罚款。

第四十八条 有下列情形之一的，由原发证机关吊销有关许可证、撤销有关批准或者证明文件；县级以上人民政府电影主管部门没收违法所得；违法所得五万元以上的，并处违法所得五倍以上十倍以下的罚款；没有违法所得或者违法所得不足五万元的，可以并处二十五万元以下的罚款：

（一）伪造、变造、出租、出借、买卖本法规定的许可证、批准或者证明文件，或者以其他形式非法转让本法规定的许可证、批准或者证明文件的；

（二）以欺骗、贿赂等不正当手段取得本法规定的许可证、批准或者证明文件的。

第四十九条 有下列情形之一的，由原发证机关吊销许可证；县级以上人民政府电影主管部门没收电影片和违法所得；违法所得五万元以上的，并处违法所得十倍以上二十倍以下的罚款；没有违法所得或者违法所得不足五万元的，可以并处五十万元以下的罚款：

（一）发行、放映未取得电影公映许可证的电影的；

（二）取得电影公映许可证后变更电影内容，未依照规定重新取得电影公映许可证擅自发行、放映、送展的；

（三）提供未取得电影公映许可证的电影参加电影节（展）的。

第五十条 承接含有损害我国国家尊严、荣誉和利益，危害社会稳定，伤害民族感情等内容的境外电影的洗印、加工、后期制作等业务的，由县级以上人民政府电影主管部门责令停止违法活动，没收电影片和违法所得；违法所得五万元以上的，并处违法所得三倍以上五倍以下的罚款；没有违法所得或者违法所得不足五万元的，可以并处十五万元以下的罚款。情节严重的，由电影主管部门通报工商行政管理部门，由工商行政管理部门吊销营业执照。

第五十一条 电影发行企业、电影院等有制造虚假交易、虚报瞒报销售收入等行为，扰乱电影市场秩序的，由县级以上人民政府电影主管部门责令改正，没收违法所得，处五万元以上五十万元以下的罚款；违法所得五十万元以上的，处违法所得一倍以上五倍以下的罚款。情节严重的，责令停业整顿；情节特别严重的，由原发证机关吊销许可证。

电影院在向观众明示的电影开始放映时间之后至电影放映结束前放映广告的，由县级人民政府电影主管部门给予警告，责令改正；情节严重的，处一万元以上五万元以下的罚款。

第五十二条 法人或者其他组织未经许可擅自在境内举办涉外电影节（展）的，由国务院电影主管部门或者省、自治区、直辖市人民政府电影主管部门责令停止违法活动，没收参展的电影片和违法所得；违法所得五万元以上的，并处违法所得五倍以上十倍以下的罚款；没有违法所得或者违法所得不足五万元的，可以并处二十五万元以下的罚款；情节严重的，自受到处罚之日起五年内不得举办涉外电影节（展）。

个人擅自在境内举办涉外电影节（展），或者擅自提供未取得电影公映许可证的电影参加电影节（展）的，由国务院电影主管部门或者省、自治区、直辖市人民政府电影主管部门责令停止违法活动，没收参展的电影片和违法所得；违法所得五万元以上的，并处违法所得五倍以上十倍以下的罚款；没有违法所得或者违法所得不足五万元的，可以并处二十五万元以下的罚款；情节严重的，自受到处罚之日起五年内不得从事相关电影活动。

第五十三条 法人、其他组织或者个体工商户因违反本法规定被吊销许可证的，自吊销许可证之日起五年内不得从事该项业务活动；其法定代表人或者主要负责人自吊销许可证之日起五年内不得担任从事电影活动的法人、其他组织的法定代表人或者主要负责人。

第五十四条 有下列情形之一的，依照有关法律、行政法规及国家有关规定予以处罚：

（一）违反国家有关规定，擅自将未取得电影公映许可证的电影制作为音像制品的；

（二）违反国家有关规定，擅自通过互联网、电信网、广播电视网等信息网络传播未取得电影公映许可证的电影的；

（三）以虚报、冒领等手段骗取农村电影公益放映补贴资金的；

（四）侵犯与电影有关的知识产权的；

（五）未依法接收、收集、整理、保管、移交电影档案的。

电影院有前款第四项规定行为，情节严重的，由原发证机关吊销许可证。

第五十五条 县级以上人民政府电影主管部门或者其他有关部门的工作人员有下列情形之一，尚不构成犯罪的，依法给予处分：

（一）利用职务上的便利收受他人财物或者其他好处的；

（二）违反本法规定进行审批活动的；

（三）不履行监督职责的；

（四）发现违法行为不予查处的；

（五）贪污、挪用、截留、克扣农村电影公益放映补贴资金或者相关专项资金、基金的；

（六）其他违反本法规定滥用职权、玩忽职守、徇私舞弊的情形。

第五十六条 违反本法规定，造成人身、财产损害的，依法承担民事责任；构成犯罪的，依法追究刑事责任。

因违反本法规定二年内受到二次以上行政处罚，又有依照本法规定应当处罚的违法行为的，从重处罚。

第五十七条 县级以上人民政府电影主管部门及其工作人员应当严格依照本法规定的处罚种类和幅度，根据违法行为的性质和具体情节行使行政处罚权，具体办法由国务院电影主管部门制定。

县级以上人民政府电影主管部门对有证据证明违反本法规定的行为进行查处时，可以依法查封与违法行为有关的场所、设施或者查封、扣押用于违法行为的财物。

第五十八条 当事人对县级以上人民政府电影主管部门以及其他有关部门依照本法作出的行政行为不服的，可以依法申请行政复议或者提起行政诉讼。其中，对国务院电影主管部门作出的不准予电影公映的决定不服的，应当先依法申请行政复议，对行政复议决定不服的可以提起行政诉讼。

第六章 附 则

第五十九条 境外资本在中华人民共和国境内设立从事电影活动的企业的，按照国家有关规定执行。

第六十条 本法自 2017 年 3 月 1 日起施行。

中华人民共和国著作权法实施条例

（2002年8月2日中华人民共和国国务院令第359号公布 根据2011年1月8日《国务院关于废止和修改部分行政法规的决定》第一次修订 根据2013年1月30日《国务院关于修改〈中华人民共和国著作权法实施条例〉的决定》第二次修订）

第一条 根据《中华人民共和国著作权法》（以下简称著作权法），制定本条例。

第二条 著作权法所称作品，是指文学、艺术和科学领域内具有独创性并能以某种有形形式复制的智力成果。

第三条 著作权法所称创作，是指直接产生文学、艺术和科学作品的智力活动。

为他人创作进行组织工作，提供咨询意见、物质条件，或者进行其他辅助工作，均不视为创作。

第四条 著作权法和本条例中下列作品的含义：

（一）文字作品，是指小说、诗词、散文、论文等以文字形式表现的作品；

（二）口述作品，是指即兴的演说、授课、法庭辩论等以口头语言形式表现的作品；

（三）音乐作品，是指歌曲、交响乐等能够演唱或者演奏的带词或者不带词的作品；

（四）戏剧作品，是指话剧、歌剧、地方戏等供舞台演出的作品；

（五）曲艺作品，是指相声、快书、大鼓、评书等以说唱为主要形式表演的作品；

（六）舞蹈作品，是指通过连续的动作、姿势、表情等表现思想情感的作品；

（七）杂技艺术作品，是指杂技、魔术、马戏等通过形体动作和技巧表现的作品；

（八）美术作品，是指绘画、书法、雕塑等以线条、色彩或者其他方式构成的有审美意义的平面或者立体的造型艺术作品；

（九）建筑作品，是指以建筑物或者构筑物形式表现的有审美意义的作品；

（十）摄影作品，是指借助器械在感光材料或者其他介质上记录客观物体形象的艺术作品；

（十一）电影作品和以类似摄制电影的方法创作的作品，是指摄制在一定介质上，由一系列有伴音或者无伴音的画面组成，并且借助适当装置放映或者以其他方式传播的作品；

（十二）图形作品，是指为施工、生产绘制的工程设计图、产品设计图，以及反映地理现象、说明事物原理或者结构的地图、示意图等作品；

（十三）模型作品，是指为展示、试验或者观测等用途，根据物体的形状和结构，按照一定比例制成的立体作品。

第五条 著作权法和本条例中下列用语的含义：

（一）时事新闻，是指通过报纸、期刊、广播电台、电视台等媒体报道的单纯事实消息；

（二）录音制品，是指任何对表演的声音和其他声音的录制品；

（三）录像制品，是指电影作品和以类似摄制电影的方法创作的作品以外的任何有伴音或者无伴音的连续相关形象、图像的录制品；

（四）录音制作者，是指录音制品的首次制作人；

（五）录像制作者，是指录像制品的首次制作人；

（六）表演者，是指演员、演出单位或者其他表演文学、艺术作品的人。

第六条 著作权自作品创作完成之日起产生。

第七条 著作权法第二条第三款规定的首先在中国境内出版的外国人、无国籍人的作品，其著作权自首次出版之日起受保护。

第八条 外国人、无国籍人的作品在中国境外首先出版后，30日内在中国境内出版的，视为该作品同时在中国境内出版。

第九条 合作作品不可以分割使用的，其著作权由各合作作者共同享有，通过协商一致行使；不能协商一致，又无正当理由的，任何一方不得阻止他方行使除转让以外的其他权利，但是所得收益应当合理分配给所有合作作者。

第十条 著作权人许可他人将其作品摄制成电影作品和以类似摄制电影的方法创作的作品的，视为已同意对其作品进行必要的改动，但是这种改动不得歪曲篡改原作品。

第十一条 著作权法第十六条第一款关于职务作品的规定中的“工作任务”，是指公民在该法人或者该组织中应当履行的职责。

著作权法第十六条第二款关于职务作品的规定中的“物质技术条件”，是指该法人或者该组织为公民完成创作专门提供的资金、设备或者资料。

第十二条 职务作品完成两年内，经单位同意，作者许可第三人以与单位使用的相同方式使用作品所获报酬，由作者与单位按约定的比例分配。

作品完成两年的期限，自作者向单位交付作品之日起计算。

第十三条 作者身份不明的作品，由作品原件的所有人行使除署名权以外的著作权。作者身份确定后，由作者或者其继承人行使著作权。

第十四条 合作作者之一死亡后，其对合作作品享有的著作权法第十条第一款第五项至第十七项规定的权利无人继承又无人受遗赠的，由其他合作作者享有。

第十五条 作者死亡后，其著作权中的署名权、修改权和保护作品完整权由作者的继承人或者受遗赠人保护。

著作权无人继承又无人受遗赠的，其署名权、修改权和保护作品完整权由著作权行政管理部门保护。

第十六条 国家享有著作权的作品的使用，由国务院著作权行政管理部门管理。

第十七条 作者生前未发表的作品，如果作者未明确表示不发表，作者死亡后50年内，其发表权可由继承人或者受遗赠人行使；没有继承人又无人受遗赠的，由作品原件的所有人行使。

第十八条 作者身份不明的作品，其著作权法第十条第一款第五项至第十七项规定的权利的保护期截止于作品首次发表后第50年的12月31日。作者身份确定后，适用著作权法第二十一条的规定。

第十九条 使用他人作品的，应当指明作者姓名、作品名称；但是，当事人另有约定或者由于作品使用方式的特性无法指明的除外。

第二十条 著作权法所称已经发表的作品，是指著作权人自行或者许可他人公之于众的作品。

第二十一条 依照著作权法有关规定，使用可以不经著作权人许可的已经发表的作品的，不得影响该作品的正常使用，也不得不合理地损害著作权人的合法利益。

第二十二条 依照著作权法第二十三条、第三十三条第二款、第四十条第三款的规定使用作品的付酬标准，由国务院著作权行政管理部门会同国务院价格主管部门制定、公布。

第二十三条 使用他人作品应当同著作权人订立许可使用合同，许可使用的权利是专有使用权的，应当采取书面形式，但是报社、期刊社刊登作品除外。

第二十四条 著作权法第二十四条规定的专有使用权的内容由合同约定，合同没有约定或者约定不明的，视为被许可人有权排除包括著作权人在内的任何人以同样的方式使用作品；除合同另有约定外，被许可人许可第三人行使同一权利，必须取得著作权人的许可。

第二十五条 与著作权人订立专有许可使用合同、转让合同的，可以向著作权行政管理部门备案。

第二十六条 著作权法和本条例所称与著作权有关的权益，是指出版者对其出版的图书和期刊的版式设计享有的权利，表演者对其表演享有的权利，录音录像制作者对其制作的录音录像制品享有的权利，广播电台、电视台对其播放的广播、电视节目享有的权利。

第二十七条 出版者、表演者、录音录像制作者、广播电台、电视台行使权利，不得损害被使用作品和原作品著作权人的权利。

第二十八条 图书出版合同中约定图书出版者享有专有出版权但没有明确其具体内容的，视为图书出版者享有在合同有效期限内和在合同约定的地域范围内以同种文字的原版、修订版出版图书的专有权利。

第二十九条 著作权人寄给图书出版者的两份订单在6个月内未能得到履行，视为著作权法第三十二条所称图书脱销。

第三十条 著作权人依照著作权法第三十三条第二款声明不得转载、摘编其作品的，应当在报纸、期刊刊登该作品时附带声明。

第三十一条 著作权人依照著作权法第四十条第三款声明不得对其作品制作录音制品的，应当在该作品合法录制为录音制品时声明。

第三十二条 依照著作权法第二十三条、第三十三条第二款、第四十条第三款的规定，使用他人作品的，应当自使用该作品之日起2个月内向著作权人支付报酬。

第三十三条 外国人、无国籍人在中国境内的表演，受著作权法保护。

外国人、无国籍人根据中国参加的国际条约对其表演享有的权利，受著作权法保护。

第三十四条 外国人、无国籍人在中国境内制作、发行的录音制品，受著作权法保护。

外国人、无国籍人根据中国参加的国际条约对其制作、发行的录音制品享有的权利，受著作权法保护。

第三十五条 外国的广播电台、电视台根据中国参加的国际条约对其播放的广播、电视节目享有的权利，受著作权法保护。

第三十六条 有著作权法第四十八条所列侵权行为，同时损害社会公共利益，非法经营额5万元以上的，著作权行政管理部门可处非法经营额1倍以上5倍以下的罚款；没有非法经营额或者非法经营额5万元以下的，著作权行政管理部门根据情节轻重，可处25万元以下的罚款。

第三十七条 有著作权法第四十八条所列侵权行为，同时损害社会公共利益的，由地方人民政府著作权行政管理部门负责查处。

国务院著作权行政管理部门可以查处在全国有重大影响的侵权行为。

第三十八条 本条例自2002年9月15日起施行。1991年5月24日国务院批准、1991年5月30日国家版权局发布的《中华人民共和国著作权法实施条例》同时废止。

实施国际著作权条约的规定

（1992年9月25日中华人民共和国国务院令第105号发布
根据2020年11月29日《国务院关于修改和废止部分
行政法规的决定》修订）

第一条 为实施国际著作权条约，保护外国作品著作权人的合法权益，制定本规定。

第二条 对外国作品的保护，适用《中华人民共和国著作权法》（以下称著作权法）、《中华人民共和国著作权法实施条例》、《计算机软件保护条例》和本规定。

第三条 本规定所称国际著作权条约，是指中华人民共和国（以下称中国）参加的《伯尔尼保护文学和艺术作品公约》（以下称伯尔尼公约）和与外国签订的有关著作权的双边协定。

第四条 本规定所称外国作品，包括：

（一）作者或者作者之一，其他著作权人或者著作权人之一是国际著作权条约成员国的国民或者在该条约的成员国有经常居所的居民的作品；

（二）作者不是国际著作权条约成员国的国民或者在该条约的成员国有经常居所的居民，但是在该条约的成员国首次或者同时发表的作品；

（三）外商投资企业按照合同约定是著作权人或者著作权人之一的，其委托他人创作的作品。

第五条 对未发表的外国作品的保护期，适用著作权法第二十条、第二十一条的规定。

第六条 对外国实用艺术作品的保护期，

为自该作品完成起二十五年。

美术作品（包括动画形象设计）用于工业制品的，不适用前款规定。

第七条 外国计算机程序作为文学作品保护，可以不履行登记手续，保护期为自该程序首次发表之年年底起五十年。

第八条 外国作品是由不受保护的材料编辑而成，但是在材料的选取或者编排上有独创性的，依照著作权法第十四条的规定予以保护。此种保护不排斥他人利用同样的材料进行编辑。

第九条 外国录像制品根据国际著作权条约构成电影作品的，作为电影作品保护。

第十条 将外国人已经发表的以汉族文字创作的作品，翻译成少数民族文字出版发行的，应当事先取得著作权人的授权。

第十一条 外国作品著作权人，可以授权他人以任何方式、手段公开表演其作品或者公开传播对其作品的表演。

第十二条 外国电影、电视和录像作品的著作权人可以授权他人公开表演其作品。

第十三条 报刊转载外国作品，应当事先取得著作权人的授权；但是，转载有关政治、经济等社会问题的时事文章除外。

第十四条 外国作品的著作权人在授权他人发行其作品的复制品后，可以授权或者禁止出租其作品的复制品。

第十五条 外国作品的著作权人有权禁止进口其作品的下列复制品：

（一）侵权复制品；

（二）来自对其作品不予保护的国家的复制品。

第十六条 表演、录音或者广播外国作品，适用伯尔尼公约的规定；有集体管理组织的，应当事先取得该组织的授权。

第十七条 国际著作权条约在中国生效之日尚未在起源国进入公有领域的外国作品，按照著作权法和本规定规定的保护期受保护，到期满为止。

前款规定不适用于国际著作权条约在中国生效之日前发生的对外国作品的使用。

中国公民或者法人在国际著作权条约在中国生效之日前为特定目的而拥有和使用外国作品的特定复制本的，可以继续使用该作品的复制本而不承担责任；但是，该复制本不得以任何不合理地损害该作品著作权人合法权益的方式复制和使用。

前三款规定依照中国同有关国家签订的有关著作权的双边协定的规定实施。

第十八条 本规定第五条、第十二条、第十四条、第十五条、第十七条适用于录音制品。

第十九条 本规定施行前，有关著作权的行政法规与本规定有不同规定的，适用本规定。本规定与国际著作权条约有不同规定的，适用国际著作权条约。

第二十条 国家版权局负责国际著作权条约在中国的实施。

第二十一条 本规定由国家版权局负责解释。

第二十二条 本规定自一九九二年九月三十日起施行。

最高人民法院
关于审理著作权民事纠纷案件适用法律若干问题的解释

[2002 年 10 月 12 日最高人民法院审判委员会第 1246 次会议通过
根据 2020 年 12 月 23 日最高人民法院审判委员会第 1823 次会议通过的《最高人民法院关于修改〈最高人民法院关于审理侵犯专利权纠纷案件应用法律若干问题的解释（二）〉等十八件知识产权类司法解释的决定》修正]

为了正确审理著作权民事纠纷案件，根据《中华人民共和国民法典》《中华人民共和国著作权法》《中华人民共和国民事诉讼法》等法律的规定，就适用法律若干问题解释如下：

第一条 人民法院受理以下著作权民事纠纷案件：

（一）著作权及与著作权有关权益权属、侵权、合同纠纷案件；

（二）申请诉前停止侵害著作权、与著作权有关权益行为，申请诉前财产保全、诉前证据保全案件；

（三）其他著作权、与著作权有关权益纠纷案件。

第二条 著作权民事纠纷案件，由中级以上人民法院管辖。

各高级人民法院根据本辖区的实际情况，可以报请最高人民法院批准，由若干基层人民法院管辖第一审著作权民事纠纷案件。

第三条 对著作权行政管理部门查处的侵害著作权行为，当事人向人民法院提起诉讼追究该行为人民事责任的，人民法院应当受理。

人民法院审理已经过著作权行政管理部门处理的侵害著作权行为的民事纠纷案件，应当对案件事实进行全面审查。

第四条 因侵害著作权行为提起的民事诉讼，由著作权法第四十七条、第四十八条所规定侵权行为的实施地、侵权复制品储藏地或者查封扣押地、被告住所地人民法院管辖。

前款规定的侵权复制品储藏地，是指大量或者经常性储存、隐匿侵权复制品所在地；查封扣押地，是指海关、版权等行政机关依法查封、扣押侵权复制品所在地。

第五条 对涉及不同侵权行为实施地的多个被告提起的共同诉讼，原告可以选择向其中一个被告的侵权行为实施地人民法院提起诉讼；仅对其中某一被告提起的诉讼，该被告侵权行为实施地的人民法院有管辖权。

第六条 依法成立的著作权集体管理组织，根据著作权人的书面授权，以自己的名义提起诉讼，人民法院应当受理。

第七条 当事人提供的涉及著作权的底稿、原件、合法出版物、著作权登记证书、认证机构出具的证明、取得权利的合同等，可以作为证据。

在作品或者制品上署名的自然人、法人或者非法人组织视为著作权、与著作权有关权益的权利人，但有相反证明的除外。

第八条 当事人自行或者委托他人以定购、现场交易等方式购买侵权复制品而取得的实物、发票等，可以作为证据。

公证人员在未向涉嫌侵权的一方当事人表明身份的情况下，如实对另一方当事人按照前款规定的方式取得的证据和取证过程出具的公证书，应当作为证据使用，但有相反证据的除外。

第九条 著作权法第十条第（一）项规定的“公之于众”，是指著作权人自行或者经著作权人许可将作品向不特定的人公开，但不以公众知晓为构成条件。

第十条 著作权法第十五条第二款所指的作品，著作权人是自然人的，其保护期适用著作权法第二十一条第一款的规定；著作权人是法人或非法人组织的，其保护期适用著作权法第二十一条第二款的规定。

第十一条 因作品署名顺序发生的纠纷，人民法院按照下列原则处理：有约定的按约定确定署名顺序；没有约定的，可以按照创作作品付出的劳动、作品排列、作者姓氏笔划等确定署名顺序。

第十二条 按照著作权法第十七条规定委托作品著作权属于受托人的情形，委托人在约定的使用范围内享有使用作品的权利；双方没有约定使用作品范围的，委托人可以在委托创作的特定目的范围内免费使用该作品。

第十三条 除著作权法第十一条第三款规定的情形外，由他人执笔，本人审阅定稿并以本人名义发表的报告、讲话等作品，著作权归报告人或者讲话人享有。著作权人可以支付执笔人适当的报酬。

第十四条 当事人合意以特定人物经历为题材完成的自传体作品，当事人对著作权权属有约定的，依其约定；没有约定的，著作权归该特定人物享有，执笔人或整理人对作品完成付出劳动的，著作权人可以向其支付适当的报酬。

第十五条 由不同作者就同一题材创作的作品，作品的表达系独立完成并且有创作性的，应当认定作者各自享有独立著作权。

第十六条 通过大众传播媒介传播的单纯事实消息属于著作权法第五条第（二）项规定的时事新闻。传播报道他人采编的时事新闻，应当注明出处。

第十七条 著作权法第三十三条第二款规定的转载，是指报纸、期刊登载其他报刊已发表作品的行为。转载未注明被转载作品的作者和最初登载的报刊出处的，应当承担消除影响、赔礼道歉等民事责任。

第十八条 著作权法第二十二条第（十）项规定的室外公共场所的艺术作品，是指设置或者陈列在室外社会公众活动处所的雕塑、绘画、书法等艺术作品。

对前款规定艺术作品的临摹、绘画、摄影、录像人，可以对其成果以合理的方式和范围再行使用，不构成侵权。

第十九条 出版者、制作者应当对其出版、制作有合法授权承担举证责任，发行者、出租者应当对其发行或者出租的复制品有合法来源承担举证责任。举证不能的，依据著作权法第四十七条、第四十八条的相应规定承担法律责任。

第二十条 出版物侵害他人著作权的，出版者应当根据其过错、侵权程度及损害后果等承担赔偿损失的责任。

出版者对其出版行为的授权、稿件来源和署名、所编辑出版物的内容等未尽到合理注意义务的，依据著作权法第四十九条的规定，承担赔偿损失的责任。

出版者应对其已尽合理注意义务承担举证责任。

第二十一条 计算机软件用户未经许可或者超过许可范围商业使用计算机软件的，依据著作权法第四十八条第（一）项、《计算机软件保护条例》第二十四条第（一）项的规定承担民事责任。

第二十二条 著作权转让合同未采取书面形式的，人民法院依据民法典第四百九十条的规定审查合同是否成立。

第二十三条 出版者将著作权人交付出版的作品丢失、毁损致使出版合同不能履行的，著作权人有权依据民法典第一百八十六条、第二百三十八条、第一千一百八十四条等规定要求出版者承担相应的民事责任。

第二十四条 权利人的实际损失，可以根据权利人因侵权所造成复制品发行减少量或者侵权复制品销售量与权利人发行该复制品单位利润乘积计算。发行减少量难以确定的，按照侵权复制品市场销售量确定。

第二十五条 权利人的实际损失或者侵权人的违法所得无法确定的，人民法院根据当事人的请求或者依职权适用著作权法第四十九条第二款的规定确定赔偿数额。

人民法院在确定赔偿数额时，应当考虑作品类型、合理使用费、侵权行为性质、后果等情节综合确定。

当事人按照本条第一款的规定就赔偿数额达成协议的，应当准许。

第二十六条 著作权法第四十九条第一款规定的制止侵权行为所支付的合理开支，包括权利人或者委托代理人对侵权行为进行调查、取证的合理费用。

人民法院根据当事人的诉讼请求和具体案情，可以将符合国家有关部门规定的律师费用计算在赔偿范围内。

第二十七条 侵害著作权的诉讼时效为三

年，自著作权人知道或者应当知道权利受到损害以及义务人之日起计算。权利人超过三年起诉的，如果侵权行为在起诉时仍在持续，在该著作权保护期内，人民法院应当判决被告停止侵权行为；侵权损害赔偿数额应当自权利人向人民法院起诉之日起向前推算三年计算。

第二十八条　人民法院采取保全措施的，依据民事诉讼法及《最高人民法院关于审查知识产权纠纷行为保全案件适用法律若干问题的规定》的有关规定办理。

第二十九条　除本解释另行规定外，人民法院受理的著作权民事纠纷案件，涉及著作权法修改前发生的民事行为的，适用修改前著作权法的规定；涉及著作权法修改以后发生的民事行为的，适用修改后著作权法的规定；涉及著作权法修改前发生，持续到著作权法修改后的民事行为的，适用修改后著作权法的规定。

第三十条　以前的有关规定与本解释不一致的，以本解释为准。

最高人民法院
关于加强“红色经典”和英雄烈士合法权益司法保护弘扬社会主义核心价值观的通知

2018年5月11日　　法〔2018〕68号

各省、自治区、直辖市高级人民法院，解放军军事法院，新疆维吾尔自治区高级人民法院生产建设兵团分院：

为全面贯彻落实习近平新时代中国特色社会主义思想和党的十九大以及十九届二中、三中全会精神，深入贯彻落实《中共中央关于培育和践行社会主义核心价值观的意见》，依法保护红色经典传承和英雄烈士合法权益，倡导讲品位、讲格调、讲责任，教育和引导社会公众尤其是广大青少年自觉抵制“低俗、庸俗、媚俗”，抵制历史虚无主义，规范不良传播行为，维护社会公共利益，指导地方各级人民法院正确审理涉及保护红色经典传承和英雄烈士合法权益纠纷案件，弘扬社会主义核心价值观，根据《中华人民共和国民法总则》《中华人民共和国英雄烈士保护法》以及知识产权法律等相关规定，现通知如下。

一、要充分认识保护红色经典和英雄烈士合法权益的重大意义

在中国共产党领导下，在长期的革命战争年代、社会主义建设时期和改革开放过程中诞生了大量的红色经典，涌现出了无数的英雄烈士，他们是我们党和国家的宝贵精神财富，是中华儿女的杰出代表，其所承载的精神价值，是中华民族共同的历史记忆，是全体中国人民共同的价值追求，是社会主义核心价值观的重要源泉。依法保护红色经典和英雄烈士合法权益，就是维护最广大人民群众的根本利益，就是弘扬社会主义核心价值观，这是人民法院审判工作肩负的神圣使命和重大职责，是全面贯彻落实习近平总书记提出的“更好构筑中国精神、中国价值、中国力量，为人民提供精神指引”的必然要求，必须旗帜鲜明毫不动摇地依法保护红色经典传承和英雄烈士合法权益。要正确处理好保护红色经典和英雄烈士合法权益与推动社会主义文化繁荣发展之间的关系，尊重历史，尊重经典，崇尚英雄烈士。通过审判工作，激发广大人民群众的民族自豪感，坚定“四个自信”，为建设富强民主文明和谐美丽的社会主义现代化强国，实现中华民族伟大复兴的中国梦提供强大的精神动力。

二、要依法妥善审理好使用红色经典作品报酬纠纷和英雄烈士合法权益纠纷案件

要深刻认识使用红色经典作品报酬纠纷和英雄烈士合法权益纠纷案件的特殊性，在侵权认定、报酬计算和判令停止行为时，应当秉承尊重历史、尊重法律、尊重权利的原则，坚持红色经典和英雄烈士合法权益司法保护的利益衡平。为维护党和国家利益、社会公共利益，对因使用红色经典作品产生的报酬纠纷案件，不得判令红色经典作品停止表演或者演出。在确定红色经典作品报酬时，要与其他商品化作品主要由市场决定交易价格和报酬的计算方法相区别，要综合考量红色经典作品的类型、实际表演或者演出情形以及演绎作品对红色经典作品使用比例等因素，同时充分考量创作红色经典时的特殊时代背景，从有利于传承红色经典和宣传英雄烈士光辉事迹的导向作用，酌情确定合理的报酬数额，防止简单化计算金钱给付。

三、要切实保障红色经典和英雄烈士相关利益主体的诉讼权利

根据著作权法规定，红色经典作品的作者对原作品享有署名权、修改权、保护作品完整权，上述人身权的保护期不受时间限制，其他人未经明确授权不得行使。权利人或者利害关系人依法向人民法院提起诉讼的，人民法院应当受理。

如果被侵权的红色经典作品的作者已经死亡而其利害关系人未提起诉讼，或者英雄烈士的姓名、肖像、名誉、荣誉被侵害而没有近亲属或者近亲属未提起诉讼，检察机关或者法律规定的其他机关和有关组织向人民法院提起诉讼的，人民法院可以参照《中华人民共和国民事诉讼法》第五十五条的规定予以受理。

为保护红色经典和英雄烈士合法权益提起诉讼的当事人，缴纳诉讼费用确有困难申请减、缓、免交诉讼费用的，人民法院应当予以支持。

四、要依法正确界定红色经典诉讼双方的权利义务和英雄烈士合法权益

要依法正确界定受著作权法保护的红色经典作品类型，并在此基础上准确认定不同的权利属性和类别。侵害著作权的，应当明确侵害人身权或者财产权的具体权利范围，如署名权、修改权、保护作品完整权以及获得报酬权等；侵害著作权相关权利的，应当明确侵害表演者权、录音录像制作者权、广播组织权等具体权利范围；对于违反商标法和反不正当竞争法的，应当明确相应的权益内容。

要充分发挥知识产权民事、行政和刑事审判“三合一”的机制优势，正确把握民事法律责任、行政法律责任以及刑事法律责任在法律适用上的差异，准确确定侵害相关权利所应当承担的民事、行政和刑事责任，不断提高对红色经典和英雄烈士合法权益司法保护的整体效能。

五、要积极协同推进对红色经典和英雄烈士合法权益的司法保护工作

保护红色经典和英雄烈士合法权益需要全社会协同努力。对案件审理中遇到的重大疑难敏感问题，地方各级人民法院要深入调查研究，充分发挥人民陪审员制度作用，广泛听取文化宣传和著作权等行政管理部门在内的各界意见，上级法院要加强对下级法院的业务指导，确保案件认定事实清楚，适用法律正确，裁判结果既尊重历史、符合法律，又符合国情社情民意，充分彰显社会主义法治与德治相结合，努力实现办案的法律效果和社会效果的统一。

地方各级人民法院要加强组织领导，按照“三同步”要求，积极做好舆论引导工作，发现新情况新问题要及时层报最高人民法院。

特此通知。

最高人民法院
关于加强著作权和与著作权有关的权利保护的意见

2020年11月16日　　法发〔2020〕42号

为切实加强文学、艺术和科学领域的著作权保护，充分发挥著作权审判对文化建设的规范、引导、促进和保障作用，激发全民族文化创新创造活力，推进社会主义精神文明建设，繁荣发展文化事业和文化产业，提升国家文化软实力和国际竞争力，服务经济社会高质量发展，根据《中华人民共和国著作权法》等法律规定，结合审判实际，现就进一步加强著作权和与著作权有关的权利保护，提出如下意见。

1. 依法加强创作者权益保护，统筹兼顾传播者和社会公众利益，坚持创新在我国现代化建设全局中的核心地位。依法处理好鼓励新兴产业发展与保障权利人合法权益的关系，协调好激励创作和保障人民文化权益之间的关系，发挥好权利受让人和被许可人在促进作品传播方面的重要作用，依法保护著作权和与著作权有关的权利，促进智力成果的创作和传播，发展繁荣社会主义文化和科学事业。

2. 大力提高案件审理质效，推进案件繁简分流试点工作，着力缩短涉及著作权和与著作权有关的权利的类型化案件审理周期。完善知识产权诉讼证据规则，允许当事人通过区块链等方式保存、固定和提交证据，有效解决知识产权权利人举证难问题。依法支持当事人的行为保全、证据保全、财产保全请求，综合运用多种民事责任方式，使权利人在民事案件中得到更加全面充分的救济。

3. 在作品、表演、录音制品上以通常方式署名的自然人、法人和非法人组织，应当推定为该作品、表演、录音制品的著作权人或者与著作权有关的权利的权利人，但有相反证据足以推翻的除外。对于署名的争议，应当结合作品、表演、录音制品的性质、类型、表现形式以及行业习惯、公众认知习惯等因素，作出综合判断。权利人完成初步举证的，人民法院应当推定当事人主张的著作权或者与著作权有关的权利成立，但是有相反证据足以推翻的除外。

4. 适用署名推定规则确定著作权或者与著作权有关的权利归属且被告未提交相反证据的，原告可以不再另行提交权利转让协议或其他书面证据。在诉讼程序中，被告主张其不承担侵权责任的，应当提供证据证明已经取得权利人的许可，或者具有著作权法规定的不经权利人许可而可以使用的情形。

5. 高度重视互联网、人工智能、大数据等技术发展新需求，依据著作权法准确界定作品类型，把握好作品的认定标准，依法妥善审理体育赛事直播、网络游戏直播、数据侵权等新类型案件，促进新兴业态规范发展。

6. 当事人请求立即销毁侵权复制品以及主要用于生产或者制造侵权复制品的材料和工具，除特殊情况外，人民法院在民事诉讼中应当予以支持，在刑事诉讼中应当依职权责令销毁。在特殊情况下不宜销毁的，人民法院可以责令侵权人在商业渠道之外以适当方式对上述材料和工具予以处置，以尽可能消除进一步侵权的风险。销毁或者处置费用由侵权人承担，侵权人请求补偿的，人民法院不予支持。

在刑事诉讼中，权利人以为后续可能提起的民事或者行政诉讼保全证据为由，请求对侵权复制品及材料和工具暂不销毁的，人民法院可以予以支持。权利人在后续民事或者行政案件中请求侵权人赔偿其垫付的保管费用的，人民法院可以予以支持。

7. 权利人的实际损失、侵权人的违法所得、权利使用费难以计算的，应当综合考虑请求保护的权利类型、市场价值和侵权人主观过错、侵权行为性质和规模、损害后果严重程度等因素，依据著作权法及司法解释等相关规定合理确定赔偿数额。侵权人故意侵权且情节严重，权利人请求适用惩罚性赔偿的，人民法院应当依法审查确定。权利人能够举证证明的合理维权费用，包括诉讼费用和律师费用等，人民法院应当予以支持并在确定赔偿数额时单独计算。

8. 侵权人曾经被生效的法院裁判、行政决定认定构成侵权或者曾经就相同侵权行为与权利人达成和解协议，仍然继续实施或者变相重复实施被诉侵权行为的，应当认定为具有侵权的故意，人民法院在确定侵权民事责任时应当充分考虑。

9. 要通过诚信诉讼承诺书等形式，明确告知当事人不诚信诉讼可能承担的法律责任，促使当事人正当行使诉讼权利，积极履行诉讼义务，在合理期限内积极、诚实地举证，在诉讼过程中作真实、完整的陈述。

10. 要完善失信惩戒与追责机制，对于提交伪造、变造证据，隐匿、毁灭证据，作虚假陈述、虚假证言、虚假鉴定、虚假署名等不诚信诉讼行为，人民法院可以依法采取训诫、罚款、拘留等强制措施。构成犯罪的，依法追究刑事责任。

2. 著作权登记

著作权质权登记办法

（2010年10月19日国家版权局第1次局务会议通过
2010年11月25日国家版权局令第8号公布
自2011年1月1日起施行）

第一条 为规范著作权出质行为，保护债权人合法权益，维护著作权交易秩序，根据《中华人民共和国物权法》、《中华人民共和国担保法》和《中华人民共和国著作权法》的有关规定，制定本办法。

第二条 国家版权局负责著作权质权登记工作。

第三条 《中华人民共和国著作权法》规定的著作权以及与著作权有关权利（以下统称"著作权"）中的财产权可以出质。

以共有的著作权出质的，除另有约定外，应当取得全体共有人的同意。

第四条 以著作权出质的，出质人和质权人应当订立书面质权合同，并由双方共同向登记机构办理著作权质权登记。

出质人和质权人可以自行办理，也可以委托代理人办理。

第五条 著作权质权的设立、变更、转让和消灭，自记载于《著作权质权登记簿》时发生效力。

第六条 申请著作权质权登记的，应提交下列文件：

（一）著作权质权登记申请表；

（二）出质人和质权人的身份证明；

（三）主合同和著作权质权合同；

（四）委托代理人办理的，提交委托书和受托人的身份证明；

（五）以共有的著作权出质的，提交共有人同意出质的书面文件；

（六）出质前授权他人使用的，提交授权合同；

（七）出质的著作权经过价值评估的、质权人要求价值评估的或相关法律法规要求价值评估的，提交有效的价值评估报告；

（八）其他需要提供的材料。

提交的文件是外文的，需同时附送中文译本。

第七条 著作权质权合同一般包括以下内容：

（一）出质人和质权人的基本信息；

（二）被担保债权的种类和数额；

（三）债务人履行债务的期限；

（四）出质著作权的内容和保护期；

（五）质权担保的范围和期限；

（六）当事人约定的其他事项。

第八条 申请人提交材料齐全的，登记机构应当予以受理。提交的材料不齐全的，登记机构不予受理。

第九条 经审查符合要求的，登记机构应当自受理之日起10日内予以登记，并向出质人和质权人发放《著作权质权登记证书》。

第十条 经审查不符合要求的，登记机构应当自受理之日起10日内通知申请人补正。补正通知书应载明补正事项和合理的补正期限。无正当理由逾期不补正的，视为撤回申请。

第十一条 《著作权质权登记证书》的内容包括：

（一）出质人和质权人的基本信息；

（二）出质著作权的基本信息；

（三）著作权质权登记号；

（四）登记日期。

《著作权质权登记证书》应当标明：著作权质权自登记之日起设立。

第十二条 有下列情形之一的，登记机构不予登记：

（一）出质人不是著作权人的；

（二）合同违反法律法规强制性规定的；

（三）出质著作权的保护期届满的；

（四）债务人履行债务的期限超过著作权保护期的；

（五）出质著作权存在权属争议的；

（六）其他不符合出质条件的。

第十三条 登记机构办理著作权质权登记前，申请人可以撤回登记申请。

第十四条 著作权出质期间，未经质权人同意，出质人不得转让或者许可他人使用已经出质的权利。

出质人转让或者许可他人使用出质的权利所得的价款，应当向质权人提前清偿债务或者提存。

第十五条 有下列情形之一的，登记机构应当撤销质权登记：

（一）登记后发现有第十二条所列情形的；

（二）根据司法机关、仲裁机关或行政管理机关作出的影响质权效力的生效裁决或行政处罚决定书应当撤销的；

（三）著作权质权合同无效或者被撤销的；

（四）申请人提供虚假文件或者以其他手段骗取著作权质权登记的；

（五）其他应当撤销的。

第十六条 著作权出质期间，申请人的基本信息、著作权的基本信息、担保的债权种类及数额、或者担保的范围等事项发生变更的，申请人持变更协议、原《著作权质权登记证书》和其他相关材料向登记机构申请变更登记。

第十七条 申请变更登记的，登记机构自受理之日起 10 日内完成审查。经审查符合要求的，对变更事项予以登记。

变更事项涉及证书内容变更的，应交回原登记证书，由登记机构发放新的证书。

第十八条 有下列情形之一的，申请人应当申请注销质权登记：

（一）出质人和质权人协商一致同意注销的；

（二）主合同履行完毕的；

（三）质权实现的；

（四）质权人放弃质权的；

（五）其他导致质权消灭的。

第十九条 申请注销质权登记的，应当提交注销登记申请书、注销登记证明、申请人身份证明等材料，并交回原《著作权质权登记证书》。

登记机构应当自受理之日起 10 日内办理完毕，并发放注销登记通知书。

第二十条 登记机构应当设立《著作权质权登记簿》，记载著作权质权登记的相关信息，供社会公众查询。

《著作权质权登记证书》的内容应当与《著作权质权登记簿》的内容一致。记载不一致的，除有证据证明《著作权质权登记簿》确有错误外，以《著作权质权登记簿》为准。

第二十一条 《著作权质权登记簿》应当包括以下内容：

（一）出质人和质权人的基本信息；

（二）著作权质权合同的主要内容；

（三）著作权质权登记号；

（四）登记日期；

（五）登记撤销情况；

（六）登记变更情况；

（七）登记注销情况；

（八）其他需要记载的内容。

第二十二条 《著作权质权登记证书》灭失或者毁损的，可以向登记机构申请补发或换发。登记机构应自收到申请之日起 5 日内予以补发或换发。

第二十三条 登记机构应当通过国家版权局官方网站公布著作权质权登记的基本信息。

第二十四条 本办法由国家版权局负责解释。

第二十五条 本办法自 2011 年 1 月 1 日起施行。1996 年 9 月 23 日国家版权局发布的《著作权质押合同登记办法》同时废止。

3. 计算机软件著作权

计算机软件保护条例

（2001年12月20日中华人民共和国国务院令第339号公布 根据2011年1月8日《国务院关于废止和修改部分行政法规的决定》第一次修订 根据2013年1月30日《国务院关于修改〈计算机软件保护条例〉的决定》第二次修订）

第一章 总 则

第一条 为了保护计算机软件著作权人的权益，调整计算机软件在开发、传播和使用中发生的利益关系，鼓励计算机软件的开发与应用，促进软件产业和国民经济信息化的发展，根据《中华人民共和国著作权法》，制定本条例。

第二条 本条例所称计算机软件（以下简称软件），是指计算机程序及其有关文档。

第三条 本条例下列用语的含义：

（一）计算机程序，是指为了得到某种结果而可以由计算机等具有信息处理能力的装置执行的代码化指令序列，或者可以被自动转换成代码化指令序列的符号化指令序列或者符号化语句序列。同一计算机程序的源程序和目标程序为同一作品。

（二）文档，是指用来描述程序的内容、组成、设计、功能规格、开发情况、测试结果及使用方法的文字资料和图表等，如程序设计说明书、流程图、用户手册等。

（三）软件开发者，是指实际组织开发、直接进行开发，并对开发完成的软件承担责任的法人或者其他组织；或者依靠自己具有的条件独立完成软件开发，并对软件承担责任的自然人。

（四）软件著作权人，是指依照本条例的规定，对软件享有著作权的自然人、法人或者其他组织。

第四条 受本条例保护的软件必须由开发者独立开发，并已固定在某种有形物体上。

第五条 中国公民、法人或者其他组织对其所开发的软件，不论是否发表，依照本条例享有著作权。

外国人、无国籍人的软件首先在中国境内发行的，依照本条例享有著作权。

外国人、无国籍人的软件，依照其开发者所属国或者经常居住地国同中国签订的协议或者依照中国参加的国际条约享有的著作权，受本条例保护。

第六条 本条例对软件著作权的保护不延及开发软件所用的思想、处理过程、操作方法或者数学概念等。

第七条 软件著作权人可以向国务院著作权行政管理部门认定的软件登记机构办理登记。软件登记机构发放的登记证明文件是登记事项的初步证明。

办理软件登记应当缴纳费用。软件登记的收费标准由国务院著作权行政管理部门会同国务院价格主管部门规定。

第二章 软件著作权

第八条 软件著作权人享有下列各项权利：

（一）发表权，即决定软件是否公之于众的权利；

（二）署名权，即表明开发者身份，在软件上署名的权利；

（三）修改权，即对软件进行增补、删节，或者改变指令、语句顺序的权利；

（四）复制权，即将软件制作一份或者多份的权利；

（五）发行权，即以出售或者赠与方式向公众提供软件的原件或者复制件的权利；

（六）出租权，即有偿许可他人临时使用软件的权利，但是软件不是出租的主要标的的除外；

（七）信息网络传播权，即以有线或者无线方式向公众提供软件，使公众可以在其个人选定的时间和地点获得软件的权利；

（八）翻译权，即将原软件从一种自然语言文字转换成另一种自然语言文字的权利；

（九）应当由软件著作权人享有的其他权利。

软件著作权人可以许可他人行使其软件著作权，并有权获得报酬。

软件著作权人可以全部或者部分转让其软件著作权，并有权获得报酬。

第九条 软件著作权属于软件开发者，本条例另有规定的除外。

如无相反证明，在软件上署名的自然人、法人或者其他组织为开发者。

第十条 由两个以上的自然人、法人或者其他组织合作开发的软件，其著作权的归属由合作开发者签订书面合同约定。无书面合同或者合同未作明确约定，合作开发的软件可以分割使用的，开发者对各自开发的部分可以单独享有著作权；但是，行使著作权时，不得扩展到合作开发的软件整体的著作权。合作开发的软件不能分割使用的，其著作权由各合作开发者共同享有，通过协商一致行使；不能协商一致，又无正当理由的，任何一方不得阻止他方行使除转让权以外的其他权利，但是所得收益应当合理分配给所有合作开发者。

第十一条 接受他人委托开发的软件，其著作权的归属由委托人与受托人签订书面合同约定；无书面合同或者合同未作明确约定的，其著作权由受托人享有。

第十二条 由国家机关下达任务开发的软件，著作权的归属与行使由项目任务书或者合同规定；项目任务书或者合同中未作明确规定的，软件著作权由接受任务的法人或者其他组织享有。

第十三条 自然人在法人或者其他组织中任职期间所开发的软件有下列情形之一的，该软件著作权由该法人或者其他组织享有，该法人或者其他组织可以对开发软件的自然人进行奖励：

（一）针对本职工作中明确指定的开发目标所开发的软件；

（二）开发的软件是从事本职工作活动所预见的结果或者自然的结果；

（三）主要使用了法人或者其他组织的资金、专用设备、未公开的专门信息等物质技术条件所开发并由法人或者其他组织承担责任的软件。

第十四条 软件著作权自软件开发完成之日起产生。

自然人的软件著作权，保护期为自然人终生及其死亡后50年，截止于自然人死亡后第50年的12月31日；软件是合作开发的，截止于最后死亡的自然人死亡后第50年的12月31日。

法人或者其他组织的软件著作权，保护期为50年，截止于软件首次发表后第50年的12月31日，但软件自开发完成之日起50年内未发表的，本条例不再保护。

第十五条 软件著作权属于自然人的，该自然人死亡后，在软件著作权的保护期内，软件著作权的继承人可以依照《中华人民共和国继承法》的有关规定，继承本条例第八条规定的除署名权以外的其他权利。

软件著作权属于法人或者其他组织的，法人或者其他组织变更、终止后，其著作权在本条例规定的保护期内由承受其权利义务的法人或者其他组织享有；没有承受其权利义务的法人或者其他组织的，由国家享有。

第十六条 软件的合法复制品所有人享有下列权利：

（一）根据使用的需要把该软件装入计算机等具有信息处理能力的装置内；

（二）为了防止复制品损坏而制作备份复制品。这些备份复制品不得通过任何方式提供给他人使用，并在所有人丧失该合法复制品的所有权时，负责将备份复制品销毁；

（三）为了把该软件用于实际的计算机应用环境或者改进其功能、性能而进行必要的修改；但是，除合同另有约定外，未经该软件著作权人许可，不得向任何第三方提供修改后的软件。

第十七条 为了学习和研究软件内含的设计思想和原理，通过安装、显示、传输或者存储软件等方式使用软件的，可以不经软件著作权人许可，不向其支付报酬。

第三章　软件著作权的许可使用和转让

第十八条　许可他人行使软件著作权的，应当订立许可使用合同。

许可使用合同中软件著作权人未明确许可的权利，被许可人不得行使。

第十九条　许可他人专有行使软件著作权的，当事人应当订立书面合同。

没有订立书面合同或者合同中未明确约定为专有许可的，被许可行使的权利应当视为非专有权利。

第二十条　转让软件著作权的，当事人应当订立书面合同。

第二十一条　订立许可他人专有行使软件著作权的许可合同，或者订立转让软件著作权合同，可以向国务院著作权行政管理部门认定的软件登记机构登记。

第二十二条　中国公民、法人或者其他组织向外国人许可或者转让软件著作权的，应当遵守《中华人民共和国技术进出口管理条例》的有关规定。

第四章　法律责任

第二十三条　除《中华人民共和国著作权法》或者本条例另有规定外，有下列侵权行为的，应当根据情况，承担停止侵害、消除影响、赔礼道歉、赔偿损失等民事责任：

（一）未经软件著作权人许可，发表或者登记其软件的；

（二）将他人软件作为自己的软件发表或者登记的；

（三）未经合作者许可，将与他人合作开发的软件作为自己单独完成的软件发表或者登记的；

（四）在他人软件上署名或者更改他人软件上的署名的；

（五）未经软件著作权人许可，修改、翻译其软件的；

（六）其他侵犯软件著作权的行为。

第二十四条　除《中华人民共和国著作权法》、本条例或者其他法律、行政法规另有规定外，未经软件著作权人许可，有下列侵权行为的，应当根据情况，承担停止侵害、消除影响、赔礼道歉、赔偿损失等民事责任；同时损害社会公共利益的，由著作权行政管理部门责令停止侵权行为，没收违法所得，没收、销毁侵权复制品，可以并处罚款；情节严重的，著作权行政管理部门并可以没收主要用于制作侵权复制品的材料、工具、设备等；触犯刑律的，依照刑法关于侵犯著作权罪、销售侵权复制品罪的规定，依法追究刑事责任：

（一）复制或者部分复制著作权人的软件的；

（二）向公众发行、出租、通过信息网络传播著作权人的软件的；

（三）故意避开或者破坏著作权人为保护其软件著作权而采取的技术措施的；

（四）故意删除或者改变软件权利管理电子信息的；

（五）转让或者许可他人行使著作权人的软件著作权的。

有前款第一项或者第二项行为的，可以并处每件100元或者货值金额1倍以上5倍以下的罚款；有前款第三项、第四项或者第五项行为的，可以并处20万元以下的罚款。

第二十五条　侵犯软件著作权的赔偿数额，依照《中华人民共和国著作权法》第四十九条的规定确定。

第二十六条　软件著作权人有证据证明他人正在实施或者即将实施侵犯其权利的行为，如不及时制止，将会使其合法权益受到难以弥补的损害的，可以依照《中华人民共和国著作权法》第五十条的规定，在提起诉讼前向人民法院申请采取责令停止有关行为和财产保全的措施。

第二十七条　为了制止侵权行为，在证据可能灭失或者以后难以取得的情况下，软件著作权人可以依照《中华人民共和国著作权法》第五十一条的规定，在提起诉讼前向人民法院申请保全证据。

第二十八条　软件复制品的出版者、制作者不能证明其出版、制作有合法授权的，或者软件复制品的发行者、出租者不能证明其发行、出租的复制品有合法来源的，应当承担法律责任。

第二十九条　软件开发者开发的软件，由于可供选用的表达方式有限而与已经存在的软件相似的，不构成对已经存在的软件的著作权的侵犯。

第三十条 软件的复制品持有人不知道也没有合理理由应当知道该软件是侵权复制品的，不承担赔偿责任；但是，应当停止使用、销毁该侵权复制品。如果停止使用并销毁该侵权复制品将给复制品使用人造成重大损失的，复制品使用人可以在向软件著作权人支付合理费用后继续使用。

第三十一条 软件著作权侵权纠纷可以调解。

软件著作权合同纠纷可以依据合同中的仲裁条款或者事后达成的书面仲裁协议，向仲裁机构申请仲裁。

当事人没有在合同中订立仲裁条款，事后又没有书面仲裁协议的，可以直接向人民法院提起诉讼。

第五章　附　则

第三十二条 本条例施行前发生的侵权行为，依照侵权行为发生时的国家有关规定处理。

第三十三条 本条例自2002年1月1日起施行。1991年6月4日国务院发布的《计算机软件保护条例》同时废止。

计算机软件著作权登记档案查询办法

（2009年3月10日中国版权保护中心第3号
公告公布　自公告之日起施行）

第一条 为了规范软件登记档案查询管理，保护软件著作权人的权益，更好地为社会公众、著作权人、司法机关提供服务，根据《计算机软件保护条例》、《计算机软件著作权登记办法》、《著作权质押合同登记办法》等有关法规及行政规章，制定本办法。

第二条 中国版权保护中心（以下简称“中心”）软件登记部负责软件登记档案的管理和查询工作。档案管理人员应当做好软件登记档案资料的归档、保管，确保档案的完整、准确和安全。

第三条 软件著作权登记档案（以下简称“软件登记档案”）是软件登记人办理登记时依据相关规定交存的申请表、源程序、文档、证明文件等材料，以及软件登记证书或证明，是软件著作权登记申请登记事项的原始记载。

第四条 自然人、法人或其他组织可以依照本办法查询有关软件登记档案。

第五条 软件登记档案查询范围包括：

（一）软件著作权登记；

（二）软件著作权转让或专有许可合同登记；

（三）软件变更或补充登记；

（四）软件著作权质押合同登记；

（五）撤销软件著作权登记；

（六）其他软件登记档案。

第六条 软件登记档案可公开查询的内容包括：

（一）申请表；

（二）申请人身份证明；

（三）软件登记基本信息记载；

（四）软件登记证书或证明；

（五）其他可公开登记文件。

第七条 软件登记档案不对外公开查询的内容包括：

（一）源程序；

（二）软件文档；

（三）软件合同；

（四）涉及软件登记人技术秘密、商业秘密的材料；

（五）登记机构内部审批文件的部分信息和档案；

（六）软件登记人封存的软件源程序或文档；

（七）其他申请人声明不得公开的登记信息和登记文件。

第八条 软件登记人可以查询和复印本办

法第六条和第七条所列范围中属于自身的软件登记档案。

第九条 司法机关可以查阅、复印、打印和借阅本办法第六条和第七条所列范围的软件登记档案。

第十条 软件登记档案查询方式包括：

（一）通过中心网站公告栏查询；

（二）软件登记电子档案查询；

（三）软件登记纸质原始档案查询。

第十一条 查询人应当按照下述规定办理查询手续：

（一）自然人、法人或其他组织办理查询的，应当填写《查询申请表》，并持身份证件、工作证或单位介绍信办理。软件登记人查询和复印自身登记文件的，还应当提交软件登记证书原件。

（二）司法机关因执行公务查询、复印和借阅登记档案的，承办人应当填写《查询申请表》，持单位介绍信或公函及工作证办理，复印和借阅登记档案的，应当经中心软件登记部负责人、中心主管领导签字同意后，方可办理。

（三）中心软件登记部工作人员因工作需要查阅、借阅登记档案的，应当填写《借阅档案申请表》，经过软件登记部负责人签字同意后办理。

第十二条 查询人应当遵守以下规定：

（一）查询人应当在档案管理员陪同下在登记大厅查询窗口区域阅览或摘录登记档案。复印纸质原始登记档案和打印电子登记档案应当由档案管理员完成。

（二）查询纸质原始软件登记档案的人员，禁止在档案材料上修改、涂抹、标记等。

（三）查询人违反上述规定的，档案管理人员应当予以制止和纠正；拒不改正的，可以拒绝提供查询；造成损失的，查询人应当承担赔偿责任。

第十三条 对于符合查询规定的申请，中心应在受理查询之日起十个工作日内给予书面答复。

第十四条 有下列情形之一者，将不予受理查询：

（一）查询申请人未能提交合法证明文件的；

（二）查询内容超出本办法规定查阅范围的；

（三）查询申请人未按照规定缴纳查询费的；

（四）其他依规定不予受理查询的。

第十五条 对于属于本办法第十四条规定的不予受理的查询申请，以及受理后发现所查询内容属于不予受理查询范围的，应当在十个工作日内，将不予受理的原因书面通知申请人。

第十六条 涉及本办法第七条内容的查询人必须遵守保密制度，不得随意向他人提供登记档案材料或扩大登记档案使用范围，并应当对查询的内容保密，不得泄露当事人的隐私或技术和商业秘密。违反规定的，依照有关法律、法规予以处理。

第十七条 档案管理人员应当严格遵守本办法的规定，对软件登记档案严格保密，不得随意向他人提供。违反规定的，视情节轻重，予以批评教育或行政处分。

第十八条 查询人应按照国家财政部和国家发改委批准的“计算机软件著作权登记收费标准”缴纳查询费用。

第十九条 本办法由中国版权保护中心负责解释。

第二十条 本办法自发布之日起施行。

4. 信息网络传播权与互联网著作权

信息网络传播权保护条例

(2006年5月18日中华人民共和国国务院令第468号公布
根据2013年1月30日《国务院关于修改〈信息网络传播权保护条例〉的决定》修订)

第一条 为保护著作权人、表演者、录音录像制作者(以下统称权利人)的信息网络传播权,鼓励有益于社会主义精神文明、物质文明建设的作品的创作和传播,根据《中华人民共和国著作权法》(以下简称著作权法),制定本条例。

第二条 权利人享有的信息网络传播权受著作权法和本条例保护。除法律、行政法规另有规定的外,任何组织或者个人将他人的作品、表演、录音录像制品通过信息网络向公众提供,应当取得权利人许可,并支付报酬。

第三条 依法禁止提供的作品、表演、录音录像制品,不受本条例保护。

权利人行使信息网络传播权,不得违反宪法和法律、行政法规,不得损害公共利益。

第四条 为了保护信息网络传播权,权利人可以采取技术措施。

任何组织或者个人不得故意避开或者破坏技术措施,不得故意制造、进口或者向公众提供主要用于避开或者破坏技术措施的装置或者部件,不得故意为他人避开或者破坏技术措施提供技术服务。但是,法律、行政法规规定可以避开的除外。

第五条 未经权利人许可,任何组织或者个人不得进行下列行为:

(一)故意删除或者改变通过信息网络向公众提供的作品、表演、录音录像制品的权利管理电子信息,但由于技术上的原因无法避免删除或者改变的除外;

(二)通过信息网络向公众提供明知或者应知未经权利人许可被删除或者改变权利管理电子信息的作品、表演、录音录像制品。

第六条 通过信息网络提供他人作品,属于下列情形的,可以不经著作权人许可,不向其支付报酬:

(一)为介绍、评论某一作品或者说明某一问题,在向公众提供的作品中适当引用已经发表的作品;

(二)为报道时事新闻,在向公众提供的作品中不可避免地再现或者引用已经发表的作品;

(三)为学校课堂教学或者科学研究,向少数教学、科研人员提供少量已经发表的作品;

(四)国家机关为执行公务,在合理范围内向公众提供已经发表的作品;

(五)将中国公民、法人或者其他组织已经发表的、以汉语言文字创作的作品翻译成的少数民族语言文字作品,向中国境内少数民族提供;

(六)不以营利为目的,以盲人能够感知的独特方式向盲人提供已经发表的文字作品;

(七)向公众提供在信息网络上已经发表的关于政治、经济问题的时事性文章;

(八)向公众提供在公众集会上发表的讲话。

第七条 图书馆、档案馆、纪念馆、博物馆、美术馆等可以不经著作权人许可,通过信息网络向本馆馆舍内服务对象提供本馆收藏的合法出版的数字作品和依法为陈列或者保存版本的需要以数字化形式复制的作品，不向其支付报酬，但不得直接或者间接获得经济利益。当事人另有约定的除外。

前款规定的为陈列或者保存版本需要以数字化形式复制的作品，应当是已经损毁或者濒临损毁、丢失或者失窃，或者其存储格式已经过时，并且在市场上无法购买或者只能以明显高于标定的价格购买的作品。

第八条 为通过信息网络实施九年制义务教育或者国家教育规划，可以不经著作权人许可，使用其已经发表作品的片断或者短小的文字作品、音乐作品或者单幅的美术作品、摄影作品制作课件，由制作课件或者依法取得课件的远程教育机构通过信息网络向注册学生提供，但应当向著作权人支付报酬。

第九条 为扶助贫困，通过信息网络向农村地区的公众免费提供中国公民、法人或者其他组织已经发表的种植养殖、防病治病、防灾减灾等与扶助贫困有关的作品和适应基本文化需求的作品，网络服务提供者应当在提供前公告拟提供的作品及其作者、拟支付报酬的标准。自公告之日起 30 日内，著作权人不同意提供的，网络服务提供者不得提供其作品；自公告之日起满 30 日，著作权人没有异议的，网络服务提供者可以提供其作品，并按照公告的标准向著作权人支付报酬。网络服务提供者提供著作权人的作品后，著作权人不同意提供的，网络服务提供者应当立即删除著作权人的作品，并按照公告的标准向著作权人支付提供作品期间的报酬。

依照前款规定提供作品的，不得直接或者间接获得经济利益。

第十条 依照本条例规定不经著作权人许可、通过信息网络向公众提供其作品的，还应当遵守下列规定：

（一）除本条例第六条第一项至第六项、第七条规定的情形外，不得提供作者事先声明不许提供的作品；

（二）指明作品的名称和作者的姓名（名称）；

（三）依照本条例规定支付报酬；

（四）采取技术措施，防止本条例第七条、第八条、第九条规定的服务对象以外的其他人获得著作权人的作品，并防止本条例第七条规定的服务对象的复制行为对著作权人利益造成实质性损害；

（五）不得侵犯著作权人依法享有的其他权利。

第十一条 通过信息网络提供他人表演、录音录像制品的，应当遵守本条例第六条至第十条的规定。

第十二条 属于下列情形的，可以避开技术措施，但不得向他人提供避开技术措施的技术、装置或者部件，不得侵犯权利人依法享有的其他权利：

（一）为学校课堂教学或者科学研究，通过信息网络向少数教学、科研人员提供已经发表的作品、表演、录音录像制品，而该作品、表演、录音录像制品只能通过信息网络获取；

（二）不以营利为目的，通过信息网络以盲人能够感知的独特方式向盲人提供已经发表的文字作品，而该作品只能通过信息网络获取；

（三）国家机关依照行政、司法程序执行公务；

（四）在信息网络上对计算机及其系统或者网络的安全性能进行测试。

第十三条 著作权行政管理部门为了查处侵犯信息网络传播权的行为，可以要求网络服务提供者提供涉嫌侵权的服务对象的姓名（名称）、联系方式、网络地址等资料。

第十四条 对提供信息存储空间或者提供搜索、链接服务的网络服务提供者，权利人认为其服务所涉及的作品、表演、录音录像制品，侵犯自己的信息网络传播权或者被删除、改变了自己的权利管理电子信息的，可以向该网络服务提供者提交书面通知，要求网络服务提供者删除该作品、表演、录音录像制品，或者断开与该作品、表演、录音录像制品的链接。通知书应当包含下列内容：

（一）权利人的姓名（名称）、联系方式和地址；

（二）要求删除或者断开链接的侵权作品、表演、录音录像制品的名称和网络地址；

（三）构成侵权的初步证明材料。

权利人应当对通知书的真实性负责。

第十五条 网络服务提供者接到权利人的通知书后，应当立即删除涉嫌侵权的作品、表演、录音录像制品，或者断开与涉嫌侵权的作品、表演、录音录像制品的链接，并同时将通知书转送提供作品、表演、录音录像制品的服务对象；服务对象网络地址不明、无法转送的，应当将通知书的内容同时在信息网络上公告。

第十六条 服务对象接到网络服务提供者转送的通知书后，认为其提供的作品、表演、录音录像制品未侵犯他人权利的，可以向网络服务提供者提交书面说明，要求恢复被删除的作品、表演、录音录像制品，或者恢复与被断开的作品、表演、录音录像制品的链接。书面说明应当包含下列内容：

（一）服务对象的姓名（名称）、联系方式和地址；

（二）要求恢复的作品、表演、录音录像制品的名称和网络地址；

（三）不构成侵权的初步证明材料。

服务对象应当对书面说明的真实性负责。

第十七条 网络服务提供者接到服务对象的书面说明后，应当立即恢复被删除的作品、表演、录音录像制品，或者可以恢复与被断开的作品、表演、录音录像制品的链接，同时将服务对象的书面说明转送权利人。权利人不得再通知网络服务提供者删除该作品、表演、录音录像制品，或者断开与该作品、表演、录音录像制品的链接。

第十八条 违反本条例规定，有下列侵权行为之一的，根据情况承担停止侵害、消除影响、赔礼道歉、赔偿损失等民事责任；同时损害公共利益的，可以由著作权行政管理部门责令停止侵权行为，没收违法所得，非法经营额5万元以上的，可处非法经营额1倍以上5倍以下的罚款；没有非法经营额或者非法经营额5万元以下的，根据情节轻重，可处25万元以下的罚款；情节严重的，著作权行政管理部门可以没收主要用于提供网络服务的计算机等设备；构成犯罪的，依法追究刑事责任：

（一）通过信息网络擅自向公众提供他人的作品、表演、录音录像制品的；

（二）故意避开或者破坏技术措施的；

（三）故意删除或者改变通过信息网络向公众提供的作品、表演、录音录像制品的权利管理电子信息，或者通过信息网络向公众提供明知或者应知未经权利人许可而被删除或者改变权利管理电子信息的作品、表演、录音录像制品的；

（四）为扶助贫困通过信息网络向农村地区提供作品、表演、录音录像制品超过规定范围，或者未按照公告的标准支付报酬，或者在权利人不同意提供其作品、表演、录音录像制品后未立即删除的；

（五）通过信息网络提供他人的作品、表演、录音录像制品，未指明作品、表演、录音录像制品的名称或者作者、表演者、录音录像制作者的姓名（名称），或者未支付报酬，或者未依照本条例规定采取技术措施防止服务对象以外的其他人获得他人的作品、表演、录音录像制品，或者未防止服务对象的复制行为对权利人利益造成实质性损害的。

第十九条 违反本条例规定，有下列行为之一的，由著作权行政管理部门予以警告，没收违法所得，没收主要用于避开、破坏技术措施的装置或者部件；情节严重的，可以没收主要用于提供网络服务的计算机等设备；非法经营额5万元以上的，可处非法经营额1倍以上5倍以下的罚款；没有非法经营额或者非法经营额5万元以下的，根据情节轻重，可处25万元以下的罚款；构成犯罪的，依法追究刑事责任：

（一）故意制造、进口或者向他人提供主要用于避开、破坏技术措施的装置或者部件，或者故意为他人避开或者破坏技术措施提供技术服务的；

（二）通过信息网络提供他人的作品、表演、录音录像制品，获得经济利益的；

（三）为扶助贫困通过信息网络向农村地区提供作品、表演、录音录像制品，未在提供前公告作品、表演、录音录像制品的名称和作者、表演者、录音录像制作者的姓名（名称）以及报酬标准的。

第二十条 网络服务提供者根据服务对象的指令提供网络自动接入服务，或者对服务对象提供的作品、表演、录音录像制品提供自动传输服务，并具备下列条件的，不承担赔偿责任：

（一）未选择并且未改变所传输的作品、表演、录音录像制品；

（二）向指定的服务对象提供该作品、表演、录音录像制品，并防止指定的服务对象以外的其他人获得。

第二十一条 网络服务提供者为提高网络

传输效率，自动存储从其他网络服务提供者获得的作品、表演、录音录像制品，根据技术安排自动向服务对象提供，并具备下列条件的，不承担赔偿责任：

（一）未改变自动存储的作品、表演、录音录像制品；

（二）不影响提供作品、表演、录音录像制品的原网络服务提供者掌握服务对象获取该作品、表演、录音录像制品的情况；

（三）在原网络服务提供者修改、删除或者屏蔽该作品、表演、录音录像制品时，根据技术安排自动予以修改、删除或者屏蔽。

第二十二条 网络服务提供者为服务对象提供信息存储空间，供服务对象通过信息网络向公众提供作品、表演、录音录像制品，并具备下列条件的，不承担赔偿责任：

（一）明确标示该信息存储空间是为服务对象所提供，并公开网络服务提供者的名称、联系人、网络地址；

（二）未改变服务对象所提供的作品、表演、录音录像制品；

（三）不知道也没有合理的理由应当知道服务对象提供的作品、表演、录音录像制品侵权；

（四）未从服务对象提供作品、表演、录音录像制品中直接获得经济利益；

（五）在接到权利人的通知书后，根据本条例规定删除权利人认为侵权的作品、表演、录音录像制品。

第二十三条 网络服务提供者为服务对象提供搜索或者链接服务，在接到权利人的通知书后，根据本条例规定断开与侵权的作品、表演、录音录像制品的链接的，不承担赔偿责任；但是，明知或者应知所链接的作品、表演、录音录像制品侵权的，应当承担共同侵权责任。

第二十四条 因权利人的通知导致网络服务提供者错误删除作品、表演、录音录像制品，或者错误断开与作品、表演、录音录像制品的链接，给服务对象造成损失的，权利人应当承担赔偿责任。

第二十五条 网络服务提供者无正当理由拒绝提供或者拖延提供涉嫌侵权的服务对象的姓名（名称）、联系方式、网络地址等资料的，由著作权行政管理部门予以警告；情节严重的，没收主要用于提供网络服务的计算机等设备。

第二十六条 本条例下列用语的含义：

信息网络传播权，是指以有线或者无线方式向公众提供作品、表演或者录音录像制品，使公众可以在其个人选定的时间和地点获得作品、表演或者录音录像制品的权利。

技术措施，是指用于防止、限制未经权利人许可浏览、欣赏作品、表演、录音录像制品的或者通过信息网络向公众提供作品、表演、录音录像制品的有效技术、装置或者部件。

权利管理电子信息，是指说明作品及其作者、表演及其表演者、录音录像制品及其制作者的信息，作品、表演、录音录像制品权利人的信息和使用条件的信息，以及表示上述信息的数字或者代码。

第二十七条 本条例自2006年7月1日起施行。

互联网著作权行政保护办法

（2005年4月29日国家版权局、信息产业部令第5号公布 自2005年5月30日起施行）

第一条 为了加强互联网信息服务活动中信息网络传播权的行政保护，规范行政执法行为，根据《中华人民共和国著作权法》及有关法律、行政法规，制定本办法。

第二条 本办法适用于互联网信息服务活动中根据互联网内容提供者的指令，通过互联网自动提供作品、录音录像制品等内容的上载、存储、链接或搜索等功能，且对存储或传输的内容不进行任何编辑、修改或选择的行为。

互联网信息服务活动中直接提供互联网内容的行为，适用著作权法。

本办法所称“互联网内容提供者”是指在互联网上发布相关内容的上网用户。

第三条 各级著作权行政管理部门依照法律、行政法规和本办法对互联网信息服务活动中的信息网络传播权实施行政保护。国务院信息产业主管部门和各省、自治区、直辖市电信管理机构依法配合相关工作。

第四条 著作权行政管理部门对侵犯互联网信息服务活动中的信息网络传播权的行为实施行政处罚，适用《著作权行政处罚实施办法》。

侵犯互联网信息服务活动中的信息网络传播权的行为由侵权行为实施地的著作权行政管理部门管辖。侵权行为实施地包括提供本办法第二条所列的互联网信息服务活动的服务器等设备所在地。

第五条 著作权人发现互联网传播的内容侵犯其著作权，向互联网信息服务提供者或者其委托的其他机构（以下统称“互联网信息服务提供者”）发出通知后，互联网信息服务提供者应当立即采取措施移除相关内容，并保留著作权人的通知6个月。

第六条 互联网信息服务提供者收到著作权人的通知后，应当记录提供的信息内容及其发布的时间、互联网地址或者域名。互联网接入服务提供者应当记录互联网内容提供者的接入时间、用户帐号、互联网地址或者域名、主叫电话号码等信息。

前款所称记录应当保存60日，并在著作权行政管理部门查询时予以提供。

第七条 互联网信息服务提供者根据著作权人的通知移除相关内容的，互联网内容提供者可以向互联网信息服务提供者和著作权人一并发出说明被移除内容不侵犯著作权的反通知。反通知发出后，互联网信息服务提供者即可恢复被移除的内容，且对该恢复行为不承担行政法律责任。

第八条 著作权人的通知应当包含以下内容：

（一）涉嫌侵权内容所侵犯的著作权权属证明；

（二）明确的身份证明、住址、联系方式；

（三）涉嫌侵权内容在信息网络上的位置；

（四）侵犯著作权的相关证据；

（五）通知内容的真实性声明。

第九条 互联网内容提供者的反通知应当包含以下内容：

（一）明确的身份证明、住址、联系方式；

（二）被移除内容的合法性证明；

（三）被移除内容在互联网上的位置；

（四）反通知内容的真实性声明。

第十条 著作权人的通知和互联网内容提供者的反通知应当采取书面形式。

著作权人的通知和互联网内容提供者的反通知不具备本办法第八条、第九条所规定内容的，视为未发出。

第十一条 互联网信息服务提供者明知互联网内容提供者通过互联网实施侵犯他人著作权的行为，或者虽不明知，但接到著作权人通知后未采取措施移除相关内容，同时损害社会公共利益的，著作权行政管理部门可以根据《中华人民共和国著作权法》第四十七条的规定责令停止侵权行为，并给予下列行政处罚：

（一）没收违法所得；

（二）处以非法经营额3倍以下的罚款；非法经营额难以计算的，可以处10万元以下的罚款。

第十二条 没有证据表明互联网信息服务提供者明知侵权事实存在的，或者互联网信息服务提供者接到著作权人通知后，采取措施移除相关内容的，不承担行政法律责任。

第十三条 著作权行政管理部门在查处侵犯互联网信息服务活动中的信息网络传播权案件时，可以按照《著作权行政处罚实施办法》第十二条规定要求著作权人提交必备材料，以及向互联网信息服务提供者发出的通知和该互联网信息服务提供者未采取措施移除相关内容的证明。

第十四条 互联网信息服务提供者有本办法第十一条规定的情形，且经著作权行政管理部门依法认定专门从事盗版活动，或有其他严重情节的，国务院信息产业主管部门或者省、自治区、直辖市电信管理机构依据相关法律、行政法规的规定处理；互联网接入服务提供者应当依据国务院信息产业主管部门或者省、自治区、直辖市电信管理机构的通知，配合实施相应的处理措施。

第十五条 互联网信息服务提供者未履行本办法第六条规定的义务，由国务院信息产业主管部门或者省、自治区、直辖市电信管理机构予以警告，可以并处三万元以下罚款。

第十六条 著作权行政管理部门在查处侵犯互联网信息服务活动中的信息网络传播权案件过程中，发现互联网信息服务提供者的行为涉嫌构成犯罪的，应当依照国务院《行政执法机关移送涉嫌犯罪案件的规定》将案件移送司法部门，依法追究刑事责任。

第十七条 表演者、录音录像制作者等与著作权有关的权利人通过互联网向公众传播其表演或者录音录像制品的权利的行政保护适用本办法。

第十八条 本办法由国家版权局和信息产业部负责解释。

第十九条 本办法自 2005 年 5 月 30 日起施行。

国家版权局
关于规范网盘服务版权秩序的通知

（2015 年 10 月 14 日）

为规范网盘服务版权秩序，根据《中华人民共和国著作权法》、《信息网络传播权保护条例》等规定，现就有关事项通知如下：

一、凡为用户提供网络信息存储空间服务的网盘服务商应当遵守著作权法律法规，合法使用、传播作品，履行著作权保护义务。

二、网盘服务商应当建立必要管理机制，运用有效技术措施，主动屏蔽、移除侵权作品，防止用户违法上传、存储并分享他人作品。

三、网盘服务商应当在其网盘首页显著位置提示用户遵守著作权法，尊重著作权人合法权益，不违法上传、存储并分享他人作品。

四、网盘服务商应当在其网盘首页显著位置详细标明权利人通知、投诉的方式，及时受理权利人通知、投诉，并在接到权利人通知、投诉后 24 小时内移除相关侵权作品，删除、断开相关侵权作品链接；同时应当遵守《信息网络传播权保护条例》关于“通知”的相关规定。

五、网盘服务商应当采取有效措施，制止用户违法上传、存储并分享下列作品：

（一）根据权利人通知已经移除的作品；

（二）权利人向网盘服务商发送了权利公示或者声明的作品；

（三）版权行政管理部门公布的重点监管作品。

六、网盘服务商应当采取有效措施，制止用户违法上传、存储并分享下列未经授权的作品：

（一）正在热播、热卖的作品；

（二）出版、影视、音乐等专业机构出版或者制作的作品；

（三）其他明显感知属于未经授权提供的作品。

七、网盘服务商不得擅自或者组织上传未经授权的他人作品，不得对用户上传、存储的作品进行编辑、推荐、排名等加工，不得以各种方式指引、诱导、鼓励用户违法分享他人作品，不得为用户利用其他网络服务形式违法分享他人作品提供便利。

八、网盘服务商应当加强用户管理，要求用户对其账号异常登录、流量异常变化等可能涉嫌侵权的情况及时作出合理解释，对于拒绝解释或者不能给出合理解释的用户，可以暂停或者终止使用其账号。

九、网盘服务商应当完整保存用户姓名、账号、网络地址、联系方式等注册信息，并按照版权行政管理部门的要求提供用户上传、存储并分享的侵权作品、网络地址或者域名等必要信息。

十、网盘服务商应当建立侵权用户处置机制，根据用户侵权情形，给予列入黑名单、暂停或者终止服务等处置。

十一、网盘服务商应当严格遵守、执行本通知。版权行政管理部门要对网盘服务商加强监管，依法查处网盘服务商违反著作权法的行为。

十二、本通知自印发之日起实施。

最高人民法院
关于审理侵害信息网络传播权民事纠纷案件适用法律若干问题的规定

［2012 年 11 月 26 日最高人民法院审判委员会第 1561 次会议通过 根据 2020 年 12 月 23 日最高人民法院审判委员会第 1823 次会议通过的《最高人民法院关于修改〈最高人民法院关于审理侵犯专利权纠纷案件应用法律若干问题的解释（二）〉等十八件知识产权类司法解释的决定》修正］

为正确审理侵害信息网络传播权民事纠纷案件，依法保护信息网络传播权，促进信息网络产业健康发展，维护公共利益，根据《中华人民共和国民法典》《中华人民共和国著作权法》《中华人民共和国民事诉讼法》等有关法律规定，结合审判实际，制定本规定。

第一条 人民法院审理侵害信息网络传播权民事纠纷案件，在依法行使裁量权时，应当兼顾权利人、网络服务提供者和社会公众的利益。

第二条 本规定所称信息网络，包括以计算机、电视机、固定电话机、移动电话机等电子设备为终端的计算机互联网、广播电视网、固定通信网、移动通信网等信息网络，以及向公众开放的局域网络。

第三条 网络用户、网络服务提供者未经许可，通过信息网络提供权利人享有信息网络传播权的作品、表演、录音录像制品，除法律、行政法规另有规定外，人民法院应当认定其构成侵害信息网络传播权行为。

通过上传到网络服务器、设置共享文件或者利用文件分享软件等方式，将作品、表演、录音录像制品置于信息网络中，使公众能够在个人选定的时间和地点以下载、浏览或者其他方式获得的，人民法院应当认定其实施了前款规定的提供行为。

第四条 有证据证明网络服务提供者与他人以分工合作等方式共同提供作品、表演、录音录像制品，构成共同侵权行为的，人民法院应当判令其承担连带责任。网络服务提供者能够证明其仅提供自动接入、自动传输、信息存储空间、搜索、链接、文件分享技术等网络服务，主张其不构成共同侵权行为的，人民法院应予支持。

第五条 网络服务提供者以提供网页快照、缩略图等方式实质替代其他网络服务提供者向公众提供相关作品的，人民法院应当认定其构成提供行为。

前款规定的提供行为不影响相关作品的正常使用，且未不合理损害权利人对该作品的合法权益，网络服务提供者主张其未侵害信息网络传播权的，人民法院应予支持。

第六条 原告有初步证据证明网络服务提供者提供了相关作品、表演、录音录像制品，但网络服务提供者能够证明其仅提供网络服务，且无过错的，人民法院不应认定为构成侵权。

第七条 网络服务提供者在提供网络服务时教唆或者帮助网络用户实施侵害信息网络传播权行为的，人民法院应当判令其承担侵权责任。

网络服务提供者以言语、推介技术支持、奖励积分等方式诱导、鼓励网络用户实施侵害信息网络传播权行为的，人民法院应当认定其构成教唆侵权行为。

网络服务提供者明知或者应知网络用户利用网络服务侵害信息网络传播权，未采取删除、屏蔽、断开链接等必要措施，或者提供技术支持等帮助行为的，人民法院应当认定其构成帮助侵权行为。

第八条 人民法院应当根据网络服务提供者的过错，确定其是否承担教唆、帮助侵权责任。网络服务提供者的过错包括对于网络用户侵害信息网络传播权行为的明知或者应知。

网络服务提供者未对网络用户侵害信息网络传播权的行为主动进行审查的，人民法院不应据此认定其具有过错。

网络服务提供者能够证明已采取合理、有效的技术措施，仍难以发现网络用户侵害信息网络传播权行为的，人民法院应当认定其不具有过错。

第九条 人民法院应当根据网络用户侵害信息网络传播权的具体事实是否明显，综合考虑以下因素，认定网络服务提供者是否构成应知：

（一）基于网络服务提供者提供服务的性质、方式及其引发侵权的可能性大小，应当具备的管理信息的能力；

（二）传播的作品、表演、录音录像制品的类型、知名度及侵权信息的明显程度；

（三）网络服务提供者是否主动对作品、表演、录音录像制品进行了选择、编辑、修改、推荐等；

（四）网络服务提供者是否积极采取了预防侵权的合理措施；

（五）网络服务提供者是否设置便捷程序接收侵权通知并及时对侵权通知作出合理的反应；

（六）网络服务提供者是否针对同一网络用户的重复侵权行为采取了相应的合理措施；

（七）其他相关因素。

第十条 网络服务提供者在提供网络服务时，对热播影视作品等以设置榜单、目录、索引、描述性段落、内容简介等方式进行推荐，且公众可以在其网页上直接以下载、浏览或者其他方式获得的，人民法院可以认定其应知网络用户侵害信息网络传播权。

第十一条 网络服务提供者从网络用户提供的作品、表演、录音录像制品中直接获得经济利益的，人民法院应当认定其对该网络用户侵害信息网络传播权的行为负有较高的注意义务。

网络服务提供者针对特定作品、表演、录音录像制品投放广告获取收益，或者获取与其传播的作品、表演、录音录像制品存在其他特定联系的经济利益，应当认定为前款规定的直接获得经济利益。网络服务提供者因提供网络服务而收取一般性广告费、服务费等，不属于本款规定的情形。

第十二条 有下列情形之一的，人民法院可以根据案件具体情况，认定提供信息存储空间服务的网络服务提供者应知网络用户侵害信息网络传播权：

（一）将热播影视作品等置于首页或者其他主要页面等能够为网络服务提供者明显感知的位置的；

（二）对热播影视作品等的主题、内容主动进行选择、编辑、整理、推荐，或者为其设立专门的排行榜的；

（三）其他可以明显感知相关作品、表演、录音录像制品为未经许可提供，仍未采取合理措施的情形。

第十三条 网络服务提供者接到权利人以书信、传真、电子邮件等方式提交的通知及构成侵权的初步证据，未及时根据初步证据和服务类型采取必要措施的，人民法院应当认定其明知相关侵害信息网络传播权行为。

第十四条 人民法院认定网络服务提供者转送通知、采取必要措施是否及时，应当根据权利人提交通知的形式，通知的准确程度，采取措施的难易程度，网络服务的性质，所涉作品、表演、录音录像制品的类型、知名度、数量等因素综合判断。

第十五条 侵害信息网络传播权民事纠纷案件由侵权行为地或者被告住所地人民法院管辖。侵权行为地包括实施被诉侵权行为的网络服务器、计算机终端等设备所在地。侵权行为地和被告住所地均难以确定或者在境外的，原告发现侵权内容的计算机终端等设备所在地可以视为侵权行为地。

第十六条 本规定施行之日起，《最高人民法院关于审理涉及计算机网络著作权纠纷案件适用法律若干问题的解释》（法释〔2006〕11号）同时废止。

本规定施行之后尚未终审的侵害信息网络传播权民事纠纷案件，适用本规定。本规定施行前已经终审，当事人申请再审或者按照审判监督程序决定再审的，不适用本规定。

最高人民法院
关于做好涉及网吧著作权纠纷案件审判工作的通知

2010年11月25日　　法发〔2010〕50号

各省、自治区、直辖市高级人民法院，新疆维吾尔自治区高级人民法院生产建设兵团分院：

近年来，各级人民法院审理的网吧因提供影视作品被诉侵权的相关案件大幅增加，出现了一些新情况和新问题，引起有关方面的高度关注。为解决当前审理涉及网吧著作权纠纷案件中存在的突出问题，依法妥善审理好此类案件，现就有关事项通知如下：

一、各级人民法院要认真研究分析当前涉及网吧著作权纠纷案件急剧上升的成因和现状，在此类案件的审理中，在积极支持当事人依法维权的同时，也要注意防止滥用权利情形的发生。要注意处理好依法保护与适度保护的关系，既要依法保护当事人的著作权，有效制止侵权行为，又要正确确定网吧经营者和相关影视作品提供者的责任承担，注意把握司法导向和利益平衡，积极促进信息传播和规范传播秩序，推动相关互联网文化产业健康发展。

二、要积极探索有效解决纠纷的途径，认真贯彻“调解优先，调判结合”的工作原则。在加强诉讼调解的同时，积极推动建立诉讼与非诉讼相衔接的矛盾纠纷解决机制，发挥行业主管部门和行业协会的作用，采取各种措施引导网吧经营者规范经营行为，以减少诉讼，维护社会和谐稳定。

三、网吧经营者未经许可，通过网吧自行提供他人享有著作权的影视作品，侵犯他人信息网络传播权等权利的，应当根据原告的诉讼请求判决其停止侵权和赔偿损失。赔偿数额的确定要合理和适度，要符合网吧经营活动的特点和实际，除应考虑涉案影视作品的市场影响、知名度、上映档期、合理的许可使用费外，还应重点考虑网吧的服务价格、规模、主观过错程度以及侵权行为的性质、持续时间、对侵权作品的点击或下载数量、当地经济文化发展状况等因素。

法律、行政法规对网吧经营者承担侵权责任的情形另有规定的，按其规定执行。

四、网吧经营者能证明涉案影视作品是从有经营资质的影视作品提供者合法取得，根据取得时的具体情形不知道也没有合理理由应当知道涉案影视作品侵犯他人信息网络传播权等权利的，不承担赔偿损失的民事责任。但网吧经营者经权利人通知后，未及时采取必要措施的，应对损害的扩大部分承担相应的民事责任。

五、网吧经营者请求追加涉案影视作品提供者为共同被告的，可根据案件的具体情况决定是否追加其参加诉讼。

本通知自下发之日起执行。执行中如有问题和新情况，请及时层报最高人民法院。

5. 出 版

出版管理条例

（2001年12月25日中华人民共和国国务院令第343号公布 根据2011年3月19日《国务院关于修改〈出版管理条例〉的决定》第一次修订 根据2013年7月18日《国务院关于废止和修改部分行政法规的决定》第二次修订 根据2014年7月29日《国务院关于修改部分行政法规的决定》第三次修订 根据2016年2月6日《国务院关于修改部分行政法规的决定》第四次修订 根据2020年11月29日《国务院关于修改和废止部分行政法规的决定》第五次修订）

第一章 总 则

第一条 为了加强对出版活动的管理，发展和繁荣有中国特色社会主义出版产业和出版事业，保障公民依法行使出版自由的权利，促进社会主义精神文明和物质文明建设，根据宪法，制定本条例。

第二条 在中华人民共和国境内从事出版活动，适用本条例。

本条例所称出版活动，包括出版物的出版、印刷或者复制、进口、发行。

本条例所称出版物，是指报纸、期刊、图书、音像制品、电子出版物等。

第三条 出版活动必须坚持为人民服务、为社会主义服务的方向，坚持以马克思列宁主义、毛泽东思想、邓小平理论和“三个代表”重要思想为指导，贯彻落实科学发展观，传播和积累有益于提高民族素质、有益于经济发展和社会进步的科学技术和文化知识，弘扬民族优秀文化，促进国际文化交流，丰富和提高人民的精神生活。

第四条 从事出版活动，应当将社会效益放在首位，实现社会效益与经济效益相结合。

第五条 公民依法行使出版自由的权利，各级人民政府应当予以保障。

公民在行使出版自由的权利的时候，必须遵守宪法和法律，不得反对宪法确定的基本原则，不得损害国家的、社会的、集体的利益和其他公民的合法的自由和权利。

第六条 国务院出版行政主管部门负责全国的出版活动的监督管理工作。国务院其他有关部门按照国务院规定的职责分工，负责有关的出版活动的监督管理工作。

县级以上地方各级人民政府负责出版管理的部门（以下简称出版行政主管部门）负责本行政区域内出版活动的监督管理工作。县级以上地方各级人民政府其他有关部门在各自的职责范围内，负责有关的出版活动的监督管理工作。

第七条 出版行政主管部门根据已经取得的违法嫌疑证据或者举报，对涉嫌违法从事出版物出版、印刷或者复制、进口、发行等活动的行为进行查处时，可以检查与涉嫌违法活动有关的物品和经营场所；对有证据证明是与违法活动有关的物品，可以查封或者扣押。

第八条 出版行业的社会团体按照其章程，在出版行政主管部门的指导下，实行自律管理。

第二章 出版单位的设立与管理

第九条 报纸、期刊、图书、音像制品和电子出版物等应当由出版单位出版。

本条例所称出版单位，包括报社、期刊社、图书出版社、音像出版社和电子出版物出版社等。

法人出版报纸、期刊，不设立报社、期刊社的，其设立的报纸编辑部、期刊编辑部视为出版单位。

第十条 国务院出版行政主管部门制定全国出版单位总量、结构、布局的规划，指导、协调出版产业和出版事业发展。

第十一条 设立出版单位，应当具备下列条件：

（一）有出版单位的名称、章程；

（二）有符合国务院出版行政主管部门认定的主办单位及其主管机关；

（三）有确定的业务范围；

（四）有30万元以上的注册资本和固定的工作场所；

（五）有适应业务范围需要的组织机构和符合国家规定的资格条件的编辑出版专业人员；

（六）法律、行政法规规定的其他条件。

审批设立出版单位，除依照前款所列条件外，还应当符合国家关于出版单位总量、结构、布局的规划。

第十二条 设立出版单位，由其主办单位向所在地省、自治区、直辖市人民政府出版行政主管部门提出申请；省、自治区、直辖市人民政府出版行政主管部门审核同意后，报国务院出版行政主管部门审批。设立的出版单位为事业单位的，还应当办理机构编制审批手续。

第十三条 设立出版单位的申请书应当载明下列事项：

（一）出版单位的名称、地址；

（二）出版单位的主办单位及其主管机关的名称、地址；

（三）出版单位的法定代表人或者主要负责人的姓名、住址、资格证明文件；

（四）出版单位的资金来源及数额。

设立报社、期刊社或者报纸编辑部、期刊编辑部的，申请书还应当载明报纸或者期刊的名称、刊期、开版或者开本、印刷场所。

申请书应当附具出版单位的章程和设立出版单位的主办单位及其主管机关的有关证明材料。

第十四条 国务院出版行政主管部门应当自受理设立出版单位的申请之日起60日内，作出批准或者不批准的决定，并由省、自治区、直辖市人民政府出版行政主管部门书面通知主办单位；不批准的，应当说明理由。

第十五条 设立出版单位的主办单位应当自收到批准决定之日起60日内，向所在地省、自治区、直辖市人民政府出版行政主管部门登记，领取出版许可证。登记事项由国务院出版行政主管部门规定。

出版单位领取出版许可证后，属于事业单位法人的，持出版许可证向事业单位登记管理机关登记，依法领取事业单位法人证书；属于企业法人的，持出版许可证向工商行政管理部门登记，依法领取营业执照。

第十六条 报社、期刊社、图书出版社、音像出版社和电子出版物出版社等应当具备法人条件，经核准登记后，取得法人资格，以其全部法人财产独立承担民事责任。

依照本条例第九条第三款的规定，视为出版单位的报纸编辑部、期刊编辑部不具有法人资格，其民事责任由其主办单位承担。

第十七条 出版单位变更名称、主办单位或者其主管机关、业务范围、资本结构，合并或者分立，设立分支机构，出版新的报纸、期刊，或者报纸、期刊变更名称的，应当依照本条例第十二条、第十三条的规定办理审批手续。出版单位属于事业单位法人的，还应当持批准文件到事业单位登记管理机关办理相应的登记手续；属于企业法人的，还应当持批准文件到工商行政管理部门办理相应的登记手续。

出版单位除前款所列变更事项外的其他事项的变更，应当经主办单位及其主管机关审查同意，向所在地省、自治区、直辖市人民政府出版行政主管部门申请变更登记，并报国务院出版行政主管部门备案。出版单位属于事业单位法人的，还应当持批准文件到事业单位登记管理机关办理变更登记；属于企业法人的，还应当持批准文件到工商行政管理部门办理变更登记。

第十八条 出版单位中止出版活动的，应当向所在地省、自治区、直辖市人民政府出版行政主管部门备案并说明理由和期限；出版单位中止出版活动不得超过180日。

出版单位终止出版活动的，由主办单位提出申请并经主管机关同意后，由主办单位向所在地省、自治区、直辖市人民政府出版行政主管部门办理注销登记，并报国务院出版行政主管部门备案。出版单位属于事业单位法人的，还应当持批准文件到事业单位登记管理机关办理注销登记；属于企业法人的，还应当持批准文件到工商行政管理部门办理注销登记。

第十九条 图书出版社、音像出版社和电子出版物出版社自登记之日起满180日未从事出版活动的，报社、期刊社自登记之日起满90日未出版报纸、期刊的，由原登记的出版行政主管部门注销登记，并报国务院出版行政主管部门备案。

因不可抗力或者其他正当理由发生前款所列情形的，出版单位可以向原登记的出版行政主管部门申请延期。

第二十条 图书出版社、音像出版社和电子出版物出版社的年度出版计划及涉及国家安全、社会安定等方面的重大选题，应当经所在地省、自治区、直辖市人民政府出版行政主管部门审核后报国务院出版行政主管部门备案；涉及重大选题，未在出版前报备案的出版物，不得出版。具体办法由国务院出版行政主管部门制定。

期刊社的重大选题，应当依照前款规定办理备案手续。

第二十一条 出版单位不得向任何单位或者个人出售或者以其他形式转让本单位的名称、书号、刊号或者版号、版面，并不得出租本单位的名称、刊号。

出版单位及其从业人员不得利用出版活动谋取其他不正当利益。

第二十二条 出版单位应当按照国家有关规定向国家图书馆、中国版本图书馆和国务院出版行政主管部门免费送交样本。

第三章　出版物的出版

第二十三条 公民可以依照本条例规定，在出版物上自由表达自己对国家事务、经济和文化事业、社会事务的见解和意愿，自由发表自己从事科学研究、文学艺术创作和其他文化活动的成果。

合法出版物受法律保护，任何组织和个人不得非法干扰、阻止、破坏出版物的出版。

第二十四条 出版单位实行编辑责任制度，保障出版物刊载的内容符合本条例的规定。

第二十五条 任何出版物不得含有下列内容：

（一）反对宪法确定的基本原则的；

（二）危害国家统一、主权和领土完整的；

（三）泄露国家秘密、危害国家安全或者损害国家荣誉和利益的；

（四）煽动民族仇恨、民族歧视，破坏民族团结，或者侵害民族风俗、习惯的；

（五）宣扬邪教、迷信的；

（六）扰乱社会秩序，破坏社会稳定的；

（七）宣扬淫秽、赌博、暴力或者教唆犯罪的；

（八）侮辱或者诽谤他人，侵害他人合法权益的；

（九）危害社会公德或者民族优秀文化传统的；

（十）有法律、行政法规和国家规定禁止的其他内容的。

第二十六条 以未成年人为对象的出版物不得含有诱发未成年人模仿违反社会公德的行为和违法犯罪的行为的内容，不得含有恐怖、残酷等妨害未成年人身心健康的内容。

第二十七条 出版物的内容不真实或者不公正，致使公民、法人或者其他组织的合法权益受到侵害的，其出版单位应当公开更正，消除影响，并依法承担其他民事责任。

报纸、期刊发表的作品内容不真实或者不公正，致使公民、法人或者其他组织的合法权益受到侵害的，当事人有权要求有关出版单位更正或者答辩，有关出版单位应当在其近期出版的报纸、期刊上予以发表；拒绝发表的，当事人可以向人民法院提起诉讼。

第二十八条 出版物必须按照国家的有关规定载明作者、出版者、印刷者或者复制者、发行者的名称、地址，书号、刊号或者版号，在版编目数据，出版日期、刊期以及其他有关事项。

出版物的规格、开本、版式、装帧、校对等必须符合国家标准和规范要求，保证出版物的质量。

出版物使用语言文字必须符合国家法律规定和有关标准、规范。

第二十九条 任何单位和个人不得伪造、假冒出版单位名称或者报纸、期刊名称出版出版物。

第三十条 中学小学教科书由国务院教育行政主管部门审定；其出版、发行单位应当具有适应教科书出版、发行业务需要的资金、组织机构和人员等条件，并取得国务院出版行政主管部门批准的教科书出版、发行资质。纳入政府采购范围的中学小学教科书，其发行单位按照《中华人民共和国政府采购法》的有关规定确定。其他任何单位或者个人不得从事中学小学教科书的出版、发行业务。

第四章 出版物的印刷或者复制和发行

第三十一条 从事出版物印刷或者复制业务的单位，应当向所在地省、自治区、直辖市人民政府出版行政主管部门提出申请，经审核许可，并依照国家有关规定到工商行政管理部门办理相关手续后，方可从事出版物的印刷或者复制。

未经许可并办理相关手续的，不得印刷报纸、期刊、图书，不得复制音像制品、电子出版物。

第三十二条 出版单位不得委托未取得出版物印刷或者复制许可的单位印刷或者复制出版物。

出版单位委托印刷或者复制单位印刷或者复制出版物的，必须提供符合国家规定的印刷或者复制出版物的有关证明，并依法与印刷或者复制单位签订合同。

印刷或者复制单位不得接受非出版单位和个人的委托印刷报纸、期刊、图书或者复制音像制品、电子出版物，不得擅自印刷、发行报纸、期刊、图书或者复制、发行音像制品、电子出版物。

第三十三条 印刷或者复制单位经所在地省、自治区、直辖市人民政府出版行政主管部门批准，可以承接境外出版物的印刷或者复制业务；但是，印刷或者复制的境外出版物必须全部运输出境，不得在境内发行。

境外委托印刷或者复制的出版物的内容，应当经省、自治区、直辖市人民政府出版行政主管部门审核。委托人应当持有著作权人授权书，并向著作权行政管理部门登记。

第三十四条 印刷或者复制单位应当自完成出版物的印刷或者复制之日起2年内，留存一份承接的出版物样本备查。

第三十五条 单位从事出版物批发业务的，须经省、自治区、直辖市人民政府出版行政主管部门审核许可，取得《出版物经营许可证》。

单位和个体工商户从事出版物零售业务的，须经县级人民政府出版行政主管部门审核许可，取得《出版物经营许可证》。

第三十六条 通过互联网等信息网络从事出版物发行业务的单位或者个体工商户，应当依照本条例规定取得《出版物经营许可证》。

提供网络交易平台服务的经营者应当对申请通过网络交易平台从事出版物发行业务的单位或者个体工商户的经营主体身份进行审查，验证其《出版物经营许可证》。

第三十七条 从事出版物发行业务的单位和个体工商户变更《出版物经营许可证》登记事项，或者兼并、合并、分立的，应当依照本条例第三十五条的规定办理审批手续。

从事出版物发行业务的单位和个体工商户终止经营活动的，应当向原批准的出版行政主管部门备案。

第三十八条 出版单位可以发行本出版单位出版的出版物，不得发行其他出版单位出版的出版物。

第三十九条 国家允许设立从事图书、报纸、期刊、电子出版物发行业务的外商投资企业。

第四十条 印刷或者复制单位、发行单位或者个体工商户不得印刷或者复制、发行有下列情形之一的出版物：

（一）含有本条例第二十五条、第二十六条禁止内容的；

（二）非法进口的；

（三）伪造、假冒出版单位名称或者报纸、期刊名称的；

（四）未署出版单位名称的；

（五）中学小学教科书未经依法审定的；

（六）侵犯他人著作权的。

第五章 出版物的进口

第四十一条 出版物进口业务，由依照本条例设立的出版物进口经营单位经营；其他单位和个人不得从事出版物进口业务。

第四十二条 设立出版物进口经营单位，应当具备下列条件：

（一）有出版物进口经营单位的名称、章程；

（二）有符合国务院出版行政主管部门认定的主办单位及其主管机关；

（三）有确定的业务范围；

（四）具有进口出版物内容审查能力；

（五）有与出版物进口业务相适应的资金；

（六）有固定的经营场所；

（七）法律、行政法规和国家规定的其他条件。

第四十三条 设立出版物进口经营单位，应当向国务院出版行政主管部门提出申请，经审查批准，取得国务院出版行政主管部门核发的出版物进口经营许可证后，持证到工商行政管理部门依法领取营业执照。

设立出版物进口经营单位，还应当依照对外贸易法律、行政法规的规定办理相应手续。

第四十四条 出版物进口经营单位变更名称、业务范围、资本结构、主办单位或者其主管机关，合并或者分立，设立分支机构，应当依照本条例第四十二条、第四十三条的规定办理审批手续，并持批准文件到工商行政管理部门办理相应的登记手续。

第四十五条 出版物进口经营单位进口的出版物，不得含有本条例第二十五条、第二十六条禁止的内容。

出版物进口经营单位负责对其进口的出版物进行内容审查。省级以上人民政府出版行政主管部门可以对出版物进口经营单位进口的出版物直接进行内容审查。出版物进口经营单位无法判断其进口的出版物是否含有本条例第二十五条、第二十六条禁止内容的，可以请求省级以上人民政府出版行政主管部门进行内容审查。省级以上人民政府出版行政主管部门应出版物进口经营单位的请求，对其进口的出版物进行内容审查的，可以按照国务院价格主管部门批准的标准收取费用。

国务院出版行政主管部门可以禁止特定出版物的进口。

第四十六条 出版物进口经营单位应当在进口出版物前将拟进口的出版物目录报省级以上人民政府出版行政主管部门备案；省级以上人民政府出版行政主管部门发现有禁止进口的或者暂缓进口的出版物的，应当及时通知出版物进口经营单位并通报海关。对通报禁止进口或者暂缓进口的出版物，出版物进口经营单位不得进口，海关不得放行。

出版物进口备案的具体办法由国务院出版行政主管部门制定。

第四十七条 发行进口出版物的，必须从依法设立的出版物进口经营单位进货。

第四十八条 出版物进口经营单位在境内举办境外出版物展览，必须报经国务院出版行政主管部门批准。未经批准，任何单位和个人不得举办境外出版物展览。

依照前款规定展览的境外出版物需要销售的，应当按照国家有关规定办理相关手续。

第六章 监督与管理

第四十九条 出版行政主管部门应当加强对本行政区域内出版单位出版活动的日常监督管理；出版单位的主办单位及其主管机关对所属出版单位出版活动负有直接管理责任，并应当配合出版行政主管部门督促所属出版单位执行各项管理规定。

出版单位和出版物进口经营单位应当按照国务院出版行政主管部门的规定，将从事出版活动和出版物进口活动的情况向出版行政主管部门提出书面报告。

第五十条 出版行政主管部门履行下列职责：

（一）对出版物的出版、印刷、复制、发行、进口单位进行行业监管，实施准入和退出管理；

（二）对出版活动进行监管，对违反本条例的行为进行查处；

（三）对出版物内容和质量进行监管；

（四）根据国家有关规定对出版从业人员进行管理。

第五十一条 出版行政主管部门根据有关规定和标准，对出版物的内容、编校、印刷或者复制、装帧设计等方面质量实施监督检查。

第五十二条 国务院出版行政主管部门制定出版单位综合评估办法，对出版单位分类实施综合评估。

出版物的出版、印刷或者复制、发行和进口经营单位不再具备行政许可的法定条件的，由出版行政主管部门责令限期改正；逾期仍未改正的，由原发证机关撤销行政许可。

第五十三条 国家对在出版单位从事出版专业技术工作的人员实行职业资格制度；出版专业技术人员通过国家专业技术人员资格考试取得专业技术资格。具体办法由国务院人力资源社会保障主管部门、国务院出版行政主管部门共同制定。

第七章 保障与奖励

第五十四条 国家制定有关政策，保障、促进出版产业和出版事业的发展与繁荣。

第五十五条 国家支持、鼓励下列优秀的、重点的出版物的出版：

（一）对阐述、传播宪法确定的基本原则有重大作用的；

（二）对弘扬社会主义核心价值体系，在人民中进行爱国主义、集体主义、社会主义和民族团结教育以及弘扬社会公德、职业道德、家庭美德有重要意义的；

（三）对弘扬民族优秀文化，促进国际文化交流有重大作用的；

（四）对推进文化创新，及时反映国内外新的科学文化成果有重大贡献的；

（五）对服务农业、农村和农民，促进公共文化服务有重大作用的；

（六）其他具有重要思想价值、科学价值或者文化艺术价值的。

第五十六条 国家对教科书的出版发行，予以保障。

国家扶持少数民族语言文字出版物和盲文出版物的出版发行。

国家对在少数民族地区、边疆地区、经济不发达地区和在农村发行出版物，实行优惠政策。

第五十七条 报纸、期刊交由邮政企业发行的，邮政企业应当保证按照合同约定及时、准确发行。

承运出版物的运输企业，应当对出版物的运输提供方便。

第五十八条 对为发展、繁荣出版产业和出版事业作出重要贡献的单位和个人，按照国家有关规定给予奖励。

第五十九条 对非法干扰、阻止和破坏出版物出版、印刷或者复制、进口、发行的行为，县级以上各级人民政府出版行政主管部门及其他有关部门，应当及时采取措施，予以制止。

第八章 法律责任

第六十条 出版行政主管部门或者其他有关部门的工作人员，利用职务上的便利收受他人财物或者其他好处，批准不符合法定条件的申请人取得许可证、批准文件，或者不履行监督职责，或者发现违法行为不予查处，造成严重后果的，依法给予降级直至开除的处分；构成犯罪的，依照刑法关于受贿罪、滥用职权罪、玩忽职守罪或者其他罪的规定，依法追究刑事责任。

第六十一条 未经批准，擅自设立出版物的出版、印刷或者复制、进口单位，或者擅自从事出版物的出版、印刷或者复制、进口、发行业务，假冒出版单位名称或者伪造、假冒报纸、期刊名称出版出版物的，由出版行政主管部门、工商行政管理部门依照法定职权予以取缔；依照刑法关于非法经营罪的规定，依法追究刑事责任；尚不够刑事处罚的，没收出版物、违法所得和从事违法活动的专用工具、设备，违法经营额1万元以上的，并处违法经营额5倍以上10倍以下的罚款，违法经营额不足1万元的，可以处5万元以下的罚款；侵犯他人合法权益的，依法承担民事责任。

第六十二条 有下列行为之一，触犯刑律的，依照刑法有关规定，依法追究刑事责任；尚不够刑事处罚的，由出版行政主管部门责令限期停业整顿，没收出版物、违法所得，违法经营额1万元以上的，并处违法经营额5倍以上10倍以下的罚款；违法经营额不足1万元的，可以处5万元以下的罚款；情节严重的，由原发证机关吊销许可证：

（一）出版、进口含有本条例第二十五条、第二十六条禁止内容的出版物的；

（二）明知或者应知出版物含有本条例第二十五条、第二十六条禁止内容而印刷或者复制、发行的；

（三）明知或者应知他人出版含有本条例第二十五条、第二十六条禁止内容的出版物而向其出售或者以其他形式转让本出版单位的名称、书号、刊号、版号、版面，或者出租本单位的名称、刊号的。

第六十三条 有下列行为之一的，由出版行政主管部门责令停止违法行为，没收出版物、违法所得，违法经营额1万元以上的，并处违法经营额5倍以上10倍以下的罚款；违法经营额不足1万元的，可以处5万元以下的罚款；情节严重的，责令限期停业整顿或者由原发证机关吊销许可证：

（一）进口、印刷或者复制、发行国务院出版行政主管部门禁止进口的出版物的；

（二）印刷或者复制走私的境外出版物的；

（三）发行进口出版物未从本条例规定的出版物进口经营单位进货的。

第六十四条 走私出版物的，依照刑法关于走私罪的规定，依法追究刑事责任；尚不够刑事处罚的，由海关依照海关法的规定给予行政处罚。

第六十五条 有下列行为之一的，由出版行政主管部门没收出版物、违法所得，违法经营额1万元以上的，并处违法经营额5倍以上10倍以下的罚款；违法经营额不足1万元的，可以处5万元以下的罚款；情节严重的，责令限期停业整顿或者由原发证机关吊销许可证：

（一）出版单位委托未取得出版物印刷或者复制许可的单位印刷或者复制出版物的；

（二）印刷或者复制单位未取得印刷或者复制许可而印刷或者复制出版物的；

（三）印刷或者复制单位接受非出版单位和个人的委托印刷或者复制出版物的；

（四）印刷或者复制单位未履行法定手续印刷或者复制境外出版物的，印刷或者复制的境外出版物没有全部运输出境的；

（五）印刷或者复制单位、发行单位或者个体工商户印刷或者复制、发行未署出版单位名称的出版物的；

（六）印刷或者复制单位、发行单位或者个体工商户印刷或者复制、发行伪造、假冒出版单位名称或者报纸、期刊名称的出版物的；

（七）出版、印刷、发行单位出版、印刷、发行未经依法审定的中学小学教科书，或者非依照本条例规定确定的单位从事中学小学教科书的出版、发行业务的。

第六十六条 出版单位有下列行为之一的，由出版行政主管部门责令停止违法行为，给予警告，没收违法经营的出版物、违法所得，违法经营额1万元以上的，并处违法经营额5倍以上10倍以下的罚款；违法经营额不足1万元的，可以处5万元以下的罚款；情节严重的，责令限期停业整顿或者由原发证机关吊销许可证：

（一）出售或者以其他形式转让本出版单位的名称、书号、刊号、版号、版面，或者出租本单位的名称、刊号的；

（二）利用出版活动谋取其他不正当利益的。

第六十七条 有下列行为之一的，由出版行政主管部门责令改正，给予警告；情节严重的，责令限期停业整顿或者由原发证机关吊销许可证：

（一）出版单位变更名称、主办单位或者其主管机关、业务范围，合并或者分立，出版新的报纸、期刊，或者报纸、期刊改变名称，以及出版单位变更其他事项，未依照本条例的规定到出版行政主管部门办理审批、变更登记手续的；

（二）出版单位未将其年度出版计划和涉及国家安全、社会安定等方面的重大选题备案的；

（三）出版单位未依照本条例的规定送交出版物的样本的；

（四）印刷或者复制单位未依照本条例的规定留存备查的材料的；

（五）出版进口经营单位未将其进口的出版物目录报送备案的；

（六）出版单位擅自中止出版活动超过180日的；

（七）出版物发行单位、出版物进口经营单位未依照本条例的规定办理变更审批手续的；

（八）出版物质量不符合有关规定和标准的。

第六十八条 未经批准，举办境外出版物展览的，由出版行政主管部门责令停止违法行为，没收出版物、违法所得；情节严重的，责令限期停业整顿或者由原发证机关吊销许可证。

第六十九条 印刷或者复制、批发、零售、出租、散发含有本条例第二十五条、第二十六条禁止内容的出版物或者其他非法出版物的，当事人对非法出版物的来源作出说明、指认，经查证属实的，没收出版物、违法所得，可以减轻或者免除其他行政处罚。

第七十条 单位违反本条例被处以吊销许可证行政处罚的，其法定代表人或者主要负责人自许可证被吊销之日起10年内不得担任出版、印刷或者复制、进口、发行单位的法定代表人或者主要负责人。

出版从业人员违反本条例规定，情节严重的，由原发证机关吊销其资格证书。

第七十一条 依照本条例的规定实施罚款的行政处罚，应当依照有关法律、行政法规的规定，实行罚款决定与罚款收缴分离；收缴的罚款必须全部上缴国库。

第九章 附 则

第七十二条 行政法规对音像制品和电子出版物的出版、复制、进口、发行另有规定的，适用其规定。

接受境外机构或者个人赠送出版物的管理办法、订户订购境外出版物的管理办法、网络出版审批和管理办法，由国务院出版行政主管部门根据本条例的原则另行制定。

第七十三条 本条例自2002年2月1日起施行。1997年1月2日国务院发布的《出版管理条例》同时废止。

报纸出版管理规定

(2005年9月20日新闻出版总署第1次署务会议通过
2005年9月30日新闻出版总署令第32号公布
自2005年12月1日起施行)

第一章 总 则

第一条 为促进我国报业的发展与繁荣，规范报纸出版活动，加强报纸出版管理，根据国务院《出版管理条例》及相关法律法规，制定本规定。

第二条 在中华人民共和国境内从事报纸出版活动，适用本规定。

报纸由依法设立的报纸出版单位出版。报纸出版单位出版报纸，必须经新闻出版总署批准，持有国内统一连续出版物号，领取《报纸出版许可证》。

本规定所称报纸，是指有固定名称、刊期、开版，以新闻与时事评论为主要内容，每周至少出版一期的散页连续出版物。

本规定所称报纸出版单位，是指依照国家有关规定设立，经新闻出版总署批准并履行登记注册手续的报社。法人出版报纸不设立报社的，其设立的报纸编辑部视为报纸出版单位。

第三条 报纸出版必须坚持马克思列宁主义、毛泽东思想、邓小平理论和“三个代表”重要思想，坚持正确的舆论导向和出版方向，坚持把社会效益放在首位、社会效益和经济效益相统一和贴近实际、贴近群众、贴近生活的原则，为建设中国特色社会主义营造良好氛围，丰富广大人民群众的精神文化生活。

第四条 新闻出版总署负责全国报纸出版活动的监督管理工作，制定并实施全国报纸出版的总量、结构、布局的规划，建立健全报纸出版质量综合评估制度、报纸年度核验制度以及报纸出版退出机制等监督管理制度。

地方各级新闻出版行政部门负责本行政区域内的报纸出版活动的监督管理工作。

第五条 报纸出版单位负责报纸的编辑、出版等报纸出版活动。

报纸出版单位合法的出版活动受法律保护。任何组织和个人不得非法干扰、阻止、破坏报纸的出版。

第六条 新闻出版总署对为我国报业繁荣和发展做出突出贡献的报纸出版单位及个人实施奖励。

第七条 报纸出版行业的社会团体按照其

章程，在新闻出版行政部门的指导下，实行自律管理。

第二章 报纸创办与报纸出版单位设立

第八条 创办报纸、设立报纸出版单位，应当具备下列条件：

（一）有确定的、不与已有报纸重复的名称；

（二）有报纸出版单位的名称、章程；

（三）有符合新闻出版总署认定条件的主管、主办单位；

（四）有确定的报纸出版业务范围；

（五）有30万元以上的注册资本；

（六）有适应业务范围需要的组织机构和符合国家规定资格条件的新闻采编专业人员；

（七）有与主办单位在同一行政区域的固定的工作场所；

（八）有符合规定的法定代表人或者主要负责人，该法定代表人或者主要负责人必须是在境内长久居住的中国公民；

（九）法律、行政法规规定的其他条件。

除前款所列条件外，还须符合国家对报纸及报纸出版单位总量、结构、布局的规划。

第九条 中央在京单位创办报纸并设立报纸出版单位，经主管单位同意后，由主办单位报新闻出版总署审批。

中国人民解放军和中国人民武装警察部队系统创办报纸并设立报纸出版单位，由中国人民解放军总政治部宣传部新闻出版局审核同意后报新闻出版总署审批。

其他单位创办报纸并设立报纸出版单位，经主管单位同意后，由主办单位向所在地省、自治区、直辖市新闻出版行政部门提出申请，省、自治区、直辖市新闻出版行政部门审核同意后，报新闻出版总署审批。

第十条 两个以上主办单位合办报纸，须确定一个主要主办单位，并由主要主办单位提出申请。

报纸的主要主办单位应为其主管单位的隶属单位。报纸出版单位和主要主办单位须在同一行政区域。

第十一条 创办报纸、设立报纸出版单位，由报纸出版单位的主办单位提出申请，并提交以下材料：

（一）按要求填写的《报纸出版申请表》；

（二）主办单位、主管单位的有关资质证明材料；

（三）拟任报纸出版单位法定代表人或者主要负责人的简历、身份证明文件及国家有关部门颁发的职业资格证书；

（四）新闻采编人员的职业资格证书；

（五）报纸出版单位办报资金来源及数额的相关证明文件；

（六）报纸出版单位的章程；

（七）工作场所使用证明；

（八）报纸出版可行性论证报告。

第十二条 新闻出版总署自收到创办报纸、设立报纸出版单位申请之日起90日内，作出批准或者不批准的决定，并直接或者由省、自治区、直辖市新闻出版行政部门书面通知主办单位；不批准的，应当说明理由。

第十三条 报纸主办单位应当自收到新闻出版总署批准决定之日起60日内办理注册登记手续：

（一）持批准文件到所在地省、自治区、直辖市新闻出版行政部门领取并填写《报纸出版登记表》，经主管单位审核签章后，报所在地省、自治区、直辖市新闻出版行政部门；

（二）《报纸出版登记表》一式五份，由报纸出版单位、主办单位、主管单位及省、自治区、直辖市新闻出版行政部门各存一份，另一份由省、自治区、直辖市新闻出版行政部门在15日内报送新闻出版总署备案；

（三）省、自治区、直辖市新闻出版行政部门对《报纸出版登记表》审核无误后，在10日内向主办单位发放《报纸出版许可证》，并编入国内统一连续出版物号；

（四）报纸出版单位持《报纸出版许可证》到工商行政管理部门办理登记手续，依法领取营业执照。

第十四条 报纸主办单位自收到新闻出版总署的批准文件之日起60日内未办理注册登记手续，批准文件自行失效，登记机关不再受理登记，报纸主办单位须把有关批准文件缴回新闻出版总署。

报纸出版单位自登记之日起满90日未出版报纸的，由新闻出版总署撤销《报纸出版许可证》，并由原登记的新闻出版行政部门注销登记。

因不可抗力或者其他正当理由发生前款所

列情形的，报纸出版单位的主办单位可以向原登记的新闻出版行政部门申请延期。

第十五条 报社应当具备法人条件，经核准登记后，取得法人资格，以其全部法人财产独立承担民事责任。

报纸编辑部不具有法人资格，其民事责任由其主办单位承担。

第十六条 报纸出版单位变更名称、合并或者分立，改变资本结构，出版新的报纸，依照本规定第九条至第十三条的规定办理审批、登记手续。

第十七条 报纸变更名称、主办单位、主管单位、刊期、业务范围，依照本规定第九条至第十三条的规定办理审批、登记手续。

报纸变更刊期，新闻出版总署可以委托省、自治区、直辖市新闻出版行政部门审批。

本规定所称业务范围包括办报宗旨、文种。

第十八条 报纸变更开版，经主办单位审核同意后，由报纸出版单位报所在地省、自治区、直辖市新闻出版行政部门批准。

第十九条 报纸出版单位变更单位地址、法定代表人或者主要负责人、报纸承印单位，经其主办单位审核同意后，由报纸出版单位在15日内向所在地省、自治区、直辖市新闻出版行政部门备案。

第二十条 报纸休刊连续超过10日的，报纸出版单位须向所在地省、自治区、直辖市新闻出版行政部门办理休刊备案手续，说明休刊理由和休刊期限。

报纸休刊时间不得超过180日。报纸休刊超过180日仍不能正常出版的，由新闻出版总署撤销《报纸出版许可证》，并由所在地省、自治区、直辖市新闻出版行政部门注销登记。

第二十一条 报纸出版单位终止出版活动的，经主管单位同意后，由主办单位向所在地省、自治区、直辖市新闻出版行政部门办理注销登记，并由省、自治区、直辖市新闻出版行政部门报新闻出版总署备案。

第二十二条 报纸注销登记，以同一名称设立的报纸出版单位须与报纸同时注销，并到原登记的工商行政管理部门办理注销登记。

注销登记的报纸和报纸出版单位不得再以该名称从事出版、经营活动。

第二十三条 中央报纸出版单位组建报业集团，由新闻出版总署批准；地方报纸出版单位组建报业集团，向所在地省、自治区、直辖市新闻出版行政部门提出申请，经审核同意后，报新闻出版总署批准。

第三章 报纸的出版

第二十四条 报纸出版实行编辑责任制度，保障报纸刊载内容符合国家法律、法规的规定。

第二十五条 报纸不得刊载《出版管理条例》和其他有关法律、法规以及国家规定的禁止内容。

第二十六条 报纸开展新闻报道必须坚持真实、全面、客观、公正的原则，不得刊载虚假、失实报道。

报纸刊载虚假、失实报道，致使公民、法人或者其他组织的合法权益受到侵害的，其出版单位应当公开更正，消除影响，并依法承担相应民事责任。

报纸刊载虚假、失实报道，致使公民、法人或者其他组织的合法权益受到侵害的，当事人有权要求更正或者答辩，报纸应当予以发表；拒绝发表的，当事人可以向人民法院提出诉讼。

报纸因刊载虚假、失实报道而发表的更正或者答辩应自虚假、失实报道发现或者当事人要求之日起，在其最近出版的一期报纸的相同版位上发表。

报纸刊载虚假或者失实报道，损害公共利益的，新闻出版总署或者省、自治区、直辖市新闻出版行政部门可以责令该报纸出版单位更正。

第二十七条 报纸发表或者摘转涉及国家重大政策、民族宗教、外交、军事、保密等内容，应严格遵守有关规定。

报纸转载、摘编互联网上的内容，必须按照有关规定对其内容进行核实，并在刊发的明显位置标明下载文件网址、下载日期等。

第二十八条 报纸发表新闻报道，必须刊载作者的真实姓名。

第二十九条 报纸出版质量须符合国家标准和行业标准。报纸使用语言文字须符合国家有关规定。

第三十条 报纸出版须与《报纸出版许可证》的登记项目相符，变更登记项目须按本规定办理审批或者备案手续。

第三十一条 报纸出版时须在每期固定位置标示以下版本记录：

（一）报纸名称；

（二）报纸出版单位、主办单位、主管单位名称；

（三）国内统一连续出版物号；

（四）总编辑（社长）姓名；

（五）出版日期、总期号、版数、版序；

（六）报纸出版单位地址、电话、邮政编码；

（七）报纸定价（号外须注明“免费赠阅”字样）；

（八）印刷单位名称、地址；

（九）广告经营许可证号；

（十）国家规定的涉及公共利益或者行业标准的其他标识。

第三十二条 一个国内统一连续出版物号只能对应出版一种报纸，不得用同一国内统一连续出版物号出版不同版本的报纸。

出版报纸地方版、少数民族文字版、外文版等不同版本（文种）的报纸，须按创办新报纸办理审批手续。

第三十三条 同一种报纸不得以不同开版出版。

报纸所有版页须作为一个整体出版发行，各版页不得单独发行。

第三十四条 报纸专版、专刊的内容应与报纸的宗旨、业务范围相一致，专版、专刊的刊头字样不得明显于报纸名称。

第三十五条 报纸在正常刊期之外可出版增期。出版增期应按变更刊期办理审批手续。

增期的内容应与报纸的业务范围相一致；增期的开版、文种、发行范围、印数应与主报一致，并随主报发行。

第三十六条 报纸出版单位因重大事件可出版号外；出版号外须在报头注明“号外”字样，号外连续出版不得超过3天。

报纸出版单位须在号外出版后15日内向所在地省、自治区、直辖市新闻出版行政部门备案，并提交所有号外样报。

第三十七条 报纸出版单位不得出卖、出租、转让本单位名称及所出版报纸的刊号、名称、版面，不得转借、转让、出租和出卖《报纸出版许可证》。

第三十八条 报纸刊登广告须在报纸明显位置注明“广告”字样，不得以新闻形式刊登广告。

报纸出版单位发布广告应依据法律、行政法规查验有关证明文件，核实广告内容，不得刊登有害的、虚假的等违法广告。

报纸的广告经营者限于在合法授权范围内开展广告经营、代理业务，不得参与报纸的采访、编辑等出版活动。

第三十九条 报纸出版单位不得在报纸上刊登任何形式的有偿新闻。

报纸出版单位及其工作人员不得利用新闻报道牟取不正当利益，不得索取、接受采访报道对象及其利害关系人的财物或者其他利益。

第四十条 报纸采编业务和经营业务必须严格分开。

新闻采编业务部门及其工作人员不得从事报纸发行、广告等经营活动；经营部门及其工作人员不得介入新闻采编业务。

第四十一条 报纸出版单位的新闻采编人员从事新闻采访活动，必须持有新闻出版总署统一核发的新闻记者证，并遵守新闻出版总署《新闻记者证管理办法》的有关规定。

第四十二条 报纸出版单位根据新闻采访工作的需要，可以依照新闻出版总署《报社记者站管理办法》设立记者站，开展新闻业务活动。

第四十三条 报纸出版单位不得以不正当竞争行为或者方式开展经营活动，不得利用权力摊派发行报纸。

第四十四条 报纸出版单位须遵守国家统计法规，依法向新闻出版行政部门报送统计资料。

报纸出版单位应配合国家认定的出版物发行数据调查机构进行报纸发行量数据调查，提供真实的报纸发行数据。

第四十五条 报纸出版单位须按照国家有关规定向国家图书馆、中国版本图书馆和新闻出版总署以及所在地省、自治区、直辖市新闻出版行政部门缴送报纸样本。

第四章 监督管理

第四十六条 报纸出版活动的监督管理实行属地原则。

省、自治区、直辖市新闻出版行政部门依

法负责本行政区域报纸和报纸出版单位的登记、年度核验、质量评估、行政处罚等工作，对本行政区域的报纸出版活动进行监督管理。

其他地方新闻出版行政部门依法对本行政区域内报纸出版单位及其报纸出版活动进行监督管理。

第四十七条 报纸出版管理实施报纸出版事后审读制度、报纸出版质量评估制度、报纸出版年度核验制度和报纸出版从业人员资格管理制度。

报纸出版单位应当按照新闻出版总署的规定，将从事报纸出版活动的情况向新闻出版行政部门提出书面报告。

第四十八条 新闻出版总署负责全国报纸审读工作。地方各级新闻出版行政部门负责对本行政区域内出版的报纸进行审读。下级新闻出版行政部门要定期向上一级新闻出版行政部门提交审读报告。

主管单位须对其主管的报纸进行审读，定期向所在地新闻出版行政部门报送审读报告。

报纸出版单位应建立报纸阅评制度，定期写出阅评报告。新闻出版行政部门根据管理工作需要，可以随时调阅、检查报纸出版单位的阅评报告。

第四十九条 新闻出版总署制定报纸出版质量综合评估标准体系，对报纸出版质量进行全面评估。

经报纸出版质量综合评估，报纸出版质量未达到规定标准或者不能维持正常出版活动的，由新闻出版总署撤销《报纸出版许可证》，所在地省、自治区、直辖市新闻出版行政部门注销登记。

第五十条 省、自治区、直辖市新闻出版行政部门负责对本行政区域的报纸出版单位实施年度核验。年度核验内容包括报纸出版单位及其所出版报纸登记项目、出版质量、遵纪守法情况、新闻记者证和记者站管理等。

第五十一条 年度核验按照以下程序进行：

（一）报纸出版单位提出年度自检报告，填写由新闻出版总署统一印制的《报纸出版年度核验表》，经报纸主办单位、主管单位审核盖章后，连同核验之日前连续出版的30期样报，在规定时间内报所在地省、自治区、直辖市新闻出版行政部门；

（二）省、自治区、直辖市新闻出版行政部门对报纸出版单位自检报告、《报纸出版年度核验表》等送检材料审核查验；

（三）经核验符合规定标准的，省、自治区、直辖市新闻出版行政部门在其《报纸出版许可证》上加盖年度核验章；《报纸出版许可证》上加盖年度核验章即为通过年度核验，报纸出版单位可以继续从事报纸出版活动；

（四）省、自治区、直辖市新闻出版行政部门自完成报纸出版年度核验工作后的30日内，向新闻出版总署提交报纸年度核验工作报告。

第五十二条 有下列情形之一的，暂缓年度核验：

（一）正在限期停刊整顿的；

（二）经审核发现有违法情况应予处罚的；

（三）主管单位、主办单位未履行管理责任，导致报纸出版管理混乱的；

（四）存在其他违法嫌疑需要进一步核查的。

暂缓年度核验的期限由省、自治区、直辖市新闻出版行政部门确定，报新闻出版总署备案。缓验期满，按照本规定第五十条、第五十一条重新办理年度核验。

第五十三条 有下列情形之一的，不予通过年度核验：

（一）违法行为被查处后拒不改正或者没有明显整改效果的；

（二）报纸出版质量长期达不到规定标准的；

（三）经营恶化已经资不抵债的；

（四）已经不具备本规定第八条规定条件的。

不予通过年度核验的，由新闻出版总署撤销《报纸出版许可证》，所在地省、自治区、直辖市新闻出版行政部门注销登记。

未通过年度核验的，报纸出版单位自第二年起停止出版该报纸。

第五十四条 《报纸出版许可证》加盖年度核验章后方可继续使用。有关部门在办理报纸出版、印刷、发行等手续时，对未加盖年度核验章的《报纸出版许可证》不予采用。

不按规定参加年度核验的报纸出版单位，经催告仍未参加年度核验的，由新闻出版总署撤销《报纸出版许可证》，所在地省、自治区、直辖市新闻出版行政部门注销登记。

第五十五条 年度核验结果，核验机关可以向社会公布。

第五十六条 报纸出版从业人员，应具备国家规定的新闻出版职业资格条件。

第五十七条 报纸出版单位的社长、总编辑须符合国家规定的任职资格和条件。

报纸出版单位的社长、总编辑须参加新闻出版行政部门组织的岗位培训。

报纸出版单位的新任社长、总编辑须经过岗位培训合格后才能上岗。

第五章 法律责任

第五十八条 报纸出版单位违反本规定的，新闻出版行政部门视其情节轻重，可采取下列行政措施：

（一）下达警示通知书；

（二）通报批评；

（三）责令公开检讨；

（四）责令改正；

（五）责令停止印制、发行报纸；

（六）责令收回报纸；

（七）责成主办单位、主管单位监督报纸出版单位整改。

警示通知书由新闻出版总署制定统一格式，由新闻出版总署或者省、自治区、直辖市新闻出版行政部门下达给违法的报纸出版单位，并抄送违法报纸出版单位的主办单位及其主管单位。

本条所列行政措施可以并用。

第五十九条 未经批准，擅自设立报纸出版单位，或者擅自从事报纸出版业务，假冒报纸出版单位名称或者伪造、假冒报纸名称出版报纸的，依照《出版管理条例》第五十五条处罚。

第六十条 出版含有《出版管理条例》和其他有关法律、法规以及国家规定禁载内容报纸的，依照《出版管理条例》第五十六条处罚。

第六十一条 报纸出版单位违反本规定第三十七条的，依照《出版管理条例》第六十条处罚。

报纸出版单位允许或者默认广告经营者参与报纸的采访、编辑等出版活动，按前款处罚。

第六十二条 报纸出版单位有下列行为之一的，依照《出版管理条例》第六十一条处罚：

（一）报纸出版单位变更名称、合并或者分立，改变资本结构，出版新的报纸，未依照本规定办理审批手续的；

（二）报纸变更名称、主办单位、主管单位、刊期、业务范围、开版，未依照本规定办理审批手续的；

（三）报纸出版单位未依照本规定缴送报纸样本的。

第六十三条 报纸出版单位有下列行为之一的，由新闻出版总署或者省、自治区、直辖市新闻出版行政部门给予警告，并处3万元以下罚款：

（一）报纸出版单位变更单位地址、法定代表人或者主要负责人、承印单位，未按照本规定第十九条报送备案的；

（二）报纸休刊，未按照本规定第二十条报送备案的；

（三）刊载损害公共利益的虚假或者失实报道，拒不执行新闻出版行政部门更正命令的；

（四）在其报纸上发表新闻报道未登载作者真实姓名的；

（五）违反本规定第二十七条发表或者摘转有关文章的；

（六）未按照本规定第三十一条刊登报纸版本记录的；

（七）违反本规定第三十二条，“一号多版”的；

（八）违反本规定第三十三条，出版不同开版的报纸或者部分版页单独发行的；

（九）违反本规定关于出版报纸专版、专刊、增期、号外的规定的；

（十）报纸刊登广告未在明显位置注明“广告”字样，或者以新闻形式刊登广告的；

（十一）刊登有偿新闻或者违反本规定第三十九条其他规定的；

（十二）违反本规定第四十三条，以不正当竞争行为开展经营活动或者利用权力摊派发行的。

第六十四条 报纸出版单位新闻采编人员违反新闻记者证的有关规定，依照新闻出版总署《新闻记者证管理办法》的规定处罚。

第六十五条 报纸出版单位违反报社记者站的有关规定，依照新闻出版总署《报社记者站管理办法》的规定处罚。

第六十六条 对报纸出版单位做出行政处罚，应告知其主办单位和主管单位，可以通过媒体向社会公布。

对报纸出版单位做出行政处罚，新闻出版行政部门可以建议其主办单位或者主管单位对直接责任人和主要负责人予以行政处分或者调离岗位。

第六章 附 则

第六十七条 以非新闻性内容为主或者出版周期超过一周，持有国内统一连续出版物号的其他散页连续出版物，也适用本规定。

第六十八条 本规定施行后，新闻出版署《报纸管理暂行规定》同时废止，此前新闻出版行政部门对报纸出版活动的其他规定，凡与本规定不一致的，以本规定为准。

第六十九条 本规定自2005年12月1日起施行。

网络出版服务管理规定

（2016年2月4日国家新闻出版广电总局、中华人民共和国工业和信息化部令第5号公布 自2016年3月10日起施行）

第一章 总 则

第一条 为了规范网络出版服务秩序，促进网络出版服务业健康有序发展，根据《出版管理条例》、《互联网信息服务管理办法》及相关法律法规，制定本规定。

第二条 在中华人民共和国境内从事网络出版服务，适用本规定。

本规定所称网络出版服务，是指通过信息网络向公众提供网络出版物。

本规定所称网络出版物，是指通过信息网络向公众提供的，具有编辑、制作、加工等出版特征的数字化作品，范围主要包括：

（一）文学、艺术、科学等领域内具有知识性、思想性的文字、图片、地图、游戏、动漫、音视频读物等原创数字化作品；

（二）与已出版的图书、报纸、期刊、音像制品、电子出版物等内容相一致的数字化作品；

（三）将上述作品通过选择、编排、汇集等方式形成的网络文献数据库等数字化作品；

（四）国家新闻出版广电总局认定的其他类型的数字化作品。

网络出版服务的具体业务分类另行制定。

第三条 从事网络出版服务，应当遵守宪法和有关法律、法规，坚持为人民服务、为社会主义服务的方向，坚持社会主义先进文化的前进方向，弘扬社会主义核心价值观，传播和积累一切有益于提高民族素质、推动经济发展、促进社会进步的思想道德、科学技术和文化知识，满足人民群众日益增长的精神文化需要。

第四条 国家新闻出版广电总局作为网络出版服务的行业主管部门，负责全国网络出版服务的前置审批和监督管理工作。工业和信息化部作为互联网行业主管部门，依据职责对全国网络出版服务实施相应的监督管理。

地方人民政府各级出版行政主管部门和各省级电信主管部门依据各自职责对本行政区域内网络出版服务及接入服务实施相应的监督管理工作并做好配合工作。

第五条 出版行政主管部门根据已经取得的违法嫌疑证据或者举报，对涉嫌违法从事网络出版服务的行为进行查处时，可以检查与涉嫌违法行为有关的物品和经营场所；对有证据证明是与违法行为有关的物品，可以查封或者扣押。

第六条 国家鼓励图书、音像、电子、报纸、期刊出版单位从事网络出版服务，加快与新媒体的融合发展。

国家鼓励组建网络出版服务行业协会，按照章程，在出版行政主管部门的指导下制定行业自律规范，倡导网络文明，传播健康有益内容，抵制不良有害内容。

第二章 网络出版服务许可

第七条 从事网络出版服务，必须依法经过出版行政主管部门批准，取得《网络出版服务许可证》。

第八条 图书、音像、电子、报纸、期刊出版单位从事网络出版服务，应当具备以下条件：

（一）有确定的从事网络出版业务的网站域名、智能终端应用程序等出版平台；

（二）有确定的网络出版服务范围；

（三）有从事网络出版服务所需的必要的技术设备，相关服务器和存储设备必须存放在中华人民共和国境内。

第九条 其他单位从事网络出版服务，除第八条所列条件外，还应当具备以下条件：

（一）有确定的、不与其他出版单位相重复的，从事网络出版服务主体的名称及章程；

（二）有符合国家规定的法定代表人和主要负责人，法定代表人必须是在境内长久居住的具有完全行为能力的中国公民，法定代表人和主要负责人至少1人应当具有中级以上出版专业技术人员职业资格；

（三）除法定代表人和主要负责人外，有适应网络出版服务范围需要的8名以上具有国家新闻出版广电总局认可的出版及相关专业技术职业资格的专职编辑出版人员，其中具有中级以上职业资格的人员不得少于3名；

（四）有从事网络出版服务所需的内容审校制度；

（五）有固定的工作场所；

（六）法律、行政法规和国家新闻出版广电总局规定的其他条件。

第十条 中外合资经营、中外合作经营和外资经营的单位不得从事网络出版服务。

网络出版服务单位与境内中外合资经营、中外合作经营、外资经营企业或境外组织及个人进行网络出版服务业务的项目合作，应当事前报国家新闻出版广电总局审批。

第十一条 申请从事网络出版服务，应当向所在地省、自治区、直辖市出版行政主管部门提出申请，经审核同意后，报国家新闻出版广电总局审批。国家新闻出版广电总局应当自受理申请之日起60日内，作出批准或者不予批准的决定。不批准的，应当说明理由。

第十二条 从事网络出版服务的申报材料，应该包括下列内容：

（一）《网络出版服务许可证申请表》；

（二）单位章程及资本来源性质证明；

（三）网络出版服务可行性分析报告，包括资金使用、产品规划、技术条件、设备配备、机构设置、人员配备、市场分析、风险评估、版权保护措施等；

（四）法定代表人和主要负责人的简历、住址、身份证明文件；

（五）编辑出版等相关专业技术人员的国家认可的职业资格证明和主要从业经历及培训证明；

（六）工作场所使用证明；

（七）网站域名注册证明、相关服务器存放在中华人民共和国境内的承诺。

本规定第八条所列单位从事网络出版服务的，仅提交前款（一）、（六）、（七）项规定的材料。

第十三条 设立网络出版服务单位的申请者应自收到批准决定之日起30日内办理注册登记手续：

（一）持批准文件到所在地省、自治区、直辖市出版行政主管部门领取并填写《网络出版服务许可登记表》；

（二）省、自治区、直辖市出版行政主管部门对《网络出版服务许可登记表》审核无误后，在10日内向申请者发放《网络出版服务许可证》；

（三）《网络出版服务许可登记表》一式三份，由申请者和省、自治区、直辖市出版行政主管部门各存一份，另一份由省、自治区、直辖市出版行政主管部门在15日内报送国家新闻出版广电总局备案。

第十四条 《网络出版服务许可证》有效期为5年。有效期届满，需继续从事网络出版服务活动的，应于有效期届满60日前按本规定第十一条的程序提出申请。出版行政主管部门应当在该许可有效期届满前作出是否准予延续的决定。批准的，换发《网络出版服务许可证》。

第十五条 网络出版服务经批准后，申请者应持批准文件、《网络出版服务许可证》到所在地省、自治区、直辖市电信主管部门办理相关手续。

第十六条 网络出版服务单位变更《网络出版服务许可证》许可登记事项、资本结构，合并或者分立，设立分支机构的，应依据本规定第十一条办理审批手续，并应持批准文件到所在地省、自治区、直辖市电信主管部门办理相关手续。

第十七条 网络出版服务单位中止网络出版服务的，应当向所在地省、自治区、直辖市出版行政主管部门备案，并说明理由和期限；网络出版服务单位中止网络出版服务不得超过180日。

网络出版服务单位终止网络出版服务的，应当自终止网络出版服务之日起30日内，向所在地省、自治区、直辖市出版行政主管部门办理注销手续后到省、自治区、直辖市电信主管部门办理相关手续。省、自治区、直辖市出版行政主管部门将相关信息报国家新闻出版广电总局备案。

第十八条 网络出版服务单位自登记之日起满180日未开展网络出版服务的，由原登记的出版行政主管部门注销登记，并报国家新闻出版广电总局备案。同时，通报相关省、自治区、直辖市电信主管部门。

因不可抗力或者其他正当理由发生上述所列情形的，网络出版服务单位可以向原登记的出版行政主管部门申请延期。

第十九条 网络出版服务单位应当在其网站首页上标明出版行政主管部门核发的《网络出版服务许可证》编号。

互联网相关服务提供者在为网络出版服务单位提供人工干预搜索排名、广告、推广等服务时，应当查验服务对象的《网络出版服务许可证》及业务范围。

第二十条 网络出版服务单位应当按照批准的业务范围从事网络出版服务，不得超出批准的业务范围从事网络出版服务。

第二十一条 网络出版服务单位不得转借、出租、出卖《网络出版服务许可证》或以任何形式转让网络出版服务许可。

网络出版服务单位允许其他网络信息服务提供者以其名义提供网络出版服务，属于前款所称禁止行为。

第二十二条 网络出版服务单位实行特殊管理股制度，具体办法由国家新闻出版广电总局另行制定。

第三章 网络出版服务管理

第二十三条 网络出版服务单位实行编辑责任制度，保障网络出版物内容合法。

网络出版服务单位实行出版物内容审核责任制度、责任编辑制度、责任校对制度等管理制度，保障网络出版物出版质量。

在网络上出版其他出版单位已在境内合法出版的作品且不改变原出版物内容的，须在网络出版物的相应页面显著标明原出版单位名称以及书号、刊号、网络出版物号或者网址信息。

第二十四条 网络出版物不得含有以下内容：

（一）反对宪法确定的基本原则的；

（二）危害国家统一、主权和领土完整的；

（三）泄露国家秘密、危害国家安全或者损害国家荣誉和利益的；

（四）煽动民族仇恨、民族歧视，破坏民族团结，或者侵害民族风俗、习惯的；

（五）宣扬邪教、迷信的；

（六）散布谣言，扰乱社会秩序，破坏社会稳定的；

（七）宣扬淫秽、色情、赌博、暴力或者教唆犯罪的；

（八）侮辱或者诽谤他人，侵害他人合法权益的；

（九）危害社会公德或者民族优秀文化传统的；

（十）有法律、行政法规和国家规定禁止的其他内容的。

第二十五条 为保护未成年人合法权益，网络出版物不得含有诱发未成年人模仿违反社会公德和违法犯罪行为的内容，不得含有恐怖、残酷等妨害未成年人身心健康的内容，不得含有披露未成年人个人隐私的内容。

第二十六条 网络出版服务单位出版涉及国家安全、社会安定等方面重大选题的内容，应当按照国家新闻出版广电总局有关重大选题备案管理的规定办理备案手续。未经备案的重大选题内容，不得出版。

第二十七条 网络游戏上网出版前，必须向所在地省、自治区、直辖市出版行政主管部门提出申请，经审核同意后，报国家新闻出版广电总局审批。

第二十八条 网络出版物的内容不真实或不公正，致使公民、法人或者其他组织合法权益受到侵害的，相关网络出版服务单位应当停止侵权，公开更正，消除影响，并依法承担其他民事责任。

第二十九条 国家对网络出版物实行标识管理，具体办法由国家新闻出版广电总局另行制定。

第三十条 网络出版物必须符合国家的有关规定和标准要求，保证出版物质量。

网络出版物使用语言文字，必须符合国家法律规定和有关标准规范。

第三十一条 网络出版服务单位应当按照国家有关规定或技术标准，配备应用必要的设备和系统，建立健全各项管理制度，保障信息安全、内容合法，并为出版行政主管部门依法履行监督管理职责提供技术支持。

第三十二条 网络出版服务单位在网络上提供境外出版物，应当取得著作权合法授权。其中，出版境外著作权人授权的网络游戏，须按本规定第二十七条办理审批手续。

第三十三条 网络出版服务单位发现其出版的网络出版物含有本规定第二十四条、第二十五条所列内容的，应当立即删除，保存有关记录，并向所在地县级以上出版行政主管部门报告。

第三十四条 网络出版服务单位应记录所出版作品的内容及其时间、网址或者域名，记录应当保存60日，并在国家有关部门依法查询时，予以提供。

第三十五条 网络出版服务单位须遵守国家统计规定，依法向出版行政主管部门报送统计资料。

第四章 监督管理

第三十六条 网络出版服务的监督管理实行属地管理原则。

各地出版行政主管部门应当加强对本行政区域内的网络出版服务单位及其出版活动的日常监督管理，履行下列职责：

（一）对网络出版服务单位进行行业监管，对网络出版服务单位违反本规定的情况进行查处并报告上级出版行政主管部门；

（二）对网络出版服务进行监管，对违反本规定的行为进行查处并报告上级出版行政主管部门；

（三）对网络出版物内容和质量进行监管，定期组织内容审读和质量检查，并将结果向上级出版行政主管部门报告；

（四）对网络出版从业人员进行管理，定期组织岗位、业务培训和考核；

（五）配合上级出版行政主管部门、协调相关部门、指导下级出版行政主管部门开展工作。

第三十七条 出版行政主管部门应当加强监管队伍和机构建设，采取必要的技术手段对网络出版服务进行管理。出版行政主管部门依法履行监督检查等执法职责时，网络出版服务单位应当予以配合，不得拒绝、阻挠。

各省、自治区、直辖市出版行政主管部门应当定期将本行政区域内的网络出版服务监督管理情况向国家新闻出版广电总局提交书面报告。

第三十八条 网络出版服务单位实行年度核验制度，年度核验每年进行一次。省、自治区、直辖市出版行政主管部门负责对本行政区域内的网络出版服务单位实施年度核验并将有关情况报国家新闻出版广电总局备案。年度核验内容包括网络出版服务单位的设立条件、登记项目、出版经营情况、出版质量、遵守法律规范、内部管理情况等。

第三十九条 年度核验按照以下程序进行：

（一）网络出版服务单位提交年度自检报告，内容包括：本年度政策法律执行情况，奖惩情况，网站出版、管理、运营绩效情况，网络出版物目录，对年度核验期内的违法违规行为的整改情况，编辑出版人员培训管理情况等；并填写由国家新闻出版广电总局统一印制的《网络出版服务年度核验登记表》，与年度自检报告一并报所在地省、自治区、直辖市出版行政主管部门；

（二）省、自治区、直辖市出版行政主管部门对本行政区域内的网络出版服务单位的设立条件、登记项目、开展业务及执行法规等情况进行全面审核，并在收到网络出版服务单位的年度自检报告和《网络出版服务年度核验登记表》等年度核验材料的45日内完成全面审核查验工作。对符合年度核验要求的网络出版服务单位予以登记，并在其《网络出版服务许可证》上加盖年度核验章；

（三）省、自治区、直辖市出版行政主管部门应于完成全面审核查验工作的15日内将年度核验情况及有关书面材料报国家新闻出版广电总局备案。

第四十条 有下列情形之一的，暂缓年度核验：

（一）正在停业整顿的；

（二）违反出版法规规章，应予处罚的；

（三）未按要求执行出版行政主管部门相关管理规定的；

（四）内部管理混乱，无正当理由未开展实质性网络出版服务活动的；

（五）存在侵犯著作权等其他违法嫌疑需要进一步核查的。

暂缓年度核验的期限由省、自治区、直辖市出版行政主管部门确定，报国家新闻出版广电总局备案，最长不得超过180日。暂缓年度核验期间，须停止网络出版服务。

暂缓核验期满，按本规定重新办理年度核验手续。

第四十一条 已经不具备本规定第八条、第九条规定条件的，责令限期改正；逾期仍未改正的，不予通过年度核验，由国家新闻出版广电总局撤销《网络出版服务许可证》，所在地省、自治区、直辖市出版行政主管部门注销登记，并通知当地电信主管部门依法处理。

第四十二条 省、自治区、直辖市出版行政主管部门可根据实际情况，对本行政区域内的年度核验事项进行调整，相关情况报国家新闻出版广电总局备案。

第四十三条 省、自治区、直辖市出版行政主管部门可以向社会公布年度核验结果。

第四十四条 从事网络出版服务的编辑出版等相关专业技术人员及其负责人应当符合国家关于编辑出版等相关专业技术人员职业资格管理的有关规定。

网络出版服务单位的法定代表人或主要负责人应按照有关规定参加出版行政主管部门组织的岗位培训，并取得国家新闻出版广电总局统一印制的《岗位培训合格证书》。未按规定参加岗位培训或培训后未取得《岗位培训合格证书》的，不得继续担任法定代表人或主要负责人。

第五章 保障与奖励

第四十五条 国家制定有关政策，保障、促进网络出版服务业的发展与繁荣。鼓励宣传科学真理、传播先进文化、倡导科学精神、塑造美好心灵、弘扬社会正气等有助于形成先进网络文化的网络出版服务，推动健康文化、优秀文化产品的数字化、网络化传播。

网络出版服务单位依法从事网络出版服务，任何组织和个人不得干扰、阻止和破坏。

第四十六条 国家支持、鼓励下列优秀的、重点的网络出版物的出版：

（一）对阐述、传播宪法确定的基本原则有重大作用的；

（二）对弘扬社会主义核心价值观，进行爱国主义、集体主义、社会主义和民族团结教育以及弘扬社会公德、职业道德、家庭美德、个人品德有重要意义的；

（三）对弘扬民族优秀文化，促进国际文化交流有重大作用的；

（四）具有自主知识产权和优秀文化内涵的；

（五）对推进文化创新，及时反映国内外新的科学文化成果有重大贡献的；

（六）对促进公共文化服务有重大作用的；

（七）专门以未成年人为对象、内容健康的或者其他有利于未成年人健康成长的；

（八）其他具有重要思想价值、科学价值或者文化艺术价值的。

第四十七条 对为发展、繁荣网络出版服务业作出重要贡献的单位和个人，按照国家有关规定给予奖励。

第四十八条 国家保护网络出版物著作权人的合法权益。网络出版服务单位应当遵守《中华人民共和国著作权法》、《信息网络传播权保护条例》、《计算机软件保护条例》等著作权法律法规。

第四十九条 对非法干扰、阻止和破坏网络出版物出版的行为，出版行政主管部门及其他有关部门，应当及时采取措施，予以制止。

第六章 法律责任

第五十条 网络出版服务单位违反本规定的，出版行政主管部门可以采取下列行政措施：

（一）下达警示通知书；

（二）通报批评、责令改正；

（三）责令公开检讨；

（四）责令删除违法内容。

警示通知书由国家新闻出版广电总局制定统一格式，由出版行政主管部门下达给相关网络出版服务单位。

本条所列的行政措施可以并用。

第五十一条 未经批准，擅自从事网络出版服务，或者擅自上网出版网络游戏（含境外著作权人授权的网络游戏），根据《出版管理条例》第六十一条、《互联网信息服务管理办法》第十九条的规定，由出版行政主管部门、工商行政管理部门依照法定职权予以取缔，并由所在地省级电信主管部门依据有关部门的通知，按照《互联网信息服务管理办法》第十九条的规定给予责令关闭网站等处罚；已经触犯刑法的，依法追究刑事责任；尚不够刑事处罚的，删除全部相关网络出版物，没收违法所得和从事违法出版活动的主要设备、专用工具，违法经营额1万元以上的，并处违法经营额5倍以上10倍以下的罚款；违法经营额不足1万元的，可以处5万元以下的罚款；侵犯他人合法权益的，依法承担民事责任。

第五十二条 出版、传播含有本规定第二十四条、第二十五条禁止内容的网络出版物的，根据《出版管理条例》第六十二条、《互联网信息服务管理办法》第二十条的规定，由出版行政主管部门责令删除相关内容并限期改正，没收违法所得，违法经营额1万元以上的，并处违法经营额5倍以上10倍以下罚款；违法经营额不足1万元的，可以处5万元以下罚款；情节严重的，责令限期停业整顿或者由国家新闻出版广电总局吊销《网络出版服务许可证》，由电信主管部门依据出版行政主管部门的通知吊销其电信业务经营许可或者责令关闭网站；构成犯罪的，依法追究刑事责任。

为从事本条第一款行为的网络出版服务单位提供人工干预搜索排名、广告、推广等相关服务的，由出版行政主管部门责令其停止提供相关服务。

第五十三条 违反本规定第二十一条的，根据《出版管理条例》第六十六条的规定，由出版行政主管部门责令停止违法行为，给予警告，没收违法所得，违法经营额1万元以上的，并处违法经营额5倍以上10倍以下的罚款；违法经营额不足1万元的，可以处5万元以下的罚款；情节严重的，责令限期停业整顿或者由国家新闻出版广电总局吊销《网络出版服务许可证》。

第五十四条 有下列行为之一的，根据《出版管理条例》第六十七条的规定，由出版行政主管部门责令改正，给予警告；情节严重的，责令限期停业整顿或者由国家新闻出版广电总局吊销《网络出版服务许可证》：

（一）网络出版服务单位变更《网络出版服务许可证》登记事项、资本结构，超出批准的服务范围从事网络出版服务，合并或者分立，设立分支机构，未依据本规定办理审批手续的；

（二）网络出版服务单位未按规定出版涉及重大选题出版物的；

（三）网络出版服务单位擅自中止网络出版服务超过180日的；

（四）网络出版物质量不符合有关规定和标准的。

第五十五条 违反本规定第三十四条的，根据《互联网信息服务管理办法》第二十一条的规定，由省级电信主管部门责令改正；情节严重的，责令停业整顿或者暂时关闭网站。

第五十六条 网络出版服务单位未依法向出版行政主管部门报送统计资料的，依据《新闻出版统计管理办法》处罚。

第五十七条 网络出版服务单位违反本规定第二章规定，以欺骗或者贿赂等不正当手段取得许可的，由国家新闻出版广电总局撤销其相应许可。

第五十八条 有下列行为之一的，由出版行政主管部门责令改正，予以警告，并处3万元以下罚款：

（一）违反本规定第十条，擅自与境内外中外合资经营、中外合作经营和外资经营的企业进行涉及网络出版服务业务的合作的；

（二）违反本规定第十九条，未标明有关许可信息或者未核验有关网站的《网络出版服务许可证》的；

（三）违反本规定第二十三条，未按规定实行编辑责任制度等管理制度的；

（四）违反本规定第三十一条，未按规定或标准配备应用有关系统、设备或未健全有关管理制度的；

（五）未按本规定要求参加年度核验的；

（六）违反本规定第四十四条，网络出版服务单位的法定代表人或主要负责人未取得《岗位培训合格证书》的；

（七）违反出版行政主管部门关于网络出版其他管理规定的。

第五十九条 网络出版服务单位违反本规定被处以吊销许可证行政处罚的，其法定代表人或者主要负责人自许可证被吊销之日起10年内不得担任网络出版服务单位的法定代表人或者主要负责人。

从事网络出版服务的编辑出版等相关专业技术人员及其负责人违反本规定，情节严重的，由原发证机关吊销其资格证书。

第七章 附 则

第六十条 本规定所称出版物内容审核责任制度、责任编辑制度、责任校对制度等管理制度，参照《图书质量保障体系》的有关规定执行。

第六十一条 本规定自2016年3月10日起施行。原国家新闻出版总署、信息产业部2002年6月27日颁布的《互联网出版管理暂行规定》同时废止。

出版物市场管理规定

（2016年5月31日国家新闻出版广电总局、中华人民共和国商务部令第10号公布 自2016年6月1日起施行）

第一章 总 则

第一条 为规范出版物发行活动及其监督管理，建立全国统一开放、竞争有序的出版物市场体系，满足人民群众精神文化需求，推进社会主义文化强国建设，根据《出版管理条例》和有关法律、行政法规，制定本规定。

第二条 本规定适用于出版物发行活动及其监督管理。

本规定所称出版物，是指图书、报纸、期刊、音像制品、电子出版物。

本规定所称发行，包括批发、零售以及出租、展销等活动。

批发是指供货商向其他出版物经营者销售出版物。

零售是指经营者直接向消费者销售出版物。

出租是指经营者以收取租金的形式向消费者提供出版物。

展销是指主办者在一定场所、时间内组织出版物经营者集中展览、销售、订购出版物。

第三条 国家对出版物批发、零售依法实行许可制度。从事出版物批发、零售活动的单位和个人凭出版物经营许可证开展出版物批发、零售活动；未经许可，任何单位和个人不得从事出版物批发、零售活动。

任何单位和个人不得委托非出版物批发、零售单位或者个人销售出版物或者代理出版物销售业务。

第四条 国家新闻出版广电总局负责全国出版物发行活动的监督管理，负责制定全国出版物发行业发展规划。

省、自治区、直辖市人民政府出版行政主管部门负责本行政区域内出版物发行活动的监督管理，制定本省、自治区、直辖市出版物发行业发展规划。省级以下各级人民政府出版行政主管部门负责本行政区域内出版物发行活动的监督管理。

制定出版物发行业发展规划须经科学论证，遵循合法公正、符合实际、促进发展的原则。

第五条 国家保障、促进发行业的发展与转型升级，扶持实体书店、农村发行网点、发行物流体系、发行业信息化建设等，推动网络发行等新兴业态发展，推动发行业与其他相关产业融合发展。对为发行业发展作出重要贡献的单位和个人，按照国家有关规定给予奖励。

第六条 发行行业的社会团体按照其章程，在出版行政主管部门的指导下，实行自律管理。

第二章 申请从事出版物发行业务

第七条 单位从事出版物批发业务，应当具备下列条件：

（一）已完成工商注册登记，具有法人资格；

（二）工商登记经营范围含出版物批发业务；

（三）有与出版物批发业务相适应的设备和固定的经营场所，经营场所面积合计不少于50平方米；

（四）具备健全的管理制度并具有符合行业标准的信息管理系统。

本规定所称经营场所，是指企业在工商行政主管部门注册登记的住所。

第八条 单位申请从事出版物批发业务，可向所在地地市级人民政府出版行政主管部门提交申请材料，地市级人民政府出版行政主管部门在接受申请材料之日起10个工作日内完成审核，审核后报省、自治区、直辖市人民政府出版行政主管部门审批；申请单位也可直接报所在地省、自治区、直辖市人民政府出版行政主管部门审批。

省、自治区、直辖市人民政府出版行政主管部门自受理申请之日起20个工作日内作出批准或者不予批准的决定。批准的，由省、自治区、直辖市人民政府出版行政主管部门颁发出版物经营许可证，并报国家新闻出版广电总局备案。不予批准的，应当向申请人书面说明理由。

申请材料包括下列书面材料：

（一）营业执照正副本复印件；

（二）申请书，载明单位基本情况及申请事项；

（三）企业章程；

（四）注册资本数额、来源及性质证明；

（五）经营场所情况及使用权证明；

（六）法定代表人及主要负责人的身份证明；

（七）企业信息管理系统情况的证明材料。

第九条 单位、个人从事出版物零售业务，应当具备下列条件：

（一）已完成工商注册登记；

（二）工商登记经营范围含出版物零售业务；

（三）有固定的经营场所。

第十条 单位、个人申请从事出版物零售业务，须报所在地县级人民政府出版行政主管部门审批。

县级人民政府出版行政主管部门应当自受理申请之日起20个工作日内作出批准或者不予批准的决定。批准的，由县级人民政府出版行政主管部门颁发出版物经营许可证，并报上一级出版行政主管部门备案；其中门店营业面积在5000平方米以上的应同时报省级人民政府出版行政主管部门备案。不予批准的，应当向申请单位、个人书面说明理由。

申请材料包括下列书面材料：

（一）营业执照正副本复印件；

（二）申请书，载明单位或者个人基本情况及申请事项；

（三）经营场所的使用权证明。

第十一条 单位从事中小学教科书发行业务，应取得国家新闻出版广电总局批准的中小学教科书发行资质，并在批准的区域范围内开展中小学教科书发行活动。单位从事中小学教科书发行业务，应当具备下列条件：

（一）以出版物发行为主营业务的公司制法人；

（二）有与中小学教科书发行业务相适应的组织机构和发行人员；

（三）有能够保证中小学教科书储存质量要求的、与其经营品种和规模相适应的储运能力，在拟申请从事中小学教科书发行业务的省、自治区、直辖市、计划单列市的仓储场所面积在5000平方米以上，并有与中小学教科书发行相适应的自有物流配送体系；

（四）有与中小学教科书发行业务相适应的发行网络。在拟申请从事中小学教科书发行业务的省、自治区、直辖市、计划单列市的企业所属出版物发行网点覆盖不少于当地70%

的县（市、区），且以出版物零售为主营业务，具备相应的中小学教科书储备、调剂、添货、零售及售后服务能力；

（五）具备符合行业标准的信息管理系统；

（六）具有健全的管理制度及风险防控机制和突发事件处置能力；

（七）从事出版物批发业务五年以上。最近三年内未受到出版行政主管部门行政处罚，无其他严重违法违规记录。

审批中小学教科书发行资质，除依照前款所列条件外，还应当符合国家关于中小学教科书发行单位的结构、布局宏观调控和规划。

第十二条 单位申请从事中小学教科书发行业务，须报国家新闻出版广电总局审批。

国家新闻出版广电总局应当自受理之日起20个工作日内作出批准或者不予批准的决定。批准的，由国家新闻出版广电总局作出书面批复并颁发中小学教科书发行资质证。不予批准的，应当向申请单位书面说明理由。

申请材料包括下列书面材料：

（一）申请书，载明单位基本情况及申请事项；

（二）企业章程；

（三）出版物经营许可证和企业法人营业执照正副本复印件；

（四）法定代表人及主要负责人的身份证明，有关发行人员的资质证明；

（五）最近三年的企业法人年度财务会计报告及证明企业信誉的有关材料；

（六）经营场所、发行网点和储运场所的情况及使用权证明；

（七）企业信息管理系统情况的证明材料；

（八）企业发行中小学教科书过程中能够提供的服务和相关保障措施；

（九）企业法定代表人签署的企业依法经营中小学教科书发行业务的承诺书；

（十）拟申请从事中小学教科书发行业务的省、自治区、直辖市、计划单列市人民政府出版行政主管部门对企业基本信息、经营状况、储运能力、发行网点等的核实意见；

（十一）其他需要的证明材料。

第十三条 单位、个人从事出版物出租业务，应当于取得营业执照后15日内到当地县级人民政府出版行政主管部门备案。

备案材料包括下列书面材料：

（一）营业执照正副本复印件；

（二）经营场所情况；

（三）法定代表人或者主要负责人情况。

相关出版行政主管部门应在10个工作日内向申请备案单位、个人出具备案回执。

第十四条 国家允许外商投资企业从事出版物发行业务。

设立外商投资出版物发行企业或者外商投资企业从事出版物发行业务，申请人应向地方商务主管部门报送拟设立外商投资出版物发行企业的合同、章程，办理外商投资审批手续。地方商务主管部门在征得出版行政主管部门同意后，按照有关法律、法规的规定，作出批准或者不予批准的决定。予以批准的，颁发外商投资企业批准证书，并在经营范围后加注“凭行业经营许可开展”；不予批准的，书面通知申请人并说明理由。

申请人持外商投资企业批准证书到所在地工商行政主管部门办理营业执照或者在营业执照企业经营范围后加注相关内容，并按照本规定第七条至第十条及第十三条的有关规定到所在地出版行政主管部门履行审批或备案手续。

第十五条 单位、个人通过互联网等信息网络从事出版物发行业务的，应当依照本规定第七条至第十条的规定取得出版物经营许可证。

已经取得出版物经营许可证的单位、个人在批准的经营范围内通过互联网等信息网络从事出版物发行业务的，应自开展网络发行业务后15日内到原批准的出版行政主管部门备案。

备案材料包括下列书面材料：

（一）出版物经营许可证和营业执照正副本复印件；

（二）单位或者个人基本情况；

（三）从事出版物网络发行所依托的信息网络的情况。

相关出版行政主管部门应在10个工作日内向备案单位、个人出具备案回执。

第十六条 书友会、读者俱乐部或者其他类似组织申请从事出版物零售业务，按照本规定第九条、第十条的有关规定到所在地出版行政主管部门履行审批手续。

第十七条 从事出版物发行业务的单位、

个人可在原发证机关所辖行政区域一定地点设立临时零售点开展其业务范围内的出版物销售活动。设立临时零售点时间不得超过 10 日，应提前到设点所在地县级人民政府出版行政主管部门备案并取得备案回执，并应遵守所在地其他有关管理规定。

备案材料包括下列书面材料：

（一）出版物经营许可证和营业执照正副本复印件；

（二）单位、个人基本情况；

（三）设立临时零售点的地点、时间、销售出版物品种；

（四）其他相关部门批准设立临时零售点的材料。

第十八条 出版物批发单位可以从事出版物零售业务。

出版物批发、零售单位设立不具备法人资格的发行分支机构，或者出版单位设立发行本版出版物的不具备法人资格的发行分支机构，不需单独办理出版物经营许可证，但应依法办理分支机构工商登记，并于领取营业执照后 15 日内到原发证机关和分支机构所在地出版行政主管部门备案。

备案材料包括下列书面材料：

（一）出版物经营许可证或者出版单位的出版许可证及分支机构营业执照正副本复印件；

（二）单位基本情况；

（三）单位设立不具备法人资格的发行分支机构的经营场所、经营范围等情况。

相关出版行政主管部门应在 10 个工作日内向备案单位、个人出具备案回执。

第十九条 从事出版物发行业务的单位、个人变更出版物经营许可证登记事项，或者兼并、合并、分立的，应当依照本规定到原批准的出版行政主管部门办理审批手续。出版行政主管部门自受理申请之日起 20 个工作日内作出批准或者不予批准的决定。批准的，由出版行政主管部门换发出版物经营许可证；不予批准的，应当向申请单位、个人书面说明理由。

申请材料包括下列书面材料：

（一）出版物经营许可证和营业执照正副本复印件；

（二）申请书，载明单位或者个人基本情况及申请变更事项；

（三）其他需要的证明材料。

从事出版物发行业务的单位、个人终止经营活动的，应当于 15 日内持出版物经营许可证和营业执照向原批准的出版行政主管部门备案，由原批准的出版行政主管部门注销出版物经营许可证。

第三章 出版物发行活动管理

第二十条 任何单位和个人不得发行下列出版物：

（一）含有《出版管理条例》禁止内容的违禁出版物；

（二）各种非法出版物，包括：未经批准擅自出版、印刷或者复制的出版物，伪造、假冒出版单位或者报刊名称出版的出版物，非法进口的出版物；

（三）侵犯他人著作权或者专有出版权的出版物；

（四）出版行政主管部门明令禁止出版、印刷或者复制、发行的出版物。

第二十一条 内部发行的出版物不得公开宣传、陈列、展示、征订、销售或面向社会公众发送。

第二十二条 从事出版物发行业务的单位和个人在发行活动中应当遵循公平、守法、诚实、守信的原则，依法订立供销合同，不得损害消费者的合法权益。

从事出版物发行业务的单位、个人，必须遵守下列规定：

（一）从依法取得出版物批发、零售资质的出版发行单位进货；发行进口出版物的，须从依法设立的出版物进口经营单位进货；

（二）不得超出出版行政主管部门核准的经营范围经营；

（三）不得张贴、散发、登载有法律、法规禁止内容的或者有欺诈性文字、与事实不符的征订单、广告和宣传画；

（四）不得擅自更改出版物版权页；

（五）出版物经营许可证应在经营场所明显处张挂；利用信息网络从事出版物发行业务的，应在其网站主页面或者从事经营活动的网页醒目位置公开出版物经营许可证和营业执照登载的有关信息或链接标识；

（六）不得涂改、变造、出租、出借、出售或者以其他任何形式转让出版物经营许可证和批准文件；

第二十三条 从事出版物发行业务的单位、个人，应查验供货单位的出版物经营许可证并留存复印件或电子文件，并将出版物发行进销货清单等有关非财务票据至少保存两年，以备查验。

进销货清单应包括进销出版物的名称、数量、折扣、金额以及发货方和进货方单位公章（签章）。

第二十四条 出版物发行从业人员应接受出版行政主管部门组织的业务培训。出版物发行单位应建立职业培训制度，积极组织本单位从业人员参加依法批准的职业技能鉴定机构实施的发行员职业技能鉴定。

第二十五条 出版单位可以发行本出版单位出版的出版物。发行非本出版单位出版的出版物的，须按照从事出版物发行业务的有关规定办理审批手续。

第二十六条 为出版物发行业务提供服务的网络交易平台应向注册地省、自治区、直辖市人民政府出版行政主管部门备案，接受出版行政主管部门的指导与监督管理。

备案材料包括下列书面材料：

（一）营业执照正副本复印件；

（二）单位基本情况；

（三）网络交易平台的基本情况。

省、自治区、直辖市人民政府出版行政主管部门应于10个工作日内向备案的网络交易平台出具备案回执。

提供出版物发行网络交易平台服务的经营者，应当对申请通过网络交易平台从事出版物发行业务的经营主体身份进行审查，核实经营主体的营业执照、出版物经营许可证，并留存证照复印件或电子文档备查。不得向无证无照、证照不齐的经营者提供网络交易平台服务。

为出版物发行业务提供服务的网络交易平台经营者应建立交易风险防控机制，保留平台内从事出版物发行业务经营主体的交易记录两年以备查验。对在网络交易平台内从事各类违法出版物发行活动的，应当采取有效措施予以制止，并及时向所在地出版行政主管部门报告。

第二十七条 省、自治区、直辖市出版行政主管部门和全国性出版、发行行业协会，可以主办全国性的出版物展销活动和跨省专业性出版物展销活动。主办单位应提前2个月报国家新闻出版广电总局备案。

市、县级出版行政主管部门和省级出版、发行协会可以主办地方性的出版物展销活动。主办单位应提前2个月报上一级出版行政主管部门备案。

备案材料包括下列书面材料：

（一）展销活动主办单位；

（二）展销活动时间、地点；

（三）展销活动的场地、参展单位、展销出版物品种、活动筹备等情况。

第二十八条 从事中小学教科书发行业务，必须遵守下列规定：

（一）从事中小学教科书发行业务的单位必须具备中小学教科书发行资质；

（二）纳入政府采购范围的中小学教科书，其发行单位须按照《中华人民共和国政府采购法》的有关规定确定；

（三）按照教育行政主管部门和学校选定的中小学教科书，在规定时间内完成发行任务，确保“课前到书，人手一册”。因自然灾害等不可抗力导致中小学教科书发行受到影响的，应及时采取补救措施，并报告所在地出版行政和教育行政主管部门；

（四）不得在中小学教科书发行过程中擅自征订、搭售教学用书目录以外的出版物；

（五）不得将中小学教科书发行任务向他人转让和分包；

（六）不得涂改、倒卖、出租、出借中小学教科书发行资质证书；

（七）中小学教科书发行费率按照国家有关规定执行，不得违反规定收取发行费用；

（八）做好中小学教科书的调剂、添货、零售和售后服务等相关工作；

（九）应于发行任务完成后30个工作日内向国家新闻出版广电总局和所在地省级出版行政主管部门书面报告中小学教科书发行情况。

中小学教科书出版单位应在规定时间内向依法确定的中小学教科书发行单位足量供货，不得向不具备中小学教科书发行资质的单位供应中小学教科书。

第二十九条 任何单位、个人不得从事本规定第二十条所列出版物的征订、储存、运输、邮寄、投递、散发、附送等活动。

从事出版物储存、运输、投递等活动，应当接受出版行政主管部门的监督检查。

第三十条 从事出版物发行业务的单位、个人应当按照出版行政主管部门的规定接受年度核验，并按照《中华人民共和国统计法》《新闻出版统计管理办法》及有关规定如实报送统计资料，不得以任何借口拒报、迟报、虚报、瞒报以及伪造和篡改统计资料。

出版物发行单位、个人不再具备行政许可的法定条件的，由出版行政主管部门责令限期改正；逾期仍未改正的，由原发证机关撤销出版物经营许可证。

中小学教科书发行单位不再具备中小学教科书发行资质的法定条件的，由出版行政主管部门责令限期改正；逾期仍未改正的，由原发证机关撤销中小学教科书发行资质证。

第四章 法律责任

第三十一条 未经批准，擅自从事出版物发行业务的，依照《出版管理条例》第六十一条处罚。

第三十二条 发行违禁出版物的，依照《出版管理条例》第六十二条处罚。

发行国家新闻出版广电总局禁止进口的出版物，或者发行未从依法批准的出版物进口经营单位进货的进口出版物，依照《出版管理条例》第六十三条处罚。

发行其他非法出版物和出版行政主管部门明令禁止出版、印刷或者复制、发行的出版物的，依照《出版管理条例》第六十五条处罚。

发行违禁出版物或者非法出版物的，当事人对其来源作出说明、指认，经查证属实的，没收出版物和非法所得，可以减轻或免除其他行政处罚。

第三十三条 违反本规定发行侵犯他人著作权或者专有出版权的出版物的，依照《中华人民共和国著作权法》和《中华人民共和国著作权法实施条例》的规定处罚。

第三十四条 在中小学教科书发行过程中违反本规定，有下列行为之一的，依照《出版管理条例》第六十五条处罚：

（一）发行未经依法审定的中小学教科书的；

（二）不具备中小学教科书发行资质的单位从事中小学教科书发行活动的；

（三）未按照《中华人民共和国政府采购法》有关规定确定的单位从事纳入政府采购范围的中小学教科书发行活动的。

第三十五条 出版物发行单位未依照规定办理变更审批手续的，依照《出版管理条例》第六十七条处罚。

第三十六条 单位、个人违反本规定被吊销出版物经营许可证的，其法定代表人或者主要负责人自许可证被吊销之日起10年内不得担任发行单位的法定代表人或者主要负责人。

第三十七条 违反本规定，有下列行为之一的，由出版行政主管部门责令停止违法行为，予以警告，并处3万元以下罚款：

（一）未能提供近两年的出版物发行进销货清单等有关非财务票据或者清单、票据未按规定载明有关内容的；

（二）超出出版行政主管部门核准的经营范围经营的；

（三）张贴、散发、登载有法律、法规禁止内容的或者有欺诈性文字、与事实不符的征订单、广告和宣传画的；

（四）擅自更改出版物版权页的；

（五）出版物经营许可证未在经营场所明显处张挂或者未在网页醒目位置公开出版物经营许可证和营业执照登载的有关信息或者链接标识的；

（六）出售、出借、出租、转让或者擅自涂改、变造出版物经营许可证的；

（七）公开宣传、陈列、展示、征订、销售或者面向社会公众发送规定应由内部发行的出版物的；

（八）委托无出版物批发、零售资质的单位或者个人销售出版物或者代理出版物销售业务的；

（九）未从依法取得出版物批发、零售资质的出版发行单位进货的；

（十）提供出版物网络交易平台服务的经营者未按本规定履行有关审查及管理责任的；

（十一）应按本规定进行备案而未备案的；

（十二）不按规定接受年度核验的。

第三十八条 在中小学教科书发行过程中违反本规定，有下列行为之一的，由出版行政主管部门责令停止违法行为，予以警告，并处3万元以下罚款：

（一）擅自调换已选定的中小学教科书的；

（二）擅自征订、搭售教学用书目录以外的出版物的；

（三）擅自将中小学教科书发行任务向他人转让和分包的；

（四）涂改、倒卖、出租、出借中小学教科书发行资质证书的；

（五）未在规定时间内完成中小学教科书发行任务的；

（六）违反国家有关规定收取中小学教科书发行费用的；

（七）未按规定做好中小学教科书的调剂、添货、零售和售后服务的；

（八）未按规定报告中小学教科书发行情况的；

（九）出版单位向不具备中小学教科书发行资质的单位供应中小学教科书的；

（十）出版单位未在规定时间内向依法确定的中小学教科书发行企业足量供货的；

（十一）在中小学教科书发行过程中出现重大失误，或者存在其他干扰中小学教科书发行活动行为的。

第三十九条 征订、储存、运输、邮寄、投递、散发、附送本规定第二十条所列出版物的，按照本规定第三十二条进行处罚。

第四十条 未按本规定第三十条报送统计资料的，按照《新闻出版统计管理办法》有关规定处理。

第五章 附 则

第四十一条 允许香港、澳门永久性居民中的中国公民依照内地有关法律、法规和行政规章，在内地各省、自治区、直辖市设立从事出版物零售业务的个体工商户，无需经过外资审批。

第四十二条 本规定所称中小学教科书，是指经国务院教育行政主管部门审定和经授权审定的义务教育教学用书（含配套教学图册、音像材料等）。

中小学教科书发行包括中小学教科书的征订、储备、配送、分发、调剂、添货、零售、结算及售后服务等。

第四十三条 出版物经营许可证和中小学教科书发行资质证的设计、印刷、制作与发放等，按照《新闻出版许可证管理办法》有关规定执行。

第四十四条 本规定由国家新闻出版广电总局会同商务部负责解释。

第四十五条 本规定自2016年6月1日起施行，原新闻出版总署、商务部2011年3月25日发布的《出版物市场管理规定》同时废止。本规定施行前与本规定不一致的其他规定不再执行。

音像制品管理条例

（2001年12月25日中华人民共和国国务院令第341号公布　根据2011年3月19日《国务院关于修改〈音像制品管理条例〉的决定》第一次修订　根据2013年12月7日《国务院关于修改部分行政法规的决定》第二次修订　根据2016年2月6日《国务院关于修改部分行政法规的决定》第三次修订　根据2020年11月29日《国务院关于修改和废止部分行政法规的决定》第四次修订）

第一章 总 则

第一条 为了加强音像制品的管理，促进音像业的健康发展和繁荣，丰富人民群众的文化生活，促进社会主义物质文明和精神文明建设，制定本条例。

第二条 本条例适用于录有内容的录音带、录像带、唱片、激光唱盘和激光视盘等音像制品的出版、制作、复制、进口、批发、零售、出租等活动。

音像制品用于广播电视播放的，适用广播电视法律、行政法规。

第三条 出版、制作、复制、进口、批发、零售、出租音像制品，应当遵守宪法和有关法律、法规，坚持为人民服务和为社会主义服务的方向，传播有益于经济发展和社会进步的思想、道德、科学技术和文化知识。

音像制品禁止载有下列内容：

（一）反对宪法确定的基本原则的；

（二）危害国家统一、主权和领土完整的；

（三）泄露国家秘密、危害国家安全或者损害国家荣誉和利益的；

（四）煽动民族仇恨、民族歧视，破坏民族团结，或者侵害民族风俗、习惯的；

（五）宣扬邪教、迷信的；

（六）扰乱社会秩序，破坏社会稳定的；

（七）宣扬淫秽、赌博、暴力或者教唆犯罪的；

（八）侮辱或者诽谤他人，侵害他人合法权益的；

（九）危害社会公德或者民族优秀文化传统的；

（十）有法律、行政法规和国家规定禁止的其他内容的。

第四条 国务院出版行政主管部门负责全国音像制品的出版、制作、复制、进口、批发、零售和出租的监督管理工作；国务院其他有关行政部门按照国务院规定的职责分工，负责有关的音像制品经营活动的监督管理工作。

县级以上地方人民政府负责出版管理的行政主管部门（以下简称出版行政主管部门）负责本行政区域内音像制品的出版、制作、复制、进口、批发、零售和出租的监督管理工作；县级以上地方人民政府其他有关行政部门在各自的职责范围内负责有关的音像制品经营活动的监督管理工作。

第五条 国家对出版、制作、复制、进口、批发、零售音像制品，实行许可制度；未经许可，任何单位和个人不得从事音像制品的出版、制作、复制、进口、批发、零售等活动。

依照本条例发放的许可证和批准文件，不得出租、出借、出售或者以其他任何形式转让。

第六条 国务院出版行政主管部门负责制定音像业的发展规划，确定全国音像出版单位、音像复制单位的总量、布局和结构。

第七条 音像制品经营活动的监督管理部门及其工作人员不得从事或者变相从事音像制品经营活动，并不得参与或者变相参与音像制品经营单位的经营活动。

第二章 出版

第八条 设立音像出版单位，应当具备下列条件：

（一）有音像出版单位的名称、章程；

（二）有符合国务院出版行政主管部门认定的主办单位及其主管机关；

（三）有确定的业务范围；

（四）有适应业务范围需要的组织机构和符合国家规定的资格条件的音像出版专业人员；

（五）有适应业务范围需要的资金、设备和工作场所；

（六）法律、行政法规规定的其他条件。

审批设立音像出版单位，除依照前款所列条件外，还应当符合音像出版单位总量、布局和结构的规划。

第九条 申请设立音像出版单位，由所在地省、自治区、直辖市人民政府出版行政主管部门审核同意后，报国务院出版行政主管部门审批。国务院出版行政主管部门应当自受理申请之日起60日内作出批准或者不批准的决定，并通知申请人。批准的，发给《音像制品出版许可证》，由申请人持《音像制品出版许可证》到工商行政管理部门登记，依法领取营业执照；不批准的，应当说明理由。

申请书应当载明下列内容：

（一）音像出版单位的名称、地址；

（二）音像出版单位的主办单位及其主管机关的名称、地址；

（三）音像出版单位的法定代表人或者主要负责人的姓名、住址、资格证明文件；

（四）音像出版单位的资金来源和数额。

第十条 音像出版单位变更名称、主办单位或者其主管机关、业务范围，或者兼并其他音像出版单位，或者因合并、分立而设立新的音像出版单位的，应当依照本条例第九条的规定办理审批手续，并到原登记的工商行政管理部门办理相应的登记手续。

音像出版单位变更地址、法定代表人或者主要负责人，或者终止出版经营活动的，应当到原登记的工商行政管理部门办理变更登记或者注销登记，并向国务院出版行政主管部门备案。

第十一条 音像出版单位的年度出版计划和涉及国家安全、社会安定等方面的重大选题，应当经所在地省、自治区、直辖市人民政府出版行政主管部门审核后报国务院出版行政主管部门备案；重大选题音像制品未在出版前报备案的，不得出版。

第十二条 音像出版单位应当在其出版的音像制品及其包装的明显位置，标明出版单位的名称、地址和音像制品的版号、出版时间、著作权人等事项；出版进口的音像制品，还应当标明进口批准文号。

音像出版单位应当按照国家有关规定向国家图书馆、中国版本图书馆和国务院出版行政主管部门免费送交样本。

第十三条 音像出版单位不得向任何单位或者个人出租、出借、出售或者以其他任何形式转让本单位的名称，不得向任何单位或者个人出售或者以其他形式转让本单位的版号。

第十四条 任何单位和个人不得以购买、租用、借用、擅自使用音像出版单位的名称或者购买、伪造版号等形式从事音像制品出版活动。

图书出版社、报社、期刊社、电子出版物出版社，不得出版非配合本版出版物的音像制品；但是，可以按照国务院出版行政主管部门的规定，出版配合本版出版物的音像制品，并参照音像出版单位享有权利、承担义务。

第十五条 音像出版单位可以与香港特别行政区、澳门特别行政区、台湾地区或者外国的组织、个人合作制作音像制品。具体办法由国务院出版行政主管部门制定。

第十六条 音像出版单位实行编辑责任制度，保证音像制品的内容符合本条例的规定。

第十七条 音像出版单位以外的单位设立的独立从事音像制品制作业务的单位（以下简称音像制作单位）申请从事音像制品制作业务，由所在地省、自治区、直辖市人民政府出版行政主管部门审批。省、自治区、直辖市人民政府出版行政主管部门应当自受理申请之日起60日内作出批准或者不批准的决定，并通知申请人。批准的，发给《音像制品制作许可证》；不批准的，应当说明理由。广播、电视节目制作经营单位的设立，依照有关法律、行政法规的规定办理。

申请书应当载明下列内容：

（一）音像制作单位的名称、地址；

（二）音像制作单位的法定代表人或者主要负责人的姓名、住址、资格证明文件；

（三）音像制作单位的资金来源和数额。

审批从事音像制品制作业务申请，除依照前款所列条件外，还应当兼顾音像制作单位总量、布局和结构。

第十八条 音像制作单位变更名称、业务范围，或者兼并其他音像制作单位，或者因合并、分立而设立新的音像制作单位的，应当依照本条例第十七条的规定办理审批手续。

音像制作单位变更地址、法定代表人或者主要负责人，或者终止制作经营活动的，应当向所在地省、自治区、直辖市人民政府出版行政主管部门备案。

第十九条 音像出版单位不得委托未取得《音像制品制作许可证》的单位制作音像制品。

音像制作单位接受委托制作音像制品的，应当按照国家有关规定，与委托的出版单位订立制作委托合同；验证委托的出版单位的《音像制品出版许可证》或者本版出版物的证明及由委托的出版单位盖章的音像制品制作委托书。

音像制作单位不得出版、复制、批发、零售音像制品。

第三章　复　制

第二十条 申请从事音像制品复制业务应当具备下列条件：

（一）有音像复制单位的名称、章程；

（二）有确定的业务范围；

（三）有适应业务范围需要的组织机构和人员；

（四）有适应业务范围需要的资金、设备和复制场所；

（五）法律、行政法规规定的其他条件。

审批从事音像制品复制业务申请，除依照前款所列条件外，还应当符合音像复制单位总量、布局和结构的规划。

第二十一条 申请从事音像制品复制业务，由所在地省、自治区、直辖市人民政府出版行政主管部门审批。省、自治区、直辖市人民政府出版行政主管部门应当自受理申请之日起20日内作出批准或者不批准的决定，并通知申请人。批准的，发给《复制经营许可证》；不批准的，应当说明理由。

申请书应当载明下列内容：

（一）音像复制单位的名称、地址；

（二）音像复制单位的法定代表人或者主要负责人的姓名、住址；

（三）音像复制单位的资金来源和数额。

第二十二条 音像复制单位变更业务范围，或者兼并其他音像复制单位，或者因合并、分立而设立新的音像复制单位的，应当依照本条例第二十一条的规定办理审批手续。

音像复制单位变更名称、地址、法定代表人或者主要负责人，或者终止复制经营活动的，应当向所在地省、自治区、直辖市人民政府出版行政主管部门备案。

第二十三条 音像复制单位接受委托复制音像制品的，应当按照国家有关规定，与委托的出版单位订立复制委托合同；验证委托的出版单位的《音像制品出版许可证》、营业执照副本、盖章的音像制品复制委托书以及出版单位取得的授权书；接受委托复制的音像制品属于非卖品的，应当验证委托单位的身份证明和委托单位出具的音像制品非卖品复制委托书。

音像复制单位应当自完成音像制品复制之日起2年内，保存委托合同和所复制的音像制品的样本以及验证的有关证明文件的副本，以备查验。

第二十四条 音像复制单位不得接受非音像出版单位或者个人的委托复制经营性的音像制品；不得自行复制音像制品；不得批发、零售音像制品。

第二十五条 从事光盘复制的音像复制单位复制光盘，必须使用蚀刻有国务院出版行政主管部门核发的激光数码储存片来源识别码的注塑模具。

第二十六条 音像复制单位接受委托复制境外音像制品的，应当经省、自治区、直辖市人民政府出版行政主管部门批准，并持著作权人的授权书依法到著作权行政管理部门登记；复制的音像制品应当全部运输出境，不得在境内发行。

第四章 进 口

第二十七条 音像制品成品进口业务由国务院出版行政主管部门批准的音像制品成品进口经营单位经营；未经批准，任何单位或者个人不得经营音像制品成品进口业务。

第二十八条 进口用于出版的音像制品，以及进口用于批发、零售、出租等的音像制品成品，应当报国务院出版行政主管部门进行内容审查。

国务院出版行政主管部门应当自收到音像制品内容审查申请书之日起30日内作出批准或者不批准的决定，并通知申请人。批准的，发给批准文件；不批准的，应当说明理由。

进口用于出版的音像制品的单位、音像制品成品进口经营单位应当持国务院出版行政主管部门的批准文件到海关办理进口手续。

第二十九条 进口用于出版的音像制品，其著作权事项应当向国务院著作权行政管理部门登记。

第三十条 进口供研究、教学参考的音像制品，应当委托音像制品成品进口经营单位依照本条例第二十八条的规定办理。

进口用于展览、展示的音像制品，经国务院出版行政主管部门批准后，到海关办理临时进口手续。

依照本条规定进口的音像制品，不得进行经营性复制、批发、零售、出租和放映。

第五章 批发、零售和出租

第三十一条 申请从事音像制品批发、零售业务，应当具备下列条件：

（一）有音像制品批发、零售单位的名称、章程；

（二）有确定的业务范围；

（三）有适应业务范围需要的组织机构和人员；

（四）有适应业务范围需要的资金和场所；

（五）法律、行政法规规定的其他条件。

第三十二条 申请从事音像制品批发业务，应当报所在地省、自治区、直辖市人民政府出版行政主管部门审批。申请从事音像制品零售业务，应当报县级地方人民政府出版行政主管部门审批。出版行政主管部门应当自受理申请书之日起 30 日内作出批准或者不批准的决定，并通知申请人。批准的，应当发给《出版物经营许可证》；不批准的，应当说明理由。

《出版物经营许可证》应当注明音像制品经营活动的种类。

第三十三条 音像制品批发、零售单位变更名称、业务范围，或者兼并其他音像制品批发、零售单位，或者因合并、分立而设立新的音像制品批发、零售单位的，应当依照本条例第三十二条的规定办理审批手续。

音像制品批发、零售单位变更地址、法定代表人或者主要负责人或者终止经营活动，从事音像制品零售经营活动的个体工商户变更业务范围、地址或者终止经营活动的，应当向原批准的出版行政主管部门备案。

第三十四条 音像出版单位可以按照国家有关规定，批发、零售本单位出版的音像制品。从事非本单位出版的音像制品的批发、零售业务的，应当依照本条例第三十二条的规定办理审批手续。

第三十五条 国家允许设立从事音像制品发行业务的外商投资企业。

第三十六条 音像制品批发单位和从事音像制品零售、出租等业务的单位或者个体工商户，不得经营非音像出版单位出版的音像制品或者非音像复制单位复制的音像制品，不得经营未经国务院出版行政主管部门批准进口的音像制品，不得经营侵犯他人著作权的音像制品。

第六章 罚 则

第三十七条 出版行政主管部门或者其他有关行政部门及其工作人员，利用职务上的便利收受他人财物或者其他好处，批准不符合法定条件的申请人取得许可证、批准文件，或者不履行监督职责，或者发现违法行为不予查处，造成严重后果的，对负有责任的主管人员和其他直接责任人员依法给予降级直至开除的处分；构成犯罪的，依照刑法关于受贿罪、滥用职权罪、玩忽职守罪或者其他罪的规定，依法追究刑事责任。

第三十八条 音像制品经营活动的监督管理部门的工作人员从事或者变相从事音像制品经营活动的，参与或者变相参与音像制品经营单位的经营活动的，依法给予撤职或者开除的处分。

音像制品经营活动的监督管理部门有前款所列行为的，对负有责任的主管人员和其他直接责任人员依照前款规定处罚。

第三十九条 未经批准，擅自设立音像制品出版、进口单位，擅自从事音像制品出版、制作、复制业务或者进口、批发、零售经营活动的，由出版行政主管部门、工商行政管理部门依照法定职权予以取缔；依照刑法关于非法经营罪的规定，依法追究刑事责任；尚不够刑事处罚的，没收违法经营的音像制品和违法所得以及进行违法活动的专用工具、设备；违法经营额 1 万元以上的，并处违法经营额 5 倍以上 10 倍以下的罚款；违法经营额不足 1 万元的，可以处 5 万元以下的罚款。

第四十条 出版含有本条例第三条第二款禁止内容的音像制品，或者制作、复制、批发、零售、出租、放映明知或者应知含有本条例第三条第二款禁止内容的音像制品的，依照刑法有关规定，依法追究刑事责任；尚不够刑事处罚的，由出版行政主管部门、公安部门依据各自职权责令停业整顿，没收违法经营的音像制品和违法所得；违法经营额 1 万元以上的，并处违法经营额 5 倍以上 10 倍以下的罚款；违法经营额不足 1 万元的，可以处 5 万元以下的罚款；情节严重的，并由原发证机关吊销许可证。

第四十一条 走私音像制品的，依照刑法关于走私罪的规定，依法追究刑事责任；尚不够刑事处罚的，由海关依法给予行政处罚。

第四十二条 有下列行为之一的，由出版行政主管部门责令停止违法行为，给予警告，没收违法经营的音像制品和违法所得；违法经营额 1 万元以上的，并处违法经营额 5 倍以上 10 倍以下的罚款；违法经营额不足 1 万元的，可以处 5 万元以下的罚款；情节严重的，并责令停业整顿或者由原发证机关吊销许可证：

（一）音像出版单位向其他单位、个人出租、出借、出售或者以其他任何形式转让本单位的名称，出售或者以其他形式转让本单位的版号的；

（二）音像出版单位委托未取得《音像制品制作许可证》的单位制作音像制品，或者委托未取得《复制经营许可证》的单位复制音像制品的；

（三）音像出版单位出版未经国务院出版行政主管部门批准擅自进口的音像制品的；

（四）音像制作单位、音像复制单位未依照本条例的规定验证音像出版单位的委托书、有关证明的；

（五）音像复制单位擅自复制他人的音像制品，或者接受非音像出版单位、个人的委托复制经营性的音像制品，或者自行复制音像制品的。

第四十三条 音像出版单位违反国家有关规定与香港特别行政区、澳门特别行政区、台湾地区或者外国的组织、个人合作制作音像制品，音像复制单位违反国家有关规定接受委托复制境外音像制品，未经省、自治区、直辖市人民政府出版行政主管部门审核同意，或者未将复制的境外音像制品全部运输出境的，由省、自治区、直辖市人民政府出版行政主管部门责令改正，没收违法经营的音像制品和违法所得；违法经营额1万元以上的，并处违法经营额5倍以上10倍以下的罚款；违法经营额不足1万元的，可以处5万元以下的罚款；情节严重的，并由原发证机关吊销许可证。

第四十四条 有下列行为之一的，由出版行政主管部门责令改正，给予警告；情节严重的，并责令停业整顿或者由原发证机关吊销许可证：

（一）音像出版单位未将其年度出版计划和涉及国家安全、社会安定等方面的重大选题报国务院出版行政主管部门备案的；

（二）音像制品出版、制作、复制、批发、零售单位变更名称、地址、法定代表人或者主要负责人、业务范围等，未依照本条例规定办理审批、备案手续的；

（三）音像出版单位未在其出版的音像制品及其包装的明显位置标明本条例规定的内容的；

（四）音像出版单位未依照本条例的规定送交样本的；

（五）音像复制单位未依照本条例的规定留存备查的材料的；

（六）从事光盘复制的音像复制单位复制光盘，使用未蚀刻国务院出版行政主管部门核发的激光数码储存片来源识别码的注塑模具的。

第四十五条 有下列行为之一的，由出版行政主管部门责令停止违法行为，给予警告，没收违法经营的音像制品和违法所得；违法经营额1万元以上的，并处违法经营额5倍以上10倍以下的罚款；违法经营额不足1万元的，可以处5万元以下的罚款；情节严重的，并责令停业整顿或者由原发证机关吊销许可证：

（一）批发、零售、出租、放映非音像出版单位出版的音像制品或者非音像复制单位复制的音像制品的；

（二）批发、零售、出租或者放映未经国务院出版行政主管部门批准进口的音像制品的；

（三）批发、零售、出租、放映供研究、教学参考或者用于展览、展示的进口音像制品的。

第四十六条 单位违反本条例的规定，被处以吊销许可证行政处罚的，其法定代表人或者主要负责人自许可证被吊销之日起10年内不得担任音像制品出版、制作、复制、进口、批发、零售单位的法定代表人或者主要负责人。

从事音像制品零售业务的个体工商户违反本条例的规定，被处以吊销许可证行政处罚的，自许可证被吊销之日起10年内不得从事音像制品零售业务。

第四十七条 依照本条例的规定实施罚款的行政处罚，应当依照有关法律、行政法规的规定，实行罚款决定与罚款收缴分离；收缴的罚款必须全部上缴国库。

第七章 附 则

第四十八条 除本条例第三十五条外，电子出版物的出版、制作、复制、进口、批发、零售等活动适用本条例。

第四十九条 依照本条例发放许可证，除按照法定标准收取成本费外，不得收取其他任何费用。

第五十条 本条例自2002年2月1日起施行。1994年8月25日国务院发布的《音像制品管理条例》同时废止。

6. 集体管理与付酬

著作权集体管理条例

（2004 年 12 月 28 日中华人民共和国国务院令第 429 号公布
根据 2011 年 1 月 8 日《国务院关于废止和修改部分
行政法规的决定》第一次修订　根据 2013 年 12 月 7 日
《国务院关于修改部分行政法规的决定》第二次修订）

第一章　总　则

第一条　为了规范著作权集体管理活动，便于著作权人和与著作权有关的权利人（以下简称权利人）行使权利和使用者使用作品，根据《中华人民共和国著作权法》（以下简称著作权法）制定本条例。

第二条　本条例所称著作权集体管理，是指著作权集体管理组织经权利人授权，集中行使权利人的有关权利并以自己的名义进行的下列活动：

（一）与使用者订立著作权或者与著作权有关的权利许可使用合同（以下简称许可使用合同）；

（二）向使用者收取使用费；

（三）向权利人转付使用费；

（四）进行涉及著作权或者与著作权有关的权利的诉讼、仲裁等。

第三条　本条例所称著作权集体管理组织，是指为权利人的利益依法设立，根据权利人授权、对权利人的著作权或者与著作权有关的权利进行集体管理的社会团体。

著作权集体管理组织应当依照有关社会团体登记管理的行政法规和本条例的规定进行登记并开展活动。

第四条　著作权法规定的表演权、放映权、广播权、出租权、信息网络传播权、复制权等权利人自己难以有效行使的权利，可以由著作权集体管理组织进行集体管理。

第五条　国务院著作权管理部门主管全国的著作权集体管理工作。

第六条　除依照本条例规定设立的著作权集体管理组织外，任何组织和个人不得从事著作权集体管理活动。

第二章　著作权集体管理组织的设立

第七条　依法享有著作权或者与著作权有关的权利的中国公民、法人或者其他组织，可以发起设立著作权集体管理组织。

设立著作权集体管理组织，应当具备下列条件：

（一）发起设立著作权集体管理组织的权利人不少于 50 人；

（二）不与已经依法登记的著作权集体管理组织的业务范围交叉、重合；

（三）能在全国范围代表相关权利人的利益；

（四）有著作权集体管理组织的章程草案、使用费收取标准草案和向权利人转付使用费的办法（以下简称使用费转付办法）草案。

第八条　著作权集体管理组织章程应当载明下列事项：

（一）名称、住所；

（二）设立宗旨；

（三）业务范围；

（四）组织机构及其职权；

（五）会员大会的最低人数；

（六）理事会的职责及理事会负责人的条件和产生、罢免的程序；

（七）管理费提取、使用办法；

（八）会员加入、退出著作权集体管理组织的条件、程序；

（九）章程的修改程序；

（十）著作权集体管理组织终止的条件、程序和终止后资产的处理。

第九条 申请设立著作权集体管理组织，应当向国务院著作权管理部门提交证明符合本条例第七条规定的条件的材料。国务院著作权管理部门应当自收到材料之日起60日内，作出批准或者不予批准的决定。批准的，发给著作权集体管理许可证；不予批准的，应当说明理由。

第十条 申请人应当自国务院著作权管理部门发给著作权集体管理许可证之日起30日内，依照有关社会团体登记管理的行政法规到国务院民政部门办理登记手续。

第十一条 依法登记的著作权集体管理组织，应当自国务院民政部门发给登记证书之日起30日内，将其登记证书副本报国务院著作权管理部门备案；国务院著作权管理部门应当将报备的登记证书副本以及著作权集体管理组织章程、使用费收取标准、使用费转付办法予以公告。

第十二条 著作权集体管理组织设立分支机构，应当经国务院著作权管理部门批准，并依照有关社会团体登记管理的行政法规到国务院民政部门办理登记手续。经依法登记的，应当将分支机构的登记证书副本报国务院著作权管理部门备案，由国务院著作权管理部门予以公告。

第十三条 著作权集体管理组织应当根据下列因素制定使用费收取标准：

（一）使用作品、录音录像制品等的时间、方式和地域范围；

（二）权利的种类；

（三）订立许可使用合同和收取使用费工作的繁简程度。

第十四条 著作权集体管理组织应当根据权利人的作品或者录音录像制品等使用情况制定使用费转付办法。

第十五条 著作权集体管理组织修改章程，应当依法经国务院民政部门核准后，由国务院著作权管理部门予以公告。

第十六条 著作权集体管理组织被依法撤销登记的，自被撤销登记之日起不得再进行著作权集体管理业务活动。

第三章 著作权集体管理组织的机构

第十七条 著作权集体管理组织会员大会（以下简称会员大会）为著作权集体管理组织的权力机构。

会员大会由理事会依照本条例规定负责召集。理事会应当于会员大会召开60日以前将会议的时间、地点和拟审议事项予以公告；出席会员大会的会员，应当于会议召开30日以前报名。报名出席会员大会的会员少于章程规定的最低人数时，理事会应当将会员大会报名情况予以公告，会员可以于会议召开5日以前补充报名，并由全部报名出席会员大会的会员举行会员大会。

会员大会行使下列职权：

（一）制定和修改章程；

（二）制定和修改使用费收取标准；

（三）制定和修改使用费转付办法；

（四）选举和罢免理事；

（五）审议批准理事会的工作报告和财务报告；

（六）制定内部管理制度；

（七）决定使用费转付方案和著作权集体管理组织提取管理费的比例；

（八）决定其他重大事项。

会员大会每年召开一次；经10%以上会员或者理事会提议，可以召开临时会员大会。会员大会作出决定，应当经出席会议的会员过半数表决通过。

第十八条 著作权集体管理组织设立理事会，对会员大会负责，执行会员大会决定。理事会成员不得少于9人。

理事会任期为4年，任期届满应当进行换届选举。因特殊情况可以提前或者延期换届，但是换届延期不得超过1年。

第四章 著作权集体管理活动

第十九条 权利人可以与著作权集体管理组织以书面形式订立著作权集体管理合同，授权该组织对其依法享有的著作权或者与著作权有关的权利进行管理。权利人符合章程规定加入条件的，著作权集体管理组织应当与其订立著作权集体管理合同，不得拒绝。

权利人与著作权集体管理组织订立著作权

集体管理合同并按照章程规定履行相应手续后，即成为该著作权集体管理组织的会员。

第二十条 权利人与著作权集体管理组织订立著作权集体管理合同后，不得在合同约定期限内自己行使或者许可他人行使合同约定的由著作权集体管理组织行使的权利。

第二十一条 权利人可以依照章程规定的程序，退出著作权集体管理组织，终止著作权集体管理合同。但是，著作权集体管理组织已经与他人订立许可使用合同的，该合同在期限届满前继续有效；该合同有效期内，权利人有权获得相应的使用费并可以查阅有关业务材料。

第二十二条 外国人、无国籍人可以通过与中国的著作权集体管理组织订立相互代表协议的境外同类组织，授权中国的著作权集体管理组织管理其依法在中国境内享有的著作权或者与著作权有关的权利。

前款所称相互代表协议，是指中国的著作权集体管理组织与境外的同类组织相互授权对方在其所在国家或者地区进行集体管理活动的协议。

著作权集体管理组织与境外同类组织订立的相互代表协议应当报国务院著作权管理部门备案，由国务院著作权管理部门予以公告。

第二十三条 著作权集体管理组织许可他人使用其管理的作品、录音录像制品等，应当与使用者以书面形式订立许可使用合同。

著作权集体管理组织不得与使用者订立专有许可使用合同。

使用者以合理的条件要求与著作权集体管理组织订立许可使用合同，著作权集体管理组织不得拒绝。

许可使用合同的期限不得超过2年；合同期限届满可以续订。

第二十四条 著作权集体管理组织应当建立权利信息查询系统，供权利人和使用者查询。权利信息查询系统应当包括著作权集体管理组织管理的权利种类和作品、录音录像制品等的名称、权利人姓名或者名称、授权管理的期限。

权利人和使用者对著作权集体管理组织管理的权利的信息进行咨询时，该组织应当予以答复。

第二十五条 除著作权法第二十三条、第三十三条第二款、第四十条第三款、第四十三条第二款和第四十四条规定应当支付的使用费外，著作权集体管理组织应当根据国务院著作权管理部门公告的使用费收取标准，与使用者约定收取使用费的具体数额。

第二十六条 两个或者两个以上著作权集体管理组织就同一使用方式向同一使用者收取使用费，可以事先协商确定由其中一个著作权集体管理组织统一收取。统一收取的使用费在有关著作权集体管理组织之间经协商分配。

第二十七条 使用者向著作权集体管理组织支付使用费时，应当提供其使用的作品、录音录像制品等的名称、权利人姓名或者名称和使用的方式、数量、时间等有关使用情况；许可使用合同另有约定的除外。

使用者提供的有关使用情况涉及该使用者商业秘密的，著作权集体管理组织负有保密义务。

第二十八条 著作权集体管理组织可以从收取的使用费中提取一定比例作为管理费，用于维持其正常的业务活动。

著作权集体管理组织提取管理费的比例应当随着使用费收入的增加而逐步降低。

第二十九条 著作权集体管理组织收取的使用费，在提取管理费后，应当全部转付给权利人，不得挪作他用。

著作权集体管理组织转付使用费，应当编制使用费转付记录。使用费转付记录应当载明使用费总额、管理费数额、权利人姓名或者名称、作品或者录音录像制品等的名称、有关使用情况、向各权利人转付使用费的具体数额等事项，并应当保存10年以上。

第五章 对著作权集体管理组织的监督

第三十条 著作权集体管理组织应当依法建立财务、会计制度和资产管理制度，并按照国家有关规定设置会计账簿。

第三十一条 著作权集体管理组织的资产使用和财务管理受国务院著作权管理部门和民政部门的监督。

著作权集体管理组织应当在每个会计年度结束时制作财务会计报告，委托会计师事务所依法进行审计，并公布审计结果。

第三十二条 著作权集体管理组织应当对下列事项进行记录，供权利人和使用者查阅：

（一）作品许可使用情况；

（二）使用费收取和转付情况；

（三）管理费提取和使用情况。

权利人有权查阅、复制著作权集体管理组织的财务报告、工作报告和其他业务材料；著作权集体管理组织应当提供便利。

第三十三条 权利人认为著作权集体管理组织有下列情形之一的，可以向国务院著作权管理部门检举：

（一）权利人符合章程规定的加入条件要求加入著作权集体管理组织，或者会员依照章程规定的程序要求退出著作权集体管理组织，著作权集体管理组织拒绝的；

（二）著作权集体管理组织不按照规定收取、转付使用费，或者不按照规定提取、使用管理费的；

（三）权利人要求查阅本条例第三十二条规定的记录、业务材料，著作权集体管理组织拒绝提供的。

第三十四条 使用者认为著作权集体管理组织有下列情形之一的，可以向国务院著作权管理部门检举：

（一）著作权集体管理组织违反本条例第二十三条规定拒绝与使用者订立许可使用合同的；

（二）著作权集体管理组织未根据公告的使用费收取标准约定收取使用费的具体数额的；

（三）使用者要求查阅本条例第三十二条规定的记录，著作权集体管理组织拒绝提供的。

第三十五条 权利人和使用者以外的公民、法人或者其他组织认为著作权集体管理组织有违反本条例规定的行为的，可以向国务院著作权管理部门举报。

第三十六条 国务院著作权管理部门应当自接到检举、举报之日起60日内对检举、举报事项进行调查并依法处理。

第三十七条 国务院著作权管理部门可以采取下列方式对著作权集体管理组织进行监督，并应当对监督活动作出记录：

（一）检查著作权集体管理组织的业务活动是否符合本条例及其章程的规定；

（二）核查著作权集体管理组织的会计账簿、年度预算和决算报告及其他有关业务材料；

（三）派员列席著作权集体管理组织的会员大会、理事会等重要会议。

第三十八条 著作权集体管理组织应当依法接受国务院民政部门和其他有关部门的监督。

第六章　法律责任

第三十九条 著作权集体管理组织有下列情形之一的，由国务院著作权管理部门责令限期改正：

（一）违反本条例第二十二条规定，未将与境外同类组织订立的相互代表协议报国务院著作权管理部门备案的；

（二）违反本条例第二十四条规定，未建立权利信息查询系统的；

（三）未根据公告的使用费收取标准约定收取使用费的具体数额的。

著作权集体管理组织超出业务范围管理权利人的权利的，由国务院著作权管理部门责令限期改正，其与使用者订立的许可使用合同无效；给权利人、使用者造成损害的，依法承担民事责任。

第四十条 著作权集体管理组织有下列情形之一的，由国务院著作权管理部门责令限期改正；逾期不改正的，责令会员大会或者理事会根据本条例规定的权限罢免或者解聘直接负责的主管人员：

（一）违反本条例第十九条规定拒绝与权利人订立著作权集体管理合同的，或者违反本条例第二十一条的规定拒绝会员退出该组织的要求的；

（二）违反本条例第二十三条规定，拒绝与使用者订立许可使用合同的；

（三）违反本条例第二十八条规定提取管理费的；

（四）违反本条例第二十九条规定转付使用费的；

（五）拒绝提供或者提供虚假的会计账簿、年度预算和决算报告或者其他有关业务材料的。

第四十一条 著作权集体管理组织自国务院民政部门发给登记证书之日起超过6个月无正当理由未开展著作权集体管理活动，或者连续中止著作权集体管理活动6个月以上的，由国务院著作权管理部门吊销其著作权集体管理许可证，并由国务院民政部门撤销登记。

第四十二条 著作权集体管理组织从事营利性经营活动的，由工商行政管理部门依法予以取缔，没收违法所得；构成犯罪的，依法追究刑事责任。

第四十三条 违反本条例第二十七条的规定，使用者能够提供有关使用情况而拒绝提供，或者在提供有关使用情况时弄虚作假的，由国务院著作权管理部门责令改正；著作权集体管理组织可以中止许可使用合同。

第四十四条 擅自设立著作权集体管理组织或者分支机构，或者擅自从事著作权集体管理活动的，由国务院著作权管理部门或者民政部门依照职责分工予以取缔，没收违法所得；构成犯罪的，依法追究刑事责任。

第四十五条 依照本条例规定从事著作权集体管理组织审批和监督工作的国家行政机关工作人员玩忽职守、滥用职权、徇私舞弊，构成犯罪的，依法追究刑事责任；尚不构成犯罪的，依法给予行政处分。

第七章 附 则

第四十六条 本条例施行前已经设立的著作权集体管理组织，应当自本条例生效之日起3个月内，将其章程、使用费收取标准、使用费转付办法及其他有关材料报国务院著作权管理部门审核，并将其与境外同类组织订立的相互代表协议报国务院著作权管理部门备案。

第四十七条 依照著作权法第二十三条、第三十三条第二款、第四十条第三款的规定使用他人作品，未能依照《中华人民共和国著作权法实施条例》第三十二条的规定向权利人支付使用费的，应当将使用费连同邮资以及使用作品的有关情况送交管理相关权利的著作权集体管理组织，由该著作权集体管理组织将使用费转付给权利人。

负责转付使用费的著作权集体管理组织应当建立作品使用情况查询系统，供权利人、使用者查询。

负责转付使用费的著作权集体管理组织可以从其收到的使用费中提取管理费，管理费按照会员大会决定的该集体管理组织管理费的比例减半提取。除管理费外，该著作权集体管理组织不得从其收到的使用费中提取其他任何费用。

第四十八条 本条例自2005年3月1日起施行。

国家版权局
关于复制发行境外录音制品向著作权人付酬有关问题的通知

2000年9月13日　　国权〔2000〕38号

各省、自治区、直辖市版权局：

近年来，国内音像出版单位和其他单位引进境外录音制品在境内复制发行时，因授权方和引进方在授权合同中未约定向词曲作品著作权人付酬事项，引起了不必要的纷争。为避免今后再发生此类纠纷，进一步规范引进境外录音制品合同，经研究，就有关事宜通知如下：

一、音像出版单位或其他单位在引进境外录音制品时，应在授权合同中就向音乐作品的著作权人付酬事宜与授权方做出明确约定。

二、凡在合同中约定由引进方（包括音像出版单位或其他单位）向境外录音制品中的词曲著作权人付酬，词曲著作权人是中国音乐著作权协会会员的，或词曲著作权人所属的集体管理协会与中国音乐著作权协会签订相互代理协议的，引进方应将使用报酬支付给中国音乐著作权协会。词曲著作权人不属于中国音乐著作权协会管理范围的，引进方应直接向词曲著作权人付酬或委托著作权集体管理组织代办为转付。

三、引进方支付报酬的标准按国家版权局颁发的《录音法定许可付酬标准暂行规定》

和《关于录音法定许可付酬标准暂行规定的补充通知》中规定的标准支付。

请各地版权局将本通知转发当地音像出版单位，并认真检查执行情况。

电影作品著作权集体管理使用费收取标准

（2010年9月14日国家版权局第1号公告公布）

根据《中华人民共和国著作权法》、《著作权集体管理条例》等法律法规的有关规定，借鉴国内外著作权集体管理组织的价格尺度，结合目前中国电影版权交易的实际情况，经过广泛深入地调查研究，并充分听取权利人和使用者的意见，就电影作品在大众传媒领域内的使用，制定本电影作品著作权集体管理使用费收取标准。

鉴于电影作品的可看性、受众面以及成本差异较大，为尽量准确计算使用费，以国内票房和影片成本的高低为标准将影片分为六类（其中国内票房所占比重为65%，影片成本所占比重为35%。设定N＝国内票房×65%＋影片成本×35%）：

第一类，N≥2亿元人民币的影片。

第二类，1亿元人民币≤N＜2亿元人民币的影片。

第三类，5000万元人民币≤N＜1亿元人民币的影片。

第四类，1000万元人民币≤N＜5000万元人民币的影片。

第五类，N＜1000万元人民币的影片。

第六类，未进院线上映的影片。

收取著作权使用费的电影作品包括：所有取得政府主管部门颁发的《电影片公映许可证》、且在《著作权法》规定的保护期内的影片。其中，美术片长度超过110分钟的，按110%计算，长度等于、少于85分钟的，按85%计算；科教片、（新闻）纪录片大于、等于或少于60分钟的，分别以100%、90%及80%计算。

一、网络

通过有线或无线网络提供用户在线观看或下载影片，使用的是电影作品的信息网络传播权。根据影片类别的不同，其使用费分别按以下两类办法结算：

（一）第一、二、三、四类影片的著作权使用费按用户点击次数×每次点击费用×35%计算，但是使用者应在取得使用许可时支付基本使用费：

第一类影片，距首映两年内的，基本使用费下限为10万元/部年，其后每年递减20%，至12000元/部年不再递减；

第二类影片，距首映两年内的，基本使用费为8－10万元/部年，其后每年递减20%，至10000元/部年不再递减；

第三类影片，距首映两年内的，基本使用费为6－8万元/部年，其后每年递减20%，至8000元/部年不再递减；

第四类影片，距首映两年内的，基本使用费为4－6万元/部年，其后每年递减20%，至6000元/部年不再递减。

用户点击次数×每次点击费用×35%＞基本使用费的，超过基本使用费之后的每一次点击，按20%－25%追加支付；

用户点击次数×每次点击费用×35%≤基本使用费的，则不再追加支付，但基本使用费不减。

（二）一次性结算

第五、第六类影片实行打包收费办法结算，根据打包数量以及影片种类、长度，距首映时间的长短等因素计算，确定为2000－40000元/部年。

二、网吧

网吧使用电影作品一般是通过服务器下载建立数据库提供的。网吧播映影片使用的是电影作品的复制权和放映权（或区别于互联网的局域网内使用的信息网络传播权）。其每天的使用费为：电脑总量×网吧每小时收费标准×7.5%。

三、视频点播（VOD）

由 VOD 运营商向用户（包括宾馆饭店）提供电影作品，使用的是电影作品的复制权和局域网信息网络传播权。

使用第一、二、三、四类影片在按点击次数收费时，应先缴纳基本使用费，再结算使用费：

（一）每年每部影片的基本使用费：由 VOD 运营商确定的该部影片每次点击的单价×33.3%×终端用户数×10%

（二）年度使用费的计算方式是按 VOD 运营商确定的每次点击该影片的单价×30%×年点击次数，即为每部影片每年的使用费。

基本使用费必须预付，次年结算。年度使用费少于基本使用费的，基本使用费不退；多于基本使用费的则须补足。

使用第五、六类影片或第一、二、三、四类影片点播下线后纳入打包收费的，每部影片的使用费根据用户数量、距首映时间的长短及影片本身的可看性确定为 5000－50000 元/年。

四、交通工具

飞机、火车、轮船、长途汽车等交通工具目前一般都是通过各自公司或中介公司提供并建立的数据库播映影片，使用的是电影作品的复制权和放映权。其使用费标准如下：

（一）飞机和火车：

在影片首映两年内，其覆盖范围超过 10000 架次（列次）/年的，每年每部影片的使用费为：

第一类影片，2.5－5 万元；

第二类影片，1.8－2.5 万元；

第三类影片，1.6－1.8 万元；

第四类影片，1.4－1.6 万元；

第五、六类影片 2500－14000 元。

覆盖范围在 10000 架次（列次）/年以下的，使用费减半。

影片首映两年后，使用费可酌减。

（二）轮船：

影片首映两年内，其覆盖范围超过 5000 航次/年的，每年每部影片使用费为：

第一类影片，10000－11000 元；

第二类影片，9000－10000 元；

第三类影片，8000－9000 元；

第四类影片，7000－8000 元；

其余影片因类别和长度不同，800－6000 元。

覆盖范围少于 5000 航次/年的，使用费减半。

影片首映两年后，使用费可酌减。

（三）长途汽车：

凡播映电影作品的长途汽车，不分使用影片的数量及类别，一律实行统收，每辆车每年收取著作权使用费 365－500 元。

五、非营利性局域网

社区、机关、企事业单位的非营利性局域网播映电影，使用的是电影作品的信息网络传播权，按每 500 户终端为一个计算单位，每个计算单位每年每部影片的著作权使用费为 100 元。一年内使用满 50 部影片的按九折计算，一年内使用满 100 部的按八折计算。

六、音像制品出租

经营影片音像制品出租业务，使用的是电影作品的出租权。每年每个出租点统收电影作品出租权使用费 200 元。

七、其他

在广播、电视、网络、手机等领域通过剪辑、汇编电影作品传播的，使用的是电影作品的汇编权。使用电影作品的汇编权必须事先（或通过著作权集体管理组织）得到权利人的许可。汇编后的作品应得到权利人的认可。其使用费可根据选用量的多少等因素另行商定。

本使用费收取标准为基准价。在实施过程中根据实际情况可作适当浮动，但浮动幅度由协会理事会讨论决定。

电影作品著作权集体管理使用费转付办法

(2010年9月14日国家版权局第1号公告公布)

根据《中华人民共和国著作权法》、《著作权集体管理条例》和《中国电影著作权协会章程》，制定向权利人转付电影作品著作权使用费办法。

第一章　适用范围和转付类型

第一条　适用范围

(1) 本办法适用于中国电影著作权协会(以下简称"协会")按《电影作品著作权集体管理使用费收取标准》收取的电影作品著作权使用费向电影作品权利人的转付。

(2) 本办法还适用于由协会按与境外相关著作权协会订立的"相互代表协议"委托收取的电影作品著作权使用费的转付。

第二条　转付类型

本办法规定的转付类型包括：常规转付(首次转付和最终转付)、境外著作权集体管理组织收取的使用费转付和其他转付。

第二章　转付原则和方式

第三条　转付原则

(1) 收取的使用费在扣除第三章规定的费用后，其余必须及时足额向作品权利人转付，不得无故拖延，不得挪作他用。

(2) 同一作品向不同使用者因不同使用方式收取的使用费，实行按日历年度汇集后一次转付。

(3) 权利人向协会授权、登记并经核实其所提供的信息准确无误后，可以获得转付的使用费。

(4) 转付使用费必须编制使用费转付记录，载明使用费总额、管理费总额、权利人名称、作品名称、有关使用情况、向权利人转付使用费数额等事项。转付记录保存期不低于十年。

第四条　转付方式

(1) 使用费的收取和转付必须使用协会指定的账户。

(2) 根据作品使用的实际情况及能掌握的信息详尽程度，实行下列三种转付方式：

精确转付。在使用者能按许可合同提供详尽的作品使用信息，或通过具有权威性的第三方能获得作品使用的详尽信息的情况下，应严格依据这些信息精确地向作品权利人转付使用费；

抽样转付。在使用面较广而使用者又无法提供作品使用的详尽信息的情况下，可按抽样调查的信息实行抽样转付；

平均转付。在作品使用面广、使用单价低而又难以实行精确转付或抽样转付的情况下，可对相关作品的使用费实行平均分配。

(3) 同一作品有多个权利人时，应按向协会登记并核实无误的各方分享比例，将使用费转付给各权利人；如各权利人一致同意其中一个权利人代表各方收取使用费，则使用费转付给该权利人。

第三章　管理费、版权保护基金和准备金

第五条　管理费

(1) 会员电影作品的著作权的使用费，协会按实收使用费提取10%作为管理费，这一比例应当随着使用费收入的增加而逐步降低。

(2) 非会员电影作品的著作权的使用费，协会按实收使用费提取15%作为管理费。

(3) 按与境外相关著作权协会订立的"相互代表协议"委托收取的著作权使用费，协会从实收使用费中提取8%作为管理费，非会员电影作品从实收使用费中提取12%作为管理费。

(4) 管理费的使用应严格遵照会员大会表决通过的"管理费使用办法"执行，并每年向会员大会通报，接受会员监督。

第六条　版权保护基金和准备金

（1）从收到使用费至向权利人实行转付期间，使用费产生的利息纳入版权保护基金。

（2）版权保护基金及其使用办法由协会理事会决定。因确有实际需要而版权保护基金又数额不足时，理事会可提议从使用费结余或转付款项中提取适当比例注入版权保护基金，但必须经会员大会表决通过。

（3）如因无现行法律、法规和司法解释的明确依据或对作品权利登记有争议，致使其使用费无法转付时，该应转付款项留作准备金。

第四章　常规转付

第七条　首次转付

（1）已按第六章规定登记的电影作品，每年收取的使用费扣除第三章规定的费用后的金额为使用费首次转付总额。

（2）在日历年度使用费收取工作完成后一个月内开始实行首次转付。

第八条　最终转付

（1）未按第六章规定登记的电影作品，如使用者合法使用并主动交纳使用费，该项使用费列入准备金。权利人两年内作补充登记的，在登记日后一个月内可获得最终转付；逾期两年不作登记的，该项使用费纳入版权保护基金。

（2）按第三章第六条（3）留取的准备金，在确定法律依据或权利登记争议解决后一个月内，实行最终转付。

第五章　境外著作权集体管理组织收取的使用费转付和其他转付

第九条　境外著作权集体管理组织收取的使用费转付

（1）境外著作权集体管理组织收取的使用费是指境外著作权集体管理组织与协会订立相互代表协议并按协议收取的使用费。

（2）境外著作权集体管理组织收取的使用费实行单项结算并在收到使用费一个月内向权利人转付。

（3）境外收取的使用费一律按兑换日牌价向作品权利人转付人民币。

第十条　其他转付

在特殊情况下，可以根据协会理事会的决定，对某些作品实行其他转付。

第六章　附　则

第十一条　作品登记

（1）纳入著作权集体管理的电影作品必须由权利人向协会登记，并与协会订立著作权集体管理合同。

（2）作品登记必须载明作品名称、权利人姓名或名称、著作权转让情况（已转让的应注明年限及受让方姓名或名称）、出品和首映（首播）日期等详细信息。

（3）从作品登记的日历年度开始，权利人可以获得转付的使用费。

第十二条　协会作品库

（1）协会作品库包括协会会员授权协会管理的所有电影作品。

（2）协会作品库还包括权利人自己独立授权的电影作品和境外同类组织与协会签订相互代表协议所授权的电影作品。

第十三条　办法的实行和修改

（1）本办法经会员大会讨论通过并经国务院著作权管理部门公告后实行。

（2）本办法的修改必须经理事会提请会员大会通过并报请国务院著作权管理部门批准。

第十四条　本办法解释权

本办法解释权属协会理事会。

广播电台电视台播放录音制品支付报酬暂行办法

（2009 年 11 月 10 日中华人民共和国国务院令第 566 号公布
根据 2011 年 1 月 8 日《国务院关于废止和修改部分
行政法规的决定》修订）

第一条 为了保障著作权人依法行使广播权，方便广播电台、电视台播放录音制品，根据《中华人民共和国著作权法》（以下称著作权法）第四十四条的规定，制定本办法。

第二条 广播电台、电视台可以就播放已经发表的音乐作品向著作权人支付报酬的方式、数额等有关事项与管理相关权利的著作权集体管理组织进行约定。

广播电台、电视台播放已经出版的录音制品，已经与著作权人订立许可使用合同的，按照合同约定的方式和标准支付报酬。

广播电台、电视台依照著作权法第四十四条的规定，未经著作权人的许可播放已经出版的录音制品（以下称播放录音制品）的，依照本办法向著作权人支付报酬。

第三条 本办法所称播放，是指广播电台、电视台以无线或者有线的方式进行的首播、重播和转播。

第四条 广播电台、电视台播放录音制品，可以与管理相关权利的著作权集体管理组织约定每年向著作权人支付固定数额的报酬；没有就固定数额进行约定或者约定不成的，广播电台、电视台与管理相关权利的著作权集体管理组织可以以下列方式之一为基础，协商向著作权人支付报酬：

（一）以本台或者本台各频道（频率）本年度广告收入扣除 15% 成本费用后的余额，乘以本办法第五条或者第六条规定的付酬标准，计算支付报酬的数额；

（二）以本台本年度播放录音制品的时间总量，乘以本办法第七条规定的单位时间付酬标准，计算支付报酬的数额。

第五条 以本办法第四条第（一）项规定方式确定向著作权人支付报酬的数额的，自本办法施行之日起 5 年内，按照下列付酬标准协商支付报酬的数额：

（一）播放录音制品的时间占本台或者本频道（频率）播放节目总时间的比例（以下称播放时间比例）不足 1% 的，付酬标准为 0.01%；

（二）播放时间比例为 1% 以上不足 3% 的，付酬标准为 0.02%；

（三）播放时间比例为 3% 以上不足 6% 的，相应的付酬标准为 0.09% 到 0.15%，播放时间比例每增加 1%，付酬标准相应增加 0.03%；

（四）播放时间比例为 6% 以上 10% 以下的，相应的付酬标准为 0.24% 到 0.4%，播放时间比例每增加 1%，付酬标准相应增加 0.04%；

（五）播放时间比例超过 10% 不足 30% 的，付酬标准为 0.5%；

（六）播放时间比例为 30% 以上不足 50% 的，付酬标准为 0.6%；

（七）播放时间比例为 50% 以上不足 80% 的，付酬标准为 0.7%；

（八）播放时间比例为 80% 以上的，付酬标准为 0.8%。

第六条 以本办法第四条第（一）项规定方式确定向著作权人支付报酬的数额的，自本办法施行届满 5 年之日起，按照下列付酬标准协商支付报酬的数额：

（一）播放时间比例不足 1% 的，付酬标准为 0.02%；

（二）播放时间比例为 1% 以上不足 3% 的，付酬标准为 0.03%；

（三）播放时间比例为 3% 以上不足 6% 的，相应的付酬标准为 0.12% 到 0.2%，播放时间比例每增加 1%，付酬标准相应增加 0.04%；

（四）播放时间比例为6%以上10%以下的，相应的付酬标准为0.3%到0.5%，播放时间比例每增加1%，付酬标准相应增加0.05%；

（五）播放时间比例超过10%不足30%的，付酬标准为0.6%；

（六）播放时间比例为30%以上不足50%的，付酬标准为0.7%；

（七）播放时间比例为50%以上不足80%的，付酬标准为0.8%；

（八）播放时间比例为80%以上的，付酬标准为0.9%。

第七条 以本办法第四条第（二）项规定的方式确定向著作权人支付报酬的数额的，按照下列付酬标准协商支付报酬的数额：

（一）广播电台的单位时间付酬标准为每分钟0.30元；

（二）电视台的单位时间付酬标准自本办法施行之日起5年内为每分钟1.50元，自本办法施行届满5年之日起为每分钟2元。

第八条 广播电台、电视台播放录音制品，未能依照本办法第四条的规定与管理相关权利的著作权集体管理组织约定支付报酬的固定数额，也未能协商确定应支付报酬的，应当依照本办法第四条第（一）项规定的方式和第五条、第六条规定的标准，确定向管理相关权利的著作权集体管理组织支付报酬的数额。

第九条 广播电台、电视台转播其他广播电台、电视台播放的录音制品的，其播放录音制品的时间按照实际播放时间的10%计算。

第十条 中部地区的广播电台、电视台依照本办法规定方式向著作权人支付报酬的数额，自本办法施行之日起5年内，按照依据本办法规定计算出的数额的50%计算。

西部地区的广播电台、电视台以及全国专门对少年儿童、少数民族和农村地区等播出的专业频道（频率），依照本办法规定方式向著作权人支付报酬的数额，自本办法施行之日起5年内，按照依据本办法规定计算出的数额的10%计算；自本办法施行届满5年之日起，按照依据本办法规定计算出的数额的50%计算。

第十一条 县级以上人民政府财政部门将本级人民政府设立的广播电台、电视台播放录音制品向著作权人支付报酬的支出作为核定其收支的因素，根据本地区财政情况综合考虑，统筹安排。

第十二条 广播电台、电视台向著作权人支付报酬，以年度为结算期。

广播电台、电视台应当于每年度第一季度将其上年度应当支付的报酬交由著作权集体管理组织转付给著作权人。

广播电台、电视台通过著作权集体管理组织向著作权人支付报酬时，应当提供其播放作品的名称、著作权人姓名或者名称、播放时间等情况，双方已有约定的除外。

第十三条 广播电台、电视台播放录音制品，未向管理相关权利的著作权集体管理组织会员以外的著作权人支付报酬的，应当按照本办法第十二条的规定将应支付的报酬送交管理相关权利的著作权集体管理组织；管理相关权利的著作权集体管理组织应当向著作权人转付。

第十四条 著作权集体管理组织向著作权人转付报酬，除本办法已有规定外，适用《著作权集体管理条例》的有关规定。

第十五条 广播电台、电视台依照本办法规定将应当向著作权人支付的报酬交给著作权集体管理组织后，对著作权集体管理组织与著作权人之间的纠纷不承担责任。

第十六条 广播电台、电视台与著作权人或者著作权集体管理组织因依照本办法规定支付报酬产生纠纷的，可以依法向人民法院提起民事诉讼，或者根据双方达成的书面仲裁协议向仲裁机构申请仲裁。

第十七条 本办法自2010年1月1日起施行。

使用音乐作品进行表演的著作权许可使用费标准

(2011年10月27日国家版权局第3号公告公布)

本标准根据音乐作品表演权内容分为现场表演类收费标准和机械表演类收费标准两部分。

现场表演收费标准

音乐会、演唱会等现场表演的收费，按以下公式计算：

音乐著作权使用费 = 座位数×平均票价×4%

按此公式计算，分摊至每首音乐作品时，最低使用费为：

座位数在1000（含）以下时，每首音乐作品收费低于100元的，按100元计；

座位数在1001－2000时，每首音乐作品收费低于200元的，按200元计；

座位数在2001－5000时，每首音乐作品收费低于300元的，按300元计；

座位数在5001－10000时，每首音乐作品收费低于500元的，按500元计；

座位数在10001－20000时，每首音乐作品收费低于1000元的，按1000元计；

座位数在20001－30000时，每首音乐作品收费低于1500元的，按1500元计；

座位数在30001－40000时，每首音乐作品收费低于2000元的，按2000元计；

座位数在40001－50000时，每首音乐作品收费低于2500元的，按2500元计；

座位数在50001（含）以上时，每首音乐作品收费低于3000元的，按3000元计。

注：

“座位数”，指演出场地可以提供给观众的实际座位数。

“平均票价”应依申请人演出前提供的预计出售门票的价位及其相应票数的清单计算；申请人未提供的，按各档票价之和除以档数计算。

超过5分钟的音乐作品，每5分钟按一首音乐作品计。其中，超过部分不足5分钟的，按5分钟计。

不售票的演出，每首音乐作品均应按照上述标准中的最低使用费计算。

机械表演收费标准

收费标准一　本标准适用于夜总会、歌舞厅（不含卡拉OK歌厅）、迪斯科舞厅等。

此类场所按营业面积收费，则：

1）营业面积不足100平方米的，每平方米每天收费0.15元；

2）营业面积超过100平方米的，增加的部分每平方米每天收费0.12元。

收费标准二　本标准适用于酒吧、咖啡厅、餐厅等。

1. 仅提供机械表演的：

营业面积不足40平方米的，每平方米每天收费0.025元；

营业面积超过40平方米的，增加的部分每平方米每天收费0.02元。

2. 提供机械表演和现场表演的：

营业面积不足40平方米的，每平方米每天收费0.05元；

营业面积超过40平方米的，增加的部分每平方米每天收费0.04元。

3. 如设有荧光屏播放音乐作品，则每个荧光屏每年加收350元。

收费标准三　本标准适用于宾馆。

此类场所按客房数收费，其中：

五星级宾馆，每年每间客房45元；

四星级宾馆，每年每间客房40元；

三星级宾馆，每年每间客房35元；

二星级宾馆，每年每间客房15元；

一星级宾馆，每年每间客房10元。

此类场所如在客房外设有荧光屏播放音乐作品，则每个荧光屏每年加收200元。

所附夜总会、歌舞厅、咖啡厅、餐厅等场

所按相关标准另行计算。

收费标准四　本标准适用于各类卖场。

超市

对于同一家门店：

①营业面积在200平方米（含）以下的部分，每平方米每年收费2.65元；

营业面积在201－500平方米的部分，每平方米每年收费2.60元；

营业面积在501－1000平方米的部分，每平方米每年收费2.50元；

营业面积在1001－3000平方米的部分，每平方米每年收费2.38元；

营业面积在3001－5000平方米的部分，每平方米每年收费2.25元；

营业面积在5001－10000平方米的部分，每平方米每年收费2.10元；

营业面积在10001－20000平方米的部分，每平方米每年收费1.90元；

营业面积在20001平方米以上的部分，每平方米每年收费1.80元。

依照上述标准计算，年度使用费不足200元的按200元计。

②设有荧光屏播放音乐作品的，则：

荧光屏之对角线长度不超过20英寸的，每个荧光屏每年加收200元；

荧光屏之对角线长度在20－50英寸的，每个荧光屏每年加收500元；

荧光屏之对角线长度超过50英寸的，每个荧光屏每年加收1000元。

商场

对于同一家门店：

①营业面积在1000平方米（含）以下的部分，每年每平方米收费3元；

营业面积在1001－5000平方米的部分，每年每平方米收费2.8元；

营业面积在5001－10000平方米的部分，每年每平方米收费2.55元；

营业面积在10001－30000平方米的部分，每年每平方米收费2.25元；

营业面积在30001－50000平方米的部分，每年每平方米收费1.90元；

营业面积在50001－100000平方米的部分，每年每平方米收费1.5元；

营业面积在100000平方米以上的部分，每年每平方米收费1元。

依照上述标准计算，年度使用费不足500元的按500元计。

②如设有荧光屏播放音乐作品，则：

荧光屏之对角线长度不超过20英寸的，每个荧光屏每年加收200元；

荧光屏之对角线长度在20－50英寸的，每个荧光屏每年加收500元；

荧光屏之对角线长度超过50英寸的，每个荧光屏每年加收1000元。

家居店

对于同一家门店：

①营业面积在3000平方米（含）以下的部分，每平方米每年收费1.80元；

营业面积在3001－10000平方米的部分，每平方米每年收费1.50元；

营业面积在10001－20000平方米的部分，每平方米每年收费1.20元；

营业面积在20001平方米以上的部分，每平方米每年收费1元。

②如设有荧光屏播放音乐作品，则：

荧光屏之对角线长度不超过20英寸的，每个荧光屏每年加收200元；

荧光屏之对角线长度在20－50英寸的，每个荧光屏每年加收300元；

荧光屏之对角线长度超过50英寸的，每个荧光屏每年加收600元。

4. 汽车四S店

①按照营业面积，每平方米每年收费1.5元；照此标准计算，年度使用费低于200元的按200元计。

②如设有荧光屏播放音乐作品，则：

荧光屏之对角线长度不超过20英寸的，每个荧光屏每年加收200元；

荧光屏之对角线长度在20－50英寸的，每个荧光屏每年加收300元；

荧光屏之对角线长度超过50英寸的，每个荧光屏每年加收600元。

5. 音像店

①按照营业面积，每平方米每年收费5元。照此标准计算，年度使用费低于400元的按400元计。

②设有荧光屏播放音乐作品的，每个荧光屏每年加收200元。

注：收费标准四所列各经营场所中，所附餐厅等已有相应收费标准的均按相应收费标准

另行计算。

收费标准五 本标准适用于健身房。

对于同一家门店：

①按照营业面积，

不超过200平方米的部分，每平方米每年收费4.5元；

201－500平方米的部分，每平方米每年收费4.2元；

501－1000平方米的部分，每平方米每年收费4元；

1000平方米以上的部分，每平方米每年收费3.6元。

②设有荧光屏播放音乐作品的，则：

荧光屏之对角线长度不超过20英寸的，每个每年200元；

荧光屏之对角线长度在20－50英寸的，每个每年500元；

荧光屏之对角线长度超过50英寸的，每个每年1000元。

收费标准六 本标准适用于溜冰场。

①按照营业面积，每平方米每年收费7元。

②设有荧光屏播放音乐作品的，每个荧光屏每年加收500元。

收费标准七 本标准适用于保龄球馆、台球厅、洗浴中心、美容院、发廊、影楼。

①按照营业面积，每平方米每年收费1.8元；照此标准计算，年度使用费低于300元的按300元计。

②设有荧光屏播放音乐作品的，每个荧光屏每年加收350元。

③所附餐厅等已有相应收费标准的场所均按相应收费标准另行计算。

收费标准八 本标准适用于音乐喷泉。

面积在50平方米以下的，每年收费200元；

面积在51－300平方米的，每年收费400元；

面积在301平方米以上的，每年收费1000元。

收费标准九 本标准适用于话剧、戏剧。

①以机械表演方式使用音乐作品的，按照每场每分钟100元的标准收取音乐著作权使用费，不足一分钟的按一分钟计算。

②以演员演唱的方式使用音乐作品的，按照每场每半分钟100元的标准收取音乐著作权使用费，不足半分钟的按半分钟计算。

收费标准十 本标准适用于银行、电信等行业的营业厅。

①按照营业面积，每平方米每年5元。照此标准计算，年度使用费低于500元的按500元计。

②设有荧光屏播放音乐作品的，每个荧光屏每年加收400元。

收费标准十一 本标准适用于展厅。

长期使用音乐的展厅，每平方米每天收费0.01元。照此标准计算，年度使用费低于200元的按200元计。

收费标准十二 本标准适用于短期展览（车展、时装展等）。

此类场所按照展台费的1%计算或

1. 仅以机械表演方式使用音乐作品的：每展台每天200元；

2. 以机械表演和现场表演两种方式使用音乐作品的：每展台每天500元。

本标准中所指展台以100平方米为单位，不足100平方米的按100平方米计算。

收费标准十三 本标准适用于办公楼、写字楼。

①每平方米每年收费1元。照此标准计算，年度使用费低于200元的按200元计。

②电梯间如播放音乐，则每部电梯每年加收300元。

③设有荧光屏播放音乐作品的，每个荧光屏每年加收200元。

④所附餐厅等已有相应收费标准的场所均按相应收费标准另行计算。

收费标准十四 本标准适用于公园。

此类场所按照扬声器的数量计算使用费：

1. 非主题公园，每个扬声器每年100元；

2. 主题公园，每个扬声器每年200元；

3. 游乐场，每个扬声器每年300元。

以上场所中，如有现场表演，则音乐著作权使用费加倍计算。

所附餐厅等已有相应收费标准的场所均按相应收费标准另行计算。

收费标准十五 本标准适用于嘉年华。

在嘉年华活动中以播放背景音乐或进行现场表演（演唱会除外）的方式使用音乐作品，按照每天每千平米100元的标准收取音乐著作权使用费，不足一千平米的按一千平米计。

注：本标准中所称“嘉年华活动”特指室外大型文化、娱乐活动。

收费标准十六 本标准适用于各类交通工具及其等候场所。

1. 客运汽车

客车数量在50辆车（含）以内的，每辆车每年收费为400元；客车数量超过50辆的，超过部分每辆车每年收费为300元。

2. 航空

国际运营线：

每运载1000名乘客每公里0.10元；

但每班次最低收费不得低于30元。

国内运营线：

每运载1000名乘客每公里0.05元；

但每班次最低收费不得低于6元。

3. 铁路

高铁线路：每车次运行每公里收费0.02元。

动车线路：每车次运行每公里收费0.015元。

直快线路和旅游线路：每车次运行每公里收费0.01元。

特快线路：每车次运行每公里收费0.008元。

快速线路：每车次运行每公里收费0.007元。

普通线路：每车次运行每公里收费0.005元。

船舶

容客量不超过100人的，每艘船每年收费300元；

容客量在101－500人的，每艘船每年收费500元；

容客量在501－1000人的，每艘船每年收费1000元；

容客量超过1000人的，每艘船每年收费2000元。

候车、候船、候机大厅

按照营业面积，每平方米每年收费1元。照此标准计算，每个场所年度使用费低于200元的按200元计。

收费标准十七 本标准适用于电话等候音乐。

在电话等候音乐中使用音乐作品，按照使用电话线的数量计算使用费：5条电话线以下（含5条）每年500元；5至10条电话线（含10条）每年750元；10条电话线以上每增加10条电话线每年增加400元。

注：电话线的数量应与电话总机和分机的总数相一致。

附　则

该许可标准在我国中部、西部等经济相对落后的地区执行时，可以根据实际情况进行适当调整后适用。

在连锁企业就其所属门店统一解决音乐作品表演权时，可以基于连锁企业经营规模将本标准进行适当调整后适用。

在行业协会就其会员单位统一解决音乐表演权时，可以基于行业覆盖率将本标准进行适当调整后适用。

教科书法定许可使用作品支付报酬办法

（2013年10月22日国家版权局、国家发展和改革委员会令第10号公布　自2013年12月1日起施行）

第一条　为保护文学、艺术和科学作品作者的著作权，规范编写出版教科书使用已发表作品的行为，根据《中华人民共和国著作权法》、《中华人民共和国著作权法实施条例》及《著作权集体管理条例》，制定本办法。

第二条　本办法适用于使用已发表作品编写出版九年制义务教育和国家教育规划教科书的行为。本办法所称教科书不包括教学参考书和教学辅导材料。

本办法所称九年制义务教育教科书和国家

教育规划教科书，是指为实施义务教育、高中阶段教育、职业教育、高等教育、民族教育、特殊教育，保证基本的教学标准，或者为达到国家对某一领域、某一方面教育教学的要求，根据国务院教育行政部门或者省级人民政府教育行政部门制定的课程方案、专业教学指导方案而编写出版的教科书。

第三条 在教科书中汇编已经发表的作品片断或者短小的文字作品、音乐作品或者单幅的美术作品、摄影作品，除作者事先声明不许使用的外，可以不经著作权人许可，但应当支付报酬，指明作者姓名、作品名称，并且不得侵犯著作权人依法享有的其他权利。

作品片断或者短小的文字作品，是指九年制义务教育教科书中使用的单篇不超过2000字的文字作品，或者国家教育规划（不含九年制义务教育）教科书中使用的单篇不超过3000字的文字作品。

短小的音乐作品，是指九年制义务教育和国家教育规划教科书中使用的单篇不超过5页面或时长不超过5分钟的单声部音乐作品，或者乘以相应倍数的多声部音乐作品。

第四条 教科书汇编者支付报酬的标准如下：

（一）文字作品：每千字300元，不足千字的按千字计算；

（二）音乐作品：每首300元；

（三）美术作品、摄影作品：每幅200元，用于封面或者封底的，每幅400元；

（四）在与音乐教科书配套的录音制品教科书中使用的已有录音制品：每首50元。

支付报酬的字数按实有正文计算，即以排印的版面每行字数乘以全部实有的行数计算。占行题目或者末尾排印不足一行的，按一行计算。

诗词每十行按一千字计算；不足十行的按十行计算。

非汉字的文字作品，按照相同版面同等字号汉字数付酬标准的80%计酬。

第五条 使用改编作品编写出版教科书，按照本办法第四条的规定确定报酬后，由改编作品的作者和原作品的作者协商分配，协商不成的，应当等额分配。

使用的作品有两个或者两个以上作者的，应当等额分配该作品的报酬，作者另有约定的除外。

第六条 教科书出版发行存续期间，教科书汇编者应当按照本办法每年向著作权人支付一次报酬。

报酬自教科书出版之日起2个月内向著作权人支付。

教科书汇编者未按照前款规定向著作权人支付报酬，应当在每学期开学第一个月内将其应当支付的报酬连同邮资以及使用作品的有关情况交给相关的著作权集体管理组织。教科书汇编者支付的报酬到账后，著作权集体管理组织应当及时按相关规定向著作权人转付，并及时在其网站上公告教科书汇编者使用作品的有关情况。

著作权集体管理组织收转报酬，应当编制报酬收转记录。

使用作品的有关情况包括使用作品的名称、作者（包括原作者和改编者）姓名、作品字数、出版时间等。

第七条 教科书出版后，著作权人要求教科书汇编者提供样书的，教科书汇编者应当向著作权人提供。

教科书汇编者按照本办法通过著作权集体管理组织转付报酬的，可以将样书交给相关的著作权集体管理组织，由其转交给著作权人。

转交样书产生的费用由教科书汇编者承担。

第八条 教科书汇编者按照本办法第六条第三款规定将相应报酬转交给著作权集体管理组织后，对著作权人不再承担支付报酬的义务。

第九条 教科书汇编者未按照本办法规定支付报酬的，应当承担停止侵权、消除影响、赔礼道歉、赔偿损失等民事责任。

第十条 教科书汇编者向录音制作者支付报酬，适用本办法第六条、第八条和第九条规定。

第十一条 本办法自2013年12月1日起施行。本办法施行前发布的其他有关规定与本办法不一致的，以本办法为准。

使用文字作品支付报酬办法

（2014年9月23日国家版权局、国家发展和改革委员会令第11号公布　自2014年11月1日起施行）

第一条　为保护文字作品著作权人的著作权，规范使用文字作品的行为，促进文字作品的创作与传播，根据《中华人民共和国著作权法》及相关行政法规，制定本办法。

第二条　除法律、行政法规另有规定外，使用文字作品支付报酬由当事人约定；当事人没有约定或者约定不明的，适用本办法。

第三条　以纸介质出版方式使用文字作品支付报酬可以选择版税、基本稿酬加印数稿酬或者一次性付酬等方式。

版税，是指使用者以图书定价×实际销售数或者印数×版税率的方式向著作权人支付的报酬。

基本稿酬，是指使用者按作品的字数，以千字为单位向著作权人支付的报酬。

印数稿酬，是指使用者根据图书的印数，以千册为单位按基本稿酬的一定比例向著作权人支付的报酬。

一次性付酬，是指使用者根据作品的质量、篇幅、作者的知名度、影响力以及使用方式、使用范围和授权期限等因素，一次性向著作权人支付的报酬。

第四条　版税率标准和计算方法：

（一）原创作品：3%－10%

（二）演绎作品：1%－7%

采用版税方式支付报酬的，著作权人可以与使用者在合同中约定，在交付作品时或者签订合同时由使用者向著作权人预付首次实际印数或者最低保底发行数的版税。

首次出版发行数不足千册的，按千册支付版税，但在下次结算版税时对已经支付版税部分不再重复支付。

第五条　基本稿酬标准和计算方法：

（一）原创作品：每千字80－300元，注释部分参照该标准执行。

（二）演绎作品：

1. 改编：每千字20－100元

2. 汇编：每千字10－20元

3. 翻译：每千字50－200元

支付基本稿酬以千字为单位，不足千字部分按千字计算。

支付报酬的字数按实有正文计算，即以排印的版面每行字数乘以全部实有的行数计算。占行题目或者末尾排不足一行的，按一行计算。

诗词每十行按一千字计算，作品不足十行的按十行计算。

辞书类作品按双栏排版的版面折合的字数计算。

第六条　印数稿酬标准和计算方法：

每印一千册，按基本稿酬的1%支付。不足一千册的，按一千册计算。

作品重印时只支付印数稿酬，不再支付基本稿酬。

采用基本稿酬加印数稿酬的付酬方式的，著作权人可以与使用者在合同中约定，在交付作品时由使用者支付基本稿酬的30%－50%。除非合同另有约定，作品一经使用，使用者应当在6个月内付清全部报酬。作品重印的，应在重印后6个月内付清印数稿酬。

第七条　一次性付酬的，可以参照本办法第五条规定的基本稿酬标准及其计算方法。

第八条　使用演绎作品，除合同另有约定或者原作品已进入公有领域外，使用者还应当取得原作品著作权人的许可并支付报酬。

第九条　使用者未与著作权人签订书面合同，或者签订了书面合同但未约定付酬方式和标准，与著作权人发生争议的，应当按本办法第四条、第五条规定的付酬标准的上限分别计算报酬，以较高者向著作权人支付，并不得以出版物抵作报酬。

第十条　著作权人许可使用者通过转授权

方式在境外出版作品，但对支付报酬没有约定或约定不明的，使用者应当将所得报酬扣除合理成本后的70%支付给著作权人。

第十一条 报刊刊载作品只适用一次性付酬方式。

第十二条 报刊刊载未发表的作品，除合同另有约定外，应当自刊载后1个月内按每千字不低于100元的标准向著作权人支付报酬。

报刊刊载未发表的作品，不足五百字的按千字作半计算；超过五百字不足千字的按千字计算。

第十三条 报刊依照《中华人民共和国著作权法》的相关规定转载、摘编其他报刊已发表的作品，应当自报刊出版之日起2个月内，按每千字100元的付酬标准向著作权人支付报酬，不足五百字的按千字作半计算，超过五百字不足千字的按千字计算。

报刊出版者未按前款规定向著作权人支付报酬的，应当将报酬连同邮资以及转载、摘编作品的有关情况送交中国文字著作权协会代为收转。中国文字著作权协会收到相关报酬后，应当按相关规定及时向著作权人转付，并编制报酬收转记录。

报刊出版者按前款规定将相关报酬转交给中国文字著作权协会后，对著作权人不再承担支付报酬的义务。

第十四条 以纸介质出版方式之外的其他方式使用文字作品，除合同另有约定外，使用者应当参照本办法规定的付酬标准和付酬方式付酬。

在数字或者网络环境下使用文字作品，除合同另有约定外，使用者可以参照本办法规定的付酬标准和付酬方式付酬。

第十五条 教科书法定许可使用文字作品适用《教科书法定许可使用作品支付报酬办法》。

第十六条 本办法由国家版权局会同国家发展和改革委员会负责解释。

第十七条 本办法自2014年11月1日起施行。国家版权局1999年4月5日发布的《出版文字作品报酬规定》同时废止。

【指导案例】

指导案例48号

北京精雕科技有限公司诉上海奈凯电子科技有限公司侵害计算机软件著作权纠纷案

（最高人民法院审判委员会讨论通过 2015年4月15日发布）

关键词 民事 侵害计算机软件著作权 捆绑销售 技术保护措施 权利滥用

裁判要点

计算机软件著作权人为实现软件与机器的捆绑销售，将软件运行的输出数据设定为特定文件格式，以限制其他竞争者的机器读取以该特定文件格式保存的数据，从而将其在软件上的竞争优势扩展到机器，不属于著作权法所规定的著作权人为保护其软件著作权而采取的技术措施。他人研发软件读取其设定的特定文件格式的，不构成侵害计算机软件著作权。

相关法条

《中华人民共和国著作权法》第四十八条第一款第六项

《计算机软件保护条例》第二条、第三条第一款第一项、第二十四条第一款第三项

基本案情

原告北京精雕科技有限公司（以下简称精雕公司）诉称：原告自主开发了精雕CNC雕刻系统，该系统由精雕雕刻CAD/CAM软件

（JDPaint 软件）、精雕数控系统、机械本体三大部分组成。该系统的使用通过两台计算机完成，一台是加工编程计算机，另一台是数控控制计算机。两台计算机运行两个不同的程序需要相互交换数据，即通过数据文件进行。具体是：JDPaint 软件通过加工编程计算机运行生成 Eng 格式的数据文件，再由运行于数控控制计算机上的控制软件接收该数据文件，将其变成加工指令。原告对上述 JDPaint 软件享有著作权，该软件不公开对外销售，只配备在原告自主生产的数控雕刻机上使用。2006 年初，原告发现被告上海奈凯电子科技有限公司（以下简称奈凯公司）在其网站上大力宣传其开发的 NC－1000 雕铣机数控系统全面支持精雕各种版本的 Eng 文件。被告上述数控系统中的 Ncstudio 软件能够读取 JDPaint 软件输出的 Eng 格式数据文件，而原告对 Eng 格式采取了加密措施。被告非法破译 Eng 格式的加密措施，开发、销售能够读取 Eng 格式数据文件的数控系统，属于故意避开或者破坏原告为保护软件著作权而采取的技术措施的行为，构成对原告软件著作权的侵犯。被告的行为使得其他数控雕刻机能够非法接收 Eng 文件，导致原告精雕雕刻机销量减少，造成经济损失。故请求法院判令被告立即停止支持精雕 JDPaint 各种版本输出 Eng 格式的数控系统的开发、销售及其他侵权行为，公开赔礼道歉，并赔偿损失 485000 元。

奈凯公司辩称：其开发的 Ncstudio 软件能够读取 JDPaint 软件输出的 Eng 格式数据文件，但 Eng 数据文件及该文件所使用的 Eng 格式不属于计算机软件著作权的保护范围，故被告的行为不构成侵权。请求法院驳回原告的诉讼请求。

法院经审理查明：原告精雕公司分别于 2001 年、2004 年取得国家版权局向其颁发的软著登字第 0011393 号、软著登字第 025028 号《计算机软件著作权登记证书》，登记其为精雕雕刻软件 JDPaintV4.0、JDPaintV5.0（两软件以下简称 JDPaint）的原始取得人。奈凯公司分别于 2004 年、2005 年取得国家版权局向其颁发的软著登字第 023060 号、软著登字第 041930 号《计算机软件著作权登记证书》，登记其为软件奈凯数控系统 V5.0、维宏数控运动控制系统 V3.0（两软件以下简称 Ncstudio）的原始取得人。

奈凯公司在其公司网站上宣称：2005 年 12 月，奈凯公司推出 NC－1000 雕铣机控制系统，该数控系统全面支持精雕各种版本 Eng 文件，该功能是针对用户对精雕 JDPaintV5.19 这一排版软件的酷爱而研发的。

精雕公司的 JDPaint 软件输出的 Eng 文件是数据文件，采用 Eng 格式。奈凯公司的 Ncstudio 软件能够读取 JDPaint 软件输出的 Eng 文件，即 Ncstudio 软件与 JDPaint 软件所输出的 Eng 文件兼容。

裁判结果

上海市第一中级人民法院于 2006 年 9 月 20 日作出（2006）沪一中民五（知）初字第 134 号民事判决：驳回原告精雕公司的诉讼请求。宣判后，精雕公司提出上诉。上海市高级人民法院于 2006 年 12 月 13 日作出（2006）沪高民三（知）终字第 110 号民事判决：驳回上诉，维持原判。

裁判理由

法院生效裁判认为：本案应解决的争议焦点是：一、原告精雕公司的 JDPaint 软件输出的、采取加密措施的 Eng 格式数据文件，是否属于计算机软件著作权的保护范围；二、奈凯公司研发能够读取 JDPaint 软件输出的 Eng 格式文件的软件的行为，是否构成《中华人民共和国著作权法》（以下简称《著作权法》）第四十八条第一款第六项、《计算机软件保护条例》第二十四条第一款第三项规定的“故意避开或者破坏著作权人为保护其软件著作权而采取的技术措施”的行为。

关于第一点。《计算机软件保护条例》第二条规定：“本条例所称计算机软件（下称软件），是指计算机程序及其有关文档。”第三条规定：“本条例下列用语的含义：（一）计算机程序，是指为了得到某种结果而可以由计算机等具有信息处理能力的装置执行的代码化指令序列，或者可以被自动转换成代码化指令序列的符号化指令序列或者符号化语句序列。同一计算机程序的源程序和目标程序为同一作品。（二）文档，是指用来描述程序的内容、组成、设计、功能规格、开发情况、测试结果及使用方法的文字资料和图表等，如程序设计说明书、流程图、用户手册等……”第四条规定：“受本条例保护的软件必须由开发者独立开发，并已固定在某种有形物体上。”根据上述规定，计算机软件著作权的保护范围是软件程序和文档。

本案中，Eng 文件是 JDPaint 软件在加工编程计算机上运行所生成的数据文件，其所使用的输出格式即 Eng 格式是计算机 JDPaint 软件的目标程序经计算机执行产生的结果。该格式数据文件本身不是代码化指令序列、符号化指令序列、符号化语句序列，也无法通过计算机运行和执行，对 Eng 格式文件的破解行为本身也不会直接造成对 JDPaint 软件的非法复制。此外，该文件所记录的数据并非原告精雕公司的 JDPaint 软件所固有，而是软件使用者输入雕刻加工信息而生成的，这些数据不属于 JDPaint 软件的著作权人精雕公司所有。因此，Eng 格式数据文件中包含的数据和文件格式均不属于 JDPaint 软件的程序组成部分，不属于计算机软件著作权的保护范围。

关于第二点。根据《著作权法》第四十八条第一款第六项、《计算机软件保护条例》第二十四条第一款第三项的规定，故意避开或者破坏著作权人为保护其软件著作权而采取的技术措施的行为，是侵犯软件著作权的行为。上述规定体现了对恶意规避技术措施的限制，是对计算机软件著作权的保护。但是，上述限制“恶意规避技术措施”的规定不能被滥用。上述规定主要限制的是针对受保护的软件著作权实施的恶意技术规避行为。著作权人为输出的数据设定特定文件格式，并对该文件格式采取加密措施，限制其他品牌的机器读取以该文件格式保存的数据，从而保证捆绑自己计算机软件的机器拥有市场竞争优势的行为，不属于上述规定所指的著作权人为保护其软件著作权而采取技术措施的行为。他人研发能够读取著作权人设定的特定文件格式的软件的行为，不构成对软件著作权的侵犯。

根据本案事实，JDPaint 输出的 Eng 格式文件是在精雕公司的“精雕 CNC 雕刻系统”中两个计算机程序间完成数据交换的文件。从设计目的而言，精雕公司采用 Eng 格式而没有采用通用格式完成数据交换，并不在于对 JDPaint 软件进行加密保护，而是希望只有“精雕 CNC 雕刻系统”能接收此种格式，只有与“精雕 CNC 雕刻系统”相捆绑的雕刻机床才可以使用该软件。精雕公司对 JDPaint 输出文件采用 Eng 格式，旨在限定 JDPaint 软件只能在“精雕 CNC 雕刻系统”中使用，其根本目的和真实意图在于建立和巩固 JDPaint 软件与其雕刻机床之间的捆绑关系。这种行为不属于为保护软件著作权而采取的技术保护措施。如果将对软件著作权的保护扩展到与软件捆绑在一起的产品上，必然超出我国著作权法对计算机软件著作权的保护范围。精雕公司在本案中采取的技术措施，不是为保护 JDPaint 软件著作权而采取的技术措施，而是为获取著作权利益之外利益而采取的技术措施。因此，精雕公司采取的技术措施不属于《著作权法》《计算机软件保护条例》所规定著作权人为保护其软件著作权而采取的技术措施，奈凯公司开发能够读取 JDPaint 软件输出的 Eng 格式文件的软件的行为，并不属于故意避开和破坏著作权人为保护软件著作权而采取的技术措施的行为。

指导案例 49 号

石鸿林诉泰州华仁电子资讯有限公司侵害计算机软件著作权纠纷案

（最高人民法院审判委员会讨论通过 2015 年 4 月 15 日发布）

关键词 民事 侵害计算机软件著作权 举证责任 侵权对比 缺陷性特征

裁判要点

在被告拒绝提供被控侵权软件的源程序或者目标程序，且由于技术上的限制，无法从被控侵权产品中直接读出目标程序的情形下，如果原、被告软件在设计缺陷方面基本相同，而被告又无正当理由拒绝提供其软件源程序或者目标程序以供直接比对，则考虑到原告的客观举证难度，可以判定原、被告计算机软件构成实质性相同，由被告承担侵权责任。

相关法条

《计算机软件保护条例》第三条第一款

基本案情

原告石鸿林诉称：被告泰州华仁电子资讯有限公司（以下简称华仁公司）未经许可，长期大量复制、发行、销售与石鸿林计算机软件"S型线切割机床单片机控制器系统软件V1.0"相同的软件，严重损害其合法权益。故诉请判令华仁公司停止侵权，公开赔礼道歉，并赔偿原告经济损失10万元、为制止侵权行为所支付的证据保全公证费、诉讼代理费9200元以及鉴定费用。

被告华仁公司辩称：其公司HR－Z型线切割机床控制器所采用的系统软件系其独立开发完成，与石鸿林S型线切割机床单片机控制系统应无相同可能，且其公司产品与石鸿林生产的S型线切割机床单片机控制器的硬件及键盘布局也完全不同，请求驳回石鸿林的诉讼请求。

法院经审理查明：2000年8月1日，石鸿林开发完成S型线切割机床单片机控制器系统软件。

2005年4月18日获得国家版权局软著登字第035260号计算机软件著作权登记证书，证书载明软件名称为S型线切割机床单片机控制器系统软件V1.0（以下简称S系列软件），著作权人为石鸿林，权利取得方式为原始取得。2005年12月20日，泰州市海陵区公证处出具（2005）泰海证民内字第1146号公证书一份，对石鸿林以660元价格向华仁公司购买HR－Z线切割机床数控控制器（以下简称HR－Z型控制器）一台和取得销售发票（No：00550751）的购买过程，制作了保全公证工作记录、拍摄了所购控制器及其使用说明书、外包装的照片8张，并对该控制器进行了封存。

一审中，法院委托江苏省科技咨询中心对下列事项进行比对鉴定：（1）石鸿林本案中提供的软件源程序与其在国家版权局版权登记备案的软件源程序的同一性；（2）公证保全的华仁公司HR－Z型控制器系统软件与石鸿林获得版权登记的软件源程序代码相似性或者相同性。后江苏省科技咨询中心出具鉴定工作报告，因被告的软件主要固化在美国ATMEL公司的AT89F51和菲利普公司的P89C58两块芯片上，而代号为"AT89F51"的芯片是一块带自加密的微控制器，必须首先破解它的加密系统，才能读取固化其中的软件代码。而根据现有技术条件，无法解决芯片解密程序问题，因而根据现有鉴定材料难以作出客观、科学的鉴定结论。

二审中，法院根据原告石鸿林的申请，就以下事项组织技术鉴定：原告软件与被控侵权软件是否具有相同的软件缺陷及运行特征。经鉴定，中国版权保护中心版权鉴定委员会出具鉴定报告，结论为：通过运行原、被告软件，发现二者存在如下相同的缺陷情况：（1）二控制器连续加工程序段超过2048条后，均出现无法正常执行的情况；（2）在加工完整的一段程序后只让自动报警两声以下即按任意键关闭报警时，在下一次加工过程中加工回复线之前自动暂停后，二控制器均有偶然出现蜂鸣器响声2声的现象。

二审法院另查明：原、被告软件的使用说明书基本相同。两者对控制器功能的描述及技术指标基本相同；两者对使用操作的说明基本相同；两者在段落编排方式和多数语句的使用上基本相同。经二审法院多次释明，华仁公司始终拒绝提供被控侵权软件的源程序以供比对。

裁判结果

江苏省泰州市中级人民法院于2006年12月8日作出（2006）泰民三初字第2号民事判决：驳回原告石鸿林的诉讼请求。石鸿林提起上诉，江苏省高级人民法院于2007年12月17日作出（2007）苏民三终字第0018号民事判决：一、撤销江苏省泰州市中级人民法院（2006）泰民三初字第2号民事判决；二、华仁公司立即停止生产、销售侵犯石鸿林S型线切割机床单片机控制器系统软件V1.0著作权的产品；三、华仁公司于本判决生效之日起10日内赔偿石鸿林经济损失79200元；四、驳回石鸿林的其他诉讼请求。

裁判理由

法院生效裁判认为：根据现有证据，应当认定华仁公司侵犯了石鸿林S系列软件著作权。

一、本案的证明标准应根据当事人客观存在的举证难度合理确定

根据法律规定，当事人对自己提出的诉讼请求所依据的事实有责任提供证据加以证明。本案中，石鸿林主张华仁公司侵犯其S系列软件著作权，其须举证证明双方计算机软件之间构成相同或实质性相同。一般而言，石鸿林就此须举证证明两计算机软件的源程序或目标程序之间构成相同或实质性相同。但本案中，由于存在客观上的困难，石鸿林实际上无法提供被控侵权的HR－Z软件的源程序或目标程序，并进而直接证明两者的源程序或目标程序构成相同或实质性相同。1. 石鸿林无法直接获得被控侵权的计算机软件源程序或目标程序。由于被控侵权的HR－Z软件的源程序及目标程序处于华仁公司的实际掌握之中，因此在华仁公司拒绝提供的情况下，石鸿林实际无法提供HR－Z软件的源程序或目标程序以供直接对比。2. 现有技术手段无法从被控侵权的HR－Z型控制器中获得HR－Z软件源程序或目标程序。根据一审鉴定情况，HR－Z软件的目标程序系加载于HR－Z型控制器中的内置芯片上，由于该芯片属于加密芯片，无法从芯片中读出HR－Z软件的目标程序，并进而反向编译出源程序。因此，依靠现有技术手段无法从HR－Z型控制器中获得HR－Z软件源程序或目标程序。

综上，本案在华仁公司无正当理由拒绝提供软件源程序以供直接比对，石鸿林确因客观困难无法直接举证证明其诉讼主张的情形下，应从公平和诚实信用原则出发，合理把握证明标准的尺度，对石鸿林提供的现有证据能否形成高度盖然性优势进行综合判断。

二、石鸿林提供的现有证据能够证明被控侵权的HR－Z软件与石鸿林的S系列软件构成实质相同，华仁公司应就此承担提供相反证据的义务

本案中的现有证据能够证明以下事实：

1. 二审鉴定结论显示：通过运行安装HX－Z软件的HX－Z型控制器和安装HR－Z软件的HR－Z型控制器，发现二者存在前述相同的系统软件缺陷情况。

2. 二审鉴定结论显示：通过运行安装HX－Z软件的HX－Z型控制器和安装HR－Z软件的HR－Z型控制器，发现二者在加电运行时存在相同的特征性情况。

3. HX－Z和HR－Z型控制器的使用说明书基本相同。

4. HX－Z和HR－Z型控制器的整体外观和布局基本相同，主要包括面板、键盘的总体布局基本相同等。

据此，鉴于HX－Z和HR－Z软件存在共同的系统软件缺陷，根据计算机软件设计的一般性原理，在独立完成设计的情况下，不同软件之间出现相同的软件缺陷几率极小，而如果软件之间存在共同的软件缺陷，则软件之间的源程序相同的概率较大。同时结合两者在加电运行时存在相同的特征性情况、HX－Z和HR－Z型控制器的使用说明书基本相同、HX－Z和HR－Z型控制器的整体外观和布局基本相同等相关事实，法院认为石鸿林提供的现有证据能够形成高度盖然性优势，足以使法院相信HX－Z和HR－Z软件构成实质相同。同时，由于HX－Z软件是石鸿林对其S系列软件的改版，且HX－Z软件与S系列软件实质相同。因此，被控侵权的HR－Z软件与石鸿林的S系列软件亦构成实质相同，即华仁公司侵犯了石鸿林享有的S系列软件著作权。

三、华仁公司未能提供相反证据证明其诉讼主张，应当承担举证不能的不利后果

本案中，在石鸿林提供了上述证据证明其诉讼主张的情形下，华仁公司并未能提供相反证据予以反证，依法应当承担举证不能的不利后果。经本院反复释明，华仁公司最终仍未提供被控侵权的HR－Z软件源程序以供比对。华仁公司虽提供了DX－Z线切割控制器微处理器固件程序系统V3.0的计算机软件著作权登记证书，但其既未证明该软件与被控侵权的HR－Z软件属于同一软件，又未证明被控侵权的HR－Z软件的完成时间早于石鸿林的S系列软件，或系其独立开发完成。尽管华仁公司还称，其二审中提供的2004年5月19日商业销售发票，可以证明其于2004年就开发完成了被控侵权软件。对此法院认为，该份发票上虽注明货物名称为HR－Z线切割控制器，但并不能当然推断出该控制器所使用的软件即为被控侵权的HR－Z软件，华仁公司也未就此进一步提供其他证据予以证实。同时结合该份发票并非正规的增值税发票、也未注明购货单位名称等一系列瑕疵，法院认为，华仁公司2004年就开发完成了被控侵权软件的诉讼主张缺乏事实依据，不予采纳。

综上，根据现有证据，同时在华仁公司持有被控侵权的HR－Z软件源程序且无正当理由拒不提供的情形下，应当认定被控侵权的HR－Z软件与石鸿林的S系列软件构成实质相同，华仁公司侵犯了石鸿林S系列软件著作权。

【典型案例】

环球唱片有限音乐公司、华纳唱片有限公司、索尼音乐娱乐香港有限公司与北京百度网讯科技有限公司侵犯著作权纠纷上诉案

［北京市高级人民法院高民终字第1694、1700、1699号民事调解书、北京市第一中级人民法院（2008）一中民初字第5043、5026、5154号民事判决］

《最高人民法院关于充分发挥知识产权审判职能作用推动社会主义文化大发展大繁荣和促进经济自主协调发展的典型案例》第1号

2011年12月20日

【案情摘要】

环球唱片公司、华纳唱片公司和索尼音乐娱乐公司发现其享有录音制作者权的128首歌曲在百度公司的MP3栏目中通过搜索框、榜单等模式，提供了链接以及相应的在线试听和下载服务。三家唱片公司认为百度公司的上述行为侵犯了其信息网络传播权，请求法院判令赔偿其经济损失和合理费用共计6350万元。一审法院经审理认为，百度公司根据网络用户的指令进行搜索、建立临时链接，这种服务具有自动和被动性质，即使百度公司施予与其能力相当的注意，也难以知道其所提供服务涉及的信息是否侵权。因此，设置搜索框供网络用户输入关键词搜索歌曲的行为以及设置榜单等模式，均不能证明百度公司明知或者应知所链接的录音制品侵权，故其不构成对侵犯信息网络传播权，据此判决驳回三大唱片公司的全部诉讼请求。三大唱片公司不服，提起上诉。二审审理中，合议庭在两次公开开庭审理、准确查明案情的基础上，在中国互联网协会调解中心的配合下，做了大量调解工作，最终使双方在达成根本合作协议的基础上，就涉案纠纷达成和解协议。该和解协议确认双方共同致力于互联网音乐作品的运营模式创新以及互联网音乐作品著作权保护模式创新，就此展开全面合作，并就全面合作的具体方式及内容签订了合作协议及反盗版协议。百度公司与三大唱片公司另达成协议，百度公司支付版税，三大唱片公司将授权百度公司上传其全部完整歌曲目录及即将推出的新歌曲目录；网络用户可以直接从百度网站免费在线播放及下载相关歌曲。至此，百度公司与三大唱片公司多年的版权纷争得以彻底化解，亿万网民从此可以在百度网站获得大量正版歌曲。

【典型意义】

随着网络技术和网络产业的飞速发展，在线试听和下载音乐作品已经成为人们欣赏音乐作品的主要途径。但互联网上还存在不少未经权利人许可传播作品的现象。本案的成功调解，不仅使纠纷得以妥善处理，而且使权利人和作品的使用者达成长期合作，有效遏制了“网络盗版”，从根本上维护了权利人的合法

权益，极大激发了他们进行创作的积极性，同时又使亿万网民得以欣赏到正版音乐作品，切实实现了权利人与社会公众利益的平衡。该案的成功调解是人民法院推动新型文化产业在互联网时代健康有序发展的具体体现。

央视国际网络有限公司与上海全土豆文化传播有限公司侵害作品信息网络传播权纠纷案

《最高人民法院发布五起典型案例》第3号

2014年6月23日

【基本案情】

《舌尖上的中国》是中央电视台摄制的一部大型美食类纪录片，播出后引起强烈的社会影响，享有较高知名度。中央电视台此后将该节目的著作权授予原告央视国际网络有限公司。2012年5月23日，上海市静安公证处应原告申请，对被告上海全土豆文化传播有限公司在其经营的网站“土豆网”（网址www. tudou. com）上提供涉案节目的在线点播服务的行为进行了公证。原告认为，土豆网未经许可，在涉案节目热播期内提供在线点播服务，严重侵犯其合法权益，给原告造成了重大经济损失，故诉至法院，请求判令被告赔偿经济损失80万元及为调查取证所支付的合理费用5万元。

【裁判结果】

上海市闵行区人民法院和上海市第一中级人民法院经审理认为：涉案作品是我国著作权法规定的类似电影摄制方法创作的作品，应受著作权法保护。全土豆公司未经授权于作品热播期内在其经营的网站上提供涉案作品的在线点播服务，是典型的侵犯作品信息网络传播权的行为，应该承担相应的侵权责任。全土豆公司辩称其提供存储空间服务，涉案作品系网友上传，但就该主张未提供证据证明；且有关实际上传者的信息属于其自行掌控和管理范围之内，理应由其举证，其自行删除原始数据导致该节事实无法查明，应对此承担不利后果。据此判决全土豆公司赔偿央视网络公司经济损失24万元，合理费用8000元。

【典型意义】

该案是典型的互联网中侵犯作品信息网络传播权纠纷的案例。涉案作品体现了较高程度的独创性，享有较高的社会知名度。作为专业视频分享网站的土豆网是影响力较大的专业网络服务提供者，其在涉案作品热播期就擅自传播涉案作品，且侵权行为持续的时间较长，给权利人造成了较大的经济损失。在确定法定赔偿金额的时候，法院充分考虑了涉案作品的类型、社会知名度、侵权行为的性质以及侵权网站的经营规模、经营模式、影响力等因素，判决了共计248000元的赔偿金额，不仅有利于弥补权利人的经济损失，并促使各互联网视频提供者的自律和行业管理，也顺应了依法加强互联网知识产权保护的趋势，对日益多发的互联网视频侵权的案件有警示作用。

北京乐动卓越科技有限公司诉北京昆仑乐享网络技术有限公司等侵犯著作权及不正当竞争纠纷案

《最高人民法院发布14起北京、上海、广州知识产权法院审结的典型案例》第7号

2015年9月9日

【基本案情】

乐动卓越公司是移动终端游戏《我叫MT on line》《我叫MT 2》的著作权人。前述游戏改编自系列3D动漫《我叫MT》。乐动卓越公司对游戏名称、人物名称享有独占被许可使用权，对人物形象享有美术作品著作权。乐动卓越公司认为昆仑乐享公司等未经其许可，在《超级MT》游戏中使用与《我叫MT》游戏名称、人物名称、人物形象相近的名称和人物，侵犯了其著作权；昆仑乐享公司等在《超级MT》游戏中抄袭了《我叫MT》游戏的名称，在游戏的宣传过程中使用与《我叫MT》游戏相关的宣传用语，构成不正当竞争行为。遂提起本案诉讼。

【裁判结果】

北京知识产权法院审理认为，乐动卓越公司的游戏及其人物未构成著作权法保护的文字作品，被诉游戏中人物形象与乐动卓越公司游戏中的形象不构成实质性相似，昆仑乐享公司等的行为未侵犯乐动卓越公司的著作权；乐动卓越公司的游戏在先上线并具有一定知名度，同为手机游戏经营者的昆仑乐享公司等对乐动卓越公司的上述游戏和人物名称不但未合理避让，反而采用相关联的表述方式，并进行了违背事实的宣传，构成擅自使用他人知名服务特有名称及虚假宣传的不正当竞争行为。遂判决昆仑乐享公司等停止不正当竞争行为，赔偿乐动卓越公司经济损失50万元以及合理支出3.5万元。

【典型意义】

作为新兴文化产业，移动终端游戏是文化与科技融合的产物，享有巨大的发展空间和良好的市场前景。本案是一起涉及移动终端游戏的著作权侵权及不正当竞争纠纷。本案事实复杂，涉及的法律问题繁多且疑难。审理法院对游戏名称及人物名称等简短词组能否构成文字作品、改编作品的著作权保护、移动终端游戏名称是否能够构成知名商品特有名称、虚假宣传行为的认定等诸多法律问题，均作细致的分析阐述。在民事责任承担方面，审理法院充分考虑了原告游戏的市场份额、被诉侵权人的主观状态等因素，最大限度的保护游戏权利人的利益，依法打击了不正当攫取他人利益的行为。本案明确了对移动终端游戏知识产权法律保护的思路和方向，对推动移动终端游戏产业的健康发展具有示范作用。

深圳市腾讯计算机系统有限公司与广州网易计算机系统有限公司等侵害音乐作品信息网络传播权纠纷诉前禁令案

［湖北省武汉市中级人民法院（2014）鄂武汉中知禁字第5号、5－1号、5－2号民事裁定书］

《2014年中国法院10大知识产权案件》第6号
2015年4月20日

【案情摘要】

深圳市腾讯计算机系统有限公司（简称腾讯公司）向武汉市中级人民法院申请诉前禁令，请求：1. 责令广州网易计算机系统有限公司（简称广州网易）、网易（杭州）网络有限公司（简称杭州网易）、杭州网易雷火科技有限公司（简称网易雷火）停止通过“网易云音乐”平台（music. 163. com及其PC端、移动客户端）向公众传播申请人享有专有著作权的《时间都去哪了》《爱的供养》《画心》等623首歌曲；2. 责令中国联合网络通信有限公司湖北省分公司（简称湖北联通）停止提供“网易云音乐”畅听流量包服务；3. 责令广东欧珀移动通信有限公司（简称广东欧珀）停止在其OPPO品牌手机中内置“网易云音乐”行为。腾讯公司提交了证明其享有涉案音乐作品著作权及遭受侵权损害事实的证据，并提供了担保。武汉市中级人民法院认为，腾讯公司对上述623首音乐作品依法享有信息网络传播权，五被申请人以互联网络、移动手机“网易云音乐”畅听流量包、内置“网易云音乐”移动手机客户端等方式，向公众大量提供涉案音乐作品，该行为涉嫌侵犯腾讯公司对涉案音乐作品依法享有的信息网络传播权，且被申请人向公众提供的音乐作品数量较大，造成了腾讯公司巨大的经济损失。在网络环境下，该行为如不及时禁止，将会使广州网易不当利用他人权利获得的市场份额进一步快速增长，损害了腾讯公司的利益，且这种损害将难以弥补，理应禁止各被申请人通过网络传播623首音乐作品涉嫌侵权部分的行为。遂裁定发布如下诉前禁令措施：1. 广州网易、杭州网易、网易雷火于裁定生效之日起立即停止通过“网易云音乐”平台向公众提供涉案623首音乐作品的行为；2. 湖北联通于裁定生效之日起立即停止向其移动手机客户提供“网易云音乐”畅听流量包中的涉案623首音乐作品的移动网络服务行为；3. 广东欧珀于裁定生效次日起十日内停止通过其品牌为OPPO R830S型号（合约机）移动手机中内置的“网易云音乐”客户端向移动手机客户传播涉案623首音乐作品的行为。禁令发布后，湖北联通、广东欧珀立即停止了被诉行为。广州网易、杭州网易、网易雷火不服该禁令，申请复议，武汉市中级人民法院予以驳回。复议中，腾讯公司发现被诉行为仍在继续，书面申请对违反禁令行为予以处罚。法院作出相应的处罚措施。至复议决定书发出后，被诉行为已经按照禁令要求全面停止。

【典型意义】

近年来网络产业与音乐产业结合形成新生网络文化传播媒介，可以使音乐作品被无限传递、下载，不受限制地被反复欣赏，在方便社会公众欣赏音乐的同时，盗版网络音乐也对著作权人造成了难以弥补的损害。本案中，法院及时发布诉前禁令，并对违反禁令的行为予以处罚，为打击网络音乐盗版、规范网络音乐市场、整治网络环境提供了一种可行的保护模式，充分体现了知识产权司法保护的主导作用。

上海帕弗洛文化用品有限公司诉上海艺想文化用品有限公司等侵害著作权纠纷上诉案

《最高人民法院发布14起北京、上海、广州知识产权法院审结的典型案例》第10号
2015年9月9日

【基本案情】

帕弗洛公司的网站首页以暗红色为背景，添加白色星光动态效果，伴有铜铃魔法音，并添加背景音乐。帕弗洛公司发现艺想公司、欧鳄公司抄袭仿冒其网站，侵犯了其著作权，遂提起本案诉讼，请求法院判令艺想公司和欧鳄公司停止侵权、消除影响并赔偿损失22.3万元。

【裁判结果】

上海市闵行区人民法院一审认定艺想公司和欧鳄公司侵犯了帕弗洛公司的网页著作权，判决两被告停止侵权并赔偿帕弗洛公司经济损失及合理费用人民币3万元。艺想公司和欧鳄公司不服，提起上诉。上海知识产权法院二审判决驳回上诉，维持一审判决。

【典型意义】

本案涉及网页的内容编排是否构成著作权法意义上的作品。审理法院认为，虽然涉案网站网页中具有很多公有领域的因素，但涉案网站的首页除了具有一般公司网站首页均有的栏目和结构要素之外，在画面颜色、内容的选择、展示方式及布局编排等方面体现了独特构思，呈现出一定的视觉艺术效果，具有独创性和可复制性，构成著作权法意义上的作品。本案所确定的网页作品著作权保护标准对于同类案件的审理具有一定参考意义。

7. 著作权行政执法

著作权行政处罚实施办法

（2009年4月21日国家版权局第1次局务会议通过
2009年5月7日中华人民共和国国家版权局令
第6号公布　自2009年6月15日起施行）

第一章　总　则

第一条　为规范著作权行政管理部门的行政处罚行为，保护公民、法人和其他组织的合法权益，根据《中华人民共和国行政处罚法》（以下称行政处罚法）、《中华人民共和国著作权法》（以下称著作权法）和其他有关法律、行政法规，制定本办法。

第二条　国家版权局以及地方人民政府享有著作权行政执法权的有关部门（以下称著作权行政管理部门），在法定职权范围内就本办法列举的违法行为实施行政处罚。法律、法规

另有规定的，从其规定。

第三条 本办法所称的违法行为是指：

（一）著作权法第四十七条列举的侵权行为，同时损害公共利益的；

（二）《计算机软件保护条例》第二十四条列举的侵权行为，同时损害公共利益的；

（三）《信息网络传播权保护条例》第十八条列举的侵权行为，同时损害公共利益的；第十九条、第二十五条列举的侵权行为；

（四）《著作权集体管理条例》第四十一条、第四十四条规定的应予行政处罚的行为；

（五）其他有关著作权法律、法规、规章规定的应给予行政处罚的违法行为。

第四条 对本办法列举的违法行为，著作权行政管理部门可以依法责令停止侵权行为，并给予下列行政处罚：

（一）警告；

（二）罚款；

（三）没收违法所得；

（四）没收侵权制品；

（五）没收安装存储侵权制品的设备；

（六）没收主要用于制作侵权制品的材料、工具、设备等；

（七）法律、法规、规章规定的其他行政处罚。

第二章 管辖和适用

第五条 本办法列举的违法行为，由侵权行为实施地、侵权结果发生地、侵权制品储藏地或者依法查封扣押地的著作权行政管理部门负责查处。法律、行政法规另有规定的除外。

侵犯信息网络传播权的违法行为由侵权人住所地、实施侵权行为的网络服务器等设备所在地或侵权网站备案登记地的著作权行政管理部门负责查处。

第六条 国家版权局可以查处在全国有重大影响的违法行为，以及认为应当由其查处的其他违法行为。地方著作权行政管理部门负责查处本辖区发生的违法行为。

第七条 两个以上地方著作权行政管理部门对同一违法行为均有管辖权时，由先立案的著作权行政管理部门负责查处该违法行为。

地方著作权行政管理部门因管辖权发生争议或者管辖不明时，由争议双方协商解决；协商不成的，报请共同的上一级著作权行政管理部门指定管辖；其共同的上一级著作权行政管理部门也可以直接指定管辖。

上级著作权行政管理部门在必要时，可以处理下级著作权行政管理部门管辖的有重大影响的案件，也可以将自己管辖的案件交由下级著作权行政管理部门处理；下级著作权行政管理部门认为其管辖的案件案情重大、复杂，需要由上级著作权行政管理部门处理的，可以报请上一级著作权行政管理部门处理。

第八条 著作权行政管理部门发现查处的违法行为，根据我国刑法规定涉嫌构成犯罪的，应当由该著作权行政管理部门依照国务院《行政执法机关移送涉嫌犯罪案件的规定》将案件移送司法部门处理。

第九条 著作权行政管理部门对违法行为予以行政处罚的时效为两年，从违法行为发生之日起计算。违法行为有连续或者继续状态的，从行为终了之日起计算。侵权制品仍在发行或仍在向公众进行传播的，视为违法行为仍在继续。

违法行为在两年内未被发现的，不再给予行政处罚。法律另有规定的除外。

第三章 处罚程序

第十条 除行政处罚法规定适用简易程序的情况外，著作权行政处罚适用行政处罚法规定的一般程序。

第十一条 著作权行政管理部门适用一般程序查处违法行为，应当立案。

对本办法列举的违法行为，著作权行政管理部门可以自行决定立案查处，或者根据有关部门移送的材料决定立案查处，也可以根据被侵权人、利害关系人或者其他知情人的投诉或者举报决定立案查处。

第十二条 投诉人就本办法列举的违法行为申请立案查处的，应当提交申请书、权利证明、被侵权作品（或者制品）以及其他证据。

申请书应当说明当事人的姓名（或者名称）、地址以及申请查处所根据的主要事实、理由。

投诉人委托代理人代为申请的，应当由代理人出示委托书。

第十三条 著作权行政管理部门应当在收到所有投诉材料之日起十五日内，决定是否受理并通知投诉人。不予受理的，应当书面告知理由。

第十四条 立案时应当填写立案审批表，同时附上相关材料，包括投诉或者举报材料、上级著作权行政管理部门交办或者有关部门移送案件的有关材料、执法人员的检查报告等，由本部门负责人批准，指定两名以上办案人员负责调查处理。

办案人员与案件有利害关系的，应当自行回避；没有回避的，当事人可以申请其回避。办案人员的回避，由本部门负责人批准。负责人的回避，由本级人民政府批准。

第十五条 执法人员在执法过程中，发现违法行为正在实施，情况紧急来不及立案的，可以采取下列措施：

（一）对违法行为予以制止或者纠正；

（二）对涉嫌侵权制品、安装存储涉嫌侵权制品的设备和主要用于违法行为的材料、工具、设备等依法先行登记保存；

（三）收集、调取其他有关证据。

执法人员应当及时将有关情况和材料报所在著作权行政管理部门，并于发现情况之日起七日内办理立案手续。

第十六条 立案后，办案人员应当及时进行调查，并要求法定举证责任人在著作权行政管理部门指定的期限内举证。

办案人员取证时可以采取下列手段收集、调取有关证据：

（一）查阅、复制与涉嫌违法行为有关的文件档案、账簿和其他书面材料；

（二）对涉嫌侵权制品进行抽样取证；

（三）对涉嫌侵权制品、安装存储涉嫌侵权制品的设备、涉嫌侵权的网站网页、涉嫌侵权的网站服务器和主要用于违法行为的材料、工具、设备等依法先行登记保存。

第十七条 办案人员在执法中应当向当事人或者有关人员出示由国家版权局或者地方人民政府制发的行政执法证件。

第十八条 办案时收集的证据包括：

（一）书证；

（二）物证；

（三）证人证言；

（四）视听资料；

（五）当事人陈述；

（六）鉴定结论；

（七）检查、勘验笔录。

第十九条 当事人提供的涉及著作权的底稿、原件、合法出版物、作品登记证书、著作权合同登记证书、认证机构出具的证明、取得权利的合同，以及当事人自行或者委托他人以订购、现场交易等方式购买侵权复制品而取得的实物、发票等，可以作为证据。

第二十条 办案人员抽样取证、先行登记保存有关证据，应当有当事人在场。对有关物品应当当场制作清单一式两份，由办案人员和当事人签名、盖章后，分别交由当事人和办案人员所在著作权行政管理部门保存。当事人不在场或者拒绝签名、盖章的，由现场两名以上办案人员注明情况。

第二十一条 办案人员先行登记保存有关证据，应当经本部门负责人批准，并向当事人交付证据先行登记保存通知书。当事人或者有关人员在证据保存期间不得转移、损毁有关证据。

先行登记保存的证据，应当加封著作权行政管理部门先行登记保存封条，由当事人就地保存。先行登记保存的证据确需移至他处的，可以移至适当的场所保存。情况紧急来不及办理本条规定的手续时，办案人员可以先行采取措施，事后及时补办手续。

第二十二条 对先行登记保存的证据，应当在交付证据先行登记保存通知书后七日内作出下列处理决定：

（一）需要鉴定的，送交鉴定；

（二）违法事实成立，应当予以没收的，依照法定程序予以没收；

（三）应当移送有关部门处理的，将案件连同证据移送有关部门处理；

（四）违法事实不成立，或者依法不应予以没收的，解除登记保存措施；

（五）其他有关法定措施。

第二十三条 著作权行政管理部门在查处案件过程中，委托其他著作权行政管理部门代为调查的，须出具委托书。受委托的著作权行政管理部门应当积极予以协助。

第二十四条 对查处案件中的专业性问题，著作权行政管理部门可以委托专门机构或者聘请专业人员进行鉴定。

第二十五条 调查终结后，办案人员应当提交案件调查报告，说明有关行为是否违法，提出处理意见及有关事实、理由和依据，并附上全部证据材料。

第二十六条 著作权行政管理部门拟作出行政处罚决定的，应当由本部门负责人签发行政处罚事先告知书，告知当事人拟作出行政处罚决定的事实、理由和依据，并告知当事人依法享有的陈述权、申辩权和其他权利。

行政处罚事先告知书应当由著作权行政管理部门直接送达当事人，当事人应当在送达回执上签名、盖章。当事人拒绝签收的，由送达人员注明情况，把送达文书留在受送达人住所，并报告本部门负责人。著作权行政管理部门也可以采取邮寄送达方式告知当事人。无法找到当事人时，可以以公告形式告知。

第二十七条 当事人要求陈述、申辩的，应当在被告知后七日内，或者自发布公告之日起三十日内，向著作权行政管理部门提出陈述、申辩意见以及相应的事实、理由和证据。当事人在此期间未行使陈述权、申辩权的，视为放弃权利。

采取直接送达方式告知的，以当事人签收之日为被告知日期；采取邮寄送达方式告知的，以回执上注明的收件日期为被告知日期。

第二十八条 办案人员应当充分听取当事人的陈述、申辩意见，对当事人提出的事实、理由和证据进行复核，并提交复核报告。

著作权行政管理部门不得因当事人申辩加重处罚。

第二十九条 著作权行政管理部门负责人应当对案件调查报告及复核报告进行审查，并根据审查结果分别作出下列处理决定：

（一）确属应当予以行政处罚的违法行为的，根据侵权人的过错程度、侵权时间长短、侵权范围大小及损害后果等情节，予以行政处罚；

（二）违法行为轻微并及时纠正，没有造成危害后果的，不予行政处罚；

（三）违法事实不成立的，不予行政处罚；

（四）违法行为涉嫌构成犯罪的，移送司法部门处理。

对情节复杂或者重大的违法行为给予较重的行政处罚，由著作权行政管理部门负责人集体讨论决定。

第三十条 著作权行政管理部门作出罚款决定时，罚款数额应当依照《中华人民共和国著作权法实施条例》第三十六条、《计算机软件保护条例》第二十四条的规定和《信息网络传播权保护条例》第十八条、第十九条的规定确定。

第三十一条 违法行为情节严重的，著作权行政管理部门可以没收主要用于制作侵权制品的材料、工具、设备等。

具有下列情形之一的，属于前款所称“情节严重”：

（一）违法所得数额（即获利数额）二千五百元以上的；

（二）非法经营数额在一万五千元以上的；

（三）经营侵权制品在二百五十册（张或份）以上的；

（四）因侵犯著作权曾经被追究法律责任，又侵犯著作权的；

（五）造成其他重大影响或者严重后果的。

第三十二条 对当事人的同一违法行为，其他行政机关已经予以罚款的，著作权行政管理部门不得再予罚款，但仍可以视具体情况予以本办法第四条所规定的其他种类的行政处罚。

第三十三条 著作权行政管理部门作出较大数额罚款决定或者法律、行政法规规定应当听证的其他行政处罚决定前，应当告知当事人有要求举行听证的权利。

前款所称“较大数额罚款”，是指对个人处以两万元以上、对单位处以十万元以上的罚款。地方性法规、规章对听证要求另有规定的，依照地方性法规、规章办理。

第三十四条 当事人要求听证的，著作权行政管理部门应当依照行政处罚法第四十二条规定的程序组织听证。当事人不承担组织听证的费用。

第三十五条 著作权行政管理部门决定予以行政处罚的，应当制作行政处罚决定书。

著作权行政管理部门认为违法行为轻微，决定不予行政处罚的，应当制作不予行政处罚通知书，说明不予行政处罚的事实、理由和依据，并送达当事人；违法事实不成立的，应当制作调查结果通知书，并送达当事人。

著作权行政管理部门决定移送司法部门处理的案件，应当制作涉嫌犯罪案件移送书，并连同有关材料和证据及时移送有管辖权的司法部门。

第三十六条 行政处罚决定书应当由著作权行政管理部门在宣告后当场交付当事人。当事人不在场的，应当在七日内送达当事人。

第三十七条 当事人对国家版权局的行政处罚不服的，可以向国家版权局申请行政复议；当事人对地方著作权行政管理部门的行政处罚不服的，可以向该部门的本级人民政府或者其上一级著作权行政管理部门申请行政复议。

当事人对行政处罚或者行政复议决定不服的，可以依法提起行政诉讼。

第四章 执行程序

第三十八条 当事人收到行政处罚决定书后，应当在行政处罚决定书规定的期限内予以履行。

当事人申请行政复议或者提起行政诉讼的，行政处罚不停止执行。法律另有规定的除外。

第三十九条 没收的侵权制品应当销毁，或者经被侵权人同意后以其他适当方式处理。

销毁侵权制品时，著作权行政管理部门应当指派两名以上执法人员监督销毁过程，核查销毁结果，并制作销毁记录。

对没收的主要用于制作侵权制品的材料、工具、设备等，著作权行政管理部门应当依法公开拍卖或者依照国家有关规定处理。

第四十条 上级著作权行政管理部门作出的行政处罚决定，可以委托下级著作权行政管理部门代为执行。代为执行的下级著作权行政管理部门，应当将执行结果报告该上级著作权行政管理部门。

第五章 附 则

第四十一条 本办法所称的侵权制品包括侵权复制品和假冒他人署名的作品。

第四十二条 著作权行政管理部门应当按照国家统计法规建立著作权行政处罚统计制度，每年向上一级著作权行政管理部门提交著作权行政处罚统计报告。

第四十三条 行政处罚决定或者复议决定执行完毕后，著作权行政管理部门应当及时将案件材料立卷归档。

立卷归档的材料主要包括：行政处罚决定书、立案审批表、案件调查报告、复核报告、复议决定书、听证笔录、听证报告、证据材料、财物处理单据以及其他有关材料。

第四十四条 本办法涉及的有关法律文书，应当参照国家版权局确定的有关文书格式制作。

第四十五条 本办法自 2009 年 6 月 15 日起施行。国家版权局 2003 年 9 月 1 日发布的《著作权行政处罚实施办法》同时废止，本办法施行前发布的其他有关规定与本办法相抵触的，依照本办法执行。

国家版权局
关于查处著作权侵权案件如何理解适用损害公共利益有关问题的复函

2006 年 11 月 2 日 国权办〔2006〕43 号

浙江省版权局：

你局 10 月 26 日《关于在查处著作权侵权案件时如何理解适用“损害公共利益”问题的请示》收悉。

就如何认定损害公共利益这一问题，依据《中华人民共和国著作权法》规定，第四十七条所列侵权行为，均有可能侵犯公共利益。就一般原则而言，向公众传播侵权作品，构成不正当竞争，损害经济秩序就是损害公共利益的具体表现。在“2002 年 WTO 过渡性审议”中，国家版权局也曾明确答复“构成不正当竞争，危害经济秩序的行为即可认定为损害公共利益”。此答复得到了全国人大法工委、国务院法制办、最高人民法院的认可。

如商业性卡拉OK经营者，未经著作权人许可使用作品，特别是在著作权人要求其履行合法义务的情况下，仍然置之不理。主观故意明显，应属情节严重的侵权行为。这种行为不仅侵犯了著作权人的合法权益，并且损害了市场经济秩序和公平竞争环境。我局认为该行为应属一种损害公共利益的侵权行为。

举报、查处侵权盗版行为奖励暂行办法

（2007年9月20日国家版权局第2号公告公布　自公布之日起施行）

第一条　为鼓励举报和查处侵权盗版行为，严厉打击侵权盗版活动，保障版权相关产业有序发展，根据国家有关法律、法规，制定本办法。

第二条　国家版权局设立反盗版举报中心（以下称举报中心），承担奖励举报及查处重大侵权盗版行为有功单位及个人的有关工作。

举报中心设立12390免费举报电话及JUBAO@NCAC.GOV.CN举报邮箱地址，接受社会公众针对侵权盗版行为的举报。

第三条　重大侵权盗版行为和案件，指各级版权、公安、文化、工商、海关、出版物市场监管等部门依据著作权法律、法规及刑法关于侵犯著作权罪的相关规定查处或协助查处的侵权盗版案件。

第四条　举报重大侵权盗版案件单位和个人（以下称举报人）获奖条件：

（一）以书面、电话、电子邮件或其他方式举报侵权盗版行为；

（二）能够提供违法事实、线索或证据，举报对象明确、具体，对案件查处起到关键性作用；

（三）提供的证据或线索事先未被行政机关、司法机关掌握；

（四）举报事实清楚、查证属实，并依据著作权法律、法规及刑法关于侵犯著作权罪的相关规定做出行政处罚，或者依法移送司法机关立案处理；

（五）应当具备的其他条件。

第五条　根据举报人提供的违法事实、线索或证据等与案件调查结论相符合的程度，分为以下三类进行奖励：

（一）提供被举报人的详细违法事实、侵权盗版线索或相关证据，协助参与现场查处工作，举报情况与事实结论完全相符。

（二）提供被举报人的部分违法事实、侵权盗版线索或相关证据，协助查处工作，举报情况与事实结论相符。

（三）提供被举报人的少量违法事实、侵权盗版线索或相关证据，未直接协助查处工作，举报情况与事实结论基本相符。

第六条　根据举报的侵权盗版案件影响程度或查获的违法财产数额，结合本办法第五条规定的举报类别确定奖励数额。每个案件的奖励金额不超过10万元。案情重大，或者在全国有重大影响，或者案值数额巨大的案件，奖励金额可不受此限。

第七条　两名以上举报人先后举报同一违法行为的，仅奖励在先举报人；两名以上举报人共同举报同一违法行为的，由举报人自行协商分配比例，协商不成的，奖励资金平均分配。

第八条　查处或协助查处重大侵权盗版案件单位和人员的获奖条件：

（一）在查处重大侵权盗版案件中表现突出的；

（二）在查处重大侵权盗版案件过程中，主动提供设备、技术、人员或其他帮助，并对查处案件起到重大作用的；

（三）查处的案件已依据著作权法律、法规、规章做出行政处罚，或者已依法移送司法机关立案处理；

（四）应当具备的其他条件。

第九条　对查处或协助查处重大侵权盗版

案件有功单位和个人的奖励，每个案件对有功单位的奖励一般在 10 万元以下，对有功个人的奖励一般在 1 万元以下。对在全国有重大影响的案件可不受此限。

第十条 举报中心定期审核确定奖励对象及奖励数额，并通知受奖人领奖。

第十一条 受奖单位和个人应当在接到奖励通知后，凭单位有效证明文件或本人身份证，及时办理领奖手续。

第十二条 举报中心对举报材料和举报人的信息应严格保密。未经举报人许可，不得公开举报人姓名、身份及居住地等有关信息，违者依法承担法律责任。

第十三条 任何单位和个人不得对举报人进行打击报复，违者依法承担法律责任。

第十四条 本办法的实施，不影响其他法律、法规关于奖励举报和查处侵权盗版行为规定的适用。

第十五条 本办法由国家版权局负责解释。

第十六条 本办法自公布之日起施行。

三、专　　利

1. 综　　合

中华人民共和国专利法

（1984年3月12日第六届全国人民代表大会常务委员会第四次会议通过　根据1992年9月4日第七届全国人民代表大会常务委员会第二十七次会议《关于修改〈中华人民共和国专利法〉的决定》第一次修正　根据2000年8月25日第九届全国人民代表大会常务委员会第十七次会议《关于修改〈中华人民共和国专利法〉的决定》第二次修正　根据2008年12月27日第十一届全国人民代表大会常务委员会第六次会议《关于修改〈中华人民共和国专利法〉的决定》第三次修正　根据2020年10月17日第十三届全国人民代表大会常务委员会第二十二次会议《关于修改〈中华人民共和国专利法〉的决定》第四次修正）

目　录

第一章　总　则
第二章　授予专利权的条件
第三章　专利的申请
第四章　专利申请的审查和批准
第五章　专利权的期限、终止和无效
第六章　专利实施的特别许可
第七章　专利权的保护
第八章　附　则

第一章　总　则

第一条　为了保护专利权人的合法权益，鼓励发明创造，推动发明创造的应用，提高创新能力，促进科学技术进步和经济社会发展，制定本法。

第二条　本法所称的发明创造是指发明、实用新型和外观设计。

发明，是指对产品、方法或者其改进所提出的新的技术方案。

实用新型，是指对产品的形状、构造或者其结合所提出的适于实用的新的技术方案。

外观设计，是指对产品的整体或者局部的形状、图案或者其结合以及色彩与形状、图案的结合所作出的富有美感并适于工业应用的新设计。

第三条　国务院专利行政部门负责管理全国的专利工作；统一受理和审查专利申请，依法授予专利权。

省、自治区、直辖市人民政府管理专利工作的部门负责本行政区域内的专利管理工作。

第四条　申请专利的发明创造涉及国家安

全或者重大利益需要保密的，按照国家有关规定办理。

第五条 对违反法律、社会公德或者妨害公共利益的发明创造，不授予专利权。

对违反法律、行政法规的规定获取或者利用遗传资源，并依赖该遗传资源完成的发明创造，不授予专利权。

第六条 执行本单位的任务或者主要是利用本单位的物质技术条件所完成的发明创造为职务发明创造。职务发明创造申请专利的权利属于该单位，申请被批准后，该单位为专利权人。该单位可以依法处置其职务发明创造申请专利的权利和专利权，促进相关发明创造的实施和运用。

非职务发明创造，申请专利的权利属于发明人或者设计人；申请被批准后，该发明人或者设计人为专利权人。

利用本单位的物质技术条件所完成的发明创造，单位与发明人或者设计人订有合同，对申请专利的权利和专利权的归属作出约定的，从其约定。

第七条 对发明人或者设计人的非职务发明创造专利申请，任何单位或者个人不得压制。

第八条 两个以上单位或者个人合作完成的发明创造、一个单位或者个人接受其他单位或者个人委托所完成的发明创造，除另有协议的以外，申请专利的权利属于完成或者共同完成的单位或者个人；申请被批准后，申请的单位或者个人为专利权人。

第九条 同样的发明创造只能授予一项专利权。但是，同一申请人同日对同样的发明创造既申请实用新型专利又申请发明专利，先获得的实用新型专利权尚未终止，且申请人声明放弃该实用新型专利权的，可以授予发明专利权。

两个以上的申请人分别就同样的发明创造申请专利的，专利权授予最先申请的人。

第十条 专利申请权和专利权可以转让。

中国单位或者个人向外国人、外国企业或者外国其他组织转让专利申请权或者专利权的，应当依照有关法律、行政法规的规定办理手续。

转让专利申请权或者专利权的，当事人应当订立书面合同，并向国务院专利行政部门登记，由国务院专利行政部门予以公告。专利申请权或者专利权的转让自登记之日起生效。

第十一条 发明和实用新型专利权被授予后，除本法另有规定的以外，任何单位或者个人未经专利权人许可，都不得实施其专利，即不得为生产经营目的制造、使用、许诺销售、销售、进口其专利产品，或者使用其专利方法以及使用、许诺销售、销售、进口依照该专利方法直接获得的产品。

外观设计专利权被授予后，任何单位或者个人未经专利权人许可，都不得实施其专利，即不得为生产经营目的制造、许诺销售、销售、进口其外观设计专利产品。

第十二条 任何单位或者个人实施他人专利的，应当与专利权人订立实施许可合同，向专利权人支付专利使用费。被许可人无权允许合同规定以外的任何单位或者个人实施该专利。

第十三条 发明专利申请公布后，申请人可以要求实施其发明的单位或者个人支付适当的费用。

第十四条 专利申请权或者专利权的共有人对权利的行使有约定的，从其约定。没有约定的，共有人可以单独实施或者以普通许可方式许可他人实施该专利；许可他人实施该专利的，收取的使用费应当在共有人之间分配。

除前款规定的情形外，行使共有的专利申请权或者专利权应当取得全体共有人的同意。

第十五条 被授予专利权的单位应当对职务发明创造的发明人或者设计人给予奖励；发明创造专利实施后，根据其推广应用的范围和取得的经济效益，对发明人或者设计人给予合理的报酬。

国家鼓励被授予专利权的单位实行产权激励，采取股权、期权、分红等方式，使发明人或者设计人合理分享创新收益。

第十六条 发明人或者设计人有权在专利文件中写明自己是发明人或者设计人。

专利权人有权在其专利产品或者该产品的包装上标明专利标识。

第十七条 在中国没有经常居所或者营业所的外国人、外国企业或者外国其他组织在中国申请专利的，依照其所属国同中国签订的协议或者共同参加的国际条约，或者依照互惠原则，根据本法办理。

第十八条 在中国没有经常居所或者营业所的外国人、外国企业或者外国其他组织在中国申请专利和办理其他专利事务的，应当委托依法设立的专利代理机构办理。

中国单位或者个人在国内申请专利和办理其他专利事务的，可以委托依法设立的专利代理机构办理。

专利代理机构应当遵守法律、行政法规，按照被代理人的委托办理专利申请或者其他专利事务；对被代理人发明创造的内容，除专利申请已经公布或者公告的以外，负有保密责任。专利代理机构的具体管理办法由国务院规定。

第十九条 任何单位或者个人将在中国完成的发明或者实用新型向外国申请专利的，应当事先报经国务院专利行政部门进行保密审查。保密审查的程序、期限等按照国务院的规定执行。

中国单位或者个人可以根据中华人民共和国参加的有关国际条约提出专利国际申请。申请人提出专利国际申请的，应当遵守前款规定。

国务院专利行政部门依照中华人民共和国参加的有关国际条约、本法和国务院有关规定处理专利国际申请。

对违反本条第一款规定向外国申请专利的发明或者实用新型，在中国申请专利的，不授予专利权。

第二十条 申请专利和行使专利权应当遵循诚实信用原则。不得滥用专利权损害公共利益或者他人合法权益。

滥用专利权，排除或者限制竞争，构成垄断行为的，依照《中华人民共和国反垄断法》处理。

第二十一条 国务院专利行政部门应当按照客观、公正、准确、及时的要求，依法处理有关专利的申请和请求。

国务院专利行政部门应当加强专利信息公共服务体系建设，完整、准确、及时发布专利信息，提供专利基础数据，定期出版专利公报，促进专利信息传播与利用。

在专利申请公布或者公告前，国务院专利行政部门的工作人员及有关人员对其内容负有保密责任。

第二章 授予专利权的条件

第二十二条 授予专利权的发明和实用新型，应当具备新颖性、创造性和实用性。

新颖性，是指该发明或者实用新型不属于现有技术；也没有任何单位或者个人就同样的发明或者实用新型在申请日以前向国务院专利行政部门提出过申请，并记载在申请日以后公布的专利申请文件或者公告的专利文件中。

创造性，是指与现有技术相比，该发明具有突出的实质性特点和显著的进步，该实用新型具有实质性特点和进步。

实用性，是指该发明或者实用新型能够制造或者使用，并且能够产生积极效果。

本法所称现有技术，是指申请日以前在国内外为公众所知的技术。

第二十三条 授予专利权的外观设计，应当不属于现有设计；也没有任何单位或者个人就同样的外观设计在申请日以前向国务院专利行政部门提出过申请，并记载在申请日以后公告的专利文件中。

授予专利权的外观设计与现有设计或者现有设计特征的组合相比，应当具有明显区别。

授予专利权的外观设计不得与他人在申请日以前已经取得的合法权利相冲突。

本法所称现有设计，是指申请日以前在国内外为公众所知的设计。

第二十四条 申请专利的发明创造在申请日以前六个月内，有下列情形之一的，不丧失新颖性：

（一）在国家出现紧急状态或者非常情况时，为公共利益目的首次公开的；

（二）在中国政府主办或者承认的国际展览会上首次展出的；

（三）在规定的学术会议或者技术会议上首次发表的；

（四）他人未经申请人同意而泄露其内容的。

第二十五条 对下列各项，不授予专利权：

（一）科学发现；

（二）智力活动的规则和方法；

（三）疾病的诊断和治疗方法；

（四）动物和植物品种；

（五）原子核变换方法以及用原子核变换

方法获得的物质；

（六）对平面印刷品的图案、色彩或者二者的结合作出的主要起标识作用的设计。

对前款第（四）项所列产品的生产方法，可以依照本法规定授予专利权。

第三章　专利的申请

第二十六条　申请发明或者实用新型专利的，应当提交请求书、说明书及其摘要和权利要求书等文件。

请求书应当写明发明或者实用新型的名称，发明人的姓名，申请人姓名或者名称、地址，以及其他事项。

说明书应当对发明或者实用新型作出清楚、完整的说明，以所属技术领域的技术人员能够实现为准；必要的时候，应当有附图。摘要应当简要说明发明或者实用新型的技术要点。

权利要求书应当以说明书为依据，清楚、简要地限定要求专利保护的范围。

依赖遗传资源完成的发明创造，申请人应当在专利申请文件中说明该遗传资源的直接来源和原始来源；申请人无法说明原始来源的，应当陈述理由。

第二十七条　申请外观设计专利的，应当提交请求书、该外观设计的图片或者照片以及对该外观设计的简要说明等文件。

申请人提交的有关图片或者照片应当清楚地显示要求专利保护的产品的外观设计。

第二十八条　国务院专利行政部门收到专利申请文件之日为申请日。如果申请文件是邮寄的，以寄出的邮戳日为申请日。

第二十九条　申请人自发明或者实用新型在外国第一次提出专利申请之日起十二个月内，或者自外观设计在外国第一次提出专利申请之日起六个月内，又在中国就相同主题提出专利申请的，依照该外国同中国签订的协议或者共同参加的国际条约，或者依照相互承认优先权的原则，可以享有优先权。

申请人自发明或者实用新型在中国第一次提出专利申请之日起十二个月内，或者自外观设计在中国第一次提出专利申请之日起六个月内，又向国务院专利行政部门就相同主题提出专利申请的，可以享有优先权。

第三十条　申请人要求发明、实用新型专利优先权的，应当在申请的时候提出书面声明，并且在第一次提出申请之日起十六个月内，提交第一次提出的专利申请文件的副本。

申请人要求外观设计专利优先权的，应当在申请的时候提出书面声明，并且在三个月内提交第一次提出的专利申请文件的副本。

申请人未提出书面声明或者逾期未提交专利申请文件副本的，视为未要求优先权。

第三十一条　一件发明或者实用新型专利申请应当限于一项发明或者实用新型。属于一个总的发明构思的两项以上的发明或者实用新型，可以作为一件申请提出。

一件外观设计专利申请应当限于一项外观设计。同一产品两项以上的相似外观设计，或者用于同一类别并且成套出售或者使用的产品的两项以上外观设计，可以作为一件申请提出。

第三十二条　申请人可以在被授予专利权之前随时撤回其专利申请。

第三十三条　申请人可以对其专利申请文件进行修改，但是，对发明和实用新型专利申请文件的修改不得超出原说明书和权利要求书记载的范围，对外观设计专利申请文件的修改不得超出原图片或者照片表示的范围。

第四章　专利申请的审查和批准

第三十四条　国务院专利行政部门收到发明专利申请后，经初步审查认为符合本法要求的，自申请日起满十八个月，即行公布。国务院专利行政部门可以根据申请人的请求早日公布其申请。

第三十五条　发明专利申请自申请日起三年内，国务院专利行政部门可以根据申请人随时提出的请求，对其申请进行实质审查；申请人无正当理由逾期不请求实质审查的，该申请即被视为撤回。

国务院专利行政部门认为必要的时候，可以自行对发明专利申请进行实质审查。

第三十六条　发明专利的申请人请求实质审查的时候，应当提交在申请日前与其发明有关的参考资料。

发明专利已经在外国提出过申请的，国务院专利行政部门可以要求申请人在指定期限内提交该国为审查其申请进行检索的资料或者审查结果的资料；无正当理由逾期不提交的，该申请即被视为撤回。

第三十七条 国务院专利行政部门对发明专利申请进行实质审查后，认为不符合本法规定的，应当通知申请人，要求其在指定的期限内陈述意见，或者对其申请进行修改；无正当理由逾期不答复的，该申请即被视为撤回。

第三十八条 发明专利申请经申请人陈述意见或者进行修改后，国务院专利行政部门仍然认为不符合本法规定的，应当予以驳回。

第三十九条 发明专利申请经实质审查没有发现驳回理由的，由国务院专利行政部门作出授予发明专利权的决定，发给发明专利证书，同时予以登记和公告。发明专利权自公告之日起生效。

第四十条 实用新型和外观设计专利申请经初步审查没有发现驳回理由的，由国务院专利行政部门作出授予实用新型专利权或者外观设计专利权的决定，发给相应的专利证书，同时予以登记和公告。实用新型专利权和外观设计专利权自公告之日起生效。

第四十一条 专利申请人对国务院专利行政部门驳回申请的决定不服的，可以自收到通知之日起三个月内向国务院专利行政部门请求复审。国务院专利行政部门复审后，作出决定，并通知专利申请人。

专利申请人对国务院专利行政部门的复审决定不服的，可以自收到通知之日起三个月内向人民法院起诉。

第五章 专利权的期限、终止和无效

第四十二条 发明专利权的期限为二十年，实用新型专利权的期限为十年，外观设计专利权的期限为十五年，均自申请日起计算。

自发明专利申请日起满四年，且自实质审查请求之日起满三年后授予发明专利权的，国务院专利行政部门应专利权人的请求，就发明专利在授权过程中的不合理延迟给予专利权期限补偿，但由申请人引起的不合理延迟除外。

为补偿新药上市审评审批占用的时间，对在中国获得上市许可的新药相关发明专利，国务院专利行政部门应专利权人的请求给予专利权期限补偿。补偿期限不超过五年，新药批准上市后总有效专利权期限不超过十四年。

第四十三条 专利权人应当自被授予专利权的当年开始缴纳年费。

第四十四条 有下列情形之一的，专利权在期限届满前终止：

（一）没有按照规定缴纳年费的；

（二）专利权人以书面声明放弃其专利权的。

专利权在期限届满前终止的，由国务院专利行政部门登记和公告。

第四十五条 自国务院专利行政部门公告授予专利权之日起，任何单位或者个人认为该专利权的授予不符合本法有关规定的，可以请求国务院专利行政部门宣告该专利权无效。

第四十六条 国务院专利行政部门对宣告专利权无效的请求应当及时审查和作出决定，并通知请求人和专利权人。宣告专利权无效的决定，由国务院专利行政部门登记和公告。

对国务院专利行政部门宣告专利权无效或者维持专利权的决定不服的，可以自收到通知之日起三个月内向人民法院起诉。人民法院应当通知无效宣告请求程序的对方当事人作为第三人参加诉讼。

第四十七条 宣告无效的专利权视为自始即不存在。

宣告专利权无效的决定，对在宣告专利权无效前人民法院作出并已执行的专利侵权的判决、调解书，已经履行或者强制执行的专利侵权纠纷处理决定，以及已经履行的专利实施许可合同和专利权转让合同，不具有追溯力。但是因专利权人的恶意给他人造成的损失，应当给予赔偿。

依照前款规定不返还专利侵权赔偿金、专利使用费、专利权转让费，明显违反公平原则的，应当全部或者部分返还。

第六章 专利实施的特别许可

第四十八条 国务院专利行政部门、地方人民政府管理专利工作的部门应当会同同级相关部门采取措施，加强专利公共服务，促进专利实施和运用。

第四十九条 国有企业事业单位的发明专利，对国家利益或者公共利益具有重大意义的，国务院有关主管部门和省、自治区、直辖市人民政府报经国务院批准，可以决定在批准的范围内推广应用，允许指定的单位实施，由实施单位按照国家规定向专利权人支付使用费。

第五十条 专利权人自愿以书面方式向国务院专利行政部门声明愿意许可任何单位或者个人实施其专利，并明确许可使用费支付方式、标准的，由国务院专利行政部门予以公告，实行开放许可。就实用新型、外观设计专利提出开放许可声明的，应当提供专利权评价报告。

专利权人撤回开放许可声明的，应当以书面方式提出，并由国务院专利行政部门予以公告。开放许可声明被公告撤回的，不影响在先给予的开放许可的效力。

第五十一条 任何单位或者个人有意愿实施开放许可的专利的，以书面方式通知专利权人，并依照公告的许可使用费支付方式、标准支付许可使用费后，即获得专利实施许可。

开放许可实施期间，对专利权人缴纳专利年费相应给予减免。

实行开放许可的专利权人可以与被许可人就许可使用费进行协商后给予普通许可，但不得就该专利给予独占或者排他许可。

第五十二条 当事人就实施开放许可发生纠纷的，由当事人协商解决；不愿协商或者协商不成的，可以请求国务院专利行政部门进行调解，也可以向人民法院起诉。

第五十三条 有下列情形之一的，国务院专利行政部门根据具备实施条件的单位或者个人的申请，可以给予实施发明专利或者实用新型专利的强制许可：

（一）专利权人自专利权被授予之日起满三年，且自提出专利申请之日起满四年，无正当理由未实施或者未充分实施其专利的；

（二）专利权人行使专利权的行为被依法认定为垄断行为，为消除或者减少该行为对竞争产生的不利影响的。

第五十四条 在国家出现紧急状态或者非常情况时，或者为了公共利益的目的，国务院专利行政部门可以给予实施发明专利或者实用新型专利的强制许可。

第五十五条 为了公共健康目的，对取得专利权的药品，国务院专利行政部门可以给予制造并将其出口到符合中华人民共和国参加的有关国际条约规定的国家或者地区的强制许可。

第五十六条 一项取得专利权的发明或者实用新型比前已经取得专利权的发明或者实用新型具有显著经济意义的重大技术进步，其实施又有赖于前一发明或者实用新型的实施的，国务院专利行政部门根据后一专利权人的申请，可以给予实施前一发明或者实用新型的强制许可。

在依照前款规定给予实施强制许可的情形下，国务院专利行政部门根据前一专利权人的申请，也可以给予实施后一发明或者实用新型的强制许可。

第五十七条 强制许可涉及的发明创造为半导体技术的，其实施限于公共利益的目的和本法第五十三条第（二）项规定的情形。

第五十八条 除依照本法第五十三条第（二）项、第五十五条规定给予的强制许可外，强制许可的实施应当主要为了供应国内市场。

第五十九条 依照本法第五十三条第（一）项、第五十六条规定申请强制许可的单位或者个人应当提供证据，证明其以合理的条件请求专利权人许可其实施专利，但未能在合理的时间内获得许可。

第六十条 国务院专利行政部门作出的给予实施强制许可的决定，应当及时通知专利权人，并予以登记和公告。

给予实施强制许可的决定，应当根据强制许可的理由规定实施的范围和时间。强制许可的理由消除并不再发生时，国务院专利行政部门应当根据专利权人的请求，经审查后作出终止实施强制许可的决定。

第六十一条 取得实施强制许可的单位或者个人不享有独占的实施权，并且无权允许他人实施。

第六十二条 取得实施强制许可的单位或者个人应当付给专利权人合理的使用费，或者依照中华人民共和国参加的有关国际条约的规定处理使用费问题。付给使用费的，其数额由双方协商；双方不能达成协议的，由国务院专利行政部门裁决。

第六十三条 专利权人对国务院专利行政部门关于实施强制许可的决定不服的，专利权人和取得实施强制许可的单位或者个人对国务院专利行政部门关于实施强制许可的使用费的裁决不服的，可以自收到通知之日起三个月内向人民法院起诉。

第七章 专利权的保护

第六十四条 发明或者实用新型专利权的保护范围以其权利要求的内容为准，说明书及附图可以用于解释权利要求的内容。

外观设计专利权的保护范围以表示在图片或者照片中的该产品的外观设计为准，简要说明可以用于解释图片或者照片所表示的该产品的外观设计。

第六十五条 未经专利权人许可，实施其专利，即侵犯其专利权，引起纠纷的，由当事人协商解决；不愿协商或者协商不成的，专利权人或者利害关系人可以向人民法院起诉，也可以请求管理专利工作的部门处理。管理专利工作的部门处理时，认定侵权行为成立的，可以责令侵权人立即停止侵权行为，当事人不服的，可以自收到处理通知之日起十五日内依照《中华人民共和国行政诉讼法》向人民法院起诉；侵权人期满不起诉又不停止侵权行为的，管理专利工作的部门可以申请人民法院强制执行。进行处理的管理专利工作的部门应当事人的请求，可以就侵犯专利权的赔偿数额进行调解；调解不成的，当事人可以依照《中华人民共和国民事诉讼法》向人民法院起诉。

第六十六条 专利侵权纠纷涉及新产品制造方法的发明专利的，制造同样产品的单位或者个人应当提供其产品制造方法不同于专利方法的证明。

专利侵权纠纷涉及实用新型专利或者外观设计专利的，人民法院或者管理专利工作的部门可以要求专利权人或者利害关系人出具由国务院专利行政部门对相关实用新型或者外观设计进行检索、分析和评价后作出的专利权评价报告，作为审理、处理专利侵权纠纷的证据；专利权人、利害关系人或者被控侵权人也可以主动出具专利权评价报告。

第六十七条 在专利侵权纠纷中，被控侵权人有证据证明其实施的技术或者设计属于现有技术或者现有设计的，不构成侵犯专利权。

第六十八条 假冒专利的，除依法承担民事责任外，由负责专利执法的部门责令改正并予公告，没收违法所得，可以处违法所得五倍以下的罚款；没有违法所得或者违法所得在五万元以下的，可以处二十五万元以下的罚款；构成犯罪的，依法追究刑事责任。

第六十九条 负责专利执法的部门根据已经取得的证据，对涉嫌假冒专利行为进行查处时，有权采取下列措施：

（一）询问有关当事人，调查与涉嫌违法行为有关的情况；

（二）对当事人涉嫌违法行为的场所实施现场检查；

（三）查阅、复制与涉嫌违法行为有关的合同、发票、账簿以及其他有关资料；

（四）检查与涉嫌违法行为有关的产品；

（五）对有证据证明是假冒专利的产品，可以查封或者扣押。

管理专利工作的部门应专利权人或者利害关系人的请求处理专利侵权纠纷时，可以采取前款第（一）项、第（二）项、第（四）项所列措施。

负责专利执法的部门、管理专利工作的部门依法行使前两款规定的职权时，当事人应当予以协助、配合，不得拒绝、阻挠。

第七十条 国务院专利行政部门可以应专利权人或者利害关系人的请求处理在全国有重大影响的专利侵权纠纷。

地方人民政府管理专利工作的部门应专利权人或者利害关系人请求处理专利侵权纠纷，对在本行政区域内侵犯其同一专利权的案件可以合并处理；对跨区域侵犯其同一专利权的案件可以请求上级地方人民政府管理专利工作的部门处理。

第七十一条 侵犯专利权的赔偿数额按照权利人因被侵权所受到的实际损失或者侵权人因侵权所获得的利益确定；权利人的损失或者侵权人获得的利益难以确定的，参照该专利许可使用费的倍数合理确定。对故意侵犯专利权，情节严重的，可以在按照上述方法确定数额的一倍以上五倍以下确定赔偿数额。

权利人的损失、侵权人获得的利益和专利许可使用费均难以确定的，人民法院可以根据专利权的类型、侵权行为的性质和情节等因素，确定给予三万元以上五百万元以下的赔偿。

赔偿数额还应当包括权利人为制止侵权行为所支付的合理开支。

人民法院为确定赔偿数额，在权利人已经尽力举证，而与侵权行为相关的账簿、资料主要由侵权人掌握的情况下，可以责令侵权人提供与侵权行为相关的账簿、资料；侵权人不提供或者提供虚假的账簿、资料的，人民法院可以参考权利人的主张和提供的证据判定赔偿数额。

第七十二条 专利权人或者利害关系人有证据证明他人正在实施或者即将实施侵犯专利权、妨碍其实现权利的行为，如不及时制止将会使其合法权益受到难以弥补的损害的，可以在起诉前依法向人民法院申请采取财产保全、责令作出一定行为或者禁止作出一定行为的措施。

第七十三条 为了制止专利侵权行为，在证据可能灭失或者以后难以取得的情况下，专利权人或者利害关系人可以在起诉前依法向人民法院申请保全证据。

第七十四条 侵犯专利权的诉讼时效为三年，自专利权人或者利害关系人知道或者应当知道侵权行为以及侵权人之日起计算。

发明专利申请公布后至专利权授予前使用该发明未支付适当使用费的，专利权人要求支付使用费的诉讼时效为三年，自专利权人知道或者应当知道他人使用其发明之日起计算，但是，专利权人于专利权授予之日前即已知道或者应当知道的，自专利权授予之日起计算。

第七十五条 有下列情形之一的，不视为侵犯专利权：

（一）专利产品或者依照专利方法直接获得的产品，由专利权人或者经其许可的单位、个人售出后，使用、许诺销售、销售、进口该产品的；

（二）在专利申请日前已经制造相同产品、使用相同方法或者已经作好制造、使用的必要准备，并且仅在原有范围内继续制造、使用的；

（三）临时通过中国领陆、领水、领空的外国运输工具，依照其所属国同中国签订的协议或者共同参加的国际条约，或者依照互惠原则，为运输工具自身需要而在其装置和设备中使用有关专利的；

（四）专为科学研究和实验而使用有关专利的；

（五）为提供行政审批所需要的信息，制造、使用、进口专利药品或者专利医疗器械的，以及专门为其制造、进口专利药品或者专利医疗器械的。

第七十六条 药品上市审评审批过程中，药品上市许可申请人与有关专利权人或者利害关系人，因申请注册的药品相关的专利权产生纠纷的，相关当事人可以向人民法院起诉，请求就申请注册的药品相关技术方案是否落入他人药品专利权保护范围作出判决。国务院药品监督管理部门在规定的期限内，可以根据人民法院生效裁判作出是否暂停批准相关药品上市的决定。

药品上市许可申请人与有关专利权人或者利害关系人也可以就申请注册的药品相关的专利权纠纷，向国务院专利行政部门请求行政裁决。

国务院药品监督管理部门会同国务院专利行政部门制定药品上市许可审批与药品上市许可申请阶段专利权纠纷解决的具体衔接办法，报国务院同意后实施。

第七十七条 为生产经营目的使用、许诺销售或者销售不知道是未经专利权人许可而制造并售出的专利侵权产品，能证明该产品合法来源的，不承担赔偿责任。

第七十八条 违反本法第十九条规定向外国申请专利，泄露国家秘密的，由所在单位或者上级主管机关给予行政处分；构成犯罪的，依法追究刑事责任。

第七十九条 管理专利工作的部门不得参与向社会推荐专利产品等经营活动。

管理专利工作的部门违反前款规定的，由其上级机关或者监察机关责令改正，消除影响，有违法收入的予以没收；情节严重的，对直接负责的主管人员和其他直接责任人员依法给予处分。

第八十条 从事专利管理工作的国家机关工作人员以及其他有关国家机关工作人员玩忽职守、滥用职权、徇私舞弊，构成犯罪的，依法追究刑事责任；尚不构成犯罪的，依法给予处分。

第八章　附　则

第八十一条 向国务院专利行政部门申请专利和办理其他手续，应当按照规定缴纳费用。

第八十二条 本法自1985年4月1日起施行。

中华人民共和国专利法实施细则

（2001 年 6 月 15 日中华人民共和国国务院令第 306 号公布　根据 2002 年 12 月 28 日《国务院关于修改〈中华人民共和国专利法实施细则〉的决定》第一次修订　根据 2010 年 1 月 9 日《国务院关于修改〈中华人民共和国专利法实施细则〉的决定》第二次修订）

第一章　总　则

第一条　根据《中华人民共和国专利法》（以下简称专利法），制定本细则。

第二条　专利法和本细则规定的各种手续，应当以书面形式或者国务院专利行政部门规定的其他形式办理。

第三条　依照专利法和本细则规定提交的各种文件应当使用中文；国家有统一规定的科技术语的，应当采用规范词；外国人名、地名和科技术语没有统一中文译文的，应当注明原文。

依照专利法和本细则规定提交的各种证件和证明文件是外文的，国务院专利行政部门认为必要时，可以要求当事人在指定期限内附送中文译文；期满未附送的，视为未提交该证件和证明文件。

第四条　向国务院专利行政部门邮寄的各种文件，以寄出的邮戳日为递交日；邮戳日不清晰的，除当事人能够提出证明外，以国务院专利行政部门收到日为递交日。

国务院专利行政部门的各种文件，可以通过邮寄、直接送交或者其他方式送达当事人。当事人委托专利代理机构的，文件送交专利代理机构；未委托专利代理机构的，文件送交请求书中指明的联系人。

国务院专利行政部门邮寄的各种文件，自文件发出之日起满 15 日，推定为当事人收到文件之日。

根据国务院专利行政部门规定应当直接送交的文件，以交付日为送达日。

文件送交地址不清，无法邮寄的，可以通过公告的方式送达当事人。自公告之日起满 1 个月，该文件视为已经送达。

第五条　专利法和本细则规定的各种期限的第一日不计算在期限内。期限以年或者月计算的，以其最后一月的相应日为期限届满日；该月无相应日的，以该月最后一日为期限届满日；期限届满日是法定休假日的，以休假日后的第一个工作日为期限届满日。

第六条　当事人因不可抗拒的事由而延误专利法或者本细则规定的期限或者国务院专利行政部门指定的期限，导致其权利丧失的，自障碍消除之日起 2 个月内，最迟自期限届满之日起 2 年内，可以向国务院专利行政部门请求恢复权利。

除前款规定的情形外，当事人因其他正当理由延误专利法或者本细则规定的期限或者国务院专利行政部门指定的期限，导致其权利丧失的，可以自收到国务院专利行政部门的通知之日起 2 个月内向国务院专利行政部门请求恢复权利。

当事人依照本条第一款或者第二款的规定请求恢复权利的，应当提交恢复权利请求书，说明理由，必要时附具有关证明文件，并办理权利丧失前应当办理的相应手续；依照本条第二款的规定请求恢复权利的，还应当缴纳恢复权利请求费。

当事人请求延长国务院专利行政部门指定的期限的，应当在期限届满前，向国务院专利行政部门说明理由并办理有关手续。

本条第一款和第二款的规定不适用专利法第二十四条、第二十九条、第四十二条、第六十八条规定的期限。

第七条　专利申请涉及国防利益需要保密的，由国防专利机构受理并进行审查；国务院专利行政部门受理的专利申请涉及国防利益需要保密的，应当及时移交国防专利机构进行审查。经国防专利机构审查没有发现驳回理由的，由国务院专利行政部门作出授予国防专利权的决定。

国务院专利行政部门认为其受理的发明或者实用新型专利申请涉及国防利益以外的国家安全或者重大利益需要保密的，应当及时作出按照保密专利申请处理的决定，并通知申请人。保密专利申请的审查、复审以及保密专利权无效宣告的特殊程序，由国务院专利行政部门规定。

第八条 专利法第二十条所称在中国完成的发明或者实用新型，是指技术方案的实质性内容在中国境内完成的发明或者实用新型。

任何单位或者个人将在中国完成的发明或者实用新型向外国申请专利的，应当按照下列方式之一请求国务院专利行政部门进行保密审查：

（一）直接向外国申请专利或者向有关国外机构提交专利国际申请的，应当事先向国务院专利行政部门提出请求，并详细说明其技术方案；

（二）向国务院专利行政部门申请专利后拟向外国申请专利或者向有关国外机构提交专利国际申请的，应当在向外国申请专利或者向有关国外机构提交专利国际申请前向国务院专利行政部门提出请求。

向国务院专利行政部门提交专利国际申请的，视为同时提出了保密审查请求。

第九条 国务院专利行政部门收到依照本细则第八条规定递交的请求后，经过审查认为该发明或者实用新型可能涉及国家安全或者重大利益需要保密的，应当及时向申请人发出保密审查通知；申请人未在其请求递交日起4个月内收到保密审查通知的，可以就该发明或者实用新型向外国申请专利或者向有关国外机构提交专利国际申请。

国务院专利行政部门依照前款规定通知进行保密审查的，应当及时作出是否需要保密的决定，并通知申请人。申请人未在其请求递交日起6个月内收到需要保密的决定的，可以就该发明或者实用新型向外国申请专利或者向有关国外机构提交专利国际申请。

第十条 专利法第五条所称违反法律的发明创造，不包括仅其实施为法律所禁止的发明创造。

第十一条 除专利法第二十八条和第四十二条规定的情形外，专利法所称申请日，有优先权的，指优先权日。

本细则所称申请日，除另有规定的外，是指专利法第二十八条规定的申请日。

第十二条 专利法第六条所称执行本单位的任务所完成的职务发明创造，是指：

（一）在本职工作中作出的发明创造；

（二）履行本单位交付的本职工作之外的任务所作出的发明创造；

（三）退休、调离原单位后或者劳动、人事关系终止后1年内作出的，与其在原单位承担的本职工作或者原单位分配的任务有关的发明创造。

专利法第六条所称本单位，包括临时工作单位；专利法第六条所称本单位的物质技术条件，是指本单位的资金、设备、零部件、原材料或者不对外公开的技术资料等。

第十三条 专利法所称发明人或者设计人，是指对发明创造的实质性特点作出创造性贡献的人。在完成发明创造过程中，只负责组织工作的人、为物质技术条件的利用提供方便的人或者从事其他辅助工作的人，不是发明人或者设计人。

第十四条 除依照专利法第十条规定转让专利权外，专利权因其他事由发生转移的，当事人应当凭有关证明文件或者法律文书向国务院专利行政部门办理专利权转移手续。

专利权人与他人订立的专利实施许可合同，应当自合同生效之日起3个月内向国务院专利行政部门备案。

以专利权出质的，由出质人和质权人共同向国务院专利行政部门办理出质登记。

第二章 专利的申请

第十五条 以书面形式申请专利的，应当向国务院专利行政部门提交申请文件一式两份。

以国务院专利行政部门规定的其他形式申请专利的，应当符合规定的要求。

申请人委托专利代理机构向国务院专利行政部门申请专利和办理其他专利事务的，应当同时提交委托书，写明委托权限。

申请人有2人以上且未委托专利代理机构的，除请求书中另有声明的外，以请求书中指明的第一申请人为代表人。

第十六条 发明、实用新型或者外观设计专利申请的请求书应当写明下列事项：

（一）发明、实用新型或者外观设计的名称；

（二）申请人是中国单位或者个人的，其名称或者姓名、地址、邮政编码、组织机构代码或者居民身份证件号码；申请人是外国人、外国企业或者外国其他组织的，其姓名或者名称、国籍或者注册的国家或者地区；

（三）发明人或者设计人的姓名；

（四）申请人委托专利代理机构的，受托机构的名称、机构代码以及该机构指定的专利代理人的姓名、执业证号码、联系电话；

（五）要求优先权的，申请人第一次提出专利申请（以下简称在先申请）的申请日、申请号以及原受理机构的名称；

（六）申请人或者专利代理机构的签字或者盖章；

（七）申请文件清单；

（八）附加文件清单；

（九）其他需要写明的有关事项。

第十七条 发明或者实用新型专利申请的说明书应当写明发明或者实用新型的名称，该名称应当与请求书中的名称一致。说明书应当包括下列内容：

（一）技术领域：写明要求保护的技术方案所属的技术领域；

（二）背景技术：写明对发明或者实用新型的理解、检索、审查有用的背景技术；有可能的，并引证反映这些背景技术的文件；

（三）发明内容：写明发明或者实用新型所要解决的技术问题以及解决其技术问题采用的技术方案，并对照现有技术写明发明或者实用新型的有益效果；

（四）附图说明：说明书有附图的，对各幅附图作简略说明；

（五）具体实施方式：详细写明申请人认为实现发明或者实用新型的优选方式；必要时，举例说明；有附图的，对照附图。

发明或者实用新型专利申请人应当按照前款规定的方式和顺序撰写说明书，并在说明书每一部分前面写明标题，除非其发明或者实用新型的性质用其他方式或者顺序撰写能节约说明书的篇幅并使他人能够准确理解其发明或者实用新型。

发明或者实用新型说明书应当用词规范、语句清楚，并不得使用“如权利要求……所述的……”一类的引用语，也不得使用商业性宣传用语。

发明专利申请包含一个或者多个核苷酸或者氨基酸序列的，说明书应当包括符合国务院专利行政部门规定的序列表。申请人应当将该序列表作为说明书的一个单独部分提交，并按照国务院专利行政部门的规定提交该序列表的计算机可读形式的副本。

实用新型专利申请说明书应当有表示要求保护的产品的形状、构造或者其结合的附图。

第十八条 发明或者实用新型的几幅附图应当按照“图1，图2，……”顺序编号排列。

发明或者实用新型说明书文字部分中未提及的附图标记不得在附图中出现，附图中未出现的附图标记不得在说明书文字部分中提及。申请文件中表示同一组成部分的附图标记应当一致。

附图中除必需的词语外，不应当含有其他注释。

第十九条 权利要求书应当记载发明或者实用新型的技术特征。

权利要求书有几项权利要求的，应当用阿拉伯数字顺序编号。

权利要求书中使用的科技术语应当与说明书中使用的科技术语一致，可以有化学式或者数学式，但是不得有插图。除绝对必要的外，不得使用“如说明书……部分所述”或者“如图……所示”的用语。

权利要求中的技术特征可以引用说明书附图中相应的标记，该标记应当放在相应的技术特征后并置于括号内，便于理解权利要求。附图标记不得解释为对权利要求的限制。

第二十条 权利要求书应当有独立权利要求，也可以有从属权利要求。

独立权利要求应当从整体上反映发明或者实用新型的技术方案，记载解决技术问题的必要技术特征。

从属权利要求应当用附加的技术特征，对引用的权利要求作进一步限定。

第二十一条 发明或者实用新型的独立权利要求应当包括前序部分和特征部分，按照下列规定撰写：

（一）前序部分：写明要求保护的发明或者实用新型技术方案的主题名称和发明或者实用新型主题与最接近的现有技术共有的必要技术特征；

（二）特征部分：使用“其特征是……”或者类似的用语，写明发明或者实用新型区别于最接近的现有技术的技术特征。这些特征和前序部分写明的特征合在一起，限定发明或者实用新型要求保护的范围。

发明或者实用新型的性质不适于用前款方式表达的，独立权利要求可以用其他方式撰写。

一项发明或者实用新型应当只有一个独立权利要求，并写在同一发明或者实用新型的从属权利要求之前。

第二十二条 发明或者实用新型的从属权利要求应当包括引用部分和限定部分，按照下列规定撰写：

（一）引用部分：写明引用的权利要求的编号及其主题名称；

（二）限定部分：写明发明或者实用新型附加的技术特征。

从属权利要求只能引用在前的权利要求。引用两项以上权利要求的多项从属权利要求，只能以择一方式引用在前的权利要求，并不得作为另一项多项从属权利要求的基础。

第二十三条 说明书摘要应当写明发明或者实用新型专利申请所公开内容的概要，即写明发明或者实用新型的名称和所属技术领域，并清楚地反映所要解决的技术问题、解决该问题的技术方案的要点以及主要用途。

说明书摘要可以包含最能说明发明的化学式；有附图的专利申请，还应当提供一幅最能说明该发明或者实用新型技术特征的附图。附图的大小及清晰度应当保证在该图缩小到4厘米×6厘米时，仍能清晰地分辨出图中的各个细节。摘要文字部分不得超过300个字。摘要中不得使用商业性宣传用语。

第二十四条 申请专利的发明涉及新的生物材料，该生物材料公众不能得到，并且对该生物材料的说明不足以使所属领域的技术人员实施其发明的，除应当符合专利法和本细则的有关规定外，申请人还应当办理下列手续：

（一）在申请日前或者最迟在申请日（有优先权的，指优先权日），将该生物材料的样品提交国务院专利行政部门认可的保藏单位保藏，并在申请时或者最迟自申请日起4个月内提交保藏单位出具的保藏证明和存活证明；期满未提交证明的，该样品视为未提交保藏；

（二）在申请文件中，提供有关该生物材料特征的资料；

（三）涉及生物材料样品保藏的专利申请应当在请求书和说明书中写明该生物材料的分类命名（注明拉丁文名称）、保藏该生物材料样品的单位名称、地址、保藏日期和保藏编号；申请时未写明的，应当自申请日起4个月内补正；期满未补正的，视为未提交保藏。

第二十五条 发明专利申请人依照本细则第二十四条的规定保藏生物材料样品的，在发明专利申请公布后，任何单位或者个人需要将该专利申请所涉及的生物材料作为实验目的使用的，应当向国务院专利行政部门提出请求，并写明下列事项：

（一）请求人的姓名或者名称和地址；

（二）不向其他任何人提供该生物材料的保证；

（三）在授予专利权前，只作为实验目的使用的保证。

第二十六条 专利法所称遗传资源，是指取自人体、动物、植物或者微生物等含有遗传功能单位并具有实际或者潜在价值的材料；专利法所称依赖遗传资源完成的发明创造，是指利用了遗传资源的遗传功能完成的发明创造。

就依赖遗传资源完成的发明创造申请专利的，申请人应当在请求书中予以说明，并填写国务院专利行政部门制定的表格。

第二十七条 申请人请求保护色彩的，应当提交彩色图片或者照片。

申请人应当就每件外观设计产品所需要保护的内容提交有关图片或者照片。

第二十八条 外观设计的简要说明应当写明外观设计产品的名称、用途，外观设计的设计要点，并指定一幅最能表明设计要点的图片或者照片。省略视图或者请求保护色彩的，应当在简要说明中写明。

对同一产品的多项相似外观设计提出一件外观设计专利申请的，应当在简要说明中指定其中一项作为基本设计。

简要说明不得使用商业性宣传用语，也不能用来说明产品的性能。

第二十九条 国务院专利行政部门认为必要时，可以要求外观设计专利申请人提交使用外观设计的产品样品或者模型。样品或者模型的体积不得超过30厘米×30厘米×30厘米，重量不得超过15公斤。易腐、易损或者危险品不得作为样品或者模型提交。

第三十条 专利法第二十四条第（一）项所称中国政府承认的国际展览会，是指国际展览会公约规定的在国际展览局注册或者由其认可的国际展览会。

专利法第二十四条第（二）项所称学术会议或者技术会议，是指国务院有关主管部门或者全国性学术团体组织召开的学术会议或者技术会议。

申请专利的发明创造有专利法第二十四条第（一）项或者第（二）项所列情形的，申请人应当在提出专利申请时声明，并自申请日起2个月内提交有关国际展览会或者学术会议、技术会议的组织单位出具的有关发明创造已经展出或者发表，以及展出或者发表日期的证明文件。

申请专利的发明创造有专利法第二十四条第（三）项所列情形的，国务院专利行政部门认为必要时，可以要求申请人在指定期限内提交证明文件。

申请人未依照本条第三款的规定提出声明和提交证明文件的，或者未依照本条第四款的规定在指定期限内提交证明文件的，其申请不适用专利法第二十四条的规定。

第三十一条 申请人依照专利法第三十条的规定要求外国优先权的，申请人提交的在先申请文件副本应当经原受理机构证明。依照国务院专利行政部门与该受理机构签订的协议，国务院专利行政部门通过电子交换等途径获得在先申请文件副本的，视为申请人提交了经该受理机构证明的在先申请文件副本。要求本国优先权，申请人在请求书中写明在先申请的申请日和申请号的，视为提交了在先申请文件副本。

要求优先权，但请求书中漏写或者错写在先申请的申请日、申请号和原受理机构名称中的一项或者两项内容的，国务院专利行政部门应当通知申请人在指定期限内补正；期满未补正的，视为未要求优先权。

要求优先权的申请人的姓名或者名称与在先申请文件副本中记载的申请人姓名或者名称不一致的，应当提交优先权转让证明材料，未提交该证明材料的，视为未要求优先权。

外观设计专利申请的申请人要求外国优先权，其在先申请未包括对外观设计的简要说明，申请人按照本细则第二十八条规定提交的简要说明未超出在先申请文件的图片或者照片表示的范围的，不影响其享有优先权。

第三十二条 申请人在一件专利申请中，可以要求一项或者多项优先权；要求多项优先权的，该申请的优先权期限从最早的优先权日起计算。

申请人要求本国优先权，在先申请是发明专利申请的，可以就相同主题提出发明或者实用新型专利申请；在先申请是实用新型专利申请的，可以就相同主题提出实用新型或者发明专利申请。但是，提出后一申请时，在先申请的主题有下列情形之一的，不得作为要求本国优先权的基础：

（一）已经要求外国优先权或者本国优先权的；

（二）已经被授予专利权的；

（三）属于按照规定提出的分案申请的。

申请人要求本国优先权的，其在先申请自后一申请提出之日起即视为撤回。

第三十三条 在中国没有经常居所或者营业所的申请人，申请专利或者要求外国优先权的，国务院专利行政部门认为必要时，可以要求其提供下列文件：

（一）申请人是个人的，其国籍证明；

（二）申请人是企业或者其他组织的，其注册的国家或者地区的证明文件；

（三）申请人的所属国，承认中国单位和个人可以按照该国国民的同等条件，在该国享有专利权、优先权和其他与专利有关的权利的证明文件。

第三十四条 依照专利法第三十一条第一款规定，可以作为一件专利申请提出的属于一个总的发明构思的两项以上的发明或者实用新型，应当在技术上相互关联，包含一个或者多个相同或者相应的特定技术特征，其中特定技术特征是指每一项发明或者实用新型作为整体，对现有技术作出贡献的技术特征。

第三十五条 依照专利法第三十一条第二款规定，将同一产品的多项相似外观设计作为一件申请提出的，对该产品的其他设计应当与简要说明中指定的基本设计相似。一件外观设计专利申请中的相似外观设计不得超过10项。

专利法第三十一条第二款所称同一类别并且成套出售或者使用的产品的两项以上外观设计，是指各产品属于分类表中同一大类，习惯上同时出售或者同时使用，而且各产品的外观设计具有相同的设计构思。

将两项以上外观设计作为一件申请提出的，应当将各项外观设计的顺序编号标注在每件外观设计产品各幅图片或者照片的名称之前。

第三十六条 申请人撤回专利申请的，应当向国务院专利行政部门提出声明，写明发明创造的名称、申请号和申请日。

撤回专利申请的声明在国务院专利行政部门作好公布专利申请文件的印刷准备工作后提出的，申请文件仍予公布；但是，撤回专利申请的声明应当在以后出版的专利公报上予以公告。

第三章 专利申请的审查和批准

第三十七条 在初步审查、实质审查、复审和无效宣告程序中，实施审查和审理的人员有下列情形之一的，应当自行回避，当事人或者其他利害关系人可以要求其回避：

（一）是当事人或者其代理人的近亲属的；

（二）与专利申请或者专利权有利害关系的；

（三）与当事人或者其代理人有其他关系，可能影响公正审查和审理的；

（四）专利复审委员会成员曾参与原申请的审查的。

第三十八条 国务院专利行政部门收到发明或者实用新型专利申请的请求书、说明书（实用新型必须包括附图）和权利要求书，或者外观设计专利申请的请求书、外观设计的图片或者照片和简要说明后，应当明确申请日、给予申请号，并通知申请人。

第三十九条 专利申请文件有下列情形之一的，国务院专利行政部门不予受理，并通知申请人：

（一）发明或者实用新型专利申请缺少请求书、说明书（实用新型无附图）或者权利要求书的，或者外观设计专利申请缺少请求书、图片或者照片、简要说明的；

（二）未使用中文的；

（三）不符合本细则第一百二十一条第一款规定的；

（四）请求书中缺少申请人姓名或者名称，或者缺少地址的；

（五）明显不符合专利法第十八条或者第十九条第一款的规定的；

（六）专利申请类别（发明、实用新型或者外观设计）不明确或者难以确定的。

第四十条 说明书中写有对附图的说明但无附图或者缺少部分附图的，申请人应当在国务院专利行政部门指定的期限内补交附图或者声明取消对附图的说明。申请人补交附图的，以向国务院专利行政部门提交或者邮寄附图之日为申请日；取消对附图的说明的，保留原申请日。

第四十一条 两个以上的申请人同日（指申请日；有优先权的，指优先权日）分别就同样的发明创造申请专利的，应当在收到国务院专利行政部门的通知后自行协商确定申请人。

同一申请人在同日（指申请日）对同样的发明创造既申请实用新型专利又申请发明专利的，应当在申请时分别说明对同样的发明创造已申请了另一专利；未作说明的，依照专利法第九条第一款关于同样的发明创造只能授予一项专利权的规定处理。

国务院专利行政部门公告授予实用新型专利权，应当公告申请人已依照本条第二款的规定同时申请了发明专利的说明。

发明专利申请经审查没有发现驳回理由，国务院专利行政部门应当通知申请人在规定期限内声明放弃实用新型专利权。申请人声明放弃的，国务院专利行政部门应当作出授予发明专利权的决定，并在公告授予发明专利权时一并公告申请人放弃实用新型专利权声明。申请人不同意放弃的，国务院专利行政部门应当驳回该发明专利申请；申请人期满未答复的，视为撤回该发明专利申请。

实用新型专利权自公告授予发明专利权之日起终止。

第四十二条 一件专利申请包括两项以上发明、实用新型或者外观设计的，申请人可以在本细则第五十四条第一款规定的期限届满前，向国务院专利行政部门提出分案申请；但是，专利申请已经被驳回、撤回或者视为撤回的，不能提出分案申请。

国务院专利行政部门认为一件专利申请不符合专利法第三十一条和本细则第三十四条或者第三十五条的规定的，应当通知申请人在指定期限内对其申请进行修改；申请人期满未答复的，该申请视为撤回。

分案的申请不得改变原申请的类别。

第四十三条 依照本细则第四十二条规定提出的分案申请，可以保留原申请日，享有优先权的，可以保留优先权日，但是不得超出原申请记载的范围。

分案申请应当依照专利法及本细则的规定办理有关手续。

分案申请的请求书中应当写明原申请的申请号和申请日。提交分案申请时，申请人应当提交原申请文件副本；原申请享有优先权的，并应当提交原申请的优先权文件副本。

第四十四条 专利法第三十四条和第四十条所称初步审查，是指审查专利申请是否具备专利法第二十六条或者第二十七条规定的文件和其他必要的文件，这些文件是否符合规定的格式，并审查下列各项：

（一）发明专利申请是否明显属于专利法第五条、第二十五条规定的情形，是否不符合专利法第十八条、第十九条第一款、第二十条第一款或者本细则第十六条、第二十六条第二款的规定，是否明显不符合专利法第二条第二款、第二十六条第五款、第三十一条第一款、第三十三条或者本细则第十七条至第二十一条的规定；

（二）实用新型专利申请是否明显属于专利法第五条、第二十五条规定的情形，是否不符合专利法第十八条、第十九条第一款、第二十条第一款或者本细则第十六条至第十九条、第二十一条至第二十三条的规定，是否明显不符合专利法第二条第三款、第二十二条第二款、第四款、第二十六条第三款、第四款、第三十一条第一款、第三十三条或者本细则第二十条、第四十三条第一款的规定，是否依照专利法第九条规定不能取得专利权；

（三）外观设计专利申请是否明显属于专利法第五条、第二十五条第一款第（六）项规定的情形，是否不符合专利法第十八条、第十九条第一款或者本细则第十六条、第二十七条、第二十八条的规定，是否明显不符合专利法第二条第四款、第二十三条第一款、第二十七条第二款、第三十一条第二款、第三十三条或者本细则第四十三条第一款的规定，是否依照专利法第九条规定不能取得专利权；

（四）申请文件是否符合本细则第二条、第三条第一款的规定。

国务院专利行政部门应当将审查意见通知申请人，要求其在指定期限内陈述意见或者补正；申请人期满未答复的，其申请视为撤回。申请人陈述意见或者补正后，国务院专利行政部门仍然认为不符合前款所列各项规定的，应当予以驳回。

第四十五条 除专利申请文件外，申请人向国务院专利行政部门提交的与专利申请有关的其他文件有下列情形之一的，视为未提交：

（一）未使用规定的格式或者填写不符合规定的；

（二）未按照规定提交证明材料的。

国务院专利行政部门应当将视为未提交的审查意见通知申请人。

第四十六条 申请人请求早日公布其发明专利申请的，应当向国务院专利行政部门声明。国务院专利行政部门对该申请进行初步审查后，除予以驳回的外，应当立即将申请予以公布。

第四十七条 申请人写明使用外观设计的产品及其所属类别的，应当使用国务院专利行政部门公布的外观设计产品分类表。未写明使用外观设计的产品所属类别或者所写的类别不确切的，国务院专利行政部门可以予以补充或者修改。

第四十八条 自发明专利申请公布之日起至公告授予专利权之日止，任何人均可以对不符合专利法规定的专利申请向国务院专利行政部门提出意见，并说明理由。

第四十九条 发明专利申请人因有正当理由无法提交专利法第三十六条规定的检索资料或者审查结果资料的，应当向国务院专利行政部门声明，并在得到有关资料后补交。

第五十条 国务院专利行政部门依照专利法第三十五条第二款的规定对专利申请自行进行审查时，应当通知申请人。

第五十一条 发明专利申请人在提出实质

审查请求时以及在收到国务院专利行政部门发出的发明专利申请进入实质审查阶段通知书之日起的3个月内，可以对发明专利申请主动提出修改。

实用新型或者外观设计专利申请人自申请日起2个月内，可以对实用新型或者外观设计专利申请主动提出修改。

申请人在收到国务院专利行政部门发出的审查意见通知书后对专利申请文件进行修改的，应当针对通知书指出的缺陷进行修改。

国务院专利行政部门可以自行修改专利申请文件中文字和符号的明显错误。国务院专利行政部门自行修改的，应当通知申请人。

第五十二条　发明或者实用新型专利申请的说明书或者权利要求书的修改部分，除个别文字修改或者增删外，应当按照规定格式提交替换页。外观设计专利申请的图片或者照片的修改，应当按照规定提交替换页。

第五十三条　依照专利法第三十八条的规定，发明专利申请经实质审查应当予以驳回的情形是指：

（一）申请属于专利法第五条、第二十五条规定的情形，或者依照专利法第九条规定不能取得专利权的；

（二）申请不符合专利法第二条第二款、第二十条第一款、第二十二条、第二十六条第三款、第四款、第五款、第三十一条第一款或者本细则第二十条第二款规定的；

（三）申请的修改不符合专利法第三十三条规定，或者分案的申请不符合本细则第四十三条第一款的规定的。

第五十四条　国务院专利行政部门发出授予专利权的通知后，申请人应当自收到通知之日起2个月内办理登记手续。申请人按期办理登记手续的，国务院专利行政部门应当授予专利权，颁发专利证书，并予以公告。

期满未办理登记手续的，视为放弃取得专利权的权利。

第五十五条　保密专利申请经审查没有发现驳回理由的，国务院专利行政部门应当作出授予保密专利权的决定，颁发保密专利证书，登记保密专利权的有关事项。

第五十六条　授予实用新型或者外观设计专利权的决定公告后，专利法第六十条规定的专利权人或者利害关系人可以请求国务院专利行政部门作出专利权评价报告。

请求作出专利权评价报告的，应当提交专利权评价报告请求书，写明专利号。每项请求应当限于一项专利权。

专利权评价报告请求书不符合规定的，国务院专利行政部门应当通知请求人在指定期限内补正；请求人期满未补正的，视为未提出请求。

第五十七条　国务院专利行政部门应当自收到专利权评价报告请求书后2个月内作出专利权评价报告。对同一项实用新型或者外观设计专利权，有多个请求人请求作出专利权评价报告的，国务院专利行政部门仅作出一份专利权评价报告。任何单位或者个人可以查阅或者复制该专利权评价报告。

第五十八条　国务院专利行政部门对专利公告、专利单行本中出现的错误，一经发现，应当及时更正，并对所作更正予以公告。

第四章　专利申请的复审与专利权的无效宣告

第五十九条　专利复审委员会由国务院专利行政部门指定的技术专家和法律专家组成，主任委员由国务院专利行政部门负责人兼任。

第六十条　依照专利法第四十一条的规定向专利复审委员会请求复审的，应当提交复审请求书，说明理由，必要时还应当附具有关证据。

复审请求不符合专利法第十九条第一款或者第四十一条第一款规定的，专利复审委员会不予受理，书面通知复审请求人并说明理由。

复审请求书不符合规定格式的，复审请求人应当在专利复审委员会指定的期限内补正；期满未补正的，该复审请求视为未提出。

第六十一条　请求人在提出复审请求或者在对专利复审委员会的复审通知书作出答复时，可以修改专利申请文件；但是，修改应当仅限于消除驳回决定或者复审通知书指出的缺陷。

修改的专利申请文件应当提交一式两份。

第六十二条　专利复审委员会应当将受理的复审请求书转交国务院专利行政部门原审查部门进行审查。原审查部门根据复审请求人的请求，同意撤销原决定的，专利复审委员会应当据此作出复审决定，并通知复审请求人。

第六十三条 专利复审委员会进行复审后，认为复审请求不符合专利法和本细则有关规定的，应当通知复审请求人，要求其在指定期限内陈述意见。期满未答复的，该复审请求视为撤回；经陈述意见或者进行修改后，专利复审委员会认为仍不符合专利法和本细则有关规定的，应当作出维持原驳回决定的复审决定。

专利复审委员会进行复审后，认为原驳回决定不符合专利法和本细则有关规定的，或者认为经过修改的专利申请文件消除了原驳回决定指出的缺陷的，应当撤销原驳回决定，由原审查部门继续进行审查程序。

第六十四条 复审请求人在专利复审委员会作出决定前，可以撤回其复审请求。

复审请求人在专利复审委员会作出决定前撤回其复审请求的，复审程序终止。

第六十五条 依照专利法第四十五条的规定，请求宣告专利权无效或者部分无效的，应当向专利复审委员会提交专利权无效宣告请求书和必要的证据一式两份。无效宣告请求书应当结合提交的所有证据，具体说明无效宣告请求的理由，并指明每项理由所依据的证据。

前款所称无效宣告请求的理由，是指被授予专利的发明创造不符合专利法第二条、第二十条第一款、第二十二条、第二十三条、第二十六条第三款、第四款、第二十七条第二款、第三十三条或者本细则第二十条第二款、第四十三条第一款的规定，或者属于专利法第五条、第二十五条的规定，或者依照专利法第九条规定不能取得专利权。

第六十六条 专利权无效宣告请求不符合专利法第十九条第一款或者本细则第六十五条规定的，专利复审委员会不予受理。

在专利复审委员会就无效宣告请求作出决定之后，又以同样的理由和证据请求无效宣告的，专利复审委员会不予受理。

以不符合专利法第二十三条第三款的规定为理由请求宣告外观设计专利权无效，但是未提交证明权利冲突的证据的，专利复审委员会不予受理。

专利权无效宣告请求书不符合规定格式的，无效宣告请求人应当在专利复审委员会指定的期限内补正；期满未补正的，该无效宣告请求视为未提出。

第六十七条 在专利复审委员会受理无效宣告请求后，请求人可以在提出无效宣告请求之日起1个月内增加理由或者补充证据。逾期增加理由或者补充证据的，专利复审委员会可以不予考虑。

第六十八条 专利复审委员会应当将专利权无效宣告请求书和有关文件的副本送交专利权人，要求其在指定的期限内陈述意见。

专利权人和无效宣告请求人应当在指定期限内答复专利复审委员会发出的转送文件通知书或者无效宣告请求审查通知书；期满未答复的，不影响专利复审委员会审理。

第六十九条 在无效宣告请求的审查过程中，发明或者实用新型专利的专利权人可以修改其权利要求书，但是不得扩大原专利的保护范围。

发明或者实用新型专利的专利权人不得修改专利说明书和附图，外观设计专利的专利权人不得修改图片、照片和简要说明。

第七十条 专利复审委员会根据当事人的请求或者案情需要，可以决定对无效宣告请求进行口头审理。

专利复审委员会决定对无效宣告请求进行口头审理的，应当向当事人发出口头审理通知书，告知举行口头审理的日期和地点。当事人应当在通知书指定的期限内作出答复。

无效宣告请求人对专利复审委员会发出的口头审理通知书在指定的期限内未作答复，并且不参加口头审理的，其无效宣告请求视为撤回；专利权人不参加口头审理的，可以缺席审理。

第七十一条 在无效宣告请求审查程序中，专利复审委员会指定的期限不得延长。

第七十二条 专利复审委员会对无效宣告的请求作出决定前，无效宣告请求人可以撤回其请求。

专利复审委员会作出决定之前，无效宣告请求人撤回其请求或者其无效宣告请求被视为撤回的，无效宣告请求审查程序终止。但是，专利复审委员会认为根据已进行的审查工作能够作出宣告专利权无效或者部分无效的决定的，不终止审查程序。

第五章 专利实施的强制许可

第七十三条 专利法第四十八条第（一）

项所称未充分实施其专利，是指专利权人及其被许可人实施其专利的方式或者规模不能满足国内对专利产品或者专利方法的需求。

专利法第五十条所称取得专利权的药品，是指解决公共健康问题所需的医药领域中的任何专利产品或者依照专利方法直接获得的产品，包括取得专利权的制造该产品所需的活性成分以及使用该产品所需的诊断用品。

第七十四条 请求给予强制许可的，应当向国务院专利行政部门提交强制许可请求书，说明理由并附具有关证明文件。

国务院专利行政部门应当将强制许可请求书的副本送交专利权人，专利权人应当在国务院专利行政部门指定的期限内陈述意见；期满未答复的，不影响国务院专利行政部门作出决定。

国务院专利行政部门在作出驳回强制许可请求的决定或者给予强制许可的决定前，应当通知请求人和专利权人拟作出的决定及其理由。

国务院专利行政部门依照专利法第五十条的规定作出给予强制许可的决定，应当同时符合中国缔结或者参加的有关国际条约关于为了解决公共健康问题而给予强制许可的规定，但中国作出保留的除外。

第七十五条 依照专利法第五十七条的规定，请求国务院专利行政部门裁决使用费数额的，当事人应当提出裁决请求书，并附具双方不能达成协议的证明文件。国务院专利行政部门应当自收到请求书之日起3个月内作出裁决，并通知当事人。

第六章 对职务发明创造的发明人或者设计人的奖励和报酬

第七十六条 被授予专利权的单位可以与发明人、设计人约定或者在其依法制定的规章制度中规定专利法第十六条规定的奖励、报酬的方式和数额。

企业、事业单位给予发明人或者设计人的奖励、报酬，按照国家有关财务、会计制度的规定进行处理。

第七十七条 被授予专利权的单位未与发明人、设计人约定也未在其依法制定的规章制度中规定专利法第十六条规定的奖励的方式和数额的，应当自专利权公告之日起3个月内发给发明人或者设计人奖金。一项发明专利的奖金最低不少于3000元；一项实用新型专利或者外观设计专利的奖金最低不少于1000元。

由于发明人或者设计人的建议被其所属单位采纳而完成的发明创造，被授予专利权的单位应当从优发给奖金。

第七十八条 被授予专利权的单位未与发明人、设计人约定也未在其依法制定的规章制度中规定专利法第十六条规定的报酬的方式和数额的，在专利权有效期限内，实施发明创造专利后，每年应当从实施该项发明或者实用新型专利的营业利润中提取不低于2%或者从实施该项外观设计专利的营业利润中提取不低于0.2%，作为报酬给予发明人或者设计人，或者参照上述比例，给予发明人或者设计人一次性报酬；被授予专利权的单位许可其他单位或者个人实施其专利的，应当从收取的使用费中提取不低于10%，作为报酬给予发明人或者设计人。

第七章 专利权的保护

第七十九条 专利法和本细则所称管理专利工作的部门，是指由省、自治区、直辖市人民政府以及专利管理工作量大又有实际处理能力的设区的市人民政府设立的管理专利工作的部门。

第八十条 国务院专利行政部门应当对管理专利工作的部门处理专利侵权纠纷、查处假冒专利行为、调解专利纠纷进行业务指导。

第八十一条 当事人请求处理专利侵权纠纷或者调解专利纠纷的，由被请求人所在地或者侵权行为地的管理专利工作的部门管辖。

两个以上管理专利工作的部门都有管辖权的专利纠纷，当事人可以向其中一个管理专利工作的部门提出请求；当事人向两个以上有管辖权的管理专利工作的部门提出请求的，由最先受理的管理专利工作的部门管辖。

管理专利工作的部门对管辖权发生争议的，由其共同的上级人民政府管理专利工作的部门指定管辖；无共同上级人民政府管理专利工作的部门的，由国务院专利行政部门指定管辖。

第八十二条 在处理专利侵权纠纷过程中，被请求人提出无效宣告请求并被专利复审委员会受理的，可以请求管理专利工作的部门中止处理。

管理专利工作的部门认为被请求人提出的中止理由明显不能成立的，可以不中止处理。

第八十三条 专利权人依照专利法第十七条的规定，在其专利产品或者该产品的包装上标明专利标识的，应当按照国务院专利行政部门规定的方式予以标明。

专利标识不符合前款规定的，由管理专利工作的部门责令改正。

第八十四条 下列行为属于专利法第六十三条规定的假冒专利的行为：

（一）在未被授予专利权的产品或者其包装上标注专利标识，专利权被宣告无效后或者终止后继续在产品或者其包装上标注专利标识，或者未经许可在产品或者产品包装上标注他人的专利号；

（二）销售第（一）项所述产品；

（三）在产品说明书等材料中将未被授予专利权的技术或者设计称为专利技术或者专利设计，将专利申请称为专利，或者未经许可使用他人的专利号，使公众将所涉及的技术或者设计误认为是专利技术或者专利设计；

（四）伪造或者变造专利证书、专利文件或者专利申请文件；

（五）其他使公众混淆，将未被授予专利权的技术或者设计误认为是专利技术或者专利设计的行为。

专利权终止前依法在专利产品、依照专利方法直接获得的产品或者其包装上标注专利标识，在专利权终止后许诺销售、销售该产品的，不属于假冒专利行为。

销售不知道是假冒专利的产品，并且能够证明该产品合法来源的，由管理专利工作的部门责令停止销售，但免除罚款的处罚。

第八十五条 除专利法第六十条规定的外，管理专利工作的部门应当事人请求，可以对下列专利纠纷进行调解：

（一）专利申请权和专利权归属纠纷；

（二）发明人、设计人资格纠纷；

（三）职务发明创造的发明人、设计人的奖励和报酬纠纷；

（四）在发明专利申请公布后专利权授予前使用发明而未支付适当费用的纠纷；

（五）其他专利纠纷。

对于前款第（四）项所列的纠纷，当事人请求管理专利工作的部门调解的，应当在专利权被授予之后提出。

第八十六条 当事人因专利申请权或者专利权的归属发生纠纷，已请求管理专利工作的部门调解或者向人民法院起诉的，可以请求国务院专利行政部门中止有关程序。

依照前款规定请求中止有关程序的，应当向国务院专利行政部门提交请求书，并附具管理专利工作的部门或者人民法院的写明申请号或者专利号的有关受理文件副本。

管理专利工作的部门作出的调解书或者人民法院作出的判决生效后，当事人应当向国务院专利行政部门办理恢复有关程序的手续。自请求中止之日起1年内，有关专利申请权或者专利权归属的纠纷未能结案，需要继续中止有关程序的，请求人应当在该期限内请求延长中止。期满未请求延长的，国务院专利行政部门自行恢复有关程序。

第八十七条 人民法院在审理民事案件中裁定对专利申请权或者专利权采取保全措施的，国务院专利行政部门应当在收到写明申请号或者专利号的裁定书和协助执行通知书之日中止被保全的专利申请权或者专利权的有关程序。保全期限届满，人民法院没有裁定继续采取保全措施的，国务院专利行政部门自行恢复有关程序。

第八十八条 国务院专利行政部门根据本细则第八十六条和第八十七条规定中止有关程序，是指暂停专利申请的初步审查、实质审查、复审程序，授予专利权程序和专利权无效宣告程序；暂停办理放弃、变更、转移专利权或者专利申请权手续，专利权质押手续以及专利权期限届满前的终止手续等。

第八章 专利登记和专利公报

第八十九条 国务院专利行政部门设置专利登记簿，登记下列与专利申请和专利权有关的事项：

（一）专利权的授予；

（二）专利申请权、专利权的转移；

（三）专利权的质押、保全及其解除；

（四）专利实施许可合同的备案；

（五）专利权的无效宣告；

（六）专利权的终止；

（七）专利权的恢复；

（八）专利实施的强制许可；

（九）专利权人的姓名或者名称、国籍和地址的变更。

第九十条 国务院专利行政部门定期出版专利公报，公布或者公告下列内容：

（一）发明专利申请的著录事项和说明书摘要；

（二）发明专利申请的实质审查请求和国务院专利行政部门对发明专利申请自行进行实质审查的决定；

（三）发明专利申请公布后的驳回、撤回、视为撤回、视为放弃、恢复和转移；

（四）专利权的授予以及专利权的著录事项；

（五）发明或者实用新型专利的说明书摘要，外观设计专利的一幅图片或者照片；

（六）国防专利、保密专利的解密；

（七）专利权的无效宣告；

（八）专利权的终止、恢复；

（九）专利权的转移；

（十）专利实施许可合同的备案；

（十一）专利权的质押、保全及其解除；

（十二）专利实施的强制许可的给予；

（十三）专利权人的姓名或者名称、地址的变更；

（十四）文件的公告送达；

（十五）国务院专利行政部门作出的更正；

（十六）其他有关事项。

第九十一条 国务院专利行政部门应当提供专利公报、发明专利申请单行本以及发明专利、实用新型专利、外观设计专利单行本，供公众免费查阅。

第九十二条 国务院专利行政部门负责按照互惠原则与其他国家、地区的专利机关或者区域性专利组织交换专利文献。

第九章 费用

第九十三条 向国务院专利行政部门申请专利和办理其他手续时，应当缴纳下列费用：

（一）申请费、申请附加费、公布印刷费、优先权要求费；

（二）发明专利申请实质审查费、复审费；

（三）专利登记费、公告印刷费、年费；

（四）恢复权利请求费、延长期限请求费；

（五）著录事项变更费、专利权评价报告请求费、无效宣告请求费。

前款所列各种费用的缴纳标准，由国务院价格管理部门、财政部门会同国务院专利行政部门规定。

第九十四条 专利法和本细则规定的各种费用，可以直接向国务院专利行政部门缴纳，也可以通过邮局或者银行汇付，或者以国务院专利行政部门规定的其他方式缴纳。

通过邮局或者银行汇付的，应当在送交国务院专利行政部门的汇单上写明正确的申请号或者专利号以及缴纳的费用名称。不符合本款规定的，视为未办理缴费手续。

直接向国务院专利行政部门缴纳费用的，以缴纳当日为缴费日；以邮局汇付方式缴纳费用的，以邮局汇出的邮戳日为缴费日；以银行汇付方式缴纳费用的，以银行实际汇出日为缴费日。

多缴、重缴、错缴专利费用的，当事人可以自缴费日起3年内，向国务院专利行政部门提出退款请求，国务院专利行政部门应当予以退还。

第九十五条 申请人应当自申请日起2个月内或者在收到受理通知书之日起15日内缴纳申请费、公布印刷费和必要的申请附加费；期满未缴纳或者未缴足的，其申请视为撤回。

申请人要求优先权的，应当在缴纳申请费的同时缴纳优先权要求费；期满未缴纳或者未缴足的，视为未要求优先权。

第九十六条 当事人请求实质审查或者复审的，应当在专利法及本细则规定的相关期限内缴纳费用；期满未缴纳或者未缴足的，视为未提出请求。

第九十七条 申请人办理登记手续时，应当缴纳专利登记费、公告印刷费和授予专利权当年的年费；期满未缴纳或者未缴足的，视为未办理登记手续。

第九十八条 授予专利权当年以后的年费应当在上一年度期满前缴纳。专利权人未缴纳或者未缴足的，国务院专利行政部门应当通知专利权人自应当缴纳年费期满之日起6个月内补缴，同时缴纳滞纳金；滞纳金的金额按照每超过规定的缴费时间1个月，加收当年全额年费的5%计算；期满未缴纳的，专利权自应当缴纳年费期满之日起终止。

第九十九条 恢复权利请求费应当在本细则规定的相关期限内缴纳；期满未缴纳或者未缴足的，视为未提出请求。

延长期限请求费应当在相应期限届满之日前缴纳；期满未缴纳或者未缴足的，视为未提出请求。

著录事项变更费、专利权评价报告请求费、无效宣告请求费应当自提出请求之日起1个月内缴纳；期满未缴纳或者未缴足的，视为未提出请求。

第一百条 申请人或者专利权人缴纳本细则规定的各种费用有困难的，可以按照规定向国务院专利行政部门提出减缴或者缓缴的请求。减缴或者缓缴的办法由国务院财政部门会同国务院价格管理部门、国务院专利行政部门规定。

第十章 关于国际申请的特别规定

第一百零一条 国务院专利行政部门根据专利法第二十条规定，受理按照专利合作条约提出的专利国际申请。

按照专利合作条约提出并指定中国的专利国际申请（以下简称国际申请）进入国务院专利行政部门处理阶段（以下称进入中国国家阶段）的条件和程序适用本章的规定；本章没有规定的，适用专利法及本细则其他各章的有关规定。

第一百零二条 按照专利合作条约已确定国际申请日并指定中国的国际申请，视为向国务院专利行政部门提出的专利申请，该国际申请日视为专利法第二十八条所称的申请日。

第一百零三条 国际申请的申请人应当在专利合作条约第二条所称的优先权日（本章简称优先权日）起30个月内，向国务院专利行政部门办理进入中国国家阶段的手续；申请人未在该期限内办理该手续的，在缴纳宽限费后，可以在自优先权日起32个月内办理进入中国国家阶段的手续。

第一百零四条 申请人依照本细则第一百零三条的规定办理进入中国国家阶段的手续的，应当符合下列要求：

（一）以中文提交进入中国国家阶段的书面声明，写明国际申请号和要求获得的专利权类型；

（二）缴纳本细则第九十三条第一款规定的申请费、公布印刷费，必要时缴纳本细则第一百零三条规定的宽限费；

（三）国际申请以外文提出的，提交原始国际申请的说明书和权利要求书的中文译文；

（四）在进入中国国家阶段的书面声明中写明发明创造的名称，申请人姓名或者名称、地址和发明人的姓名，上述内容应当与世界知识产权组织国际局（以下简称国际局）的记录一致；国际申请中未写明发明人的，在上述声明中写明发明人的姓名；

（五）国际申请以外文提出的，提交摘要的中文译文，有附图和摘要附图的，提交附图副本和摘要附图副本，附图中有文字的，将其替换为对应的中文文字；国际申请以中文提出的，提交国际公布文件中的摘要和摘要附图副本；

（六）在国际阶段向国际局已办理申请人变更手续的，提供变更后的申请人享有申请权的证明材料；

（七）必要时缴纳本细则第九十三条第一款规定的申请附加费。

符合本条第一款第（一）项至第（三）项要求的，国务院专利行政部门应当给予申请号，明确国际申请进入中国国家阶段的日期（以下简称进入日），并通知申请人其国际申请已进入中国国家阶段。

国际申请已进入中国国家阶段，但不符合本条第一款第（四）项至第（七）项要求的，国务院专利行政部门应当通知申请人在指定期限内补正；期满未补正的，其申请视为撤回。

第一百零五条 国际申请有下列情形之一的，其在中国的效力终止：

（一）在国际阶段，国际申请被撤回或者被视为撤回，或者国际申请对中国的指定被撤回的；

（二）申请人未在优先权日起32个月内按照本细则第一百零三条规定办理进入中国国家阶段手续的；

（三）申请人办理进入中国国家阶段的手续，但自优先权日起32个月期限届满仍不符合本细则第一百零四条第（一）项至第（三）项要求的。

依照前款第（一）项的规定，国际申请

在中国的效力终止的，不适用本细则第六条的规定；依照前款第（二）项、第（三）项的规定，国际申请在中国的效力终止的，不适用本细则第六条第二款的规定。

第一百零六条 国际申请在国际阶段作过修改，申请人要求以经修改的申请文件为基础进行审查的，应当自进入日起2个月内提交修改部分的中文译文。在该期间内未提交中文译文的，对申请人在国际阶段提出的修改，国务院专利行政部门不予考虑。

第一百零七条 国际申请涉及的发明创造有专利法第二十四条第（一）项或者第（二）项所列情形之一，在提出国际申请时作过声明的，申请人应当在进入中国国家阶段的书面声明中予以说明，并自进入日起2个月内提交本细则第三十条第三款规定的有关证明文件；未予说明或者期满未提交证明文件的，其申请不适用专利法第二十四条的规定。

第一百零八条 申请人按照专利合作条约的规定，对生物材料样品的保藏已作出说明的，视为已经满足了本细则第二十四条第（三）项的要求。申请人应当在进入中国国家阶段声明中指明记载生物材料样品保藏事项的文件以及在该文件中的具体记载位置。

申请人在原始提交的国际申请的说明书中已记载生物材料样品保藏事项，但是没有在进入中国国家阶段声明中指明的，应当自进入日起4个月内补正。期满未补正的，该生物材料视为未提交保藏。

申请人自进入日起4个月内向国务院专利行政部门提交生物材料样品保藏证明和存活证明的，视为在本细则第二十四条第（一）项规定的期限内提交。

第一百零九条 国际申请涉及的发明创造依赖遗传资源完成的，申请人应当在国际申请进入中国国家阶段的书面声明中予以说明，并填写国务院专利行政部门制定的表格。

第一百一十条 申请人在国际阶段已要求一项或者多项优先权，在进入中国国家阶段时该优先权要求继续有效的，视为已经依照专利法第三十条的规定提出了书面声明。

申请人应当自进入日起2个月内缴纳优先权要求费；期满未缴纳或者未缴足的，视为未要求该优先权。

申请人在国际阶段已依照专利合作条约的规定，提交过在先申请文件副本的，办理进入中国国家阶段手续时不需要向国务院专利行政部门提交在先申请文件副本。申请人在国际阶段未提交在先申请文件副本的，国务院专利行政部门认为必要时，可以通知申请人在指定期限内补交；申请人期满未补交的，其优先权要求视为未提出。

第一百一十一条 在优先权日起30个月期满前要求国务院专利行政部门提前处理和审查国际申请的，申请人除应当办理进入中国国家阶段手续外，还应当依照专利合作条约第二十三条第二款规定提出请求。国际局尚未向国务院专利行政部门传送国际申请的，申请人应当提交经确认的国际申请副本。

第一百一十二条 要求获得实用新型专利权的国际申请，申请人可以自进入日起2个月内对专利申请文件主动提出修改。

要求获得发明专利权的国际申请，适用本细则第五十一条第一款的规定。

第一百一十三条 申请人发现提交的说明书、权利要求书或者附图中的文字的中文译文存在错误的，可以在下列规定期限内依照原始国际申请文本提出改正：

（一）在国务院专利行政部门作好公布发明专利申请或者公告实用新型专利权的准备工作之前；

（二）在收到国务院专利行政部门发出的发明专利申请进入实质审查阶段通知书之日起3个月内。

申请人改正译文错误的，应当提出书面请求并缴纳规定的译文改正费。

申请人按照国务院专利行政部门的通知书的要求改正译文的，应当在指定期限内办理本条第二款规定的手续；期满未办理规定手续的，该申请视为撤回。

第一百一十四条 对要求获得发明专利权的国际申请，国务院专利行政部门经初步审查认为符合专利法和本细则有关规定的，应当在专利公报上予以公布；国际申请以中文以外的文字提出的，应当公布申请文件的中文译文。

要求获得发明专利权的国际申请，由国际局以中文进行国际公布的，自国际公布日起适用专利法第十三条的规定；由国际局以中文以外的文字进行国际公布的，自国务院专利行政部门公布之日起适用专利法第十三条的规定。

对国际申请，专利法第二十一条和第二十二条中所称的公布是指本条第一款所规定的公布。

第一百一十五条 国际申请包含两项以上发明或者实用新型的，申请人可以自进入日起，依照本细则第四十二条第一款的规定提出分案申请。

在国际阶段，国际检索单位或者国际初步审查单位认为国际申请不符合专利合作条约规定的单一性要求时，申请人未按照规定缴纳附加费，导致国际申请某些部分未经国际检索或者未经国际初步审查，在进入中国国家阶段时，申请人要求将所述部分作为审查基础，国务院专利行政部门认为国际检索单位或者国际初步审查单位对发明单一性的判断正确的，应当通知申请人在指定期限内缴纳单一性恢复费。期满未缴纳或者未足额缴纳的，国际申请中未经检索或者未经国际初步审查的部分视为撤回。

第一百一十六条 国际申请在国际阶段被有关国际单位拒绝给予国际申请日或者宣布视为撤回的，申请人在收到通知之日起 2 个月内，可以请求国际局将国际申请档案中任何文件的副本转交国务院专利行政部门，并在该期限内向国务院专利行政部门办理本细则第一百零三条规定的手续，国务院专利行政部门应当在接到国际局传送的文件后，对国际单位作出的决定是否正确进行复查。

第一百一十七条 基于国际申请授予的专利权，由于译文错误，致使依照专利法第五十九条规定确定的保护范围超出国际申请的原文所表达的范围的，以依据原文限制后的保护范围为准；致使保护范围小于国际申请的原文所表达的范围的，以授权时的保护范围为准。

第十一章 附 则

第一百一十八条 经国务院专利行政部门同意，任何人均可以查阅或者复制已经公布或者公告的专利申请的案卷和专利登记簿，并可以请求国务院专利行政部门出具专利登记簿副本。

已视为撤回、驳回和主动撤回的专利申请的案卷，自该专利申请失效之日起满 2 年后不予保存。

已放弃、宣告全部无效和终止的专利权的案卷，自该专利权失效之日起满 3 年后不予保存。

第一百一十九条 向国务院专利行政部门提交申请文件或者办理各种手续，应当由申请人、专利权人、其他利害关系人或者其代表人签字或者盖章；委托专利代理机构的，由专利代理机构盖章。

请求变更发明人姓名、专利申请人和专利权人的姓名或者名称、国籍和地址、专利代理机构的名称、地址和代理人姓名的，应当向国务院专利行政部门办理著录事项变更手续，并附具变更理由的证明材料。

第一百二十条 向国务院专利行政部门邮寄有关申请或者专利权的文件，应当使用挂号信函，不得使用包裹。

除首次提交专利申请文件外，向国务院专利行政部门提交各种文件、办理各种手续的，应当标明申请号或者专利号、发明创造名称和申请人或者专利权人姓名或者名称。

一件信函中应当只包含同一申请的文件。

第一百二十一条 各类申请文件应当打字或者印刷，字迹呈黑色，整齐清晰，并不得涂改。附图应当用制图工具和黑色墨水绘制，线条应当均匀清晰，并不得涂改。

请求书、说明书、权利要求书、附图和摘要应当分别用阿拉伯数字顺序编号。

申请文件的文字部分应当横向书写。纸张限于单面使用。

第一百二十二条 国务院专利行政部门根据专利法和本细则制定专利审查指南。

第一百二十三条 本细则自 2001 年 7 月 1 日起施行。1992 年 12 月 12 日国务院批准修订、1992 年 12 月 21 日中国专利局发布的《中华人民共和国专利法实施细则》同时废止。

专利标识标注办法

（2012 年 3 月 8 日国家知识产权局令第 63 号公布　自 2012 年 5 月 1 日起施行）

第一条　为了规范专利标识的标注方式，维护正常的市场经济秩序，根据《中华人民共和国专利法》（以下简称专利法）和《中华人民共和国专利法实施细则》的有关规定，制定本办法。

第二条　标注专利标识的，应当按照本办法予以标注。

第三条　管理专利工作的部门负责在本行政区域内对标注专利标识的行为进行监督管理。

第四条　在授予专利权之后的专利权有效期内，专利权人或者经专利权人同意享有专利标识标注权的被许可人可以在其专利产品、依照专利方法直接获得的产品、该产品的包装或者该产品的说明书等材料上标注专利标识。

第五条　标注专利标识的，应当标明下述内容：

（一）采用中文标明专利权的类别，例如中国发明专利、中国实用新型专利、中国外观设计专利；

（二）国家知识产权局授予专利权的专利号。

除上述内容之外，可以附加其他文字、图形标记，但附加的文字、图形标记及其标注方式不得误导公众。

第六条　在依照专利方法直接获得的产品、该产品的包装或者该产品的说明书等材料上标注专利标识的，应当采用中文标明该产品系依照专利方法所获得的产品。

第七条　专利权被授予前在产品、该产品的包装或者该产品的说明书等材料上进行标注的，应当采用中文标明中国专利申请的类别、专利申请号，并标明“专利申请，尚未授权”字样。

第八条　专利标识的标注不符合本办法第五条、第六条或者第七条规定的，由管理专利工作的部门责令改正。

专利标识标注不当，构成假冒专利行为的，由管理专利工作的部门依照专利法第六十三条的规定进行处罚。

第九条　本办法由国家知识产权局负责解释。

第十条　本办法自 2012 年 5 月 1 日起施行。2003 年 5 月 30 日国家知识产权局令第二十九号发布的《专利标记和专利号标注方式的规定》同时废止。

专利权质押登记办法

（2021 年 11 月 15 日国家知识产权局令第 461 号发布　自发布之日起施行）

第一条　为了促进专利权运用和资金融通，保障相关权利人合法权益，规范专利权质押登记，根据《中华人民共和国民法典》《中华人民共和国专利法》及有关规定，制定本办法。

第二条　国家知识产权局负责专利权质押登记工作。

第三条　以专利权出质的，出质人与质权人应当订立书面合同。

质押合同可以是单独订立的合同，也可以是主合同中的担保条款。

出质人和质权人应共同向国家知识产权局

办理专利权质押登记，专利权质权自国家知识产权局登记时设立。

第四条 以共有的专利权出质的，除全体共有人另有约定的以外，应当取得其他共有人的同意。

第五条 在中国没有经常居所或者营业所的外国人、外国企业或者外国其他组织办理专利权质押登记手续的，应当委托依法设立的专利代理机构办理。

中国单位或者个人办理专利权质押登记手续的，可以委托依法设立的专利代理机构办理。

第六条 当事人可以通过互联网在线提交电子件、邮寄或窗口提交纸件等方式办理专利权质押登记相关手续。

第七条 申请专利权质押登记的，当事人应当向国家知识产权局提交下列文件：

（一）出质人和质权人共同签字或盖章的专利权质押登记申请表；

（二）专利权质押合同；

（三）双方当事人的身份证明，或当事人签署的相关承诺书；

（四）委托代理的，注明委托权限的委托书；

（五）其他需要提供的材料。

专利权经过资产评估的，当事人还应当提交资产评估报告。

除身份证明外，当事人提交的其他各种文件应当使用中文。身份证明是外文的，当事人应当附送中文译文；未附送的，视为未提交。

当事人通过互联网在线办理专利权质押登记手续的，应当对所提交电子件与纸件原件的一致性作出承诺，并于事后补交纸件原件。

第八条 当事人提交的专利权质押合同应当包括以下与质押登记相关的内容：

（一）当事人的姓名或名称、地址；

（二）被担保债权的种类和数额；

（三）债务人履行债务的期限；

（四）专利权项数以及每项专利权的名称、专利号、申请日、授权公告日；

（五）质押担保的范围。

第九条 除本办法第八条规定的事项外，当事人可以在专利权质押合同中约定下列事项：

（一）质押期间专利权年费的缴纳；

（二）质押期间专利权的转让、实施许可；

（三）质押期间专利权被宣告无效或者专利权归属发生变更时的处理；

（四）实现质权时，相关技术资料的交付；

（五）已办理质押登记的同一申请人的实用新型有同样的发明创造于同日申请发明专利、质押期间该发明申请被授予专利权的情形处理。

第十条 国家知识产权局收到当事人提交的质押登记申请文件，应当予以受理，并自收到之日起5个工作日内进行审查，决定是否予以登记。

通过互联网在线方式提交的，国家知识产权局在2个工作日内进行审查并决定是否予以登记。

第十一条 专利权质押登记申请经审查合格的，国家知识产权局在专利登记簿上予以登记，并向当事人发送《专利权质押登记通知书》。经审查发现有下列情形之一的，国家知识产权局作出不予登记的决定，并向当事人发送《专利权质押不予登记通知书》：

（一）出质人不是当事人申请质押登记时专利登记簿记载的专利权人的；

（二）专利权已终止或者已被宣告无效的；

（三）专利申请尚未被授予专利权的；

（四）专利权没有按照规定缴纳年费的；

（五）因专利权的归属发生纠纷已请求国家知识产权局中止有关程序，或者人民法院裁定对专利权采取保全措施，专利权的质押手续被暂停办理的；

（六）债务人履行债务的期限超过专利权有效期的；

（七）质押合同不符合本办法第八条规定的；

（八）以共有专利权出质但未取得全体共有人同意且无特别约定的；

（九）专利权已被申请质押登记且处于质押期间的；

（十）请求办理质押登记的同一申请人的实用新型有同样的发明创造已于同日申请发明专利的，但当事人被告知该情况后仍声明同意继续办理专利权质押登记的除外；

（十一）专利权已被启动无效宣告程序的，但当事人被告知该情况后仍声明同意继续办理专利权质押登记的除外；

（十二）其他不符合出质条件的情形。

第十二条　专利权质押期间，国家知识产权局发现质押登记存在本办法第十一条所列情形并且尚未消除的，或者发现其他应当撤销专利权质押登记的情形的，应当撤销专利权质押登记，并向当事人发出《专利权质押登记撤销通知书》。

专利权质押登记被撤销的，质押登记的效力自始无效。

第十三条　专利权质押期间，当事人的姓名或者名称、地址更改的，应当持专利权质押登记变更申请表、变更证明或当事人签署的相关承诺书，向国家知识产权局办理专利权质押登记变更手续。

专利权质押期间，被担保的主债权种类及数额或者质押担保的范围发生变更的，当事人应当自变更之日起 30 日内持专利权质押登记变更申请表以及变更协议，向国家知识产权局办理专利权质押登记变更手续。

国家知识产权局收到变更登记申请后，经审核，向当事人发出《专利权质押登记变更通知书》，审核期限按照本办法第十条办理登记手续的期限执行。

第十四条　有下列情形之一的，当事人应当持专利权质押登记注销申请表、注销证明或当事人签署的相关承诺书，向国家知识产权局办理质押登记注销手续：

（一）债务人按期履行债务或者出质人提前清偿所担保的债务的；

（二）质权已经实现的；

（三）质权人放弃质权的；

（四）因主合同无效、被撤销致使质押合同无效、被撤销的；

（五）法律规定质权消灭的其他情形。

国家知识产权局收到注销登记申请后，经审核，向当事人发出《专利权质押登记注销通知书》，审核期限按照本办法第十条办理登记手续的期限执行。专利权质押登记的效力自注销之日起终止。

第十五条　专利登记簿记录专利权质押登记的以下事项，并在定期出版的专利公报上予以公告：出质人、质权人、主分类号、专利号、授权公告日、质押登记日、变更项目、注销日等。

第十六条　出质人和质权人以合理理由提出请求的，可以查阅或复制专利权质押登记手续办理相关文件。

专利权人以他人未经本人同意而办理专利权质押登记手续为由提出查询和复制请求的，可以查阅或复制办理专利权质押登记手续过程中提交的申请表、含有出质人签字或盖章的文件。

第十七条　专利权质押期间，出质人未提交质权人同意其放弃该专利权的证明材料的，国家知识产权局不予办理专利权放弃手续。

第十八条　专利权质押期间，出质人未提交质权人同意转让或者许可实施该专利权的证明材料的，国家知识产权局不予办理专利权转让登记手续或者专利实施许可合同备案手续。

出质人转让或者许可他人实施出质的专利权的，出质人所得的转让费、许可费应当向质权人提前清偿债务或者提存。

第十九条　专利权质押期间，出现以下情形的，国家知识产权局应当及时通知质权人：

（一）被宣告无效或者终止的；

（二）专利年费未按照规定时间缴纳的；

（三）因专利权的归属发生纠纷已请求国家知识产权局中止有关程序，或者人民法院裁定对专利权采取保全措施的。

第二十条　当事人选择以承诺方式办理专利权质押登记相关手续的，国家知识产权局必要时对当事人的承诺内容是否属实进行抽查，发现承诺内容与实际情况不符的，应当向当事人发出通知，要求限期整改。逾期拒不整改或者整改后仍不符合条件的，国家知识产权局按照相关规定采取相应的失信惩戒措施。

第二十一条　本办法由国家知识产权局负责解释。

第二十二条　本办法自发布之日起施行。

2. 专 利 代 理

专利代理条例

（1991年3月4日中华人民共和国国务院令第76号发布
2018年9月6日国务院第23次常务会议修订通过
2018年11月6日中华人民共和国国务院令
第706号公布　自2019年3月1日起施行）

第一章　总　则

第一条　为了规范专利代理行为，保障委托人、专利代理机构和专利代理师的合法权益，维护专利代理活动的正常秩序，促进专利代理行业健康发展，根据《中华人民共和国专利法》，制定本条例。

第二条　本条例所称专利代理，是指专利代理机构接受委托，以委托人的名义在代理权限范围内办理专利申请、宣告专利权无效等专利事务的行为。

第三条　任何单位和个人可以自行在国内申请专利和办理其他专利事务，也可以委托依法设立的专利代理机构办理，法律另有规定的除外。

专利代理机构应当按照委托人的委托办理专利事务。

第四条　专利代理机构和专利代理师执业应当遵守法律、行政法规，恪守职业道德、执业纪律，维护委托人的合法权益。

专利代理机构和专利代理师依法执业受法律保护。

第五条　国务院专利行政部门负责全国的专利代理管理工作。

省、自治区、直辖市人民政府管理专利工作的部门负责本行政区域内的专利代理管理工作。

第六条　专利代理机构和专利代理师可以依法成立和参加专利代理行业组织。

专利代理行业组织应当制定专利代理行业自律规范。专利代理行业自律规范不得与法律、行政法规相抵触。

国务院专利行政部门依法对专利代理行业组织进行监督、指导。

第二章　专利代理机构和专利代理师

第七条　专利代理机构的组织形式应当为合伙企业、有限责任公司等。

第八条　合伙企业、有限责任公司形式的专利代理机构从事专利代理业务应当具备下列条件：

（一）有符合法律、行政法规规定的专利代理机构名称；

（二）有书面合伙协议或者公司章程；

（三）有独立的经营场所；

（四）合伙人、股东符合国家有关规定。

第九条　从事专利代理业务，应当向国务院专利行政部门提出申请，提交有关材料，取得专利代理机构执业许可证。国务院专利行政部门应当自受理申请之日起20日内作出是否颁发专利代理机构执业许可证的决定。

专利代理机构合伙人、股东或者法定代表人等事项发生变化的，应当办理变更手续。

第十条　具有高等院校理工科专业专科以上学历的中国公民可以参加全国专利代理师资格考试；考试合格的，由国务院专利行政部门颁发专利代理师资格证。专利代理师资格考试办法由国务院专利行政部门制定。

第十一条　专利代理师执业应当取得专利代理师资格证，在专利代理机构实习满1年，并在一家专利代理机构从业。

第十二条　专利代理师首次执业，应当自执业之日起30日内向专利代理机构所在地省、自治区、直辖市人民政府管理专利工作的部门备案。

省、自治区、直辖市人民政府管理专利工作的部门应当为专利代理师通过互联网备案提供方便。

第三章 专利代理执业

第十三条 专利代理机构可以接受委托，代理专利申请、宣告专利权无效、转让专利申请权或者专利权以及订立专利实施许可合同等专利事务，也可以应当事人要求提供专利事务方面的咨询。

第十四条 专利代理机构接受委托，应当与委托人订立书面委托合同。专利代理机构接受委托后，不得就同一专利申请或者专利权的事务接受有利益冲突的其他当事人的委托。

专利代理机构应当指派在本机构执业的专利代理师承办专利代理业务，指派的专利代理师本人及其近亲属不得与其承办的专利代理业务有利益冲突。

第十五条 专利代理机构解散或者被撤销、吊销执业许可证的，应当妥善处理各种尚未办结的专利代理业务。

第十六条 专利代理师应当根据专利代理机构的指派承办专利代理业务，不得自行接受委托。

专利代理师不得同时在两个以上专利代理机构从事专利代理业务。

专利代理师对其签名办理的专利代理业务负责。

第十七条 专利代理机构和专利代理师对其在执业过程中了解的发明创造的内容，除专利申请已经公布或者公告的以外，负有保守秘密的义务。

第十八条 专利代理机构和专利代理师不得以自己的名义申请专利或者请求宣告专利权无效。

第十九条 国务院专利行政部门和地方人民政府管理专利工作的部门的工作人员离职后，在法律、行政法规规定的期限内不得从事专利代理工作。

曾在国务院专利行政部门或者地方人民政府管理专利工作的部门任职的专利代理师，不得对其审查、审理或者处理过的专利申请或专利案件进行代理。

第二十条 专利代理机构收费应当遵循自愿、公平和诚实信用原则，兼顾经济效益和社会效益。

国家鼓励专利代理机构和专利代理师为小微企业以及无收入或者低收入的发明人、设计人提供专利代理援助服务。

第二十一条 专利代理行业组织应当加强对会员的自律管理，组织开展专利代理师业务培训和职业道德、执业纪律教育，对违反行业自律规范的会员实行惩戒。

第二十二条 国务院专利行政部门和省、自治区、直辖市人民政府管理专利工作的部门应当采取随机抽查等方式，对专利代理机构和专利代理师的执业活动进行检查、监督，发现违反本条例规定的，及时依法予以处理，并向社会公布检查、处理结果。检查不得收取任何费用。

第二十三条 国务院专利行政部门和省、自治区、直辖市人民政府管理专利工作的部门应当加强专利代理公共信息发布，为公众了解专利代理机构经营情况、专利代理师执业情况提供查询服务。

第四章 法律责任

第二十四条 以隐瞒真实情况、弄虚作假手段取得专利代理机构执业许可证、专利代理师资格证的，由国务院专利行政部门撤销专利代理机构执业许可证、专利代理师资格证。

专利代理机构取得执业许可证后，因情况变化不再符合本条例规定的条件的，由国务院专利行政部门责令限期整改；逾期未改正或者整改不合格的，撤销执业许可证。

第二十五条 专利代理机构有下列行为之一的，由省、自治区、直辖市人民政府管理专利工作的部门责令限期改正，予以警告，可以处10万元以下的罚款；情节严重或者逾期未改正的，由国务院专利行政部门责令停止承接新的专利代理业务6个月至12个月，直至吊销专利代理机构执业许可证：

（一）合伙人、股东或者法定代表人等事项发生变化未办理变更手续；

（二）就同一专利申请或者专利权的事务接受有利益冲突的其他当事人的委托；

（三）指派专利代理师承办与其本人或者

其近亲属有利益冲突的专利代理业务；

（四）泄露委托人的发明创造内容，或者以自己的名义申请专利或请求宣告专利权无效；

（五）疏于管理，造成严重后果。

专业代理机构在执业过程中泄露委托人的发明创造内容，涉及泄露国家秘密、侵犯商业秘密的，或者向有关行政、司法机关的工作人员行贿，提供虚假证据的，依照有关法律、行政法规的规定承担法律责任；由国务院专利行政部门吊销专利代理机构执业许可证。

第二十六条 专利代理师有下列行为之一的，由省、自治区、直辖市人民政府管理专利工作的部门责令限期改正，予以警告，可以处5万元以下的罚款；情节严重或者逾期未改正的，由国务院专利行政部门责令停止承办新的专利代理业务6个月至12个月，直至吊销专利代理师资格证：

（一）未依照本条例规定进行备案；

（二）自行接受委托办理专利代理业务；

（三）同时在两个以上专利代理机构从事专利代理业务；

（四）违反本条例规定对其审查、审理或者处理过的专利申请或专利案件进行代理；

（五）泄露委托人的发明创造内容，或者以自己的名义申请专利或请求宣告专利权无效。

专利代理师在执业过程中泄露委托人的发明创造内容，涉及泄露国家秘密、侵犯商业秘密的，或者向有关行政、司法机关的工作人员行贿，提供虚假证据的，依照有关法律、行政法规的规定承担法律责任；由国务院专利行政部门吊销专利代理师资格证。

第二十七条 违反本条例规定擅自开展专利代理业务的，由省、自治区、直辖市人民政府管理专利工作的部门责令停止违法行为，没收违法所得，并处违法所得1倍以上5倍以下的罚款。

第二十八条 国务院专利行政部门或者省、自治区、直辖市人民政府管理专利工作的部门的工作人员违反本条例规定，滥用职权、玩忽职守、徇私舞弊的，依法给予处分；构成犯罪的，依法追究刑事责任。

第五章 附 则

第二十九条 外国专利代理机构在中华人民共和国境内设立常驻代表机构，须经国务院专利行政部门批准。

第三十条 律师事务所可以依据《中华人民共和国律师法》、《中华人民共和国民事诉讼法》等法律、行政法规开展与专利有关的业务，但从事代理专利申请、宣告专利权无效业务应当遵守本条例规定，具体办法由国务院专利行政部门商国务院司法行政部门另行制定。

第三十一条 代理国防专利事务的专利代理机构和专利代理师的管理办法，由国务院专利行政部门商国家国防专利机构主管机关另行制定。

第三十二条 本条例自2019年3月1日起施行。

本条例施行前依法设立的专利代理机构以及依法执业的专利代理人，在本条例施行后可以继续以专利代理机构、专利代理师的名义开展专利代理业务。

专利代理管理办法

（2019年4月4日国家市场监督管理总局令第6号公布）

第一章 总 则

第一条 为了规范专利代理行为，保障委托人、专利代理机构以及专利代理师的合法权益，维护专利代理行业的正常秩序，促进专利代理行业健康发展，根据《中华人民共和国专利法》《专利代理条例》以及其他有关法律、行政法规的规定，制定本办法。

第二条 国家知识产权局和省、自治区、直辖市人民政府管理专利工作的部门依法对专利代理机构和专利代理师进行管理和监督。

第三条 国家知识产权局和省、自治区、直辖市人民政府管理专利工作的部门应当按照公平公正公开、依法有序、透明高效的原则对专利代理执业活动进行检查和监督。

第四条 专利代理机构和专利代理师可以依法成立和参加全国性或者地方性专利代理行业组织。专利代理行业组织是社会团体，是专利代理师的自律性组织。

专利代理行业组织应当制定专利代理行业自律规范，行业自律规范不得与法律、行政法规、部门规章相抵触。专利代理机构、专利代理师应当遵守行业自律规范。

第五条 专利代理机构和专利代理师执业应当遵守法律、行政法规和本办法，恪守职业道德、执业纪律，诚实守信，规范执业，提升专利代理质量，维护委托人的合法权益和专利代理行业正常秩序。

第六条 国家知识产权局和省、自治区、直辖市人民政府管理专利工作的部门可以根据实际情况，通过制定政策、建立机制等措施，支持引导专利代理机构为小微企业以及无收入或者低收入的发明人、设计人提供专利代理援助服务。

鼓励专利代理行业组织和专利代理机构利用自身资源开展专利代理援助工作。

第七条 国家知识产权局和省、自治区、直辖市人民政府管理专利工作的部门应当加强电子政务建设和专利代理公共信息发布，优化专利代理管理系统，方便专利代理机构、专利代理师和公众办理事务、查询信息。

第八条 任何单位、个人未经许可，不得代理专利申请和宣告专利权无效等业务。

第二章 专利代理机构

第九条 专利代理机构的组织形式应当为合伙企业、有限责任公司等。合伙人、股东应当为中国公民。

第十条 合伙企业形式的专利代理机构申请办理执业许可证的，应当具备下列条件：

（一）有符合法律、行政法规和本办法第十四条规定的专利代理机构名称；

（二）有书面合伙协议；

（三）有独立的经营场所；

（四）有两名以上合伙人；

（五）合伙人具有专利代理师资格证，并有两年以上专利代理师执业经历。

第十一条 有限责任公司形式的专利代理机构申请办理执业许可证的，应当具备下列条件：

（一）有符合法律、行政法规和本办法第十四条规定的专利代理机构名称；

（二）有书面公司章程；

（三）有独立的经营场所；

（四）有五名以上股东；

（五）五分之四以上股东以及公司法定代表人具有专利代理师资格证，并有两年以上专利代理师执业经历。

第十二条 律师事务所申请办理执业许可证的，应当具备下列条件：

（一）有独立的经营场所；

（二）有两名以上合伙人或者专职律师具有专利代理师资格证。

第十三条 有下列情形之一的，不得作为专利代理机构的合伙人、股东：

（一）不具有完全民事行为能力；

（二）因故意犯罪受过刑事处罚；

（三）不能专职在专利代理机构工作；

（四）所在专利代理机构解散或者被撤销、吊销执业许可证，未妥善处理各种尚未办结的专利代理业务。

专利代理机构以欺骗、贿赂等不正当手段取得执业许可证，被依法撤销、吊销的，其合伙人、股东、法定代表人自处罚决定作出之日起三年内不得在专利代理机构新任合伙人或者股东、法定代表人。

第十四条 专利代理机构只能使用一个名称。除律师事务所外，专利代理机构的名称中应当含有“专利代理”或者“知识产权代理”等字样。专利代理机构分支机构的名称由专利代理机构全名称、分支机构所在城市名称或者所在地区名称和“分公司”或者“分所”等组成。

专利代理机构的名称不得在全国范围内与正在使用或者已经使用过的专利代理机构的名称相同或者近似。

律师事务所申请办理执业许可证的，可以使用该律师事务所的名称。

第十五条 申请专利代理机构执业许可证的，应当通过专利代理管理系统向国家知识产权局提交申请书和下列申请材料：

（一）合伙企业形式的专利代理机构应当提交营业执照、合伙协议和合伙人身份证件扫描件；

（二）有限责任公司形式的专利代理机构应当提交营业执照、公司章程和股东身份证件扫描件；

（三）律师事务所应当提交律师事务所执业许可证和具有专利代理师资格证的合伙人、专职律师身份证件扫描件。

申请人应当对其申请材料实质内容的真实性负责。必要时，国家知识产权局可以要求申请人提供原件进行核实。法律、行政法规和国务院决定另有规定的除外。

第十六条 申请材料不符合本办法第十五条规定的，国家知识产权局应当自收到申请材料之日起五日内一次告知申请人需要补正的全部内容，逾期未告知的，自收到申请材料之日起视为受理；申请材料齐全、符合法定形式，或者申请人按照要求提交全部补正申请材料的，应当受理该申请。受理或者不予受理申请的，应当书面通知申请人并说明理由。

国家知识产权局应当自受理之日起十日内予以审核，对符合规定条件的，予以批准，向申请人颁发专利代理机构执业许可证；对不符合规定条件的，不予批准，书面通知申请人并说明理由。

第十七条 专利代理机构名称、经营场所、合伙协议或者公司章程、合伙人或者执行事务合伙人、股东或者法定代表人发生变化的，应当自办理企业变更登记之日起三十日内向国家知识产权局申请办理变更手续；律师事务所具有专利代理师资格证的合伙人或者专职律师等事项发生变化的，应当自司法行政部门批准之日起三十日内向国家知识产权局申请办理变更手续。

国家知识产权局应当自申请受理之日起十日内作出相应决定，对符合本办法规定的事项予以变更。

第十八条 专利代理机构在国家知识产权局登记的信息应当与其在市场监督管理部门或者司法行政部门的登记信息一致。

第十九条 专利代理机构解散或者不再办理专利代理业务的，应当在妥善处理各种尚未办结的业务后，向国家知识产权局办理注销专利代理机构执业许可证手续。

专利代理机构注销营业执照，或者营业执照、执业许可证被撤销、吊销的，应当在营业执照注销三十日前或者接到撤销、吊销通知书之日起三十日内通知委托人解除委托合同，妥善处理尚未办结的业务，并向国家知识产权局办理注销专利代理机构执业许可证的手续。未妥善处理全部专利代理业务的，专利代理机构的合伙人、股东不得办理专利代理师执业备案变更。

第二十条 专利代理机构设立分支机构办理专利代理业务的，应当具备下列条件：

（一）办理专利代理业务时间满两年；

（二）有十名以上专利代理师执业，拟设分支机构应当有一名以上专利代理师执业，并且分支机构负责人应当具有专利代理师资格证；

（三）专利代理师不得同时在两个以上的分支机构担任负责人；

（四）设立分支机构前三年内未受过专利代理行政处罚；

（五）设立分支机构时未被列入经营异常名录或者严重违法失信名单。

第二十一条 专利代理机构的分支机构不得以自己的名义办理专利代理业务。专利代理机构应当对其分支机构的执业活动承担法律责任。

第二十二条 专利代理机构设立、变更或者注销分支机构的，应当自完成分支机构相关企业或者司法登记手续之日起三十日内，通过专利代理管理系统向分支机构所在地的省、自治区、直辖市人民政府管理专利工作的部门进行备案。

备案应当填写备案表并上传下列材料：

（一）设立分支机构的，上传分支机构营业执照或者律师事务所分所执业许可证扫描件；

（二）变更分支机构注册事项的，上传变更以后的分支机构营业执照或者律师事务所分所执业许可证扫描件；

（三）注销分支机构的，上传妥善处理完各种事项的说明。

第二十三条 专利代理机构应当建立健全质量管理、利益冲突审查、投诉处理、年度考核等执业管理制度以及人员管理、财务管理、档案管理等运营制度，对专利代理师在执业活动中遵守职业道德、执业纪律的情况进行监督。

专利代理机构的股东应当遵守国家有关规定，恪守专利代理职业道德、执业纪律，维护专利代理行业正常秩序。

第二十四条 专利代理机构通过互联网平台宣传、承接专利代理业务的，应当遵守《中华人民共和国电子商务法》等相关规定。

前款所述专利代理机构应当在首页显著位置持续公示并及时更新专利代理机构执业许可证等信息。

第三章 专利代理师

第二十五条 专利代理机构应当依法按照自愿和协商一致的原则与其聘用的专利代理师订立劳动合同。专利代理师应当受专利代理机构指派承办专利代理业务，不得自行接受委托。

第二十六条 专利代理师执业应当符合下列条件：

（一）具有完全民事行为能力；

（二）取得专利代理师资格证；

（三）在专利代理机构实习满一年，但具有律师执业经历或者三年以上专利审查经历的人员除外；

（四）在专利代理机构担任合伙人、股东，或者与专利代理机构签订劳动合同；

（五）能专职从事专利代理业务。

符合前款所列全部条件之日为执业之日。

第二十七条 专利代理实习人员进行专利代理业务实习，应当接受专利代理机构的指导。

第二十八条 专利代理师首次执业的，应当自执业之日起三十日内通过专利代理管理系统向专利代理机构所在地的省、自治区、直辖市人民政府管理专利工作的部门进行执业备案。

备案应当填写备案表并上传下列材料：

（一）本人身份证件扫描件；

（二）与专利代理机构签订的劳动合同；

（三）实习评价材料。

专利代理师应当对其备案材料实质内容的真实性负责。必要时，省、自治区、直辖市人民政府管理专利工作的部门可以要求提供原件进行核实。

第二十九条 专利代理师从专利代理机构离职的，应当妥善办理业务移交手续，并自离职之日起三十日内通过专利代理管理系统向专利代理机构所在地的省、自治区、直辖市人民政府管理专利工作的部门提交解聘证明等，进行执业备案变更。

专利代理师转换执业专利代理机构的，应当自转换执业之日起三十日内进行执业备案变更，上传与专利代理机构签订的劳动合同或者担任股东、合伙人的证明。

未在规定时间内变更执业备案的，视为逾期未主动履行备案变更手续，省、自治区、直辖市人民政府管理专利工作的部门核实后可以直接予以变更。

第四章 专利代理行业组织

第三十条 专利代理行业组织应当严格行业自律，组织引导专利代理机构和专利代理师依法规范执业，不断提高行业服务水平。

第三十一条 国家知识产权局和省、自治区、直辖市人民政府管理专利工作的部门根据国家有关规定对专利代理行业组织进行监督和管理。

第三十二条 专利代理行业组织应当依法履行下列职责：

（一）维护专利代理机构和专利代理师的合法权益；

（二）制定行业自律规范，加强行业自律，对会员实施考核、奖励和惩戒，及时向社会公布其吸纳的会员信息和对会员的惩戒情况；

（三）组织专利代理机构、专利代理师开展专利代理援助服务；

（四）组织专利代理师实习培训和执业培训，以及职业道德、执业纪律教育；

（五）按照国家有关规定推荐专利代理师担任诉讼代理人；

（六）指导专利代理机构完善管理制度，提升专利代理服务质量；

（七）指导专利代理机构开展实习工作；

（八）开展专利代理行业国际交流；

（九）其他依法应当履行的职责。

第三十三条 专利代理行业组织应当建立健全非执业会员制度，鼓励取得专利代理师资格证的非执业人员参加专利代理行业组织、参与专利代理行业组织事务，加强非执业会员的培训和交流。

第五章 专利代理监管

第三十四条 国家知识产权局组织指导全国的专利代理机构年度报告、经营异常名录和严重违法失信名单的公示工作。

第三十五条 专利代理机构应当按照国家有关规定提交年度报告。年度报告应当包括以下内容：

（一）专利代理机构通信地址、邮政编码、联系电话、电子邮箱等信息；

（二）执行事务合伙人或者法定代表人、合伙人或者股东、专利代理师的姓名，从业人数信息；

（三）合伙人、股东的出资额、出资时间、出资方式等信息；

（四）设立分支机构的信息；

（五）专利代理机构通过互联网等信息网络提供专利代理服务的信息网络平台名称、网址等信息；

（六）专利代理机构办理专利申请、宣告专利权无效、转让、许可、纠纷的行政处理和诉讼、质押融资等业务信息；

（七）专利代理机构资产总额、负债总额、营业总收入、主营业务收入、利润总额、净利润、纳税总额等信息；

（八）专利代理机构设立境外分支机构、其从业人员获得境外专利代理从业资质的信息；

（九）其他应当予以报告的信息。

律师事务所可仅提交其从事专利事务相关的内容。

第三十六条 国家知识产权局以及省、自治区、直辖市人民政府管理专利工作的部门的工作人员应当对专利代理机构年度报告中不予公示的内容保密。

第三十七条 专利代理机构有下列情形之一的，按照国家有关规定列入经营异常名录：

（一）未在规定的期限提交年度报告；

（二）取得专利代理机构执业许可证或者提交年度报告时提供虚假信息；

（三）擅自变更名称、办公场所、执行事务合伙人或者法定代表人、合伙人或者股东；

（四）分支机构设立、变更、注销未按照规定办理备案手续；

（五）不再符合执业许可条件，省、自治区、直辖市人民政府管理专利工作的部门责令其整改，期限届满仍不符合条件；

（六）专利代理机构公示信息与其在市场监督管理部门或者司法行政部门的登记信息不一致；

（七）通过登记的经营场所无法联系。

第三十八条 专利代理机构有下列情形之一的，按照国家有关规定列入严重违法失信名单：

（一）被列入经营异常名录满三年仍未履行相关义务；

（二）受到责令停止承接新的专利代理业务、吊销专利代理机构执业许可证的专利代理行政处罚。

第三十九条 国家知识产权局指导省、自治区、直辖市人民政府管理专利工作的部门对专利代理机构和专利代理师的执业活动情况进行检查、监督。

专利代理机构跨省设立分支机构的，其分支机构应当由分支机构所在地的省、自治区、直辖市人民政府管理专利工作的部门进行检查、监督。该专利代理机构所在地的省、自治区、直辖市人民政府管理专利工作的部门应当予以协助。

第四十条 国家知识产权局和省、自治区、直辖市人民政府管理专利工作的部门应当采取书面检查、实地检查、网络监测等方式对专利代理机构和专利代理师进行检查、监督。

在检查过程中应当随机抽取检查对象，随机选派执法检查人员。发现违法违规情况的，应当及时依法处理，并向社会公布检查、处理结果。对已被列入经营异常名录或者严重违法失信名单的专利代理机构，省、自治区、直辖市人民政府管理专利工作的部门应当进行实地检查。

第四十一条 省、自治区、直辖市人民政府管理专利工作的部门应当重点对下列事项进行检查、监督：

（一）专利代理机构是否符合执业许可条件；

（二）专利代理机构合伙人、股东以及法定代表人是否符合规定；

（三）专利代理机构年度报告的信息是否

真实、完整、有效，与其在市场监督管理部门或者司法行政部门公示的信息是否一致；

（四）专利代理机构是否存在本办法第三十七条规定的情形；

（五）专利代理机构是否建立健全执业管理制度和运营制度等情况；

（六）专利代理师是否符合执业条件并履行备案手续；

（七）未取得专利代理执业许可的单位或者个人是否存在擅自开展专利代理业务的违法行为。

第四十二条 省、自治区、直辖市人民政府管理专利工作的部门依法进行检查监督时，应当将检查监督的情况和处理结果予以记录，由检查监督人员签字后归档。

当事人应当配合省、自治区、直辖市人民政府管理专利工作的部门的检查监督，接受询问，如实提供有关情况和材料。

第四十三条 国家知识产权局和省、自治区、直辖市人民政府管理专利工作的部门对存在违法违规行为的机构或者人员，可以进行警示谈话、提出意见，督促及时整改。

第四十四条 国家知识产权局和省、自治区、直辖市人民政府管理专利工作的部门应当督促专利代理机构贯彻实施专利代理相关服务规范，引导专利代理机构提升服务质量。

第四十五条 国家知识产权局应当及时向社会公布专利代理机构执业许可证取得、变更、注销、撤销、吊销等相关信息，以及专利代理师的执业备案、撤销、吊销等相关信息。

国家知识产权局和省、自治区、直辖市人民政府管理专利工作的部门应当及时向社会公示专利代理机构年度报告信息，列入或者移出经营异常名录、严重违法失信名单信息，行政处罚信息，以及对专利代理执业活动的检查情况。行政处罚、检查监督结果纳入国家企业信用信息公示系统向社会公布。

律师事务所、律师受到专利代理行政处罚的，应当由国家知识产权局和省、自治区、直辖市人民政府管理专利工作的部门将信息通报相关司法行政部门。

第六章 专利代理违法行为的处理

第四十六条 任何单位或者个人认为专利代理机构、专利代理师的执业活动违反专利代理管理有关法律、行政法规、部门规章规定，或者认为存在擅自开展专利代理业务情形的，可以向省、自治区、直辖市人民政府管理专利工作的部门投诉和举报。

省、自治区、直辖市人民政府管理专利工作的部门收到投诉和举报后，应当依据市场监督管理投诉举报处理办法、行政处罚程序等有关规定进行调查处理。本办法另有规定的除外。

第四十七条 对具有重大影响的专利代理违法违规行为，国家知识产权局可以协调或者指定有关省、自治区、直辖市人民政府管理专利工作的部门进行处理。对于专利代理违法行为的处理涉及两个以上省、自治区、直辖市人民政府管理专利工作的部门的，可以报请国家知识产权局组织协调处理。

对省、自治区、直辖市人民政府管理专利工作的部门专利代理违法行为处理工作，国家知识产权局依法进行监督。

第四十八条 省、自治区、直辖市人民政府管理专利工作的部门可以依据本地实际，要求下一级人民政府管理专利工作的部门协助处理专利代理违法违规行为；也可以依法委托有实际处理能力的管理公共事务的事业组织处理专利代理违法违规行为。

委托方应当对受托方的行为进行监督和指导，并承担法律责任。

第四十九条 省、自治区、直辖市人民政府管理专利工作的部门应当及时、全面、客观、公正地调查收集与案件有关的证据。可以通过下列方式对案件事实进行调查核实：

（一）要求当事人提交书面意见陈述；

（二）询问当事人；

（三）到当事人所在地进行现场调查，可以调阅有关业务案卷和档案材料；

（四）其他必要、合理的方式。

第五十条 案件调查终结后，省、自治区、直辖市人民政府管理专利工作的部门认为应当对专利代理机构作出责令停止承接新的专利代理业务、吊销执业许可证，或者对专利代理师作出责令停止承办新的专利代理业务、吊销专利代理师资格证行政处罚的，应当及时报送调查结果和处罚建议，提请国家知识产权局处理。

第五十一条 专利代理机构有下列情形之

一的，属于《专利代理条例》第二十五条规定的“疏于管理，造成严重后果”的违法行为：

（一）因故意或者重大过失给委托人、第三人利益造成损失，或者损害社会公共利益；

（二）从事非正常专利申请行为，严重扰乱专利工作秩序；

（三）诋毁其他专利代理师、专利代理机构，以不正当手段招揽业务，存在弄虚作假行为，严重扰乱行业秩序，受到有关行政机关处罚；

（四）严重干扰专利审查工作或者专利行政执法工作正常进行；

（五）专利代理师从专利代理机构离职未妥善办理业务移交手续，造成严重后果；

（六）专利代理机构执业许可证信息与市场监督管理部门、司法行政部门的登记信息或者实际情况不一致，未按照要求整改，给社会公众造成重大误解；

（七）分支机构设立、变更、注销不符合规定的条件或者没有按照规定备案，严重损害当事人利益；

（八）默许、指派专利代理师在未经其本人撰写或者审核的专利申请等法律文件上签名，严重损害当事人利益；

（九）涂改、倒卖、出租、出借专利代理机构执业许可证，严重扰乱行业秩序。

第五十二条 有下列情形之一的，属于《专利代理条例》第二十七条规定的“擅自开展专利代理业务”的违法行为：

（一）通过租用、借用等方式利用他人资质开展专利代理业务；

（二）未取得专利代理机构执业许可证或者不符合专利代理师执业条件，擅自代理专利申请、宣告专利权无效等相关业务，或者以专利代理机构、专利代理师的名义招揽业务；

（三）专利代理机构执业许可证或者专利代理师资格证被撤销或者吊销后，擅自代理专利申请、宣告专利权无效等相关业务，或者以专利代理机构、专利代理师的名义招揽业务。

第五十三条 专利代理师对其签名办理的专利代理业务负责。对于非经本人办理的专利事务，专利代理师有权拒绝在相关法律文件上签名。

专利代理师因专利代理质量等原因给委托人、第三人利益造成损失或者损害社会公共利益的，省、自治区、直辖市人民政府管理专利工作的部门可以对签名的专利代理师予以警告。

第五十四条 国家知识产权局按照有关规定，对专利代理领域严重失信主体开展联合惩戒。

第五十五条 法律、行政法规对专利代理机构经营活动违法行为的处理另有规定的，从其规定。

第七章 附 则

第五十六条 本办法由国家市场监督管理总局负责解释。

第五十七条 本办法中二十日以内期限的规定是指工作日，不含法定节假日。

第五十八条 本办法自2019年5月1日起施行。2015年4月30日国家知识产权局令第70号发布的《专利代理管理办法》、2002年12月12日国家知识产权局令第25号发布的《专利代理惩戒规则（试行）》同时废止。

3. 专 利 申 请

国家知识产权局
关于专利电子申请的规定

（2010年8月26日国家知识产权局令第五十七号公布
自2010年10月1日起施行）

第一条 为了规范与通过互联网传输并以电子文件形式提出的专利申请（以下简称专利电子申请）有关的程序和要求，方便申请人提交专利申请，提高专利审批效率，推进电子政务建设，依照《中华人民共和国专利法实施细则》（以下简称专利法实施细则）第二条和第十五条第二款，制定本规定。

第二条 提出专利电子申请的，应当事先与国家知识产权局签订《专利电子申请系统用户注册协议》（以下简称用户协议）。

开办专利电子申请代理业务的专利代理机构，应当以该专利代理机构名义与国家知识产权局签订用户协议。

申请人委托已与国家知识产权局签订用户协议的专利代理机构办理专利电子申请业务的，无须另行与国家知识产权局签订用户协议。

第三条 申请人有两人以上且未委托专利代理机构的，以提交电子申请的申请人为代表人。

第四条 发明、实用新型和外观设计专利申请均可以采用电子文件形式提出。

依照专利法实施细则第一百零一条第二款的规定进入中国国家阶段的专利申请，可以采用电子文件形式提交。

依照专利法实施细则第一百零一条第一款的规定向国家知识产权局提出专利国际申请的，不适用本规定。

第五条 申请专利的发明创造涉及国家安全或者重大利益需要保密的，应当以纸件形式提出专利申请。

申请人以电子文件形式提出专利申请后，国家知识产权局认为该专利申请需要保密的，应当将该专利申请转为纸件形式继续审查并通知申请人。申请人在后续程序中应当以纸件形式递交各种文件。

依照专利法实施细则第八条第二款第（一）项直接向外国申请专利或者向有关国外机构提交专利国际申请的，申请人向国家知识产权局提出的保密审查请求和技术方案应当以纸件形式提出。

第六条 提交专利电子申请和相关文件的，应当遵守规定的文件格式、数据标准、操作规范和传输方式。专利电子申请和相关文件未能被国家知识产权局专利电子申请系统正常接收的，视为未提交。

第七条 申请人办理专利电子申请各种手续的，应当以电子文件形式提交相关文件。除另有规定外，国家知识产权局不接受申请人以纸件形式提交的相关文件。不符合本款规定的，相关文件视为未提交。

以纸件形式提出专利申请并被受理后，除涉及国家安全或者重大利益需要保密的专利申请外，申请人可以请求将纸件申请转为专利电子申请。

特殊情形下需要将专利电子申请转为纸件申请的，申请人应当提出请求，经国家知识产权局审批并办理相关手续后可以转为纸件申请。

第八条 申请人办理专利电子申请的各种

手续的，对专利法及其实施细则或者专利审查指南中规定的应当以原件形式提交的相关文件，申请人可以提交原件的电子扫描文件。国家知识产权局认为必要时，可以要求申请人在指定期限内提交原件。

申请人在提出专利电子申请时请求减缴或者缓缴专利法实施细则规定的各种费用需要提交有关证明文件的，应当在提出专利申请时提交证明文件原件的电子扫描文件。未提交电子扫描文件的，视为未提交有关证明文件。

第九条 采用电子文件形式向国家知识产权局提交的各种文件，以国家知识产权局专利电子申请系统收到电子文件之日为递交日。

对于专利电子申请，国家知识产权局以电子文件形式向申请人发出的各种通知书、决定或者其他文件，自文件发出之日起满15日，推定为申请人收到文件之日。

第十条 专利法及其实施细则和专利审查指南中关于专利申请和相关文件的所有规定，除专门针对以纸件形式提交的专利申请和相关文件的规定之外，均适用于专利电子申请。

第十一条 本规定由国家知识产权局负责解释。

第十二条 本规定自2010年10月1日起施行。2004年2月12日国家知识产权局令第三十五号发布的《关于电子专利申请的规定》同时废止。

专利优先审查管理办法

（2017年6月27日国家知识产权局令第76号公布 自2017年8月1日起施行）

第一条 为了促进产业结构优化升级，推进国家知识产权战略实施和知识产权强国建设，服务创新驱动发展，完善专利审查程序，根据《中华人民共和国专利法》和《中华人民共和国专利法实施细则》（以下简称专利法实施细则）的有关规定，制定本办法。

第二条 下列专利申请或者案件的优先审查适用本办法：

（一）实质审查阶段的发明专利申请；

（二）实用新型和外观设计专利申请；

（三）发明、实用新型和外观设计专利申请的复审；

（四）发明、实用新型和外观设计专利的无效宣告。

依据国家知识产权局与其他国家或者地区专利审查机构签订的双边或者多边协议开展优先审查的，按照有关规定处理，不适用本办法。

第三条 有下列情形之一的专利申请或者专利复审案件，可以请求优先审查：

（一）涉及节能环保、新一代信息技术、生物、高端装备制造、新能源、新材料、新能源汽车、智能制造等国家重点发展产业；

（二）涉及各省级和设区的市级人民政府重点鼓励的产业；

（三）涉及互联网、大数据、云计算等领域且技术或者产品更新速度快；

（四）专利申请人或者复审请求人已经做好实施准备或者已经开始实施，或者有证据证明他人正在实施其发明创造；

（五）就相同主题首次在中国提出专利申请又向其他国家或者地区提出申请的该中国首次申请；

（六）其他对国家利益或者公共利益具有重大意义需要优先审查。

第四条 有下列情形之一的无效宣告案件，可以请求优先审查：

（一）针对无效宣告案件涉及的专利发生侵权纠纷，当事人已请求地方知识产权局处理、向人民法院起诉或者请求仲裁调解组织仲裁调解；

（二）无效宣告案件涉及的专利对国家利益或者公共利益具有重大意义。

第五条 对专利申请、专利复审案件提出优先审查请求，应当经全体申请人或者全体复审请求人同意；对无效宣告案件提出优先审查请求，应当经无效宣告请求人或者全体专利权人同意。

处理、审理涉案专利侵权纠纷的地方知识产权局、人民法院或者仲裁调解组织可以对无效宣告案件提出优先审查请求。

第六条 对专利申请、专利复审案件、无效宣告案件进行优先审查的数量，由国家知识产权局根据不同专业技术领域的审查能力、上一年度专利授权量以及本年度待审案件数量等情况确定。

第七条 请求优先审查的专利申请或者专利复审案件应当采用电子申请方式。

第八条 申请人提出发明、实用新型、外观设计专利申请优先审查请求的，应当提交优先审查请求书、现有技术或者现有设计信息材料和相关证明文件；除本办法第三条第五项的情形外，优先审查请求书应当由国务院相关部门或者省级知识产权局签署推荐意见。

当事人提出专利复审、无效宣告案件优先审查请求的，应当提交优先审查请求书和相关证明文件；除在实质审查或者初步审查程序中已经进行优先审查的专利复审案件外，优先审查请求书应当由国务院相关部门或者省级知识产权局签署推荐意见。

地方知识产权局、人民法院、仲裁调解组织提出无效宣告案件优先审查请求的，应当提交优先审查请求书并说明理由。

第九条 国家知识产权局受理和审核优先审查请求后，应当及时将审核意见通知优先审查请求人。

第十条 国家知识产权局同意进行优先审查的，应当自同意之日起，在以下期限内结案：

（一）发明专利申请在四十五日内发出第一次审查意见通知书，并在一年内结案；

（二）实用新型和外观设计专利申请在两个月内结案；

（三）专利复审案件在七个月内结案；

（四）发明和实用新型专利无效宣告案件在五个月内结案，外观设计专利无效宣告案件在四个月内结案。

第十一条 对于优先审查的专利申请，申请人应当尽快作出答复或者补正。申请人答复发明专利审查意见通知书的期限为通知书发文日起两个月，申请人答复实用新型和外观设计专利审查意见通知书的期限为通知书发文日起十五日。

第十二条 对于优先审查的专利申请，有下列情形之一的，国家知识产权局可以停止优先审查程序，按普通程序处理，并及时通知优先审查请求人：

（一）优先审查请求获得同意后，申请人根据专利法实施细则第五十一条第一、二款对申请文件提出修改；

（二）申请人答复期限超过本办法第十一条规定的期限；

（三）申请人提交虚假材料；

（四）在审查过程中发现为非正常专利申请。

第十三条 对于优先审查的专利复审或者无效宣告案件，有下列情形之一的，专利复审委员会可以停止优先审查程序，按普通程序处理，并及时通知优先审查请求人：

（一）复审请求人延期答复；

（二）优先审查请求获得同意后，无效宣告请求人补充证据和理由；

（三）优先审查请求获得同意后，专利权人以删除以外的方式修改权利要求书；

（四）专利复审或者无效宣告程序被中止；

（五）案件审理依赖于其他案件的审查结论；

（六）疑难案件，并经专利复审委员会主任批准。

第十四条 本办法由国家知识产权局负责解释。

第十五条 本办法自2017年8月1日起施行。2012年8月1日起施行的《发明专利申请优先审查管理办法》同时废止。

4. 专 利 许 可

专利实施许可合同备案办法

（2011年6月27日国家知识产权局令第62号公布 自2011年8月1日起施行）

第一条 为了切实保护专利权，规范专利实施许可行为，促进专利权的运用，根据《中华人民共和国专利法》、《中华人民共和国合同法》和相关法律法规，制定本办法。

第二条 国家知识产权局负责全国专利实施许可合同的备案工作。

第三条 专利实施许可的许可人应当是合法的专利权人或者其他权利人。

以共有的专利权订立专利实施许可合同的，除全体共有人另有约定或者《中华人民共和国专利法》另有规定的外，应当取得其他共有人的同意。

第四条 申请备案的专利实施许可合同应当以书面形式订立。

订立专利实施许可合同可以使用国家知识产权局统一制订的合同范本；采用其他合同文本的，应当符合《中华人民共和国合同法》的规定。

第五条 当事人应当自专利实施许可合同生效之日起3个月内办理备案手续。

第六条 在中国没有经常居所或者营业所的外国人、外国企业或者外国其他组织办理备案相关手续的，应当委托依法设立的专利代理机构办理。

中国单位或者个人办理备案相关手续的，可以委托依法设立的专利代理机构办理。

第七条 当事人可以通过邮寄、直接送交或者国家知识产权局规定的其他方式办理专利实施许可合同备案相关手续。

第八条 申请专利实施许可合同备案的，应当提交下列文件：

（一）许可人或者其委托的专利代理机构签字或者盖章的专利实施许可合同备案申请表；

（二）专利实施许可合同；

（三）双方当事人的身份证明；

（四）委托专利代理机构的，注明委托权限的委托书；

（五）其他需要提供的材料。

第九条 当事人提交的专利实施许可合同应当包括以下内容：

（一）当事人的姓名或者名称、地址；

（二）专利权项数以及每项专利权的名称、专利号、申请日、授权公告日；

（三）实施许可的种类和期限。

第十条 除身份证明外，当事人提交的其他各种文件应当使用中文。身份证明是外文的，当事人应当附送中文译文；未附送的，视为未提交。

第十一条 国家知识产权局自收到备案申请之日起7个工作日内进行审查并决定是否予以备案。

第十二条 备案申请经审查合格的，国家知识产权局应当向当事人出具《专利实施许可合同备案证明》。

备案申请有下列情形之一的，不予备案，并向当事人发送《专利实施许可合同不予备案通知书》：

（一）专利权已经终止或者被宣告无效的；

（二）许可人不是专利登记簿记载的专利权人或者有权授予许可的其他权利人的；

（三）专利实施许可合同不符合本办法第九条规定的；

（四）实施许可的期限超过专利权有效期的；

（五）共有专利权人违反法律规定或者约定订立专利实施许可合同的；

（六）专利权处于年费缴纳滞纳期的；

（七）因专利权的归属发生纠纷或者人民法院裁定对专利权采取保全措施，专利权的有关程序被中止的；

（八）同一专利实施许可合同重复申请备案的；

（九）专利权被质押的，但经质权人同意的除外；

（十）与已经备案的专利实施许可合同冲突的；

（十一）其他不应当予以备案的情形。

第十三条 专利实施许可合同备案后，国家知识产权局发现备案申请存在本办法第十二条第二款所列情形并且尚未消除的，应当撤销专利实施许可合同备案，并向当事人发出《撤销专利实施许可合同备案通知书》。

第十四条 专利实施许可合同备案的有关内容由国家知识产权局在专利登记簿上登记，并在专利公报上公告以下内容：许可人、被许可人、主分类号、专利号、申请日、授权公告日、实施许可的种类和期限、备案日期。

专利实施许可合同备案后变更、注销以及撤销的，国家知识产权局予以相应登记和公告。

第十五条 国家知识产权局建立专利实施许可合同备案数据库。公众可以查询专利实施许可合同备案的法律状态。

第十六条 当事人延长实施许可的期限的，应当在原实施许可的期限届满前2个月内，持变更协议、备案证明和其他有关文件向国家知识产权局办理备案变更手续。

变更专利实施许可合同其他内容的，参照前款规定办理。

第十七条 实施许可的期限届满或者提前解除专利实施许可合同的，当事人应当在期限届满或者订立解除协议后30日内持备案证明、解除协议和其他有关文件向国家知识产权局办理备案注销手续。

第十八条 经备案的专利实施许可合同涉及的专利权被宣告无效或者在期限届满前终止的，当事人应当及时办理备案注销手续。

第十九条 经备案的专利实施许可合同的种类、期限、许可使用费计算方法或者数额等，可以作为管理专利工作的部门对侵权赔偿数额进行调解的参照。

第二十条 当事人以专利申请实施许可合同申请备案的，参照本办法执行。

申请备案时，专利申请被驳回、撤回或者视为撤回的，不予备案。

第二十一条 当事人以专利申请实施许可合同申请备案的，专利申请被批准授予专利权后，当事人应当及时将专利申请实施许可合同名称及有关条款作相应变更；专利申请被驳回、撤回或者视为撤回的，当事人应当及时办理备案注销手续。

第二十二条 本办法自2011年8月1日起施行。2001年12月17日国家知识产权局令第十八号发布的《专利实施许可合同备案管理办法》同时废止。

专利实施强制许可办法

（2012年3月15日国家知识产权局令第64号公布 自2012年5月1日起施行）

第一章 总 则

第一条 为了规范实施发明专利或者实用新型专利的强制许可（以下简称强制许可）的给予、费用裁决和终止程序，根据《中华人民共和国专利法》（以下简称专利法）、《中华人民共和国专利法实施细则》及有关法律法规，制定本办法。

第二条 国家知识产权局负责受理和审查强制许可请求、强制许可使用费裁决请求和终止强制许可请求并作出决定。

第三条 请求给予强制许可、请求裁决强制许可使用费和请求终止强制许可，应当使用中文以书面形式办理。

依照本办法提交的各种证件、证明文件是外文的，国家知识产权局认为必要时，可以要求当事人在指定期限内附送中文译文；期满未附送的，视为未提交该证件、证明文件。

第四条 在中国没有经常居所或者营业所的外国人、外国企业或者外国其他组织办理强制许可事务的，应当委托依法设立的专利代理机构办理。

当事人委托专利代理机构办理强制许可事务的，应当提交委托书，写明委托权限。一方当事人有两个以上且未委托专利代理机构的，除另有声明外，以提交的书面文件中指明的第一当事人为该方代表人。

第二章 强制许可请求的提出与受理

第五条 专利权人自专利权被授予之日起满3年，且自提出专利申请之日起满4年，无正当理由未实施或者未充分实施其专利的，具备实施条件的单位或者个人可以根据专利法第四十八条第一项的规定，请求给予强制许可。

专利权人行使专利权的行为被依法认定为垄断行为的，为消除或者减少该行为对竞争产生的不利影响，具备实施条件的单位或者个人可以根据专利法第四十八条第二项的规定，请求给予强制许可。

第六条 在国家出现紧急状态或者非常情况时，或者为了公共利益的目的，国务院有关主管部门可以根据专利法第四十九条的规定，建议国家知识产权局给予其指定的具备实施条件的单位强制许可。

第七条 为了公共健康目的，具备实施条件的单位可以根据专利法第五十条的规定，请求给予制造取得专利权的药品并将其出口到下列国家或者地区的强制许可：

（一）最不发达国家或者地区；

（二）依照有关国际条约通知世界贸易组织表明希望作为进口方的该组织的发达成员或者发展中成员。

第八条 一项取得专利权的发明或者实用新型比前已经取得专利权的发明或者实用新型具有显著经济意义的重大技术进步，其实施又有赖于前一发明或者实用新型的实施的，该专利权人可以根据专利法第五十一条的规定请求给予实施前一专利的强制许可。国家知识产权局给予实施前一专利的强制许可的，前一专利权人也可以请求给予实施后一专利的强制许可。

第九条 请求给予强制许可的，应当提交强制许可请求书，写明下列各项：

（一）请求人的姓名或者名称、地址、邮政编码、联系人及电话；

（二）请求人的国籍或者注册的国家或者地区；

（三）请求给予强制许可的发明专利或者实用新型专利的名称、专利号、申请日、授权公告日，以及专利权人的姓名或者名称；

（四）请求给予强制许可的理由和事实、期限；

（五）请求人委托专利代理机构的，受托机构的名称、机构代码以及该机构指定的代理人的姓名、执业证号码、联系电话；

（六）请求人的签字或者盖章；委托专利代理机构的，还应当有该机构的盖章；

（七）附加文件清单；

（八）其他需要注明的事项。

请求书及其附加文件应当一式两份。

第十条 强制许可请求涉及两个或者两个以上的专利权人的，请求人应当按专利权人的数量提交请求书及其附加文件副本。

第十一条 根据专利法第四十八条第一项或者第五十一条的规定请求给予强制许可的，请求人应当提供证据，证明其以合理的条件请求专利权人许可其实施专利，但未能在合理的时间内获得许可。

根据专利法第四十八条第二项的规定请求给予强制许可的，请求人应当提交已经生效的司法机关或者反垄断执法机构依法将专利权人行使专利权的行为认定为垄断行为的判决或者决定。

第十二条 国务院有关主管部门根据专利法第四十九条建议给予强制许可的，应当指明下列各项：

（一）国家出现紧急状态或者非常情况，或者为了公共利益目的需要给予强制许可；

（二）建议给予强制许可的发明专利或者实用新型专利的名称、专利号、申请日、授权公告日，以及专利权人的姓名或者名称；

（三）建议给予强制许可的期限；

（四）指定的具备实施条件的单位名称、地址、邮政编码、联系人及电话；

（五）其他需要注明的事项。

第十三条 根据专利法第五十条的规定请求给予强制许可的，请求人应当提供进口方及其所需药品和给予强制许可的有关信息。

第十四条 强制许可请求有下列情形之一的，不予受理并通知请求人：

（一）请求给予强制许可的发明专利或者实用新型专利的专利号不明确或者难以确定；

（二）请求文件未使用中文；

（三）明显不具备请求强制许可的理由；

（四）请求给予强制许可的专利权已经终止或者被宣告无效。

第十五条 请求文件不符合本办法第四条、第九条、第十条规定的，请求人应当自收到通知之日起15日内进行补正。期满未补正的，该请求视为未提出。

第十六条 国家知识产权局受理强制许可请求的，应当及时将请求书副本送交专利权人。除另有指定的外，专利权人应当自收到通知之日起15日内陈述意见；期满未答复的，不影响国家知识产权局作出决定。

第三章 强制许可请求的审查和决定

第十七条 国家知识产权局应当对请求人陈述的理由、提供的信息和提交的有关证明文件以及专利权人陈述的意见进行审查；需要实地核查的，应当指派两名以上工作人员实地核查。

第十八条 请求人或者专利权人要求听证的，由国家知识产权局组织听证。

国家知识产权局应当在举行听证7日前通知请求人、专利权人和其他利害关系人。

除涉及国家秘密、商业秘密或者个人隐私外，听证公开进行。

举行听证时，请求人、专利权人和其他利害关系人可以进行申辩和质证。

举行听证时应当制作听证笔录，交听证参加人员确认无误后签字或者盖章。

根据专利法第四十九条或者第五十条的规定建议或者请求给予强制许可的，不适用听证程序。

第十九条 请求人在国家知识产权局作出决定前撤回其请求的，强制许可请求的审查程序终止。

在国家知识产权局作出决定前，请求人与专利权人订立了专利实施许可合同的，应当及时通知国家知识产权局，并撤回其强制许可请求。

第二十条 经审查认为强制许可请求有下列情形之一的，国家知识产权局应当作出驳回强制许可请求的决定：

（一）请求人不符合本办法第四条、第五条、第七条或者第八条的规定；

（二）请求给予强制许可的理由不符合专利法第四十八条、第五十条或者第五十一条的规定；

（三）强制许可请求涉及的发明创造是半导体技术的，其理由不符合专利法第五十二条的规定；

（四）强制许可请求不符合本办法第十一条或者第十三条的规定；

（五）请求人陈述的理由、提供的信息或者提交的有关证明文件不充分或者不真实。

国家知识产权局在作出驳回强制许可请求的决定前，应当通知请求人拟作出的决定及其理由。除另有指定的外，请求人可以自收到通知之日起15日内陈述意见。

第二十一条 经审查认为请求给予强制许可的理由成立的，国家知识产权局应当作出给予强制许可的决定。在作出给予强制许可的决定前，应当通知请求人和专利权人拟作出的决定及其理由。除另有指定的外，双方当事人可以自收到通知之日起15日内陈述意见。

国家知识产权局根据专利法第四十九条作出给予强制许可的决定前，应当通知专利权人拟作出的决定及其理由。

第二十二条 给予强制许可的决定应当写明下列各项：

（一）取得强制许可的单位或者个人的名称或者姓名、地址；

（二）被给予强制许可的发明专利或者实用新型专利的名称、专利号、申请日及授权公告日；

（三）给予强制许可的范围和期限；

（四）决定的理由、事实和法律依据；

（五）国家知识产权局的印章及负责人

签字；

（六）决定的日期；

（七）其他有关事项。

给予强制许可的决定应当自作出之日起5日内通知请求人和专利权人。

第二十三条 国家知识产权局根据专利法第五十条作出给予强制许可的决定的，还应当在该决定中明确下列要求：

（一）依据强制许可制造的药品数量不得超过进口方所需的数量，并且必须全部出口到该进口方；

（二）依据强制许可制造的药品应当采用特定的标签或者标记明确注明该药品是依据强制许可而制造的；在可行并且不会对药品价格产生显著影响的情况下，应当对药品本身采用特殊的颜色或者形状，或者对药品采用特殊的包装；

（三）药品装运前，取得强制许可的单位应当在其网站或者世界贸易组织的有关网站上发布运往进口方的药品数量以及本条第二项所述的药品识别特征等信息。

第二十四条 国家知识产权局根据专利法第五十条作出给予强制许可的决定的，由国务院有关主管部门将下列信息通报世界贸易组织：

（一）取得强制许可的单位的名称和地址；

（二）出口药品的名称和数量；

（三）进口方；

（四）强制许可的期限；

（五）本办法第二十三条第三项所述网址。

第四章 强制许可使用费裁决请求的审查和裁决

第二十五条 请求裁决强制许可使用费的，应当提交强制许可使用费裁决请求书，写明下列各项：

（一）请求人的姓名或者名称、地址；

（二）请求人的国籍或者注册的国家或者地区；

（三）给予强制许可的决定的文号；

（四）被请求人的姓名或者名称、地址；

（五）请求裁决强制许可使用费的理由；

（六）请求人委托专利代理机构的，受托机构的名称、机构代码以及该机构指定的代理人的姓名、执业证号码、联系电话；

（七）请求人的签字或者盖章；委托专利代理机构的，还应当有该机构的盖章；

（八）附加文件清单；

（九）其他需要注明的事项。

请求书及其附加文件应当一式两份。

第二十六条 强制许可使用费裁决请求有下列情形之一的，不予受理并通知请求人：

（一）给予强制许可的决定尚未作出；

（二）请求人不是专利权人或者取得强制许可的单位或者个人；

（三）双方尚未进行协商或者经协商已经达成协议。

第二十七条 国家知识产权局受理强制许可使用费裁决请求的，应当及时将请求书副本送交对方当事人。除另有指定的外，对方当事人应当自收到通知之日起15日内陈述意见；期满未答复的，不影响国家知识产权局作出决定。

强制许可使用费裁决过程中，双方当事人可以提交书面意见。国家知识产权局可以根据案情需要听取双方当事人的口头意见。

第二十八条 请求人在国家知识产权局作出决定前撤回其裁决请求的，裁决程序终止。

第二十九条 国家知识产权局应当自收到请求书之日起3个月内作出强制许可使用费的裁决决定。

第三十条 强制许可使用费裁决决定应当写明下列各项：

（一）取得强制许可的单位或者个人的名称或者姓名、地址；

（二）被给予强制许可的发明专利或者实用新型专利的名称、专利号、申请日及授权公告日；

（三）裁决的内容及其理由；

（四）国家知识产权局的印章及负责人签字；

（五）决定的日期；

（六）其他有关事项。

强制许可使用费裁决决定应当自作出之日起5日内通知双方当事人。

第五章 终止强制许可请求的审查和决定

第三十一条 有下列情形之一的，强制许可自动终止：

（一）给予强制许可的决定规定的强制许可期限届满；

（二）被给予强制许可的发明专利或者实用新型专利终止或者被宣告无效。

第三十二条 给予强制许可的决定中规定的强制许可期限届满前，强制许可的理由消除并不再发生的，专利权人可以请求国家知识产权局作出终止强制许可的决定。

请求终止强制许可的，应当提交终止强制许可请求书，写明下列各项：

（一）专利权人的姓名或者名称、地址；

（二）专利权人的国籍或者注册的国家或者地区；

（三）请求终止的给予强制许可决定的文号；

（四）请求终止强制许可的理由和事实；

（五）专利权人委托专利代理机构的，受托机构的名称、机构代码以及该机构指定的代理人的姓名、执业证号码、联系电话；

（六）专利权人的签字或者盖章；委托专利代理机构的，还应当有该机构的盖章；

（七）附加文件清单；

（八）其他需要注明的事项。

请求书及其附加文件应当一式两份。

第三十三条 终止强制许可的请求有下列情形之一的，不予受理并通知请求人：

（一）请求人不是被给予强制许可的发明专利或者实用新型专利的专利权人；

（二）未写明请求终止的给予强制许可决定的文号；

（三）请求文件未使用中文；

（四）明显不具备终止强制许可的理由。

第三十四条 请求文件不符合本办法第三十二条规定的，请求人应当自收到通知之日起15日内进行补正。期满未补正的，该请求视为未提出。

第三十五条 国家知识产权局受理终止强制许可请求的，应当及时将请求书副本送交取得强制许可的单位或者个人。除另有指定的外，取得强制许可的单位或者个人应当自收到通知之日起15日内陈述意见；期满未答复的，不影响国家知识产权局作出决定。

第三十六条 国家知识产权局应当对专利权人陈述的理由和提交的有关证明文件以及取得强制许可的单位或者个人陈述的意见进行审查；需要实地核查的，应当指派两名以上工作人员实地核查。

第三十七条 专利权人在国家知识产权局作出决定前撤回其请求的，相关程序终止。

第三十八条 经审查认为请求终止强制许可的理由不成立的，国家知识产权局应当作出驳回终止强制许可请求的决定。在作出驳回终止强制许可请求的决定前，应当通知专利权人拟作出的决定及其理由。除另有指定的外，专利权人可以自收到通知之日起15日内陈述意见。

第三十九条 经审查认为请求终止强制许可的理由成立的，国家知识产权局应当作出终止强制许可的决定。在作出终止强制许可的决定前，应当通知取得强制许可的单位或者个人拟作出的决定及其理由。除另有指定的外，取得强制许可的单位或者个人可以自收到通知之日起15日内陈述意见。

终止强制许可的决定应当写明下列各项：

（一）专利权人的姓名或者名称、地址；

（二）取得强制许可的单位或者个人的名称或者姓名、地址；

（三）被给予强制许可的发明专利或者实用新型专利的名称、专利号、申请日及授权公告日；

（四）给予强制许可的决定的文号；

（五）决定的事实和法律依据；

（六）国家知识产权局的印章及负责人签字；

（七）决定的日期；

（八）其他有关事项。

终止强制许可的决定应当自作出之日起5日内通知专利权人和取得强制许可的单位或者个人。

第六章 附 则

第四十条 已经生效的给予强制许可的决定和终止强制许可的决定，以及强制许可自动终止的，应当在专利登记簿上登记并在专利公报上公告。

第四十一条 当事人对国家知识产权局关于强制许可的决定不服的，可以依法申请行政复议或者提起行政诉讼。

第四十二条 本办法由国家知识产权局负

责解释。

第四十三条 本办法自2012年5月1日起施行。2003年6月13日国家知识产权局令第三十一号发布的《专利实施强制许可办法》和2005年11月29日国家知识产权局令第三十七号发布的《涉及公共健康问题的专利实施强制许可办法》同时废止。

5. 专利行政执法

专利行政执法办法

（2010年12月29日国家知识产权局令第60号发布
根据2015年5月29日发布的国家知识产权局令
第七十一号《国家知识产权局关于修改
〈专利行政执法办法〉的决定》修正）

第一章 总 则

第一条 为深入推进依法行政，规范专利行政执法行为，保护专利权人和社会公众的合法权益，维护社会主义市场经济秩序，根据《中华人民共和国专利法》、《中华人民共和国专利法实施细则》以及其他有关法律法规，制定本办法。

第二条 管理专利工作的部门开展专利行政执法，即处理专利侵权纠纷、调解专利纠纷以及查处假冒专利行为，适用本办法。

第三条 管理专利工作的部门处理专利侵权纠纷应当以事实为依据、以法律为准绳，遵循公正、及时的原则。

管理专利工作的部门调解专利纠纷，应当遵循自愿、合法的原则，在查明事实、分清是非的基础上，促使当事人相互谅解，达成调解协议。

管理专利工作的部门查处假冒专利行为，应当以事实为依据、以法律为准绳，遵循公正、公开的原则，给予的行政处罚应当与违法行为的事实、性质、情节以及社会危害程度相当。

第四条 管理专利工作的部门应当加强专利行政执法力量建设，严格行政执法人员资格管理，落实行政执法责任制，规范开展专利行政执法。

专利行政执法人员（以下简称“执法人员”）应当持有国家知识产权局或者省、自治区、直辖市人民政府颁发的行政执法证件。执法人员执行公务时应当严肃着装。

第五条 对有重大影响的专利侵权纠纷案件、假冒专利案件，国家知识产权局在必要时可以组织有关管理专利工作的部门处理、查处。

对于行为发生地涉及两个以上省、自治区、直辖市的重大案件，有关省、自治区、直辖市管理专利工作的部门可以报请国家知识产权局协调处理或者查处。

管理专利工作的部门开展专利行政执法遇到疑难问题的，国家知识产权局应当给予必要的指导和支持。

第六条 管理专利工作的部门可以依据本地实际，委托有实际处理能力的市、县级人民政府设立的专利管理部门查处假冒专利行为、调解专利纠纷。

委托方应当对受托方查处假冒专利和调解专利纠纷的行为进行监督和指导，并承担法律责任。

第七条 管理专利工作的部门指派的执法

人员与当事人有直接利害关系的，应当回避，当事人有权申请其回避。当事人申请回避的，应当说明理由。

执法人员的回避，由管理专利工作部门的负责人决定。是否回避的决定作出前，被申请回避的人员应当暂停参与本案的工作。

第八条　管理专利工作的部门应当加强展会和电子商务领域的行政执法，快速调解、处理展会期间和电子商务平台上的专利侵权纠纷，及时查处假冒专利行为。

第九条　管理专利工作的部门应当加强行政执法信息化建设和信息共享。

第二章　专利侵权纠纷的处理

第十条　请求管理专利工作的部门处理专利侵权纠纷的，应当符合下列条件：

（一）请求人是专利权人或者利害关系人；

（二）有明确的被请求人；

（三）有明确的请求事项和具体事实、理由；

（四）属于受案管理专利工作的部门的受案和管辖范围；

（五）当事人没有就该专利侵权纠纷向人民法院起诉。

第一项所称利害关系人包括专利实施许可合同的被许可人、专利权人的合法继承人。专利实施许可合同的被许可人中，独占实施许可合同的被许可人可以单独提出请求；排他实施许可合同的被许可人在专利权人不请求的情况下，可以单独提出请求；除合同另有约定外，普通实施许可合同的被许可人不能单独提出请求。

第十一条　请求管理专利工作的部门处理专利侵权纠纷的，应当提交请求书及下列证明材料：

（一）主体资格证明，即个人应当提交居民身份证或者其他有效身份证件，单位应当提交有效的营业执照或者其他主体资格证明文件副本及法定代表人或者主要负责人的身份证明；

（二）专利权有效的证明，即专利登记簿副本，或者专利证书和当年缴纳专利年费的收据。

专利侵权纠纷涉及实用新型或者外观设计专利的，管理专利工作的部门可以要求请求人出具由国家知识产权局作出的专利权评价报告（实用新型专利检索报告）。

请求人应当按照被请求人的数量提供请求书副本及有关证据。

第十二条　请求书应当记载以下内容：

（一）请求人的姓名或者名称、地址，法定代表人或者主要负责人的姓名、职务，委托代理人的，代理人的姓名和代理机构的名称、地址；

（二）被请求人的姓名或者名称、地址；

（三）请求处理的事项以及事实和理由。

有关证据和证明材料可以以请求书附件的形式提交。

请求书应当由请求人签名或者盖章。

第十三条　请求符合本办法第十条规定条件的，管理专利工作的部门应当在收到请求书之日起5个工作日内立案并通知请求人，同时指定3名或者3名以上单数执法人员处理该专利侵权纠纷；请求不符合本办法第十条规定条件的，管理专利工作的部门应当在收到请求书之日起5个工作日内通知请求人不予受理，并说明理由。

第十四条　管理专利工作的部门应当在立案之日起5个工作日内将请求书及其附件的副本送达被请求人，要求其在收到之日起15日内提交答辩书并按照请求人的数量提供答辩书副本。被请求人逾期不提交答辩书的，不影响管理专利工作的部门进行处理。

被请求人提交答辩书的，管理专利工作的部门应当在收到之日起5个工作日内将答辩书副本送达请求人。

第十五条　管理专利工作的部门处理专利侵权纠纷案件时，可以根据当事人的意愿进行调解。双方当事人达成一致的，由管理专利工作的部门制作调解协议书，加盖其公章，并由双方当事人签名或者盖章。调解不成的，应当及时作出处理决定。

第十六条　管理专利工作的部门处理专利侵权纠纷，可以根据案情需要决定是否进行口头审理。管理专利工作的部门决定进行口头审理的，应当至少在口头审理3个工作日前将口头审理的时间、地点通知当事人。当事人无正当理由拒不参加的，或者未经允许中途退出的，对请求人按撤回请求处理，对被请求人按缺席处理。

第十七条 管理专利工作的部门举行口头审理的，应当将口头审理的参加人和审理要点记入笔录，经核对无误后，由执法人员和参加人签名或者盖章。

第十八条 专利法第五十九条第一款所称的“发明或者实用新型专利权的保护范围以其权利要求的内容为准”，是指专利权的保护范围应当以其权利要求记载的技术特征所确定的范围为准，也包括与记载的技术特征相等同的特征所确定的范围。等同特征是指与记载的技术特征以基本相同的手段，实现基本相同的功能，达到基本相同的效果，并且所属领域的普通技术人员无需经过创造性劳动就能够联想到的特征。

第十九条 除达成调解协议或者请求人撤回请求之外，管理专利工作的部门处理专利侵权纠纷应当制作处理决定书，写明以下内容：

（一）当事人的姓名或者名称、地址；

（二）当事人陈述的事实和理由；

（三）认定侵权行为是否成立的理由和依据；

（四）处理决定认定侵权行为成立并需要责令侵权人立即停止侵权行为的，应当明确写明责令被请求人立即停止的侵权行为的类型、对象和范围；认定侵权行为不成立的，应当驳回请求人的请求；

（五）不服处理决定提起行政诉讼的途径和期限。

处理决定书应当加盖管理专利工作的部门的公章。

第二十条 管理专利工作的部门或者人民法院作出认定侵权成立并责令侵权人立即停止侵权行为的处理决定或者判决之后，被请求人就同一专利权再次作出相同类型的侵权行为，专利权人或者利害关系人请求处理的，管理专利工作的部门可以直接作出责令立即停止侵权行为的处理决定。

第二十一条 管理专利工作的部门处理专利侵权纠纷，应当自立案之日起3个月内结案。案件特别复杂需要延长期限的，应当由管理专利工作的部门负责人批准。经批准延长的期限，最多不超过1个月。

案件处理过程中的公告、鉴定、中止等时间不计入前款所述案件办理期限。

第三章 专利纠纷的调解

第二十二条 请求管理专利工作的部门调解专利纠纷的，应当提交请求书。

请求书应当记载以下内容：

（一）请求人的姓名或者名称、地址，法定代表人或者主要负责人的姓名、职务，委托代理人的，代理人的姓名和代理机构的名称、地址；

（二）被请求人的姓名或者名称、地址；

（三）请求调解的具体事项和理由。

单独请求调解侵犯专利权赔偿数额的，应当提交有关管理专利工作的部门作出的认定侵权行为成立的处理决定书副本。

第二十三条 管理专利工作的部门收到调解请求书后，应当及时将请求书副本通过寄交、直接送交或者其他方式送达被请求人，要求其在收到之日起15日内提交意见陈述书。

第二十四条 被请求人提交意见陈述书并同意进行调解的，管理专利工作的部门应当在收到意见陈述书之日起5个工作日内立案，并通知请求人和被请求人进行调解的时间和地点。

被请求人逾期未提交意见陈述书，或者在意见陈述书中表示不接受调解的，管理专利工作的部门不予立案，并通知请求人。

第二十五条 管理专利工作的部门调解专利纠纷可以邀请有关单位或者个人协助，被邀请的单位或者个人应当协助进行调解。

第二十六条 当事人经调解达成协议的，由管理专利工作的部门制作调解协议书，加盖其公章，并由双方当事人签名或者盖章；未能达成协议的，管理专利工作的部门以撤销案件的方式结案，并通知双方当事人。

第二十七条 因专利申请权或者专利权的归属纠纷请求调解的，当事人可以持管理专利工作的部门的受理通知书请求国家知识产权局中止该专利申请或者专利权的有关程序。

经调解达成协议的，当事人应当持调解协议书向国家知识产权局办理恢复手续；达不成协议的，当事人应当持管理专利工作的部门出具的撤销案件通知书向国家知识产权局办理恢复手续。自请求中止之日起满1年未请求延长中止的，国家知识产权局自行恢复有关程序。

第四章 假冒专利行为的查处

第二十八条 管理专利工作的部门发现或者接受举报、投诉发现涉嫌假冒专利行为的，应当自发现之日起5个工作日内或者收到举报、投诉之日起10个工作日内立案，并指定两名或者两名以上执法人员进行调查。

第二十九条 查处假冒专利行为由行为发生地的管理专利工作的部门管辖。

管理专利工作的部门对管辖权发生争议的，由其共同的上级人民政府管理专利工作的部门指定管辖；无共同上级人民政府管理专利工作的部门的，由国家知识产权局指定管辖。

第三十条 管理专利工作的部门查封、扣押涉嫌假冒专利产品的，应当经其负责人批准。查封、扣押时，应当向当事人出具有关通知书。

管理专利工作的部门查封、扣押涉嫌假冒专利产品，应当当场清点，制作笔录和清单，由当事人和执法人员签名或者盖章。当事人拒绝签名或者盖章的，由执法人员在笔录上注明。清单应当交当事人一份。

第三十一条 案件调查终结，经管理专利工作的部门负责人批准，根据案件情况分别作如下处理：

（一）假冒专利行为成立应当予以处罚的，依法给予行政处罚；

（二）假冒专利行为轻微并已及时改正的，免予处罚；

（三）假冒专利行为不成立的，依法撤销案件；

（四）涉嫌犯罪的，依法移送公安机关。

第三十二条 管理专利工作的部门作出行政处罚决定前，应当告知当事人作出处罚决定的事实、理由和依据，并告知当事人依法享有的权利。

管理专利工作的部门作出较大数额罚款的决定之前，应当告知当事人有要求举行听证的权利。当事人提出听证要求的，应当依法组织听证。

第三十三条 当事人有权进行陈述和申辩，管理专利工作的部门不得因当事人申辩而加重行政处罚。

管理专利工作的部门对当事人提出的事实、理由和证据应当进行核实。当事人提出的事实属实、理由成立的，管理专利工作的部门应当予以采纳。

第三十四条 对情节复杂或者重大违法行为给予较重的行政处罚的，应当由管理专利工作的部门负责人集体讨论决定。

第三十五条 经调查，假冒专利行为成立应当予以处罚的，管理专利工作的部门应当制作处罚决定书，写明以下内容：

（一）当事人的姓名或者名称、地址；

（二）认定假冒专利行为成立的证据、理由和依据；

（三）处罚的内容以及履行方式；

（四）不服处罚决定申请行政复议和提起行政诉讼的途径和期限。

处罚决定书应当加盖管理专利工作的部门的公章。

第三十六条 管理专利工作的部门查处假冒专利案件，应当自立案之日起1个月内结案。案件特别复杂需要延长期限的，应当由管理专利工作的部门负责人批准。经批准延长的期限，最多不超过15日。

案件处理过程中听证、公告等时间不计入前款所述案件办理期限。

第五章 调查取证

第三十七条 在专利侵权纠纷处理过程中，当事人因客观原因不能自行收集部分证据的，可以书面请求管理专利工作的部门调查取证。管理专利工作的部门根据情况决定是否调查收集有关证据。

在处理专利侵权纠纷、查处假冒专利行为过程中，管理专利工作的部门可以根据需要依职权调查收集有关证据。

执法人员调查收集有关证据时，应当向当事人或者有关人员出示其行政执法证件。当事人和有关人员应当协助、配合，如实反映情况，不得拒绝、阻挠。

第三十八条 管理专利工作的部门调查收集证据可以查阅、复制与案件有关的合同、账册等有关文件；询问当事人和证人；采用测量、拍照、摄像等方式进行现场勘验。涉嫌侵犯制造方法专利权的，管理专利工作的部门可以要求被调查人进行现场演示。

管理专利工作的部门调查收集证据应当制作笔录。笔录应当由执法人员、被调查的单位或者个人签名或者盖章。被调查的单位或者个人拒绝签名或者盖章的，由执法人员在笔录上注明。

第三十九条 管理专利工作的部门调查收集证据可以采取抽样取证的方式。

涉及产品专利的，可以从涉嫌侵权的产品中抽取一部分作为样品；涉及方法专利的，可以从涉嫌依照该方法直接获得的产品中抽取一部分作为样品。被抽取样品的数量应当以能够证明事实为限。

管理专利工作的部门进行抽样取证应当制作笔录和清单，写明被抽取样品的名称、特征、数量以及保存地点，由执法人员、被调查的单位或者个人签字或者盖章。被调查的单位或者个人拒绝签名或者盖章的，由执法人员在笔录上注明。清单应当交被调查人一份。

第四十条 在证据可能灭失或者以后难以取得，又无法进行抽样取证的情况下，管理专利工作的部门可以进行登记保存，并在7日内作出决定。

经登记保存的证据，被调查的单位或者个人不得销毁或者转移。

管理专利工作的部门进行登记保存应当制作笔录和清单，写明被登记保存证据的名称、特征、数量以及保存地点，由执法人员、被调查的单位或者个人签名或者盖章。被调查的单位或者个人拒绝签名或者盖章的，由执法人员在笔录上注明。清单应当交被调查人一份。

第四十一条 管理专利工作的部门需要委托其他管理专利工作的部门协助调查收集证据的，应当提出明确的要求。接受委托的部门应当及时、认真地协助调查收集证据，并尽快回复。

第四十二条 海关对被扣留的侵权嫌疑货物进行调查，请求管理专利工作的部门提供协助的，管理专利工作的部门应当依法予以协助。

管理专利工作的部门处理涉及进出口货物的专利案件的，可以请求海关提供协助。

第六章 法律责任

第四十三条 管理专利工作的部门认定专利侵权行为成立，作出处理决定，责令侵权人立即停止侵权行为的，应当采取下列制止侵权行为的措施：

（一）侵权人制造专利侵权产品的，责令其立即停止制造行为，销毁制造侵权产品的专用设备、模具，并且不得销售、使用尚未售出的侵权产品或者以任何其他形式将其投放市场；侵权产品难以保存的，责令侵权人销毁该产品；

（二）侵权人未经专利权人许可使用专利方法的，责令侵权人立即停止使用行为，销毁实施专利方法的专用设备、模具，并且不得销售、使用尚未售出的依照专利方法所直接获得的侵权产品或者以任何其他形式将其投放市场；侵权产品难以保存的，责令侵权人销毁该产品；

（三）侵权人销售专利侵权产品或者依照专利方法直接获得的侵权产品的，责令其立即停止销售行为，并且不得使用尚未售出的侵权产品或者以任何其他形式将其投放市场；尚未售出的侵权产品难以保存的，责令侵权人销毁该产品；

（四）侵权人许诺销售专利侵权产品或者依照专利方法直接获得的侵权产品的，责令其立即停止许诺销售行为，消除影响，并且不得进行任何实际销售行为；

（五）侵权人进口专利侵权产品或者依照专利方法直接获得的侵权产品的，责令侵权人立即停止进口行为；侵权产品已经入境的，不得销售、使用该侵权产品或者以任何其他形式将其投放市场；侵权产品难以保存的，责令侵权人销毁该产品；侵权产品尚未入境的，可以将处理决定通知有关海关；

（六）责令侵权的参展方采取从展会上撤出侵权展品、销毁或者封存相应的宣传材料、更换或者遮盖相应的展板等撤展措施；

（七）停止侵权行为的其他必要措施。

管理专利工作的部门认定电子商务平台上的专利侵权行为成立，作出处理决定的，应当通知电子商务平台提供者及时对专利侵权产品或者依照专利方法直接获得的侵权产品相关网页采取删除、屏蔽或者断开链接等措施。

第四十四条 管理专利工作的部门作出认定专利侵权行为成立并责令侵权人立即停止侵权行为的处理决定后，被请求人向人民法院提起行政诉讼的，在诉讼期间不停止决定的执行。

侵权人对管理专利工作的部门作出的认定

侵权行为成立的处理决定期满不起诉又不停止侵权行为的，管理专利工作的部门可以申请人民法院强制执行。

第四十五条 管理专利工作的部门认定假冒专利行为成立的，应当责令行为人采取下列改正措施：

（一）在未被授予专利权的产品或者其包装上标注专利标识、专利权被宣告无效后或者终止后继续在产品或者其包装上标注专利标识或者未经许可在产品或者产品包装上标注他人的专利号的，立即停止标注行为，消除尚未售出的产品或者其包装上的专利标识；产品上的专利标识难以消除的，销毁该产品或者包装；

（二）销售第（一）项所述产品的，立即停止销售行为；

（三）在产品说明书等材料中将未被授予专利权的技术或者设计称为专利技术或者专利设计，将专利申请称为专利，或者未经许可使用他人的专利号，使公众将所涉及的技术或者设计误认为是他人的专利技术或者专利设计的，立即停止发放该材料，销毁尚未发出的材料，并消除影响；

（四）伪造或者变造专利证书、专利文件或者专利申请文件的，立即停止伪造或者变造行为，销毁伪造或者变造的专利证书、专利文件或者专利申请文件，并消除影响；

（五）责令假冒专利的参展方采取从展会上撤出假冒专利展品、销毁或者封存相应的宣传材料、更换或者遮盖相应的展板等撤展措施；

（六）其他必要的改正措施。

管理专利工作的部门认定电子商务平台上的假冒专利行为成立的，应当通知电子商务平台提供者及时对假冒专利产品相关网页采取删除、屏蔽或者断开链接等措施。

第四十六条 管理专利工作的部门作出认定专利侵权行为成立并责令侵权人立即停止侵权行为的决定，或者认定假冒专利行为成立并作出处罚决定的，应当自作出决定之日起 20 个工作日内予以公开，通过政府网站等途径及时发布执法信息。

第四十七条 管理专利工作的部门认定假冒专利行为成立的，可以按照下列方式确定行为人的违法所得：

（一）销售假冒专利的产品的，以产品销售价格乘以所销售产品的数量作为其违法所得；

（二）订立假冒专利的合同的，以收取的费用作为其违法所得。

第四十八条 管理专利工作的部门作出处罚决定后，当事人申请行政复议或者向人民法院提起行政诉讼的，在行政复议或者诉讼期间不停止决定的执行。

第四十九条 假冒专利行为的行为人应当自收到处罚决定书之日起 15 日内，到指定的银行缴纳处罚决定书写明的罚款；到期不缴纳的，每日按罚款数额的百分之三加处罚款。

第五十条 拒绝、阻碍管理专利工作的部门依法执行公务的，由公安机关根据《中华人民共和国治安管理处罚法》的规定给予处罚；情节严重构成犯罪的，由司法机关依法追究刑事责任。

第七章 附 则

第五十一条 管理专利工作的部门可以通过寄交、直接送交、留置送达、公告送达或者其他方式送达有关法律文书和材料。

第五十二条 本办法由国家知识产权局负责解释。

第五十三条 本办法自 2011 年 2 月 1 日起施行。2001 年 12 月 17 日国家知识产权局令第十九号发布的《专利行政执法办法》同时废止。

国家知识产权局
关于印发《专利行政执法证件与执法标识管理办法（试行）》的通知

2016年9月12日　　国知发管字〔2016〕70号

各省、自治区、直辖市、新疆生产建设兵团知识产权局，局有关部门：

为加强对专利行政执法证件与执法标示的管理，规范专利行政执法与执法标识的使用，特制定《专利行政执法证件与执法标识管理办法（试行）》印发，现印发给你们，请遵照执行。

特此通知。

附：

专利行政执法证件与执法标识管理办法（试行）

第一章 总 则

第一条 为落实行政执法人员资格管理制度，加强专利行政执法证件与执法标识管理，提升专利行政执法的规范性与严肃性，依据有关法律、法规和规章，制定本办法。

第二条 本办法所称专利行政执法证件，即《专利行政执法证》，是取得专利行政执法资格的合法凭证，是由国家知识产权局统一制作颁发，专利行政执法人员依法履行行政执法职责、从事专利行政执法活动的身份证明。

本办法所称专利行政执法标识，是指由国家知识产权局统一监督制作、监督颁发，专利行政执法人员在执行公务时着装上佩戴的专用标志。

第三条 专利行政执法证件的主要内容包括：持证人的姓名、性别、照片、工作单位、职务、执法地域、发证机关、证号、发证时间、核验记录等。专利行政执法证件实行全国统一编号。

专利行政执法标识包括胸牌、徽章等，具体样式和规格由国家知识产权局统一规定。

第四条 专利行政执法证件和执法标识实行全国统一规范、分级管理制度。

国家知识产权局负责全国专利行政执法人员证件的申领、核发、核检、监督等工作；各省、自治区、直辖市管理专利工作的部门负责本行政区域内专利行政执法证件的日常管理工作。

第二章 专利行政执法证件与执法标识的申领、核发

第五条 申领专利行政执法证件和执法标识的人员应符合以下条件：

（一）遵纪守法，公正廉洁，有良好的职业道德；

（二）具备专利行政执法工作职能的部门及符合《专利行政执法操作指南》（第7.2.2.1.2条款）申领条件的单位的工作人员；

（三）掌握专利法律法规、规章及相关行政法律、法规；

（四）参加国家知识产权局组织或者经国家知识产权局同意后由管理专利工作的部门组织的专利行政执法人员上岗培训班，并通过专利行政执法资格考试。

第六条 各级管理专利工作的部门的工作人员申请领取专利行政执法证件和执法标识的，须填写《专利行政执法证件与执法标识申领表》，一并提交所在单位，经所属省、自治

区、直辖市管理专利工作的部门审核后，统一报送国家知识产权局批准。

第七条　申领人有下列情形之一的，不予核发专利行政执法证件和执法标识：

（一）年度考核结果有不称职等次的；

（二）近两年在行政执法工作中有违法违纪行为的；

（三）有其他不应当核发的情形的。

第八条　专利行政执法证件丢失或损毁的，持证人应及时报告所在管理专利工作的部门，经查证属实后，逐级报国家知识产权局。

需要补办专利行政执法证件的，持证人须重新填写《专利行政执法证件和执法标识申领表》，还应当提交原证件作废说明，说明内容包括姓名、性别、工作单位、职务、证号、丢失/毁损事由等，加盖所在单位公章，经所属省、自治区、直辖市管理专利工作的部门审核后，统一报送国家知识产权局批准。

第九条　持有专利行政执法证件的人员有下列情形之一的，须重新填写《专利行政执法证件和执法标识申领表》，连同原证件报送所在管理专利工作的部门，并提交执法证件换证申请：

（一）工作调动或职务变更的；

（二）部门单位机构合并、新设及名称变更的；

（三）证件有效期届满的。

证件有效期届满的持证人员须提前六个月申报。由国家知识产权局作旧证销毁，予以更换新证。

第三章　专利行政执法证件和执法标识的使用、管理

第十条　专利行政执法人员在履行专利行政执法职责时，应当随身携带并主动出示专利行政执法证件并佩戴执法标识。

专利行政执法人员不得将专利行政执法证件和执法标识用于非公务活动。

第十一条　专利行政执法人员应在专利行政执法证件载明的执法区域内从事执法活动。

第十二条　专利行政执法人员应在有效期限内使用专利行政执法证件，超出有效期限不得使用。

第十三条　专利行政执法证件实行一人一证一号制度。持证人应当妥善保管专利行政执法证件，不得涂改、复制、转借、抵押、赠送、买卖、变造或者故意损毁。

第十四条　持有专利行政执法证件的人员有下列情形之一的，所在管理专利工作的部门应当收回其执法证件，并交国家知识产权局注销：

（一）未通过核检或到期未核检的；

（二）调离管理专利工作的部门的；

（三）辞职、辞退、长期休假、退休或死亡的；

（四）发证机关认为应当收回的。

除上述条款第（二）项规定的情形外，被注销执法证件的人员，两年之内不得再申请领取专利行政执法证件。

第十五条　持有专利行政执法证件的人员有下列情形之一的，所在管理专利工作的部门应当暂扣其专利行政执法证件：

（一）依有关规定履行法定职责、执行公务时，没有或拒绝出示执法证件，尚未造成严重后果的；

（二）因涉嫌违法违纪被立案审查，尚未做出结论的；

（三）受到开除以外行政处分的；

（四）依法被停止履行执法职责的；

（五）故意复制、转借、抵押、赠送、出卖给他人，故意损毁专利行政执法证件，尚未造成严重后果的；

（六）因其他原因应当暂扣的。

被暂扣行政执法证件者须向所在的部门做出书面说明或书面检查，扣证期间不得从事行政执法工作。

第十六条　持有专利行政执法证件的人员有下列情形之一的，所在管理专利工作的部门应当收回其执法证件，并报请国家知识产权局吊销：

（一）超越法定权限执法或者违反法定程序执法，造成严重后果的；

（二）在非履行职责和执行公务时使用执法证件，造成不良影响的；

（三）将专利行政执法证件复制、转借、抵押、赠送、出卖给他人、故意损毁，造成严重后果的；

（四）变造专利行政执法证件的；

（五）利用专利行政执法证件进行违法违纪活动的；

（六）有徇私舞弊、玩忽职守等渎职行为的；

（七）受到开除公职行政处分的；

（八）受到行政拘留处罚或者判处刑罚的；

（九）有其他违纪违法行为，不宜从事专利行政执法工作的。

被吊销专利行政执法证件的人员，不得再从事专利行政执法工作。

第十七条 专利行政执法证件被暂扣、注销、吊销的，应将专利行政执法标识及时上交所在管理专利工作的部门。

专利行政执法证件失效或者超过有效期限的，不得再使用专利行政执法标识。

第四章 专利行政执法证件的核检

第十八条 专利行政执法证件实行核检制度，每两年进行一次核检。

第十九条 对持证人的核检应考虑以下情形：

（一）执法工作考核情况；

（二）参加执法培训的情况；

（三）执法违纪或重大执法过失的情况；

（四）受奖励或处分的情况；

（五）其他情况。

第二十条 对于执法证件核检申请，核检机关根据下列情形分别处理：

（一）对符合核检要求的，由核检机关在证件的核检记录栏上贴示当年的核检专用标识，允许持证人继续从事专利行政执法工作；

（二）对没有达到核检要求的，不予通过核检。

第二十一条 持有专利行政执法证件的人员年度考核成绩不合格的或未按规定参加执法业务培训的，核检不予通过。

第二十二条 未经核检的专利行政执法证件自行失效。对失效的专利行政执法证件国家知识产权局予以收回、销毁。

第五章 附 则

第二十三条 有关单位或个人违反本办法擅自制作、发放、使用专利行政执法证件和执法标识的，应当依照有关规定予以纪律处分或追究法律责任。

第二十四条 严禁任何单位和个人生产、销售和佩戴与专利行政执法标识式样、颜色、图案相同或相近似并足以造成混淆的标志。

第二十五条 专利行政执法证件有效期限为六年。有效期满，国家知识产权局予以收回销毁，符合条件的予以更换。

第二十六条 国家知识产权局以及专利局、专利复审委员会等下属单位工作人员持有的专利执法证件和执法标识，参照本办法管理。

经济技术开发区、高新技术产业开发区等各类非行政区划管理专利工作的部门的工作人员，在申领执法证件和执法标识时，应当同时提交执法区域的情况说明材料。

第二十七条 各知识产权维权援助中心和快速维权中心，以及各类非行政区划管理专利工作的部门的工作人员持专利执法证件参与知识产权局办案工作的，应通过办理挂职或借调等手续，符合相关人事规定。

第二十八条 本办法由国家知识产权局专利管理司负责解释。

第二十九条 本办法自发布之日起施行。国家知识产权局此前有关规定与本办法不一致的，依照本办法执行。

6. 专利纠纷审判

最高人民法院
关于审理专利纠纷案件适用法律问题的若干规定

［2001 年 6 月 19 日最高人民法院审判委员会第 1180 次会议通过　根据 2013 年 2 月 25 日最高人民法院审判委员会第 1570 次会议通过的《最高人民法院关于修改〈最高人民法院关于审理专利纠纷案件适用法律问题的若干规定〉的决定》第一次修正　根据 2015 年 1 月 19 日最高人民法院审判委员会第 1641 次会议通过的《最高人民法院关于修改〈最高人民法院关于审理专利纠纷案件适用法律问题的若干规定〉的决定》第二次修正　根据 2020 年 12 月 23 日最高人民法院审判委员会第 1823 次会议通过的《最高人民法院关于修改〈最高人民法院关于审理侵犯专利权纠纷案件应用法律若干问题的解释（二）〉等十八件知识产权类司法解释的决定》第三次修正］

为了正确审理专利纠纷案件，根据《中华人民共和国民法典》《中华人民共和国专利法》《中华人民共和国民事诉讼法》和《中华人民共和国行政诉讼法》等法律的规定，作如下规定：

第一条　人民法院受理下列专利纠纷案件：

1. 专利申请权权属纠纷案件；
2. 专利权权属纠纷案件；
3. 专利合同纠纷案件；
4. 侵害专利权纠纷案件；
5. 假冒他人专利纠纷案件；
6. 发明专利临时保护期使用费纠纷案件；
7. 职务发明创造发明人、设计人奖励、报酬纠纷案件；
8. 诉前申请行为保全纠纷案件；
9. 诉前申请财产保全纠纷案件；
10. 因申请行为保全损害责任纠纷案件；
11. 因申请财产保全损害责任纠纷案件；
12. 发明创造发明人、设计人署名权纠纷案件；
13. 确认不侵害专利权纠纷案件；
14. 专利权宣告无效后返还费用纠纷案件；
15. 因恶意提起专利权诉讼损害责任纠纷案件；
16. 标准必要专利使用费纠纷案件；
17. 不服国务院专利行政部门维持驳回申请复审决定案件；
18. 不服国务院专利行政部门专利权无效宣告请求决定案件；
19. 不服国务院专利行政部门实施强制许可决定案件；
20. 不服国务院专利行政部门实施强制许可使用费裁决案件；
21. 不服国务院专利行政部门行政复议决定案件；
22. 不服国务院专利行政部门作出的其他行政决定案件；
23. 不服管理专利工作的部门行政决定案件；
24. 确认是否落入专利权保护范围纠纷案件；
25. 其他专利纠纷案件。

第二条　因侵犯专利权行为提起的诉讼，由侵权行为地或者被告住所地人民法院管辖。

侵权行为地包括：被诉侵犯发明、实用新型专利权的产品的制造、使用、许诺销售、销售、进口等行为的实施地；专利方法使用行为的实施地，依照该专利方法直接获得的产品的使用、许诺销售、销售、进口等行为的实施地；外观设计专利产品的制造、许诺销售、销售、进口等行为的实施地；假冒他人专利的行为实施地。上述侵权行为的侵权结果发生地。

第三条 原告仅对侵权产品制造者提起诉讼，未起诉销售者，侵权产品制造地与销售地不一致的，制造地人民法院有管辖权；以制造者与销售者为共同被告起诉的，销售地人民法院有管辖权。

销售者是制造者分支机构，原告在销售地起诉侵权产品制造者制造、销售行为的，销售地人民法院有管辖权。

第四条 对申请日在2009年10月1日前（不含该日）的实用新型专利提起侵犯专利权诉讼，原告可以出具由国务院专利行政部门作出的检索报告；对申请日在2009年10月1日以后的实用新型或者外观设计专利提起侵犯专利权诉讼，原告可以出具由国务院专利行政部门作出的专利权评价报告。根据案件审理需要，人民法院可以要求原告提交检索报告或者专利权评价报告。原告无正当理由不提交的，人民法院可以裁定中止诉讼或者判令原告承担可能的不利后果。

侵犯实用新型、外观设计专利权纠纷案件的被告请求中止诉讼的，应当在答辩期内对原告的专利权提出宣告无效的请求。

第五条 人民法院受理的侵犯实用新型、外观设计专利权纠纷案件，被告在答辩期间内请求宣告该项专利权无效的，人民法院应当中止诉讼，但具备下列情形之一的，可以不中止诉讼：

（一）原告出具的检索报告或者专利权评价报告未发现导致实用新型或者外观设计专利权无效的事由的；

（二）被告提供的证据足以证明其使用的技术已经公知的；

（三）被告请求宣告该项专利权无效所提供的证据或者依据的理由明显不充分的；

（四）人民法院认为不应当中止诉讼的其他情形。

第六条 人民法院受理的侵犯实用新型、外观设计专利权纠纷案件，被告在答辩期间届满后请求宣告该项专利权无效的，人民法院不应当中止诉讼，但经审查认为有必要中止诉讼的除外。

第七条 人民法院受理的侵犯发明专利权纠纷案件或者经国务院专利行政部门审查维持专利权的侵犯实用新型、外观设计专利权纠纷案件，被告在答辩期间内请求宣告该项专利权无效的，人民法院可以不中止诉讼。

第八条 人民法院决定中止诉讼，专利权人或者利害关系人请求责令被告停止有关行为或者采取其他制止侵权损害继续扩大的措施，并提供了担保，人民法院经审查符合有关法律规定的，可以在裁定中止诉讼的同时一并作出有关裁定。

第九条 人民法院对专利权进行财产保全，应当向国务院专利行政部门发出协助执行通知书，载明要求协助执行的事项，以及对专利权保全的期限，并附人民法院作出的裁定书。

对专利权保全的期限一次不得超过六个月，自国务院专利行政部门收到协助执行通知书之日起计算。如果仍然需要对该专利权继续采取保全措施的，人民法院应当在保全期限届满前向国务院专利行政部门另行送达继续保全的协助执行通知书。保全期限届满前未送达的，视为自动解除对该专利权的财产保全。

人民法院对出质的专利权可以采取财产保全措施，质权人的优先受偿权不受保全措施的影响；专利权人与被许可人已经签订的独占实施许可合同，不影响人民法院对该专利权进行财产保全。

人民法院对已经进行保全的专利权，不得重复进行保全。

第十条 2001年7月1日以前利用本单位的物质技术条件所完成的发明创造，单位与发明人或者设计人订有合同，对申请专利的权利和专利权的归属作出约定的，从其约定。

第十一条 人民法院受理的侵犯专利权纠纷案件，涉及权利冲突的，应当保护在先依法享有权利的当事人的合法权益。

第十二条 专利法第二十三条第三款所称的合法权利，包括就作品、商标、地理标志、姓名、企业名称、肖像，以及有一定影响的商品名称、包装、装潢等享有的合法权利或者权益。

第十三条 专利法第五十九条第一款所称的“发明或者实用新型专利权的保护范围以其权利要求的内容为准，说明书及附图可以用于解释权利要求的内容”，是指专利权的保护范围应当以权利要求记载的全部技术特征所确定的范围为准，也包括与该技术特征相等同的特征所确定的范围。

等同特征，是指与所记载的技术特征以基本相同的手段，实现基本相同的功能，达到基本相同的效果，并且本领域普通技术人员在被诉侵权行为发生时无需经过创造性劳动就能够联想到的特征。

第十四条 专利法第六十五条规定的权利人因被侵权所受到的实际损失可以根据专利权人的专利产品因侵权所造成销售量减少的总数乘以每件专利产品的合理利润所得之积计算。权利人销售量减少的总数难以确定的，侵权产品在市场上销售的总数乘以每件专利产品的合理利润所得之积可以视为权利人因被侵权所受到的实际损失。

专利法第六十五条规定的侵权人因侵权所获得的利益可以根据该侵权产品在市场上销售的总数乘以每件侵权产品的合理利润所得之积计算。侵权人因侵权所获得的利益一般按照侵权人的营业利润计算，对于完全以侵权为业的侵权人，可以按照销售利润计算。

第十五条 权利人的损失或者侵权人获得的利益难以确定，有专利许可使用费可以参照的，人民法院可以根据专利权的类型、侵权行为的性质和情节、专利许可的性质、范围、时间等因素，参照该专利许可使用费的倍数合理确定赔偿数额；没有专利许可使用费可以参照或者专利许可使用费明显不合理的，人民法院可以根据专利权的类型、侵权行为的性质和情节等因素，依照专利法第六十五条第二款的规定确定赔偿数额。

第十六条 权利人主张其为制止侵权行为所支付合理开支的，人民法院可以在专利法第六十五条确定的赔偿数额之外另行计算。

第十七条 侵犯专利权的诉讼时效为三年，自专利权人或者利害关系人知道或者应当知道权利受到损害以及义务人之日起计算。权利人超过三年起诉的，如果侵权行为在起诉时仍在继续，在该项专利权有效期内，人民法院应当判决被告停止侵权行为，侵权损害赔偿数额应当自权利人向人民法院起诉之日起向前推算三年计算。

第十八条 专利法第十一条、第六十九条所称的许诺销售，是指以做广告、在商店橱窗中陈列或者在展销会上展出等方式作出销售商品的意思表示。

第十九条 人民法院受理的侵犯专利权纠纷案件，已经过管理专利工作的部门作出侵权或者不侵权认定的，人民法院仍应当就当事人的诉讼请求进行全面审查。

第二十条 以前的有关司法解释与本规定不一致的，以本规定为准。

最高人民法院
关于审理侵犯专利权纠纷案件应用法律若干问题的解释

法释〔2009〕21号

（2009年12月21日最高人民法院审判委员会第1480次会议通过
2009年12月28日最高人民法院公告公布 自2010年1月1日起施行）

为正确审理侵犯专利权纠纷案件，根据《中华人民共和国专利法》《中华人民共和国民事诉讼法》等有关法律规定，结合审判实际，制定本解释。

第一条 人民法院应当根据权利人主张的权利要求，依据专利法第五十九条第一款的规定确定专利权的保护范围。权利人在一审法庭辩论终结前变更其主张的权利要求的，人民法院应当准许。

权利人主张以从属权利要求确定专利权保

护范围的，人民法院应当以该从属权利要求记载的附加技术特征及其引用的权利要求记载的技术特征，确定专利权的保护范围。

第二条 人民法院应当根据权利要求的记载，结合本领域普通技术人员阅读说明书及附图后对权利要求的理解，确定专利法第五十九条第一款规定的权利要求的内容。

第三条 人民法院对于权利要求，可以运用说明书及附图、权利要求书中的相关权利要求、专利审查档案进行解释。说明书对权利要求用语有特别界定的，从其特别界定。

以上述方法仍不能明确权利要求含义的，可以结合工具书、教科书等公知文献以及本领域普通技术人员的通常理解进行解释。

第四条 对于权利要求中以功能或者效果表述的技术特征，人民法院应当结合说明书和附图描述的该功能或者效果的具体实施方式及其等同的实施方式，确定该技术特征的内容。

第五条 对于仅在说明书或者附图中描述而在权利要求中未记载的技术方案，权利人在侵犯专利权纠纷案件中将其纳入专利权保护范围的，人民法院不予支持。

第六条 专利申请人、专利权人在专利授权或者无效宣告程序中，通过对权利要求、说明书的修改或者意见陈述而放弃的技术方案，权利人在侵犯专利权纠纷案件中又将其纳入专利权保护范围的，人民法院不予支持。

第七条 人民法院判定被诉侵权技术方案是否落入专利权的保护范围，应当审查权利人主张的权利要求所记载的全部技术特征。

被诉侵权技术方案包含与权利要求记载的全部技术特征相同或者等同的技术特征的，人民法院应当认定其落入专利权的保护范围；被诉侵权技术方案的技术特征与权利要求记载的全部技术特征相比，缺少权利要求记载的一个以上的技术特征，或者有一个以上技术特征不相同也不等同的，人民法院应当认定其没有落入专利权的保护范围。

第八条 在与外观设计专利产品相同或者相近种类产品上，采用与授权外观设计相同或者近似的外观设计的，人民法院应当认定被诉侵权设计落入专利法第五十九条第二款规定的外观设计专利权的保护范围。

第九条 人民法院应当根据外观设计产品的用途，认定产品种类是否相同或者相近。确定产品的用途，可以参考外观设计的简要说明、国际外观设计分类表、产品的功能以及产品销售、实际使用的情况等因素。

第十条 人民法院应当以外观设计专利产品的一般消费者的知识水平和认知能力，判断外观设计是否相同或者近似。

第十一条 人民法院认定外观设计是否相同或者近似时，应当根据授权外观设计、被诉侵权设计的设计特征，以外观设计的整体视觉效果进行综合判断；对于主要由技术功能决定的设计特征以及对整体视觉效果不产生影响的产品的材料、内部结构等特征，应当不予考虑。

下列情形，通常对外观设计的整体视觉效果更具有影响：

（一）产品正常使用时容易被直接观察到的部位相对于其他部位；

（二）授权外观设计区别于现有设计的设计特征相对于授权外观设计的其他设计特征。

被诉侵权设计与授权外观设计在整体视觉效果上无差异的，人民法院应当认定两者相同；在整体视觉效果上无实质性差异的，应当认定两者近似。

第十二条 将侵犯发明或者实用新型专利权的产品作为零部件，制造另一产品的，人民法院应当认定属于专利法第十一条规定的使用行为；销售该另一产品的，人民法院应当认定属于专利法第十一条规定的销售行为。

将侵犯外观设计专利权的产品作为零部件，制造另一产品并销售的，人民法院应当认定属于专利法第十一条规定的销售行为，但侵犯外观设计专利权的产品在该另一产品中仅具有技术功能的除外。

对于前两款规定的情形，被诉侵权人之间存在分工合作的，人民法院应当认定为共同侵权。

第十三条 对于使用专利方法获得的原始产品，人民法院应当认定为专利法第十一条规定的依照专利方法直接获得的产品。

对于将上述原始产品进一步加工、处理而获得后续产品的行为，人民法院应当认定属于专利法第十一条规定的使用依照该专利方法直接获得的产品。

第十四条 被诉落入专利权保护范围的全部技术特征，与一项现有技术方案中的相应技术特征相同或者无实质性差异的，人民法院应当认定被诉侵权人实施的技术属于专利法第六十二条规定的现有技术。

被诉侵权设计与一个现有设计相同或者无实质性差异的，人民法院应当认定被诉侵权人实施的设计属于专利法第六十二条规定的现有设计。

第十五条 被诉侵权人以非法获得的技术或者设计主张先用权抗辩的，人民法院不予支持。

有下列情形之一的，人民法院应当认定属于专利法第六十九条第（二）项规定的已经作好制造、使用的必要准备：

（一）已经完成实施发明创造所必需的主要技术图纸或者工艺文件；

（二）已经制造或者购买实施发明创造所必需的主要设备或者原材料。

专利法第六十九条第（二）项规定的原有范围，包括专利申请日前已有的生产规模以及利用已有的生产设备或者根据已有的生产准备可以达到的生产规模。

先用权人在专利申请日后将其已经实施或作好实施必要准备的技术或设计转让或者许可他人实施，被诉侵权人主张该实施行为属于在原有范围内继续实施的，人民法院不予支持，但该技术或设计与原有企业一并转让或者承继的除外。

第十六条 人民法院依据专利法第六十五条第一款的规定确定侵权人因侵权所获得的利益，应当限于侵权人因侵犯专利权行为所获得的利益；因其他权利所产生的利益，应当合理扣除。

侵犯发明、实用新型专利权的产品系另一产品的零部件的，人民法院应当根据该零部件本身的价值及其在实现成品利润中的作用等因素合理确定赔偿数额。

侵犯外观设计专利权的产品为包装物的，人民法院应当按照包装物本身的价值及其在实现被包装产品利润中的作用等因素合理确定赔偿数额。

第十七条 产品或者制造产品的技术方案在专利申请日以前为国内外公众所知的，人民法院应当认定该产品不属于专利法第六十一条第一款规定的新产品。

第十八条 权利人向他人发出侵犯专利权的警告，被警告人或者利害关系人经书面催告权利人行使诉权，自权利人收到该书面催告之日起一个月内或者自书面催告发出之日起二个月内，权利人不撤回警告也不提起诉讼，被警告人或者利害关系人向人民法院提起请求确认其行为不侵犯专利权的诉讼的，人民法院应当受理。

第十九条 被诉侵犯专利权行为发生在2009年10月1日以前的，人民法院适用修改前的专利法；发生在2009年10月1日以后的，人民法院适用修改后的专利法。

被诉侵犯专利权行为发生在2009年10月1日以前且持续到2009年10月1日以后，依据修改前和修改后的专利法的规定侵权人均应承担赔偿责任的，人民法院适用修改后的专利法确定赔偿数额。

第二十条 本院以前发布的有关司法解释与本解释不一致的，以本解释为准。

最高人民法院
关于审理侵犯专利权纠纷案件应用法律若干问题的解释（二）

［2016年1月25日最高人民法院审判委员会第1676次会议通过
根据2020年12月23日最高人民法院审判委员会第1823次会议通过的
《最高人民法院关于修改〈最高人民法院关于审理侵犯专利权纠纷案件应用
法律若干问题的解释（二）〉等十八件知识产权类司法解释的决定》修正］

为正确审理侵犯专利权纠纷案件，根据《中华人民共和国民法典》《中华人民共和国专利法》《中华人民共和国民事诉讼法》等有关法律规定，结合审判实践，制定本解释。

第一条 权利要求书有两项以上权利要求的，权利人应当在起诉状中载明据以起诉被诉侵权人侵犯其专利权的权利要求。起诉状对此未记载或者记载不明的，人民法院应当要求权利人明确。经释明，权利人仍不予明确的，人民法院可以裁定驳回起诉。

第二条 权利人在专利侵权诉讼中主张的权利要求被国务院专利行政部门宣告无效的，审理侵犯专利权纠纷案件的人民法院可以裁定驳回权利人基于该无效权利要求的起诉。

有证据证明宣告上述权利要求无效的决定被生效的行政判决撤销的，权利人可以另行起诉。

专利权人另行起诉的，诉讼时效期间从本条第二款所称行政判决书送达之日起计算。

第三条 因明显违反专利法第二十六条第三款、第四款导致说明书无法用于解释权利要求，且不属于本解释第四条规定的情形，专利权因此被请求宣告无效的，审理侵犯专利权纠纷案件的人民法院一般应当裁定中止诉讼；在合理期限内专利权未被请求宣告无效的，人民法院可以根据权利要求的记载确定专利权的保护范围。

第四条 权利要求书、说明书及附图中的语法、文字、标点、图形、符号等存有歧义，但本领域普通技术人员通过阅读权利要求书、说明书及附图可以得出唯一理解的，人民法院应当根据该唯一理解予以认定。

第五条 在人民法院确定专利权的保护范围时，独立权利要求的前序部分、特征部分以及从属权利要求的引用部分、限定部分记载的技术特征均有限定作用。

第六条 人民法院可以运用与涉案专利存在分案申请关系的其他专利及其专利审查档案、生效的专利授权确权裁判文书解释涉案专利的权利要求。

专利审查档案，包括专利审查、复审、无效程序中专利申请人或者专利权人提交的书面材料，国务院专利行政部门制作的审查意见通知书、会晤记录、口头审理记录、生效的专利复审请求审查决定书和专利权无效宣告请求审查决定书等。

第七条 被诉侵权技术方案在包含封闭式组合物权利要求全部技术特征的基础上增加其他技术特征的，人民法院应当认定被诉侵权技术方案未落入专利权的保护范围，但该增加的技术特征属于不可避免的常规数量杂质的除外。

前款所称封闭式组合物权利要求，一般不包括中药组合物权利要求。

第八条 功能性特征，是指对于结构、组分、步骤、条件或其之间的关系等，通过其在发明创造中所起的功能或者效果进行限定的技术特征，但本领域普通技术人员仅通过阅读权利要求即可直接、明确地确定实现上述功能或者效果的具体实施方式的除外。

与说明书及附图记载的实现前款所称功能或者效果不可缺少的技术特征相比，被诉侵权技术方案的相应技术特征是以基本相同的手段，实现相同的功能，达到相同的效果，且本领域普通技术人员在被诉侵权行为发生时无需经过创造性劳动就能够联想到的，人民法院应当认定该相应技术特征与功能性特征相同或者等同。

第九条 被诉侵权技术方案不能适用于权利要求中使用环境特征所限定的使用环境的，人民法院应当认定被诉侵权技术方案未落入专利权的保护范围。

第十条 对于权利要求中以制备方法界定产品的技术特征，被诉侵权产品的制备方法与其不相同也不等同的，人民法院应当认定被诉侵权技术方案未落入专利权的保护范围。

第十一条 方法权利要求未明确记载技术步骤的先后顺序，但本领域普通技术人员阅读权利要求书、说明书及附图后直接、明确地认为该技术步骤应当按照特定顺序实施的，人民法院应当认定该步骤顺序对于专利权的保护范围具有限定作用。

第十二条 权利要求采用“至少”“不超过”等用语对数值特征进行界定，且本领域普通技术人员阅读权利要求书、说明书及附图后认为专利技术方案特别强调该用语对技术特征的限定作用，权利人主张与其不相同的数值特征属于等同特征的，人民法院不予支持。

第十三条 权利人证明专利申请人、专利权人在专利授权确权程序中对权利要求书、说明书及附图的限缩性修改或者陈述被明确否定的，人民法院应当认定该修改或者陈述未导致技术方案的放弃。

第十四条 人民法院在认定一般消费者对

于外观设计所具有的知识水平和认知能力时，一般应当考虑被诉侵权行为发生时授权外观设计所属相同或者相近种类产品的设计空间。设计空间较大的，人民法院可以认定一般消费者通常不容易注意到不同设计之间的较小区别；设计空间较小的，人民法院可以认定一般消费者通常更容易注意到不同设计之间的较小区别。

第十五条 对于成套产品的外观设计专利，被诉侵权设计与其一项外观设计相同或者近似的，人民法院应当认定被诉侵权设计落入专利权的保护范围。

第十六条 对于组装关系唯一的组件产品的外观设计专利，被诉侵权设计与其组合状态下的外观设计相同或者近似的，人民法院应当认定被诉侵权设计落入专利权的保护范围。

对于各构件之间无组装关系或者组装关系不唯一的组件产品的外观设计专利，被诉侵权设计与其全部单个构件的外观设计均相同或者近似的，人民法院应当认定被诉侵权设计落入专利权的保护范围；被诉侵权设计缺少其单个构件的外观设计或者与之不相同也不近似的，人民法院应当认定被诉侵权设计未落入专利权的保护范围。

第十七条 对于变化状态产品的外观设计专利，被诉侵权设计与变化状态图所示各种使用状态下的外观设计均相同或者近似的，人民法院应当认定被诉侵权设计落入专利权的保护范围；被诉侵权设计缺少其一种使用状态下的外观设计或者与之不相同也不近似的，人民法院应当认定被诉侵权设计未落入专利权的保护范围。

第十八条 权利人依据专利法第十三条诉请在发明专利申请公布日至授权公告日期间实施该发明的单位或者个人支付适当费用的，人民法院可以参照有关专利许可使用费合理确定。

发明专利申请公布时申请人请求保护的范围与发明专利公告授权时的专利权保护范围不一致，被诉技术方案均落入上述两种范围的，人民法院应当认定被告在前款所称期间内实施了该发明；被诉技术方案仅落入其中一种范围的，人民法院应当认定被告在前款所称期间内未实施该发明。

发明专利公告授权后，未经专利权人许可，为生产经营目的使用、许诺销售、销售在本条第一款所称期间内已由他人制造、销售、进口的产品，且该他人已支付或者书面承诺支付专利法第十三条规定的适当费用的，对于权利人关于上述使用、许诺销售、销售行为侵犯专利权的主张，人民法院不予支持。

第十九条 产品买卖合同依法成立的，人民法院应当认定属于专利法第十一条规定的销售。

第二十条 对于将依照专利方法直接获得的产品进一步加工、处理而获得的后续产品，进行再加工、处理的，人民法院应当认定不属于专利法第十一条规定的“使用依照该专利方法直接获得的产品”。

第二十一条 明知有关产品系专门用于实施专利的材料、设备、零部件、中间物等，未经专利权人许可，为生产经营目的将该产品提供给他人实施了侵犯专利权的行为，权利人主张该提供者的行为属于民法典第一千一百六十九条规定的帮助他人实施侵权行为的，人民法院应予支持。

明知有关产品、方法被授予专利权，未经专利权人许可，为生产经营目的积极诱导他人实施了侵犯专利权的行为，权利人主张该诱导者的行为属于民法典第一千一百六十九条规定的教唆他人实施侵权行为的，人民法院应予支持。

第二十二条 对于被诉侵权人主张的现有技术抗辩或者现有设计抗辩，人民法院应当依照专利申请日时施行的专利法界定现有技术或者现有设计。

第二十三条 被诉侵权技术方案或者外观设计落入在先的涉案专利权的保护范围，被诉侵权人以其技术方案或者外观设计被授予专利权为由抗辩不侵犯涉案专利权的，人民法院不予支持。

第二十四条 推荐性国家、行业或者地方标准明示所涉必要专利的信息，被诉侵权人以实施该标准无需专利权人许可为由抗辩不侵犯该专利权的，人民法院一般不予支持。

推荐性国家、行业或者地方标准明示所涉必要专利的信息，专利权人、被诉侵权人协商该专利的实施许可条件时，专利权人故意违反其在标准制定中承诺的公平、合理、无歧视的许可义务，导致无法达成专利实施许可合同，且被诉侵权人在协商中无明显过错的，对于权利人请求停止标准实施行为的主张，人民法院一般不予支持。

本条第二款所称实施许可条件，应当由专利权人、被诉侵权人协商确定。经充分协商，仍无法达成一致的，可以请求人民法院确定。人民法院在确定上述实施许可条件时，应当根据公平、合理、无歧视的原则，综合考虑专利的创新程度及其在标准中的作用、标准所属的技术领域、标准的性质、标准实施的范围和相关的许可条件等因素。

法律、行政法规对实施标准中的专利另有规定的，从其规定。

第二十五条 为生产经营目的使用、许诺销售或者销售不知道是未经专利权人许可而制造并售出的专利侵权产品，且举证证明该产品合法来源的，对于权利人请求停止上述使用、许诺销售、销售行为的主张，人民法院应予支持，但被诉侵权产品的使用者举证证明其已支付该产品的合理对价的除外。

本条第一款所称不知道，是指实际不知道且不应当知道。

本条第一款所称合法来源，是指通过合法的销售渠道、通常的买卖合同等正常商业方式取得产品。对于合法来源，使用者、许诺销售者或者销售者应当提供符合交易习惯的相关证据。

第二十六条 被告构成对专利权的侵犯，权利人请求判令其停止侵权行为的，人民法院应予支持，但基于国家利益、公共利益的考量，人民法院可以不判令被告停止被诉行为，而判令其支付相应的合理费用。

第二十七条 权利人因被侵权所受到的实际损失难以确定的，人民法院应当依照专利法第六十五条第一款的规定，要求权利人对侵权人因侵权所获得的利益进行举证；在权利人已经提供侵权人所获利益的初步证据，而与专利侵权行为相关的账簿、资料主要由侵权人掌握的情况下，人民法院可以责令侵权人提供该账簿、资料；侵权人无正当理由拒不提供或者提供虚假的账簿、资料的，人民法院可以根据权利人的主张和提供的证据认定侵权人因侵权所获得的利益。

第二十八条 权利人、侵权人依法约定专利侵权的赔偿数额或者赔偿计算方法，并在专利侵权诉讼中主张依据该约定确定赔偿数额的，人民法院应予支持。

第二十九条 宣告专利权无效的决定作出后，当事人根据该决定依法申请再审，请求撤销专利权无效宣告前人民法院作出但未执行的专利侵权的判决、调解书的，人民法院可以裁定中止再审审查，并中止原判决、调解书的执行。

专利权人向人民法院提供充分、有效的担保，请求继续执行前款所称判决、调解书的，人民法院应当继续执行；侵权人向人民法院提供充分、有效的反担保，请求中止执行的，人民法院应当准许。人民法院生效裁判未撤销宣告专利权无效的决定的，专利权人应当赔偿因继续执行给对方造成的损失；宣告专利权无效的决定被人民法院生效裁判撤销，专利权仍有效的，人民法院可以依据前款所称判决、调解书直接执行上述反担保财产。

第三十条 在法定期限内对宣告专利权无效的决定不向人民法院起诉或者起诉后生效裁判未撤销该决定，当事人根据该决定依法申请再审，请求撤销宣告专利权无效前人民法院作出但未执行的专利侵权的判决、调解书的，人民法院应当再审。当事人根据该决定，依法申请终结执行宣告专利权无效前人民法院作出但未执行的专利侵权的判决、调解书的，人民法院应当裁定终结执行。

第三十一条 本解释自 2016 年 4 月 1 日起施行。最高人民法院以前发布的相关司法解释与本解释不一致的，以本解释为准。

最高人民法院
关于审理申请注册的药品相关的专利权纠纷民事案件适用法律若干问题的规定

法释〔2021〕13 号

（2021 年 5 月 24 日最高人民法院审判委员会第 1839 次会议通过
2021 年 7 月 4 日最高人民法院公告公布　自 2021 年 7 月 5 日起施行）

为正确审理申请注册的药品相关的专利权纠纷民事案件，根据《中华人民共和国专利法》《中华人民共和国民事诉讼法》等有关法律规定，结合知识产权审判实际，制定本规定。

第一条　当事人依据专利法第七十六条规定提起的确认是否落入专利权保护范围纠纷的第一审案件，由北京知识产权法院管辖。

第二条　专利法第七十六条所称相关的专利，是指适用国务院有关行政部门关于药品上市许可审批与药品上市许可申请阶段专利权纠纷解决的具体衔接办法（以下简称衔接办法）的专利。

专利法第七十六条所称利害关系人，是指前款所称专利的被许可人、相关药品上市许可持有人。

第三条　专利权人或者利害关系人依据专利法第七十六条起诉的，应当按照民事诉讼法第一百一十九条第三项的规定提交下列材料：

（一）国务院有关行政部门依据衔接办法所设平台中登记的相关专利信息，包括专利名称、专利号、相关的权利要求等；

（二）国务院有关行政部门依据衔接办法所设平台中公示的申请注册药品的相关信息，包括药品名称、药品类型、注册类别以及申请注册药品与所涉及的上市药品之间的对应关系等；

（三）药品上市许可申请人依据衔接办法作出的四类声明及声明依据。

药品上市许可申请人应当在一审答辩期内，向人民法院提交其向国家药品审评机构申报的、与认定是否落入相关专利权保护范围对应的必要技术资料副本。

第四条　专利权人或者利害关系人在衔接办法规定的期限内未向人民法院提起诉讼的，药品上市许可申请人可以向人民法院起诉，请求确认申请注册药品未落入相关专利权保护范围。

第五条　当事人以国务院专利行政部门已经受理专利法第七十六条所称行政裁决请求为由，主张不应当受理专利法第七十六条所称诉讼或者申请中止诉讼的，人民法院不予支持。

第六条　当事人依据专利法第七十六条起诉后，以国务院专利行政部门已经受理宣告相关专利权无效的请求为由，申请中止诉讼的，人民法院一般不予支持。

第七条　药品上市许可申请人主张具有专利法第六十七条、第七十五条第二项等规定情形的，人民法院经审查属实，可以判决确认申请注册的药品相关技术方案未落入相关专利权保护范围。

第八条　当事人对其在诉讼中获取的商业秘密或者其他需要保密的商业信息负有保密义务，擅自披露或者在该诉讼活动之外使用、允许他人使用的，应当依法承担民事责任。构成民事诉讼法第一百一十一条规定情形的，人民法院应当依法处理。

第九条　药品上市许可申请人向人民法院提交的申请注册的药品相关技术方案，与其向国家药品审评机构申报的技术资料明显不符，妨碍人民法院审理案件的，人民法院依照民事诉讼法第一百一十一条的规定处理。

第十条　专利权人或者利害关系人在专利法第七十六条所称诉讼中申请行为保全，请求禁止药品上市许可申请人在相关专利权有效期内实施专利法第十一条规定的行为的，人民法院依照专利法、民事诉讼法有关规定处理；请求禁止药品上市申请行为或者审评审批行为的，人民法院不予支持。

第十一条 在针对同一专利权和申请注册药品的侵害专利权或者确认不侵害专利权诉讼中，当事人主张依据专利法第七十六条所称诉讼的生效判决认定涉案药品技术方案是否落入相关专利权保护范围的，人民法院一般予以支持。但是，有证据证明被诉侵权药品技术方案与申请注册的药品相关技术方案不一致或者新主张的事由成立的除外。

第十二条 专利权人或者利害关系人知道或者应当知道其主张的专利权应当被宣告无效或者申请注册药品的相关技术方案未落入专利权保护范围，仍提起专利法第七十六条所称诉讼或者请求行政裁决的，药品上市许可申请人可以向北京知识产权法院提起损害赔偿之诉。

第十三条 人民法院依法向当事人在国务院有关行政部门依据衔接办法所设平台登载的联系人、通讯地址、电子邮件等进行的送达，视为有效送达。当事人向人民法院提交送达地址确认书后，人民法院也可以向该确认书载明的送达地址送达。

第十四条 本规定自2021年7月5日起施行。本院以前发布的相关司法解释与本规定不一致的，以本规定为准。

指导案例55号

柏万清诉成都难寻物品营销服务中心等侵害实用新型专利权纠纷案

（最高人民法院审判委员会讨论通过 2015年11月19日发布）

关键词 民事 侵害实用新型专利权 保护范围 技术术语 侵权对比

裁判要点

专利权的保护范围应当清楚，如果实用新型专利权的权利要求书的表述存在明显瑕疵，结合涉案专利说明书、附图、本领域的公知常识及相关现有技术等，不能确定权利要求中技术术语的具体含义而导致专利权的保护范围明显不清，则因无法将其与被诉侵权技术方案进行有实质意义的侵权对比，从而不能认定被诉侵权技术方案构成侵权。

相关法条

《中华人民共和国专利法》第26条第4款、第59条第1款

基本案情

原告柏万清系专利号200420091540.7、名称为“防电磁污染服”实用新型专利（以下简称涉案专利）的专利权人。涉案专利权利要求1的技术特征为：A. 一种防电磁污染服，包括上装和下装；B. 服装的面料里设有起屏蔽作用的金属网或膜；C. 起屏蔽作用的金属网或膜由导磁率高而无剩磁的金属细丝或者金属粉末构成。该专利说明书载明，该专利的目的是提供一种成本低、保护范围宽和效果好的防电磁污染服。其特征在于所述服装在面料里设有由导磁率高而无剩磁的金属细丝或者金属粉末构成的起屏蔽保护作用的金属网或膜。所述金属细丝可用市售5到8丝的铜丝等，所述金属粉末可用如软铁粉末等。附图1、2表明，防护服是在不改变已有服装样式和面料功能的基础上，通过在面料里织进导电金属细丝或者以喷、涂、扩散、浸泡和印染等任一方式的加工方法将导电金属粉末与面料复合，构成带网眼的网状结构即可。

2010年5月28日，成都难寻物品营销服务中心销售了由上海添香实业有限公司生产的添香牌防辐射服上装，该产品售价490元，其技术特征是：a. 一种防电磁污染服上装；b. 服装的面料里设有起屏蔽作用的金属防护网；c. 起屏蔽作用的金属防护网由不锈钢金属纤维构成。7月19日，柏万清以成都难寻物品营销服务中心销售、上海添香实业有限公司生产的添香牌防辐射服上装（以下简称被诉侵权

产品）侵犯涉案专利权为由，向四川省成都市中级人民法院提起民事诉讼，请求判令成都难寻物品营销服务中心立即停止销售被控侵权产品；上海添香实业有限公司停止生产、销售被控侵权产品，并赔偿经济损失100万元。

裁判结果

四川省成都市中级人民法院于2011年2月18日作出（2010）成民初字第597号民事判决，驳回柏万清的诉讼请求。宣判后，柏万清提起上诉。四川省高级人民法院于2011年10月24日作出（2011）川民终字第391号民事判决驳回柏万清上诉，维持原判。柏万清不服，向最高人民法院申请再审，最高人民法院于2012年12月28日裁定驳回其再审申请。

裁判理由

法院生效裁判认为：本案争议焦点是上海添香实业有限公司生产、成都难寻物品营销服务中心销售的被控侵权产品是否侵犯柏万清的“防电磁污染服”实用新型专利权。《中华人民共和国专利法》第二十六条第四款规定：“权利要求书应当以说明书为依据，清楚、简要地限定要求专利保护的范围。”第五十九条第一款规定：“发明或者实用新型专利权的保护范围以其权利要求的内容为准，说明书及附图可以用于解释权利要求的内容。”可见，准确界定专利权的保护范围，是认定被诉侵权技术方案是否构成侵权的前提条件。如果权利要求书的撰写存在明显瑕疵，结合涉案专利说明书、附图、本领域的公知常识以及相关现有技术等，仍然不能确定权利要求中技术术语的具体含义，无法准确确定专利权的保护范围的，则无法将被诉侵权技术方案与之进行有意义的侵权对比。因此，对于保护范围明显不清楚的专利权，不能认定被诉侵权技术方案构成侵权。

本案中，涉案专利权利要求1的技术特征C中的“导磁率高”的具体范围难以确定。首先，根据柏万清提供的证据，虽然磁导率有时也被称为导磁率，但磁导率有绝对磁导率与相对磁导率之分，根据具体条件的不同还涉及起始磁导率 μi、最大磁导率 μm 等概念。不同概念的含义不同，计算方式也不尽相同。磁导率并非常数，磁场强度H发生变化时，即可观察到磁导率的变化。但是在涉案专利说明书中，既没有记载导磁率在涉案专利技术方案中是指相对磁导率还是绝对磁导率或者其他概念，又没有记载导磁率高的具体范围，也没有记载包括磁场强度H等在内的计算导磁率的客观条件。本领域技术人员根据涉案专利说明书，难以确定涉案专利中所称的导磁率高的具体含义。其次，从柏万清提交的相关证据来看，虽能证明有些现有技术中确实采用了高磁导率、高导磁率等表述，但根据技术领域以及磁场强度的不同，所谓高导磁率的含义十分宽泛，从80 Gs/Oe至83.5×104 Gs/Oe均被柏万清称为高导磁率。柏万清提供的证据并不能证明在涉案专利所属技术领域中，本领域技术人员对于高导磁率的含义或者范围有着相对统一的认识。最后，柏万清主张根据具体使用环境的不同，本领域技术人员可以确定具体的安全下限，从而确定所需的导磁率。该主张实际上是将能够实现防辐射目的的所有情形均纳入涉案专利权的保护范围，保护范围过于宽泛，亦缺乏事实和法律依据。

综上所述，根据涉案专利说明书以及柏万清提供的有关证据，本领域技术人员难以确定权利要求1技术特征C中“导磁率高”的具体范围或者具体含义，不能准确确定权利要求1的保护范围，无法将被诉侵权产品与之进行有实质意义的侵权对比。因此，二审判决认定柏万清未能举证证明被诉侵权产品落入涉案专利权的保护范围，并无不当。

（生效裁判审判人员：周翔、罗霞、杜微科）

指导案例83号

威海嘉易烤生活家电有限公司诉永康市金仕德工贸有限公司、浙江天猫网络有限公司侵害发明专利权纠纷案

（最高人民法院审判委员会讨论通过　2017年3月6日发布）

关键词　民事　侵害发明专利权　有效通知　必要措施　网络服务提供者　连带责任

裁判要点

1. 网络用户利用网络服务实施侵权行为，被侵权人依据侵权责任法向网络服务提供者所发出的要求其采取必要措施的通知，包含被侵权人身份情况、权属凭证、侵权人网络地址、侵权事实初步证据等内容的，即属有效通知。网络服务提供者自行设定的投诉规则，不得影响权利人依法维护其自身合法权利。

2. 侵权责任法第三十六条第二款所规定的网络服务提供者接到通知后所应采取的必要措施包括但并不限于删除、屏蔽、断开链接。“必要措施”应遵循审慎、合理的原则，根据所侵害权利的性质、侵权的具体情形和技术条件等来加以综合确定。

相关法条

《中华人民共和国侵权责任法》第三十六条

基本案情

原告威海嘉易烤生活家电有限公司（以下简称嘉易烤公司）诉称：永康市金仕德工贸有限公司（以下简称金仕德公司）未经其许可，在天猫商城等网络平台上宣传并销售侵害其ZL200980000002.8号专利权的产品，构成专利侵权；浙江天猫网络有限公司（以下简称天猫公司）在嘉易烤公司投诉金仕德公司侵权行为的情况下，未采取有效措施，应与金仕德公司共同承担侵权责任。请求判令：1. 金仕德公司立即停止销售被诉侵权产品；2. 金仕德公司立即销毁库存的被诉侵权产品；3. 天猫公司撤销金仕德公司在天猫平台上所有的侵权产品链接；4. 金仕德公司、天猫公司连带赔偿嘉易烤公司50万元；5. 本案诉讼费用由金仕德公司、天猫公司承担。

金仕德公司答辩称：其只是卖家，并不是生产厂家，嘉易烤公司索赔数额过高。

天猫公司答辩称：1. 其作为交易平台，并不是生产销售侵权产品的主要经营方或者销售方；2. 涉案产品是否侵权不能确定；3. 涉案产品是否使用在先也不能确定；4. 在不能证明其为侵权方的情况下，由其连带赔偿50万元缺乏事实和法律依据，且其公司业已删除了涉案产品的链接，嘉易烤公司关于撤销金仕德公司在天猫平台上所有侵权产品链接的诉讼请求亦不能成立。

法院经审理查明：2009年1月16日，嘉易烤公司及其法定代表人李琎熙共同向国家知识产权局申请了名称为“红外线加热烹调装置”的发明专利，并于2014年11月5日获得授权，专利号为ZL200980000002.8。该发明专利的权利要求书记载：“1. 一种红外线加热烹调装置，其特征在于，该红外线加热烹调装置包括：托架，在其上部中央设有轴孔，且在其一侧设有控制电源的开关；受红外线照射就会被加热的旋转盘，作为在其上面可以盛食物的圆盘形容器，在其下部中央设有可拆装的插入到上述轴孔中的突起；支架，在上述托架的一侧纵向设置；红外线照射部，其设在上述支架的上端，被施加电源就会朝上述旋转盘照射红外线；上述托架上还设有能够从内侧拉出的接油盘；在上述旋转盘的突起上设有轴向的排油孔。”2015年1月26日，涉案发明专利的专利权人变更为嘉易烤公司。涉案专利年费缴纳至2016年1月15日。

2015年1月29日，嘉易烤公司的委托代理机构北京商专律师事务所向北京市海诚公证处申请证据保全公证，其委托代理人王永先、

时寅在公证处监督下，操作计算机登入天猫网（网址为 http：//www. tmall. com），在一家名为“益心康旗舰店”的网上店铺购买了售价为388元的3D烧烤炉，并拷贝了该网店经营者的营业执照信息。同年2月4日，时寅在公证处监督下接收了寄件人名称为“益心康旗舰店”的快递包裹一个，内有韩文包装的3D烧烤炉及赠品、手写收据联和中文使用说明书、保修卡。公证员对整个证据保全过程进行了公证并制作了（2015）京海诚内民证字第01494号公证书。同年2月10日，嘉易烤公司委托案外人张一军向淘宝网知识产权保护平台上传了包含专利侵权分析报告和技术特征比对表在内的投诉材料，但淘宝网最终没有审核通过。同年5月5日，天猫公司向浙江省杭州市钱塘公证处申请证据保全公证，由其代理人刁曼丽在公证处的监督下操作电脑，在天猫网益心康旗舰店搜索“益心康3D烧烤炉韩式家用不粘电烤炉无烟烤肉机电烤盘铁板烧烤肉锅”，显示没有搜索到符合条件的商品。公证员对整个证据保全过程进行了公证并制作了（2015）浙杭钱证内字第10879号公证书。

一审庭审中，嘉易烤公司主张将涉案专利权利要求1作为本案要求保护的范围。经比对，嘉易烤公司认为除了开关位置的不同，被控侵权产品的技术特征完全落入了涉案专利权利要求1记载的保护范围，而开关位置的变化是业内普通技术人员不需要创造性劳动就可解决的，属于等同特征。两原审被告对比对结果不持异议。

另查明，嘉易烤公司为本案支出公证费4000元，代理服务费81000元。

裁判结果

浙江省金华市中级人民法院于2015年8月12日作出（2015）浙金知民初字第148号民事判决：一、金仕德公司立即停止销售侵犯专利号为ZL200980000002.8的发明专利权的产品的行为；二、金仕德公司于判决生效之日起十日内赔偿嘉易烤公司经济损失150000元（含嘉易烤公司为制止侵权而支出的合理费用）；三、天猫公司对上述第二项中金仕德公司赔偿金额的50000元承担连带赔偿责任；四、驳回嘉易烤公司的其他诉讼请求。一审宣判后，天猫公司不服，提起上诉。浙江省高级人民法院于2015年11月17日作出（2015）浙知终字第186号民事判决：驳回上诉，维持原判。

裁判理由

法院生效裁判认为：各方当事人对于金仕德公司销售的被诉侵权产品落入嘉易烤公司涉案专利权利要求1的保护范围，均不持异议，原审判决认定金仕德公司涉案行为构成专利侵权正确。关于天猫公司在本案中是否构成共同侵权，侵权责任法第三十六条第二款规定，网络用户利用网络服务实施侵权行为的，被侵权人有权通知网络服务提供者采取删除、屏蔽、断开链接等必要措施。网络服务提供者接到通知后未及时采取必要措施的，对损害的扩大部分与该网络用户承担连带责任。上述规定系针对权利人发现网络用户利用网络服务提供者的服务实施侵权行为后“通知”网络服务提供者采取必要措施，以防止侵权后果不当扩大的情形，同时还明确界定了此种情形下网络服务提供者所应承担的义务范围及责任构成。本案中，天猫公司涉案被诉侵权行为是否构成侵权应结合对天猫公司的主体性质、嘉易烤公司“通知”的有效性以及天猫公司在接到嘉易烤公司的“通知”后是否应当采取措施及所采取的措施的必要性和及时性等加以综合考量。

首先，天猫公司依法持有增值电信业务经营许可证，系信息发布平台的服务提供商，其在本案中为金仕德公司经营的“益心康旗舰店”销售涉案被诉侵权产品提供网络技术服务，符合侵权责任法第三十六条第二款所规定网络服务提供者的主体条件。

其次，天猫公司在二审庭审中确认嘉易烤公司已于2015年2月10日委托案外人张一军向淘宝网知识产权保护平台上传了包含被投诉商品链接及专利侵权分析报告、技术特征比对表在内的投诉材料，且根据上述投诉材料可以确定被投诉主体及被投诉商品。

侵权责任法第三十六条第二款所涉及的“通知”是认定网络服务提供者是否存在过错及应否就危害结果的不当扩大承担连带责任的条件。“通知”是指被侵权人就他人利用网络服务商的服务实施侵权行为的事实向网络服务提供者所发出的要求其采取必要技术措施，以防止侵权行为进一步扩大的行为。“通知”既可以是口头的，也可以是书面的。通常，“通知”内容应当包括权利人身份情况、权属凭证、证明侵权事实的初步证据以及指向明确的被诉侵权人网络地址等材料。符合上述条件的，即应视为有效通知。嘉易烤公司涉案投诉通知符合侵权责任法规定的“通知”的基本要件，属有效通知。

再次，经查，天猫公司对嘉易烤公司投诉材料作出审核不通过的处理，其在回复中表明审核不通过原因是：烦请在实用新型、发明的侵权分析对比表表二中详细填写被投诉商品落入贵方提供的专利权利要求的技术点，建议采用图文结合的方式一一指出。（需注意，对比的对象为卖家发布的商品信息上的图片、文字），并提供购买订单编号或双方会员名。

二审法院认为，发明或实用新型专利侵权的判断往往并非仅依赖表面或书面材料就可以作出，因此专利权人的投诉材料通常只需包括权利人身份、专利名称及专利号、被投诉商品及被投诉主体内容，以便投诉接受方转达被投诉主体。在本案中，嘉易烤公司的投诉材料已完全包含上述要素。至于侵权分析比对，天猫公司一方面认为其对卖家所售商品是否侵犯发明专利判断能力有限，另一方面却又要求投诉方“详细填写被投诉商品落入贵方提供的专利权利要求的技术点，建议采用图文结合的方式一一指出”，该院认为，考虑到互联网领域投诉数量巨大、投诉情况复杂的因素，天猫公司的上述要求基于其自身利益考量虽也具有一定的合理性，而且也有利于天猫公司对于被投诉行为的性质作出初步判断并采取相应的措施。但就权利人而言，天猫公司的前述要求并非权利人投诉通知有效的必要条件。况且，嘉易烤公司在本案的投诉材料中提供了多达5页的以图文并茂的方式表现的技术特征对比表，天猫公司仍以教条的、格式化的回复将技术特征对比作为审核不通过的原因之一，处置失当。至于天猫公司审核不通过并提出提供购买订单编号或双方会员名的要求，该院认为，本案中投诉方是否提供购买订单编号或双方会员名并不影响投诉行为的合法有效。而且，天猫公司所确定的投诉规制并不对权利人维权产生法律约束力，权利人只需在法律规定的框架内行使维权行为即可，投诉方完全可以根据自己的利益考量决定是否接受天猫公司所确定的投诉规制。更何况投诉方可能无需购买商品而通过其他证据加以证明，也可以根据他人的购买行为发现可能的侵权行为，甚至投诉方即使存在直接购买行为，但也可以基于某种经济利益或商业秘密的考量而拒绝提供。

最后，侵权责任法第三十六条第二款所规定的网络服务提供者接到通知后所应采取必要措施包括但并不限于删除、屏蔽、断开链接。“必要措施”应根据所侵害权利的性质、侵权的具体情形和技术条件等来加以综合确定。

本案中，在确定嘉易烤公司的投诉行为合法有效之后，需要判断天猫公司在接受投诉材料之后的处理是否审慎、合理。该院认为，本案系侵害发明专利权纠纷。天猫公司作为电子商务网络服务平台的提供者，基于其公司对于发明专利侵权判断的主观能力、侵权投诉胜诉概率以及利益平衡等因素的考量，并不必然要求天猫公司在接受投诉后对被投诉商品立即采取删除和屏蔽措施，对被诉商品采取的必要措施应当秉承审慎、合理原则，以免损害被投诉人的合法权益。但是将有效的投诉通知材料转达被投诉人并通知被投诉人申辩当属天猫公司应当采取的必要措施之一。否则权利人投诉行为将失去任何意义，权利人的维权行为也将难以实现。网络服务平台提供者应该保证有效投诉信息传递的顺畅，而不应成为投诉信息的黑洞。被投诉人对于其或生产或销售的商品是否侵权，以及是否应主动自行停止被投诉行为，自会作出相应的判断及应对。而天猫公司未履行上述基本义务的结果导致被投诉人未收到任何警示从而造成损害后果的扩大。至于天猫公司在嘉易烤公司起诉后即对被诉商品采取删除和屏蔽措施，当属审慎、合理。综上，天猫公司在接到嘉易烤公司的通知后未及时采取必要措施，对损害的扩大部分应与金仕德公司承担连带责任。天猫公司就此提出的上诉理由不能成立。关于天猫公司所应承担责任的份额，一审法院综合考虑侵权持续的时间及天猫公司应当知道侵权事实的时间，确定天猫公司对金仕德公司赔偿数额的50000元承担连带赔偿责任，并无不当。

（生效裁判审判人员：周平、陈宇、刘静）

指导案例 84 号

礼来公司诉常州华生制药有限公司侵害发明专利权纠纷案

（最高人民法院审判委员会讨论通过　2017 年 3 月 6 日发布）

关键词　民事　侵害发明专利权　药品制备方法发明专利　保护范围　技术调查官　被诉侵权药品制备工艺查明

裁判要点

1. 药品制备方法专利侵权纠纷中，在无其他相反证据情形下，应当推定被诉侵权药品在药监部门的备案工艺为其实际制备工艺；有证据证明被诉侵权药品备案工艺不真实的，应当充分审查被诉侵权药品的技术来源、生产规程、批生产记录、备案文件等证据，依法确定被诉侵权药品的实际制备工艺。

2. 对于被诉侵权药品制备工艺等复杂的技术事实，可以综合运用技术调查官、专家辅助人、司法鉴定以及科技专家咨询等多种途径进行查明。

相关法条

《中华人民共和国专利法》（2008 年修正）第五十九条第一款、第六十一条、第六十八条第一款（本案适用的是 2000 年修正的《中华人民共和国专利法》第五十六条第一款、第五十七条第二款、第六十二条第一款）

《中华人民共和国民事诉讼法》第七十八条、第七十九条

基本案情

2013 年 7 月 25 日，礼来公司（又称伊莱利利公司）向江苏省高级人民法院（以下简称江苏高院）诉称，礼来公司拥有涉案 91103346.7 号方法发明专利权，涉案专利方法制备的药物奥氮平为新产品。常州华生制药有限公司（以下简称华生公司）使用落入涉案专利权保护范围的制备方法生产药物奥氮平并面向市场销售，侵害了礼来公司的涉案方法发明专利权。为此，礼来公司提起本案诉讼，请求法院判令：1. 华生公司赔偿礼来公司经济损失人民币 151060000 元、礼来公司为制止侵权所支付的调查取证费和其他合理开支人民币 28800 元；2. 华生公司在其网站及《医药经济报》刊登声明，消除因其侵权行为给礼来公司造成的不良影响；3. 华生公司承担礼来公司因本案发生的律师费人民币 1500000 元；4. 华生公司承担本案的全部诉讼费用。

江苏高院一审查明：

涉案专利为英国利利工业公司 1991 年 4 月 24 日申请的名称为“制备一种噻吩并苯二氮杂化合物的方法”的第 91103346.7 号中国发明专利申请，授权公告日为 1995 年 2 月 19 日。2011 年 4 月 24 日涉案专利权期满终止。1998 年 3 月 17 日，涉案专利的专利权人变更为英国伊莱利利有限公司；2002 年 2 月 28 日专利权人变更为伊莱利利公司。

涉案专利授权公告的权利要求为：

1. 一种制备 2－甲基－10－（4－甲基－1－哌嗪基）－4H－噻吩并［2，3，－b］［1，5］苯并二氮杂，或其酸加成盐的方法，

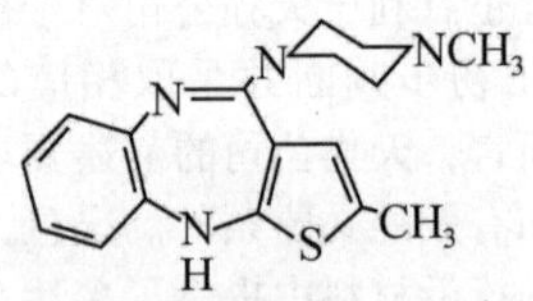

所述方法包括：

（a）使 N－甲基哌嗪与下式化合物反应，

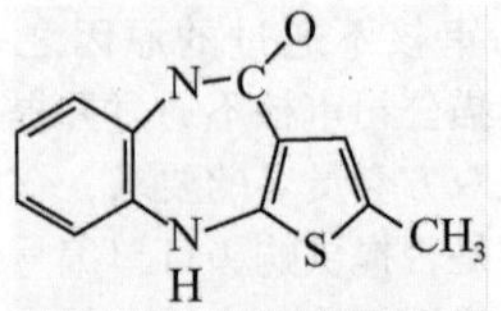

式中 Q 是一个可以脱落的基团，或

（b）使下式的化合物进行闭环反应

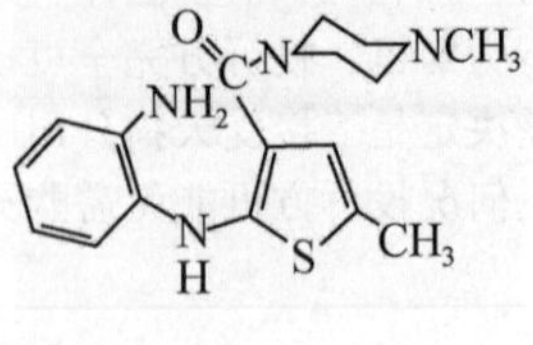

2001年7月，中国医学科学院药物研究所（简称医科院药物所）和华生公司向国家药品监督管理局（简称国家药监局）申请奥氮平及其片剂的新药证书。2003年5月9日，医科院药物所和华生公司获得国家药监局颁发的奥氮平原料药和奥氮平片《新药证书》，华生公司获得奥氮平和奥氮平片《药品注册批件》。新药申请资料中《原料药生产工艺的研究资料及文献资料》记载了制备工艺，即加入4-氨基-2-甲基-10-苄基-噻吩并苯并二氮杂，盐酸盐，甲基哌嗪及二甲基甲酰胺搅拌，得粗品，收率94.5%；加入2-甲基-10-苄基-（4-甲基-1-哌嗪基）-4H-噻吩并苯并二氮杂、冰醋酸、盐酸搅拌，然后用氢氧化钠中和后得粗品，收率73.2%；再经过两次精制，总收率为39.1%。从反应式分析，该过程就是以式四化合物与甲基哌嗪反应生成式五化合物，再对式五化合物脱苄基，得式一化合物。2003年8月，华生公司向青岛市第七人民医院推销其生产的“华生-奥氮平”5mg-新型抗精神病药，其产品宣传资料记载，奥氮平片主要成分为奥氮平，其化学名称为2-甲基-10-（4-甲基-1-哌嗪）-4H-噻吩并苯并二氮杂。

在另案审理中，根据江苏高院的委托，2011年8月25日，上海市科技咨询服务中心出具（2010）鉴字第19号《技术鉴定报告书》。该鉴定报告称，按华生公司备案的“原料药生产工艺的研究资料及文献资料”中记载的工艺进行实验操作，不能获得原料药奥氮平。鉴定结论为：华生公司备案资料中记载的生产原料药奥氮平的关键反应步骤缺乏真实性，该备案的生产工艺不可行。

经质证，伊莱利利公司认可该鉴定报告，华生公司对该鉴定报告亦不持异议，但是其坚持认为采取两步法是可以生产出奥氮平的，只是因为有些内容涉及商业秘密没有写入备案资料中，故专家依据备案资料生产不出来。

华生公司认为其未侵害涉案专利权，理由是：2003年至今，华生公司一直使用2008年补充报批的奥氮平备案生产工艺，该备案文件已于2010年9月8日获国家药监局批准，具备可行性。在礼来公司未提供任何证据证明华生公司的生产工艺的情况下，应以华生公司2008年奥氮平备案工艺作为认定侵权与否的比对工艺。

华生公司提交的2010年9月8日国家药监局《药品补充申请批件》中“申请内容”栏为：“（1）改变影响药品质量的生产工艺；（2）修改药品注册标准。”“审批结论”栏为：“经审查，同意本品变更生产工艺并修订质量标准。变更后的生产工艺在不改变原合成路线的基础上，仅对其制备工艺中所用溶剂和试剂进行调整。质量标准所附执行，有效期24个月。”

上述2010年《药品补充申请批件》所附《奥氮平药品补充申请注册资料》中5.1原料药生产工艺的研究资料及文献资料章节中5.1.1说明内容为：“根据我公司奥氮平原料药的实际生产情况，在不改变原来申报生产工艺路线的基础上，对奥氮平的制备工艺过程做了部分调整变更，对工艺进行优化，使奥氮平各中间体的质量得到进一步的提高和保证，其制备过程中的相关杂质得到有效控制。……由于工艺路线没有变更，并且最后一步的结晶溶剂亦没有变更，故化合物的结构及晶型不会改变。”

最高人民法院二审审理过程中，为准确查明本案所涉技术事实，根据民事诉讼法第七十九条、《最高人民法院关于适用〈中华人民共和国民事诉讼法〉的解释》（以下简称《民事诉讼法解释》）第一百二十二条之规定，对礼来公司的专家辅助人出庭申请予以准许；根据《民事诉讼法解释》第一百一十七条之规定，对华生公司的证人出庭申请予以准许；根据民事诉讼法第七十八条、《民事诉讼法解释》第二百二十七条之规定，通知出具（2014）司鉴定第02号《技术鉴定报告》的江苏省科技咨询中心工作人员出庭；根据《最高人民法院关于知识产权法院技术调查官参与诉讼活动若干问题的暂行规定》第二条、第十条之规定，首次指派技术调查官出庭，就相关技术问题与各方当事人分别询问了专家辅助人、证人及鉴定人。

最高人民法院二审另查明：

1999年10月28日，华生公司与医科院药物所签订《技术合同书》，约定医科院药物所将其研制开发的抗精神分裂药奥氮平及其制剂转让给华生公司，医科院药物所负责完成临床前报批资料并在北京申报临床；验收标准和方法按照新药审批标准，采用领取临床批件和新药证书方式验收；在其他条款中双方对新药证书和生产的报批作出了约定。

医科院药物所 1999 年 10 月填报的（京 99）药申临字第 82 号《新药临床研究申请表》中，“制备工艺”栏绘制的反应路线如下：

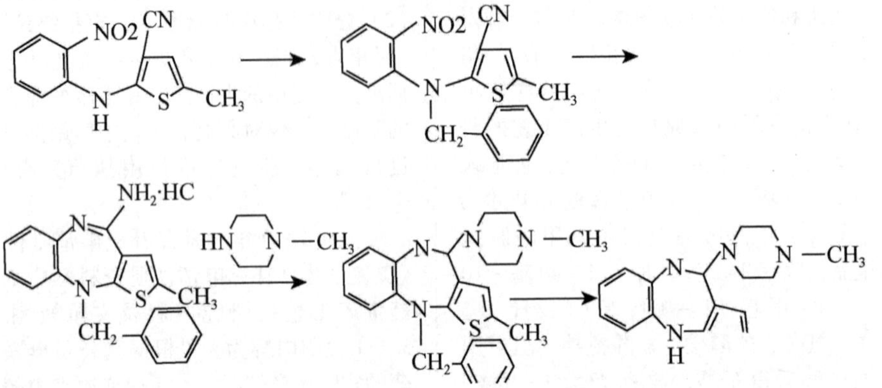

1999 年 11 月 9 日，北京市卫生局针对医科院药物所的新药临床研究申请作出《新药研制现场考核报告表》，“现场考核结论”栏记载：“该所具备研制此原料的条件，原始记录、实验资料基本完整，内容真实。”

2001 年 6 月，医科院药物所和华生公司共同向国家药监局提交《新药证书、生产申请表》[（2001）京申产字第 019 号]。针对该申请，江苏省药监局 2001 年 10 月 22 日作出《新药研制现场考核报告表》，“现场考核结论”栏记载：“经现场考核，样品制备及检验原始记录基本完整，检验仪器条件基本具备，研制单位暂无原料药生产车间，现申请本品的新药证书。”

根据华生公司申请，江苏药监局 2009 年 5 月 21 日发函委托江苏省常州市食品药品监督管理局药品安全监管处对华生公司奥氮平生产现场进行检查和产品抽样，江苏药监局针对该检查和抽样出具了《药品注册生产现场检查报告》（受理号 CXHB0800159），其中“检查结果”栏记载：“按照药品注册现场检查的有关要求，2009 年 7 月 7 日对该品种的生产现场进行了第一次检查，该公司的机构和人员、生产和检验设施能满足该品种的生产要求，原辅材料等可溯源，主要原料均按规定量投料，生产过程按申报的工艺进行。2009 年 8 月 25 日，按药品注册现场核查的有关要求，检查了 70309001、70309002、70309003 三批产品的批生产记录、检验记录、原料领用使用、库存情况记录等，已按抽样要求进行了抽样。”“综合评定结论”栏记载：“根据综合评定，现场检查结论为：通过”。

国家药监局 2010 年 9 月 8 日颁发给华生公司的《药品补充申请批件》所附《奥氮平药品补充申请注册资料》中，5. 1“原料药生产工艺的研究资料及文献资料”之 5. 1. 2“工艺路线”中绘制的反应路线如下：

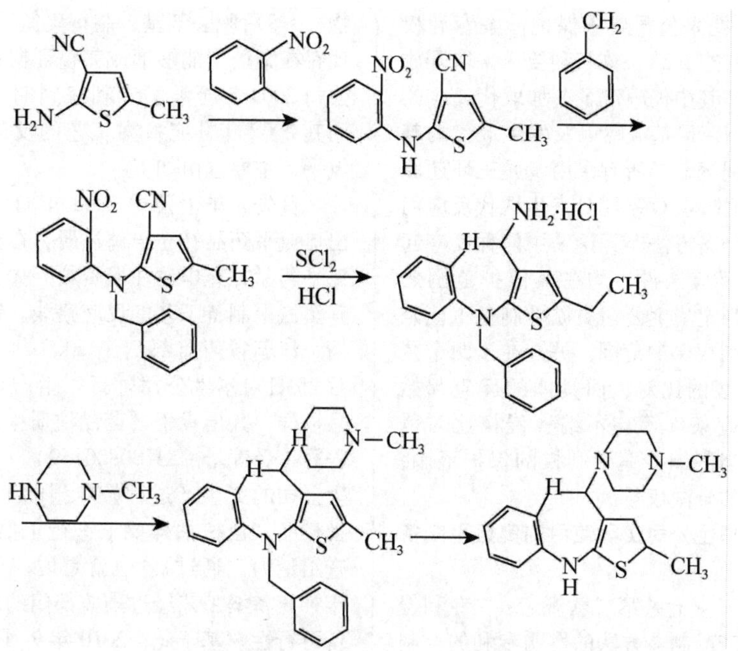

2015年3月5日，江苏省科技咨询中心受上海市方达（北京）律师事务所委托出具（2014）司鉴字第02号《技术鉴定报告》，其"鉴定结论"部分记载："1. 华生公司2008年向国家药监局备案的奥氮平制备工艺是可行的。2. 对比华生公司2008年向国家药监局备案的奥氮平制备工艺与礼来公司第91103346.7号方法专利，两者起始原料均为仲胺化物，但制备工艺路径不同，具体表现在：（1）反应中产生的关键中间体不同；（2）反应步骤不同：华生公司的是四步法，礼来公司是二步法；（3）反应条件不同：取代反应中，华生公司采用二甲基甲酰胺为溶媒，礼来公司采用二甲基亚砜和甲苯的混合溶剂为溶媒。"

二审庭审中，礼来公司明确其在本案中要求保护涉案专利权利要求1中的方法（a）。

裁判结果

江苏省高级人民法院于2014年10月14日作出（2013）苏民初字第0002号民事判决：1. 常州华生制药有限公司赔偿礼来公司经济损失及为制止侵权支出的合理费用人民币计350万元；2. 驳回礼来公司的其他诉讼请求。案件受理费人民币809744元，由礼来公司负担161950元，常州华生制药有限公司负担647794元。礼来公司、常州华生制药有限公司均不服，提起上诉。最高人民法院2016年5月31日作出（2015）民三终字第1号民事判决：1. 撤销江苏省高级人民法院（2013）苏民初字第0002号民事判决；2. 驳回礼来公司的诉讼请求。一、二审案件受理费各人民币809744元，由礼来公司负担323897元，常州华生制药有限公司负担1295591元。

裁判理由

法院生效裁判认为，《最高人民法院关于审理侵犯专利权纠纷案件应用法律若干问题的解释》第七条规定："人民法院判定被诉侵权技术方案是否落入专利权的保护范围，应当审查权利人主张的权利要求所记载的全部技术特征。被诉侵权技术方案包含与权利要求记载的全部技术特征相同或者等同的技术特征的，人民法院应当认定其落入专利权的保护范围；被诉侵权技术方案的技术特征与权利要求记载的全部技术特征相比，缺少权利要求记载的一个以上的技术特征，或者有一个以上技术特征不相同也不等同的，人民法院应当认定其没有落入专利权的保护范围。"本案中，华生公司被诉生产销售的药品与涉案专利方法制备的产品相同，均为奥氮平，判定华生公司奥氮平制备工艺是否落入涉案专利权保护范围，涉及以下三个问题：

一、关于涉案专利权的保护范围

专利法第五十六条第一款规定："发明或者实用新型专利权的保护范围以其权利要求的内容为准，说明书及附图可以用于解释权利要求。”本案中，礼来公司要求保护涉案专利权利要求1中的方法（a），该权利要求采取开放式的撰写方式，其中仅限定了参加取代反应的三环还原物及N－甲基哌嗪以及发生取代的基团，其保护范围涵盖了所有采用所述三环还原物与N－甲基哌嗪在Q基团处发生取代反应而生成奥氮平的制备方法，无论采用何种反应起始物、溶剂、反应条件，均在其保护范围之内。基于此，判定华生公司奥氮平制备工艺是否落入涉案专利权保护范围，关键在于两个技术方案反应路线的比对，而具体的反应起始物、溶剂、反应条件等均不纳入侵权比对范围，否则会不当限缩涉案专利权的保护范围，损害礼来公司的合法权益。

二、关于华生公司实际使用的奥氮平制备工艺

专利法第五十七条第二款规定：“专利侵权纠纷涉及新产品制造方法的发明专利的，制造同样产品的单位或者个人应当提供其产品制造方法不同于专利方法的证明。”本案中，双方当事人对奥氮平为专利法中所称的新产品不持异议，华生公司应就其奥氮平制备工艺不同于涉案专利方法承担举证责任。具体而言，华生公司应当提供证据证明其实际使用的奥氮平制备工艺反应路线未落入涉案专利权保护范围，否则，将因其举证不能而承担推定礼来公司侵权指控成立的法律后果。

本案中，华生公司主张其自2003年至今一直使用2008年向国家药监局补充备案工艺生产奥氮平，并提交了其2003年和2008年奥氮平批生产记录（一审补充证据6）、2003年、2007年和2013年生产规程（一审补充证据7）、《药品补充申请批件》（一审补充证据12）等证据证明其实际使用的奥氮平制备工艺。如前所述，本案的侵权判定关键在于两个技术方案反应路线的比对，华生公司2008年补充备案工艺的反应路线可见于其向国家药监局提交的《奥氮平药品补充申请注册资料》，其中5.1“原料药生产工艺的研究资料及文献资料”之5.1.2“工艺路线”图显示该反应路线为：先将“仲胺化物”中的仲氨基用苄基保护起来，制得“苄基化物”（苄基化），再进行闭环反应，生成“苄基取代的噻吩并苯并二氮杂”三环化合物（还原化物）。“还原化物”中的氨基被N－甲基哌嗪取代，生成“缩合物”，然后脱去苄基，制得奥氮平。本院认为，现有在案证据能够形成完整证据链，证明华生公司2003年至涉案专利权到期日期间一直使用其2008年补充备案工艺的反应路线生产奥氮平，主要理由如下：

首先，华生公司2008年向国家药监局提出奥氮平药品补充申请注册，在其提交的《奥氮平药品补充申请注册资料》中，明确记载了其奥氮平制备工艺的反应路线。针对该补充申请，江苏省药监部门于2009年7月7日和8月25日对华生公司进行了生产现场检查和产品抽样，并出具了《药品注册生产现场检查报告》（受理号CXHB0800159），该报告显示华生公司的“生产过程按申报的工艺进行”，三批样品“已按抽样要求进行了抽样”，现场检查结论为“通过”。也就是说，华生公司2008年补充备案工艺经过药监部门的现场检查，具备可行性。基于此，2010年9月8日，国家药监局向华生公司颁发了《药品补充申请批件》，同意华生公司奥氮平“变更生产工艺并修订质量标准”。对于华生公司2008年补充备案工艺的可行性，礼来公司专家辅助人在二审庭审中予以认可，江苏省科技咨询中心出具的（2014）司鉴字第02号《技术鉴定报告》在其鉴定结论部分也认为“华生公司2008年向国家药监局备案的奥氮平制备工艺是可行的”。因此，在无其他相反证据的情形下，应当推定华生公司2008年补充备案工艺即为其取得《药品补充申请批件》后实际使用的奥氮平制备工艺。

其次，一般而言，适用于大规模工业化生产的药品制备工艺步骤烦琐，操作复杂，其形成不可能是一蹴而就的。从研发阶段到实际生产阶段，其长期的技术积累过程通常是在保持基本反应路线稳定的情况下，针对实际生产中发现的缺陷不断优化调整反应条件和操作细节。华生公司的奥氮平制备工艺受让于医科院药物所，双方于1999年10月28日签订了《技术转让合同》。按照合同约定，医科院药物所负责完成临床前报批资料并在北京申报临床。在医科院药物所1999年10月填报的（京99）药申临字第82号《新药临床研究申请表》中，“制备工艺”栏绘制的反应路线显示，其采用了与华生公司2008年补充备案工艺相同的反应路线。针对该新药临床研究申请，北京市卫生局1999年11月9日作出《新药研制现场考核报告表》，确认“原始记录、实验资料基本完整，内容真实。”在此基础上，医科院药物所和华生公司按照《技术转让合同》的约定，共同向国家药监局提交新药证书、生产申请表［（2001）京申产字第019号］。针对该申请，江苏省药监局2001年10月22日作出《新药研制现场考核报告表》，确认“样品制备及检验原始记录基本完整”。通过包括前述考核在内的一系列审查后，2003年5月9日，医科院药物所和华生公司获得国家药监局颁发的奥氮平原料药和奥氮平片《新药证书》。由此可见，华生公司自1999年即拥有了与其2008年补充备案工艺反应路线相同的奥氮平制备工艺，并以此申报新药注册，取得新药证书。因此，华生公司在2008补充备案工艺之前使用反应路线完全不同的其他制备工艺生产奥氮平的可能性不大。

最后，国家药监局2010年9月8日向华生公司颁发的《药品补充申请批件》“审批结论”栏记载：“变更后的生产工艺在不改变原合成路线的基础上，仅对其制备工艺中所用溶剂和试剂进行调整”，即国家药监局确认华生公司2008年补充备案工艺与其之前的制备工艺反应路线相同。华生公司在一审中提交了其2003、2007和2013年的生产规程，2003、2008年的奥氮平批生产记录，华生公司主张上述证据涉及其商业秘密，一审法院组织双方当事人进行了不公开质证，确认其真实性和关联性。本院经审查，华生公司2003、2008年的奥氮平批生产记录是分别依据2003、2007年的生产规程进行实际生产所作的记录，上述生产规程和批生产记录均表明华生公司奥氮平制备工艺的基本反应路线与其2008年补充备案工艺的反应路线相同，只是在保持该基本反应路线不变的基础上对反应条件、溶剂等生产细节进行调整，不断优化，这样的技术积累过程是符合实际生产规律的。

综上，本院认为，华生公司2008年补充备案工艺真实可行，2003年至涉案专利权到期日期间华生公司一直使用2008年补充备案工艺的反应路线生产奥氮平。

三、关于礼来公司的侵权指控是否成立

对比华生公司奥氮平制备工艺的反应路线和涉案方法专利，二者的区别在于反应步骤不同，关键中间体不同。具体而言，华生公司奥氮平制备工艺使用的三环还原物的胺基是被苄基保护的，由此在取代反应之前必然存在苄基化反应步骤以生成苄基化的三环还原物，相应的在取代反应后也必然存在脱苄基反应步骤以获得奥氮平。而涉案专利的反应路线中并未对三环还原物中的胺基进行苄基保护，从而不存在相应的苄基化反应步骤和脱除苄基的反应步骤。

《最高人民法院关于审理专利纠纷案件适用法律问题的若干规定》第十七条第二款规定：“等同特征，是指与所记载的技术特征以基本相同的手段，实现基本相同的功能，达到基本相同的效果，并且本领域普通技术人员在被诉侵权行为发生时无需经过创造性劳动就能够联想到的特征。”本案中，就华生公司奥氮平制备工艺的反应路线和涉案方法专利的区别而言，首先，苄基保护的三环还原物中间体与未加苄基保护的三环还原物中间体为不同的化合物，两者在化学反应特性上存在差异，即在未加苄基保护的三环还原物中间体上，可脱落的Q基团和胺基均可与N－甲基哌嗪发生反应，而苄基保护的三环还原物中间体由于其中的胺基被苄基保护，无法与N－甲基哌嗪发生不期望的取代反应，取代反应只能发生在Q基团处；相应地，涉案专利的方法中不存在取代反应前后的加苄基和脱苄基反应步骤。因此，两个技术方案在反应中间物和反应步骤上的差异较大。其次，由于增加了加苄基和脱苄基步骤，华生公司的奥氮平制备工艺在终产物收率方面会有所减损，而涉案专利由于不存在加苄基保护步骤和脱苄基步骤，收率不会因此而下降。故两个技术方案的技术效果如收率高低等方面存在较大差异。最后，尽管对所述三环还原物中的胺基进行苄基保护以减少副反应是化学合成领域的公知常识，但是这种改变是实质性的，加苄基保护的三环还原物中间体的反应特性发生了改变，增加反应步骤也使收率下降。而且加苄基保护为公知常识仅说明华生公司的奥氮平制备工艺相对于涉案专利方法改进有限，但并不意味着两者所采用的技术手段是基本相同的。

综上，华生公司的奥氮平制备工艺在三环还原物中间体是否为苄基化中间体以及由此增加的苄基化反应步骤和脱苄基步骤方面，与涉案专利方法是不同的，相应的技术特征也不属于基本相同的技术手段，达到的技术效果存在较大差异，未构成等同特征。因此，华生公司奥氮平制备工艺未落入涉案专利权保护范围。

综上所述，华生公司奥氮平制备工艺未落入礼来公司所有的涉案专利权的保护范围，一审判决认定事实和适用法律存在错误，依法予以纠正。

（生效裁判审判人员：周翔、吴蓉、宋淑华）

指导案例 85 号

高仪股份公司诉浙江健龙卫浴有限公司侵害外观设计专利权纠纷案

（最高人民法院审判委员会讨论通过　2017 年 3 月 6 日发布）

关键词　民事　侵害外观设计专利　设计特征　功能性特征
整体视觉效果

裁判要点

1. 授权外观设计的设计特征体现了其不同于现有设计的创新内容，也体现了设计人对现有设计的创造性贡献。如果被诉侵权设计未包含授权外观设计区别于现有设计的全部设计特征，一般可以推定被诉侵权设计与授权外观设计不近似。

2. 对设计特征的认定，应当由专利权人对其所主张的设计特征进行举证。人民法院在听取各方当事人质证意见基础上，对证据进行充分审查，依法确定授权外观设计的设计特征。

3. 对功能性设计特征的认定，取决于外观设计产品的一般消费者看来该设计是否仅仅由特定功能所决定，而不需要考虑该设计是否具有美感。功能性设计特征对于外观设计的整体视觉效果不具有显著影响。功能性与装饰性兼具的设计特征对整体视觉效果的影响需要考虑其装饰性的强弱，装饰性越强，对整体视觉效果的影响越大，反之则越小。

相关法条

《中华人民共和国专利法》第五十九条第二款

基本案情

高仪股份公司（以下简称高仪公司）为“手持淋浴喷头（No. A4284410X2）”外观设计专利的权利人，该外观设计专利现合法有效。2012 年 11 月，高仪公司以浙江健龙卫浴有限公司（以下简称健龙公司）生产、销售和许诺销售的丽雅系列等卫浴产品侵害其“手持淋浴喷头”外观设计专利权为由提起诉讼，请求法院判令健龙公司立即停止被诉侵权行为，销毁库存的侵权产品及专用于生产侵权产品的模具，并赔偿高仪公司经济损失 20 万元。经一审庭审比对，健龙公司被诉侵权产品与高仪公司涉案外观设计专利的相同之处为：二者属于同类产品，从整体上看，二者均是由喷头头部和手柄两个部分组成，被诉侵权产品头部出水面的形状与涉案专利相同，均表现为出水孔呈放射状分布在两端圆、中间长方形的区域内，边缘呈圆弧状。两者的不同之处为：1. 被诉侵权产品的喷头头部四周为斜面，从背面向出水口倾斜，而涉案专利主视图及左视图中显示其喷头头部四周为圆弧面；2. 被诉侵权产品头部的出水面与面板间仅由一根线条分隔，涉案专利头部的出水面与面板间由两条线条构成的带状分隔；3. 被诉侵权产品头部出水面的出水孔分布方式与涉案专利略有不同；4. 涉案专利的手柄上有长椭圆形的开关设计，被诉侵权产品没有；5. 涉案专利中头部与手柄的连接虽然有一定的斜角，但角度很小，几乎为直线形连接，被诉侵权产品头部与手柄的连接产生的斜角角度较大；6. 从涉案专利的仰视图看，手柄底部为圆形，被诉侵权产品仰视的底部为曲面扇形，涉案专利手柄下端为圆柱体，向与头部连接处方向逐步收缩压扁呈扁椭圆体，被诉侵权产品的手柄下端为扇面柱体，且向与喷头连接处过渡均为扇面柱体，过渡中的手柄中段有弧度的突起；7. 被诉侵权产品的手柄底端有一条弧形的装饰线，将手柄底端与产品的背面连成一体，涉案专利的手柄底端没有这样的设计；8. 涉案专利头部和手柄的长度比例与被诉侵权产品有所差别，两者的头部与手柄的连接处弧面亦有差别。

裁判结果

浙江省台州市中级人民法院于2013年3月5日作出（2012）浙台知民初字第573号民事判决，驳回高仪公司诉讼请求。高仪公司不服，提起上诉。浙江省高级人民法院于2013年9月27日作出（2013）浙知终字第255号民事判决：1. 撤销浙江省台州市中级人民法院（2012）浙台知民初字第573号民事判决；2. 健龙公司立即停止制造、许诺销售、销售侵害高仪公司“手持淋浴喷头”外观设计专利权的产品的行为，销毁库存的侵权产品；3. 健龙公司赔偿高仪公司经济损失（含高仪公司为制止侵权行为所支出的合理费用）人民币10万元；4. 驳回高仪公司的其他诉讼请求。健龙公司不服，提起再审申请。最高人民法院于2015年8月11日作出（2015）民提字第23号民事判决：1. 撤销二审判决；2. 维持一审判决。

裁判理由

法院生效裁判认为，本案的争议焦点在于被诉侵权产品外观设计是否落入涉案外观设计专利权的保护范围。

专利法第五十九条第二款规定：“外观设计专利权的保护范围以表示在图片或者照片中的该产品的外观设计为准，简要说明可以用于解释图片或者照片所表示的该产品的外观设计。”《最高人民法院关于审理侵犯专利权纠纷案件应用法律若干问题的解释》（以下简称《侵犯专利权纠纷案件解释》）第八条规定：“在与外观设计专利产品相同或者相近种类产品上，采用与授权外观设计相同或者近似的外观设计的，人民法院应当认定被诉侵权设计落入专利法第五十九条第二款规定的外观设计专利权的保护范围”；第十条规定：“人民法院应当以外观设计专利产品的一般消费者的知识水平和认知能力，判断外观设计是否相同或者近似。”本案中，被诉侵权产品与涉案外观设计专利产品相同，均为淋浴喷头类产品，因此，本案的关键问题是对于一般消费者而言，被诉侵权产品外观设计与涉案授权外观设计是否相同或者近似，具体涉及以下四个问题：

一、关于涉案授权外观设计的设计特征

外观设计专利制度的立法目的在于保护具有美感的创新性工业设计方案，一项外观设计应当具有区别于现有设计的可识别性创新设计才能获得专利授权，该创新设计即是授权外观设计的设计特征。通常情况下，外观设计的设计人都是以现有设计为基础进行创新。对于已有产品，获得专利权的外观设计一般会具有现有设计的部分内容，同时具有与现有设计不相同也不近似的设计内容，正是这部分设计内容使得该授权外观设计具有创新性，从而满足专利法第二十三条所规定的实质性授权条件：不属于现有设计也不存在抵触申请，并且与现有设计或者现有设计特征的组合相比具有明显区别。对于该部分设计内容的描述即构成授权外观设计的设计特征，其体现了授权外观设计不同于现有设计的创新内容，也体现了设计人对现有设计的创造性贡献。由于设计特征的存在，一般消费者容易将授权外观设计区别于现有设计，因此，其对外观设计产品的整体视觉效果具有显著影响，如果被诉侵权设计未包含授权外观设计区别于现有设计的全部设计特征，一般可以推定被诉侵权设计与授权外观设计不近似。

对于设计特征的认定，一般来说，专利权人可能将设计特征记载在简要说明中，也可能会在专利授权确权或者侵权程序中对设计特征作出相应陈述。根据“谁主张、谁举证”的证据规则，专利权人应当对其所主张的设计特征进行举证。另外，授权确权程序的目的在于对外观设计是否具有专利性进行审查，因此，该过程中有关审查文档的相关记载对确定设计特征有着重要的参考意义。理想状态下，对外观设计专利的授权确权，应当是在对整个现有设计检索后的基础上确定对比设计来评判其专利性，但是，由于检索数据库的限制、无效宣告请求人检索能力的局限等原因，授权确权程序中有关审查文档所确定的设计特征可能不是在穷尽整个现有设计的检索基础上得出的，因此，无论是专利权人举证证明的设计特征，还是通过授权确权有关审查文档记载确定的设计特征，如果第三人提出异议，都应当允许其提供反证予以推翻。人民法院在听取各方当事人质证意见的基础上，对证据进行充分审查，依法确定授权外观设计的设计特征。

本案中，专利权人高仪公司主张跑道状的出水面为涉案授权外观设计的设计特征，健龙公司对此不予认可。对此，法院生效裁判认为，首先，涉案授权外观设计没有简要说明记载其设计特征，高仪公司在二审诉讼中提交了12份淋浴喷头产品的外观设计专利文件，其中7份记载的公告日早于涉案专利的申请日，其所附图片表示的外观设计均未采用跑道状的出水面。在针对涉案授权外观设计的无效宣告请求审查程序中，专利复审委员会作出第17086号决定，认定涉案授权外观设计与最接近的对比设计证据1相比："从整体形状上看，与在先公开的设计相比，本专利喷头及其各面过渡的形状、喷头正面出水区域的设计以及喷头宽度与手柄直径的比例具有较大差别，上述差别均是一般消费者容易关注的设计内容"，即该决定认定喷头出水面形状的设计为涉案授权外观设计的设计特征之一。其次，健龙公司虽然不认可跑道状的出水面为涉案授权外观设计的设计特征，但是在本案一、二审诉讼中其均未提交相应证据证明跑道状的出水面为现有设计。本案再审审查阶段，健龙公司提交200630113512.5号淋浴喷头外观设计专利视图拟证明跑道状的出水面已被现有设计所公开，经审查，该外观设计专利公告日早于涉案授权外观设计申请日，可以作为涉案授权外观设计的现有设计，但是其主视图和使用状态参考图所显示的出水面两端呈矩形而非呈圆弧形，其出水面并非跑道状。因此，对于健龙公司关于跑道状出水面不是涉案授权外观设计的设计特征的再审申请理由，本院不予支持。

二、关于涉案授权外观设计产品正常使用时容易被直接观察到的部位

认定授权外观设计产品正常使用时容易被直接观察到的部位，应当以一般消费者的视角，根据产品用途，综合考虑产品的各种使用状态得出。本案中，首先，涉案授权外观设计是淋浴喷头产品外观设计，淋浴喷头产品由喷头、手柄构成，二者在整个产品结构中所占空间比例相差不大。淋浴喷头产品可以手持，也可以挂于墙上使用，在其正常使用状态下，对于一般消费者而言，喷头、手柄及其连接处均是容易被直接观察到的部位。其次，第17086号决定认定在先申请的设计证据2与涉案授权外观设计采用了同样的跑道状出水面，但是基于涉案授权外观设计的"喷头与手柄成一体，喷头及其与手柄连接的各面均为弧面且喷头前倾，此与在先申请的设计相比具有较大的差别，上述差别均是一般消费者容易关注的设计内容"，认定二者属于不相同且不相近似的外观设计。可见，淋浴喷头产品容易被直接观察到的部位并不仅限于其喷头头部出水面，在对淋浴喷头产品外观设计的整体视觉效果进行综合判断时，其喷头、手柄及其连接处均应作为容易被直接观察到的部位予以考虑。

三、关于涉案授权外观设计手柄上的推钮是否为功能性设计特征

外观设计的功能性设计特征是指那些在外观设计产品的一般消费者看来，由产品所要实现的特定功能唯一决定而不考虑美学因素的特征。通常情况下，设计人在进行产品外观设计时，会同时考虑功能因素和美学因素。在实现产品功能的前提下，遵循人文规律和法则对产品外观进行改进，即产品必须首先实现其功能，其次还要在视觉上具有美感。具体到一项外观设计的某一特征，大多数情况下均兼具功能性和装饰性，设计者会在能够实现特定功能的多种设计中选择一种其认为最具美感的设计，而仅由特定功能唯一决定的设计只有在少数特殊情况下存在。因此，外观设计的功能性设计特征包括两种：一是实现特定功能的唯一设计；二是实现特定功能的多种设计之一，但是该设计仅由所要实现的特定功能决定而与美学因素的考虑无关。对功能性设计特征的认定，不在于该设计是否因功能或技术条件的限制而不具有可选择性，而在于外观设计产品的一般消费者看来该设计是否仅仅由特定功能所决定，而不需要考虑该设计是否具有美感。一般而言，功能性设计特征对于外观设计的整体视觉效果不具有显著影响；而功能性与装饰性兼具的设计特征对整体视觉效果的影响需要考虑其装饰性的强弱，装饰性越强，对整体视觉效果的影响相对较大，反之则相对较小。

本案中，涉案授权外观设计与被诉侵权产品外观设计的区别之一在于后者缺乏前者在手柄位置上具有的一类跑道状推钮设计。推钮的功能是控制水流开关，是否设置推钮这一部件是由是否需要在淋浴喷头产品上实现控制水流开关的功能所决定的，但是，只要在淋浴喷头手柄位置设置推钮，该推钮的形状就可以有多种设计。当一般消费者看到淋浴喷头手柄上的推钮时，自然会关注其装饰性，考虑该推钮设计是否美观，而不是仅仅考虑该推钮是否能实现控制水流开关的功能。涉案授权外观设计的设计者选择将手柄位置的推钮设计为类跑道状，其目的也在于与其跑道状的出水面相协调，增加产品整体上的美感。因此，二审判决认定涉案授权外观设计中的推钮为功能性设计特征，适用法律错误，本院予以纠正。

四、关于被诉侵权产品外观设计与涉案授权外观设计是否构成相同或者近似

《侵犯专利权纠纷案件解释》第十一条规定，认定外观设计是否相同或者近似时，应当根据授权外观设计、被诉侵权设计的设计特征，以外观设计的整体视觉效果进行综合判断；对于主要由技术功能决定的设计特征，应当不予考虑。产品正常使用时容易被直接观察到的部位相对于其他部位、授权外观设计区别于现有设计的设计特征相对于授权外观设计的其他设计特征，通常对外观设计的整体视觉效果更具有影响。

本案中，被诉侵权产品外观设计与涉案授权外观设计相比，其出水孔分布在喷头正面跑道状的区域内，虽然出水孔的数量及其在出水面两端的分布与涉案授权外观设计存在些许差别，但是总体上，被诉侵权产品采用了与涉案授权外观设计高度近似的跑道状出水面设计。关于两者的区别设计特征，一审法院归纳了八个方面，对此双方当事人均无异议。对于这些区别设计特征，首先，如前所述，第 17086 号决定认定涉案外观设计专利的设计特征有三点：一是喷头及其各面过渡的形状，二是喷头出水面形状，三是喷头宽度与手柄直径的比例。除喷头出水面形状这一设计特征之外，喷头及其各面过渡的形状、喷头宽度与手柄直径的比例等设计特征也对产品整体视觉效果产生显著影响。虽然被诉侵权产品外观设计采用了与涉案授权外观设计高度近似的跑道状出水面，但是，在喷头及其各面过渡的形状这一设计特征上，涉案授权外观设计的喷头、手柄及其连接各面均呈圆弧过渡，而被诉侵权产品外观设计的喷头、手柄及其连接各面均为斜面过渡，从而使得二者在整体设计风格上呈现明显差异。另外，对于非设计特征之外的被诉侵权产品外观设计与涉案授权外观设计相比的区别设计特征，只要其足以使两者在整体视觉效果上产生明显差异，也应予以考虑。其次，淋浴喷头产品的喷头、手柄及其连接处均为其正常使用时容易被直接观察到的部位，在对整体视觉效果进行综合判断时，在上述部位上的设计均应予以重点考查。具体而言，涉案授权外观设计的手柄上设置有一类跑道状推钮，而被诉侵权产品无此设计，因该推钮并非功能性设计特征，推钮的有无这一区别设计特征会对产品的整体视觉效果产生影响；涉案授权外观设计的喷头与手柄连接产生的斜角角度较小，而被诉侵权产品的喷头与手柄连接产生的斜角角度较大，从而使得两者在左视图上呈现明显差异。正是由于被诉侵权产品外观设计未包含涉案授权外观设计的全部设计特征，以及被诉侵权产品外观设计与涉案授权外观设计在手柄、喷头与手柄连接处的设计等区别设计特征，使得两者在整体视觉效果上呈现明显差异，两者既不相同也不近似，被诉侵权产品外观设计未落入涉案外观设计专利权的保护范围。二审判决仅重点考虑了涉案授权外观设计跑道状出水面的设计特征，而对于涉案授权外观设计的其他设计特征，以及淋浴喷头产品正常使用时其他容易被直接观察到的部位上被诉侵权产品外观设计与涉案授权外观设计专利的区别设计特征未予考虑，认定两者构成近似，适用法律错误，本院予以纠正。

综上，健龙公司生产、许诺销售、销售的被诉侵权产品外观设计与高仪公司所有的涉案授权外观设计既不相同也不近似，未落入涉案外观设计专利权保护范围，健龙公司生产、许诺销售、销售被诉侵权产品的行为不构成对高仪公司涉案专利权的侵害。二审判决适用法律错误，本院依法应予纠正。

（生效裁判审判人员：周翔、吴蓉、宋淑华）

【典型案例】

珠海格力电器股份有限公司诉广东美的制冷设备有限公司等侵害发明专利权纠纷案

《最高人民法院公布八起知识产权司法保护典型案例》第 4 号
2013 年 10 月 22 日

【基本案情】

美的公司生产了型号为 KFR－26GW/DY－V2（E2）等四种型号的“美的分体式空调器”产品。格力公司以美的公司制造销售的上述产品侵犯其“控制空调器按照自定义曲线运行的方法”发明专利权为由，向广东省珠海市中级人民法院起诉，请求判令被告停止侵权行为、赔偿损失以及因调查、制止侵权行为所支付的合理费用。

【裁判结果】

广东省高级人民法院二审认为，KFR－26GW/DY－V2（E2）型空调器在“舒睡模式3”运行方式下的技术方案侵犯了涉案发明专利权。该被诉侵权产品所附安装说明书明确记载了“舒睡模式 3”的功能，并载明该说明书适用于其余三款空调器产品，可以推知该三款空调器亦具有“舒睡模式 3”。本案四款被诉侵权产品属于同一系列，仅功率不同而功能相同，符合产业惯例。美的公司虽主张该三款空调器的功能存在差别因而不构成专利侵权，但并未提供相应证据，在此情况下通过现有证据可以推知该三款空调器也具有相同的“舒睡模式 3”，侵犯了涉案专利权。关于赔偿数额，美的公司仅提供了型号为 KFR－26GW/DY－V2（E2）空调器产品的相关数据，可以确定该型号空调器产品的利润为人民币 47.7 万元。美的公司在一审法院释明相关法律后果的情况下，仍拒不提供其生产销售其他型号空调器的相关数据，可以推定美的公司生产的其余三款空调器产品的利润均不少于人民币 47.7 万元。故综合本案全部证据确定美的公司应赔偿格力公司经济损失人民币 200 万元。

【典型意义】

本案双方当事人均为国内知名家电企业，案情疑难复杂，社会影响较大。二审法院正确适用相关法律及司法解释的规定，合理适用事实推定规则和举证妨碍制度，正确认定案件事实，准确确定侵权赔偿数额，贯彻了加大司法保护力度的精神。在侵权事实认定方面，在依法认定特定型号侵权产品构成侵权的基础上，根据与专利技术特征有关的说明书的记载，结合当事人虽提出异议但未提供相反证据的具体情况，合理推定另三款产品亦构成侵权。在损害赔偿数额确定方面，积极运用举证妨碍制度。侵权人持有其他三款产品的侵权获利证据而拒不提供，二审法院根据现有证据推定该三款产品的获利均不低于第一款产品，据此运用裁量权在专利侵权法定赔偿最高限额以上确定赔偿，加重了侵权人的侵权代价。

亚什兰许可和知识产权有限公司、北京天使专用化学技术有限公司诉北京瑞仕邦精细化工技术有限公司、苏州瑞普工业助剂有限公司、魏星光等侵害发明专利权纠纷案

《最高人民法院公布八起知识产权司法保护典型案例》第5号

2013年10月22日

【基本案情】

亚什兰公司系“水包水型聚合物分散体的制造方法”发明专利的权利人，天使公司经亚什兰公司许可在中国大陆境内合法使用上述专利。该发明专利系一种产品制造方法发明专利，但利用该方法制造的产品并非新产品。魏星光于1996年进入天使公司工作，先后担任天使公司总经理和亚什兰中国区业务总监职务，后离职并成为瑞仕邦公司的股东和董事，在瑞普公司成立后又担任该公司董事。瑞普公司和瑞仕邦公司生产制造并销售了与涉案方法专利所生产的产品相同的完全水性聚合物浓缩液。亚什兰公司和天使公司虽通过申请法院采取证据保全措施、公证保全等多种方法调查收集涉及被告生产工艺的证据，但仍未获得能够证明被告完整生产工艺技术方案的全部证据。亚什兰公司和天使公司向江苏省苏州市中级人民法院提起诉讼，主张瑞仕邦公司和瑞普公司生产销售的上述完全水性聚合物浓缩液构成专利侵权，魏星光构成帮助侵权，请求判令被告立即停止侵权、连带赔偿经济损失和制止侵权的合理费用共计人民币2000万元；同时针对本案被告向北京市第一中级人民法院提起相关联的商业秘密侵权诉讼。

【裁判结果】

江苏省苏州市中级人民法院认为，本案专利方法涉及的产品是一种具有特定客户群的工业用化学制剂，权利人既无法从公开市场购买，又无从进入瑞普公司车间获知该产品完整的生产工艺流程，亚什兰公司已尽合理努力穷尽其举证能力但仍难以证实被告确实使用了其专利方法。考虑到魏星光及瑞普公司主要技术人员原均系天使公司工作人员，有机会接触到涉案专利方法的完整生产流程，同时瑞普公司虽主张其生产工艺中某些物质的添加方式和含量与涉案专利技术方案不同，但在法院释明的情况下仍拒绝提供相应证据予以佐证，被告使用专利方法生产完全水性聚合物浓缩液的可能性较大，在被告未提供进一步相反证据的前提下，根据本案具体情况可以认定被控侵权技术方案侵犯了涉案专利权，瑞普公司和瑞仕邦公司构成专利侵权。在此基础上，苏州市中级人民法院主持调解，最终双方当事人达成调解方案：瑞仕邦公司、瑞普公司和魏星光承诺不使用涉案专利方法，瑞仕邦公司和魏星光就本案被诉侵犯专利权行为支付亚什兰公司人民币1500万元补偿金，就相关联的被诉侵犯商业秘密行为支付亚什兰公司人民币700万元补偿金。

【典型意义】

本案是合理运用证据规则以事实推定的方式认定侵犯产品制造方法专利权并通过调解达成高额补偿金的典型案例。由于侵权证据的难以获得性，产品制造方法专利尤其是不属于新产品的产品制造方法专利一直是知识产权保护的难点。本案中，审理法院根据案件具体情况，在权利人已尽合理努力并穷尽其举证能力，结合已知事实以及日常生产经验，能够认定同样产品经由专利方法制造的可能性较大的前提下，不再苛求专利权人提供进一步的证据，而将举证责任适当转移给被诉侵权人。同时，审理法院在被诉侵权人不能提供相反证据的情况下，认定其使用了专利方法。这种方法合理减轻了方法专利权利人的举证负担，对于便利方法专利权利人依法维权具有重要意义。同时，审理法院出于妥善解决社会矛盾的考虑，在案件审理中聘请技术专家担任人民陪审员，确保案件事实认定质量，并在查明事实和

明确是非的基础上促成当事人达成以合计支付人民币 2200 万元高额补偿金为条件的调解协议，切实维护了权利人的利益。

雅培贸易（上海）有限公司与台州市黄岩亿隆塑业有限公司、北京溢炀杰商贸有限公司诉前停止侵害专利权及专利侵权纠纷案

《最高人民法院发布五起典型案例》第 3 号

2014 年 4 月 30 日

【基本案情】

雅培贸易公司是 ZL200730158176.0 号名称为“容器”的外观设计专利权（简称涉案专利）的被许可人，并获得涉案专利权人的授权以自己的名义对侵权人申请诉前保全措施及提起诉讼。亿隆公司未经许可生产、销售、许诺销售了侵害涉案专利权的“YL－650A”“YL－750A”“YL－1000A”等型号的可密封塑料容器（简称被控侵权产品），溢炀杰公司未经许可销售了被控侵权产品。雅培贸易公司遂向北京市第三中级人民法院申请诉前停止被控侵权行为，并提供了现金担保。

【裁判结果】

北京市第三中级人民法院经审理认为：被控侵权产品系奶粉罐，亿隆公司和溢炀杰公司主要向奶粉生产企业批发销售被控侵权产品，被控侵权产品将与奶粉一并销售给最终用户，每一个销售环节都很有可能构成对涉案专利权的侵权。而每增加一个销售环节，都会造成损失扩大，侵权行为人增多，雅培贸易公司维权成本增加，维权难度加大。同时，涉案专利权系容器的外观设计专利，有效期仅十年，容器的外观设计更新换代快，被控侵权行为的持续进行将会极大地影响到雅培贸易公司对涉案专利权的行使。因此，如不责令亿隆公司和溢炀杰公司立即停止被控侵权行为，将会对雅培贸易公司合法权益造成难以弥补的损害。据此，法院裁定亿隆公司立即停止生产、销售、许诺销售侵犯涉案专利权的产品；溢炀杰公司立即停止销售侵犯涉案专利权的产品。

法院作出裁定后，经过多次与双方当事人沟通、协调，辨法析理，促使被申请人从最初的拒绝签收诉讼文书转变至自动停止被控侵权行为，并最终成功促成双方达成和解协议，以调解的方式解决双方纠纷。

【典型意义】

本案系人民法院维护食品安全、准确及时有效保护知识产权的典型案例。首先，在社会效果方面，食品安全，尤其是奶粉安全问题是人民群众重点关注的问题。雅培奶粉是世界知名奶粉品牌，本案的处理结果及时制止假奶粉罐的泛滥，从源头上对假奶粉进行治理，体现了人民法院关注民生，维护食品安全的决心和努力。其次，在加强知识产权保护方面，法院考虑销售环节、维权成本、权利保护期限等具体因素，准确认定行为保全中“难以弥补损害”要件，迅速作出诉前行为保全裁定，准确及时保护当事人的权利。最后，在确保诉前行为保全的实际效果方面，法院积极督促被申请人执行保全裁定，并最终促成了双方达成和解协议，有效保护了申请人的权利，充分实现了以行为保全促调解的社会效果。本案是北京市法院依据修改后的民事诉讼法作出的首例涉及专利权的诉前行为保全裁定，表明了人民法院积极满足社会司法需求，依法加强知识产权司法保护的实践努力。

北京亚东生物制药有限公司与国家知识产权局专利复审委员会、山东华洋制药有限公司专利行政纠纷申请再审案

[最高人民法院（2013）知行字第77号行政裁定书]

《2014年中国法院10大知识产权案件》第9号

2015年4月20日

【案情摘要】

北京亚东生物制药有限公司（简称亚东制药公司）是名称为“治疗乳腺增生性疾病的药物组合物及其制备方法”发明专利（简称本专利）的专利权人。山东华洋制药有限公司针对本专利提出无效宣告请求，其提交的证据1、证据3分别为《药典》公开的“乳块消片”的功能主治、处方以及颗粒剂的相关制法。专利复审委员会作出第15409号决定认定本专利不具有创造性，宣告全部无效。亚东制药公司不服，提起行政诉讼。北京市第一中级人民法院认为，根据证明证据1的临床有效率低于本专利的公证书即反证4，本专利颗粒剂的总有效率为95.70%，证据1中片剂的总有效率为89.32%，本专利权利要求1具有显著的进步。遂判决撤销第15409号决定。专利复审委员会不服，提起上诉。北京市高级人民法院二审判决撤销一审判决、维持第15409号决定。亚东制药公司不服，申请再审。最高人民法院认为，在反证4没有公开总有效率的具体测定方法的情况下，无法认定反证4与本专利的总有效率是在等效等量情况下，以同一种测定方法做出的，上述对比数据不能证明本专利是否具有临床疗效上的显著进步；即便认可上述对比数据，由于本专利制备颗粒剂时省去了减压干燥步骤，对药物活性成分的影响也相应减少，本领域技术人员能够合理预期，省略减压干燥步骤将会使药物的整体有效率有所提高，专利权人并未举证证明其超出了本领域技术人员的合理预期。遂裁定驳回亚东制药公司的再审申请。

【典型意义】

最高人民法院在本案中明确了未记载在说明书中的技术贡献不能作为要求获得专利权保护的基础，以及判断发明是否存在预料不到的技术效果时，应当综合考虑发明所述技术领域的特点，尤其是技术效果的可预见性、现有技术中存在的技术启示等因素。此外，还明确了区别技术特征的认定应当以记载在权利要求中的技术特征为基础。本案裁判对于审理药物专利授权确权行政纠纷具有重要指导意义。

安阳翔宇医疗设备有限公司诉专利复审委员会、崔学伟专利权无效宣告行政纠纷案

《最高人民法院发布14起北京、上海、广州知识产权法院审结的典型案例》第1号

2015年9月9日

【基本案情】

翔宇公司针对崔学伟拥有的专利号为94119284.9、名称为“多功能艾灸仪”的发明专利，向专利复审委员会提出无效宣告请求，专利复审委员会经审理作出维持本案专利有效的行政决定。翔宇公司不服被诉决定，向北京知识产权法院提起行政诉讼。

【裁判结果】

北京知识产权法院审理认为，本案专利权利要求保护范围清楚，能够得到说明书的支持，专利权人对本案专利申请文件的修改未超出原说明书和权利要求书记载的范围，且本案专利具备创造性，符合专利法及实施细则的相关规定。遂判决维持被诉决定。各方当事人均未提起上诉，判决已生效。

【典型意义】

艾灸是我国传统中医治疗方法之一，本案专利是将传统艾灸治疗方法与电磁技术相结合，形成一种能够实现自加热、自动控制温度功能的艾灸治疗仪。由于本案专利在相关中医治疗中具有较高的应用价值，受到了中医医疗器械领域人员的广泛关注。本案涉及多项专利权无效宣告请求的理由，包括专利权利要求保护范围是否清楚、权利要求能否能够得到说明书的支持、专利权人对本案专利申请文件的修改是否超出原说明书和权利要求书记载的范围、专利权是否具备创造性等问题。本案判决根据各方当事人的主张，逐条进行了充分的论理，依法保护了发明人的利益。

四、商　标

1. 综　合

中华人民共和国商标法

（1982年8月23日第五届全国人民代表大会常务委员会第二十四次会议通过　根据1993年2月22日第七届全国人民代表大会常务委员会第三十次会议《关于修改〈中华人民共和国商标法〉的决定》第一次修正　根据2001年10月27日第九届全国人民代表大会常务委员会第二十四次会议《关于修改〈中华人民共和国商标法〉的决定》第二次修正　根据2013年8月30日第十二届全国人民代表大会常务委员会第四次会议《关于修改〈中华人民共和国商标法〉的决定》第三次修正　根据2019年4月23日第十三届全国人民代表大会常务委员会第十次会议《关于修改〈中华人民共和国建筑法〉等八部法律的决定》第四次修正）

目　录

第一章　总　则
第二章　商标注册的申请
第三章　商标注册的审查和核准
第四章　注册商标的续展、变更、转让和使用许可
第五章　注册商标的无效宣告
第六章　商标使用的管理
第七章　注册商标专用权的保护
第八章　附　则

第一章　总　则

第一条　为了加强商标管理，保护商标专用权，促使生产、经营者保证商品和服务质量，维护商标信誉，以保障消费者和生产、经营者的利益，促进社会主义市场经济的发展，特制定本法。

第二条　国务院工商行政管理部门商标局主管全国商标注册和管理的工作。

国务院工商行政管理部门设立商标评审委员会，负责处理商标争议事宜。

第三条　经商标局核准注册的商标为注册商标，包括商品商标、服务商标和集体商标、证明商标；商标注册人享有商标专用权，受法律保护。

本法所称集体商标，是指以团体、协会或者其他组织名义注册，供该组织成员在商事活动中使用，以表明使用者在该组织中的成员资格的标志。

本法所称证明商标，是指由对某种商品或者服务具有监督能力的组织所控制，而由该组

织以外的单位或者个人使用于其商品或者服务，用以证明该商品或者服务的原产地、原料、制造方法、质量或者其他特定品质的标志。

集体商标、证明商标注册和管理的特殊事项，由国务院工商行政管理部门规定。

第四条 自然人、法人或者其他组织在生产经营活动中，对其商品或者服务需要取得商标专用权的，应当向商标局申请商标注册。不以使用为目的的恶意商标注册申请，应当予以驳回。

本法有关商品商标的规定，适用于服务商标。

第五条 两个以上的自然人、法人或者其他组织可以共同向商标局申请注册同一商标，共同享有和行使该商标专用权。

第六条 法律、行政法规规定必须使用注册商标的商品，必须申请商标注册，未经核准注册的，不得在市场销售。

第七条 申请注册和使用商标，应当遵循诚实信用原则。

商标使用人应当对其使用商标的商品质量负责。各级工商行政管理部门应当通过商标管理，制止欺骗消费者的行为。

第八条 任何能够将自然人、法人或者其他组织的商品与他人的商品区别开的标志，包括文字、图形、字母、数字、三维标志、颜色组合和声音等，以及上述要素的组合，均可以作为商标申请注册。

第九条 申请注册的商标，应当有显著特征，便于识别，并不得与他人在先取得的合法权利相冲突。

商标注册人有权标明“注册商标”或者注册标记。

第十条 下列标志不得作为商标使用：

（一）同中华人民共和国的国家名称、国旗、国徽、国歌、军旗、军徽、军歌、勋章等相同或者近似的，以及同中央国家机关的名称、标志、所在地特定地点的名称或者标志性建筑物的名称、图形相同的；

（二）同外国的国家名称、国旗、国徽、军旗等相同或者近似的，但经该国政府同意的除外；

（三）同政府间国际组织的名称、旗帜、徽记等相同或者近似的，但经该组织同意或者不易误导公众的除外；

（四）与表明实施控制、予以保证的官方标志、检验印记相同或者近似的，但经授权的除外；

（五）同“红十字”、“红新月”的名称、标志相同或者近似的；

（六）带有民族歧视性的；

（七）带有欺骗性，容易使公众对商品的质量等特点或者产地产生误认的；

（八）有害于社会主义道德风尚或者有其他不良影响的。

县级以上行政区划的地名或者公众知晓的外国地名，不得作为商标。但是，地名具有其他含义或者作为集体商标、证明商标组成部分的除外；已经注册的使用地名的商标继续有效。

第十一条 下列标志不得作为商标注册：

（一）仅有本商品的通用名称、图形、型号的；

（二）仅直接表示商品的质量、主要原料、功能、用途、重量、数量及其他特点的；

（三）其他缺乏显著特征的。

前款所列标志经过使用取得显著特征，并便于识别的，可以作为商标注册。

第十二条 以三维标志申请注册商标的，仅由商品自身的性质产生的形状、为获得技术效果而需有的商品形状或者使商品具有实质性价值的形状，不得注册。

第十三条 为相关公众所熟知的商标，持有人认为其权利受到侵害时，可以依照本法规定请求驰名商标保护。

就相同或者类似商品申请注册的商标是复制、摹仿或者翻译他人未在中国注册的驰名商标，容易导致混淆的，不予注册并禁止使用。

就不相同或者不相类似商品申请注册的商标是复制、摹仿或者翻译他人已经在中国注册的驰名商标，误导公众，致使该驰名商标注册人的利益可能受到损害的，不予注册并禁止使用。

第十四条 驰名商标应当根据当事人的请求，作为处理涉及商标案件需要认定的事实进行认定。认定驰名商标应当考虑下列因素：

（一）相关公众对该商标的知晓程度；

（二）该商标使用的持续时间；

（三）该商标的任何宣传工作的持续时

间、程度和地理范围；

（四）该商标作为驰名商标受保护的记录；

（五）该商标驰名的其他因素。

在商标注册审查、工商行政管理部门查处商标违法案件过程中，当事人依照本法第十三条规定主张权利的，商标局根据审查、处理案件的需要，可以对商标驰名情况作出认定。

在商标争议处理过程中，当事人依照本法第十三条规定主张权利的，商标评审委员会根据处理案件的需要，可以对商标驰名情况作出认定。

在商标民事、行政案件审理过程中，当事人依照本法第十三条规定主张权利的，最高人民法院指定的人民法院根据审理案件的需要，可以对商标驰名情况作出认定。

生产、经营者不得将“驰名商标”字样用于商品、商品包装或者容器上，或者用于广告宣传、展览以及其他商业活动中。

第十五条 未经授权，代理人或者代表人以自己的名义将被代理人或者被代表人的商标进行注册，被代理人或者被代表人提出异议的，不予注册并禁止使用。

就同一种商品或者类似商品申请注册的商标与他人在先使用的未注册商标相同或者近似，申请人与该他人具有前款规定以外的合同、业务往来关系或者其他关系而明知该他人商标存在，该他人提出异议的，不予注册。

第十六条 商标中有商品的地理标志，而该商品并非来源于该标志所标示的地区，误导公众的，不予注册并禁止使用；但是，已经善意取得注册的继续有效。

前款所称地理标志，是指标示某商品来源于某地区，该商品的特定质量、信誉或者其他特征，主要由该地区的自然因素或者人文因素所决定的标志。

第十七条 外国人或者外国企业在中国申请商标注册的，应当按其所属国和中华人民共和国签订的协议或者共同参加的国际条约办理，或者按对等原则办理。

第十八条 申请商标注册或者办理其他商标事宜，可以自行办理，也可以委托依法设立的商标代理机构办理。

外国人或者外国企业在中国申请商标注册和办理其他商标事宜的，应当委托依法设立的商标代理机构办理。

第十九条 商标代理机构应当遵循诚实信用原则，遵守法律、行政法规，按照被代理人的委托办理商标注册申请或者其他商标事宜；对在代理过程中知悉的被代理人的商业秘密，负有保密义务。

委托人申请注册的商标可能存在本法规定不得注册情形的，商标代理机构应当明确告知委托人。

商标代理机构知道或者应当知道委托人申请注册的商标属于本法第四条、第十五条和第三十二条规定情形的，不得接受其委托。

商标代理机构除对其代理服务申请商标注册外，不得申请注册其他商标。

第二十条 商标代理行业组织应当按照章程规定，严格执行吸纳会员的条件，对违反行业自律规范的会员实行惩戒。商标代理行业组织对其吸纳的会员和对会员的惩戒情况，应当及时向社会公布。

第二十一条 商标国际注册遵循中华人民共和国缔结或者参加的有关国际条约确立的制度，具体办法由国务院规定。

第二章　商标注册的申请

第二十二条 商标注册申请人应当按规定的商品分类表填报使用商标的商品类别和商品名称，提出注册申请。

商标注册申请人可以通过一份申请就多个类别的商品申请注册同一商标。

商标注册申请等有关文件，可以以书面方式或者数据电文方式提出。

第二十三条 注册商标需要在核定使用范围之外的商品上取得商标专用权的，应当另行提出注册申请。

第二十四条 注册商标需要改变其标志的，应当重新提出注册申请。

第二十五条 商标注册申请人自其商标在外国第一次提出商标注册申请之日起六个月内，又在中国就相同商品以同一商标提出商标注册申请的，依照该外国同中国签订的协议或者共同参加的国际条约，或者按照相互承认优先权的原则，可以享有优先权。

依照前款要求优先权的，应当在提出商标注册申请的时候提出书面声明，并且在三个月内提交第一次提出的商标注册申请文件的副本；未提出书面声明或者逾期未提交商标注册申请文件副本的，视为未要求优先权。

第二十六条 商标在中国政府主办的或者承认的国际展览会展出的商品上首次使用的，自该商品展出之日起六个月内，该商标的注册申请人可以享有优先权。

依照前款要求优先权的，应当在提出商标注册申请的时候提出书面声明，并且在三个月内提交展出其商品的展览会名称、在展出商品上使用该商标的证据、展出日期等证明文件；未提出书面声明或者逾期未提交证明文件的，视为未要求优先权。

第二十七条 为申请商标注册所申报的事项和所提供的材料应当真实、准确、完整。

第三章 商标注册的审查和核准

第二十八条 对申请注册的商标，商标局应当自收到商标注册申请文件之日起九个月内审查完毕，符合本法有关规定的，予以初步审定公告。

第二十九条 在审查过程中，商标局认为商标注册申请内容需要说明或者修正的，可以要求申请人做出说明或者修正。申请人未做出说明或者修正的，不影响商标局做出审查决定。

第三十条 申请注册的商标，凡不符合本法有关规定或者同他人在同一种商品或者类似商品上已经注册的或者初步审定的商标相同或者近似的，由商标局驳回申请，不予公告。

第三十一条 两个或者两个以上的商标注册申请人，在同一种商品或者类似商品上，以相同或者近似的商标申请注册的，初步审定并公告申请在先的商标；同一天申请的，初步审定并公告使用在先的商标，驳回其他人的申请，不予公告。

第三十二条 申请商标注册不得损害他人现有的在先权利，也不得以不正当手段抢先注册他人已经使用并有一定影响的商标。

第三十三条 对初步审定公告的商标，自公告之日起三个月内，在先权利人、利害关系人认为违反本法第十三条第二款和第三款、第十五条、第十六条第一款、第三十条、第三十一条、第三十二条规定的，或者任何人认为违反本法第四条、第十条、第十一条、第十二条、第十九条第四款规定的，可以向商标局提出异议。公告期满无异议的，予以核准注册，发给商标注册证，并予公告。

第三十四条 对驳回申请、不予公告的商标，商标局应当书面通知商标注册申请人。商标注册申请人不服的，可以自收到通知之日起十五日内向商标评审委员会申请复审。商标评审委员会应当自收到申请之日起九个月内做出决定，并书面通知申请人。有特殊情况需要延长的，经国务院工商行政管理部门批准，可以延长三个月。当事人对商标评审委员会的决定不服的，可以自收到通知之日起三十日内向人民法院起诉。

第三十五条 对初步审定公告的商标提出异议的，商标局应当听取异议人和被异议人陈述事实和理由，经调查核实后，自公告期满之日起十二个月内做出是否准予注册的决定，并书面通知异议人和被异议人。有特殊情况需要延长的，经国务院工商行政管理部门批准，可以延长六个月。

商标局做出准予注册决定的，发给商标注册证，并予公告。异议人不服的，可以依照本法第四十四条、第四十五条的规定向商标评审委员会请求宣告该注册商标无效。

商标局做出不予注册决定，被异议人不服的，可以自收到通知之日起十五日内向商标评审委员会申请复审。商标评审委员会应当自收到申请之日起十二个月内做出复审决定，并书面通知异议人和被异议人。有特殊情况需要延长的，经国务院工商行政管理部门批准，可以延长六个月。被异议人对商标评审委员会的决定不服的，可以自收到通知之日起三十日内向人民法院起诉。人民法院应当通知异议人作为第三人参加诉讼。

商标评审委员会在依照前款规定进行复审的过程中，所涉及的在先权利的确定必须以人民法院正在审理或者行政机关正在处理的另一案件的结果为依据的，可以中止审查。中止原因消除后，应当恢复审查程序。

第三十六条 法定期限届满，当事人对商标局做出的驳回申请决定、不予注册决定不申请复审或者对商标评审委员会做出的复审决定不向人民法院起诉的，驳回申请决定、不予注册决定或者复审决定生效。

经审查异议不成立而准予注册的商标，商标注册申请人取得商标专用权的时间自初步审定公告三个月期满之日起计算。自该商标公告期满之日起至准予注册决定做出前，对他人在同一种或者类似商品上使用与该商标相同或者近似的标志的行为不具有追溯力；但是，因该使用人的恶意给商标注册人造成的损失，应当给予赔偿。

第三十七条 对商标注册申请和商标复审申请应当及时进行审查。

第三十八条 商标注册申请人或者注册人发现商标申请文件或者注册文件有明显错误的，可以申请更正。商标局依法在其职权范围内作出更正，并通知当事人。

前款所称更正错误不涉及商标申请文件或者注册文件的实质性内容。

第四章 注册商标的续展、变更、转让和使用许可

第三十九条 注册商标的有效期为十年，自核准注册之日起计算。

第四十条 注册商标有效期满，需要继续使用的，商标注册人应当在期满前十二个月内按照规定办理续展手续；在此期间未能办理的，可以给予六个月的宽展期。每次续展注册的有效期为十年，自该商标上一届有效期满次日起计算。期满未办理续展手续的，注销其注册商标。

商标局应当对续展注册的商标予以公告。

第四十一条 注册商标需要变更注册人的名义、地址或者其他注册事项的，应当提出变更申请。

第四十二条 转让注册商标的，转让人和受让人应当签订转让协议，并共同向商标局提出申请。受让人应当保证使用该注册商标的商品质量。

转让注册商标的，商标注册人对其在同一种商品上注册的近似的商标，或者在类似商品上注册的相同或者近似的商标，应当一并转让。

对容易导致混淆或者有其他不良影响的转让，商标局不予核准，书面通知申请人并说明理由。

转让注册商标经核准后，予以公告。受让人自公告之日起享有商标专用权。

第四十三条 商标注册人可以通过签订商标使用许可合同，许可他人使用其注册商标。许可人应当监督被许可人使用其注册商标的商品质量。被许可人应当保证使用该注册商标的商品质量。

经许可使用他人注册商标的，必须在使用该注册商标的商品上标明被许可人的名称和商品产地。

许可他人使用其注册商标的，许可人应当将其商标使用许可报商标局备案，由商标局公告。商标使用许可未经备案不得对抗善意第三人。

第五章 注册商标的无效宣告

第四十四条 已经注册的商标，违反本法第四条、第十条、第十一条、第十二条、第十九条第四款规定的，或者是以欺骗手段或者其他不正当手段取得注册的，由商标局宣告该注册商标无效；其他单位或者个人可以请求商标评审委员会宣告该注册商标无效。

商标局做出宣告注册商标无效的决定，应当书面通知当事人。当事人对商标局的决定不服的，可以自收到通知之日起十五日内向商标评审委员会申请复审。商标评审委员会应当自收到申请之日起九个月内做出决定，并书面通知当事人。有特殊情况需要延长的，经国务院工商行政管理部门批准，可以延长三个月。当事人对商标评审委员会的决定不服的，可以自收到通知之日起三十日内向人民法院起诉。

其他单位或者个人请求商标评审委员会宣告注册商标无效的，商标评审委员会收到申请后，应当书面通知有关当事人，并限期提出答辩。商标评审委员会应当自收到申请之日起九个月内做出维持注册商标或者宣告注册商标无效的裁定，并书面通知当事人。有特殊情况需要延长的，经国务院工商行政管理部门批准，可以延长三个月。当事人对商标评审委员会的裁定不服的，可以自收到通知之日起三十日内向人民法院起诉。人民法院应当通知商标裁定程序的对方当事人作为第三人参加诉讼。

第四十五条 已经注册的商标，违反本法第十三条第二款和第三款、第十五条、第十六条第一款、第三十条、第三十一条、第三十二条规定的，自商标注册之日起五年内，在先权利人或者利害关系人可以请求商标评审委员会宣告该注册商标无效。对恶意注册的，驰名商标所有人不受五年的时间限制。

商标评审委员会收到宣告注册商标无效的申请后，应当书面通知有关当事人，并限期提出答辩。商标评审委员会应当自收到申请之日起十二个月内做出维持注册商标或者宣告注册商标无效的裁定，并书面通知当事人。有特殊情况需要延长的，经国务院工商行政管理部门批准，可以延长六个月。当事人对商标评审委员会的裁定不服的，可以自收到通知之日起三十日内向人民法院起诉。人民法院应当通知商标裁定程序的对方当事人作为第三人参加诉讼。

商标评审委员会在依照前款规定对无效宣告请求进行审查的过程中，所涉及的在先权利的确定必须以人民法院正在审理或者行政机关正在处理的另一案件的结果为依据的，可以中止审查。中止原因消除后，应当恢复审查程序。

第四十六条 法定期限届满，当事人对商标局宣告注册商标无效的决定不申请复审或者对商标评审委员会的复审决定、维持注册商标或者宣告注册商标无效的裁定不向人民法院起诉的，商标局的决定或者商标评审委员会的复审决定、裁定生效。

第四十七条 依照本法第四十四条、第四十五条的规定宣告无效的注册商标，由商标局予以公告，该注册商标专用权视为自始即不存在。

宣告注册商标无效的决定或者裁定，对宣告无效前人民法院做出并已执行的商标侵权案件的判决、裁定、调解书和工商行政管理部门做出并已执行的商标侵权案件的处理决定以及已经履行的商标转让或者使用许可合同不具有追溯力。但是，因商标注册人的恶意给他人造成的损失，应当给予赔偿。

依照前款规定不返还商标侵权赔偿金、商标转让费、商标使用费，明显违反公平原则的，应当全部或者部分返还。

第六章 商标使用的管理

第四十八条 本法所称商标的使用，是指将商标用于商品、商品包装或者容器以及商品交易文书上，或者将商标用于广告宣传、展览以及其他商业活动中，用于识别商品来源的行为。

第四十九条 商标注册人在使用注册商标的过程中，自行改变注册商标、注册人名义、地址或者其他注册事项的，由地方工商行政管理部门责令限期改正；期满不改正的，由商标局撤销其注册商标。

注册商标成为其核定使用的商品的通用名称或者没有正当理由连续三年不使用的，任何单位或者个人可以向商标局申请撤销该注册商标。商标局应当自收到申请之日起九个月内做出决定。有特殊情况需要延长的，经国务院工商行政管理部门批准，可以延长三个月。

第五十条 注册商标被撤销、被宣告无效或者期满不再续展的，自撤销、宣告无效或者注销之日起一年内，商标局对与该商标相同或者近似的商标注册申请，不予核准。

第五十一条 违反本法第六条规定的，由地方工商行政管理部门责令限期申请注册，违法经营额五万元以上的，可以处违法经营额百分之二十以下的罚款，没有违法经营额或者违法经营额不足五万元的，可以处一万元以下的罚款。

第五十二条 将未注册商标冒充注册商标使用的，或者使用未注册商标违反本法第十条规定的，由地方工商行政管理部门予以制止，限期改正，并可以予以通报，违法经营额五万元以上的，可以处违法经营额百分之二十以下的罚款，没有违法经营额或者违法经营额不足五万元的，可以处一万元以下的罚款。

第五十三条 违反本法第十四条第五款规定的，由地方工商行政管理部门责令改正，处十万元罚款。

第五十四条 对商标局撤销或者不予撤销注册商标的决定，当事人不服的，可以自收到通知之日起十五日内向商标评审委员会申请复审。商标评审委员会应当自收到申请之日起九个月内做出决定，并书面通知当事人。有特殊情况需要延长的，经国务院工商行政管理部门批准，可以延长三个月。当事人对商标评审委员会的决定不服的，可以自收到通知之日起三十日内向人民法院起诉。

第五十五条 法定期限届满，当事人对商标局做出的撤销注册商标的决定不申请复审或者对商标评审委员会做出的复审决定不向人民法院起诉的，撤销注册商标的决定、复审决定生效。

被撤销的注册商标，由商标局予以公告，

该注册商标专用权自公告之日起终止。

第七章 注册商标专用权的保护

第五十六条 注册商标的专用权，以核准注册的商标和核定使用的商品为限。

第五十七条 有下列行为之一的，均属侵犯注册商标专用权：

（一）未经商标注册人的许可，在同一种商品上使用与其注册商标相同的商标的；

（二）未经商标注册人的许可，在同一种商品上使用与其注册商标近似的商标，或者在类似商品上使用与其注册商标相同或者近似的商标，容易导致混淆的；

（三）销售侵犯注册商标专用权的商品的；

（四）伪造、擅自制造他人注册商标标识或者销售伪造、擅自制造的注册商标标识的；

（五）未经商标注册人同意，更换其注册商标并将该更换商标的商品又投入市场的；

（六）故意为侵犯他人商标专用权行为提供便利条件，帮助他人实施侵犯商标专用权行为的；

（七）给他人的注册商标专用权造成其他损害的。

第五十八条 将他人注册商标、未注册的驰名商标作为企业名称中的字号使用，误导公众，构成不正当竞争行为的，依照《中华人民共和国反不正当竞争法》处理。

第五十九条 注册商标中含有的本商品的通用名称、图形、型号，或者直接表示商品的质量、主要原料、功能、用途、重量、数量及其他特点，或者含有的地名，注册商标专用权人无权禁止他人正当使用。

三维标志注册商标中含有的商品自身的性质产生的形状、为获得技术效果而需有的商品形状或者使商品具有实质性价值的形状，注册商标专用权人无权禁止他人正当使用。

商标注册人申请商标注册前，他人已经在同一种商品或者类似商品上先于商标注册人使用与注册商标相同或者近似并有一定影响的商标的，注册商标专用权人无权禁止该使用人在原使用范围内继续使用该商标，但可以要求其附加适当区别标识。

第六十条 有本法第五十七条所列侵犯注册商标专用权行为之一，引起纠纷的，由当事人协商解决；不愿协商或者协商不成的，商标注册人或者利害关系人可以向人民法院起诉，也可以请求工商行政管理部门处理。

工商行政管理部门处理时，认定侵权行为成立的，责令立即停止侵权行为，没收、销毁侵权商品和主要用于制造侵权商品、伪造注册商标标识的工具，违法经营额五万元以上的，可以处违法经营额五倍以下的罚款，没有违法经营额或者违法经营额不足五万元的，可以处二十五万元以下的罚款。对五年内实施两次以上商标侵权行为或者有其他严重情节的，应当从重处罚。销售不知道是侵犯注册商标专用权的商品，能证明该商品是自己合法取得并说明提供者的，由工商行政管理部门责令停止销售。

对侵犯商标专用权的赔偿数额的争议，当事人可以请求进行处理的工商行政管理部门调解，也可以依照《中华人民共和国民事诉讼法》向人民法院起诉。经工商行政管理部门调解，当事人未达成协议或者调解书生效后不履行的，当事人可以依照《中华人民共和国民事诉讼法》向人民法院起诉。

第六十一条 对侵犯注册商标专用权的行为，工商行政管理部门有权依法查处；涉嫌犯罪的，应当及时移送司法机关依法处理。

第六十二条 县级以上工商行政管理部门根据已经取得的违法嫌疑证据或者举报，对涉嫌侵犯他人注册商标专用权的行为进行查处时，可以行使下列职权：

（一）询问有关当事人，调查与侵犯他人注册商标专用权有关的情况；

（二）查阅、复制当事人与侵权活动有关的合同、发票、账簿以及其他有关资料；

（三）对当事人涉嫌从事侵犯他人注册商标专用权活动的场所实施现场检查；

（四）检查与侵权活动有关的物品；对有证据证明是侵犯他人注册商标专用权的物品，可以查封或者扣押。

工商行政管理部门依法行使前款规定的职权时，当事人应当予以协助、配合，不得拒绝、阻挠。

在查处商标侵权案件过程中，对商标权属存在争议或者权利人同时向人民法院提起商标侵权诉讼的，工商行政管理部门可以中止案件的查处。中止原因消除后，应当恢复或者终结案件查处程序。

第六十三条 侵犯商标专用权的赔偿数额，按照权利人因被侵权所受到的实际损失确定；实际损失难以确定的，可以按照侵权人因侵权所获得的利益确定；权利人的损失或者侵权人获得的利益难以确定的，参照该商标许可使用费的倍数合理确定。对恶意侵犯商标专用权，情节严重的，可以在按照上述方法确定数额的一倍以上五倍以下确定赔偿数额。赔偿数额应当包括权利人为制止侵权行为所支付的合理开支。

人民法院为确定赔偿数额，在权利人已经尽力举证，而与侵权行为相关的账簿、资料主要由侵权人掌握的情况下，可以责令侵权人提供与侵权行为相关的账簿、资料；侵权人不提供或者提供虚假的账簿、资料的，人民法院可以参考权利人的主张和提供的证据判定赔偿数额。

权利人因被侵权所受到的实际损失、侵权人因侵权所获得的利益、注册商标许可使用费难以确定的，由人民法院根据侵权行为的情节判决给予五百万元以下的赔偿。

人民法院审理商标纠纷案件，应权利人请求，对属于假冒注册商标的商品，除特殊情况外，责令销毁；对主要用于制造假冒注册商标的商品的材料、工具，责令销毁，且不予补偿；或者在特殊情况下，责令禁止前述材料、工具进入商业渠道，且不予补偿。

假冒注册商标的商品不得在仅去除假冒注册商标后进入商业渠道。

第六十四条 注册商标专用权人请求赔偿，被控侵权人以注册商标专用权人未使用注册商标提出抗辩的，人民法院可以要求注册商标专用权人提供此前三年内实际使用该注册商标的证据。注册商标专用权人不能证明此前三年内实际使用过该注册商标，也不能证明因侵权行为受到其他损失的，被控侵权人不承担赔偿责任。

销售不知道是侵犯注册商标专用权的商品，能证明该商品是自己合法取得并说明提供者的，不承担赔偿责任。

第六十五条 商标注册人或者利害关系人有证据证明他人正在实施或者即将实施侵犯其注册商标专用权的行为，如不及时制止将会使其合法权益受到难以弥补的损害的，可以依法在起诉前向人民法院申请采取责令停止有关行为和财产保全的措施。

第六十六条 为制止侵权行为，在证据可能灭失或者以后难以取得的情况下，商标注册人或者利害关系人可以依法在起诉前向人民法院申请保全证据。

第六十七条 未经商标注册人许可，在同一种商品上使用与其注册商标相同的商标，构成犯罪的，除赔偿被侵权人的损失外，依法追究刑事责任。

伪造、擅自制造他人注册商标标识或者销售伪造、擅自制造的注册商标标识，构成犯罪的，除赔偿被侵权人的损失外，依法追究刑事责任。

销售明知是假冒注册商标的商品，构成犯罪的，除赔偿被侵权人的损失外，依法追究刑事责任。

第六十八条 商标代理机构有下列行为之一的，由工商行政管理部门责令限期改正，给予警告，处一万元以上十万元以下的罚款；对直接负责的主管人员和其他直接责任人员给予警告，处五千元以上五万元以下的罚款；构成犯罪的，依法追究刑事责任：

（一）办理商标事宜过程中，伪造、变造或者使用伪造、变造的法律文件、印章、签名的；

（二）以诋毁其他商标代理机构等手段招徕商标代理业务或者以其他不正当手段扰乱商标代理市场秩序的；

（三）违反本法第四条、第十九条第三款和第四款规定的。

商标代理机构有前款规定行为的，由工商行政管理部门记入信用档案；情节严重的，商标局、商标评审委员会并可以决定停止受理其办理商标代理业务，予以公告。

商标代理机构违反诚实信用原则，侵害委托人合法利益的，应当依法承担民事责任，并由商标代理行业组织按照章程规定予以惩戒。

对恶意申请商标注册的，根据情节给予警告、罚款等行政处罚；对恶意提起商标诉讼的，由人民法院依法给予处罚。

第六十九条 从事商标注册、管理和复审工作的国家机关工作人员必须秉公执法，廉洁自律，忠于职守，文明服务。

商标局、商标评审委员会以及从事商标注

册、管理和复审工作的国家机关工作人员不得从事商标代理业务和商品生产经营活动。

第七十条 工商行政管理部门应当建立健全内部监督制度，对负责商标注册、管理和复审工作的国家机关工作人员执行法律、行政法规和遵守纪律的情况，进行监督检查。

第七十一条 从事商标注册、管理和复审工作的国家机关工作人员玩忽职守、滥用职权、徇私舞弊，违法办理商标注册、管理和复审事项，收受当事人财物，牟取不正当利益，构成犯罪的，依法追究刑事责任；尚不构成犯罪的，依法给予处分。

第八章 附 则

第七十二条 申请商标注册和办理其他商标事宜的，应当缴纳费用，具体收费标准另定。

第七十三条 本法自1983年3月1日起施行。1963年4月10日国务院公布的《商标管理条例》同时废止；其他有关商标管理的规定，凡与本法抵触的，同时失效。

本法施行前已经注册的商标继续有效。

中华人民共和国商标法实施条例

（2002年8月3日中华人民共和国国务院令第358号公布 2014年4月29日中华人民共和国国务院令第651号修订通过 自2014年5月1日起施行）

第一章 总 则

第一条 根据《中华人民共和国商标法》（以下简称商标法），制定本条例。

第二条 本条例有关商品商标的规定，适用于服务商标。

第三条 商标持有人依照商标法第十三条规定请求驰名商标保护的，应当提交其商标构成驰名商标的证据材料。商标局、商标评审委员会应当依照商标法第十四条的规定，根据审查、处理案件的需要以及当事人提交的证据材料，对其商标驰名情况作出认定。

第四条 商标法第十六条规定的地理标志，可以依照商标法和本条例的规定，作为证明商标或者集体商标申请注册。

以地理标志作为证明商标注册的，其商品符合使用该地理标志条件的自然人、法人或者其他组织可以要求使用该证明商标，控制该证明商标的组织应当允许。以地理标志作为集体商标注册的，其商品符合使用该地理标志条件的自然人、法人或者其他组织，可以要求参加以该地理标志作为集体商标注册的团体、协会或者其他组织，该团体、协会或者其他组织应当依据其章程接纳为会员；不要求参加以该地理标志作为集体商标注册的团体、协会或者其他组织的，也可以正当使用该地理标志，该团体、协会或者其他组织无权禁止。

第五条 当事人委托商标代理机构申请商标注册或者办理其他商标事宜，应当提交代理委托书。代理委托书应当载明代理内容及权限；外国人或者外国企业的代理委托书还应当载明委托人的国籍。

外国人或者外国企业的代理委托书及与其有关的证明文件的公证、认证手续，按照对等原则办理。

申请商标注册或者转让商标，商标注册申请人或者商标转让受让人为外国人或者外国企业的，应当在申请书中指定中国境内接收人负责接收商标局、商标评审委员会后继商标业务的法律文件。商标局、商标评审委员会后继商标业务的法律文件向中国境内接收人送达。

商标法第十八条所称外国人或者外国企业，是指在中国没有经常居所或者营业所的外国人或者外国企业。

第六条 申请商标注册或者办理其他商标事宜，应当使用中文。

依照商标法和本条例规定提交的各种证件、证明文件和证据材料是外文的，应当附送中文译文；未附送的，视为未提交该证件、证明文件或者证据材料。

第七条 商标局、商标评审委员会工作人员有下列情形之一的，应当回避，当事人或者利害关系人可以要求其回避：

（一）是当事人或者当事人、代理人的近亲属的；

（二）与当事人、代理人有其他关系，可能影响公正的；

（三）与申请商标注册或者办理其他商标事宜有利害关系的。

第八条 以商标法第二十二条规定的数据电文方式提交商标注册申请等有关文件，应当按照商标局或者商标评审委员会的规定通过互联网提交。

第九条 除本条例第十八条规定的情形外，当事人向商标局或者商标评审委员会提交文件或者材料的日期，直接递交的，以递交日为准；邮寄的，以寄出的邮戳日为准；邮戳日不清晰或者没有邮戳的，以商标局或者商标评审委员会实际收到日为准，但是当事人能够提出实际邮戳日证据的除外。通过邮政企业以外的快递企业递交的，以快递企业收寄日为准；收寄日不明确的，以商标局或者商标评审委员会实际收到日为准，但是当事人能够提出实际收寄日证据的除外。以数据电文方式提交的，以进入商标局或者商标评审委员会电子系统的日期为准。

当事人向商标局或者商标评审委员会邮寄文件，应当使用给据邮件。

当事人向商标局或者商标评审委员会提交文件，以书面方式提交的，以商标局或者商标评审委员会所存档案记录为准；以数据电文方式提交的，以商标局或者商标评审委员会数据库记录为准，但是当事人确有证据证明商标局或者商标评审委员会档案、数据库记录有错误的除外。

第十条 商标局或者商标评审委员会的各种文件，可以通过邮寄、直接递交、数据电文或者其他方式送达当事人；以数据电文方式送达当事人的，应当经当事人同意。当事人委托商标代理机构的，文件送达商标代理机构视为送达当事人。

商标局或者商标评审委员会向当事人送达各种文件的日期，邮寄的，以当事人收到的邮戳日为准；邮戳日不清晰或者没有邮戳的，自文件发出之日起满15日视为送达当事人，但是当事人能够证明实际收到日的除外；直接递交的，以递交日为准；以数据电文方式送达的，自文件发出之日起满15日视为送达当事人，但是当事人能够证明文件进入其电子系统日期的除外。文件通过上述方式无法送达的，可以通过公告方式送达，自公告发布之日起满30日，该文件视为送达当事人。

第十一条 下列期间不计入商标审查、审理期限：

（一）商标局、商标评审委员会文件公告送达的期间；

（二）当事人需要补充证据或者补正文件的期间以及因当事人更换需要重新答辩的期间；

（三）同日申请提交使用证据及协商、抽签需要的期间；

（四）需要等待优先权确定的期间；

（五）审查、审理过程中，依案件申请人的请求等待在先权利案件审理结果的期间。

第十二条 除本条第二款规定的情形外，商标法和本条例规定的各种期限开始的当日不计算在期限内。期限以年或者月计算的，以期限最后一月的相应日为期限届满日；该月无相应日的，以该月最后一日为期限届满日；期限届满日是节假日的，以节假日后的第一个工作日为期限届满日。

商标法第三十九条、第四十条规定的注册商标有效期从法定日开始起算，期限最后一月相应日的前一日为期限届满日，该月无相应日的，以该月最后一日为期限届满日。

第二章 商标注册的申请

第十三条 申请商标注册，应当按照公布的商品和服务分类表填报。每一件商标注册申请应当向商标局提交《商标注册申请书》1份、商标图样1份；以颜色组合或者着色图样申请商标注册的，应当提交着色图样，并提交黑白稿1份；不指定颜色的，应当提交黑白图样。

商标图样应当清晰，便于粘贴，用光洁耐用的纸张印制或者用照片代替，长和宽应当不大于10厘米，不小于5厘米。

以三维标志申请商标注册的，应当在申请书中予以声明，说明商标的使用方式，并提交能够确定三维形状的图样，提交的商标图样应当至少包含三面视图。

以颜色组合申请商标注册的，应当在申请书中予以声明，说明商标的使用方式。

以声音标志申请商标注册的，应当在申请书中予以声明，提交符合要求的声音样本，对申请注册的声音商标进行描述，说明商标的使用方式。对声音商标进行描述，应当以五线谱或者简谱对申请用作商标的声音加以描述并附加文字说明；无法以五线谱或者简谱描述的，应当以文字加以描述；商标描述与声音样本应当一致。

申请注册集体商标、证明商标的，应当在申请书中予以声明，并提交主体资格证明文件和使用管理规则。

商标为外文或者包含外文的，应当说明含义。

第十四条 申请商标注册的，申请人应当提交其身份证明文件。商标注册申请人的名义与所提交的证明文件应当一致。

前款关于申请人提交其身份证明文件的规定适用于向商标局提出的办理变更、转让、续展、异议、撤销等其他商标事宜。

第十五条 商品或者服务项目名称应当按照商品和服务分类表中的类别号、名称填写；商品或者服务项目名称未列入商品和服务分类表的，应当附送对该商品或者服务的说明。

商标注册申请等有关文件以纸质方式提出的，应当打字或者印刷。

本条第二款规定适用于办理其他商标事宜。

第十六条 共同申请注册同一商标或者办理其他共有商标事宜的，应当在申请书中指定一个代表人；没有指定代表人的，以申请书中顺序排列的第一人为代表人。

商标局和商标评审委员会的文件应当送达代表人。

第十七条 申请人变更其名义、地址、代理人、文件接收人或者删减指定的商品的，应当向商标局办理变更手续。

申请人转让其商标注册申请的，应当向商标局办理转让手续。

第十八条 商标注册的申请日期以商标局收到申请文件的日期为准。

商标注册申请手续齐备、按照规定填写申请文件并缴纳费用的，商标局予以受理并书面通知申请人；申请手续不齐备、未按照规定填写申请文件或者未缴纳费用的，商标局不予受理，书面通知申请人并说明理由。申请手续基本齐备或者申请文件基本符合规定，但是需要补正的，商标局通知申请人予以补正，限其自收到通知之日起30日内，按照指定内容补正并交回商标局。在规定期限内补正并交回商标局的，保留申请日期；期满未补正的或者不按照要求进行补正的，商标局不予受理并书面通知申请人。

本条第二款关于受理条件的规定适用于办理其他商标事宜。

第十九条 两个或者两个以上的申请人，在同一种商品或者类似商品上，分别以相同或者近似的商标在同一天申请注册的，各申请人应当自收到商标局通知之日起30日内提交其申请注册前在先使用该商标的证据。同日使用或者均未使用的，各申请人可以自收到商标局通知之日起30日内自行协商，并将书面协议报送商标局；不愿协商或者协商不成的，商标局通知各申请人以抽签的方式确定一个申请人，驳回其他人的注册申请。商标局已经通知但申请人未参加抽签的，视为放弃申请，商标局应当书面通知未参加抽签的申请人。

第二十条 依照商标法第二十五条规定要求优先权的，申请人提交的第一次提出商标注册申请文件的副本应当经受理该申请的商标主管机关证明，并注明申请日期和申请号。

第三章 商标注册申请的审查

第二十一条 商标局对受理的商标注册申请，依照商标法及本条例的有关规定进行审查，对符合规定或者在部分指定商品上使用商标的注册申请符合规定的，予以初步审定，并予以公告；对不符合规定或者在部分指定商品上使用商标的注册申请不符合规定的，予以驳回或者驳回在部分指定商品上使用商标的注册申请，书面通知申请人并说明理由。

第二十二条 商标局对一件商标注册申请在部分指定商品上予以驳回的，申请人可以将该申请中初步审定的部分申请分割成另一件申请，分割后的申请保留原申请的申请日期。

需要分割的，申请人应当自收到商标局《商标注册申请部分驳回通知书》之日起15日内，向商标局提出分割申请。

商标局收到分割申请后，应当将原申请分割为两件，对分割出来的初步审定申请生成新的申请号，并予以公告。

第二十三条 依照商标法第二十九条规定，商标局认为对商标注册申请内容需要说明或者修正的，申请人应当自收到商标局通知之日起15日内作出说明或者修正。

第二十四条 对商标局初步审定予以公告的商标提出异议的，异议人应当向商标局提交下列商标异议材料一式两份并标明正、副本：

（一）商标异议申请书；

（二）异议人的身份证明；

（三）以违反商标法第十三条第二款和第三款、第十五条、第十六条第一款、第三十条、第三十一条、第三十二条规定为由提出异议的，异议人作为在先权利人或者利害关系人的证明。

商标异议申请书应当有明确的请求和事实依据，并附送有关证据材料。

第二十五条 商标局收到商标异议申请书后，经审查，符合受理条件的，予以受理，向申请人发出受理通知书。

第二十六条 商标异议申请有下列情形的，商标局不予受理，书面通知申请人并说明理由：

（一）未在法定期限内提出的；

（二）申请人主体资格、异议理由不符合商标法第三十三条规定的；

（三）无明确的异议理由、事实和法律依据的；

（四）同一异议人以相同的理由、事实和法律依据针对同一商标再次提出异议申请的。

第二十七条 商标局应当将商标异议材料副本及时送交被异议人，限其自收到商标异议材料副本之日起30日内答辩。被异议人不答辩的，不影响商标局作出决定。

当事人需要在提出异议申请或者答辩后补充有关证据材料的，应当在商标异议申请书或者答辩书中声明，并自提交商标异议申请书或者答辩书之日起3个月内提交；期满未提交的，视为当事人放弃补充有关证据材料。但是，在期满后生成或者当事人有其他正当理由未能在期满前提交的证据，在期满后提交的，商标局将证据交对方当事人并质证后可以采信。

第二十八条 商标法第三十五条第三款和第三十六条第一款所称不予注册决定，包括在部分指定商品上不予注册决定。

被异议商标在商标局作出准予注册决定或者不予注册决定前已经刊发注册公告的，撤销该注册公告。经审查异议不成立而准予注册的，在准予注册决定生效后重新公告。

第二十九条 商标注册申请人或者商标注册人依照商标法第三十八条规定提出更正申请的，应当向商标局提交更正申请书。符合更正条件的，商标局核准后更正相关内容；不符合更正条件的，商标局不予核准，书面通知申请人并说明理由。

已经刊发初步审定公告或者注册公告的商标经更正的，刊发更正公告。

第四章 注册商标的变更、转让、续展

第三十条 变更商标注册人名义、地址或者其他注册事项的，应当向商标局提交变更申请书。变更商标注册人名义的，还应当提交有关登记机关出具的变更证明文件。商标局核准的，发给商标注册人相应证明，并予以公告；不予核准的，应当书面通知申请人并说明理由。

变更商标注册人名义或者地址的，商标注册人应当将其全部注册商标一并变更；未一并变更的，由商标局通知其限期改正；期满未改正的，视为放弃变更申请，商标局应当书面通知申请人。

第三十一条 转让注册商标的，转让人和受让人应当向商标局提交转让注册商标申请书。转让注册商标申请手续应当由转让人和受让人共同办理。商标局核准转让注册商标申请的，发给受让人相应证明，并予以公告。

转让注册商标，商标注册人对其在同一种或者类似商品上注册的相同或者近似的商标未一并转让的，由商标局通知其限期改正；期满未改正的，视为放弃转让该注册商标的申请，商标局应当书面通知申请人。

第三十二条 注册商标专用权因转让以外的继承等其他事由发生移转的，接受该注册商标专用权的当事人应当凭有关证明文件或者法律文书到商标局办理注册商标专用权移转手续。

注册商标专用权移转的，注册商标专用权

人在同一种或者类似商品上注册的相同或者近似的商标，应当一并移转；未一并移转的，由商标局通知其限期改正；期满未改正的，视为放弃该移转注册商标的申请，商标局应当书面通知申请人。

、 商标移转申请经核准的，予以公告。接受该注册商标专用权移转的当事人自公告之日起享有商标专用权。

第三十三条 注册商标需要续展注册的，应当向商标局提交商标续展注册申请书。商标局核准商标注册续展申请的，发给相应证明并予以公告。

第五章 商标国际注册

第三十四条 商标法第二十一条规定的商标国际注册，是指根据《商标国际注册马德里协定》（以下简称马德里协定）、《商标国际注册马德里协定有关议定书》（以下简称马德里议定书）及《商标国际注册马德里协定及该协定有关议定书的共同实施细则》的规定办理的马德里商标国际注册。

马德里商标国际注册申请包括以中国为原属国的商标国际注册申请、指定中国的领土延伸申请及其他有关的申请。

第三十五条 以中国为原属国申请商标国际注册的，应当在中国设有真实有效的营业所，或者在中国有住所，或者拥有中国国籍。

第三十六条 符合本条例第三十五条规定的申请人，其商标已在商标局获得注册的，可以根据马德里协定申请办理该商标的国际注册。

符合本条例第三十五条规定的申请人，其商标已在商标局获得注册，或者已向商标局提出商标注册申请并被受理的，可以根据马德里议定书申请办理该商标的国际注册。

第三十七条 以中国为原属国申请商标国际注册的，应当通过商标局向世界知识产权组织国际局（以下简称国际局）申请办理。

以中国为原属国的，与马德里协定有关的商标国际注册的后期指定、放弃、注销，应当通过商标局向国际局申请办理；与马德里协定有关的商标国际注册的转让、删减、变更、续展，可以通过商标局向国际局申请办理，也可以直接向国际局申请办理。

以中国为原属国的，与马德里议定书有关的商标国际注册的后期指定、转让、删减、放弃、注销、变更、续展，可以通过商标局向国际局申请办理，也可以直接向国际局申请办理。

第三十八条 通过商标局向国际局申请商标国际注册及办理其他有关申请的，应当提交符合国际局和商标局要求的申请书和相关材料。

第三十九条 商标国际注册申请指定的商品或者服务不得超出国内基础申请或者基础注册的商品或者服务的范围。

第四十条 商标国际注册申请手续不齐备或者未按照规定填写申请书的，商标局不予受理，申请日不予保留。

申请手续基本齐备或者申请书基本符合规定，但需要补正的，申请人应当自收到补正通知书之日起30日内予以补正，逾期未补正的，商标局不予受理，书面通知申请人。

第四十一条 通过商标局向国际局申请商标国际注册及办理其他有关申请的，应当按照规定缴纳费用。

申请人应当自收到商标局缴费通知单之日起15日内，向商标局缴纳费用。期满未缴纳的，商标局不受理其申请，书面通知申请人。

第四十二条 商标局在马德里协定或者马德里议定书规定的驳回期限（以下简称驳回期限）内，依照商标法和本条例的有关规定对指定中国的领土延伸申请进行审查，作出决定，并通知国际局。商标局在驳回期限内未发出驳回或者部分驳回通知的，该领土延伸申请视为核准。

第四十三条 指定中国的领土延伸申请人，要求将三维标志、颜色组合、声音标志作为商标保护或者要求保护集体商标、证明商标的，自该商标在国际局国际注册簿登记之日起3个月内，应当通过依法设立的商标代理机构，向商标局提交本条例第十三条规定的相关材料。未在上述期限内提交相关材料的，商标局驳回该领土延伸申请。

第四十四条 世界知识产权组织对商标国际注册有关事项进行公告，商标局不再另行公告。

第四十五条 对指定中国的领土延伸申请，自世界知识产权组织《国际商标公告》出版的次月1日起3个月内，符合商标法第三十三条规定条件的异议人可以向商标局提出异议申请。

商标局在驳回期限内将异议申请的有关情况以驳回决定的形式通知国际局。

被异议人可以自收到国际局转发的驳回通知书之日起30日内进行答辩，答辩书及相关证据材料应当通过依法设立的商标代理机构向商标局提交。

第四十六条 在中国获得保护的国际注册商标，有效期自国际注册日或者后期指定日起算。在有效期届满前，注册人可以向国际局申请续展，在有效期内未申请续展的，可以给予6个月的宽展期。商标局收到国际局的续展通知后，依法进行审查。国际局通知未续展的，注销该国际注册商标。

第四十七条 指定中国的领土延伸申请办理转让的，受让人应当在缔约方境内有真实有效的营业所，或者在缔约方境内有住所，或者是缔约方国民。

转让人未将其在相同或者类似商品或者服务上的相同或者近似商标一并转让的，商标局通知注册人自发出通知之日起3个月内改正；期满未改正或者转让容易引起混淆或者有其他不良影响的，商标局作出该转让在中国无效的决定，并向国际局作出声明。

第四十八条 指定中国的领土延伸申请办理删减，删减后的商品或者服务不符合中国有关商品或者服务分类要求或者超出原指定商品或者服务范围的，商标局作出该删减在中国无效的决定，并向国际局作出声明。

第四十九条 依照商标法第四十九条第二款规定申请撤销国际注册商标，应当自该商标国际注册申请的驳回期限届满之日起满3年后向商标局提出申请；驳回期限届满时仍处在驳回复审或者异议相关程序的，应当自商标局或者商标评审委员会作出的准予注册决定生效之日起满3年后向商标局提出申请。

依照商标法第四十四条第一款规定申请宣告国际注册商标无效的，应当自该商标国际注册申请的驳回期限届满后向商标评审委员会提出申请；驳回期限届满时仍处在驳回复审或者异议相关程序的，应当自商标局或者商标评审委员会作出的准予注册决定生效后向商标评审委员会提出申请。

依照商标法第四十五条第一款规定申请宣告国际注册商标无效的，应当自该商标国际注册申请的驳回期限届满之日起5年内向商标评审委员会提出申请；驳回期限届满时仍处在驳回复审或者异议相关程序的，应当自商标局或者商标评审委员会作出的准予注册决定生效之日起5年内向商标评审委员会提出申请。对恶意注册的，驰名商标所有人不受5年的时间限制。

第五十条 商标法和本条例下列条款的规定不适用于办理商标国际注册相关事宜：

（一）商标法第二十八条、第三十五条第一款关于审查和审理期限的规定；

（二）本条例第二十二条、第三十条第二款；

（三）商标法第四十二条及本条例第三十一条关于商标转让由转让人和受让人共同申请并办理手续的规定。

第六章 商标评审

第五十一条 商标评审是指商标评审委员会依照商标法第三十四条、第三十五条、第四十四条、第四十五条、第五十四条的规定审理有关商标争议事宜。当事人向商标评审委员会提出商标评审申请，应当有明确的请求、事实、理由和法律依据，并提供相应证据。

商标评审委员会根据事实，依法进行评审。

第五十二条 商标评审委员会审理不服商标局驳回商标注册申请决定的复审案件，应当针对商标局的驳回决定和申请人申请复审的事实、理由、请求及评审时的事实状态进行审理。

商标评审委员会审理不服商标局驳回商标注册申请决定的复审案件，发现申请注册的商标有违反商标法第十条、第十一条、第十二条和第十六条第一款规定情形，商标局并未依据上述条款作出驳回决定的，可以依据上述条款作出驳回申请的复审决定。商标评审委员会作出复审决定前应当听取申请人的意见。

第五十三条 商标评审委员会审理不服商标局不予注册决定的复审案件，应当针对商标局的不予注册决定和申请人申请复审的事实、理由、请求及原异议人提出的意见进行审理。

商标评审委员会审理不服商标局不予注册决定的复审案件，应当通知原异议人参加并提出意见。原异议人的意见对案件审理结果有实质影响的，可以作为评审的依据；原异议人不参加或者不提出意见的，不影响案件的审理。

第五十四条 商标评审委员会审理依照商标法第四十四条、第四十五条规定请求宣告注册商标无效的案件，应当针对当事人申请和答辩的事实、理由及请求进行审理。

第五十五条 商标评审委员会审理不服商标局依照商标法第四十四条第一款规定作出宣告注册商标无效决定的复审案件，应当针对商标局的决定和申请人申请复审的事实、理由及请求进行审理。

第五十六条 商标评审委员会审理不服商标局依照商标法第四十九条规定作出撤销或者维持注册商标决定的复审案件，应当针对商标局作出撤销或者维持注册商标决定和当事人申请复审时所依据的事实、理由及请求进行审理。

第五十七条 申请商标评审，应当向商标评审委员会提交申请书，并按照对方当事人的数量提交相应份数的副本；基于商标局的决定书申请复审的，还应当同时附送商标局的决定书副本。

商标评审委员会收到申请书后，经审查，符合受理条件的，予以受理；不符合受理条件的，不予受理，书面通知申请人并说明理由；需要补正的，通知申请人自收到通知之日起30日内补正。经补正仍不符合规定的，商标评审委员会不予受理，书面通知申请人并说明理由；期满未补正的，视为撤回申请，商标评审委员会应当书面通知申请人。

商标评审委员会受理商标评审申请后，发现不符合受理条件的，予以驳回，书面通知申请人并说明理由。

第五十八条 商标评审委员会受理商标评审申请后应当及时将申请书副本送交对方当事人，限其自收到申请书副本之日起30日内答辩；期满未答辩的，不影响商标评审委员会的评审。

第五十九条 当事人需要在提出评审申请或者答辩后补充有关证据材料的，应当在申请书或者答辩书中声明，并自提交申请书或者答辩书之日起3个月内提交；期满未提交的，视为放弃补充有关证据材料。但是，在期满后生成或者当事人有其他正当理由未能在期满前提交的证据，在期满后提交的，商标评审委员会将证据交对方当事人并质证后可以采信。

第六十条 商标评审委员会根据当事人的请求或者实际需要，可以决定对评审申请进行口头审理。

商标评审委员会决定对评审申请进行口头审理的，应当在口头审理15日前书面通知当事人，告知口头审理的日期、地点和评审人员。当事人应当在通知书指定的期限内作出答复。

申请人不答复也不参加口头审理的，其评审申请视为撤回，商标评审委员会应当书面通知申请人；被申请人不答复也不参加口头审理的，商标评审委员会可以缺席评审。

第六十一条 申请人在商标评审委员会作出决定、裁定前，可以书面向商标评审委员会要求撤回申请并说明理由，商标评审委员会认为可以撤回的，评审程序终止。

第六十二条 申请人撤回商标评审申请的，不得以相同的事实和理由再次提出评审申请。商标评审委员会对商标评审申请已经作出裁定或者决定的，任何人不得以相同的事实和理由再次提出评审申请。但是，经不予注册复审程序予以核准注册后向商标评审委员会提起宣告注册商标无效的除外。

第七章 商标使用的管理

第六十三条 使用注册商标，可以在商品、商品包装、说明书或者其他附着物上标明“注册商标”或者注册标记。

注册标记包括Ⓡ。使用注册标记，应当标注在商标的右上角或者右下角。

第六十四条 《商标注册证》遗失或者破损的，应当向商标局提交补发《商标注册证》申请书。《商标注册证》遗失的，应当在《商标公告》上刊登遗失声明。破损的《商标注册证》，应当在提交补发申请时交回商标局。

商标注册人需要商标局补发商标变更、转让、续展证明，出具商标注册证明，或者商标申请人需要商标局出具优先权证明文件的，应当向商标局提交相应申请书。符合要求的，商标局发给相应证明；不符合要求的，商标局不予办理，通知申请人并告知理由。

伪造或者变造《商标注册证》或者其他商标证明文件的，依照刑法关于伪造、变造国家机关证件罪或者其他罪的规定，依法追究刑事责任。

第六十五条 有商标法第四十九条规定的注册商标成为其核定使用的商品通用名称情形的，任何单位或者个人可以向商标局申请撤销该注册商标，提交申请时应当附送证据材料。商标局受理后应当通知商标注册人，限其自收到通知之日起 2 个月内答辩；期满未答辩的，不影响商标局作出决定。

第六十六条 有商标法第四十九条规定的注册商标无正当理由连续 3 年不使用情形的，任何单位或者个人可以向商标局申请撤销该注册商标，提交申请时应当说明有关情况。商标局受理后应当通知商标注册人，限其自收到通知之日起 2 个月内提交该商标在撤销申请提出前使用的证据材料或者说明不使用的正当理由；期满未提供使用的证据材料或者证据材料无效并没有正当理由的，由商标局撤销其注册商标。

前款所称使用的证据材料，包括商标注册人使用注册商标的证据材料和商标注册人许可他人使用注册商标的证据材料。

以无正当理由连续 3 年不使用为由申请撤销注册商标的，应当自该注册商标注册公告之日起满 3 年后提出申请。

第六十七条 下列情形属于商标法第四十九条规定的正当理由：

（一）不可抗力；

（二）政府政策性限制；

（三）破产清算；

（四）其他不可归责于商标注册人的正当事由。

第六十八条 商标局、商标评审委员会撤销注册商标或者宣告注册商标无效，撤销或者宣告无效的理由仅及于部分指定商品的，对在该部分指定商品上使用的商标注册予以撤销或者宣告无效。

第六十九条 许可他人使用其注册商标的，许可人应当在许可合同有效期内向商标局备案并报送备案材料。备案材料应当说明注册商标使用许可人、被许可人、许可期限、许可使用的商品或者服务范围等事项。

第七十条 以注册商标专用权出质的，出质人与质权人应当签订书面质权合同，并共同向商标局提出质权登记申请，由商标局公告。

第七十一条 违反商标法第四十三条第二款规定的，由工商行政管理部门责令限期改正；逾期不改正的，责令停止销售，拒不停止销售的，处 10 万元以下的罚款。

第七十二条 商标持有人依照商标法第十三条规定请求驰名商标保护的，可以向工商行政管理部门提出请求。经商标局依照商标法第十四条规定认定为驰名商标的，由工商行政管理部门责令停止违反商标法第十三条规定使用商标的行为，收缴、销毁违法使用的商标标识；商标标识与商品难以分离的，一并收缴、销毁。

第七十三条 商标注册人申请注销其注册商标或者注销其商标在部分指定商品上的注册的，应当向商标局提交商标注销申请书，并交回原《商标注册证》。

商标注册人申请注销其注册商标或者注销其商标在部分指定商品上的注册，经商标局核准注销的，该注册商标专用权或者该注册商标专用权在该部分指定商品上的效力自商标局收到其注销申请之日起终止。

第七十四条 注册商标被撤销或者依照本条例第七十三条的规定被注销的，原《商标注册证》作废，并予以公告；撤销该商标在部分指定商品上的注册的，或者商标注册人申请注销其商标在部分指定商品上的注册的，重新核发《商标注册证》，并予以公告。

第八章　注册商标专用权的保护

第七十五条 为侵犯他人商标专用权提供仓储、运输、邮寄、印制、隐匿、经营场所、网络商品交易平台等，属于商标法第五十七条第六项规定的提供便利条件。

第七十六条 在同一种商品或者类似商品上将与他人注册商标相同或者近似的标志作为商品名称或者商品装潢使用，误导公众的，属于商标法第五十七条第二项规定的侵犯注册商标专用权的行为。

第七十七条 对侵犯注册商标专用权的行为，任何人可以向工商行政管理部门投诉或者举报。

第七十八条 计算商标法第六十条规定的违法经营额，可以考虑下列因素：

（一）侵权商品的销售价格；

（二）未销售侵权商品的标价；

（三）已查清侵权商品实际销售的平均价格；

（四）被侵权商品的市场中间价格；

（五）侵权人因侵权所产生的营业收入；

（六）其他能够合理计算侵权商品价值的因素。

第七十九条 下列情形属于商标法第六十条规定的能证明该商品是自己合法取得的情形：

（一）有供货单位合法签章的供货清单和货款收据且经查证属实或者供货单位认可的；

（二）有供销双方签订的进货合同且经查证已真实履行的；

（三）有合法进货发票且发票记载事项与涉案商品对应的；

（四）其他能够证明合法取得涉案商品的情形。

第八十条 销售不知道是侵犯注册商标专用权的商品，能证明该商品是自己合法取得并说明提供者的，由工商行政管理部门责令停止销售，并将案件情况通报侵权商品提供者所在地工商行政管理部门。

第八十一条 涉案注册商标权属正在商标局、商标评审委员会审理或者人民法院诉讼中，案件结果可能影响案件定性的，属于商标法第六十二条第三款规定的商标权属存在争议。

第八十二条 在查处商标侵权案件过程中，工商行政管理部门可以要求权利人对涉案商品是否为权利人生产或者其许可生产的产品进行辨认。

第九章 商标代理

第八十三条 商标法所称商标代理，是指接受委托人的委托，以委托人的名义办理商标注册申请、商标评审或者其他商标事宜。

第八十四条 商标法所称商标代理机构，包括经工商行政管理部门登记从事商标代理业务的服务机构和从事商标代理业务的律师事务所。

商标代理机构从事商标局、商标评审委员会主管的商标事宜代理业务的，应当按照下列规定向商标局备案：

（一）交验工商行政管理部门的登记证明文件或者司法行政部门批准设立律师事务所的证明文件并留存复印件；

（二）报送商标代理机构的名称、住所、负责人、联系方式等基本信息；

（三）报送商标代理从业人员名单及联系方式。

工商行政管理部门应当建立商标代理机构信用档案。商标代理机构违反商标法或者本条例规定的，由商标局或者商标评审委员会予以公开通报，并记入其信用档案。

第八十五条 商标法所称商标代理从业人员，是指在商标代理机构中从事商标代理业务的工作人员。

商标代理从业人员不得以个人名义自行接受委托。

第八十六条 商标代理机构向商标局、商标评审委员会提交的有关申请文件，应当加盖该代理机构公章并由相关商标代理从业人员签字。

第八十七条 商标代理机构申请注册或者受让其代理服务以外的其他商标，商标局不予受理。

第八十八条 下列行为属于商标法第六十八条第一款第二项规定的以其他不正当手段扰乱商标代理市场秩序的行为：

（一）以欺诈、虚假宣传、引人误解或者商业贿赂等方式招徕业务的；

（二）隐瞒事实，提供虚假证据，或者威胁、诱导他人隐瞒事实，提供虚假证据的；

（三）在同一商标案件中接受有利益冲突的双方当事人委托的。

第八十九条 商标代理机构有商标法第六十八条规定行为的，由行为人所在地或者违法行为发生地县级以上工商行政管理部门进行查处并将查处情况通报商标局。

第九十条 商标局、商标评审委员会依照商标法第六十八条规定停止受理商标代理机构办理商标代理业务的，可以作出停止受理该商标代理机构商标代理业务6个月以上直至永久停止受理的决定。停止受理商标代理业务的期间届满，商标局、商标评审委员会应当恢复受理。

商标局、商标评审委员会作出停止受理或者恢复受理商标代理的决定应当在其网站予以公告。

第九十一条 工商行政管理部门应当加强

对商标代理行业组织的监督和指导。

第十章 附 则

第九十二条 连续使用至1993年7月1日的服务商标，与他人在相同或者类似的服务上已注册的服务商标相同或者近似的，可以继续使用；但是，1993年7月1日后中断使用3年以上的，不得继续使用。

已连续使用至商标局首次受理新放开商品或者服务项目之日的商标，与他人在新放开商品或者服务项目相同或者类似的商品或者服务上已注册的商标相同或者近似的，可以继续使用；但是，首次受理之日后中断使用3年以上的，不得继续使用。

第九十三条 商标注册用商品和服务分类表，由商标局制定并公布。

申请商标注册或者办理其他商标事宜的文件格式，由商标局、商标评审委员会制定并公布。

商标评审委员会的评审规则由国务院工商行政管理部门制定并公布。

第九十四条 商标局设置《商标注册簿》，记载注册商标及有关注册事项。

第九十五条 《商标注册证》及相关证明是权利人享有注册商标专用权的凭证。《商标注册证》记载的注册事项，应当与《商标注册簿》一致；记载不一致的，除有证据证明《商标注册簿》确有错误外，以《商标注册簿》为准。

第九十六条 商标局发布《商标公告》，刊发商标注册及其他有关事项。

《商标公告》采用纸质或者电子形式发布。

除送达公告外，公告内容自发布之日起视为社会公众已经知道或者应当知道。

第九十七条 申请商标注册或者办理其他商标事宜，应当缴纳费用。缴纳费用的项目和标准，由国务院财政部门、国务院价格主管部门分别制定。

第九十八条 本条例自2014年5月1日起施行。

商标印制管理办法

（1996年9月5日国家工商行政管理局令第57号公布
1998年12月3日国家工商行政管理局令第86号第一次修订
2004年8月19日国家工商行政管理总局令第15号第二次修订
2020年10月23日国家市场监督管理总局令第31号第三次修订）

第一条 为了加强商标印制管理，保护注册商标专用权，维护社会主义市场经济秩序，根据《中华人民共和国商标法》、《中华人民共和国商标法实施条例》（以下分别简称《商标法》、《商标法实施条例》）的有关规定，制定本办法。

第二条 以印刷、印染、制版、刻字、织字、晒蚀、印铁、铸模、冲压、烫印、贴花等方式制作商标标识的，应当遵守本办法。

第三条 商标印制委托人委托商标印制单位印制商标的，应当出示营业执照副本或者合法的营业证明或者身份证明。

第四条 商标印制委托人委托印制注册商标的，应当出示《商标注册证》，并另行提供一份复印件。

签订商标使用许可合同使用他人注册商标，被许可人需印制商标的，还应当出示商标使用许可合同文本并提供一份复印件；商标注册人单独授权被许可人印制商标的，还应当出示授权书并提供一份复印件。

第五条 委托印制注册商标的，商标印制委托人提供的有关证明文件及商标图样应当符合下列要求：

（一）所印制的商标样稿应当与《商标注册证》上的商标图样相同；

（二）被许可人印制商标标识的，应有明

确的授权书，或其所提供的《商标使用许可合同》含有许可人允许其印制商标标识的内容；

（三）被许可人的商标标识样稿应当标明被许可人的企业名称和地址；其注册标记的使用符合《商标法实施条例》的有关规定。

第六条 委托印制未注册商标的，商标印制委托人提供的商标图样应当符合下列要求：

（一）所印制的商标不得违反《商标法》第十条的规定；

（二）所印制的商标不得标注“注册商标”字样或者使用注册标记。

第七条 商标印制单位应当对商标印制委托人提供的证明文件和商标图样进行核查。

商标印制委托人未提供本办法第三条、第四条所规定的证明文件，或者其要求印制的商标标识不符合本办法第五条、第六条规定的，商标印制单位不得承接印制。

第八条 商标印制单位承印符合本办法规定的商标印制业务的，商标印制业务管理人员应当按照要求填写《商标印制业务登记表》，载明商标印制委托人所提供的证明文件的主要内容，《商标印制业务登记表》中的图样应当由商标印制单位业务主管人员加盖骑缝章。

商标标识印制完毕，商标印制单位应当在15天内提取标识样品，连同《商标印制业务登记表》、《商标注册证》复印件、商标使用许可合同复印件、商标印制授权书复印件等一并造册存档。

第九条 商标印制单位应当建立商标标识出入库制度，商标标识出入库应当登记台帐。废次标识应当集中进行销毁，不得流入社会。

第十条 商标印制档案及商标标识出入库台帐应当存档备查，存查期为两年。

第十一条 商标印制单位违反本办法第七条至第十条规定的，由所在地市场监督管理部门责令其限期改正，并视其情节予以警告，处以非法所得额三倍以下的罚款，但最高不超过三万元，没有违法所得的，可以处以一万元以下的罚款。

第十二条 擅自设立商标印刷企业或者擅自从事商标印刷经营活动的，由所在地或者行为地市场监督管理部门依照《印刷业管理条例》的有关规定予以处理。

第十三条 商标印制单位违反第七条规定承接印制业务，且印制的商标与他人注册商标相同或者近似的，属于《商标法实施条例》第七十五条所述的商标侵权行为，由所在地或者行为地市场监督管理部门依《商标法》的有关规定予以处理。

第十四条 商标印制单位的违法行为构成犯罪的，所在地或者行为地市场监督管理部门应及时将案件移送司法机关追究刑事责任。

第十五条 本办法所称“商标印制”是指印刷、制作商标标识的行为。

本办法所称“商标标识”是指与商品配套一同进入流通领域的带有商标的有形载体，包括注册商标标识和未注册商标标识。

本办法所称“商标印制委托人”是指要求印制商标标识的商标注册人、未注册商标使用人、注册商标被许可使用人以及符合《商标法》规定的其他商标使用人。

本办法所称“商标印制单位”是指依法登记从事商标印制业务的企业和个体工商户。

本办法所称《商标注册证》包括国家知识产权局所发的有关变更、续展、转让等证明文件。

第十六条 本办法自2004年9月1日起施行。国家工商行政管理局1996年9月5日发布的《商标印制管理办法》同时废止。

国家知识产权局
关于印发《商标侵权判断标准》的通知

2020年6月15日　　国知发保字〔2020〕23号

各省、自治区、直辖市及新疆生产建设兵团知识产权局（知识产权管理部门）：

为深入贯彻落实党中央、国务院关于强化知识产权保护的决策部署，加强商标执法指导工作，统一执法标准，提升执法水平，强化商标专用权保护，根据《商标法》、《商标法实施条例》的有关规定，制定《商标侵权判断标准》。现予印发，请遵照执行。各地在执行中遇到的新情况、新问题，请及时报告。

附：

商标侵权判断标准

第一条　为加强商标执法指导工作，统一执法标准，提升执法水平，强化商标专用权保护，根据《中华人民共和国商标法》（以下简称商标法）、《中华人民共和国商标法实施条例》（以下简称商标法实施条例）以及相关法律法规、部门规章，制定本标准。

第二条　商标执法相关部门在处理、查处商标侵权案件时适用本标准。

第三条　判断是否构成商标侵权，一般需要判断涉嫌侵权行为是否构成商标法意义上的商标的使用。

商标的使用，是指将商标用于商品、商品包装、容器、服务场所以及交易文书上，或者将商标用于广告宣传、展览以及其他商业活动中，用以识别商品或者服务来源的行为。

第四条　商标用于商品、商品包装、容器以及商品交易文书上的具体表现形式包括但不限于：

（一）采取直接贴附、刻印、烙印或者编织等方式将商标附着在商品、商品包装、容器、标签等上，或者使用在商品附加标牌、产品说明书、介绍手册、价目表等上；

（二）商标使用在与商品销售有联系的交易文书上，包括商品销售合同、发票、票据、收据、商品进出口检验检疫证明、报关单据等。

第五条　商标用于服务场所以及服务交易文书上的具体表现形式包括但不限于：

（一）商标直接使用于服务场所，包括介绍手册、工作人员服饰、招贴、菜单、价目表、名片、奖券、办公文具、信笺以及其他提供服务所使用的相关物品上；

（二）商标使用于和服务有联系的文件资料上，如发票、票据、收据、汇款单据、服务协议、维修维护证明等。

第六条　商标用于广告宣传、展览以及其他商业活动中的具体表现形式包括但不限于：

（一）商标使用在广播、电视、电影、互联网等媒体中，或者使用在公开发行的出版物上，或者使用在广告牌、邮寄广告或者其他广告载体上；

（二）商标在展览会、博览会上使用，包括在展览会、博览会上提供的使用商标的印刷品、展台照片、参展证明及其他资料；

（三）商标使用在网站、即时通讯工具、社交网络平台、应用程序等载体上；

（四）商标使用在二维码等信息载体上；

（五）商标使用在店铺招牌、店堂装饰装潢上。

第七条　判断是否为商标的使用应当综合

考虑使用人的主观意图、使用方式、宣传方式、行业惯例、消费者认知等因素。

第八条 未经商标注册人许可的情形包括未获得许可或者超出许可的商品或者服务的类别、期限、数量等。

第九条 同一种商品是指涉嫌侵权人实际生产销售的商品名称与他人注册商标核定使用的商品名称相同的商品，或者二者商品名称不同但在功能、用途、主要原料、生产部门、消费对象、销售渠道等方面相同或者基本相同，相关公众一般认为是同种商品。

同一种服务是指涉嫌侵权人实际提供的服务名称与他人注册商标核定使用的服务名称相同的服务，或者二者服务名称不同但在服务的目的、内容、方式、提供者、对象、场所等方面相同或者基本相同，相关公众一般认为是同种服务。

核定使用的商品或者服务名称是指国家知识产权局在商标注册工作中对商品或者服务使用的名称，包括《类似商品和服务区分表》（以下简称区分表）中列出的商品或者服务名称和未在区分表中列出但在商标注册中接受的商品或者服务名称。

第十条 类似商品是指在功能、用途、主要原料、生产部门、消费对象、销售渠道等方面具有一定共同性的商品。

类似服务是指在服务的目的、内容、方式、提供者、对象、场所等方面具有一定共同性的服务。

第十一条 判断是否属于同一种商品或者同一种服务、类似商品或者类似服务，应当在权利人注册商标核定使用的商品或者服务与涉嫌侵权的商品或者服务之间进行比对。

第十二条 判断涉嫌侵权的商品或者服务与他人注册商标核定使用的商品或者服务是否构成同一种商品或者同一种服务、类似商品或者类似服务，参照现行区分表进行认定。

对于区分表未涵盖的商品，应当基于相关公众的一般认识，综合考虑商品的功能、用途、主要原料、生产部门、消费对象、销售渠道等因素认定是否构成同一种或者类似商品；

对于区分表未涵盖的服务，应当基于相关公众的一般认识，综合考虑服务的目的、内容、方式、提供者、对象、场所等因素认定是否构成同一种或者类似服务。

第十三条 与注册商标相同的商标是指涉嫌侵权的商标与他人注册商标完全相同，以及虽有不同但视觉效果或者声音商标的听觉感知基本无差别、相关公众难以分辨的商标。

第十四条 涉嫌侵权的商标与他人注册商标相比较，可以认定与注册商标相同的情形包括：

（一）文字商标有下列情形之一的：

1. 文字构成、排列顺序均相同的；

2. 改变注册商标的字体、字母大小写、文字横竖排列，与注册商标之间基本无差别的；

3. 改变注册商标的文字、字母、数字等之间的间距，与注册商标之间基本无差别的；

4. 改变注册商标颜色，不影响体现注册商标显著特征的；

5. 在注册商标上仅增加商品通用名称、图形、型号等缺乏显著特征内容，不影响体现注册商标显著特征的；

（二）图形商标在构图要素、表现形式等视觉上基本无差别的；

（三）文字图形组合商标的文字构成、图形外观及其排列组合方式相同，商标在整体视觉上基本无差别的；

（四）立体商标中的显著三维标志和显著平面要素相同，或者基本无差别的；

（五）颜色组合商标中组合的颜色和排列的方式相同，或者基本无差别的；

（六）声音商标的听觉感知和整体音乐形象相同，或者基本无差别的；

（七）其他与注册商标在视觉效果或者听觉感知上基本无差别的。

第十五条 与注册商标近似的商标是指涉嫌侵权的商标与他人注册商标相比较，文字商标的字形、读音、含义近似，或者图形商标的构图、着色、外形近似，或者文字图形组合商标的整体排列组合方式和外形近似，或者立体商标的三维标志的形状和外形近似，或者颜色组合商标的颜色或者组合近似，或者声音商标的听觉感知或者整体音乐形象近似等。

第十六条 涉嫌侵权的商标与他人注册商标是否构成近似，参照现行《商标审查及审理标准》关于商标近似的规定进行判断。

第十七条 判断商标是否相同或者近似，应当在权利人的注册商标与涉嫌侵权商标之间进行比对。

第十八条 判断与注册商标相同或者近似的商标时，应当以相关公众的一般注意力和认知力为标准，采用隔离观察、整体比对和主要部分比对的方法进行认定。

第十九条 在商标侵权判断中，在同一种商品或者同一种服务上使用近似商标，或者在类似商品或者类似服务上使用相同、近似商标的情形下，还应当对是否容易导致混淆进行判断。

第二十条 商标法规定的容易导致混淆包括以下情形：

（一）足以使相关公众认为涉案商品或者服务是由注册商标权利人生产或者提供；

（二）足以使相关公众认为涉案商品或者服务的提供者与注册商标权利人存在投资、许可、加盟或者合作等关系。

第二十一条 商标执法相关部门判断是否容易导致混淆，应当综合考量以下因素以及各因素之间的相互影响：

（一）商标的近似情况；

（二）商品或者服务的类似情况；

（三）注册商标的显著性和知名度；

（四）商品或者服务的特点及商标使用的方式；

（五）相关公众的注意和认知程度；

（六）其他相关因素。

第二十二条 自行改变注册商标或者将多件注册商标组合使用，与他人在同一种商品或者服务上的注册商标相同的，属于商标法第五十七条第一项规定的商标侵权行为。

自行改变注册商标或者将多件注册商标组合使用，与他人在同一种或者类似商品或者服务上的注册商标近似、容易导致混淆的，属于商标法第五十七条第二项规定的商标侵权行为。

第二十三条 在同一种商品或者服务上，将企业名称中的字号突出使用，与他人注册商标相同的，属于商标法第五十七条第一项规定的商标侵权行为。

在同一种或者类似商品或者服务上，将企业名称中的字号突出使用，与他人注册商标近似、容易导致混淆的，属于商标法第五十七条第二项规定的商标侵权行为。

第二十四条 不指定颜色的注册商标，可以自由附着颜色，但以攀附为目的附着颜色，与他人在同一种或者类似商品或者服务上的注册商标近似、容易导致混淆的，属于商标法第五十七条第二项规定的商标侵权行为。

注册商标知名度较高，涉嫌侵权人与注册商标权利人处于同一行业或者具有较大关联性的行业，且无正当理由使用与注册商标相同或者近似标志的，应当认定涉嫌侵权人具有攀附意图。

第二十五条 在包工包料的加工承揽经营活动中，承揽人使用侵犯注册商标专用权商品的，属于商标法第五十七条第三项规定的商标侵权行为。

第二十六条 经营者在销售商品时，附赠侵犯注册商标专用权商品的，属于商标法第五十七条第三项规定的商标侵权行为。

第二十七条 有下列情形之一的，不属于商标法第六十条第二款规定的“销售不知道是侵犯注册商标专用权的商品”：

（一）进货渠道不符合商业惯例，且价格明显低于市场价格的；

（二）拒不提供账目、销售记录等会计凭证，或者会计凭证弄虚作假的；

（三）案发后转移、销毁物证，或者提供虚假证明、虚假情况的；

（四）类似违法情形受到处理后再犯的；

（五）其他可以认定当事人明知或者应知的。

第二十八条 商标法第六十条第二款规定的“说明提供者”是指涉嫌侵权人主动提供供货商的名称、经营地址、联系方式等准确信息或者线索。

对于因涉嫌侵权人提供虚假或者无法核实的信息导致不能找到提供者的，不视为“说明提供者”。

第二十九条 涉嫌侵权人属于商标法第六十条第二款规定的销售不知道是侵犯注册商标专用权的商品的，对其侵权商品责令停止销售，对供货商立案查处或者将案件线索移送具有管辖权的商标执法相关部门查处。

对责令停止销售的侵权商品，侵权人再次销售的，应当依法查处。

第三十条 市场主办方、展会主办方、柜台出租人、电子商务平台等经营者怠于履行管理职责，明知或者应知市场内经营者、参展方、柜台承租人、平台内电子商务经营者实施商标侵权行为而不予制止的；或者虽然不知情，但经商标执法相关部门通知或者商标权利人持生效的行政、司法文书告知后，仍未采取必要措施制止商标侵权行为的，属于商标法第五十七条第六项规定的商标侵权行为。

第三十一条 将与他人注册商标相同或者相近似的文字注册为域名，并且通过该域名进行相关商品或者服务交易的电子商务，容易使相关公众产生误认的，属于商标法第五十七条第七项规定的商标侵权行为。

第三十二条 在查处商标侵权案件时，应当保护合法在先权利。

以外观设计专利权、作品著作权抗辩他人注册商标专用权的，若注册商标的申请日先于外观设计专利申请日或者有证据证明的该著作权作品创作完成日，商标执法相关部门可以对商标侵权案件进行查处。

第三十三条 商标法第五十九条第三款规定的“有一定影响的商标”是指在国内在先使用并为一定范围内相关公众所知晓的未注册商标。

有一定影响的商标的认定，应当考虑该商标的持续使用时间、销售量、经营额、广告宣传等因素进行综合判断。

使用人有下列情形的，不视为在原使用范围内继续使用：

（一）增加该商标使用的具体商品或者服务；

（二）改变该商标的图形、文字、色彩、结构、书写方式等内容，但以与他人注册商标相区别为目的而进行的改变除外；

（三）超出原使用范围的其他情形。

第三十四条 商标法第六十条第二款规定的“五年内实施两次以上商标侵权行为”指同一当事人被商标执法相关部门、人民法院认定侵犯他人注册商标专用权的行政处罚或者判决生效之日起，五年内又实施商标侵权行为的。

第三十五条 正在国家知识产权局审理或者人民法院诉讼中的下列案件，可以适用商标法第六十二条第三款关于“中止”的规定：

（一）注册商标处于无效宣告中的；

（二）注册商标处于续展宽展期的；

（三）注册商标权属存在其他争议情形的。

第三十六条 在查处商标侵权案件过程中，商标执法相关部门可以要求权利人对涉案商品是否为权利人生产或者其许可生产的商品出具书面辨认意见。权利人应当对其辨认意见承担相应法律责任。

商标执法相关部门应当审查辨认人出具辨认意见的主体资格及辨认意见的真实性。涉嫌侵权人无相反证据推翻该辨认意见的，商标执法相关部门将该辨认意见作为证据予以采纳。

第三十七条 本标准由国家知识产权局负责解释。

第三十八条 本标准自公布之日起施行。

2. 商标注册与评审

商标评审规则

（1995 年 11 月 2 日国家工商行政管理局第 37 号令公布
根据 2002 年 9 月 17 日国家工商行政管理总局令第 3 号第一次修订
根据 2005 年 9 月 26 日国家工商行政管理总局令第 20 号第二次修订
根据 2014 年 5 月 28 日国家工商行政管理总局令第 65 号第三次修订）

第一章 总 则

第一条 为规范商标评审程序，根据《中华人民共和国商标法》（以下简称商标法）和《中华人民共和国商标法实施条例》（以下简称实施条例），制定本规则。

第二条 根据商标法及实施条例的规定，国家工商行政管理总局商标评审委员会（以下简称商标评审委员会）负责处理下列商标评审案件：

（一）不服国家工商行政管理总局商标局（以下简称商标局）驳回商标注册申请决定，依照商标法第三十四条规定申请复审的案件；

（二）不服商标局不予注册决定，依照商标法第三十五条第三款规定申请复审的案件；

（三）对已经注册的商标，依照商标法第四十四条第一款、第四十五条第一款规定请求无效宣告的案件；

（四）不服商标局宣告注册商标无效决定，依照商标法第四十四条第二款规定申请复审的案件；

（五）不服商标局撤销或者不予撤销注册商标决定，依照商标法第五十四条规定申请复审的案件。

在商标评审程序中，前款第（一）项所指请求复审的商标统称为申请商标，第（二）项所指请求复审的商标统称为被异议商标，第（三）项所指请求无效宣告的商标统称为争议商标，第（四）、（五）项所指请求复审的商标统称为复审商标。本规则中，前述商标统称为评审商标。

第三条 当事人参加商标评审活动，可以以书面方式或者数据电文方式办理。

数据电文方式办理的具体办法由商标评审委员会另行制定。

第四条 商标评审委员会审理商标评审案件实行书面审理，但依照实施条例第六十条规定决定进行口头审理的除外。

口头审理的具体办法由商标评审委员会另行制定。

第五条 商标评审委员会根据商标法、实施条例和本规则做出的决定和裁定，应当以书面方式或者数据电文方式送达有关当事人，并说明理由。

第六条 除本规则另有规定外，商标评审委员会审理商标评审案件实行合议制度，由三名以上的单数商标评审人员组成合议组进行审理。

合议组审理案件，实行少数服从多数的原则。

第七条 当事人或者利害关系人依照实施条例第七条的规定申请商标评审人员回避的，应当以书面方式办理，并说明理由。

第八条 在商标评审期间，当事人有权依法处分自己的商标权和与商标评审有关的权利。在不损害社会公共利益、第三方权利的前提下，当事人之间可以自行或者经调解以书面方式达成和解。

对于当事人达成和解的案件，商标评审委员会可以结案，也可以做出决定或者裁定。

第九条 商标评审案件的共同申请人和共有商标的当事人办理商标评审事宜，应当依照实施条例第十六条第一款的规定确定一个代表人。

代表人参与评审的行为对其所代表的当事人发生效力，但代表人变更、放弃评审请求或者承认对方当事人评审请求的，应当有被代表的当事人书面授权。

商标评审委员会的文件应当送达代表人。

第十条 外国人或者外国企业办理商标评审事宜，在中国有经常居所或者营业所的，可以委托依法设立的商标代理机构办理，也可以直接办理；在中国没有经常居所或者营业所的，应当委托依法设立的商标代理机构办理。

第十一条 代理权限发生变更、代理关系解除或者变更代理人的，当事人应当及时书面告知商标评审委员会。

第十二条 当事人及其代理人可以申请查阅本案有关材料。

第二章 申请与受理

第十三条 申请商标评审，应当符合下列条件：

（一）申请人须有合法的主体资格；

（二）在法定期限内提出；

（三）属于商标评审委员会的评审范围；

（四）依法提交符合规定的申请书及有关材料；

（五）有明确的评审请求、事实、理由和法律依据；

（六）依法缴纳评审费用。

第十四条 申请商标评审，应当向商标评审委员会提交申请书；有被申请人的，应当按照被申请人的数量提交相应份数的副本；评审商标发生转让、移转、变更，已向商标局提出申请但是尚未核准公告的，当事人应当提供相应的证明文件；基于商标局的决定书申请复审的，还应当同时附送商标局的决定书。

第十五条 申请书应当载明下列事项：

（一）申请人的名称、通信地址、联系人和联系电话。评审申请有被申请人的，应当载明被申请人的名称和地址。委托商标代理机构办理商标评审事宜的，还应当载明商标代理机构的名称、地址、联系人和联系电话；

（二）评审商标及其申请号或者初步审定号、注册号和刊登该商标的《商标公告》的期号；

（三）明确的评审请求和所依据的事实、理由及法律依据。

第十六条 商标评审申请不符合本规则第十三条第（一）、（二）、（三）、（六）项规定条件之一的，商标评审委员会不予受理，书面通知申请人，并说明理由。

第十七条 商标评审申请不符合本规则第十三条第（四）、（五）项规定条件之一的，或者未按照实施条例和本规则规定提交有关证明文件的，或者有其他需要补正情形的，商标评审委员会应当向申请人发出补正通知，申请人应当自收到补正通知之日起三十日内补正。

经补正仍不符合规定的，商标评审委员会不予受理，书面通知申请人，并说明理由。未在规定期限内补正的，依照实施条例第五十七条规定，视为申请人撤回评审申请，商标评审委员会应当书面通知申请人。

第十八条 商标评审申请经审查符合受理条件的，商标评审委员会应当在三十日内向申请人发出《受理通知书》。

第十九条 商标评审委员会已经受理的商标评审申请，有下列情形之一的，属于不符合受理条件，应当依照实施条例第五十七条规定予以驳回：

（一）违反实施条例第六十二条规定，申请人撤回商标评审申请后，又以相同的事实和理由再次提出评审申请的；

（二）违反实施条例第六十二条规定，对商标评审委员会已经做出的裁定或者决定，以相同的事实和理由再次提出评审申请的；

（三）其他不符合受理条件的情形。

对经不予注册复审程序予以核准注册的商标提起宣告注册商标无效的，不受前款第（二）项规定限制。

商标评审委员会驳回商标评审申请，应当书面通知申请人，并说明理由。

第二十条 当事人参加评审活动，应当按照对方当事人的数量，提交相应份数的申请书、答辩书、意见书、质证意见及证据材料副本，副本内容应当与正本内容相同。不符合前述要求且经补正仍不符合要求的，依照本规则

第十七条第二款的规定，不予受理评审申请，或者视为未提交相关材料。

第二十一条 评审申请有被申请人的，商标评审委员会受理后，应当及时将申请书副本及有关证据材料送达被申请人。被申请人应当自收到申请材料之日起三十日内向商标评审委员会提交答辩书及其副本；未在规定期限内答辩的，不影响商标评审委员会的评审。

商标评审委员会审理不服商标局不予注册决定的复审案件，应当通知原异议人参加并提出意见。原异议人应当在收到申请材料之日起三十日内向商标评审委员会提交意见书及其副本；未在规定期限内提出意见的，不影响案件审理。

第二十二条 被申请人参加答辩和原异议人参加不予注册复审程序应当有合法的主体资格。

商标评审答辩书、意见书及有关证据材料应当按照规定的格式和要求填写、提供。

不符合第二款规定或者有其他需要补正情形的，商标评审委员会向被申请人或者原异议人发出补正通知，被申请人或者原异议人应当自收到补正通知之日起三十日内补正。经补正仍不符合规定或者未在法定期限内补正的，视为未答辩或者未提出意见，不影响商标评审委员会的评审。

第二十三条 当事人需要在提出评审申请或者答辩后补充有关证据材料的，应当在申请书或者答辩书中声明，并自提交申请书或者答辩书之日起三个月内一次性提交；未在申请书或者答辩书中声明或者期满未提交的，视为放弃补充证据材料。但是，在期满后生成或者当事人有其他正当理由未能在期满前提交的证据，在期满后提交的，商标评审委员会将证据交对方当事人并质证后可以采信。

对当事人在法定期限内提供的证据材料，有对方当事人的，商标评审委员会应当将该证据材料副本送达给对方当事人。当事人应当在收到证据材料副本之日起三十日内进行质证。

第二十四条 当事人应当对其提交的证据材料逐一分类编号和制作目录清单，对证据材料的来源、待证的具体事实作简要说明，并签名盖章。

商标评审委员会收到当事人提交的证据材料后，应当按目录清单核对证据材料，并由经办人员在回执上签收，注明提交日期。

第二十五条 当事人名称或者通信地址等事项发生变更的，应当及时通知商标评审委员会，并依需要提供相应的证明文件。

第二十六条 在商标评审程序中，当事人的商标发生转让、移转的，受让人或者承继人应当及时以书面方式声明承受相关主体地位，参加后续评审程序并承担相应的评审后果。

未书面声明且不影响评审案件审理的，商标评审委员会可以将受让人或者承继人列为当事人做出决定或者裁定。

第三章 审 理

第二十七条 商标评审委员会审理商标评审案件实行合议制度。但有下列情形之一的案件，可以由商标评审人员一人独任评审：

（一）仅涉及商标法第三十条和第三十一条所指在先商标权利冲突的案件中，评审时权利冲突已消除的；

（二）被请求撤销或者无效宣告的商标已经丧失专用权的；

（三）依照本规则第三十二条规定应当予以结案的；

（四）其他可以独任评审的案件。

第二十八条 当事人或者利害关系人依照实施条例第七条和本规则第七条的规定对商标评审人员提出回避申请的，被申请回避的商标评审人员在商标评审委员会做出是否回避的决定前，应当暂停参与本案的审理工作。

商标评审委员会在做出决定、裁定后收到当事人或者利害关系人提出的回避申请的，不影响评审决定、裁定的有效性。但评审人员确实存在需要回避的情形的，商标评审委员会应当依法做出处理。

第二十九条 商标评审委员会审理商标评审案件，应当依照实施条例第五十二条、第五十三条、第五十四条、第五十五条、第五十六条的规定予以审理。

第三十条 经不予注册复审程序予以核准注册的商标，原异议人向商标评审委员会请求无效宣告的，商标评审委员会应当另行组成合议组进行审理。

第三十一条 依照商标法第三十五条第四款、第四十五条第三款和实施条例第十一条第（五）项的规定，需要等待在先权利案件审理结果的，商标评审委员会可以决定暂缓审理该商标评审案件。

第三十二条 有下列情形之一的，终止评审，予以结案：

（一）申请人死亡或者终止后没有继承人或者继承人放弃评审权利的；

（二）申请人撤回评审申请的；

（三）当事人自行或者经调解达成和解协议，可以结案的；

（四）其他应当终止评审的情形。

商标评审委员会予以结案，应当书面通知有关当事人，并说明理由。

第三十三条 合议组审理案件应当制作合议笔录，并由合议组成员签名。合议组成员有不同意见的，应当如实记入合议笔录。

经审理终结的案件，商标评审委员会依法做出决定、裁定。

第三十四条 商标评审委员会做出的决定、裁定应当载明下列内容：

（一）当事人的评审请求、争议的事实、理由和证据；

（二）决定或者裁定认定的事实、理由和适用的法律依据；

（三）决定或者裁定结论；

（四）可以供当事人选用的后续程序和时限；

（五）决定或者裁定做出的日期。

决定、裁定由合议组成员署名，加盖商标评审委员会印章。

第三十五条 对商标评审委员会做出的决定、裁定，当事人不服向人民法院起诉的，应当在向人民法院递交起诉状的同时或者至迟十五日内将该起诉状副本抄送或者另行将起诉信息书面告知商标评审委员会。

除商标评审委员会做出的准予初步审定或者予以核准注册的决定外，商标评审委员会自发出决定、裁定之日起四个月内未收到来自人民法院应诉通知或者当事人提交的起诉状副本、书面起诉通知的，该决定、裁定移送商标局执行。

商标评审委员会自收到当事人提交的起诉状副本或者书面起诉通知之日起四个月内未收到来自人民法院应诉通知的，相关决定、裁定移送商标局执行。

第三十六条 在一审行政诉讼程序中，若因商标评审决定、裁定所引证的商标已经丧失在先权利导致决定、裁定事实认定、法律适用发生变化的，在原告撤诉的情况下，商标评审委员会可以撤回原决定或者裁定，并依据新的事实，重新做出商标评审决定或者裁定。

商标评审决定、裁定送达当事人后，商标评审委员会发现存在文字错误等非实质性错误的，可以向评审当事人发送更正通知书对错误内容进行更正。

第三十七条 商标评审决定、裁定经人民法院生效判决撤销的，商标评审委员会应当重新组成合议组，及时审理，并做出重审决定、裁定。

重审程序中，商标评审委员会对当事人新提出的评审请求和法律依据不列入重审范围；对当事人补充提交的足以影响案件审理结果的证据可以予以采信，有对方当事人的，应当送达对方当事人予以质证。

第四章 证据规则

第三十八条 当事人对自己提出的评审请求所依据的事实或者反驳对方评审请求所依据的事实有责任提供证据加以证明。

证据包括书证、物证、视听资料、电子数据、证人证言、鉴定意见、当事人的陈述等。

没有证据或者证据不足以证明当事人的事实主张的，由负有举证责任的当事人承担不利后果。

一方当事人对另一方当事人陈述的案件事实明确表示承认的，另一方当事人无需举证，但商标评审委员会认为确有必要举证的除外。

当事人委托代理人参加评审的，代理人的承认视为当事人的承认。但未经特别授权的代理人对事实的承认直接导致承认对方评审请求的除外；当事人在场但对其代理人的承认不作否认表示的，视为当事人的承认。

第三十九条 下列事实，当事人无需举证证明：

（一）众所周知的事实；

（二）自然规律及定理；

（三）根据法律规定或者已知事实和日常生活经验法则，能推定出的另一事实；

（四）已为人民法院发生法律效力的裁判所确认的事实；

（五）已为仲裁机构的生效裁决所确认的

事实；

（六）已为有效公证文书所证明的事实。

前款（一）、（三）、（四）、（五）、（六）项，有相反证据足以推翻的除外。

第四十条 当事人向商标评审委员会提供书证的，应当提供原件，包括原本、正本和副本。提供原件有困难的，可以提供相应的复印件、照片、节录本；提供由有关部门保管的书证原件的复制件、影印件或者抄录件的，应当注明出处，经该部门核对无异后加盖其印章。

当事人向商标评审委员会提供物证的，应当提供原物。提供原物有困难的，可以提供相应的复制件或者证明该物证的照片、录像等其他证据；原物为数量较多的种类物的，可以提供其中的一部分。

一方当事人对另一方当事人所提书证、物证的复制件、照片、录像等存在怀疑并有相应证据支持的，或者商标评审委员会认为有必要的，被质疑的当事人应当提供或者出示有关证据的原件或者经公证的复印件。

第四十一条 当事人向商标评审委员会提供的证据系在中华人民共和国领域外形成，或者在香港、澳门、台湾地区形成，对方当事人对该证据的真实性存在怀疑并有相应证据支持的，或者商标评审委员会认为必要的，应当依照有关规定办理相应的公证认证手续。

第四十二条 当事人向商标评审委员会提供外文书证或者外文说明资料，应当附有中文译文。未提交中文译文的，该外文证据视为未提交。

对方当事人对译文具体内容有异议的，应当对有异议的部分提交中文译文。必要时，可以委托双方当事人认可的单位对全文，或者所使用或者有异议的部分进行翻译。

双方当事人对委托翻译达不成协议的，商标评审委员会可以指定专业翻译单位对全文，或者所使用的或者有异议的部分进行翻译。委托翻译所需费用由双方当事人各承担50%；拒绝支付翻译费用的，视为其承认对方提交的译文。

第四十三条 对单一证据有无证明力和证明力大小可以从下列方面进行审核认定：

（一）证据是否原件、原物，复印件、复制品与原件、原物是否相符；

（二）证据与本案事实是否相关；

（三）证据的形式、来源是否符合法律规定；

（四）证据的内容是否真实；

（五）证人或者提供证据的人，与当事人有无利害关系。

第四十四条 评审人员对案件的全部证据，应当从各证据与案件事实的关联程度、各证据之间的联系等方面进行综合审查判断。

有对方当事人的，未经交换质证的证据不应当予以采信。

第四十五条 下列证据不能单独作为认定案件事实的依据：

（一）未成年人所作的与其年龄和智力状况不相适应的证言；

（二）与一方当事人有亲属关系、隶属关系或者其他密切关系的证人所作的对该当事人有利的证言，或者与一方当事人有不利关系的证人所作的对该当事人不利的证言；

（三）应当参加口头审理作证而无正当理由不参加的证人证言；

（四）难以识别是否经过修改的视听资料；

（五）无法与原件、原物核对的复制件或者复制品；

（六）经一方当事人或者他人改动，对方当事人不予认可的证据材料；

（七）其他不能单独作为认定案件事实依据的证据材料。

第四十六条 一方当事人提出的下列证据，对方当事人提出异议但没有足以反驳的相反证据的，商标评审委员会应当确认其证明力：

（一）书证原件或者与书证原件核对无误的复印件、照片、副本、节录本；

（二）物证原物或者与物证原物核对无误的复制件、照片、录像资料等；

（三）有其他证据佐证并以合法手段取得的、无疑点的视听资料或者与视听资料核对无误的复制件。

第四十七条 一方当事人委托鉴定部门做出的鉴定结论，另一方当事人没有足以反驳的相反证据和理由的，可以确认其证明力。

第四十八条 一方当事人提出的证据，另一方当事人认可或者提出的相反证据不足以反驳的，商标评审委员会可以确认其证明力。

一方当事人提出的证据，另一方当事人有异议并提出反驳证据，对方当事人对反驳证据认可的，可以确认反驳证据的证明力。

第四十九条 双方当事人对同一事实分别举出相反的证据，但都没有足够的依据否定对方证据的，商标评审委员会应当结合案件情况，判断一方提供证据的证明力是否明显大于另一方提供证据的证明力，并对证明力较大的证据予以确认。

因证据的证明力无法判断导致争议事实难以认定的，商标评审委员会应当依据举证责任分配原则做出判断。

第五十条 评审程序中，当事人在申请书、答辩书、陈述及其委托代理人的代理词中承认的对己方不利的事实和认可的证据，商标评审委员会应当予以确认，但当事人反悔并有相反证据足以推翻的除外。

第五十一条 商标评审委员会就数个证据对同一事实的证明力，可以依照下列原则认定：

（一）国家机关以及其他职能部门依职权制作的公文文书优于其他书证；

（二）鉴定结论、档案材料以及经过公证或者登记的书证优于其他书证、视听资料和证人证言；

（三）原件、原物优于复制件、复制品；

（四）法定鉴定部门的鉴定结论优于其他鉴定部门的鉴定结论；

（五）原始证据优于传来证据；

（六）其他证人证言优于与当事人有亲属关系或者其他密切关系的证人提供的对该当事人有利的证言；

（七）参加口头审理作证的证人证言优于未参加口头审理作证的证人证言；

（八）数个种类不同、内容一致的证据优于一个孤立的证据。

第五章 期间、送达

第五十二条 期间包括法定期间和商标评审委员会指定的期间。期间应当依照实施条例第十二条的规定计算。

第五十三条 当事人向商标评审委员会提交的文件或者材料的日期，直接递交的，以递交日为准；邮寄的，以寄出的邮戳日为准；邮戳日不清晰或者没有邮戳的，以商标评审委员会实际收到日为准，但是当事人能够提出实际邮戳日证据的除外。通过邮政企业以外的快递企业递交的，以快递企业收寄日为准；收寄日不明确的，以商标评审委员会实际收到日为准，但是当事人能够提出实际收寄日证据的除外。以数据电文方式提交的，以进入商标评审委员会电子系统的日期为准。

当事人向商标评审委员会邮寄文件，应当使用给据邮件。

当事人向商标评审委员会提交文件，应当在文件中标明商标申请号或者注册号、申请人名称。提交的文件内容，以书面方式提交的，以商标评审委员会所存档案记录为准；以数据电文方式提交的，以商标评审委员会数据库记录为准，但是当事人确有证据证明商标评审委员会档案、数据库记录有错误的除外。

第五十四条 商标评审委员会的各种文件，可以通过邮寄、直接递交、数据电文或者其他方式送达当事人；以数据电文方式送达当事人的，应当经当事人同意。当事人委托商标代理机构的，文件送达商标代理机构视为送达当事人。

商标评审委员会向当事人送达各种文件的日期，邮寄的，以当事人收到的邮戳日为准；邮戳日不清晰或者没有邮戳的，自文件发出之日起满十五日，视为送达当事人，但当事人能够证明实际收到日的除外；直接递交的，以递交日为准。以数据电文方式送达的，自文件发出之日满十五日，视为送达当事人；文件通过上述方式无法送达的，可以通过公告方式送达当事人，自公告发布之日起满三十日，该文件视为已经送达。

商标评审委员会向当事人邮寄送达文件被退回后通过公告送达的，后续文件均采取公告送达方式，但当事人在公告送达后明确告知通信地址的除外。

第五十五条 依照实施条例第五条第三款的规定，商标评审案件的被申请人或者原异议人是在中国没有经常居所或者营业所的外国人或者外国企业的，由该评审商标注册申请书中载明的国内接收人负责接收商标评审程序的有关法律文件；商标评审委员会将有关法律文件送达该国内接收人，视为送达当事人。

依照前款规定无法确定国内接收人的，由商标局原审程序中的或者最后一个申请办理该商标相关事宜的商标代理机构承担商标评审程序中有关法律文件的签收及转达义务；商标评审委员会将有关法律文件送达该商标代理机构。商标代理机构在有关法律文件送达之前已经与国外当事人解除商标代理关系的，应当以书面形式向商标评审委员会说明有关情况，并自收到文件之日起十日内将有关法律文件交回商标评审委员会，由商标评审委员会另行送达。

马德里国际注册商标涉及国际局转发相关书件的，应当提交相应的送达证据。未提交的，应当书面说明原因，自国际局发文之日起满十五日视为送达。

上述方式无法送达的，公告送达。

第六章　附　则

第五十六条　从事商标评审工作的国家机关工作人员玩忽职守、滥用职权、徇私舞弊，违法办理商标评审事项，收受当事人财物，牟取不正当利益的，依法给予处分。

第五十七条　对于当事人不服商标局做出的驳回商标注册申请决定在2014年5月1日以前向商标评审委员会提出复审申请，商标评审委员会于2014年5月1日以后（含5月1日，下同）审理的案件，适用修改后的商标法。

对于当事人不服商标局做出的异议裁定在2014年5月1日以前向商标评审委员会提出复审申请，商标评审委员会于2014年5月1日以后审理的案件，当事人提出异议和复审的主体资格适用修改前的商标法，其他程序问题和实体问题适用修改后的商标法。

对于已经注册的商标，当事人在2014年5月1日以前向商标评审委员会提出争议和撤销复审申请，商标评审委员会于2014年5月1日以后审理的案件，相关程序问题适用修改后的商标法，实体问题适用修改前的商标法。

对于当事人在2014年5月1日以前向商标评审委员会提出申请的商标评审案件，应当自2014年5月1日起开始计算审理期限。

第五十八条　办理商标评审事宜的文书格式，由商标评审委员会制定并公布。

第五十九条　本规则由国家工商行政管理总局负责解释。

第六十条　本规则自2014年6月1日起施行。

规范商标申请注册行为若干规定

（2019年10月10日国家市场监督管理总局2019年第13次局务会议审议通过　2019年10月11日国家市场监督管理总局令第17号公布　自2019年12月1日起施行）

第一条　为了规范商标申请注册行为，规制恶意商标申请，维护商标注册管理秩序，保护社会公共利益，根据《中华人民共和国商标法》（以下简称商标法）和《中华人民共和国商标法实施条例》（以下简称商标法实施条例），制定本规定。

第二条　申请商标注册，应当遵守法律、行政法规和部门规章的规定，具有取得商标专用权的实际需要。

第三条　申请商标注册应当遵循诚实信用原则。不得有下列行为：

（一）属于商标法第四条规定的不以使用为目的恶意申请商标注册的；

（二）属于商标法第十三条规定，复制、摹仿或者翻译他人驰名商标的；

（三）属于商标法第十五条规定，代理人、代表人未经授权申请注册被代理人或者被代表人商标的；基于合同、业务往来关系或者其他关系明知他人在先使用的商标存在而申请注册该商标的；

（四）属于商标法第三十二条规定，损害他人现有的在先权利或者以不正当手段抢先注册他人已经使用并有一定影响的商标的；

（五）以欺骗或者其他不正当手段申请商

标注册的；

（六）其他违反诚实信用原则，违背公序良俗，或者有其他不良影响的。

第四条 商标代理机构应当遵循诚实信用原则。知道或者应当知道委托人申请商标注册属于下列情形之一的，不得接受其委托：

（一）属于商标法第四条规定的不以使用为目的恶意申请商标注册的；

（二）属于商标法第十五条规定的；

（三）属于商标法第三十二条规定的。

商标代理机构除对其代理服务申请商标注册外，不得申请注册其他商标，不得以不正当手段扰乱商标代理市场秩序。

第五条 对申请注册的商标，商标注册部门发现属于违反商标法第四条规定的不以使用为目的的恶意商标注册申请，应当依法驳回，不予公告。

具体审查规程由商标注册部门根据商标法和商标法实施条例另行制定。

第六条 对初步审定公告的商标，在公告期内，因违反本规定的理由被提出异议的，商标注册部门经审查认为异议理由成立，应当依法作出不予注册决定。

对申请驳回复审和不予注册复审的商标，商标注册部门经审理认为属于违反本规定情形的，应当依法作出驳回或者不予注册的决定。

第七条 对已注册的商标，因违反本规定的理由，在法定期限内被提出宣告注册商标无效申请的，商标注册部门经审理认为宣告无效理由成立，应当依法作出宣告注册商标无效的裁定。

对已注册的商标，商标注册部门发现属于违反本规定情形的，应当依据商标法第四十四条规定，宣告该注册商标无效。

第八条 商标注册部门在判断商标注册申请是否属于违反商标法第四条规定时，可以综合考虑以下因素：

（一）申请人或者与其存在关联关系的自然人、法人、其他组织申请注册商标数量、指定使用的类别、商标交易情况等；

（二）申请人所在行业、经营状况等；

（三）申请人被已生效的行政决定或者裁定、司法判决认定曾从事商标恶意注册行为、侵犯他人注册商标专用权行为的情况；

（四）申请注册的商标与他人有一定知名度的商标相同或者近似的情况；

（五）申请注册的商标与知名人物姓名、企业字号、企业名称简称或者其他商业标识等相同或者近似的情况；

（六）商标注册部门认为应当考虑的其他因素。

第九条 商标转让情况不影响商标注册部门对违反本规定第三条情形的认定。

第十条 注册商标没有正当理由连续三年不使用的，任何单位或者个人可以向商标注册部门申请撤销该注册商标。商标注册部门受理后应当通知商标注册人，限其自收到通知之日起两个月内提交该商标在撤销申请提出前使用的证据材料或者说明不使用的正当理由；期满未提供使用的证据材料或者证据材料无效并没有正当理由的，由商标注册部门撤销其注册商标。

第十一条 商标注册部门作出本规定第五条、第六条、第七条所述决定或者裁定后，予以公布。

第十二条 对违反本规定第三条恶意申请商标注册的申请人，依据商标法第六十八条第四款的规定，由申请人所在地或者违法行为发生地县级以上市场监督管理部门根据情节给予警告、罚款等行政处罚。有违法所得的，可以处违法所得三倍最高不超过三万元的罚款；没有违法所得的，可以处一万元以下的罚款。

第十三条 对违反本规定第四条的商标代理机构，依据商标法第六十八条的规定，由行为人所在地或者违法行为发生地县级以上市场监督管理部门责令限期改正，给予警告，处一万元以上十万元以下的罚款；对直接负责的主管人员和其他直接责任人员给予警告，处五千元以上五万元以下的罚款；构成犯罪的，依法追究刑事责任。情节严重的，知识产权管理部门可以决定停止受理该商标代理机构办理商标代理业务，予以公告。

第十四条 作出行政处罚决定的政府部门应当依法将处罚信息通过国家企业信用信息公示系统向社会公示。

第十五条 对违反本规定第四条的商标代理机构，由知识产权管理部门对其负责人进行整改约谈。

第十六条 知识产权管理部门、市场监督管理部门应当积极引导申请人依法申请商标注册、商标代理机构依法从事商标代理业务，规范生产经营活动中使用注册商标的行为。

知识产权管理部门应当进一步畅通商标申请渠道、优化商标注册流程，提升商标公共服务水平，为申请人直接申请注册商标提供便利化服务。

第十七条 知识产权管理部门应当健全内部监督制度，对从事商标注册工作的国家机关工作人员执行法律、行政法规和遵守纪律的情况加强监督检查。

从事商标注册工作的国家机关工作人员玩忽职守、滥用职权、徇私舞弊，违法办理商标注册事项，收受当事人财物，牟取不正当利益的，应当依法给予处分；构成犯罪的，依法追究刑事责任。

第十八条 商标代理行业组织应当完善行业自律规范，加强行业自律，对违反行业自律规范的会员实行惩戒，并及时向社会公布。

第十九条 本规定自2019年12月1日起施行。

集体商标、证明商标注册和管理办法

（2003年4月17日国家工商行政管理总局令第6号发布
自2003年6月1日起施行）

第一条 根据《中华人民共和国商标法》（以下简称商标法）第三条的规定，制定本办法。

第二条 集体商标、证明商标的注册和管理，依照商标法、《中华人民共和国商标法实施条例》（以下简称实施条例）和本办法的有关规定进行。

第三条 本办法有关商品的规定，适用于服务。

第四条 申请集体商标注册的，应当附送主体资格证明文件并应当详细说明该集体组织成员的名称和地址；以地理标志作为集体商标申请注册的，应当附送主体资格证明文件并应当详细说明其所具有的或者其委托的机构具有的专业技术人员、专业检测设备等情况，以表明其具有监督使用该地理标志商品的特定品质的能力。

申请以地理标志作为集体商标注册的团体、协会或者其他组织，应当由来自该地理标志标示的地区范围内的成员组成。

第五条 申请证明商标注册的，应当附送主体资格证明文件并应当详细说明其所具有的或者其委托的机构具有的专业技术人员、专业检测设备等情况，以表明其具有监督该证明商标所证明的特定商品品质的能力。

第六条 申请以地理标志作为集体商标、证明商标注册的，还应当附送管辖该地理标志所标示地区的人民政府或者行业主管部门的批准文件。

外国人或者外国企业申请以地理标志作为集体商标、证明商标注册的，申请人应当提供该地理标志以其名义在其原属国受法律保护的证明。

第七条 以地理标志作为集体商标、证明商标注册的，应当在申请书件中说明下列内容：

（一）该地理标志所标示的商品的特定质量、信誉或者其他特征；

（二）该商品的特定质量、信誉或者其他特征与该地理标志所标示的地区的自然因素和人文因素的关系；

（三）该地理标志所标示的地区的范围。

第八条 作为集体商标、证明商标申请注册的地理标志，可以是该地理标志标示地区的名称，也可以是能够标示某商品来源于该地区的其他可视性标志。

前款所称地区无需与该地区的现行行政区划名称、范围完全一致。

第九条 多个葡萄酒地理标志构成同音字或者同形字的，在这些地理标志能够彼此区分且不误导公众的情况下，每个地理标志都可以作为集体商标或者证明商标申请注册。

第十条 集体商标的使用管理规则应当包括：

（一）使用集体商标的宗旨；

（二）使用该集体商标的商品的品质；

（三）使用该集体商标的手续；

（四）使用该集体商标的权利、义务；

（五）成员违反其使用管理规则应当承担的责任；

（六）注册人对使用该集体商标商品的检验监督制度。

第十一条 证明商标的使用管理规则应当包括：

（一）使用证明商标的宗旨；

（二）该证明商标证明的商品的特定品质；

（三）使用该证明商标的条件；

（四）使用该证明商标的手续；

（五）使用该证明商标的权利、义务；

（六）使用人违反该使用管理规则应当承担的责任；

（七）注册人对使用该证明商标商品的检验监督制度。

第十二条 使用他人作为集体商标、证明商标注册的葡萄酒、烈性酒地理标志标示并非来源于该地理标志所标示地区的葡萄酒、烈性酒，即使同时标出了商品的真正来源地，或者使用的是翻译文字，或者伴有诸如某某“种”、某某“型”、某某“式”、某某“类”等表述的，适用商标法第十六条的规定。

第十三条 集体商标、证明商标的初步审定公告的内容，应当包括该商标的使用管理规则的全文或者摘要。

集体商标、证明商标注册人对使用管理规则的任何修改，应报经商标局审查核准，并自公告之日起生效。

第十四条 集体商标注册人的成员发生变化的，注册人应当向商标局申请变更注册事项，由商标局公告。

第十五条 证明商标注册人准许他人使用其商标的，注册人应当在一年内报商标局备案，由商标局公告。

第十六条 申请转让集体商标、证明商标的，受让人应当具备相应的主体资格，并符合商标法、实施条例和本办法的规定。

集体商标、证明商标发生移转的，权利继受人应当具备相应的主体资格，并符合商标法、实施条例和本办法的规定。

第十七条 集体商标注册人的集体成员，在履行该集体商标使用管理规则规定的手续后，可以使用该集体商标。

集体商标不得许可非集体成员使用。

第十八条 凡符合证明商标使用管理规则规定条件的，在履行该证明商标使用管理规则规定的手续后，可以使用该证明商标，注册人不得拒绝办理手续。

实施条例第六条第二款中的正当使用该地理标志是指正当使用该地理标志中的地名。

第十九条 使用集体商标的，注册人应发给使用人《集体商标使用证》；使用证明商标的，注册人应发给使用人《证明商标使用证》。

第二十条 证明商标的注册人不得在自己提供的商品上使用该证明商标。

第二十一条 集体商标、证明商标注册人没有对该商标的使用进行有效管理或者控制，致使该商标使用的商品达不到其使用管理规则的要求，对消费者造成损害的，由工商行政管理部门责令限期改正；拒不改正的，处以违法所得三倍以下的罚款，但最高不超过三万元；没有违法所得的，处以一万元以下的罚款。

第二十二条 违反实施条例第六条、本办法第十四条、第十五条、第十七条、第十八条、第二十条规定的，由工商行政管理部门责令限期改正；拒不改正的，处以违法所得三倍以下的罚款，但最高不超过三万元；没有违法所得的，处以一万元以下的罚款。

第二十三条 本办法自2003年6月1日起施行。国家工商行政管理局1994年12月30日发布的《集体商标、证明商标注册和管理办法》同时废止。

国家工商行政管理总局商标局
关于提交商标异议申请有关事项的通知

（2018 年 12 月 1 日）

各商标异议申请人、商标代理机构：

为进一步提高商标注册工作效率，规范商标异议申请受理工作，根据《商标法》及《商标法实施条例》的有关规定，现将提交商标异议申请的有关注意事项通知如下：

一、根据《商标法》及《商标法实施条例》的有关规定，异议人提交异议申请时，应有明确的请求和事实依据的文字表述。如以被异议商标违反《商标法》第二十八条、二十九条（即被异议商标侵犯在先申请商标或在先注册商标）为由的，则应指出在先商标的申请号或注册号以及商标名称，并提供相应证据；如以违反《商标法》其它规定为由的，则应清楚表述其理由及事实依据，并提供相应证据。请求和事实依据的文字表述应便于对方当事人答辩。异议人提交异议申请时，如没有明确的请求和事实依据，我局依法不予受理。

二、依据《商标法》、《商标法实施条例》及《中华人民共和国邮政法》等法律法规之规定，当事人通过邮政部门（含邮政部门所属快递公司）向商标局提交异议申请的，异议申请日以寄出的邮戳日为准。当事人通过非邮政部门所属的其他快递公司向商标局提交异议申请的，异议申请日以商标局收到日为准。

通过邮政部门邮寄异议申请或其他相关材料的，一件申请最好使用一个信封，以便于异议申请日期的确定及有关文件的归档与查阅。

含“中国”及首字为“国”字商标的审查审理标准

（2010 年 7 月 28 日）

为进一步规范商标审查标准，做好商标审理工作，服务企业，促进加快经济发展方式转变，根据商标法及有关法规的规定，经研究，现对含有与我国国家名称相同或者近似文字的商标的审查标准明确如下：

第一部分 法律依据

对含有与我国国家名称相同或者近似文字的商标申请应当依照《商标法》相关规定进行审查，具体为：

一、《商标法》第十条 下列标志不得作为商标使用：

（一）同中华人民共和国的国家名称、国旗、国徽、军旗、勋章相同或者近似的，以及同中央国家机关所在地特定地点的名称或者标志性建筑物的名称、图形相同的；

（二）同外国的国家名称、国旗、国徽、军旗相同或者近似的，但该国政府同意的除外；

（三）同政府间国际组织的名称、旗帜、徽记相同或者近似的，但经该组织同意或者不易误导公众的除外；

（七）夸大宣传并带有欺骗性的；

（八）有害于社会主义道德风尚或者有其他不良影响的。

二、《商标法》第十一条下列标志不得作

为商标注册：

（一）仅有本商品的通用名称、图形、型号的；

（三）缺乏显著特征的。

第二部分 含“中国”字样商标的审查审理标准

对含有与我国国家名称相同或者近似文字的商标申请，申请人及申请商标同时具备以下四个条件的，可予以初步审定：

一、申请人主体资格应当是经国务院或其授权的机关批准设立的。申请人名称应经名称登记管理机关依法登记。

二、申请商标与申请人企业名称或者该名称简称一致，简称是经国务院或其授权的机关批准。

三、申请商标与申请人主体之间具有紧密对应关系。

四、申请商标指定使用的商品或服务范围应与核定的经营范围相一致。

第三部分 首字为“国”字商标的审查审理标准

首字为“国”字商标的，应当严格按照以下标准审查：

一、对“国＋商标指定商品名称”作为商标申请，或者商标中含有“国＋商标指定商品名称”的，以其“构成夸大宣传并带有欺骗性”、“缺乏显著特征”和“具有不良影响”为由，予以驳回。

二、对带“国”字头但不是“国＋商标指定商品名称”组合的申请商标，应当区别对待。对使用在指定商品上直接表示了商品质量特点或者具有欺骗性，甚至有损公平竞争的市场秩序，或者容易产生政治上不良影响的，应予驳回。

对于上述含“中国”及首字为“国”字商标的审查，应当从严审查，慎之又慎，通过相关审查处处务会、商标局审查业务工作会议、商标局局务会议或者商标评审委员会委务会议研究决定。

在商标注册申请程序过程中，商标申请人可以提交相关证明材料。

工商总局
关于印发《委托地方工商和市场监管部门受理商标注册申请暂行规定》的通知

2016年8月31日　　工商标字〔2016〕168号

各省、自治区、直辖市及计划单列市、副省级市工商行政管理局、市场监督管理部门，总局机关各司局、直属单位：

为方便申请人办理商标注册申请，推进商标注册便利化，加强对委托地方工商和市场监管部门受理商标注册申请工作的管理，工商总局制定了《委托地方工商和市场监管部门受理商标注册申请暂行规定》，现予印发，请遵照执行。

附：

委托地方工商和市场监管部门受理商标注册申请暂行规定

第一条 为方便申请人办理商标注册申请，推进商标注册便利化，加强对委托地方工商和市场监管部门（以下简称受托单位）受理商标注册申请工作的管理，特制定本规定。

第二条 县级以上（以省会城市、地级市为主）工商、市场监管部门受工商总局商标局（以下简称商标局）委托，在地方政务大厅或注册大厅设立商标注册申请受理窗口，代为办理商标注册申请受理等业务。

第三条 县级以上（以省会城市、地级市为主）工商、市场监管部门拟开展商标注册申请受理业务的，须填写《地方工商和市场监管部门开展商标注册申请受理业务审批表》（附表），由省（自治区、直辖市）工商、市场监管部门提出意见后报送商标局。按照便利化原则，兼顾区域分布、商标申请量等因素，经审核确有设立必要且具备运行条件的，经商标局批准并公告后开展受理业务。

第四条 商标局工作职责：

（一）确定受托单位受理业务范围和受理区域范围；

（二）制定工作规程、业务质量标准和业务质量管理办法；

（三）根据业务工作需要，对受托单位工作人员进行业务培训；

（四）对受托单位商标注册申请受理和规费收缴等工作进行指导和检查。

第五条 受托单位工作职责：

（一）负责商标受理业务机构设置、人员安排、网络联通建设、办公场所和相关设备配置；

（二）根据商标局有关规定，制定和落实业务质量管理办法；

（三）加强与商标局业务联系，定期向商标局汇报工作；

（四）办理商标局委托的其他工作。

第六条 受理窗口工作职责：

（一）在政务大厅或注册大厅设置“商标受理业务”的明显标识；

（二）负责指定区域内商标注册申请受理、规费收缴、代发商标注册证等工作。接收、审核商标注册申请文件，对符合受理条件的商标注册申请确定申请日；

（三）做好商标注册申请文件管理工作；

（四）开展商标注册申请相关业务的查询、咨询等服务性工作。

第七条 受托单位及其受理窗口工作人员应当依法行政，廉洁自律，忠于职守，文明服务。

（一）严格遵守有关法律、法规及商标局有关规定，结合自身实际情况，制定相关规章制度。建立优良工作秩序，提供优质高效服务；

（二）严格遵守财务管理制度。加强账务管理，不得超范围、超标准收取费用；收取规费应按期如数上缴，不得擅自挪用、滞留，保证国家规费的安全；

（三）依法行政，公正廉洁。不得泄漏或越权使用未公开的商标注册申请信息，牟取不当利益。

第八条 对违反本规定的受托单位，商标局将对其通报批评，情节严重者，将责令其停止工作进行整顿，直至取消委托业务。

对违反本规定，产生恶劣影响并造成损失的，视具体情况追究受托单位负责人和相关人员行政或法律责任。

第九条 本规定由商标局负责解释。

第十条 本规定自2016年9月1日起施行。

3. 商标许可使用与转让

商标使用许可合同备案办法

1997年8月1日　　　　商标〔1997〕39号

第一条　为了加强对商标使用许可合同的管理，规范商标使用许可行为，根据《中华人民共和国商标法》及《中华人民共和国商标法实施细则》的有关规定，制订本办法。

第二条　商标注册人许可他人使用其注册商标，必须签订商标使用许可合同。

第三条　订立商标使用许可合同，应当遵循自愿和诚实信用的原则。

任何单位和个人不得利用许可合同从事违法活动，损害社会公共利益和消费者权益。

第四条　商标使用许可合同自签订之日起三个月内，许可人应当将许可合同副本报送商标局备案。

第五条　向商标局办理商标使用许可合同备案事宜的，可以委托国家工商行政管理局认可的商标代理组织代理，也可以直接到商标局办理。

许可人是外国人或者外国企业的，应当委托国家工商行政管理局指定的商标代理组织代理。

第六条　商标使用许可合同至少应当包括下列内容：

（一）许可使用的商标及其注册证号；

（二）许可使用的商品范围；

（三）许可使用期限；

（四）许可使用商标的标识提供方式；

（五）许可人对被许可人使用其注册商标的商品质量进行监督的条款；

（六）在使用许可人注册商标的商品上标明被许可人的名称和商品产地的条款。

第七条　申请商标使用许可合同备案，应当提交下列书件：

（一）商标使用许可合同备案表；

（二）商标使用许可合同副本；

（三）许可使用商标的注册证复印件。

人用药品商标使用许可合同备案，应当同时附送被许可人取得的卫生行政管理部门的有效证明文件。

卷烟、雪茄烟和有包装烟丝的商标使用许可合同备案，应当同时附送被许可人取得的国家烟草主管部门批准生产的有效证明文件。

外文书件应当同时附送中文译本。

第八条　商标注册人通过被许可人许可第三方使用其注册商标的，其商标使用许可合同中应当含有允许被许可人许可第三方使用的内容或者出具相应的授权书。

第九条　申请商标使用许可合同备案，应当按照许可使用的商标数量填报商标使用许可合同备案表，并附送相应的使用许可合同副本及《商标注册证》复印件。

通过一份合同许可一个被许可人使用多个商标的，许可人应当按照商标数量报送商标使用许可合同备案表及《商标注册证》复印件，但可以只报送一份使用许可合同副本。

第十条　申请商标使用许可合同备案，许可人应当按照许可使用的商标数量缴纳备案费。

缴纳备案费可以采取直接向商标局缴纳的方式，也可以采取委托商标代理组织缴纳的方式。具体收费标准依照有关商标业务收费的规定执行。

第十一条　有下列情形之一的，商标局不予备案：

（一）许可人不是被许可商标的注册人的；

（二）许可使用的商标与注册商标不一致的；

（三）许可使用商标的注册证号与所提供

商标注册证号不符的；

（四）许可使用的期限超过该注册商标的有效期限的；

（五）许可使用的商品超出了该注册商标核定使用的商品范围的；

（六）商标使用许可合同缺少本办法第六条所列内容的；

（七）备案申请缺少本办法第七条所列书件的；

（八）未缴纳商标使用许可合同备案费的；

（九）备案申请中的外文书件未附中文译本的；

（十）其他不予备案的情形。

第十二条 商标使用许可合同备案书件齐备，符合《商标法》及《商标法实施细则》有关规定的，商标局予以备案。

已备案的商标使用许可合同，由商标局向备案申请人发出备案通知书，并集中刊登在每月第2期《商标公告》上。

第十三条 不符合备案要求的，商标局予以退回并说明理由。

许可人应当自收到退回备案材料之日起一个月内，按照商标局指定的内容补正再报送备案。

第十四条 有下列情形之一的，应当重新申请商标使用许可合同备案：

（一）许可使用的商品范围变更的；

（二）许可使用的期限变更的；

（三）许可使用的商标所有权发生转移的；

（四）其他应当重新申请备案的情形。

第十五条 有下列情形之一的，许可人和被许可人应当书面通知商标局及其各自所在地县级工商行政管理机关：

（一）许可人名义变更的；

（二）被许可人名义变更的；

（三）商标使用许可合同提前终止的；

（四）其他需要通知的情形。

第十六条 对以欺骗手段或者其他不正当手段取得备案的，由商标局注销其商标使用许可合同备案并予以公告。

第十七条 对已备案的商标使用许可合同，任何单位和个人均可以提出书面查询申请，并按照有关规定交纳查询费。

第十八条 按照《商标法实施细则》第三十五条的规定，许可人和被许可人应当在许可合同签订之日起三个月内，将许可合同副本交送其所在地工商行政管理机关存查，具体存查办法可以参照本办法执行。

第十九条 县级以上工商行政管理机关依据《商标法》及其他法律、法规和规章的规定，负责对商标使用许可行为的指导、监督和管理。

第二十条 利用商标使用许可合同从事违法活动的，由县级以上工商行政管理机关依据《商标法》及其他法律、法规和规章的规定处理；构成犯罪的，依法追究刑事责任。

第二十一条 本办法所称商标许可人是指商标使用许可合同中许可他人使用其注册商标的人，商标被许可人是指符合《商标法》及《商标法实施细则》有关规定并经商标注册人授权使用其商标的人。

本办法有关商品商标的规定，适用于服务商标。

第二十二条 商标使用许可合同示范文本由商标局制定并公布。

第二十三条 本办法自发布之日起施行。商标局一九八五年二月二十五日颁发的《商标使用许可合同备案注意事项》同时废止。

最高人民法院
关于商标侵权纠纷中注册商标排他使用许可合同的被许可人是否有权单独提起诉讼问题的函

2002年9月10日　　〔2002〕民三他字第3号

上海市高级人民法院：

你院《关于商标侵权纠纷中注册商标排他使用人应如何依法行使诉权的请示》收悉。经研究，答复如下：

注册商标排他使用许可合同的被许可人与商标注册人可以提起共同诉讼，在商标注册人不起诉的情况下，可以自行向人民法院提起诉讼。商标注册人不起诉包括商标注册人明示放弃起诉的情形，也包括注册商标排他使用许可合同的被许可人有证据证明其已告知商标注册人或者商标注册人已知道有侵犯商标专用权行为发生而仍不起诉的情形。

此复。

4. 驰名商标认定和保护

驰名商标认定和保护规定

（2003年4月17日国家工商行政管理总局令第5号发布
根据2014年7月3日国家工商行政管理总局令第66号修订）

第一条 为规范驰名商标认定工作，保护驰名商标持有人的合法权益，根据《中华人民共和国商标法》（以下简称商标法）、《中华人民共和国商标法实施条例》（以下简称实施条例），制定本规定。

第二条 驰名商标是在中国为相关公众所熟知的商标。

相关公众包括与使用商标所标示的某类商品或者服务有关的消费者，生产前述商品或者提供服务的其他经营者以及经销渠道中所涉及的销售者和相关人员等。

第三条 商标局、商标评审委员会根据当事人请求和审查、处理案件的需要，负责在商标注册审查、商标争议处理和工商行政管理部门查处商标违法案件过程中认定和保护驰名商标。

第四条 驰名商标认定遵循个案认定、被动保护的原则。

第五条 当事人依照商标法第三十三条规定向商标局提出异议，并依照商标法第十三条规定请求驰名商标保护的，可以向商标局提出驰名商标保护的书面请求并提交其商标构成驰名商标的证据材料。

第六条 当事人在商标不予注册复审案件和请求无效宣告案件中，依照商标法第十三条规定请求驰名商标保护的，可以向商标评审委员会提出驰名商标保护的书面请求并提交其商标构成驰名商标的证据材料。

第七条 涉及驰名商标保护的商标违法案件由市（地、州）级以上工商行政管理部门管辖。当事人请求工商行政管理部门查处商标违法行为，并依照商标法第十三条规定请求驰名商标保护的，可以向违法行为发生地的市（地、州）级以上工商行政管理部门进行投诉，并提出驰名商标保护的书面请求，提交证明其商标构成驰名商标的证据材料。

第八条 当事人请求驰名商标保护应当遵循诚实信用原则，并对事实及所提交的证据材料的真实性负责。

第九条 以下材料可以作为证明符合商标法第十四条第一款规定的证据材料：

（一）证明相关公众对该商标知晓程度的材料。

（二）证明该商标使用持续时间的材料，如该商标使用、注册的历史和范围的材料。该商标为未注册商标的，应当提供证明其使用持续时间不少于五年的材料。该商标为注册商标的，应当提供证明其注册时间不少于三年或者持续使用时间不少于五年的材料。

（三）证明该商标的任何宣传工作的持续时间、程度和地理范围的材料，如近三年广告宣传和促销活动的方式、地域范围、宣传媒体的种类以及广告投放量等材料。

（四）证明该商标曾在中国或者其他国家和地区作为驰名商标受保护的材料。

（五）证明该商标驰名的其他证据材料，如使用该商标的主要商品在近三年的销售收入、市场占有率、净利润、纳税额、销售区域等材料。

前款所称“三年”、“五年”，是指被提出异议的商标注册申请日期、被提出无效宣告请求的商标注册申请日期之前的三年、五年，以及在查处商标违法案件中提出驰名商标保护请求日期之前的三年、五年。

第十条 当事人依照本规定第五条、第六条规定提出驰名商标保护请求的，商标局、商标评审委员会应当在商标法第三十五条、第三十七条、第四十五条规定的期限内及时作出处理。

第十一条 当事人依照本规定第七条规定请求工商行政管理部门查处商标违法行为的，工商行政管理部门应当对投诉材料予以核查，依照《工商行政管理机关行政处罚程序规定》的有关规定决定是否立案。决定立案的，工商行政管理部门应当对当事人提交的驰名商标保护请求及相关证据材料是否符合商标法第十三条、第十四条、实施条例第三条和本规定第九条规定进行初步核实和审查。经初步核查符合规定的，应当自立案之日起三十日内将驰名商标认定请示、案件材料副本一并报送上级工商行政管理部门。经审查不符合规定的，应当依照《工商行政管理机关行政处罚程序规定》的规定及时作出处理。

第十二条 省（自治区、直辖市）工商行政管理部门应当对本辖区内市（地、州）级工商行政管理部门报送的驰名商标认定相关材料是否符合商标法第十三条、第十四条、实施条例第三条和本规定第九条规定进行核实和审查。经核查符合规定的，应当自收到驰名商标认定相关材料之日起三十日内，将驰名商标认定请示、案件材料副本一并报送商标局。经审查不符合规定的，应当将有关材料退回原立案机关，由其依照《工商行政管理机关行政处罚程序规定》的规定及时作出处理。

第十三条 商标局、商标评审委员会在认定驰名商标时，应当综合考虑商标法第十四条第一款和本规定第九条所列各项因素，但不以满足全部因素为前提。

商标局、商标评审委员会在认定驰名商标时，需要地方工商行政管理部门核实有关情况的，相关地方工商行政管理部门应当予以协助。

第十四条 商标局经对省（自治区、直辖市）工商行政管理部门报送的驰名商标认定相关材料进行审查，认定构成驰名商标的，应当向报送请示的省（自治区、直辖市）工商行政管理部门作出批复。

立案的工商行政管理部门应当自商标局作出认定批复后六十日内依法予以处理，并将行政处罚决定书抄报所在省（自治区、直辖市）工商行政管理部门。省（自治区、直辖市）工商行政管理部门应当自收到抄报的行政处罚决定书之日起三十日内将案件处理情况及行政处罚决定书副本报送商标局。

第十五条 各级工商行政管理部门在商标注册和管理工作中应当加强对驰名商标的保

护，维护权利人和消费者合法权益。商标违法行为涉嫌犯罪的，应当将案件及时移送司法机关。

第十六条 商标注册审查、商标争议处理和工商行政管理部门查处商标违法案件过程中，当事人依照商标法第十三条规定请求驰名商标保护时，可以提供该商标曾在我国作为驰名商标受保护的记录。

当事人请求驰名商标保护的范围与已被作为驰名商标予以保护的范围基本相同，且对方当事人对该商标驰名无异议，或者虽有异议，但异议理由和提供的证据明显不足以支持该异议的，商标局、商标评审委员会、商标违法案件立案部门可以根据该保护记录，结合相关证据，给予该商标驰名商标保护。

第十七条 在商标违法案件中，当事人通过弄虚作假或者提供虚假证据材料等不正当手段骗取驰名商标保护的，由商标局撤销对涉案商标已作出的认定，并通知报送驰名商标认定请示的省（自治区、直辖市）工商行政管理部门。

第十八条 地方工商行政管理部门违反本规定第十一条、第十二条规定未履行对驰名商标认定相关材料进行核实和审查职责，或者违反本规定第十三条第二款规定未予以协助或者未履行核实职责，或者违反本规定第十四条第二款规定逾期未对商标违法案件作出处理或者逾期未报送处理情况的，由上一级工商行政管理部门予以通报，并责令其整改。

第十九条 各级工商行政管理部门应当建立健全驰名商标认定工作监督检查制度。

第二十条 参与驰名商标认定与保护相关工作的人员，玩忽职守、滥用职权、徇私舞弊，违法办理驰名商标认定有关事项，收受当事人财物，牟取不正当利益的，依照有关规定予以处理。

第二十一条 本规定自公布之日起30日后施行。2003年4月17日国家工商行政管理总局公布的《驰名商标认定和保护规定》同时废止。

最高人民法院
关于审理涉及驰名商标保护的民事纠纷案件应用法律若干问题的解释

［2009年4月22日最高人民法院审判委员会第1467次会议通过
根据2020年12月23日最高人民法院审判委员会第1823次会议通过的《最高人民法院关于修改〈最高人民法院关于审理侵犯专利权纠纷案件应用法律若干问题的解释（二）〉等十八件知识产权类司法解释的决定》修正］

为在审理侵犯商标权等民事纠纷案件中依法保护驰名商标，根据《中华人民共和国商标法》《中华人民共和国反不正当竞争法》《中华人民共和国民事诉讼法》等有关法律规定，结合审判实际，制定本解释。

第一条 本解释所称驰名商标，是指在中国境内为相关公众所熟知的商标。

第二条 在下列民事纠纷案件中，当事人以商标驰名作为事实根据，人民法院根据案件具体情况，认为确有必要的，对所涉商标是否驰名作出认定：

（一）以违反商标法第十三条的规定为由，提起的侵犯商标权诉讼；

（二）以企业名称与其驰名商标相同或者近似为由，提起的侵犯商标权或者不正当竞争诉讼；

（三）符合本解释第六条规定的抗辩或者反诉的诉讼。

第三条 在下列民事纠纷案件中，人民法院对于所涉商标是否驰名不予审查：

（一）被诉侵犯商标权或者不正当竞争行为的成立不以商标驰名为事实根据的；

（二）被诉侵犯商标权或者不正当竞争行为因不具备法律规定的其他要件而不成立的。

原告以被告注册、使用的域名与其注册商标相同或者近似，并通过该域名进行相关商品交易的电子商务，足以造成相关公众误认为由，提起的侵权诉讼，按照前款第（一）项的规定处理。

第四条 人民法院认定商标是否驰名，应当以证明其驰名的事实为依据，综合考虑商标法第十四条第一款规定的各项因素，但是根据案件具体情况无需考虑该条规定的全部因素即足以认定商标驰名的情形除外。

第五条 当事人主张商标驰名的，应当根据案件具体情况，提供下列证据，证明被诉侵犯商标权或者不正当竞争行为发生时，其商标已属驰名：

（一）使用该商标的商品的市场份额、销售区域、利税等；

（二）该商标的持续使用时间；

（三）该商标的宣传或者促销活动的方式、持续时间、程度、资金投入和地域范围；

（四）该商标曾被作为驰名商标受保护的记录；

（五）该商标享有的市场声誉；

（六）证明该商标已属驰名的其他事实。

前款所涉及的商标使用的时间、范围、方式等，包括其核准注册前持续使用的情形。

对于商标使用时间长短、行业排名、市场调查报告、市场价值评估报告、是否曾被认定为著名商标等证据，人民法院应当结合认定商标驰名的其他证据，客观、全面地进行审查。

第六条 原告以被诉商标的使用侵犯其注册商标专用权为由提起民事诉讼，被告以原告的注册商标复制、摹仿或者翻译其在先未注册驰名商标为由提出抗辩或者提起反诉的，应当对其在先未注册商标驰名的事实负举证责任。

第七条 被诉侵犯商标权或者不正当竞争行为发生前，曾被人民法院或者行政管理部门认定驰名的商标，被告对该商标驰名的事实不持异议的，人民法院应当予以认定。被告提出异议的，原告仍应当对该商标驰名的事实负举证责任。

除本解释另有规定外，人民法院对于商标驰名的事实，不适用民事诉讼证据的自认规则。

第八条 对于在中国境内为社会公众所熟知的商标，原告已提供其商标驰名的基本证据，或者被告不持异议的，人民法院对该商标驰名的事实予以认定。

第九条 足以使相关公众对使用驰名商标和被诉商标的商品来源产生误认，或者足以使相关公众认为使用驰名商标和被诉商标的经营者之间具有许可使用、关联企业关系等特定联系的，属于商标法第十三条第二款规定的“容易导致混淆”。

足以使相关公众认为被诉商标与驰名商标具有相当程度的联系，而减弱驰名商标的显著性、贬损驰名商标的市场声誉，或者不正当利用驰名商标的市场声誉的，属于商标法第十三条第三款规定的“误导公众，致使该驰名商标注册人的利益可能受到损害”。

第十条 原告请求禁止被告在不相类似商品上使用与原告驰名的注册商标相同或者近似的商标或者企业名称的，人民法院应当根据案件具体情况，综合考虑以下因素后作出裁判：

（一）该驰名商标的显著程度；

（二）该驰名商标在使用被诉商标或者企业名称的商品的相关公众中的知晓程度；

（三）使用驰名商标的商品与使用被诉商标或者企业名称的商品之间的关联程度；

（四）其他相关因素。

第十一条 被告使用的注册商标违反商标法第十三条的规定，复制、摹仿或者翻译原告驰名商标，构成侵犯商标权的，人民法院应当根据原告的请求，依法判决禁止被告使用该商标，但被告的注册商标有下列情形之一的，人民法院对原告的请求不予支持：

（一）已经超过商标法第四十五条第一款规定的请求宣告无效期限的；

（二）被告提出注册申请时，原告的商标并不驰名的。

第十二条 当事人请求保护的未注册驰名商标，属于商标法第十条、第十一条、第十二条规定不得作为商标使用或者注册情形的，人民法院不予支持。

第十三条 在涉及驰名商标保护的民事纠纷案件中，人民法院对于商标驰名的认定，仅作为案件事实和判决理由，不写入判决主文；以调解方式审结的，在调解书中对商标驰名的事实不予认定。

第十四条 本院以前有关司法解释与本解释不一致的，以本解释为准。

最高人民法院
关于建立驰名商标司法认定备案制度的通知

2006年11月12日　　法（民三）明传〔2006〕8号

近年来，各地人民法院在审理商标侵权等民事纠纷案件中，根据《中华人民共和国商标法》和相关司法解释的有关规定，认定了一定数量的驰名商标。根据审判工作需要，及时掌握和研究驰名商标司法认定的情况和问题，最高人民法院决定对驰名商标的司法认定设立备案制度。现就有关问题通知如下：

一、本通知下发前，已经生效的涉及驰名商标认定的案件，在本通知下发之日起两个月内，由各高级人民法院将一、二审法律文书连同认定驰名商标案件的统计表报送最高人民法院民三庭备案

；

二、自本通知下发之日，各高级人民法院对于辖区内法律文书已生效的涉及认定驰名商标的案件，在文书生效之日起二十日内将一、二审法律文书及统计表报最高人民法院民三庭备案。

最高人民法院
关于涉及驰名商标认定的民事纠纷案件管辖问题的通知

2009年1月5日　　法〔2009〕1号

各省、自治区、直辖市高级人民法院，解放军军事法院，新疆维吾尔自治区高级人民法院生产建设兵团分院：

为进一步加强人民法院对驰名商标的司法保护，完善司法保护制度，规范司法保护行为，增强司法保护的权威性和公信力，维护公平竞争的市场经济秩序，为国家经济发展大局服务，从本通知下发之日起，涉及驰名商标认定的民事纠纷案件，由省、自治区人民政府所在地的市、计划单列市中级人民法院，以及直辖市辖区内的中级人民法院管辖。其他中级人民法院管辖此类民事纠纷案件，需报经最高人民法院批准；未经批准的中级人民法院不再受理此类案件。

以上通知，请遵照执行。

5. 商标纠纷审判

最高人民法院
关于人民法院对注册商标权进行财产保全的解释

[2000年11月22日最高人民法院审判委员会第1144次会议通过
根据2020年12月23日最高人民法院审判委员会第1823次会议通过的
《最高人民法院关于修改〈最高人民法院关于审理侵犯专利权纠纷案件应用
法律若干问题的解释（二）〉等十八件知识产权类司法解释的决定》修正]

为了正确实施对注册商标权的财产保全措施，避免重复保全，现就人民法院对注册商标权进行财产保全有关问题解释如下：

第一条 人民法院根据民事诉讼法有关规定采取财产保全措施时，需要对注册商标权进行保全的，应当向国家知识产权局商标局（以下简称商标局）发出协助执行通知书，载明要求商标局协助保全的注册商标的名称、注册人、注册证号码、保全期限以及协助执行保全的内容，包括禁止转让、注销注册商标、变更注册事项和办理商标权质押登记等事项。

第二条 对注册商标权保全的期限一次不得超过一年，自商标局收到协助执行通知书之日起计算。如果仍然需要对该注册商标权继续采取保全措施的，人民法院应当在保全期限届满前向商标局重新发出协助执行通知书，要求继续保全。否则，视为自动解除对该注册商标权的财产保全。

第三条 人民法院对已经进行保全的注册商标权，不得重复进行保全。

最高人民法院
关于审理商标案件有关管辖和法律适用范围问题的解释

[2001年12月25日最高人民法院审判委员会第1203次会议通过
根据2020年12月23日最高人民法院审判委员会第1823次会议通过的
《最高人民法院关于修改〈最高人民法院关于审理侵犯专利权纠纷案件应用
法律若干问题的解释（二）〉等十八件知识产权类司法解释的决定》修正]

《全国人民代表大会常务委员会关于修改〈中华人民共和国商标法〉的决定》（以下简称商标法修改决定）已由第九届全国人民代表大会常务委员会第二十四次会议通过，自2001年12月1日起施行。为了正确审理商标案件，根据《中华人民共和国商标法》（以下简称商标法）、《中华人民共和国民事诉讼法》和《中华人民共和国行政诉讼法》（以下简称行政诉讼法）的规定，现就人民法院审理商标案件有关管辖和法律适用范围等问题，作如下解释：

第一条 人民法院受理以下商标案件：

1. 不服国家知识产权局作出的复审决定或者裁定的行政案件；

2. 不服国家知识产权局作出的有关商标的其他行政行为的案件；

3. 商标权权属纠纷案件；

4. 侵害商标权纠纷案件；

5. 确认不侵害商标权纠纷案件；

6. 商标权转让合同纠纷案件；

7. 商标使用许可合同纠纷案件；

8. 商标代理合同纠纷案件；

9. 申请诉前停止侵害注册商标专用权案件；

10. 申请停止侵害注册商标专用权损害责任案件；

11. 申请诉前财产保全案件；

12. 申请诉前证据保全案件；

13. 其他商标案件。

第二条 本解释第一条所列第 1 项第一审案件，由北京市高级人民法院根据最高人民法院的授权确定其辖区内有关中级人民法院管辖。

本解释第一条所列第 2 项第一审案件，根据行政诉讼法的有关规定确定管辖。

商标民事纠纷第一审案件，由中级以上人民法院管辖。

各高级人民法院根据本辖区的实际情况，经最高人民法院批准，可以在较大城市确定 1—2 个基层人民法院受理第一审商标民事纠纷案件。

第三条 商标注册人或者利害关系人向国家知识产权局就侵犯商标权行为请求处理，又向人民法院提起侵害商标权诉讼请求损害赔偿的，人民法院应当受理。

第四条 国家知识产权局在商标法修改决定施行前受理的案件，于该决定施行后作出复审决定或裁定，当事人对复审决定或裁定不服向人民法院起诉的，人民法院应当受理。

第五条 除本解释另行规定外，对商标法修改决定施行前发生，属于修改后商标法第四条、第五条、第八条、第九条第一款、第十条第一款第（二）、（三）、（四）项、第十条第二款、第十一条、第十二条、第十三条、第十五条、第十六条、第二十四条、第二十五条、第三十一条所列举的情形，国家知识产权局于商标法修改决定施行后作出复审决定或者裁定，当事人不服向人民法院起诉的行政案件，适用修改后商标法的相应规定进行审查；属于其他情形的，适用修改前商标法的相应规定进行审查。

第六条 当事人就商标法修改决定施行时已满一年的注册商标发生争议，不服国家知识产权局作出的裁定向人民法院起诉的，适用修改前商标法第二十七条第二款规定的提出申请的期限处理；商标法修改决定施行时商标注册不满一年的，适用修改后商标法第四十一条第二款、第三款规定的提出申请的期限处理。

第七条 对商标法修改决定施行前发生的侵犯商标专用权行为，商标注册人或者利害关系人于该决定施行后在起诉前向人民法院提出申请采取责令停止侵权行为或者保全证据措施的，适用修改后商标法第五十七条、第五十八条的规定。

第八条 对商标法修改决定施行前发生的侵犯商标专用权行为起诉的案件，人民法院于该决定施行时尚未作出生效判决的，参照修改后商标法第五十六条的规定处理。

第九条 除本解释另行规定外，商标法修改决定施行后人民法院受理的商标民事纠纷案件，涉及该决定施行前发生的民事行为的，适用修改前商标法的规定；涉及该决定施行后发生的民事行为的，适用修改后商标法的规定；涉及该决定施行前发生，持续到该决定施行后的民事行为的，分别适用修改前、后商标法的规定。

第十条 人民法院受理的侵犯商标权纠纷案件，已经过行政管理部门处理的，人民法院仍应当就当事人民事争议的事实进行审查。

最高人民法院
关于商标法修改决定施行后商标案件管辖和法律适用问题的解释

［2014年2月10日最高人民法院审判委员会第1606次会议通过
根据2020年12月23日最高人民法院审判委员会第1823次会议通过的
《最高人民法院关于修改〈最高人民法院关于审理侵犯专利权纠纷案件应用法律若干问题的解释（二）〉等十八件知识产权类司法解释的决定》修正］

为正确审理商标案件，根据2013年8月30日第十二届全国人民代表大会常务委员会第四次会议《关于修改〈中华人民共和国商标法〉的决定》和重新公布的《中华人民共和国商标法》《中华人民共和国民事诉讼法》和《中华人民共和国行政诉讼法》等法律的规定，就人民法院审理商标案件有关管辖和法律适用等问题，制定本解释。

第一条 人民法院受理以下商标案件：

1. 不服国家知识产权局作出的复审决定或者裁定的行政案件；

2. 不服国家知识产权局作出的有关商标的其他行政行为的案件；

3. 商标权权属纠纷案件；

4. 侵害商标权纠纷案件；

5. 确认不侵害商标权纠纷案件；

6. 商标权转让合同纠纷案件；

7. 商标使用许可合同纠纷案件；

8. 商标代理合同纠纷案件；

9. 申请诉前停止侵害注册商标专用权案件；

10. 申请停止侵害注册商标专用权损害责任案件；

11. 申请诉前财产保全案件；

12. 申请诉前证据保全案件；

13. 其他商标案件。

第二条 不服国家知识产权局作出的复审决定或者裁定的行政案件及国家知识产权局作出的有关商标的行政行为案件，由北京市有关中级人民法院管辖。

第三条 第一审商标民事案件，由中级以上人民法院及最高人民法院指定的基层人民法院管辖。

涉及对驰名商标保护的民事、行政案件，由省、自治区人民政府所在地市、计划单列市、直辖市辖区中级人民法院及最高人民法院指定的其他中级人民法院管辖。

第四条 在行政管理部门查处侵害商标权行为过程中，当事人就相关商标提起商标权权属或者侵害商标权民事诉讼的，人民法院应当受理。

第五条 对于在商标法修改决定施行前提出的商标注册及续展申请，国家知识产权局于决定施行后作出对该商标申请不予受理或者不予续展的决定，当事人提起行政诉讼的，人民法院审查时适用修改后的商标法。

对于在商标法修改决定施行前提出的商标异议申请，国家知识产权局于决定施行后作出对该异议不予受理的决定，当事人提起行政诉讼的，人民法院审查时适用修改前的商标法。

第六条 对于在商标法修改决定施行前当事人就尚未核准注册的商标申请复审，国家知识产权局于决定施行后作出复审决定或者裁定，当事人提起行政诉讼的，人民法院审查时适用修改后的商标法。

对于在商标法修改决定施行前受理的商标复审申请，国家知识产权局于决定施行后作出核准注册决定，当事人提起行政诉讼的，人民法院不予受理；国家知识产权局于决定施行后作出不予核准注册决定，当事人提起行政诉讼的，人民法院审查相关诉权和主体资格问题时，适用修改前的商标法。

第七条 对于在商标法修改决定施行前已经核准注册的商标，国家知识产权局于决定施行前受理、在决定施行后作出复审决定或者裁定，当事人提起行政诉讼的，人民法院审查相关程序问题适用修改后的商标法，审查实体问题适用修改前的商标法。

第八条 对于在商标法修改决定施行前受理的相关商标案件，国家知识产权局于决定施行后作出决定或者裁定，当事人提起行政诉讼的，人民法院认定该决定或者裁定是否符合商标法有关审查时限规定时，应当从修改决定施行之日起计算该审查时限。

第九条 除本解释另行规定外，商标法修改决定施行后人民法院受理的商标民事案件，涉及该决定施行前发生的行为的，适用修改前商标法的规定；涉及该决定施行前发生，持续到该决定施行后的行为的，适用修改后商标法的规定。

最高人民法院
关于审理商标民事纠纷案件适用法律若干问题的解释

［2002年10月12日最高人民法院审判委员会第1246次会议通过
根据2020年12月23日最高人民法院审判委员会第1823次会议通过的《最高人民法院关于修改〈最高人民法院关于审理侵犯专利权纠纷案件应用法律若干问题的解释（二）〉等十八件知识产权类司法解释的决定》修正］

为了正确审理商标纠纷案件，根据《中华人民共和国民法典》《中华人民共和国商标法》《中华人民共和国民事诉讼法》等法律的规定，就适用法律若干问题解释如下：

第一条 下列行为属于商标法第五十七条第（七）项规定的给他人注册商标专用权造成其他损害的行为：

（一）将与他人注册商标相同或者相近似的文字作为企业的字号在相同或者类似商品上突出使用，容易使相关公众产生误认的；

（二）复制、摹仿、翻译他人注册的驰名商标或其主要部分在不相同或者不相类似商品上作为商标使用，误导公众，致使该驰名商标注册人的利益可能受到损害的；

（三）将与他人注册商标相同或者相近似的文字注册为域名，并且通过该域名进行相关商品交易的电子商务，容易使相关公众产生误认的。

第二条 依据商标法第十三条第二款的规定，复制、摹仿、翻译他人未在中国注册的驰名商标或其主要部分，在相同或者类似商品上作为商标使用，容易导致混淆的，应当承担停止侵害的民事法律责任。

第三条 商标法第四十三条规定的商标使用许可包括以下三类：

（一）独占使用许可，是指商标注册人在约定的期间、地域和以约定的方式，将该注册商标仅许可一个被许可人使用，商标注册人依约定不得使用该注册商标；

（二）排他使用许可，是指商标注册人在约定的期间、地域和以约定的方式，将该注册商标仅许可一个被许可人使用，商标注册人依约定可以使用该注册商标但不得另行许可他人使用该注册商标；

（三）普通使用许可，是指商标注册人在约定的期间、地域和以约定的方式，许可他人使用其注册商标，并可自行使用该注册商标和许可他人使用其注册商标。

第四条 商标法第六十条第一款规定的利害关系人，包括注册商标使用许可合同的被许可人、注册商标财产权利的合法继承人等。

在发生注册商标专用权被侵害时，独占使用许可合同的被许可人可以向人民法院提起诉讼；排他使用许可合同的被许可人可以和商标注册人共同起诉，也可以在商标注册人不起诉的情况下，自行提起诉讼；普通使用许可合同的被许可人经商标注册人明确授权，可以提起诉讼。

第五条 商标注册人或者利害关系人在注册商标续展宽展期内提出续展申请，未获核准前，以他人侵犯其注册商标专用权提起诉讼的，人民法院应当受理。

第六条 因侵犯注册商标专用权行为提起的民事诉讼，由商标法第十三条、第五十七条所规定侵权行为的实施地、侵权商品的储藏地或者查封扣押地、被告住所地人民法院管辖。

前款规定的侵权商品的储藏地，是指大量或者经常性储存、隐匿侵权商品所在地；查封扣押地，是指海关等行政机关依法查封、扣押侵权商品所在地。

第七条 对涉及不同侵权行为实施地的多个被告提起的共同诉讼，原告可以选择其中一个被告的侵权行为实施地人民法院管辖；仅对其中某一被告提起的诉讼，该被告侵权行为实施地的人民法院有管辖权。

第八条 商标法所称相关公众，是指与商标所标识的某类商品或者服务有关的消费者和与前述商品或者服务的营销有密切关系的其他经营者。

第九条 商标法第五十七条第（一）（二）项规定的商标相同，是指被控侵权的商标与原告的注册商标相比较，二者在视觉上基本无差别。

商标法第五十七条第（二）项规定的商标近似，是指被控侵权的商标与原告的注册商标相比较，其文字的字形、读音、含义或者图形的构图及颜色，或者其各要素组合后的整体结构相似，或者其立体形状、颜色组合近似，易使相关公众对商品的来源产生误认或者认为其来源与原告注册商标的商品有特定的联系。

第十条 人民法院依据商标法第五十七条第（一）（二）项的规定，认定商标相同或者近似按照以下原则进行：

（一）以相关公众的一般注意力为标准；

（二）既要进行对商标的整体比对，又要进行对商标主要部分的比对，比对应当在比对对象隔离的状态下分别进行；

（三）判断商标是否近似，应当考虑请求保护注册商标的显著性和知名度。

第十一条 商标法第五十七条第（二）项规定的类似商品，是指在功能、用途、生产部门、销售渠道、消费对象等方面相同，或者相关公众一般认为其存在特定联系、容易造成混淆的商品。

类似服务，是指在服务的目的、内容、方式、对象等方面相同，或者相关公众一般认为存在特定联系、容易造成混淆的服务。

商品与服务类似，是指商品和服务之间存在特定联系，容易使相关公众混淆。

第十二条 人民法院依据商标法第五十七条第（二）项的规定，认定商品或者服务是否类似，应当以相关公众对商品或者服务的一般认识综合判断；《商标注册用商品和服务国际分类表》《类似商品和服务区分表》可以作为判断类似商品或者服务的参考。

第十三条 人民法院依据商标法第六十三条第一款的规定确定侵权人的赔偿责任时，可以根据权利人选择的计算方法计算赔偿数额。

第十四条 商标法第六十三条第一款规定的侵权所获得的利益，可以根据侵权商品销售量与该商品单位利润乘积计算；该商品单位利润无法查明的，按照注册商标商品的单位利润计算。

第十五条 商标法第六十三条第一款规定的因被侵权所受到的损失，可以根据权利人因侵权所造成商品销售减少量或者侵权商品销售量与该注册商标商品的单位利润乘积计算。

第十六条 权利人因被侵权所受到的实际损失、侵权人因侵权所获得的利益、注册商标使用许可费均难以确定的，人民法院可以根据当事人的请求或者依职权适用商标法第六十三条第三款的规定确定赔偿数额。

人民法院在适用商标法第六十三条第三款规定确定赔偿数额时，应当考虑侵权行为的性质、期间、后果，侵权人的主观过错程度，商标的声誉及制止侵权行为的合理开支等因素综合确定。

当事人按照本条第一款的规定就赔偿数额达成协议的，应当准许。

第十七条 商标法第六十三条第一款规定的制止侵权行为所支付的合理开支，包括权利人或者委托代理人对侵权行为进行调查、取证的合理费用。

人民法院根据当事人的诉讼请求和案件具体情况，可以将符合国家有关部门规定的律师费用计算在赔偿范围内。

第十八条 侵犯注册商标专用权的诉讼时效为三年，自商标注册人或者利害权利人知道或者应当知道权利受到损害以及义务人之日起计算。商标注册人或者利害关系人超过三年起诉的，如果侵权行为在起诉时仍在持续，在该注册商标专用权有效期限内，人民法院应当判决被告停止侵权行为，侵权损害赔偿数额应当自权利人向人民法院起诉之日起向前推算三年计算。

第十九条 商标使用许可合同未经备案的，不影响该许可合同的效力，但当事人另有约定的除外。

第二十条 注册商标的转让不影响转让前已经生效的商标使用许可合同的效力，但商标使用许可合同另有约定的除外。

第二十一条 人民法院在审理侵犯注册商标专用权纠纷案件中，依据民法典第一百七十九条、商标法第六十条的规定和案件具体情况，可以判决侵权人承担停止侵害、排除妨碍、消除危险、赔偿损失、消除影响等民事责任，还可以作出罚款，收缴侵权商品、伪造的商标标识和主要用于生产侵权商品的材料、工具、设备等财物的民事制裁决定。罚款数额可以参照商标法第六十条第二款的有关规定确定。

行政管理部门对同一侵犯注册商标专用权行为已经给予行政处罚的，人民法院不再予以民事制裁。

第二十二条 人民法院在审理商标纠纷案件中，根据当事人的请求和案件的具体情况，可以对涉及的注册商标是否驰名依法作出认定。

认定驰名商标，应当依照商标法第十四条的规定进行。

当事人对曾经被行政主管机关或者人民法院认定的驰名商标请求保护的，对方当事人对涉及的商标驰名不持异议，人民法院不再审查。提出异议的，人民法院依照商标法第十四条的规定审查。

第二十三条 本解释有关商品商标的规定，适用于服务商标。

第二十四条 以前的有关规定与本解释不一致的，以本解释为准。

最高人民法院
关于审理商标授权确权行政案件若干问题的规定

［2016 年 12 月 12 日最高人民法院审判委员会第 1703 次会议通过
根据 2020 年 12 月 23 日最高人民法院审判委员会第 1823 次会议通过的
《最高人民法院关于修改〈最高人民法院关于审理侵犯专利权纠纷案件应用
法律若干问题的解释（二）〉等十八件知识产权类司法解释的决定》修正］

为正确审理商标授权确权行政案件，根据《中华人民共和国商标法》《中华人民共和国行政诉讼法》等法律规定，结合审判实践，制定本规定。

第一条 本规定所称商标授权确权行政案件，是指相对人或者利害关系人因不服国家知识产权局作出的商标驳回复审、商标不予注册复审、商标撤销复审、商标无效宣告及无效宣告复审等行政行为，向人民法院提起诉讼的案件。

第二条 人民法院对商标授权确权行政行为进行审查的范围，一般应根据原告的诉讼请求及理由确定。原告在诉讼中未提出主张，但国家知识产权局相关认定存在明显不当的，人民法院在各方当事人陈述意见后，可以对相关事由进行审查并作出裁判。

第三条 商标法第十条第一款第（一）项规定的同中华人民共和国的国家名称等“相同或者近似”，是指商标标志整体上与国家名称等相同或者近似。

对于含有中华人民共和国的国家名称等，但整体上并不相同或者不相近似的标志，如果该标志作为商标注册可能导致损害国家尊严的，人民法院可以认定属于商标法第十条第一款第（八）项规定的情形。

第四条 商标标志或者其构成要素带有欺骗性，容易使公众对商品的质量等特点或者产地产生误认，国家知识产权局认定其属于2001年修正的商标法第十条第一款第（七）项规定情形的，人民法院予以支持。

第五条 商标标志或者其构成要素可能对我国社会公共利益和公共秩序产生消极、负面影响的，人民法院可以认定其属于商标法第十条第一款第（八）项规定的“其他不良影响”。

将政治、经济、文化、宗教、民族等领域公众人物姓名等申请注册为商标，属于前款所指的“其他不良影响”。

第六条 商标标志由县级以上行政区划的地名或者公众知晓的外国地名和其他要素组成，如果整体上具有区别于地名的含义，人民法院应当认定其不属于商标法第十条第二款所指情形。

第七条 人民法院审查诉争商标是否具有显著特征，应当根据商标所指定使用商品的相关公众的通常认识，判断该商标整体上是否具有显著特征。商标标志中含有描述性要素，但不影响其整体具有显著特征的；或者描述性标志以独特方式加以表现，相关公众能够以其识别商品来源的，应当认定其具有显著特征。

第八条 诉争商标为外文标志时，人民法院应当根据中国境内相关公众的通常认识，对该外文商标是否具有显著特征进行审查判断。标志中外文的固有含义可能影响其在指定使用商品上的显著特征，但相关公众对该固有含义的认知程度较低，能够以该标志识别商品来源的，可以认定其具有显著特征。

第九条 仅以商品自身形状或者自身形状的一部分作为三维标志申请注册商标，相关公众一般情况下不易将其识别为指示商品来源标志的，该三维标志不具有作为商标的显著特征。

该形状系申请人所独创或者最早使用并不能当然导致其具有作为商标的显著特征。

第一款所称标志经过长期或者广泛使用，相关公众能够通过该标志识别商品来源的，可以认定该标志具有显著特征。

第十条 诉争商标属于法定的商品名称或者约定俗成的商品名称的，人民法院应当认定其属于商标法第十一条第一款第（一）项所指的通用名称。依据法律规定或者国家标准、行业标准属于商品通用名称的，应当认定为通用名称。相关公众普遍认为某一名称能够指代一类商品的，应当认定为约定俗成的通用名称。被专业工具书、辞典等列为商品名称的，可以作为认定约定俗成的通用名称的参考。

约定俗成的通用名称一般以全国范围内相关公众的通常认识为判断标准。对于由于历史传统、风土人情、地理环境等原因形成的相关市场固定的商品，在该相关市场内通用的称谓，人民法院可以认定为通用名称。

诉争商标申请人明知或者应知其申请注册的商标为部分区域内约定俗成的商品名称的，人民法院可以视其申请注册的商标为通用名称。

人民法院审查判断诉争商标是否属于通用名称，一般以商标申请日时的事实状态为准。核准注册时事实状态发生变化的，以核准注册时的事实状态判断其是否属于通用名称。

第十一条 商标标志只是或者主要是描述、说明所使用商品的质量、主要原料、功能、用途、重量、数量、产地等的，人民法院应当认定其属于商标法第十一条第一款第（二）项规定的情形。商标标志或者其构成要素暗示商品的特点，但不影响其识别商品来源功能的，不属于该项所规定的情形。

第十二条 当事人依据商标法第十三条第二款主张诉争商标构成对其未注册的驰名商标的复制、摹仿或者翻译而不应予以注册或者应予无效的，人民法院应当综合考量如下因素以及因素之间的相互影响，认定是否容易导致混淆：

（一）商标标志的近似程度；

（二）商品的类似程度；

（三）请求保护商标的显著性和知名程度；

（四）相关公众的注意程度；

（五）其他相关因素。

商标申请人的主观意图以及实际混淆的证据可以作为判断混淆可能性的参考因素。

第十三条 当事人依据商标法第十三条第三款主张诉争商标构成对其已注册的驰名商标的复制、摹仿或者翻译而不应予以注册或者应予无效的，人民法院应当综合考虑如下因素，以认定诉争商标的使用是否足以使相关公众认为其与驰名商标具有相当程度的联系，从而误导公众，致使驰名商标注册人的利益可能受到损害：

（一）引证商标的显著性和知名程度；

（二）商标标志是否足够近似；

（三）指定使用的商品情况；

（四）相关公众的重合程度及注意程度；

（五）与引证商标近似的标志被其他市场主体合法使用的情况或者其他相关因素。

第十四条 当事人主张诉争商标构成对其已注册的驰名商标的复制、摹仿或者翻译而不应予以注册或者应予无效，国家知识产权局依据商标法第三十条规定裁决支持其主张的，如果诉争商标注册未满五年，人民法院在当事人陈述意见之后，可以按照商标法第三十条规定进行审理；如果诉争商标注册已满五年，应当适用商标法第十三条第三款进行审理。

第十五条 商标代理人、代表人或者经销、代理等销售代理关系意义上的代理人、代表人未经授权，以自己的名义将与被代理人或者被代表人的商标相同或者近似的商标在相同或者类似商品上申请注册的，人民法院适用商标法第十五条第一款的规定进行审理。

在为建立代理或者代表关系的磋商阶段，前款规定的代理人或者代表人将被代理人或者被代表人的商标申请注册的，人民法院适用商标法第十五条第一款的规定进行审理。

商标申请人与代理人或者代表人之间存在亲属关系等特定身份关系的，可以推定其商标注册行为系与该代理人或者代表人恶意串通，人民法院适用商标法第十五条第一款的规定进行审理。

第十六条 以下情形可以认定为商标法第十五条第二款中规定的“其他关系”：

（一）商标申请人与在先使用人之间具有亲属关系；

（二）商标申请人与在先使用人之间具有劳动关系；

（三）商标申请人与在先使用人营业地址邻近；

（四）商标申请人与在先使用人曾就达成代理、代表关系进行过磋商，但未形成代理、代表关系；

（五）商标申请人与在先使用人曾就达成合同、业务往来关系进行过磋商，但未达成合同、业务往来关系。

第十七条 地理标志利害关系人依据商标法第十六条主张他人商标不应予以注册或者应予无效，如果诉争商标指定使用的商品与地理标志产品并非相同商品，而地理标志利害关系人能够证明诉争商标使用在该产品上仍然容易导致相关公众误认为该产品来源于该地区并因此具有特定的质量、信誉或者其他特征的，人民法院予以支持。

如果该地理标志已经注册为集体商标或者证明商标，集体商标或者证明商标的权利人或者利害关系人可选择依据该条或者另行依据商标法第十三条、第三十条等主张权利。

第十八条 商标法第三十二条规定的在先权利，包括当事人在诉争商标申请日之前享有的民事权利或者其他应予保护的合法权益。诉争商标核准注册时在先权利已不存在的，不影响诉争商标的注册。

第十九条 当事人主张诉争商标损害其在先著作权的，人民法院应当依照著作权法等相关规定，对所主张的客体是否构成作品、当事人是否为著作权人或者其他有权主张著作权的利害关系人以及诉争商标是否构成对著作权的侵害等进行审查。

商标标志构成受著作权法保护的作品的，当事人提供的涉及商标标志的设计底稿、原件、取得权利的合同、诉争商标申请日之前的著作权登记证书等，均可以作为证明著作权归属的初步证据。

商标公告、商标注册证等可以作为确定商标申请人为有权主张商标标志著作权的利害关系人的初步证据。

第二十条 当事人主张诉争商标损害其姓名权，如果相关公众认为该商标标志指代了该自然人，容易认为标记有该商标的商品系经过该自然人许可或者与该自然人存在特定联系的，人民法院应当认定该商标损害了该自然人的姓名权。

当事人以其笔名、艺名、译名等特定名称主张姓名权，该特定名称具有一定的知名度，与该自然人建立了稳定的对应关系，相关公众以其指代该自然人的，人民法院予以支持。

第二十一条 当事人主张的字号具有一定的市场知名度，他人未经许可申请注册与该字号相同或者近似的商标，容易导致相关公众对商品来源产生混淆，当事人以此主张构成在先权益的，人民法院予以支持。

当事人以具有一定市场知名度并已与企业建立稳定对应关系的企业名称的简称为依据提出主张的，适用前款规定。

第二十二条 当事人主张诉争商标损害角色形象著作权的，人民法院按照本规定第十九条进行审查。

对于著作权保护期限内的作品，如果作品名称、作品中的角色名称等具有较高知名度，将其作为商标使用在相关商品上容易导致相关公众误认为其经过权利人的许可或者与权利人存在特定联系，当事人以此主张构成在先权益的，人民法院予以支持。

第二十三条 在先使用人主张商标申请人以不正当手段抢先注册其在先使用并有一定影响的商标的，如果在先使用商标已经有一定影响，而商标申请人明知或者应知该商标，即可推定其构成“以不正当手段抢先注册”。但商标申请人举证证明其没有利用在先使用商标商誉的恶意的除外。

在先使用人举证证明其在先商标有一定的持续使用时间、区域、销售量或者广告宣传的，人民法院可以认定为有一定影响。

在先使用人主张商标申请人在与其不相类似的商品上申请注册其在先使用并有一定影响的商标，违反商标法第三十二条规定的，人民法院不予支持。

第二十四条 以欺骗手段以外的其他方式扰乱商标注册秩序、损害公共利益、不正当占用公共资源或者谋取不正当利益的，人民法院可以认定其属于商标法第四十四条第一款规定的“其他不正当手段”。

第二十五条 人民法院判断诉争商标申请人是否“恶意注册”他人驰名商标，应综合考虑引证商标的知名度、诉争商标申请人申请诉争商标的理由以及使用诉争商标的具体情形来判断其主观意图。引证商标知名度高、诉争商标申请人没有正当理由的，人民法院可以推定其注册构成商标法第四十五条第一款所指的“恶意注册”。

第二十六条 商标权人自行使用、他人经许可使用以及其他不违背商标权人意志的使用，均可认定为商标法第四十九条第二款所称的使用。

实际使用的商标标志与核准注册的商标标志有细微差别，但未改变其显著特征的，可以视为注册商标的使用。

没有实际使用注册商标，仅有转让或者许可行为；或者仅是公布商标注册信息、声明享有注册商标专用权的，不认定为商标使用。

商标权人有真实使用商标的意图，并且有实际使用的必要准备，但因其他客观原因尚未实际使用注册商标的，人民法院可以认定其有正当理由。

第二十七条 当事人主张国家知识产权局下列情形属于行政诉讼法第七十条第（三）项规定的“违反法定程序”的，人民法院予以支持：

（一）遗漏当事人提出的评审理由，对当事人权利产生实际影响的；

（二）评审程序中未告知合议组成员，经审查确有应当回避事由而未回避的；

（三）未通知适格当事人参加评审，该方当事人明确提出异议的；

（四）其他违反法定程序的情形。

第二十八条 人民法院审理商标授权确权行政案件的过程中，国家知识产权局对诉争商标予以驳回、不予核准注册或者予以无效宣告的事由不复存在的，人民法院可以依据新的事实撤销国家知识产权局相关裁决，并判令其根据变更后的事实重新作出裁决。

第二十九条 当事人依据在原行政行为之后新发现的证据，或者在原行政程序中因客观原因无法取得或在规定的期限内不能提供的证据，或者新的法律依据提出的评审申请，不属于“以相同的事实和理由”再次提出评审申请。

在商标驳回复审程序中，国家知识产权局以申请商标与引证商标不构成使用在同一种或者类似商品上的相同或者近似商标为由准予申请商标初步审定公告后，以下情形不视为“以相同的事实和理由”再次提出评审申请：

（一）引证商标所有人或者利害关系人依据该引证商标提出异议，国家知识产权局予以支持，被异议商标申请人申请复审的；

（二）引证商标所有人或者利害关系人在申请商标获准注册后依据该引证商标申请宣告其无效的。

第三十条 人民法院生效裁判对于相关事实和法律适用已作出明确认定，相对人或者利害关系人对于国家知识产权局依据该生效裁判重新作出的裁决提起诉讼的，人民法院依法裁定不予受理；已经受理的，裁定驳回起诉。

第三十一条 本规定自2017年3月1日起施行。人民法院依据2001年修正的商标法审理的商标授权确权行政案件可参照适用本规定。

最高人民法院
印发《关于审理商标授权确权行政案件若干问题的意见》的通知

2010年4月20日　　法发〔2010〕12号

各省、自治区、直辖市高级人民法院，解放军军事法院，新疆维吾尔自治区高级人民法院生产建设兵团分院：

现将最高人民法院《关于审理商标授权确权行政案件若干问题的意见》印发给你们，请认真贯彻执行。

附：

最高人民法院
关于审理商标授权确权行政案件若干问题的意见

自2001年12月1日全国人民代表大会常务委员会《关于修改〈中华人民共和国商标法〉的决定》施行以来，人民法院开始依法受理和审理利害关系人诉国家工商行政管理总局商标评审委员会作出的商标驳回复审、商标异议复审、商标争议、商标撤销复审等具体行政行为的商标授权确权行政案件，对相关法律适用问题进行了积极探索，积累了较为丰富的审判经验。为了更好地审理商标授权确权行政案件，进一步总结审判经验，明确和统一审理标准，最高人民法院先后召开多次专题会议和进行专题调研，广泛听取相关法院、相关部门和专家学者的意见，对于审理商标授权确权行政案件中的法律适用问题进行了研究和总结。在此基础上，根据《中华人民共和国商标法》、《中华人民共和国行政诉讼法》等法律规定，结合审判实际，对审理此类案件提出如下意见：

1. 人民法院在审理商标授权确权行政案件时，对于尚未大量投入使用的诉争商标，在审查判断商标近似和商品类似等授权确权条件及处理与在先商业标志冲突上，可依法适当从严掌握商标授权确权的标准，充分考虑消费者和同业经营者的利益，有效遏制不正当抢注行为，注重对于他人具有较高知名度和较强显著性的在先商标、企业名称等商业标志权益的保护，尽可能消除商业标志混淆的可能性；对于使用时间较长、已建立较高市场声誉和形成相关公众群体的诉争商标，应当准确把握商标法有关保护在先商业标志权益与维护市场秩序相协调的立法精神，充分尊重相关公众已在客观上将相关商业标志区别开来的市场实际，注重维护已经形成和稳定的市场秩序。

2. 实践中，有些标志或者其构成要素虽有夸大成分，但根据日常生活经验或者相关公众的通常认识等并不足以引人误解。对于这种情形，人民法院不宜将其认定为夸大宣传并带有欺骗性的标志。

3. 人民法院在审查判断有关标志是否构成具有其他不良影响的情形时，应当考虑该标志或者其构成要素是否可能对我国政治、经济、文化、宗教、民族等社会公共利益和公共秩序产生消极、负面影响。如果有关标志的注册仅损害特定民事权益，由于商标法已经另行规定了救济方式和相应程序，不宜认定其属于具有其他不良影响的情形。

4. 根据商标法的规定，县级以上行政区划的地名或者公众知晓的外国地名一般不得作为商标注册和使用。实践中，有些商标由地名和其他要素组成，在这种情形下，如果商标因有其他要素的加入，在整体上具有显著特征，而不再具有地名含义或者不以地名为主要含义的，就不宜因其含有县级以上行政区划的地名或者公众知晓的外国地名，而认定其属于不得注册的商标。

5. 人民法院在审理商标授权确权行政案件时，应当根据诉争商标指定使用商品的相关公众的通常认识，从整体上对商标是否具有显著特征进行审查判断。标志中含有的描述性要素不影响商标整体上具有显著特征的，或者描述性标志是以独特方式进行表现，相关公众能够以其识别商品来源的，应当认定其具有显著特征。

6. 人民法院在审理商标授权确权行政案件时，应当根据中国境内相关公众的通常认识，审查判断诉争外文商标是否具有显著特征。诉争标志中的外文虽有固有含义，但相关公众能够以该标志识别商品来源的，不影响对其显著特征的认定。

7. 人民法院在判断诉争商标是否为通用名称时，应当审查其是否属于法定的或者约定俗成的商品名称。依据法律规定或者国家标准、行业标准属于商品通用名称的，应当认定为通用名称。相关公众普遍认为某一名称能够指代一类商品的，应当认定该名称为约定俗成的通用名称。被专业工具书、辞典列为商品名称的，可以作为认定约定俗成的通用名称的参考。

约定俗成的通用名称一般以全国范围内相关公众的通常认识为判断标准。对于由于历史传统、风土人情、地理环境等原因形成的相关市场较为固定的商品，在该相关市场内通用的称谓，可以认定为通用名称。

申请人明知或者应知其申请注册的商标为部分区域内约定俗成的商品名称的，应视其申请注册的商标为通用名称。

8. 人民法院审查判断诉争商标是否属于通用名称，一般以提出商标注册申请时的事实状态为准。如果申请时不属于通用名称，但在核准注册时诉争商标已经成为通用名称的，仍应认定其属于本商品的通用名称；虽在申请时属于本商品的通用名称，但在核准注册时已经不是通用名称的，则不妨碍其取得注册。

9. 如果某标志只是或者主要是描述、说明所使用商品的质量、主要原料、功能、用途、重量、数量、产地等特点，应当认定其不具有显著特征。标志或者其构成要素暗示商品的特点，但不影响其识别商品来源功能的，不属于上述情形。

10. 人民法院审理涉及驰名商标保护的商标授权确权行政案件，可以参照最高人民法院《关于审理涉及驰名商标保护的民事纠纷案件应用法律若干问题的解释》第五条、第九条、第十条等相关规定。

11. 对于已经在中国注册的驰名商标，在不相类似商品上确定其保护范围时，要注意与其驰名程度相适应。对于社会公众广为知晓的已经在中国注册的驰名商标，在不相类似商品上确定其保护范围时，要给予与其驰名程度相适应的较宽范围的保护。

12. 商标代理人、代表人或者经销、代理等销售代理关系意义上的代理人、代表人未经授权，以自己的名义将被代理人或者被代表人商标进行注册的，人民法院应当认定属于代理人、代表人抢注被代理人、被代表人商标的行为。审判实践中，有些抢注行为发生在代理、代表关系尚在磋商的阶段，即抢注在先，代理、代表关系形成在后，此时应将其视为代理人、代表人的抢注行为。与上述代理人或者代表人有串通合谋抢注行为的商标注册申请人，可以视其为代理人或者代表人。对于串通合谋抢注行为，可以视情况根据商标注册申请人与上述代理人或者代表人之间的特定身份关系等进行推定。

13. 代理人或者代表人不得申请注册的商标标志，不仅包括与被代理人或者被代表人商标相同的标志，也包括相近似的标志；不得申请注册的商品既包括与被代理人或者被代表人商标所使用的商品相同的商品，也包括类似的商品。

14. 人民法院在审理商标授权确权行政案件中判断商品类似和商标近似，可以参照最高人民法院《关于审理商标民事纠纷案件适用法律若干问题的解释》的相关规定。

15. 人民法院审查判断相关商品或者服务是否类似，应当考虑商品的功能、用途、生产部门、销售渠道、消费群体等是否相同或者具有较大的关联性；服务的目的、内容、方式、对象等是否相同或者具有较大的关联性；商品和服务之间是否具有较大的关联性，是否容易使相关公众认为商品或者服务是同一主体提供的，或者其提供者之间存在特定联系。《商标注册用商品和服务国际分类表》、《类似商品和服务区分表》可以作为判断类似商品或者服务的参考。

16. 人民法院认定商标是否近似，既要考虑商标标志构成要素及其整体的近似程度，也要考虑相关商标的显著性和知名度、所使用商品的关联程度等因素，以是否容易导致混淆作为判断标准。

17. 要正确理解和适用商标法第三十一条关于“申请商标注册不得损害他人现有的在先权利”的概括性规定。人民法院审查判断诉争商标是否损害他人现有的在先权利时，对于商标法已有特别规定的在先权利，按照商标法的特别规定予以保护；商标法虽无特别规定，但根据民法通则和其他法律的规定属于应予保护的合法权益的，应当根据该概括性规定给予保护。

人民法院审查判断诉争商标是否损害他人现有的在先权利，一般以诉争商标申请日为准。如果在先权利在诉争商标核准注册时已不存在的，则不影响诉争商标的注册。

18. 根据商标法的规定，申请人不得以不正当手段抢先注册他人已经使用并有一定影响的商标。如果申请人明知或者应知他人已经使用并有一定影响的商标而予以抢注，即可认定其采用了不正当手段。

在中国境内实际使用并为一定范围的相关公众所知晓的商标，即应认定属于已经使用并有一定影响的商标。有证据证明在先商标有一定的持续使用时间、区域、销售量或者广告宣传等的，可以认定其有一定影响。

对于已经使用并有一定影响的商标，不宜在不相类似商品上给予保护。

19. 人民法院在审理涉及撤销注册商标的行政案件时，审查判断诉争商标是否属于以其他不正当手段取得注册，要考虑其是否属于欺骗手段以外的扰乱商标注册秩序、损害公共利益、不正当占用公共资源或者以其他方式谋取不正当利益的手段。对于只是损害特定民事权益的情形，则要适用商标法第四十一条第二款、第三款及商标法的其他相应规定进行审查判断。

20. 人民法院审理涉及撤销连续三年停止使用的注册商标的行政案件时，应当根据商标法有关规定的立法精神，正确判断所涉行为是否构成实际使用。

商标权人自行使用、许可他人使用以及其他不违背商标权人意志的使用，均可认定属于实际使用的行为。实际使用的商标与核准注册的商标虽有细微差别，但未改变其显著特征的，可以视为注册商标的使用。没有实际使用注册商标，仅有转让或许可行为，或者仅有商标注册信息的公布或者对其注册商标享有专有权的声明等的，不宜认定为商标使用。

如果商标权人因不可抗力、政策性限制、破产清算等客观事由，未能实际使用注册商标或者停止使用，或者商标权人有真实使用商标的意图，并且有实际使用的必要准备，但因其他客观事由尚未实际使用注册商标的，均可认定有正当理由。

6. 商标与相关标识

（1）商标与产地

中华人民共和国农业法

（1993年7月2日第八届全国人民代表大会常务委员会第二次会议通过　2002年12月28日第九届全国人民代表大会常务委员会第三十一次会议修订　根据2009年8月27日第十一届全国人民代表大会常务委员会第十次会议《关于修改部分法律的决定》第一次修正　根据2012年12月28日第十一届全国人民代表大会常务委员会第三十次会议《关于修改〈中华人民共和国农业法〉的决定》第二次修正）

目　录

第一章　总　则
第二章　农业生产经营体制
第三章　农业生产
第四章　农产品流通与加工
第五章　粮食安全
第六章　农业投入与支持保护
第七章　农业科技与农业教育
第八章　农业资源与农业环境保护
第九章　农民权益保护
第十章　农村经济发展
第十一章　执法监督
第十二章　法律责任
第十三章　附　则

第一章　总　则

第一条　为了巩固和加强农业在国民经济中的基础地位，深化农村改革，发展农业生产力，推进农业现代化，维护农民和农业生产经营组织的合法权益，增加农民收入，提高农民科学文化素质，促进农业和农村经济的持续、稳定、健康发展，实现全面建设小康社会的目标，制定本法。

第二条　本法所称农业，是指种植业、林业、畜牧业和渔业等产业，包括与其直接相关的产前、产中、产后服务。

本法所称农业生产经营组织，是指农村集体经济组织、农民专业合作经济组织、农业企业和其他从事农业生产经营的组织。

第三条　国家把农业放在发展国民经济的首位。

农业和农村经济发展的基本目标是：建立适应发展社会主义市场经济要求的农村经济体制，不断解放和发展农村生产力，提高农业的整体素质和效益，确保农产品供应和质量，满足国民经济发展和人口增长、生活改善的需求，提高农民的收入和生活水平，促进农村富余劳动力向非农产业和城镇转移，缩小城乡差别和区域差别，建设富裕、民主、文明的社会主义新农村，逐步实现农业和农村现代化。

第四条　国家采取措施，保障农业更好地发挥在提供食物、工业原料和其他农产品，维护和改善生态环境，促进农村经济社会发展等多方面的作用。

第五条 国家坚持和完善公有制为主体、多种所有制经济共同发展的基本经济制度，振兴农村经济。

国家长期稳定农村以家庭承包经营为基础、统分结合的双层经营体制，发展社会化服务体系，壮大集体经济实力，引导农民走共同富裕的道路。

国家在农村坚持和完善以按劳分配为主体、多种分配方式并存的分配制度。

第六条 国家坚持科教兴农和农业可持续发展的方针。

国家采取措施加强农业和农村基础设施建设，调整、优化农业和农村经济结构，推进农业产业化经营，发展农业科技、教育事业，保护农业生态环境，促进农业机械化和信息化，提高农业综合生产能力。

第七条 国家保护农民和农业生产经营组织的财产及其他合法权益不受侵犯。

各级人民政府及其有关部门应当采取措施增加农民收入，切实减轻农民负担。

第八条 全社会应当高度重视农业，支持农业发展。

国家对发展农业和农村经济有显著成绩的单位和个人，给予奖励。

第九条 各级人民政府对农业和农村经济发展工作统一负责，组织各有关部门和全社会做好发展农业和为发展农业服务的各项工作。

国务院农业行政主管部门主管全国农业和农村经济发展工作，国务院林业行政主管部门和其他有关部门在各自的职责范围内，负责有关的农业和农村经济发展工作。

县级以上地方人民政府各农业行政主管部门负责本行政区域内的种植业、畜牧业、渔业等农业和农村经济发展工作，林业行政主管部门负责本行政区域内的林业工作。县级以上地方人民政府其他有关部门在各自的职责范围内，负责本行政区域内有关的为农业生产经营服务的工作。

第二章　农业生产经营体制

第十条 国家实行农村土地承包经营制度，依法保障农村土地承包关系的长期稳定，保护农民对承包土地的使用权。

农村土地承包经营的方式、期限、发包方和承包方的权利义务、土地承包经营权的保护和流转等，适用《中华人民共和国土地管理法》和《中华人民共和国农村土地承包法》。

农村集体经济组织应当在家庭承包经营的基础上，依法管理集体资产，为其成员提供生产、技术、信息等服务，组织合理开发、利用集体资源，壮大经济实力。

第十一条 国家鼓励农民在家庭承包经营的基础上自愿组成各类专业合作经济组织。

农民专业合作经济组织应当坚持为成员服务的宗旨，按照加入自愿、退出自由、民主管理、盈余返还的原则，依法在其章程规定的范围内开展农业生产经营和服务活动。

农民专业合作经济组织可以有多种形式，依法成立、依法登记。任何组织和个人不得侵犯农民专业合作经济组织的财产和经营自主权。

第十二条 农民和农业生产经营组织可以自愿按照民主管理、按劳分配和按股分红相结合的原则，以资金、技术、实物等入股，依法兴办各类企业。

第十三条 国家采取措施发展多种形式的农业产业化经营，鼓励和支持农民和农业生产经营组织发展生产、加工、销售一体化经营。

国家引导和支持从事农产品生产、加工、流通服务的企业、科研单位和其他组织，通过与农民或者农民专业合作经济组织订立合同或者建立各类企业等形式，形成收益共享、风险共担的利益共同体，推进农业产业化经营，带动农业发展。

第十四条 农民和农业生产经营组织可以按照法律、行政法规成立各种农产品行业协会，为成员提供生产、营销、信息、技术、培训等服务，发挥协调和自律作用，提出农产品贸易救济措施的申请，维护成员和行业的利益。

第三章　农业生产

第十五条 县级以上人民政府根据国民经济和社会发展的中长期规划、农业和农村经济发展的基本目标和农业资源区划，制定农业发展规划。

省级以上人民政府农业行政主管部门根据农业发展规划，采取措施发挥区域优势，促进形成合理的农业生产区域布局，指导和协调农业和农村经济结构调整。

第十六条 国家引导和支持农民和农业生产经营组织结合本地实际按照市场需求，调整和优化农业生产结构，协调发展种植业、林业、畜牧业和渔业，发展优质、高产、高效益的农业，提高农产品国际竞争力。

种植业以优化品种、提高质量、增加效益为中心，调整作物结构、品种结构和品质结构。

加强林业生态建设，实施天然林保护、退耕还林和防沙治沙工程，加强防护林体系建设，加速营造速生丰产林、工业原料林和薪炭林。

加强草原保护和建设，加快发展畜牧业，推广圈养和舍饲，改良畜禽品种，积极发展饲料工业和畜禽产品加工业。

渔业生产应当保护和合理利用渔业资源，调整捕捞结构，积极发展水产养殖业、远洋渔业和水产品加工业。

县级以上人民政府应当制定政策，安排资金，引导和支持农业结构调整。

第十七条 各级人民政府应当采取措施，加强农业综合开发和农田水利、农业生态环境保护、乡村道路、农村能源和电网、农产品仓储和流通、渔港、草原围栏、动植物原种良种基地等农业和农村基础设施建设，改善农业生产条件，保护和提高农业综合生产能力。

第十八条 国家扶持动植物品种的选育、生产、更新和良种的推广使用，鼓励品种选育和生产、经营相结合，实施种子工程和畜禽良种工程。国务院和省、自治区、直辖市人民政府设立专项资金，用于扶持动植物良种的选育和推广工作。

第十九条 各级人民政府和农业生产经营组织应当加强农田水利设施建设，建立健全农田水利设施的管理制度，节约用水，发展节水型农业，严格依法控制非农业建设占用灌溉水源，禁止任何组织和个人非法占用或者毁损农田水利设施。

国家对缺水地区发展节水型农业给予重点扶持。

第二十条 国家鼓励和支持农民和农业生产经营组织使用先进、适用的农业机械，加强农业机械安全管理，提高农业机械化水平。

国家对农民和农业生产经营组织购买先进农业机械给予扶持。

第二十一条 各级人民政府应当支持为农业服务的气象事业的发展，提高对气象灾害的监测和预报水平。

第二十二条 国家采取措施提高农产品的质量，建立健全农产品质量标准体系和质量检验检测监督体系，按照有关技术规范、操作规程和质量卫生安全标准，组织农产品的生产经营，保障农产品质量安全。

第二十三条 国家支持依法建立健全优质农产品认证和标志制度。

国家鼓励和扶持发展优质农产品生产。县级以上地方人民政府应当结合本地情况，按照国家有关规定采取措施，发展优质农产品生产。

符合国家规定标准的优质农产品可以依照法律或者行政法规的规定申请使用有关的标志。符合规定产地及生产规范要求的农产品可以依照有关法律或者行政法规的规定申请使用农产品地理标志。

第二十四条 国家实行动植物防疫、检疫制度，健全动植物防疫、检疫体系，加强对动物疫病和植物病、虫、杂草、鼠害的监测、预警、防治，建立重大动物疫情和植物病虫害的快速扑灭机制，建设动物无规定疫病区，实施植物保护工程。

第二十五条 农药、兽药、饲料和饲料添加剂、肥料、种子、农业机械等可能危害人畜安全的农业生产资料的生产经营，依照相关法律、行政法规的规定实行登记或者许可制度。

各级人民政府应当建立健全农业生产资料的安全使用制度，农民和农业生产经营组织不得使用国家明令淘汰和禁止使用的农药、兽药、饲料添加剂等农业生产资料和其他禁止使用的产品。

农业生产资料的生产者、销售者应当对其生产、销售的产品的质量负责，禁止以次充好、以假充真、以不合格的产品冒充合格的产品；禁止生产和销售国家明令淘汰的农药、兽药、饲料添加剂、农业机械等农业生产资料。

第四章 农产品流通与加工

第二十六条 农产品的购销实行市场调节。国家对关系国计民生的重要农产品的购销活动实行必要的宏观调控，建立中央和地方分级储备调节制度，完善仓储运输体系，做到保证供应，稳定市场。

第二十七条 国家逐步建立统一、开放、竞争、有序的农产品市场体系，制定农产品批发市场发展规划。对农村集体经济组织和农民专业合作经济组织建立农产品批发市场和农产品集贸市场，国家给予扶持。

县级以上人民政府工商行政管理部门和其他有关部门按照各自的职责，依法管理农产品批发市场，规范交易秩序，防止地方保护与不正当竞争。

第二十八条 国家鼓励和支持发展多种形式的农产品流通活动。支持农民和农民专业合作经济组织按照国家有关规定从事农产品收购、批发、贮藏、运输、零售和中介活动。鼓励供销合作社和其他从事农产品购销的农业生产经营组织提供市场信息，开拓农产品流通渠道，为农产品销售服务。

县级以上人民政府应当采取措施，督促有关部门保障农产品运输畅通，降低农产品流通成本。有关行政管理部门应当简化手续，方便鲜活农产品的运输，除法律、行政法规另有规定外，不得扣押鲜活农产品的运输工具。

第二十九条 国家支持发展农产品加工业和食品工业，增加农产品的附加值。县级以上人民政府应当制定农产品加工业和食品工业发展规划，引导农产品加工企业形成合理的区域布局和规模结构，扶持农民专业合作经济组织和乡镇企业从事农产品加工和综合开发利用。

国家建立健全农产品加工制品质量标准，完善检测手段，加强农产品加工过程中的质量安全管理和监督，保障食品安全。

第三十条 国家鼓励发展农产品进出口贸易。

国家采取加强国际市场研究、提供信息和营销服务等措施，促进农产品出口。

为维护农产品产销秩序和公平贸易，建立农产品进口预警制度，当某些进口农产品已经或者可能对国内相关农产品的生产造成重大的不利影响时，国家可以采取必要的措施。

第五章 粮食安全

第三十一条 国家采取措施保护和提高粮食综合生产能力，稳步提高粮食生产水平，保障粮食安全。

国家建立耕地保护制度，对基本农田依法实行特殊保护。

第三十二条 国家在政策、资金、技术等方面对粮食主产区给予重点扶持，建设稳定的商品粮生产基地，改善粮食收贮及加工设施，提高粮食主产区的粮食生产、加工水平和经济效益。

国家支持粮食主产区与主销区建立稳定的购销合作关系。

第三十三条 在粮食的市场价格过低时，国务院可以决定对部分粮食品种实行保护价制度。保护价应当根据有利于保护农民利益、稳定粮食生产的原则确定。

农民按保护价制度出售粮食，国家委托的收购单位不得拒收。

县级以上人民政府应当组织财政、金融等部门以及国家委托的收购单位及时筹足粮食收购资金，任何部门、单位或者个人不得截留或者挪用。

第三十四条 国家建立粮食安全预警制度，采取措施保障粮食供给。国务院应当制定粮食安全保障目标与粮食储备数量指标，并根据需要组织有关主管部门进行耕地、粮食库存情况的核查。

国家对粮食实行中央和地方分级储备调节制度，建设仓储运输体系。承担国家粮食储备任务的企业应当按照国家规定保证储备粮的数量和质量。

第三十五条 国家建立粮食风险基金，用于支持粮食储备、稳定粮食市场和保护农民利益。

第三十六条 国家提倡珍惜和节约粮食，并采取措施改善人民的食物营养结构。

第六章 农业投入与支持保护

第三十七条 国家建立和完善农业支持保护体系，采取财政投入、税收优惠、金融支持等措施，从资金投入、科研与技术推广、教育培训、农业生产资料供应、市场信息、质量标准、检验检疫、社会化服务以及灾害救助等方面扶持农民和农业生产经营组织发展农业生产，提高农民的收入水平。

在不与我国缔结或加入的有关国际条约相抵触的情况下，国家对农民实施收入支持政策，具体办法由国务院制定。

第三十八条 国家逐步提高农业投入的总体水平。中央和县级以上地方财政每年对农业总投入的增长幅度应当高于其财政经常性收入的增长幅度。

各级人民政府在财政预算内安排的各项用于农业的资金应当主要用于：加强农业基础设施建设；支持农业结构调整，促进农业产业化经营；保护粮食综合生产能力，保障国家粮食安全；健全动植物检疫、防疫体系，加强动物疫病和植物病、虫、杂草、鼠害防治；建立健全农产品质量标准和检验检测监督体系、农产品市场及信息服务体系；支持农业科研教育、农业技术推广和农民培训；加强农业生态环境保护建设；扶持贫困地区发展；保障农民收入水平等。

县级以上各级财政用于种植业、林业、畜牧业、渔业、农田水利的农业基本建设投入应当统筹安排，协调增长。

国家为加快西部开发，增加对西部地区农业发展和生态环境保护的投入。

第三十九条 县级以上人民政府每年财政预算内安排的各项用于农业的资金应当及时足额拨付。各级人民政府应当加强对国家各项农业资金分配、使用过程的监督管理，保证资金安全，提高资金的使用效率。

任何单位和个人不得截留、挪用用于农业的财政资金和信贷资金。审计机关应当依法加强对用于农业的财政和信贷等资金的审计监督。

第四十条 国家运用税收、价格、信贷等手段，鼓励和引导农民和农业生产经营组织增加农业生产经营性投入和小型农田水利等基本建设投入。

国家鼓励和支持农民和农业生产经营组织在自愿的基础上依法采取多种形式，筹集农业资金。

第四十一条 国家鼓励社会资金投向农业，鼓励企业事业单位、社会团体和个人捐资设立各种农业建设和农业科技、教育基金。

国家采取措施，促进农业扩大利用外资。

第四十二条 各级人民政府应当鼓励和支持企业事业单位及其他各类经济组织开展农业信息服务。

县级以上人民政府农业行政主管部门及其他有关部门应当建立农业信息搜集、整理和发布制度，及时向农民和农业生产经营组织提供市场信息等服务。

第四十三条 国家鼓励和扶持农用工业的发展。

国家采取税收、信贷等手段鼓励和扶持农业生产资料的生产和贸易，为农业生产稳定增长提供物质保障。

国家采取宏观调控措施，使化肥、农药、农用薄膜、农业机械和农用柴油等主要农业生产资料和农产品之间保持合理的比价。

第四十四条 国家鼓励供销合作社、农村集体经济组织、农民专业合作经济组织、其他组织和个人发展多种形式的农业生产产前、产中、产后的社会化服务事业。县级以上人民政府及其各有关部门应当采取措施对农业社会化服务事业给予支持。

对跨地区从事农业社会化服务的，农业、工商管理、交通运输、公安等有关部门应当采取措施给予支持。

第四十五条 国家建立健全农村金融体系，加强农村信用制度建设，加强农村金融监管。

有关金融机构应当采取措施增加信贷投入，改善农村金融服务，对农民和农业生产经营组织的农业生产经营活动提供信贷支持。

农村信用合作社应当坚持为农业、农民和农村经济发展服务的宗旨，优先为当地农民的生产经营活动提供信贷服务。

国家通过贴息等措施，鼓励金融机构向农民和农业生产经营组织的农业生产经营活动提供贷款。

第四十六条 国家建立和完善农业保险制度。

国家逐步建立和完善政策性农业保险制度。鼓励和扶持农民和农业生产经营组织建立为农业生产经营活动服务的互助合作保险组织，鼓励商业性保险公司开展农业保险业务。

农业保险实行自愿原则。任何组织和个人不得强制农民和农业生产经营组织参加农业保险。

第四十七条 各级人民政府应当采取措施，提高农业防御自然灾害的能力，做好防灾、抗灾和救灾工作，帮助灾民恢复生产，组织生产自救，开展社会互助互济；对没有基本生活保障的灾民给予救济和扶持。

第七章　农业科技与农业教育

第四十八条　国务院和省级人民政府应当制定农业科技、农业教育发展规划，发展农业科技、教育事业。

县级以上人民政府应当按照国家有关规定逐步增加农业科技经费和农业教育经费。

国家鼓励、吸引企业等社会力量增加农业科技投入，鼓励农民、农业生产经营组织、企业事业单位等依法举办农业科技、教育事业。

第四十九条　国家保护植物新品种、农产品地理标志等知识产权，鼓励和引导农业科研、教育单位加强农业科学技术的基础研究和应用研究，传播和普及农业科学技术知识，加速科技成果转化与产业化，促进农业科学技术进步。

国务院有关部门应当组织农业重大关键技术的科技攻关。国家采取措施促进国际农业科技、教育合作与交流，鼓励引进国外先进技术。

第五十条　国家扶持农业技术推广事业，建立政府扶持和市场引导相结合，有偿与无偿服务相结合，国家农业技术推广机构和社会力量相结合的农业技术推广体系，促使先进的农业技术尽快应用于农业生产。

第五十一条　国家设立的农业技术推广机构应当以农业技术试验示范基地为依托，承担公共所需的关键性技术的推广和示范等公益性职责，为农民和农业生产经营组织提供无偿农业技术服务。

县级以上人民政府应当根据农业生产发展需要，稳定和加强农业技术推广队伍，保障农业技术推广机构的工作经费。

各级人民政府应当采取措施，按照国家规定保障和改善从事农业技术推广工作的专业科技人员的工作条件、工资待遇和生活条件，鼓励他们为农业服务。

第五十二条　农业科研单位、有关学校、农民专业合作社、涉农企业、群众性科技组织及有关科技人员，根据农民和农业生产经营组织的需要，可以提供无偿服务，也可以通过技术转让、技术服务、技术承包、技术咨询和技术入股等形式，提供有偿服务，取得合法收益。农业科研单位、有关学校、农民专业合作社、涉农企业、群众性科技组织及有关科技人员应当提高服务水平，保证服务质量。

对农业科研单位、有关学校、农业技术推广机构举办的为农业服务的企业，国家在税收、信贷等方面给予优惠。

国家鼓励和支持农民、供销合作社、其他企业事业单位等参与农业技术推广工作。

第五十三条　国家建立农业专业技术人员继续教育制度。县级以上人民政府农业行政主管部门会同教育、人事等有关部门制定农业专业技术人员继续教育计划，并组织实施。

第五十四条　国家在农村依法实施义务教育，并保障义务教育经费。国家在农村举办的普通中小学校教职工工资由县级人民政府按照国家规定统一发放，校舍等教学设施的建设和维护经费由县级人民政府按照国家规定统一安排。

第五十五条　国家发展农业职业教育。国务院有关部门按照国家职业资格证书制度的统一规定，开展农业行业的职业分类、职业技能鉴定工作，管理农业行业的职业资格证书。

第五十六条　国家采取措施鼓励农民采用先进的农业技术，支持农民举办各种科技组织，开展农业实用技术培训、农民绿色证书培训和其他就业培训，提高农民的文化技术素质。

第八章　农业资源与农业环境保护

第五十七条　发展农业和农村经济必须合理利用和保护土地、水、森林、草原、野生动植物等自然资源，合理开发和利用水能、沼气、太阳能、风能等可再生能源和清洁能源，发展生态农业，保护和改善生态环境。

县级以上人民政府应当制定农业资源区划或者农业资源合理利用和保护的区划，建立农业资源监测制度。

第五十八条　农民和农业生产经营组织应当保养耕地，合理使用化肥、农药、农用薄膜，增加使用有机肥料，采用先进技术，保护和提高地力，防止农用地的污染、破坏和地力衰退。

县级以上人民政府农业行政主管部门应当采取措施，支持农民和农业生产经营组织加强耕地质量建设，并对耕地质量进行定期监测。

第五十九条　各级人民政府应当采取措施，加强小流域综合治理，预防和治理水土流失。从事可能引起水土流失的生产建设活动的单位和个人，必须采取预防措施，并负责治理因生产建设活动造成的水土流失。

各级人民政府应当采取措施，预防土地沙化，治理沙化土地。国务院和沙化土地所在地区的县级以上地方人民政府应当按照法律规定制定防沙治沙规划，并组织实施。

第六十条 国家实行全民义务植树制度。各级人民政府应当采取措施，组织群众植树造林，保护林地和林木，预防森林火灾，防治森林病虫害，制止滥伐、盗伐林木，提高森林覆盖率。

国家在天然林保护区域实行禁伐或者限伐制度，加强造林护林。

第六十一条 有关地方人民政府，应当加强草原的保护、建设和管理，指导、组织农（牧）民和农（牧）业生产经营组织建设人工草场、饲草饲料基地和改良天然草原，实行以草定畜，控制载畜量，推行划区轮牧、休牧和禁牧制度，保护草原植被，防止草原退化沙化和盐渍化。

第六十二条 禁止毁林毁草开垦、烧山开垦以及开垦国家禁止开垦的陡坡地，已经开垦的应当逐步退耕还林、还草。

禁止围湖造田以及围垦国家禁止围垦的湿地。已经围垦的，应当逐步退耕还湖、还湿地。

对在国务院批准规划范围内实施退耕的农民，应当按照国家规定予以补助。

第六十三条 各级人民政府应当采取措施，依法执行捕捞限额和禁渔、休渔制度，增殖渔业资源，保护渔业水域生态环境。

国家引导、支持从事捕捞业的农（渔）民和农（渔）业生产经营组织从事水产养殖业或者其他职业，对根据当地人民政府统一规划转产转业的农（渔）民，应当按照国家规定予以补助。

第六十四条 国家建立与农业生产有关的生物物种资源保护制度，保护生物多样性，对稀有、濒危、珍贵生物资源及其原生地实行重点保护。从境外引进生物物种资源应当依法进行登记或者审批，并采取相应安全控制措施。

农业转基因生物的研究、试验、生产、加工、经营及其他应用，必须依照国家规定严格实行各项安全控制措施。

第六十五条 各级农业行政主管部门应当引导农民和农业生产经营组织采取生物措施或者使用高效低毒低残留农药、兽药，防治动植物病、虫、杂草、鼠害。

农产品采收后的秸秆及其他剩余物质应当综合利用，妥善处理，防止造成环境污染和生态破坏。

从事畜禽等动物规模养殖的单位和个人应当对粪便、废水及其他废弃物进行无害化处理或者综合利用，从事水产养殖的单位和个人应当合理投饵、施肥、使用药物，防止造成环境污染和生态破坏。

第六十六条 县级以上人民政府应当采取措施，督促有关单位进行治理，防治废水、废气和固体废弃物对农业生态环境的污染。排放废水、废气和固体废弃物造成农业生态环境污染事故的，由环境保护行政主管部门或者农业行政主管部门依法调查处理；给农民和农业生产经营组织造成损失的，有关责任者应当依法赔偿。

第九章 农民权益保护

第六十七条 任何机关或者单位向农民或者农业生产经营组织收取行政、事业性费用必须依据法律、法规的规定。收费的项目、范围和标准应当公布。没有法律、法规依据的收费，农民和农业生产经营组织有权拒绝。

任何机关或者单位对农民或者农业生产经营组织进行罚款处罚必须依据法律、法规、规章的规定。没有法律、法规、规章依据的罚款，农民和农业生产经营组织有权拒绝。

任何机关或者单位不得以任何方式向农民或者农业生产经营组织进行摊派。除法律、法规另有规定外，任何机关或者单位以任何方式要求农民或者农业生产经营组织提供人力、财力、物力的，属于摊派。农民和农业生产经营组织有权拒绝任何方式的摊派。

第六十八条 各级人民政府及其有关部门和所属单位不得以任何方式向农民或者农业生产经营组织集资。

没有法律、法规依据或者未经国务院批准，任何机关或者单位不得在农村进行任何形式的达标、升级、验收活动。

第六十九条 农民和农业生产经营组织依照法律、行政法规的规定承担纳税义务。税务机关及代扣、代收税款的单位应当依法征税，不得违法摊派税款及以其他违法方法征税。

第七十条 农村义务教育除按国务院规定收取的费用外，不得向农民和学生收取其他费用。禁止任何机关或者单位通过农村中小学校向农民收费。

第七十一条 国家依法征收农民集体所有的土地，应当保护农民和农村集体经济组织的合法权益，依法给予农民和农村集体经济组织征地补偿，任何单位和个人不得截留、挪用征地补偿费用。

第七十二条 各级人民政府、农村集体经济组织或者村民委员会在农业和农村经济结构调整、农业产业化经营和土地承包经营权流转等过程中，不得侵犯农民的土地承包经营权，不得干涉农民自主安排的生产经营项目，不得强迫农民购买指定的生产资料或者按指定的渠道销售农产品。

第七十三条 农村集体经济组织或者村民委员会为发展生产或者兴办公益事业，需要向其成员（村民）筹资筹劳的，应当经成员（村民）会议或者成员（村民）代表会议过半数通过后，方可进行。

农村集体经济组织或者村民委员会依照前款规定筹资筹劳的，不得超过省级以上人民政府规定的上限控制标准，禁止强行以资代劳。

农村集体经济组织和村民委员会对涉及农民利益的重要事项，应当向农民公开，并定期公布财务账目，接受农民的监督。

第七十四条 任何单位和个人向农民或者农业生产经营组织提供生产、技术、信息、文化、保险等有偿服务，必须坚持自愿原则，不得强迫农民和农业生产经营组织接受服务。

第七十五条 农产品收购单位在收购农产品时，不得压级压价，不得在支付的价款中扣缴任何费用。法律、行政法规规定代扣、代收税款的，依照法律、行政法规的规定办理。

农产品收购单位与农产品销售者因农产品的质量等级发生争议的，可以委托具有法定资质的农产品质量检验机构检验。

第七十六条 农业生产资料使用者因生产资料质量问题遭受损失的，出售该生产资料的经营者应当予以赔偿，赔偿额包括购货价款、有关费用和可得利益损失。

第七十七条 农民或者农业生产经营组织为维护自身的合法权益，有向各级人民政府及其有关部门反映情况和提出合法要求的权利，人民政府及其有关部门对农民或者农业生产经营组织提出的合理要求，应当按照国家规定及时给予答复。

第七十八条 违反法律规定，侵犯农民权益的，农民或者农业生产经营组织可以依法申请行政复议或者向人民法院提起诉讼，有关人民政府及其有关部门或者人民法院应当依法受理。

人民法院和司法行政主管机关应当依照有关规定为农民提供法律援助。

第十章 农村经济发展

第七十九条 国家坚持城乡协调发展的方针，扶持农村第二、第三产业发展，调整和优化农村经济结构，增加农民收入，促进农村经济全面发展，逐步缩小城乡差别。

第八十条 各级人民政府应当采取措施，发展乡镇企业，支持农业的发展，转移富余的农业劳动力。

国家完善乡镇企业发展的支持措施，引导乡镇企业优化结构，更新技术，提高素质。

第八十一条 县级以上地方人民政府应当根据当地的经济发展水平、区位优势和资源条件，按照合理布局、科学规划、节约用地的原则，有重点地推进农村小城镇建设。

地方各级人民政府应当注重运用市场机制，完善相应政策，吸引农民和社会资金投资小城镇开发建设，发展第二、第三产业，引导乡镇企业相对集中发展。

第八十二条 国家采取措施引导农村富余劳动力在城乡、地区间合理有序流动。地方各级人民政府依法保护进入城镇就业的农村劳动力的合法权益，不得设置不合理限制，已经设置的应当取消。

第八十三条 国家逐步完善农村社会救济制度，保障农村五保户、贫困残疾农民、贫困老年农民和其他丧失劳动能力的农民的基本生活。

第八十四条 国家鼓励、支持农民巩固和发展农村合作医疗和其他医疗保障形式，提高农民健康水平。

第八十五条 国家扶持贫困地区改善经济发展条件，帮助进行经济开发。省级人民政府根据国家关于扶持贫困地区的总体目标和要求，制定扶贫开发规划，并组织实施。

各级人民政府应当坚持开发式扶贫方针，组织贫困地区的农民和农业生产经营组织合理使用扶贫资金，依靠自身力量改变贫穷落后面貌，引导贫困地区的农民调整经济结构、开发当地资源。扶贫开发应当坚持与资源保护、生态建设相结合，促进贫困地区经济、社会的协调发展和全面进步。

第八十六条　中央和省级财政应当把扶贫开发投入列入年度财政预算，并逐年增加，加大对贫困地区的财政转移支付和建设资金投入。

国家鼓励和扶持金融机构、其他企业事业单位和个人投入资金支持贫困地区开发建设。

禁止任何单位和个人截留、挪用扶贫资金。审计机关应当加强扶贫资金的审计监督。

第十一章　执法监督

第八十七条　县级以上人民政府应当采取措施逐步完善适应社会主义市场经济发展要求的农业行政管理体制。

县级以上人民政府农业行政主管部门和有关行政主管部门应当加强规划、指导、管理、协调、监督、服务职责，依法行政，公正执法。

县级以上地方人民政府农业行政主管部门应当在其职责范围内健全行政执法队伍，实行综合执法，提高执法效率和水平。

第八十八条　县级以上人民政府农业行政主管部门及其执法人员履行执法监督检查职责时，有权采取下列措施：

（一）要求被检查单位或者个人说明情况，提供有关文件、证照、资料；

（二）责令被检查单位或者个人停止违反本法的行为，履行法定义务。

农业行政执法人员在履行监督检查职责时，应当向被检查单位或者个人出示行政执法证件，遵守执法程序。有关单位或者个人应当配合农业行政执法人员依法执行职务，不得拒绝和阻碍。

第八十九条　农业行政主管部门与农业生产、经营单位必须在机构、人员、财务上彻底分离。农业行政主管部门及其工作人员不得参与和从事农业生产经营活动。

第十二章　法律责任

第九十条　违反本法规定，侵害农民和农业生产经营组织的土地承包经营权等财产权或者其他合法权益的，应当停止侵害，恢复原状；造成损失、损害的，依法承担赔偿责任。

国家工作人员利用职务便利或者以其他名义侵害农民和农业生产经营组织的合法权益的，应当赔偿损失，并由其所在单位或者上级主管机关给予行政处分。

第九十一条　违反本法第十九条、第二十五条、第六十二条、第七十一条规定的，依照相关法律或者行政法规的规定予以处罚。

第九十二条　有下列行为之一的，由上级主管机关责令限期归还被截留、挪用的资金，没收非法所得，并由上级主管机关或者所在单位给予直接负责的主管人员和其他直接责任人员行政处分；构成犯罪的，依法追究刑事责任：

（一）违反本法第三十三条第三款规定，截留、挪用粮食收购资金的；

（二）违反本法第三十九条第二款规定，截留、挪用用于农业的财政资金和信贷资金的；

（三）违反本法第八十六条第三款规定，截留、挪用扶贫资金的。

第九十三条　违反本法第六十七条规定，向农民或者农业生产经营组织违法收费、罚款、摊派的，上级主管机关应当予以制止，并予公告；已经收取钱款或者已经使用人力、物力的，由上级主管机关责令限期归还已经收取的钱款或者折价偿还已经使用的人力、物力，并由上级主管机关或者所在单位给予直接负责的主管人员和其他直接责任人员行政处分；情节严重，构成犯罪的，依法追究刑事责任。

第九十四条　有下列行为之一的，由上级主管机关责令停止违法行为，并给予直接负责的主管人员和其他直接责任人员行政处分，责令退还违法收取的集资款、税款或者费用：

（一）违反本法第六十八条规定，非法在农村进行集资、达标、升级、验收活动的；

（二）违反本法第六十九条规定，以违法方法向农民征税的；

（三）违反本法第七十条规定，通过农村中小学校向农民超额、超项目收费的。

第九十五条 违反本法第七十三条第二款规定，强迫农民以资代劳的，由乡（镇）人民政府责令改正，并退还违法收取的资金。

第九十六条 违反本法第七十四条规定，强迫农民和农业生产经营组织接受有偿服务的，由有关人民政府责令改正，并返还其违法收取的费用；情节严重的，给予直接负责的主管人员和其他直接责任人员行政处分；造成农民和农业生产经营组织损失的，依法承担赔偿责任。

第九十七条 县级以上人民政府农业行政主管部门的工作人员违反本法规定参与和从事农业生产经营活动的，依法给予行政处分；构成犯罪的，依法追究刑事责任。

第十三章 附 则

第九十八条 本法有关农民的规定，适用于国有农场、牧场、林场、渔场等企业事业单位实行承包经营的职工。

第九十九条 本法自2003年3月1日起施行。

中华人民共和国进出口货物原产地条例

（2004年9月3日中华人民共和国国务院令第416号公布
根据2019年3月2日《国务院关于修改部分
行政法规的决定》修订）

第一条 为了正确确定进出口货物的原产地，有效实施各项贸易措施，促进对外贸易发展，制定本条例。

第二条 本条例适用于实施最惠国待遇、反倾销和反补贴、保障措施、原产地标记管理、国别数量限制、关税配额等非优惠性贸易措施以及进行政府采购、贸易统计等活动对进出口货物原产地的确定。

实施优惠性贸易措施对进出口货物原产地的确定，不适用本条例。具体办法依照中华人民共和国缔结或者参加的国际条约、协定的有关规定另行制定。

第三条 完全在一个国家（地区）获得的货物，以该国（地区）为原产地；两个以上国家（地区）参与生产的货物，以最后完成实质性改变的国家（地区）为原产地。

第四条 本条例第三条所称完全在一个国家（地区）获得的货物，是指：

（一）在该国（地区）出生并饲养的活的动物；

（二）在该国（地区）野外捕捉、捕捞、搜集的动物；

（三）从该国（地区）的活的动物获得的未经加工的物品；

（四）在该国（地区）收获的植物和植物产品；

（五）在该国（地区）采掘的矿物；

（六）在该国（地区）获得的除本条第（一）项至第（五）项范围之外的其他天然生成的物品；

（七）在该国（地区）生产过程中产生的只能弃置或者回收用作材料的废碎料；

（八）在该国（地区）收集的不能修复或者修理的物品，或者从该物品中回收的零件或者材料；

（九）由合法悬挂该国旗帜的船舶从其领海以外海域获得的海洋捕捞物和其他物品；

（十）在合法悬挂该国旗帜的加工船上加工本条第（九）项所列物品获得的产品；

（十一）从该国领海以外享有专有开采权的海床或者海床底土获得的物品；

（十二）在该国（地区）完全从本条第（一）项至第（十一）项所列物品中生产的产品。

第五条 在确定货物是否在一个国家（地区）完全获得时，不考虑下列微小加工或者处理：

（一）为运输、贮存期间保存货物而作的

加工或者处理；

（二）为货物便于装卸而作的加工或者处理；

（三）为货物销售而作的包装等加工或者处理。

第六条 本条例第三条规定的实质性改变的确定标准，以税则归类改变为基本标准；税则归类改变不能反映实质性改变的，以从价百分比、制造或者加工工序等为补充标准。具体标准由海关总署会同商务部制定。

本条第一款所称税则归类改变，是指在某一国家（地区）对非该国（地区）原产材料进行制造、加工后，所得货物在《中华人民共和国进出口税则》中某一级的税目归类发生了变化。

本条第一款所称从价百分比，是指在某一国家（地区）对非该国（地区）原产材料进行制造、加工后的增值部分，超过所得货物价值一定的百分比。

本条第一款所称制造或者加工工序，是指在某一国家（地区）进行的赋予制造、加工后所得货物基本特征的主要工序。

世界贸易组织《协调非优惠原产地规则》实施前，确定进出口货物原产地实质性改变的具体标准，由海关总署会同商务部根据实际情况另行制定。

第七条 货物生产过程中使用的能源、厂房、设备、机器和工具的原产地，以及未构成货物物质成分或者组成部件的材料的原产地，不影响该货物原产地的确定。

第八条 随所装货物进出口的包装、包装材料和容器，在《中华人民共和国进出口税则》中与该货物一并归类的，该包装、包装材料和容器的原产地不影响所装货物原产地的确定；对该包装、包装材料和容器的原产地不再单独确定，所装货物的原产地即为该包装、包装材料和容器的原产地。

随所装货物进出口的包装、包装材料和容器，在《中华人民共和国进出口税则》中与该货物不一并归类的，依照本条例的规定确定该包装、包装材料和容器的原产地。

第九条 按正常配备的种类和数量随货物进出口的附件、备件、工具和介绍说明性资料，在《中华人民共和国进出口税则》中与该货物一并归类的，该附件、备件、工具和介绍说明性资料的原产地不影响该货物原产地的确定；对该附件、备件、工具和介绍说明性资料的原产地不再单独确定，该货物的原产地即为该附件、备件、工具和介绍说明性资料的原产地。

随货物进出口的附件、备件、工具和介绍说明性资料在《中华人民共和国进出口税则》中虽与该货物一并归类，但超出正常配备的种类和数量的，以及在《中华人民共和国进出口税则》中与该货物不一并归类的，依照本条例的规定确定该附件、备件、工具和介绍说明性资料的原产地。

第十条 对货物所进行的任何加工或者处理，是为了规避中华人民共和国关于反倾销、反补贴和保障措施等有关规定的，海关在确定该货物的原产地时可以不考虑这类加工和处理。

第十一条 进口货物的收货人按照《中华人民共和国海关法》及有关规定办理进口货物的海关申报手续时，应当依照本条例规定的原产地确定标准如实申报进口货物的原产地；同一批货物的原产地不同的，应当分别申报原产地。

第十二条 进口货物进口前，进口货物的收货人或者与进口货物直接相关的其他当事人，在有正当理由的情况下，可以书面申请海关对将要进口的货物的原产地作出预确定决定；申请人应当按照规定向海关提供作出原产地预确定决定所需的资料。

海关应当在收到原产地预确定书面申请及全部必要资料之日起150天内，依照本条例的规定对该进口货物作出原产地预确定决定，并对外公布。

第十三条 海关接受申报后，应当按照本条例的规定审核确定进口货物的原产地。

已作出原产地预确定决定的货物，自预确定决定作出之日起3年内实际进口时，经海关审核其实际进口的货物与预确定决定所述货物相符，且本条例规定的原产地确定标准未发生变化的，海关不再重新确定该进口货物的原产地；经海关审核其实际进口的货物与预确定决定所述货物不相符的，海关应当按照本条例的规定重新审核确定该进口货物的原产地。

第十四条 海关在审核确定进口货物原产地时，可以要求进口货物的收货人提交该进口货物的原产地证书，并予以审验；必要时，可以请求该货物出口国（地区）的有关机构对该货物的原产地进行核查。

第十五条 根据对外贸易经营者提出的书面申请，海关可以依照《中华人民共和国海关法》第四十三条的规定，对将要进口的货物的原产地预先作出确定原产地的行政裁定，并对外公布。

进口相同的货物，应当适用相同的行政裁定。

第十六条 国家对原产地标记实施管理。货物或者其包装上标有原产地标记的，其原产地标记所标明的原产地应当与依照本条例所确定的原产地相一致。

第十七条 出口货物发货人可以向海关、中国国际贸易促进委员会及其地方分会（以下简称签证机构），申请领取出口货物原产地证书。

第十八条 出口货物发货人申请领取出口货物原产地证书，应当在签证机构办理注册登记手续，按照规定如实申报出口货物的原产地，并向签证机构提供签发出口货物原产地证书所需的资料。

第十九条 签证机构接受出口货物发货人的申请后，应当按照规定审查确定出口货物的原产地，签发出口货物原产地证书；对不属于原产于中华人民共和国境内的出口货物，应当拒绝签发出口货物原产地证书。

出口货物原产地证书签发管理的具体办法，由海关总署会同国务院其他有关部门、机构另行制定。

第二十条 应出口货物进口国（地区）有关机构的请求，海关、签证机构可以对出口货物的原产地情况进行核查，并及时将核查情况反馈进口国（地区）有关机构。

第二十一条 用于确定货物原产地的资料和信息，除按有关规定可以提供或者经提供该资料和信息的单位、个人的允许，海关、签证机构应当对该资料和信息予以保密。

第二十二条 违反本条例规定申报进口货物原产地的，依照《中华人民共和国对外贸易法》、《中华人民共和国海关法》和《中华人民共和国海关行政处罚实施条例》的有关规定进行处罚。

第二十三条 提供虚假材料骗取出口货物原产地证书或者伪造、变造、买卖或者盗窃出口货物原产地证书的，由海关处5000元以上10万元以下的罚款；骗取、伪造、变造、买卖或者盗窃作为海关放行凭证的出口货物原产地证书的，处货值金额等值以下的罚款，但货值金额低于5000元的，处5000元罚款。有违法所得的，由海关没收违法所得。构成犯罪的，依法追究刑事责任。

第二十四条 进出口货物的原产地标记与依照本条例所确定的原产地不一致的，由海关责令改正。

第二十五条 确定进出口货物原产地的工作人员违反本条例规定的程序确定原产地的，或者泄露所知悉的商业秘密的，或者滥用职权、玩忽职守、徇私舞弊的，依法给予行政处分；有违法所得的，没收违法所得；构成犯罪的，依法追究刑事责任。

第二十六条 本条例下列用语的含义：

获得，是指捕捉、捕捞、搜集、收获、采掘、加工或者生产等。

货物原产地，是指依照本条例确定的获得某一货物的国家（地区）。

原产地证书，是指出口国（地区）根据原产地规则和有关要求签发的，明确指出该证中所列货物原产于某一特定国家（地区）的书面文件。

原产地标记，是指在货物或者包装上用来表明该货物原产地的文字和图形。

第二十七条 本条例自2005年1月1日起施行。1992年3月8日国务院发布的《中华人民共和国出口货物原产地规则》、1986年12月6日海关总署发布的《中华人民共和国海关关于进口货物原产地的暂行规定》同时废止。

原产地标记管理规定

（国家出入境检验检疫局 2001年3月5日）

第一章 总 则

第一条 为加强原产地标记管理工作，规范原产地标记的使用，保护生产者、经营者和消费者的合法权益，根据《中华人民共和国进出口商品检验法》及其实施条例、《中华人民共和国出口货物原产地规则》等有关法律法规和世界贸易组织《原产地规则协议》等国际条约、协议的规定，制定本规定。

第二条 本规定适用于对原产地标记的申请、评审、注册等原产地标记的认证和管理工作。

第三条 国家出入境检验检疫局（以下简称国家检验检疫局）统一管理全国原产地标记工作，负责原产地标记管理办法的制定、组织协调和监督管理。国家检验检疫局设在各地的出入境检验检疫局（以下简称检验检疫机构）负责其辖区内的原产地标记申请的受理、评审、报送注册和监督管理。

第四条 本规定所称原产地标记包括原产国标记和地理标志。原产地标记是原产地工作不可分割的组成部分。

原产国标记是指用于指示一项产品或服务来源于某个国家或地区的标记、标签、标志、文字、图案以及与产地有关的各种证书等。

地理标志是指一个国家、地区或特定地方的地理名称，用于指示一项产品来源于该地，且该产品的质量特征完全或主要取决于该地的地理环境、自然条件、人文背景等因素。

第五条 原产地标记的使用范围包括：

（一）标有“中国制造/生产”等字样的产品；

（二）名、特产品和传统的手工艺品；

（三）申请原产地认证标记的产品；

（四）涉及安全、卫生、环境保护及反欺诈行为的货物；

（五）涉及原产地标记的服务贸易和政府采购的商品；

（六）根据国家规定须标明来源地的产品。

第六条 检验检疫机构对原产地标记实施注册认证制度。

第七条 原产地标记的注册坚持自愿申请原则，原产地标记经注册后方可获得保护。

涉及安全、卫生、环境保护及反欺诈行为的入境产品，以及我国法律、法规、双边协议等规定须使用原产地标记的进出境产品或者服务，按有关规定办理。

第八条 经国家检验检疫局批准注册的原产地标记为原产地认证标记，国家检验检疫局定期公布《受保护的原产地标记产品目录》，对已列入保护的产品，在检验检疫、放行等方面给予方便。已经检验检验机构施加的各种标志、标签，凡已标明原产地的可视作原产地标记，未标明原产地的，按本规定有关条款办理。

第九条 取得原产地标记认证注册的产品或服务可以使用原产地认证标记，原产地认证标记包括图案、证书或者经国家检验检疫局认可的其它形式。

第十条 原产地标记的评审认定工作应坚持公平、公正、公开的原则。

第二章 原产地标记的申请、评审、注册和使用

第十一条 原产地标记的申请人包括国内外的组织、团体、生产经营企业或者自然人。

第十二条 申请出境货物原产地标记注册，申请人应向所在地检验检疫机构提出申请，并提交相关的资料。

申请入境货物原产地标记注册的，申请人应向国家检验检疫局提出申请，并提交相关的资料。

第十三条 检验检疫机构受理原产地标记

注册申请后，按相关程序组织评审。经评审符合条件的，由国家检验检疫局批准注册并定期发布《受保护的原产地标记产品目录》。

第十四条 使用“中国制造”或“中国生产”原产地标记的出口货物须符合下列标准：

（一）在中国获得的完全原产品；

（二）含有进口成份的，须符合《中华人民共和国出口货物原产地规则》要求，并取得中国原产地资格。

第三章 原产地标记的保护与监督

第十五条 国家检验检疫局可根据有关地方人民政府和社会团体对原产地标记产品保护的建议，组织行业主管部门、行业协会、生产者代表以及有关专家进行评审，符合要求的，列入《受保护的原产地标记产品目录》。

第十六条 取得原产地认证标记的产品、服务及其生产经营企业，应接受检验检疫机构的监督检查。

第十七条 对违反本规定使用原产地标记的行为，依法追究其法律责任。

第十八条 从事原产地标记工作的人员滥用职权、徇私舞弊、泄露商业秘密的，给予行政处分；构成犯罪的，依法追究刑事责任。

第十九条 对原产地标记的申请受理、评审认证、注册、使用认定和管理工作有异、议的，可以向所在地检验检疫机构或国家检验检疫局提出复审。

第四章 附 则

第二十条 检验检疫机构办理原产地标记，按有关规定收取费用。

第二十一条 国家检验检疫局根据本规定制定实施办法。

第二十二条 本办法由国家检验检疫局负责解释。

第二十三条 本规定自2001年4月1日起施行。

原产地标记管理规定实施办法

（国家出入境检验检疫局 2001年3月5日）

第一章 总 则

第一条 根据《原产地标记管理规定》，制定本办法。

第二条 国家出入境检验检疫局（以下简称国家检验检疫局）设立原产地标记工作小组及其办公室，主要职责是：

（一）原产地标记的有关管理办法的制、修订；

（二）受理入境原产地标记申请，办理原产地标记的注册审批；

（三）统一发布原产地标记认证的种类和形式；

（四）原产地标记管理工作的协调和监督管理。

第三条 各地出入境检验检疫局（以下简称检验检疫机构）按照相应的模式，负责其辖区内的原产地标记的申请受理、评审、报送注册和监督管理。

第四条 对已取得国家检验检疫局批准注册的原产地标记，由国家检验检疫局每半年一次公开发布《受保护的原产地标记产品目录》。

第二章 原产地标记的使用范围

第五条 使用原产国标记的产品包括：

（一）在生产国获得的完全原产品；

（二）含有进口成份，并获得原产资格的产品；

（三）标有原产国标记的涉及安全、卫生及环境保护的进口产品；

（四）国外生产商申请原产地标记保护的商品；

（五）涉及反倾销、反补贴的产品；

（六）服务贸易和政府采购中的原产地标记的产品。

第六条 使用地理标志的产品包括：

（一）用特定地区命名的产品，其原材料全部、部分或主要来自该地区，或来自其它特定地区，其产品的特殊品质、特色和声誉取决于当地的自然环境和人文因素，并在该地采用传统工艺生产。

（二）以非特定地区命名的产品，其主要原材料来自该地区或其它特定地区，但该产品的品质、品味、特征取决于该地的自然环境和人文因素以及采用传统工艺生产、加工、制造或形成的产品，也视为地理标志产品。

第三章 原产地标记的申请、评审和注册

第七条 申请地理标志注册的，申请人须填写《原产地标记注册申请书》，并提供以下资料：

（一）所适用的产地范围；

（二）生产或形成时所用的原材料、生产工艺、流程、主要质量特性；

（三）生产产品的质量情况与地理环境（自然因素、人文因素或者结合）的相关资料；

（四）检验检疫机构要求的其它相关资料。

第八条 检验检疫机构受理地理标志申请后，依据如下原则进行评审：

（一）产品名称应由其原产地地理名称和反映其真实属性的通用产品名称构成；

（二）产品的品质、品味、特征、特色和声誉能体现原产地的自然环境和人文因素，并具有稳定的质量、历史悠久、享有威名；

（三）在生产中采用传统的工艺生产或特殊的传统的生产设备生产；

（四）其原产地是公认的，协商一致的并经确认的。

第九条 检验检疫机构评审的依据如下：

（一）历史渊源、当地自然条件和人文因素；

（二）标记产品原有的标准（包括工艺）；

（三）申请人提供的经确认的感官特性，理化、卫生指标和试验方法；

（四）涉及安全、卫生、环保的产品要求符合国家标准的规定；

（五）申请人提供的其它与审核有关的文件。

第十条 国家检验检疫局对所受理的入境货物原产地认证标记的申请组织专家进行评审，评审合格的予以注册。

第十一条 检验检疫机构受理出境货物地理标记认证申请后，由直属检验检疫局依据《原产地标记注册程序》进行评审，评审合格的，报国家检验检疫局审批。经审批合格的，国家检验检疫局批准注册并颁发证书。

出境货物原产国标记注册的申请，检验检疫机构按照《中华人民共和国出口货物原产地规则》签发原产地证书的要求进行审核。经审核符合要求的，生产制造厂商可在其产品上施加原产地标记“中国制造/生产”字样；不符合要求的，不得施加。

第十二条 服务贸易中的原产地标记，申请人应提供该项服务的权利证明和服务性的依据，由检验检疫机构组织验证，对符合标准的，签发《原产地标记证明书》。

第四章 原产地认证标记的使用

第十三条 经国家检验检疫局注册的原产地标记为原产地认证标记。标记使用人应按照原产地标记注册证书核准的产品及标示方法的范围使用相应的原产地标记。

第十四条 原产地认证标记的形式和种类：

（一）标记图案：CIQ－Origin

标记图案的图形为椭圆形，底色为瓷蓝色，字体为白色。标记的材质为纸制，有耐热要求时为铝箔。

标记的规格分为5号，各种规格的外围尺寸为：1号60毫米，2号45毫米，3号30毫米，4号20毫米，5号10毫米

标记图案的长、短半径比例为1.5：1。

（二）证书

1. 原产地标记注册证书

2. 原产地标记的书面证明

（三）经国家检验检疫局认可的其它形式。

第十五条 原产地认证标记的标示方法有：

（一）直接加贴或吊挂在产品或包装

物上；

（二）图案压模，适用于金属、塑料等产品或包装上；

（三）原产地标记证书；

（四）直接印刷在标签或包装物上；

（五）应申请人的要求或根据实际情况，采用相应的标志方法。

第十六条 对土特产品、传统手工艺品、名牌优质产品，申请人提出申请原产地标记后，检验检疫机构应组织评审，经注册后方可使用原产地认证标记。

第五章 监督管理

第十七条 下列标记不受保护

（一）不符合规定的原产国标记和地理标志；

（二）违反道德或公共秩序的标记，特别是在商品的品质、来源、制造方法、质量特征或用途等方面容易引起误导的标记；

（三）已成为普通名称或公知公用的原产地标记；

（四）未经注册，自行施加或自我声明“中国制造”的标记。

第十八条 原产地标记的使用不得有下列情形：

（一）使用虚假的、欺骗性的或引起误解的原产地标记，使用虚假、欺骗性说明仿造原产地名称的；

（二）在原产地标记上加注了诸如“类”、“型”、“式”等类似用语以混淆原产地的；

（三）使用原产地标记与实际货物不符合的；

（四）未经许可使用、变更或伪造原产地标记的。

第十九条 检验检疫机构对已注册原产地标记的企业实行监督管理，发现不符合要求的，给予暂停使用或停止使用的处罚。对暂停使用的注册要求的，给予暂停使用或停止使用的处罚。对暂停使用的注册单位，改进后经审核合格的，可恢复使用；对停止使用的注册单位，以公告形式予以公布。

第二十条 对违反本规定的行为，情节轻微的，由检验检疫机构依法予以行政处罚；情节严重构成犯罪的，依法追究其刑事责任。

第六章 附 则

第二十一条 检验检疫机构办理原产地标记注册、加贴认证标志，以及实施有关检验、鉴定、测试等应按规定收取费用。

第二十二条 政府采购中的原产地标记，国家检验检疫局将根据我国政府采购的法律和法规，对政府采购中的原产地标记进行认定。

第二十三条 国家规定的“西部地区”的产品，可标有特定的“西部地区”标记，该标记视为原产地标记。

本条所称的“西部地区”是指国家公开发布的省、市、自治区。

第二十四条 本办法由国家检验检疫局负责解释。

第二十五条 本办法自2001年4月1日起施行。

地理标志产品保护规定

（2005年5月16日国家质量监督检验检疫总局局务会议审议通过
2005年6月7日国家质量监督检验检疫总局令第78号公布
自2005年7月15日起施行）

第一章 总 则

第一条 为了有效保护我国的地理标志产品，规范地理标志产品名称和专用标志的使用，保证地理标志产品的质量和特色，根据《中华人民共和国产品质量法》、《中华人民共和国标准化法》、《中华人民共和国进出口商品检验法》等有关规定，制定本规定。

第二条 本规定所称地理标志产品，是指产自特定地域，所具有的质量、声誉或其他特性本质上取决于该产地的自然因素和人文因素，经审核批准以地理名称进行命名的产品。地理标志产品包括：

（一）来自本地区的种植、养殖产品。

（二）原材料全部来自本地区或部分来自其他地区，并在本地区按照特定工艺生产和加工的产品。

第三条 本规定适用于对地理标志产品的申请受理、审核批准、地理标志专用标志注册登记和监督管理工作。

第四条 国家质量监督检验检疫总局（以下简称“国家质检总局”）统一管理全国的地理标志产品保护工作。各地出入境检验检疫局和质量技术监督局（以下简称各地质检机构）依照职能开展地理标志产品保护工作。

第五条 申请地理标志产品保护，应依照本规定经审核批准。使用地理标志产品专用标志，必须依照本规定经注册登记，并接受监督管理。

第六条 地理标志产品保护遵循申请自愿，受理及批准公开的原则。

第七条 申请地理标志保护的产品应当符合安全、卫生、环保的要求，对环境、生态、资源可能产生危害的产品，不予受理和保护。

第二章 申请及受理

第八条 地理标志产品保护申请，由当地县级以上人民政府指定的地理标志产品保护申请机构或人民政府认定的协会和企业（以下简称申请人）提出，并征求相关部门意见。

第九条 申请保护的产品在县域范围内的，由县级人民政府提出产地范围的建议；跨县域范围的，由地市级人民政府提出产地范围的建议；跨地市范围的，由省级人民政府提出产地范围的建议。

第十条 申请人应提交以下资料：

（一）有关地方政府关于划定地理标志产品产地范围的建议。

（二）有关地方政府成立申请机构或认定协会、企业作为申请人的文件。

（三）地理标志产品的证明材料，包括：

1. 地理标志产品保护申请书；

2. 产品名称、类别、产地范围及地理特征的说明；

3. 产品的理化、感官等质量特色及其与产地的自然因素和人文因素之间关系的说明；

4. 产品生产技术规范（包括产品加工工艺、安全卫生要求、加工设备的技术要求等）；

5. 产品的知名度，产品生产、销售情况及历史渊源的说明；

（四）拟申请的地理标志产品的技术标准。

第十一条 出口企业的地理标志产品的保护申请向本辖区内出入境检验检疫部门提出；按地域提出的地理标志产品的保护申请和其他地理标志产品的保护申请向当地（县级或县级以上）质量技术监督部门提出。

第十二条 省级质量技术监督局和直属出入境检验检疫局，按照分工，分别负责对拟申报的地理标志产品的保护申请提出初审意见，并将相关文件、资料上报国家质检总局。

第三章 审核及批准

第十三条 国家质检总局对收到的申请进行形式审查。审查合格的，由国家质检总局在国家质检总局公报、政府网站等媒体上向社会发布受理公告；审查不合格的，应书面告知申请人。

第十四条 有关单位和个人对申请有异议的，可在公告后的2个月内向国家质检总局提出。

第十五条 国家质检总局按照地理标志产品的特点设立相应的专家审查委员会，负责地理标志产品保护申请的技术审查工作。

第十六条 国家质检总局组织专家审查委员会对没有异议或者有异议但被驳回的申请进行技术审查，审查合格的，由国家质检总局发布批准该产品获得地理标志产品保护的公告。

第四章 标准制订及专用标志使用

第十七条 拟保护的地理标志产品，应根据产品的类别、范围、知名度、产品的生产销售等方面的因素，分别制订相应的国家标准、地方标准或管理规范。

第十八条 国家标准化行政主管部门组织草拟并发布地理标志保护产品的国家标准；省级地方人民政府标准化行政主管部门组织草拟并发布地理标志保护产品的地方标准。

第十九条 地理标志保护产品的质量检验由省级质量技术监督部门、直属出入境检验检疫部门指定的检验机构承担。必要时，国家质检总局将组织予以复检。

第二十条 地理标志产品产地范围内的生产者使用地理标志产品专用标志，应向当地质量技术监督局或出入境检验检疫局提出申请，并提交以下资料：

（一）地理标志产品专用标志使用申请书。

（二）由当地政府主管部门出具的产品产自特定地域的证明。

（三）有关产品质量检验机构出具的检验报告。

上述申请经省级质量技术监督局或直属出入境检验检疫局审核，并经国家质检总局审查合格注册登记后，发布公告，生产者即可在其产品上使用地理标志产品专用标志，获得地理标志产品保护。

第五章 保护和监督

第二十一条 各地质检机构依法对地理标志保护产品实施保护。对于擅自使用或伪造地理标志名称及专用标志的；不符合地理标志产品标准和管理规范要求而使用该地理标志产品的名称的；或者使用与专用标志相近、易产生误解的名称或标识及可能误导消费者的文字或图案标志，使消费者将该产品误认为地理标志保护产品的行为，质量技术监督部门和出入境检验检疫部门将依法进行查处。社会团体、企业和个人可监督、举报。

第二十二条 各地质检机构对地理标志产品的产地范围，产品名称，原材料，生产技术工艺，质量特色，质量等级、数量、包装、标识，产品专用标志的印刷、发放、数量、使用情况，产品生产环境、生产设备，产品的标准符合性等方面进行日常监督管理。

第二十三条 获准使用地理标志产品专用标志资格的生产者，未按相应标准和管理规范组织生产的，或者在2年内未在受保护的地理标志产品上使用专用标志的，国家质检总局将注销其地理标志产品专用标志使用注册登记，停止其使用地理标志产品专用标志并对外公告。

第二十四条 违反本规定的，由质量技术监督行政部门和出入境检验检疫部门依据《中华人民共和国产品质量法》、《中华人民共和国标准化法》、《中华人民共和国进出口商品检验法》等有关法律予以行政处罚。

第二十五条 从事地理标志产品保护工作的人员应忠于职守，秉公办事，不得滥用职权、以权谋私，不得泄露技术秘密。违反以上规定的，予以行政纪律处分；构成犯罪的依法追究刑事责任。

第六章 附 则

第二十六条 国家质检总局接受国外地理标志产品在中华人民共和国的注册并实施保护。具体办法另外规定。

第二十七条 本规定由国家质检总局负责解释。

第二十八条 本规定自2005年7月15日起施行。原国家质量技术监督局公布的《原产地域产品保护规定》同时废止。原国家出入境检验检疫局公布的《原产地标记管理规定》、《原产地标记管理规定实施办法》中关于地理标志的内容与本规定不一致的，以本规定为准。

地理标志专用标志使用管理办法（试行）

（2020年4月3日国家知识产权局公告第354号发布
自发布之日起施行）

第一条 为加强我国地理标志保护，统一和规范地理标志专用标志使用，依据《中华人民共和国民法总则》《中华人民共和国商标法》《中华人民共和国产品质量法》《中华人民共和国标准化法》《中华人民共和国商标法实施条例》《地理标志产品保护规定》《集体商标、证明商标注册和管理办法》《国外地理标志产品保护办法》，制定本办法。

第二条 本办法所称的地理标志专用标志，是指适用在按照相关标准、管理规范或者使用管理规则组织生产的地理标志产品上的官方标志。

第三条 国家知识产权局负责统一制定发布地理标志专用标志使用管理要求，组织实施地理标志专用标志使用监督管理。地方知识产权管理部门负责地理标志专用标志使用的日常监管。

第四条 地理标志专用标志合法使用人应当遵循诚实信用原则，履行如下义务：

（一）按照相关标准、管理规范和使用管理规则组织生产地理标志产品；

（二）按照地理标志专用标志的使用要求，规范标示地理标志专用标志；

（三）及时向社会公开并定期向所在地知识产权管理部门报送地理标志专用标志使用情况。

第五条 地理标志专用标志的合法使用人包括下列主体：

（一）经公告核准使用地理标志产品专用标志的生产者；

（二）经公告地理标志已作为集体商标注册的注册人的集体成员；

（三）经公告备案的已作为证明商标注册的地理标志的被许可人；

（四）经国家知识产权局登记备案的其他使用人。

第六条 地理标志专用标志的使用要求如下：

（一）地理标志保护产品和作为集体商标、证明商标注册的地理标志使用地理标志专用标志的，应在地理标志专用标志的指定位置标注统一社会信用代码。国外地理标志保护产品使用地理标志专用标志的，应在地理标志专用标志的指定位置标注经销商统一社会信用代码。图样如下：

（二）地理标志保护产品使用地理标志专用标志的，应同时使用地理标志专用标志和地理标志名称，并在产品标签或包装物上标注所执行的地理标志标准代号或批准公告号。

（三）作为集体商标、证明商标注册的地理标志使用地理标志专用标志的，应同时使用地理标志专用标志和该集体商标或证明商标，并加注商标注册号。

第七条 地理标志专用标志合法使用人可在国家知识产权局官方网站下载基本图案矢量图。地理标志专用标志矢量图可按比例缩放，标注应清晰可识，不得更改专用标志的图案形状、构成、文字字体、图文比例、色值等。

第八条 地理标志专用标志合法使用人可采用的地理标志专用标志标示方法有：

（一）采取直接贴附、刻印、烙印或者编织等方式将地理标志专用标志附着在产品本身、产品包装、容器、标签等上；

（二）使用在产品附加标牌、产品说明书、介绍手册等上；

（三）使用在广播、电视、公开发行的出版物等媒体上，包括以广告牌、邮寄广告或者其他广告方式为地理标志进行的广告宣传；

（四）使用在展览会、博览会上，包括在展览会、博览会上提供的使用地理标志专用标志的印刷品及其他资料；

（五）将地理标志专用标志使用于电子商务网站、微信、微信公众号、微博、二维码、手机应用程序等互联网载体上；

（六）其他合乎法律法规规定的标示方法。

第九条 地理标志专用标志合法使用人未按相应标准、管理规范或相关使用管理规则组织生产的，或者在2年内未在地理标志保护产品上使用专用标志的，知识产权管理部门停止其地理标志专用标志使用资格。

第十条 对于未经公告擅自使用或伪造地理标志专用标志的；或者使用与地理标志专用标志相近、易产生误解的名称或标识及可能误导消费者的文字或图案标志，使消费者将该产品误认为地理标志的行为，知识产权管理部门及相关执法部门依照法律法规和相关规定进行调查处理。

第十一条 省级知识产权管理部门应加强本辖区地理标志专用标志使用日常监管，定期向国家知识产权局报送上一年使用和监管信息。鼓励地理标志专用标志使用和日常监管信息通过地理标志保护信息平台向社会公开。

第十二条 原相关地理标志专用标志使用过渡期至2020年12月31日。在2020年12月31日前生产的使用原标志的产品可以继续在市场流通。

第十三条 本办法由国家知识产权局负责解释。

第十四条 本办法自发布之日起实施。

(2) 商标与特殊标志

特殊标志管理条例

（1996年7月13日中华人民共和国国务院令第202号发布 自发布之日起施行）

第一章 总 则

第一条 为了加强对特殊标志的管理，推动文化、体育、科学研究及其他社会公益活动的发展，保护特殊标志所有人、使用人和消费者的合法权益，制定本条例。

第二条 本条例所称特殊标志，是指经国务院批准举办的全国性和国际性的文化、体育、科学研究及其他社会公益活动所使用的，由文字、图形组成的名称及缩写、会徽、吉祥物等标志。

第三条 经国务院工商行政管理部门核准登记的特殊标志，受本条例保护。

第四条 含有下列内容的文字、图形组成的特殊标志，不予登记：

（一）有损于国家或者国际组织的尊严或者形象的；

（二）有害于社会善良习俗和公共秩序的；

（三）带有民族歧视性，不利于民族团结的；

（四）缺乏显著性，不便于识别的；

（五）法律、行政法规禁止的其他内容。

第五条 特殊标志所有人使用或者许可他人使用特殊标志所募集的资金，必须用于特殊标志所服务的社会公益事业，并接受国务院财政部门、审计部门的监督。

第二章 特殊标志的登记

第六条 举办社会公益活动的组织者或者筹备者对其使用的名称、会徽、吉祥物等特殊标志，需要保护的，应当向国务院工商行政管理部门提出登记申请。

登记申请可以直接办理，也可以委托他人代理。

第七条 申请特殊标志登记，应当填写特殊标志登记申请书并提交下列文件：

（一）国务院批准举办该社会公益活动的文件；

（二）准许他人使用特殊标志的条件及管理办法；

（三）特殊标志图样5份，黑白墨稿1份。图样应当清晰，便于粘贴，用光洁耐用的纸张印制或者用照片代替，长和宽不大于10厘米、不小于5厘米；

（四）委托他人代理的，应当附代理人委托书，注明委托事项和权限；

（五）国务院工商行政管理部门认为应当提交的其他文件。

第八条 国务院工商行政管理部门收到申请后，按照以下规定处理：

（一）符合本条例有关规定，申请文件齐备无误的，自收到申请之日起15日内，发给特殊标志登记申请受理通知书，并在发出通知之日起2个月内，将特殊标志有关事项、图样和核准使用的商品和服务项目，在特殊标志登记簿上登记，发给特殊标志登记证书。

特殊标志经核准登记后，由国务院工商行政管理部门公告。

（二）申请文件不齐备或者有误的，自收到申请之日起10日内发给特殊标志登记申请补正通知书，并限其自收到通知之日起15日内予以补正；期满不补正或者补正仍不符合规定的，发给特殊标志登记申请不予受理通知书。

（三）违反本条例第四条规定的，自收到申请之日起15日内发给特殊标志登记申请驳回通知书。申请人对驳回通知不服的，可以自收到驳回通知之日起15日内，向国务院工商行政管理部门申请复议。

前款所列各类通知书，由国务院工商行政管理部门送达申请人或者其代理人。因故不能直接送交的，以国务院工商行政管理部门公告或者邮寄之日起的20日为送达日期。

第九条 特殊标志有效期为4年，自核准登记之日起计算。

特殊标志所有人可以在有效期满前3个月内提出延期申请，延长的期限由国务院工商行政管理部门根据实际情况和需要决定。

特殊标志所有人变更地址，应当自变更之日起1个月内报国务院工商行政管理部门备案。

第十条 已获准登记的特殊标志有下列情形之一的，任何单位和个人可以在特殊标志公告刊登之日至其有效期满的期间，向国务院工商行政管理部门申明理由并提供相应证据，请求宣告特殊标志登记无效：

（一）同已在先申请的特殊标志相同或者近似的；

（二）同已在先申请注册的商标或者已获得注册的商标相同或者近似的；

（三）同已在先申请外观设计专利或者已依法取得专利权的外观设计专利相同或者近似的；

（四）侵犯他人著作权的。

第十一条 国务院工商行政管理部门自收到特殊标志登记无效申请之日起10日内，通知被申请人并限其自收到通知之日起15日内作出答辩。

被申请人拒绝答辩或者无正当理由超过答辩期限的，视为放弃答辩的权利。

第十二条 国务院工商行政管理部门自收到特殊标志登记无效申请之日起3个月内作出裁定，并通知当事人；当事人对裁定不服的，可以自收到通知之日起15日内，向国务院工商行政管理部门申请复议。

第三章 特殊标志的使用与保护

第十三条 特殊标志所有人可以在与其公益活动相关的广告、纪念品及其他物品上使用该标志，并许可他人在国务院工商行政管理部门核准使用该标志的商品或者服务项目上使用。

第十四条 特殊标志的使用人应当是依法成立的企业、事业单位、社会团体、个体工商户。

特殊标志使用人应当同所有人签订书面使用合同。

特殊标志使用人应当自合同签订之日起1个月内，将合同副本报国务院工商行政管理部门备案，并报使用人所在地县级以上人民政府工商行政管理部门存查。

第十五条 特殊标志所有人或者使用人有下列行为之一的，由其所在地或者行为发生地县级以上人民政府工商行政管理部门责令改正，可以处5万元以下的罚款；情节严重的，由县级以上人民政府工商行政管理部门责令使用人停止使用该特殊标志，由国务院工商行政管理部门撤销所有人的特殊标志登记：

（一）擅自改变特殊标志文字、图形的；

（二）许可他人使用特殊标志，未签订使用合同，或者使用人在规定期限内未报国务院工商行政管理部门备案或者未报所在地县级以上人民政府工商行政管理机关存查的；

（三）超出核准登记的商品或者服务范围使用的。

第十六条 有下列行为之一的，由县级以上人民政府工商行政管理部门责令侵权人立即停止侵权行为，没收侵权商品，没收违法所得，并处违法所得5倍以下的罚款，没有违法所得的，处1万元以下的罚款：

（一）擅自使用与所有人的特殊标志相同或者近似的文字、图形或者其组合的；

（二）未经特殊标志所有人许可，擅自制

造、销售其特殊标志或者将其特殊标志用于商业活动的；

（三）有给特殊标志所有人造成经济损失的其他行为的。

第十七条 特殊标志所有人或者使用人发现特殊标志所有权或者使用权被侵害时，可以向侵权人所在地或者侵权行为发生地县级以上人民政府工商行政管理部门投诉；也可以直接向人民法院起诉。

工商行政管理部门受理特殊标志侵权案件投诉的，应当依特殊标志所有人的请求，就侵权的民事赔偿主持调解；调解不成的，特殊标志所有人可以向人民法院起诉。

第十八条 工商行政管理部门受理特殊标志侵权案件，在调查取证时，可以行使下列职权，有关当事人应当予以协助，不得拒绝：

（一）询问有关当事人；

（二）检查与侵权活动有关的物品；

（三）调查与侵权活动有关的行为；

（四）查阅、复制与侵权活动有关的合同、账册等业务资料。

第四章 附 则

第十九条 特殊标志申请费、公告费、登记费的收费标准，由国务院财政部门、物价部门会同国务院工商行政管理部门制定。

第二十条 申请特殊标志登记有关文书格式由国务院工商行政管理部门制定。

第二十一条 经国务院批准代表中国参加国际性文化、体育、科学研究等活动的组织所使用的名称、徽记、吉祥物等标志的保护，参照本条例的规定施行。

第二十二条 本条例自发布之日起施行。

世界博览会标志保护条例

（2004年10月13日国务院第66次常务会议通过
2004年10月20日中华人民共和国国务院令
第422号公布 自2004年12月1日起施行）

第一条 为了加强对世界博览会标志的保护，维护世界博览会标志权利人的合法权益，制定本条例。

第二条 本条例所称世界博览会标志，是指：

（一）中国2010年上海世界博览会申办机构的名称（包括全称、简称、译名和缩写，下同）、徽记或者其他标志；

（二）中国2010年上海世界博览会组织机构的名称、徽记或者其他标志；

（三）中国2010年上海世界博览会的名称、会徽、会旗、吉祥物、会歌、主题词、口号；

（四）国际展览局的局旗。

第三条 本条例所称世界博览会标志权利人，是指中国2010年上海世界博览会组织机构和国际展览局。

中国2010年上海世界博览会组织机构为本条例第二条第（一）、（二）、（三）项规定的世界博览会标志的权利人。中国2010年上海世界博览会组织机构和国际展览局之间关于本条例第二条第（四）项规定的世界博览会标志的权利划分，依照中国2010年上海世界博览会《申办报告》、《注册报告》和国际展览局《关于使用国际展览局局旗的规定》确定。

第四条 世界博览会标志权利人依照本条例享有世界博览会标志专有权。

未经世界博览会标志权利人许可，任何人不得为商业目的（含潜在商业目的，下同）使用世界博览会标志。

第五条 本条例所称为商业目的使用，是指以营利为目的，以下列方式使用世界博览会标志：

（一）将世界博览会标志用于商品、商品包装或者容器以及商品交易文书上；

（二）将世界博览会标志用于服务业中；

（三）将世界博览会标志用于广告宣传、商业展览、营业性演出以及其他商业活动中；

（四）销售、进口、出口含有世界博览会标志的商品；

（五）制造或者销售世界博览会标志；

（六）将世界博览会标志作为字号申请企业名称登记，可能造成市场误认、混淆的；

（七）可能使他人认为行为人与世界博览会标志权利人之间存在许可使用关系而使用世界博览会标志的其他行为。

第六条 国务院工商行政管理部门依照本条例的规定，负责全国的世界博览会标志保护工作。

县级以上地方工商行政管理部门依照本条例的规定，负责本行政区域内的世界博览会标志保护工作。

第七条 世界博览会标志权利人应当将世界博览会标志报国务院工商行政管理部门备案，由国务院工商行政管理部门公告。

第八条 在本条例施行前已经依法使用世界博览会标志的，可以在原有范围内继续使用。

第九条 未经世界博览会标志权利人许可，为商业目的擅自使用世界博览会标志即侵犯世界博览会标志专有权，引起纠纷的，由当事人协商解决；不愿协商或者协商不成的，世界博览会标志权利人或者利害关系人可以依法向人民法院提起诉讼，也可以请求工商行政管理部门处理。

应当事人的请求，工商行政管理部门可以就侵犯世界博览会标志专有权的赔偿数额进行调解；调解不成的，当事人可以依法向人民法院提起诉讼。

第十条 工商行政管理部门根据已经取得的违法嫌疑证据或者举报查处涉嫌侵犯世界博览会标志专有权的行为时，可以行使下列职权：

（一）询问有关当事人，调查与侵犯世界博览会标志专有权有关的情况；

（二）查阅、复制与侵权活动有关的合同、发票、账簿以及其他有关资料；

（三）对当事人涉嫌侵犯世界博览会标志专有权活动的场所实施现场检查；

（四）检查与侵权活动有关的物品；对有证据证明侵犯世界博览会标志专有权的物品，予以查封或者扣押。

工商行政管理部门依法行使前款规定的职权时，当事人应当予以协助、配合，不得拒绝、阻挠。

第十一条 工商行政管理部门处理侵犯世界博览会标志专有权行为时，认定侵权行为成立的，责令立即停止侵权行为，没收、销毁侵权商品和专门用于制造侵权商品或者为商业目的擅自制造世界博览会标志的工具，有违法所得的，没收违法所得，可以并处违法所得5倍以下的罚款；没有违法所得的，可以并处5万元以下的罚款。

利用世界博览会标志进行诈骗等活动，构成犯罪的，依法追究刑事责任。

第十二条 侵犯世界博览会标志专有权的货物禁止进出口。世界博览会标志专有权海关保护的程序适用《中华人民共和国知识产权海关保护条例》的规定。

第十三条 侵犯世界博览会标志专有权的赔偿数额，按照权利人因被侵权所受到的损失或者侵权人因侵权所获得的利益确定，包括为制止侵权行为所支付的合理开支；被侵权人的损失或者侵权人获得的利益难以确定的，参照该世界博览会标志许可使用费合理确定。

销售不知道是侵犯世界博览会标志专有权的商品，能证明该商品是自己合法取得并说明提供者的，不承担赔偿责任。

第十四条 任何单位或者个人可以向工商行政管理部门或有关行政管理部门举报违反本条例使用世界博览会标志的行为。

第十五条 世界博览会标志除依照本条例受到保护外，还可以依照《中华人民共和国著作权法》、《中华人民共和国商标法》、《中华人民共和国专利法》、《中华人民共和国反不正当竞争法》、《特殊标志管理条例》等法律、行政法规的规定获得保护。

第十六条 本条例自2004年12月1日起施行。

奥林匹克标志保护条例

（2002 年 2 月 4 日中华人民共和国国务院令第 345 号公布
2018 年 6 月 28 日中华人民共和国国务院令第 699 号修订
自 2018 年 7 月 31 日起施行）

第一条 为了加强对奥林匹克标志的保护，保障奥林匹克标志权利人的合法权益，促进奥林匹克运动发展，制定本条例。

第二条 本条例所称奥林匹克标志，是指：

（一）国际奥林匹克委员会的奥林匹克五环图案标志、奥林匹克旗、奥林匹克格言、奥林匹克徽记、奥林匹克会歌；

（二）奥林匹克、奥林匹亚、奥林匹克运动会及其简称等专有名称；

（三）中国奥林匹克委员会的名称、徽记、标志；

（四）中国境内申请承办奥林匹克运动会的机构的名称、徽记、标志；

（五）在中国境内举办的奥林匹克运动会的名称及其简称、吉祥物、会歌、火炬造型、口号、“主办城市名称 + 举办年份”等标志，以及其组织机构的名称、徽记；

（六）《奥林匹克宪章》和相关奥林匹克运动会主办城市合同中规定的其他与在中国境内举办的奥林匹克运动会有关的标志。

第三条 本条例所称奥林匹克标志权利人，是指国际奥林匹克委员会、中国奥林匹克委员会和中国境内申请承办奥林匹克运动会的机构、在中国境内举办的奥林匹克运动会的组织机构。

国际奥林匹克委员会、中国奥林匹克委员会和中国境内申请承办奥林匹克运动会的机构、在中国境内举办的奥林匹克运动会的组织机构之间的权利划分，依照《奥林匹克宪章》和相关奥林匹克运动会主办城市合同确定。

第四条 奥林匹克标志权利人依照本条例对奥林匹克标志享有专有权。

未经奥林匹克标志权利人许可，任何人不得为商业目的使用奥林匹克标志。

第五条 本条例所称为商业目的使用，是指以营利为目的，以下列方式利用奥林匹克标志：

（一）将奥林匹克标志用于商品、商品包装或者容器以及商品交易文书上；

（二）将奥林匹克标志用于服务项目中；

（三）将奥林匹克标志用于广告宣传、商业展览、营业性演出以及其他商业活动中；

（四）销售、进口、出口含有奥林匹克标志的商品；

（五）制造或者销售奥林匹克标志；

（六）其他以营利为目的利用奥林匹克标志的行为。

第六条 除本条例第五条规定外，利用与奥林匹克运动有关的元素开展活动，足以引人误认为与奥林匹克标志权利人之间有赞助或者其他支持关系，构成不正当竞争行为的，依照《中华人民共和国反不正当竞争法》处理。

第七条 国务院市场监督管理部门、知识产权主管部门依据本条例的规定，负责全国的奥林匹克标志保护工作。

县级以上地方市场监督管理部门依据本条例的规定，负责本行政区域内的奥林匹克标志保护工作。

第八条 奥林匹克标志权利人应当将奥林匹克标志提交国务院知识产权主管部门，由国务院知识产权主管部门公告。

第九条 奥林匹克标志有效期为 10 年，自公告之日起计算。

奥林匹克标志权利人可以在有效期满前 12 个月内办理续展手续，每次续展的有效期为 10 年，自该奥林匹克标志上一届有效期满次日起计算。国务院知识产权主管部门应当对续展的奥林匹克标志予以公告。

第十条 取得奥林匹克标志权利人许可，

为商业目的使用奥林匹克标志的，应当同奥林匹克标志权利人订立使用许可合同。奥林匹克标志权利人应当将其许可使用奥林匹克标志的种类、被许可人、许可使用的商品或者服务项目、时限、地域范围等信息及时披露。

被许可人应当在使用许可合同约定的奥林匹克标志种类、许可使用的商品或者服务项目、时限、地域范围内使用奥林匹克标志。

第十一条 本条例施行前已经依法使用奥林匹克标志的，可以在原有范围内继续使用。

第十二条 未经奥林匹克标志权利人许可，为商业目的擅自使用奥林匹克标志，或者使用足以引人误认的近似标志，即侵犯奥林匹克标志专有权，引起纠纷的，由当事人协商解决；不愿协商或者协商不成的，奥林匹克标志权利人或者利害关系人可以向人民法院提起诉讼，也可以请求市场监督管理部门处理。市场监督管理部门处理时，认定侵权行为成立的，责令立即停止侵权行为，没收、销毁侵权商品和主要用于制造侵权商品或者为商业目的擅自制造奥林匹克标志的工具。违法经营额5万元以上的，可以并处违法经营额5倍以下的罚款，没有违法经营额或者违法经营额不足5万元的，可以并处25万元以下的罚款。当事人对处理决定不服的，可以依照《中华人民共和国行政复议法》申请行政复议，也可以直接依照《中华人民共和国行政诉讼法》向人民法院提起诉讼。进行处理的市场监督管理部门应当事人的请求，可以就侵犯奥林匹克标志专有权的赔偿数额进行调解；调解不成的，当事人可以依照《中华人民共和国民事诉讼法》向人民法院提起诉讼。

利用奥林匹克标志进行诈骗等活动，构成犯罪的，依法追究刑事责任。

第十三条 对侵犯奥林匹克标志专有权的行为，市场监督管理部门有权依法查处。

市场监督管理部门根据已经取得的违法嫌疑证据或者举报，对涉嫌侵犯奥林匹克标志专有权的行为进行查处时，可以行使下列职权：

（一）询问有关当事人，调查与侵犯奥林匹克标志专有权有关的情况；

（二）查阅、复制与侵权活动有关的合同、发票、账簿以及其他有关资料；

（三）对当事人涉嫌侵犯奥林匹克标志专有权活动的场所实施现场检查；

（四）检查与侵权活动有关的物品；对有证据证明是侵犯奥林匹克标志专有权的物品，予以查封或者扣押。

市场监督管理部门依法行使前款规定的职权时，当事人应当予以协助、配合，不得拒绝、阻挠。

第十四条 进出口货物涉嫌侵犯奥林匹克标志专有权的，由海关参照《中华人民共和国海关法》和《中华人民共和国知识产权海关保护条例》规定的权限和程序查处。

第十五条 侵犯奥林匹克标志专有权的赔偿数额，按照权利人因被侵权所受到的损失或者侵权人因侵权所获得的利益确定，包括为制止侵权行为所支付的合理开支；被侵权人的损失或者侵权人获得的利益难以确定的，参照该奥林匹克标志许可使用费合理确定。

销售不知道是侵犯奥林匹克标志专有权的商品，能证明该商品是自己合法取得并说明提供者的，不承担赔偿责任。

第十六条 奥林匹克标志除依照本条例受到保护外，还可以依照《中华人民共和国著作权法》、《中华人民共和国商标法》、《中华人民共和国专利法》、《特殊标志管理条例》等法律、行政法规的规定获得保护。

第十七条 对残奥会有关标志的保护，参照本条例执行。

第十八条 本条例自2018年7月31日起施行。

（3）商标与企业名称

企业名称登记管理规定

（根据2012年11月9日《国务院关于修改和废止部分行政法规的决定》第一次修订 2020年12月14日国务院第118次常务会议修订通过 2020年12月28日中华人民共和国国务院令第734号公布 自2021年3月1日起施行）

第一条 为了规范企业名称登记管理，保护企业的合法权益，维护社会经济秩序，优化营商环境，制定本规定。

第二条 县级以上人民政府市场监督管理部门（以下统称企业登记机关）负责中国境内设立企业的企业名称登记管理。

国务院市场监督管理部门主管全国企业名称登记管理工作，负责制定企业名称登记管理的具体规范。

省、自治区、直辖市人民政府市场监督管理部门负责建立本行政区域统一的企业名称申报系统和企业名称数据库，并向社会开放。

第三条 企业登记机关应当不断提升企业名称登记管理规范化、便利化水平，为企业和群众提供高效、便捷的服务。

第四条 企业只能登记一个企业名称，企业名称受法律保护。

第五条 企业名称应当使用规范汉字。民族自治地方的企业名称可以同时使用本民族自治地方通用的民族文字。

第六条 企业名称由行政区划名称、字号、行业或者经营特点、组织形式组成。跨省、自治区、直辖市经营的企业，其名称可以不含行政区划名称；跨行业综合经营的企业，其名称可以不含行业或者经营特点。

第七条 企业名称中的行政区划名称应当是企业所在地的县级以上地方行政区划名称。市辖区名称在企业名称中使用时应当同时冠以其所属的设区的市的行政区划名称。开发区、垦区等区域名称在企业名称中使用时应当与行政区划名称连用，不得单独使用。

第八条 企业名称中的字号应当由两个以上汉字组成。

县级以上地方行政区划名称、行业或者经营特点不得作为字号，另有含义的除外。

第九条 企业名称中的行业或者经营特点应当根据企业的主营业务和国民经济行业分类标准标明。国民经济行业分类标准中没有规定的，可以参照行业习惯或者专业文献等表述。

第十条 企业应当根据其组织结构或者责任形式，依法在企业名称中标明组织形式。

第十一条 企业名称不得有下列情形：

（一）损害国家尊严或者利益；

（二）损害社会公共利益或者妨碍社会公共秩序；

（三）使用或者变相使用政党、党政军机关、群团组织名称及其简称、特定称谓和部队番号；

（四）使用外国国家（地区）、国际组织名称及其通用简称、特定称谓；

（五）含有淫秽、色情、赌博、迷信、恐怖、暴力的内容；

（六）含有民族、种族、宗教、性别歧视的内容；

（七）违背公序良俗或者可能有其他不良影响；

（八）可能使公众受骗或者产生误解；

（九）法律、行政法规以及国家规定禁止的其他情形。

第十二条 企业名称冠以“中国”、“中华”、“中央”、“全国”、“国家”等字词，应当按照有关规定从严审核，并报国务院批准。国务院市场监督管理部门负责制定具体管理办法。

企业名称中间含有“中国”、“中华”、“全国”、“国家”等字词的，该字词应当是行业限定语。

使用外国投资者字号的外商独资或者控股的外商投资企业，企业名称中可以含有“（中国）”字样。

第十三条 企业分支机构名称应当冠以其所从属企业的名称，并缀以“分公司”、“分厂”、“分店”等字词。境外企业分支机构还应当在名称中标明该企业的国籍及责任形式。

第十四条 企业集团名称应当与控股企业名称的行政区划名称、字号、行业或者经营特点一致。控股企业可以在其名称的组织形式之前使用“集团”或者“（集团）”字样。

第十五条 有投资关系或者经过授权的企业，其名称中可以含有另一个企业的名称或者其他法人、非法人组织的名称。

第十六条 企业名称由申请人自主申报。

申请人可以通过企业名称申报系统或者在企业登记机关服务窗口提交有关信息和材料，对拟定的企业名称进行查询、比对和筛选，选取符合本规定要求的企业名称。

申请人提交的信息和材料应当真实、准确、完整，并承诺因其企业名称与他人企业名称近似侵犯他人合法权益的，依法承担法律责任。

第十七条 在同一企业登记机关，申请人拟定的企业名称中的字号不得与下列同行业或者不使用行业、经营特点表述的企业名称中的字号相同：

（一）已经登记或者在保留期内的企业名称，有投资关系的除外；

（二）已经注销或者变更登记未满1年的原企业名称，有投资关系或者受让企业名称的除外；

（三）被撤销设立登记或者被撤销变更登记未满1年的原企业名称，有投资关系的除外。

第十八条 企业登记机关对通过企业名称申报系统提交完成的企业名称予以保留，保留期为2个月。设立企业依法应当报经批准或者企业经营范围中有在登记前须经批准的项目的，保留期为1年。

申请人应当在保留期届满前办理企业登记。

第十九条 企业名称转让或者授权他人使用的，相关企业应当依法通过国家企业信用信息公示系统向社会公示。

第二十条 企业登记机关在办理企业登记时，发现企业名称不符合本规定的，不予登记并书面说明理由。

企业登记机关发现已经登记的企业名称不符合本规定的，应当及时纠正。其他单位或者个人认为已经登记的企业名称不符合本规定的，可以请求企业登记机关予以纠正。

第二十一条 企业认为其他企业名称侵犯本企业名称合法权益的，可以向人民法院起诉或者请求为涉嫌侵权企业办理登记的企业登记机关处理。

企业登记机关受理申请后，可以进行调解；调解不成的，企业登记机关应当自受理之日起3个月内作出行政裁决。

第二十二条 利用企业名称实施不正当竞争等行为的，依照有关法律、行政法规的规定处理。

第二十三条 使用企业名称应当遵守法律法规，诚实守信，不得损害他人合法权益。

人民法院或者企业登记机关依法认定企业名称应当停止使用的，企业应当自收到人民法院生效的法律文书或者企业登记机关的处理决定之日起30日内办理企业名称变更登记。名称变更前，由企业登记机关以统一社会信用代码代替其名称。企业逾期未办理变更登记的，企业登记机关将其列入经营异常名录；完成变更登记后，企业登记机关将其移出经营异常名录。

第二十四条 申请人登记或者使用企业名称违反本规定的，依照企业登记相关法律、行政法规的规定予以处罚。

企业登记机关对不符合本规定的企业名称予以登记，或者对符合本规定的企业名称不予登记的，对直接负责的主管人员和其他直接责任人员，依法给予行政处分。

第二十五条 农民专业合作社和个体工商户的名称登记管理，参照本规定执行。

第二十六条 本规定自2021年3月1日起施行。

企业名称登记管理实施办法

（中华人民共和国国家工商行政管理总局局务会议决定修改
2004年6月14日中华人民共和国国家工商行政管理总局令
第10号公布 自2004年7月1日起施行）

第一章 总 则

第一条 为了加强和完善企业名称的登记管理，保护企业名称所有人的合法权益，维护公平竞争秩序，根据《企业名称登记管理规定》和有关法律、行政法规，制定本办法。

第二条 本办法适用于工商行政管理机关登记注册的企业法人和不具有法人资格的企业的名称。

第三条 企业应当依法选择自己的名称，并申请登记注册。企业自成立之日起享有名称权。

第四条 各级工商行政管理机关应当依法核准登记企业名称。

超越权限核准的企业名称应当予以纠正。

第五条 工商行政管理机关对企业名称实行分级登记管理。国家工商行政管理总局主管全国企业名称登记管理工作，并负责核准下列企业名称：

（一）冠以“中国”、“中华”、“全国”、“国家”、“国际”等字样的；

（二）在名称中间使用“中国”、“中华”、“全国”、“国家”等字样的；

（三）不含行政区划的。

地方工商行政管理局负责核准前款规定以外的下列企业名称：

（一）冠以同级行政区划的；

（二）符合本办法第十二条的含有同级行政区划的。

国家工商行政管理总局授予外商投资企业核准登记权的工商行政管理局按本办法核准外商投资企业名称。

第二章 企业名称

第六条 企业法人名称中不得含有其他法人的名称，国家工商行政管理总局另有规定的除外。

第七条 企业名称中不得含有另一个企业名称。

企业分支机构名称应当冠以其所从属企业的名称。

第八条 企业名称应当使用符合国家规范的汉字，不得使用汉语拼音字母、阿拉伯数字。

企业名称需译成外文使用的，由企业依据文字翻译原则自行翻译使用，不需报工商行政管理机关核准登记。

第九条 企业名称应当由行政区划、字号、行业、组织形式依次组成，法律、行政法规和本办法另有规定的除外。

第十条 除国务院决定设立的企业外，企业名称不得冠以“中国”、“中华”、“全国”、“国家”、“国际”等字样。

在企业名称中间使用“中国”、“中华”、“全国”、“国家”、“国际”等字样的，该字样应是行业的限定语。

使用外国（地区）出资企业字号的外商独资企业、外方控股的外商投资企业，可以在名称中间使用“（中国）”字样。

第十一条 企业名称中的行政区划是本企业所在地县级以上行政区划的名称或地名。

市辖区的名称不能单独用作企业名称中的行政区划。市辖区名称与市行政区划连用的企业名称，由市工商行政管理局核准。

省、市、县行政区划连用的企业名称，由最高级别行政区的工商行政管理局核准。

第十二条 具备下列条件的企业法人，可以将名称中的行政区划放在字号之后，组织形式之前：

（一）使用控股企业名称中的字号；

（二）该控股企业的名称不含行政区划。

第十三条 经国家工商行政管理总局核准，符合下列条件之一的企业法人，可以使用不含行政区划的企业名称：

（一）国务院批准的；

（二）国家工商行政管理总局登记注册的；

（三）注册资本（或注册资金）不少于5000万元人民币的；

（四）国家工商行政管理总局另有规定的。

第十四条 企业名称中的字号应当由2个以上的字组成。

行政区划不得用作字号，但县以上行政区划的地名具有其他含义的除外。

第十五条 企业名称可以使用自然人投资人的姓名作字号。

第十六条 企业名称中的行业表述应当是反映企业经济活动性质所属国民经济行业或者企业经营特点的用语。

企业名称中行业用语表述的内容应当与企业经营范围一致。

第十七条 企业经济活动性质分别属于国民经济行业不同大类的，应当选择主要经济活动性质所属国民经济行业类别用语表述企业名称中的行业。

第十八条 企业名称中不使用国民经济行业类别用语表述企业所从事行业的，应当符合以下条件：

（一）企业经济活动性质分别属于国民经济行业5个以上大类；

（二）企业注册资本（或注册资金）1亿元以上或者是企业集团的母公司；

（三）与同一工商行政管理机关核准或者登记注册的企业名称中字号不相同。

第十九条 企业为反映其经营特点，可以在名称中的字号之后使用国家（地区）名称或者县级以上行政区划的地名。

上述地名不视为企业名称中的行政区划。

第二十条 企业名称不应当明示或者暗示有超越其经营范围的业务。

第三章 企业名称的登记注册

第二十一条 企业营业执照上只准标明一个企业名称。

第二十二条 设立公司应当申请名称预先核准。

法律、行政法规规定设立企业必须报经审批或者企业经营范围中有法律、行政法规规定必须报经审批项目的，应当在报送审批前办理企业名称预先核准，并以工商行政管理机关核准的企业名称报送审批。

设立其他企业可以申请名称预先核准。

第二十三条 申请企业名称预先核准，应当由全体出资人、合伙人、合作者（以下统称投资人）指定的代表或者委托的代理人，向有名称核准管辖权的工商行政管理机关提交企业名称预先核准申请书。

企业名称预先核准申请书应当载明企业的名称（可以载明备选名称）、住所、注册资本、经营范围、投资人名称或者姓名、投资额和投资比例、授权委托意见（指定的代表或者委托的代理人姓名、权限和期限），并由全体投资人签名盖章。

企业名称预先核准申请书上应当粘贴指定的代表或者委托的代理人身份证复印件。

第二十四条 直接到工商行政管理机关办理企业名称预先核准的，工商行政管理机关应当场对申请预先核准的企业名称作出核准或者驳回的决定。予以核准的，发给《企业名称预先核准通知书》；予以驳回的，发给《企业名称驳回通知书》。

通过邮寄、传真、电子数据交换等方式申请企业名称预先核准的，按照《企业登记程序规定》执行。

第二十五条 申请企业设立登记，已办理企业名称预先核准的，应当提交《企业名称预先核准通知书》。

设立企业名称涉及法律、行政法规规定必须报经审批，未能提交审批文件的，登记机关不得以预先核准的企业名称登记注册。

企业名称预先核准与企业登记注册不在同一工商行政管理机关办理的，登记机关应当自企业登记注册之日起30日内，将有关登记情况送核准企业名称的工商行政管理机关备案。

第二十六条 企业变更名称，应当向其登记机关申请变更登记。

企业申请变更的名称，属登记机关管辖的，由登记机关直接办理变更登记。

企业申请变更的名称，不属登记机关管辖的，按本办法第二十七条规定办理。

企业名称变更登记核准之日起30日内，企业应当申请办理其分支机构名称的变更登记。

第二十七条 申请企业名称变更登记，企业登记和企业名称核准不在同一工商行政管理机关的，企业登记机关应当对企业拟变更的名称进行初审，并向有名称管辖权的工商行政管理机关报送企业名称变更核准意见书。

企业名称变更核准意见书上应当载明原企业名称、拟变更的企业名称（备选名称）、住所、注册资本、经营范围、投资人名称或者姓名、企业登记机关的审查意见，并加盖公章。有名称管辖权的工商行政管理机关收到企业名称变更核准意见书后，应在5日内作出核准或驳回的决定，核准的，发给《企业名称变更核准通知书》；驳回的，发给《企业名称驳回通知书》。

登记机关应当在核准企业名称变更登记之日起30日内，将有关登记情况送核准企业名称的工商行政管理机关备案。

第二十八条 公司名称预先核准和公司名称变更核准的有效期为6个月，有效期满，核准的名称自动失效。

第二十九条 企业被撤销有关业务经营权，而其名称又表明了该项业务时，企业应当在被撤销该项业务经营权之日起1个月内，向登记机关申请变更企业名称等登记事项。

第三十条 企业办理注销登记或者被吊销营业执照，如其名称是经其他工商行政管理机关核准的，登记机关应当将核准注销登记情况或者行政处罚决定书送核准该企业名称的工商行政管理机关备案。

第三十一条 企业名称有下列情形之一的，不予核准：

（一）与同一工商行政管理机关核准或者登记注册的同行业企业名称字号相同，有投资关系的除外；

（二）与同一工商行政管理机关核准或者登记注册符合本办法第十八条的企业名称字号相同，有投资关系的除外；

（三）与其他企业变更名称未满1年的原名称相同；

（四）与注销登记或者被吊销营业执照未满3年的企业名称相同；

（五）其他违反法律、行政法规的。

第三十二条 工商行政管理机关应当建立企业名称核准登记档案。

第三十三条 《企业名称预先核准通知书》、《企业名称变更核准通知书》、《企业名称驳回通知书》及企业名称核准登记表格式样由国家工商行政管理总局统一制定。

第三十四条 外国（地区）企业名称，依据我国参加的国际公约、协定、条约等有关规定予以保护。

第四章 企业名称的使用

第三十五条 预先核准的企业名称在有效期内，不得用于经营活动，不得转让。

企业变更名称，在其登记机关核准变更登记前，不得使用《企业名称变更核准通知书》上核准变更的企业名称从事经营活动，也不得转让。

第三十六条 企业应当在住所处标明企业名称。

第三十七条 企业的印章、银行账户、信笺所使用的企业名称，应当与其营业执照上的企业名称相同。

第三十八条 法律文书使用企业名称，应当与该企业营业执照上的企业名称相同。

第三十九条 企业使用名称，应当遵循诚实信用的原则。

第五章 监督管理与争议处理

第四十条 各级工商行政管理机关对在本机关管辖地域内从事活动的企业使用企业名称的行为，依法进行监督管理。

第四十一条 已经登记注册的企业名称，在使用中对公众造成欺骗或者误解的，或者损害他人合法权益的，应当认定为不适宜的企业名称予以纠正。

第四十二条 企业因名称与他人发生争议，可以向工商行政管理机关申请处理，也可以向人民法院起诉。

第四十三条 企业请求工商行政管理机关处理名称争议时，应当向核准他人名称的工商行政管理机关提交以下材料：

（一）申请书；

（二）申请人的资格证明；

（三）举证材料；

（四）其他有关材料。

申请书应当由申请人签署并载明申请人和被申请人的情况、名称争议事实及理由、请求事项等内容。

委托代理的，还应当提交委托书和被委托人资格证明。

第四十四条 工商行政管理机关受理企业名称争议后，应当按以下程序在6个月内作出处理：

（一）查证申请人和被申请人企业名称登记注册的情况；

（二）调查核实申请人提交的材料和有关争议的情况；

（三）将有关名称争议情况书面告知被申请人，要求被申请人在1个月内对争议问题提交书面意见；

（四）依据保护工业产权的原则和企业名称登记管理的有关规定作出处理。

第六章 附 则

第四十五条 以下需在工商行政管理机关办理登记的名称，参照《企业名称登记管理规定》和本办法办理：

（一）企业集团的名称，其构成为：行政区划+字号+行业+“集团”字样；

（二）其他按规定需在工商行政管理机关办理登记的组织的名称。

第四十六条 企业名称预先核准申请书和企业名称变更核准意见书由国家工商行政管理总局统一制发标准格式文本，各地工商行政管理机关按照标准格式文本印制。

第四十七条 本办法自2004年7月1日起施行。

国家工商行政管理局《关于贯彻〈企业名称登记管理规定〉有关问题的通知》（工商企字［1991］第309号）、《关于执行〈企业名称登记管理规定〉有关问题的补充通知》《工商企字［1992］第283号》、《关于外商投资企业名称登记管理有关问题的通知》（工商企字［1993］第152号）同时废止。

国家工商行政管理总局其他文件中有关企业名称的规定，与《企业名称登记管理规定》和本办法抵触的，同时失效。

最高人民法院
关于审理注册商标、企业名称与在先权利冲突的民事纠纷案件若干问题的规定

［2008年2月18日最高人民法院审判委员会第1444次会议通过
根据2020年12月23日最高人民法院审判委员会第1823次会议通过的《最高人民法院关于修改〈最高人民法院关于审理侵犯专利权纠纷案件应用法律若干问题的解释（二）〉等十八件知识产权类司法解释的决定》修正］

为正确审理注册商标、企业名称与在先权利冲突的民事纠纷案件，根据《中华人民共和国民法典》《中华人民共和国商标法》《中华人民共和国反不正当竞争法》和《中华人民共和国民事诉讼法》等法律的规定，结合审判实践，制定本规定。

第一条 原告以他人注册商标使用的文字、图形等侵犯其著作权、外观设计专利权、企业名称权等在先权利为由提起诉讼，符合民事诉讼法第一百一十九条规定的，人民法院应当受理。

原告以他人使用在核定商品上的注册商标与其在先的注册商标相同或者近似为由提起诉讼的，人民法院应当根据民事诉讼法第一百二

十四条第（三）项的规定，告知原告向有关行政主管机关申请解决。但原告以他人超出核定商品的范围或者以改变显著特征、拆分、组合等方式使用的注册商标，与其注册商标相同或者近似为由提起诉讼的，人民法院应当受理。

第二条 原告以他人企业名称与其在先的企业名称相同或者近似，足以使相关公众对其商品的来源产生混淆，违反反不正当竞争法第六条第（二）项的规定为由提起诉讼，符合民事诉讼法第一百一十九条规定的，人民法院应当受理。

第三条 人民法院应当根据原告的诉讼请求和争议民事法律关系的性质，按照民事案件案由规定，确定注册商标或者企业名称与在先权利冲突的民事纠纷案件的案由，并适用相应的法律。

第四条 被诉企业名称侵犯注册商标专用权或者构成不正当竞争的，人民法院可以根据原告的诉讼请求和案件具体情况，确定被告承担停止使用、规范使用等民事责任。

最高人民法院
关于对杭州张小泉剪刀厂与上海张小泉刀剪总店、上海张小泉刀剪制造有限公司商标侵权及不正当竞争纠纷一案有关适用法律问题的函

2003年11月4日 〔2003〕民三他字第1号

上海市高级人民法院：

你院《关于杭州张小泉剪刀厂与上海张小泉刀剪总店、上海张小泉刀剪制造有限公司商标侵权及不正当竞争纠纷一案的请示报告》收悉。经研究，对请示中涉及的法律适用问题答复如下：

一、同意你院关于应当依法受理本案的意见。

二、同意你院关于在先取得企业名称权的权利人有权正当使用自己的企业名称，不构成侵犯在后注册商标专用权行为的意见。企业名称权和商标专用权各自有其权利范围，均受法律保护。企业名称经核准登记以后，权利人享有在不侵犯他人合法权益的基础上使用企业名称进行民事活动、在相同行政区划范围内阻止他人登记同一名称、禁止他人假冒企业名称等民事权利。考虑到本案纠纷发生的历史情况和行政法规、规章允许企业使用简化名称以及字号的情况，上海张小泉刀剪总店过去在产品上使用“张小泉”或者“上海张小泉”字样的行为不宜认定侵犯杭州张小泉剪刀厂的合法权益。今后上海张小泉刀剪总店应当在商品、服务上规范使用其经核准登记的企业名称。

三、使用与他人在先注册并驰名的商标文字相同的文字作为企业名称或者名称中部分文字，该企业所属行业（或者经营特点）又与注册商标核定使用的商品或者服务相同或者有紧密联系，客观上可能产生淡化他人驰名商标，损害商标注册人的合法权益的，人民法院应当根据当事人的请求对这类行为予以制止。从你院请示报告中所陈述的查明事实看，本案上海张小泉刀剪总店成立在先且其字号的知名度较高，上海张小泉刀剪制造有限公司系上海张小泉刀剪总店与他人合资设立，且“张小泉”文字无论作为字号还是商标，其品牌知名度和声誉的产生都是有长期的历史原因。因此，请你院根据本案存在的上述事实以及本案被告是否存在其他不正当竞争行为等全案情况，对上海张小泉刀剪制造有限公司使用“张小泉”文字是否构成侵权或者不正当竞争及赔偿等问题，依法自行裁决。

以上意见供参考。

【指导案例】

指导案例46号

山东鲁锦实业有限公司诉鄄城县鲁锦工艺品有限责任公司、济宁礼之邦家纺有限公司侵害商标权及不正当竞争纠纷案

（最高人民法院审判委员会讨论通过 2015年4月15日发布）

关键词 民事 商标侵权 不正当竞争 商品通用名称

裁判要点

判断具有地域性特点的商品通用名称，应当注意从以下方面综合分析：（1）该名称在某一地区或领域约定俗成，长期普遍使用并为相关公众认可；（2）该名称所指代的商品生产工艺经某一地区或领域群众长期共同劳动实践而形成；（3）该名称所指代的商品生产原料在某一地区或领域普遍生产。

相关法条

《中华人民共和国商标法》第五十九条

基本案情

原告山东鲁锦实业有限公司（以下简称鲁锦公司）诉称：被告鄄城县鲁锦工艺品有限责任公司（以下简称鄄城鲁锦公司）、济宁礼之邦家纺有限公司（以下简称礼之邦公司）大量生产、销售标有“鲁锦”字样的鲁锦产品，侵犯其“鲁锦”注册商标专用权。鄄城鲁锦公司企业名称中含有原告的“鲁锦”注册商标字样，误导消费者，构成不正当竞争。“鲁锦”不是通用名称。请求判令二被告承担侵犯商标专用权和不正当竞争的法律责任。

被告鄄城鲁锦公司辩称：原告鲁锦公司注册成立前及鲁锦商标注册完成前，“鲁锦”已成为通用名称。按照有关规定，其属于“正当使用”，不构成商标侵权，也不构成不正当竞争。

被告礼之邦公司一审未作答辩，二审上诉称：“鲁锦”是鲁西南一带民间纯棉手工纺织品的通用名称，不知道“鲁锦”是鲁锦公司的注册商标，接到诉状后已停止相关使用行为，故不应承担赔偿责任。

法院经审理查明：鲁锦公司的前身嘉祥县瑞锦民间工艺品厂于1999年12月21日取得注册号为第1345914号的“鲁锦”文字商标，有效期为1999年12月21日至2009年12月20日，核定使用商品为第25类服装、鞋、帽类。鲁锦公司又于2001年11月14日取得注册号为第1665032号的“Lj + LUJIN”的组合商标，有效期为2001年11月14日至2011年11月13日，核定使用商品为第24类的“纺织物、棉织品、内衣用织物、纱布、纺织品、毛巾布、无纺布、浴巾、床单、纺织品家具罩等”。嘉祥县瑞锦民间工艺品厂于2001年2月9日更名为嘉祥县鲁锦实业有限公司，后于2007年6月11日更名为山东鲁锦实业有限公司。

鲁锦公司在获得“鲁锦”注册商标专用权后，在多家媒体多次宣传其产品及注册商标，并于2006年3月被“中华老字号”工作委员会接纳为会员单位。鲁锦公司经过多年努力及长期大量的广告宣传和市场推广，其“鲁锦”牌系列产品，特别是“鲁锦”牌服装在国内享有一定的知名度。2006年11月16日，“鲁锦”注册商标被审定为山东省著名商标。

2007年3月，鲁锦公司从礼之邦鲁锦专卖店购买到由鄄城鲁锦公司生产的同鲁锦公司注册商标所核定使用的商品相同或类似的商品，该商品上的标签（吊牌）、包装盒、包装袋及店堂门面上均带有“鲁锦”字样。在该店门面上“鲁锦”已被突出放大使用，其出具的发票上加盖的印章为礼之邦公司公章。

鄄城鲁锦公司于2003年3月3日成立，在产品上使用的商标是“精一坊文字 + 图形”组合商标，该商标已申请注册，但尚未核准。

2007年9月，鄄城鲁锦公司申请撤销鲁锦公司已注册的第1345914号“鲁锦”商标，国家工商总局商标评审委员会已受理但未作出裁定。

一审法院根据鲁锦公司的申请，依法对鄄城鲁锦公司、礼之邦公司进行了证据保全，发现二被告处存有大量同“鲁锦”注册商标核准使用的商品同类或者类似的商品，该商品上的标签（吊牌）、包装盒、包装袋、商品标价签以及被告店堂门面上均带有原告注册商标“鲁锦”字样。被控侵权商品的标签（吊牌）、包装盒、包装袋上已将“鲁锦”文字放大，作为商品的名称或者商品装潢醒目突出使用，且包装袋上未标识生产商及其地址。

另查明：鲁西南民间织锦是一种山东民间纯棉手工纺织品，因其纹彩绚丽、灿烂似锦而得名，在鲁西南地区已有上千年的历史，是历史悠久的齐鲁文化的一部分。从20世纪80年代中期开始，鲁西南织锦开始被开发利用。1986年1月8日，在济南举行了“鲁西南织锦与现代生活展览汇报会”。1986年8月20日，在北京民族文化宫举办了“鲁锦与现代生活展”。1986年前后，《人民日报》《经济参考》《农民日报》等报刊发表“鲁锦”的专题报道，中央电视台、山东电视台也拍摄了多部“鲁锦”的专题片。自此，“鲁锦”作为山东民间手工棉纺织品的通称被广泛使用。此后，鲁锦的研究、开发和生产逐渐普及并不断发展壮大。1987年11月15日，为促进鲁锦文化与现代生活的进一步结合，加拿大国际发展署（CIDA）与中华全国妇女联合会共同在鄄城县杨屯村举行了双边合作项目——鄄城杨屯妇女鲁锦纺织联社培训班。

山东省及济宁、菏泽等地方史志资料在谈及历史、地方特产或传统工艺时，对“鲁锦”也多有记载，均认为“鲁锦”是流行在鲁西南地区广大农村的一种以棉纱为主要原料的传统纺织产品，是山东的主要民间美术品种之一。相关工具书及出版物也对“鲁锦”多有介绍，均认为“鲁锦”是山东民间手工织花棉布，以棉花为主要原料，手工织线、染色、织造，俗称“土布”或“手织布”，因此布色彩斑斓，似锦似绣，故称为“鲁锦”。

1995年12月25日，山东省文物局作出《关于建设“中国鲁锦博物馆”的批复》，同意菏泽地区文化局在鄄城县成立“中国鲁锦博物馆”。2006年12月23日，山东省人民政府公布第一批省级非物质文化遗产，其中山东省文化厅、鄄城县、嘉祥县申报的“鲁锦民间手工技艺”被评定为非物质文化遗产。2008年6月7日，国务院国发〔2008〕19号文件确定由山东省鄄城县、嘉祥县申报的“鲁锦织造技艺”被列入第二批国家级非物质文化遗产名录。

裁判结果

山东省济宁市中级人民法院于2008年8月25日作出（2007）济民五初字第6号民事判决：一、鄄城鲁锦公司于判决生效之日立即停止在其生产、销售的第25类服装类系列商品上使用“鲁锦”作为其商品名称或者商品装潢，并于判决生效之日起30日内，消除其现存被控侵权产品上标明的“鲁锦”字样；礼之邦公司立即停止销售鄄城鲁锦公司生产的被控侵权商品。二、鄄城鲁锦公司于判决生效之日起15日内赔偿鲁锦公司经济损失25万元；礼之邦公司赔偿鲁锦公司经济损失1万元。三、鄄城鲁锦公司于判决生效之日起30日内变更企业名称，变更后的企业名称中不得包含“鲁锦”文字；礼之邦公司于判决生效之日立即消除店堂门面上的“鲁锦”字样。宣判后，鄄城鲁锦公司与礼之邦公司提出上诉。山东省高级人民法院于2009年8月5日作出（2009）鲁民三终字第34号民事判决：撤销山东省济宁市中级人民法院（2007）济民五初字第6号民事判决；驳回鲁锦公司的诉讼请求。

裁判理由

法院生效裁判认为：根据本案事实可以认定，在1999年鲁锦公司将“鲁锦”注册为商标之前，已是山东民间手工棉纺织品的通用名称，“鲁锦”织造技艺为非物质文化遗产。鄄城鲁锦公司、济宁礼之邦公司的行为不构成商标侵权，也非不正当竞争。

首先，“鲁锦”已成为具有地域性特点的棉纺织品的通用名称。商品通用名称是指行业规范或社会公众约定俗成的对某一商品的通常称谓。该通用名称可以是行业规范规定的称谓，也可以是公众约定俗成的简称。鲁锦指鲁西南民间纯棉手工织锦，其纹彩绚丽灿烂似锦，在鲁西南地区已有上千年的历史。“鲁锦”作为具有山东特色的手工纺织品的通用名称，为国家主流媒体、各类专业报纸以及山东省新闻媒体所公认，山东省、济宁、菏泽、嘉祥、鄄城的省市县三级史志资料均将“鲁锦”记载为传统鲁西南民间织锦的“新名”，有关工艺美术和艺术的工具书中也确认“鲁锦”就是产自山东的一种民间纯棉手工纺织品。“鲁锦”织造工艺历史悠久，在提到“鲁锦”时，人们想到的就是传统悠久的山东民间手工棉纺织品及其织造工艺。“鲁锦织造技艺”被确定为国家级非物质文化遗产。“鲁锦”代表的纯棉手工纺织生产工艺并非由某一自然人或企业法人发明而成，而是由山东地区特别是鲁西南地区人民群众长期劳动实践而形成。“鲁锦”代表的纯棉手工纺织品的生产原料亦非某一自然人或企业法人特定种植，而是山东不特定地区广泛种植的棉花。自20世纪80年代中期后，经过媒体的大量宣传，“鲁锦”已成为以棉花为主要原料、手工织线、染色、织造的山东地区民间手工纺织品的通称，且已在山东地区纺织行业领域内通用，并被相关社会公众所接受。综上，可以认定“鲁锦”是山东地区特别是鲁西南地区民间纯棉手工纺织品的通用名称。

关于鲁锦公司主张“鲁锦”这一名称不具有广泛性，在我国其他地方也出产老粗布，但不叫“鲁锦”。对此法院认为，对于具有地域性特点的商品通用名称，判断其广泛性应以特定产区及相关公众为标准，而不应以全国为标准。我国其他省份的手工棉纺织品不叫“鲁锦”，并不影响“鲁锦”专指山东地区特有的民间手工棉纺织品这一事实。关于鲁锦公司主张“鲁锦”不具有科学性，棉织品应称为“棉”而不应称为“锦”。对此法院认为，名称的确定与其是否符合科学没有必然关系，对于已为相关公众接受、指代明确、约定俗成的名称，即使有不科学之处，也不影响其成为通用名称。关于鲁锦公司还主张“鲁锦”不具有普遍性，山东省内有些经营者、消费者将这种民间手工棉纺织品称为“粗布”或“老土布”。对此法院认为，“鲁锦”这一称谓是20世纪80年代中期确定的新名称，经过多年宣传与使用，现已为相关公众所知悉和接受。“粗布”“老土布”等旧有名称的存在，不影响“鲁锦”通用名称的认定。

其次，注册商标中含有的本商品的通用名称，注册商标专用权人无权禁止他人正当使用。《中华人民共和国商标法实施条例》第四十九条规定：“注册商标中含有的本商品的通用名称、图形、型号，或者直接表示商品的质量、主要原料、功能、用途、重量、数量及其他特点，或者含有地名，注册商标专用权人无权禁止他人正当使用。”商标的作用主要为识别性，即消费者能够依不同的商标而区别相应的商品及服务的提供者。保护商标权的目的，就是防止对商品及服务的来源产生混淆。由于鲁锦公司“鲁锦”文字商标和“Lj + LUJIN”组合商标，与作为山东民间手工棉纺织品通用名称的“鲁锦”一致，其应具备的显著性区别特征因此趋于弱化。“鲁锦”虽不是鲁锦服装的通用名称，但却是山东民间手工棉纺织品的通用名称。商标注册人对商标中通用名称部分不享有专用权，不影响他人将“鲁锦”作为通用名称正当使用。鲁西南地区有不少以鲁锦为面料生产床上用品、工艺品、服饰的厂家，这些厂家均可以正当使用“鲁锦”名称，在其产品上叙述性标明其面料采用鲁锦。

本案中，鄄城鲁锦公司在其生产的涉案产品的包装盒、包装袋上使用“鲁锦”两字，虽然在商品上使用了鲁锦公司商标中含有的商品通用名称，但仅是为了表明其产品采用鲁锦面料，其生产技艺具备鲁锦特点，并不具有侵犯鲁锦公司“鲁锦”注册商标专用权的主观恶意，也并非作为商业标识使用，属于正当使用，故不应认定为侵犯“鲁锦”注册商标专用权的行为。基于同样的理由，鄄城鲁锦公司在其企业名称中使用“鲁锦”字样，也系正当使用，不构成不正当竞争。礼之邦公司作为鲁锦制品的专卖店，同样有权使用“鲁锦”字样，亦不构成对“鲁锦”注册商标专用权的侵犯。

此外，鲁锦公司的“鲁锦”文字商标和“Lj + LUJIN”的组合商标已经国家商标局核准注册并核定使用于第25类、第24类商品上，该注册商标专用权应依法受法律保护。虽然鄄城鲁锦公司对此商标提出撤销申请，但在国家商标局商标评审委员会未撤销前，仍应依法保护上述有效注册商标。鉴于“鲁锦”是注册商标，为规范市场秩序，保护公平竞争，鄄城鲁锦公司在今后使用“鲁锦”字样以标明其产品面料性质的同时，应合理避让鲁锦公司的注册商标专用权，应在其产品包装上突出使用自己的“精一坊”商标，以显著区别产品来源，方便消费者识别。

指导案例58号

成都同德福合川桃片有限公司诉重庆市合川区同德福桃片有限公司、余晓华侵害商标权及不正当竞争纠纷案

（最高人民法院审判委员会讨论通过 2016年5月20日发布）

关键词 民事 侵害商标权 不正当竞争 老字号 虚假宣传

裁判要点

1. 与“老字号”无历史渊源的个人或企业将“老字号”或与其近似的字号注册为商标后，以“老字号”的历史进行宣传的，应认定为虚假宣传，构成不正当竞争。

2. 与“老字号”具有历史渊源的个人或企业在未违反诚实信用原则的前提下，将“老字号”注册为个体工商户字号或企业名称，未引人误认且未突出使用该字号的，不构成不正当竞争或侵犯注册商标专用权。

相关法条

《中华人民共和国商标法》第57条第7项

《中华人民共和国反不正当竞争法》第2条、第9条

基本案情

原告（反诉被告）成都同德福合川桃片食品有限公司（以下简称成都同德福公司）诉称，成都同德福公司为“同德福TONGDEFU及图”商标权人，余晓华先后成立的个体工商户和重庆市合川区同德福桃片有限公司（以下简称重庆同德福公司），在其字号及生产的桃片外包装上突出使用了“同德福”，侵害了原告享有的“同德福TONGDEFU及图”注册商标专用权并构成不正当竞争。请求法院判令重庆同德福公司、余晓华停止使用并注销含有“同德福”字号的企业名称；停止侵犯原告商标专用权的行为，登报赔礼道歉、消除影响，赔偿原告经济、商誉损失50万元及合理开支5066.4元。

被告（反诉原告）重庆同德福公司、余晓华共同答辩并反诉称，重庆同德福公司的前身为始创于1898年的同德福斋铺，虽然同德福斋铺因公私合营而停止生产，但未中断独特技艺的代代相传。“同德福”第四代传人余晓华继承祖业先后注册了个体工商户和公司，规范使用其企业名称及字号，重庆同德福公司、余晓华的注册行为是善意的，不构成侵权。成都同德福公司与老字号“同德福”并没有直接的历史渊源，但其将“同德福”商标与老字号“同德福”进行关联的宣传，属于虚假宣传。而且，成都同德福公司擅自使用“同德福”知名商品名称，构成不正当竞争。请求法院判令成都同德福公司停止虚假宣传，在全国性报纸上登报消除影响；停止对“同德福”知名商品特有名称的侵权行为。

法院经审理查明：开业于1898年的同德福斋铺，在1916年至1956年期间，先后由余鸿春、余复光、余永祚三代人经营。在20世纪20年代至50年代期间，“同德福”商号享有较高知名度。1956年，由于公私合营，同德福斋铺停止经营。1998年，合川市桃片厂温江分厂获准注册了第1215206号“同德福TONGDEFU及图”商标，核定使用范围为第30类，即糕点、桃片（糕点）、可可产品、人造咖啡。2000年11月7日，前述商标的注册人名义经核准变更为成都同德福公司。成都同德福公司的多种产品外包装使用了“老字号”“百年老牌”字样、“‘同德福牌’桃片简介：‘同德福牌’桃片创制于清乾隆年间（或1840年），有着悠久的历史文化”等字样。成都同德福公司网站中“公司简介”页面将《合川文史资料选辑（第二辑）》中关于同德福斋铺

的历史用于其“同德福”牌合川桃片的宣传。

2002年1月4日，余永祚之子余晓华注册个体工商户，字号名称为合川市老字号同德福桃片厂，经营范围为桃片、小食品自产自销。2007年，其字号名称变更为重庆市合川区同德福桃片厂，后注销。2011年5月6日，重庆同德福公司成立，法定代表人为余晓华，经营范围为糕点（烘烤类糕点、熟粉类糕点）生产，该公司是第6626473号“余复光1898”图文商标、第7587928号“余晓华”图文商标的注册商标专用权人。重庆同德福公司的多种产品外包装使用了“老字号【同德福】商号，始创于清光绪二十三年（1898年）历史悠久”等介绍同德福斋铺历史及获奖情况的内容，部分产品在该段文字后注明“以上文字内容摘自《合川县志》”；“【同德福】颂：同德福，在合川，驰名远，开百年，做桃片，四代传，品质高，价亦廉，讲诚信，无欺言，买卖公，热情谈”；“合川桃片”“重庆市合川区同德福桃片有限公司”等字样。

裁判结果

重庆市第一中级人民法院于2013年7月3日作出（2013）渝一中法民初字第00273号民事判决：一、成都同德福公司立即停止涉案的虚假宣传行为。二、成都同德福公司就其虚假宣传行为于本判决生效之日起连续五日在其网站刊登声明消除影响。三、驳回成都同德福公司的全部诉讼请求。四、驳回重庆同德福公司、余晓华的其他反诉请求。一审宣判后，成都同德福公司不服，提起上诉。重庆市高级人民法院于2013年12月17日作出（2013）渝高法民终字00292号民事判决：驳回上诉，维持原判。

裁判理由

法院生效裁判认为：个体工商户余晓华及重庆同德福公司与成都同德福公司经营范围相似，存在竞争关系；其字号中包含“同德福”三个字与成都同德福公司的“同德福TONGDEFU及图”注册商标的文字部分相同，与该商标构成近似。其登记字号的行为是否构成不正当竞争关键在于该行为是否违反诚实信用原则。成都同德福公司的证据不足以证明“同德福TONGDEFU及图”商标已经具有相当知名度，即便他人将“同德福”登记为字号并规范使用，不会引起相关公众误认，因而不能说明余晓华将个体工商户字号注册为“同德福”具有“搭便车”的恶意。而且，在二十世纪二十年代至五十年代期间，“同德福”商号享有较高商誉。同德福斋铺先后由余鸿春、余复光、余永祚三代人经营，尤其是在余复光经营期间，同德福斋铺生产的桃片获得了较多荣誉。余晓华系余复光之孙、余永祚之子，基于同德福斋铺的商号曾经获得的知名度及其与同德福斋铺经营者之间的直系亲属关系，将个体工商户字号登记为“同德福”具有合理性。余晓华登记个体工商户字号的行为是善意的，并未违反诚实信用原则，不构成不正当竞争。基于经营的延续性，其变更个体工商户字号的行为以及重庆同德福公司登记公司名称的行为亦不构成不正当竞争。

从重庆同德福公司产品的外包装来看，重庆同德福公司使用的是企业全称，标注于外包装正面底部，“同德福”三字位于企业全称之中，与整体保持一致，没有以简称等形式单独突出使用，也没有为突出显示而采取任何变化，且整体文字大小、字形、颜色与其他部分相比不突出。因此，重庆同德福公司在产品外包装上标注企业名称的行为系规范使用，不构成突出使用字号，也不构成侵犯商标权。就重庆同德福公司标注“同德福颂”的行为而言，“同德福颂”四字相对于其具体内容（三十六字打油诗）字体略大，但视觉上形成一个整体。其具体内容系根据史料记载的同德福斋铺曾经在商品外包装上使用过的一段类似文字改编，意在表明“同德福”商号的历史和经营理念，并非为突出“同德福”三个字。且重庆同德福公司的产品外包装使用了多项商业标识，其中“合川桃片”集体商标特别突出，其自有商标也比较明显，并同时标注了“合川桃片”地理标志及重庆市非物质文化遗产，相对于这些标识来看，“同德福颂”及其具体内容仅属于普通描述性文字，明显不具有商业标识的形式，也不够突出醒目，客观上不容易使消费者对商品来源产生误认，亦不具备替代商标的功能。因此，重庆同德福公司标注“同德福颂”的行为不属于侵犯商标权意义上的“突出使用”，不构成侵犯商标权。

成都同德福公司的网站上登载的部分“同德福牌”桃片的历史及荣誉，与史料记载的同德福斋铺的历史及荣誉一致，且在其网站上标注了史料来源，但并未举证证明其与同德福斋铺存在何种联系。此外，成都同德福公司还在其产品外包装标明其为“百年老牌”“老字号”“始创于清朝乾隆年间”等字样，而其“同德福 TONGDEFU 及图”商标核准注册的时间是1998年，就其采取前述标注行为的依据，成都同德福公司亦未举证证明。成都同德福公司的前述行为与事实不符，容易使消费者对于其品牌的起源、历史及其与同德福斋铺的关系产生误解，进而取得竞争上的优势，构成虚假宣传，应承担相应的停止侵权、消除影响的民事责任。

（生效裁判审判人员：李剑、周露、宋黎黎）

指导案例 82 号

王碎永诉深圳歌力思服饰股份有限公司、杭州银泰世纪百货有限公司侵害商标权纠纷案

（最高人民法院审判委员会讨论通过 2017年3月6日发布）

关键词 民事 侵害商标权 诚实信用 权利滥用

裁判要点

当事人违反诚实信用原则，损害他人合法权益，扰乱市场正当竞争秩序，恶意取得、行使商标权并主张他人侵权的，人民法院应当以构成权利滥用为由，判决对其诉讼请求不予支持。

相关法条

《中华人民共和国民事诉讼法》第十三条

《中华人民共和国商标法》第五十二条

基本案情

深圳歌力思服装实业有限公司成立于1999年6月8日。2008年12月18日，该公司通过受让方式取得第1348583号“歌力思”商标，该商标核定使用于第25类的服装等商品之上，核准注册于1999年12月。2009年11月19日，该商标经核准续展注册，有效期自2009年12月28日至2019年12月27日。深圳歌力思服装实业有限公司还是第4225104号“ELLASSAY”的商标注册人。该商标核定使用商品为第18类的（动物）皮；钱包；旅行包；文件夹（皮革制）；皮制带子；裘皮；伞；手杖；手提包；购物袋。注册有效期限自2008年4月14日至2018年4月13日。2011年11月4日，深圳歌力思服装实业有限公司更名为深圳歌力思服饰股份有限公司（以下简称歌力思公司，即本案一审被告人）。2012年3月1日，上述“歌力思”商标的注册人相应变更为歌力思公司。

一审原告人王碎永于2011年6月申请注册了第7925873号“歌力思”商标，该商标核定使用商品为第18类的钱包、手提包等。王碎永还曾于2004年7月7日申请注册第4157840号“歌力思及图”商标。后因北京市高级人民法院于2014年4月2日作出的二审判决认定，该商标损害了歌力思公司的关联企业歌力思投资管理有限公司的在先字号权，因此不应予以核准注册。

自2011年9月起，王碎永先后在杭州、南京、上海、福州等地的“ELLASSAY”专柜，通过公证程序购买了带有“品牌中文名：歌力思，品牌英文名：ELLASSAY”字样吊牌的皮包。2012年3月7日，王碎永以歌力思公司及杭州银泰世纪百货有限公司（以下简称杭州银泰公司）生产、销售上述皮包的行为构成对王碎永拥有的“歌力思”商标、“歌力思及图”商标权的侵害为由，提起诉讼。

裁判结果

杭州市中级人民法院于2013年2月1日作出（2012）浙杭知初字第362号民事判决，认为歌力思公司及杭州银泰公司生产、销售被诉侵权商品的行为侵害了王碎永的注册商标专用权，判决歌力思公司、杭州银泰公司承担停

止侵权行为、赔偿王碎永经济损失及合理费用共计10万元及消除影响。歌力思公司不服，提起上诉。浙江省高级人民法院于2013年6月7日作出（2013）浙知终字第222号民事判决，驳回上诉、维持原判。歌力思公司及王碎永均不服，向最高人民法院申请再审。最高人民法院裁定提审本案，并于2014年8月14日作出（2014）民提字第24号判决，撤销一审、二审判决，驳回王碎永的全部诉讼请求。

裁判理由

法院生效裁判认为，诚实信用原则是一切市场活动参与者所应遵循的基本准则。一方面，它鼓励和支持人们通过诚实劳动积累社会财富和创造社会价值，并保护在此基础上形成的财产性权益，以及基于合法、正当的目的支配该财产性权益的自由和权利；另一方面，它又要求人们在市场活动中讲究信用、诚实不欺，在不损害他人合法利益、社会公共利益和市场秩序的前提下追求自己的利益。民事诉讼活动同样应当遵循诚实信用原则。一方面，它保障当事人有权在法律规定的范围内行使和处分自己的民事权利和诉讼权利；另一方面，它又要求当事人在不损害他人和社会公共利益的前提下，善意、审慎地行使自己的权利。任何违背法律目的和精神，以损害他人正当权益为目的，恶意取得并行使权利、扰乱市场正当竞争秩序的行为均属于权利滥用，其相关权利主张不应得到法律的保护和支持。

第4157840号“歌力思及图”商标迄今为止尚未被核准注册，王碎永无权据此对他人提起侵害商标权之诉。对于歌力思公司、杭州银泰公司的行为是否侵害王碎永的第7925873号“歌力思”商标权的问题，首先，歌力思公司拥有合法的在先权利基础。歌力思公司及其关联企业最早将“歌力思”作为企业字号使用的时间为1996年，最早在服装等商品上取得“歌力思”注册商标专用权的时间为1999年。经长期使用和广泛宣传，作为企业字号和注册商标的“歌力思”已经具有了较高的市场知名度，歌力思公司对前述商业标识享有合法的在先权利。其次，歌力思公司在本案中的使用行为系基于合法的权利基础，使用方式和行为性质均具有正当性。从销售场所来看，歌力思公司对被诉侵权商品的展示和销售行为均完成于杭州银泰公司的歌力思专柜，专柜通过标注歌力思公司的“ELLASSAY”商标等方式，明确表明了被诉侵权商品的提供者。在歌力思公司的字号、商标等商业标识已经具有较高的市场知名度，而王碎永未能举证证明其“歌力思”商标同样具有知名度的情况下，歌力思公司在其专柜中销售被诉侵权商品的行为，不会使普通消费者误认该商品来自于王碎永。从歌力思公司的具体使用方式来看，被诉侵权商品的外包装、商品内的显著部位均明确标注了“ELLASSAY”商标，而仅在商品吊牌之上使用了“品牌中文名：歌力思”的字样。由于“歌力思”本身就是歌力思公司的企业字号，且与其“ELLASSAY”商标具有互为指代关系，故歌力思公司在被诉侵权商品的吊牌上使用“歌力思”文字来指代商品生产者的做法并无明显不妥，不具有攀附王碎永“歌力思”商标知名度的主观意图，亦不会为普通消费者正确识别被诉侵权商品的来源制造障碍。在此基础上，杭州银泰公司销售被诉侵权商品的行为亦不为法律所禁止。最后，王碎永取得和行使“歌力思”商标权的行为难谓正当。“歌力思”商标由中文文字“歌力思”构成，与歌力思公司在先使用的企业字号及在先注册的“歌力思”商标的文字构成完全相同。“歌力思”本身为无固有含义的臆造词，具有较强的固有显著性，依常理判断，在完全没有接触或知悉的情况下，因巧合而出现雷同注册的可能性较低。作为地域接近、经营范围关联程度较高的商品经营者，王碎永对“歌力思”字号及商标完全不了解的可能性较低。在上述情形之下，王碎永仍在手提包、钱包等商品上申请注册“歌力思”商标，其行为难谓正当。王碎永以非善意取得的商标权对歌力思公司的正当使用行为提起的侵权之诉，构成权利滥用。

（生效裁判审判人员：王艳芳、朱理、佟姝）

指导案例 87 号

郭明升、郭明锋、孙淑标假冒注册商标案

（最高人民法院审判委员会讨论通过　2017 年 3 月 6 日发布）

关键词　刑事　假冒注册商标罪　非法经营数额　网络销售　刷信誉

裁判要点

假冒注册商标犯罪的非法经营数额、违法所得数额，应当综合被告人供述、证人证言、被害人陈述、网络销售电子数据、被告人银行账户往来记录、送货单、快递公司电脑系统记录、被告人等所作记账等证据认定。被告人辩解称网络销售记录存在刷信誉的不真实交易，但无证据证实的，对其辩解不予采纳。

相关法条

《中华人民共和国刑法》第二百一十三条

基本案情

公诉机关指控：2013 年 11 月底至 2014 年 6 月期间，被告人郭明升为谋取非法利益，伙同被告人孙淑标、郭明锋在未经三星（中国）投资有限公司授权许可的情况下，从他人处批发假冒三星手机裸机及配件进行组装，利用其在淘宝网上开设的“三星数码专柜”网店进行“正品行货”宣传，并以明显低于市场价格公开对外销售，共计销售假冒的三星手机 20000 余部，销售金额 2000 余万元，非法获利 200 余万元，应当以假冒注册商标罪追究其刑事责任。被告人郭明升在共同犯罪中起主要作用，系主犯。被告人郭明锋、孙淑标在共同犯罪中起辅助作用，系从犯，应当从轻处罚。

被告人郭明升、孙淑标、郭明锋及其辩护人对其未经“SΛMSUNG”商标注册人授权许可，组装假冒的三星手机，并通过淘宝网店进行销售的犯罪事实无异议，但对非法经营额、非法获利提出异议，辩解称其淘宝网店存在请人刷信誉的行为，真实交易量只有 10000 多部。

法院经审理查明：“SΛMSUNG”是三星电子株式会社在中国注册的商标，该商标有效期至 2021 年 7 月 27 日；三星（中国）投资有限公司是三星电子株式会社在中国投资设立，并经三星电子株式会社特别授权负责三星电子株式会社名下商标、专利、著作权等知识产权管理和法律事务的公司。2013 年 11 月，被告人郭明升通过网络中介购买店主为“汪亮”、账号为 play2011－1985 的淘宝店铺，并改名为“三星数码专柜”，在未经三星（中国）投资公司授权许可的情况下，从深圳市华强北远望数码城、深圳福田区通天地手机市场批发假冒的三星 I8552 手机裸机及配件进行组装，并通过“三星数码专柜”在淘宝网上以“正品行货”进行宣传、销售。被告人郭明锋负责该网店的客服工作及客服人员的管理，被告人孙淑标负责假冒的三星 I8552 手机裸机及配件的进货、包装及联系快递公司发货。至 2014 年 6 月，该网店共计组装、销售假冒三星 I8552 手机 20000 余部，非法经营额 2000 余万元，非法获利 200 余万元。

裁判结果

江苏省宿迁市中级人民法院于 2015 年 9 月 8 日作出（2015）宿中知刑初字第 0004 号刑事判决，以被告人郭明升犯假冒注册商标罪，判处有期徒刑五年，并处罚金人民币 160 万元；被告人孙淑标犯假冒注册商标罪，判处有期徒刑三年，缓刑五年，并处罚金人民币 20 万元。被告人郭明锋犯假冒注册商标罪，判处有期徒刑三年，缓刑四年，并处罚金人民币 20 万元。宣判后，三被告人均没有提出上诉，该判决已经生效。

裁判理由

法院生效裁判认为，被告人郭明升、郭明锋、孙淑标在未经“SΛMSUNG”商标注册人授权许可的情况下，购进假冒“SΛMSUNG”注册商标的手机机头及配件，组装假冒“SΛMSUNG”注册商标的手机，并通过网店对外以“正品行货”销售，属于未经注册商标

所有人许可在同一种商品上使用与其相同的商标的行为，非法经营数额达2000余万元，非法获利200余万元，属情节特别严重，其行为构成假冒注册商标罪。被告人郭明升、郭明锋、孙淑标虽然辩解称其网店售销记录存在刷信誉的情况，对公诉机关指控的非法经营数额、非法获利提出异议，但三被告人在公安机关的多次供述，以及公安机关查获的送货单、支付宝向被告人郭明锋银行账户付款记录、郭明锋银行账户对外付款记录、“三星数码专柜”淘宝记录、快递公司电脑系统记录、公安机关现场扣押的笔记等证据之间能够互相印证，综合公诉机关提供的证据，可以认定公诉机关关于三被告人共计销售假冒的三星I8552手机20000余部，销售金额2000余万元，非法获利200余万元的指控能够成立，三被告人关于销售记录存在刷信誉行为的辩解无证据予以证实，不予采信。被告人郭明升、郭明锋、孙淑标，系共同犯罪，被告人郭明升起主要作用，是主犯；被告人郭明锋、孙淑标在共同犯罪中起辅助作用，是从犯，依法可以从轻处罚。故依法作出上述判决。

（生效裁判审判人员：程黎明、朱庚、白金）

【典型案例】

广州市红太阳机动车配件有限公司与安徽江淮汽车集团有限公司、安徽江淮汽车股份有限公司确认不侵犯商标专用权纠纷申请再审案

［最高人民法院（2011）民申字第223号民事裁定书］

《最高人民法院关于充分发挥知识产权审判职能作用推动社会主义文化大发展大繁荣和促进经济自主协调发展的典型案例》第2号

2011年12月20日

【案情摘要】

江淮集团、江淮股份从2005年起在其生产的汽车上使用椭圆形加五叉星标识，并进行大量持续不断的宣传，具有一定知名度。该椭圆形加五叉星标识于2005年申请注册，但未被核准，为未注册商标。红太阳公司于2004年向国家工商行政管理总局①商标局申请4233581号和4425670号商标，2007年被核准注册在第12类汽车上。2010年红太阳公司及相关企业开始在媒体上大规模宣传该注册商标。2010年3月26日，红太阳公司向江淮股份发出律师函，敦促其尊重红太阳公司的知识产权，不得侵犯其注册商标专用权。江淮集团收到律师函后向安徽省合肥市中级人民法院提起确认不侵犯注册商标专用权诉讼，后江淮股份参加诉讼。安徽省合肥市中级人民法院于2010年9月13日作出一审判决，以双方商标不构成近似为由判决江淮集团与江淮股份不侵犯红太阳公司的注册商标专用权。红太阳公司不服提起上诉，安徽省高级人民法院于2010年10月29日作出二审判决，维持了一审判决。红太阳公司不服该判决，向最高人民法院申请再审。因涉及多起关联民事、行政纠纷案件及行政争议，在最高人民法

① 现为国家市场监督管理总局。

院主持下，双方当事人自愿达成和解协议，一揽子解决双方所有诉讼和争议。

【典型意义】

本案主要涉及商标近似等问题的判断，案情并不复杂，但因涉及两个大型汽车企业，双方之间有多起关联民事、行政诉讼及行政争议，社会影响力较大，直接裁判结案并不能彻底解决当事人之间的诉争，而双方达成和解有利于各自企业的发展和合作。因此，最高人民法院在查明事实，分清是非的基础上，根据案件具体情况，正确运用“调解优先、调判结合”的工作原则，促使双方当事人达成和解协议，各自撤回了多起诉讼，彻底化解了当事人之间的矛盾，实现了双方包容增长、和谐发展。

苹果公司与深圳唯冠公司“iPad”商标权属纠纷案

——重大调解典型案例

《最高人民法院公布人民法院审理商标案件典型案例》案例一

2013年3月28日

2001年，深圳唯冠公司在我国注册了涉案两“iPad”商标。IP公司于2009年8月向英国唯冠公司发出要约“希望能够购买所有唯冠拥有的iPad商标”。经磋商，2009年12月17日，台湾唯冠公司与IP公司在台湾签署了《商标转让协议》，以3.5万英镑为对价向IP公司转让包括涉案商标在内的iPad商标。2010年2月，IP公司签订《权利转让协议》向苹果公司转让涉案两商标。2010年4月19日，苹果公司、IP公司以深圳唯冠公司为被告，向广东省深圳市中级人民法院提起诉讼，请求根据台湾唯冠公司与IP公司签订的商标转让协议，判令深圳唯冠公司在中国拥有的涉案两“iPad”商标归其所有。

广东省深圳市中级人民法院经过审理认为商标转让协议是台湾唯冠公司签订的，对深圳唯冠公司没有约束力，也没有构成表见代理，故判决驳回了苹果公司等的诉讼请求。苹果公司、IP公司不服向广东省高级人民法院提起上诉。在二审期间，广东省高级人民法院经多次调解，终使双方于2012年6月达成调解协议，由苹果公司支付6000万美元，唯冠公司将涉案“iPad”商标过户给苹果公司。该调解协议已经执行。

由于诉讼时唯冠公司已濒临破产，涉案“iPad”商标被数个银行申请轮候查封，案件的处理涉及多方利益，备受国内外关注。调解结案，实现了iPad商标的价值最大化，有力地保护了债权人的权益，探索了涉外商标权权属纠纷解决的新路径，取得了良好的法律效果和社会效果。

绫致公司与崔焕所等侵害“杰克·琼斯”商标权民事纠纷案

——涉及网络的侵害商标权民事纠纷案例

《最高人民法院公布人民法院审理商标案件典型案例》案例二
2013年3月28日

原告绫致公司经授权在中国境内享有使用“JACK&JONES”商标并提起侵权诉讼的权利，经注册享有“杰克·琼斯”商标的专用权。被告崔焕所、被告杜兴华未经许可，注册了jackjonescn.net域名，并利用该域名开办了杰克琼斯中文网。该网站在搜索结果中的网页标题显示为“JACKJONES中文网－杰克琼斯中文网－JACK&JONES中文官方网站”，网页描述中使用“杰克琼斯中文”“杰克琼斯官方网站”等表述；在该网站首页及相关网页中大量使用“杰克琼斯中文网”“jackjones中文网”等表述以及杰克琼斯及图标识，并配以“杰克·琼斯介绍”等内容；在相关网页源文件中大量使用与杰克琼斯、JACKJONES、jackjones等相关的文字；在“服饰目录”所列的每款服装左侧均显示有对应的实物图样和杰克琼斯及图标识；所售服装使用印有杰克琼斯及图标识的包装，服装的标签、吊牌上标有杰克琼斯及图标识，对襟扣、袖扣上标有“JACK&JONES”，合格证上注明商标为“杰克·琼斯”等。绫致公司认为被告的行为侵犯了其注册商标专用权，向北京市海淀区人民法院提起诉讼，请求判令被告停止侵权、消除影响、赔偿损失。

北京市海淀区人民法院经审理认为，被告的行为属于未经商标权人许可，在同一种商品的宣传、介绍和交易中使用与“JACK&JONES”“杰克·琼斯”相同或近似的商标以及销售侵犯上述商标专用权商品之行为，其足以导致相关公众误认为上述域名、网站的所有人以及服装的提供者为绫致公司，构成对绫致公司合法权利的侵害。故于2011年4月26日判决二被告停止销售侵权服装，关闭用以销售侵权服装的涉案网站，停止使用涉案域名jackjonescn.net，该域名由原告注册使用，并判决二被告在《法制日报》和新浪网（www.sina.com.cn）上刊登声明，消除影响，并赔偿原告经济损失及诉讼合理支出近200万元。

本案属于较为典型的涉及网络的侵害商标权纠纷，被告从事了系列侵害商标权的行为，傍名牌的意图明显。法院考虑到二被告主观恶意明显，侵害后果严重，支持了原告的大部分诉讼请求，有力地打击了侵权行为。

盖璞公司与新恒利公司“GAP”商标异议行政纠纷案

——恶意抢注的商标行政纠纷案例

《最高人民法院公布人民法院审理商标案件典型案例》案例三
2013年3月28日

1992年7月，盖璞公司在第25类衬衫、T－恤衫以及第18类背包等商品上申请的“GAP”商标（简称引证商标）获准注册。1999年4月19日新恒利公司在第9类眼镜等商品上申请注册“GAP”商标（简称被异议商标），盖璞公司提出异议。国家工商行政管理总局①商标局和商标评审委员会认为，被异议商标指定使用商品与引证商标核定使用商品、服务的功能、用途以及服务的方式和对象均不同，未构成类似商品和服务上的近似商标，故裁定被异议商标予以核准注册。

盖璞公司不服，向北京市第一中级人民法院起诉。北京市第一中级人民法院经过审理判决维持商标评审委员会的裁定。盖璞公司不服，向北京市高级人民法院上诉。北京市高级人民法院也判决维持一审判决。盖璞公司不服，向最高人民法院申请再审。最高人民法院经过审理后裁定提审本案，并于2012年3月31日作出终审判决。法院认为：盖璞公司提交的证据可证明其“GAP”系列商标在被异议商标申请日之前在中国已经使用并具有一定的知名度，而且从新恒利公司宣称自己来源于美国，并标榜自己与“GAP”服装相同的特点以及实际使用情况来看，新恒利公司知晓引证商标的知名度，并具有攀附“GAP”品牌的主观意图。被异议商标指定使用“太阳镜、眼镜框”等商品虽与引证商标主要指定使用的“服装”等商品在《类似商品和服务区分表》中划分为不同的大类，但是商品的功能用途、销售渠道、消费群体具有较大的关联性，尤其对于时尚类品牌而言，公司经营同一品牌的服装和眼镜等配饰是普遍现象。考虑到引证商标具有一定知名度，被异议商标申请人具有搭车的意图，被异议商标与引证商标基本相同，分别使用在眼镜和服装等商品上，客观上容易造成相关公众认为商品是同一主体提供的，或者其提供者之间存在特定联系。因此被异议商标与引证商标已经构成使用在类似商品上的近似商标，不应予以核准注册。据此，最高人民法院撤销商标评审委员会的裁定和一、二审判决，判令商标评审委员会重新作出裁定。

本案是较为典型的恶意抢注商标案件。商标评审委员会和一、二审法院均以被异议商标与引证商标使用的商品不类似为由核准被异议商标注册。最高人民法院考虑到被异议商标申请人明知引证商标的知名度，申请被异议商标搭车意图明显，同时服装和眼镜具有一定的关联性，最终判决不予被异议商标核准注册，表明了人民法院依法遏制恶意抢注商标的司法导向和态度。

佛山市海天调味食品股份有限公司诉佛山市高明威极调味食品有限公司侵害商标权及不正当竞争纠纷案

《最高人民法院公布八起知识产权司法保护典型案例》第2号

2013年10月22日

【基本案情】

海天公司是“威极”注册商标的权利人，该商标注册于1994年2月28日，核定使用的商品为酱油等。威极公司成立于1998年2月24日。威极公司将“威极”二字作为其企业字号使用，并在广告牌、企业厂牌上突出使用“威极”二字。在威极公司违法使用工业盐水生产酱油产品被曝光后，海天公司的市场声誉和产品销量均受到影响。海天公司认为威极公司的行为侵害其商标权并构成不正当竞争，向广东省佛山市中级人民法院提起诉讼，请求法院判令威极公司停止侵权、赔礼道歉，并赔偿其经济损失及合理费用共计人民币1000万元。

【裁判结果】

广东省佛山市中级人民法院一审认为，威极公司在其广告牌及企业厂牌上突出使用“威极”二字侵犯了海天公司的注册商标专用权；威极公司的两位股东在该公司成立前均从事食

① 现为国家市场监督管理总局。

品行业和酱油生产行业，理应知道海天公司及其海天品牌下的产品但仍将海天公司“图略”注册商标中的“威极”二字登记为企业字号，具有攀附海天公司商标商誉的恶意，导致公众发生混淆或误认，导致海天公司商誉受损，构成不正当竞争。遂判决威极公司立即停止在其广告牌、企业厂牌上突出使用“威极”二字，停止使用带有“威极”字号的企业名称并在判决生效后十日内向工商部门办理企业字号变更手续，登报向海天公司赔礼道歉、消除影响，并赔偿海天公司经济损失及合理费用共计人民币655万元。在计算损害赔偿时，审理法院根据海天公司在16天内应获的合理利润额以及合理利润下降幅度推算其因商誉受损遭受的损失，并结合威极公司侵犯注册商标专用权行为及不正当竞争行为的性质、期间、后果等因素，酌定海天公司因产品销量下降导致的利润损失为人民币350万元；同时将海天公司为消除影响、恢复名誉、制止侵权结果扩大而支出的合理广告费人民币300万元和律师费人民币5万元一并纳入赔偿范围。威极公司提起上诉后在二审阶段主动申请撤回上诉。

【典型意义】

本案是因威极公司违法使用工业盐水生产酱油产品的“酱油门”事件而引发的诉讼，社会关注度较高。法院在案件裁判中通过确定合法有效的民事责任，切实维护了权利人的利益。在停止侵害方面，法院在认定被告构成不正当竞争之后，判决被告停止使用相关字号并责令其限期变更企业名称，杜绝了再次侵权的危险。在损害赔偿方面，在有证据显示权利人所受损失较大，但现有证据又不足以直接证明其实际损失数额的情况下，通过结合审计报表等相关证据确定损害赔偿数额，使损害赔偿数额更接近权利人的实际损失，使权利人所受损失得到最大限度的补偿。同时，法院将权利人为消除侵权和不正当竞争行为的影响、恢复名誉、制止侵权结果扩大而支出的合理广告费纳入赔偿范围，体现了加强知识产权司法保护的力度和决心。

五、其他知识产权

1. 植物新品种

中华人民共和国植物新品种保护条例

（1997年3月20日中华人民共和国国务院令第213号公布　根据2013年1月31日《国务院关于修改〈中华人民共和国植物新品种保护条例〉的决定》第一次修订　根据2014年7月29日《国务院关于修改部分行政法规的决定》第二次修订）

第一章　总　则

第一条　为了保护植物新品种权，鼓励培育和使用植物新品种，促进农业、林业的发展，制定本条例。

第二条　本条例所称植物新品种，是指经过人工培育的或者对发现的野生植物加以开发，具备新颖性、特异性、一致性和稳定性并有适当命名的植物品种。

第三条　国务院农业、林业行政部门（以下统称审批机关）按照职责分工共同负责植物新品种权申请的受理和审查并对符合本条例规定的植物新品种授予植物新品种权（以下称品种权）。

第四条　完成关系国家利益或者公共利益并有重大应用价值的植物新品种育种的单位或者个人，由县级以上人民政府或者有关部门给予奖励。

第五条　生产、销售和推广被授予品种权的植物新品种（以下称授权品种），应当按照国家有关种子的法律、法规的规定审定。

第二章　品种权的内容和归属

第六条　完成育种的单位或者个人对其授权品种，享有排他的独占权。任何单位或者个人未经品种权所有人（以下称品种权人）许可，不得为商业目的生产或者销售该授权品种的繁殖材料，不得为商业目的将该授权品种的繁殖材料重复使用于生产另一品种的繁殖材料；但是，本条例另有规定的除外。

第七条　执行本单位的任务或者主要是利用本单位的物质条件所完成的职务育种，植物新品种的申请权属于该单位；非职务育种，植物新品种的申请权属于完成育种的个人。申请被批准后，品种权属于申请人。

委托育种或者合作育种，品种权的归属由当事人在合同中约定；没有合同约定的，品种权属于受委托完成或者共同完成育种的单位或者个人。

第八条　一个植物新品种只能授予一项品种权。两个以上的申请人分别就同一个植物新品种申请品种权的，品种权授予最先申请的人；同时申请的，品种权授予最先完成该植物新品种育种的人。

第九条 植物新品种的申请权和品种权可以依法转让。

中国的单位或者个人就其在国内培育的植物新品种向外国人转让申请权或者品种权的，应当经审批机关批准。

国有单位在国内转让申请权或者品种权的，应当按照国家有关规定报经有关行政主管部门批准。

转让申请权或者品种权的，当事人应当订立书面合同，并向审批机关登记，由审批机关予以公告。

第十条 在下列情况下使用授权品种的，可以不经品种权人许可，不向其支付使用费，但是不得侵犯品种权人依照本条例享有的其他权利：

（一）利用授权品种进行育种及其他科研活动；

（二）农民自繁自用授权品种的繁殖材料。

第十一条 为了国家利益或者公共利益，审批机关可以作出实施植物新品种强制许可的决定，并予以登记和公告。

取得实施强制许可的单位或者个人应当付给品种权人合理的使用费，其数额由双方商定；双方不能达成协议的，由审批机关裁决。

品种权人对强制许可决定或者强制许可使用费的裁决不服的，可以自收到通知之日起3个月内向人民法院提起诉讼。

第十二条 不论授权品种的保护期是否届满，销售该授权品种应当使用其注册登记的名称。

第三章 授予品种权的条件

第十三条 申请品种权的植物新品种应当属于国家植物品种保护名录中列举的植物的属或者种。植物品种保护名录由审批机关确定和公布。

第十四条 授予品种权的植物新品种应当具备新颖性。新颖性，是指申请品种权的植物新品种在申请日前该品种繁殖材料未被销售，或者经育种者许可，在中国境内销售该品种繁殖材料未超过1年；在中国境外销售藤本植物、林木、果树和观赏树木品种繁殖材料未超过6年，销售其他植物品种繁殖材料未超过4年。

第十五条 授予品种权的植物新品种应当具备特异性。特异性，是指申请品种权的植物新品种应当明显区别于在递交申请以前已知的植物品种。

第十六条 授予品种权的植物新品种应当具备一致性。一致性，是指申请品种权的植物新品种经过繁殖，除可以预见的变异外，其相关的特征或者特性一致。

第十七条 授予品种权的植物新品种应当具备稳定性。稳定性，是指申请品种权的植物新品种经过反复繁殖后或者在特定繁殖周期结束时，其相关的特征或者特性保持不变。

第十八条 授予品种权的植物新品种应当具备适当的名称，并与相同或者相近的植物属或者种中已知品种的名称相区别。该名称经注册登记后即为该植物新品种的通用名称。

下列名称不得用于品种命名：

（一）仅以数字组成的；

（二）违反社会公德的；

（三）对植物新品种的特征、特性或者育种者的身份等容易引起误解的。

第四章 品种权的申请和受理

第十九条 中国的单位和个人申请品种权的，可以直接或者委托代理机构向审批机关提出申请。

中国的单位和个人申请品种权的植物新品种涉及国家安全或者重大利益需要保密的，应当按照国家有关规定办理。

第二十条 外国人、外国企业或者外国其他组织在中国申请品种权的，应当按其所属国和中华人民共和国签订的协议或者共同参加的国际条约办理，或者根据互惠原则，依照本条例办理。

第二十一条 申请品种权的，应当向审批机关提交符合规定格式要求的请求书、说明书和该品种的照片。

申请文件应当使用中文书写。

第二十二条 审批机关收到品种权申请文件之日为申请日；申请文件是邮寄的，以寄出的邮戳日为申请日。

第二十三条 申请人自在外国第一次提出品种权申请之日起12个月内，又在中国就该植物新品种提出品种权申请的，依照该外国同中华人民共和国签订的协议或者共同参加的国际条约，或者根据相互承认优先权的原则，可以享有优先权。

申请人要求优先权的，应当在申请时提出书面说明，并在3个月内提交经原受理机关确认的第一次提出的品种权申请文件的副本；未依照本条例规定提出书面说明或者提交申请文件副本的，视为未要求优先权。

第二十四条 对符合本条例第二十一条规定的品种权申请，审批机关应当予以受理，明确申请日、给予申请号，并自收到申请之日起1个月内通知申请人缴纳申请费。

对不符合或者经修改仍不符合本条例第二十一条规定的品种权申请，审批机关不予受理，并通知申请人。

第二十五条 申请人可以在品种权授予前修改或者撤回品种权申请。

第二十六条 中国的单位或者个人将国内培育的植物新品种向国外申请品种权的，应当按照职责分工向省级人民政府农业、林业行政部门登记。

第五章 品种权的审查与批准

第二十七条 申请人缴纳申请费后，审批机关对品种权申请的下列内容进行初步审查：

（一）是否属于植物品种保护名录列举的植物属或者种的范围；

（二）是否符合本条例第二十条的规定；

（三）是否符合新颖性的规定；

（四）植物新品种的命名是否适当。

第二十八条 审批机关应当自受理品种权申请之日起6个月内完成初步审查。对经初步审查合格的品种权申请，审批机关予以公告，并通知申请人在3个月内缴纳审查费。

对经初步审查不合格的品种权申请，审批机关应当通知申请人在3个月内陈述意见或者予以修正；逾期未答复或者修正后仍然不合格的，驳回申请。

第二十九条 申请人按照规定缴纳审查费后，审批机关对品种权申请的特异性、一致性和稳定性进行实质审查。

申请人未按照规定缴纳审查费的，品种权申请视为撤回。

第三十条 审批机关主要依据申请文件和其他有关书面材料进行实质审查。审批机关认为必要时，可以委托指定的测试机构进行测试或者考察业已完成的种植或者其他试验的结果。

因审查需要，申请人应当根据审批机关的要求提供必要的资料和该植物新品种的繁殖材料。

第三十一条 对经实质审查符合本条例规定的品种权申请，审批机关应当作出授予品种权的决定，颁发品种权证书，并予以登记和公告。

对经实质审查不符合本条例规定的品种权申请，审批机关予以驳回，并通知申请人。

第三十二条 审批机关设立植物新品种复审委员会。

对审批机关驳回品种权申请的决定不服的，申请人可以自收到通知之日起3个月内，向植物新品种复审委员会请求复审。植物新品种复审委员会应当自收到复审请求书之日起6个月内作出决定，并通知申请人。

申请人对植物新品种复审委员会的决定不服的，可以自接到通知之日起15日内向人民法院提起诉讼。

第三十三条 品种权被授予后，在自初步审查合格公告之日起至被授予品种权之日止的期间，对未经申请人许可，为商业目的生产或者销售该授权品种的繁殖材料的单位和个人，品种权人享有追偿的权利。

第六章 期限、终止和无效

第三十四条 品种权的保护期限，自授权之日起，藤本植物、林木、果树和观赏树木为20年，其他植物为15年。

第三十五条 品种权人应当自被授予品种权的当年开始缴纳年费，并且按照审批机关的要求提供用于检测的该授权品种的繁殖材料。

第三十六条 有下列情形之一的，品种权在其保护期限届满前终止：

（一）品种权人以书面声明放弃品种权的；

（二）品种权人未按照规定缴纳年费的；

（三）品种权人未按照审批机关的要求提供检测所需的该授权品种的繁殖材料的；

（四）经检测该授权品种不再符合被授予品种权时的特征和特性的。

品种权的终止，由审批机关登记和公告。

第三十七条 自审批机关公告授予品种权之日起，植物新品种复审委员会可以依据职权或者依据任何单位或者个人的书面请求，对不符合本条例第十四条、第十五条、第十六条和第十七条规定的，宣告品种权无效；对不符合本条例第十八条规定的，予以更名。宣告品种权无效或者更名的决定，由审批机关登记和公告，并通知当事人。

对植物新品种复审委员会的决定不服的，可以自收到通知之日起3个月内向人民法院提起诉讼。

第三十八条 被宣告无效的品种权视为自始不存在。

宣告品种权无效的决定，对在宣告前人民法院作出并已执行的植物新品种侵权的判决、裁定，省级以上人民政府农业、林业行政部门作出并已执行的植物新品种侵权处理决定，以及已经履行的植物新品种实施许可合同和植物新品种权转让合同，不具有追溯力；但是，因品种权人的恶意给他人造成损失的，应当给予合理赔偿。

依照前款规定，品种权人或者品种权转让人不向被许可实施人或者受让人返还使用费或者转让费，明显违反公平原则的，品种权人或者品种权转让人应当向被许可实施人或者受让人返还全部或者部分使用费或者转让费。

第七章 罚 则

第三十九条 未经品种权人许可，以商业目的生产或者销售授权品种的繁殖材料的，品种权人或者利害关系人可以请求省级以上人民政府农业、林业行政部门依据各自的职权进行处理，也可以直接向人民法院提起诉讼。

省级以上人民政府农业、林业行政部门依据各自的职权，根据当事人自愿的原则，对侵权所造成的损害赔偿可以进行调解。调解达成协议的，当事人应当履行；调解未达成协议的，品种权人或者利害关系人可以依照民事诉讼程序向人民法院提起诉讼。

省级以上人民政府农业、林业行政部门依据各自的职权处理品种权侵权案件时，为维护社会公共利益，可以责令侵权人停止侵权行为，没收违法所得和植物品种繁殖材料；货值金额5万元以上的，可处货值金额1倍以上5倍以下的罚款；没有货值金额或者货值金额5万元以下的，根据情节轻重，可处25万元以下的罚款。

第四十条 假冒授权品种的，由县级以上人民政府农业、林业行政部门依据各自的职权责令停止假冒行为，没收违法所得和植物品种繁殖材料；货值金额5万元以上的，处货值金额1倍以上5倍以下的罚款；没有货值金额或者货值金额5万元以下的，根据情节轻重，处25万元以下的罚款；情节严重，构成犯罪的，依法追究刑事责任。

第四十一条 省级以上人民政府农业、林业行政部门依据各自的职权在查处品种权侵权案件和县级以上人民政府农业、林业行政部门依据各自的职权在查处假冒授权品种案件时，根据需要，可以封存或者扣押与案件有关的植物品种的繁殖材料，查阅、复制或者封存与案件有关的合同、账册及有关文件。

第四十二条 销售授权品种未使用其注册登记的名称的，由县级以上人民政府农业、林业行政部门依据各自的职权责令限期改正，可以处1000元以下的罚款。

第四十三条 当事人就植物新品种的申请权和品种权的权属发生争议的，可以向人民法院提起诉讼。

第四十四条 县级以上人民政府农业、林业行政部门的及有关部门的工作人员滥用职权、玩忽职守、徇私舞弊、索贿受贿，构成犯罪的，依法追究刑事责任；尚不构成犯罪的，依法给予行政处分。

第八章 附 则

第四十五条 审批机关可以对本条例施行前首批列入植物品种保护名录的和本条例施行后新列入植物品种保护名录的植物属或者种的新颖性要求作出变通性规定。

第四十六条 本条例自1997年10月1日起施行。

中华人民共和国植物新品种保护条例实施细则（农业部分）

（2007 年 9 月 19 日农业部令第 5 号公布 2011 年 12 月 31 日农业部令 2011 年第 4 号、2014 年 4 月 25 日农业部令 2014 年第 3 号修订）

第一章 总 则

第一条 根据《中华人民共和国植物新品种保护条例》（以下简称《条例》），制定本细则。

第二条 农业植物新品种包括粮食、棉花、油料、麻类、糖料、蔬菜（含西甜瓜）、烟草、桑树、茶树、果树（干果除外）、观赏植物（木本除外）、草类、绿肥、草本药材、食用菌、藻类和橡胶树等植物的新品种。

第三条 依据《条例》第三条的规定，农业部为农业植物新品种权的审批机关，依照《条例》规定授予农业植物新品种权（以下简称品种权）。

农业部植物新品种保护办公室（以下简称品种保护办公室），承担品种权申请的受理、审查等事务，负责植物新品种测试和繁殖材料保藏的组织工作。

第四条 对危害公共利益、生态环境的植物新品种不授予品种权。

第二章 品种权的内容和归属

第五条 《条例》所称繁殖材料是指可繁殖植物的种植材料或植物体的其他部分，包括籽粒、果实和根、茎、苗、芽、叶等。

第六条 申请品种权的单位或者个人统称为品种权申请人；获得品种权的单位或者个人统称为品种权人。

第七条 《条例》第七条所称执行本单位任务所完成的职务育种是指下列情形之一：

（一）在本职工作中完成的育种；

（二）履行本单位交付的本职工作之外的任务所完成的育种；

（三）退职、退休或者调动工作后，3 年内完成的与其在原单位承担的工作或者原单位分配的任务有关的育种。

《条例》第七条所称本单位的物质条件是指本单位的资金、仪器设备、试验场地以及单位所有的尚未允许公开的育种材料和技术资料等。

第八条 《条例》第八条所称完成新品种育种的人是指完成新品种育种的单位或者个人（以下简称育种者）。

第九条 完成新品种培育的人员（以下简称培育人）是指对新品种培育作出创造性贡献的人。仅负责组织管理工作、为物质条件的利用提供方便或者从事其他辅助工作的人不能被视为培育人。

第十条 一个植物新品种只能被授予一项品种权。

一个植物新品种由两个以上申请人分别于同一日内提出品种权申请的，由申请人自行协商确定申请权的归属；协商不能达成一致意见的，品种保护办公室可以要求申请人在指定期限内提供证据，证明自己是最先完成该新品种育种的人。逾期未提供证据的，视为撤回申请；所提供证据不足以作为判定依据的，品种保护办公室驳回申请。

第十一条 中国的单位或者个人就其在国内培育的新品种向外国人转让申请权或者品种权的，应当向农业部申请审批。

转让申请权或者品种权的，当事人应当订立书面合同，向农业部登记，由农业部予以公告，并自公告之日起生效。

第十二条 有下列情形之一的，农业部可以作出实施品种权的强制许可决定：

（一）为了国家利益或者公共利益的需要；

（二）品种权人无正当理由自己不实施，又不许可他人以合理条件实施的；

（三）对重要农作物品种，品种权人虽已实施，但明显不能满足国内市场需求，又不许可他人以合理条件实施的。

申请强制许可的，应当向农业部提交强制许可请求书，说明理由并附具有关证明文件各一式两份。

农业部自收到请求书之日起 20 个工作日内作出决定。需要组织专家调查论证的，调查论证时间不得超过 3 个月。同意强制许可请求的，由农业部通知品种权人和强制许可请求人，并予以公告；不同意强制许可请求的，通知请求人并说明理由。

第十三条 依照《条例》第十一条第二款规定，申请农业部裁决使用费数额的，当事人应当提交裁决申请书，并附具未能达成协议的证明文件。农业部自收到申请书之日起 3 个月内作出裁决并通知当事人。

第三章 授予品种权的条件

第十四条 依照《条例》第四十五条的规定，列入植物新品种保护名录的植物属或者种，从名录公布之日起 1 年内提出的品种权申请，凡经过育种者许可，申请日前在中国境内销售该品种的繁殖材料未超过 4 年，符合《条例》规定的特异性、一致性和稳定性及命名要求的，农业部可以授予品种权。

第十五条 具有下列情形之一的，属于《条例》第十四条规定的销售：

（一）以买卖方式将申请品种的繁殖材料转移他人；

（二）以易货方式将申请品种的繁殖材料转移他人；

（三）以入股方式将申请品种的繁殖材料转移他人；

（四）以申请品种的繁殖材料签订生产协议；

（五）以其他方式销售的情形。

具有下列情形之一的，视为《条例》第十四条规定的育种者许可销售：

（一）育种者自己销售；

（二）育种者内部机构销售；

（三）育种者的全资或者参股企业销售；

（四）农业部规定的其他情形。

第十六条 《条例》第十五条所称“已知的植物品种”，包括品种权申请初审合格公告、通过品种审定或者已推广应用的品种。

第十七条 《条例》第十六条、第十七条所称“相关的特征或者特性”是指至少包括用于特异性、一致性和稳定性测试的性状或者授权时进行品种描述的性状。

第十八条 有下列情形之一的，不得用于新品种命名：

（一）仅以数字组成的；

（二）违反国家法律或者社会公德或者带有民族歧视性的；

（三）以国家名称命名的；

（四）以县级以上行政区划的地名或者公众知晓的外国地名命名的；

（五）同政府间国际组织或者其他国际国内知名组织及标识名称相同或者近似的；

（六）对植物新品种的特征、特性或者育种者的身份等容易引起误解的；

（七）属于相同或相近植物属或者种的已知名称的；

（八）夸大宣传的。

已通过品种审定的品种，或获得《农业转基因生物安全证书（生产应用）》的转基因植物品种，如品种名称符合植物新品种命名规定，申请品种权的品种名称应当与品种审定或农业转基因生物安全审批的品种名称一致。

第四章 品种权的申请和受理

第十九条 中国的单位和个人申请品种权的，可以直接或者委托代理机构向品种保护办公室提出申请。

在中国没有经常居所的外国人、外国企业或其他外国组织，向品种保护办公室提出品种权申请的，应当委托代理机构办理。

申请人委托代理机构办理品种权申请等相关事务时，应当与代理机构签订委托书，明确委托办理事项与权责。代理机构在向品种保护办公室提交申请时，应当同时提交申请人委托书。品种保护办公室在上述申请的受理与审查程序中，直接与代理机构联系。

第二十条 申请品种权的，申请人应当向品种保护办公室提交请求书、说明书和品种照片各一式两份，同时提交相应的请求书和说明书的电子文档。

请求书、说明书按照品种保护办公室规定的统一格式填写。

第二十一条 申请人提交的说明书应当包括下列内容：

（一）申请品种的暂定名称，该名称应当与请求书的名称一致；

（二）申请品种所属的属或者种的中文名称和拉丁文名称；

（三）育种过程和育种方法，包括系谱、培育过程和所使用的亲本或者其他繁殖材料来源与名称的详细说明；

（四）有关销售情况的说明；

（五）选择的近似品种及理由；

（六）申请品种特异性、一致性和稳定性的详细说明；

（七）适于生长的区域或者环境以及栽培技术的说明；

（八）申请品种与近似品种的性状对比表。

前款第（五）、（八）项所称近似品种是指在所有已知植物品种中，相关特征或者特性与申请品种最为相似的品种。

第二十二条 申请人提交的照片应当符合以下要求：

（一）照片有利于说明申请品种的特异性；

（二）申请品种与近似品种的同一种性状对比应在同一张照片上；

（三）照片应为彩色，必要时，品种保护办公室可以要求申请人提供黑白照片；

（四）照片规格为8.5厘米×12.5厘米或者10厘米×15厘米；

（五）关于照片的简要文字说明。

第二十三条 品种权申请文件有下列情形之一的，品种保护办公室不予受理：

（一）未使用中文的；

（二）缺少请求书、说明书或者照片之一的；

（三）请求书、说明书和照片不符合本细则规定格式的；

（四）文件未打印的；

（五）字迹不清或者有涂改的；

（六）缺少申请人和联系人姓名（名称）、地址、邮政编码的或者不详的；

（七）委托代理但缺少代理委托书的。

第二十四条 中国的单位或者个人将国内培育的植物新品种向国外申请品种权的，应当向所在地省级人民政府农业行政主管部门申请登记。

第二十五条 申请人依照《条例》第二十三条的规定要求优先权的，应当在申请中写明第一次提出品种权申请的申请日、申请号和受理该申请的国家或组织；未写明的，视为未要求优先权。申请人提交的第一次品种权申请文件副本应当经原受理机关确认。

第二十六条 在中国没有经常居所或者营业所的外国人、外国企业和外国其他组织，申请品种权或者要求优先权的，品种保护办公室认为必要时，可以要求其提供下列文件：

（一）申请人是个人的，其国籍证明；

（二）申请人是企业或者其他组织的，其营业所或者总部所在地的证明；

（三）外国人、外国企业、外国其他组织的所属国，承认中国单位和个人可以按照该国国民的同等条件，在该国享有品种申请权、优先权和其他与品种权有关的权利的证明文件。

第二十七条 申请人在向品种保护办公室提出品种权申请12个月内，又向国外申请品种权的，依照该国或组织同中华人民共和国签订的协议或者共同参加的国际条约，或者根据相互承认优先权的原则，可以请求品种保护办公室出具优先权证明文件。

第二十八条 依照《条例》第十九条第二款规定，中国的单位和个人申请品种权的植物新品种涉及国家安全或者重大利益需要保密的，申请人应当在申请文件中说明，品种保护办公室经过审查后作出是否按保密申请处理的决定，并通知申请人；品种保护办公室认为需要保密而申请人未注明的，仍按保密申请处理，并通知申请人。

第二十九条 申请人送交的申请品种繁殖材料应当与品种权申请文件中所描述的繁殖材料相一致，并符合下列要求：

（一）未遭受意外损害；

（二）未经过药物处理；

（三）无检疫性的有害生物；

（四）送交的繁殖材料为籽粒或果实的，籽粒或果实应当是最近收获的。

第三十条 品种保护办公室认为必要的，申请人应当送交申请品种和近似品种的繁殖材料，用于申请品种的审查和检测。申请品种属于转基因品种的，应当附具生产性试验阶段的《农业转基因生物安全审批书》或《农业转基因生物安全证书（生产应用）》复印件。

申请人应当自收到品种保护办公室通知之日起3个月内送交繁殖材料。送交繁殖材料为籽粒或果实的，应当送至品种保护办公室植物新品种保藏中心（以下简称保藏中心）；送交种苗、种球、块茎、块根等无性繁殖材料的，应当送至品种保护办公室指定的测试机构。

申请人送交的繁殖材料数量少于品种保护办公室规定的，保藏中心或者测试机构应当通知申请人，申请人应自收到通知之日起1个月内补足。特殊情况下，申请人送交了规定数量的繁殖材料后仍不能满足测试或者检测需要时，品种保护办公室有权要求申请人补交。

第三十一条　繁殖材料应当依照有关规定实施植物检疫。检疫不合格或者未经检疫的，保藏中心或者测试机构不予接收。

保藏中心或者测试机构收到申请人送交的繁殖材料后应当出具书面证明，并在收到繁殖材料之日起20个工作日内（有休眠期的植物除外）完成生活力等内容的检测。检测合格的，应当向申请人出具书面检测合格证明；检测不合格的，应当通知申请人自收到通知之日起1个月内重新送交繁殖材料并取回检测不合格的繁殖材料，申请人到期不取回的，保藏中心或者测试机构应当销毁。

申请人未按规定送交繁殖材料的，视为撤回申请。

第三十二条　保藏中心和测试机构对申请品种的繁殖材料负有保密的责任，应当防止繁殖材料丢失、被盗等事故的发生，任何人不得更换检验合格的繁殖材料。发生繁殖材料丢失、被盗、更换的，依法追究有关人员的责任。

第五章　品种权的审查与批准

第三十三条　在初步审查、实质审查、复审和无效宣告程序中进行审查和复审人员有下列情形之一的，应当自行回避，当事人或者其他利害关系人可以要求其回避：

（一）是当事人或者其代理人近亲属的；

（二）与品种权申请或者品种权有直接利害关系的；

（三）与当事人或者其代理人有其他关系，可能影响公正审查和审理的。

审查人员的回避由品种保护办公室决定，复审人员的回避由植物新品种复审委员会主任决定。

第三十四条　一件植物品种权申请包括两个以上新品种的，品种保护办公室应当要求申请人提出分案申请。申请人在指定期限内对其申请未进行分案修正或者期满未答复的，视为撤回申请。

申请人按照品种保护办公室要求提出的分案申请，可以保留原申请日；享有优先权的，可保留优先权日。但不得超出原申请文件已有内容的范围。

分案申请应当依照《条例》及本细则的规定办理相关手续。

分案申请的请求书中应当写明原申请的申请号和申请日。原申请享有优先权的，应当提交原申请的优先权文件副本。

第三十五条　品种保护办公室对品种权申请的下列内容进行初步审查：

（一）是否符合《条例》第二十七条规定；

（二）选择的近似品种是否适当；申请品种的亲本或其他繁殖材料来源是否公开。

品种保护办公室应当将审查意见通知申请人。品种保护办公室有疑问的，可要求申请人在指定期限内陈述意见或者补正；申请人期满未答复的，视为撤回申请。申请人陈述意见或者补正后，品种保护办公室认为仍然不符合规定的，应当驳回其申请。

第三十六条　除品种权申请文件外，任何人向品种保护办公室提交的与品种权申请有关的材料，有下列情形之一的，视为未提出：

（一）未使用规定的格式或者填写不符合要求的；

（二）未按照规定提交证明材料的。

当事人当面提交材料的，受理人员应当当面说明材料存在的缺陷后直接退回；通过邮局提交的，品种保护办公室应当将视为未提出的审查意见和原材料一起退回；邮寄地址不清的，采用公告方式退回。

第三十七条　自品种权申请之日起至授予品种权之日前，任何人均可以对不符合《条例》第八条、第十三至第十八条以及本细则第四条规定的品种权申请，向品种保护办公室提出异议，并提供相关证据和说明理由。未提供相关证据的，品种保护办公室不予受理。

第三十八条 未经品种保护办公室批准，申请人在品种权授予前不得修改申请文件的下列内容：

（一）申请品种的名称、申请品种的亲本或其他繁殖材料名称、来源以及申请品种的育种方法；

（二）申请品种的最早销售时间；

（三）申请品种的特异性、一致性和稳定性内容。

品种权申请文件的修改部分，除个别文字修改或者增删外，应当按照规定格式提交替换页。

第三十九条 品种保护办公室负责对品种权申请进行实质审查，并将审查意见通知申请人。品种保护办公室可以根据审查的需要，要求申请人在指定期限内陈述意见或者补正。申请人期满未答复的，视为撤回申请。

第四十条 依照《条例》和本细则的规定，品种权申请经实质审查应当予以驳回的情形是指：

（一）不符合《条例》第八条、第十三条至第十七条规定之一的；

（二）属于本细则第四条规定的；

（三）不符合命名规定，申请人又不按照品种保护办公室要求修改的；

（四）申请人陈述意见或者补正后，品种保护办公室认为仍不符合规定的。

第四十一条 品种保护办公室发出办理授予品种权手续的通知后，申请人应当自收到通知之日起2个月内办理相关手续和缴纳第1年年费。对按期办理的，农业部授予品种权，颁发品种权证书，并予以公告。品种权自授权公告之日起生效。

期满未办理的，视为放弃取得品种权的权利。

第四十二条 农业部植物新品种复审委员会，负责审理驳回品种权申请的复审案件、品种权无效宣告案件和授权品种更名案件。具体规定由农业部另行制定。

第六章 文件的提交、送达和期限

第四十三条 依照《条例》和本细则规定提交的各种文件应当使用中文，并采用国家统一规定的科学技术术语和规范词。外国人名、地名和科学技术术语没有统一中文译文的，应当注明原文。

依照《条例》和本细则规定提交的各种证件和证明文件是外文的，应当附送中文译文；未附送的，视为未提交该证明文件。

第四十四条 当事人向品种保护办公室提交的各种文件应当打印或者印刷，字迹呈黑色，并整齐清晰。申请文件的文字部分应当横向书写，纸张只限单面使用。

第四十五条 当事人提交的各种文件和办理的其他手续，应当由申请人、品种权人、其他利害关系人或者其代表人签字或者盖章；委托代理机构的，由代理机构盖章。请求变更培育人姓名、品种权申请人和品种权人的姓名或者名称、国籍、地址、代理机构的名称和代理人姓名的，应当向品种保护办公室办理著录事项变更手续，并附具变更理由的证明材料。

第四十六条 当事人提交各种材料时，可以直接提交，也可以邮寄。邮寄时，应当使用挂号信函，不得使用包裹，一件信函中应当只包含同一申请的相关材料。邮寄的，以寄出的邮戳日为提交日。信封上寄出的邮戳日不清晰的，除当事人能够提供证明外，以品种保护办公室的收到日期为提交日。

品种保护办公室的各种文件，可以通过邮寄、直接送交或者以公告的方式送达当事人。当事人委托代理机构的，文件送交代理机构；未委托代理机构的，文件送交请求书中收件人地址及收件人或者第一署名人或者代表人。当事人拒绝接收文件的，该文件视为已经送达。

品种保护办公室邮寄的各种文件，自文件发出之日起满15日，视为当事人收到文件之日。

根据规定应当直接送交的文件，以交付日为送达日。文件送达地址不清，无法邮寄的，可以通过公告的方式送达当事人。自公告之日起满2个月，该文件视为已经送达。

第四十七条 《条例》和本细则规定的各种期限的第一日不计算在期限内。期限以年或者月计算的，以其最后一月的相应日为期限届满日；该月无相应日的，以该月最后一日为期限届满日。期限届满日是法定节假日的，以节假日后的第一个工作日为期限届满日。

第四十八条 当事人因不可抗力而耽误《条例》或者本细则规定的期限或者品种保护办公室指定的期限，导致其权利丧失的，自障碍消除之日起2个月内，最迟自期限届满之日起2年内，可以向品种保护办公室说明理由并附具有关证明文件，请求恢复其权利。

当事人因正当理由而耽误《条例》或者本细则规定的期限或者品种保护办公室指定的期限，造成其权利丧失的，可以自收到通知之日起2个月内向品种保护办公室说明理由，请求恢复其权利。

当事人请求延长品种保护办公室指定期限的，应当在期限届满前，向品种保护办公室说明理由并办理有关手续。

本条第一款和第二款的规定不适用《条例》第十四条、第二十三条、第三十二条第二、三款、第三十四条、第三十七条第二款规定的期限。

第四十九条 除《条例》第二十二条的规定外，《条例》所称申请日，有优先权的，指优先权日。

第七章 费用和公报

第五十条 申请品种权和办理其他手续时，应当按照国家有关规定向农业部缴纳申请费、审查费、年费。

第五十一条 《条例》和本细则规定的各种费用，可以直接缴纳，也可以通过邮局或者银行汇付。

通过邮局或者银行汇付的，应当注明品种名称，同时将汇款凭证的复印件传真或者邮寄至品种保护办公室，并说明该费用的申请号或者品种权号、申请人或者品种权人的姓名或名称、费用名称。

通过邮局或者银行汇付的，以汇出日为缴费日。

第五十二条 依照《条例》第二十四条的规定，申请人可以在提交品种权申请的同时缴纳申请费，但最迟自申请之日起1个月内缴纳申请费，期满未缴纳或者未缴足的，视为撤回申请。

第五十三条 经初步审查合格的品种权申请，申请人应当按照品种保护办公室的通知，在规定的期限内缴纳审查费。期满未缴纳或者未缴足的，视为撤回申请。

第五十四条 申请人在领取品种权证书前，应当缴纳授予品种权第1年的年费。以后的年费应当在前1年度期满前1个月内预缴。

第五十五条 品种权人未按时缴纳授予品种权第1年以后的年费，或者缴纳的数额不足的，品种保护办公室应当通知申请人自应当缴纳年费期满之日起6个月内补缴；期满未缴纳的，自应当缴纳年费期满之日起，品种权终止。

第五十六条 品种保护办公室定期发布植物新品种保护公报，公告品种权有关内容。

第八章 附 则

第五十七条 《条例》第四十条、第四十一条所称的假冒授权品种行为是指下列情形之一：

（一）印制或者使用伪造的品种权证书、品种权申请号、品种权号或者其他品种权申请标记、品种权标记；

（二）印制或者使用已经被驳回、视为撤回或者撤回的品种权申请的申请号或者其他品种权申请标记；

（三）印制或者使用已经被终止或者被宣告无效的品种权的品种权证书、品种权号或者其他品种权标记；

（四）生产或者销售本条第（一）项、第（二）项和第（三）项所标记的品种；

（五）生产或销售冒充品种权申请或者授权品种名称的品种；

（六）其他足以使他人将非品种权申请或者非授权品种误认为品种权申请或者授权品种的行为。

第五十八条 农业行政部门根据《条例》第四十一条的规定对封存或者扣押的植物品种繁殖材料，应当在30日内做出处理；情况复杂的，经农业行政部门负责人批准可以延长，延长期限不超过30日。

第五十九条 当事人因品种申请权或者品种权发生纠纷，向人民法院提起诉讼并且人民法院已受理的，可以向品种保护办公室请求中止有关程序。

依照前款规定申请中止有关程序的，应当向品种保护办公室提交申请书，并附具人民法院的有关受理文件副本。

在人民法院作出的判决生效后，当事人应

当向品种保护办公室请求恢复有关程序。自请求中止之日起1年内，有关品种申请权或者品种权归属的纠纷未能结案，需要继续中止有关程序的，请求人应当在该期限内请求延长中止。期满未请求延长的，品种保护办公室可以自行恢复有关程序。

第六十条 已被视为撤回、驳回和主动撤回的品种权申请的案卷，自该品种权申请失效之日起满2年后不予保存。

已被宣告无效的品种权案卷自该品种权无效宣告之日起，终止的品种权案卷自该品种权失效之日起满3年后不予保存。

第六十一条 本细则自2008年1月1日起施行。1999年6月16日农业部发布的《中华人民共和国植物新品种保护条例实施细则（农业部分）》同时废止。

中华人民共和国植物新品种保护条例实施细则（林业部分）

（1999年8月10日国家林业局令第3号
2011年1月25日国家林业局令第26号修改）

第一章 总 则

第一条 根据《中华人民共和国植物新品种保护条例》（以下简称《条例》），制定本细则。

第二条 本细则所称植物新品种，是指符合《条例》第二条规定的林木、竹、木质藤本、木本观赏植物（包括木本花卉）、果树（干果部分）及木本油料、饮料、调料、木本药材等植物品种。

植物品种保护名录由国家林业局确定和公布。

第三条 国家林业局依照《条例》和本细则规定受理、审查植物新品种权的申请并授予植物新品种权（以下简称品种权）。

国家林业局植物新品种保护办公室（以下简称植物新品种保护办公室），负责受理和审查本细则第二条规定的植物新品种的品种权申请，组织与植物新品种保护有关的测试、保藏等业务，按国家有关规定承办与植物新品种保护有关的国际事务等具体工作。

第二章 品种权的内容和归属

第四条 《条例》所称的繁殖材料，是指整株植物（包括苗木）、种子（包括根、茎、叶、花、果实等）以及构成植物体的任何部分（包括组织、细胞）。

第五条 《条例》第七条所称的职务育种是指：

（一）在本职工作中完成的育种；

（二）履行本单位分配的本职工作之外的任务所完成的育种；

（三）离开原单位后3年内完成的与其在原单位承担的本职工作或者分配的任务有关的育种；

（四）利用本单位的资金、仪器设备、试验场地、育种资源和其他繁殖材料及不对外公开的技术资料等所完成的育种。

除前款规定情形之外的，为非职务育种。

第六条 《条例》所称完成植物新品种育种的人、品种权申请人、品种权人，均包括单位或者个人。

第七条 两个以上申请人就同一个植物新品种在同一日分别提出品种权申请的，植物新品种保护办公室可以要求申请人自行协商确定申请权的归属；协商达不成一致意见的，植物新品种保护办公室可以要求申请人在规定的期限内提供证明自己是最先完成该植物新品种育种的证据；逾期不提供证据的，视为放弃申请。

第八条 中国的单位或者个人就其在国内培育的植物新品种向外国人转让申请权或者品种权的，应当报国家林业局批准。

转让申请权或者品种权的，当事人应当订

立书面合同，向国家林业局登记，并由国家林业局予以公告。

转让申请权或者品种权的，自登记之日起生效。

第九条 依照《条例》第十一条规定，有下列情形之一的，国家林业局可以作出或者依当事人的请求作出实施植物新品种强制许可的决定：

（一）为满足国家利益或者公共利益等特殊需要；

（二）品种权人无正当理由自己不实施或者实施不完全，又不许可他人以合理条件实施的。

请求植物新品种强制许可的单位或者个人，应当向国家林业局提出强制许可请求书，说明理由并附具有关证明材料各一式两份。

第十条 按照《条例》第十一条第二款规定，请求国家林业局裁决植物新品种强制许可使用费数额的，当事人应当提交裁决请求书，并附具不能达成协议的有关材料。国家林业局自收到裁决请求书之日起3个月内作出裁决并通知有关当事人。

第三章 授予品种权的条件

第十一条 授予品种权的，应当符合《条例》第十三条、第十四条、第十五条、第十六条、第十七条、第十八条和本细则第二条的规定。

第十二条 依照《条例》第四十五条的规定，对《条例》施行前首批列入植物品种保护名录的和《条例》施行后新列入植物品种保护名录的属或者种的植物品种，自名录公布之日起一年内提出的品种权申请，经育种人许可，在中国境内销售该品种的繁殖材料不超过4年的，视为具有新颖性。

第十三条 除《条例》第十八条规定的以外，有下列情形之一的，不得用于植物新品种命名：

（一）违反国家法律、行政法规规定或者带有民族歧视性的；

（二）以国家名称命名的；

（三）以县级以上行政区划的地名或者公众知晓的外国地名命名的；

（四）同政府间国际组织或者其他国际知名组织的标识名称相同或者近似的；

（五）属于相同或者相近植物属或者种的已知名称的。

第四章 品种权的申请和受理

第十四条 中国的单位和个人申请品种权的，可以直接或者委托代理机构向国家林业局提出申请。

第十五条 中国的单位和个人申请品种权的植物品种，如涉及国家安全或者重大利益需要保密的，申请人应当在请求书中注明，植物新品种保护办公室应当按国家有关保密的规定办理，并通知申请人；植物新品种保护办公室认为需要保密而申请人未注明的，按保密申请办理，并通知有关当事人。

第十六条 外国人、外国企业或者其他外国组织向国家林业局提出品种权申请和办理其他品种权事务的，应当委托代理机构办理。

第十七条 申请人委托代理机构向国家林业局申请品种权或者办理其他有关事务的，应当提交委托书，写明委托权限。

申请人为两个以上而未委托代理机构代理的，应当书面确定一方为代表人。

第十八条 申请人申请品种权时，应当向植物新品种保护办公室提交国家林业局规定格式的请求书、说明书以及符合本细则第十九条规定的照片各一式两份。

第十九条 《条例》第二十一条所称的照片，应当符合以下要求：

（一）有利于说明申请品种权的植物品种的特异性；

（二）一种性状的对比应在同一张照片上；

（三）照片应为彩色；

（四）照片规格为8.5厘米×12.5厘米或者10厘米×15厘米。

照片应当附有简要文字说明；必要时，植物新品种保护办公室可以要求申请人提供黑白照片。

第二十条 品种权的申请文件有下列情形之一的，植物新品种保护办公室不予受理：

（一）内容不全或者不符合规定格式的；

（二）字迹不清或者有严重涂改的；

（三）未使用中文的。

第二十一条 植物新品种保护办公室可以要求申请人送交申请品种权的植物品种和对照

品种的繁殖材料，用于审查和检测。

第二十二条 申请人应当自收到植物新品种保护办公室通知之日起3个月内送交繁殖材料。送交种子的，申请人应当送至植物新品种保护办公室指定的保藏机构；送交无性繁殖材料的，申请人应当送至植物新品种办公室指定的测试机构。

申请人逾期不送交繁殖材料的，视为放弃申请。

第二十三条 申请人送交的繁殖材料应当依照国家有关规定进行检疫；应检疫而未检疫或者检疫不合格的，保藏机构或者测试机构不予接收。

第二十四条 申请人送交的繁殖材料不能满足测试或者检测需要以及不符合要求的，植物新品种保护办公室可以要求申请人补交。

申请人三次补交繁殖材料仍不符合规定的，视为放弃申请。

第二十五条 申请人送交的繁殖材料应当符合下列要求：

（一）与品种权申请文件中所描述的该植物品种的繁殖材料相一致；

（二）最新收获或者采集的；

（三）无病虫害；

（四）未进行药物处理。

申请人送交的繁殖材料已经进行了药物处理，应当附有使用药物的名称、使用的方法和目的。

第二十六条 保藏机构或者测试机构收到申请人送交的繁殖材料的，应当向申请人出具收据。

保藏机构或者测试机构对申请人送交的繁殖材料经检测合格的，应当出具检验合格证明，并报告植物新品种保护办公室；经检测不合格的，应当报告植物新品种保护办公室，由其按照有关规定处理。

第二十七条 保藏机构或者测试机构对申请人送交的繁殖材料，在品种权申请的审查期间和品种权的有效期限内，应当保密和妥善保管。

第二十八条 在中国没有经常居所或者营业所的外国人、外国企业或者其他外国组织申请品种权或者要求优先权的，植物新品种保护办公室可以要求其提供下列文件：

（一）国籍证明；

（二）申请人是企业或者其他组织的，其营业所或者总部所在地的证明文件；

（三）外国人、外国企业、外国其他组织的所属国承认中国的单位和个人可以按照该国国民的同等条件，在该国享有植物新品种的申请权、优先权和其他与品种权有关的证明文件。

第二十九条 申请人向国家林业局提出品种权申请之后，又向外国申请品种权的，可以请求植物新品种保护办公室出具优先权证明文件；符合条件的，植物新品种保护办公室应当出具优先权证明文件。

第三十条 申请人撤回品种权申请的，应当向国家林业局提出撤回申请，写明植物品种名称、申请号和申请日。

第三十一条 中国的单位和个人将在国内培育的植物新品种向国外申请品种权的，应当向国家林业局登记。

第五章 品种权的审查批准

第三十二条 国家林业局对品种权申请进行初步审查时，可以要求申请人就有关问题在规定的期限内提出陈述意见或者予以修正。

第三十三条 一件品种权申请包括二个以上品种权申请的，在实质审查前，植物新品种保护办公室应当要求申请人在规定的期限内提出分案申请；申请人在规定的期限内对其申请未进行分案修正或者期满未答复的，该申请视为放弃。

第三十四条 依照本细则第三十三条规定提出的分案申请，可以保留原申请日；享有优先权的，可保留优先权日，但不得超出原申请的范围。

分案申请应当依照《条例》及本细则的有关规定办理各种手续。

分案申请的请求书中应当写明原申请的申请号和申请日。原申请享有优先权的，应当提交原申请的优先权文件副本。

第三十五条 经初步审查符合《条例》和本细则规定条件的品种权申请，由国家林业局予以公告。

自品种权申请公告之日起至授予品种权之日前，任何人均可以对不符合《条例》和本细则规定的品种权申请向国家林业局提出异议，并说明理由。

第三十六条 品种权申请文件的修改部分，除个别文字修改或者增删外，应当按照规定格式提交替换页。

第三十七条 经实质审查后，符合《条例》规定的品种权申请，由国家林业局作出授予品种权的决定，向品种权申请人颁发品种权证书，予以登记和公告。

品种权人应当自收到领取品种权证书通知之日起3个月内领取品种权证书，并按照国家有关规定缴纳第一年年费。逾期未领取品种权证书并未缴纳年费的，视为放弃品种权，有正当理由的除外。

品种权自作出授予品种权的决定之日起生效。

第三十八条 国家林业局植物新品种复审委员会（以下简称复审委员会）由植物育种专家、栽培专家、法律专家和有关行政管理人员组成。

复审委员会主任委员由国家林业局主要负责人指定。

植物新品种保护办公室根据复审委员会的决定办理复审的有关事宜。

第三十九条 依照《条例》第三十二条第二款的规定向复审委员会请求复审的，应当提交符合国家林业局规定格式的复审请求书，并附具有关的证明材料。复审请求书和证明材料应当各一式两份。

申请人请求复审时，可以修改被驳回的品种权申请文件，但修改仅限于驳回申请的决定所涉及的部分。

第四十条 复审请求不符合规定要求的，复审请求人可以在复审委员会指定的期限内补正；期满未补正或者补正后仍不符合规定要求的，该复审请求视为放弃。

第四十一条 复审请求人在复审委员会作出决定前，可以撤回其复审请求。

第六章 品种权的终止和无效

第四十二条 依照《条例》第三十六条规定，品种权在其保护期限届满前终止的，其终止日期为：

（一）品种权人以书面声明放弃品种权的，自声明之日起终止；

（二）品种权人未按照有关规定缴纳年费的，自补缴年费期限届满之日起终止；

（三）品种权人未按照要求提供检测所需的该授权品种的繁殖材料或者送交的繁殖材料不符合要求的，国家林业局予以登记，其品种权自登记之日起终止；

（四）经检测该授权品种不再符合被授予品种权时的特征和特性的，自国家林业局登记之日起终止。

第四十三条 依照《条例》第三十七条第一款的规定，任何单位或者个人请求宣告品种权无效的，应当向复审委员会提交国家林业局规定格式的品种权无效宣告请求书和有关材料各一式两份，并说明所依据的事实和理由。

第四十四条 已授予的品种权不符合《条例》第十四条、第十五条、第十六条和第十七条规定的，由复审委员会依据职权或者任何单位或者个人的书面请求宣告品种权无效。

宣告品种权无效，由国家林业局登记和公告，并由植物新品种保护办公室通知当事人。

第四十五条 品种权无效宣告请求书中未说明所依据的事实和理由，或者复审委员会就一项品种权无效宣告请求已审理并决定仍维持品种权的，请求人又以同一事实和理由请求无效宣告的，复审委员会不予受理。

第四十六条 复审委员会应当自收到无效宣告请求书之日起15日内将品种权无效宣告请求书副本和有关材料送达品种权人。品种权人应当在收到后3个月内提出陈述意见；逾期未提出的，不影响复审委员会审理。

第四十七条 复审委员会对授权品种作出更名决定的，由国家林业局登记和公告，并由植物新品种保护办公室通知品种权人，更换品种权证书。

授权品种更名后，不得再使用原授权品种名称。

第四十八条 复审委员会对无效宣告的请求作出决定前，无效宣告请求人可以撤回其请求。

第七章 文件的递交、送达和期限

第四十九条 《条例》和本细则规定的各种事项，应当以书面形式办理。

第五十条 按照《条例》和本细则规定提交的各种文件应当使用中文，并采用国家统一规定的科技术语。

外国人名、地名和没有统一中文译文的科

技术语，应当注明原文。

依照《条例》和本细则规定提交的证明文件是外文的，应当附送中文译文；未附送的，视为未提交证明文件。

第五十一条 当事人提交的各种文件可以打印，也可以使用钢笔或者毛笔书写，但要整齐清晰，纸张只限单面使用。

第五十二条 依照《条例》和本细则规定，提交各种文件和有关材料的，当事人可以直接提交，也可以邮寄。邮寄时，以寄出的邮戳日为提交日。寄出的邮戳日不清晰的，除当事人能够提供证明外，以收到日为提交日。

依照《条例》和本细则规定，向当事人送达的各种文件和有关材料的，可以直接送交、邮寄或者以公告的方式送达。当事人委托代理机构的，送达代理机构；未委托代理机构的，送达当事人。

依本条第二款规定直接送达的，以交付日为送达日；邮寄送达的，自寄出之日起满15日，视为送达；公告送达的，自公告之日起满2个月，视为送达。

第五十三条 《条例》和本细则规定的各种期限，以年或者月计算的，以其最后一月的相应日为期限届满日；该月无相应日的，以该月最后一日为期限届满日；期限届满日是法定节假日的，以节假日后的第一个工作日为期限届满日。

第五十四条 当事人因不可抗力或者特殊情况耽误《条例》和本细则规定的期限，造成其权利丧失的，自障碍消除之日起2个月内，但是最多不得超过自期限届满之日起2年，可以向国家林业局说明理由并附具有关证明材料，请求恢复其权利。

第五十五条 《条例》和本细则所称申请日，有优先权的，指优先权日。

第八章 费用和公报

第五十六条 申请品种权的，应当按照规定缴纳申请费、审查费；需要测试的，应当缴纳测试费。授予品种权的，应当缴纳年费。

第五十七条 当事人缴纳本细则第五十六条规定费用的，可以向植物新品种保护办公室直接缴纳，也可以通过邮局或者银行汇付，但不得使用电汇。

通过邮局或者银行汇付的，应当注明申请号或者品种权证书号、申请人或者品种权人的姓名或者名称、费用名称以及授权品种名称。

通过邮局或者银行汇付时，以汇出日为缴费日。

第五十八条 依照《条例》第二十四条的规定，申请人可以在提交品种权申请的同时缴纳申请费，也可以在收到缴费通知之日起1个月内缴纳；期满未缴纳或者未缴足的，其申请视为撤回。

按照规定应当缴纳测试费的，自收到缴费通知之日起1个月内缴纳；期满未缴纳或者未缴足的，其申请视为放弃。

第五十九条 第一次年费应当于领取品种权证书时缴纳，以后的年费应当在前一年度期满前1个月内预缴。

第六十条 品种权人未按时缴纳第一年以后的年费或者缴纳数额不足的，植物新品种保护办公室应当通知品种权人自应当缴纳年费期满之日起6个月内补缴，同时缴纳金额为年费的25%的滞纳金。

第六十一条 自本细则施行之日起3年内，当事人缴纳本细则第五十六条规定的费用确有困难的，经申请并由国家林业局批准，可以减缴或者缓缴。

第六十二条 国家林业局定期出版植物新品种保护公报，公告品种权申请、授予、转让、继承、终止等有关事项。

植物新品种保护办公室设置品种权登记簿，登记品种权申请、授予、转让、继承、终止等有关事项。

第九章 附 则

第六十三条 县级以上林业主管部门查处《条例》规定的行政处罚案件时，适用林业行政处罚程序的规定。

第六十四条 《条例》所称的假冒授权品种，是指：

（一）使用伪造的品种权证书、品种权号的；

（二）使用已经被终止或者被宣告无效品种权的品种权证书、品种权号的；

（三）以非授权品种冒充授权品种的；

（四）以此种授权品种冒充他种授权品种的；

（五）其他足以使他人将非授权品种误认

为授权品种的。

第六十五条 当事人因植物新品种的申请权或者品种权发生纠纷，已向人民法院提起诉讼并受理的，应当向国家林业局报告并附具人民法院已受理的证明材料。国家林业局按照有关规定作出中止或者终止的决定。

第六十六条 在初步审查、实质审查、复审和无效宣告程序中进行审查和复审的人员，有下列情形之一的，应当申请回避；当事人或者其他有利害关系人也可以要求其回避：

（一）是当事人或者其代理人近亲属的；

（二）与品种权申请或者品种权有直接利害关系的；

（三）与当事人或者其他代理人有其他可能影响公正审查和审理关系的。

审查人员的回避，由植物新品种保护办公室决定；复审委员会人员的回避，由国家林业局决定。在回避申请未被批准前，审查和复审人员不得终止履行职责。

第六十七条 任何人经植物新品种保护办公室同意，可以查阅或者复制已经公告的品种权申请的案卷和品种权登记簿。

依照《条例》和本细则的规定，已被驳回、撤回或者视为放弃品种权申请的材料和已被放弃、无效宣告或者终止品种权的材料，由植物新品种保护办公室予以销毁。

第六十八条 请求变更品种权申请人和品种权人的，应当向植物新品种保护办公室办理著录事项变更手续，并提出变更理由和证明材料。

第六十九条 本细则由国家林业局负责解释。

第七十条 本细则自发布之日起施行。

农业植物新品种权侵权案件处理规定

（2002年12月12日农业部第30次常务会议审议通过
2002年12月30日中华人民共和国农业部令
第24号发布 自2003年2月1日起施行）

第一条 为有效处理农业植物新品种权（以下简称品种权）侵权案件，根据《中华人民共和国植物新品种保护条例》（以下简称《条例》），制定本规定。

第二条 本规定所称的品种权侵权案件是指未经品种权人许可，以商业目的生产或销售授权品种的繁殖材料以及将该授权品种的繁殖材料重复使用于生产另一品种的繁殖材料的行为。

第三条 省级以上人民政府农业行政部门负责处理本行政辖区内品种权侵权案件。

第四条 请求省级以上人民政府农业行政部门处理品种权侵权案件的，应当符合下列条件：

（一）请求人是品种权人或者利害关系人；

（二）有明确的被请求人；

（三）有明确的请求事项和具体事实、理由；

（四）属于受案农业行政部门的受案范围和管辖；

（五）在诉讼时效范围内；

（六）当事人没有就该品种权侵权案件向人民法院起诉。第一项所称利害关系人包括品种权实施许可合同的被许可人、品种权的合法继承人。品种权实施许可合同的被许可人中，独占实施许可合同的被许可人可以单独提出请求；排他实施许可合同的被许可人在品种权人不请求的情况下，可以单独提出请求；除合同另有约定外，普通实施许可合同的被许可人不能单独提出请求。

第五条 请求处理品种权侵权案件的诉讼时效为二年，自品种权人或利害关系人得知或应当得知侵权行为之日起计算。

第六条 请求省级以上人民政府农业行政部门处理品种权侵权案件的，应当提交请求书以及所涉及品种权的品种权证书，并且按照被请求人的数量提供请求书副本。

请求书应当记载以下内容：

（一）请求人的姓名或者名称、地址，法定代表人姓名、职务。委托代理的，代理人的姓名和代理机构的名称、地址；

（二）被请求人的姓名或者名称、地址；

（三）请求处理的事项、事实和理由。请求书应当由请求人签名或盖章。

第七条 请求符合本办法第六条规定条件的，省级以上人民政府农业行政部门应当在收到请求书之日起7日内立案并书面通知请求人，同时指定3名以上单数承办人员处理该品种权侵权案件；请求不符合本办法第六条规定条件的，省级以上人民政府农业行政部门应当在收到请求书之日起7日内书面通知请求人不予受理，并说明理由。

第八条 省级以上人民政府农业行政部门应当在立案之日起7日内将请求书及其附件的副本通过邮寄、直接送交或者其他方式送被请求人，要求其在收到之日起15日内提交答辩书，并且按照请求人的数量提供答辩书副本。被请求人逾期不提交答辩书的，不影响省级以上人民政府农业行政部门进行处理。被请求人提交答辩书的，省级以上人民政府农业行政部门应当在收到之日起7日内将答辩书副本通过邮寄、直接送交或者其他方式送请求人。

第九条 省级以上人民政府农业行政部门处理品种权侵权案件一般以书面审理为主。必要时，可以举行口头审理，并在口头审理7日前通知当事人口头审理的时间和地点。当事人无正当理由拒不参加的，或者未经允许中途退出的，对请求人按撤回请求处理，对被请求人按缺席处理。

省级以上人民政府农业行政部门举行口头审理的，应当记录参加人和审理情况，经核对无误后，由案件承办人员和参加人签名或盖章。

第十条 除当事人达成调解、和解协议，请求人撤回请求之外，省级以上人民政府农业行政部门对侵权案件应作出处理决定，并制作处理决定书，写明以下内容：

（一）请求人、被请求人的姓名或者名称、地址，法定代表人或者主要负责人的姓名、职务，代理人的姓名和代理机构的名称；

（二）当事人陈述的事实和理由；

（三）认定侵权行为是否成立的理由和依据；

（四）处理决定：认定侵权行为成立的，应当责令被请求人立即停止侵权行为，写明处罚内容；认定侵权行为不成立的，应当驳回请求人的请求；

（五）不服处理决定申请行政复议或者提起行政诉讼的途径和期限。处理决定书应当由案件承办人员署名，并加盖省级以上人民政府农业行政部门的公章。

第十一条 省级以上人民政府农业行政部门认定侵权行为成立并作出处理决定的，可以采取下列措施，制止侵权行为：

（一）侵权人生产授权品种繁殖材料或者直接使用授权品种的繁殖材料生产另一品种繁殖材料的，责令其立即停止生产，并销毁生产中的植物材料；已获得繁殖材料的，责令其不得销售；

（二）侵权人销售授权品种繁殖材料或者销售直接使用授权品种繁殖材料生产另一品种繁殖材料的，责令其立即停止销售行为，并且不得销售尚未售出的侵权品种繁殖材料；

（三）没收违法所得；

（四）处以违法所得5倍以下的罚款；

（五）停止侵权行为的其他必要措施。

第十二条 当事人对省级以上人民政府农业行政部门作出的处理决定不服的，可以依法申请行政复议或者向人民法院提起行政诉讼。期满不申请行政复议或者不起诉又不停止侵权行为的，省级以上人民政府农业行政部门可以申请人民法院强制执行。

第十三条 省级以上人民政府农业行政部门认定侵权行为成立的，可以根据当事人自愿的原则，对侵权所造成的损害赔偿进行调解。必要时，可以邀请有关单位和个人协助调解。调解达成协议的，省级以上人民政府农业行政部门应当制作调解协议书，写明如下内容：

（一）请求人、被请求人的姓名或者名称、地址，法定代表人的姓名、职务。委托代理人的，代理人的姓名和代理机构的名称、地址；

（二）案件的主要事实和各方应承担的责任；

（三）协议内容以及有关费用的分担。调

解协议书由各方当事人签名或盖章、案件承办人员签名并加盖省级以上人民政府农业行政部门的公章。调解书送达后，当事人应当履行协议。调解未达成协议的，当事人可以依法向人民法院起诉。

第十四条 侵犯品种权的赔偿数额，按照权利人因被侵权所受到的损失或者侵权人因侵权所获得的利益确定。权利人的损失或者侵权人获得的利益难以确定的，按照品种权许可使用费的1倍以上5倍以下酌情确定。

第十五条 省级以上人民政府农业行政部门或者人民法院作出认定侵权行为成立的处理决定或者判决之后，被请求人就同一品种权再次作出相同类型的侵权行为，品种权人或者利害关系人请求处理的，省级以上人民政府农业行政部门可以直接作出责令立即停止侵权行为的处理决定并采取相应处罚措施。

第十六条 农业行政部门可以按照以下方式确定品种权案件行为人的违法所得：

（一）销售侵权或者假冒他人品种权的繁殖材料的，以该品种繁殖材料销售价格乘以销售数量作为其违法所得；

（二）订立侵权或者假冒他人品种权合同的，以收取的费用作为其违法所得。

第十七条 省级以上人民政府农业行政部门查处品种权侵权案件和县级以上人民政府

农业行政部门查处假冒授权品种案件的程序，适用《农业行政处罚程序规定》。

第十八条 本办法由农业部负责解释。

第十九条 本办法自二〇〇三年二月一日起施行。

最高人民法院
关于审理植物新品种纠纷案件若干问题的解释

［2000年12月25日最高人民法院审判委员会第1154次会议通过
根据2020年12月23日最高人民法院审判委员会第1823次会议通过的
《最高人民法院关于修改〈最高人民法院关于审理侵犯专利权纠纷案件应用
法律若干问题的解释（二）〉等十八件知识产权类司法解释的决定》修正］

为依法受理和审判植物新品种纠纷案件，根据《中华人民共和国民法典》《中华人民共和国种子法》《中华人民共和国民事诉讼法》《中华人民共和国行政诉讼法》《全国人民代表大会常务委员会关于在北京、上海、广州设立知识产权法院的决定》和《全国人民代表大会常务委员会关于专利等知识产权案件诉讼程序若干问题的决定》的有关规定，现就有关问题解释如下：

第一条 人民法院受理的植物新品种纠纷案件主要包括以下几类：

（一）植物新品种申请驳回复审行政纠纷案件；

（二）植物新品种权无效行政纠纷案件；

（三）植物新品种权更名行政纠纷案件；

（四）植物新品种权强制许可纠纷案件；

（五）植物新品种权实施强制许可使用费纠纷案件；

（六）植物新品种申请权权属纠纷案件；

（七）植物新品种权权属纠纷案件；

（八）植物新品种申请权转让合同纠纷案件；

（九）植物新品种权转让合同纠纷案件；

（十）侵害植物新品种权纠纷案件；

（十一）假冒他人植物新品种权纠纷案件；

（十二）植物新品种培育人署名权纠纷案件；

（十三）植物新品种临时保护期使用费纠纷案件；

（十四）植物新品种行政处罚纠纷案件；

（十五）植物新品种行政复议纠纷案件；

（十六）植物新品种行政赔偿纠纷案件；

（十七）植物新品种行政奖励纠纷案件；

（十八）其他植物新品种权纠纷案件。

第二条 人民法院在依法审查当事人涉及植物新品种权的起诉时，只要符合《中华人民共和国民事诉讼法》第一百一十九条、《中华人民共和国行政诉讼法》第四十九条规定的民事案件或者行政案件的起诉条件，均应当依法予以受理。

第三条 本解释第一条所列第一至五类案件，由北京知识产权法院作为第一审人民法院审理；第六至十八类案件，由知识产权法院，各省、自治区、直辖市人民政府所在地和最高人民法院指定的中级人民法院作为第一审人民法院审理。

当事人对植物新品种纠纷民事、行政案件第一审判决、裁定不服，提起上诉的，由最高人民法院审理。

第四条 以侵权行为地确定人民法院管辖的侵害植物新品种权的民事案件，其所称的侵权行为地，是指未经品种权所有人许可，生产、繁殖或者销售该授权植物新品种的繁殖材料的所在地，或者为商业目的将该授权品种的繁殖材料重复使用于生产另一品种的繁殖材料的所在地。

第五条 关于植物新品种申请驳回复审行政纠纷案件、植物新品种权无效或者更名行政纠纷案件，应当以植物新品种审批机关为被告；关于植物新品种强制许可纠纷案件，应当以植物新品种审批机关为被告；关于实施强制许可使用费纠纷案件，应当根据原告所请求的事项和所起诉的当事人确定被告。

第六条 人民法院审理侵害植物新品种权纠纷案件，被告在答辩期间内向植物新品种审批机关请求宣告该植物新品种权无效的，人民法院一般不中止诉讼。

最高人民法院
关于审理侵害植物新品种权纠纷案件具体应用法律问题的若干规定

［2006年12月25日最高人民法院审判委员会第1411次会议通过
根据2020年12月23日最高人民法院审判委员会第1823次会议通过的
《最高人民法院关于修改〈最高人民法院关于审理侵犯专利权纠纷案件应用
法律若干问题的解释（二）〉等十八件知识产权类司法解释的决定》修正］

为正确处理侵害植物新品种权纠纷案件，根据《中华人民共和国民法典》《中华人民共和国种子法》《中华人民共和国民事诉讼法》《全国人民代表大会常务委员会关于在北京、上海、广州设立知识产权法院的决定》和《全国人民代表大会常务委员会关于专利等知识产权案件诉讼程序若干问题的决定》等有关规定，结合侵害植物新品种权纠纷案件的审判经验和实际情况，就具体应用法律的若干问题规定如下：

第一条 植物新品种权所有人（以下称品种权人）或者利害关系人认为植物新品种权受到侵害的，可以依法向人民法院提起诉讼。

前款所称利害关系人，包括植物新品种实施许可合同的被许可人、品种权财产权利的合法继承人等。

独占实施许可合同的被许可人可以单独向人民法院提起诉讼；排他实施许可合同的被许可人可以和品种权人共同起诉，也可以在品种权人不起诉时，自行提起诉讼；普通实施许可合同的被许可人经品种权人明确授权，可以提起诉讼。

第二条 未经品种权人许可，生产、繁殖或者销售授权品种的繁殖材料，或者为商业目的将授权品种的繁殖材料重复使用于生产另一品种的繁殖材料的，人民法院应当认定为侵害植物新品种权。

被诉侵权物的特征、特性与授权品种的特征、特性相同，或者特征、特性的不同是因非遗传变异所致的，人民法院一般应当认定被诉侵权物属于生产、繁殖或者销售授权品种的繁殖材料。

被诉侵权人重复以授权品种的繁殖材料为亲本与其他亲本另行繁殖的，人民法院一般应当认定属于为商业目的将授权品种的繁殖材料重复使用于生产另一品种的繁殖材料。

第三条 侵害植物新品种权纠纷案件涉及的专门性问题需要鉴定的，由双方当事人协商确定的有鉴定资格的鉴定机构、鉴定人鉴定；协商不成的，由人民法院指定的有鉴定资格的鉴定机构、鉴定人鉴定。

没有前款规定的鉴定机构、鉴定人的，由具有相应品种检测技术水平的专业机构、专业人员鉴定。

第四条 对于侵害植物新品种权纠纷案件涉及的专门性问题可以采取田间观察检测、基因指纹图谱检测等方法鉴定。

对采取前款规定方法作出的鉴定意见，人民法院应当依法质证，认定其证明力。

第五条 品种权人或者利害关系人向人民法院提起侵害植物新品种权诉讼前，可以提出行为保全或者证据保全请求，人民法院经审查作出裁定。

人民法院采取证据保全措施时，可以根据案件具体情况，邀请有关专业技术人员按照相应的技术规程协助取证。

第六条 人民法院审理侵害植物新品种权纠纷案件，应当依照民法典第一百七十九条、第一千一百八十五条和种子法第七十三条的规定，结合案件具体情况，判决侵权人承担停止侵害、赔偿损失等民事责任。

人民法院可以根据权利人的请求，按照权利人因被侵权所受实际损失或者侵权人因侵权所得利益确定赔偿数额。权利人的损失或者侵权人获得的利益难以确定的，可以参照该植物新品种权许可使用费的倍数合理确定。权利人为制止侵权行为所支付的合理开支应当另行计算。

依照前款规定难以确定赔偿数额的，人民法院可以综合考虑侵权的性质、期间、后果，植物新品种权许可使用费的数额，植物新品种实施许可的种类、时间、范围及权利人调查、制止侵权所支付的合理费用等因素，在300万元以下确定赔偿数额。

故意侵害他人植物新品种权，情节严重的，可以按照第二款确定数额的一倍以上三倍以下确定赔偿数额。

第七条 权利人和侵权人均同意将侵权物折价抵扣权利人所受损失的，人民法院应当准许。权利人或者侵权人不同意折价抵扣的，人民法院依照当事人的请求，责令侵权人对侵权物作消灭活性等使其不能再被用作繁殖材料的处理。

侵权物正处于生长期或者销毁侵权物将导致重大不利后果的，人民法院可以不采取责令销毁侵权物的方法，而判令其支付相应的合理费用。但法律、行政法规另有规定的除外。

第八条 以农业或者林业种植为业的个人、农村承包经营户接受他人委托代为繁殖侵害品种权的繁殖材料，不知道代繁物是侵害品种权的繁殖材料并说明委托人的，不承担赔偿责任。

最高人民法院
关于审理侵害植物新品种权纠纷案件具体应用法律问题的若干规定（二）

法释〔2021〕14号

（2021年6月29日最高人民法院审判委员会第1843次会议通过
2021年7月5日最高人民法院公告公布　自2021年7月7日起施行）

为正确审理侵害植物新品种权纠纷案件，根据《中华人民共和国民法典》《中华人民共和国种子法》《中华人民共和国民事诉讼法》等法律规定，结合审判实践，制定本规定。

第一条 植物新品种权（以下简称品种权）或者植物新品种申请权的共有人对权利行使有约定的，人民法院按照其约定处理。没有约定或者约定不明的，共有人主张其可以单独实施或者以普通许可方式许可他人实施的，人民法院应予支持。

共有人单独实施该品种权，其他共有人主张该实施收益在共有人之间分配的，人民法院不予支持，但是其他共有人有证据证明其不具备实施能力或者实施条件的除外。

共有人之一许可他人实施该品种权，其他共有人主张收取的许可费在共有人之间分配的，人民法院应予支持。

第二条 品种权转让未经国务院农业、林业主管部门登记、公告，受让人以品种权人名义提起侵害品种权诉讼的，人民法院不予受理。

第三条 受品种权保护的繁殖材料应当具有繁殖能力，且繁殖出的新个体与该授权品种的特征、特性相同。

前款所称的繁殖材料不限于以品种权申请文件所描述的繁殖方式获得的繁殖材料。

第四条 以广告、展陈等方式作出销售授权品种的繁殖材料的意思表示的，人民法院可以以销售行为认定处理。

第五条 种植授权品种的繁殖材料的，人民法院可以根据案件具体情况，以生产、繁殖行为认定处理。

第六条 品种权人或者利害关系人（以下合称权利人）举证证明被诉侵权品种繁殖材料使用的名称与授权品种相同的，人民法院可以推定该被诉侵权品种繁殖材料属于授权品种的繁殖材料；有证据证明不属于该授权品种的繁殖材料的，人民法院可以认定被诉侵权人构成假冒品种行为，并参照假冒注册商标行为的有关规定确定民事责任。

第七条 受托人、被许可人超出与品种权人约定的规模或者区域生产、繁殖授权品种的繁殖材料，或者超出与品种权人约定的规模销售授权品种的繁殖材料，品种权人请求判令受托人、被许可人承担侵权责任的，人民法院依法予以支持。

第八条 被诉侵权人知道或者应当知道他人实施侵害品种权的行为，仍然提供收购、存储、运输、以繁殖为目的的加工处理等服务或者提供相关证明材料等条件的，人民法院可以依据民法典第一千一百六十九条的规定认定为帮助他人实施侵权行为。

第九条 被诉侵权物既可以作为繁殖材料又可以作为收获材料，被诉侵权人主张被诉侵权物系作为收获材料用于消费而非用于生产、繁殖的，应当承担相应的举证责任。

第十条 授权品种的繁殖材料经品种权人或者经其许可的单位、个人售出后，权利人主张他人生产、繁殖、销售该繁殖材料构成侵权的，人民法院一般不予支持，但是下列情形除外：

（一）对该繁殖材料生产、繁殖后获得的繁殖材料进行生产、繁殖、销售；

（二）为生产、繁殖目的将该繁殖材料出口到不保护该品种所属植物属或者种的国家或者地区。

第十一条 被诉侵权人主张对授权品种进行的下列生产、繁殖行为属于科研活动的，人民法院应予支持：

（一）利用授权品种培育新品种；

（二）利用授权品种培育形成新品种后，为品种权申请、品种审定、品种登记需要而重复利用授权品种的繁殖材料。

第十二条 农民在其家庭农村土地承包经营合同约定的土地范围内自繁自用授权品种的繁殖材料，权利人对此主张构成侵权的，人民法院不予支持。

对前款规定以外的行为，被诉侵权人主张其行为属于种子法规定的农民自繁自用授权品种的繁殖材料的，人民法院应当综合考虑被诉侵权行为的目的、规模、是否营利等因素予以认定。

第十三条 销售不知道也不应当知道是未经品种权人许可而售出的被诉侵权品种繁殖材料，且举证证明具有合法来源的，人民法院可以不判令销售者承担赔偿责任，但应当判令其停止销售并承担权利人为制止侵权行为所支付的合理开支。

对于前款所称合法来源，销售者一般应当举证证明购货渠道合法、价格合理、存在实际的具体供货方、销售行为符合相关生产经营许可制度等。

第十四条 人民法院根据已经查明侵害品种权的事实，认定侵权行为成立的，可以先行判决停止侵害，并可以依据当事人的请求和具体案情，责令采取消灭活性等阻止被诉侵权物扩散、繁殖的措施。

第十五条 人民法院为确定赔偿数额，在权利人已经尽力举证，而与侵权行为相关的账簿、资料主要由被诉侵权人掌握的情况下，可以责令被诉侵权人提供与侵权行为相关的账簿、资料；被诉侵权人不提供或者提供虚假账簿、资料的，人民法院可以参考权利人的主XXX提供的证据判定赔偿数额。

第十六条 被诉侵权人有抗拒保全或者擅自拆封、转移、毁损被保全物等举证妨碍行为，致使案件相关事实无法查明的，人民法院可以推定权利人就该证据所涉证明事项的主张成立。构成民事诉讼法第一百一十一条规定情形的，依法追究法律责任。

第十七条 除有关法律和司法解释规定的情形以外，以下情形也可以认定为侵权行为情节严重：

（一）因侵权被行政处罚或者法院裁判承担责任后，再次实施相同或者类似侵权行为；

（二）以侵害品种权为业；

（三）伪造品种权证书；

（四）以无标识、标签的包装销售授权品种；

（五）违反种子法第七十七条第一款第一项、第二项、第四项的规定；

（六）拒不提供被诉侵权物的生产、繁殖、销售和储存地点。

存在前款第一项至第五项情形的，在依法适用惩罚性赔偿时可以按照计算基数的二倍以上确定惩罚性赔偿数额。

第十八条 品种权终止后依法恢复权利，权利人要求实施品种权的单位或者个人支付终止期间实施品种权的费用的，人民法院可以参照有关品种权实施许可费，结合品种类型、种植时间、经营规模、当时的市场价值等因素合理确定。

第十九条 他人未经许可，自品种权初步审查合格公告之日起至被授予品种权之日止，生产、繁殖或者销售该授权品种的繁殖材料，或者为商业目的将该授权品种的繁殖材料重复使用于生产另一品种的繁殖材料，权利人对此主张追偿利益损失的，人民法院可以按照临时保护期使用费纠纷处理，并参照有关品种权实施许可费，结合品种类型、种植时间、经营规模、当时的市场价值等因素合理确定该使用费数额。

前款规定的被诉行为延续到品种授权之后，权利人对品种权临时保护期使用费和侵权损害赔偿均主张权利的，人民法院可以合并审理，但应当分别计算处理。

第二十条 侵害品种权纠纷案件涉及的专门性问题需要鉴定的，由当事人在相关领域鉴定人名录或者国务院农业、林业主管部门向人民法院推荐的鉴定人中协商确定；协商不成的，由人民法院从中指定。

第二十一条 对于没有基因指纹图谱等分子标记检测方法进行鉴定的品种，可以采用行业通用方法对授权品种与被诉侵权物的特征、特性进行同一性判断。

第二十二条 对鉴定意见有异议的一方当事人向人民法院申请复检、补充鉴定或者重新鉴定，但未提出合理理由和证据的，人民法院不予准许。

第二十三条 通过基因指纹图谱等分子标记检测方法进行鉴定，待测样品与对照样品的差异位点小于但接近临界值，被诉侵权人主张二者特征、特性不同的，应当承担举证责任；人民法院也可以根据当事人的申请，采取扩大检测位点进行加测或者提取授权品种标准样品进行测定等方法，并结合其他相关因素作出认定。

第二十四条 田间观察检测与基因指纹图谱等分子标记检测的结论不同的，人民法院应当以田间观察检测结论为准。

第二十五条 本规定自2021年7月7日起施行。本院以前发布的相关司法解释与本规定不一致的，按照本规定执行。

【指导案例】

指导案例 86 号

天津天隆种业科技有限公司与江苏徐农种业科技有限公司侵害植物新品种权纠纷案

（最高人民法院审判委员会讨论通过 2017 年 3 月 6 日发布）

关键词 民事 侵害植物新品种权 相互授权许可

裁判要点

分别持有植物新品种父本与母本的双方当事人，因不能达成相互授权许可协议，导致植物新品种不能继续生产，损害双方各自利益，也不符合合作育种的目的。为维护社会公共利益，保障国家粮食安全，促进植物新品种转化实施，确保已广为种植的新品种继续生产，在衡量父本与母本对植物新品种生产具有基本相同价值基础上，人民法院可以直接判令双方当事人相互授权许可并相互免除相应的许可费。

相关法条

《中华人民共和国合同法》第五条

《中华人民共和国植物新品种保护条例》第二条、第六条、第三十九条

基本案情

天津天隆种业科技有限公司（以下简称天隆公司）与江苏徐农种业科技有限公司（以下简称徐农公司）相互以对方为被告，分别向法院提起两起植物新品种侵权诉讼。

北方杂交粳稻工程技术中心（与辽宁省稻作研究所为一套机构两块牌子）、徐州农科所共同培育成功的三系杂交粳稻 9 优 418 水稻品种，于 2000 年 11 月 10 日通过国家农作物品种审定。9 优 418 水稻品种来源于母本 9201A、父本 C418。2003 年 12 月 30 日，辽宁省稻作研究所向国家农业部提出 C418 水稻品种植物新品种权申请，于 2007 年 5 月 1 日获得授权，并许可天隆公司独占实施 C418 植物新品种权。2003 年 9 月 25 日，徐州农科所就其选育的徐 9201A 水稻品种向国家农业部申请植物新品种权保护，于 2007 年 1 月 1 日获得授权。2008 年 1 月 3 日，徐州农科所许可徐农公司独占实施徐 9201A 植物新品种权。经审理查明，徐农公司和天隆公司生产 9 优 418 使用的配组完全相同，都使用父本 C418 和母本徐 9201A。

2010 年 11 月 14 日，一审法院根据天隆公司申请，委托农业部合肥测试中心对天隆公司公证保全的被控侵权品种与授权品种 C418 是否存在亲子关系进行 DNA 鉴定。检验结论：利用国家标准 GB/T20396－2006 中的 48 个水稻 SSR 标记，对 9 优 418 和 C418 的 DNA 进行标记分析，结果显示，在测试的所有标记中，9 优 418 完全继承了 C418 的带型，可以认定 9 优 418 与 C418 存在亲子关系。

2010 年 8 月 5 日，一审法院根据徐农公司申请，委托农业部合肥测试中心对徐农公司公证保全的被控侵权品种与 C418 和徐 9201A 是否存在亲子关系进行鉴定。检验结论：利用国家标准 GB/T20396－2006 中的 48 个水稻 SSR 标记，对被控侵权品种与 C418 和徐 9201A 的 DNA 进行标记分析，结果显示：在测试的所有标记中，被控侵权品种完全继承了 C418 和徐 9201A 的带型，可以认定被控侵权品种与 C418 和徐 9201A 存在亲子关系。

根据天隆公司提交的 C418 品种权申请请求书，其说明书内容包括：C418 是北方杂粳中心国际首创“籼粳架桥”制恢技术，和利用籼粳中间材料构建籼粳有利基因集团培育出形态倾籼且有特异亲和力的粳型恢复系。C418 具有较好的特异亲和性，这是通过“籼粳架桥”方法培育出来的恢复系所具有的一种性能，体现在杂种一代更好地协调籼粳两大基因组生态差异和遗传差异，因而较好地解决了通

常籼粳杂种存在的结实率偏低，籽粒充实度差，对温度敏感、早衰等障碍。C418 具有籼粳综合优良性状，所配制的杂交组合一般都表现较高的结实率和一定的耐寒性。

根据徐农公司和徐州农科所共同致函天津市种子管理站，称其自主选育的中粳不育系徐9201A 于 1996 年通过，在审定之前命名为“9201A”，简称“9A”，审定时命名为“徐9201A”。以徐 9201A 为母本先后选配出 9 优138、9 优 418、9 优 24 等三系杂交粳稻组合。在 2000 年填报全国农作物品种审定申请书时关于亲本的内容仍沿用 1995 年配组时的品种来源 9201A × C418。徐 9201A 于 2003 年 7 月申请农业部新品种权保护，在品种权申请请求书的品种说明中已注明徐 9201A 配组育成了 9 优 138、9 优 418、9 优 24、9 优 686、9 优 88 等杂交组合。徐 9201A 与 9201A 是同一个中粳稻不育系。天隆公司侵权使用 9201A 就是侵权使用徐 9201A。

裁判结果

就天隆公司诉徐农公司一案，江苏省南京市中级人民法院于 2011 年 8 月 31 日作出（2009）宁民三初字第 63 号民事判决：一、徐农公司立即停止销售 9 优 418 杂交粳稻种子，未经权利人许可不得将植物新品种 C418 种子重复使用于生产 9 优 418 杂交粳稻种子；二、徐农公司于判决生效之日起十五日内赔偿天隆公司经济损失 50 万元；三、驳回天隆公司的其他诉讼请求。一审案件受理费 15294 元，由徐农公司负担。

就徐农公司诉天隆公司一案，江苏省南京市中级人民法院于 2011 年 9 月 8 日作出（2010）宁知民初字第 069 号民事判决：一、天隆公司于判决生效之日起立即停止对徐农公司涉案徐 9201A 植物新品种权之独占实施权的侵害；二、天隆公司于判决生效之日起 10 日内赔偿徐农公司经济损失 200 万元；三、驳回徐农公司的其他诉讼请求。

徐农公司、天隆公司不服一审判决，就上述两案分别提起上诉。江苏省高级人民法院于 2013 年 12 月 29 日合并作出（2011）苏知民终字第 0194 号、（2012）苏知民终字第 0055 号民事判决：一、撤销江苏省南京市中级人民法院（2009）宁民三初字第 63 号、（2010）宁知民初字第 069 号民事判决。二、天隆公司于本判决生效之日起十五日内补偿徐农公司 50 万元整。三、驳回天隆公司、徐农公司的其他诉讼请求。

裁判理由

法院生效裁判认为：在通常情况下，植物新品种权作为一种重要的知识产权应当受到尊重和保护。植物新品种保护条例第六条明确规定：“完成育种的单位或者个人对其授权品种，享有排他的独占权。任何单位或者个人未经品种权所有人许可，不得为商业目的生产或者销售该授权品种的繁殖材料，不得为商业目的将该授权品种的繁殖材料重复使用于生产另一品种的繁殖材料”，但需要指出的是，该规定并不适用于本案情形。首先，9 优 418 的合作培育源于 20 世纪 90 年代国内杂交水稻科研大合作，本身系无偿配组。9 优 418 品种性状优良，在江苏、安徽、河南等地广泛种植，受到广大种植农户的普遍欢迎，已成为中粳杂交水稻的当家品种，而双方当事人相互指控对方侵权，本身也足以表明 9 优 418 品种具有较高的经济价值和市场前景，涉及辽宁稻作所与徐州农科所合作双方以及本案双方当事人的重大经济利益。在二审期间，法院做了大量调解工作，希望双方当事人能够相互授权许可，使 9 优 418 这一优良品种能够继续获得生产，双方当事人也均同意就涉案品种权相互授权许可，但仅因一审判令天隆公司赔偿徐农公司 200 万元，徐农公司赔偿天隆公司 50 万元，就其中的 150 万元赔偿差额双方当事人不能达成妥协，故调解不成。天隆公司与徐农公司不能达成妥协，致使 9 优 418 品种不能继续生产，不能认为仅关涉双方的利益，实际上已经损害了国家粮食安全战略的实施，有损公共利益，且不符合当初辽宁稻作所与徐州农科所合作育种的根本目的，也不符合促进植物新品种转化实施的根本要求。从表面上看，双方当事人的行为系维护各自的知识产权，但实际结果是损害知识产权的运用和科技成果的转化。鉴于该两案已关涉国家粮食生产安全等公共利益，影响 9 优 418 这一优良品种的推广，双方当事人在行使涉案植物新品种独占实施许可权时均应当受到限制，即在生产 9 优 418 水稻品种时，均应当允许对方使用己方的亲本繁殖材料，这一结果显然有利于辽宁稻作所与徐州农科所合作双方及本案双方当事人的共同利益，也有利于广大种植农户的利益，故一审判令该两案双方当事人相互停止侵权并赔偿对方损失不当，应予纠正。其次，9优418是三系杂交组合，综合双亲优良性状，杂种优势显著，其中母本不育系作用重要，而父本C418的选育也成功解决了三系杂交粳稻配套的重大问题，在9优418配组中父本与母本具有相同的地位及作用。法院判决，9优418水稻品种的合作双方徐州农科所和辽宁省稻作研究所及其本案当事人徐农公司和天隆公司均有权使用对方获得授权的亲本繁殖材料，且应当相互免除许可使用费，但仅限于生产和销售9优418这一水稻品种，不得用于其他商业目的。因徐农公司为推广9优418品种付出了许多商业努力并进行种植技术攻关，而天隆公司是在9优418品种已获得市场广泛认可的情况下进入该生产领域，其明显减少了推广该品种的市场成本，为体现公平合理，法院同时判令天隆公司给予徐农公司50万元的经济补偿。最后，鉴于双方当事人各自生产9优418，事实上存在着一定的市场竞争和利益冲突，法院告诫双方当事人应当遵守我国反不正当竞争法的相关规定，诚实经营，有序竞争，确保质量，尤其应当清晰标注各自的商业标识，防止发生新的争议和纠纷，共同维护好9优418品种的良好声誉。

（生效裁判审判人员：宋健、顾韬、袁滔）

指导案例92号

莱州市金海种业有限公司诉张掖市富凯农业科技有限责任公司侵犯植物新品种权纠纷案

（最高人民法院审判委员会讨论通过　2017年11月15日发布）

关键词　民事　侵犯植物新品种权　玉米品种鉴定　DNA指纹检测　近似品种　举证责任

裁判要点

依据中华人民共和国农业行业标准《玉米品种鉴定DNA指纹方法》NY/T1432－2007检测及判定标准的规定，品种间差异位点数等于1，判定为近似品种；品种间差异位点数大于等于2，判定为不同品种。品种间差异位点数等于1，不足以认定不是同一品种。对差异位点数在两个以下的，应当综合其他因素判定是否为不同品种，如可采取扩大检测位点进行加测，以及提交审定样品进行测定等，举证责任由被诉侵权一方承担。

相关法条

《中华人民共和国植物新品种保护条例》第16条、第17条

基本案情

2003年1月1日，经农业部核准，“金海5号”被授予中华人民共和国植物新品种权，品种号为：CNA20010074.2，品种权人为莱州市金海农作物研究有限公司。2010年1月8日，品种权人授权莱州市金海种业有限公司（以下简称“金海种业公司”）独家生产经营玉米杂交种“金海5号”，并授权金海种业公司对擅自生产销售该品种的侵权行为，可以以自己的名义独立提起诉讼。2011年，张掖市富凯农业科技有限责任公司（以下简称“富凯公司”）在张掖市甘州区沙井镇古城村八社、十一社进行玉米制种。金海种业公司以富凯公司的制种行为侵害其“金海5号”玉米植物新品种权为由向张掖市中级人民法院（以下简称“张掖中院”）提起诉讼。张掖中院受理后，根据金海种业公司的申请，于2011年9月13日对沙井镇古城村八社、十一社种植的被控侵权玉米以活体玉米植株上随机提取玉米果穗，现场封存的方式进行证据保全，并委托北京市农科院玉米种子检测中心对被提取的样品与农业部植物新品种保护办公室植物新品种保藏中心保存的“金海5号”标准样品之间进行对比鉴定。该鉴定中心出具的检测报告结论为“无明显差异”。

张掖中院以构成侵权为由，判令富凯公司承担侵权责任。富凯公司不服，向甘肃省高级人民法院（以下简称“甘肃高院”）提出上诉，甘肃高院审理后以原审判决认定事实不清，裁定发回张掖中院重审。

案件发回重审后，张掖中院复函北京市农科院玉米种子检测中心，要求对“JA2011－098－006”号结论为“无明显差异”的检测报告给予补充鉴定或说明。该中心答复：“待测样品与农业部品种保护的对照样品金海5号比较，在40个点位上，仅有1个差异位点，依据行业标准判定为近似，结论为待测样品与对照样品无明显差异。这一结论应解读为：依据DNA指纹检测标准，将差异至少两个位点作为判定两个样品不同的充分条件，而对差异位点在两个以下的，表明依据该标准判定两个样品不同的条件不充分，因此不能得出待测样品与对照样品不同的结论。”经质证，金海种业公司对该检测报告不持异议。富凯公司认为检验报告载明差异位点数为“1”，说明被告并未侵权，故该检测报告不能作为本案证据予以采信。

裁判结果

张掖市中级人民法院以（2012）张中民初字第28号民事判决，判令：驳回莱州市金海种业有限公司的诉讼请求。莱州市金海种业有限公司不服，提出上诉。甘肃省高级人民法院于2014年9月17日作出（2013）甘民三终字第63号民事判决：一、撤销张掖市中级人民法院（2012）张中民初字第28号民事判决。二、张掖市富凯农业科技有限责任公司立即停止侵犯莱州市金海种业有限公司植物新品种权的行为，并赔偿莱州市金海种业有限公司经济损失50万元。

裁判理由

法院生效判决认为：未经品种权人许可，为商业目的生产或销售授权品种的繁殖材料的，是侵犯植物新品种权的行为。而确定行为人生产、销售的植物新品种的繁殖材料是否是授权品种的繁殖材料，核心在于应用该繁殖材料培育的植物新品种的特征、特性，是否与授权品种的特征、特性相同。本案中，经人民法院委托鉴定，北京市农科院玉米种子检测中心出具的鉴定意见表明待测样品与授权样品“无明显差异”，但在DNA指纹图谱检测对比的40个位点上，有1个位点的差异。依据中华人民共和国农业行业标准《玉米品种鉴定DNA指纹方法NY/T1432－2007检测及判定标准》的规定：品种间差异位点数等于1，判定为近似品种；品种间差异位点数大于等于2，判定为不同品种。依据DNA指纹检测标准，将差异至少两个位点作为标准，来判定两个品种是否不同。品种间差异位点数等于1，不足以认定不是同一品种。DNA检测与DUS（田间观察检测）没有位点的直接对应性。对差异位点数在两个以下的，应当综合其他因素进行判定，如可采取扩大检测位点进行加测以及提交审定样品进行测定等。此时的举证责任应由被诉侵权的一方承担。由于植物新品种授权所依据的方式是DUS检测，而不是实验室的DNA指纹鉴定，因此，张掖市富凯农业科技有限责任公司如果提交相反的证据证明通过DUS检测，被诉侵权繁殖材料的特征、特性与授权品种的特征、特性不相同，则可以推翻前述结论。根据已查明的事实，被上诉人富凯公司经释明后仍未能提供相反的证据，亦不具备DUS检测的条件。因此，依据《最高人民法院关于审理侵犯植物新品种权纠纷案件具体应用法律问题的若干规定》第二条第一款“未经品种权人许可，为商业目的生产或销售授权品种的繁殖材料，或者为商业目的将授权品种的繁殖材料重复使用于生产另一品种的繁殖材料的，人民法院应当认定为侵犯植物新品种权”的规定，应认定富凯公司的行为构成侵犯植物新品种权。

关于侵权责任问题。依据《最高人民法院关于审理侵犯植物新品种权纠纷案件具体应用法律问题的若干规定》第六条之规定，富凯公司应承担停止侵害、赔偿损失的民事责任。由于本案的侵权行为发生在三年前，双方当事人均未能就被侵权人因侵权所受损失或侵权人因侵权所获利润双方予以充分举证，法院查明的侵权品种种植亩数是1000亩，综合考虑侵权行为的时间、性质、情节等因素，酌定赔偿50万元，并判令停止侵权行为。

（生效裁判审判人员：康天翔、窦桂兰、李雪亮）

指导案例 100 号

山东登海先锋种业有限公司诉陕西农丰种业有限责任公司、山西大丰种业有限公司侵害植物新品种权纠纷案

（最高人民法院审判委员会讨论通过 2018 年 12 月 19 日发布）

关键词 民事 侵害植物新品种权 特征特性 DNA 指纹鉴定 DUS 测试报告 特异性

裁判要点

判断被诉侵权繁殖材料的特征特性与授权品种的特征特性相同是认定构成侵害植物新品种权的前提。当 DNA 指纹鉴定意见为两者相同或相近似时，被诉侵权方提交 DUS 测试报告证明通过田间种植，被控侵权品种与授权品种对比具有特异性，应当认定不构成侵害植物新品种权。

相关法条

《中华人民共和国植物新品种保护条例》第二条、第六条

基本案情

先锋国际良种公司是“先玉 335”植物新品种权的权利人，其授权山东登海先锋种业有限公司（以下简称“登海公司”）作为被许可人对侵害该植物新品种权提起民事诉讼。登海公司于 2014 年 3 月 16 日向陕西省西安市中级人民法院起诉称，2013 年山西大丰种业有限公司（以下简称“大丰公司”）生产、陕西农丰种业有限责任公司（以下简称“农丰种业”）销售的外包装为“大丰 30”的玉米种子侵害“先玉 335”的植物新品种权。北京玉米种子检测中心于 2013 年 6 月 9 日对送检的被控侵权种子依据 NY/T1432－2007 玉米品种 DNA 指纹鉴定方法，使用 3730XL 型遗传分析仪，384 孔 PCR 仪进行检测，结论为，待测样品编号 YA2196 与对照样品编号 BGG253“先玉 335”比较位点数 40，差异位点数 0，结论为相同或极近似。

山西省农业种子总站于 2014 年 4 月 25 日出具的《“大丰 30”玉米品种试验审定情况说明》记载：“大丰 30”作为大丰公司 2011 年申请审定的品种，由于北京市农林科学院玉米研究中心所作的 DNA 指纹鉴定认为“大丰 30”与“先玉 335”的 40 个比较位点均无差异，判定结论为两个品种无明显差异，2011 年未通过审定。大丰公司提出异议，该站于 2011 年委托农业部植物新品种测试中心对“大丰 30”进行 DUS 测试，即特异性（Distinctness）、一致性（Uniformity）和稳定性（Stability）测试，结论为“大丰 30”具有特异性、一致性、稳定性，与“先玉 335”为不同品种。“大丰 30”玉米种作为审定推广品种，于 2012 年 2 月通过山西省、陕西省农作物品种审定委员会的审定。

大丰公司在一审中提交了农业部植物新品种测试中心 2011 年 12 月出具的《农业植物新品种测试报告》原件，测试地点为农业部植物新品种测试（杨凌）分中心测试基地，依据的测试标准为《植物新品种 DUS 测试指南—玉米》，测试材料为农业部植物新品种测试中心提供，测试时期为一个生长周期。测试报告特异性一栏记载，近似品种名称：鉴 2011－001B 先玉 335，有差异性状：41 * 果穗：穗轴颖片青甙显色强度，申请品种描述：8 强到极强，近似品种描述：5 中。所附数据结果表记载，鉴 2011－001A（大丰 30）与鉴 2011－001B 的测试结果除“41 * 果穗”外，差别还在“9 雄穗：花药花青甙显色强度”，分别为“6 中到强、7 强”“24.2 * 植株：高度”，分别为“5 中”“7 高”“27.2 * 果穗：长度”分别为“5 中”“3 短”。结论为，“大丰 30”具有特异性、一致性、稳定性。

二审法院审理中，大丰公司提交了于 2014 年 4 月 28 日测试审核的《农业植物新品种 DUS 测试报告》，加盖有农业部植物新品种测试（杨凌）分中心和农业部植物新品种保护办公室的印鉴。该报告依据的测试标准为

《植物新品种特异性、一致性和稳定性测试指南—玉米》。测试时期为两个生长周期“2012年4月－8月、2013年4月－8月”，近似品种为“先玉335”。所记载的差异性状为：“11. 雄穗：花药花青甙显色强度，申请品种为7. 强，近似品种为6. 中到强”“41. 籽粒：形状，申请品种为5. 楔形，近似品种为4. 近楔形”“42. 果穗：穗轴颖片花青甙显色强度，申请品种为9. 极强，近似品种为6. 中到强”。测试结论为“大丰30”具有特异性、一致性、稳定性。

裁判结果

陕西省西安市中级人民法院于2014年9月29日作出（2014）西中民四初字第132号判决，判令驳回登海公司的诉讼请求。登海公司不服，提出上诉。陕西省高级人民法院于2015年3月20日作出（2015）陕民三终字第1号判决，驳回上诉，维持原判。登海公司不服，向最高人民法院申请再审。最高人民法院于2015年12月11日作出（2015）民申字第2633号裁定，驳回登海公司的再审申请。

裁判理由

最高人民法院审查认为，本案主要涉及以下两个问题：

一、关于判断“大丰30”具有特异性的问题

我国对主要农作物进行品种审定时，要求申请审定品种必须与已审定通过或本级品种审定委员会已受理的其他品种具有明显区别。“大丰30”在2011年的品种审定中，经DNA指纹鉴定，被认定与“先玉335”无差异，视为同一品种而未能通过当年的品种审定。大丰公司对结论提出异议，主张两个品种在性状上有明显的差异，为不同品种，申请进行田间种植测试。根据《主要农作物品种审定办法》的规定，申请者对审定结果有异议的，可以向原审定委员会申请复审。品种审定委员会办公室认为有必要的，可以在复审前安排一个生产周期的品种试验。大丰公司在一审中提交的DUS测试报告正是大丰公司提出异议后，山西省农业种子总站委托农业部植物新品种测试中心完成的测试。该测试报告由农业部植物新品种测试中心按照《主要农作物品种审定办法》的规定，指定相应的DUS测试机构进行田间种植，依据相关测试指南整理测试数据，进行性状描述，编制测试报告。该测试报告真实、合法，与争议的待证事实具有关联性。涉案DUS测试报告记载，“大丰30”与近似品种“先玉335”存在明显且可重现的差异，符合NY/T2232－2012《植物新品种特异性、一致性和稳定性测试指南—玉米》关于“当申请品种至少在一个性状与近似品种具有明显且可重现的差异时，即可判定申请品种具备特异性”的规定。因此，可以依据涉案测试报告认定“大丰30”具有特异性。

二、关于是否应当以DNA指纹鉴定意见认定存在侵权行为的问题

DNA指纹鉴定技术作为在室内进行基因型身份鉴定的方法，经济便捷，不受环境影响，测试周期短，有利于及时保护权利人的利益，同时能够提高近似品种特异性评价效率，实践中多用来检测品种的真实性、一致性，并基于分子标记技术构建了相关品种的指纹库。DNA指纹鉴定所采取的核心引物（位点）与DUS测试的性状特征之间并不一定具有对应性，而植物新品种权的审批机关对申请品种的特异性、一致性和稳定性进行实质审查所依据的是田间种植DUS测试。在主要农作物品种审定时，也是以申请审定品种的选育报告、比较试验报告等为基础，进行品种试验，针对品种在田间种植表现出的性状进行测试并作出分析和评价。因此，作为繁殖材料，其特征特性应当依据田间种植进行DUS测试所确定的性状特征为准。因此，DNA鉴定意见为相同或高度近似时，可直接进行田间成对DUS测试比较，通过田间表型确定身份。当被诉侵权一方主张以田间种植DUS测试确定的特异性结论推翻DNA指纹鉴定意见时，应当由其提交证据予以证明。由于大丰公司提交的涉案DUS测试报告证明，通过田间种植，“大丰30”与“先玉335”相比，具有特异性。根据认定侵害植物新品种权行为，以“被控侵权物的特征特性与授权品种的特征特性相同，或者特征特性不同是因为非遗传变异所导致”的判定规则，“大丰30”与“先玉335”的特征特性并不相同，并不存在“大丰30”侵害“先玉335”植物新品种权的行为。大丰公司生产、农丰种业销售的“大丰30”并未侵害“先玉335”的植物新品种权。综上，驳回登海公司的再审申请。

（生效裁判审判人员：周翔、钱小红、罗霞）

【典型案例】

河北省林业科学研究院、石家庄市绿缘达园林工程有限公司与九台市①园林绿化管理处等侵害植物新品种纠纷再审案

［山东省高级人民法院（2014）鲁民再字第13号民事判决书］

《2016年中国法院10大知识产权案件》第9号

2017年4月24日

【案情摘要】

河北省林业科学研究院（以下简称河北林科院）、石家庄绿缘达园林工程有限公司（以下简称绿缘达公司）系“美人榆”植物新品种权人，其认为九台市②园林绿化管理处（以下简称九台园林处）擅自在其管理的街道绿化带大量种植美人榆的行为侵害了其植物新品种权，请求判令九台园林处停止侵权并支付品种使用费。吉林省长春市中级人民法院和吉林省高级人民法院相继作出一、二审判决驳回河北林科院、绿缘达公司的诉讼请求。河北林科院、绿缘达公司向最高人民法院申请再审，最高人民法院指定山东省高级人民法院再审审理本案。山东省高级人民法院再审认为，由于美人榆系无性繁殖，本身即为繁殖材料，所以，九台园林处的种植行为属于生产授权品种的繁殖材料的行为。虽然九台园林处系事业单位法人，其具有建设城市园林绿地的职能，但是判断九台园林处的行为是否具有商业目的不能仅以其主体性质来判断，而应当结合主体的行为进行综合判断。本案中，九台园林处存在大量种植美人榆用于街道绿化的行为，但其未能证明其种植美人榆的合法来源，九台园林处并不符合《植物新品种保护条例》第十条规定的可以自繁自用的主体身份，也不符合可以不经品种权人许可，不支付使用费的情况。所以，九台园林处没有从品种权人处购买美人榆，而擅自进行种植使用，不但损害了品种权人的利益，其自繁自用的行为也暗含了商业利益，应当认定为具有商业目的。故认定九台园林处的行为构成侵权，河北林科院、绿缘达公司关于支付品种使用费的请求应予支持，考虑到涉案品种的价值、九台园林处种植的范围以及其种植行为具有一定公益性质等因素，确定其支付品种使用费20万元。

【典型意义】

本案是对政府机关在履行职能时生产授权品种的繁殖材料等行为是否构成侵权的认定，其关于是否属于生产授权品种的繁殖材料以及是否具有商业目的的认定均具有一定典型意义和指导意义，有效地保护了品种权人的合法权益。

①② 2014年10月20日，国务院发布关于吉林省行政规划的批复，九台市撤销县级市改为长春市市辖区，命名为长春市九台区。

四川中正科技有限公司与广西壮族自治区博白县农业科学研究所、王腾金、刘振卓、四川中升科技种业有限公司侵害植物新品种权纠纷案

［广西壮族自治区高级人民法院（2017）桂民终95号民事判决书］

《最高人民法院办公厅关于印发2017年中国法院10大知识产权案件和50件典型知识产权案例的通知》第8号
2018年4月16日，法办〔2018〕66号

【案情摘要】

博Ⅲ优273获植物新品种权，品种权共有人为广西壮族自治区博白县农业科学研究所（简称博白农科所）、王腾金、刘振卓。博ⅢA亦获植物新品种权，系博Ⅲ优9678、博Ⅲ优273的亲本，博ⅢA植物新品种的品种权人为博白农科所。2003年11月2日，博白农科所与四川中升科技种业有限公司（以下简称中升公司）签订《品种使用权转让协议书》（即2003年协议），博白农科所将“博Ⅱ优815”“博Ⅲ优273”的使用权转让给中升公司独家使用开发。2007年11月16日，中升公司与博白农科所签订《协议》（即2007年协议）约定，博白农科所将博Ⅲ优9678、博Ⅱ优815的品种使用权转让给中升公司独占使用开发（博Ⅱ优815仅限于广东区域），中升公司继续享有博Ⅲ优273的使用开发权，博白农科所不得将博Ⅲ优9678、博Ⅱ优815（只限广东区域）的品种权转让或授权给第三方，否则应赔偿中升公司相关损失。本协议签订生效后，2003年协议终止执行。2008年1月7日，博白农科所授权中升公司生产经营博Ⅲ优9678、博Ⅲ优273。博ⅢA仅用于配组博Ⅲ优9678、博Ⅲ优273，不得作其他商业用途使用。授权起止时间从2008年1月7日至2012年12月31日止。四川中正科技有限公司（以下简称中正公司）根据中升公司的授权和“2007年协议”的约定，经营博Ⅲ优9678、博Ⅱ优815及博Ⅲ优273等品种。2011年11月2日，中升公司分别致函中正公司、博白农科所，决定从2011年11月2日起终止对中正公司生产、经营博Ⅲ优9678、博Ⅲ优273及博Ⅱ优815（已退出市场）的授权，有关品种的生产、经营权为中升公司独占所有。中升公司享有博Ⅲ优273的开发权，博白农科所不得再向中正公司提供博Ⅲ优9678、博Ⅲ优273及博Ⅱ优815的不育系、恢复系。博白农科所、王腾金、刘振卓、中升公司主张中正公司在2011年11月2日之后仍委托他人生产博Ⅲ优9678、博Ⅲ优273种子的行为构成侵权，遂向法院提起诉讼。一审法院认为，中正公司的行为侵害了涉案植物新品种权，故判决中正公司停止侵权行为、消除影响并赔偿经济损失180万元。二审法院认为，博ⅢA、博Ⅲ优273两个植物新品种因未按规定交纳年费于2013年11月1日公告终止，于2014年12月4日恢复权利；于2015年11月1日因未按规定交纳年费又公告终止。一审判决认定博ⅢA、博Ⅲ优273这两个植物新品种权仍然有效与本案事实不符，中正公司的相关上诉理由成立。对赔偿数额的确定，应综合考虑如下因素：当事人均认可的亩产量、销售价格以及中正公司认可的生产面积；因中升公司突然中止授权而使中正公司不可避免遭受的损失；侵权持续期间；涉案植物新品种实施许可费的数额以及实施许可的种类、时间、范围等具体情节。据此，二审法院酌定中正公司赔偿博白农科所、王腾金、刘振卓、中升公司经济损失人民币40万元。

【典型意义】

本案是涉及植物新品种权保护的典型案例。侵害植物新品种权的行为司法实践中可分为两种类型，一是未经品种权人许可，为商业

目的生产或销售授权品种的繁殖材料；二是未经品种权人许可，为商业目的将授权品种的繁殖材料重复使用于生产另一品种的繁殖材料。本案同时涉及以上两种侵权行为的判定，在法律适用方面具有典型性。此外，植物新品种权在保护期限内有可能间歇性地处于终止状态，这是其他类型的知识产权侵权诉讼所不具备的特殊性。本案裁判充分考虑植物新品种保护中的特殊因素，对侵权行为及赔偿数额作出了正确认定，对类似案件的裁判具有规则指引意义。

北京德农种业有限公司、河南省农业科学院与河南金博士种业股份有限公司侵害植物新品种权纠纷案

［河南省高级人民法院（2015）
豫法知民终字第00356号民事判决书］

《最高人民法院办公厅关于印发2018年中国法院10大知识产权案件和50件典型知识产权案例的通知》第六号
2019年4月17日，法办〔2019〕113号

【案情摘要】

“郑单958”玉米杂交品种是由母本“郑58”与已属于公有领域的父本“昌7-2”自交系品种杂交而成。“郑58”和“郑单958”的植物新品种权人分别为河南金博士种业股份有限公司（简称金博士公司）和河南省农业科学院（简称农科院）。农科院与北京德农种业有限公司（简称德农公司）签订《玉米杂交种“郑单958”许可合同》及补充协议，许可德农公司在一定期限内销售“郑单958”玉米杂交种并约定许可费用，对于德农公司为履行合同而进行制种生产过程中涉及第三方权益时应由德农公司负责解决。德农公司根据农科院的授权，在取得《农作物种子经营许可证》后，开始在甘肃省大量生产、销售“郑单958”。金博士公司认为德农公司未经许可，为商业之目的擅自使用“郑58”玉米自交系品种生产、繁育“郑单958”玉米杂交品种的行为，构成侵权并提起诉讼，要求德农公司停止侵权、赔偿金博士公司4952万元，并要求农科院承担连带责任。郑州市中级人民法院一审判决德农公司赔偿损失及合理开支4952万元，农科院在300万元内承担责任，驳回金博士公司其他诉讼请求。德农公司和农科院均提起上诉。河南省高级人民法院二审查明，农科院和金博士公司实行相互授权模式，德农公司接受许可生产过程中涉及第三方权益时应由德农公司负责，与农科院无关。故判决维持一审法院关于赔偿和合理支出的判项，撤销一审法院关于农科院承担连带责任的判项。

【典型意义】

本案是关于在玉米杂交种生产中涉及杂交种和其亲本的关系问题而引发的植物新品种侵权纠纷。该案涉及的“郑单958”玉米杂交种，因是由母本与父本自交系种杂交而成，只要生产繁育“郑单958”玉米杂交种，就必须使用母本“郑58”玉米自交系种。在生产繁育“郑单958”玉米杂交种时，不仅要得到“郑单958”杂交种权利人的许可，还要得到母本“郑58”自交系种权利人的同意。法院考虑到加强植物新品种权保护有助于推动国家三农政策，德农公司已经取得“郑单958”杂交种权人的授权许可，并已支付相应的使用费，为生产“郑单958”杂交种花费了大量的人力物力，若禁止德农公司使用母本“郑58”自交种生产“郑单958”玉米杂交种，将造成巨大的经济损失。因培育“郑单958”玉米杂交种仍需要使用母本“郑58”自交系种，通过支付一定的赔偿费能够弥补金博士公司的损失。综合以上因素，法院对金博士公司要求德农公司停止使用“郑58”自交系种生产“郑单958”玉米杂交种的请求未予支持。但根据

侵权人的主观过错、获利情况、不停止使用“郑58”自交系种生产至保护期满的继续获利情况等因素，对权利人请求的4952万元的赔偿数额和合理支出予以全额支持，较好地平衡了各方当事人的利益。

2. 集成电路布图设计

集成电路布图设计保护条例

（2001年3月28日国务院第36次常务会议通过 2001年4月2日中华人民共和国国务院令第300号公布 自2001年10月1日起施行）

第一章 总 则

第一条 为了保护集成电路布图设计专有权，鼓励集成电路技术的创新，促进科学技术的发展，制定本条例。

第二条 本条例下列用语的含义：

（一）集成电路，是指半导体集成电路，即以半导体材料为基片，将至少有一个是有源元件的两个以上元件和部分或者全部互连线路集成在基片之中或者基片之上，以执行某种电子功能的中间产品或者最终产品；

（二）集成电路布图设计（以下简称布图设计），是指集成电路中至少有一个是有源元件的两个以上元件和部分或者全部互连线路的三维配置，或者为制造集成电路而准备的上述三维配置；

（三）布图设计权利人，是指依照本条例的规定，对布图设计享有专有权的自然人、法人或者其他组织；

（四）复制，是指重复制作布图设计或者含有该布图设计的集成电路的行为；

（五）商业利用，是指为商业目的进口、销售或者以其他方式提供受保护的布图设计、含有该布图设计的集成电路或者含有该集成电路的物品的行为。

第三条 中国自然人、法人或者其他组织创作的布图设计，依照本条例享有布图设计专有权。

外国人创作的布图设计首先在中国境内投入商业利用的，依照本条例享有布图设计专有权。

外国人创作的布图设计，其创作者所属国同中国签订有关布图设计保护协议或者与中国共同参加有关布图设计保护国际条约的，依照本条例享有布图设计专有权。

第四条 受保护的布图设计应当具有独创性，即该布图设计是创作者自己的智力劳动成果，并且在其创作时该布图设计在布图设计创作者和集成电路制造者中不是公认的常规设计。

受保护的由常规设计组成的布图设计，其组合作为整体应当符合前款规定的条件。

第五条 本条例对布图设计的保护，不延及思想、处理过程、操作方法或者数学概念等。

第六条 国务院知识产权行政部门依照本条例的规定，负责布图设计专有权的有关管理工作。

第二章 布图设计专有权

第七条 布图设计权利人享有下列专有权：

（一）对受保护的布图设计的全部或者其中任何具有独创性的部分进行复制；

（二）将受保护的布图设计、含有该布图设计的集成电路或者含有该集成电路的物品投入商业利用。

第八条 布图设计专有权经国务院知识产权行政部门登记产生。

未经登记的布图设计不受本条例保护。

第九条 布图设计专有权属于布图设计创作者，本条例另有规定的除外。

由法人或者其他组织主持，依据法人或者其他组织的意志而创作，并由法人或者其他组织承担责任的布图设计，该法人或者其他组织是创作者。

由自然人创作的布图设计，该自然人是创作者。

第十条 两个以上自然人、法人或者其他组织合作创作的布图设计，其专有权的归属由合作者约定；未作约定或者约定不明的，其专有权由合作者共同享有。

第十一条 受委托创作的布图设计，其专有权的归属由委托人和受托人双方约定；未作约定或者约定不明的，其专有权由受托人享有。

第十二条 布图设计专有权的保护期为10年，自布图设计登记申请之日或者在世界任何地方首次投入商业利用之日起计算，以较前日期为准。但是，无论是否登记或者投入商业利用，布图设计自创作完成之日起15年后，不再受本条例保护。

第十三条 布图设计专有权属于自然人的，该自然人死亡后，其专有权在本条例规定的保护期内依照继承法的规定转移。

布图设计专有权属于法人或者其他组织的，法人或者其他组织变更、终止后，其专有权在本条例规定的保护期内由承继其权利、义务的法人或者其他组织享有；没有承继其权利、义务的法人或者其他组织的，该布图设计进入公有领域。

第三章 布图设计的登记

第十四条 国务院知识产权行政部门负责布图设计登记工作，受理布图设计登记申请。

第十五条 申请登记的布图设计涉及国家安全或者重大利益，需要保密的，按照国家有关规定办理。

第十六条 申请布图设计登记，应当提交：

（一）布图设计登记申请表；

（二）布图设计的复制件或者图样；

（三）布图设计已投入商业利用的，提交含有该布图设计的集成电路样品；

（四）国务院知识产权行政部门规定的其他材料。

第十七条 布图设计自其在世界任何地方首次商业利用之日起2年内，未向国务院知识产权行政部门提出登记申请的，国务院知识产权行政部门不再予以登记。

第十八条 布图设计登记申请经初步审查，未发现驳回理由的，由国务院知识产权行政部门予以登记，发给登记证明文件，并予以公告。

第十九条 布图设计登记申请人对国务院知识产权行政部门驳回其登记申请的决定不服的，可以自收到通知之日起3个月内，向国务院知识产权行政部门请求复审。国务院知识产权行政部门复审后，作出决定，并通知布图设计登记申请人。布图设计登记申请人对国务院知识产权行政部门的复审决定仍不服的，可以自收到通知之日起3个月内向人民法院起诉。

第二十条 布图设计获准登记后，国务院知识产权行政部门发现该登记不符合本条例规定的，应当予以撤销，通知布图设计权利人，并予以公告。布图设计权利人对国务院知识产权行政部门撤销布图设计登记的决定不服的，可以自收到通知之日起3个月内向人民法院起诉。

第二十一条 在布图设计登记公告前，国务院知识产权行政部门的工作人员对其内容负有保密义务。

第四章 布图设计专有权的行使

第二十二条 布图设计权利人可以将其专有权转让或者许可他人使用其布图设计。

转让布图设计专有权的，当事人应当订立书面合同，并向国务院知识产权行政部门登记，由国务院知识产权行政部门予以公告。布图设计专有权的转让自登记之日起生效。

许可他人使用其布图设计的，当事人应当订立书面合同。

第二十三条 下列行为可以不经布图设计权利人许可，不向其支付报酬：

（一）为个人目的或者单纯为评价、分析、研究、教学等目的而复制受保护的布图设计的；

（二）在依据前项评价、分析受保护的布图设计的基础上，创作出具有独创性的布图设计的；

（三）对自己独立创作的与他人相同的布图设计进行复制或者将其投入商业利用的。

第二十四条 受保护的布图设计、含有该布图设计的集成电路或者含有该集成电路的物品，由布图设计权利人或者经其许可投放市场后，他人再次商业利用的，可以不经布图设计权利人许可，并不向其支付报酬。

第二十五条 在国家出现紧急状态或者非常情况时，或者为了公共利益的目的，或者经人民法院、不正当竞争行为监督检查部门依法认定布图设计权利人有不正当竞争行为而需要给予补救时，国务院知识产权行政部门可以给予使用其布图设计的非自愿许可。

第二十六条 国务院知识产权行政部门作出给予使用布图设计非自愿许可的决定，应当及时通知布图设计权利人。

给予使用布图设计非自愿许可的决定，应当根据非自愿许可的理由，规定使用的范围和时间，其范围应当限于为公共目的非商业性使用，或者限于经人民法院、不正当竞争行为监督检查部门依法认定布图设计权利人有不正当竞争行为而需要给予的补救。

非自愿许可的理由消除并不再发生时，国务院知识产权行政部门应当根据布图设计权利人的请求，经审查后作出终止使用布图设计非自愿许可的决定。

第二十七条 取得使用布图设计非自愿许可的自然人、法人或者其他组织不享有独占的使用权，并且无权允许他人使用。

第二十八条 取得使用布图设计非自愿许可的自然人、法人或者其他组织应当向布图设计权利人支付合理的报酬，其数额由双方协商；双方不能达成协议的，由国务院知识产权行政部门裁决。

第二十九条 布图设计权利人对国务院知识产权行政部门关于使用布图设计非自愿许可的决定不服的，布图设计权利人和取得非自愿许可的自然人、法人或者其他组织对国务院知识产权行政部门关于使用布图设计非自愿许可的报酬的裁决不服的，可以自收到通知之日起3个月内向人民法院起诉。

第五章 法律责任

第三十条 除本条例另有规定的外，未经布图设计权利人许可，有下列行为之一的，行为人必须立即停止侵权行为，并承担赔偿责任：

（一）复制受保护的布图设计的全部或者其中任何具有独创性的部分的；

（二）为商业目的进口、销售或者以其他方式提供受保护的布图设计、含有该布图设计的集成电路或者含有该集成电路的物品的。

侵犯布图设计专有权的赔偿数额，为侵权人所获得的利益或者被侵权人所受到的损失，包括被侵权人为制止侵权行为所支付的合理开支。

第三十一条 未经布图设计权利人许可，使用其布图设计，即侵犯其布图设计专有权，引起纠纷的，由当事人协商解决；不愿协商或者协商不成的，布图设计权利人或者利害关系人可以向人民法院起诉，也可以请求国务院知识产权行政部门处理。国务院知识产权行政部门处理时，认定侵权行为成立的，可以责令侵权人立即停止侵权行为，没收、销毁侵权产品或者物品。当事人不服的，可以自收到处理通知之日起15日内依照《中华人民共和国行政诉讼法》向人民法院起诉；侵权人期满不起诉又不停止侵权行为的，国务院知识产权行政部门可以请求人民法院强制执行。应当事人的请求，国务院知识产权行政部门可以就侵犯布图设计专有权的赔偿数额进行调解；调解不成的，当事人可以依照《中华人民共和国民事诉讼法》向人民法院起诉。

第三十二条 布图设计权利人或者利害关系人有证据证明他人正在实施或者即将实施侵犯其专有权的行为，如不及时制止将会使其合法权益受到难以弥补的损害的，可以在起诉前依法向人民法院申请采取责令停止有关行为和财产保全的措施。

第三十三条 在获得含有受保护的布图设计的集成电路或者含有该集成电路的物品时，不知道也没有合理理由应当知道其中含有非法复制的布图设计，而将其投入商业利用的，不视为侵权。

前款行为人得到其中含有非法复制的布图设计的明确通知后，可以继续将现有的存货或者此前的订货投入商业利用，但应当向布图设计权利人支付合理的报酬。

第三十四条 国务院知识产权行政部门的工作人员在布图设计管理工作中玩忽职守、滥用职权、徇私舞弊，构成犯罪的，依法追究刑事责任；尚不构成犯罪的，依法给予行政处分。

第六章 附 则

第三十五条 申请布图设计登记和办理其他手续，应当按照规定缴纳费用。缴费标准由国务院物价主管部门、国务院知识产权行政部门制定，并由国务院知识产权行政部门公告。

第三十六条 本条例自2001年10月1日起施行。

集成电路布图设计保护条例实施细则

（2001年9月18日国家知识产权局局长令第十一号公布
自2001年10月1日起施行）

第一章 总 则

第一条 宗旨

为了保护集成电路布图设计（以下简称布图设计）专有权，促进我国集成电路技术的进步与创新，根据《集成电路布图设计保护条例》（以下简称条例），制定本实施细则（以下简称本细则）。

第二条 登记机构

条例所称的国务院知识产权行政部门是指国家知识产权局。

第三条 办理手续需用的形式

条例和本细则规定的各种文件，应当以书面形式或者以国家知识产权局规定的其他形式办理。

第四条 代理机构

中国单位或者个人在国内申请布图设计登记和办理其他与布图设计有关的事务的，可以委托专利代理机构办理。

在中国没有经常居所或者营业所的外国人、外国企业或者外国其他组织在中国申请布图设计登记和办理其他与布图设计有关的事务的，应当委托国家知识产权局指定的专利代理机构办理。

第五条 申请文件和申请日的确定

向国家知识产权局申请布图设计登记的，应当提交布图设计登记申请表和该布图设计的复制件或者图样；布图设计在申请日以前已投入商业利用的，还应当提交含有该布图设计的集成电路样品。

国家知识产权局收到前款所述布图设计申请文件之日为申请日。如果申请文件是邮寄的，以寄出的邮戳日为申请日。

第六条 文件的语言

依照条例和本细则规定提交的各种文件应当使用中文。国家有统一规定的科技术语的，应当采用规范词；外国人名、地名和科技术语没有统一中文译文的，应当注明原文。

依照条例和本细则规定提交的各种证件和证明文件是外文的，国家知识产权局认为必要时，可以要求当事人在指定期限内附送中文译文；期满未附送的，视为未提交该证件和证明文件。

第七条 文件的递交和送达

向国家知识产权局邮寄的各种文件，以寄出的邮戳日为递交日。邮戳日不清晰的，除当事人能够提出证明外，以国家知识产权局收到文件之日为递交日。

国家知识产权局的各种文件，可以通过邮寄、直接送交或者其他方式送达当事人。当事人委托专利代理机构的，文件送交专利代理机构；未委托专利代理机构的，文件送交申请表中指明的联系人。

国家知识产权局邮寄的各种文件，自文件

发出之日起满15日，推定为当事人收到文件之日。根据国家知识产权局规定应当直接送交的文件，以交付日为送达日。

文件送交地址不清，无法邮寄的，可以通过公告的方式送达当事人。自公告之日起满1个月，该文件视为已经送达。

第八条 期限的计算

条例和本细则规定的各种期限的第一日不计算在期限内。期限以年或者月计算的，以其最后一月的相应日为期限届满日；该月无相应日的，以该月最后一日为期限届满日。

期限届满日是法定节假日的，以节假日后的第一个工作日为期限届满日。

第九条 权利的恢复和期限的延长

当事人因不可抗拒的事由而耽误本细则规定的期限或者国家知识产权局指定的期限，造成其权利丧失的，自障碍消除之日起2个月内，但是最迟自期限届满之日起2年内，可以向国家知识产权局说明理由并附具有关证明文件，请求恢复其权利。

当事人因正当理由而耽误本细则规定的期限或者国家知识产权局指定的期限，造成其权利丧失的，可以自收到国家知识产权局的通知之日起2个月内向国家知识产权局说明理由，请求恢复其权利。

当事人请求延长国家知识产权局指定的期限的，应当在期限届满前，向国家知识产权局说明理由并办理有关手续。

条例规定的期限不得请求延长。

第十条 共有

布图设计是2个以上单位或者个人合作创作的，创作者应当共同申请布图设计登记；有合同约定的，从其约定。

涉及共有的布图设计专有权的，每一个共同布图设计权利人在没有征得其他共同布图设计权利人同意的情况下，不得将其所持有的那一部分权利进行转让、出质或者与他人订立独占许可合同或者排他许可合同。

第十一条 向外国人转让专有权

中国单位或者个人向外国人转让布图设计专有权的，在向国家知识产权局办理转让登记时应当提交国务院有关主管部门允许其转让的证明文件。

布图设计专有权发生转移的，当事人应当凭有关证明文件或者法律文书向国家知识产权局办理著录项目变更手续。

第二章 布图设计登记的申请和审查

第十二条 申请文件

以书面形式申请布图设计登记的，应当向国家知识产权局提交布图设计登记申请表一式两份以及一份布图设计的复制件或者图样。

以国家知识产权局规定的其他形式申请布图设计登记的，应当符合规定的要求。

申请人委托专利代理机构向国家知识产权局申请布图设计登记和办理其他手续的，应当同时提交委托书，写明委托权限。

申请人有2个以上且未委托专利代理机构的，除申请表中另有声明外，以申请表中指明的第一申请人为代表人。

第十三条 申请表

布图设计登记申请表应当写明下列各项：

（一）申请人的姓名或者名称、地址或者居住地；

（二）申请人的国籍；

（三）布图设计的名称；

（四）布图设计创作者的姓名或者名称；

（五）布图设计的创作完成日期；

（六）该布图设计所用于的集成电路的分类；

（七）申请人委托专利代理机构的，应当注明的有关事项；申请人未委托专利代理机构的，其联系人的姓名、地址、邮政编码及联系电话；

（八）布图设计有条例第十七条所述商业利用行为的，该行为的发生日；

（九）布图设计登记申请有保密信息的，含有该保密信息的图层的复制件或者图样页码编号及总页数；

（十）申请人或者专利代理机构的签字或者盖章；

（十一）申请文件清单；

（十二）附加文件及样品清单；

（十三）其他需要注明的事项。

第十四条 复制件或者图样

按照条例第十六条规定提交的布图设计的复制件或者图样应当符合下列要求：

（一）复制件或者图样的纸件应当至少放大到用该布图设计生产的集成电路的20倍以上；申请人可以同时提供该复制件或者图样的

电子版本；提交电子版本的复制件或者图样的，应当包含该布图设计的全部信息，并注明文件的数据格式；

（二）复制件或者图样有多张纸件的，应当顺序编号并附具目录；

（三）复制件或者图样的纸件应当使用 A4 纸格式；如果大于 A4 纸的，应当折叠成 A4 纸格式；

（四）复制件或者图样可以附具简单的文字说明，说明该集成电路布图设计的结构、技术、功能和其他需要说明的事项。

第十五条 涉及保密信息的申请

布图设计在申请日之前没有投入商业利用的，该布图设计登记申请可以有保密信息，其比例最多不得超过该集成电路布图设计总面积的 50%。含有保密信息的图层的复制件或者图样页码编号及总页数应当与布图设计登记申请表中所填写的一致。

布图设计登记申请有保密信息的，含有该保密信息的图层的复制件或者图样纸件应当置于在另一个保密文档袋中提交。除侵权诉讼或者行政处理程序需要外，任何人不得查阅或者复制该保密信息。

第十六条 集成电路样品

布图设计在申请日之前已投入商业利用的，申请登记时应当提交 4 件含有该布图设计的集成电路样品，并应当符合下列要求：

（一）所提交的 4 件集成电路样品应当置于能保证其不受损坏的专用器具中，并附具填写好的国家知识产权局统一编制的表格；

（二）器具表面应当写明申请人的姓名、申请号和集成电路名称；

（三）器具中的集成电路样品应当采用适当的方式固定，不得有损坏，并能够在干燥器中至少存放十年。

第十七条 不予受理

布图设计登记申请有下列情形的，国家知识产权局不予受理，并通知申请人：

（一）未提交布图设计登记申请表或者布图设计的复制件或者图样的，已投入商业利用而未提交集成电路样品的，或者提交的上述各项不一致的；

（二）外国申请人的所属国未与中国签订有关布图设计保护协议或者与中国共同参加有关国际条约；

（三）所涉及的布图设计属于条例第十二条规定不予保护的；

（四）所涉及的布图设计属于条例第十七条规定不予登记的；

（五）申请文件未使用中文的；

（六）申请类别不明确或者难以确定其属于布图设计的；

（七）未按规定委托代理机构的；

（八）布图设计登记申请表填写不完整的。

第十八条 文件的补正和修改

除本细则第十七条规定不予受理的外，申请文件不符合条例和本细则规定的条件的，申请人应当在收到国家知识产权局的审查意见通知之日起 2 个月内进行补正。补正应当按照审查意见通知书的要求进行。逾期未答复的，该申请视为撤回。

申请人按照国家知识产权局的审查意见补正后，申请文件仍不符合条例和本细则的规定的，国家知识产权局应当作出驳回决定。

国家知识产权局可以自行修改布图设计申请文件中文字和符号的明显错误。国家知识产权局自行修改的，应当通知申请人。

第十九条 申请的驳回

除本细则第十八条第二款另有规定的外，申请登记的布图设计有下列各项之一的，国家知识产权局应当作出驳回决定，写明所依据的理由：

（一）明显不符合条例第二条第（一）、（二）项规定的；

（二）明显不符合条例第五条规定的。

第二十条 布图设计专有权的生效

布图设计登记申请经初步审查没有发现驳回理由的，国家知识产权局应当颁发布图设计登记证书，并在国家知识产权局互联网站和中国知识产权报上予以公告。布图设计专有权自申请日起生效。

第二十一条 登记证书

国家知识产权局颁发的布图设计登记证书应当包括下列各项：

（一）布图设计权利人的姓名或者名称和地址；

（二）布图设计的名称；

（三）布图设计在申请日之前已经投入商业利用的，其首次商业利用的时间；

（四）布图设计的申请日及创作完成日；

（五）布图设计的颁证日期；

（六）布图设计的登记号；

（七）国家知识产权局的印章及负责人签字。

第二十二条 更正

国家知识产权局对布图设计公告中出现的错误，一经发现，应当及时更正，并对所作更正予以公告。

第三章 布图设计登记申请的复审、复议和专有权的撤销

第二十三条 复审和撤销机构

国家知识产权局专利复审委员会（以下简称专利复审委员会）负责对国家知识产权局驳回布图设计登记申请决定不服而提出的复审请求的审查，以及负责对布图设计专有权撤销案件的审查。

第二十四条 复审的请求

向专利复审委员会请求复审的，应当提交复审请求书，说明理由，必要时还应当附具有关证据。复审请求书不符合条例第十九条有关规定的，专利复审委员会不予受理。

复审请求不符合规定格式的，复审请求人应当在专利复审委员会指定的期限内补正；期满未补正的，该复审请求视为未提出。

第二十五条 复审程序中文件的修改

复审请求人在提出复审请求或者在对专利复审委员会的复审通知书作出答复时，可以修改布图设计申请文件；但是修改应当仅限于消除驳回决定或者复审通知书指出的缺陷。

修改的申请文件应当提交一式两份。

第二十六条 复审决定

专利复审委员会进行审查后，认为布图设计登记申请的复审请求不符合条例或者本细则有关规定的，应当通知复审请求人，要求其在指定期限内陈述意见。期满未答复的，该复审请求视为撤回；经陈述意见或者进行修改后，专利复审委员会认为该申请仍不符条例和本细则有关规定的，应当作出维持原驳回决定的复审决定。

专利复审委员会进行复审后，认为原驳回决定不符合条例和本细则有关规定的，或者认为经过修改的申请文件消除了原驳回决定指出的缺陷的，应当撤销原驳回决定，通知原审查部门对该申请予以登记和公告。

专利复审委员会的复审决定，应当写明复审决定的理由，并通知布图设计登记申请人。

第二十七条 复审请求的撤回

复审请求人在专利复审委员会作出决定前，可以撤回其复审请求。

复审请求人在专利复审委员会作出决定前撤回其复审请求的，复审程序终止。

第二十八条 复议请求

当事人对国家知识产权局作出的下列具体行政行为不服或者有争议的，可以向国家知识产权局行政复议部门申请复议：

（一）不予受理布图设计申请的；

（二）将布图设计申请视为撤回的；

（三）不允许恢复有关权利的请求的；

（四）其他侵犯当事人合法权益的具体行政行为。

第二十九条 撤销程序

布图设计登记公告后，发现登记的布图设计专有权不符合集成电路布图设计保护条例第二条第（一）、（二）项、第三条、第四条、第五条、第十二条或者第十七条规定的，由专利复审委员会撤销该布图设计专有权。

撤销布图设计专有权的，应当首先通知该布图设计权利人，要求其在指定期限内陈述意见。期满未答复的，不影响专利复审委员会作出撤销布图设计专有权的决定。

专利复审委员会撤销布图设计专有权的决定应当写明所依据的理由，并通知该布图设计权利人。

第三十条 撤销决定的公告

对专利复审委员会撤销布图设计专有权的决定未在规定期限内向人民法院起诉，或者在人民法院维持专利复审委员会撤销布图设计专有权决定的判决生效后，国家知识产权局应当将撤销该布图设计专有权的决定在国家知识产权局互联网站和中国知识产权报上公告。

被撤销的布图设计专有权视为自始即不存在。

第四章 布图设计专有权的保护

第三十一条 布图设计专有权的放弃

布图设计权利人在其布图设计专有权保护期届满之前，可以向国家知识产权局提交书面声明放弃该专有权。

布图设计专有权已许可他人实施或者已经出质的，该布图设计专有权的放弃应当征得被许可人或质权人的同意。

布图设计专有权的放弃应当由国家知识产权局登记和公告。

第三十二条 国家知识产权局受理侵权纠纷案件的条件

根据条例第三十一条的规定请求国家知识产权局处理布图设计专有权侵权纠纷的，应当符合下列条件：

（一）该布图设计已登记、公告；

（二）请求人是布图设计权利人或者与该侵权纠纷有直接利害关系的单位或者个人；

（三）有明确的被请求人；

（四）有明确的请求事项和具体的事实、理由；

（五）当事人任何一方均未就该侵权纠纷向人民法院起诉。

第三十三条 有关程序的中止和恢复

当事人因布图设计申请权或者布图设计专有权的归属发生纠纷，已经向人民法院起诉的，可以请求国家知识产权局中止有关程序。

依照前款规定请求中止有关程序的，应当向国家知识产权局提交请求书，并附具人民法院的有关受理文件副本。

在人民法院作出的判决生效后，当事人应当向国家知识产权局办理恢复有关程序的手续。自请求中止之日起一年内，有关布图设计申请权或者布图设计专有权归属的纠纷未能结案，需要继续中止有关程序的，请求人应当在该期限内请求延长中止。期满未请求延长的，国家知识产权局自行恢复有关程序。

人民法院在审理民事案件中裁定对布图设计专有权采取保全措施的，国家知识产权局在协助执行时中止被保全的布图设计专有权的有关程序。保全期限届满，人民法院没有裁定继续采取保全措施的，国家知识产权局自行恢复有关程序。

第五章 费 用

第三十四条 应缴纳的费用

向国家知识产权局申请布图设计登记和办理其他手续时，应当缴纳下列费用：

（一）布图设计登记费；

（二）著录事项变更手续费、延长期限请求费、恢复权利请求费；

（三）复审请求费；

（四）非自愿许可许可请求费、非自愿许可使用费的裁决请求费。

前款所列各种费用的数额，由国务院价格管理部门会同国家知识产权局另行规定。

第三十五条 缴费手续

条例和本细则规定的各种费用，可以直接向国家知识产权局缴纳，也可以通过邮局或者银行汇付，或者以国家知识产权局规定的其他方式缴纳。

通过邮局或者银行汇付的，应当在送交国家知识产权局的汇单上至少写明正确的申请号以及缴纳的费用名称。不符合本款规定的，视为未办理缴费手续。

直接向国家知识产权局缴纳费用的，以缴纳当日为缴费日；以邮局汇付方式缴纳费用的，以邮局汇出的邮戳日为缴费日；以银行汇付方式缴纳费用的，以银行实际汇出日为缴费日。但是自汇出日至国家知识产权局收到日超过15日的，除邮局或者银行出具证明外，以国家知识产权局收到日为缴费日。

多缴、重缴、错缴布图设计登记费用的，当事人可以向国家知识产权局提出退款请求，但是该请求应当自缴费日起一年内提出。

第三十六条 缴费期限

申请人应当在收到受理通知书后2个月内缴纳布图设计登记费；期满未缴纳或者未缴足的，其申请视为撤回。

当事人请求恢复权利或者复审的，应当在条例及本细则规定的相关期限内缴纳费用；期满未缴纳或者未缴足的，视为未提出请求。

著录事项变更手续费、非自愿许可请求费、非自愿许可使用费的裁决请求费应当自提出请求之日起1个月内缴纳；延长期限请求费应当在相应期限届满前缴纳；期满未缴纳或者未缴足的，视为未提出请求。

第六章 附 则

第三十七条 布图设计登记簿

国家知识产权局设置布图设计登记簿，登记下列事项：

（一）布图设计权利人的姓名或者名称、国籍和地址及其变更；

（二）布图设计的登记；

（三）布图设计专有权的转移和继承；

（四）布图设计专有权的放弃；

（五）布图设计专有权的质押、保全及其解除；

（六）布图设计专有权的撤销；

（七）布图设计专有权的终止；

（八）布图设计专有权的恢复；

（九）布图设计专有权实施的非自愿许可。

第三十八条 布图设计公告

国家知识产权局定期在国家知识产权局互联网站和中国知识产权报上登载布图设计登记公报，公布或者公告下列内容：

（一）布图设计登记簿记载的著录事项；

（二）对地址不明的当事人的通知；

（三）国家知识产权局作出的更正；

（四）其他有关事项。

第三十九条 公众查阅和复制

布图设计登记公告后，公众可以请求查阅该布图设计登记簿或者请求国家知识产权局提供该登记簿的副本。公众也可以请求查阅该布图设计的复制件或者图样的纸件。

本细则第十四条所述的电子版本的复制件或者图样，除侵权诉讼或者行政处理程序需要外，任何人不得查阅或者复制。

第四十条 失效案卷的处理

布图设计登记申请被撤回、视为撤回或者驳回的，以及布图设计专有权被声明放弃、撤销或者终止的，与该布图设计申请或者布图设计专有权有关的案卷，自该申请失效或者该专有权失效之日起满3年后不予保存。

第四十一条 文件的邮寄

向国家知识产权局邮寄有关申请或者布图设计专有权的文件，应当使用挂号信函，一件信函应当只包含同一申请文件。电子版本的复制件或者图样和集成电路样品的邮寄方式应当保证其在邮寄过程中不受损坏。

第四十二条 本细则的解释

本细则由国家知识产权局负责解释。

第四十三条 本细则的实施日期

本细则自2001年10月1日起施行。

集成电路布图设计行政执法办法

（2001年11月28日国家知识产权局局长令第十七号公布　自公布之日起施行）

第一章　总　则

第一条 为了保护集成电路布图设计（以下简称布图设计）专有权，维护社会主义市场经济秩序，根据《集成电路布图设计保护条例》（以下简称条例）以及有关法律法规制定本办法。

第二条 条例第三十一条所称国务院知识产权行政部门是指国家知识产权局。

国家知识产权局设立集成电路布图设计行政执法委员会（以下简称行政执法委员会），负责处理侵犯布图设计专有权的纠纷，调解侵犯布图设计专有权的赔偿数额。

各省、自治区、直辖市的知识产权局应当协助、配合国家知识产权局开展集成电路布图设计行政执法工作。

第三条 行政执法委员会处理侵犯布图设计专有权的纠纷应当以事实为依据、以法律为准绳，遵循公正、及时的原则。

行政执法委员会调解侵犯布图设计专有权的赔偿数额应当按照法律规定，在查明事实、分清是非的基础上，促使当事人相互谅解，达成协议。

第二章　处理和调解程序

第四条 请求行政执法委员会处理布图设计专有权侵权纠纷的，应当符合下列条件：

（一）该布图设计已登记、公告；

（二）请求人是布图设计专有权的权利人或者与该侵权纠纷有直接利害关系的单位或者个人；

（三）有明确的被请求人；

（四）有明确的请求事项和具体事实、理由；

（五）当事人任何一方均未就该侵权纠纷向人民法院起诉。

第五条 请求人提出请求，应当向行政执法委员会提交请求书以及所涉及的布图设计登记证书副本。请求人应当按照被请求人的数量提供相应数量的请求书副本。

第六条 请求书应当记载以下内容：

（一）请求人的姓名或者名称、地址，法定代表人或者主要负责人的姓名、职务，委托代理人的，代理人的姓名和代理机构的名称、地址；

（二）被请求人的姓名或者名称、地址；

（三）请求处理的事项和具体事实、理由。

有关证据和证明材料可以请求书附件的形式提交。

请求书应当由请求人签名或盖章。

第七条 请求人应当提供证据，证明被请求人采用的布图设计与受保护的布图设计全部相同或者与受保护的布图设计中任何具有独创性的部分相同。

受保护的布图设计尚未投入商业利用的，请求人应当提供证据，证明被请求人有获知该布图设计的实际可能性。

第八条 请求不符合本办法第五条规定的，行政执法委员会应当在收到请求之日起的7日内通知请求人不予受理。

请求不符合本办法第六条、第七条、第八条规定的，行政执法委员会应当在收到请求之日起的7日内通知请求人在指定期限内予以补正。逾期未补正或者经补正仍不符合规定的，请求被视为未提出。

请求符合本办法第五条、第六条、第七条、第八条规定的，行政执法委员会应当及时立案并通知请求人，同时，应指定3名或3名以上单数承办人员组成合议组处理该侵权纠纷。

第九条 立案后，行政执法委员会应当及时将请求书及其附件的副本以寄交、直接送交或者其他方式送达被请求人，要求其在收到请求书副本之日起15日内提交答辩书一式2份。被请求人逾期不提交答辩书的，不影响行政执法委员会进行处理。

被请求人提交答辩书的，行政执法委员会应当在收到答辩书之日起的7日内将答辩书副本以寄交、直接送交或者其他方式送达请求人。

第十条 侵犯布图设计专有权纠纷涉及复杂技术问题，需要进行鉴定的，行政执法委员会可以委托有关单位进行专业技术鉴定。鉴定意见或者结论需经当事人质证方能作为定案的依据。

鉴定费用由当事人承担。

第十一条 在侵犯布图设计专用权纠纷的处理过程中，专利复审委员会对该布图设计专用权启动撤销程序的，行政执法委员会可以根据情况需要决定是否中止处理程序。

第十二条 行政执法委员会处理侵犯布图设计设计专有权的纠纷，可以根据案情需要决定是否进行口头审理。行政执法委员会决定进行口头审理的，应当至少在口头审理3日前让当事人得知进行口头审理的时间和地点。无正当理由拒不参加或者未经允许中途退出口头审理的，对请求人按撤回请求处理，对被请求人按缺席处理。

第十三条 行政执法委员会举行口头审理的，应当将口头审理的参加人和审理要点记入笔录，经核对无误后，由案件承办人员和参加人签名或盖章。

第十四条 除当事人达成调解、和解协议，或者请求人撤回请求之外，行政执法委员会处理侵犯布图设计专用权的纠纷应当作出处理决定书，写明以下内容：

（一）当事人的名称或姓名、地址；

（二）当事人陈述的事实和理由；

（三）认定侵权行为是否成立的理由和依据；

（四）处理决定，认定侵权行为成立的，应当明确写明责令被请求人立即停止的侵权行为的类型、对象和范围；认定侵权行为不成立的，应当驳回请求人的请求；

（五）不服处理决定向人民法院提起行政诉讼的途径和期限。

处理决定书应当由案件承办人员署名，加盖行政执法委员会的业务专用章。

第十五条 对行政执法委员会作出的处理决定不服，向人民法院提起行政诉讼的，由行政执法委员会主任委托合议组出庭应诉。

第十六条 在行政执法委员会或者人民法院作出认定侵权成立的处理决定或者判决之后，被请求人就同一布图设计专用权再次作出相同类型的侵权行为，布图设计专有权的权利人或者利害关系人请求处理的，行政执法委员会可以直接作出责令立即停止侵权行为的处理决定。

第十七条 当事人请求行政执法委员会就犯布图设计专有权的赔偿数额进行调解的，应当提交请求书。

请求书应当记载以下内容：

（一）请求人的姓名或者名称、地址、法定代表人或主要负责人的姓名、职务；

（二）被请求人的姓名或名称、地址；

（三）请求调解的具体事项和理由。

第十八条 行政执法委员会收到请求书后，应当及时将请求书副本通过寄交、直接送交或者其他方式送达被请求人，要求其在收到请求书副本之日起的15日内提交意见陈述书。

第十九条 被请求人提交意见陈述书并同意进行调解的，行政执法委员会应当及时立案，并通知请求人和被请求人进行调解的时间和地点。

被请求人逾期未提交意见陈述书，或者在意见陈述书中表示不接受调解的，行政执法委员会不予立案，并通知请求人。

第二十条 当事人经调解达成协议的，应当制作调解协议书，由双方当事人签名或者盖章，并交行政执法委员会备案；未达成协议的，行政执法委员会以撤销案件的方式结案，并通知双方当事人。

第三章 调查取证

第二十一条 行政执法委员会处理侵犯布图设计专用权的纠纷，可以根据案情需要，在处理过程中依职权调查收集有关证据。

第二十二条 行政执法委员会调查收集证据可以采用拍照、摄像等方式进行现场勘验；查阅、复制与案件有关的合同、帐册等有关文件；询问当事人和证人。

行政执法委员会调查收集证据应当制作笔录。笔录应当由案件承办人员、被调查的单位或者个人签名或者盖章。被调查的单位或者个人拒绝签名或者盖章的，应当在笔录上注明。

第二十三条 行政执法委员会调查收集证据可以采取抽样取证的方式，从涉嫌侵权的产品中抽取一部分作为样品。被抽取样品的数量应当以能够证明事实为限。

行政执法委员会进行抽样取证应当制作笔录，写明被抽取样品的名称、特征、数量。笔录应当由案件承办人员、被调查单位或个人签字或盖章。

第二十四条 在证据可能灭失或者以后难以取得，又无法进行抽样取证的情况下，行政执法委员会可以进行登记保存，并在七日内作出决定。

经登记保存的证据，被调查的单位或个人不得销毁或转移。

行政执法委员会进行登记保存应当制作笔录，写明被登记保存证据的名称、特征、数量以及保存地点。笔录应当由案件承办人员、被调查的单位或个人签名或盖章。

第二十五条 行政执法委员会调查收集证据、核实证据材料的，有关单位或者个人应当如实提供，协助调查。

第二十六条 行政执法委员会调查收集证据、核实证据材料的，有关单位或个人应当如实提供，协助调查。

行政执法委员会委托有关省、自治区、直辖市人民政府的知识产权管理部门协助调查收集证据，应当提出明确的要求。接受委托的部门应当及时、认真地协助调查收集证据，并尽快回复。

第四章 法律责任

第二十七条 行政执法委员会认定侵权行为成立，作出处理决定书的，应当采取下列措施制止侵权行为：

（一）被请求人复制受保护的布图设计的，责令其立即停止复制行为，没收、销毁复制的图样、掩膜、专用设备以及含有该布图设计的集成电路；

（二）被请求人为商业目的进口、销售的，责令其立即停止进口、销售或者提供行为，没收、销毁有关图样、掩膜；

（三）被请求人为商业目的进口、销售或者以其他方式提供含有受保护的布图设计的集成电路，并且知道或者有合理理由应当知道其中含有非法复制的布图设计的，责令其立即停止进口、销售或者提供行为，没收、销毁该集成电路；

（四）被请求人为商业目的进口、销售或者以其他方式提供含有侵权集成电路的物品，并且知道或者有合理理由应当知道其中含有非法复制的布图设计的，责令其立即停止进口、销售或者提供行为，从尚未销售、提供的物品中拆除该集成电路，没收、销毁该集成电路；被请求人拒不拆除的，没收、销毁该物品；

（五）停止侵权行为的其他必要措施。

第二十八条 行政执法委员会作出认定侵权行为成立的处理决定后，被请求人向人民法院提起行政诉讼的，在诉讼期间不停止决定的执行。

被请求人对行政执法委员会作出的认定侵权行为成立的处理决定期满不起诉又不停止侵权行为的，国家知识产权局可以请求人民法院强制执行。

第五章 附 则

第二十九条 本办法由国家知识产权局负责解释。

第三十条 本办法自颁布之日起施行。

最高人民法院
关于开展涉及集成电路布图设计案件审判工作的通知

2001年11月16日　　法发〔2001〕24号

各省、自治区、直辖市高级人民法院，解放军军事法院，新疆维吾尔自治区高级人民法院生产建设兵团分院：

国务院《集成电路布图设计保护条例》自2001年10月1日起施行。对集成电路布图设计专有权进行司法保护，是人民法院的一项新的审判任务。做好这项审判工作，将对保护集成电路布图设计权利人的合法权益，鼓励集成电路技术的创新，促进科学技术的发展具有重要意义。

为确保人民法院依法受理和公正审判涉及集成电路布图设计（以下简称布图设计）的案件，根据《中华人民共和国民事诉讼法》、《中华人民共和国行政诉讼法》及《集成电路布图设计保护条例》的有关规定，现就涉及布图设计案件审判工作的有关问题通知如下：

一、关于受理案件的范围

人民法院受理符合《中华人民共和国民事诉讼法》第一百零八条、《中华人民共和国行政诉讼法》第四十一条规定的起诉条件的下列涉及布图设计的案件：

（一）布图设计专有权权属纠纷案件；

（二）布图设计专有权转让合同纠纷案件；

（三）侵犯布图设计专有权纠纷案件；

（四）诉前申请停止侵权、财产保全案件；

（五）不服国务院知识产权行政部门驳回布图设计登记申请的复审决定的条件；

（六）不服国务院知识产权行政部门撤销布图设计登记申请决定的案件；

（七）不服国务院知识产权行政部门关于使用布图设计非自愿许可决定的案件；

（八）不服国务院知识产权行政部门关于使用布图设计非自愿许可的报酬的裁决的案件；

（九）不服国务院知识产权行政部门对侵犯布图设计专有权行为处理决定的案件；

（十）不服国务院知识产权行政部门行政复议决定的案件；

（十一）其他涉及布图设计的案件。

二、关于案件的管辖本通知

第一条所列第（五）至（十）类案件，由北京市第一中级人民法院作为第一审人民法院审理；其余各类案件，由各省、自治区、直辖市人民政府所在地，经济特区所在地和大连、青岛、温州、佛山、烟台市的中级人民法院作为第一审人民法院审理。

三、关于诉前申请采取责令停止有关行为措施的适用

对于申请人民法院采取诉前责令停止侵犯布图设计专有权行为措施的，应当参照《最高人民法院关于对诉前停止侵犯专利权行为适用法律问题的若干规定》执行。

四、关于中止诉讼

人民法院受理的侵犯布图设计专有权纠纷案件，被告以原告的布图设计专有权不具有足够的稳定性为由要求中止诉讼的，人民法院一般不中止诉讼。

各高、中级人民法院要组织有关审判人员认真学习、研究集成电路布图设计条例，熟悉掌握相关的法学理论和专业知识，努力提高审判人员的业务素质和司法水平。要积极开展涉及布图设计案件的调研工作，及时总结审判经验。对涉及布图设计案件终审裁决的法律文书，要及时报送最高人民法院。

【典型案例】

钜泉光电科技（上海）股份有限公司与深圳市锐能微科技有限公司、上海雅创电子零件有限公司侵害集成电路布图设计专有权纠纷上诉案

［上海市高级人民法院（2014）
沪高民三（知）终字第12号民事判决书］

《2014年中国法院10大知识产权案件》第5号
2015年4月20日

【案情摘要】

钜泉光电科技（上海）股份有限公司（简称钜泉公司）完成了集成电路布图设计ATT7021AU的设计（简称钜泉布图设计），并获得布图设计登记证书。钜泉公司发现，深圳市锐能微科技有限公司（简称锐能微公司）未经其许可复制其布图设计并制造含有该布图设计的集成电路芯片RN8209、RN8209G（简称被诉侵权芯片），且与上海雅创电子零件有限公司（简称雅创公司）销售被诉侵权芯片。钜泉公司诉至法院，请求判令两被告承担侵权责任。锐能微公司和雅创公司共同辩称，被诉侵权芯片的布图设计系锐能微公司自主开发，并获得了登记证书；被诉侵权芯片的布图设计与钜泉布图设计不同；钜泉布图设计不具有独创性，属于常规设计，请求驳回钜泉公司诉讼请求。上海市第一中级人民法院一审判决钜泉公司停止侵权、赔偿损失及合理费用合计320万元。钜泉公司、锐能微公司均不服，提起上诉。上海市高级人民法院经审理认为：第一，由于集成电路布图设计的创新空间有限，在布图设计侵权判定中对于两个布图设计构成相同或者实质性相似的认定应采用较为严格的标准，然而被诉侵权芯片的相应布图设计仍与钜泉布图设计中的“数字地轨与模拟地轨衔接的布图”和“独立升压器电路布图”构成实质性相似。第二，锐能微公司在本案中提交的证据材料不足以证明钜泉布图设计中的“数字地轨与模拟地轨衔接的布图”和“独立升压器电路布图”是常规设计。第三，受保护的布图设计中任何具有独创性的部分均受法律保护，而不论其在整个布图设计中的大小或者所起的作用；锐能微公司对钜泉布图设计进行部分复制，既不是为个人目的，亦不是单纯为评价、分析、研究、教学等目的，而是为了研制新的集成电路以进行商业利用；锐能微公司认可其接触了钜泉布图设计，而非通过反向工程获得，故无论被诉侵权芯片的布图设计是否具有独创性，锐能微公司的行为均不适用《集成电路布图设计保护条例》第二十三条第（二）

项的规定，已经侵犯了钜泉布图设计专有权。第四，考虑被确认侵权的两部分布图设计在被诉侵权芯片中所起的作用确非核心和主要作用且所占的布图面积确实较小，以及锐能微公司通过直接复制钜泉公司相应布图设计所节约的研发投入和缩短的研发时间，一审酌情判决锐能微公司赔偿钜泉公司包括合理支出在内的经济损失320万元，并无不当。故二审法院判决驳回上诉，维持原判。

【典型意义】

本案是一起十分典型的集成电路布图设计侵权纠纷。本案被告主张，集成电路布图设计侵权判断标准应有相似度的概念，一项集成电路布图设计在没有自身独创设计的前提下，完全抄袭他人布图设计或与他人布图设计构成实质性相似的，才构成对他人集成电路布图设计专有权的侵害。二审法院认为，根据《集成电路布图设计保护条例》的规定，未经权利人许可，复制权利人受保护的布图设计的任何具有独创性的部分，均构成侵权。该侵权判断标准强化了对于集成电路布图设计创新的激励。同时，本案对于侵权判断中"实质性相似"采用严格的认定标准。本案判决意在平衡权利人与竞争者之间的利益，促进集成电路布图设计行业健康发展。

"锂电池保护芯片"集成电路布图设计侵权案

《最高人民法院知识产权法庭2020年10件技术类知识产权典型案例》第八号

2021年2月26日

【案号】

(2019)最高法知民终490号

【基本案情】

赛芯公司于2012年4月22日申请登记了名称为"集成控制器与开关管的单芯片负极保护的锂电池保护芯片"的集成电路布图设计，该集成电路布图设计专有权至今处于有效状态。赛芯公司主张裕昇公司、户某某等未经许可复制、销售的芯片与涉案集成电路布图设计实质相同，构成对其集成电路布图设计专有权的侵害，故诉至深圳中院，请求判令停止侵权，赔偿损失及维权合理费用100万元。深圳中院认为，被诉侵权芯片与涉案布图设计具有独创性的部分实质相同，构成侵权，判决裕昇公司赔偿赛芯公司经济损失50万元；户某某、黄某东、黄某亮对上述赔偿承担连带责任。裕昇公司、户某某、黄某东、黄某亮不服，向最高人民法院提起上诉。最高人民法院知识产权法庭经审理，依法驳回上诉，维持原判。

【典型意义】

该案是最高人民法院受理的首例侵害集成电路布图设计专有权纠纷二审案件。该案判决明确了集成电路布图设计登记行为的性质，以及集成电路布图设计独创性判断的基本思路，依法保护了集成电路布图设计权利人的利益，对于规范集成电路产业的创新发展具有指导意义。

苏州赛芯电子科技有限公司与深圳裕昇科技有限公司、户财欢、黄建东、黄赛亮侵害集成电路布图设计专有权纠纷案

［最高人民法院（2019）最高法知民终490号民事判决书］

《2020年中国法院10大知识产权案件》第四号
2021年4月16日

【案情摘要】

苏州赛芯电子科技有限公司（以下简称赛芯公司）申请登记了名称为“集成控制器与开关管的单芯片负极保护的锂电池保护芯片”的集成电路布图设计。赛芯公司认为，深圳裕昇科技有限公司（以下简称裕昇公司）、户财欢、黄建东、黄赛亮未经许可，复制、销售的芯片与涉案集成电路布图设计实质相同，侵害了涉案集成电路布图设计专有权，故诉至广东省深圳市中级人民法院。一审法院认为，经鉴定，被诉侵权芯片与涉案布图设计具有独创性的部分实质相同，构成侵权，判决裕昇公司赔偿赛芯公司经济损失50万元；户财欢、黄建东、黄赛亮对上述赔偿承担连带责任。裕昇公司、户财欢、黄建东、黄赛亮不服，提起上诉称：涉案布图设计图样的纸件不清晰，不应得到保护；不能以芯片样品确定布图设计专有权的保护范围，且涉案布图设计不具有独创性。最高人民法院经审理认为，集成电路布图设计的保护并不以公开布图设计的内容为条件。集成电路布图设计的保护对象是为执行某种电子功能而对于元件、线路所作的具有独创性的三维配置，对于独创性的证明，不能过分加大权利人的举证责任。权利人主张其布图设计的三维配置整体或者部分具有独创性应受保护时，应当对其独创性进行解释或者说明，然后由被诉侵权人提供相反证据，在此基础上综合判断该布图设计的三维配置是否具备独创性。故驳回上诉，维持原判。

【典型意义】

本案是一起典型的侵害集成电路布图设计专有权纠纷案。判决厘清了集成电路布图设计登记行为的性质，明确了集成电路布图设计独创性判断的基本思路，对司法实践中的难点问题作出具体指引，有力地维护了集成电路布图设计权利人的利益。充分体现了人民法院加大对关键领域、重点环节知识产权司法保护力度，促进自主创新，提升核心竞争力的使命担当。

3. 技术成果、技术秘密与技术合同

中华人民共和国促进科技成果转化法

（1996年5月15日第八届全国人民代表大会常务委员会第十九次会议通过 根据2015年8月29日第十二届全国人民代表大会常务委员会第十六次会议《关于修改〈中华人民共和国促进科技成果转化法〉的决定》修正）

目 录

第一章 总 则
第二章 组织实施
第三章 保障措施
第四章 技术权益
第五章 法律责任
第六章 附 则

第一章 总 则

第一条 为了促进科技成果转化为现实生产力，规范科技成果转化活动，加速科学技术进步，推动经济建设和社会发展，制定本法。

第二条 本法所称科技成果，是指通过科学研究与技术开发所产生的具有实用价值的成果。职务科技成果，是指执行研究开发机构、高等院校和企业等单位的工作任务，或者主要是利用上述单位的物质技术条件所完成的科技成果。

本法所称科技成果转化，是指为提高生产力水平而对科技成果所进行的后续试验、开发、应用、推广直至形成新技术、新工艺、新材料、新产品，发展新产业等活动。

第三条 科技成果转化活动应当有利于加快实施创新驱动发展战略，促进科技与经济的结合，有利于提高经济效益、社会效益和保护环境、合理利用资源，有利于促进经济建设、社会发展和维护国家安全。

科技成果转化活动应当尊重市场规律，发挥企业的主体作用，遵循自愿、互利、公平、诚实信用的原则，依照法律法规规定和合同约定，享有权益，承担风险。科技成果转化活动中的知识产权受法律保护。

科技成果转化活动应当遵守法律法规，维护国家利益，不得损害社会公共利益和他人合法权益。

第四条 国家对科技成果转化合理安排财政资金投入，引导社会资金投入，推动科技成果转化资金投入的多元化。

第五条 国务院和地方各级人民政府应当加强科技、财政、投资、税收、人才、产业、金融、政府采购、军民融合等政策协同，为科技成果转化创造良好环境。

地方各级人民政府根据本法规定的原则，结合本地实际，可以采取更加有利于促进科技成果转化的措施。

第六条 国家鼓励科技成果首先在中国境内实施。中国单位或者个人向境外的组织、个人转让或者许可其实施科技成果的，应当遵守相关法律、行政法规以及国家有关规定。

第七条 国家为了国家安全、国家利益和重大社会公共利益的需要，可以依法组织实施或者许可他人实施相关科技成果。

第八条 国务院科学技术行政部门、经济综合管理部门和其他有关行政部门依照国务院规定的职责，管理、指导和协调科技成果转化工作。

地方各级人民政府负责管理、指导和协调本行政区域内的科技成果转化工作。

第二章 组织实施

第九条 国务院和地方各级人民政府应当将科技成果的转化纳入国民经济和社会发展计划，并组织协调实施有关科技成果的转化。

第十条 利用财政资金设立应用类科技项目和其他相关科技项目，有关行政部门、管理机构应当改进和完善科研组织管理方式，在制定相关科技规划、计划和编制项目指南时应当听取相关行业、企业的意见；在组织实施应用类科技项目时，应当明确项目承担者的科技成果转化义务，加强知识产权管理，并将科技成果转化和知识产权创造、运用作为立项和验收的重要内容和依据。

第十一条 国家建立、完善科技报告制度和科技成果信息系统，向社会公布科技项目实施情况以及科技成果和相关知识产权信息，提供科技成果信息查询、筛选等公益服务。公布有关信息不得泄露国家秘密和商业秘密。对不予公布的信息，有关部门应当及时告知相关科技项目承担者。

利用财政资金设立的科技项目的承担者应当按照规定及时提交相关科技报告，并将科技成果和相关知识产权信息汇交到科技成果信息系统。

国家鼓励利用非财政资金设立的科技项目的承担者提交相关科技报告，将科技成果和相关知识产权信息汇交到科技成果信息系统，县级以上人民政府负责相关工作的部门应当为其提供方便。

第十二条 对下列科技成果转化项目，国家通过政府采购、研究开发资助、发布产业技术指导目录、示范推广等方式予以支持：

（一）能够显著提高产业技术水平、经济效益或者能够形成促进社会经济健康发展的新产业的；

（二）能够显著提高国家安全能力和公共安全水平的；

（三）能够合理开发和利用资源、节约能源、降低消耗以及防治环境污染、保护生态、提高应对气候变化和防灾减灾能力的；

（四）能够改善民生和提高公共健康水平的；

（五）能够促进现代农业或者农村经济发展的；

（六）能够加快民族地区、边远地区、贫困地区社会经济发展的。

第十三条 国家通过制定政策措施，提倡和鼓励采用先进技术、工艺和装备，不断改进、限制使用或者淘汰落后技术、工艺和装备。

第十四条 国家加强标准制定工作，对新技术、新工艺、新材料、新产品依法及时制定国家标准、行业标准，积极参与国际标准的制定，推动先进适用技术推广和应用。

国家建立有效的军民科技成果相互转化体系，完善国防科技协同创新体制机制。军品科研生产应当依法优先采用先进适用的民用标准，推动军用、民用技术相互转移、转化。

第十五条 各级人民政府组织实施的重点科技成果转化项目，可以由有关部门组织采用公开招标的方式实施转化。有关部门应当对中标单位提供招标时确定的资助或者其他条件。

第十六条 科技成果持有者可以采用下列方式进行科技成果转化：

（一）自行投资实施转化；

（二）向他人转让该科技成果；

（三）许可他人使用该科技成果；

（四）以该科技成果作为合作条件，与他人共同实施转化；

（五）以该科技成果作价投资，折算股份或者出资比例；

（六）其他协商确定的方式。

第十七条 国家鼓励研究开发机构、高等院校采取转让、许可或者作价投资等方式，向企业或者其他组织转移科技成果。

国家设立的研究开发机构、高等院校应当加强对科技成果转化的管理、组织和协调，促进科技成果转化队伍建设，优化科技成果转化流程，通过本单位负责技术转移工作的机构或者委托独立的科技成果转化服务机构开展技术转移。

第十八条 国家设立的研究开发机构、高等院校对其持有的科技成果，可以自主决定转让、许可或者作价投资，但应当通过协议定价、在技术交易市场挂牌交易、拍卖等方式确定价格。通过协议定价的，应当在本单位公示科技成果名称和拟交易价格。

第十九条 国家设立的研究开发机构、高等院校所取得的职务科技成果，完成人和参加人在不变更职务科技成果权属的前提下，可以根据与本单位的协议进行该项科技成果的转化，并享有协议规定的权益。该单位对上述科技成果转化活动应当予以支持。

科技成果完成人或者课题负责人，不得阻碍职务科技成果的转化，不得将职务科技成果及其技术资料和数据占为己有，侵犯单位的合法权益。

第二十条 研究开发机构、高等院校的主管部门以及财政、科学技术等相关行政部门应当建立有利于促进科技成果转化的绩效考核评价体系，将科技成果转化情况作为对相关单位及人员评价、科研资金支持的重要内容和依据之一，并对科技成果转化绩效突出的相关单位及人员加大科研资金支持。

国家设立的研究开发机构、高等院校应当建立符合科技成果转化工作特点的职称评定、岗位管理和考核评价制度，完善收入分配激励约束机制。

第二十一条 国家设立的研究开发机构、高等院校应当向其主管部门提交科技成果转化情况年度报告，说明本单位依法取得的科技成果数量、实施转化情况以及相关收入分配情况，该主管部门应当按照规定将科技成果转化情况年度报告报送财政、科学技术等相关行政部门。

第二十二条 企业为采用新技术、新工艺、新材料和生产新产品，可以自行发布信息或者委托科技中介服务机构征集其所需的科技成果，或者征寻科技成果转化的合作者。

县级以上地方各级人民政府科学技术行政部门和其他有关部门应当根据职责分工，为企业获取所需的科技成果提供帮助和支持。

第二十三条 企业依法有权独立或者与境内外企业、事业单位和其他合作者联合实施科技成果转化。

企业可以通过公平竞争，独立或者与其他单位联合承担政府组织实施的科技研究开发和科技成果转化项目。

第二十四条 对利用财政资金设立的具有市场应用前景、产业目标明确的科技项目，政府有关部门、管理机构应当发挥企业在研究开发方向选择、项目实施和成果应用中的主导作用，鼓励企业、研究开发机构、高等院校及其他组织共同实施。

第二十五条 国家鼓励研究开发机构、高等院校与企业相结合，联合实施科技成果转化。

研究开发机构、高等院校可以参与政府有关部门或者企业实施科技成果转化的招标投标活动。

第二十六条 国家鼓励企业与研究开发机构、高等院校及其他组织采取联合建立研究开发平台、技术转移机构或者技术创新联盟等产学研合作方式，共同开展研究开发、成果应用与推广、标准研究与制定等活动。

合作各方应当签订协议，依法约定合作的组织形式、任务分工、资金投入、知识产权归属、权益分配、风险分担和违约责任等事项。

第二十七条 国家鼓励研究开发机构、高等院校与企业及其他组织开展科技人员交流，根据专业特点、行业领域技术发展需要，聘请企业及其他组织的科技人员兼职从事教学和科研工作，支持本单位的科技人员到企业及其他组织从事科技成果转化活动。

第二十八条 国家支持企业与研究开发机构、高等院校、职业院校及培训机构联合建立学生实习实践培训基地和研究生科研实践工作机构，共同培养专业技术人才和高技能人才。

第二十九条 国家鼓励农业科研机构、农业试验示范单位独立或者与其他单位合作实施农业科技成果转化。

第三十条 国家培育和发展技术市场，鼓励创办科技中介服务机构，为技术交易提供交易场所、信息平台以及信息检索、加工与分析、评估、经纪等服务。

科技中介服务机构提供服务，应当遵循公正、客观的原则，不得提供虚假的信息和证明，对其在服务过程中知悉的国家秘密和当事人的商业秘密负有保密义务。

第三十一条 国家支持根据产业和区域发展需要建设公共研究开发平台，为科技成果转化提供技术集成、共性技术研究开发、中间试验和工业性试验、科技成果系统化和工程化开发、技术推广与示范等服务。

第三十二条 国家支持科技企业孵化器、大学科技园等科技企业孵化机构发展，为初创期科技型中小企业提供孵化场地、创业辅导、研究开发与管理咨询等服务。

第三章 保障措施

第三十三条 科技成果转化财政经费，主要用于科技成果转化的引导资金、贷款贴息、补助资金和风险投资以及其他促进科技成果转化的资金用途。

第三十四条 国家依照有关税收法律、行政法规规定对科技成果转化活动实行税收优惠。

第三十五条 国家鼓励银行业金融机构在组织形式、管理机制、金融产品和服务等方面进行创新，鼓励开展知识产权质押贷款、股权质押贷款等贷款业务，为科技成果转化提供金融支持。

国家鼓励政策性金融机构采取措施，加大对科技成果转化的金融支持。

第三十六条 国家鼓励保险机构开发符合科技成果转化特点的保险品种，为科技成果转化提供保险服务。

第三十七条 国家完善多层次资本市场，支持企业通过股权交易、依法发行股票和债券等直接融资方式为科技成果转化项目进行融资。

第三十八条 国家鼓励创业投资机构投资科技成果转化项目。

国家设立的创业投资引导基金，应当引导和支持创业投资机构投资初创期科技型中小企业。

第三十九条 国家鼓励设立科技成果转化基金或者风险基金，其资金来源由国家、地方、企业、事业单位以及其他组织或者个人提供，用于支持高投入、高风险、高产出的科技成果的转化，加速重大科技成果的产业化。

科技成果转化基金和风险基金的设立及其资金使用，依照国家有关规定执行。

第四章 技术权益

第四十条 科技成果完成单位与其他单位合作进行科技成果转化的，应当依法由合同约定该科技成果有关权益的归属。合同未作约定的，按照下列原则办理：

（一）在合作转化中无新的发明创造的，该科技成果的权益，归该科技成果完成单位；

（二）在合作转化中产生新的发明创造的，该新发明创造的权益归合作各方共有；

（三）对合作转化中产生的科技成果，各方都有实施该项科技成果的权利，转让该科技成果应经合作各方同意。

第四十一条 科技成果完成单位与其他单位合作进行科技成果转化的，合作各方应当就保守技术秘密达成协议；当事人不得违反协议或者违反权利人有关保守技术秘密的要求，披露、允许他人使用该技术。

第四十二条 企业、事业单位应当建立健全技术秘密保护制度，保护本单位的技术秘密。职工应当遵守本单位的技术秘密保护制度。

企业、事业单位可以与参加科技成果转化的有关人员签订在职期间或者离职、离休、退休后一定期限内保守本单位技术秘密的协议；有关人员不得违反协议约定，泄露本单位的技术秘密和从事与原单位相同的科技成果转化活动。

职工不得将职务科技成果擅自转让或者变相转让。

第四十三条 国家设立的研究开发机构、高等院校转化科技成果所获得的收入全部留归本单位，在对完成、转化职务科技成果做出重要贡献的人员给予奖励和报酬后，主要用于科学技术研究开发与成果转化等相关工作。

第四十四条 职务科技成果转化后，由科技成果完成单位对完成、转化该项科技成果做出重要贡献的人员给予奖励和报酬。

科技成果完成单位可以规定或者与科技人员约定奖励和报酬的方式、数额和时限。单位制定相关规定，应当充分听取本单位科技人员的意见，并在本单位公开相关规定。

第四十五条 科技成果完成单位未规定、也未与科技人员约定奖励和报酬的方式和数额的，按照下列标准对完成、转化职务科技成果做出重要贡献的人员给予奖励和报酬：

（一）将该项职务科技成果转让、许可给他人实施的，从该项科技成果转让净收入或者许可净收入中提取不低于百分之五十的比例；

（二）利用该项职务科技成果作价投资的，从该项科技成果形成的股份或者出资比例中提取不低于百分之五十的比例；

（三）将该项职务科技成果自行实施或者与他人合作实施的，应当在实施转化成功投产后连续三至五年，每年从实施该项科技成果的营业利润中提取不低于百分之五的比例。

国家设立的研究开发机构、高等院校规定或者与科技人员约定奖励和报酬的方式和数额应当符合前款第一项至第三项规定的标准。

国有企业、事业单位依照本法规定对完成、转化职务科技成果做出重要贡献的人员给予奖励和报酬的支出计入当年本单位工资总额，但不受当年本单位工资总额限制、不纳入本单位工资总额基数。

第五章　法律责任

第四十六条　利用财政资金设立的科技项目的承担者未依照本法规定提交科技报告、汇交科技成果和相关知识产权信息的，由组织实施项目的政府有关部门、管理机构责令改正；情节严重的，予以通报批评，禁止其在一定期限内承担利用财政资金设立的科技项目。

国家设立的研究开发机构、高等院校未依照本法规定提交科技成果转化情况年度报告的，由其主管部门责令改正；情节严重的，予以通报批评。

第四十七条　违反本法规定，在科技成果转化活动中弄虚作假，采取欺骗手段，骗取奖励和荣誉称号、诈骗钱财、非法牟利的，由政府有关部门依照管理职责责令改正，取消该奖励和荣誉称号，没收违法所得，并处以罚款。给他人造成经济损失的，依法承担民事赔偿责任。构成犯罪的，依法追究刑事责任。

第四十八条　科技服务机构及其从业人员违反本法规定，故意提供虚假的信息、实验结果或者评估意见等欺骗当事人，或者与当事人一方串通欺骗另一方当事人的，由政府有关部门依照管理职责责令改正，没收违法所得，并处以罚款；情节严重的，由工商行政管理部门依法吊销营业执照。给他人造成经济损失的，依法承担民事赔偿责任；构成犯罪的，依法追究刑事责任。

科技中介服务机构及其从业人员违反本法规定泄露国家秘密或者当事人的商业秘密的，依照有关法律、行政法规的规定承担相应的法律责任。

第四十九条　科学技术行政部门和其他有关部门及其工作人员在科技成果转化中滥用职权、玩忽职守、徇私舞弊的，由任免机关或者监察机关对直接负责的主管人员和其他直接责任人员依法给予处分；构成犯罪的，依法追究刑事责任。

第五十条　违反本法规定，以唆使窃取、利诱胁迫等手段侵占他人的科技成果，侵犯他人合法权益的，依法承担民事赔偿责任，可以处以罚款；构成犯罪的，依法追究刑事责任。

第五十一条　违反本法规定，职工未经单位允许，泄露本单位的技术秘密，或者擅自转让、变相转让职务科技成果的，参加科技成果转化的有关人员违反与本单位的协议，在离职、离休、退休后约定的期限内从事与原单位相同的科技成果转化活动，给本单位造成经济损失的，依法承担民事赔偿责任；构成犯罪的，依法追究刑事责任。

第六章　附则

第五十二条　本法自1996年10月1日起施行。

科学技术保密规定

2015年11月16日　　科学技术部、国家保密局令第16号

第一章　总　则

第一条　为保障国家科学技术秘密安全，促进科学技术事业发展，根据《中华人民共和国保守国家秘密法》《中华人民共和国科学技术进步法》和《中华人民共和国保守国家秘密法实施条例》，制定本规定。

第二条　本规定所称国家科学技术秘密，是指科学技术规划、计划、项目及成果中，关系国家安全和利益，依照法定程序确定，在一定时间内只限一定范围的人员知悉的事项。

第三条　涉及国家科学技术秘密的国家机

关、单位（以下简称机关、单位）以及个人开展保守国家科学技术秘密的工作（以下简称科学技术保密工作），适用本规定。

第四条 科学技术保密工作坚持积极防范、突出重点、依法管理的方针，既保障国家科学技术秘密安全，又促进科学技术发展。

第五条 科学技术保密工作应当与科学技术管理工作相结合，同步规划、部署、落实、检查、总结和考核，实行全程管理。

第六条 国家科学技术行政管理部门管理全国的科学技术保密工作。省、自治区、直辖市科学技术行政管理部门管理本行政区域的科学技术保密工作。

中央国家机关在其职责范围内，管理或者指导本行业、本系统的科学技术保密工作。

第七条 国家保密行政管理部门依法对全国的科学技术保密工作进行指导、监督和检查。县级以上地方各级保密行政管理部门依法对本行政区域的科学技术保密工作进行指导、监督和检查。

第八条 机关、单位应当实行科学技术保密工作责任制，健全科学技术保密管理制度，完善科学技术保密防护措施，开展科学技术保密宣传教育，加强科学技术保密检查。

第二章 国家科学技术秘密的范围和密级

第九条 关系国家安全和利益，泄露后可能造成下列后果之一的科学技术事项，应当确定为国家科学技术秘密：

（一）削弱国家防御和治安能力；

（二）降低国家科学技术国际竞争力；

（三）制约国民经济和社会长远发展；

（四）损害国家声誉、权益和对外关系。

国家科学技术秘密及其密级的具体范围（以下简称国家科学技术保密事项范围），由国家保密行政管理部门会同国家科学技术行政管理部门另行制定。

第十条 国家科学技术秘密的密级分为绝密、机密和秘密三级。国家科学技术秘密密级应当根据泄露后可能对国家安全和利益造成的损害程度确定。

除泄露后会给国家安全和利益带来特别严重损害的外，科学技术原则上不确定为绝密级国家科学技术秘密。

第十一条 有下列情形之一的科学技术事项，不得确定为国家科学技术秘密：

（一）国内外已经公开；

（二）难以采取有效措施控制知悉范围；

（三）无国际竞争力且不涉及国家防御和治安能力；

（四）已经流传或者受自然条件制约的传统工艺。

第三章 国家科学技术秘密的确定、变更和解除

第十二条 中央国家机关、省级机关及其授权的机关、单位可以确定绝密级、机密级和秘密级国家科学技术秘密；设区的市、自治州一级的机关及其授权的机关、单位可以确定机密级、秘密级国家科学技术秘密。

第十三条 国家科学技术秘密定密授权应当符合国家秘密定密管理的有关规定。中央国家机关作出的国家科学技术秘密定密授权，应当向国家科学技术行政管理部门和国家保密行政管理部门备案。省级机关，设区的市、自治州一级的机关作出的国家科学技术秘密定密授权，应当向省、自治区、直辖市科学技术行政管理部门和保密行政管理部门备案。

第十四条 机关、单位负责人及其指定的人员为国家科学技术秘密的定密责任人，负责本机关、本单位的国家科学技术秘密确定、变更和解除工作。

第十五条 机关、单位和个人产生需要确定为国家科学技术秘密的科学技术事项时，应当先行采取保密措施，并依照下列途径进行定密：

（一）属于本规定第十二条规定的机关、单位，根据定密权限自行定密；

（二）不属于本规定第十二条规定的机关、单位，向有相应定密权限的上级机关、单位提请定密；没有上级机关、单位的，向有相应定密权限的业务主管部门提请定密；没有业务主管部门的，向所在省、自治区、直辖市科学技术行政管理部门提请定密；

（三）个人完成的符合本规定第九条规定的科学技术成果，应当经过评价、检测并确定成熟、可靠后，向所在省、自治区、直辖市科学技术行政管理部门提请定密。

第十六条 实行市场准入管理的技术或者

实行市场准入管理的产品涉及的科学技术事项需要确定为国家科学技术秘密的，向批准准入的国务院有关主管部门提请定密。

第十七条 机关、单位在科学技术管理的以下环节，应当及时做好定密工作：

（一）编制科学技术规划；

（二）制定科学技术计划；

（三）科学技术项目立项；

（四）科学技术成果评价与鉴定；

（五）科学技术项目验收。

第十八条 确定国家科学技术秘密，应当同时确定其名称、密级、保密期限、保密要点和知悉范围。

第十九条 国家科学技术秘密保密要点是指必须确保安全的核心事项或者信息，主要涉及以下内容：

（一）不宜公开的国家科学技术发展战略、方针、政策、专项计划；

（二）涉密项目研制目标、路线和过程；

（三）敏感领域资源、物种、物品、数据和信息；

（四）关键技术诀窍、参数和工艺；

（五）科学技术成果涉密应用方向；

（六）其他泄露后会损害国家安全和利益的核心信息。

第二十条 国家科学技术秘密有下列情形之一的，应当及时变更密级、保密期限或者知悉范围：

（一）定密时所依据的法律法规或者国家科学技术保密事项范围已经发生变化的；

（二）泄露后对国家安全和利益的损害程度会发生明显变化的。

国家科学技术秘密的变更，由原定密机关、单位决定，也可由其上级机关、单位决定。

第二十一条 国家科学技术秘密的具体保密期限届满、解密时间已到或者符合解密条件的，自行解密。出现下列情形之一时，应当提前解密：

（一）已经扩散且无法采取补救措施的；

（二）法律法规或者国家科学技术保密事项范围调整后，不再属于国家科学技术秘密的；

（三）公开后不会损害国家安全和利益的。

提前解密由原定密机关、单位决定，也可由其上级机关、单位决定。

第二十二条 国家科学技术秘密需要延长保密期限的，应当在原保密期限届满前作出决定并书面通知原知悉范围内的机关、单位或者人员。延长保密期限由原定密机关、单位决定，也可由其上级机关、单位决定。

第二十三条 国家科学技术秘密确定、变更和解除应当进行备案：

（一）省、自治区、直辖市科学技术行政管理部门和中央国家机关有关部门每年 12 月 31 日前将本行政区域或者本部门当年确定、变更和解除的国家科学技术秘密情况报国家科学技术行政管理部门备案；

（二）其他机关、单位确定、变更和解除的国家科学技术秘密，应当在确定、变更、解除后 20 个工作日内报同级政府科学技术行政管理部门备案。

第二十四条 科学技术行政管理部门发现机关、单位国家科学技术秘密确定、变更和解除不当的，应当及时通知其纠正。

第二十五条 机关、单位对已定密事项是否属于国家科学技术秘密或者属于何种密级有不同意见的，按照国家有关保密规定解决。

第四章 国家科学技术秘密保密管理

第二十六条 国家科学技术行政管理部门管理全国的科学技术保密工作。主要职责如下：

（一）制定或者会同有关部门制定科学技术保密规章制度；

（二）指导和管理国家科学技术秘密定密工作；

（三）按规定审查涉外国家科学技术秘密事项；

（四）检查全国科学技术保密工作，协助国家保密行政管理部门查处泄露国家科学技术秘密案件；

（五）组织开展科学技术保密宣传教育和培训；

（六）表彰全国科学技术保密工作先进集体和个人。

国家科学技术行政管理部门设立国家科技保密办公室，负责国家科学技术保密管理的日常工作。

第二十七条 省、自治区、直辖市科学技术行政管理部门和中央国家机关有关部门，应当设立或者指定专门机构管理科学技术保密工作。主要职责如下：

（一）贯彻执行国家科学技术保密工作方针、政策，制定本行政区域、本部门或者本系统的科学技术保密规章制度；

（二）指导和管理本行政区域、本部门或者本系统的国家科学技术秘密定密工作；

（三）按规定审查涉外国家科学技术秘密事项；

（四）监督检查本行政区域、本部门或者本系统的科学技术保密工作，协助保密行政管理部门查处泄露国家科学技术秘密案件；

（五）组织开展本行政区域、本部门或者本系统科学技术保密宣传教育和培训；

（六）表彰本行政区域、本部门或者本系统的科学技术保密工作先进集体和个人。

第二十八条 机关、单位管理本机关、本单位的科学技术保密工作。主要职责如下：

（一）建立健全科学技术保密管理制度；

（二）设立或者指定专门机构管理科学技术保密工作；

（三）依法开展国家科学技术秘密定密工作，管理涉密科学技术活动、项目及成果；

（四）确定涉及国家科学技术秘密的人员（以下简称涉密人员），并加强对涉密人员的保密宣传、教育培训和监督管理；

（五）加强计算机及信息系统、涉密载体和涉密会议活动保密管理，严格对外科学技术交流合作和信息公开保密审查；

（六）发生资产重组、单位变更等影响国家科学技术秘密管理的事项时，及时向上级机关或者业务主管部门报告。

第二十九条 涉密人员应当遵守以下保密要求：

（一）严格执行国家科学技术保密法律法规和规章以及本机关、本单位科学技术保密制度；

（二）接受科学技术保密教育培训和监督检查；

（三）产生涉密科学技术事项时，先行采取保密措施，按规定提请定密，并及时向本机关、本单位科学技术保密管理机构报告；

（四）参加对外科学技术交流合作与涉外商务活动前向本机关、本单位科学技术保密管理机构报告；

（五）发表论文、申请专利、参加学术交流等公开行为前按规定履行保密审查手续；

（六）发现国家科学技术秘密正在泄露或者可能泄露时，立即采取补救措施，并向本机关、本单位科学技术保密管理机构报告；

（七）离岗离职时，与机关、单位签订保密协议，接受脱密期保密管理，严格保守国家科学技术秘密。

第三十条 机关、单位和个人在下列科学技术合作与交流活动中，不得涉及国家科学技术秘密：

（一）进行公开的科学技术讲学、进修、考察、合作研究等活动；

（二）利用互联网及其他公共信息网络、广播、电影、电视以及公开发行的报刊、书籍、图文资料和声像制品进行宣传、报道或者发表论文；

（三）进行公开的科学技术展览和展示等活动。

第三十一条 机关、单位和个人应当加强国家科学技术秘密信息保密管理，存储、处理国家科学技术秘密信息应当符合国家保密规定。任何机关、单位和个人不得有下列行为：

（一）非法获取、持有、复制、记录、存储国家科学技术秘密信息；

（二）使用非涉密计算机、非涉密存储设备存储、处理国家科学技术秘密；

（三）在互联网及其他公共信息网络或者未采取保密措施的有线和无线通信中传递国家科学技术秘密信息；

（四）通过普通邮政、快递等无保密措施的渠道传递国家科学技术秘密信息；

（五）在私人交往和通信中涉及国家科学技术秘密信息；

（六）其他违反国家保密规定的行为。

第三十二条 对外科学技术交流与合作中需要提供国家科学技术秘密的，应当经过批准，并与对方签订保密协议。绝密级国家科学技术秘密原则上不得对外提供，确需提供的，应当经中央国家机关有关主管部门同意后，报国家科学技术行政管理部门批准；机密级国家科学技术秘密对外提供应当报中央国家机关有关主管部门批准；秘密级国家科学技术秘密对外提供应当报中央国家机关有关主管部门或者省、自治区、直辖市人民政府有关主管部门批准。

有关主管部门批准对外提供国家科学技术秘密的，应当在10个工作日内向同级政府科学技术行政管理部门备案。

第三十三条 机关、单位开展涉密科学技术活动的，应当指定专人负责保密工作、明确保密纪律和要求，并加强以下方面保密管理：

（一）研究、制定涉密科学技术规划应当制定保密工作方案，签订保密责任书；

（二）组织实施涉密科学技术计划应当制定保密制度；

（三）举办涉密科学技术会议或者组织开展涉密科学技术展览、展示应当采取必要的保密管理措施，在符合保密要求的场所进行；

（四）涉密科学技术活动进行公开宣传报道前应当进行保密审查。

第三十四条 涉密科学技术项目应当按照以下要求加强保密管理：

（一）涉密科学技术项目在指南发布、项目申报、专家评审、立项批复、项目实施、结题验收、成果评价、转化应用及科学技术奖励各个环节应当建立保密制度；

（二）涉密科学技术项目下达单位与承担单位、承担单位与项目负责人、项目负责人与参研人员之间应当签订保密责任书；

（三）涉密科学技术项目的文件、资料及其他载体应当指定专人负责管理并建立台账；

（四）涉密科学技术项目进行对外科学技术交流与合作、宣传展示、发表论文、申请专利等，承担单位应当提前进行保密审查；

（五）涉密科学技术项目原则上不得聘用境外人员，确需聘用境外人员的，承担单位应当按规定报批。

第三十五条 涉密科学技术成果应当按以下要求加强保密管理：

（一）涉密科学技术成果在境内转让或者推广应用，应当报原定密机关、单位批准，并与受让方签订保密协议；

（二）涉密科学技术成果向境外出口，利用涉密科学技术成果在境外开办企业，在境内与外资、外企合作，应当按照本规定第三十二条规定报有关主管部门批准。

第三十六条 机关、单位应当按照国家规定，做好国家科学技术秘密档案归档和保密管理工作。

第三十七条 机关、单位应当为科学技术保密工作提供经费、人员和其他必要的保障条件。国家科学技术行政管理部门，省、自治区、直辖市科学技术行政管理部门应当将科学技术保密工作经费纳入部门预算。

第三十八条 机关、单位应当保障涉密人员正当合法权益。对参与国家科学技术秘密研制的科技人员，有关机关、单位不得因其成果不宜公开发表、交流、推广而影响其评奖、表彰和职称评定。

对确因保密原因不能在公开刊物上发表的论文，有关机关、单位应当对论文的实际水平给予客观、公正评价。

第三十九条 国家科学技术秘密申请知识产权保护应当遵守以下规定：

（一）绝密级国家科学技术秘密不得申请普通专利或者保密专利；

（二）机密级、秘密级国家科学技术秘密经原定密机关、单位批准可申请保密专利；

（三）机密级、秘密级国家科学技术秘密申请普通专利或者由保密专利转为普通专利的，应当先行办理解密手续。

第四十条 机关、单位对在科学技术保密工作方面作出贡献、成绩突出的集体和个人，应当给予表彰；对于违反科学技术保密规定的，给予批评教育；对于情节严重，给国家安全和利益造成损害的，应当依照有关法律、法规给予有关责任人员处分，构成犯罪的，依法追究刑事责任。

第五章 附 则

第四十一条 涉及国防科学技术的保密管理，按有关部门规定执行。

第四十二条 本规定由科学技术部和国家保密局负责解释。

第四十三条 本规定自公布之日起施行，1995年颁布的《科学技术保密规定》（国家科学技术委员会、国家保密局令第20号）同时废止。

技术合同认定登记管理办法

2000 年 3 月 23 日　　国科发政字〔2000〕063 号

第一条　为了规范技术合同认定登记工作，加强技术市场管理，保障国家有关促进科技成果转化政策的贯彻落实，制定本办法。

第二条　本办法适用于法人、个人和其他组织依法订立的技术开发合同、技术转让合同、技术咨询合同和技术服务合同的认定登记工作。

法人、个人和其他组织依法订立的技术培训合同、技术中介合同，可以参照本办法规定申请认定登记。

第三条　科学技术部管理全国技术合同认定登记工作。

省、自治区、直辖市和计划单列市科学技术行政部门管理本行政区划的技术合同认定记工作。地、市、区、县科学技术行政部门设技术合同登记机构，具体负责办理技术合同的认定登记工作。

第四条　省、自治区、直辖市和计划单列市科学技术行政部门及技术合同登记机构，应当通过技术合同的认定登记，加强对技术市场和科技成果转化工作的指导、管理和服务，并进行相关的技术市场统计和分析工作。

第五条　法人和其他组织按照国家有关规定，根据所订立的技术合同，从技术开发、技术转让、技术咨询和技术服务的净收入中提取一定比例作为奖励和报酬，给予职务技术成果完成人和为成果转化做出重要贡献人员的，应当申请对相关的技术合同进行认定登记，并依照有关规定提取奖金和报酬。

第六条　未申请认定登记和未予登记的技术合同，不得享受国家对有关促进科技成果转化规定的税收、信贷和奖励等方面的优惠政策。

第七条　经认定登记的技术合同，当事人可以持认定登记证明，向主管税务机关提出申请，经审核批准后，享受国家规定的税收优惠政策。

第八条　技术合同认定登记实行按地域一次登记制度。技术开发合同的研究开发人、技术转让合同的让与人、技术咨询和技术服务合同的受托人，以及技术培训合同的培训人、技术中介合同的中介人，应当在合同成立后向所在地区的技术合同登记机构提出认定登记申请。

第九条　当事人申请技术合同认定登记，应当向技术合同登记机构提交完整的书面合同文本和相关附件。合同文本可以采用由科学技术部监制的技术合同示范文本；采用其他书面合同文本的，应当符合《中华人民共和国合同法》的有关规定。

采用口头形式订立技术合同的，技术合同登记机构不予受理。

第十条　技术合同登记机构应当对当事人提交申请认定登记的合同文本及相关附件进行审查，认为合同内容不完整或者有关附件不齐全的，应当以书面形式要求当事人在规定的时间内补正。

第十一条　申请认定登记的合同应当根据《中华人民共和国合同法》的规定，使用技术开发、技术转让、技术咨询、技术服务等规范名称，完整准确地表达合同内容。使用其他名称或者所表述内容在认定合同性质上引起混乱的，技术合同登记机构应当退回当事人补正。

第十二条　技术合同的认定登记，以当事人提交的合同文本和有关材料为依据，以国家有关法律、法规和政策为准绳。当事人应当在合同中明确相互权利与义务关系，如实反映技术交易的实际情况。当事人在合同文本中作虚假表示，骗取技术合同登记证明的，应当对其后果承担责任。

第十三条　技术合同登记机构对当事人所提交的合同文本和有关材料进行审查和认定。其主要事项是：

（一）是否属于技术合同；

（二）分类登记；

（三）核定技术性收入。

第十四条 技术合同登记机构应当自受理认定登记申请之日起30日内完成认定登记事项。

技术合同登记机构对认定符合登记条件的合同，应当分类登记和存档，向当事人发给技术合同登记证明，并载明经核定的技术性收入额。对认定为非技术合同或者不符合登记条件的合同，应当不予登记，并在合同文本上注明“未予登记”字样，退还当事人。

第十五条 申请认定登记的合同，涉及国家安全或者重大利益需要保密的，技术合同登记机构应当采取措施保守国家秘密。

当事人在合同中约定了保密义务的，技术合同登记机构应当保守有关技术秘密，维护当事人的合法权益。

第十六条 当事人对技术合同登记机构的认定结论有异议的，可以按照《中华人民共和国行政复议法》的规定申请行政复议。

第十七条 财政、税务等机关在审核享受有关优惠政策的申请时，认为技术合同登记机构的认定有误的，可以要求原技术合同登记机构重新认定。财政、税务等机关对重新认定的技术合同仍认为认定有误的，可以按国家有关规定对当事人享受相关优惠政策的申请不予审批。

第十八条 经技术合同登记机构认定登记的合同，当事人协商一致变更、转让或者解除，以及被有关机关撤销、宣布无效时，应当向原技术合同登记机构办理变更登记或者注销登记手续。变更登记的，应当重新核定技术性收入；注销登记的，应当及时通知有关财政、税务机关。

第十九条 省、自治区、直辖市和计划单列市科学技术行政部门应当加强对技术合同登记机构和登记人员的管理，建立健全技术合同登记岗位责任制，加强对技术合同登记人员的业务培训和考核，保证技术合同登记人员的工作质量和效率。

技术合同登记机构进行技术合同认定登记工作所需经费，按国家有关规定执行。

第二十条 对于订立假技术合同或者以弄虚作假、采取欺骗手段取得技术合同登记证明的，由省、自治区、直辖市和计划单列市科学技术行政部门会同有关部门予以查处。涉及偷税的，由税务机关依法处理；违反国家财务制度的，由财政部门依法处理。

第二十一条 技术合同登记机构在认定登记工作中，发现当事人有利用合同危害国家利益、社会公共利益的违法行为的，应当及时通知省、自治区、直辖市和计划单列市科学技术行政部门进行监督处理。

第二十二条 省、自治区、直辖市和计划单列市科学技术行政部门发现技术合同登记机构管理混乱、统计失实、违规登记的，应当通报批评、责令限期整顿，并可给予直接责任人员行政处分。

第二十三条 技术合同登记机构违反本办法第十五条规定，泄露国家秘密的，按照国家有关规定追究其负责人和直接责任人员的法律责任；泄露技术合同约定的技术秘密，给当事人造成损失的，应当承担相应的法律责任。

第二十四条 本办法自发布之日起施行。1990年7月6日原国家科学技术委员会发布的《技术合同认定登记管理办法》同时废止。

科学技术部
关于印发《技术合同认定规则》的通知

2001年7月18日　　　　国科发政字〔2001〕253号

各省、自治区、直辖市及计划单列市科技厅（科委），新疆生产建设兵团科委，各技术合同登记机构：

为促进科技成果转化，加强技术市场管理，提高技术合同认定登记质量，切实保障国家有关技术交易优惠政策的贯彻落实，根据

2000 年 2 月 28 日科技部、财政部、国家税务总局发布的《技术合同认定登记管理办法》，现将修订后的《技术合同认定规则》印发给你们，请遵照执行。

1990 年 7 月 27 日原国家科委印发的《技术合同认定规则（试行）》同时废止。

附：

技术合同认定规则

第一章　一般规定

第一条　为推动技术创新，加速科技成果转化，保障国家有关促进科技成果转化法律法规和政策的实施，加强技术市场管理，根据《中国人民共和国合同法》及科技部、财政部、国家税务总局《技术合同认定登记管理办法》的规定，制定本规则。

第二条　技术合同认定是指根据《技术合同认定登记管理办法》设立的技术合同登记机构对技术合同当事人申请认定登记的合同文本从技术上进行核查，确认其是否符合技术合同要求的专项管理工作。

技术合同登记机构应当对申请认定登记的合同是否属于技术合同及属于何种技术合同作出结论，并核定其技术交易额（技术性收入）。

第三条　技术合同认定登记应当贯彻依法认定、客观准确、高效服务、严格管理的工作原则，提高认定质量，切实保障国家有关促进科技成果转化财税优惠政策的落实。

第四条　本规则适用于自然人（个人）、法人、其他组织之间依据《中华人民共和国合同法》第十八章的规定，就下列技术开发、技术转让、技术咨询和技术服务活动所订立的确立民事权利与义务关系的技术合同：

（一）技术开发合同

1. 委托开发技术合同

2. 合作开发技术合同

（二）技术转让合同

1. 专利权转让合同

2. 专利申请权转让合同

3. 专利实施许可合同

4. 技术秘密转让合同

（三）技术咨询合同

（四）技术服务合同

1. 技术服务合同

2. 技术培训合同

3. 技术中介合同

第五条　《中华人民共和国合同法》分则部分所列的其他合同，不得按技术合同登记。但其合同标的中明显含有技术开发、转让、咨询或服务内容，其技术交易部分能独立成立并且合同当事人单独订立合同的，可以就其单独订立的合同申请认定登记。

第六条　以技术入股方式订立的合同，可按技术转让合同认定登记。

以技术开发、转让、咨询或服务为内容的技术承包合同，可根据承包项目的性质和具体技术内容确定合同的类型，并予以认定登记。

第七条　当事人申请认定登记技术合同，应当向技术合同登记机构提交合同的书面文本。技术合同登记机构可以要求当事人一并出具与该合同有关的证明文件。当事人拒绝出具或者所出具的证明文件不符合要求的，不予登记。

各技术合同登记机构应当向当事人推荐和介绍由科学技术部印制的《技术合同示范文本》供当事人在签订技术合同时参照使用。

第八条　申请认定登记的技术合同应当是依法已经生效的合同。当事人以合同书形式订立的合同，自双方当事人签字或者盖章时成立。依法成立的合同，自成立时生效。法律、行政法规规定应当办理批准、登记等手续生效的，依照其规定，在批准、登记后生效，如专利申请权转让合同、专利权转让合同等。

当事人为法人的技术合同，应当有其法定代表人或者其授权的人员在合同上签名或者盖章，并加盖法人的公章或者合同专用章；当事人为自然人的技术合同，应当有其本人在合同上签名或者盖章；当事人为其他组织的合同，应当有该组织负责人在合同上签名或者盖章，并加盖组织的印章。

印章不齐备或者印章与书写名称不一致的，不予登记。

第九条 法人、其他组织的内部职能机构或课题组订立的技术合同申请认定登记的，应当在申请认定登记时提交其法定代表人或组织负责人的书面授权证明。

第十条 当事人就承担国家科技计划项目而与有关计划主管部门或者项目执行部门订立的技术合同申请认定登记，符合《中华人民共和国合同法》的规定并附有有关计划主管部门或者项目执行部门的批准文件的，技术合同登记机构应予受理，并进行认定登记。

第十一条 申请认定登记的技术合同，其标的范围不受行业、专业和科技领域限制。

第十二条 申请认定登记的技术合同，其技术标的或内容不得违反国家有关法律法规的强制性规定和限制性要求。

第十三条 技术合同标的涉及法律法规规定投产前需经有关部门审批或领取生产许可证的产品技术，当事人应当在办理有关审批手续或生产许可证后，持合同文本及有关批准文件申请认定登记。

第十四条 申请认定登记的合同涉及当事人商业秘密（包括经营信息和技术信息）的，当事人应当以书面方式向技术合同登记机构提出保密要求。

当事人未提出保密要求，而所申请认定登记的合同中约定了当事人保密义务的，技术合同登记机构应当主动保守当事人有关的技术秘密，维护其合法权益。

第十五条 申请认定登记的技术合同下列主要条款不明确的，不予登记：

（一）合同主体不明确的；

（二）合同标的不明确，不能使登记人员了解其技术内容的；

（三）合同价款、报酬、使用费等约定不明确的。

第十六条 约定担保条款（定金、抵押、保证等）并以此为合同成立条件的技术合同，申请认定登记时当事人担保义务尚未履行的，不予登记。

第十七条 申请认定登记的技术合同，合同名称与合同中的权利义务关系不一致的，技术合同登记机构应当要求当事人补正后重新申请认定登记；拒不补正的，不予登记。

第十八条 申请认定登记的技术合同，其合同条款含有下列非法垄断技术、妨碍技术进步等不合理限制条款的，不予登记：

（一）一方限制另一方在合同标的技术的基础上进行新的研究开发的；

（二）一方强制性要求另一方在合同标的基础上研究开发所取得的科技成果及其知识产权独占回授的；

（三）一方限制另一方从其他渠道吸收竞争技术的；

（四）一方限制另一方根据市场需求实施专利和使用技术秘密的。

第十九条 申请认定登记的技术合同，当事人约定提交有关技术成果的载体，不得超出合理的数量范围。

技术成果载体数量的合理范围，按以下原则认定：

（一）技术文件（包括技术方案、产品和工艺设计、工程设计图纸、试验报告及其他文字性技术资料），以通常掌握该技术和必要存档所需份数为限；

（二）磁盘、光盘等软件性技术载体、动植物（包括转基因动植物）新品种、微生物菌种，以及样品、样机等产品技术和硬件性技术载体，以当事人进行必要试验和掌握、使用该技术所需数量为限；

（三）成套技术设备和试验装置一般限于1—2套。

第二章 技术开发合同

第二十条 技术开发合同是当事人之间就新技术、新产品、新工艺、新材料、新品种及其系统的研究开发所订立的合同。

技术开发合同包括委托开发合同和合作开发合同。委托开发合同是一方当事人委托另一方当事人进行研究开发工作并提供相应研究开发经费和报酬所订立的技术开发合同。合作开发合同是当事人各方就共同进行研究开发工作所订立的技术开发合同。

第二十一条 技术开发合同的认定条件是：

（一）有明确、具体的科学研究和技术开发目标；

（二）合同标的为当事人在订立合同时尚

未掌握的技术方案；

（三）研究开发工作及其预期成果有相应的技术创新内容。

第二十二条 单纯以揭示自然现象、规律和特征为目标的基础性研究项目所订立的合同，以及软科学研究项目所订立的合同，不予登记。

第二十三条 下列各项符合本规则第二十一条规定的，属于技术开发合同：

（一）小试、中试技术成果的产业化开发项目；

（二）技术改造项目；

（三）成套技术设备和试验装置的技术改进项目；

（四）引进技术和设备消化。吸收基础上的创新开发项目；

（五）信息技术的研究开发项目，包括语言系统、过程控制、管理工程、特定专家系统、计算机辅助设计、计算机集成制造系统等，但软件复制和无原创性的程序编制的除外；

（六）自然资源的开发利用项目；

（七）治理污染、保护环境和生态项目；

（八）其他科技成果转化项目。

前款各项中属一般设备维修、改装、常规的设计变更及其已有技术直接应用于产品生产，不属于技术开发合同。

第二十四条 下列合同不属于技术开发合同：

（一）合同标的为当事人已经掌握的技术方案，包括已完成产业化开发的产品、工艺、材料及其系统；

（二）合同标的为通过简单改变尺寸、参数、排列，或者通过类似技术手段的变换实现的产品改型、工艺变更以及材料配方调整；

（三）合同标的为一般检验、测试、鉴定、仿制和应用。

第三章 技术转让合同

第二十五条 技术转让合同是当事人之间就专利权转让、专利申请权转让、专利实施许可、技术秘密转让所订立的下列合同：

（一）专利权转让合同，是指一方当事人（让与方）将其发明创造专利权转让受让方，受让方支付相应价款而订立的合同。

（二）专利申请权转让合同，是指一方当事人（让与方）将其就特定的发明创造申请专利的权利转让受让方，受让方支付相应价款而订立的合同。

（三）专利实施许可合同，是指一方当事人（让与方、专利权人或者其授权的人）许可受让方在约定的范围内实施专利，受让方支付相应的使用费而订立的合同。

（四）技术秘密转让合同，是指一方当事人（让与方）将其拥有的技术秘密提供给受让方，明确相互之间技术秘密使用权、转让权，受让方支付相应使用费而订立的合同。

第二十六条 技术转让合同的认定

（一）合同标的为当事人订立合同时已经掌握的技术成果，包括发明创造专利、技术秘密及其他知识产权成果；

（二）合同标的具有完整性和实用性，相关技术内容应构成一项产品、工艺、材料、品种及其改进的技术方案；

（三）当事人对合同标的有明确的知识产权权属约定。

第二十七条 当事人就植物新品种权转让和实施许可、集成电路布图设计权转让与许可订立的合同，按技术转让合同认定登记。

第二十八条 当事人就技术进出口项目订立的合同，可参照技术转让合同予以认定登记。

第二十九条 申请认定登记的技术合同，其标的涉及专利申请权、专利权、植物新品种权、集成电路布图设计权的，当事人应当提交相应的知识产权权利证书复印件。无相应证书复印件或者在有关知识产权终止、被宣告无效后申请认定登记的，不予登记。

申请认定登记的技术合同，其标的涉及计算机软件著作权的，可以提示当事人提供计算机软件著作权登记证明的复印件。

第三十条 申请认定登记的技术合同，其标的为技术秘密的，该项技术秘密应同时具备以下条件：

（一）不为公众所知悉；

（二）能为权利人带来经济利益；

（三）具有实用性；

（四）权利人采取了保密措施。

前款技术秘密可以含有公知技术成份或者部分公知技术的组合。但其全部或者实质性部分已经公开，即可以直接从公共信息渠道中直接得到的，不应认定为技术转让合同。

第三十一条 申请认定登记的技术合同，其合同标的为进入公有领域的知识、技术、经验和信息等（如专利权或有关知识产权已经终止的技术成果），或者技术秘密转让未约定使用权、转让权归属的，不应认定为技术转让合同。

前款合同标的符合技术咨询合同、技术服务合同条件的，可由当事人补正后，按技术咨询合同、技术服务合同重新申请认定登记。

第三十二条 申请认定登记的技术合同，其合同标的仅为高新技术产品交易，不包含技术转让成份的，不应认定为技术转让合同。

随高新技术产品提供用户的有关产品性能和使用方法等商业性说明材料，也不属于技术成果文件。

第四章 技术咨询合同

第三十三条 技术咨询合同是一方当事人（受托方）；为另一方（委托方）就特定技术项目提供可行性论证、技术预测、专题技术调查、分析计价所订立的合同。

第三十四条 技术咨询合同的认定条件是：

（一）合同标的为特定技术项目的咨询课题；

（二）咨询方式为运用科学知识和技术手段进行的分析、论证、评价和预测；

（三）工作成果是为委托方提供科技咨询报告和意见。

第三十五条 下列各项符合本规则第三十四条规定的，属于技术咨询合同：

（一）科学发展战略和规划的研究；

（二）技术政策和技术路线选择的研究；

（三）重大工程项目、研究开发项目、科技成果转化项目、重要技术改造和科技成果推广项目等的可行性分析；

（四）技术成果、重大工程和特定技术系统的技术评估；

（五）特定技术领域、行业、专业技术发展的技术预测；

（六）就区域、产业科技开发与创新及特定技术项目进行的技术调查、分析与论证；

（七）技术产品、服务、工艺分析和技术方案的比较与选择；

（八）专用设施、设备、仪器、装置及技术系统的技术性能分析；

（九）科技评估和技术查新项目。

前款项目中涉及新的技术成果研究开发或现有技术成果转让的，可根据其技术内容的比重确定合同性质，分别认定为技术开发合同、技术转让合同或者技术咨询合同。

第三十六条 申请认定登记的技术合同，其标的为大、中型建设工程项目前期技术分析论证的，可以认定为技术咨询合同。但属于建设工程承包合同一部分、不能独立成立的情况除外。

第三十七条 就解决特定技术项目提出实施方案，进行技术服务和实施指导所订立的合同，不属于技术咨询合同。符合技术服务合同条件的，可退回当事人补正后，按技术服务合同重新申请认定登记。

第三十八条 下列合同不属于技术咨询合同：

（一）就经济分析、法律咨询、社会发展项目的论证、评价和调查所订立的合同；

（二）就购买设备、仪器、原材料、配套产品等提供商业信息所订立的合同。

第五章 技术服务合同

第三十九条 技术服务合同是一方当事人（受托方）以技术知识为另一方（委托方）解决特定技术问题所订立的合同。

第四十条 技术服务合同的认定条件是：

（一）合同的标的为运用专业技术知识、经验和信息解决特定技术问题的服务性项目：

（二）服务内容为改进产品结构、改良工艺流程、提高产品质量、降低产品成本、节约资源能耗、保护资源环境。实现安全操作、提高经济效益和社会效益等专业技术工作；

（三）工作成果有具体的质量和数量指标；

（四）技术知识的传递不涉及专利、技术秘密成果及其他知识产权的权属。

第四十一条 下列各项符合本规则第四十条规定，且该专业技术项目有明确技术问题和解决难度的，属于技术服务合同：

（一）产品设计服务，包括关键零部件、国产化配套件、专用工模量具及工装设计和具有特殊技术要求的非标准设备的设计，以及其他改进产品结构的设计；

（二）工艺服务，包括有特殊技术要求的工艺编制、新产品试制中的上艺技术指导，以及其他工艺流程的改进设计；

（三）测试分析服务，包括有特殊技术要求的技术成果测试分析，新产品、新材料、植物新品种性能的测试分析，以及其他非标准化的测试分析；

（四）计算机技术应用服务，包括计算机硬件、软件、嵌入式系统、计算机网络技术的应用服务，计算机辅助设计系统（CAD）和计算机集成制造系统（CIMS）的推广、应用和技术指导等；

（五）新型或者复杂生产线的调试及技术指导；

（六）特定技术项目的信息加工、分析和检索；

（七）农业的产前、产中、产后技术服务，包括为技术成果推广，以及为提高农业产量、品质、发展新品种、降低消耗、提高经济效益和社会效益的有关技术服务；

（八）为特殊产品技术标准的制订；

（九）对动植物细胞植入特定基因、进行基因重组；

（十）对重大事故进行定性定量技术分析；

（十一）为重大科技成果进行定性定量技术鉴定或者评价。

前款各项属于当事人一般日常经营业务范围的，不应认定为技术服务合同。

第四十二条 下列合同不属于技术服务合同：

（一）以常规手段或者为生产经营目的进行一般加工、定作、修理、修缮、广告、印刷、测绘、标准化测试等订立的加工承揽合同和建设工程的勘察、设计、安装、施工、监理合同。但以非常规技术手段，解决复杂、特殊技术问题而单独订立的合同除外；

（二）就描晒复印图纸、翻译资料、摄影摄像等所订立的合同；

（三）计量检定单位就强制性计量检定所订立的合同；

（四）理化测试分析单位就仪器设备的购售、租赁及用户服务所订立的合同。

第六章 技术培训合同和技术中介合同

第四十三条 技术培训合同是当事人一方委托另一方对指定的专业技术人员进行特定项目的技术指导和业务训练所订立的合同。

技术培训合同是技术服务合同中的一种，在认定登记时应按技术培训合同单独予以登记。

第四十四条 技术培训合同的认定条件是：

（一）以传授特定技术项目的专业技术知识为合同的主要标的；

（二）培训对象为委托方指定的与特定技术项目有关的专业技术人员；

（三）技术指导和专业训练的内容不涉及有关知识产权权利的转移。

第四十五条 技术开发、技术转让等合同中涉及技术培训内容的，应按技术开发合同或技术转让合同认定，不应就其技术培训内容单独认定登记。

第四十六条 下列培训教育活动，不属于技术培训合同：

（一）当事人就其员工业务素质、文化学习和职业技能等进行的培训活动；

（二）为销售技术产品而就有关该产品性能、功能及使用、操作进行的培训活动。

第四十七条 技术中介合同是当事人一方（中介方）以知识、技术：经验和信息为另一方与第三方订立技术合同、实现技术创新和科技成果产业化进行联系、介绍、组织工业化开发并对履行合同提供专门服务所订立的合同。

技术中介合同是技术服务合同中的一种，在认定登记时应按技术中介合同单独予以登记。

第四十八条 技术中介合同的认定条件是：

（一）技术中介的目的是促成委托方与第三方进行技术交易，实现科技成果的转化；

（二）技术中介的内容应为特定的技术成果或技术项目；

（三）中介方应符合国家有关技术中介主体的资格要求。

第四十九条 技术中介合同可以以下列两种形式订立：

（一）中介方与委托方单独订立的有关技

术中介业务的合同；

（二）在委托方与第三方订立的技术合同中载明中介方权利与义务的有关中介条款。

第五十条 根据当事人申请，技术中介合同可以与其涉及的技术合同一起认定登记，也可以单独认定登记。

第七章 核定技术性收入

第五十一条 技术合同登记机构应当对申请认定登记合同的交易总额和技术交易额进行审查，核定技术性收入。

申请认定登记的合同，应当载明合同交易总额、技术交易额。申请认定登记时不能确定合同交易总额、技术交易额的，或者在履行合同中金额发生变化的，当事人应当在办理减免税或提取奖酬金手续前予以补正。不予补正并违反国家有关法律法规的，应承担相应的法律责任。

第五十二条 本规则第五十一条用语的含义是：

（一）合同交易总额是指技术合同成交项目的总金额；

（二）技术交易额是指从合同交易总额中扣除购置设备、仪器、零部件、原材料等非技术性费用后的剩余金额。但合理数量标的物的直接成本不计入非技术性费用；

（三）技术性收入是指履行合同后所获得的价款、使用费、报酬的金额。

第五十三条 企业、事业单位和其他组织按照国家有关政策减免税、提取奖酬金和其他技术劳务费用，应当以技术合同登记机构核定的技术交易额或技术性收入为基数计算。

第八章 附 则

第五十四条 本规则自2001年7月18日起施行。1990年7月27日原国家科委发布的《基数合同认定规则（试行）》合同废止。

最高人民法院
关于审理技术合同纠纷案件适用法律若干问题的解释

［2004年11月30日最高人民法院审判委员会第1335次会议通过
根据2020年12月23日最高人民法院审判委员会第1823次会议通过的《最高人民法院关于修改〈最高人民法院关于审理侵犯专利权纠纷案件应用法律若干问题的解释（二）〉等十八件知识产权类司法解释的决定》修正］

为了正确审理技术合同纠纷案件，根据《中华人民共和国民法典》《中华人民共和国专利法》和《中华人民共和国民事诉讼法》等法律的有关规定，结合审判实践，现就有关问题作出以下解释。

一、一般规定

第一条 技术成果，是指利用科学技术知识、信息和经验作出的涉及产品、工艺、材料及其改进等的技术方案，包括专利、专利申请、技术秘密、计算机软件、集成电路布图设计、植物新品种等。

技术秘密，是指不为公众所知悉、具有商业价值并经权利人采取相应保密措施的技术信息。

第二条 民法典第八百四十七条第二款所称“执行法人或者非法人组织的工作任务”，包括：

（一）履行法人或者非法人组织的岗位职责或者承担其交付的其他技术开发任务；

（二）离职后一年内继续从事与其原所在法人或者非法人组织的岗位职责或者交付的任务有关的技术开发工作，但法律、行政法规另有规定的除外。

法人或者非法人组织与其职工就职工在职期间或者离职以后所完成的技术成果的权益有约定的，人民法院应当依约定确认。

第三条 民法典第八百四十七条第二款所称“物质技术条件”，包括资金、设备、器材、原材料、未公开的技术信息和资料等。

第四条 民法典第八百四十七条第二款所称“主要是利用法人或者非法人组织的物质技术条件”，包括职工在技术成果的研究开发过程中，全部或者大部分利用了法人或者非法人组织的资金、设备、器材或者原材料等物质条件，并且这些物质条件对形成该技术成果具有实质性的影响；还包括该技术成果实质性内容是在法人或者非法人组织尚未公开的技术成果、阶段性技术成果基础上完成的情形。但下列情况除外：

（一）对利用法人或者非法人组织提供的物质技术条件，约定返还资金或者交纳使用费的；

（二）在技术成果完成后利用法人或者非法人组织的物质技术条件对技术方案进行验证、测试的。

第五条 个人完成的技术成果，属于执行原所在法人或者非法人组织的工作任务，又主要利用了现所在法人或者非法人组织的物质技术条件的，应当按照该自然人原所在和现所在法人或者非法人组织达成的协议确认权益。不能达成协议的，根据对完成该项技术成果的贡献大小由双方合理分享。

第六条 民法典第八百四十七条所称“职务技术成果的完成人”、第八百四十八条所称“完成技术成果的个人”，包括对技术成果单独或者共同作出创造性贡献的人，也即技术成果的发明人或者设计人。人民法院在对创造性贡献进行认定时，应当分解所涉及技术成果的实质性技术构成。提出实质性技术构成并由此实现技术方案的人，是作出创造性贡献的人。

提供资金、设备、材料、试验条件，进行组织管理，协助绘制图纸、整理资料、翻译文献等人员，不属于职务技术成果的完成人、完成技术成果的个人。

第七条 不具有民事主体资格的科研组织订立的技术合同，经法人或者非法人组织授权或者认可的，视为法人或者非法人组织订立的合同，由法人或者非法人组织承担责任；未经法人或者非法人组织授权或者认可的，由该科研组织成员共同承担责任，但法人或者非法人组织因该合同受益的，应当在其受益范围内承担相应责任。

前款所称不具有民事主体资格的科研组织，包括法人或者非法人组织设立的从事技术研究开发、转让等活动的课题组、工作室等。

第八条 生产产品或者提供服务依法须经有关部门审批或者取得行政许可，而未经审批或者许可的，不影响当事人订立的相关技术合同的效力。

当事人对办理前款所称审批或者许可的义务没有约定或者约定不明确的，人民法院应当判令由实施技术的一方负责办理，但法律、行政法规另有规定的除外。

第九条 当事人一方采取欺诈手段，就其现有技术成果作为研究开发标的与他人订立委托开发合同收取研究开发费用，或者就同一研究开发课题先后与两个或者两个以上的委托人分别订立委托开发合同重复收取研究开发费用，使对方在违背真实意思的情况下订立的合同，受损害方依照民法典第一百四十八条规定请求撤销合同的，人民法院应当予以支持。

第十条 下列情形，属于民法典第八百五十条所称的“非法垄断技术”：

（一）限制当事人一方在合同标的技术基础上进行新的研究开发或者限制其使用所改进的技术，或者双方交换改进技术的条件不对等，包括要求一方将其自行改进的技术无偿提供给对方、非互惠性转让给对方、无偿独占或者共享该改进技术的知识产权；

（二）限制当事人一方从其他来源获得与技术提供方类似技术或者与其竞争的技术；

（三）阻碍当事人一方根据市场需求，按照合理方式充分实施合同标的技术，包括明显不合理地限制技术接受方实施合同标的技术生产产品或者提供服务的数量、品种、价格、销售渠道和出口市场；

（四）要求技术接受方接受并非实施技术必不可少的附带条件，包括购买非必需的技术、原材料、产品、设备、服务以及接收非必需的人员等；

（五）不合理地限制技术接受方购买原材料、零部件、产品或者设备等的渠道或者来源；

（六）禁止技术接受方对合同标的技术知识产权的有效性提出异议或者对提出异议附加

条件。

第十一条 技术合同无效或者被撤销后，技术开发合同研究开发人、技术转让合同让与人、技术许可合同许可人、技术咨询合同和技术服务合同的受托人已经履行或者部分履行了约定的义务，并且造成合同无效或者被撤销的过错在对方的，对其已履行部分应当收取的研究开发经费、技术使用费、提供咨询服务的报酬，人民法院可以认定为因对方原因导致合同无效或者被撤销给其造成的损失。

技术合同无效或者被撤销后，因履行合同所完成新的技术成果或者在他人技术成果基础上完成后续改进技术成果的权利归属和利益分享，当事人不能重新协议确定的，人民法院可以判决由完成技术成果的一方享有。

第十二条 根据民法典第八百五十条的规定，侵害他人技术秘密的技术合同被确认无效后，除法律、行政法规另有规定的以外，善意取得该技术秘密的一方当事人可以在其取得时的范围内继续使用该技术秘密，但应当向权利人支付合理的使用费并承担保密义务。

当事人双方恶意串通或者一方知道或者应当知道另一方侵权仍与其订立或者履行合同的，属于共同侵权，人民法院应当判令侵权人承担连带赔偿责任和保密义务，因此取得技术秘密的当事人不得继续使用该技术秘密。

第十三条 依照前条第一款规定可以继续使用技术秘密的人与权利人就使用费支付发生纠纷的，当事人任何一方都可以请求人民法院予以处理。继续使用技术秘密但又拒不支付使用费的，人民法院可以根据权利人的请求判令使用人停止使用。

人民法院在确定使用费时，可以根据权利人通常对外许可该技术秘密的使用费或者使用人取得该技术秘密所支付的使用费，并考虑该技术秘密的研究开发成本、成果转化和应用程度以及使用人的使用规模、经济效益等因素合理确定。

不论使用人是否继续使用技术秘密，人民法院均应当判令其向权利人支付已使用期间的使用费。使用人已向无效合同的让与人或者许可人支付的使用费应当由让与人或者许可人负责返还。

第十四条 对技术合同的价款、报酬和使用费，当事人没有约定或者约定不明确的，人民法院可以按照以下原则处理：

（一）对于技术开发合同和技术转让合同、技术许可合同，根据有关技术成果的研究开发成本、先进性、实施转化和应用的程度，当事人享有的权益和承担的责任，以及技术成果的经济效益等合理确定；

（二）对于技术咨询合同和技术服务合同，根据有关咨询服务工作的技术含量、质量和数量，以及已经产生和预期产生的经济效益等合理确定。

技术合同价款、报酬、使用费中包含非技术性款项的，应当分项计算。

第十五条 技术合同当事人一方迟延履行主要债务，经催告后在30日内仍未履行，另一方依据民法典第五百六十三条第一款第（三）项的规定主张解除合同的，人民法院应当予以支持。

当事人在催告通知中附有履行期限且该期限超过30日的，人民法院应当认定该履行期限为民法典第五百六十三条第一款第（三）项规定的合理期限。

第十六条 当事人以技术成果向企业出资但未明确约定权属，接受出资的企业主张该技术成果归其享有的，人民法院一般应当予以支持，但是该技术成果价值与该技术成果所占出资额比例明显不合理损害出资人利益的除外。

当事人对技术成果的权属约定有比例的，视为共同所有，其权利使用和利益分配，按共有技术成果的有关规定处理，但当事人另有约定的，从其约定。

当事人对技术成果的使用权约定有比例的，人民法院可以视为当事人对实施该项技术成果所获收益的分配比例，但当事人另有约定的，从其约定。

二、技术开发合同

第十七条 民法典第八百五十一条第一款所称“新技术、新产品、新工艺、新品种或者新材料及其系统”，包括当事人在订立技术合同时尚未掌握的产品、工艺、材料及其系统等技术方案，但对技术上没有创新的现有产品的改型、工艺变更、材料配方调整以及对技术成果的验证、测试和使用除外。

第十八条 民法典第八百五十一条第四款规定的“当事人之间就具有实用价值的科技成果实施转化订立的”技术转化合同，是指当事人之间就具有实用价值但尚未实现工业化应用的科技成果包括阶段性技术成果，以实现该科技成果工业化应用为目标，约定后续试验、开发和应用等内容的合同。

第十九条 民法典第八百五十五条所称“分工参与研究开发工作”，包括当事人按照约定的计划和分工，共同或者分别承担设计、工艺、试验、试制等工作。

技术开发合同当事人一方仅提供资金、设备、材料等物质条件或者承担辅助协作事项，另一方进行研究开发工作的，属于委托开发合同。

第二十条 民法典第八百六十一条所称“当事人均有使用和转让的权利”，包括当事人均有不经对方同意而自己使用或者以普通使用许可的方式许可他人使用技术秘密，并独占由此所获利益的权利。当事人一方将技术秘密成果的转让权让与他人，或者以独占或者排他使用许可的方式许可他人使用技术秘密，未经对方当事人同意或者追认的，应当认定该让与或者许可行为无效。

第二十一条 技术开发合同当事人依照民法典的规定或者约定自行实施专利或使用技术秘密，但因其不具备独立实施专利或者使用技术秘密的条件，以一个普通许可方式许可他人实施或者使用的，可以准许。

三、技术转让合同和技术许可合同

第二十二条 就尚待研究开发的技术成果或者不涉及专利、专利申请或者技术秘密的知识、技术、经验和信息所订立的合同，不属于民法典第八百六十二条规定的技术转让合同或者技术许可合同。

技术转让合同中关于让与人向受让人提供实施技术的专用设备、原材料或者提供有关的技术咨询、技术服务的约定，属于技术转让合同的组成部分。因此发生的纠纷，按照技术转让合同处理。

当事人以技术入股方式订立联营合同，但技术入股人不参与联营体的经营管理，并且以保底条款形式约定联营体或者联营对方支付其技术价款或者使用费的，视为技术转让合同或者技术许可合同。

第二十三条 专利申请权转让合同当事人以专利申请被驳回或者被视为撤回为由请求解除合同，该事实发生在依照专利法第十条第三款的规定办理专利申请权转让登记之前的，人民法院应当予以支持；发生在转让登记之后的，不予支持，但当事人另有约定的除外。

专利申请因专利申请权转让合同成立时即存在尚未公开的同样发明创造的在先专利申请被驳回，当事人依据民法典第五百六十三条第一款第（四）项的规定请求解除合同的，人民法院应当予以支持。

第二十四条 订立专利权转让合同或者专利申请权转让合同前，让与人自己已经实施发明创造，在合同生效后，受让人要求让与人停止实施的，人民法院应当予以支持，但当事人另有约定的除外。

让与人与受让人订立的专利权、专利申请权转让合同，不影响在合同成立前让与人与他人订立的相关专利实施许可合同或者技术秘密转让合同的效力。

第二十五条 专利实施许可包括以下方式：

（一）独占实施许可，是指许可人在约定许可实施专利的范围内，将该专利仅许可一个被许可人实施，许可人依约定不得实施该专利；

（二）排他实施许可，是指许可人在约定许可实施专利的范围内，将该专利仅许可一个被许可人实施，但许可人依约定可以自行实施该专利；

（三）普通实施许可，是指许可人在约定许可实施专利的范围内许可他人实施该专利，并且可以自行实施该专利。

当事人对专利实施许可方式没有约定或者约定不明确的，认定为普通实施许可。专利实施许可合同约定被许可人可以再许可他人实施专利的，认定该再许可为普通实施许可，但当事人另有约定的除外。

技术秘密的许可使用方式，参照本条第一、二款的规定确定。

第二十六条 专利实施许可合同许可人负有在合同有效期内维持专利权有效的义务，包括依法缴纳专利年费和积极应对他人提出宣告专利权无效的请求，但当事人另有约定的除外。

第二十七条 排他实施许可合同许可人不具备独立实施其专利的条件，以一个普通许可的方式许可他人实施专利的，人民法院可以认定为许可人自己实施专利，但当事人另有约定的除外。

第二十八条 民法典第八百六十四条所称“实施专利或者使用技术秘密的范围”，包括实施专利或者使用技术秘密的期限、地域、方式以及接触技术秘密的人员等。

当事人对实施专利或者使用技术秘密的期限没有约定或者约定不明确的，受让人、被许可人实施专利或者使用技术秘密不受期限限制。

第二十九条 当事人之间就申请专利的技术成果所订立的许可使用合同，专利申请公开以前，适用技术秘密许可合同的有关规定；发明专利申请公开以后、授权以前，参照适用专利实施许可合同的有关规定；授权以后，原合同即为专利实施许可合同，适用专利实施许可合同的有关规定。

人民法院不以当事人就已经申请专利但尚未授权的技术订立专利实施许可合同为由，认定合同无效。

四、技术咨询合同和技术服务合同

第三十条 民法典第八百七十八条第一款所称“特定技术项目”，包括有关科学技术与经济社会协调发展的软科学研究项目，促进科技进步和管理现代化、提高经济效益和社会效益等运用科学知识和技术手段进行调查、分析、论证、评价、预测的专业性技术项目。

第三十一条 当事人对技术咨询合同委托人提供的技术资料和数据或者受托人提出的咨询报告和意见未约定保密义务，当事人一方引用、发表或者向第三人提供的，不认定为违约行为，但侵害对方当事人对此享有的合法权益的，应当依法承担民事责任。

第三十二条 技术咨询合同受托人发现委托人提供的资料、数据等有明显错误或者缺陷，未在合理期限内通知委托人的，视为其对委托人提供的技术资料、数据等予以认可。委托人在接到受托人的补正通知后未在合理期限内答复并予补正的，发生的损失由委托人承担。

第三十三条 民法典第八百七十八条第二款所称“特定技术问题”，包括需要运用专业技术知识、经验和信息解决的有关改进产品结构、改良工艺流程、提高产品质量、降低产品成本、节约资源能耗、保护资源环境、实现安全操作、提高经济效益和社会效益等专业技术问题。

第三十四条 当事人一方以技术转让或者技术许可的名义提供已进入公有领域的技术，或者在技术转让合同、技术许可合同履行过程中合同标的技术进入公有领域，但是技术提供方进行技术指导、传授技术知识，为对方解决特定技术问题符合约定条件的，按照技术服务合同处理，约定的技术转让费、使用费可以视为提供技术服务的报酬和费用，但是法律、行政法规另有规定的除外。

依照前款规定，技术转让费或者使用费视为提供技术服务的报酬和费用明显不合理的，人民法院可以根据当事人的请求合理确定。

第三十五条 技术服务合同受托人发现委托人提供的资料、数据、样品、材料、场地等工作条件不符合约定，未在合理期限内通知委托人的，视为其对委托人提供的工作条件予以认可。委托人在接到受托人的补正通知后未在合理期限内答复并予补正的，发生的损失由委托人承担。

第三十六条 民法典第八百八十七条规定的“技术培训合同”，是指当事人一方委托另一方对指定的学员进行特定项目的专业技术训练和技术指导所订立的合同，不包括职业培训、文化学习和按照行业、法人或者非法人组织的计划进行的职工业余教育。

第三十七条 当事人对技术培训必需的场地、设施和试验条件等工作条件的提供和管理责任没有约定或者约定不明确的，由委托人负责提供和管理。

技术培训合同委托人派出的学员不符合约定条件，影响培训质量的，由委托人按照约定支付报酬。

受托人配备的教员不符合约定条件，影响培训质量，或者受托人未按照计划和项目进行培训，导致不能实现约定培训目标的，应当减收或者免收报酬。

受托人发现学员不符合约定条件或者委托人发现教员不符合约定条件，未在合理期限内通知对方，或者接到通知的一方未在合理期限内按约定改派的，应当由负有履行义务的当事人承担相应的民事责任。

第三十八条 民法典第八百八十七条规定的“技术中介合同”，是指当事人一方以知识、技术、经验和信息为另一方与第三人订立技术合同进行联系、介绍以及对履行合同提供专门服务所订立的合同。

第三十九条 中介人从事中介活动的费用，是指中介人在委托人和第三人订立技术合同前，进行联系、介绍活动所支出的通信、交通和必要的调查研究等费用。中介人的报酬，是指中介人为委托人与第三人订立技术合同以及对履行该合同提供服务应当得到的收益。

当事人对中介人从事中介活动的费用负担没有约定或者约定不明确的，由中介人承担。当事人约定该费用由委托人承担但未约定具体数额或者计算方法的，由委托人支付中介人从事中介活动支出的必要费用。

当事人对中介人的报酬数额没有约定或者约定不明确的，应当根据中介人所进行的劳务合理确定，并由委托人承担。仅在委托人与第三人订立的技术合同中约定中介条款，但未约定给付中介人报酬或者约定不明确的，应当支付的报酬由委托人和第三人平均承担。

第四十条 中介人未促成委托人与第三人之间的技术合同成立的，其要求支付报酬的请求，人民法院不予支持；其要求委托人支付其从事中介活动必要费用的请求，应当予以支持，但当事人另有约定的除外。

中介人隐瞒与订立技术合同有关的重要事实或者提供虚假情况，侵害委托人利益的，应当根据情况免收报酬并承担赔偿责任。

第四十一条 中介人对造成委托人与第三人之间的技术合同的无效或者被撤销没有过错，并且该技术合同的无效或者被撤销不影响有关中介条款或者技术中介合同继续有效，中介人要求按照约定或者本解释的有关规定给付从事中介活动的费用和报酬的，人民法院应当予以支持。

中介人收取从事中介活动的费用和报酬不应当被视为委托人与第三人之间的技术合同纠纷中一方当事人的损失。

五、与审理技术合同纠纷有关的程序问题

第四十二条 当事人将技术合同和其他合同内容或者将不同类型的技术合同内容订立在一个合同中的，应当根据当事人争议的权利义务内容，确定案件的性质和案由。

技术合同名称与约定的权利义务关系不一致的，应当按照约定的权利义务内容，确定合同的类型和案由。

技术转让合同或者技术许可合同中约定让与人或者许可人负责包销或者回购受让人、被许可人实施合同标的技术制造的产品，仅因让与人或者许可人不履行或者不能全部履行包销或者回购义务引起纠纷，不涉及技术问题的，应当按照包销或者回购条款约定的权利义务内容确定案由。

第四十三条 技术合同纠纷案件一般由中级以上人民法院管辖。

各高级人民法院根据本辖区的实际情况并报经最高人民法院批准，可以指定若干基层人民法院管辖第一审技术合同纠纷案件。

其他司法解释对技术合同纠纷案件管辖另有规定的，从其规定。

合同中既有技术合同内容，又有其他合同内容，当事人就技术合同内容和其他合同内容均发生争议的，由具有技术合同纠纷案件管辖权的人民法院受理。

第四十四条 一方当事人以诉讼争议的技术合同侵害他人技术成果为由请求确认合同无效，或者人民法院在审理技术合同纠纷中发现可能存在该无效事由的，人民法院应当依法通知有关利害关系人，其可以作为有独立请求权的第三人参加诉讼或者依法向有管辖权的人民法院另行起诉。

利害关系人在接到通知后 15 日内不提起诉讼的，不影响人民法院对案件的审理。

第四十五条 第三人向受理技术合同纠纷案件的人民法院就合同标的技术提出权属或者侵权请求时，受诉人民法院对此也有管辖权的，可以将权属或者侵权纠纷与合同纠纷合并审理；受诉人民法院对此没有管辖权的，应当告知其向有管辖权的人民法院另行起诉或者将已经受理的权属或者侵权纠纷案件移送有管辖权的人民法院。权属或者侵权纠纷另案受理后，合同纠纷应当中止诉讼。

专利实施许可合同诉讼中，被许可人或者第三人向国家知识产权局请求宣告专利权无效的，人民法院可以不中止诉讼。在案件审理过程中专利权被宣告无效的，按照专利法第四十七条第二款和第三款的规定处理。

六、其他

第四十六条 计算机软件开发等合同争议，著作权法以及其他法律、行政法规另有规定的，依照其规定；没有规定的，适用民法典第三编第一分编的规定，并可以参照民法典第三编第二分编第二十章和本解释的有关规定处理。

第四十七条 本解释自2005年1月1日起施行。

4. 域　名

互联网域名管理办法

（2017年8月16日工业和信息化部第32次部务会议审议通过
2017年8月24日中华人民共和国工业和信息化部令
第43号公布　自2017年11月1日起施行）

第一章　总　则

第一条 为了规范互联网域名服务，保护用户合法权益，保障互联网域名系统安全、可靠运行，推动中文域名和国家顶级域名发展和应用，促进中国互联网健康发展，根据《中华人民共和国行政许可法》《国务院对确需保留的行政审批项目设定行政许可的决定》等规定，参照国际上互联网域名管理准则，制定本办法。

第二条 在中华人民共和国境内从事互联网域名服务及其运行维护、监督管理等相关活动，应当遵守本办法。

本办法所称互联网域名服务（以下简称域名服务），是指从事域名根服务器运行和管理、顶级域名运行和管理、域名注册、域名解析等活动。

第三条 工业和信息化部对全国的域名服务实施监督管理，主要职责是：

（一）制定互联网域名管理规章及政策；

（二）制定中国互联网域名体系、域名资源发展规划；

（三）管理境内的域名根服务器运行机构和域名注册管理机构；

（四）负责域名体系的网络与信息安全管理；

（五）依法保护用户个人信息和合法权益；

（六）负责与域名有关的国际协调；

（七）管理境内的域名解析服务；

（八）管理其他与域名服务相关的活动。

第四条 各省、自治区、直辖市通信管理局对本行政区域内的域名服务实施监督管理，主要职责是：

（一）贯彻执行域名管理法律、行政法规、规章和政策；

（二）管理本行政区域内的域名注册服务机构；

（三）协助工业和信息化部对本行政区域内的域名根服务器运行机构和域名注册管理机构进行管理；

（四）负责本行政区域内域名系统的网络与信息安全管理；

（五）依法保护用户个人信息和合法权益；

（六）管理本行政区域内的域名解析服务；

（七）管理本行政区域内其他与域名服务相关的活动。

第五条 中国互联网域名体系由工业和信息化部予以公告。根据域名发展的实际情况，工业和信息化部可以对中国互联网域名体系进行调整。

第六条 “.CN”和“.中国”是中国的

国家顶级域名。

中文域名是中国互联网域名体系的重要组成部分。国家鼓励和支持中文域名系统的技术研究和推广应用。

第七条 提供域名服务，应当遵守国家相关法律法规，符合相关技术规范和标准。

第八条 任何组织和个人不得妨碍互联网域名系统的安全和稳定运行。

第二章 域名管理

第九条 在境内设立域名根服务器及域名根服务器运行机构、域名注册管理机构和域名注册服务机构的，应当依据本办法取得工业和信息化部或者省、自治区、直辖市通信管理局（以下统称电信管理机构）的相应许可。

第十条 申请设立域名根服务器及域名根服务器运行机构的，应当具备以下条件：

（一）域名根服务器设置在境内，并且符合互联网发展相关规划及域名系统安全稳定运行要求；

（二）是依法设立的法人，该法人及其主要出资者、主要经营管理人员具有良好的信用记录；

（三）具有保障域名根服务器安全可靠运行的场地、资金、环境、专业人员和技术能力以及符合电信管理机构要求的信息管理系统；

（四）具有健全的网络与信息安全保障措施，包括管理人员、网络与信息安全管理制度、应急处置预案和相关技术、管理措施等；

（五）具有用户个人信息保护能力、提供长期服务的能力及健全的服务退出机制；

（六）法律、行政法规规定的其他条件。

第十一条 申请设立域名注册管理机构的，应当具备以下条件：

（一）域名管理系统设置在境内，并且持有的顶级域名符合相关法律法规及域名系统安全稳定运行要求；

（二）是依法设立的法人，该法人及其主要出资者、主要经营管理人员具有良好的信用记录；

（三）具有完善的业务发展计划和技术方案以及与从事顶级域名运行管理相适应的场地、资金、专业人员以及符合电信管理机构要求的信息管理系统；

（四）具有健全的网络与信息安全保障措施，包括管理人员、网络与信息安全管理制度、应急处置预案和相关技术、管理措施等；

（五）具有进行真实身份信息核验和用户个人信息保护的能力、提供长期服务的能力及健全的服务退出机制；

（六）具有健全的域名注册服务管理制度和对域名注册服务机构的监督机制；

（七）法律、行政法规规定的其他条件。

第十二条 申请设立域名注册服务机构的，应当具备以下条件：

（一）在境内设置域名注册服务系统、注册数据库和相应的域名解析系统；

（二）是依法设立的法人，该法人及其主要出资者、主要经营管理人员具有良好的信用记录；

（三）具有与从事域名注册服务相适应的场地、资金和专业人员以及符合电信管理机构要求的信息管理系统；

（四）具有进行真实身份信息核验和用户个人信息保护的能力、提供长期服务的能力及健全的服务退出机制；

（五）具有健全的域名注册服务管理制度和对域名注册代理机构的监督机制；

（六）具有健全的网络与信息安全保障措施，包括管理人员、网络与信息安全管理制度、应急处置预案和相关技术、管理措施等；

（七）法律、行政法规规定的其他条件。

第十三条 申请设立域名根服务器及域名根服务器运行机构、域名注册管理机构的，应当向工业和信息化部提交申请材料。申请设立域名注册服务机构的，应当向住所地省、自治区、直辖市通信管理局提交申请材料。

申请材料应当包括：

（一）申请单位的基本情况及其法定代表人签署的依法诚信经营承诺书；

（二）对域名服务实施有效管理的证明材料，包括相关系统及场所、服务能力的证明材料、管理制度、与其他机构签订的协议等；

（三）网络与信息安全保障制度及措施；

（四）证明申请单位信誉的材料。

第十四条 申请材料齐全、符合法定形式的，电信管理机构应当向申请单位出具受理申请通知书；申请材料不齐全或者不符合法定形式的，电信管理机构应当场或者在5个工作日内一次性书面告知申请单位需要补正的全部内容；不予受理的，应当出具不予受理通知书并说明理由。

第十五条 电信管理机构应当自受理之日起20个工作日内完成审查，作出予以许可或者不予许可的决定。20个工作日内不能作出决定的，经电信管理机构负责人批准，可以延长10个工作日，并将延长期限的理由告知申请单位。需要组织专家论证的，论证时间不计入审查期限。

予以许可的，应当颁发相应的许可文件；不予许可的，应当书面通知申请单位并说明理由。

第十六条 域名根服务器运行机构、域名注册管理机构和域名注册服务机构的许可有效期为5年。

第十七条 域名根服务器运行机构、域名注册管理机构和域名注册服务机构的名称、住所、法定代表人等信息发生变更的，应当自变更之日起20日内向原发证机关办理变更手续。

第十八条 在许可有效期内，域名根服务器运行机构、域名注册管理机构、域名注册服务机构拟终止相关服务的，应当提前30日书面通知用户，提出可行的善后处理方案，并向原发证机关提交书面申请。

原发证机关收到申请后，应当向社会公示30日。公示期结束60日内，原发证机关应当完成审查并做出决定。

第十九条 许可有效期届满需要继续从事域名服务的，应当提前90日向原发证机关申请延续；不再继续从事域名服务的，应当提前90日向原发证机关报告并做好善后工作。

第二十条 域名注册服务机构委托域名注册代理机构开展市场销售等工作的，应当对域名注册代理机构的工作进行监督和管理。

域名注册代理机构受委托开展市场销售等工作的过程中，应当主动表明代理关系，并在域名注册服务合同中明示相关域名注册服务机构名称及代理关系。

第二十一条 域名注册管理机构、域名注册服务机构应当在境内设立相应的应急备份系统并定期备份域名注册数据。

第二十二条 域名根服务器运行机构、域名注册管理机构、域名注册服务机构应当在其网站首页和经营场所显著位置标明其许可相关信息。域名注册管理机构还应当标明与其合作的域名注册服务机构名单。

域名注册代理机构应当在其网站首页和经营场所显著位置标明其代理的域名注册服务机构名称。

第三章 域名服务

第二十三条 域名根服务器运行机构、域名注册管理机构和域名注册服务机构应当向用户提供安全、方便、稳定的服务。

第二十四条 域名注册管理机构应当根据本办法制定域名注册实施细则并向社会公开。

第二十五条 域名注册管理机构应当通过电信管理机构许可的域名注册服务机构开展域名注册服务。

域名注册服务机构应当按照电信管理机构许可的域名注册服务项目提供服务，不得为未经电信管理机构许可的域名注册管理机构提供域名注册服务。

第二十六条 域名注册服务原则上实行“先申请先注册”，相应域名注册实施细则另有规定的，从其规定。

第二十七条 为维护国家利益和社会公众利益，域名注册管理机构应当建立域名注册保留字制度。

第二十八条 任何组织或者个人注册、使用的域名中，不得含有下列内容：

（一）反对宪法所确定的基本原则的；

（二）危害国家安全，泄露国家秘密，颠覆国家政权，破坏国家统一的；

（三）损害国家荣誉和利益的；

（四）煽动民族仇恨、民族歧视，破坏民族团结的；

（五）破坏国家宗教政策，宣扬邪教和封建迷信的；

（六）散布谣言，扰乱社会秩序，破坏社会稳定的；

（七）散布淫秽、色情、赌博、暴力、凶杀、恐怖或者教唆犯罪的；

（八）侮辱或者诽谤他人，侵害他人合法权益的；

（九）含有法律、行政法规禁止的其他内容的。

域名注册管理机构、域名注册服务机构不得为含有前款所列内容的域名提供服务。

第二十九条 域名注册服务机构不得采用

欺诈、胁迫等不正当手段要求他人注册域名。

第三十条 域名注册服务机构提供域名注册服务，应当要求域名注册申请者提供域名持有者真实、准确、完整的身份信息等域名注册信息。

域名注册管理机构和域名注册服务机构应当对域名注册信息的真实性、完整性进行核验。

域名注册申请者提供的域名注册信息不准确、不完整的，域名注册服务机构应当要求其予以补正。申请者不补正或者提供不真实的域名注册信息的，域名注册服务机构不得为其提供域名注册服务。

第三十一条 域名注册服务机构应当公布域名注册服务的内容、时限、费用，保证服务质量，提供域名注册信息的公共查询服务。

第三十二条 域名注册管理机构、域名注册服务机构应当依法存储、保护用户个人信息。未经用户同意不得将用户个人信息提供给他人，但法律、行政法规另有规定的除外。

第三十三条 域名持有者的联系方式等信息发生变更的，应当在变更后30日内向域名注册服务机构办理域名注册信息变更手续。

域名持有者将域名转让给他人的，受让人应当遵守域名注册的相关要求。

第三十四条 域名持有者有权选择、变更域名注册服务机构。变更域名注册服务机构的，原域名注册服务机构应当配合域名持有者转移其域名注册相关信息。

无正当理由的，域名注册服务机构不得阻止域名持有者变更域名注册服务机构。

电信管理机构依法要求停止解析的域名，不得变更域名注册服务机构。

第三十五条 域名注册管理机构和域名注册服务机构应当设立投诉受理机制，并在其网站首页和经营场所显著位置公布投诉受理方式。

域名注册管理机构和域名注册服务机构应当及时处理投诉；不能及时处理的，应当说明理由和处理时限。

第三十六条 提供域名解析服务，应当遵守有关法律、法规、标准，具备相应的技术、服务和网络与信息安全保障能力，落实网络与信息安全保障措施，依法记录并留存域名解析日志、维护日志和变更记录，保障解析服务质量和解析系统安全。涉及经营电信业务的，应当依法取得电信业务经营许可。

第三十七条 提供域名解析服务，不得擅自篡改解析信息。

任何组织或者个人不得恶意将域名解析指向他人的IP地址。

第三十八条 提供域名解析服务，不得为含有本办法第二十八条第一款所列内容的域名提供域名跳转。

第三十九条 从事互联网信息服务的，其使用域名应当符合法律法规和电信管理机构的有关规定，不得将域名用于实施违法行为。

第四十条 域名注册管理机构、域名注册服务机构应当配合国家有关部门依法开展的检查工作，并按照电信管理机构的要求对存在违法行为的域名采取停止解析等处置措施。

域名注册管理机构、域名注册服务机构发现其提供服务的域名发布、传输法律和行政法规禁止发布或者传输的信息的，应当立即采取消除、停止解析等处置措施，防止信息扩散，保存有关记录，并向有关部门报告。

第四十一条 域名根服务器运行机构、域名注册管理机构和域名注册服务机构应当遵守国家相关法律、法规和标准，落实网络与信息安全保障措施，配置必要的网络通信应急设备，建立健全网络与信息安全监测技术手段和应急制度。域名系统出现网络与信息安全事件时，应当在24小时内向电信管理机构报告。

因国家安全和处置紧急事件的需要，域名根服务器运行机构、域名注册管理机构和域名注册服务机构应当服从电信管理机构的统一指挥与协调，遵守电信管理机构的管理要求。

第四十二条 任何组织或者个人认为他人注册或者使用的域名侵害其合法权益的，可以向域名争议解决机构申请裁决或者依法向人民法院提起诉讼。

第四十三条 已注册的域名有下列情形之一的，域名注册服务机构应当予以注销，并通知域名持有者：

（一）域名持有者申请注销域名的；

（二）域名持有者提交虚假域名注册信息的；

（三）依据人民法院的判决、域名争议解决机构的裁决，应当注销的；

（四）法律、行政法规规定予以注销的其

他情形。

第四章 监督检查

第四十四条 电信管理机构应当加强对域名服务的监督检查。域名根服务器运行机构、域名注册管理机构、域名注册服务机构应当接受、配合电信管理机构的监督检查。

鼓励域名服务行业自律管理，鼓励公众监督域名服务。

第四十五条 域名根服务器运行机构、域名注册管理机构、域名注册服务机构应当按照电信管理机构的要求，定期报送业务开展情况、安全运行情况、网络与信息安全责任落实情况、投诉和争议处理情况等信息。

第四十六条 电信管理机构实施监督检查时，应当对域名根服务器运行机构、域名注册管理机构和域名注册服务机构报送的材料进行审核，并对其执行法律法规和电信管理机构有关规定的情况进行检查。

电信管理机构可以委托第三方专业机构开展有关监督检查活动。

第四十七条 电信管理机构应当建立域名根服务器运行机构、域名注册管理机构和域名注册服务机构的信用记录制度，将其违反本办法并受到行政处罚的行为记入信用档案。

第四十八条 电信管理机构开展监督检查，不得妨碍域名根服务器运行机构、域名注册管理机构和域名注册服务机构正常的经营和服务活动，不得收取任何费用，不得泄露所知悉的域名注册信息。

第五章 罚 则

第四十九条 违反本办法第九条规定，未经许可擅自设立域名根服务器及域名根服务器运行机构、域名注册管理机构、域名注册服务机构的，电信管理机构应当根据《中华人民共和国行政许可法》第八十一条的规定，采取措施予以制止，并视情节轻重，予以警告或者处一万元以上三万元以下罚款。

第五十条 违反本办法规定，域名注册管理机构或者域名注册服务机构有下列行为之一的，由电信管理机构依据职权责令限期改正，并视情节轻重，处一万元以上三万元以下罚款，向社会公告：

（一）为未经许可的域名注册管理机构提供域名注册服务，或者通过未经许可的域名注册服务机构开展域名注册服务的；

（二）未按照许可的域名注册服务项目提供服务的；

（三）未对域名注册信息的真实性、完整性进行核验的；

（四）无正当理由阻止域名持有者变更域名注册服务机构的。

第五十一条 违反本办法规定，提供域名解析服务，有下列行为之一的，由电信管理机构责令限期改正，可以视情节轻重处一万元以上三万元以下罚款，向社会公告：

（一）擅自篡改域名解析信息或者恶意将域名解析指向他人 IP 地址的；

（二）为含有本办法第二十八条第一款所列内容的域名提供域名跳转的；

（三）未落实网络与信息安全保障措施的；

（四）未依法记录并留存域名解析日志、维护日志和变更记录的；

（五）未按照要求对存在违法行为的域名进行处置的。

第五十二条 违反本办法第十七条、第十八条第一款、第二十一条、第二十二条、第二十八条第二款、第二十九条、第三十一条、第三十二条、第三十五条第一款、第四十条第二款、第四十一条规定的，由电信管理机构依据职权责令限期改正，可以并处一万元以上三万元以下罚款，向社会公告。

第五十三条 法律、行政法规对有关违法行为的处罚另有规定的，依照有关法律、行政法规的规定执行。

第五十四条 任何组织或者个人违反本办法第二十八条第一款规定注册、使用域名，构成犯罪的，依法追究刑事责任；尚不构成犯罪的，由有关部门依法予以处罚。

第六章 附 则

第五十五条 本办法下列用语的含义是：

（一）域名：指互联网上识别和定位计算机的层次结构式的字符标识，与该计算机的 IP 地址相对应。

（二）中文域名：指含有中文文字的

域名。

（三）顶级域名：指域名体系中根节点下的第一级域的名称。

（四）域名根服务器：指承担域名体系中根节点功能的服务器（含镜像服务器）。

（五）域名根服务器运行机构：指依法获得许可并承担域名根服务器运行、维护和管理工作的机构。

（六）域名注册管理机构：指依法获得许可并承担顶级域名运行和管理工作的机构。

（七）域名注册服务机构：指依法获得许可、受理域名注册申请并完成域名在顶级域名数据库中注册的机构。

（八）域名注册代理机构：指受域名注册服务机构的委托，受理域名注册申请，间接完成域名在顶级域名数据库中注册的机构。

（九）域名管理系统：指域名注册管理机构在境内开展顶级域名运行和管理所需的主要信息系统，包括注册管理系统、注册数据库、域名解析系统、域名信息查询系统、身份信息核验系统等。

（十）域名跳转：指对某一域名的访问跳转至该域名绑定或者指向的其他域名、IP 地址或者网络信息服务等。

第五十六条 本办法中规定的日期，除明确为工作日的以外，均为自然日。

第五十七条 在本办法施行前未取得相应许可开展域名服务的，应当自本办法施行之日起十二个月内，按照本办法规定办理许可手续。

在本办法施行前已取得许可的域名根服务器运行机构、域名注册管理机构和域名注册服务机构，其许可有效期适用本办法第十六条的规定，有效期自本办法施行之日起计算。

第五十八条 本办法自 2017 年 11 月 1 日起施行。2004 年 11 月 5 日公布的《中国互联网络域名管理办法》（原信息产业部令第 30 号）同时废止。本办法施行前公布的有关规定与本办法不一致的，按照本办法执行。

最高人民法院
关于审理涉及计算机网络域名民事纠纷案件适用法律若干问题的解释

［2001 年 6 月 26 日最高人民法院审判委员会第 1182 次会议通过
根据 2020 年 12 月 23 日最高人民法院审判委员会第 1823 次会议通过的《最高人民法院关于修改〈最高人民法院关于审理侵犯专利权纠纷案件应用法律若干问题的解释（二）〉等十八件知识产权类司法解释的决定》修正］

为了正确审理涉及计算机网络域名注册、使用等行为的民事纠纷案件（以下简称域名纠纷案件），根据《中华人民共和国民法典》《中华人民共和国反不正当竞争法》和《中华人民共和国民事诉讼法》（以下简称民事诉讼法）等法律的规定，作如下解释：

第一条 对于涉及计算机网络域名注册、使用等行为的民事纠纷，当事人向人民法院提起诉讼，经审查符合民事诉讼法第一百一十九条规定的，人民法院应当受理。

第二条 涉及域名的侵权纠纷案件，由侵权行为地或者被告住所地的中级人民法院管辖。对难以确定侵权行为地和被告住所地的，原告发现该域名的计算机终端等设备所在地可以视为侵权行为地。

涉外域名纠纷案件包括当事人一方或者双方是外国人、无国籍人、外国企业或组织、国际组织，或者域名注册地在外国的域名纠纷案件。在中华人民共和国领域内发生的涉外域名纠纷案件，依照民事诉讼法第四编的规定确定管辖。

第三条 域名纠纷案件的案由，根据双方当事人争议的法律关系的性质确定，并在其前冠以计算机网络域名；争议的法律关系的性质难以确定的，可以通称为计算机网络域名纠纷案件。

第四条 人民法院审理域名纠纷案件，对符合以下各项条件的，应当认定被告注册、使用域名等行为构成侵权或者不正当竞争：

（一）原告请求保护的民事权益合法有效；

（二）被告域名或其主要部分构成对原告驰名商标的复制、模仿、翻译或音译；或者与原告的注册商标、域名等相同或近似，足以造成相关公众的误认；

（三）被告对该域名或其主要部分不享有权益，也无注册、使用该域名的正当理由；

（四）被告对该域名的注册、使用具有恶意。

第五条 被告的行为被证明具有下列情形之一的，人民法院应当认定其具有恶意：

（一）为商业目的将他人驰名商标注册为域名的；

（二）为商业目的注册、使用与原告的注册商标、域名等相同或近似的域名，故意造成与原告提供的产品、服务或者原告网站的混淆，误导网络用户访问其网站或其他在线站点的；

（三）曾要约高价出售、出租或者以其他方式转让该域名获取不正当利益的；

（四）注册域名后自己并不使用也未准备使用，而有意阻止权利人注册该域名的；

（五）具有其他恶意情形的。

被告举证证明在纠纷发生前其所持有的域名已经获得一定的知名度，且能与原告的注册商标、域名等相区别，或者具有其他情形足以证明其不具有恶意的，人民法院可以不认定被告具有恶意。

第六条 人民法院审理域名纠纷案件，根据当事人的请求以及案件的具体情况，可以对涉及的注册商标是否驰名依法作出认定。

第七条 人民法院认定域名注册、使用等行为构成侵权或者不正当竞争的，可以判令被告停止侵权、注销域名，或者依原告的请求判令由原告注册使用该域名；给权利人造成实际损害的，可以判令被告赔偿损失。

侵权人故意侵权且情节严重，原告有权向人民法院请求惩罚性赔偿。

5. 商业特许经营

商业特许经营管理条例

（2007年1月31日国务院第167次常务会议通过
2007年2月6日中华人民共和国国务院令
第485号公布　自2007年5月1日起施行）

第一章 总　则

第一条 为规范商业特许经营活动，促进商业特许经营健康、有序发展，维护市场秩序，制定本条例。

第二条 在中华人民共和国境内从事商业特许经营活动，应当遵守本条例。

第三条 本条例所称商业特许经营（以下简称特许经营），是指拥有注册商标、企业标志、专利、专有技术等经营资源的企业（以下称特许人），以合同形式将其拥有的经营资源许可其他经营者（以下称被特许人）使用，被特许人按照合同约定在统一的经营模式下开展经营，并向特许人支付特许经营费用的经营活动。

企业以外的其他单位和个人不得作为特许

人从事特许经营活动。

第四条 从事特许经营活动，应当遵循自愿、公平、诚实信用的原则。

第五条 国务院商务主管部门依照本条例规定，负责对全国范围内的特许经营活动实施监督管理。省、自治区、直辖市人民政府商务主管部门和设区的市级人民政府商务主管部门依照本条例规定，负责对本行政区域内的特许经营活动实施监督管理。

第六条 任何单位或者个人对违反本条例规定的行为，有权向商务主管部门举报。商务主管部门接到举报后应当依法及时处理。

第二章 特许经营活动

第七条 特许人从事特许经营活动应当拥有成熟的经营模式，并具备为被特许人持续提供经营指导、技术支持和业务培训等服务的能力。

特许人从事特许经营活动应当拥有至少2个直营店，并且经营时间超过1年。

第八条 特许人应当自首次订立特许经营合同之日起15日内，依照本条例的规定向商务主管部门备案。在省、自治区、直辖市范围内从事特许经营活动的，应当向所在地省、自治区、直辖市人民政府商务主管部门备案；跨省、自治区、直辖市范围从事特许经营活动的，应当向国务院商务主管部门备案。

特许人向商务主管部门备案，应当提交下列文件、资料：

（一）营业执照复印件或者企业登记（注册）证书复印件；

（二）特许经营合同样本；

（三）特许经营操作手册；

（四）市场计划书；

（五）表明其符合本条例第七条规定的书面承诺及相关证明材料；

（六）国务院商务主管部门规定的其他文件、资料。

特许经营的产品或者服务，依法应当经批准方可经营的，特许人还应当提交有关批准文件。

第九条 商务主管部门应当自收到特许人提交的符合本条例第八条规定的文件、资料之日起10日内予以备案，并通知特许人。特许人提交的文件、资料不完备的，商务主管部门可以要求其在7日内补充提交文件、资料。

第十条 商务主管部门应当将备案的特许人名单在政府网站上公布，并及时更新。

第十一条 从事特许经营活动，特许人和被特许人应当采用书面形式订立特许经营合同。

特许经营合同应当包括下列主要内容：

（一）特许人、被特许人的基本情况；

（二）特许经营的内容、期限；

（三）特许经营费用的种类、金额及其支付方式；

（四）经营指导、技术支持以及业务培训等服务的具体内容和提供方式；

（五）产品或者服务的质量、标准要求和保证措施；

（六）产品或者服务的促销与广告宣传；

（七）特许经营中的消费者权益保护和赔偿责任的承担；

（八）特许经营合同的变更、解除和终止；

（九）违约责任；

（十）争议的解决方式；

（十一）特许人与被特许人约定的其他事项。

第十二条 特许人和被特许人应当在特许经营合同中约定，被特许人在特许经营合同订立后一定期限内，可以单方解除合同。

第十三条 特许经营合同约定的特许经营期限应当不少于3年。但是，被特许人同意的除外。

特许人和被特许人续签特许经营合同的，不适用前款规定。

第十四条 特许人应当向被特许人提供特许经营操作手册，并按照约定的内容和方式为被特许人持续提供经营指导、技术支持、业务培训等服务。

第十五条 特许经营的产品或者服务的质量、标准应当符合法律、行政法规和国家有关规定的要求。

第十六条 特许人要求被特许人在订立特许经营合同前支付费用的，应当以书面形式向被特许人说明该部分费用的用途以及退还的条件、方式。

第十七条 特许人向被特许人收取的推广、宣传费用，应当按照合同约定的用途使用。推广、宣传费用的使用情况应当及时向被特许人披露。

特许人在推广、宣传活动中，不得有欺骗、误导的行为，其发布的广告中不得含有宣传被特许人从事特许经营活动收益的内容。

第十八条 未经特许人同意，被特许人不得向他人转让特许经营权。

被特许人不得向他人泄露或者允许他人使用其所掌握的特许人的商业秘密。

第十九条 特许人应当在每年第一季度将其上一年度订立特许经营合同的情况向商务主管部门报告。

第三章 信息披露

第二十条 特许人应当依照国务院商务主管部门的规定，建立并实行完备的信息披露制度。

第二十一条 特许人应当在订立特许经营合同之日前至少30日，以书面形式向被特许人提供本条例第二十二条规定的信息，并提供特许经营合同文本。

第二十二条 特许人应当向被特许人提供以下信息：

（一）特许人的名称、住所、法定代表人、注册资本额、经营范围以及从事特许经营活动的基本情况；

（二）特许人的注册商标、企业标志、专利、专有技术和经营模式的基本情况；

（三）特许经营费用的种类、金额和支付方式（包括是否收取保证金以及保证金的返还条件和返还方式）；

（四）向被特许人提供产品、服务、设备的价格和条件；

（五）为被特许人持续提供经营指导、技术支持、业务培训等服务的具体内容、提供方式和实施计划；

（六）对被特许人的经营活动进行指导、监督的具体办法；

（七）特许经营网点投资预算；

（八）在中国境内现有的被特许人的数量、分布地域以及经营状况评估；

（九）最近2年的经会计师事务所审计的财务会计报告摘要和审计报告摘要；

（十）最近5年内与特许经营相关的诉讼和仲裁情况；

（十一）特许人及其法定代表人是否有重大违法经营记录；

（十二）国务院商务主管部门规定的其他信息。

第二十三条 特许人向被特许人提供的信息应当真实、准确、完整，不得隐瞒有关信息，或者提供虚假信息。

特许人向被特许人提供的信息发生重大变更的，应当及时通知被特许人。

特许人隐瞒有关信息或者提供虚假信息的，被特许人可以解除特许经营合同。

第四章 法律责任

第二十四条 特许人不具备本条例第七条第二款规定的条件，从事特许经营活动的，由商务主管部门责令改正，没收违法所得，处10万元以上50万元以下的罚款，并予以公告。

企业以外的其他单位和个人作为特许人从事特许经营活动的，由商务主管部门责令停止非法经营活动，没收违法所得，并处10万元以上50万元以下的罚款。

第二十五条 特许人未依照本条例第八条的规定向商务主管部门备案的，由商务主管部门责令限期备案，处1万元以上5万元以下的罚款；逾期仍不备案的，处5万元以上10万元以下的罚款，并予以公告。

第二十六条 特许人违反本条例第十六条、第十九条规定的，由商务主管部门责令改正，可以处1万元以下的罚款；情节严重的，处1万元以上5万元以下的罚款，并予以公告。

第二十七条 特许人违反本条例第十七条第二款规定的，由工商行政管理部门责令改正，处3万元以上10万元以下的罚款；情节严重的，处10万元以上30万元以下的罚款，并予以公告；构成犯罪的，依法追究刑事责任。

特许人利用广告实施欺骗、误导行为的，依照广告法的有关规定予以处罚。

第二十八条 特许人违反本条例第二十一条、第二十三条规定，被特许人向商务主管部门举报并经查实的，由商务主管部门责令改正，处1万元以上5万元以下的罚款；情节严重的，处5万元以上10万元以下的罚款，并予以公告。

第二十九条 以特许经营名义骗取他人财物，构成犯罪的，依法追究刑事责任；尚不构成犯罪的，由公安机关依照《中华人民共和国治安管理处罚法》的规定予以处罚。

以特许经营名义从事传销行为的，依照《禁止传销条例》的有关规定予以处罚。

第三十条 商务主管部门的工作人员滥用职权、玩忽职守、徇私舞弊，构成犯罪的，依法追究刑事责任；尚不构成犯罪的，依法给予处分。

第五章 附 则

第三十一条 特许经营活动中涉及商标许可、专利许可的，依照有关商标、专利的法律、行政法规的规定办理。

第三十二条 有关协会组织在国务院商务主管部门指导下，依照本条例的规定制定特许经营活动规范，加强行业自律，为特许经营活动当事人提供相关服务。

第三十三条 本条例施行前已经从事特许经营活动的特许人，应当自本条例施行之日起1年内，依照本条例的规定向商务主管部门备案；逾期不备案的，依照本条例第二十五条的规定处罚。

前款规定的特许人，不适用本条例第七条第二款的规定。

第三十四条 本条例自2007年5月1日起施行。

商业特许经营备案管理办法

（2011年11月7日商务部第56次部务会议审议通过 2011年12月12日商务部令第5号发布 自2012年2月1日起施行）

第一条 为加强对商业特许经营活动的管理，规范特许经营市场秩序，根据《商业特许经营管理条例》（以下简称《条例》）的有关规定，制定本办法。

第二条 在中华人民共和国境内（以下简称中国境内）从事商业特许经营活动，适用本办法。

第三条 商务部及省、自治区、直辖市人民政府商务主管部门是商业特许经营的备案机关。在省、自治区、直辖市范围内从事商业特许经营活动的，向特许人所在地省、自治区、直辖市人民政府商务主管部门备案；跨省、自治区、直辖市范围从事特许经营活动的，向商务部备案。

商业特许经营实行全国联网备案。符合《条例》规定的特许人，依据本办法规定通过商务部设立的商业特许经营信息管理系统进行备案。

第四条 商务部可以根据有关规定，将跨省、自治区、直辖市范围从事商业特许经营的备案工作委托有关省、自治区、直辖市人民政府商务主管部门完成。受委托的省、自治区、直辖市人民政府商务主管部门应当自行完成备案工作，不得再委托其他任何组织和个人备案。

受委托的省、自治区、直辖市人民政府商务主管部门未依法行使备案职责的，商务部可以直接受理特许人的备案申请。

第五条 任何单位或者个人对违反本办法规定的行为，有权向商务主管部门举报，商务主管部门应当依法处理。

第六条 申请备案的特许人应当向备案机关提交以下材料：

（一）商业特许经营基本情况。

（二）中国境内全部被特许人的店铺分布情况。

（三）特许人的市场计划书。

（四）企业法人营业执照或其他主体资格证明。

（五）与特许经营活动相关的商标权、专利权及其他经营资源的注册证书。

（六）符合《条例》第七条第二款规定的

证明文件。

在2007年5月1日前已经从事特许经营活动的特许人在提交申请商业特许经营备案材料时不适用于上款的规定。

（七）与中国境内的被特许人订立的第一份特许经营合同。

（八）特许经营合同样本。

（九）特许经营操作手册的目录（须注明每一章节的页数和手册的总页数，对于在特许系统内部网络上提供此类手册的，须提供估计的打印页数）。

（十）国家法律法规规定经批准方可开展特许经营的产品和服务，须提交相关主管部门的批准文件。

外商投资企业应当提交《外商投资企业批准证书》，《外商投资企业批准证书》经营范围中应当包括"以特许经营方式从事商业活动"项目。

（十一）经法定代表人签字盖章的特许人承诺。

（十二）备案机关认为应当提交的其他资料。

以上文件在中华人民共和国境外形成的，需经所在国公证机关公证（附中文译本），并经中华人民共和国驻所在国使领馆认证，或者履行中华人民共和国与所在国订立的有关条约中规定的证明手续。在香港、澳门、台湾地区形成的，应当履行相关的证明手续。

第七条 特许人应当在与中国境内的被特许人首次订立特许经营合同之日起15日内向备案机关申请备案。

第八条 特许人的以下备案信息有变化的，应当自变化之日起30日内向备案机关申请变更：

（一）特许人的工商登记信息。

（二）经营资源信息。

（三）中国境内全部被特许人的店铺分布情况。

第九条 特许人应当在每年3月31日前将其上一年度订立、撤销、终止、续签的特许经营合同情况向备案机关报告。

第十条 特许人应认真填写所有备案事项的信息，并确保所填写内容真实、准确和完整。

第十一条 备案机关应当自收到特许人提交的符合本办法第六条规定的文件、资料之日起10日内予以备案，并在商业特许经营信息管理系统予以公告。

特许人提交的文件、资料不完备的，备案机关可以要求其在7日内补充提交文件、资料。备案机关在特许人材料补充齐全之日起10日内予以备案。

第十二条 已完成备案的特许人有下列行为之一的，备案机关可以撤销备案，并在商业特许经营信息管理系统予以公告：

（一）特许人注销工商登记，或因特许人违法经营，被主管登记机关吊销营业执照的。

（二）备案机关收到司法机关因为特许人违法经营而作出的关于撤销备案的司法建议书。

（三）特许人隐瞒有关信息或者提供虚假信息，造成重大影响的。

（四）特许人申请撤销备案并经备案机关同意的。

（五）其他需要撤销备案的情形。

第十三条 各省、自治区、直辖市人民政府商务主管部门应当将备案及撤销备案的情况在10日内反馈商务部。

第十四条 备案机关应当完整准确地记录和保存特许人的备案信息材料，依法为特许人保守商业秘密。

特许人所在地的（省、自治区、直辖市或设区的市级）人民政府商务主管部门可以向通过备案的特许人出具备案证明。

第十五条 公众可通过商业特许经营信息管理系统查询以下信息：

（一）特许人的企业名称及特许经营业务使用的注册商标、企业标志、专利、专有技术等经营资源。

（二）特许人的备案时间。

（三）特许人的法定经营场所地址与联系方式、法定代表人姓名。

（四）中国境内全部被特许人的店铺分布情况。

第十六条 特许人未按照《条例》和本办法的规定办理备案的，由设区的市级以上商务主管部门责令限期备案，并处1万元以上5万元以下罚款；逾期仍不备案的，处5万元以上10万元以下罚款，并予以公告。

第十七条 特许人违反本办法第十一条规

定的，由设区的市级以上商务主管部门责令改正，可以处1万元以下的罚款；情节严重的，处1万元以上5万元以下的罚款，并予以公告。

第十八条 国外特许人在中国境内从事特许经营活动，按照本办法执行。香港、澳门特别行政区及台湾地区特许人参照本办法执行。

第十九条 相关协会组织应当依照本办法规定，加强行业自律，指导特许人依法备案。

第二十条 本办法由商务部负责解释。

第二十一条 本办法自2012年2月1日起施行。2007年5月1日施行的《商业特许经营备案管理办法》（商务部2007年第15号令）同时废止。

商业特许经营信息披露管理办法

（2012年1月18日商务部第60次部务会议审议通过 2012年2月23日中华人民共和国商务部令第2号发布 自2012年4月1日起施行）

第一条 为维护特许人与被特许人双方的合法权益，根据《商业特许经营管理条例》（以下简称《条例》），制定本办法。

第二条 在中华人民共和国境内开展商业特许经营活动适用本办法。

第三条 本办法所称关联方，是指特许人的母公司或其自然人股东、特许人直接或间接拥有全部或多数股权的子公司、与特许人直接或间接地由同一所有人拥有全部或多数股权的公司。

第四条 特许人应当按照《条例》的规定，在订立商业特许经营合同之日前至少30日，以书面形式向被特许人披露本办法第五条规定的信息，但特许人与被特许人以原特许合同相同条件续约的情形除外。

第五条 特许人进行信息披露应当包括以下内容：

（一）特许人及特许经营活动的基本情况。

1. 特许人名称、通讯地址、联系方式、法定代表人、总经理、注册资本额、经营范围以及现有直营店的数量、地址和联系电话。

2. 特许人从事商业特许经营活动的概况。

3. 特许人备案的基本情况。

4. 由特许人的关联方向被特许人提供产品和服务的，应当披露该关联方的基本情况。

5. 特许人或其关联方过去2年内破产或申请破产的情况。

（二）特许人拥有经营资源的基本情况。

1. 注册商标、企业标志、专利、专有技术、经营模式及其他经营资源的文字说明。

2. 经营资源的所有者是特许人关联方的，应当披露该关联方的基本信息、授权内容，同时应当说明在与该关联方的授权合同中止或提前终止的情况下，如何处理该特许体系。

3. 特许人（或其关联方）的注册商标、企业标志、专利、专有技术等与特许经营相关的经营资源涉及诉讼或仲裁的情况。

（三）特许经营费用的基本情况。

1. 特许人及代第三方收取费用的种类、金额、标准和支付方式，不能披露的，应当说明原因，收费标准不统一的，应当披露最高和最低标准，并说明原因。

2. 保证金的收取、返还条件、返还时间和返还方式。

3. 要求被特许人在订立特许经营合同前支付费用的，该部分费用的用途以及退还的条件、方式。

（四）向被特许人提供产品、服务、设备的价格、条件等情况。

1. 被特许人是否必须从特许人（或其关联方）处购买产品、服务或设备及相关的价格、条件等。

2. 被特许人是否必须从特许人指定（或批准）的供货商处购买产品、服务或设备。

3. 被特许人是否可以选择其他供货商以及供货商应具备的条件。

（五）为被特许人持续提供服务的情况。

1. 业务培训的具体内容、提供方式和实施计划，包括培训地点、方式和期限等。

2. 技术支持的具体内容、提供方式和实施计划，包括经营资源的名称、类别及产品、设施设备的种类等。

（六）对被特许人的经营活动进行指导、监督的方式和内容。

1. 经营指导的具体内容、提供方式和实施计划，包括选址、装修装潢、店面管理、广告促销、产品配置等。

2. 监督的方式和内容，被特许人应履行的义务和不履行义务的责任。

3. 特许人和被特许人对消费者投诉和赔偿的责任划分。

（七）特许经营网点投资预算情况。

1. 投资预算可以包括下列费用：加盟费；培训费；房地产和装修费用；设备、办公用品、家具等购置费；初始库存；水、电、气费；为取得执照和其他政府批准所需的费用；启动周转资金。

2. 上述费用的资料来源和估算依据。

（八）中国境内被特许人的有关情况。

1. 现有和预计被特许人的数量、分布地域、授权范围、有无独家授权区域（如有，应说明预计的具体范围）的情况。

2. 现有被特许人的经营状况，包括被特许人实际的投资额、平均销售量、成本、毛利、纯利等信息，同时应当说明上述信息的来源。

（九）最近2年的经会计师事务所或审计事务所审计的特许人财务会计报告摘要和审计报告摘要。

（十）特许人最近5年内与特许经营相关的诉讼和仲裁情况，包括案由、诉讼（仲裁）请求、管辖及结果。

（十一）特许人及其法定代表人重大违法经营记录情况。

1. 被有关行政执法部门处以30万元以上罚款的。

2. 被追究刑事责任的。

（十二）特许经营合同文本。

1. 特许经营合同样本。

2. 如果特许人要求被特许人与特许人（或其关联方）签订其他有关特许经营的合同，应当同时提供此类合同样本。

第六条 特许人在推广、宣传活动中，不得有欺骗、误导的行为，发布的广告中不得含有宣传单个被特许人从事商业特许经营活动收益的内容。

第七条 特许人向被特许人披露信息前，有权要求被特许人签署保密协议。

被特许人在订立合同过程中知悉的商业秘密，无论特许经营合同是否成立，不得泄露或者不正当使用。

特许经营合同终止后，被特许人因合同关系知悉特许人商业秘密的，即使未订立合同终止后的保密协议，也应当承担保密义务。

被特许人违反本条前两款规定，泄露或者不正当使用商业秘密给特许人或者其他人造成损失的，应当承担相应的损害赔偿责任。

第八条 特许人在向被特许人进行信息披露后，被特许人应当就所获悉的信息内容向特许人出具回执说明（一式两份），由被特许人签字，一份由被特许人留存，另一份由特许人留存。

第九条 特许人隐瞒影响特许经营合同履行致使不能实现合同目的的信息或者披露虚假信息的，被特许人可以解除特许经营合同。

第十条 特许人违反本办法有关规定的，被特许人有权向商务主管部门举报，经查实的，分别依据《条例》第二十六条、第二十七条、第二十八条予以处罚。

第十一条 本办法由中华人民共和国商务部负责解释。

第十二条 本办法自2012年4月1日起施行。原《商业特许经营信息披露管理办法》（商务部令2007年第16号）同时废止。

【典型案例】

南京宝庆银楼连锁发展有限公司、江苏创煜工贸有限公司与南京宝庆银楼首饰有限责任公司、南京宝庆首饰总公司特许经营合同纠纷上诉案

［江苏省高级人民法院（2012）
苏知民终字第0154号民事判决书］

《2014年中国法院10大知识产权案件》第3号
2015年4月20日

【案情摘要】

南京宝庆银楼首饰有限责任公司（简称宝庆首饰公司）、南京宝庆首饰总公司（简称宝庆总公司）系“宝庆”系列注册商标的权利人。南京宝庆银楼连锁发展有限公司（简称连锁公司）、江苏创煜工贸有限公司（简称创煜公司）自2005年开始与宝庆首饰公司、宝庆总公司签署了一系列合作协议，以特许经营的方式进行合作。在双方合作期间，“宝庆”品牌获得了巨大发展，年销售额达数十亿元，但双方后因协商合资失败而最终导致合作关系破裂。宝庆总公司、宝庆首饰公司遂以连锁公司存在多种违约行为且构成根本违约为由，发函要求解除双方的合作协议，并同时在江苏多地法院提起商标侵权系列诉讼。而连锁公司、创煜公司亦诉至法院，要求确认解除协议通知无效。江苏省南京市中级人民法院就双方争议的特许经营合同纠纷案作出一审判决，确认宝庆首饰公司、宝庆总公司提出的解除涉案协议无效，并驳回连锁公司其他诉讼请求。双方均不服，提起上诉。江苏省高级人民法院在充分衡量双方发生纠纷的原因、连锁公司多种违约行为的性质及程度、连锁公司违约擅自开店的数量、双方对宝庆品牌的贡献等因素的基础上，合理平衡双方利益，通过判决明确界定了双方合作关系的性质以及宝庆总公司、宝庆首饰公司的权利边界和连锁公司合法经营行为的法律边界，在对一审裁判理由中所确定的连锁公司对宝庆商标合理使用范围予以纠正的基础上，维持了一审确认解除协议无效的判决。根据在特许经营合同纠纷案中所确定的裁判规则，即凡是未经许可，连锁公司擅自使用宝庆商标开店经营的，构成商标侵权，判令停止侵权、赔偿损失；凡是已经过许可的，连锁公司可以继续经营，二审法院对双方之间系列商标侵权纠纷作出相应的终审判决。

【典型意义】

对于此类双方以特许经营为基础的合作纠纷，特别是合作已久、品牌声誉及市场获得巨大增长、裁判结果涉及双方重大利益的案件，法院并没有采取简单的裁判方式，而是充分运用司法智慧，以利益平衡为指引，探索了一种更加理性的纠纷解决思路，即在判决不予解除合同、要求双方继续合作的同时，通过判决进一步划清双方权利义务关系的边界：一方面，确保特许人对特许经营资源特别是商标等知识产权的绝对控制，明确被特许人应当依约诚信经营，不能突破被特许人的权利范围，试图攫取特许人的知识产权利益；另一方面，则要求对于被特许人依约诚信经营的，特许人亦应当按合同约定继续允许并正常审批，无正当理由不得拒绝许可，不得不当损害被特许人的合法权益。根据特许经营合同纠纷判决中确立的上述裁判规则，双方之间系列商标侵权纠纷亦得到妥善处理。案件裁判结果对“宝庆”品牌未产生重大市场波动，也没有造成双方市场利益的重大失衡。双方对终审判决都没有申请再审。

六、反不正当竞争、反垄断

中华人民共和国反不正当竞争法

（1993年9月2日第八届全国人民代表大会常务委员会第三次会议通过 2017年11月4日第十二届全国人民代表大会常务委员会第三十次会议修订 根据2019年4月23日第十三届全国人民代表大会常务委员会第十次会议《关于修改〈中华人民共和国建筑法〉等八部法律的决定》修正）

目 录

第一章 总 则
第二章 不正当竞争行为
第三章 对涉嫌不正当竞争行为的调查
第四章 法律责任
第五章 附 则

第一章 总 则

第一条 为了促进社会主义市场经济健康发展，鼓励和保护公平竞争，制止不正当竞争行为，保护经营者和消费者的合法权益，制定本法。

第二条 经营者在生产经营活动中，应当遵循自愿、平等、公平、诚信的原则，遵守法律和商业道德。

本法所称的不正当竞争行为，是指经营者在生产经营活动中，违反本法规定，扰乱市场竞争秩序，损害其他经营者或者消费者的合法权益的行为。

本法所称的经营者，是指从事商品生产、经营或者提供服务（以下所称商品包括服务）的自然人、法人和非法人组织。

第三条 各级人民政府应当采取措施，制止不正当竞争行为，为公平竞争创造良好的环境和条件。

国务院建立反不正当竞争工作协调机制，研究决定反不正当竞争重大政策，协调处理维护市场竞争秩序的重大问题。

第四条 县级以上人民政府履行工商行政管理职责的部门对不正当竞争行为进行查处；法律、行政法规规定由其他部门查处的，依照其规定。

第五条 国家鼓励、支持和保护一切组织和个人对不正当竞争行为进行社会监督。

国家机关及其工作人员不得支持、包庇不正当竞争行为。

行业组织应当加强行业自律，引导、规范会员依法竞争，维护市场竞争秩序。

第二章 不正当竞争行为

第六条 经营者不得实施下列混淆行为，引人误认为是他人商品或者与他人存在特定联系：

（一）擅自使用与他人有一定影响的商品名称、包装、装潢等相同或者近似的标识；

（二）擅自使用他人有一定影响的企业名称（包括简称、字号等）、社会组织名称（包括简称等）、姓名（包括笔名、艺名、译名等）；

（三）擅自使用他人有一定影响的域名主体部分、网站名称、网页等；

（四）其他足以引人误认为是他人商品或者与他人存在特定联系的混淆行为。

第七条 经营者不得采用财物或者其他手段贿赂下列单位或者个人，以谋取交易机会或者竞争优势：

（一）交易相对方的工作人员；

（二）受交易相对方委托办理相关事务的单位或者个人；

（三）利用职权或者影响力影响交易的单位或者个人。

经营者在交易活动中，可以以明示方式向交易相对方支付折扣，或者向中间人支付佣金。经营者向交易相对方支付折扣、向中间人支付佣金的，应当如实入账。接受折扣、佣金的经营者也应当如实入账。

经营者的工作人员进行贿赂的，应当认定为经营者的行为；但是，经营者有证据证明该工作人员的行为与为经营者谋取交易机会或者竞争优势无关的除外。

第八条 经营者不得对其商品的性能、功能、质量、销售状况、用户评价、曾获荣誉等作虚假或者引人误解的商业宣传，欺骗、误导消费者。

经营者不得通过组织虚假交易等方式，帮助其他经营者进行虚假或者引人误解的商业宣传。

第九条 经营者不得实施下列侵犯商业秘密的行为：

（一）以盗窃、贿赂、欺诈、胁迫、电子侵入或者其他不正当手段获取权利人的商业秘密；

（二）披露、使用或者允许他人使用以前项手段获取的权利人的商业秘密；

（三）违反保密义务或者违反权利人有关保守商业秘密的要求，披露、使用或者允许他人使用其所掌握的商业秘密；

（四）教唆、引诱、帮助他人违反保密义务或者违反权利人有关保守商业秘密的要求，获取、披露、使用或者允许他人使用权利人的商业秘密。

经营者以外的其他自然人、法人和非法人组织实施前款所列违法行为的，视为侵犯商业秘密。

第三人明知或者应知商业秘密权利人的员工、前员工或者其他单位、个人实施本条第一款所列违法行为，仍获取、披露、使用或者允许他人使用该商业秘密的，视为侵犯商业秘密。

本法所称的商业秘密，是指不为公众所知悉、具有商业价值并经权利人采取相应保密措施的技术信息、经营信息等商业信息。

第十条 经营者进行有奖销售不得存在下列情形：

（一）所设奖的种类、兑奖条件、奖金金额或者奖品等有奖销售信息不明确，影响兑奖；

（二）采用谎称有奖或者故意让内定人员中奖的欺骗方式进行有奖销售；

（三）抽奖式的有奖销售，最高奖的金额超过五万元。

第十一条 经营者不得编造、传播虚假信息或者误导性信息，损害竞争对手的商业信誉、商品声誉。

第十二条 经营者利用网络从事生产经营活动，应当遵守本法的各项规定。

经营者不得利用技术手段，通过影响用户选择或者其他方式，实施下列妨碍、破坏其他经营者合法提供的网络产品或者服务正常运行的行为：

（一）未经其他经营者同意，在其合法提供的网络产品或者服务中，插入链接、强制进行目标跳转；

（二）误导、欺骗、强迫用户修改、关闭、卸载其他经营者合法提供的网络产品或者服务；

（三）恶意对其他经营者合法提供的网络产品或者服务实施不兼容；

（四）其他妨碍、破坏其他经营者合法提供的网络产品或者服务正常运行的行为。

第三章 对涉嫌不正当竞争行为的调查

第十三条 监督检查部门调查涉嫌不正当竞争行为，可以采取下列措施：

（一）进入涉嫌不正当竞争行为的经营场所进行检查；

（二）询问被调查的经营者、利害关系人及其他有关单位、个人，要求其说明有关情况或者提供与被调查行为有关的其他资料；

（三）查询、复制与涉嫌不正当竞争行为有关的协议、账簿、单据、文件、记录、业务函电和其他资料；

（四）查封、扣押与涉嫌不正当竞争行为有关的财物；

（五）查询涉嫌不正当竞争行为的经营者的银行账户。

采取前款规定的措施，应当向监督检查部门主要负责人书面报告，并经批准。采取前款第四项、第五项规定的措施，应当向设区的市级以上人民政府监督检查部门主要负责人书面报告，并经批准。

监督检查部门调查涉嫌不正当竞争行为，应当遵守《中华人民共和国行政强制法》和其他有关法律、行政法规的规定，并应当将查处结果及时向社会公开。

第十四条 监督检查部门调查涉嫌不正当竞争行为，被调查的经营者、利害关系人及其他有关单位、个人应当如实提供有关资料或者情况。

第十五条 监督检查部门及其工作人员对调查过程中知悉的商业秘密负有保密义务。

第十六条 对涉嫌不正当竞争行为，任何单位和个人有权向监督检查部门举报，监督检查部门接到举报后应当依法及时处理。

监督检查部门应当向社会公开受理举报的电话、信箱或者电子邮件地址，并为举报人保密。对实名举报并提供相关事实和证据的，监督检查部门应当将处理结果告知举报人。

第四章 法律责任

第十七条 经营者违反本法规定，给他人造成损害的，应当依法承担民事责任。

经营者的合法权益受到不正当竞争行为损害的，可以向人民法院提起诉讼。

因不正当竞争行为受到损害的经营者的赔偿数额，按照其因被侵权所受到的实际损失确定；实际损失难以计算的，按照侵权人因侵权所获得的利益确定。经营者恶意实施侵犯商业秘密行为，情节严重的，可以在按照上述方法确定数额的一倍以上五倍以下确定赔偿数额。赔偿数额还应当包括经营者为制止侵权行为所支付的合理开支。

经营者违反本法第六条、第九条规定，权利人因被侵权所受到的实际损失、侵权人因侵权所获得的利益难以确定的，由人民法院根据侵权行为的情节判决给予权利人五百万元以下的赔偿。

第十八条 经营者违反本法第六条规定实施混淆行为的，由监督检查部门责令停止违法行为，没收违法商品。违法经营额五万元以上的，可以并处违法经营额五倍以下的罚款；没有违法经营额或者违法经营额不足五万元的，可以并处二十五万元以下的罚款。情节严重的，吊销营业执照。

经营者登记的企业名称违反本法第六条规定的，应当及时办理名称变更登记；名称变更前，由原企业登记机关以统一社会信用代码代替其名称。

第十九条 经营者违反本法第七条规定贿赂他人的，由监督检查部门没收违法所得，处十万元以上三百万元以下的罚款。情节严重的，吊销营业执照。

第二十条 经营者违反本法第八条规定对其商品作虚假或者引人误解的商业宣传，或者通过组织虚假交易等方式帮助其他经营者进行虚假或者引人误解的商业宣传的，由监督检查部门责令停止违法行为，处二十万元以上一百万元以下的罚款；情节严重的，处一百万元以上二百万元以下的罚款，可以吊销营业执照。

经营者违反本法第八条规定，属于发布虚假广告的，依照《中华人民共和国广告法》的规定处罚。

第二十一条 经营者以及其他自然人、法人和非法人组织违反本法第九条规定侵犯商业秘密的，由监督检查部门责令停止违法行为，没收违法所得，处十万元以上一百万元以下的罚款；情节严重的，处五十万元以上五百万元以下的罚款。

第二十二条 经营者违反本法第十条规定进行有奖销售的，由监督检查部门责令停止违法行为，处五万元以上五十万元以下的罚款。

第二十三条 经营者违反本法第十一条规定损害竞争对手商业信誉、商品声誉的，由监督检查部门责令停止违法行为、消除影响，处十万元以上五十万元以下的罚款；情节严重的，处五十万元以上三百万元以下的罚款。

第二十四条 经营者违反本法第十二条规定妨碍、破坏其他经营者合法提供的网络产品或者服务正常运行的，由监督检查部门责令停止违法行为，处十万元以上五十万元以下的罚款；情节严重的，处五十万元以上三百万元以下的罚款。

第二十五条 经营者违反本法规定从事不正当竞争，有主动消除或者减轻违法行为危害后果等法定情形的，依法从轻或者减轻行政处罚；违法行为轻微并及时纠正，没有造成危害后果的，不予行政处罚。

第二十六条 经营者违反本法规定从事不正当竞争，受到行政处罚的，由监督检查部门记入信用记录，并依照有关法律、行政法规的规定予以公示。

第二十七条 经营者违反本法规定，应当承担民事责任、行政责任和刑事责任，其财产不足以支付的，优先用于承担民事责任。

第二十八条 妨害监督检查部门依照本法履行职责，拒绝、阻碍调查的，由监督检查部门责令改正，对个人可以处五千元以下的罚款，对单位可以处五万元以下的罚款，并可以由公安机关依法给予治安管理处罚。

第二十九条 当事人对监督检查部门作出的决定不服的，可以依法申请行政复议或者提起行政诉讼。

第三十条 监督检查部门的工作人员滥用职权、玩忽职守、徇私舞弊或者泄露调查过程中知悉的商业秘密的，依法给予处分。

第三十一条 违反本法规定，构成犯罪的，依法追究刑事责任。

第三十二条 在侵犯商业秘密的民事审判程序中，商业秘密权利人提供初步证据，证明其已经对所主张的商业秘密采取保密措施，且合理表明商业秘密被侵犯，涉嫌侵权人应当证明权利人所主张的商业秘密不属于本法规定的商业秘密。

商业秘密权利人提供初步证据合理表明商业秘密被侵犯，且提供以下证据之一的，涉嫌侵权人应当证明其不存在侵犯商业秘密的行为：

（一）有证据表明涉嫌侵权人有渠道或者机会获取商业秘密，且其使用的信息与该商业秘密实质上相同；

（二）有证据表明商业秘密已经被涉嫌侵权人披露、使用或者有被披露、使用的风险；

（三）有其他证据表明商业秘密被涉嫌侵权人侵犯。

第五章 附 则

第三十三条 本法自2018年1月1日起施行。

最高人民法院
关于适用《中华人民共和国反不正当竞争法》若干问题的解释

法释〔2022〕9号

（2022年1月29日最高人民法院审判委员会第1862次会议通过 2022年3月16日最高人民法院公告公布 自2022年3月20日起施行）

为正确审理因不正当竞争行为引发的民事案件，根据《中华人民共和国民法典》《中华人民共和国反不正当竞争法》《中华人民共和国民事诉讼法》等有关法律规定，结合审判实践，制定本解释。

第一条 经营者扰乱市场竞争秩序，损害其他经营者或者消费者合法权益，且属于违反反不正当竞争法第二章及专利法、商标法、著作权法等规定之外情形的，人民法院可以适用反不正当竞争法第二条予以认定。

第二条 与经营者在生产经营活动中存在可能的争夺交易机会、损害竞争优势等关系的市场主体，人民法院可以认定为反不正当竞争法第二条规定的“其他经营者”。

第三条 特定商业领域普遍遵循和认可的行为规范，人民法院可以认定为反不正当竞争法第二条规定的“商业道德”。

人民法院应当结合案件具体情况，综合考

虑行业规则或者商业惯例、经营者的主观状态、交易相对人的选择意愿、对消费者权益、市场竞争秩序、社会公共利益的影响等因素，依法判断经营者是否违反商业道德。

人民法院认定经营者是否违反商业道德时，可以参考行业主管部门、行业协会或者自律组织制定的从业规范、技术规范、自律公约等。

第四条 具有一定的市场知名度并具有区别商品来源的显著特征的标识，人民法院可以认定为反不正当竞争法第六条规定的“有一定影响的”标识。

人民法院认定反不正当竞争法第六条规定的标识是否具有一定的市场知名度，应当综合考虑中国境内相关公众的知悉程度，商品销售的时间、区域、数额和对象，宣传的持续时间、程度和地域范围，标识受保护的情况等因素。

第五条 反不正当竞争法第六条规定的标识有下列情形之一的，人民法院应当认定其不具有区别商品来源的显著特征：

（一）商品的通用名称、图形、型号；

（二）仅直接表示商品的质量、主要原料、功能、用途、重量、数量及其他特点的标识；

（三）仅由商品自身的性质产生的形状，为获得技术效果而需有的商品形状以及使商品具有实质性价值的形状；

（四）其他缺乏显著特征的标识。

前款第一项、第二项、第四项规定的标识经过使用取得显著特征，并具有一定的市场知名度，当事人请求依据反不正当竞争法第六条规定予以保护的，人民法院应予支持。

第六条 因客观描述、说明商品而正当使用下列标识，当事人主张属于反不正当竞争法第六条规定的情形的，人民法院不予支持：

（一）含有本商品的通用名称、图形、型号；

（二）直接表示商品的质量、主要原料、功能、用途、重量、数量以及其他特点；

（三）含有地名。

第七条 反不正当竞争法第六条规定的标识或者其显著识别部分属于商标法第十条第一款规定的不得作为商标使用的标志，当事人请求依据反不正当竞争法第六条规定予以保护的，人民法院不予支持。

第八条 由经营者营业场所的装饰、营业用具的式样、营业人员的服饰等构成的具有独特风格的整体营业形象，人民法院可以认定为反不正当竞争法第六条第一项规定的“装潢”。

第九条 市场主体登记管理部门依法登记的企业名称，以及在中国境内进行商业使用的境外企业名称，人民法院可以认定为反不正当竞争法第六条第二项规定的“企业名称”。

有一定影响的个体工商户、农民专业合作社（联合社）以及法律、行政法规规定的其他市场主体的名称（包括简称、字号等），人民法院可以依照反不正当竞争法第六条第二项予以认定。

第十条 在中国境内将有一定影响的标识用于商品、商品包装或者容器以及商品交易文书上，或者广告宣传、展览以及其他商业活动中，用于识别商品来源的行为，人民法院可以认定为反不正当竞争法第六条规定的“使用”。

第十一条 经营者擅自使用与他人有一定影响的企业名称（包括简称、字号等）、社会组织名称（包括简称等）、姓名（包括笔名、艺名、译名等）、域名主体部分、网站名称、网页等近似的标识，引人误认为是他人商品或者与他人存在特定联系，当事人主张属于反不正当竞争法第六条第二项、第三项规定的情形的，人民法院应予支持。

第十二条 人民法院认定与反不正当竞争法第六条规定的“有一定影响的”标识相同或者近似，可以参照商标相同或者近似的判断原则和方法。

反不正当竞争法第六条规定的“引人误认为是他人商品或者与他人存在特定联系”，包括误认为与他人具有商业联合、许可使用、商业冠名、广告代言等特定联系。

在相同商品上使用相同或者视觉上基本无差别的商品名称、包装、装潢等标识，应当视为足以造成与他人有一定影响的标识相混淆。

第十三条 经营者实施下列混淆行为之一，足以引人误认为是他人商品或者与他人存在特定联系的，人民法院可以依照反不正当竞争法第六条第四项予以认定：

（一）擅自使用反不正当竞争法第六条第

一项、第二项、第三项规定以外“有一定影响的”标识；

（二）将他人注册商标、未注册的驰名商标作为企业名称中的字号使用，误导公众。

第十四条 经营者销售带有违反反不正当竞争法第六条规定的标识的商品，引人误认为是他人商品或者与他人存在特定联系，当事人主张构成反不正当竞争法第六条规定的情形的，人民法院应予支持。

销售不知道是前款规定的侵权商品，能证明该商品是自己合法取得并说明提供者，经营者主张不承担赔偿责任的，人民法院应予支持。

第十五条 故意为他人实施混淆行为提供仓储、运输、邮寄、印制、隐匿、经营场所等便利条件，当事人请求依据民法典第一千一百六十九条第一款予以认定的，人民法院应予支持。

第十六条 经营者在商业宣传过程中，提供不真实的商品相关信息，欺骗、误导相关公众的，人民法院应当认定为反不正当竞争法第八条第一款规定的虚假的商业宣传。

第十七条 经营者具有下列行为之一，欺骗、误导相关公众的，人民法院可以认定为反不正当竞争法第八条第一款规定的“引人误解的商业宣传”：

（一）对商品作片面的宣传或者对比；

（二）将科学上未定论的观点、现象等当作定论的事实用于商品宣传；

（三）使用歧义性语言进行商业宣传；

（四）其他足以引人误解的商业宣传行为。

人民法院应当根据日常生活经验、相关公众一般注意力、发生误解的事实和被宣传对象的实际情况等因素，对引人误解的商业宣传行为进行认定。

第十八条 当事人主张经营者违反反不正当竞争法第八条第一款的规定并请求赔偿损失的，应当举证证明其因虚假或者引人误解的商业宣传行为受到损失。

第十九条 当事人主张经营者实施了反不正当竞争法第十一条规定的商业诋毁行为的，应当举证证明其为该商业诋毁行为的特定损害对象。

第二十条 经营者传播他人编造的虚假信息或者误导性信息，损害竞争对手的商业信誉、商品声誉的，人民法院应当依照反不正当竞争法第十一条予以认定。

第二十一条 未经其他经营者和用户同意而直接发生的目标跳转，人民法院应当认定为反不正当竞争法第十二条第二款第一项规定的“强制进行目标跳转”。

仅插入链接，目标跳转由用户触发的，人民法院应当综合考虑插入链接的具体方式、是否具有合理理由以及对用户利益和其他经营者利益的影响等因素，认定该行为是否违反反不正当竞争法第十二条第二款第一项的规定。

第二十二条 经营者事前未明确提示并经用户同意，以误导、欺骗、强迫用户修改、关闭、卸载等方式，恶意干扰或者破坏其他经营者合法提供的网络产品或者服务，人民法院应当依照反不正当竞争法第十二条第二款第二项予以认定。

第二十三条 对于反不正当竞争法第二条、第八条、第十一条、第十二条规定的不正当竞争行为，权利人因被侵权所受到的实际损失、侵权人因侵权所获得的利益难以确定，当事人主张依据反不正当竞争法第十七条第四款确定赔偿数额的，人民法院应予支持。

第二十四条 对于同一侵权人针对同一主体在同一时间和地域范围实施的侵权行为，人民法院已经认定侵害著作权、专利权或者注册商标专用权等并判令承担民事责任，当事人又以该行为构成不正当竞争为由请求同一侵权人承担民事责任的，人民法院不予支持。

第二十五条 依据反不正当竞争法第六条的规定，当事人主张判令被告停止使用或者变更其企业名称的诉讼请求依法应予支持的，人民法院应当判令停止使用该企业名称。

第二十六条 因不正当竞争行为提起的民事诉讼，由侵权行为地或者被告住所地人民法院管辖。

当事人主张仅以网络购买者可以任意选择的收货地作为侵权行为地的，人民法院不予支持。

第二十七条 被诉不正当竞争行为发生在中华人民共和国领域外，但侵权结果发生在中华人民共和国领域内，当事人主张由该侵权结果发生地人民法院管辖的，人民法院应予支持。

第二十八条 反不正当竞争法修改决定施行以后人民法院受理的不正当竞争民事案件，涉及该决定施行前发生的行为的，适用修改前的反不正当竞争法；涉及该决定施行前发生、持续到该决定施行以后的行为的，适用修改后的反不正当竞争法。

第二十九条 本解释自2022年3月20日起施行。《最高人民法院关于审理不正当竞争民事案件应用法律若干问题的解释》（法释〔2007〕2号）同时废止。

本解释施行以后尚未终审的案件，适用本解释；施行以前已经终审的案件，不适用本解释再审。

中华人民共和国反垄断法

（2007年8月30日第十届全国人民代表大会常务委员会第二十九次会议通过
根据2022年6月24日第十三届全国人民代表大会常务委员会第三十五次会议
《关于修改〈中华人民共和国反垄断法〉的决定》修正）

目 录

第一章 总 则
第二章 垄断协议
第三章 滥用市场支配地位
第四章 经营者集中
第五章 滥用行政权力排除、限制竞争
第六章 对涉嫌垄断行为的调查
第七章 法律责任
第八章 附 则

第一章 总 则

第一条 为了预防和制止垄断行为，保护市场公平竞争，鼓励创新，提高经济运行效率，维护消费者利益和社会公共利益，促进社会主义市场经济健康发展，制定本法。

第二条 中华人民共和国境内经济活动中的垄断行为，适用本法；中华人民共和国境外的垄断行为，对境内市场竞争产生排除、限制影响的，适用本法。

第三条 本法规定的垄断行为包括：

（一）经营者达成垄断协议；

（二）经营者滥用市场支配地位；

（三）具有或者可能具有排除、限制竞争效果的经营者集中。

第四条 反垄断工作坚持中国共产党的领导。

国家坚持市场化、法治化原则，强化竞争政策基础地位，制定和实施与社会主义市场经济相适应的竞争规则，完善宏观调控，健全统一、开放、竞争、有序的市场体系。

第五条 国家建立健全公平竞争审查制度。

行政机关和法律、法规授权的具有管理公共事务职能的组织在制定涉及市场主体经济活动的规定时，应当进行公平竞争审查。

第六条 经营者可以通过公平竞争、自愿联合，依法实施集中，扩大经营规模，提高市场竞争能力。

第七条 具有市场支配地位的经营者，不得滥用市场支配地位，排除、限制竞争。

第八条 国有经济占控制地位的关系国民经济命脉和国家安全的行业以及依法实行专营专卖的行业，国家对其经营者的合法经营活动予以保护，并对经营者的经营行为及其商品和服务的价格依法实施监管和调控，维护消费者利益，促进技术进步。

前款规定行业的经营者应当依法经营，诚实守信，严格自律，接受社会公众的监督，不得利用其控制地位或者专营专卖地位损害消费者利益。

第九条 经营者不得利用数据和算法、技术、资本优势以及平台规则等从事本法禁止的垄断行为。

第十条 行政机关和法律、法规授权的具有管理公共事务职能的组织不得滥用行政权力，排除、限制竞争。

第十一条 国家健全完善反垄断规则制度，强化反垄断监管力量，提高监管能力和监管体系现代化水平，加强反垄断执法司法，依法公正高效审理垄断案件，健全行政执法和司法衔接机制，维护公平竞争秩序。

第十二条 国务院设立反垄断委员会，负责组织、协调、指导反垄断工作，履行下列职责：

（一）研究拟订有关竞争政策；

（二）组织调查、评估市场总体竞争状况，发布评估报告；

（三）制定、发布反垄断指南；

（四）协调反垄断行政执法工作；

（五）国务院规定的其他职责。

国务院反垄断委员会的组成和工作规则由国务院规定。

第十三条 国务院反垄断执法机构负责反垄断统一执法工作。

国务院反垄断执法机构根据工作需要，可以授权省、自治区、直辖市人民政府相应的机构，依照本法规定负责有关反垄断执法工作。

第十四条 行业协会应当加强行业自律，引导本行业的经营者依法竞争，合规经营，维护市场竞争秩序。

第十五条 本法所称经营者，是指从事商品生产、经营或者提供服务的自然人、法人和非法人组织。

本法所称相关市场，是指经营者在一定时期内就特定商品或者服务（以下统称商品）进行竞争的商品范围和地域范围。

第二章 垄断协议

第十六条 本法所称垄断协议，是指排除、限制竞争的协议、决定或者其他协同行为。

第十七条 禁止具有竞争关系的经营者达成下列垄断协议：

（一）固定或者变更商品价格；

（二）限制商品的生产数量或者销售数量；

（三）分割销售市场或者原材料采购市场；

（四）限制购买新技术、新设备或者限制开发新技术、新产品；

（五）联合抵制交易；

（六）国务院反垄断执法机构认定的其他垄断协议。

第十八条 禁止经营者与交易相对人达成下列垄断协议：

（一）固定向第三人转售商品的价格；

（二）限定向第三人转售商品的最低价格；

（三）国务院反垄断执法机构认定的其他垄断协议。

对前款第一项和第二项规定的协议，经营者能够证明其不具有排除、限制竞争效果的，不予禁止。

经营者能够证明其在相关市场的市场份额低于国务院反垄断执法机构规定的标准，并符合国务院反垄断执法机构规定的其他条件的，不予禁止。

第十九条 经营者不得组织其他经营者达成垄断协议或者为其他经营者达成垄断协议提供实质性帮助。

第二十条 经营者能够证明所达成的协议属于下列情形之一的，不适用本法第十七条、第十八条第一款、第十九条的规定：

（一）为改进技术、研究开发新产品的；

（二）为提高产品质量、降低成本、增进效率，统一产品规格、标准或者实行专业化分工的；

（三）为提高中小经营者经营效率，增强中小经营者竞争力的；

（四）为实现节约能源、保护环境、救灾救助等社会公共利益的；

（五）因经济不景气，为缓解销售量严重下降或者生产明显过剩的；

（六）为保障对外贸易和对外经济合作中的正当利益的；

（七）法律和国务院规定的其他情形。

属于前款第一项至第五项情形，不适用本法第十七条、第十八条第一款、第十九条规定的，经营者还应当证明所达成的协议不会严重限制相关市场的竞争，并且能够使消费者分享由此产生的利益。

第二十一条 行业协会不得组织本行业的经营者从事本章禁止的垄断行为。

第三章 滥用市场支配地位

第二十二条 禁止具有市场支配地位的经

营者从事下列滥用市场支配地位的行为：

（一）以不公平的高价销售商品或者以不公平的低价购买商品；

（二）没有正当理由，以低于成本的价格销售商品；

（三）没有正当理由，拒绝与交易相对人进行交易；

（四）没有正当理由，限定交易相对人只能与其进行交易或者只能与其指定的经营者进行交易；

（五）没有正当理由搭售商品，或者在交易时附加其他不合理的交易条件；

（六）没有正当理由，对条件相同的交易相对人在交易价格等交易条件上实行差别待遇；

（七）国务院反垄断执法机构认定的其他滥用市场支配地位的行为。

具有市场支配地位的经营者不得利用数据和算法、技术以及平台规则等从事前款规定的滥用市场支配地位的行为。

本法所称市场支配地位，是指经营者在相关市场内具有能够控制商品价格、数量或者其他交易条件，或者能够阻碍、影响其他经营者进入相关市场能力的市场地位。

第二十三条 认定经营者具有市场支配地位，应当依据下列因素：

（一）该经营者在相关市场的市场份额，以及相关市场的竞争状况；

（二）该经营者控制销售市场或者原材料采购市场的能力；

（三）该经营者的财力和技术条件；

（四）其他经营者对该经营者在交易上的依赖程度；

（五）其他经营者进入相关市场的难易程度；

（六）与认定该经营者市场支配地位有关的其他因素。

第二十四条 有下列情形之一的，可以推定经营者具有市场支配地位：

（一）一个经营者在相关市场的市场份额达到二分之一的；

（二）两个经营者在相关市场的市场份额合计达到三分之二的；

（三）三个经营者在相关市场的市场份额合计达到四分之三的。

有前款第二项、第三项规定的情形，其中有的经营者市场份额不足十分之一的，不应当推定该经营者具有市场支配地位。

被推定具有市场支配地位的经营者，有证据证明不具有市场支配地位的，不应当认定其具有市场支配地位。

第四章 经营者集中

第二十五条 经营者集中是指下列情形：

（一）经营者合并；

（二）经营者通过取得股权或者资产的方式取得对其他经营者的控制权；

（三）经营者通过合同等方式取得对其他经营者的控制权或者能够对其他经营者施加决定性影响。

第二十六条 经营者集中达到国务院规定的申报标准的，经营者应当事先向国务院反垄断执法机构申报，未申报的不得实施集中。

经营者集中未达到国务院规定的申报标准，但有证据证明该经营者集中具有或者可能具有排除、限制竞争效果的，国务院反垄断执法机构可以要求经营者申报。

经营者未依照前两款规定进行申报的，国务院反垄断执法机构应当依法进行调查。

第二十七条 经营者集中有下列情形之一的，可以不向国务院反垄断执法机构申报：

（一）参与集中的一个经营者拥有其他每个经营者百分之五十以上有表决权的股份或者资产的；

（二）参与集中的每个经营者百分之五十以上有表决权的股份或者资产被同一个未参与集中的经营者拥有的。

第二十八条 经营者向国务院反垄断执法机构申报集中，应当提交下列文件、资料：

（一）申报书；

（二）集中对相关市场竞争状况影响的说明；

（三）集中协议；

（四）参与集中的经营者经会计师事务所审计的上一会计年度财务会计报告；

（五）国务院反垄断执法机构规定的其他文件、资料。

申报书应当载明参与集中的经营者的名称、住所、经营范围、预定实施集中的日期和国务院反垄断执法机构规定的其他事项。

第二十九条 经营者提交的文件、资料不完备的，应当在国务院反垄断执法机构规定的期限内补交文件、资料。经营者逾期未补交文件、资料的，视为未申报。

第三十条 国务院反垄断执法机构应当自收到经营者提交的符合本法第二十八条规定的文件、资料之日起三十日内，对申报的经营者集中进行初步审查，作出是否实施进一步审查的决定，并书面通知经营者。国务院反垄断执法机构作出决定前，经营者不得实施集中。

国务院反垄断执法机构作出不实施进一步审查的决定或者逾期未作出决定的，经营者可以实施集中。

第三十一条 国务院反垄断执法机构决定实施进一步审查的，应当自决定之日起九十日内审查完毕，作出是否禁止经营者集中的决定，并书面通知经营者。作出禁止经营者集中的决定，应当说明理由。审查期间，经营者不得实施集中。

有下列情形之一的，国务院反垄断执法机构经书面通知经营者，可以延长前款规定的审查期限，但最长不得超过六十日：

（一）经营者同意延长审查期限的；

（二）经营者提交的文件、资料不准确，需要进一步核实的；

（三）经营者申报后有关情况发生重大变化的。

国务院反垄断执法机构逾期未作出决定的，经营者可以实施集中。

第三十二条 有下列情形之一的，国务院反垄断执法机构可以决定中止计算经营者集中的审查期限，并书面通知经营者：

（一）经营者未按照规定提交文件、资料，导致审查工作无法进行；

（二）出现对经营者集中审查具有重大影响的新情况、新事实，不经核实将导致审查工作无法进行；

（三）需要对经营者集中附加的限制性条件进一步评估，且经营者提出中止请求。

自中止计算审查期限的情形消除之日起，审查期限继续计算，国务院反垄断执法机构应当书面通知经营者。

第三十三条 审查经营者集中，应当考虑下列因素：

（一）参与集中的经营者在相关市场的市场份额及其对市场的控制力；

（二）相关市场的市场集中度；

（三）经营者集中对市场进入、技术进步的影响；

（四）经营者集中对消费者和其他有关经营者的影响；

（五）经营者集中对国民经济发展的影响；

（六）国务院反垄断执法机构认为应当考虑的影响市场竞争的其他因素。

第三十四条 经营者集中具有或者可能具有排除、限制竞争效果的，国务院反垄断执法机构应当作出禁止经营者集中的决定。但是，经营者能够证明该集中对竞争产生的有利影响明显大于不利影响，或者符合社会公共利益的，国务院反垄断执法机构可以作出对经营者集中不予禁止的决定。

第三十五条 对不予禁止的经营者集中，国务院反垄断执法机构可以决定附加减少集中对竞争产生不利影响的限制性条件。

第三十六条 国务院反垄断执法机构应当将禁止经营者集中的决定或者对经营者集中附加限制性条件的决定，及时向社会公布。

第三十七条 国务院反垄断执法机构应当健全经营者集中分类分级审查制度，依法加强对涉及国计民生等重要领域的经营者集中的审查，提高审查质量和效率。

第三十八条 对外资并购境内企业或者以其他方式参与经营者集中，涉及国家安全的，除依照本法规定进行经营者集中审查外，还应当按照国家有关规定进行国家安全审查。

第五章 滥用行政权力排除、限制竞争

第三十九条 行政机关和法律、法规授权的具有管理公共事务职能的组织不得滥用行政权力，限定或者变相限定单位或者个人经营、购买、使用其指定的经营者提供的商品。

第四十条 行政机关和法律、法规授权的具有管理公共事务职能的组织不得滥用行政权力，通过与经营者签订合作协议、备忘录等方式，妨碍其他经营者进入相关市场或者对其他经营者实行不平等待遇，排除、限制竞争。

第四十一条 行政机关和法律、法规授权的具有管理公共事务职能的组织不得滥用行政权力，实施下列行为，妨碍商品在地区之间的

自由流通：

（一）对外地商品设定歧视性收费项目、实行歧视性收费标准，或者规定歧视性价格；

（二）对外地商品规定与本地同类商品不同的技术要求、检验标准，或者对外地商品采取重复检验、重复认证等歧视性技术措施，限制外地商品进入本地市场；

（三）采取专门针对外地商品的行政许可，限制外地商品进入本地市场；

（四）设置关卡或者采取其他手段，阻碍外地商品进入或者本地商品运出；

（五）妨碍商品在地区之间自由流通的其他行为。

第四十二条 行政机关和法律、法规授权的具有管理公共事务职能的组织不得滥用行政权力，以设定歧视性资质要求、评审标准或者不依法发布信息等方式，排斥或者限制经营者参加招标投标以及其他经营活动。

第四十三条 行政机关和法律、法规授权的具有管理公共事务职能的组织不得滥用行政权力，采取与本地经营者不平等待遇等方式，排斥、限制、强制或者变相强制外地经营者在本地投资或者设立分支机构。

第四十四条 行政机关和法律、法规授权的具有管理公共事务职能的组织不得滥用行政权力，强制或者变相强制经营者从事本法规定的垄断行为。

第四十五条 行政机关和法律、法规授权的具有管理公共事务职能的组织不得滥用行政权力，制定含有排除、限制竞争内容的规定。

第六章 对涉嫌垄断行为的调查

第四十六条 反垄断执法机构依法对涉嫌垄断行为进行调查。

对涉嫌垄断行为，任何单位和个人有权向反垄断执法机构举报。反垄断执法机构应当为举报人保密。

举报采用书面形式并提供相关事实和证据的，反垄断执法机构应当进行必要的调查。

第四十七条 反垄断执法机构调查涉嫌垄断行为，可以采取下列措施：

（一）进入被调查的经营者的营业场所或者其他有关场所进行检查；

（二）询问被调查的经营者、利害关系人或者其他有关单位或者个人，要求其说明有关情况；

（三）查阅、复制被调查的经营者、利害关系人或者其他有关单位或者个人的有关单证、协议、会计账簿、业务函电、电子数据等文件、资料；

（四）查封、扣押相关证据；

（五）查询经营者的银行账户。

采取前款规定的措施，应当向反垄断执法机构主要负责人书面报告，并经批准。

第四十八条 反垄断执法机构调查涉嫌垄断行为，执法人员不得少于二人，并应当出示执法证件。

执法人员进行询问和调查，应当制作笔录，并由被询问人或者被调查人签字。

第四十九条 反垄断执法机构及其工作人员对执法过程中知悉的商业秘密、个人隐私和个人信息依法负有保密义务。

第五十条 被调查的经营者、利害关系人或者其他有关单位或者个人应当配合反垄断执法机构依法履行职责，不得拒绝、阻碍反垄断执法机构的调查。

第五十一条 被调查的经营者、利害关系人有权陈述意见。反垄断执法机构应当对被调查的经营者、利害关系人提出的事实、理由和证据进行核实。

第五十二条 反垄断执法机构对涉嫌垄断行为调查核实后，认为构成垄断行为的，应当依法作出处理决定，并可以向社会公布。

第五十三条 对反垄断执法机构调查的涉嫌垄断行为，被调查的经营者承诺在反垄断执法机构认可的期限内采取具体措施消除该行为后果的，反垄断执法机构可以决定中止调查。中止调查的决定应当载明被调查的经营者承诺的具体内容。

反垄断执法机构决定中止调查的，应当对经营者履行承诺的情况进行监督。经营者履行承诺的，反垄断执法机构可以决定终止调查。

有下列情形之一的，反垄断执法机构应当恢复调查：

（一）经营者未履行承诺的；

（二）作出中止调查决定所依据的事实发生重大变化的；

（三）中止调查的决定是基于经营者提供的不完整或者不真实的信息作出的。

第五十四条 反垄断执法机构依法对涉嫌

滥用行政权力排除、限制竞争的行为进行调查，有关单位或者个人应当配合。

第五十五条　经营者、行政机关和法律、法规授权的具有管理公共事务职能的组织，涉嫌违反本法规定的，反垄断执法机构可以对其法定代表人或者负责人进行约谈，要求其提出改进措施。

第七章　法律责任

第五十六条　经营者违反本法规定，达成并实施垄断协议的，由反垄断执法机构责令停止违法行为，没收违法所得，并处上一年度销售额百分之一以上百分之十以下的罚款，上一年度没有销售额的，处五百万元以下的罚款；尚未实施所达成的垄断协议的，可以处三百万元以下的罚款。经营者的法定代表人、主要负责人和直接责任人员对达成垄断协议负有个人责任的，可以处一百万元以下的罚款。

经营者组织其他经营者达成垄断协议或者为其他经营者达成垄断协议提供实质性帮助的，适用前款规定。

经营者主动向反垄断执法机构报告达成垄断协议的有关情况并提供重要证据的，反垄断执法机构可以酌情减轻或者免除对该经营者的处罚。

行业协会违反本法规定，组织本行业的经营者达成垄断协议的，由反垄断执法机构责令改正，可以处三百万元以下的罚款；情节严重的，社会团体登记管理机关可以依法撤销登记。

第五十七条　经营者违反本法规定，滥用市场支配地位的，由反垄断执法机构责令停止违法行为，没收违法所得，并处上一年度销售额百分之一以上百分之十以下的罚款。

第五十八条　经营者违反本法规定实施集中，且具有或者可能具有排除、限制竞争效果的，由国务院反垄断执法机构责令停止实施集中、限期处分股份或者资产、限期转让营业以及采取其他必要措施恢复到集中前的状态，处上一年度销售额百分之十以下的罚款；不具有排除、限制竞争效果的，处五百万元以下的罚款。

第五十九条　对本法第五十六条、第五十七条、第五十八条规定的罚款，反垄断执法机构确定具体罚款数额时，应当考虑违法行为的性质、程度、持续时间和消除违法行为后果的情况等因素。

第六十条　经营者实施垄断行为，给他人造成损失的，依法承担民事责任。

经营者实施垄断行为，损害社会公共利益的，设区的市级以上人民检察院可以依法向人民法院提起民事公益诉讼。

第六十一条　行政机关和法律、法规授权的具有管理公共事务职能的组织滥用行政权力，实施排除、限制竞争行为的，由上级机关责令改正；对直接负责的主管人员和其他直接责任人员依法给予处分。反垄断执法机构可以向有关上级机关提出依法处理的建议。行政机关和法律、法规授权的具有管理公共事务职能的组织应当将有关改正情况书面报告上级机关和反垄断执法机构。

法律、行政法规对行政机关和法律、法规授权的具有管理公共事务职能的组织滥用行政权力实施排除、限制竞争行为的处理另有规定的，依照其规定。

第六十二条　对反垄断执法机构依法实施的审查和调查，拒绝提供有关材料、信息，或者提供虚假材料、信息，或者隐匿、销毁、转移证据，或者有其他拒绝、阻碍调查行为的，由反垄断执法机构责令改正，对单位处上一年度销售额百分之一以下的罚款，上一年度没有销售额或者销售额难以计算的，处五百万元以下的罚款；对个人处五十万元以下的罚款。

第六十三条　违反本法规定，情节特别严重、影响特别恶劣、造成特别严重后果的，国务院反垄断执法机构可以在本法第五十六条、第五十七条、第五十八条、第六十二条规定的罚款数额的二倍以上五倍以下确定具体罚款数额。

第六十四条　经营者因违反本法规定受到行政处罚的，按照国家有关规定记入信用记录，并向社会公示。

第六十五条　对反垄断执法机构依据本法第三十四条、第三十五条作出的决定不服的，可以先依法申请行政复议；对行政复议决定不服的，可以依法提起行政诉讼。

对反垄断执法机构作出的前款规定以外的决定不服的，可以依法申请行政复议或者提起行政诉讼。

第六十六条　反垄断执法机构工作人员滥

用职权、玩忽职守、徇私舞弊或者泄露执法过程中知悉的商业秘密、个人隐私和个人信息的，依法给予处分。

第六十七条 违反本法规定，构成犯罪的，依法追究刑事责任。

第八章 附 则

第六十八条 经营者依照有关知识产权的法律、行政法规规定行使知识产权的行为，不适用本法；但是，经营者滥用知识产权，排除、限制竞争的行为，适用本法。

第六十九条 农业生产者及农村经济组织在农产品生产、加工、销售、运输、储存等经营活动中实施的联合或者协同行为，不适用本法。

第七十条 本法自2008年8月1日起施行。

最高人民法院
关于审理因垄断行为引发的民事纠纷案件应用法律若干问题的规定

［2012年1月30日最高人民法院审判委员会第1539次会议通过 根据2020年12月23日最高人民法院审判委员会第1823次会议通过的《最高人民法院关于修改〈最高人民法院关于审理侵犯专利权纠纷案件应用法律若干问题的解释（二）〉等十八件知识产权类司法解释的决定》修正］

为正确审理因垄断行为引发的民事纠纷案件，制止垄断行为，保护和促进市场公平竞争，维护消费者利益和社会公共利益，根据《中华人民共和国民法典》《中华人民共和国反垄断法》和《中华人民共和国民事诉讼法》等法律的相关规定，制定本规定。

第一条 本规定所称因垄断行为引发的民事纠纷案件（以下简称垄断民事纠纷案件），是指因垄断行为受到损失以及因合同内容、行业协会的章程等违反反垄断法而发生争议的自然人、法人或者非法人组织，向人民法院提起的民事诉讼案件。

第二条 原告直接向人民法院提起民事诉讼，或者在反垄断执法机构认定构成垄断行为的处理决定发生法律效力后向人民法院提起民事诉讼，并符合法律规定的其他受理条件的，人民法院应当受理。

第三条 第一审垄断民事纠纷案件，由知识产权法院，省、自治区、直辖市人民政府所在地的市、计划单列市中级人民法院以及最高人民法院指定的中级人民法院管辖。

第四条 垄断民事纠纷案件的地域管辖，根据案件具体情况，依照民事诉讼法及相关司法解释有关侵权纠纷、合同纠纷等的管辖规定确定。

第五条 民事纠纷案件立案时的案由并非垄断纠纷，被告以原告实施了垄断行为为由提出抗辩或者反诉且有证据支持，或者案件需要依据反垄断法作出裁判，但受诉人民法院没有垄断民事纠纷案件管辖权的，应当将案件移送有管辖权的人民法院。

第六条 两个或者两个以上原告因同一垄断行为向有管辖权的同一法院分别提起诉讼的，人民法院可以合并审理。

两个或者两个以上原告因同一垄断行为向有管辖权的不同法院分别提起诉讼的，后立案的法院在得知有关法院先立案的情况后，应当在七日内裁定将案件移送先立案的法院；受移送的法院可以合并审理。被告应当在答辩阶段主动向受诉人民法院提供其因同一行为在其他法院涉诉的相关信息。

第七条 被诉垄断行为属于反垄断法第十三条第一款第一项至第五项规定的垄断协议的，被告应对该协议不具有排除、限制竞争的效果承担举证责任。

第八条 被诉垄断行为属于反垄断法第十七条第一款规定的滥用市场支配地位的，原告应当对被告在相关市场内具有支配地位和其滥用市场支配地位承担举证责任。

被告以其行为具有正当性为由进行抗辩的，应当承担举证责任。

第九条 被诉垄断行为属于公用企业或者其他依法具有独占地位的经营者滥用市场支配地位的，人民法院可以根据市场结构和竞争状况的具体情况，认定被告在相关市场内具有支配地位，但有相反证据足以推翻的除外。

第十条 原告可以以被告对外发布的信息作为证明其具有市场支配地位的证据。被告对外发布的信息能够证明其在相关市场内具有支配地位的，人民法院可以据此作出认定，但有相反证据足以推翻的除外。

第十一条 证据涉及国家秘密、商业秘密、个人隐私或者其他依法应当保密的内容的，人民法院可以依职权或者当事人的申请采取不公开开庭、限制或者禁止复制、仅对代理律师展示、责令签署保密承诺书等保护措施。

第十二条 当事人可以向人民法院申请一至二名具有相应专门知识的人员出庭，就案件的专门性问题进行说明。

第十三条 当事人可以向人民法院申请委托专业机构或者专业人员就案件的专门性问题作出市场调查或者经济分析报告。经人民法院同意，双方当事人可以协商确定专业机构或者专业人员；协商不成的，由人民法院指定。

人民法院可以参照民事诉讼法及相关司法解释有关鉴定意见的规定，对前款规定的市场调查或者经济分析报告进行审查判断。

第十四条 被告实施垄断行为，给原告造成损失的，根据原告的诉讼请求和查明的事实，人民法院可以依法判令被告承担停止侵害、赔偿损失等民事责任。

根据原告的请求，人民法院可以将原告因调查、制止垄断行为所支付的合理开支计入损失赔偿范围。

第十五条 被诉合同内容、行业协会的章程等违反反垄断法或者其他法律、行政法规的强制性规定的，人民法院应当依法认定其无效。但是，该强制性规定不导致该民事法律行为无效的除外。

第十六条 因垄断行为产生的损害赔偿请求权诉讼时效期间，从原告知道或者应当知道权益受到损害以及义务人之日起计算。

原告向反垄断执法机构举报被诉垄断行为的，诉讼时效从其举报之日起中断。反垄断执法机构决定不立案、撤销案件或者决定终止调查的，诉讼时效期间从原告知道或者应当知道不立案、撤销案件或者终止调查之日起重新计算。反垄断执法机构调查后认定构成垄断行为的，诉讼时效期间从原告知道或者应当知道反垄断执法机构认定构成垄断行为的处理决定发生法律效力之日起重新计算。

原告知道或者应当知道权益受到损害以及义务人之日起超过三年，如果起诉时被诉垄断行为仍然持续，被告提出诉讼时效抗辩的，损害赔偿应当自原告向人民法院起诉之日起向前推算三年计算。自权利受到损害之日起超过二十年的，人民法院不予保护，有特殊情况的，人民法院可以根据权利人的申请决定延长。

国家工商行政管理局
关于禁止滥用知识产权排除、限制竞争行为的规定

（2015 年 4 月 7 日国家工商行政管理总局令第 74 号公布
根据 2020 年 10 月 23 日国家市场监督管理总局令第 31 号修订）

第一条 为了保护市场公平竞争和激励创新，制止经营者滥用知识产权排除、限制竞争的行为，根据《中华人民共和国反垄断法》（以下简称《反垄断法》），制定本规定。

第二条 反垄断与保护知识产权具有共同的目标，即促进竞争和创新，提高经济运行效

率，维护消费者利益和社会公共利益。

经营者依照有关知识产权的法律、行政法规规定行使知识产权的行为，不适用《反垄断法》；但是，经营者滥用知识产权，排除、限制竞争的行为，适用《反垄断法》。

第三条 本规定所称滥用知识产权排除、限制竞争行为，是指经营者违反《反垄断法》的规定行使知识产权，实施垄断协议、滥用市场支配地位等垄断行为。

本规定所称相关市场，包括相关商品市场和相关地域市场，依据《反垄断法》和《国务院反垄断委员会关于相关市场界定的指南》进行界定，并考虑知识产权、创新等因素的影响。在涉及知识产权许可等反垄断执法工作中，相关商品市场可以是技术市场，也可以是含有特定知识产权的产品市场。相关技术市场是指由行使知识产权所涉及的技术和可以相互替代的同类技术之间相互竞争所构成的市场。

第四条 经营者之间不得利用行使知识产权的方式达成《反垄断法》第十三条、第十四条所禁止的垄断协议。但是，经营者能够证明所达成的协议符合《反垄断法》第十五条规定的除外。

第五条 经营者行使知识产权的行为有下列情形之一的，可以不被认定为《反垄断法》第十三条第一款第六项和第十四条第三项所禁止的垄断协议，但是有相反的证据证明该协议具有排除、限制竞争效果的除外：

（一）具有竞争关系的经营者在受其行为影响的相关市场上的市场份额合计不超过百分之二十，或者在相关市场上存在至少四个可以以合理成本得到的其他独立控制的替代性技术；

（二）经营者与交易相对人在相关市场上的市场份额均不超过百分之三十，或者在相关市场上存在至少两个可以以合理成本得到的其他独立控制的替代性技术。

第六条 具有市场支配地位的经营者不得在行使知识产权的过程中滥用市场支配地位，排除、限制竞争。

市场支配地位根据《反垄断法》第十八条和第十九条的规定进行认定和推定。经营者拥有知识产权可以构成认定其市场支配地位的因素之一，但不能仅根据经营者拥有知识产权推定其在相关市场上具有市场支配地位。

第七条 具有市场支配地位的经营者没有正当理由，不得在其知识产权构成生产经营活动必需设施的情况下，拒绝许可其他经营者以合理条件使用该知识产权，排除、限制竞争。

认定前款行为需要同时考虑下列因素：

（一）该项知识产权在相关市场上不能被合理替代，为其他经营者参与相关市场的竞争所必需；

（二）拒绝许可该知识产权将会导致相关市场上的竞争或者创新受到不利影响，损害消费者利益或者公共利益；

（三）许可该知识产权对该经营者不会造成不合理的损害。

第八条 具有市场支配地位的经营者没有正当理由，不得在行使知识产权的过程中，实施下列限定交易行为，排除、限制竞争：

（一）限定交易相对人只能与其进行交易；

（二）限定交易相对人只能与其指定的经营者进行交易。

第九条 具有市场支配地位的经营者没有正当理由，不得在行使知识产权的过程中，实施同时符合下列条件的搭售行为，排除、限制竞争：

（一）违背交易惯例、消费习惯等或者无视商品的功能，将不同商品强制捆绑销售或者组合销售；

（二）实施搭售行为使该经营者将其在搭售品市场的支配地位延伸到被搭售品市场，排除、限制了其他经营者在搭售品或者被搭售品市场上的竞争。

第十条 具有市场支配地位的经营者没有正当理由，不得在行使知识产权的过程中，实施下列附加不合理限制条件的行为，排除、限制竞争：

（一）要求交易相对人将其改进的技术进行独占性的回授；

（二）禁止交易相对人对其知识产权的有效性提出质疑；

（三）限制交易相对人在许可协议期限届满后，在不侵犯知识产权的情况下利用竞争性的商品或者技术；

（四）对保护期已经届满或者被认定无效的知识产权继续行使权利；

（五）禁止交易相对人与第三方进行

交易；

（六）对交易相对人附加其他不合理的限制条件。

第十一条 具有市场支配地位的经营者没有正当理由，不得在行使知识产权的过程中，对条件相同的交易相对人实行差别待遇，排除、限制竞争。

第十二条 经营者不得在行使知识产权的过程中，利用专利联营从事排除、限制竞争的行为。

专利联营的成员不得利用专利联营交换产量、市场划分等有关竞争的敏感信息，达成《反垄断法》第十三条、第十四条所禁止的垄断协议。但是，经营者能够证明所达成的协议符合《反垄断法》第十五条规定的除外。

具有市场支配地位的专利联营管理组织没有正当理由，不得利用专利联营实施下列滥用市场支配地位的行为，排除、限制竞争：

（一）限制联营成员在联营之外作为独立许可人许可专利；

（二）限制联营成员或者被许可人独立或者与第三方联合研发与联营专利相竞争的技术；

（三）强迫被许可人将其改进或者研发的技术独占性地回授给专利联营管理组织或者联营成员；

（四）禁止被许可人质疑联营专利的有效性；

（五）对条件相同的联营成员或者同一相关市场的被许可人在交易条件上实行差别待遇；

（六）国家市场监督管理总局认定的其他滥用市场支配地位行为。

本规定所称专利联营，是指两个或者两个以上的专利权人通过某种形式将各自拥有的专利共同许可给第三方的协议安排。其形式可以是为此目的成立的专门合资公司，也可以是委托某一联营成员或者某独立的第三方进行管理。

第十三条 经营者不得在行使知识产权的过程中，利用标准（含国家技术规范的强制性要求，下同）的制定和实施从事排除、限制竞争的行为。

具有市场支配地位的经营者没有正当理由，不得在标准的制定和实施过程中实施下列排除、限制竞争行为：

（一）在参与标准制定的过程中，故意不向标准制定组织披露其权利信息，或者明确放弃其权利，但是在某项标准涉及该专利后却对该标准的实施者主张其专利权。

（二）在其专利成为标准必要专利后，违背公平、合理和无歧视原则，实施拒绝许可、搭售商品或者在交易时附加其他的不合理交易条件等排除、限制竞争的行为。

本规定所称标准必要专利，是指实施该项标准所必不可少的专利。

第十四条 经营者涉嫌滥用知识产权排除、限制竞争行为的，反垄断执法机构依据《反垄断法》和《禁止垄断协议暂行规定》、《禁止滥用市场支配地位行为暂行规定》进行调查。

本规定所称反垄断执法机构包括国家市场监督管理总局和各省、自治区、直辖市市场监督管理部门。

第十五条 分析认定经营者涉嫌滥用知识产权排除、限制竞争行为，可以采取以下步骤：

（一）确定经营者行使知识产权行为的性质和表现形式；

（二）确定行使知识产权的经营者之间相互关系的性质；

（三）界定行使知识产权所涉及的相关市场；

（四）认定行使知识产权的经营者的市场地位；

（五）分析经营者行使知识产权的行为对相关市场竞争的影响。

分析认定经营者之间关系的性质需要考虑行使知识产权行为本身的特点。在涉及知识产权许可的情况下，原本具有竞争关系的经营者之间在许可合同中是交易关系，而在许可人和被许可人都利用该知识产权生产产品的市场上则又是竞争关系。但是，如果当事人之间在订立许可协议时不是竞争关系，在协议订立之后才产生竞争关系的，则仍然不视为竞争者之间的协议，除非原协议发生实质性的变更。

第十六条 分析认定经营者行使知识产权的行为对竞争的影响，应当考虑下列因素：

（一）经营者与交易相对人的市场地位；

（二）相关市场的市场集中度；

（三）进入相关市场的难易程度；

（四）产业惯例与产业的发展阶段；

（五）在产量、区域、消费者等方面进行限制的时间和效力范围；

（六）对促进创新和技术推广的影响；

（七）经营者的创新能力和技术变化的速度；

（八）与认定行使知识产权的行为对竞争影响有关的其他因素。

第十七条 经营者滥用知识产权排除、限制竞争的行为构成垄断协议的，由反垄断执法机构责令停止违法行为，没收违法所得，并处上一年度销售额百分之一以上百分之十以下的罚款；尚未实施所达成的垄断协议的，可以处五十万元以下的罚款。

经营者滥用知识产权排除、限制竞争的行为构成滥用市场支配地位的，由反垄断执法机构责令停止违法行为，没收违法所得，并处上一年度销售额百分之一以上百分之十以下的罚款。

反垄断执法机构确定具体罚款数额时，应当考虑违法行为的性质、情节、程度、持续的时间等因素。

第十八条 本规定由国家市场监督管理总局负责解释。

第十九条 本规定自2015年8月1日起施行。

【指导案例】

指导案例30号

兰建军、杭州小拇指汽车维修科技股份有限公司诉天津市小拇指汽车维修服务有限公司等侵害商标权及不正当竞争纠纷案

（最高人民法院审判委员会讨论通过 2014年6月26日发布）

关键词 民事 侵害商标权 不正当竞争 竞争关系

裁判要点

1. 经营者是否具有超越法定经营范围而违反行政许可法律法规的行为，不影响其依法行使制止商标侵权和不正当竞争的民事权利。

2. 反不正当竞争法并未限制经营者之间必须具有直接的竞争关系，也没有要求其从事相同行业。经营者之间具有间接竞争关系，行为人违背反不正当竞争法的规定，损害其他经营者合法权益的，也应当认定为不正当竞争行为。

相关法条

《中华人民共和国反不正当竞争法》第二条

基本案情

原告兰建军、杭州小拇指汽车维修科技股份有限公司（以下简称杭州小拇指公司）诉称：其依法享有“小拇指”注册商标专用权，而天津市小拇指汽车维修服务有限公司（以下简称天津小拇指公司）、天津市华商汽车进口配件公司（以下简称天津华商公司）在从事汽车维修及通过网站进行招商加盟过程中，多处使用了“”标识，且存在单独或突出使用“小拇指”的情形，侵害了其注册商标专用权；同时，天津小拇指公司擅自使用杭州小拇指公司在先的企业名称，构成对杭州小拇指公司的不正当竞争。故诉请判令天津小拇指公司立即停止使用“小拇指”字号进行经营，天津小拇指公司及天津华商公司停止商标侵权及不正当竞争行为、公开赔礼道歉、连带赔偿经济损失630000元及合理开支24379.4元，并承担案件诉讼费用。

被告天津小拇指公司、天津华商公司辩

称：1. 杭州小拇指公司的经营范围并不含许可经营项目及汽车维修类，也未取得机动车维修的许可，且不具备“两店一年”的特许经营条件，属于超越经营范围的非法经营，故其权利不应得到保护。2. 天津小拇指公司、天津华商公司使用“小拇指”标识有合法来源，不构成商标侵权。3. 杭州小拇指公司并不从事汽车维修行业，双方不构成商业竞争关系，且不能证明其为知名企业，其主张企业名称权缺乏法律依据，天津小拇指公司、天津华商公司亦不构成不正当竞争，故请求驳回原告诉讼请求。

法院经审理查明：杭州小拇指公司成立于2004年10月22日，法定代表人为兰建军。其经营范围为：“许可经营项目：无；一般经营项目：服务；汽车玻璃修补的技术开发，汽车油漆快速修复的技术开发；批发、零售；汽车配件；含下属分支机构经营范围；其他无需报经审批的一切合法项目（上述经营范围不含国家法律法规规定禁止、限制和许可经营的项目。）凡以上涉及许可证制度的凭证经营。”其下属分支机构为杭州小拇指公司萧山分公司，该分公司成立于2005年11月8日，经营范围为：“汽车涂漆、玻璃安装”。该分公司于2008年8月1日取得的《道路运输经营许可证》载明的经营范围为：“维修（二类机动车维修：小型车辆维修）”。

2011年1月14日，杭州小拇指公司取得第6573882号“小拇指”文字注册商标，核定服务项目（第35类）：连锁店的经营管理（工商管理辅助）；特许经营的商业管理；商业管理咨询；广告（截止）。该商标现在有效期内。2011年4月14日，兰建军将其拥有的第6573881号“小拇指”文字注册商标以独占使用许可的方式，许可给杭州小拇指公司使用。

杭州小拇指公司多次获中国连锁经营协会颁发的中国特许经营连锁120强证书，2009年杭州小拇指公司“小拇指汽车维修服务”被浙江省质量技术监督局认定为浙江服务名牌。

天津小拇指公司成立于2008年10月16日，法定代表人田俊山。其经营范围为：“小型客车整车修理、总成修理、整车维护、小修、维修救援、专项修理。（许可经营项目的经营期限以许可证为准）”。该公司于2010年7月28日取得的《天津市机动车维修经营许可证》载明类别为“二类（汽车维修）”，经营项目为“小型客车整车修理、总成修理、整车维护、小修、维修救援、专项维修。”有效期自2010年7月28日至2012年7月27日。

天津华商公司成立于1992年11月23日，法定代表人与天津小拇指公司系同一人，即田俊山。其经营范围为：“汽车配件、玻璃、润滑脂、轮胎、汽车装具；车身清洁维护、电气系统维修、涂漆；代办快件、托运、信息咨询；普通货物（以上经营范围涉及行业许可证的凭许可证件在有效期内经营，国家有专项专营规定的按规定办理）。”天津华商公司取得的《天津市机动车维修经营许可证》的经营项目为：“小型客车整车修理、总成修理、整车维护、小修、维修救援、专项修理”，类别为“二类（汽车维修）”，现在有效期内。

天津小拇指公司、天津华商公司在从事汽车维修及通过网站进行招商加盟过程中，多处使用了“”标识，且存在单独或突出使用“小拇指”的情形。

2008年6月30日，天津华商公司与杭州小拇指公司签订了《特许连锁经营合同》，许可天津华商公司在天津经营“小拇指”品牌汽车维修连锁中心，合同期限为2008年6月30日至2011年6月29日。该合同第三条第（4）项约定：“乙方（天津华商公司）设立加盟店，应以甲方（杭州小拇指公司）书面批准的名称开展经营活动。商号的限制使用（以下选择使用）：（√）未经甲方书面同意，乙方不得在任何场合和时间，以任何形式使用或对‘小拇指’或‘小拇指微修’等相关标志进行企业名称登记注册；未经甲方书面同意，不得将‘小拇指’或‘小拇指微修’名称加上任何前缀、后缀进行修改或补充；乙方不得注册含有‘小拇指’或‘小拇指微修’或与其相关或相近似字样的域名等，该限制包含对乙方的分支机构的限制”。2010年12月16日，天津华商公司与杭州小拇指公司因履行《特许连锁经营合同》发生纠纷，经杭州市仲裁委员会仲裁裁决解除合同。

另查明，杭州小拇指公司于2008年4月8日取得商务部商业特许经营备案。天津华商公司曾向商务部行政主管部门反映杭州小拇指公司违规从事特许经营活动应予撤销备案的问题。对此，浙江省商务厅《关于上报杭州小拇指汽车维修科技股份有限公司特许经营有关情况的函》记载：1. 杭州小拇指公司特许经营备案时已具备“两店一年”条件，符合《商业特许经营管理条例》第七条的规定，可以予以备案；2. 杭州小拇指公司主要负责“小拇指”品牌管理，不直接从事机动车维修业务，并且拥有自己的商标、专利、经营模式等经营资源，可以开展特许经营业务；3. 经向浙江省道路运输管理局有关负责人了解，杭州小拇指公司下属直营店拥有《道路运输经营许可证》，经营范围包含“三类机动车维修”或“二类机动车维修”，具备从事机动车维修的资质；4. 杭州小拇指公司授权许可，以及机动车维修经营不在特许经营许可范围内。

裁判结果

天津市第二中级人民法院于2012年9月17日作出（2012）二中民三知初字第47号民事判决：一、判决生效之日起天津市小拇指汽车维修服务有限公司立即停止侵害第6573881号和第6573882号“小拇指”文字注册商标的行为，即天津市小拇指汽车维修服务有限公司立即在其网站（www. tjxiaomuzhi. net）、宣传材料、优惠体验券及其经营场所（含分支机构）停止使用“”标识，并停止单独使用“小拇指”字样；二、判决生效之日起天津市华商汽车进口配件公司立即停止侵害第6573881号和第6573882号“小拇指”文字注册商标的行为，即天津市华商汽车进口配件公司立即停止在其网站（www. tjxiaomuzhi. com）使用“”标识；三、判决生效之日起十日内，天津市小拇指汽车维修服务有限公司、天津市华商汽车进口配件公司连带赔偿兰建军、杭州小拇指汽车维修科技股份有限公司经济损失及维权费用人民币50000元；四、驳回兰建军、杭州小拇指汽车维修科技股份有限公司的其他诉讼请求。宣判后，兰建军、杭州小拇指公司及天津小拇指公司、天津华商公司均提出上诉。天津市高级人民法院于2013年2月19日作出（2012）津高民三终字第0046号民事判决：一、维持天津市第二中级人民法院（2012）二中民三知初字47号民事判决第一、二、三项及逾期履行责任部分；二、撤销天津市第二中级人民法院（2012）二中民三知初字第47号民判决第四项；三、自本判决生效之日起，天津市小拇指汽车维修服务有限公司立即停止在其企业名称中使用“小拇指”字号；四、自本判决生效之日起十日内，天津市小拇指汽车维修服务有限公司赔偿杭州小拇指汽车维修科技股份有限公司经济损失人民币30000元；五、驳回兰建军、杭州小拇指汽车维修科技股份有限公司的其他上诉请求；六、驳回天津市小拇指汽车维修服务有限公司、天津市华商汽车进口配件公司的上诉请求。

裁判理由

法院生效裁判认为：本案的主要争议焦点为被告天津小拇指公司、天津华商公司的被诉侵权行为是否侵害了原告兰建军、杭州小拇指公司的注册商标专用权，以及是否构成对杭州小拇指公司的不正当竞争。

一、关于被告是否侵害了兰建军、杭州小拇指公司的注册商标专用权

天津小拇指公司、天津华商公司在从事汽车维修及通过网站进行招商加盟过程中，多处使用了“”标识，且存在单独或突出使用“小拇指”的情形，相关公众施以一般注意力，足以对服务的来源产生混淆，或误认天津小拇指公司与杭州小拇指公司之间存在特定联系。“”标识主体及最易识别部分“小拇指”字样与涉案注册商标相同，同时考虑天津小拇指公司在经营场所、网站及宣传材料中对“小拇指”的商标性使用行为，应当认定该标识与涉案的“小拇指”文字注册商标构成近似。据此，因天津小拇指公司、天津华商公司在与兰建军、杭州小拇指公司享有权利的第6573881号“小拇指”文字注册商标核定的相同服务项目上，未经许可而使用“”及单独使用“小拇指”字样，足以导致相关公众的混淆和误认，属于《中华人民共和国商标法》（简称《商标法》）第五十二条第（一）项规定的侵权行为。天津小拇指公司、天津华商公司通过其网站进行招商加盟的商业行为，根据《最高人民法院关于审理商标民事纠纷案件适用法律若干问题的解释》第十二条之规定，可以认定在与兰建军、杭州小拇指公司享有权利的第6573882号“小拇指”文字注册商标核定服务项目相类似的服务中使用了近似商标，且未经权利人许可，亦构成《商标法》第五十二条第（一）项规定的侵权行为。

二、被告是否构成对杭州小拇指公司的不正当竞争

该争议焦点涉及两个关键问题：一是经营者是否存在超越法定经营范围的违反行政许可法律法规行为及其民事权益能否得到法律保护；二是如何认定反不正当竞争法调整的竞争关系。

（一）关于经营者是否存在超越法定经营范围行为及其民事权益能否得到法律保护

天津小拇指公司、天津华商公司认为其行为不构成不正当竞争的一个主要理由在于，杭州小拇指公司未依法取得机动车维修的相关许可，超越法定经营范围从事特许经营且不符合法定条件，属于非法经营行为，杭州小拇指公司主张的民事权益不应得到法律保护。故本案中要明确天津小拇指公司、天津华商公司所指称杭州小拇指公司超越法定经营范围而违反行政许可法律法规的行为是否成立，以及相应民事权益能否受到法律保护的问题。

首先，对于超越法定经营范围违反有关行政许可法律法规的行为，应当依法由相应的行政主管部门进行认定，主张对方有违法经营行为的一方，应自行承担相应的举证责任。本案中，对于杭州小拇指公司是否存在非法从事机动车维修及特许经营业务的行为，从现有证据和事实看，难以得出肯定性的结论。经营汽车维修属于依法许可经营的项目，但杭州小拇指公司并未从事汽车维修业务，其实际从事的是授权他人在车辆清洁、保养和维修等服务中使用其商标，或以商业特许经营的方式许可其直营店、加盟商在经营活动中使用其“小拇指”品牌、专利技术等，这并不以其自身取得经营机动车维修业务的行政许可为前提条件。此外，杭州小拇指公司已取得商务部商业特许经营备案，杭州小拇指公司特许经营备案时已具备“两店一年”条件，其主要负责“小拇指”品牌管理，不直接从事机动车维修业务，并且拥有自己的商标、专利、经营模式等经营资源，可以开展特许经营业务。故本案依据现有证据，并不能认定杭州小拇指公司存在违反行政许可法律法规从事机动车维修或特许经营业务的行为。

其次，即使有关行为超越法定经营范围而违反行政许可法律法规，也应由行政主管部门依法查处，不必然影响有关民事权益受到侵害的主体提起民事诉讼的资格，亦不能以此作为被诉侵权者对其行为不构成侵权的抗辩。本案中，即使杭州小拇指公司超越法定经营范围而违反行政许可法律法规，这属于行政责任范畴，该行为并不影响其依法行使制止商标侵权和不正当竞争行为的民事权利，也不影响人民法院依法保护其民事权益。被诉侵权者以经营者超越法定经营范围而违反行政许可法律法规为由主张其行为不构成侵权的，人民法院不予支持。

（二）关于如何认定反不正当竞争法调整的竞争关系

经营者之间是否存在竞争关系是认定构成不正当竞争的关键。《中华人民共和国反不正当竞争法》（以下简称反不正当竞争法）第二条规定：“经营者在市场交易中，应当遵循自愿、平等、公平、诚实信用的原则，遵守公认的商业道德。本法所称的不正当竞争，是指经营者违反本法规定，损害其他经营者的合法权益，扰乱社会经济秩序的行为。本法所称的经营者，是指从事商品经营或者营利性服务（以下所称商品包括服务）的法人、其他经济组织和个人。”由此可见，反不正当竞争法并未限制经营者之间必须具有直接的或具体的竞争关系，也没有要求经营者从事相同行业。反不正当竞争法所规制的不正当竞争行为，是指损害其他经营者合法权益、扰乱经济秩序的行为，从直接损害对象看，受损害的是其他经营者的市场利益。因此，经营者之间具有间接竞争关系，行为人违背反不正当竞争法的规定，损害其他经营者合法权益的，也应当认定为不正当竞争行为。

本案中，被诉存在不正当竞争的天津小拇指公司与天津华商公司均从事汽车维修行业。根据已查明的事实，杭州小拇指公司本身不具备从事机动车维修的资质，也并未实际从事汽车维修业务，但从其所从事的汽车玻璃修补、汽车油漆快速修复等技术开发活动，以及经授权许可使用的注册商标核定服务项目所包含的车辆保养和维修等可以认定，杭州小拇指公司通过将其拥有的企业标识、注册商标、专利、专有技术等经营资源许可其直营店或加盟店使用，使其成为“小拇指”品牌的运营商，以商业特许经营的方式从事与汽车维修相关的经营活动。因此，杭州小拇指公司是汽车维修市场的相关经营者，其与天津小拇指公司及天津华商公司之间存在间接竞争关系。

反不正当竞争法第五条第（三）项规定，禁止经营者擅自使用他人企业名称，引人误认为是他人的商品，以损害竞争对手。在认定原被告双方存在间接竞争关系的基础上，确定天津小拇指公司登记注册“小拇指”字号是否构成擅自使用他人企业名称的不正当竞争行为，应当综合考虑以下因素：

1. 杭州小拇指公司的企业字号是否具有一定的市场知名度。根据本案现有证据，杭州小拇指公司自2004年10月成立时起即以企业名称中的“小拇指”作为字号使用，并以商业特许经营的方式从事汽车维修行业，且专门针对汽车小擦小碰的微创伤修复，创立了“小拇指”汽车微修体系，截至2011年，杭州小拇指公司在全国已有加盟店400余个。虽然“小拇指”本身为既有词汇，但通过其直营店和加盟店在汽车维修领域的持续使用及宣传，“小拇指”汽车维修已在相关市场起到识别经营主体及与其他服务相区别的作用。2008年10月天津小拇指公司成立时，杭州小拇指公司的“小拇指”字号及相关服务在相关公众中已具有一定的市场知名度。

2. 天津小拇指公司登记使用“小拇指”字号是否具有主观上的恶意。市场竞争中的经营者，应当遵循诚实信用原则，遵守公认的商业道德，尊重他人的市场劳动成果，登记企业名称时，理应负有对同行业在先字号予以避让的义务。本案中，天津华商公司作为被特许人，曾于2008年6月30日与作为“小拇指”品牌特许人的杭州小拇指公司签订《特许连锁经营合同》，法定代表人田俊山代表该公司在合同上签字，其知晓合同的相关内容。天津小拇指公司虽主张其与天津华商公司之间没有关联，是两个相互独立的法人，但两公司的法定代表人均为田俊山，且天津华商公司的网站内所显示的宣传信息及相关联系信息均直接指向天津小拇指公司，并且天津华商公司将其登记的经营地点作为天津小拇指公司天津总店的经营地点。故应认定，作为汽车维修相关市场的经营者，天津小拇指公司成立时，对杭州小拇指公司及其经营资源、发展趋势等应当知晓，但天津小拇指公司仍将“小拇指”作为企业名称中识别不同市场主体核心标识的企业字号，且不能提供使用“小拇指”作为字号的合理依据，其主观上明显具有“搭便车”及攀附他人商誉的意图。

3. 天津小拇指公司使用“小拇指”字号是否足以造成市场混淆。根据已查明事实，天津小拇指公司在其开办的网站及其他宣传材料中，均以特殊字体突出注明“汽车小划小碰怎么办？找天津小拇指”“天津小拇指专业特长”的字样，其“优惠体验券”中亦载明“汽车小划小痕，找天津小拇指”，其服务对象与杭州小拇指公司运营的“小拇指”汽车微修体系的消费群体多有重合。且自2010年起，杭州小拇指公司在天津地区的加盟店也陆续成立，两者的服务区域也已出现重合。故天津小拇指公司以“小拇指”为字号登记使用，必然会使相关公众误认两者存在某种渊源或联系，加之天津小拇指公司存在单独或突出使用“小拇指”汽车维修、“天津小拇指”等字样进行宣传的行为，足以使相关公众对市场主体和服务来源产生混淆和误认，容易造成竞争秩序的混乱。

综合以上分析，天津小拇指公司登记使用该企业名称本身违反了诚实信用原则，具有不正当性，且无论是否突出使用均难以避免产生市场混淆，已构成不正当竞争，应对此承担停止使用“小拇指”字号及赔偿相应经济损失的民事责任。

指导案例 45 号

北京百度网讯科技有限公司诉青岛奥商网络技术有限公司等不正当竞争纠纷案

（最高人民法院审判委员会讨论通过　2015 年 4 月 15 日发布）

关键词　民事　不正当竞争　网络服务　诚信原则

裁判要点

从事互联网服务的经营者，在其他经营者网站的搜索结果页面强行弹出广告的行为，违反诚实信用原则和公认商业道德，妨碍其他经营者正当经营并损害其合法权益，可以依照《中华人民共和国反不正当竞争法》第二条的原则性规定认定为不正当竞争。

相关法条

《中华人民共和国反不正当竞争法》第二条

基本案情

原告北京百度网讯科技有限公司（以下简称百度公司）诉称：其拥有的 www. baidu. com 网站（以下简称百度网站）是中文搜索引擎网站。三被告青岛奥商网络技术有限公司（以下简称奥商网络公司）、中国联合网络通信有限公司青岛市分公司（以下简称联通青岛公司）、中国联合网络通信有限公司山东省分公司（以下简称联通山东公司）在山东省青岛地区，利用网通的互联网接入网络服务，在百度公司网站的搜索结果页面强行增加广告的行为，损害了百度公司的商誉和经济效益，违背了诚实信用原则，构成不正当竞争。请求判令：1. 奥商网络公司、联通青岛公司的行为构成对原告的不正当竞争行为，并停止该不正当竞争行为；第三人承担连带责任；2. 三被告在报上刊登声明以消除影响；3. 三被告共同赔偿原告经济损失 480 万元和因本案的合理支出 10 万元。

被告奥商网络公司辩称：其不存在不正当竞争行为，不应赔礼道歉和赔偿 480 万元。

被告联通青岛公司辩称：原告没有证据证明其实施了被指控行为，没有提交证据证明遭受的实际损失，原告与其不存在竞争关系，应当驳回原告全部诉讼请求。

被告联通山东公司辩称：原告没有证据证明其实施了被指控的不正当竞争或侵权行为，承担连带责任没有法律依据。

第三人青岛鹏飞国际航空旅游服务有限公司（以下简称鹏飞航空公司）述称：本案与第三人无关。

法院经审理查明：百度公司经营范围为互联网信息服务业务，核准经营网址为 www. baidu. com 的百度网站，主要向网络用户提供互联网信息搜索服务。奥商网络公司经营范围包括网络工程建设、网络技术应用服务、计算机软件设计开发等，其网站为 www. og. com. cn。该公司在上述网站“企业概况”中称其拥有 4 个网站：中国奥商网（www. og. com. cn）、讴歌网络营销伴侣（www. og. net. cn）、青岛电话实名网（www. 0532114. org）、半岛人才网（www. job17. com）。该公司在其网站介绍其“网络直通车”业务时称：无需安装任何插件，广告网页强制出现。介绍“搜索通”产品表现形式时，以图文方式列举了下列步骤：第一步在搜索引擎对话框中输入关键词；第二步优先出现网络直通车广告位（5 秒钟展现）；第三步同时点击上面广告位直接进入宣传网站新窗口；第四步 5 秒后原窗口自动展示第一步请求的搜索结果。该网站还以其他形式介绍了上述服务。联通青岛公司的经营范围包括因特网接入服务和信息服务等，青岛信息港（域名为 qd. sd. cn）为其所有的网站。“电话实名”系联通青岛公司与奥商公司共同合作的一项语音搜索业务，网址为 www. 0532114. org 的“114 电话实名语音搜索”网站表明该网站版权所有人为联通青岛公司，独家注册中心为奥商网络公司。联通山东公司经营范围包括因特网接入服务和信息服务业务。其网站（www. sdcnc. cn）显示，联通青岛公司是其下属分公司。鹏飞航空公司经营范围包括航空机票销售代理等。

2009年4月14日，百度公司发现通过山东省青岛市网通接入互联网，登录百度网站（www. baidu. com），在该网站显示对话框中：输入“鹏飞航空”，点击“百度一下”，弹出显示有“打折机票抢先拿就打114”的页面，迅速点击该页面，打开了显示地址为http：//air. qd. sd. cn/的页面；输入“青岛人才网”，点击“百度一下”，弹出显示有“找好工作到半岛人才网www. job17. com”的页面，迅速点击该页面中显示的“马上点击”，打开了显示地址为http：//www. job17. com/的页面；输入“电话实名”，点击“百度一下”，弹出显示有“查信息打114，语音搜索更好用”的页面，随后该页面转至相应的“电话实名”搜索结果页面。百度公司委托代理人利用公证处的计算机对登录百度搜索等网站操作过程予以公证，公证书记载了前述内容。经专家论证，所链接的网站（http：//air. qd. sd. cn/）与联通山东公司的下属网站青岛信息港（www. qd. sd. cn）具有相同域（qd. sd. cn），网站air. qd. sd. cn是联通山东公司下属网站青岛站点所属。

裁判结果

山东省青岛市中级人民法院于2009年9月2日作出（2009）青民三初字第110号民事判决：一、奥商网络公司、联通青岛公司于本判决生效之日起立即停止针对百度公司的不正当竞争行为，即不得利用技术手段，使通过联通青岛公司提供互联网接入服务的网络用户，在登录百度网站进行关键词搜索时，弹出奥商网络公司、联通青岛公司的广告页面；二、奥商网络公司、联通青岛公司于本判决生效之日起十日内赔偿百度公司经济损失二十万元；三、奥商网络公司、联通青岛公司于本判决生效之日起十日内在各自网站首页位置上刊登声明以消除影响，声明刊登时间应为连续的十五天；四、驳回百度公司的其他诉讼请求。宣判后，联通青岛公司、奥商网络公司提起上诉。山东省高级人民法院于2010年3月20日作出（2010）鲁民三终字第5－2号民事判决，驳回上诉，维持原判。

裁判理由

法院生效裁判认为：本案百度公司起诉奥商网络公司、联通青岛公司、联通山东公司，要求其停止不正当竞争行为并承担相应的民事责任。据此，判断原告的主张能否成立应按以下步骤进行：一、本案被告是否实施了被指控的行为；二、如果实施了被指控行为，该行为是否构成不正当竞争；三、如果构成不正当竞争，如何承担民事责任。

一、关于被告是否实施了被指控的行为

域名是互联网络上识别和定位计算机的层次结构式的字符标识。根据查明的事实，www. job17. com系奥商网络公司所属的半岛人才网站，“电话实名语音搜索”系联通青岛公司与奥商网络公司合作经营的业务。域名qd. sd. cn属于联通青岛公司所有，并将其作为“青岛信息港”的域名实际使用。air. qd. sd. cn作为qd. sd. cn的子域，是其上级域名qd. sd. cn分配与管理的。联通青岛公司作为域名qd. sd. cn的持有人否认域名air. qd. sd. cn为其所有，但没有提供证据予以证明，应认定在公证保全时该子域名的使用人为联通青岛公司。

在互联网上登录搜索引擎网站进行关键词搜索时，正常出现的应该是搜索引擎网站搜索结果页面，不应弹出与搜索引擎网站无关的其他页面，但是在联通青岛公司所提供的网络接入服务网络区域内，却出现了与搜索结果无关的广告页面强行弹出的现象。这种广告页面的弹出并非接入互联网的公证处计算机本身安装程序所导致，联通青岛公司既没有证据证明在其他网络接入服务商网络区域内会出现同样情况，又没有对在其网络接入服务区域内出现的上述情况给予合理解释，可以认定在联通青岛公司提供互联网接入服务的区域内，对于网络服务对象针对百度网站所发出的搜索请求进行了人为干预，使干预者想要发布的广告页面在正常搜索结果页面出现前强行弹出。

关于上述干预行为的实施主体问题，从查明的事实来看，奥商网络公司在其主页中对其“网络直通车”业务的介绍表明，其中关于广告强行弹出的介绍与公证保全的形式完全一致，且公证保全中所出现的弹出广告页面“半岛人才网”“114电话语音搜索”均是其正在经营的网站或业务。因此，奥商网络公司是该干预行为的受益者，在其没有提供证据证明存在其他主体为其实施上述广告行为的情况下，可以认定奥商网络公司是上述干预行为的实施主体。

关于联通青岛公司是否被控侵权行为的实施主体问题，奥商网络公司这种干预行为不是通过在客户端计算机安装插件、程序等方式实现，而是在特定网络接入服务区域内均可实现，因此这种行为如果没有网络接入服务商的配合则无法实现。联通青岛公司没有证据证明奥商网络公司是通过非法手段干预其互联网接入服务而实施上述行为。同时，联通青岛公司是域名 air. qd. sd. cn 的所有人，因持有或使用域名而侵害他人合法权益的责任，由域名持有者承担。联通青岛公司与奥商网络公司合作经营电话实名业务，即联通青岛公司也是上述行为的受益人。因此，可以认定联通青岛公司也是上述干预行为的实施主体。

关于联通山东公司是否实施了干预行为，因联通山东公司、联通青岛公司同属于中国联合网络通信有限公司分支机构，无证据证明两公司具有开办和被开办的关系，也无证据证明联通山东公司参与实施了干预行为，联通青岛公司作为民事主体有承担民事责任的资格，故对联通山东公司的诉讼请求，不予支持。百度公司将鹏飞航空公司作为本案第三人，但是在诉状及庭审过程中并未指出第三人有不正当竞争行为，也未要求第三人承担民事责任，故将鹏飞航空公司作为第三人属于列举当事人不当，不予支持。

二、关于被控侵权行为是否构成不正当竞争

《中华人民共和国反不正当竞争法》（简称《反不正当竞争法》）第二章第五条至第十五条，对不正当竞争行为进行了列举式规定，对于没有在具体条文中列举的行为，只有按照公认的商业道德和普遍认识能够认定违反该法第二条原则性规定时，才可以认定为不正当竞争行为。判断经营者的行为构成不正当竞争，应当考虑以下方面：一是行为实施者是反不正当竞争法意义上的经营者；二是经营者从事商业活动时，没有遵循自愿、平等、公平、诚实信用原则，违反了反不正当竞争法律规定和公认的商业道德；三是经营者的不正当竞争行为损害正当经营者的合法权益。

首先，根据《反不正当竞争法》第二条有关经营者的规定，经营者的确定并不要求原、被告属同一行业或服务类别，只要是从事商品经营或者营利性服务的市场主体，就可成为经营者。联通青岛公司、奥商网络公司与百度公司均属于从事互联网业务的市场主体，属于反不正当竞争法意义上的经营者。虽然联通青岛公司是互联网接入服务经营者，百度公司是搜索服务经营者，服务类别上不完全相同，但是联通青岛公司实施的在百度搜索结果出现之前弹出广告的商业行为，与百度公司的付费搜索模式存在竞争关系。

其次，在市场竞争中存在商业联系的经营者，违反诚信原则和公认商业道德，不正当地妨碍了其他经营者正当经营，并损害其他经营者合法权益的，可以依照《反不正当竞争法》第二条的原则性规定，认定为不正当竞争。尽管在互联网上发布广告、进行商业活动与传统商业模式有较大差异，但是从事互联网业务的经营者仍应当通过诚信经营、公平竞争来获得竞争优势，不能未经他人许可，利用他人的服务行为或市场份额来进行商业运作并从中获利。联通青岛公司与奥商网络公司实施的行为，是利用了百度网站搜索引擎在我国互联网用户中被广泛使用优势，利用技术手段，让使用联通青岛公司提供互联网接入服务的网络用户，在登录百度网站进行关键词搜索时，在正常搜索结果显示前强行弹出奥商公司发布的与搜索的关键词及内容有紧密关系的广告页面。这种行为诱使本可能通过百度公司搜索结果检索相应信息的网络用户点击该广告页面，影响了百度公司向网络用户提供付费搜索服务与推广服务，属于利用百度公司提供的搜索服务来为自己牟利。该行为既没有征得百度公司同意，又违背了使用其互联网接入服务用户的意志，容易导致上网用户误以为弹出的广告页面系百度公司所为，会使上网用户对百度公司提供服务的评价降低，对百度公司的商业信誉产生不利影响，损害了百度公司的合法权益，同时也违背了诚实信用和公认的商业道德，已构成不正当竞争。

三、关于民事责任的承担

由于联通青岛公司与奥商网络公司共同实施了不正当竞争行为，依照《中华人民共和国民法通则》第一百三十条的规定应当承担连带责任。依照《中华人民共和国民法通则》第一百三十四条、《反不正当竞争法》第二十条的规定，应当承担停止侵权、赔偿损失、消除影响的民事责任。首先，奥商网络公司、联通青岛公司应当立即停止不正当竞争行为，即不得利用技术手段使通过联通青岛公司提供互联网接入服务的网络用户，在登录百度网站进行关键词搜索时，弹出两被告的广告页面。其次，根据原告为本案支出的合理费用、被告不正当竞争行为的情节、持续时间等，酌定两被告共同赔偿经济损失20万元。最后，互联网用户在登录百度进行搜索时，面对弹出的广告页面，通常会认为该行为系百度公司所为。因此两被告的行为给百度公司造成了一定负面影响，应当承担消除影响的民事责任。由于该行为发生在互联网上，且发生在联通青岛公司提供互联网接入服务的区域内，故确定两被告应在其各自网站的首页上刊登消除影响的声明。

指导案例47号

意大利费列罗公司诉蒙特莎（张家港）食品有限公司、天津经济技术开发区正元行销有限公司不正当竞争纠纷案

（最高人民法院审判委员会讨论通过 2015年4月15日发布）

关键词 民事 不正当竞争 知名商品特有包装、装潢

裁判要点

1. 反不正当竞争法所称的知名商品，是指在中国境内具有一定的市场知名度，为相关公众所知悉的商品。在国际上已知名的商品，我国对其特有的名称、包装、装潢的保护，仍应以其在中国境内为相关公众所知悉为必要。故认定该知名商品，应当结合该商品在中国境内的销售时间、销售区域、销售额和销售对象，进行宣传的持续时间、程度和地域范围，作为知名商品受保护的情况等因素，并适当考虑该商品在国外已知名的情况，进行综合判断。

2. 反不正当竞争法所保护的知名商品特有的包装、装潢，是指能够区别商品来源的盛装或者保护商品的容器等包装，以及在商品或者其包装上附加的文字、图案、色彩及其排列组合所构成的装潢。

3. 对他人能够区别商品来源的知名商品特有的包装、装潢，进行足以引起市场混淆、误认的全面模仿，属于不正当竞争行为。

相关法条

《中华人民共和国反不正当竞争法》第五条第二项

基本案情

原告意大利费列罗公司（以下简称费列罗公司）诉称：被告蒙特莎（张家港）食品有限公司（以下简称蒙特莎公司）仿冒原告产品，擅自使用与原告知名商品特有的包装、装潢相同或近似的包装、装潢，使消费者产生混淆。被告蒙特莎公司的上述行为及被告天津经济技术开发区正元行销有限公司（以下简称正元公司）销售仿冒产品的行为已给原告造成重大经济损失。请求判令蒙特莎公司不得生产、销售，正元公司不得销售符合前述费列罗公司巧克力产品特有的任意一项或者几项组合的包装、装潢的产品或者任何与费列罗公司的上述包装、装潢相似的足以引起消费者误认的巧克力产品，并赔礼道歉、消除影响、承担诉讼费用，蒙特莎公司赔偿损失300万元。

被告蒙特莎公司辩称：原告涉案产品在中国境内市场并没有被相关公众所知悉，而蒙特莎公司生产的金莎巧克力产品在中国境内消费者中享有很高的知名度，属于知名商品。原告诉请中要求保护的包装、装潢是国内外同类巧克力产品的通用包装、装潢，不具有独创性和特异性。蒙特莎公司生产的金莎巧克力使用的包装、装潢是其和专业设计人员合作开发的，并非仿冒他人已有的包装、装潢。普通消费者

只需施加一般的注意，就不会混淆原、被告各自生产的巧克力产品。原告认为自己产品的包装涵盖了商标、外观设计、著作权等多项知识产权，但未明确指出被控侵权产品的包装、装潢具体侵犯了其何种权利，其起诉要求保护的客体模糊不清。故原告起诉无事实和法律依据，请求驳回原告的诉讼请求。

法院经审理查明：费列罗公司于 1946 年在意大利成立，1982 年其生产的费列罗巧克力投放市场，曾在亚洲多个国家和地区的电视、报刊、杂志发布广告。在我国台湾和香港地区，费列罗巧克力取名“金莎”巧克力，并分别于 1990 年 6 月和 1993 年在我国台湾和香港地区注册“金莎”商标。1984 年 2 月，费列罗巧克力通过中国粮油食品进出口总公司采取寄售方式进入了国内市场，主要在免税店和机场商店等当时政策所允许的场所销售，并延续到 1993 年前。1986 年 10 月，费列罗公司在中国注册了“FERRERO ROCHER”和图形（椭圆花边图案）以及其组合的系列商标，并在中国境内销售的巧克力商品上使用。费列罗巧克力使用的包装、装潢的主要特征是：1. 每一粒球状巧克力用金色纸质包装；2. 在金色球状包装上配以印有“FERRERO ROCHER”商标的椭圆形金边标签作为装潢；3. 每一粒金球状巧克力均有咖啡色纸质底托作为装潢；4. 若干形状的塑料透明包装，以呈现金球状内包装；5. 塑料透明包装上使用椭圆形金边图案作为装潢，椭圆形内配有产品图案和商标，并由商标处延伸出红金颜色的绶带状图案。费列罗巧克力产品的 8 粒装、16 粒装、24 粒装以及 30 粒装立体包装于 1984 年在世界知识产权组织申请为立体商标。费列罗公司自 1993 年开始，以广东、上海、北京地区为核心逐步加大费列罗巧克力在国内的报纸、期刊和室外广告的宣传力度，相继在一些大中城市设立专柜进行销售，并通过赞助一些商业和体育活动，提高其产品的知名度。2000 年 6 月，其“FERRERO ROCHER”商标被国家工商行政管理部门列入全国重点商标保护名录。我国广东、河北等地工商行政管理部门曾多次查处仿冒费列罗巧克力包装、装潢的行为。

蒙特莎公司是 1991 年 12 月张家港市乳品一厂与比利时费塔代尔有限公司合资成立的生产、销售各种花色巧克力的中外合资企业。张家港市乳品一厂自 1990 年开始生产金莎巧克力，并于 1990 年 4 月 23 日申请注册“金莎”文字商标，1991 年 4 月经国家工商行政管理局商标局核准注册。2002 年，张家港市乳品一厂向蒙特莎公司转让“金莎”商标，于 2002 年 11 月 25 日提出申请，并于 2004 年 4 月 21 日经国家工商管理总局商标局核准转让。由此蒙特莎公司开始生产、销售金莎巧克力。蒙特莎公司生产、销售金莎巧克力产品，其除将“金莎”更换为“金莎 TRESOR DORE”组合商标外，仍延续使用张家港市乳品一厂金莎巧克力产品使用的包装、装潢。被控侵权的金莎 TRESOR DORE 巧克力包装、装潢为：每粒金莎 TRESOR DORE 巧克力呈球状并均由金色锡纸包装；在每粒金球状包装顶部均配以印有“金莎 TRESOR DORE”商标的椭圆形金边标签；每粒金球状巧克力均配有底面平滑无褶皱、侧面带波浪褶皱的呈碗状的咖啡色纸质底托；外包装为透明塑料纸或塑料盒；外包装正中处使用椭圆金边图案，内配产品图案及金莎 TRESOR DORE 商标，并由此延伸出红金色绶带。以上特征与费列罗公司起诉中请求保护的包装、装潢在整体印象和主要部分上相近似。正元公司为蒙特莎公司生产的金莎 TRESOR DORE 巧克力在天津市的经销商。2003 年 1 月，费列罗公司经天津市公证处公证，在天津市河东区正元公司处购买了被控侵权产品。

裁判结果

天津市第二中级人民法院于 2005 年 2 月 7 日作出（2003）二中民三初字第 63 号民事判决：判令驳回费列罗公司对蒙特莎公司、正元公司的诉讼请求。费列罗公司提起上诉，天津市高级人民法院于 2006 年 1 月 9 日作出（2005）津高民三终字第 36 号判决：1. 撤销一审判决；2. 蒙特莎公司立即停止使用金莎 TRESOR DORE 系列巧克力侵权包装、装潢；3. 蒙特莎公司赔偿费列罗公司人民币 700 000 元，于本判决生效后十五日内给付；4. 责令正元公司立即停止销售使用侵权包装、装潢的金莎 TRESOR DORE 系列巧克力；5. 驳回费列罗公司其他诉讼请求。蒙特莎公司不服二审判决，向最高人民法院提出再审申请。最高人民法院于 2008 年 3 月 24 日作出（2006）民三提字第 3 号民事判决：1. 维持天津市高级人民法院（2005）津高民三终字第 36 号民事判决第一项、第五项；2. 变更天津市高级人民法院（2005）津高民三终字第36号民事判决第二项为：蒙特莎公司立即停止在本案金莎TRESOR DORE系列巧克力商品上使用与费列罗系列巧克力商品特有的包装、装潢相近似的包装、装潢的不正当竞争行为；3. 变更天津市高级人民法院（2005）津高民三终字第36号民事判决第三项为：蒙特莎公司自本判决送达后十五日内，赔偿费列罗公司人民币500 000元；4. 变更天津市高级人民法院（2005）津高民三终字第36号民事判决第四项为：责令正元公司立即停止销售上述金莎TREDOR DORE系列巧克力商品。

裁判理由

最高人民法院认为：本案主要涉及费列罗巧克力是否为在先知名商品，费列罗巧克力使用的包装、装潢是否为特有的包装、装潢，以及蒙特莎公司生产的金莎TRESOR DORE巧克力使用包装、装潢是否构成不正当竞争行为等争议焦点问题。

一、关于费列罗巧克力是否为在先知名商品

根据中国粮油食品进出口总公司与费列罗公司签订的寄售合同、寄售合同确认书等证据，二审法院认定费列罗巧克力自1984年开始在中国境内销售无误。反不正当竞争法所指的知名商品，是在中国境内具有一定的市场知名度，为相关公众所知悉的商品。在国际已知名的商品，我国法律对其特有名称、包装、装潢的保护，仍应以在中国境内为相关公众所知悉为必要。其所主张的商品或者服务具有知名度，通常系由在中国境内生产、销售或者从事其他经营活动而产生。认定知名商品，应当考虑该商品的销售时间、销售区域、销售额和销售对象，进行宣传的持续时间、程度和地域范围，作为知名商品受保护的情况等因素，进行综合判断；也不排除适当考虑国外已知名的因素。本案二审判决中关于“对商品知名状况的评价应根据其在国内外特定市场的知名度综合判定，不能理解为仅指在中国境内知名的商品”的表述欠当，但根据费列罗巧克力进入中国市场的时间、销售情况以及费列罗公司进行的多种宣传活动，认定其属于在中国境内的相关市场中具有较高知名度的知名商品正确。蒙特莎公司关于费列罗巧克力在中国境内市场知名的时间晚于金莎TRESOR DORE巧克力的主张不能成立。此外，费列罗公司费列罗巧克力的包装、装潢使用在先，蒙特莎公司主张其使用的涉案包装、装潢为自主开发设计缺乏充分证据支持，二审判决认定蒙特莎公司擅自使用费列罗巧克力特有包装、装潢正确。

二、关于费列罗巧克力使用的包装、装潢是否具有特有性

盛装或者保护商品的容器等包装，以及在商品或者其包装上附加的文字、图案、色彩及其排列组合所构成的装潢，在其能够区别商品来源时，即属于反不正当竞争法保护的特有包装、装潢。费列罗公司请求保护的费列罗巧克力使用的包装、装潢系由一系列要素构成。如果仅仅以锡箔纸包裹球状巧克力，采用透明塑料外包装，呈现巧克力内包装等方式进行简单的组合，所形成的包装、装潢因无区别商品来源的显著特征而不具有特有性；而且这种组合中的各个要素也属于食品包装行业中通用的包装、装潢元素，不能被独占使用。但是，锡纸、纸托、塑料盒等包装材质与形状、颜色的排列组合有很大的选择空间；将商标标签附加在包装上，该标签的尺寸、图案、构图方法等亦有很大的设计自由度。在可以自由设计的范围内，将包装、装潢各要素独特排列组合，使其具有区别商品来源的显著特征，可以构成商品特有的包装、装潢。费列罗巧克力所使用的包装、装潢因其构成要素在文字、图形、色彩、形状、大小等方面的排列组合具有独特性，形成了显著的整体形象，且与商品的功能性无关，经过长时间使用和大量宣传，已足以使相关公众将上述包装、装潢的整体形象与费列罗公司的费列罗巧克力商品联系起来，具有识别其商品来源的作用，应当属于反不正当竞争法第五条第二项所保护的特有的包装、装潢。蒙特莎公司关于判定涉案包装、装潢为特有，会使巧克力行业的通用包装、装潢被费列罗公司排他性独占使用，垄断国内球形巧克力市场等理由，不能成立。

三、关于相关公众是否容易对费列罗巧克力与金莎TRESOR DORE巧克力引起混淆、误认

对商品包装、装潢的设计，不同经营者之间可以相互学习、借鉴，并在此基础上进行创新设计，形成有明显区别各自商品的包装、装潢。这种做法是市场经营和竞争的必然要求。就本案而言，蒙特莎公司可以充分利用巧克力包装、装潢设计中的通用要素，自由设计与他人在先使用的特有包装、装潢具有明显区别的包装、装潢。但是，对他人具有识别商品来源意义的特有包装、装潢，则不能作足以引起市场混淆、误认的全面模仿，否则就会构成不正当的市场竞争。我国反不正当竞争法中规定的混淆、误认，是指足以使相关公众对商品的来源产生误认，包括误认为与知名商品的经营者具有许可使用、关联企业关系等特定联系。本案中，由于费列罗巧克力使用的包装、装潢的整体形象具有区别商品来源的显著特征，蒙特莎公司在其巧克力商品上使用的包装、装潢与费列罗巧克力特有包装、装潢，又达到在视觉上非常近似的程度。即使双方商品存在价格、质量、口味、消费层次等方面的差异和厂商名称、商标不同等因素，也未免使相关公众易于误认金莎 TRESOR DORE 巧克力与费列罗巧克力存在某种经济上的联系。据此，再审申请人关于本案相似包装、装潢不会构成消费者混淆、误认的理由不能成立。

综上，蒙特莎公司在其生产的金莎 TRESOR DORE 巧克力商品上，擅自使用与费列罗公司的费列罗巧克力特有的包装、装潢相近似的包装、装潢，足以引起相关公众对商品来源的混淆、误认，构成不正当竞争。

【典型案例】

申请人美国礼来公司、礼来（中国）研发有限公司与被申请人黄孟炜行为保全申请案

《最高人民法院公布八起知识产权司法保护典型案例》第 1 号

2013 年 10 月 22 日

【基本案情】

被申请人于 2012 年 5 月入职礼来中国公司，双方签订了《保密协议》。2013 年 1 月，被申请人从礼来中国公司的服务器上下载了 48 个申请人所拥有的文件（申请人宣称其中 21 个为其核心机密商业文件），并将上述文件私自存储至被申请人所拥有的设备中。经交涉，被申请人签署同意函，承认下载了 33 个属于公司的保密文件，并承诺允许申请人指定的人员检查和删除上述文件。此后，申请人曾数次派员联系被申请人，但被申请人拒绝履行同意函约定的事项。申请人于 2013 年 2 月 27 日致信被申请人宣布解除双方劳动关系。2013 年 7 月，美国礼来公司、礼来中国公司以黄孟炜侵害技术秘密为由诉至上海市第一中级人民法院，同时提出行为保全的申请，请求法院责令被申请人黄孟炜不得披露、使用或者允许他人使用从申请人处盗取的 21 个商业秘密文件。为此，申请人向法院提供了涉案 21 个商业秘密文件的名称及内容、承诺书等证据材料，并就上述申请提供了担保金。

【裁判结果】

上海市第一中级人民法院审查认为，申请人提交的证据能够初步证明被申请人获取并掌握了申请人的商业秘密文件，由于被申请人未履行允许检查和删除上述文件的承诺，致使申请人所主张的商业秘密存在被披露、使用或者外泄的危险，可能对申请人造成无法弥补的损害，符合行为保全的条件。2013 年 7 月 31 日，该院作出民事裁定，禁止被申请人黄孟炜披露、使用或允许他人使用申请人美国礼来公司、礼来中国公司主张作为商业秘密保护的 21 个文件。

【典型意义】

修改后的民事诉讼法增加规定了行为保全制度，将其适用范围扩大到全部民事案件领

域。行为保全措施是权利人在紧急情况下保护其权利的有效手段。人民法院根据当事人申请积极合理采取知识产权保全措施，可以充分利用保全制度的时效性，提高知识产权司法救济的及时性、便利性和有效性，对于加大知识产权保护力度具有重要促进意义。本案系我国首例依据修改后的民事诉讼法在商业秘密侵权诉讼中适用行为保全措施的案件，凸显了人民法院顺应社会需求，依法加强知识产权司法保护的实践努力。

腾讯科技（深圳）有限公司、深圳市腾讯计算机系统有限公司与北京奇虎科技有限公司、奇智软件（北京）有限公司不正当竞争纠纷上诉案

［最高人民法院（2013）民三终字第5号民事判决书］

《2014年中国法院10大知识产权案件》第1号

2015年4月20日

【案情摘要】

北京奇虎科技有限公司、奇智软件（北京）有限公司（合称奇虎公司等）针对腾讯科技（深圳）有限公司、深圳市腾讯计算机系统有限公司（合称腾讯公司等）的QQ软件专门开发了“360扣扣保镖”软件，在相关网站上宣传扣扣保镖软件全面保护QQ软件用户安全，并提供下载。在安装了扣扣保镖软件后，该软件会自动对QQ软件进行体检，以红色字体警示用户QQ存在严重的健康问题，以绿色字体提供一键修复帮助，同时将“没有安装360安全卫士，电脑处于危险之中；升级QQ安全中心；阻止QQ扫描我的文件”列为危险项目；查杀QQ木马时，显示“如果您不安装360安全卫士，将无法使用木马查杀功能”，并以绿色功能键提供360安全卫士的安装及下载服务；经过一键修复，扣扣保镖将QQ软件的安全沟通界面替换成扣扣保镖界面。腾讯公司等以上述行为构成不正当竞争为由，提起诉讼。广东省高级人民法院一审认为，奇虎公司等前述行为构成不正当竞争行为；其针对腾讯公司等的经营，故意捏造、散布虚伪事实，损害了该公司的商业信誉和商品声誉，构成商业诋毁。遂判决奇虎公司等公开赔礼道歉、消除影响，并连带赔偿经济损失及合理维权费用共计500万元。奇虎公司等不服，提起上诉。最高人民法院二审认为，在市场竞争中，经营者通常可以根据市场需要和消费者需求自由选择商业模式，这是市场经济的必然要求。腾讯公司等使用的免费平台与广告或增值服务相结合的商业模式是本案争议发生时互联网行业惯常的经营方式，也符合我国互联网市场发展的阶段性特征。这种商业模式并不违反反不正当竞争法的原则精神和禁止性规定，腾讯公司等以此谋求商业利益的行为应受保护，他人不得以不正当干扰方式损害其正当权益。奇虎公司等前述行为破坏QQ软件及其服务的安全性、完整性，干扰了其正当经营活动，损害了其合法权益。奇虎公司等前述行为根本目的在于依附QQ软件强大用户群，通过对QQ软件及其服务进行贬损的手段来推销、推广360安全卫士，从而增加奇虎公司等的市场交易机会并获取市场竞争优势，此行为本质上属于不正当地利用他人市场成果、为自己谋取商业机会从而获取竞争优势的行为，违反了诚实信用和公平竞争原则，构成不正当竞争。最高人民法院判决驳回上诉，维持原判。

【典型意义】

本案中，最高人民法院明确了互联网市场领域中商业诋毁行为的认定规则，其根本要件是相关经营者的行为是否以误导方式对竞争对手的商业信誉或者商品声誉造成了损害。最高人民法院指出，经营者为竞争目的对他人进行商业评论或者批评，尤其要善尽谨慎注意义务；互联网的健康发展需要有序的市场环境和明确的市场竞争规则作为保障，竞争自由和创

新自由必须以不侵犯他人合法权益为边界。最高人民法院在本案中明确了互联网市场领域技术创新、自由竞争和不正当竞争的关系，本案对相关互联网企业之间开展有序竞争、促进市场资源优化配置具有里程碑的意义。

北京趣拿信息技术有限公司与广州市去哪信息技术有限公司不正当竞争纠纷上诉案

[广东省高级人民法院（2013）粤高法民三终字第565号民事判决书]

《2014年中国法院10大知识产权案件》第4号
2015年4月20日

【案情摘要】

2005年5月9日，庄辰超注册了“qunar. com”域名并创建了“去哪儿”网。北京趣拿信息技术有限公司（简称趣拿公司）于2006年3月17日成立后，“qunar. com”域名由庄辰超转让给该公司。经过多年使用，“去哪儿”“去哪儿网”“qunar. com”等服务标识成为知名服务的特有名称。广州市去哪信息技术有限公司（简称去哪公司）的前身成立于2003年12月10日，后于2009年5月26日变更为现名，经营范围与趣拿公司相近。2003年6月6日，“quna. com”域名登记注册，后于2009年5月转让给去哪公司。去哪公司随后注册了“123quna. com”“mquna. com”域名，并使用“去哪”“去哪儿”“去哪网”“quna. com”名义对外宣传和经营。趣拿公司以去哪公司上述行为构成不正当竞争为由，请求判令去哪公司停止不正当竞争行为并赔偿损失300万元等。广州市中级人民法院一审认为，去哪公司使用“去哪”“去哪儿”“去哪网”“quna. com”服务标记的行为构成对趣拿公司知名服务特有名称的侵害，去哪公司在其企业字号中使用“去哪”字样的行为构成不正当竞争，去哪公司使用“quna. com”“123quna. com”“mquna. com”域名的行为构成对趣拿公司域名权益的侵害。遂判决去哪公司停止使用上述企业字号、服务标记、域名，并限期将上述域名移转给趣拿公司；去哪公司赔偿趣拿公司经济损失35万元。去哪公司不服一审判决提出上诉。广东省高级人民法院二审认为，去哪公司使用“去哪”企业字号和“去哪”标识等构成不正当竞争行为。去哪公司对域名“quna. com”享有合法权益，使用该域名有正当理由，根据《最高人民法院关于审理涉及计算机网络域名民事纠纷案件适用法律若干问题的解释》第四条规定，不构成不正当竞争，去哪公司随后注册“123quna. com”“mquna. com”域名也应当允许注册和使用。双方均享有来源合法的域名权益，需要彼此容忍、互相尊重、长期共存，一方不能因为在经营过程中知名度提升，就剥夺另一方的生存空间；另一方也不能恶意攀附知名度较高一方的商誉，以谋取不正当的商业利益。据此，去哪公司虽然有权继续使用“quna. com”等域名，但是也有义务在与域名相关的搜索链接及网站上加注区别性标识，以使消费者将上述域名与趣拿公司“去哪儿”“去哪儿网”“qunar. com”等知名服务特有名称相区分。二审法院维持了一审判决关于去哪公司停止使用“去哪”企业字号及“去哪”等标识的判项；撤销了去哪公司停止使用“quna. com”等域名并限期将上述域名移转给趣拿公司的判项，并把赔偿数额相应调整为25万元。

【典型意义】

本案区分了域名近似与商标近似判断标准的不同，以及权利冲突处理原则。去哪公司使用了在先注册的域名“quna. com”，趣拿公司经营的“去哪网”属于知名服务的特有名称，并注册了域名“qunar. com”。两个域名仅相差一个字母“r”，构成相近似的域名，但法院认为可以长期共存，依据在于：一是域名具有全球唯一性，由于域名有长度限制，全球域名注册的最大容量不超过43亿，如果规定近似域名不得注册，从经济学角度是没有效益的。二是域名由计算机系统识别，计算机对非常相似的域名也可以精确地区分开来，绝不会出现混淆情况。电子技术手段和感觉感官在精确性上的巨大差异是造成域名近似与商标近似判断标准不同的主要原因。

北京爱奇艺科技有限公司诉北京极科极客科技有限公司不正当竞争纠纷案

《最高人民法院发布14起北京、上海、广州知识产权法院审结的典型案例》第6号

2015年9月9日

【基本案情】

极科极客公司是“极路由”路由器的生产者和销售者。“极路由”路由器用户在极路由云平台下载安装“屏蔽视频广告”插件后，通过“极路由”路由器上网，可屏蔽爱奇艺网站视频的片前广告。爱奇艺公司认为，极科极客公司生产销售的“极路由”路由器通过安装“屏蔽视频广告”插件过滤了“爱奇艺”网站视频的片前广告，构成不正当竞争，遂提起诉讼，请求法院判令极科极客公司停止不正当竞争行为、消除影响、赔偿损失210万余元。

【裁判结果】

北京市海淀区人民法院一审认为，极科极客公司为获取商业利益，利用“屏蔽视频广告”插件直接干预爱奇艺公司的经营行为，超出正当竞争合理限度，违反诚信原则和公认的商业道德，构成不正当竞争。极科极客公司不服一审判决，提起上诉。北京知识产权法院二审认为，经营者向网络用户提供服务应当遵守相应的规则，不应当以影响其他竞争者正当合法的经营模式为代价获取自身利益，极科极客公司以强行改变爱奇艺公司经营模式的方式向用户提供服务，损害了爱奇艺公司的正当利益，必将导致爱奇艺公司因难以支付高额的版权使用费而难以为继，网络用户的利益最终将受到不利影响，极科极客公司的行为具有不正当性。遂判决驳回上诉，维持一审判决。

【典型意义】

近年来，网络环境下竞争纠纷日趋激烈，新型不正当竞争行为层出不穷，法律定性较为困难。审理法院通过分析网络经营者的主观恶意、被诉行为对他人合法经营模式的侵害、消费者最终利益的影响等，认定被诉行为构成不正当竞争。本案判决对于网络环境下竞争关系的认定和竞争行为正当性的判断等均具有一定指导意义。

七、侵犯知识产权的刑事责任

中华人民共和国刑法（节录）

[1979年7月1日第五届全国人民代表大会第二次会议通过　1997年3月14日第八届全国人民代表大会第五次会议修订　根据1998年12月29日第九届全国人民代表大会常务委员会第六次会议通过的《全国人民代表大会常务委员会关于惩治骗购外汇、逃汇和非法买卖外汇犯罪的决定》、1999年12月25日第九届全国人民代表大会常务委员会第十三次会议通过的《中华人民共和国刑法修正案》、2001年8月31日第九届全国人民代表大会常务委员会第二十三次会议通过的《中华人民共和国刑法修正案（二）》、2001年12月29日第九届全国人民代表大会常务委员会第二十五次会议通过的《中华人民共和国刑法修正案（三）》、2002年12月28日第九届全国人民代表大会常务委员会第三十一次会议通过的《中华人民共和国刑法修正案（四）》、2005年2月28日第十届全国人民代表大会常务委员会第十四次会议通过的《中华人民共和国刑法修正案（五）》、2006年6月29日第十届全国人民代表大会常务委员会第二十二次会议通过的《中华人民共和国刑法修正案（六）》、2009年2月28日第十一届全国人民代表大会常务委员会第七次会议通过的《中华人民共和国刑法修正案（七）》、2009年8月27日第十一届全国人民代表大会常务委员会第十次会议通过的《全国人民代表大会常务委员会关于修改部分法律的决定》、2011年2月25日第十一届全国人民代表大会常务委员会第十九次会议通过的《中华人民共和国刑法修正案（八）》、2015年8月29日第十二届全国人民代表大会常务委员会第十六次会议通过的《中华人民共和国刑法修正案（九）》、2017年11月4日第十二届全国人民代表大会常务委员会第三十次会议通过的《中华人民共和国刑法修正案（十）》和2020年12月26日第十三届全国人民代表大会常务委员会第二十四次会议通过的《中华人民共和国刑法修正案（十一）》修正]①

目　录

第一编　总　则
　第一章　刑法的任务、基本原则和适用范围
　第二章　犯　罪
　　第一节　犯罪和刑事责任
　　第二节　犯罪的预备、未遂和中止
　　第三节　共同犯罪
　　第四节　单位犯罪
　第三章　刑　罚

① 刑法、历次刑法修正案、涉及修改刑法的决定的施行日期，分别依据各法律所规定的施行日期确定。

第一节　刑罚的种类
第二节　管　制
第三节　拘　役
第四节　有期徒刑、无期徒刑
第五节　死　刑
第六节　罚　金
第七节　剥夺政治权利
第八节　没收财产
第四章　刑罚的具体运用
第一节　量　刑
第二节　累　犯
第三节　自首和立功
第四节　数罪并罚
第五节　缓　刑
第六节　减　刑
第七节　假　释
第八节　时　效
第五章　其他规定
第二编　分　则
第一章　危害国家安全罪
第二章　危害公共安全罪
第三章　破坏社会主义市场经济秩序罪
第一节　生产、销售伪劣商品罪
第二节　走私罪
第三节　妨害对公司、企业的管理秩序罪
第四节　破坏金融管理秩序罪
第五节　金融诈骗罪
第六节　危害税收征管罪
第七节　侵犯知识产权罪
第八节　扰乱市场秩序罪
第四章　侵犯公民人身权利、民主权利罪
第五章　侵犯财产罪
第六章　妨害社会管理秩序罪
第一节　扰乱公共秩序罪
第二节　妨害司法罪
第三节　妨害国（边）境管理罪
第四节　妨害文物管理罪
第五节　危害公共卫生罪
第六节　破坏环境资源保护罪
第七节　走私、贩卖、运输、制造毒品罪
第八节　组织、强迫、引诱、容留、介绍卖淫罪
第九节　制作、贩卖、传播淫秽物品罪
第七章　危害国防利益罪
第八章　贪污贿赂罪
第九章　渎职罪
第十章　军人违反职责罪
附　则

第一编　总　则

第一章　刑法的任务、基本原则和适用范围

第一条　为了惩罚犯罪，保护人民，根据宪法，结合我国同犯罪作斗争的具体经验及实际情况，制定本法。

第二条　中华人民共和国刑法的任务，是用刑罚同一切犯罪行为作斗争，以保卫国家安全，保卫人民民主专政的政权和社会主义制度，保护国有财产和劳动群众集体所有的财产，保护公民私人所有的财产，保护公民的人身权利、民主权利和其他权利，维护社会秩序、经济秩序，保障社会主义建设事业的顺利进行。

第三条　法律明文规定为犯罪行为的，依照法律定罪处刑；法律没有明文规定为犯罪行为的，不得定罪处刑。

第四条　对任何人犯罪，在适用法律上一律平等。不允许任何人有超越法律的特权。

第五条　刑罚的轻重，应当与犯罪分子所犯罪行和承担的刑事责任相适应。

第六条　凡在中华人民共和国领域内犯罪的，除法律有特别规定的以外，都适用本法。

凡在中华人民共和国船舶或者航空器内犯罪的，也适用本法。

犯罪的行为或者结果有一项发生在中华人民共和国领域内的，就认为是在中华人民共和国领域内犯罪。

第七条　中华人民共和国公民在中华人民共和国领域外犯本法规定之罪的，适用本法，但是按本法规定的最高刑为三年以下有期徒刑的，可以不予追究。

中华人民共和国国家工作人员和军人在中华人民共和国领域外犯本法规定之罪的，适用本法。

第八条　外国人在中华人民共和国领域外对中华人民共和国国家或者公民犯罪，而按本法规定的最低刑为三年以上有期徒刑的，可以适用本法，但是按照犯罪地的法律不受处罚的

除外。

第九条 对于中华人民共和国缔结或者参加的国际条约所规定的罪行，中华人民共和国在所承担条约义务的范围内行使刑事管辖权的，适用本法。

第十条 凡在中华人民共和国领域外犯罪，依照本法应当负刑事责任的，虽然经过外国审判，仍然可以依照本法追究，但是在外国已经受过刑罚处罚的，可以免除或者减轻处罚。

第十一条 享有外交特权和豁免权的外国人的刑事责任，通过外交途径解决。

第十二条 中华人民共和国成立以后本法施行以前的行为，如果当时的法律不认为是犯罪的，适用当时的法律；如果当时的法律认为是犯罪的，依照本法总则第四章第八节的规定应当追诉的，按照当时的法律追究刑事责任，但是如果本法不认为是犯罪或者处刑较轻的，适用本法。

本法施行以前，依照当时的法律已经作出的生效判决，继续有效。

第二章 犯罪

第一节 犯罪和刑事责任

第十三条 一切危害国家主权、领土完整和安全，分裂国家、颠覆人民民主专政的政权和推翻社会主义制度，破坏社会秩序和经济秩序，侵犯国有财产或者劳动群众集体所有的财产，侵犯公民私人所有的财产，侵犯公民的人身权利、民主权利和其他权利，以及其他危害社会的行为，依照法律应当受刑罚处罚的，都是犯罪，但是情节显著轻微危害不大的，不认为是犯罪。

第十四条 明知自己的行为会发生危害社会的结果，并且希望或者放任这种结果发生，因而构成犯罪的，是故意犯罪。

故意犯罪，应当负刑事责任。

第十五条 应当预见自己的行为可能发生危害社会的结果，因为疏忽大意而没有预见，或者已经预见而轻信能够避免，以致发生这种结果的，是过失犯罪。

过失犯罪，法律有规定的才负刑事责任。

第十六条 行为在客观上虽然造成了损害结果，但是不是出于故意或者过失，而是由于不能抗拒或者不能预见的原因所引起的，不是犯罪。

第十七条 已满十六周岁的人犯罪，应当负刑事责任。

已满十四周岁不满十六周岁的人，犯故意杀人、故意伤害致人重伤或者死亡、强奸、抢劫、贩卖毒品、放火、爆炸、投放危险物质罪的，应当负刑事责任。

已满十二周岁不满十四周岁的人，犯故意杀人、故意伤害罪，致人死亡或者以特别残忍手段致人重伤造成严重残疾，情节恶劣，经最高人民检察院核准追诉的，应当负刑事责任。

对依照前三款规定追究刑事责任的不满十八周岁的人，应当从轻或者减轻处罚。

因不满十六周岁不予刑事处罚的，责令其父母或者其他监护人加以管教；在必要的时候，依法进行专门矫治教育。

第十七条之一 已满七十五周岁的人故意犯罪的，可以从轻或者减轻处罚；过失犯罪的，应当从轻或者减轻处罚。

第十八条 精神病人在不能辨认或者不能控制自己行为的时候造成危害结果，经法定程序鉴定确认的，不负刑事责任，但是应当责令他的家属或者监护人严加看管和医疗；在必要的时候，由政府强制医疗。

间歇性的精神病人在精神正常的时候犯罪，应当负刑事责任。

尚未完全丧失辨认或者控制自己行为能力的精神病人犯罪的，应当负刑事责任，但是可以从轻或者减轻处罚。

醉酒的人犯罪，应当负刑事责任。

第十九条 又聋又哑的人或者盲人犯罪，可以从轻、减轻或者免除处罚。

第二十条 为了使国家、公共利益、本人或者他人的人身、财产和其他权利免受正在进行的不法侵害，而采取的制止不法侵害的行为，对不法侵害人造成损害的，属于正当防卫，不负刑事责任。

正当防卫明显超过必要限度造成重大损害的，应当负刑事责任，但是应当减轻或者免除处罚。

对正在进行行凶、杀人、抢劫、强奸、绑架以及其他严重危及人身安全的暴力犯罪，采取防卫行为，造成不法侵害人伤亡的，不属于防卫过当，不负刑事责任。

第二十一条 为了使国家、公共利益、本人或者他人的人身、财产和其他权利免受正在发生的危险，不得已采取的紧急避险行为，造成损害的，不负刑事责任。

紧急避险超过必要限度造成不应有的损害的，应当负刑事责任，但是应当减轻或者免除处罚。

第一款中关于避免本人危险的规定，不适用于职务上、业务上负有特定责任的人。

第二节 犯罪的预备、未遂和中止

第二十二条 为了犯罪，准备工具、制造条件的，是犯罪预备。

对于预备犯，可以比照既遂犯从轻、减轻处罚或者免除处罚。

第二十三条 已经着手实行犯罪，由于犯罪分子意志以外的原因而未得逞的，是犯罪未遂。

对于未遂犯，可以比照既遂犯从轻或者减轻处罚。

第二十四条 在犯罪过程中，自动放弃犯罪或者自动有效地防止犯罪结果发生的，是犯罪中止。

对于中止犯，没有造成损害的，应当免除处罚；造成损害的，应当减轻处罚。

第三节 共同犯罪

第二十五条 共同犯罪是指二人以上共同故意犯罪。

二人以上共同过失犯罪，不以共同犯罪论处；应当负刑事责任的，按照他们所犯的罪分别处罚。

第二十六条 组织、领导犯罪集团进行犯罪活动的或者在共同犯罪中起主要作用的，是主犯。

三人以上为共同实施犯罪而组成的较为固定的犯罪组织，是犯罪集团。

对组织、领导犯罪集团的首要分子，按照集团所犯的全部罪行处罚。

对于第三款规定以外的主犯，应当按照其所参与的或者组织、指挥的全部犯罪处罚。

第二十七条 在共同犯罪中起次要或者辅助作用的，是从犯。

对于从犯，应当从轻、减轻处罚或者免除处罚。

第二十八条 对于被胁迫参加犯罪的，应当按照他的犯罪情节减轻处罚或者免除处罚。

第二十九条 教唆他人犯罪的，应当按照他在共同犯罪中所起的作用处罚。教唆不满十八周岁的人犯罪的，应当从重处罚。

如果被教唆的人没有犯被教唆的罪，对于教唆犯，可以从轻或者减轻处罚。

第四节 单位犯罪

第三十条 公司、企业、事业单位、机关、团体实施的危害社会的行为，法律规定为单位犯罪的，应当负刑事责任。

第三十一条 单位犯罪的，对单位判处罚金，并对其直接负责的主管人员和其他直接责任人员判处刑罚。本法分则和其他法律另有规定的，依照规定。

第三章 刑 罚

第一节 刑罚的种类

第三十二条 刑罚分为主刑和附加刑。

第三十三条 主刑的种类如下：

（一）管制；

（二）拘役；

（三）有期徒刑；

（四）无期徒刑；

（五）死刑。

第三十四条 附加刑的种类如下：

（一）罚金；

（二）剥夺政治权利；

（三）没收财产。

附加刑也可以独立适用。

第三十五条 对于犯罪的外国人，可以独立适用或者附加适用驱逐出境。

第三十六条 由于犯罪行为而使被害人遭受经济损失的，对犯罪分子除依法给予刑事处罚外，并应根据情况判处赔偿经济损失。

承担民事赔偿责任的犯罪分子，同时被判处罚金，其财产不足以全部支付的，或者被判处没收财产的，应当先承担对被害人的民事赔偿责任。

第三十七条 对于犯罪情节轻微不需要判处刑罚的，可以免予刑事处罚，但是可以根据案件的不同情况，予以训诫或者责令具结悔过、赔礼道歉、赔偿损失，或者由主管部门予以行政处罚或者行政处分。

第三十七条之一 因利用职业便利实施犯罪，或者实施违背职业要求的特定义务的犯罪被判处刑罚的，人民法院可以根据犯罪情况和预防再犯罪的需要，禁止其自刑罚执行完毕之日或者假释之日起从事相关职业，期限为三年至五年。

被禁止从事相关职业的人违反人民法院依照前款规定作出的决定的，由公安机关依法给予处罚；情节严重的，依照本法第三百一十三条的规定定罪处罚。

其他法律、行政法规对其从事相关职业另有禁止或者限制性规定的，从其规定。

第二节 管 制

第三十八条 管制的期限，为三个月以上二年以下。

判处管制，可以根据犯罪情况，同时禁止犯罪分子在执行期间从事特定活动，进入特定区域、场所，接触特定的人。

对判处管制的犯罪分子，依法实行社区矫正。

违反第二款规定的禁止令的，由公安机关依照《中华人民共和国治安管理处罚法》的规定处罚。

第三十九条 被判处管制的犯罪分子，在执行期间，应当遵守下列规定：

（一）遵守法律、行政法规，服从监督；

（二）未经执行机关批准，不得行使言论、出版、集会、结社、游行、示威自由的权利；

（三）按照执行机关规定报告自己的活动情况；

（四）遵守执行机关关于会客的规定；

（五）离开所居住的市、县或者迁居，应当报经执行机关批准。

对于被判处管制的犯罪分子，在劳动中应当同工同酬。

第四十条 被判处管制的犯罪分子，管制期满，执行机关应即向本人和其所在单位或者居住地的群众宣布解除管制。

第四十一条 管制的刑期，从判决执行之日起计算；判决执行以前先行羁押的，羁押一日折抵刑期二日。

第三节 拘 役

第四十二条 拘役的期限，为一个月以上六个月以下。

第四十三条 被判处拘役的犯罪分子，由公安机关就近执行。

在执行期间，被判处拘役的犯罪分子每月可以回家一天至两天；参加劳动的，可以酌量发给报酬。

第四十四条 拘役的刑期，从判决执行之日起计算；判决执行以前先行羁押的，羁押一日折抵刑期一日。

第四节 有期徒刑、无期徒刑

第四十五条 有期徒刑的期限，除本法第五十条、第六十九条规定外，为六个月以上十五年以下。

第四十六条 被判处有期徒刑、无期徒刑的犯罪分子，在监狱或者其他执行场所执行；凡有劳动能力的，都应当参加劳动，接受教育和改造。

第四十七条 有期徒刑的刑期，从判决执行之日起计算；判决执行以前先行羁押的，羁押一日折抵刑期一日。

第五节 死 刑

第四十八条 死刑只适用于罪行极其严重的犯罪分子。对于应当判处死刑的犯罪分子，如果不是必须立即执行的，可以判处死刑同时宣告缓期二年执行。

死刑除依法由最高人民法院判决的以外，都应当报请最高人民法院核准。死刑缓期执行的，可以由高级人民法院判决或者核准。

第四十九条 犯罪的时候不满十八周岁的人和审判的时候怀孕的妇女，不适用死刑。

审判的时候已满七十五周岁的人，不适用死刑，但以特别残忍手段致人死亡的除外。

第五十条 判处死刑缓期执行的，在死刑缓期执行期间，如果没有故意犯罪，二年期满以后，减为无期徒刑；如果确有重大立功表现，二年期满以后，减为二十五年有期徒刑；如果故意犯罪，情节恶劣的，报请最高人民法院核准后执行死刑；对于故意犯罪未执行死刑的，死刑缓期执行的期间重新计算，并报最高人民法院备案。

对被判处死刑缓期执行的累犯以及因故意杀人、强奸、抢劫、绑架、放火、爆炸、投放危险物质或者有组织的暴力性犯罪被判处死刑缓期执行的犯罪分子，人民法院根据犯罪情节等情况可以同时决定对其限制减刑。

第五十一条 死刑缓期执行的期间，从判决确定之日起计算。死刑缓期执行减为有期徒刑的刑期，从死刑缓期执行期满之日起计算。

第六节 罚 金

第五十二条 判处罚金，应当根据犯罪情节决定罚金数额。

第五十三条 罚金在判决指定的期限内一次或者分期缴纳。期满不缴纳的，强制缴纳。对于不能全部缴纳罚金的，人民法院在任何时候发现被执行人有可以执行的财产，应当随时追缴。

由于遭遇不能抗拒的灾祸等原因缴纳确实有困难的，经人民法院裁定，可以延期缴纳、酌情减少或者免除。

第七节 剥夺政治权利

第五十四条 剥夺政治权利是剥夺下列权利：

（一）选举权和被选举权；

（二）言论、出版、集会、结社、游行、示威自由的权利；

（三）担任国家机关职务的权利；

（四）担任国有公司、企业、事业单位和人民团体领导职务的权利。

第五十五条 剥夺政治权利的期限，除本法第五十七条规定外，为一年以上五年以下。

判处管制附加剥夺政治权利的，剥夺政治权利的期限与管制的期限相等，同时执行。

第五十六条 对于危害国家安全的犯罪分子应当附加剥夺政治权利；对于故意杀人、强奸、放火、爆炸、投毒、抢劫等严重破坏社会秩序的犯罪分子，可以附加剥夺政治权利。

独立适用剥夺政治权利的，依照本法分则的规定。

第五十七条 对于被判处死刑、无期徒刑的犯罪分子，应当剥夺政治权利终身。

在死刑缓期执行减为有期徒刑或者无期徒刑减为有期徒刑的时候，应当把附加剥夺政治权利的期限改为三年以上十年以下。

第五十八条 附加剥夺政治权利的刑期，从徒刑、拘役执行完毕之日或者从假释之日起计算；剥夺政治权利的效力当然施用于主刑执行期间。

被剥夺政治权利的犯罪分子，在执行期间，应当遵守法律、行政法规和国务院公安部门有关监督管理的规定，服从监督；不得行使本法第五十四条规定的各项权利。

第八节 没收财产

第五十九条 没收财产是没收犯罪分子个人所有财产的一部或者全部。没收全部财产的，应当对犯罪分子个人及其扶养的家属保留必需的生活费用。

在判处没收财产的时候，不得没收属于犯罪分子家属所有或者应有的财产。

第六十条 没收财产以前犯罪分子所负的正当债务，需要以没收的财产偿还的，经债权人请求，应当偿还。

第四章 刑罚的具体运用

第一节 量 刑

第六十一条 对于犯罪分子决定刑罚的时候，应当根据犯罪的事实、犯罪的性质、情节和对于社会的危害程度，依照本法的有关规定判处。

第六十二条 犯罪分子具有本法规定的从重处罚、从轻处罚情节的，应当在法定刑的限度以内判处刑罚。

第六十三条 犯罪分子具有本法规定的减轻处罚情节的，应当在法定刑以下判处刑罚；本法规定有数个量刑幅度的，应当在法定量刑幅度的下一个量刑幅度内判处刑罚。

犯罪分子虽然不具有本法规定的减轻处罚情节，但是根据案件的特殊情况，经最高人民法院核准，也可以在法定刑以下判处刑罚。

第六十四条 犯罪分子违法所得的一切财物，应当予以追缴或者责令退赔；对被害人的合法财产，应当及时返还；违禁品和供犯罪所用的本人财物，应当予以没收。没收的财物和罚金，一律上缴国库，不得挪用和自行处理。

第二节 累 犯

第六十五条 被判处有期徒刑以上刑罚的犯罪分子，刑罚执行完毕或者赦免以后，在五年以内再犯应当判处有期徒刑以上刑罚之罪的，是累犯，应当从重处罚，但是过失犯罪和不满十八周岁的人犯罪的除外。

前款规定的期限，对于被假释的犯罪分子，从假释期满之日起计算。

第六十六条 危害国家安全犯罪、恐怖活动犯罪、黑社会性质的组织犯罪的犯罪分子，在刑罚执行完毕或者赦免以后，在任何时候再犯上述任一类罪的，都以累犯论处。

第三节 自首和立功

第六十七条 犯罪以后自动投案，如实供述自己的罪行的，是自首。对于自首的犯罪分子，可以从轻或者减轻处罚。其中，犯罪较轻的，可以免除处罚。

被采取强制措施的犯罪嫌疑人、被告人和正在服刑的罪犯，如实供述司法机关还未掌握的本人其他罪行的，以自首论。

犯罪嫌疑人虽不具有前两款规定的自首情节，但是如实供述自己罪行的，可以从轻处罚；因其如实供述自己罪行，避免特别严重后果发生的，可以减轻处罚。

第六十八条 犯罪分子有揭发他人犯罪行为，查证属实的，或者提供重要线索，从而得以侦破其他案件等立功表现的，可以从轻或者减轻处罚；有重大立功表现的，可以减轻或者免除处罚。

第四节 数罪并罚

第六十九条 判决宣告以前一人犯数罪的，除判处死刑和无期徒刑的以外，应当在总和刑期以下、数刑中最高刑期以上，酌情决定执行的刑期，但是管制最高不能超过三年，拘役最高不能超过一年，有期徒刑总和刑期不满三十五年的，最高不能超过二十年，总和刑期在三十五年以上的，最高不能超过二十五年。

数罪中有判处有期徒刑和拘役的，执行有期徒刑。数罪中有判处有期徒刑和管制，或者拘役和管制的，有期徒刑、拘役执行完毕后，管制仍须执行。

数罪中有判处附加刑的，附加刑仍须执行，其中附加刑种类相同的，合并执行，种类不同的，分别执行。

第七十条 判决宣告以后，刑罚执行完毕以前，发现被判刑的犯罪分子在判决宣告以前还有其他罪没有判决的，应当对新发现的罪作出判决，把前后两个判决所判处的刑罚，依照本法第六十九条的规定，决定执行的刑罚。已经执行的刑期，应当计算在新判决决定的刑期以内。

第七十一条 判决宣告以后，刑罚执行完毕以前，被判刑的犯罪分子又犯罪的，应当对新犯的罪作出判决，把前罪没有执行的刑罚和后罪所判处的刑罚，依照本法第六十九条的规定，决定执行的刑罚。

第五节 缓刑

第七十二条 对于被判处拘役、三年以下有期徒刑的犯罪分子，同时符合下列条件的，可以宣告缓刑，对其中不满十八周岁的人、怀孕的妇女和已满七十五周岁的人，应当宣告缓刑：

（一）犯罪情节较轻；

（二）有悔罪表现；

（三）没有再犯罪的危险；

（四）宣告缓刑对所居住社区没有重大不良影响。

宣告缓刑，可以根据犯罪情况，同时禁止犯罪分子在缓刑考验期限内从事特定活动，进入特定区域、场所，接触特定的人。

被宣告缓刑的犯罪分子，如果被判处附加刑，附加刑仍须执行。

第七十三条 拘役的缓刑考验期限为原判刑期以上一年以下，但是不能少于二个月。

有期徒刑的缓刑考验期限为原判刑期以上五年以下，但是不能少于一年。

缓刑考验期限，从判决确定之日起计算。

第七十四条 对于累犯和犯罪集团的首要分子，不适用缓刑。

第七十五条 被宣告缓刑的犯罪分子，应当遵守下列规定：

（一）遵守法律、行政法规，服从监督；

（二）按照考察机关的规定报告自己的活动情况；

（三）遵守考察机关关于会客的规定；

（四）离开所居住的市、县或者迁居，应当报经考察机关批准。

第七十六条 对宣告缓刑的犯罪分子，在缓刑考验期限内，依法实行社区矫正，如果没有本法第七十七条规定的情形，缓刑考验期满，原判的刑罚就不再执行，并公开予以宣告。

第七十七条 被宣告缓刑的犯罪分子，在缓刑考验期限内犯新罪或者发现判决宣告以前还有其他罪没有判决的，应当撤销缓刑，对新犯的罪或者新发现的罪作出判决，把前罪和后罪所判处的刑罚，依照本法第六十九条的规定，决定执行的刑罚。

被宣告缓刑的犯罪分子，在缓刑考验期限内，违反法律、行政法规或者国务院有关部门关于缓刑的监督管理规定，或者违反人民法院判决中的禁止令，情节严重的，应当撤销缓刑，执行原判刑罚。

第六节 减 刑

第七十八条 被判处管制、拘役、有期徒刑、无期徒刑的犯罪分子，在执行期间，如果认真遵守监规，接受教育改造，确有悔改表现的，或者有立功表现的，可以减刑；有下列重大立功表现之一的，应当减刑：

（一）阻止他人重大犯罪活动的；

（二）检举监狱内外重大犯罪活动，经查证属实的；

（三）有发明创造或者重大技术革新的；

（四）在日常生产、生活中舍己救人的；

（五）在抗御自然灾害或者排除重大事故中，有突出表现的；

（六）对国家和社会有其他重大贡献的。

减刑以后实际执行的刑期不能少于下列期限：

（一）判处管制、拘役、有期徒刑的，不能少于原判刑期的二分之一；

（二）判处无期徒刑的，不能少于十三年；

（三）人民法院依照本法第五十条第二款规定限制减刑的死刑缓期执行的犯罪分子，缓期执行期满后依法减为无期徒刑的，不能少于二十五年，缓期执行期满后依法减为二十五年有期徒刑的，不能少于二十年。

第七十九条 对于犯罪分子的减刑，由执行机关向中级以上人民法院提出减刑建议书。人民法院应当组成合议庭进行审理，对确有悔改或者立功事实的，裁定予以减刑。非经法定程序不得减刑。

第八十条 无期徒刑减为有期徒刑的刑期，从裁定减刑之日起计算。

第七节 假 释

第八十一条 被判处有期徒刑的犯罪分子，执行原判刑期二分之一以上，被判处无期徒刑的犯罪分子，实际执行十三年以上，如果认真遵守监规，接受教育改造，确有悔改表现，没有再犯罪的危险的，可以假释。如果有特殊情况，经最高人民法院核准，可以不受上述执行刑期的限制。

对累犯以及因故意杀人、强奸、抢劫、绑架、放火、爆炸、投放危险物质或者有组织的暴力性犯罪被判处十年以上有期徒刑、无期徒刑的犯罪分子，不得假释。

对犯罪分子决定假释时，应当考虑其假释后对所居住社区的影响。

第八十二条 对于犯罪分子的假释，依照本法第七十九条规定的程序进行。非经法定程序不得假释。

第八十三条 有期徒刑的假释考验期限，为没有执行完毕的刑期；无期徒刑的假释考验期限为十年。

假释考验期限，从假释之日起计算。

第八十四条 被宣告假释的犯罪分子，应当遵守下列规定：

（一）遵守法律、行政法规，服从监督；

（二）按照监督机关的规定报告自己的活动情况；

（三）遵守监督机关关于会客的规定；

（四）离开所居住的市、县或者迁居，应当报经监督机关批准。

第八十五条 对假释的犯罪分子，在假释考验期限内，依法实行社区矫正，如果没有本法第八十六条规定的情形，假释考验期满，就认为原判刑罚已经执行完毕，并公开予以宣告。

第八十六条 被假释的犯罪分子，在假释考验期限内犯新罪，应当撤销假释，依照本法第七十一条的规定实行数罪并罚。

在假释考验期限内，发现被假释的犯罪分子在判决宣告以前还有其他罪没有判决的，应当撤销假释，依照本法第七十条的规定实行数罪并罚。

被假释的犯罪分子，在假释考验期限内，有违反法律、行政法规或者国务院有关部门关于假释的监督管理规定的行为，尚未构成新的犯罪的，应当依照法定程序撤销假释，收监执行未执行完毕的刑罚。

第八节 时 效

第八十七条 犯罪经过下列期限不再追诉：

（一）法定最高刑为不满五年有期徒刑的，经过五年；

（二）法定最高刑为五年以上不满十年有期徒刑的，经过十年；

（三）法定最高刑为十年以上有期徒刑

的，经过十五年；

（四）法定最高刑为无期徒刑、死刑的，经过二十年。如果二十年以后认为必须追诉的，须报请最高人民检察院核准。

第八十八条 在人民检察院、公安机关、国家安全机关立案侦查或者在人民法院受理案件以后，逃避侦查或者审判的，不受追诉期限的限制。

被害人在追诉期限内提出控告，人民法院、人民检察院、公安机关应当立案而不予立案的，不受追诉期限的限制。

第八十九条 追诉期限从犯罪之日起计算；犯罪行为有连续或者继续状态的，从犯罪行为终了之日起计算。

在追诉期限以内又犯罪的，前罪追诉的期限从犯后罪之日起计算。

第五章 其他规定

第九十条 民族自治地方不能全部适用本法规定的，可以由自治区或者省的人民代表大会根据当地民族的政治、经济、文化的特点和本法规定的基本原则，制定变通或者补充的规定，报请全国人民代表大会常务委员会批准施行。

第九十一条 本法所称公共财产，是指下列财产：

（一）国有财产；

（二）劳动群众集体所有的财产；

（三）用于扶贫和其他公益事业的社会捐助或者专项基金的财产。

在国家机关、国有公司、企业、集体企业和人民团体管理、使用或者运输中的私人财产，以公共财产论。

第九十二条 本法所称公民私人所有的财产，是指下列财产：

（一）公民的合法收入、储蓄、房屋和其他生活资料；

（二）依法归个人、家庭所有的生产资料；

（三）个体户和私营企业的合法财产；

（四）依法归个人所有的股份、股票、债券和其他财产。

第九十三条 本法所称国家工作人员，是指国家机关中从事公务的人员。

国有公司、企业、事业单位、人民团体中从事公务的人员和国家机关、国有公司、企业、事业单位委派到非国有公司、企业、事业单位、社会团体从事公务的人员，以及其他依照法律从事公务的人员，以国家工作人员论。

第九十四条 本法所称司法工作人员，是指有侦查、检察、审判、监管职责的工作人员。

第九十五条 本法所称重伤，是指有下列情形之一的伤害：

（一）使人肢体残废或者毁人容貌的；

（二）使人丧失听觉、视觉或者其他器官机能的；

（三）其他对于人身健康有重大伤害的。

第九十六条 本法所称违反国家规定，是指违反全国人民代表大会及其常务委员会制定的法律和决定，国务院制定的行政法规、规定的行政措施、发布的决定和命令。

第九十七条 本法所称首要分子，是指在犯罪集团或者聚众犯罪中起组织、策划、指挥作用的犯罪分子。

第九十八条 本法所称告诉才处理，是指被害人告诉才处理。如果被害人因受强制、威吓无法告诉的，人民检察院和被害人的近亲属也可以告诉。

第九十九条 本法所称以上、以下、以内，包括本数。

第一百条 依法受过刑事处罚的人，在入伍、就业的时候，应当如实向有关单位报告自己曾受过刑事处罚，不得隐瞒。

犯罪的时候不满十八周岁被判处五年有期徒刑以下刑罚的人，免除前款规定的报告义务。

第一百零一条 本法总则适用于其他有刑罚规定的法律，但是其他法律有特别规定的除外。

第二编 分 则

第三章 破坏社会主义市场经济秩序罪

第七节 侵犯知识产权罪

第二百一十三条 未经注册商标所有人许可，在同一种商品、服务上使用与其注册商标相同的商标，情节严重的，处三年以下有期徒刑，并处或者单处罚金；情节特别严重的，处三年以上十年以下有期徒刑，并处罚金。

第二百一十四条 销售明知是假冒注册商标的商品，违法所得数额较大或者有其他严重情节的，处三年以下有期徒刑，并处或者单处罚金；违法所得数额巨大或者有其他特别严重情节的，处三年以上十年以下有期徒刑，并处罚金。

第二百一十五条 伪造、擅自制造他人注册商标标识或者销售伪造、擅自制造的注册商标标识，情节严重的，处三年以下有期徒刑，并处或者单处罚金；情节特别严重的，处三年以上十年以下有期徒刑，并处罚金。

第二百一十六条 假冒他人专利，情节严重的，处三年以下有期徒刑或者拘役，并处或者单处罚金。

第二百一十七条 以营利为目的，有下列侵犯著作权或者与著作权有关的权利的情形之一，违法所得数额较大或者有其他严重情节的，处三年以下有期徒刑，并处或者单处罚金；违法所得数额巨大或者有其他特别严重情节的，处三年以上十年以下有期徒刑，并处罚金：

（一）未经著作权人许可，复制发行、通过信息网络向公众传播其文字作品、音乐、美术、视听作品、计算机软件及法律、行政法规规定的其他作品的；

（二）出版他人享有专有出版权的图书的；

（三）未经录音录像制作者许可，复制发行、通过信息网络向公众传播其制作的录音录像的；

（四）未经表演者许可，复制发行录有其表演的录音录像制品，或者通过信息网络向公众传播其表演的；

（五）制作、出售假冒他人署名的美术作品的；

（六）未经著作权人或者与著作权有关的权利人许可，故意避开或者破坏权利人为其作品、录音录像制品等采取的保护著作权或者与著作权有关的权利的技术措施的。

第二百一十八条 以营利为目的，销售明知是本法第二百一十七条规定的侵权复制品，违法所得数额巨大或者有其他严重情节的，处五年以下有期徒刑，并处或者单处罚金。

第二百一十九条 有下列侵犯商业秘密行为之一，情节严重的，处三年以下有期徒刑，并处或者单处罚金；情节特别严重的，处三年以上十年以下有期徒刑，并处罚金：

（一）以盗窃、贿赂、欺诈、胁迫、电子侵入或者其他不正当手段获取权利人的商业秘密的；

（二）披露、使用或者允许他人使用以前项手段获取的权利人的商业秘密的；

（三）违反保密义务或者违反权利人有关保守商业秘密的要求，披露、使用或者允许他人使用其所掌握的商业秘密的。

明知前款所列行为，获取、披露、使用或者允许他人使用该商业秘密的，以侵犯商业秘密论。

本条所称权利人，是指商业秘密的所有人和经商业秘密所有人许可的商业秘密使用人。

第二百一十九条之一 为境外的机构、组织、人员窃取、刺探、收买、非法提供商业秘密的，处五年以下有期徒刑，并处或者单处罚金；情节严重的，处五年以上有期徒刑，并处罚金。

第二百二十条 单位犯本节第二百一十三条至第二百一十九条之一规定之罪的，对单位判处罚金，并对其直接负责的主管人员和其他直接责任人员，依照本节各该条的规定处罚。

最高人民法院
关于审理非法出版物刑事案件具体应用法律若干问题的解释

法释〔1998〕30号

（1998年12月11日最高人民法院审判委员会第1032次会议通过
1998年12月17日最高人民法院公告公布　自1998年12月23日起施行）

为依法惩治非法出版物犯罪活动，根据刑法的有关规定，现对审理非法出版物刑事案件具体应用法律的若干问题解释如下：

第一条　明知出版物中载有煽动分裂国家、破坏国家统一或者煽动颠覆国家政权、推翻社会主义制度的内容，而予以出版、印刷、复制、发行、传播的，依照刑法第一百零三条第二款或者第一百零五条第二款的规定，以煽动分裂国家罪或者煽动颠覆国家政权罪定罪处罚。

第二条　以营利为目的，实施刑法第二百一十七条所列侵犯著作权行为之一，个人违法所得数额在5万元以上，单位违法所得数额在20万元以上的，属于"违法所得数额较大"；具有下列情形之一的，属于"有其他严重情节"：

（一）因侵犯著作权曾经两次以上被追究行政责任或者民事责任，两年内又实施刑法第二百一十七条所列侵犯著作权行为之一的；

（二）个人非法经营数额在20万元以上，单位非法经营数额在100万元以上的；

（三）造成其他严重后果的。

以营利为目的，实施刑法第二百一十七条所列侵犯著作权行为之一，个人违法所得数额在20万元以上，单位违法所得数额在100万元以上的，属于"违法所得数额巨大"；具有下列情形之一的，属于"有其他特别严重情节"：

（一）个人非法经营数额在100万元以上，单位非法经营数额在500万元以上的；

（二）造成其他特别严重后果的。

第三条　刑法第二百一十七条第（一）项中规定的"复制发行"，是指行为人以营利为目的，未经著作权人许可而实施的复制、发行或者既复制又发行其文字作品、音乐、电影、电视、录像作品、计算机软件及其他作品的行为。

第四条　以营利为目的，实施刑法第二百一十八条规定的行为，个人违法所得数额在10万元以上，单位违法所得数额在50万元以上的，依照刑法第二百一十八条的规定，以销售侵权复制品罪定罪处罚。

第五条　实施刑法第二百一十七条规定的侵犯著作权行为，又销售该侵权复制品，违法所得数额巨大的，只定侵犯著作权罪，不实行数罪并罚。

实施刑法第二百一十七条规定的侵犯著作权的犯罪行为，又明知是他人的侵权复制品而予以销售，构成犯罪的，应当实行数罪并罚。

第六条　在出版物中公然侮辱他人或者捏造事实诽谤他人，情节严重的，依照刑法第二百四十六条的规定，分别以侮辱罪或者诽谤罪定罪处罚。

第七条　出版刊载歧视、侮辱少数民族内容的作品，情节恶劣，造成严重后果的，依照刑法第二百五十条的规定，以出版歧视、侮辱少数民族作品罪定罪处罚。

第八条　以牟利为目的，实施刑法第三百六十三条第一款规定的行为，具有下列情形之一的，以制作、复制、出版、贩卖、传播淫秽物品牟利罪定罪处罚：

（一）制作、复制、出版淫秽影碟、软件、录像带50至100张（盒）以上，淫秽音碟、录音带100至200张（盒）以上，淫秽扑克、书刊、画册100至200副（册）以上，淫秽照片、画片500至1000张以上的；

（二）贩卖淫秽影碟、软件、录像带100至200张（盒）以上，淫秽音碟、录音带200至400张（盒）以上，淫秽扑克、书刊、画册200至400副（册）以上，淫秽照片、画片1000至2000张以上的；

（三）向他人传播淫秽物品达200至500人次以上，或者组织播放淫秽影像达10至20场次以上的；

（四）制作、复制、出版、贩卖、传播淫秽物品，获利5000至1万元以上的。

以牟利为目的，实施刑法第三百六十三条第一款规定的行为，具有下列情形之一的，应当认定为制作、复制、出版、贩卖、传播淫秽物品牟利罪“情节严重”：

（一）制作、复制、出版淫秽影碟、软件、录像带250至500张（盒）以上，淫秽音碟、录音带500至1000张（盒）以上，淫秽扑克、书刊、画册500至1000副（册）以上，淫秽照片、画片2500至5000张以上的；

（二）贩卖淫秽影碟、软件、录像带500至1000张（盒）以上，淫秽音碟、录音带1000至2000张（盒）以上，淫秽扑克、书刊、画册1000至2000副（册）以上，淫秽照片、画片5000至1万张以上的；

（三）向他人传播淫秽物品达1000至2000人次以上，或者组织播放淫秽影像达50至100场次以上的；

（四）制作、复制、出版、贩卖、传播淫秽物品，获利3万至5万元以上的。

以牟利为目的，实施刑法第三百六十三条第一款规定的行为，其数量（数额）达到前款规定的数量（数额）5倍以上的，应当认定为制作、复制、出版、贩卖、传播淫秽物品牟利罪“情节特别严重”。

第九条 为他人提供书号、刊号，出版淫秽书刊的，依照刑法第三百六十三条第二款的规定，以为他人提供书号出版淫秽书刊罪定罪处罚。

为他人提供版号，出版淫秽音像制品的，依照前款规定定罪处罚。

明知他人用于出版淫秽书刊而提供书号、刊号的，依照刑法第三百六十三条第一款的规定，以出版淫秽物品牟利罪定罪处罚。

第十条 向他人传播淫秽的书刊、影片、音像、图片等出版物达300至600人次以上或者造成恶劣社会影响的，属于“情节严重”，依照刑法第三百六十四条第一款的规定，以传播淫秽物品罪定罪处罚。

组织播放淫秽的电影、录像等音像制品达15至30场次以上或者造成恶劣社会影响的，依照刑法第三百六十四条第二款的规定，以组织播放淫秽音像制品罪定罪处罚。

第十一条 违反国家规定，出版、印刷、复制、发行本解释第一条至第十条规定以外的其他严重危害社会秩序和扰乱市场秩序的非法出版物，情节严重的，依照刑法第二百二十五条第（三）项的规定，以非法经营罪定罪处罚。

第十二条 个人实施本解释第十一条规定的行为，具有下列情形之一的，属于非法经营行为“情节严重”：

（一）经营数额在5万元至10万元以上的；

（二）违法所得数额在2万元至3万元以上的；

（三）经营报纸5000份或者期刊5000本或者图书2000册或者音像制品、电子出版物500张（盒）以上的。

具有下列情形之一的，属于非法经营行为“情节特别严重”：

（一）经营数额在15万元至30万元以上的；

（二）违法所得数额在5万元至10万元以上的；

（三）经营报纸15000份或者期刊15000本或者图书5000册或者音像制品、电子出版物1500张（盒）以上的。

第十三条 单位实施本解释第十一条规定的行为，具有下列情形之一的，属于非法经营行为“情节严重”：

（一）经营数额在15万元至30万元以上的；

（二）违法所得数额在5万元至10万元以上的；

（三）经营报纸15000份或者期刊15000本或者图书5000册或者音像制品、电子出版物1500张（盒）以上的。

具有下列情形之一的，属于非法经营行为“情节特别严重”：

（一）经营数额在50万元至100万元以

上的；

（二）违法所得数额在15万元至30万元以上的；

（三）经营报纸5万份或者期刊5万本或者图书15000册或者音像制品、电子出版物5000张（盒）以上的。

第十四条 实施本解释第十一条规定的行为，经营数额、违法所得数额或者经营数量接近非法经营行为“情节严重”、“情节特别严重”的数额、数量起点标准，并具有下列情形之一的，可以认定为非法经营行为“情节严重”、“情节特别严重”：

（一）两年内因出版、印刷、复制、发行非法出版物受过行政处罚两次以上的；

（二）因出版、印刷、复制、发行非法出版物造成恶劣社会影响或者其他严重后果的。

第十五条 非法从事出版物的出版、印刷、复制、发行业务，严重扰乱市场秩序，情节特别严重，构成犯罪的，可以依照刑法第二百二十五条第（三）项的规定，以非法经营罪定罪处罚。

第十六条 出版单位与他人事前通谋，向其出售、出租或者以其他形式转让该出版单位的名称、书号、刊号、版号，他人实施本解释第二条、第四条、第八条、第九条、第十条、第十一条规定的行为，构成犯罪的，对该出版单位应当以共犯论处。

第十七条 本解释所称“经营数额”，是指以非法出版物的定价数额乘以行为人经营的非法出版物数量所得的数额。

本解释所称“违法所得数额”，是指获利数额。

非法出版物没有定价或者以境外货币定价的，其单价数额应当按照行为人实际出售的价格认定。

第十八条 各省、自治区、直辖市高级人民法院可以根据本地的情况和社会治安状况，在本解释第八条、第十条、第十二条、第十三条规定的有关数额、数量标准的幅度内，确定本地执行的具体标准，并报最高人民法院备案。

最高人民法院　最高人民检察院
关于办理侵犯知识产权刑事案件具体应用法律若干问题的解释

法释〔2004〕19号

（2004年11月2日最高人民法院审判委员会第1331次会议、2004年11月11日最高人民检察院第十届检察委员会第28次会议通过　2004年12月8日最高人民法院、最高人民检察院公告公布　自2004年12月22日起施行）

为依法惩治侵犯知识产权犯罪活动，维护社会主义市场经济秩序，根据刑法有关规定，现就办理侵犯知识产权刑事案件具体应用法律的若干问题解释如下：

第一条 未经注册商标所有人许可，在同一种商品上使用与其注册商标相同的商标，具有下列情形之一的，属于刑法第二百一十三条规定的“情节严重”，应当以假冒注册商标罪判处三年以下有期徒刑或者拘役，并处或者单处罚金：

（一）非法经营数额在五万元以上或者违法所得数额在三万元以上的；

（二）假冒两种以上注册商标，非法经营数额在三万元以上或者违法所得数额在二万元以上的；

（三）其他情节严重的情形。

具有下列情形之一的，属于刑法第二百一十三条规定的“情节特别严重”，应当以假冒注册商标罪判处三年以上七年以下有期徒刑，并处罚金：

（一）非法经营数额在二十五万元以上或者违法所得数额在十五万元以上的；

（二）假冒两种以上注册商标，非法经营数额在十五万元以上或者违法所得数额在十万元以上的；

（三）其他情节特别严重的情形。

第二条 销售明知是假冒注册商标的商品，销售金额在五万元以上的，属于刑法第二百一十四条规定的“数额较大”，应当以销售假冒注册商标的商品罪判处三年以下有期徒刑或者拘役，并处或者单处罚金。

销售金额在二十五万元以上的，属于刑法第二百一十四条规定的“数额巨大”，应当以销售假冒注册商标的商品罪判处三年以上七年以下有期徒刑，并处罚金。

第三条 伪造、擅自制造他人注册商标标识或者销售伪造、擅自制造的注册商标标识，具有下列情形之一的，属于刑法第二百一十五条规定的“情节严重”，应当以非法制造、销售非法制造的注册商标标识罪判处三年以下有期徒刑、拘役或者管制，并处或者单处罚金：

（一）伪造、擅自制造或者销售伪造、擅自制造的注册商标标识数量在二万件以上，或者非法经营数额在五万元以上，或者违法所得数额在三万元以上的；

（二）伪造、擅自制造或者销售伪造、擅自制造两种以上注册商标标识数量在一万件以上，或者非法经营数额在三万元以上，或者违法所得数额在二万元以上的；

（三）其他情节严重的情形。

具有下列情形之一的，属于刑法第二百一十五条规定的“情节特别严重”，应当以非法制造、销售非法制造的注册商标标识罪判处三年以上七年以下有期徒刑，并处罚金：

（一）伪造、擅自制造或者销售伪造、擅自制造的注册商标标识数量在十万件以上，或者非法经营数额在二十五万元以上，或者违法所得数额在十五万元以上的；

（二）伪造、擅自制造或者销售伪造、擅自制造两种以上注册商标标识数量在五万件以上，或者非法经营数额在十五万元以上，或者违法所得数额在十万元以上的；

（三）其他情节特别严重的情形。

第四条 假冒他人专利，具有下列情形之一的，属于刑法第二百一十六条规定的“情节严重”，应当以假冒专利罪判处三年以下有期徒刑或者拘役，并处或者单处罚金：

（一）非法经营数额在二十万元以上或者违法所得数额在十万元以上的；

（二）给专利权人造成直接经济损失五十万元以上的；

（三）假冒两项以上他人专利，非法经营数额在十万元以上或者违法所得数额在五万元以上的；

（四）其他情节严重的情形。

第五条 以营利为目的，实施刑法第二百一十七条所列侵犯著作权行为之一，违法所得数额在三万元以上的，属于“违法所得数额较大”；具有下列情形之一的，属于“有其他严重情节”，应当以侵犯著作权罪判处三年以下有期徒刑或者拘役，并处或者单处罚金：

（一）非法经营数额在五万元以上的；

（二）未经著作权人许可，复制发行其文字作品、音乐、电影、电视、录像作品、计算机软件及其他作品，复制品数量合计在一千张（份）以上的；

（三）其他严重情节的情形。

以营利为目的，实施刑法第二百一十七条所列侵犯著作权行为之一，违法所得数额在十五万元以上的，属于“违法所得数额巨大”；具有下列情形之一的，属于“有其他特别严重情节”，应当以侵犯著作权罪判处三年以上七年以下有期徒刑，并处罚金：

（一）非法经营数额在二十五万元以上的；

（二）未经著作权人许可，复制发行其文字作品、音乐、电影、电视、录像作品、计算机软件及其他作品，复制品数量合计在五千张（份）以上的；

（三）其他特别严重情节的情形。

第六条 以营利为目的，实施刑法第二百一十八条规定的行为，违法所得数额在十万元以上的，属于“违法所得数额巨大”，应当以销售侵权复制品罪判处三年以下有期徒刑或者拘役，并处或者单处罚金。

第七条 实施刑法第二百一十九条规定的行为之一，给商业秘密的权利人造成损失数额在五十万元以上的，属于“给商业秘密的权利人造成重大损失”，应当以侵犯商业秘密罪判处三年以下有期徒刑或者拘役，并处或者单处罚金。

给商业秘密的权利人造成损失数额在二百五十万元以上的，属于刑法第二百一十九条规定的“造成特别严重后果”，应当以侵犯商业秘密罪判处三年以上七年以下有期徒刑，并处罚金。

第八条 刑法第二百一十三条规定的“相同的商标”，是指与被假冒的注册商标完全相同，或者与被假冒的注册商标在视觉上基本无差别、足以对公众产生误导的商标。

刑法第二百一十三条规定的“使用”，是指将注册商标或者假冒的注册商标用于商品、商品包装或者容器以及产品说明书、商品交易文书，或者将注册商标或者假冒的注册商标用于广告宣传、展览以及其他商业活动等行为。

第九条 刑法第二百一十四条规定的“销售金额”，是指销售假冒注册商标的商品后所得和应得的全部违法收入。

具有下列情形之一的，应当认定为属于刑法第二百一十四条规定的“明知”：

（一）知道自己销售的商品上的注册商标被涂改、调换或者覆盖的；

（二）因销售假冒注册商标的商品受到过行政处罚或者承担过民事责任、又销售同一种假冒注册商标的商品的；

（三）伪造、涂改商标注册人授权文件或者知道该文件被伪造、涂改的；

（四）其他知道或者应当知道是假冒注册商标的商品的情形。

第十条 实施下列行为之一的，属于刑法第二百一十六条规定的“假冒他人专利”的行为：

（一）未经许可，在其制造或者销售的产品、产品的包装上标注他人专利号的；

（二）未经许可，在广告或者其他宣传材料中使用他人的专利号，使人将所涉及的技术误认为是他人专利技术的；

（三）未经许可，在合同中使用他人的专利号，使人将合同涉及的技术误认为是他人专利技术的；

（四）伪造或者变造他人的专利证书、专利文件或者专利申请文件的。

第十一条 以刊登收费广告等方式直接或者间接收取费用的情形，属于刑法第二百一十七条规定的“以营利为目的”。

刑法第二百一十七条规定的“未经著作权人许可”，是指没有得到著作权人授权或者伪造、涂改著作权人授权许可文件或者超出授权许可范围的情形。

通过信息网络向公众传播他人文字作品、音乐、电影、电视、录像作品、计算机软件及其他作品的行为，应当视为刑法第二百一十七条规定的“复制发行”。

第十二条 本解释所称“非法经营数额”，是指行为人在实施侵犯知识产权行为过程中，制造、储存、运输、销售侵权产品的价值。已销售的侵权产品的价值，按照实际销售的价格计算。制造、储存、运输和未销售的侵权产品的价值，按照标价或者已经查清的侵权产品的实际销售平均价格计算。侵权产品没有标价或者无法查清其实际销售价格的，按照被侵权产品的市场中间价格计算。

多次实施侵犯知识产权行为，未经行政处理或者刑事处罚的，非法经营数额、违法所得数额或者销售金额累计计算。

本解释第三条所规定的“件”，是指标有完整商标图样的一份标识。

第十三条 实施刑法第二百一十三条规定的假冒注册商标犯罪，又销售该假冒注册商标的商品，构成犯罪的，应当依照刑法第二百一十三条的规定，以假冒注册商标罪定罪处罚。

实施刑法第二百一十三条规定的假冒注册商标犯罪，又销售明知是他人的假冒注册商标的商品，构成犯罪的，应当实行数罪并罚。

第十四条 实施刑法第二百一十七条规定的侵犯著作权犯罪，又销售该侵权复制品，构成犯罪的，应当依照刑法第二百一十七条的规定，以侵犯著作权罪定罪处罚。

实施刑法第二百一十七条规定的侵犯著作权犯罪，又销售明知是他人的侵权复制品，构成犯罪的，应当实行数罪并罚。

第十五条 单位实施刑法第二百一十三条至第二百一十九条规定的行为，按照本解释规定的相应个人犯罪的定罪量刑标准的三倍定罪量刑。

第十六条 明知他人实施侵犯知识产权犯罪，而为其提供贷款、资金、账号、发票、证明、许可证件，或者提供生产、经营场所或者运输、储存、代理进出口等便利条件、帮助的，以侵犯知识产权犯罪的共犯论处。

第十七条 以前发布的有关侵犯知识产权犯罪的司法解释，与本解释相抵触的，自本解释施行后不再适用。

最高人民法院 最高人民检察院
关于办理侵犯知识产权刑事案件具体应用法律若干问题的解释（二）

法释〔2007〕6号

（2007年4月4日最高人民法院审判委员会第1422次会议、
最高人民检察院第十届检察委员会第75次会议通过
2007年4月5日最高人民法院、最高人民检察院
公告公布 自2007年4月5日起施行）

为维护社会主义市场经济秩序，依法惩治侵犯知识产权犯罪活动，根据刑法、刑事诉讼法有关规定，现就办理侵犯知识产权刑事案件具体应用法律的若干问题解释如下：

第一条 以营利为目的，未经著作权人许可，复制发行其文字作品、音乐、电影、电视、录像作品、计算机软件及其他作品，复制品数量合计在五百张（份）以上的，属于刑法第二百一十七条规定的“有其他严重情节”；复制品数量在二千五百张（份）以上的，属于刑法第二百一十七条规定的“有其他特别严重情节”。

第二条 刑法第二百一十七条侵犯著作权罪中的“复制发行”，包括复制、发行或者既复制又发行的行为。

侵权产品的持有人通过广告、征订等方式推销侵权产品的，属于刑法第二百一十七条规定的“发行”。

非法出版、复制、发行他人作品，侵犯著作权构成犯罪的，按照侵犯著作权罪定罪处罚。

第三条 侵犯知识产权犯罪，符合刑法规定的缓刑条件的，依法适用缓刑。有下列情形之一的，一般不适用缓刑：

（一）因侵犯知识产权被刑事处罚或者行政处罚后，再次侵犯知识产权构成犯罪的；

（二）不具有悔罪表现的；

（三）拒不交出违法所得的；

（四）其他不宜适用缓刑的情形。

第四条 对于侵犯知识产权犯罪的，人民法院应当综合考虑犯罪的违法所得、非法经营数额、给权利人造成的损失、社会危害性等情节，依法判处罚金。罚金数额一般在违法所得的一倍以上五倍以下，或者按照非法经营数额的50%以上一倍以下确定。

第五条 被害人有证据证明的侵犯知识产权刑事案件，直接向人民法院起诉的，人民法院应当依法受理；严重危害社会秩序和国家利益的侵犯知识产权刑事案件，由人民检察院依法提起公诉。

第六条 单位实施刑法第二百一十三条至第二百一十九条规定的行为，按照《最高人民法院、最高人民检察院关于办理侵犯知识产权刑事案件具体应用法律若干问题的解释》和本解释规定的相应个人犯罪的定罪量刑标准定罪处罚。

第七条 以前发布的司法解释与本解释不一致的，以本解释为准。

最高人民法院　最高人民检察院
关于办理侵犯知识产权刑事案件具体应用法律若干问题的解释（三）

法释〔2020〕10号

（2020年8月31日最高人民法院审判委员会第1811次会议、2020年8月21日最高人民检察院第十三届检察委员会第四十八次会议通过　2020年9月12日最高人民法院、最高人民检察院公告公布　自2020年9月14日起施行）

为依法惩治侵犯知识产权犯罪，维护社会主义市场经济秩序，根据《中华人民共和国刑法》《中华人民共和国刑事诉讼法》等有关规定，现就办理侵犯知识产权刑事案件具体应用法律的若干问题解释如下：

第一条　具有下列情形之一的，可以认定为刑法第二百一十三条规定的“与其注册商标相同的商标”：

（一）改变注册商标的字体、字母大小写或者文字横竖排列，与注册商标之间基本无差别的；

（二）改变注册商标的文字、字母、数字等之间的间距，与注册商标之间基本无差别的；

（三）改变注册商标颜色，不影响体现注册商标显著特征的；

（四）在注册商标上仅增加商品通用名称、型号等缺乏显著特征要素，不影响体现注册商标显著特征的；

（五）与立体注册商标的三维标志及平面要素基本无差别的；

（六）其他与注册商标基本无差别、足以对公众产生误导的商标。

第二条　在刑法第二百一十七条规定的作品、录音制品上以通常方式署名的自然人、法人或者非法人组织，应当推定为著作权人或者录音制作者，且该作品、录音制品上存在着相应权利，但有相反证明的除外。

在涉案作品、录音制品种类众多且权利人分散的案件中，有证据证明涉案复制品系非法出版、复制发行，且出版者、复制发行者不能提供获得著作权人、录音制作者许可的相关证据材料的，可以认定为刑法第二百一十七条规定的“未经著作权人许可”“未经录音制作者许可”。但是，有证据证明权利人放弃权利、涉案作品的著作权或者录音制品的有关权利不受我国著作权法保护、权利保护期限已经届满的除外。

第三条　采取非法复制、未经授权或者超越授权使用计算机信息系统等方式窃取商业秘密的，应当认定为刑法第二百一十九条第一款第一项规定的“盗窃”。

以贿赂、欺诈、电子侵入等方式获取权利人的商业秘密的，应当认定为刑法第二百一十九条第一款第一项规定的“其他不正当手段”。

第四条　实施刑法第二百一十九条规定的行为，具有下列情形之一的，应当认定为“给商业秘密的权利人造成重大损失”：

（一）给商业秘密的权利人造成损失数额或者因侵犯商业秘密违法所得数额在三十万元以上的；

（二）直接导致商业秘密的权利人因重大经营困难而破产、倒闭的；

（三）造成商业秘密的权利人其他重大损失的。

给商业秘密的权利人造成损失数额或者因侵犯商业秘密违法所得数额在二百五十万元以上的，应当认定为刑法第二百一十九条规定的“造成特别严重后果”。

第五条　实施刑法第二百一十九条规定的行为造成的损失数额或者违法所得数额，可以按照下列方式认定：

（一）以不正当手段获取权利人的商业秘密，尚未披露、使用或者允许他人使用的，损失数额可以根据该项商业秘密的合理许可使用费确定；

（二）以不正当手段获取权利人的商业秘密后，披露、使用或者允许他人使用的，损失数额可以根据权利人因被侵权造成销售利润的损失确定，但该损失数额低于商业秘密合理许可使用费的，根据合理许可使用费确定；

（三）违反约定、权利人有关保守商业秘密的要求，披露、使用或者允许他人使用其所掌握的商业秘密的，损失数额可以根据权利人因被侵权造成销售利润的损失确定；

（四）明知商业秘密是不正当手段获取或者是违反约定、权利人有关保守商业秘密的要求披露、使用、允许使用，仍获取、使用或者披露的，损失数额可以根据权利人因被侵权造成销售利润的损失确定；

（五）因侵犯商业秘密行为导致商业秘密已为公众所知悉或者灭失的，损失数额可以根据该项商业秘密的商业价值确定。商业秘密的商业价值，可以根据该项商业秘密的研究开发成本、实施该项商业秘密的收益综合确定；

（六）因披露或者允许他人使用商业秘密而获得的财物或者其他财产性利益，应当认定为违法所得。

前款第二项、第三项、第四项规定的权利人因被侵权造成销售利润的损失，可以根据权利人因被侵权造成销售量减少的总数乘以权利人每件产品的合理利润确定；销售量减少的总数无法确定的，可以根据侵权产品销售量乘以权利人每件产品的合理利润确定；权利人因被侵权造成销售量减少的总数和每件产品的合理利润均无法确定的，可以根据侵权产品销售量乘以每件侵权产品的合理利润确定。商业秘密系用于服务等其他经营活动的，损失数额可以根据权利人因被侵权而减少的合理利润确定。

商业秘密的权利人为减轻对商业运营、商业计划的损失或者重新恢复计算机信息系统安全、其他系统安全而支出的补救费用，应当计入给商业秘密的权利人造成的损失。

第六条 在刑事诉讼程序中，当事人、辩护人、诉讼代理人或者案外人书面申请对有关商业秘密或者其他需要保密的商业信息的证据、材料采取保密措施的，应当根据案件情况采取组织诉讼参与人签署保密承诺书等必要的保密措施。

违反前款有关保密措施的要求或者法律法规规定的保密义务的，依法承担相应责任。擅自披露、使用或者允许他人使用在刑事诉讼程序中接触、获取的商业秘密，符合刑法第二百一十九条规定的，依法追究刑事责任。

第七条 除特殊情况外，假冒注册商标的商品、非法制造的注册商标标识、侵犯著作权的复制品、主要用于制造假冒注册商标的商品、注册商标标识或者侵权复制品的材料和工具，应当依法予以没收和销毁。

上述物品需要作为民事、行政案件的证据使用的，经权利人申请，可以在民事、行政案件终结后或者采取取样、拍照等方式对证据固定后予以销毁。

第八条 具有下列情形之一的，可以酌情从重处罚，一般不适用缓刑：

（一）主要以侵犯知识产权为业的；

（二）因侵犯知识产权被行政处罚后再次侵犯知识产权构成犯罪的；

（三）在重大自然灾害、事故灾难、公共卫生事件期间，假冒抢险救灾、防疫物资等商品的注册商标的；

（四）拒不交出违法所得的。

第九条 具有下列情形之一的，可以酌情从轻处罚：

（一）认罪认罚的；

（二）取得权利人谅解的；

（三）具有悔罪表现的；

（四）以不正当手段获取权利人的商业秘密后尚未披露、使用或者允许他人使用的。

第十条 对于侵犯知识产权犯罪的，应当综合考虑犯罪违法所得数额、非法经营数额、给权利人造成的损失数额、侵权假冒物品数量及社会危害性等情节，依法判处罚金。

罚金数额一般在违法所得数额的一倍以上五倍以下确定。违法所得数额无法查清的，罚金数额一般按照非法经营数额的百分之五十以上一倍以下确定。违法所得数额和非法经营数额均无法查清，判处三年以下有期徒刑、拘役、管制或者单处罚金的，一般在三万元以上一百万元以下确定罚金数额；判处三年以上有期徒刑的，一般在十五万元以上五百万元以下确定罚金数额。

第十一条 本解释发布施行后，之前发布的司法解释和规范性文件与本解释不一致的，以本解释为准。

第十二条 本解释自2020年9月14日起施行。

最高人民法院 最高人民检察院
关于办理侵犯著作权刑事案件中涉及录音录像制品有关问题的批复

法释〔2005〕12号

（2005年9月26日最高人民法院审判委员会第1365次会议、2005年9月23日最高人民检察院第十届检察委员会第39次会议通过 2005年10月13日最高人民法院、最高人民检察院公告公布 自2005年10月18日起施行）

各省、自治区、直辖市高级人民法院、人民检察院，解放军军事法院、军事检察院，新疆维吾尔自治区高级人民法院生产建设兵团分院、新疆生产建设兵团人民检察院：

《最高人民法院、最高人民检察院关于办理侵犯知识产权刑事案件具体应用法律若干问题的解释》发布以后，部分高级人民法院、省级人民检察院就关于办理侵犯著作权刑事案件中涉及录音录像制品的有关问题提出请示。经研究，批复如下：

以营利为目的，未经录音录像制作者许可，复制发行其制作的录音录像制品的行为，复制品的数量标准分别适用《最高人民法院、最高人民检察院关于办理侵犯知识产权刑事案件具体应用法律若干问题的解释》第五条第一款第（二）项、第二款第（二）项的规定。

未经录音录像制作者许可，通过信息网络传播其制作的录音录像制品的行为，应当视为刑法第二百一十七条第（三）项规定的“复制发行”。

此复。

最高人民法院 最高人民检察院 公安部
印发《关于办理侵犯知识产权刑事案件适用法律若干问题的意见》的通知

2011年1月10日 法发〔2011〕3号

各省、自治区、直辖市高级人民法院、人民检察院、公安厅（局），解放军军事法院、军事检察院，总政治部保卫部，新疆维吾尔自治区高级人民法院生产建设兵团分院，新疆生产建设兵团人民检察院、公安局：

为解决近年来公安机关、人民检察院、人民法院在办理侵犯知识产权刑事案件中遇到的新情况、新问题，依法惩治侵犯知识产权犯罪活动，维护社会主义市场经济秩序，最高人民法院、最高人民检察院、公安部在深入调查研究、广泛征求各方意见的基础上，制定了《关于办理侵犯知识产权刑事案件适用法律若干问题的意见》。现印发给你们，请认真组织学习，切实贯彻执行。执行中遇到的重要问题，请及时层报最高人民法院、最高人民检察院、公安部。

附：

关于办理侵犯知识产权刑事案件适用法律若干问题的意见

为解决近年来公安机关、人民检察院、人民法院在办理侵犯知识产权刑事案件中遇到的新情况、新问题，依法惩治侵犯知识产权犯罪活动，维护社会主义市场经济秩序，根据刑法、刑事诉讼法及有关司法解释的规定，结合侦查、起诉、审判实践，制定本意见。

一、关于侵犯知识产权犯罪案件的管辖问题

侵犯知识产权犯罪案件由犯罪地公安机关立案侦查。必要时，可以由犯罪嫌疑人居住地公安机关立案侦查。侵犯知识产权犯罪案件的犯罪地，包括侵权产品制造地、储存地、运输地、销售地，传播侵权作品、销售侵权产品的网站服务器所在地、网络接入地、网站建立者或者管理者所在地，侵权作品上传者所在地，权利人受到实际侵害的犯罪结果发生地。对有多个侵犯知识产权犯罪地的，由最初受理的公安机关或者主要犯罪地公安机关管辖。多个侵犯知识产权犯罪地的公安机关对管辖有争议的，由共同的上级公安机关指定管辖，需要提请批准逮捕、移送审查起诉、提起公诉的，由该公安机关所在地的同级人民检察院、人民法院受理。

对于不同犯罪嫌疑人、犯罪团伙跨地区实施的涉及同一批侵权产品的制造、储存、运输、销售等侵犯知识产权犯罪行为，符合并案处理要求的，有关公安机关可以一并立案侦查，需要提请批准逮捕、移送审查起诉、提起公诉的，由该公安机关所在地的同级人民检察院、人民法院受理。

二、关于办理侵犯知识产权刑事案件中行政执法部门收集、调取证据的效力问题

行政执法部门依法收集、调取、制作的物证、书证、视听资料、检验报告、鉴定结论、勘验笔录、现场笔录，经公安机关、人民检察院审查，人民法院庭审质证确认，可以作为刑事证据使用。

行政执法部门制作的证人证言、当事人陈述等调查笔录，公安机关认为有必要作为刑事证据使用的，应当依法重新收集、制作。

三、关于办理侵犯知识产权刑事案件的抽样取证问题和委托鉴定问题

公安机关在办理侵犯知识产权刑事案件时，可以根据工作需要抽样取证，或者商请同级行政执法部门、有关检验机构协助抽样取证。法律、法规对抽样机构或者抽样方法有规定的，应当委托规定的机构并按照规定方法抽取样品。

公安机关、人民检察院、人民法院在办理侵犯知识产权刑事案件时，对于需要鉴定的事项，应当委托国家认可的有鉴定资质的鉴定机构进行鉴定。

公安机关、人民检察院、人民法院应当对鉴定结论进行审查，听取权利人、犯罪嫌疑人、被告人对鉴定结论的意见，可以要求鉴定机构作出相应说明。

四、关于侵犯知识产权犯罪自诉案件的证据收集问题

人民法院依法受理侵犯知识产权刑事自诉案件，对于当事人因客观原因不能取得的证据，在提起自诉时能够提供有关线索，申请人民法院调取的，人民法院应当依法调取。

五、关于刑法第二百一十三条规定的“同一种商品”的认定问题

名称相同的商品以及名称不同但指同一事物的商品，可以认定为“同一种商品”。“名称”是指国家工商行政管理总局商标局在商标注册工作中对商品使用的名称，通常即《商标注册用商品和服务国际分类》中规定的商品名称。“名称不同但指同一事物的商品”是指在功能、用途、主要原料、消费对象、销售渠道等方面相同或者基本相同，相关公众一般认为是同一种事物的商品。

认定“同一种商品”，应当在权利人注册商标核定使用的商品和行为人实际生产销售的商品之间进行比较。

六、关于刑法第二百一十三条规定的“与其注册商标相同的商标”的认定问题

具有下列情形之一，可以认定为“与其注册商标相同的商标”：

（一）改变注册商标的字体、字母大小写或者文字横竖排列，与注册商标之间仅有细微差别的；

（二）改变注册商标的文字、字母、数字等之间的间距，不影响体现注册商标显著特征的；

（三）改变注册商标颜色的；

（四）其他与注册商标在视觉上基本无差别、足以对公众产生误导的商标。

七、关于尚未附着或者尚未全部附着假冒注册商标标识的侵权产品价值是否计入非法经营数额的问题

在计算制造、储存、运输和未销售的假冒注册商标侵权产品价值时，对于已经制作完成但尚未附着（含加贴）或者尚未全部附着（含加贴）假冒注册商标标识的产品，如果有确实、充分证据证明该产品将假冒他人注册商标，其价值计入非法经营数额。

八、关于销售假冒注册商标的商品犯罪案件中尚未销售或者部分销售情形的定罪量刑问题

销售明知是假冒注册商标的商品，具有下列情形之一的，依照刑法第二百一十四条的规定，以销售假冒注册商标的商品罪（未遂）定罪处罚：

（一）假冒注册商标的商品尚未销售，货值金额在十五万元以上的；

（二）假冒注册商标的商品部分销售，已销售金额不满五万元，但与尚未销售的假冒注册商标的商品的货值金额合计在十五万元以上的。

假冒注册商标的商品尚未销售，货值金额分别达到十五万元以上不满二十五万元、二十五万元以上的，分别依照刑法第二百一十四条规定的各法定刑幅度定罪处罚。

销售金额和未销售货值金额分别达到不同的法定刑幅度或者均达到同一法定刑幅度的，在处罚较重的法定刑或者同一法定刑幅度内酌情从重处罚。

九、关于销售他人非法制造的注册商标标识犯罪案件中尚未销售或者部分销售情形的定罪问题

销售他人伪造、擅自制造的注册商标标识，具有下列情形之一的，依照刑法第二百一十五条的规定，以销售非法制造的注册商标标识罪（未遂）定罪处罚：

（一）尚未销售他人伪造、擅自制造的注册商标标识数量在六万件以上的；

（二）尚未销售他人伪造、擅自制造的两种以上注册商标标识数量在三万件以上的；

（三）部分销售他人伪造、擅自制造的注册商标标识，已销售标识数量不满二万件，但与尚未销售标识数量合计在六万件以上的；

（四）部分销售他人伪造、擅自制造的两种以上注册商标标识，已销售标识数量不满一万件，但与尚未销售标识数量合计在三万件以上的。

十、关于侵犯著作权犯罪案件“以营利为目的”的认定问题

除销售外，具有下列情形之一的，可以认定为“以营利为目的”：

（一）以在他人作品中刊登收费广告、捆绑第三方作品等方式直接或者间接收取费用的；

（二）通过信息网络传播他人作品，或者利用他人上传的侵权作品，在网站或者网页上提供刊登收费广告服务，直接或者间接收取费用的；

（三）以会员制方式通过信息网络传播他人作品，收取会员注册费或者其他费用的；

（四）其他利用他人作品牟利的情形。

十一、关于侵犯著作权犯罪案件“未经著作权人许可”的认定问题

“未经著作权人许可”一般应当依据著作权人或者其授权的代理人、著作权集体管理组织、国家著作权行政管理部门指定的著作权认证机构出具的涉案作品版权认证文书，或者证明出版者、复制发行者伪造、涂改授权许可文件或者超出授权许可范围的证据，结合其他证据综合予以认定。

在涉案作品种类众多且权利人分散的案件中，上述证据确实难以一一取得，但有证据证明涉案复制品系非法出版、复制发行的，且出版者、复制发行者不能提供获得著作权人许可的相关证明材料的，可以认定为“未经著作权人许可”。但是，有证据证明权利人放弃权利、涉案作品的著作权不受我国著作权法保护，或者著作权保护期限已经届满的除外。

十二、关于刑法第二百一十七条规定的“发行”的认定及相关问题

“发行”，包括总发行、批发、零售、通过信息网络传播以及出租、展销等活动。

非法出版、复制、发行他人作品，侵犯著作权构成犯罪的，按照侵犯著作权罪定罪处罚，不认定为非法经营罪等其他犯罪。

十三、关于通过信息网络传播侵权作品行为的定罪处罚标准问题

以营利为目的，未经著作权人许可，通过信息网络向公众传播他人文字作品、音乐、电影、电视、美术、摄影、录像作品、录音录像制品、计算机软件及其他作品，具有下列情形之一的，属于刑法第二百一十七条规定的“其他严重情节”：

（一）非法经营数额在五万元以上的；

（二）传播他人作品的数量合计在五百件（部）以上的；

（三）传播他人作品的实际被点击数达到五万次以上的；

（四）以会员制方式传播他人作品，注册会员达到一千人以上的；

（五）数额或者数量虽未达到第（一）项至第（四）项规定标准，但分别达到其中两项以上标准一半以上的；

（六）其他严重情节的情形。

实施前款规定的行为，数额或者数量达到前款第（一）项至第（五）项规定标准五倍以上的，属于刑法第二百一十七条规定的“其他特别严重情节”。

十四、关于多次实施侵犯知识产权行为累计计算数额问题

依照最高人民法院、最高人民检察院《关于办理侵犯知识产权刑事案件具体应用法律若干问题的解释》第十二条第二款的规定，多次实施侵犯知识产权行为，未经行政处理或者刑事处罚的，非法经营数额、违法所得数额或者销售金额累计计算。

二年内多次实施侵犯知识产权违法行为，未经行政处理，累计数额构成犯罪的，应当依法定罪处罚。实施侵犯知识产权犯罪行为的追诉期限，适用刑法的有关规定，不受前述二年的限制。

十五、关于为他人实施侵犯知识产权犯罪提供原材料、机械设备等行为的定性问题

明知他人实施侵犯知识产权犯罪，而为其提供生产、制造侵权产品的主要原材料、辅助材料、半成品、包装材料、机械设备、标签标识、生产技术、配方等帮助，或者提供互联网接入、服务器托管、网络存储空间、通讯传输通道、代收费、费用结算等服务的，以侵犯知识产权犯罪的共犯论处。

十六、关于侵犯知识产权犯罪竞合的处理问题

行为人实施侵犯知识产权犯罪，同时构成生产、销售伪劣商品犯罪的，依照侵犯知识产权罪与生产、销售伪劣商品犯罪中处罚较重的规定定罪处罚。

最高人民检察院　公安部
关于印发《最高人民检察院、公安部关于公安机关管辖的刑事案件立案追诉标准的规定（一）》的通知

2008年6月25日　　公通字〔2008〕36号

各省、自治区、直辖市人民检察院，公安厅、局，军事检察院，新疆生产建设兵团人民检察院、公安局：

为及时、准确的打击犯罪，根据《中华人民共和国刑法》、《中华人民共和国刑法修正案（二）》、《中华人民共和国刑法修正案

(三)》、《中华人民共和国刑法修正案(四)》、《中华人民共和国刑法修正案（六)》和《中华人民共和国刑事诉讼法》的规定，最高人民检察院、公安部制定了《最高人民检察院、公安部关于公安机关管辖的刑事案件立案追诉标准的规定（一)》，对公安机关治安部门、消防部门管辖的刑事案件立案追诉标准作出了规定。现印发给你们，请遵照执行。各级公安机关应当依照次规定立案侦查，各级检察机关应当依照此规定审查批捕、审查起诉。

各地在执行中遇到的问题，请及时分别报最高人民检察院和公安部。

附：

最高人民检察院　公安部
关于公安机关管辖的刑事案件
立案追诉标准的规定（一）

一、危害公共安全案

第一条　［失火案（刑法第一百一十五条第二款)］过失引起火灾，涉嫌下列情形之一的，应予立案追诉：

（一）造成死亡一人以上，或者重伤三人以上的；

（二）造成公共财产或者他人财产直接经济损失五十万元以上的；

（三）造成十户以上家庭的房屋以及其他基本生活资料烧毁的；

（四）造成森林火灾，过火有林地面积二公顷以上，或者过火疏林地、灌木林地、未成林地、苗圃地面积四公顷以上的；

（五）其他造成严重后果的情形。

本条和本规定第十五条规定的“有林地”、“疏林地”、“灌木林地”、“未成林地”、“苗圃地”，按照国家林业主管部门的有关规定确定。

第二条　［非法制造、买卖、运输、储存危险物质案（刑法第一百二十五条第二款)］非法制造、买卖、运输、储存毒害性、放射性、传染病病原体等物质，危害公共安全，涉嫌下列情形之一的，应予立案追诉：

（一）造成人员重伤或者死亡的；

（二）造成直接经济损失十万元以上的；

（三）非法制造、买卖、运输、储存毒鼠强、氟乙酰胺、氟乙酰钠、毒鼠硅、甘氟原粉、原液、制剂五十克以上，或者饵料二千克以上的；

（四）造成急性中毒、放射性疾病或者造成传染病流行、暴发的；

（五）造成严重环境污染的；

（六）造成毒害性、放射性、传染病病原体等危险物质丢失、被盗、被抢或者被他人利用进行违法犯罪活动的；

（七）其他危害公共安全的情形。

第三条　［违规制造、销售枪支案（刑法第一百二十六条)］依法被指定、确定的枪支制造企业、销售企业，违反枪支管理规定，以非法销售为目的，超过限额或者不按照规定的品种制造、配售枪支，或者以非法销售为目的，制造无号、重号、假号的枪支，或者非法销售枪支或者在境内销售为出口制造的枪支，涉嫌下列情形之一的，应予立案追诉：

（一）违规制造枪支五支以上的；

（二）违规销售枪支二支以上的；

（三）虽未达到上述数量标准，但具有造成严重后果等其他恶劣情节的。

本条和本规定第四条、第七条规定的“枪支”，包括枪支散件。成套枪支散件，以相应数量的枪支计；非成套枪支散件，以每三十件为一成套枪支散件计。

第四条　［非法持有、私藏枪支、弹药案（刑法第一百二十八条第一款)］违反枪支管理规定，非法持有、私藏枪支、弹药，涉嫌下列情形之一的，应予立案追诉：

（一）非法持有、私藏军用枪支一支以上的；

（二）非法持有、私藏以火药为动力发射枪弹的非军用枪支一支以上，或者以压缩气体等为动力的其他非军用枪支二支以上的；

（三）非法持有、私藏军用子弹二十发以上、气枪铅弹一千发以上或者其他非军用子弹二百发以上的；

（四）非法持有、私藏手榴弹、炸弹、地雷、手雷等具有杀伤性弹药一枚以上的；

（五）非法持有、私藏的弹药造成人员伤亡、财产损失的。

本条规定的“非法持有”，是指不符合配备、配置枪支、弹药条件的人员，擅自持有枪支、弹药的行为；“私藏”，是指依法配备、配置枪支、弹药的人员，在配备、配置枪支、弹药的条件消除后，私自藏匿所配备、配置的枪支、弹药且拒不交出的行为。

第五条 ［非法出租、出借枪支案（刑法第一百二十八条第二、三、四款）］依法配备公务用枪的人员或单位，非法将枪支出租、出借给未取得公务用枪配备资格的人员或单位，或者将公务用枪用作借债质押物的，应予立案追诉。

依法配备公务用枪的人员或单位，非法将枪支出租、出借给具有公务用枪配备资格的人员或单位，以及依法配置民用枪支的人员或单位，非法出租、出借民用枪支，涉嫌下列情形之一的，应予立案追诉：

（一）造成人员轻伤以上伤亡事故的；

（二）造成枪支丢失、被盗、被抢的；

（三）枪支被他人利用进行违法犯罪活动的；

（四）其他造成严重后果的情形。

第六条 ［丢失枪支不报案（刑法第一百二十九条）］依法配备公务用枪的人员，丢失枪支不及时报告，涉嫌下列情形之一的，应予立案追诉：

（一）丢失的枪支被他人使用造成人员轻伤以上伤亡事故的；

（二）丢失的枪支被他人利用进行违法犯罪活动的；

（三）其他造成严重后果的情形。

第七条 ［非法携带枪支、弹药、管制刀具、危险物品危及公共安全案（刑法第一百三十条）］非法携带枪支、弹药、管制刀具或者爆炸性、易燃性、放射性、毒害性、腐蚀性物品，进入公共场所或者公共交通工具，危及公共安全，涉嫌下列情形之一的，应予立案追诉：

（一）携带枪支一支以上或者手榴弹、炸弹、地雷、手雷等具有杀伤性弹药一枚以上的；

（二）携带爆炸装置一套以上的；

（三）携带炸药、发射药、黑火药五百克以上或者烟火药一千克以上、雷管二十枚以上或者导火索、导爆索二十米以上，或者虽未达到上述数量标准，但拒不交出的；

（四）携带的弹药、爆炸物在公共场所或者公共交通工具上发生爆炸或者燃烧，尚未造成严重后果的；

（五）携带管制刀具二十把以上，或者虽未达到上述数量标准，但拒不交出，或者用来进行违法活动尚未构成其他犯罪的；

（六）携带的爆炸性、易燃性、放射性、毒害性、腐蚀性物品在公共场所或者公共交通工具上发生泄漏、遗洒，尚未造成严重后果的；

（七）其他情节严重的情形。

第八条 ［重大责任事故案（刑法第一百三十四条第一款）］在生产、作业中违反有关安全管理的规定，涉嫌下列情形之一的，应予立案追诉：

（一）造成死亡一人以上，或者重伤三人以上；

（二）造成直接经济损失五十万元以上的；

（三）发生矿山生产安全事故，造成直接经济损失一百万元以上的；

（四）其他造成严重后果的情形。

第九条 ［强令违章冒险作业案（刑法第一百三十四条第二款）］强令他人违章冒险作业，涉嫌下列情形之一的，应予立案追诉：

（一）造成死亡一人以上，或者重伤三人以上；

（二）造成直接经济损失五十万元以上的；

（三）发生矿山生产安全事故，造成直接经济损失一百万元以上的；

（四）其他造成严重后果的情形。

第十条 ［重大劳动安全事故案（刑法第一百三十五条）］安全生产设施或者安全生产条件不符合国家规定，涉嫌下列情形之一的，应予立案追诉：

（一）造成死亡一人以上，或者重伤三人以上；

（二）造成直接经济损失五十万元以上的；

（三）发生矿山生产安全事故，造成直接经济损失一百万元以上的；

（四）其他造成严重后果的情形。

第十一条 ［大型群众性活动重大安全事故案（刑法第一百三十五条之一）］举办大型群众性活动违反安全管理规定，涉嫌下列情形之一的，应予立案追诉：

（一）造成死亡一人以上，或者重伤三人以上；

（二）造成直接经济损失五十万元以上的；

（三）其他造成严重后果的情形。

第十二条 ［危险物品肇事案（刑法第一百三十六条）］违反爆炸性、易燃性、放射性、毒害性、腐蚀性物品的管理规定，在生产、储存、运输、使用中发生重大事故，涉嫌下列情形之一的，应予立案追诉：

（一）造成死亡一人以上，或者重伤三人以上；

（二）造成直接经济损失五十万元以上的；

（三）其他造成严重后果的情形。

第十三条 ［工程重大安全事故案（刑法第一百三十七条）］建设单位、设计单位、施工单位、工程监理单位违反国家规定，降低工程质量标准，涉嫌下列情形之一的，应予立案追诉：

（一）造成死亡一人以上，或者重伤三人以上；

（二）造成直接经济损失五十万元以上的；

（三）其他造成严重后果的情形。

第十四条 ［教育设施重大安全事故案（刑法第一百三十八条）］明知校舍或者教育教学设施有危险，而不采取措施或者不及时报告，涉嫌下列情形之一的，应予立案追诉：

（一）造成死亡一人以上、重伤三人以上或者轻伤十人以上的；

（二）其他致使发生重大伤亡事故的情形。

第十五条 ［消防责任事故案（刑法第一百三十九条）］违反消防管理法规，经消防监督机构通知采取改正措施而拒绝执行，涉嫌下列情形之一的，应予立案追诉：

（一）造成死亡一人以上，或者重伤三人以上；

（二）造成直接经济损失五十万元以上的；

（三）造成森林火灾，过火有林地面积二公顷以上，或者过火疏林地、灌木林地、未成林地、苗圃地面积四公顷以上的；

（四）其他造成严重后果的情形。

二、破坏社会主义市场经济秩序案

第十六条 ［生产、销售伪劣产品案（刑法第一百四十条）］生产者、销售者在产品中掺杂、掺假，以假充真，以次充好或者以不合格产品冒充合格产品，涉嫌下列情形之一的，应予立案追诉：

（一）伪劣产品销售金额五万元以上的；

（二）伪劣产品尚未销售，货值金额十五万元以上的；

（三）伪劣产品销售金额不满五万元，但将已销售金额乘以三倍后，与尚未销售的伪劣产品货值金额合计十五万元以上的。

本条规定的“掺杂、掺假”，是指在产品中掺入杂质或者异物，致使产品质量不符合国家法律、法规或者产品明示质量标准规定的质量要求，降低、失去应有使用性能的行为；“以假充真”，是指以不具有某种使用性能的产品冒充具有该种使用性能的产品的行为；“以次充好”，是指以低等级、低档次产品冒充高等级、高档次产品，或者以残次、废旧零配件组合、拼装后冒充正品或者新产品的行为；“不合格产品”，是指不符合《中华人民共和国产品质量法》规定的质量要求的产品。

对本条规定的上述行为难以确定的，应当委托法律、行政法规规定的产品质量检验机构进行鉴定。本条规定的“销售金额”，是指生产者、销售者出售伪劣产品后所得和应得的全部违法收入；“货值金额”，以违法生产、销售的伪劣产品的标价计算；没有标价的，按照同类合格产品的市场中间价格计算。货值金额难以确定的，按照《扣押、追缴、没收物品估价管理办法》的规定，委托估价机构进行确定。

第十七条 ［生产、销售假药案（刑法

第一百四十一条）］生产（包括配制）、销售假药，涉嫌下列情形之一的，应予立案追诉：

（一）含有超标准的有毒有害物质的；

（二）不含所标明的有效成份，可能贻误诊治的；

（三）所标明的适应症或者功能主治超出规定范围，可能造成贻误诊治的；

（四）缺乏所标明的急救必需的有效成份的；

（五）其他足以严重危害人体健康或者对人体健康造成严重危害的情形。

本条规定的“假药”，是指依照《中华人民共和国药品管理法》的规定属于假药和按假药处理的药品、非药品。

第十八条 ［生产、销售劣药案（刑法第一百四十二条）］生产（包括配制）、销售劣药，涉嫌下列情形之一的，应予立案追诉：

（一）造成人员轻伤、重伤或者死亡的；

（二）其他对人体健康造成严重危害的情形。

本条规定的“劣药”，是指依照《中华人民共和国药品管理法》的规定，药品成份的含量不符合国家药品标准的药品和按劣药论处的药品。

第十九条 ［生产、销售不符合卫生标准的食品案（刑法第一百四十三条）］生产、销售不符合卫生标准的食品，涉嫌下列情形之一的，应予立案追诉：

（一）含有可能导致严重食物中毒事故或者其他严重食源性疾患的超标准的有害细菌的；

（二）含有可能导致严重食物中毒事故或者其他严重食源性疾患的超标准的其他污染物的。

本条规定的“不符合卫生标准的食品”，由省级以上卫生行政部门确定的机构进行鉴定。

第二十条 ［生产、销售有毒、有害食品案（刑法第一百四十四条）］在生产、销售的食品中掺入有毒、有害的非食品原料的，或者销售明知掺有有毒、有害的非食品原料的食品的，应予立案追诉。

使用盐酸克仑特罗（俗称“瘦肉精”）等禁止在饲料和动物饮用水中使用的药品或者含有该类药品的饲料养殖供人食用的动物，或者销售明知是使用该类药品或者含有该类药品的饲料养殖的供人食用的动物的，应予立案追诉。

明知是使用盐酸克仑特罗等禁止在饲料和动物饮用水中使用的药品或者含有该类药品的饲料养殖的供人食用的动物，而提供屠宰等加工服务，或者销售其制品的，应予立案追诉。

第二十一条 ［生产、销售不符合标准的医用器材案（刑法第一百四十五条）］生产不符合保障人体健康的国家标准、行业标准的医疗器械、医用卫生材料，或者销售明知是不符合保障人体健康的国家标准、行业标准的医疗器械、医用卫生材料，涉嫌下列情形之一的，应予立案追诉：

（一）进入人体的医疗器械的材料中含有超过标准的有毒有害物质的；

（二）进入人体的医疗器械的有效性指标不符合标准要求，导致治疗、替代、调节、补偿功能部分或者全部丧失，可能造成贻误诊治或者人体严重损伤的；

（三）用于诊断、监护、治疗的有源医疗器械的安全指标不合符强制性标准要求，可能对人体构成伤害或者潜在危害的；

（四）用于诊断、监护、治疗的有源医疗器械的主要性能指标不合格，可能造成贻误诊治或者人体严重损伤的；

（五）未经批准，擅自增加功能或者适用范围，可能造成贻误诊治或者人体严重损伤的；

（六）其他足以严重危害人体健康或者对人体健康造成严重危害的情形。

医疗机构或者个人知道或者应当知道是不符合保障人体健康的国家标准、行业标准的医疗器械、医用卫生材料而购买并有偿使用的，视为本条规定的“销售”。

第二十二条 ［生产、销售不符合安全标准的产品案（刑法第一百四十六条）］生产不符合保障人身、财产安全的国家标准、行业标准的电器、压力容器、易燃易爆或者其他不符合保障人身、财产安全的国家标准、行业标准的产品，或者销售明知是以上不符合保障人身、财产安全的国家标准、行业标准的产品，涉嫌下列情形之一的，应予立案追诉：

（一）造成人员重伤或者死亡的；

（二）造成直接经济损失十万元以上的；

（三）其他造成严重后果的情形。

第二十三条 ［生产、销售伪劣农药、兽药、化肥、种子案（刑法第一百四十七条）］生产假农药、假兽药、假化肥，销售明知是假的或者失去使用效能的农药、兽药、化肥、种子，或者生产者、销售者以不合格的农药、兽药、化肥、种子冒充合格的农药、兽药、化肥、种子，涉嫌下列情形之一的，应予立案追诉：

（一）使生产遭受损失二万元以上的；

（二）其他使生产遭受较大损失的情形。

第二十四条 ［生产、销售不符合卫生标准的化妆品案（刑法第一百四十八条）］生产不符合卫生标准的化妆品，或者销售明知是不符合卫生标准的化妆品，涉嫌下列情形之一的，应予立案追诉：

（一）造成他人容貌毁损或者皮肤严重损伤的；

（二）造成他人器官组织损伤导致严重功能障碍的；

（三）致使他人精神失常或者自杀、自残造成重伤、死亡的；

（四）其他造成严重后果的情形。

第二十五条 ［走私淫秽物品案（刑法第一百五十二条第一款）］以牟利或者传播为目的，走私淫秽的影片、录像带、录音带、图片、书刊或者其他通过文字、声音、形象等形式表现淫秽内容的影碟、音碟、电子出版物等物品，涉嫌下列情形之一的，应予立案追诉：

（一）走私淫秽录像带、影碟五十盘（张）以上的；

（二）走私淫秽录音带、音碟一百盘（张）以上的；

（三）走私淫秽扑克、书刊、画册一百副（册）以上的；

（四）走私淫秽照片、画片五百张以上的；

（五）走私其他淫秽物品相当于上述数量的；

（六）走私淫秽物品数量虽未达到本条第（一）项至第（四）项规定标准，但分别达到其中两项以上标准的百分之五十以上的。

第二十六条 ［侵犯著作权案（刑法第二百一十七条）］以营利为目的，未经著作权人许可，复制发行其文字作品、音乐、电影、电视、录像作品、计算机软件及其他作品，或者出版他人享有专有出版权的图书，或者未经录音录像制作者许可，复制发行其制作的录音录像，或者制作、出售假冒他人署名的美术作品，涉嫌下列情形之一的，应予立案追诉：

（一）违法所得数额三万元以上的；

（二）非法经营数额五万元以上的；

（三）未经著作权人许可，复制发行其文字作品、音乐、电影、电视、录像作品、计算机软件及其他作品，复制品数量合计五百张（份）以上的；

（四）未经录音录像制作者许可，复制发行其制作的录音录像制品，复制品数量合计五百张（份）以上的；

（五）其他情节严重的情形。

以刊登收费广告等方式直接或者间接收取费用的情形，属于本条规定的“以营利为目的”。

本条规定的“未经著作权人许可”，是指没有得到著作权人授权或者伪造、涂改著作权人授权许可文件或者超出授权许可范围的情形。

本条规定的“复制发行”，包括复制、发行或者既复制又发行的行为。

通过信息网络向公众传播他人文字作品、音乐、电影、电视、录像作品、计算机软件及其他作品，或者通过信息网络传播他人制作的录音录像制品的行为，应当视为本条规定的“复制发行”。

侵权产品的持有人通过广告、征订等方式推销侵权产品的，属于本条规定的“发行”。

本条规定的“非法经营数额”，是指行为人在实施侵犯知识产权行为过程中，制造、储存、运输、销售侵权产品的价值。已销售的侵权产品的价值，按照实际销售的价格计算。制造、储存、运输和未销售的侵权产品的价值，按照标价或者已经查清的侵权产品的实际销售平均价格计算。侵权产品没有标价或者无法查清其实际销售价格的，按照被侵权产品的市场中间价格计算。

第二十七条 ［销售侵权复制品案（刑法第二百一十八条）］以营利为目的，销售明知是刑法第二百一十七条规定的侵权复制品，涉嫌下列情形之一的，应予立案追诉：

（一）违法所得数额十万元以上的；

（二）违法所得数额虽未达到上述数额标准，但尚未销售的侵权复制品货值金额达到三十万元以上的。

第二十八条 ［强迫交易案（刑法第二百二十六条）］以暴力、威胁手段强买强卖商品、强迫他人提供服务或者强迫他人接受服务，涉嫌下列情形之一的，应予立案追诉：

（一）造成被害人轻微伤或者其他严重后果的；

（二）造成直接经济损失二千元以上的；

（三）强迫交易三次以上或者强迫三人以上交易的；

（四）强迫交易数额一万元以上，或者违法所得数额二千元以上的；

（五）强迫他人购买伪劣商品数额五千元以上，或者违法所得数额一千元以上的；

（六）其他情节严重的情形。

第二十九条 ［伪造、倒卖伪造的有价票证案（刑法第二百二十七条第一款）］伪造或者倒卖伪造的车票、船票、邮票或者其他有价票证，涉嫌下列情形之一的，应予立案追诉：

（一）车票、船票票面数额累计二千元以上，或者数量累计五十张以上的；

（二）邮票票面数额累计五千元以上，或者数量累计一千枚以上的；

（三）其他有价票证价额累计五千元以上，或者数量累计一百张以上的；

（四）非法获利累计一千元以上的；

（五）其他数额较大的情形。

第三十条 ［倒卖车票、船票案（刑法第二百二十七条第二款）］倒卖车票、船票或者倒卖车票坐席、卧铺签字号以及订购车票、船票凭证，涉嫌下列情形之一的，应予立案追诉：

（一）票面数额累计五千元以上的；

（二）非法获利累计二千元以上的；

（三）其他情节严重的情形。

三、侵犯公民人身权利、民主权利案

第三十一条 ［强迫职工劳动案（刑法第二百四十四条）］用人单位违反劳动管理法规，以限制人身自由方法强迫职工劳动，涉嫌下列情形之一的，应予立案追诉：

（一）强迫他人劳动，造成人员伤亡或者患职业病的；

（二）采用殴打、胁迫、扣发工资、扣留身份证件等手段限制人身自由，强迫他人劳动的；

（三）强迫妇女从事井下劳动、国家规定的第四级体力劳动强度的劳动或者其他禁忌从事的劳动，或者强迫处于经期、孕期和哺乳期妇女从事国家规定的第三级体力劳动强度以上的劳动或者其他禁忌从事的劳动的；

（四）强迫已满十六周岁未满十八周岁的未成年人从事国家规定的第四级体力劳动强度的劳动，或者从事高空、井下劳动，或者在爆炸性、易燃性、放射性、毒害性等危险环境下从事劳动的；

（五）其他情节严重的情形。

第三十二条 ［雇用童工从事危重劳动案（刑法第二百四十四条之一）］违反劳动管理法规，雇用未满十六周岁的未成年人从事国家规定的第四级体力劳动强度的劳动，或者从事高空、井下劳动，或者在爆炸性、易燃性、放射性、毒害性等危险环境下从事劳动，涉嫌下列情形之一的，应予立案追诉：

（一）造成未满十六周岁的未成年人伤亡或者对其身体健康造成严重危害的；

（二）雇用未满十六周岁的未成年人三人以上的；

（三）以强迫、欺骗等手段雇用未满十六周岁的未成年人从事危重劳动的；

（四）其他情节严重的情形。

四、侵犯财产案

第三十三条 ［故意毁坏财物案（刑法第二百七十五条）］故意毁坏公私财物，涉嫌下列情形之一的，应予立案追诉：

（一）造成公私财物损失五千元以上的；

（二）毁坏公私财物三次以上的；

（三）纠集三人以上公然毁坏公私财物的；

（四）其他情节严重的情形。

第三十四条 ［破坏生产经营案（刑法第二百七十六条）］由于泄愤报复或者其他个人目的，毁坏机器设备、残害耕畜或者以其他方法破坏生产经营，涉嫌下列情形之一的，应予立案追诉：

（一）造成公私财物损失五千元以上的；

（二）破坏生产经营三次以上的；

（三）纠集三人以上公然破坏生产经营的；

（四）其他破坏生产经营应予追究刑事责任的情形。

五、妨害社会管理秩序案

第三十五条 ［非法生产、买卖警用装备案（刑法第二百八十一条）］非法生产、买卖人民警察制式服装、车辆号牌等专用标志、警械，涉嫌下列情形之一的，应予立案追诉：

（一）成套制式服装三十套以上，或者非成套制式服装一百件以上的；

（二）手铐、脚镣、警用抓捕网、警用催泪喷射器、警灯、警报器单种或者合计十件以上的；

（三）警棍五十根以上的；

（四）警衔、警号、胸章、臂章、帽徽等警用标志单种或者合计一百件以上的；

（五）警用号牌、省级以上公安机关专段民用车辆号牌一副以上，或者其他公安机关专段民用车辆号牌三副以上的；

（六）非法经营数额五千元以上，或者非法获利一千元以上的；

（七）被他人利用进行违法犯罪活动的；

（八）其他情节严重的情形。

第三十六条 ［聚众斗殴案（刑法第二百九十二条第一款）］组织、策划、指挥或者积极参加聚众斗殴的，应予立案追诉。

第三十七条 ［寻衅滋事案（刑法第二百九十三条）］寻衅滋事，破坏社会秩序，涉嫌下列情形之一的，应予立案追诉：

（一）随意殴打他人造成他人身体伤害、持械随意殴打他人或者具有其他恶劣情节的；

（二）追逐、拦截、辱骂他人，严重影响他人正常工作、生产、生活，或者造成他人精神失常、自杀或者具有其他恶劣情节的；

（三）强拿硬要或者任意损毁、占用公私财物价值二千元以上，强拿硬要或者任意损毁、占用公私财物三次以上或者具有其他严重情节的；

（四）在公共场所起哄闹事，造成公共场所秩序严重混乱的。

第三十八条 ［非法集会、游行、示威案（刑法第二百九十六条）］举行集会、游行、示威，未依照法律规定申请或者申请未获许可，或者未按照主管机关许可的起止时间、地点、路线进行，又拒不服从解散命令，严重破坏社会秩序的，应予立案追诉。

第三十九条 ［非法携带武器、管制刀具、爆炸物参加集会、游行、示威案（刑法第二百九十七条）］违反法律规定，携带武器、管制刀具或者爆炸物参加集会、游行、示威的，应予立案追诉。

第四十条 ［破坏集会、游行、示威案（刑法第二百九十八条）］扰乱、冲击或者以其他方法破坏依法举行的集会、游行、示威，造成公共秩序严重混乱的，应予立案追诉。

第四十一条 ［聚众淫乱案（刑法第三百零一条第一款）］组织、策划、指挥三人以上进行淫乱活动或者参加聚众淫乱活动三次以上的，应予立案追诉。

第四十二条 ［引诱未成年人聚众淫乱案（刑法第三百零一条第二款）］引诱未成年人参加聚众淫乱活动的，应予立案追诉。

第四十三条 ［赌博案（刑法第三百零三条第一款）］以营利为目的，聚众赌博，涉嫌下列情形之一的，应予立案追诉：

（一）组织三人以上赌博，抽头渔利数额累计五千元以上的；（二）组织三人以上赌博，赌资数额累计五万元以上；

（三）组织三人以上赌博，参赌人数累计二十人以上的；

（四）组织中华人民共和国公民十人以上赴境外赌博，从中收取回扣、介绍费的；

（五）其他聚众赌博应予追究刑事责任的情形。

以营利为目的，以赌博为业的，应予立案追诉。

赌博犯罪中用作赌注的款物、换取筹码的款物和通过赌博赢取的款物属于赌资。通过计算机网络实施赌博犯罪的，赌资数额可以按照在计算机网络上投注或者赢取的点数乘以每一点实际代表的金额认定。

第四十四条 ［开设赌场案（刑法第三百零三条第二款）］开设赌场的，应予立案追诉。

在计算机网络上建立赌博网站，或者为赌博网站担任代理，接受投注的，属于本条规定的“开设赌场”。

第四十五条 ［故意延误投递邮件案（刑法第三百零四条）］邮政工作人员严重不负责任，故意延误投递邮件，涉嫌下列情形之一的，应予立案追诉：

（一）造成直接经济损失二万元以上的；

（二）延误高校录取通知书或者其他重要邮件投递，致使他人失去高校录取资格或者造成其他无法挽回的重大损失的；

（三）严重损害国家声誉或者造成其他恶劣社会影响的；

（四）其他致使公共财产、国家和人民利益遭受重大损失的情形。

第四十六条 ［故意损毁文物案（刑法第三百二十四条第一款）］故意损毁国家保护的珍贵文物或者被确定为全国重点文物保护单位、省级文物保护单位的文物的，应予立案追诉。

第四十七条 ［故意损毁名胜古迹案（刑法第三百二十四条第二款）］故意损毁国家保护的名胜古迹，涉嫌下列情形之一的，应予立案追诉：

（一）造成国家保护的名胜古迹严重损毁的；

（二）损毁国家保护的名胜古迹三次以上或者三处以上，尚未造成严重损毁后果的；

（三）损毁手段特别恶劣的；

（四）其他情节严重的情形。

第四十八条 ［过失损毁文物案（刑法第三百二十四条第三款）］过失损毁国家保护的珍贵文物或者被确定为全国重点文物保护单位、省级文物保护单位的文物，涉嫌下列情形之一的，应予立案追诉：

（一）造成珍贵文物严重损毁的；

（二）造成被确定为全国重点文物保护单位、省级文物保护单位的文物严重损毁的；

（三）造成珍贵文物损毁三件以上的；

（四）其他造成严重后果的情形。

第四十九条 ［妨害传染病防治案（刑法第三百三十条）］违反传染病防治法的规定，引起甲类或者按照甲类管理的传染病传播或者有传播严重危险，涉嫌下列情形之一的，应予立案追诉：

（一）供水单位供应的饮用水不符合国家规定的卫生标准的；

（二）拒绝按照疾病预防控制机构提出的卫生要求，对传染病病原体污染的污水、污物、粪便进行消毒处理的；

（三）准许或者纵容传染病病人、病原携带者和疑似传染病病人从事国务院卫生行政部门规定禁止从事的易使该传染病扩散的工作的；

（四）拒绝执行疾病预防控制机构依照传染病防治法提出的预防、控制措施的。

本条和本规定第五十条规定的“甲类传染病”，是指鼠疫、霍乱；“按甲类管理的传染病”，是指乙类传染病中传染性非典型肺炎、炭疽中的肺炭疽、人感染高致病性禽流感以及国务院卫生行政部门根据需要报经国务院批准公布实施的其他需要按甲类管理的乙类传染病和突发原因不明的传染病。

第五十条 ［传染病菌种、毒种扩散案（刑法第三百三十一条）］从事实验、保藏、携带、运输传染病菌种、毒种的人员，违反国务院卫生行政部门的有关规定，造成传染病菌种、毒种扩散，涉嫌下列情形之一的，应予立案追诉：

（一）导致甲类和按甲类管理的传染病传播的；

（二）导致乙类、丙类传染病流行、暴发的；

（三）造成人员重伤或者死亡的；

（四）严重影响正常的生产、生活秩序的；

（五）其他造成严重后果的情形。

第五十一条 ［妨害国境卫生检疫案（刑法第三百三十二条）］违反国境卫生检疫规定，引起检疫传染病传播或者有传播严重危险的，应予立案追诉。

本条规定的“检疫传染病”，是指鼠疫、霍乱、黄热病以及国务院确定和公布的其他传染病。

第五十二条 ［非法组织卖血案（刑法第三百三十三条第一款）］非法组织他人出卖血液，涉嫌下列情形之一的，应予立案追诉：

（一）组织卖血三人次以上的；

（二）组织卖血非法获利二千元以上的；

（三）组织未成年人卖血的；

（四）被组织卖血的人的血液含有艾滋病病毒、乙型肝炎病毒、丙型肝炎病毒、梅毒螺旋体等病原微生物的；

（五）其他非法组织卖血应予追究刑事责任的情形。

第五十三条 ［强迫卖血案（刑法第三百三十三条第一款）］以暴力、威胁方法强迫他人出卖血液的，应予立案追诉。

第五十四条 ［非法采集、供应血液、制作、供应血液制品案（刑法第三百三十四条第一款）］非法采集、供应血液或者制作、供应血液制品，涉嫌下列情形之一的，应予立案追诉：

（一）采集、供应的血液含有艾滋病病毒、乙型肝炎病毒、丙型肝炎病毒、梅毒螺旋体等病原微生物的；

（二）制作、供应的血液制品含有艾滋病病毒、乙型肝炎病毒、丙型肝炎病毒、梅毒螺旋体等病原微生物，或者将含有上述病原微生物的血液用于制作血液制品的；

（三）使用不符合国家规定的药品、诊断试剂、卫生器材，或者重复使用一次性采血器材采集血液，造成传染病传播危险的；

（四）违反规定对献血者、供血浆者超量、频繁采集血液、血浆，足以危害人体健康的；

（五）其他不符合国家有关采集、供应血液或者制作、供应血液制品的规定，足以危害人体健康或者对人体健康造成严重危害的情形。

未经国家主管部门批准或者超过批准的业务范围，采集、供应血液或者制作、供应血液制品的，属于本条规定的“非法采集、供应血液、制作、供应血液制品”。

本条和本规定第五十二条、第五十三条、第五十五条规定的“血液”，是指全血、成分血和特殊血液成分。

本条和本规定第五十五条规定的“血液制品”，是指各种人血浆蛋白制品。

第五十五条 ［采集、供应血液、制作、供应血液制品事故案（刑法第三百三十四条第二款）］经国家主管部门批准采集、供应血液或者制作、供应血液制品的部门，不依照规定进行检测或者违背其他操作规定，涉嫌下列情形之一的，应予立案追诉：

（一）造成献血者、供血浆者、受血者感染艾滋病病毒、乙型肝炎病毒、丙型肝炎病毒、梅毒螺旋体或者其他经血液传播的病原微生物的；

（二）造成献血者、供血浆者、受血者重度贫血、造血功能障碍或者其他器官组织损伤导致功能障碍等身体严重危害的；

（三）其他造成危害他人身体健康后果的情形。

经国家主管部门批准的采供血机构和血液制品生产经营单位，属于本条规定的“经国家主管部门批准采集、供应血液或者制作、供应血液制品的部门”。采供血机构包括血液中心、中心血站、脐带血造血干细胞库和国家卫生行政主管部门根据医学发展需要批准、设置的其他类型血库、单采血浆站。

具有下列情形之一的，属于本条规定的“不依照规定进行检测或者违背其他操作规定”：

（一）血站未用两个企业生产的试剂对艾滋病病毒抗体、乙型肝炎病毒表面抗原、丙型肝炎病毒抗体、梅毒抗体进行两次检测的；

（二）单采血浆站不依照规定对艾滋病病毒抗体、乙型肝炎病毒表面抗原、丙型肝炎病毒抗体、梅毒抗体进行检测的；

（三）血液制品生产企业在投料生产前未用主管部门批准和检定合格的试剂进行复检的；

（四）血站、单采血浆站和血液制品生产企业使用的诊断试剂没有生产单位名称、生产批准文号或者经检定不合格的；

（五）采供血机构在采集检验样本、采集血液和成分血分离时，使用没有生产单位名称、生产批准文号或者超过有效期的一次性注射器等采血器材的；

（六）不依照国家规定的标准和要求包装、储存、运输血液、原料血浆的；

（七）对国家规定检测项目结果呈阳性的血液未及时按照规定予以清除的；

（八）不具备相应资格的医务人员进行采血、检验操作的；

（九）对献血者、供血浆者超量、频繁采集血液、血浆的；

（十）采供血机构采集血液、血浆前，未对献血者或者供血浆者进行身份识别，采集冒名顶替者、健康检查不合格者血液、血浆的；

（十一）血站擅自采集原料血浆，单采血浆站擅自采集临床用血或者向医疗机构供应原料血浆的；

（十二）重复使用一次性采血器材的；

（十三）其他不依照规定进行检测或者违背操作规定的。

第五十六条 ［医疗事故案（刑法第三百三十五条）］医务人员由于严重不负责任，造成就诊人死亡或者严重损害就诊人身体健康的，应予立案追诉。

具有下列情形之一的，属于本条规定的“严重不负责任”：

（一）擅离职守的；

（二）无正当理由拒绝对危急就诊人实行必要的医疗救治的；

（三）未经批准擅自开展试验性医疗的；

（四）严重违反查对、复核制度的；

（五）使用未经批准使用的药品、消毒药剂、医疗器械的；

（六）严重违反国家法律法规及有明确规定的诊疗技术规范、常规的；

（七）其他严重不负责任的情形。

本条规定的“严重损害就诊人身体健康”，是指造成就诊人严重残疾、重伤、感染艾滋病、病毒性肝炎等难以治愈的疾病或者其他严重损害就诊人身体健康的后果。

第五十七条 ［非法行医案（刑法第三百三十六条第一款）］未取得医生执业资格的人非法行医，涉嫌下列情形之一的，应予立案追诉：

（一）造成就诊人轻度残疾、器官组织损伤导致一般功能障碍，或者中度以上残疾、器官组织损伤导致严重功能障碍，或者死亡的；

（二）造成甲类传染病传播、流行或者有传播、流行危险的；

（三）使用假药、劣药或不符合国家规定标准的卫生材料、医疗器械，足以严重危害人体健康的；

（四）非法行医被卫生行政部门行政处罚两次以后，再次非法行医的；

（五）其他情节严重的情形。

具有下列情形之一的，属于本条规定的“未取得医生执业资格的人非法行医”：

（一）未取得或者以非法手段取得医师资格从事医疗活动的；

（二）个人未取得《医疗机构执业许可证》开办医疗机构的；

（三）被依法吊销医师执业证书期间从事医疗活动的；

（四）未取得乡村医生执业证书，从事乡村医疗活动的；

（五）家庭接生员实施家庭接生以外的医疗活动的。

本条规定的“轻度残疾、器官组织损伤导致一般功能障碍”、“中度以上残疾、器官组织损伤导致严重功能障碍”，参照卫生部《医疗事故分级标准（试行）》认定。

第五十八条 ［非法进行节育手术案（刑法第三百三十六条第二款）］未取得医生执业资格的人擅自为他人进行节育复通手术、假节育手术、终止妊娠手术或者摘取宫内节育器，涉嫌下列情形之一的，应予立案追诉：

（一）造成就诊人轻伤、重伤、死亡或者感染艾滋病、病毒性肝炎等难以治愈的疾病的；

（二）非法进行节育复通手术、假节育手术、终止妊娠手术或者摘取宫内节育器五人次以上的；

（三）致使他人超计划生育的；

（四）非法进行选择性别的终止妊娠手术的；

（五）非法获利累计五千元以上的；

（六）其他情节严重的情形。

第五十九条 ［逃避动植物检疫案（刑法第三百三十七条）］违反进出境动植物检疫法的规定，逃避动植物检疫，涉嫌下列情形之一的，应予立案追诉：

（一）造成国家规定的《进境动物一、二类传染病、寄生虫病名录》中所列的动物疫病传入或者对农、牧、渔业生产以及人体健康、公共安全造成严重危害的其他动物疫病在国内暴发流行的；

（二）造成国家规定的《进境植物检疫性有害生物名录》中所列的有害生物传入或者对农、林业生产、生态环境以及人体健康有严重危害的其他有害生物在国内传播扩散的。

第六十条 ［重大环境污染事故案（刑法第三百三十八条）］违反国家规定，向土地、水体、大气排放、倾倒或者处置有放射性的废物、含传染病病原体的废物、有毒物质或者其他危险废物，造成重大环境污染事故，涉嫌下列情形之一，应予立案追诉：

（一）致使公私财产损失三十万元以上的；

（二）致使基本农田、防护林地、特种用途林地五亩以上，其他农用地十亩以上，其他土地二十亩以上基本功能丧失或者遭受永久性破坏的；

（三）致使森林或者其他林木死亡五十立方米以上，或者幼树死亡二千五百株以上的；

（四）致使一人以上死亡、三人以上重伤、十人以上轻伤，或者一人以上重伤并且五人以上轻伤的；

（五）致使传染病发生、流行或者人员中毒达到《国家突发公共卫生事件应急预案》中突发公共卫生事件分级Ⅲ级以上情形，严重危害人体健康的；

（六）其他致使公私财产遭受重大损失或者人身伤亡的严重后果的情形。

本条和本规定第六十二条规定的“公私财产损失”，包括污染环境直接造成的财产损毁、减少的实际价值，为防止污染扩散以及消除污染而采取的必要的、合理的措施而发生的费用。

第六十一条 ［非法处置进口的固体废物案（刑法第三百三十九条第一款）］违反国家规定，将境外的固体废物进境倾倒、堆放、处置的，应予立案追诉。

第六十二条 ［擅自进口固体废物案（刑法第三百三十九条第二款）］未经国务院有关主管部门许可，擅自进口固体废物用作原料，造成重大环境污染事故，涉嫌下列情形之一的，应予立案追诉：

（一）致使公私财产损失三十万元以上的；

（二）致使基本农田、防护林地、特种用途林地五亩以上，其他农用地十亩以上，其它土地二十亩以上基本功能丧失或者遭受永久性破坏的；

（三）致使森林或者其他林木死亡五十立方米以上，或者幼树死亡二千五百株以上的；

（四）致使一人以上死亡、三人以上重伤、十人以上轻伤，或者一人以上重伤并且五人以上轻伤的；

（五）致使传染病发生、流行或者人员中毒达到《国家突发公共卫生事件应急预案》中突发公共卫生事件分级Ⅲ级以上情形，严重危害人体健康的；

（六）其他致使公私财产遭受重大损失或者严重危害人体健康的情形。

第六十三条 ［非法捕捞水产品案（刑法第三百四十条）］违反保护水产资源法规，在禁渔区、禁渔期或者使用禁用的工具、方法捕捞水产品，涉嫌下列情形之一的，应予立案追诉：

（一）在内陆水域非法捕捞水产品五百公斤以上或者价值五千元以上的，或者在海洋水域非法捕捞水产品二千公斤以上或者价值二万元以上的；

（二）非法捕捞有重要经济价值的水生动物苗种、怀卵亲体或者在水产种质资源保护区内捕捞水产品，在内陆水域五十公斤以上或者价值五百元以上，或者在海洋水域二百公斤以上或者价值二千元以上的；

（三）在禁渔区内使用禁用的工具或者禁用的方法捕捞的；

（四）在禁渔期内使用禁用的工具或者禁用的方法捕捞的；

（五）在公海使用禁用渔具从事捕捞作业，造成严重影响的；

（六）其他情节严重的情形。

第六十四条 ［非法猎捕、杀害珍贵、濒危野生动物案（刑法第三百四十一条第一款）］非法猎捕、杀害国家重点保护的珍贵、濒危野生动物的，应予立案追诉。

本条和本规定第六十五条规定的“珍贵、濒危野生动物”，包括列入《国家重点保护野生动物名录》的国家一、二级保护野生动物、列入《濒危野生动植物种国际贸易公约》附录一、附录二的野生动物以及驯养繁殖的上述物种。

第六十五条 ［非法收购、运输、出售珍贵、濒危野生动物、珍贵、濒危野生动物制品案（刑法第三百四十一条第一款）］非法收购、运输、出售国家重点保护的珍贵、濒危野生动物及其制品的，应予立案追诉。

本条规定的“收购”，包括以营利、自用等为目的的购买行为；“运输”，包括采用携带、邮寄、利用他人、使用交通工具等方法进行运送的行为；“出售”，包括出卖和以营利为目的的加工利用行为。

第六十六条 ［非法狩猎案（刑法第三百四十一条第二款）］违反狩猎法规，在禁猎区、禁猎期或者使用禁用的工具、方法进行狩猎，破坏野生动物资源，涉嫌下列情形之一的，应予立案追诉：

（一）非法狩猎野生动物二十只以上的；

（二）在禁猎区内使用禁用的工具或者禁用的方法狩猎的；

（三）在禁猎期内使用禁用的工具或者禁用的方法狩猎的；

（四）其他情节严重的情形。

第六十七条 ［非法占用农用地案（刑法第三百四十二条）］违反土地管理法规，非法占用耕地、林地等农用地，改变被占用土地用途，造成耕地、林地等农用地大量毁坏，涉嫌下列情形之一的，应予立案追诉：

（一）非法占用基本农田五亩以上或者基本农田以外的耕地十亩以上的；

（二）非法占用防护林地或者特种用途林地数量单种或者合计五亩以上的；

（三）非法占用其他林地十亩以上的；

（四）非法占用本款第（二）项、第（三）项规定的林地，其中一项数量达到相应规定的数量标准的百分之五十以上，且两项数量合计达到该项规定的数量标准的；

（五）非法占用其他农用地数量较大的情形。

违反土地管理法规，非法占用耕地建窑、建坟、建房、挖沙、采石、采矿、取土、堆放固体废弃物或者进行其他非农业建设，造成耕地种植条件严重毁坏或者严重污染，被毁坏耕地数量达到以上规定的，属于本条规定的“造成耕地大量毁坏”。

违反土地管理法规，非法占用林地，改变被占用林地用途，在非法占用的林地上实施建窑、建坟、建房、挖沙、采石、采矿、取土、种植农之五、堆放或者排泄废弃物等行为或者进行其他非林业生产、建设，造成林地的原有植被或者林业种植条件严重毁坏或者严重污染，被毁坏林地数量达到以上规定的，属于本条规定的“造成林地大量毁坏”。

第六十八条 ［非法采矿案（刑法第三百四十三条第一款）］违反矿产资源法的规定，未取得采矿许可证擅自采矿的，或者擅自进入国家规划矿区、对国民经济具有重要价值的矿区和他人矿区范围采矿的，或者擅自开采国家规定实行保护性开采的特定矿种，经责令停止开采后拒不停止开采，造成矿产资源破坏的价值数额在五万至十万元以上的，应予立案追诉。

具有下列情形之一的，属于本条规定的“未取得采矿许可证擅自采矿”：

（一）无采矿许可证开采矿产资源的；

（二）采矿许可证被注销、吊销后继续开采矿产资源的；

（三）超越采矿许可证规定的矿区范围开采矿产资源的；

（四）未按采矿许可证规定的矿种开采矿产资源的（共生、伴生矿种除外）；

（五）其他未取得采矿许可证开采矿产资源的情形。

在采矿许可证被依法暂扣期间擅自开采的，视为本条规定的“未取得采矿许可证擅自采矿”。

造成矿产资源破坏的价值数额，由省级以上地质矿产主管部门出具鉴定结论，经查证属实后予以认定。

第六十九条 ［破坏性采矿案（刑法第三百四十三条第二款）］违反矿产资源法的规定，采取破坏性的开采方法开采矿产资源，造成矿产资源严重破坏，价值在三十万至五十万元以上的，应予立案追诉。

本条规定的“采取破坏性的开采方法开采矿产资源”，是指行为人违反地质矿产主管部门审查批准的矿产资源开发利用方案开采矿产资源，并造成矿产资源严重破坏的行为。

破坏性的开采方法以及造成矿产资源严重破坏的价值数额，由省级以上地质矿产主管部门出具鉴定结论，经查证属实后予以认定。

第七十条 ［非法采伐、毁坏国家重点保护植物案（刑法第三百四十四条）］违反国家规定，非法采伐、毁坏珍贵树木或者国家重点保护的其他植物的，应予立案追诉。

本条和本规定第七十一条规定的“珍贵树木或者国家重点保护的其他植物”，包括由省级以上林业主管部门或者其他部门确定的具有重大历史纪念意义、科学研究价值或者年代久远的古树名木，国家禁止、限制出口的珍贵树木以及列入《国家重点保护野生植物名录》的树木或者其他植物。

第七十一条 ［非法收购、运输、加工、出售国家重点保护植物、国家重点保护植物制品案（刑法第三百四十四条）］违反国家规定，非法收购、运输、加工、出售珍贵树木或者国家重点保护的其他植物及其制品的，应予立案追诉。

第七十二条 ［盗伐林木案（刑法第三百四十五条第一款）］盗伐森林或者其他林木，涉嫌下列情形之一的，应予立案追诉：

（一）盗伐二至五立方米以上的；

（二）盗伐幼树一百至二百株以上的。

以非法占有为目的，具有下列情形之一的，属于本条规定的“盗伐森林或者其他林木”：

（一）擅自砍伐国家、集体、他人所有或者他人承包经营管理的森林或者其他林木的；

（二）擅自砍伐本单位或者本人承包经营管理的森林或者其他林木的；

（三）在林木采伐许可证规定的地点以外采伐国家、集体、他人所有或者他人承包经营管理的森林或者其他林木的。

本条和本规定第七十三条、第七十四条规定的林木数量以立木蓄积计算，计算方法为：原木材积除以该树种的出材率；“幼树”，是指胸径五厘米以下的树木。

第七十三条 ［滥伐林木案（刑法第三百四十五条第二款）］违反森林法的规定，滥伐森林或者其他林木，涉嫌下列情形之一的，应予立案追诉：

（一）滥伐十至二十立方米以上的；

（二）滥伐幼树五百至一千株以上的。

违反森林法的规定，具有下列情形之一的，属于本条规定的“滥伐森林或者其他林木”：

（一）未经林业行政主管部门及法律规定的其他主管部门批准并核发林木采伐许可证，或者虽持有林木采伐许可证，但违反林木采伐许可证规定的时间、数量、树种或者方式，任意采伐本单位所有或者本人所有的森林或者其他林木的；

（二）超过林木采伐许可证规定的数量采伐他人所有的森林或者其他林木的。

违反森林法的规定，在林木采伐许可证规定的地点以外，采伐本单位或者本人所有的森林或者其他林木的，除农村居民采伐自留地和房前屋后个人所有的零星林木以外，属于本条第二款第（一）项“未经林业行政主管部门及法律规定的其他主管部门批准并核发林木采伐许可证”规定的情形。

林木权属争议一方在林木权属确权之前，擅自砍伐森林或者其他林木的，属于本条规定的“滥伐森林或者其他林木”。

滥伐林木的数量，应在伐区调查设计允许的误差额以上计算。

第七十四条 ［非法收购、运输盗伐、滥伐的林木案（刑法第三百四十五条第三款）］非法收购、运输明知是盗伐、滥伐的林木，涉嫌下列情形之一的，应予立案追诉：

（一）非法收购、运输盗伐、滥伐的林木二十立方米以上或者幼树一千株以上的；

（二）其他情节严重的情形。

本条规定的“非法收购”的“明知”，是指知道或者应当知道。具有下列情形之一的，可以视为应当知道，但是有证据证明确属被蒙骗的除外：

（一）在非法的木材交易场所或者销售单位收购木材的；

（二）收购以明显低于市场价格出售的木材的；

（三）收购违反规定出售的木材的。

第七十五条 ［组织卖淫案（刑法第三百五十八条第一款）］以招募、雇佣、强迫、引诱、容留等手段，组织他人卖淫的，应予立案追诉。

第七十六条 ［强迫卖淫案（刑法第三百五十八条第一款）］以暴力、胁迫等手段强迫他人卖淫的，应予立案追诉。

第七十七条 ［协助组织卖淫案（刑法第三百五十八条第三款）］在组织卖淫的犯罪活动中，充当保镖、打手、管账人等，起帮助作用的，应予立案追诉。

第七十八条 ［引诱、容留、介绍卖淫案（刑法第三百五十九条第一款）］引诱、容留、介绍他人卖淫，涉嫌下列情形之一的，应予立案追诉：

（一）引诱、容留、介绍二人次以上卖淫的；

（二）引诱、容留、介绍已满十四周岁未满十八周岁的未成年人卖淫的；

（三）被引诱、容留、介绍卖淫的人患有艾滋病或者患有梅毒、淋病等严重性病。

（四）其他引诱、容留、介绍卖淫应予追究刑事责任的情形。

第七十九条 ［引诱幼女卖淫案（刑法第三百五十九条第二款）］引诱不满十四周岁

的幼女卖淫的，应予立案追诉。

第八十条 ［传播性病案（刑法第三百六十条第一款）］明知自己患有梅毒、淋病等严重性病卖淫、嫖娼的，应予立案追诉。

具有下列情形之一的，可以认定为本条规定的“明知”：

（一）有证据证明曾到医疗机构就医，被诊断为患有严重性病的；

（二）根据本人的知识和经验，能够知道自己患有严重性病的；

（三）通过其他方法能够证明是“明知”的。

第八十一条 ［嫖宿幼女案（刑法第三百六十条第二款）］行为人知道被害人是或者可能是不满十四周岁的幼女而嫖宿的，应予立案追诉。

第八十二条 ［制作、复制、出版、贩卖、传播淫秽物品牟利案（刑法第三百六十三条第一款、第二款）］以牟利为目的，制作、复制、出版、贩卖、传播淫秽物品，涉嫌下列情形之一的，应予立案追诉：

（一）制作、复制、出版淫秽影碟、软件、录像带五十至一百张（盒）以上，淫秽音碟、录音带一百至二百张（盒）以上，淫秽扑克、书刊、画册一百至二百副（册）以上，淫秽照片、画片五百至一千张以上的；

（二）贩卖淫秽影碟、软件、录像带一百至二百张（盒）以上，淫秽音碟、录音带二百至四百张（盒）以上，淫秽扑克、书刊、画册二百至四百副（册）以上，淫秽照片、画片一千至二千张以上的；

（三）向他人传播淫秽物品达二百至五百人次以上，或者组织播放淫秽影、像达十至二十场次以上的；

（四）制作、复制、出版、贩卖、传播淫秽物品，获利五千至一万元以上的。

以牟利为目的，利用互联网、移动通讯终端制作、复制、出版、贩卖、传播淫秽电子信息，涉嫌下列情形之一的，应予立案追诉：

（一）制作、复制、出版、贩卖、传播淫秽电影、表演、动画等视频文件二十个以上的；

（二）制作、复制、出版、贩卖、传播淫秽音频文件一百个以上的；

（三）制作、复制、出版、贩卖、传播淫秽电子刊物、图片、文章、短信息等二百件以上的；

（四）制作、复制、出版、贩卖、传播的淫秽电子信息，实际被点击数达到一万次以上的；

（五）以会员制方式出版、贩卖、传播淫秽电子信息，注册会员达二百人以上的；

（六）利用淫秽电子信息收取广告费、会员注册费或者其他费用，违法所得一万元以上的；

（七）数量或者数额虽未达到本款第（一）项至第（六）项规定标准，但分别达到其中两项以上标准的百分之五十以上的；

（八）造成严重后果的。

利用聊天室、论坛、即时通信软件、电子邮件等方式，实施本条第二款规定行为的，应予立案追诉。

以牟利为目的，通过声讯台传播淫秽语音信息，涉嫌下列情形之一的，应予立案追诉：

（一）向一百人次以上传播的；

（二）违法所得一万元以上的；

（三）造成严重后果的。

明知他人用于出版淫秽书刊而提供书号、刊号的，应予立案追诉。

第八十三条 ［为他人提供书号出版淫秽书刊案（刑法第三百六十三条第二款）］为他人提供书号、刊号出版淫秽书刊，或者为他人提供版号出版淫秽音像制品的，应予立案追诉。

第八十四条 ［传播淫秽物品案（刑法第三百六十四条第一款）］传播淫秽的书刊、影片、音像、图片或者其他淫秽物品，涉嫌下列情形之一的，应予立案追诉：

（一）向他人传播三百至六百人次以上的；

（二）造成恶劣社会影响的。

不以牟利为目的，利用互联网、移动通讯终端传播淫秽电子信息，涉嫌下列情形之一的，应予立案追诉：

（一）数量达到本规定第八十二条第二款第（一）项至第（五）项规定标准二倍以上的；

（二）数量分别达到本规定第八十二条第二款第（一）项至第（五）项两项以上标准的；

（三）造成严重后果的。

利用聊天室、论坛、即时通信软件、电子邮件等方式，实施本条第二款规定行为的，应予立案追诉。

第八十五条 ［组织播放淫秽音像制品案（刑法第三百六十四条第二款）］组织播放淫秽的电影、录像等音像制品，涉嫌下列情形之一的，应予立案追诉：

（一）组织播放十五至三十场次以上的；

（二）造成恶劣社会影响的。

第八十六条 ［组织淫秽表演案（刑法第三百六十五条）］以策划、招募、强迫、雇用、引诱、提供场地、提供资金等手段，组织进行淫秽表演，涉嫌下列情形之一的，应予立案追诉：

（一）组织表演者进行裸体表演的；

（二）组织表演者利用性器官进行诲淫性表演的；

（三）组织表演者半裸体或者变相裸体表演并通过语言、动作具体描绘性行为的；

（四）其他组织进行淫秽表演应予追究刑事责任的情形。

六、危害国防利益案

第八十七条 ［故意提供不合格武器装备、军事设施案（刑法第三百七十条第一款）］明知是不合格的武器装备、军事设施而提供给武装部队，涉嫌下列情形之一的，应予立案追诉：

（一）造成人员轻伤以上的；

（二）造成直接经济损失十万元以上的；

（三）提供不合格的枪支三支以上、子弹一百发以上、雷管五百枚以上、炸药五千克以上或者其他重要武器装备、军事设施的；

（四）影响作战、演习、抢险救灾等重大任务完成的；

（五）发生在战时的；

（六）其他故意提供不合格武器装备、军事设施应予追究刑事责任的情形。

第八十八条 ［过失提供不合格武器装备、军事设施案（刑法第三百七十条第二款）］过失提供不合格武器装备、军事设施给武装部队，涉嫌下列情形之一的，应予立案追诉：

（一）造成死亡一人或者重伤三人以上的；

（二）造成直接经济损失三十万元以上的；

（三）严重影响作战、演习、抢险救灾等重大任务完成的；

（四）其他造成严重后果的情形。

第八十九条 ［聚众冲击军事禁区案（刑法第三百七十一条第一款）］组织、策划、指挥聚众冲击军事禁区或者积极参加聚众冲击军事禁区，严重扰乱军事禁区秩序，涉嫌下列情形之一的，应予立案追诉：

（一）冲击三次以上或者一次冲击持续时间较长的；

（二）持械或者采取暴力手段冲击的；

（三）冲击重要军事禁区的；

（四）发生在战时的；

（五）其他严重扰乱军事禁区秩序应予追究刑事责任的情形。

第九十条 ［聚众扰乱军事管理区秩序案（刑法第三百七十一条第二款）］组织、策划、指挥聚众扰乱军事管理区秩序或者积极参加聚众扰乱军事管理区秩序，致使军事管理区工作无法进行，造成严重损失，涉嫌下列情形之一的，应予立案追诉：

（一）造成人员轻伤以上的；

（二）扰乱三次以上或者一次扰乱持续时间较长的；

（三）造成直接经济损失五万元以上的；

（四）持械或者采取暴力手段的；

（五）扰乱重要军事管理区秩序的；

（六）发生在战时的；

（七）其他聚众扰乱军事管理区秩序应予追究刑事责任的情形。

第九十一条 ［煽动军人逃离部队案（刑法第三百七十三条）］煽动军人逃离部队，涉嫌下列情形之一的，应予立案追诉：

（一）煽动三人以上逃离部队的；

（二）煽动指挥人员、值班执勤人员或者其他负有重要职责人员逃离部队的；

（三）影响重要军事任务完成的；

（四）发生在战时的；

（五）其他情节严重的情形。

第九十二条 ［雇用逃离部队军人案（刑法第三百七十三条）］明知是逃离部队的军人而雇用，涉嫌下列情形之一的，应予立案追诉：

（一）雇用一人六个月以上的；

（二）雇用三人以上的；

（三）明知是逃离部队的指挥人员、值班执勤人员或者其他负有重要职责人员而雇用的；

（四）阻碍部队将被雇用军人带回的；

（五）其他情节严重的情形。

第九十三条 ［接送不合格兵员案（刑法第三百七十四条）］在征兵工作中徇私舞弊，接送不合格兵员，涉嫌下列情形之一的，应予立案追诉：

（一）接送不合格特种条件兵员一名以上或者普通兵员三名以上的；

（二）发生在战时的；

（三）造成严重后果的；

（四）其他情节严重的情形。

第九十四条 ［非法生产、买卖军用标志案（刑法第三百七十五条第二款）］非法生产、买卖武装部队制式服装、车辆号牌等军用标志，涉嫌下列情形之一的，应予立案追诉：

（一）成套制式服装三十套以上，或者非成套制式服装一百件以上的；

（二）军徽、军旗、肩章、星徽、帽徽、军种符号或者其他军用标志单种或者合计一百件以上的；

（三）军以上领导机关专用车辆号牌一副以上或者其他军用车辆号牌三副以上的；

（四）非法经营数额五千元以上，或者非法获利一千元以上的；

（五）被他人利用进行违法犯罪活动的；

（六）其他情节严重的情形。

第九十五条 ［战时拒绝、逃避征召、军事训练案（刑法第三百七十六条第一款）］预备役人员战时拒绝、逃避征召或者军事训练，涉嫌下列情形之一的，应予立案追诉：

（一）无正当理由经教育仍拒绝、逃避征召或者军事训练的；

（二）以暴力、威胁、欺骗等手段，或者采取自伤、自残等方式拒绝、逃避征召或者军事训练的；

（三）联络、煽动他人共同拒绝、逃避征召或者军事训练的；

（四）其他情节严重的情形。

第九十六条 ［战时拒绝、逃避服役案（刑法第三百七十六条第二款）］公民战时拒绝、逃避服役，涉嫌下列情形之一的，应予立案追诉：

（一）无正当理由经教育仍拒绝、逃避服役的；

（二）以暴力、威胁、欺骗等手段，或者采取自伤、自残等方式拒绝、逃避服役的；

（三）联络、煽动他人共同拒绝、逃避服役的；

（四）其他情节严重的情形。

第九十七条 ［战时窝藏逃离部队军人案（刑法第三百七十九条）］战时明知是逃离部队的军人而为其提供隐蔽处所、财物，涉嫌下列情形之一的，应予立案追诉：

（一）窝藏三人次以上的；

（二）明知是指挥人员、值班执勤人员或者其他负有重要职责人员而窝藏的；

（三）有关部门查找时拒不交出的；

（四）其他情节严重的情形。

第九十八条 ［战时拒绝、故意延误军事订货案（刑法第三百八十条）］战时拒绝或者故意延误军事订货，涉嫌下列情形之一的，应予立案追诉：

（一）拒绝或者故意延误军事订货三次以上的；

（二）联络、煽动他人共同拒绝或者故意延误军事订货的；

（三）拒绝或者故意延误重要军事订货，影响重要军事任务完成的；

（四）其他情节严重的情形。

第九十九条 ［战时拒绝军事征用案（刑法第三百八十一条）］战时拒绝军事征用，涉嫌下列情形之一的，应予立案追诉：

（一）无正当理由拒绝军事征用三次以上的；

（二）采取暴力、威胁、欺骗等手段拒绝军事征用的；

（三）联络、煽动他人共同拒绝军事征用的；

（四）拒绝重要军事征用，影响重要军事任务完成的；

（五）其他情节严重的情形。

附 则

第一百条 本规定中的立案追诉标准，除法律、司法解释另有规定的以外，适用于相关的单位犯罪。

第一百零一条 本规定中的“以上”，包括本数。

第一百零二条 本规定自印发之日起施行。